Der Arzt an den Grenzen seines Behandlungsauftrages

Europäische Hochschulschriften
Publications Universitaires Européennes
European University Studies

Reihe II
Rechtswissenschaft

Série II Series II
Droit
Law

Bd./Vol. 3448

PETER LANG
Frankfurt am Main · Berlin · Bern · Bruxelles · New York · Oxford · Wien

Matthias Conradi

Der Arzt an den Grenzen seines Behandlungsauftrages

Eine Untersuchung zu Fragen der Sterbehilfe im Zeitalter der Intensivmedizin

PETER LANG
Europäischer Verlag der Wissenschaften

Die Deutsche Bibliothek - CIP-Einheitsaufnahme

Conradi, Matthias:

Der Arzt an den Grenzen seines Behandlungsauftrages : eine Untersuchung zu Fragen der Sterbehilfe im Zeitalter der Intensivmedizin / Matthias Conradi. - Frankfurt am Main ; Berlin ; Bern ; Bruxelles ; New York ; Oxford ; Wien : Lang, 2002
(Europäische Hochschulschriften : Reihe 2, Rechtswissenschaft ; Bd. 3448)
Zugl.: Mainz, Univ., Diss., 2001
ISBN 3-631-39178-1

D 77
ISSN 0531-7312
ISBN 3-631-39178-1

www.peterlang.de

Meinen Eltern

Vorwort

Die vorliegende Untersuchung wurde im Wintersemester 2001/2002 von der Rechtswissenschaftlichen Fakultät der Johannes Gutenberg-Universität Mainz als Dissertation angenommen.

Herzlich danken möchte ich Herrn Prof. Dr. Andreas Roth (Erstgutachter) für die Betreuung der Arbeit sowie die hilfreichen Anregungen und Hinweise. Für die zügige Erstellung des Zweitgutachtens bedanke ich mich bei Herrn Prof. Dr. Walter Perron.

Mein Dank gilt schließlich auch dem Präsidenten der Johannes Gutenberg-Universität, Herrn Prof. Dr. Michaelis, der die Arbeit mit dem „Preis der Johannes Gutenberg-Universität für weit über dem Durchschnitt liegende Dissertationen“ für das Jahr 2001 ausgezeichnet hat.

Darmstadt, den 10.01.2002 *Matthias Conradi*

Inhaltsverzeichnis

A. Einleitung

Die gleichermaßen lebhaft wie kontrovers geführte Diskussion über die Grenzen des ärztlichen Behandlungsauftrages beschäftigt seit Beginn der 70er Jahre das juristische, medizinische und ethische Schrifttum in Deutschland. Sie wurde ausgelöst durch die modernen Errungenschaften der Intensivmedizin, die dem Arzt in weitaus größerem Umfange als zu früheren Zeiten die Möglichkeit eröffnen, Leben zu erhalten. Der Zeitpunkt des Todeseintritts läßt sich in vielen Fällen künstlich hinauszögern, er ist beeinflußbar, dadurch zugleich aber auch manipulierbar geworden. Ohne jeden Zweifel hat dieser technische Fortschritt zu einer wesentlichen Verbesserung der gesundheitlichen Versorgung der Bevölkerung beigetragen und zahllose Menschen vor einem vorzeitigen Tode bewahrt. Andererseits aber vermag dies allein nicht den bedingungslosen Einsatz der Hochleistungsmedizin zu rechtfertigen. Diese verstößt zumindest dort gegen ihre Bestimmung, dem Wohle des Patienten zu dienen, wo sie zum Selbstzweck wird, der Faszination des technisch Machbaren erliegt, den Menschen zum bloßen Objekt ihrer eigenen Perfektion degradiert und das Bemühen um einen seiner Würde gemäßen Tod aus dem Blick verliert.

Arzt und Patient stehen vor dem Hintergrund der beschriebenen veränderten Rahmenbedingungen im Zentrum des Spannungsfeldes, das sich zwischen den fundamentalen Werten des Lebensschutzes einerseits und des Selbstbestimmungsrechtes andererseits auftut.

Die meisten Ärzte fühlen sich dabei traditionell der Lebenserhaltung verpflichtet und fürchten, durch eine vorschnelle Behandlungseinstellung den Boden des Rechts zu verlassen und zugleich in gravierender Weise gegen das ärztliche Berufsethos zu verstoßen.

Da ein Behandlungsrecht des Arztes andererseits nur insoweit anzuerkennen ist, als es ihm von dem Patienten übertragen wurde, hat zunächst dieser in Ausübung seines Selbstbestimmungsrechtes die Entscheidung über die Reichweite und die Modalitäten seiner Behandlung zu treffen. Nicht leicht fällt ihm dies insbesondere dann, wenn er eine Entscheidung von existentieller Bedeutung zu treffen hat, bei der sich die zu beachtenden abwägungserheblichen Faktoren als sehr komplex erweisen und nicht von vornherein einen bestimmten Entschluß nahelegen.

Noch problematischer jedoch stellt sich die Situation dar, wenn der Patient unter Depressionen oder infolge seiner Erkrankung unter starken Beschwerden leidet, die

Zweifel an seiner Entscheidungsfähigkeit begründen. Bevor in einer solchen Situation das weitere Vorgehen festgelegt werden kann, sind mitunter aufwendige Untersuchungen erforderlich, um abzuklären, ob der Patient noch in der Lage ist, seine Situation eigenverantwortlich zu beurteilen und die anstehende Behandlungsentscheidung selbstbestimmt zu treffen.

Ist dies zu verneinen, so haben außenstehende Dritte für den Patienten und in seinem Sinne das weitere Vorgehen festzulegen (gesetzliche Vertreter, Vorsorgebevollmächtigte, teilweise unter Mitwirkung des Vormundschaftsgerichtes). Diese Verantwortung überfordert sie nicht selten vor allem in solchen Grenzsituationen, in denen über den Abbruch einer lebenserhaltenden bzw. lebensverlängernden Behandlung (sog. passive Sterbehilfe) oder über die Verabreichung von Schmerzmitteln zu entscheiden ist, die aufgrund ihrer Dosierung als Nebenfolge die Gefahr eines - wenn auch nicht beabsichtigten - vorzeitigen Todeseintritts heraufbeschwören (sog. indirekte Sterbehilfe), da sich der Gesetzgeber bislang nicht veranlaßt gesehen hat, derartige Fragen verbindlich zu regeln.

Diese Rechtsunsicherheit mag ganz wesentlich dazu beigetragen haben, daß sich eine wachsende Zahl von Menschen veranlaßt sieht, schon in gesunden Tagen im Wege eines sog. Patiententestamentes im voraus zu verfügen, welche Behandlungsmaßnahmen nach dem Verlust ihrer eigenen Entscheidungsfähigkeit noch oder nicht mehr zur Anwendung kommen sollen.

Das Phänomen des Patiententestamentes ist darüber hinaus Ausdruck der gesamtgesellschaftlich zu beobachtenden zunehmenden Betonung des Selbstbestimmungsrechtes. Die moderne säkulare Industriegesellschaft mit ihrer ausgeprägten Tendenz zur Individualisierung fördert das Streben des einzelnen, möglichst das gesamte Leben im voraus in allen Details zu planen und sich gegen Unannehmlichkeiten aller Art abzusichern.

Vor diesem Hintergrund verwundert es nicht, daß heute vielfach die Forderung nach Freigabe der ärztlicherseits vollzogenen Tötung unheilbar erkrankter oder schwer leidender Menschen auf ihr Verlangen hin (sog. aktive Sterbehilfe)[1] bzw. zumindest nach offizieller Anerkennung des ärztlich assistierten Suizids[2] erhoben wird.

---

[1] vgl. hierzu im einzelnen die Nachweise unter C. II. 2.
[2] vgl. hierzu im einzelnen die Nachweise unter C. II. 4. a.

Gerade im Zusammenhang mit der aktiven Sterbehilfe und der ärztlichen Suizidbeihilfe wird deutlich, daß Antworten zu diesen Problemkreisen zumindest mittelbar stets auch die Weltanschauung sowie etwaige religiöse Überzeugungen des einzelnen widerspiegeln werden. Daher mag es kaum verwundern, daß sich in unserer pluralistischen Gesellschaft mit der Zeit eine Vielzahl unterschiedlichster Lösungsansätze herausgebildet hat. Das ihnen jeweils zugrundeliegende Menschenbild wirkt sich jedoch nicht minder facettenreich auch auf die Behandlung von Fragen der Sterbebegleitung, der indirekten sowie der passiven Sterbehilfe aus. Die hieraus sowie aus der Tatsache, daß sich die Rechtsprechung bislang nur selten zu der gesamten Thematik geäußert hat, resultierende Schwierigkeit, generelle Handlungsanleitungen zu formulieren, die von dem Konsens einer breiten gesellschaftlichen Mehrheit getragen werden, dürfte als maßgeblicher Grund dafür anzusehen sein, daß vereinzelt die Auffassung vertreten wird, der ärztliche Behandlungsauftrag am Lebensende betreffe einen Sachverhalt, dessen Beurteilung als letzter und entscheidender Instanz allein dem Gewissen des einzelnen Arztes obliegen solle.[3]

Die letzte Phase des menschlichen Lebens ist jedoch viel zu bedeutend, als daß Inhalt und Reichweite sowohl der ärztlichen Behandlungspflicht als auch des ärztlichen Behandlungsrechtes unklar oder der Konkretisierung durch das Gewissen des Arztes vorbehalten bleiben dürften. Die gegenwärtig festzustellende Rechtsunsicherheit in diesem Bereich und die damit einhergehende Verunsicherung von Ärzten und Patienten ist auf die Dauer nicht hinnehmbar. Denn einerseits ist nicht selten die Neigung des Arztes zu beobachten, die Intensivtherapie in einem unverantwortlichen und übertriebenen Maße zum Zwecke einer "Lebensverlängerung um jeden Preis" einzusetzen, die in der Furcht des Arztes begründet liegen mag, er könne für den Tod eines Patienten zur Verantwortung gezogen werden. Andererseits aber ist auch die Sorge, der Arzt könne unter Berufung auf das Mitleid mit dem ohnehin dem Tode geweihten Patienten vorschnell auf weitere therapeutische Maßnahmen verzichten, durchaus ernst zu nehmen. Bereits die durch die heutige Rechtsunsicherheit begünstigte Möglichkeit dieser beiden gleichermaßen unerwünschten Verhaltensalternativen droht das für den Erfolg einer jeden Behandlung unabdingbare Vertrauensverhältnis zwischen Arzt und Patient zu zerstören. Nicht die Tabuisierung, sondern allein der öffentlich geführte und auf die Herausbildung allgemeingültiger Regeln gerichtete Diskurs aber ist geeignet, diesem unbefriedigenden Zustand wirksam zu begegnen.

---

[3] Fritsche, Grenzbereich zwischen Leben und Tod, S. 83

Das Bemühen, den Inhalt und die Grenzen des ärztlichen Behandlungsauftrages zumindest in ihren Grundzügen verbindlich zu regeln, verdient nicht zuletzt auch deshalb Unterstützung, weil die zukünftig stark anwachsende Zahl betagter und pflegebedürftiger Menschen den Erlaß klarer, ausschließlich an deren gesundheitlichem Wohl unter hinreichender Berücksichtigung ihres Selbstbestimmungsrechtes ausgerichteter Richtlinien zu den Inhalten der ärztlichen Versorgung erforderlich macht, sollen diese nicht zunehmend von Kosten- und wirtschaftlichen Rentabilitätserwägungen bestimmt werden.

Aus diesem Grunde kann die Bestimmung der Grenzen des ärztlichen Behandlungsauftrages niemals isoliert nur aus ärztlicher, juristischer oder ethischer Sicht erfolgen, sondern sie muß stets alle drei Bereiche in den Blick nehmen und dabei auch die gesellschaftspolitischen Auswirkungen des befürworteten Lösungsweges berücksichtigen.

Verfolgt die vorliegende Arbeit dieses Ziel unter Abwägung der angeführten - zumindest teilweise gegenläufigen - Interessen und ihrer Folgen, so kann dies sinnvoll nur vor dem Hintergrund und unter Einbeziehung des ärztlichen Standesrechts sowie der allgemein für jede ärztliche Heilbehandlung geltenden Regeln geschehen. Deren eingehende Erläuterung erfolgt im ersten Hauptteil der Arbeit (B.). Dabei sind zunächst die verschiedenen Entstehungstatbestände der ärztlichen Behandlungspflicht (B.II.), die grundlegende Bedeutung des Selbstbestimmungsrechtes im Recht der Heilbehandlung (B.III.), die rechtliche Qualifizierung des Heileingriffs (B.IV.) sowie die Voraussetzungen der diesen rechtfertigenden Einwilligung des Patienten zu beleuchten (B.V.). Besondere Beachtung verdienen in diesem Zusammenhang zum einen die Kriterien, nach denen sich die - häufig gerade bei moribunden Patienten fehlende - Entscheidungsfähigkeit beurteilt (B.V.3.b.), zum anderen die Anforderungen, die die Rechtsprechung an die Aufklärung des Patienten vor der Behandlungsentscheidung stellt, damit er als hinreichend entscheidungskompetent angesehen werden kann (B.V.3.c.). Hierbei ist unter dem Stichwort des "therapeutischen Privilegs" zu untersuchen, welche Modifikation die Informationspflichten des Arztes gegenüber einem unheilbar erkrankten Patienten erfahren.

Noch zum ersten Hauptteil der Arbeit gehört schließlich die Darstellung der grundsätzlichen Entscheidungsbefugnisse des gesetzlichen Vertreters bzw. des Vorsorgebevollmächtigten im Falle der Einwilligungsunfähigkeit des Patienten (B.VI.).

Nach einer kurzen Erläuterung des Begriffs der Sterbehilfe und seiner historisch begründeten Abgrenzung zu dem der Euthanasie zu Beginn des zweiten Hauptteiles (C.I.) sind die einzelnen Kategorien der Sterbehilfe im Falle der Einwilligungsfähigkeit des sterbenden Patienten zu untersuchen (C.II.), also die ärztliche Sterbebegleitung (C.II.1.), die von dem Arzt auf ausdrückliches und ernsthaftes Verlangen des Patienten geleistete aktive Sterbehilfe (C.II.2.), die aktive Sterbehilfe durch den Arzt mit Einwilligung des Patienten (C.II.3.), die Beteiligung des Arztes an der Selbsttötung des Patienten (C.II.4.), seine Hilfspflichten gegenüber dem Suizidenten nach dem Eintritt der Bewußtlosigkeit (C.II.5.), die indirekte Sterbehilfe (C.II.6.) sowie die passive Sterbehilfe (C.II.7.). Das Schwergewicht der Erörterung ist dabei den beiden sich unversöhnlich gegenüberstehenden Bereichen der Sterbebegleitung und der aktiven Sterbehilfe gewidmet. Zum Verständnis dieses in erster Linie auf weltanschaulichen Unterschieden beruhenden Konfliktes sind auch gesellschaftspolitische und philosophische Hintergründe in den Blick zu nehmen.

Die Untersuchung der einzelnen Kategorien der Sterbehilfe im Falle der Einwilligungsunfähigkeit des Patienten ohne (erreichbaren) gesetzlichen Vertreter oder Bevollmächtigten (C.III.) konzentriert sich demgegenüber im wesentlichen auf die Darstellung der passiven Sterbehilfe. Bei der Erörterung derjenigen Fälle, in denen sich der unheilbar erkrankte Patient in der Vergangenheit zu Art und Umfang seiner Behandlung am Lebensende nicht geäußert hat und keine Zeit verbleibt, anderweitige Erkundigungen nach möglichen Behandlungswünschen des Patienten einzuholen, wird der objektive ärztliche Entscheidungsmaßstab darzustellen sein (C.III.1.). Hingegen steht bezüglich derjenigen Konstellationen, bei denen der Patient in der Zeit vor der Behandlung bereits abstrakt seinen Willen zu Inhalt und Grenzen der von ihm gewünschten ärztlichen Behandlung kundgetan hat, die Frage der Verbindlichkeit des sog. Patiententestamentes im Vordergrund (C.III.2.).

Am Ende des zweiten Hauptteiles der Arbeit ist zu prüfen, ob bzw. in welcher Weise sich der Inhalt des ärztlichen Behandlungsauftrages ändert, wenn der Patient selbst einwilligungsunfähig ist, jedoch ein gesetzlicher Vertreter oder ein entsprechend Bevollmächtigter nach den zu B.VI. entwickelten Grundsätzen hinzugezogen werden kann (C.IV.). Im Vordergrund steht hierbei die Frage, ob sich der Entscheidungsmaßstab, den der gesetzliche Vertreter oder der Gesundheitsbevollmächtigte zu beachten haben, von demjenigen unterscheidet, der den Willensbildungsprozeß des Arztes in Eilfällen bestimmt.

Nach der Zusammenfassung der in den beiden Hauptteilen gefundenen Ergebnisse (D.) soll abschließend der Versuch unternommen werden, den Inhalt und die Grenzen des ärztlichen Behandlungsauftrages am Lebensende in Form eines Gesetzesvorschlages zusammenzufassen (E.).

B. Rechtmäßigkeit ärztlicher Maßnahmen im allgemeinen

I. Geschichtlicher Überblick über die standesrechtlichen Hilfeleistungspflichten des Arztes und ihre Grenzen

Das Berufsbild des Arztes ist stets Teil und Produkt der Gesellschaft, die ärztliche Ethik wurde und wird zu allen Zeiten von den jeweils herrschenden religiösen, philosophischen und politischen Grundsätzen geprägt.[4] Das Wirken des Arztes läßt sich daher nicht aus sich selbst heraus rechtfertigen, sondern erhält seine Bedeutung erst durch die Anerkennung der Gemeinschaft und bedarf der sittlichen und rechtlichen Legitimation.[5]

Dennoch ist von der Antike bis hin zum 21. Jahrhundert stets das Bewußtsein lebendig geblieben, daß es sich bei der Beziehung zwischen Arzt und Patient um weit mehr handelt als um ein rein juristisches Vertragsverhältnis. Seit jeher orientiert sich ärztliches Handeln an den Idealen der Humanität, der Fürsorge und der vertrauensvollen Kooperation zwischen dem Arzt und dem Kranken und überschreitet dadurch die Grenzen des klassischen vertraglichen Austauschverhältnisses im Sinne eines do, ut des.[6] Der Arzt versteht sich in der Tradition dieses sozialen Auftrages als Helfer, nicht als Beherrscher des Patienten und schon gar nicht als Herr über Leben und Tod.[7]

Der Standesethik kommt bei der Entwicklung des ärztlichen Berufsbildes entscheidende Bedeutung zu. Sie ist jedoch andererseits auch nicht von dem Bereich des Berufsrechtes zu trennen und steht nicht isoliert neben diesem. Vielmehr wirkt das Berufsethos ständig auf die rechtlichen Beziehungen des Arztes zu seinen Patienten ein.[8] Was die Standesethik dem Arzt abverlangt, übernimmt das Recht in der Regel

---

[4] v. Weizsäcker, Euthanasie und Menschenversuche, S. 6

[5] Laufs, Der ärztliche Heilauftrag aus juristischer Sicht, S. 9

[6] Nicht übersehen werden soll jedoch, daß gerade die Medizin im Laufe der Geschichte immer wieder im Dienste totalitärer Regime instrumentalisiert und ihrer eigentlichen Funktion, der Gesundheit der Bevölkerung zu dienen, beraubt worden ist. Ärzte sind dabei nicht nur im Rahmen von staatlich organisierten Vernichtungsaktionen eingesetzt worden (wie beispielsweise in nationalsozialistischer Zeit), vielmehr scheinen beispielsweise auch sportpolitische Interessen den bewußten Einsatz der Medizin gegen die Gesundheit zumindest von Teilen der Bevölkerung vielerorts zu rechtfertigen (durch gezieltes Doping von frühester Jugend an). Diese Phänomene des Mißbrauchs der Medizin sollen hier zunächst unberücksichtigt bleiben, da sie in keinem inneren Zusammenhang zu dem üblichen Arzt-Patienten-Verhältnis stehen, das die Heilung bzw. Linderung konkreter Gesundheitsstörungen zum Gegenstand hat. Im Verlaufe der Arbeit wird jedoch darauf einzugehen sein, inwiefern bestimmte Forderungen nach einer Neudefintion des ärztlichen Behandlungsauftrages am Ende des menschlichen Lebens die konkrete Gefahr einer neuerlichen, schleichenden Zweckentfremdung der Medizin mit sich bringen.

[7] Laufs, Arztrecht, RNr. 4

[8] BGH MedR 1985, 40 (43)

zugleich als rechtliche Verpflichtung.[9] Weit mehr als in anderen sozialen Beziehungen fließt im Arzt-Patienten-Verhältnis das Ethische mit dem Rechtlichen zusammen.[10]

Die Funktion eines Orientierungspunktes und einer Leitlinie für das ärztliche Gewissen hat dabei über mehr als zwei Jahrtausende hinweg der Eid des Hippokrates von Kos (460 - 377 v. Chr.) übernommen.[11] Aus ihm lassen sich fünf Sätze herauslesen, die bis in unsere Zeit hinein allgemeine Anerkennung finden,[12] mag auch die Bedeutung des Eides im übrigen heute kontrovers beurteilt werden:[13]

1. Den Zweck des ärztlichen Handelns bildet der Heilerfolg, die Wirksamkeit der medizinischen Praxis.
2. Der Arzt dient mit seinem ganzen Tun und Unterlassen ausschließlich dem Leben; er darf weder vergiften noch sonst irgendwie schaden.
3. Der Arzt widmet sein Leben der Heilkunst, er macht diese Tätigkeit zu seinem Beruf, der zu einem eigenen Stand führt.

---

[9] BVerfG NJW 1979, 1925 (1930); Laufs, Der ärztliche Heilauftrag aus juristischer Sicht, S. 26

[10] E. Schmidt, Der Arzt im Strafrecht in: Ponsold, Lehrbuch der gerichtlichen Medizin, 2. Aufl., S. 1 (2)

[11] Kollwitz, Entwicklung der Patientenautonomie in: Neumann/Körner, Patientenautonomie und Humanes Sterben, S. 15; eine deutsche Übersetzung des Eides ist abgedruckt bei Ratzel, Ärztliches Standesrecht, S. 5

[12] Schipperges, Wandlungen im Ethos des Arztes, in: Koslowski/Kreuzer/Löw, Die Verführung durch das Machbare, S. 102 (105); Laufs, Arztrecht, RNr. 6

[13] vgl. einerseits Catel, der dem Erkenntniswert des Eides für die Jetztzeit schon deshalb skeptisch gegenübersteht, weil die Einbeziehung homerischer Götter als Schwurzeugen einem christlichen, wahrhaft gläubigen Arzt nicht zumutbar sei und darüber hinaus auch der Versuch mißglücken müsse, die allein historisch bedeutungsvolle hippokratische Schwurformel durch Umdeutung ins Gleichnishafte oder Religiös-Allgemeingültige mit Gegenwartswerten zu verbrämen (Catel, Grenzsituationen des Lebens, S. 22). Catel folgert ferner aus der Tatsache, daß der ärztliche Beruf zur Zeit des Hippokrates das Vorrecht einer bestimmten Kaste war, dessen Wesen in der Übertragung eines meist intrafamiliär, durch Vermittlung eines einzigen Lehrers angeeigneten, teils empirischen, teils mystischen Wissens auf die konkrete Behandlungssituation bestand, die fehlende Vergleichbarkeit der damaligen mit der heutigen Kulturperiode und ihrer jeweils zugehörigen Gesundheitsfürsorge. Das Verhältnis zwischen Arzt und Patient sei damals ein Mysterium gewesen, geprägt von priesterlichem Vertrauen. Heute hingegen stünden zwischen ihnen die zerstörende Fremde von Krankenversicherung, Krankenkassen, Gebührenordnungen, Berechnungen ärztlicher Leistungen sowie der verwaltenden Standesvertretung (Catel, Grenzsituationen des Lebens, S. 20). Demgegenüber hält Hellbrügge, Ärztliche Gesichtspunkte zu einer "begrenzten" Euthanasie, Ärztliche Mitteilungen 1963, 1428 (1440), nicht nur die in dem Eid niedergelegten Grundsätze, sondern den Inhalt insgesamt für durchaus aktuell. Nicht einmal der Passus, der dem Arzt vorschreibe, den "Steinschnitt" Leuten zu überlassen, die besondere Übung darin haben, sei gegenstandslos. Der Schwörende distanziere sich hierdurch nicht von jeder Art des chirurgischen Eingriffs, sondern verspreche lediglich, sich derjenigen Eingriffe zu enthalten, die er nicht beherrsche. Die moderne Unterscheidung zwischen Allgemein- und Fachärzten lasse sich hiermit durchaus vergleichen (so auch Deichgräber, Der hippokratische Eid, S. 39; Schara, Das Recht des Kranken auf seinen Tod in: Schara, Humane Intensivtherapie, S. 19, 21, der das "Steinschneiden" dem heutigen Tätigkeitsbereich des Urologen zuordnet).

4. Der pflichtgerecht handelnde Arzt leistet jedem seiner Patienten einen persönlichen, individuellen Dienst, er übt Diskretion und läßt dem Kranken die Freiheit des Entschlusses.
5. Der Bedürftigkeit des Kranken soll sachgerechtes Handeln des Helfers entsprechen, der als Mediziner der Wissenschaft und als Arzt den Normen des Rechts und der Sittlichkeit verpflichtet bleibt.

Als geschichtliches Dokument wurde die Eidesformel stets im Lichte der jeweiligen Epoche und des mit ihr untrennbar verbundenen Zeitgeistes interpretiert und dabei teilweise auch neu gefaßt. Als Dokumente, die das Fortleben des Eides in der römischen Kaiserzeit bezeugen, erweisen sich beispielsweise die Stellungnahmen der römischen Ärzte Scribonius Largus (ca. 50 n.Chr.) und Soran von Ephesos (ca. 100 n.Chr.). Während Scribonius im Mitgefühl und der Menschlichkeit das eigentliche Wesen der Medizin sah und hierfür glaubte, den Eid des Hippokrates als Beweis heranziehen zu können,[14] bildet die Schwurformel die Grundlage des medizinhistorischen Werkes des Soran von Ephesos.[15] Maßgeblichen Einfluß übte der Eid auch auf die Formulierung des Doktoreides von Salerno im 13. Jahrhundert, des Doktoreides von Basel im 15. Jahrhundert sowie desjenigen von Göttingen im 19. Jahrhundert aus, wenngleich diese Dokumente natürlich in gleicher Weise auch Zeugnis ablegen von der christlich geprägten Kultur des Mittelalters und der beginnenden Neuzeit.[16] Gerade die im Mittelalter neu gegründeten Universitäten (Bologna 1119, Prag 1348, Wien 1365, Heidelberg 1386, Basel 1460) widmeten sich auf dieser Grundlage verstärkt dem Entwurf von Vorschriften, die als Grundlage der berufsständischen Entwicklung angesehen werden können.[17]

Der starke Einfluß christlichen Gedankengutes prägte auch eine Äußerung des in seiner Zeit hochgeschätzten Arztes Christoph Wilhelm Hufeland, der in seinem 1836 erschienenen Werk "Enchiridion medicum oder Anleitung zur medizinischen Praxis" unter Berufung auf den hippokratischen Eid postulierte: "Das Leben des Menschen zu erhalten und womöglich zu verlängern, ist das höchste Ziel der Heilkunst, und jeder Arzt hat geschworen, nichts zu tun, wodurch das Leben eines Menschen verkürzt werden könnte. ... (Der Arzt) soll und darf nichts anderes tun, als Leben erhal-

---

[14] Deichgräber, Der hippokratische Eid, S. 59

[15] Deichgräber, Der hippokratische Eid, S. 63, 67

[16] Deichgräber, Der hippokratische Eid, S. 68 ff., 71 ff., 78 ff.; eine Übersetzung der mittelalterlichen Fassung des Eides ist abgedruckt in: Tölle-Kastenbein, Das Genfer Arztgelöbnis und der hippokratische Eid, S. 25

[17] Spann, Ärztliche Rechts- und Standeskunde, S. 217: Als bedeutsam für die nachfolgenden Jahrhunderte erwies sich dabei insbesondere eine von Friedrich II. erlassene Medizinalordnung, die die unentgeltliche Behandlung armer Kranker vorschrieb.

ten; ob es ein Glück oder Unglück sei, ob es Wert habe oder nicht, dies geht ihn nichts an, und maßt er sich einmal an, diese Rücksicht mit in sein Geschäft aufzunehmen, so sind die Folgen unabsehbar und der Arzt wird zum gefährlichsten Mensch im Staate..."[18]

Die Argumentation Hufelands vor dem Hintergrund seines christlichen Weltbildes unterscheidet sich in einem wesentlichen Punkt von den im antiken Griechenland vorherrschenden Einstellungen. Dort war es nämlich üblich gewesen, zwischen behandlungswürdigen und nicht mehr behandlungsfähigen Patienten zu unterscheiden. Der Behandlung letzterer, die schon von ihrer Krankheit überwältigt waren, hatte sich der antike Arzt zu enthalten, da sie weder für den Staat noch für ihn selbst von Nutzen sei.[19] Insbesondere befürchteten die Ärzte jener Zeit, daß in einem solchen Falle das Sterben des ohnehin hoffnungslos Erkrankten als ihr Versagen ausgelegt werden könnte, das ihrem guten Namen, nicht weniger aber auch dem Ansehen des ärztlichen Standes als solchem schaden würde.[20] In dem christlich geprägten Umfeld Hufelands, dem die fürsorgende Betreuung gerade dem Tode geweihter Menschen besonders am Herzen lag, war diese Haltung nicht aufrechtzuerhalten.[21]

Zugleich verdeutlicht das Zitat Hufelands, wie bedeutsam für die Auslegung des Eides und die Leitlinien ärztlicher Standesethik die Fortschritte sind, die im Bereich der Medizin seit dem ausgehenden 19. Jahrhundert in immer kürzeren Zeitabschnitten immer neue Sphären erschlossen haben.

So stellte sich für Hufeland beispielsweise noch nicht das Problem einer echten Lebensverlängerung durch den Einsatz der uns heute zur Verfügung stehenden modernen Apparatemedizin. Die konservative Therapie seiner Zeit vermochte lediglich lästige Begleiterscheinungen wie beispielsweise Herz- und Kreislaufschwächen, Fieber, Schmerzen, Husten oder Durchfall zu behandeln. Dagegen lag die gezielte

---

[18] Hufeland, Enchiridion medicum oder Anleitung zur medizinischen Praxis, S. 734 f.

[19] Platon, Der Staat, S. 142; Schadewaldt, Euthanasie in: Hiersche, Euthanasie, S. 11 (15); dieses Denken entsprach auch antiker jüdischer Tradition (Grünewald, Jüdische Wertung der Euthanasie in: Hiersche, Euthanasie, S. 37, 39)

[20] Bade, Der Arzt an den Grenzen von Leben und Recht, S. 50; Sporken, Darf die Medizin, was sie kann ? S. 188

[21] Wils, Anmerkungen zur Geschichte des Sterbens in: Holderegger, Das medizinisch assistierte Sterben, S. 21 (36) unter Hinweis auf die schon zu Beginn des 17. Jahrhunderts für selbstverständlich gehaltene Pflicht des Arztes, selbst einen todgeweihten Patienten weiterhin zu besuchen, ihm psychologische Betreuung zu gewähren, seine körperlichen Leiden zu lindern und einem Voranschreiten der Krankheit entgegenzuwirken.

Einwirkung auf den Verlauf einer zum Tode führenden Erkrankung außerhalb aller Erkenntnismöglichkeit.[22]

Die Frage nach dem Umfang und den Grenzen des ärztlichen Behandlungsauftrages beschäftigt unsere Gesellschaft daher vor einem ganz anderen Hintergrund als vorangegangene Generationen.

Je weiter aber die Möglichkeiten des Arztes reichen, in die natürlichen Lebensprozesse des Menschen einzugreifen, desto deutlicher ist nicht nur der Ruf nach klaren Vorgaben der Standesethik zu vernehmen, sondern auch der nach rechtlicher Reglementierung.

Der hippokratische Eid hilft hier schon seinem Wortlaut nach nicht weiter.[23] Dies kann nicht verwundern. Denn wenn der antike Arzt schon davon Abstand nahm, Patienten mit infauster Prognose überhaupt zur Behandlung anzunehmen, fehlte ihm von vornherein jede Möglichkeit, sich mit Fragen der Sterbehilfe auseinanderzusetzen.[24] Abgesehen davon aber hätte er selbst im Falle einer anderen Haltung gegenüber moribunden Patienten natürlich die Feinheiten der heute geführten Diskussion über "natürliche" und "außergewöhnliche" Behandlungsmaßnahmen sowie über die "Heiligkeit" und die "Qualität" des Lebens nicht vorhersehen können.[25]

Das Bemühen wiederum, auf der Grundlage der veränderten technischen Rahmenbedingungen zu einer angemessenen und allgemein anerkannten Deutung und Fortentwicklung der hippokratischen Eidesformel zu gelangen, wird - und auch hierin liegt ein wesentlicher Unterschied zu früheren Zeiten - durch die für unsere pluralistische Gesellschaft kennzeichnenden weltanschaulichen Gegensätze zusätzlich erschwert.[26]

Bilden Pflege und Fortbildung des Berufsethos neben der Gewährleistung eines möglichst hohen fachwissenschaftlichen Leistungsstandards Hauptaufgabe und Existenzgrund der standesärztlichen Institutionen,[27] so sehen gerade diese sich heute vor eine besondere Herausforderung gestellt.

---

[22] Dahm, Ärztliche Entscheidung unter Reanimationsbedingungen, S. 52
[23] Hiersche, Euthanasie aus ärztlicher Sicht in: Hiersche, Euthanasie, S. 209 (218)
[24] Schadewaldt, Euthanasie in: Hiersche: Euthanasie, S. 11 (16); Körner, Wohl und Wille des Patienten in: Neumann/Körner, Patientenautonomie und Humanes Sterben, S. 81 (86)
[25] Kittrie, Das Recht auf Leben in: Eser/Bringewat, Suizid und Euthanasie, S. 378 (388); Bade, Der Arzt an den Grenzen von Leben und Recht, S. 50
[26] Laufs, Standesregeln und Berufsrecht der Ärzte in: Festschrift für Weißauer, S. 88 (95)
[27] Laufs, Arztrecht, RNr. 12

Als bedeutsamer Versuch, den Eid des Hippokrates inhaltlich den Bedürfnissen der Neuzeit anzupassen, hat sich das Genfer Arztgelöbnis erwiesen,[28] das im Jahre 1948 vom Weltärztebund verabschiedet, 1956 vom 59. Deutschen Ärztetag angenommen und den Berufsordnungen der Ärzte - wenn auch teilweise im Wortlaut leicht abgewandelt - als Präambel vorangestellt wurde.[29] Es enthält keine einzige Verpflichtung und keinen einzigen grundsätzlichen Gedanken, der absolut neu den tradierten Lehren hinzugefügt worden wäre.[30]

Bemerkenswert ist jedoch andererseits, daß die klare Anweisung des hippokratischen Eides, keine zum Tode führenden Mittel zu verabreichen und keinen Rat in dieser Richtung zu erteilen, in das Genfer Arztgelöbnis nicht Eingang gefunden hat. Dies ist umso erstaunlicher, als dieser Abschnitt des Eides auch in seinen späteren Fassungen in der römischen, islamischen und mittelalterlich-abendländischen Welt stets enthalten war und ein Problem anspricht, das nicht primär religionsgebunden ist, sondern ganz allgemein die Frage nach der Natur und dem Stellenwert des menschlichen Lebens aufwirft.[31]

Im Jahre 1981 erließ der Weltärztebund in Lissabon eine Deklaration über die Rechte des Patienten.[32] Diese enthält die programmatische Aussage, der Patient habe das Recht, in Würde zu sterben. Im Hinblick auf die Sterbehilfe gewährt sie dem Patienten das Recht, eine Behandlung nach angemessener Aufklärung anzunehmen oder abzulehnen.

Spezieller mit den Fragen der Sterbehilfe setzte sich zwei Jahre später die 35. Generalversammlung des Weltärztebundes in Venedig auseinander.[33] Sie betonte die Pflicht des Arztes, den Interessen des Patienten jederzeit zu dienen und ihm unnötiges Leid zu ersparen. Auch die Möglichkeiten passiver Sterbehilfe wurden thematisiert, während die aktive Sterbehilfe noch außerhalb der Diskussion stand.

---

28 Das Genfer Arztgelöbnis, abgedruckt in: Tölle-Kastenbein, Das Genfer Arztgelöbnis und der hippokratische Eid, S. 7

29 Laufs, Arztrecht, RNr. 7; v. Engelhardt, Euthanasie in historischer Perspektive, Zeitschrift für medizinische Ethik 39 (1993), S. 15 (17); Tölle-Kastenbein, Das Genfer Arztgelöbnis und der hippokratische Eid, S. 34: Lediglich Bayern und Berlin stellen ihrer Berufsordnung für Ärzte kein Gelöbnis voran, wohl aber eine inhaltlich verwandte Präambel.

30 Tölle-Kastenbein, Das Genfer Arztgelöbnis und der hippokratische Eid, S. 37

31 Tölle-Kastenbein, Das Genfer Arztgelöbnis und der hippokratische Eid, S. 16, 20, 24, 36 f.

32 Weltärztebund, Deklaration über die Rechte des Patienten, abgedruckt in: Eser/Koch, Materialien zur Sterbehilfe, S. 790

33 Weltärztebund, Deklaration von Venedig zur Sterbehilfe, abgedruckt in: Eser/Koch, Materialien zur Sterbehilfe, S. 790

Letztere wiederum wurde von der 39. Generalversammlung des Weltärztebundes 1987 in Madrid entschieden verurteilt.[34] Die diesbezügliche Deklaration war als Reaktion auf die nationale Erklärung des Präsidiums der Königlich-Niederländischen Gesellschaft zur Förderung der Heilkunde (KNMG) in Sachen Euthanasie zu verstehen,[35] in der ein moralischer Unterschied zwischen aktiver und passiver Sterbehilfe sowie der Beihilfe zu einer Selbsttötung verneint wurde. Die Tötung auf Verlangen sei nicht zu beanstanden, wenn das Leiden eines Patienten aussichtslos und unannehmbar erscheine und sich sein Todesverlangen als freiverantwortlich, dauerhaft und wohlerwogen erweise. Demgegenüber sei es nicht erforderlich, daß sich der Patient bereits in der Sterbephase befinde.[36]

Erwähnenswert sind in diesem Zusammenhang auch die "Grundsätze der ärztlichen Ethik", die 1987 von der "Internationalen Konferenz der Ärztekammern", einem Zusammenschluß von Ärzteorganisationen auf der Ebene der Europäischen Gemeinschaft, verabschiedet wurden.[37] Sie können als eine Art supranationale ärztliche Berufsordnung verstanden werden, die sich in einem gesonderten Abschnitt der Sterbehilfeproblematik widmet.[38] Die Grundsätze betonen die Beistandspflicht des Arztes gegenüber dem Patienten im terminalen Stadium seiner Krankheit sowie seine Verpflichtung zur möglichsten Wahrung der Lebensqualität des Sterbenden unter besonderer Berücksichtigung seiner Würde.

Insgesamt jedoch bleibt festzuhalten, daß sämtliche Erklärungen der internationalen Ärztevereinigungen inhaltlich nicht über sehr allgemein gehaltene Aussagen hinausragen, die dem Arzt einen sehr weiten Handlungs- und Entscheidungsspielraum im Einzelfall belassen und den Grundkonsens der jeweiligen Mitgliedstaaten widerspiegeln.

Im Gegensatz zu der vorgenannten supranationalen ärztlichen Berufsordnung befaßt sich die Bundesärzteordnung (BÄO) überhaupt nicht mit der Thematik der Sterbehilfe. Der Grund hierfür ist im wesentlichen darin zu sehen, daß dem Bund gemäß Art. 74 Abs. 1 Nr. 19 GG allein die Gesetzgebungskompetenz für die Zulassung zum

---

[34] Weltärztebund, Deklaration von Madrid zur Sterbehilfe, abgedruckt in: Eser/Koch, Materialien zur Sterbehilfe, S. 791

[35] Eine Übersetzung des Textes findet sich bei K. M. v. Lutterotti, Ärztliche Handlungsanleitungen im Grenzbereich von Leben und Tod in strafrechtlicher Sicht, Anhang, S. 47-68

[36] Scholten, Landesbericht Niederlande in: Eser/Koch, Materialien zur Sterbehilfe, S. 451 (490)

[37] Internationale Konferenz der Ärztekammern, Grundsätze der ärztlichen Ethik, auszugsweise abgedruckt in: Eser/Koch, Materialien zur Sterbehilfe, S. 791 f.

[38] Koch/Heinemann, Materialien internationaler Institutionen in: Eser/Koch, Materialien zur Sterbehilfe, S. 777 (782)

ärztlichen Beruf zusteht, während die Regelung der Berufsausübung in die allgemeine Zuständigkeitskompetenz der Länder nach Art. 70 Abs. 1 GG fällt.[39] Demzufolge kommt auch der in § 1 Abs. 1 BÄO getroffenen Feststellung, der Arzt diene der Gesundheit des einzelnen Menschen und des gesamten Volkes, lediglich programmatischer Charakter zu.[40]

Die Kammer- und Heilberufsgesetze der Länder regeln die Behandlungspflichten des Arztes ebenfalls nicht im einzelnen. Vielmehr betonen sie lediglich generalklauselartig dessen Pflicht zur gewissenhaften Berufsausübung. Sie enthalten darüber hinaus an die Ärztekammern gerichtete Ermächtigungen zum Erlaß von Berufsordnungen als Satzungsrecht sowie den Auftrag, die Behandlungspflichten dort näher festzulegen. Erstrebt wird insofern also eine Normenkonkretisierung durch untergesetzliche Regelungen.

Die Ärztekammern orientieren sich beim Erlaß der Berufsordnungen weitgehend an der vom Deutschen Ärztetag jeweils erlassenen Musterberufsordnung (MBO). Diese sieht ebenso wie § 1 Abs. 1 BÄO eine Verpflichtung des Arztes zum Dienst an der Gesundheit und am Leben des einzelnen Menschen sowie an der Volksgesamtheit vor.[41] Darüber hinaus sei es seine Aufgabe, das Leben zu erhalten, die Gesundheit zu schützen und wiederherzustellen, Leiden zu lindern und Sterbenden beizustehen.[42] Der Arzt habe seinen Beruf nach den Geboten der Menschlichkeit auszuüben.[43] Obwohl eine allgemeine Behandlungspflicht nicht besteht,[44] gehört demzufolge die Bereitschaft, einem Todkranken umfassend zu helfen, zu den vornehmsten Berufspflichten des Arztes. Sie ist Teil des ärztlichen Standesrechts.[45]

Weitergehende konkrete Aussagen über die Grenzen des ärztlichen Behandlungsauftrages sucht man jedoch auch in den Berufsordnungen vergeblich.

---

[39] BVerfG NJW 1972, 1504 (1505)

[40] Erlinger, Behandlungsfreiheit und ärztliche Behandlungspflicht, S. 7

[41] § 1 Abs. 1 Musterberufsordnung für die deutschen Ärztinnen und Ärzte in der vom 100. Deutschen Ärztetag 1997 in Eisenach beschlossenen Fassung, abgedruckt in: Schiwy, Deutsches Arztrecht, Bd. I, Nr. 31 (Stand: 01.06.2000)

[42] § 1 Abs. 2 MBO in der vom 100. Deutschen Ärztetag 1997 in Eisenach beschlossenen Fassung, abgedruckt in: Schiwy, Deutsches Arztrecht, Bd. I, Nr. 31 (Stand: 01.06.2000)

[43] Gelöbnis zu der vom 100. Deutschen Ärztetag 1997 in Eisenach beschlossenen Fassung der MBO, abgedruckt in: Schiwy, Deutsches Arztrecht, Bd. I, Nr. 31 (Stand: 01.06.2000)

[44] die ärztliche Ethik des Mittelalters sprach sich demgegenüber unter dem Einfluß der Moraltheologie für eine Kurierpflicht des Arztes aus, die sowohl im Rahmen der Bestallung als auch bei der Promotion besonders betont wurde als Erweiterung der Pflicht, arme Patienten unentgeltlich zu behandeln. Diese Kurierpflicht wurde im Jahre 1869 durch § 144 der Reichsgewerbeordnung aufgehoben (Spann, Ärztliche Rechts- und Standeskunde, S. 86).

[45] v. Dellingshausen, Sterbehilfe und Grenzen der Lebenserhaltungspflicht des Arztes, S. 19

Unmittelbar für den Bereich der Sterbehilfe hat der Vorstand der Bundesärztekammer am 11. 09. 1998 die "Grundsätze der ärztlichen Sterbebegleitung" verabschiedet.[46] Diese werden von den ärztlichen Berufsordnungen nicht in Bezug genommen und können schon allein aus diesem Grunde keine unmittelbare standesrechtliche Verbindlichkeit beanspruchen. Dies schließt andererseits nicht aus, daß ein Verhalten, das ihnen widerspricht, gegen die ärztliche Pflicht zur gewissenhaften Berufsausübung verstößt und damit auch standesrechtlich sanktionierbar ist.[47] Im Mittelpunkt dieser Richtlinien, die dem Arzt ausdrücklich seine Verantwortung in der konkreten Situation nicht abnehmen und lediglich eine Orientierungshilfe sein wollen, steht die Betonung des Patientenwillens sowie die strikte Ablehnung sowohl der aktiven Sterbehilfe als auch der Beihilfe zur Selbsttötung. Daneben wird die Thematik der passiven Sterbehilfe ebenso behandelt wie der allgemeine Umgang mit Sterbenden, die Ermittlung des mutmaßlichen Willens im Falle der Einwilligungsunfähigkeit des Patienten in der konkreten Behandlungssituation sowie die Bedeutung des Patiententestamentes für das Handeln des Arztes.

Auf die in den von der Bundesärztekammer verabschiedeten "Grundsätzen der ärztlichen Sterbebegleitung" enthaltenen Handlungsanleitungen wird bei der Erörterung der Einzelaspekte der Sterbehilfe jeweils gesondert zurückzukommen sein.

Zusammenfassend bleibt für den Bereich des ärztlichen Standesrechtes festzuhalten, daß bis zum heutigen Tage weder die internationalen Ärztevereinigungen noch auf nationaler Ebene die Ärztekammern im Rahmen der von ihnen erlassenen Berufsordnungen die Grenzen des ärztlichen Behandlungsauftrages verbindlich so präzise formuliert haben, daß sich hieraus konkrete, praktisch handhabbare Handlungsanweisungen ableiten ließen. Diesem Versuch unterziehen sich zwar die Grundsätze der ärztlichen Sterbebegleitung der Bundesärztekammer, sie sind jedoch standesrechtlich nicht bindend und stellen daher letztlich nicht mehr als einen - wenn auch nicht unbedeutenden - Diskussionsbeitrag zur Problematik der Sterbehilfe dar.

---

[46] Bundesärztekammer, Grundsätze der ärztlichen Sterbebegleitung, NJW 1998, 3406 f.
[47] K.M. v. Lutterotti, Ärztliche Handlungsanleitungen im Grenzbereich von Leben und Tod, S. 9

II. Begründung der ärztlichen Hilfeleistungspflicht im Einzelfall

1. Hilfeleistungspflicht kraft Gesetzes

a. Bereitschaftsdienst

Aufgabe des Bereitschaftsdienstes ist es, die ambulante ärztliche Versorgung in dringenden Fällen außerhalb der üblichen Sprechstunden sicherzustellen. Der Notfallarzt soll diejenigen Sofortmaßnahmen durchführen, die im gesundheitlichen Interesse der Patienten keinen Aufschub dulden.[48]

Der niedergelassene Arzt ist nach den Kammer- und Heilberufsgesetzen der Länder und ihrer näheren Ausgestaltung durch die Berufsordnungen zur Teilnahme am Notfalldienst verpflichtet, wobei unterstellt wird, daß dieser Dienst von den Ärztekammern getragen wird.[49]

Für die in der gesetzlichen Krankenversicherung versicherten Patienten ist von den kassenärztlichen Vereinigungen ein Notdienst einzurichten.[50] Rechtsgrundlage der Verpflichtung zur Teilnahme an diesem Bereitschaftsdienst ist für den Kassenarzt die Sozialbindung der kassenärztlichen Berufsausübung,[51] die von dem Grundgedanken beherrscht wird, dem elementaren Interesse der versicherten Bevölkerung an ausreichender ärztlicher Versorgung sachgemäß zu entsprechen. Sie wird dadurch konkretisiert, daß der Sicherstellungsauftrag der kassenärztlichen Vereinigungen gemäß § 75 Abs. 1 SGB V den Notdienst umfaßt.[52]

Nach den vorgenannten Vorschriften müßten somit grundsätzlich zwei getrennte Notfalldienste eingerichtet werden. In der Praxis haben sich jedoch die kassenärztlichen Vereinigungen und die Ärztekammern auf die Einrichtung eines gemeinsamen Notdienstes verständigt, dessen Organisation in gemeinsamen Notfalldienstordnungen geregelt ist. Dabei werden zumeist die kassenärztlichen Vereinigungen mit der Organisation des Bereitschaftsdienstes beauftragt.[53]

---

[48] Laufs, Arztrecht, RNr. 136
[49] Hess in: Kasseler-Kommentar zum Sozialversicherungsrecht, § 75 SGB V RNr. 23
[50] § 75 Abs. 1 S. 2 SGB V
[51] BSGE 33, 165 (166)
[52] Erlinger, Behandlungsfreiheit und ärztliche Behandlungspflicht, S. 118; Wiegand, Kassenarztrecht, Kommentar zu §§ 69 - 106 SGB V, § 75 RNr. 7a: Ein Arzt, der die Voraussetzungen für die Zulassung als Vertragsarzt erfüllt, ist in der Regel auch geeignet, am vertragsärztlichen Not- und Bereitschaftsdienst teilzunehmen. Dies gilt in gleicher Weise für Fachärzte.
[53] Hess in: Kasseler-Kommentar zum Sozialversicherungsrecht, § 75 SGB V RNr. 23; Martens, Zum ärztlichen Notfalldienst, NJW 1970, 494

Da der Notfallarzt in seinem Tätigkeitsgebiet über eine faktische Monopolstellung verfügt, sind auf ihn die für diese Fälle entwickelten Grundsätze des Kontrahierungszwanges,[54] beschränkt auf den Bereich der Hilfeleistung, anzuwenden.
In strafrechtlicher Hinsicht ist eine Garantenstellung des Bereitschaftsarztes im Sinne des § 13 Abs. 1 StGB anzuerkennen, so daß sich der Arzt im Falle des Untätigbleibens unter dem Gesichtspunkt der unechten Unterlassungsdelikte der vorsätzlichen bzw. fahrlässigen Körperverletzung oder Tötung strafbar machen kann.[55]

---

[54] Bydlinski, Zu den dogmatischen Grundfragen des Kontrahierungszwanges, AcP 180 (1980), S. 1 (9 ff.); Nach Kilian, Kontrahierungszwang und Zivilrechtssystem, AcP 180 (1980), 47 (57) ist ein allgemeiner Satz des Inhalts, daß Unternehmer in faktischer Monopolstellung einem Abschlußzwang unterlägen, nicht anzuerkennen. Ein solcher Grundsatz widerspreche dem gesetzlichen Grundsatz der Vertragsfreiheit. Die tatsächliche Monopolstellung sei für den Kontrahierungszwang nur eine notwendige, nicht aber eine hinreichende Bedingung. Hinzukommen müsse vielmehr entweder eine öffentliche Zweckbestimmung der angebotenen Leistung, deren Unentbehrlichkeit für das Gemeinwohl oder den Geschäftsverkehr, das Interesse der Allgemeinheit an der Leistungserbringung oder aber die Gefährdung notwendiger Lebensbedürfnisse oder Belange des einzelnen (vgl. hierzu auch RGZ 48, 114, 127; RGZ 133, 388, 390 ff.; RGZ 148, 364, 373).
Umstritten bleibt dabei im einzelnen, ob beim Vorliegen des Kontrahierungszwanges die Pflicht zur Abgabe einer Vertragserklärung (Nipperdey, Kontrahierungszwang und diktierter Vertrag, 30 f., 88), eine gesetzliche Pflicht zur Erbringung einer Sach- oder Dienstleistung (Molitor, Zur Theorie des Vertragszwanges, Iherings Jahrbücher 73 (1923), 1, 31 f.) oder, je nach Schutzbedürftigkeit, beide Pflichten parallel zueinander bestehen (so Bydlinski, Zu den dogmatischen Grundfragen des Kontrahierungszwanges, AcP 180 (1980), 1, 24 f.).

[55] Für die von der Rechtsprechung befürwortete formelle Rechtspflichttheorie, nach der die Garantenstellung sich insbesondere aus der klassischen Trias Vertrag, Gesetz oder Ingerenz ergibt, folgt dies schon allein aus der Tatsache, daß die Verpflichtung zur Teilnahme am Bereitschaftsdienst auf einem formellen Gesetz beruht (BGHSt 7, 211, 212; OLG Hamm NJW 1975, 604, 605).
In der Literatur wird demgegenüber zur Begründung der Garantenstellung vor allem auf das besondere Vertrauen hingewiesen, das der Bereitschaftsarzt durch die Aufnahme seiner Tätigkeit begründe (Seelmann in: Alternativkommentar StGB, § 13 RN 101). Er signalisiere hierdurch seine Handlungsbereitschaft und übernehme gleichsam eine Garantie für die Übernahme der Behandlung (Jakobs, Strafrecht AT, 29/46; Otto/Brammsen, Die Grundlagen der strafrechtlichen Haftung des Garanten wegen Unterlassens, Jura 1985, 592, 595).
Daneben wird die Begründung der Garantenstellung auch aus dem Gesichtspunkt der Gefahrschaffung hergeleitet. Ein besonderes Gefahrenmoment ergebe sich daraus, daß andere Ärzte im Vertrauen auf die Übernahme des Bereitschaftsdienstes ihre eigene Tätigkeit einschränkten (Arzt, Zur Garantenstellung beim unechten Unterlassungsdelikt, JA 1980, 647, 651; Stree, Garantenstellung kraft Übernahme in: Festschrift für H. Mayer, S. 145, 160).
Wieder andere stellen darauf ab, daß der Bereitschaftsarzt durch die Übernahme einer elementaren Schutzaufgabe eine besondere soziale Funktion erhalte und eine allgemeine Erwartungshaltung auslöse, die die Annahme einer Garantenstellung rechtfertige (Brammsen, Die Entstehungsvoraussetzungen der Garantenpflichten, S. 212).
Allein die Literaturauffassung, die der Herrschaftstheorie folgt und daher nur dann von einer Garantenstellung ausgeht, wenn eine vom Willen getragene tatsächliche Herrschaft des Täters über die wesentlichen Erfolgsursachen und hinsichtlich der Anfälligkeit des Opfers gegeben sei (Schünemann, Grund und Grenzen der unechten Unterlassungsdelikte, S. 243, 359), lehnt die Garantenstellung des Arztes ab. Der Bereitschaftsarzt übernehme die Position sämtlicher verfügbarer Ärzte seiner Region. Da diese aber selbst keine Herrschaft über die dort befindlichen Personen ausübten, könnten sie auf den Bereitschaftsarzt auch keine solche Herrschaft übertragen. Es fehle daher an einer hinreichend konkreten und prästabilisierten Herrschaftsbeziehung (Schünemann, Grund und Grenzen der unechten Unterlassungsdelikte, S. 353; Ranft, Rechtsprechungsbericht zu den Unterlassungsdelikten - Teil 2, JZ 1987, 908, 914; ähnlich Bockelmann, Strafrecht des Arztes, S. 23). Im Ergebnis gelangt diese Ansicht lediglich zur Strafbarkeit des Bereitschaftsarztes wegen unterlassener Hilfeleistung gemäß § 323 c StGB.

b. Rettungsdienst

Für den öffentlichen Rettungsdienst, der auf den Rettungsdienst- oder Feuwehrgesetzen der Länder beruht, haben sich die Begriffe "Notarzt"[56] oder "Arzt im Rettungsdienst"[57] durchgesetzt. Der Notarztdienst ist bestrebt, den notfallmedizinisch geschulten Arzt so in die Rettungskette einzubinden, daß das Rettungsdienstwesen stets einsatzbereit und funktionsfähig ist, mit dem geringstmöglichen Zeitverzug den Einsatzort erreicht und dort über alle personellen und sachlichen Hilfsmittel verfügt, die für die Lebensrettung erforderlich sind.[58] Der bei der Notfallrettung eingesetzte Arzt hat kraft der landesgesetzlichen Regelungen die Pflicht, das Leben von Notfallpatienten zu erhalten. Als Notfallpatienten gelten diejenigen Verletzten oder Kranken, die sich in Lebensgefahr befinden, oder bei denen schwere gesundheitliche Schäden zu befürchten sind, wenn sie nicht unverzüglich medizinische Hilfe erhalten.[59]

Auch der Notarzt ist als Garant im Sinne des § 13 Abs. 1 StGB anzusehen.[60]

c. Stationäre Krankenhausaufnahme

Die Krankenhausgesetze der Länder gewähren einen Anspruch auf stationäre Behandlung im Bedarfsfalle.[61] Der Anspruchstatbestand ist zweistufig ausgestaltet: Der

---

Gegen die Herrschaftstheorie spricht entscheidend, daß sie keine hinreichende strafrechtliche Absicherung des im Interesse des Allgemeinwohls gesetzlich verankerten Notfalldienstes gewährleistet. Könnte der Bereitschaftsarzt bis zur tatsächlichen Behandlungsübernahme frei darüber entscheiden, ob er einen bestimmten Patienten annehmen möchte oder nicht, würde die Institution des Notfalldienstes insgesamt in Frage gestellt werden. Niemand könnte mehr darauf vertrauen, daß der Bereitschaftsarzt im Bedarfsfalle tatsächlich alles ihm Mögliche versuchen wird, um ihm zu helfen. Dies kann weder im Hinblick auf das schutzwürdige Vertrauen, das der einzelne Bürger der Einrichtung des Notdienstes entgegenbringt, noch unter Berücksichtigung der Interessen der Allgemeinheit an einem leistungsfähigen und jederzeit einsatzbereiten Gesundheitswesen hingenommen werden. Der Rückzug der Herrschaftstheorie auf die Strafbarkeit des die Behandlung unterlassenden Bereitschaftsarztes wegen unterlassener Hilfeleistung trägt der Bedeutung dieses überragend wichtigen Gemeinschaftsgutes ebensowenig Rechnung wie der besonderen Verantwortung, die der Bereitschaftsarzt durch die Übernahme des Dienstes auf sich nimmt.

56 Lippert, Die Stellung des Notarztes, MedR 1984, 41

57 Narr, Ärztliches Berufsrecht, RNr. 1175

58 Laufs, Arztrecht, RNr. 135

59 Lippert, Die Stellung des Notarztes, MedR 1984, 41 (43)

60 Für die formelle Rechtspflichttheorie folgt dies unmittelbar aus den pflichtenbegründenden Regelungen der Rettungsdienst- oder Feuerwehrgesetze der Länder. Die Vertrauensschutzerwägungen, die von der Literatur im Hinblick auf die Garantenstellung des Bereitschaftsarztes vorgebracht werden, können hier in gleicher Weise Geltung beanspruchen. Sie stehen letztlich auch für den Bereich des Rettungsdienstes einer Anwendung der Herrschaftstheorie entgegen.

hilfsbedürftige Patient hat zunächst gegen den Krankenhausträger einen Anspruch auf Aufnahme in das Krankenhaus.[62] Durch die Aufnahme wiederum erlangt er unmittelbar kraft Gesetzes einen Anspruch auf eine seiner Krankheit angemessene Behandlung gegenüber den für seine Betreuung verantwortlichen Personen, insbesondere gegenüber dem behandelnden Arzt, ohne Rücksicht auf seine wirtschaftliche Leistungsfähigkeit.[63] Dieser ist ab dem Zeitpunkt der Krankenhausaufnahme dem Patienten als Garant für die Durchführung der Behandlung rechtlich verantwortlich.[64]

2. Hilfeleistungspflicht durch Niederlassung bzw. Anbringen des Praxisschildes

In der Literatur wird teilweise die Ansicht vertreten, den Arzt treffe eine allgemeine Behandlungspflicht aufgrund der öffentlich-rechtlichen Natur des ärztlichen Berufes.[65] Der Arzt stelle sich mit seiner Niederlassung in den Dienst der leidenden Menschheit. Er übe kein Gewerbe aus, das allein dem Gelderwerb diene, sondern habe sich in erster Linie aus Menschenliebe dem Dienst an den Kranken zu widmen.[66] Dies ergebe sich auch aus § 1 Abs. 1 der BÄO ("Der Arzt dient der Gesundheit des einzelnen Menschen und des gesamten Volkes")[67] und dem allgemeinen ärztlichen Gelöbnis, das den Berufsordnungen vorangestellt sei.

---

[61] In Hessen: § 5 Hessisches Krankenhausgesetz (HKHG) vom 18. Dezember 1989 (GVBl. I S. 452), in Rheinland Pfalz: § 34 Rheinland-Pfälzisches Landeskrankenhausgesetz vom 28. November 1986 (GVBl. S. 342), zuletzt geändert durch Gesetz vom 17. November 1995 (GVBl. S. 485)

[62] vgl. § 5 Abs. 1, Abs. 2 Satz 1 HKHG

[63] vgl. § 5 Abs. 2 Satz 2 HKHG

[64] Die formelle Rechtspflichttheorie leitet dies unmittelbar aus den Normen der Krankenhausgesetze der Länder ab. Aus diesen ergibt sich auch ein berechtigtes Vertrauen des Patienten im Sinne der Argumentation von Teilen der Literatur sowohl auf Aufnahme im Krankenhaus als auch auf die Durchführung der erforderlichen Behandlung durch den zuständigen Arzt.
Durch die Aufnahme des Hilfsbedürftigen nimmt der Krankenhausträger diesem die Möglichkeit, andere Stellen um eine Behandlung zu ersuchen, so daß auch der Aspekt der Gefahrerhöhung für eine Garantenstellung des behandelnden Arztes spricht.
Bei der vorliegenden Konstellation dürfte aber auch die Herrschaftstheorie schließlich zu keiner abweichenden Bewertung gelangen, da vor der Aufnahme in das Krankenhaus der zuständige Arzt gemäß § 5 Abs. 1 S. 2 HKHG über die Notwendigkeit der stationären Behandlung zu entscheiden hat. Bei der Prüfung dieser Voraussetzungen aber dürfte er bereits eine derart gesicherte konkrete Herrschaftsbeziehung gegenüber dem Patienten und seiner Krankheit begründen, daß er sich der weiteren Behandlung nach der Feststellung ihrer Erforderlichkeit nicht mehr einseitig straflos entziehen kann.

[65] E. Schmidt, Der Arzt im Strafrecht in: Ponsold, Lehrbuch der gerichtlichen Medizin, 2. Aufl., S. 1 (6); E. Schmidt, Die Besuchspflicht des Arztes unter strafrechtlichen Gesichtspunkten, S. 18; Spann, Ärztliche Rechts- und Standeskunde, S. 75, 104 f.

[66] Spann, Ärztliche Rechts- und Standeskunde, S. 75

[67] Schulz, Ärztliche Hilfeleistungspflicht bei Unglücksfällen, Medizinische Klinik 1966, S. 1018

Die so begründete Behandlungspflicht beanspruche für den Arzt, der eine Allgemeinpraxis betreibe, in einem sehr viel umfassenderen Sinne Geltung als für den Facharzt oder den Arzt in einer Klinik. Während der praktische Arzt in jedem Falle verpflichtet sei, wenigstens die erste Versorgung in Notfällen zu übernehmen, weil er sich mit der Niederlassung der Allgemeinheit zur ärztlichen Versorgung anbiete und daher dem Staat gegenüber als Garant für den Nichteintritt schädigender Folgen einzustehen habe,[68] könne dies für den Facharzt, der sich der Allgemeinheit von vornherein zu anderen Leistungen anbiete, ebensowenig gelten wie für den im Krankenhaus tätigen Arzt. Während der Facharzt lediglich dann verpflichtet sei, die erste ärztliche Versorgung eines Patienten zu übernehmen, wenn die ortsansässigen praktischen Ärzte nicht erreichbar seien,[69] erwachse dem Krankenhausarzt nur in den außergewöhnlichen Fällen die Verpflichtung, einem gefährlich Erkrankten durch einen Hausbesuch zu helfen, in denen alle anderen ärztlichen Versorgungsmöglichkeiten ausfielen, was insbesondere am Wochenende vorkommen könne.[70]

Diese Auffassung vermag nicht zu überzeugen. Der Appell an die Menschenliebe und das Berufsethos des Arztes verweisen lediglich auf seine sittlich-moralischen Verpflichtungen. Diese allein können jedoch niemals Rechtspflichten begründen.[71] Wie jedes moralische Gebot, so binden auch standesethische Pflichtenregelungen zunächst nur intern. Sofern der Gesetzgeber sie nicht ausdrücklich verrechtlicht, erhalten sie eine allgemeinrechtliche Wirkung höchstens im Wege der Transformation in Form einer Ausfüllung allgemeiner Rechtsbegriffe, wie etwa der guten Sitten gem. § 138 BGB.[72] Eine solche Transformation aber scheitert vorliegend schon daran, daß das standesethische Maximum zur Rechtspflicht erhoben werden müßte, während im Falle einer Transformation ethischer Grundsätze grundsätzlich nur auf das ethische Minimum abgestellt werden darf.[73]

Eine Rechtspflicht folgt auch nicht aus § 1 Abs. 1 BÄO, da der darin ausgesprochenen Verpflichtung des Arztes zum Dienst an der Gesundheit mangels Gesetzgebungskompetenz des Bundes für die ärztliche Berufsausübung lediglich programmatischer Charakter zukommt.[74] Das allgemeine ärztliche Gelöbnis hat demgegenüber zwar durch seine Nennung in den Berufsordnungen über die Kammer- und

---

[68] E. Schmidt, Die Besuchspflicht des Arztes unter strafrechtlichen Gesichtspunkten, S. 20; Spann, Ärztliche Rechts- und Standeskunde, S. 75, 104
[69] Spann, Ärztliche Rechts- und Standeskunde, S. 77
[70] E. Schmidt, Die Besuchspflicht des Arztes unter strafrechtlichen Gesichtspunkten, S. 22 f.
[71] BGHSt 7, 268 (271);Wessels, Strafrecht AT, RNr. 715
[72] Kreuzer, Ärztliche Hilfeleistungspflicht bei Unglücksfällen, S. 87
[73] Niemann, Die privatautonome Gestaltung, S. 39
[74] vgl. hierzu auch die Ausführungen zu B. I.

Heilberufsgesetze der Länder eine gesetzliche Legitimation erfahren. Ob sich aus ihm jedoch eine rechtliche Verpflichtung des Arztes herleiten läßt, erscheint zweifelhaft. Da das Gelöbnis, das im übrigen von keinem Arzt ausdrücklich abgelegt wird,[75] der Berufsordnung lediglich als solches vorangestellt ist, ohne daß hieraus in den nachfolgenden Regelungen konkrete rechtliche Folgerungen gezogen würden, steht auch hier die sittlich-moralische Appellfunktion zumindest im Vordergrund.

Abgesehen davon aber sind die Formulierungen sowohl in § 1 Abs. 1 BÄO als auch in dem allgemeinen ärztlichen Gelobnis viel zu unbestimmt, als daß sich hieraus die konkrete ärztliche Verpflichtung ableiten ließe, Tag und Nacht einsatzbereit zur Verfügung zu stehen.

Der Verweis auf die Einbindung des Arztes in die öffentliche Aufgabe der Gesundheitsfürsorge ist für sich genommen ebenfalls nicht geeignet, eine unbegrenzte Behandlungsverpflichtung zu begründen. Aus dieser Feststellung ergibt sich lediglich, daß der Staat dort kraft seiner Organisationsgewalt Schutzmaßnahmen im Interesse der Krankenversorgung ergreifen muß, wo der freie ärztliche Berufsstand deren Zielsetzungen von sich aus nicht zu verwirklichen vermag.[76]

Demgegenüber steht die Wahrnehmung einer öffentlichen Aufgabe keineswegs der Ausübung eines öffentlichen Amtes gleich. Dazu bedürfte es zumindest einer Beleihung durch den Staat, die aber gegenüber dem Ärztestand gerade nicht ausgesprochen wird. Sie ist insbesondere auch nicht von der Bestallung oder Niederlassung umfaßt, so daß der Arzt, der selbständig seinen Heilberuf ausübt, nicht Amtsträger, sondern freier Unternehmer ist.[77] Die öffentlich-rechtliche Beziehung des Arztes zur Allgemeinheit dient somit nicht der Begründung öffentlich-rechtlicher Berufspflichten.[78]

Eine unbegrenzte Behandlungsverpflichtung würde ferner weit über die heutige Erwartungshaltung der Bevölkerung hinausgehen, die in dem praktischen Arzt einen Dienstleister sieht, der seine Tätigkeit mit festgelegten Öffnungszeiten und beschränkten Kapazitäten erbringt.

---

[75] Erlinger, Behandlungsfreiheit und ärztliche Behandlungspflicht, S. 41
[76] Kreuzer, Ärztliche Hilfeleistungspflicht bei Unglücksfällen, S. 83
[77] Niemann, Die privatautonome Gestaltung, S. 38
[78] Kreuzer, Ärztliche Hilfeleistungspflicht bei Unglücksfällen, S. 83; Stree in: Schönke/Schröder, StGB, § 13 RNr. 28 a

Schließlich aber würde die dargestellte Auffassung von der Begründung der Behandlungspflicht kraft Niederlassung auch die Einrichtung des Notfalldienstes in Frage stellen. Denn wenn ohnehin jeder Arzt ständig einsatzbereit seinen Patienten und der Allgemeinheit zur Verfügung stehen müßte, wäre nicht einzusehen, weshalb daneben ein gesonderter Bereitschaftsdienst bestehen sollte. Gerade die tatsächlichen Gege-benheiten des modernen Gesundheitswesens lassen somit die Annahme einer in zeitlicher und personeller Hinsicht unbegrenzten Behandlungsverpflichtung des niedergelassenen Arztes überholt erscheinen.

In der Niederlassung des Allgemeinarztes und dem Anbringen des Praxisschildes ist daher nach allgemeinen zivilrechtlichen Grundsätzen lediglich eine invitatio ad offerendum zu sehen, darüber hinausgehende rechtliche Verpflichtungen gehen hiermit nicht einher.

Auch die Fälle der faktischen Monopolstellung, die etwa dann gegeben sein können, wenn sich ein Allgemeinmediziner in einer Gegend niederläßt, in der es weder eine Klinik noch eine andere allgemeinärztliche Praxis gibt, unterliegen letztlich keiner abweichenden Bewertung. Zwar wird sich der Arzt in einem solchen außergewöhnlichen Falle bereiterklären müssen, im Rahmen des ihm Zumutbaren weit mehr Notfalldienste zu übernehmen, als dies heutzutage beispielsweise in Großstädten üblich ist. Seine Verpflichtung zur Sicherstellung der gesundheitlichen Versorgung der Bevölkerung ergibt sich jedoch selbst dann außerhalb seiner üblichen Praxiszeiten allein aus dem Gesichtspunkt der Übernahme des Bereitschaftsdienstes, nicht aber aus der Tatsache der Niederlassung an sich.

Anders stellt sich die Situation allein in denjenigen Fällen dar, in denen der Arzt sich verpflichtet, die Fürsorge für einen bestimmten abgegrenzten, gefährlichen Lebensbereich zu übernehmen, und ihm dadurch bedingt eine Hilfsmonopolstellung zuteil wird (z. B. der Schiffsarzt gegenüber der Besatzung und den Passagieren, der Militärarzt gegenüber den Soldaten). Bereits in der Übernahme des Dienstes liegt dann seine Hilfeleistungspflicht gegenüber dem geschützten Personenkreis begründet.[79] Sie ist in gleicher Weise zu beurteilen wie die des Not- oder des Bereitschaftsarztes.[80]

---

[79] Niemann, Die privatautonome Gestaltung, S. 36

[80] vgl. oben B. II. 1. a. und b.

3. Hilfeleistungspflicht kraft Vertrages

Durch den Abschluß eines Behandlungsvertrages verpflichtet sich der Arzt zur Übernahme der Behandlung des Patienten.

Zwischen dem niedergelassenen Arzt und dem *Privatpatienten* kommt dabei ein privatrechtlicher Vertrag zustande, der in aller Regel als Dienstvertrag zu qualifizieren ist.[81] Der Arzt schuldet folglich grundsätzlich lediglich die Erbringung seiner Dienste, nicht aber auch den Heilerfolg.[82]

Die rechtliche Bewertung des Rechtsverhältnisses zwischen dem Vertragsarzt[83] und dem *Kassenpatienten* ist hingegen umstritten. Die Rechtsprechung[84] und Teile der Literatur[85] ordnen es ebenfalls dem Zivilrecht zu, während ein anderer Teil der Literatur[86] eine öffentlich-rechtliche Rechtsbeziehung annimmt.[87]

---

[81] Kraft in: Soergel, BGB, RNr. 104 vor § 611; teilweise werden jedoch auch werkvertragliche Regeln herangezogen: So stellt sich der reine Diagnosevertrag als Werkvertrag dar, soweit es um die Mitteilung der nach dem Stand der Wissenschaft möglichen Erkenntnis über die Krankheit des Patienten geht (Deutsch, Medizinrecht, RNr. 64). In gleicher Weise dürfte eine vom Arzt erteilte abstrakte Auskunft am Telephon nach den Vorschriften des Werkvertrages zu beurteilen sein, z.B. wenn er den Patienten auf entsprechende Nachfrage darüber informiert, welche Maßnahmen generell in einer speziellen Situation angeraten sein können (Impfungen bei Auslandsreisen, Verhalten bei bestimmten Arten von Verletzungen oder Krankeiten), wenn nicht zugleich auch die Behandlung des Patienten durch den Arzt ins Auge gefaßt wird.
Die Leistungen des Zahnarztes werden zwar grundsätzlich nach Dienstvertragsrecht beurteilt, bezüglich der technischen Anfertigung einer Prothese finden jedoch die Gewährleistungsregeln des Werkvertragsrechtes Anwendung (BGH NJW 1975, 305, 306; Putzo in: Palandt, BGB, RNr. 18 vor § 611 BGB).
Abweichend hiervon vertritt Wiethölter die Auffassung, daß wegen der ethischen Besonderheiten in der Rechtsbeziehung zwischen Arzt und Patient von einem Vertrag sui generis (§ 305 BGB) auszugehen sei (Wiethölter, Arzt und Patient als Rechtsgenossen in: Stiftung zur Förderung der wissenschaftlichen Forschung, Die Aufklärungspflicht des Arztes, S. 71, 104 f.). Diese Auffassung hat sich jedoch nicht durchsetzen können (Raabe/Vogel, Medizin und Rechtsprechung, S. 17).

[82] Winkler-Wilfurth, Betreuung und Heilbehandlung, S. 26

[83] Durch das Gesundheitsstrukturgesetz vom 21.12.1992 (BGBl. I, S. 2266) wurde der bis dahin gebräuchliche Begriff des Kassenarztes durch den des Vertragsarztes ersetzt (Tiemann, Wandel vom Kassenarzt zum Vertragsarzt, VSSR 1994, S. 407, 418).

[84] BGHZ 76, 259 (261); BGHZ 100, 363 (367 f.)

[85] Müller-Glöge in: Münchner-Kommentar, BGB, § 611 RNr. 49; Kraft in: Soergel, BGB, RNr. 105 vor § 611; Richardi in: Staudinger, BGB, RNr. 1252 vor § 611; Ehlers, Ärztliche Aufklärung, S.40; Röver, Einflußmöglichkeiten des Patienten im Vorfeld einer medizinischen Behandlung, S. 70

[86] Krauskopf, Die Rechtsbeziehungen zwischen Kassenarzt und Kassenpatient, Die Sozialversicherung 1968, S. 300 (301); Krauskopf/Schroeder-Printzen, Soziale Krankenversicherung, § 368 d Anm. 5; Haueisen, Die Rechtsgrundlage der Beziehungen zwischen Kassenarzt und Kassenpatient, NJW 1956, 1745 (1746); Krause, Die Rechtsbeziehungen zwischen Kassenarzt und Kassenpatient, Sozialgerichtsbarkeit 1982, S. 425 (430); Westermann in: Erman, BGB, § 328 RNr. 22; die kassenärztliche Tätigkeit dient danach nicht der Erfüllung vertraglicher, nach den Vorschriften des Privatrechts zu beurteilender Verpflichtungen des Kassenarztes gegenüber dem einzelnen Kassenpatienten, sondern vielmehr der Erfüllung mitgliedschaftlicher, nach den Grundsätzen des Öffentlichen Rechts zu beurteilender Pflichten gegenüber der kassenärztlichen Vereinigung, der der einzelne Kassenarzt als Mitglied angehört.

Selbst unter denjenigen aber, die von einer privatrechtlichen Konstruktion ausgehen, bestehen unterschiedliche Auffassungen darüber, ob der Vertrag zwischen der Krankenkasse und dem leistungserbringenden Arzt für den Patienten als Vertrag zugunsten Dritter im Sinne des § 328 Abs. 1 BGB zustandekommt,[88] oder ob der Patient einen gesonderten Dienstvertrag mit dem Arzt abschließt.[89]

Bei der *stationären Behandlung im Krankenhaus* sind drei unterschiedliche Vertragskonstruktionen möglich: Ist der Krankenhausträger alleiniger Vertragspartner

---

[87] Der Streit hat seine Grundlage im wesentlichen in den Vorschriften des § 95 Abs. 3 SGB V, der zum 01.01.1989 an die Stelle des § 368 a Abs. 4 RVO getreten ist, sowie des § 76 Abs. 4 SGB V, dem vormals die Regelung des § 368 d Abs. 4 RVO entsprach. § 76 Abs. 4 SGB V lautet: "Die Übernahme der Behandlung verpflichtet die in Absatz 1 genannten Personen oder Einrichtungen [u. a. zugelassene oder ermächtigte Ärzte] dem Versicherten gegenüber zur Sorgfalt nach den Vorschriften des bürgerlichen Vertragsrechts."
Während nun teilweise die Verweisung auf das bürgerliche Recht dahingehend gedeutet wird, daß das gesamte Rechtsverhältnis dem Privatrecht unterfalle (Stern, Beginn und Ende des Kassenarztvertrages, Die Sozialversicherung 1968, S. 111), lehnen dies andere mit dem Hinweis darauf ab, es handle sich bei der Vorschrift um eine Fiktion (Krause, Die Rechtsbeziehungen zwischen Kassenarzt und Kassenpatient, Die Sozialgerichtsbarkeit 1982, S. 425, 430; Haueiser, Die Rechtsgrundlage der Beziehungen zwischen Kassenarzt und Kassenpatient, NJW 1956, 1745, 1746). Es sei zudem lebensfremd, dem Patienten, der sich unter Vorlage eines Krankenscheins zum Vertragsarzt begebe, die Absicht zu unterstellen, er wolle einen Dienstvertrag abschließen. Er mache vielmehr den gesetzlichen Behandlungsanspruch geltend. Im übrigen aber gebe es im Verhältnis zwischen Arzt und Patient nichts, was im Wege des Vertrages privatautonom gestaltet werden könnte (Krause, Die Rechtsbeziehungen zwischen Kassenarzt und Kassenpatient, Die Sozialgerichtsbarkeit 1982, 425, 430).
Eine vermittelnde Ansicht findet sich bei Hanau in: Erman, BGB, § 611 RNr. 48, der bei einer Behandlung, die im Rahmen der gesetzlichen Krankenversicherung durchgeführt wird, grundsätzlich von einem öffentlich-rechtlichen Rechtsverhältnis ausgeht, das lediglich im Bereich der Schutz- und Sorgfaltspflichten privatrechtlich überlagert werde.
Schindera stellt zutreffend fest, daß die Verweisung des § 76 Abs. 4 SGB V auf das bürgerliche Recht allein keine Rückschlüsse auf die Rechtsnatur des Behandlungsverhältnisses erlaubt (Schindera, Das Recht des Kassenarztes, S. 67). Andererseits spricht auch der sich aus dieser Vorschrift ergebende gesetzliche Anspruch *auf* Behandlung nicht zwingend gegen die Annahme eines gesonderten Vertrages bei deren Beginn (Eberhard, Zivilrecht und Sozialrecht in der Beziehung von Kassenarzt und Kassenpatient, AcP 171 (1971), S. 289, 315). Für die Annahme eines privatrechtlichen Rechtsverhältnisses dürfte letztlich die Erwägung sprechen, daß der Privatpatient sich in gleicher Weise wie der Kassenpatient mit dem betreffenden Arzt über die Aufnahme der Behandlung einigt. Da die Vorschriften des Bürgerlichen Gesetzbuches darüber hinaus am ehesten geeignet sind, dieses Verhältnis sachgerecht zu regeln, ist eine abweichende Beurteilung nicht sinnvoll. Auch die Aufspaltung der rechtlichen Beziehungen in einen privatrechtlichen und einen öffentlich-rechtlichen Teil ist weder sachlich geboten noch wird sie den Erwartungen der Beteiligten gerecht (Schindera, Das Recht des Kassenarztes, S. 69 f.).

[88] so die Rechtsprechung seit der grundlegenden Entscheidung des Reichsgerichts in JW 1915, 916; RGZ 165, 91 (106); BGH NJW 1951, 798; BGH VersR 1984, 264; BVerwG DÖV, 1963, 838; in der Literatur wird diese Auffassung teilweise übernommen: Müller-Glöge in: Münchner-Kommentar, BGB, § 611 RNr. 49; Laufs, Arztrecht, RNr. 87; Spann, Ärztliche Rechts- und Standeskunde in: Ponsold, Lehrbuch der gerichtlichen Medizin, 3. Aufl., S. 48 (49); diese Annahme beruht wesentlich auf dem die gesetzliche Krankenversicherung beherrschenden Prinzip, daß die Krankenkasse nicht nur die finanziellen Lasten der Behandlung des Kassenpatienten zu übernehmen, sondern die ärztliche Versorgung ihrer Mitglieder auch sachlich sicherzustellen hat.

[89] Deutsch, Medizinrecht, RNr. 52; Röver, Einflußmöglichkeiten des Patienten im Vorfeld einer medizinischen Behandlung, S. 70

des Patienten, spricht man von einem sog. "totalen Krankenhausvertrag".[90] Der Krankenhausträger verspricht gegen Leistung des "Großen Pflegesatzes" alle Leistungen, auch die ärztlichen. Seit dem Inkrafttreten des Krankenhausfinanzierungsgesetzes[91] und der Bundespflegesatzverordnung[92] stellt der totale Krankenhausvertrag den Regelfall dar.[93] Auch der Selbstzahler kann diese umfassende Leistung verlangen. Soweit die Ärzte nicht Organe des Krankenhausträgers sind, gelten sie als dessen Erfüllungsgehilfen.[94]

Im Rahmen des sog. "gespaltenen Krankenhausvertrages" kommt es zu einer gesonderten Berechnung der Dienste des Belegarztes: Während das Belegkrankenhaus dem Patienten die pflegerischen und medizinischen Dienste außerhalb der ärztlichen Leistungen zum "Kleinen Pflegesatz" schuldet, tritt der Belegarzt dem Patienten für seine eigenen Leistungen sowie die der nachgeordneten Ärzte seines Faches gesondert als Vertragspartner gegenüber.[95]

Den Krankenhausträgern steht es darüber hinaus frei, ihren Patienten die Möglichkeit zu bieten, die Leistung eines bestimmten Chefarztes oder seiner nachgeordneten Ärzte vertraglich in Anspruch zu nehmen. Macht der Patient hiervon Gebrauch, kommt ein Vertrag mit den leitenden Ärzten der jeweiligen Sparten zustande. Jedem Arzt steht dann der Vergütungsanspruch aus eigenem Recht originär zu.[96]

Regelmäßig bietet das Krankenhaus dem Patienten die ärztliche Wahlleistung gemäß § 22 BPflV an, durch die dem Patient zwei Schuldner gegenüberstehen, nämlich sowohl der Chefarzt als auch der Krankenhausträger (totaler Krankenhausvertrag mit Arztzusatzvertrag).[97] Allerdings besteht in gleicher Weise die Möglichkeit, daß der selbstliquidierende Arzt wie der Belegarzt hinsichtlich seiner ärztlichen Leistung alleiniger Vertragspartner des Patienten wird. Welche Vertragsgestaltung vorliegt, richtet sich nach der Vereinbarung im Einzelfall, wobei insbesondere die Auf-

---

[90] Laufs, Arztrecht, RNr. 89

[91] Krankenhausfinanzierungsgesetz in der Fassung vom 10.04.1991 (BGBl. I, S. 886), geändert am 21.12.1992 (BGBl. I, 2266, 2309 ff.)

[92] Bundespflegesatzverordnung vom 26.09.1994 (BGBl. I, S. 2750), zuletzt geändert am 18.12.1995 (BGBl. I, 2006)

[93] Röver, Einflußmöglichkeiten des Patienten im Vorfeld einer medizinischen Behandlung, S. 71

[94] Deutsch, Medizinrecht, RNr. 56

[95] Laufs, Arztrecht, RNr. 90

[96] Deutsch, Medizinrecht, RNr. 57; OLG Düsseldorf, VersR 1988, 91 (92)

[97] BGHZ 95, 63 (65); OLG Düsseldorf VersR 1988, 967; Röver, Einflußmöglichkeiten des Patienten im Vorfeld einer medizinischen Behandlung, S. 72

nahmebedingungen des Krankenhauses sowie die Krankenhaussatzung zu beachten sind.[98]

Bedeutsam ist der Unterschied der drei Vertragstypen zum einen im Hinblick auf die Haftung für das Handeln von Gehilfen. Beim totalen Krankenhausvertrag (mit oder ohne Arztzusatzvertrag) haftet der Krankenhausträger für die Ärzte als verfassungsmäßig berufene Vertreter (§§ 31, 89 BGB), Erfüllungs- (§ 278 BGB) oder Verrichtungsgehilfen (§ 831 BGB). Der Chefarzt ist dabei immer dann als verfassungsmäßig berufener Vertreter anzusehen, wenn er im medizinischen Bereich zum weisungsfreien Handeln berechtigt ist.[99] Beim gespaltenen Krankenhausvertrag haftet der Krankenhausträger dagegen nicht für das Handeln der selbstliquidierenden Ärzte als Hilfspersonen.

Der beamtete Chefarzt haftet im Falle des totalen Krankenhausvertrages aufgrund der Subsidiaritätsklausel des § 839 Abs. 1 Satz 2 BGB nicht persönlich, da für den Patienten die Möglichkeit des Rückgriffs auf den Krankenhausträger als weiteren Schuldner besteht.[100]

Bei der *ambulanten Krankenhausbehandlung* ist im Hinblick auf die Vertragsverhältnisse wie folgt zu unterscheiden: Betreibt der Krankenhausträger die Ambulanz selbständig, so kommt ein Vertrag nur zwischen ihm und dem Patienten zustande, die Ärzte werden als seine Gehilfen tätig.[101] Ist dagegen einem Chefarzt die Erlaubnis erteilt worden, die Ambulanz als Nebentätigkeit zu betreiben, bestehen vertragliche Beziehungen ausschließlich im Verhältnis des Patienten zu ihm.[102]

---

[98] Laufs, Arztrecht, RNr. 91; Der BGH hat jedoch zu erkennen gegeben, daß im Zweifelsfalle vom Vorliegen eines totalen Krankenhausvertrages mit Arztzusatzvertrag auszugehen sei, da der Patient in aller Regel durch den Abschluß des zusätzlichen Vertrages nicht etwa den Krankenhausträger entlasten, sondern vielmehr einen zusätzlichen Schuldner hinzugewinnen wolle. Wird daher von seiten des Krankenhausträgers beabsichtigt, den selbstliquidierenden Arzt für die von ihm erbrachten Leistungen alleine haften zu lassen, bedarf dies eines ausdrücklichen Hinweises an den Patienten (BGH JZ 1993, 1062, 1063; BGHZ 95, 63, 68; ebenso Nüßgens in: RGRK, BGB, § 823 Anh. II RNr. 28 f.).

[99] BGH NJW 1980, 1901 (1902)

[100] BGHZ 95, 63 (68); Deutsch, Medizinrecht, RNr. 57

[101] Deutsch, Medizinrecht, RNr. 55

[102] BGHZ 100, 363 (367 f.); hinsichtlich der äußeren Umstände der Behandlung (Zugang zur Ambulanz, räumliche Sicherheit in der Klinik) dürfte der Patient Ansprüche aus dem zwischen dem Chefarzt und dem Krankenhausträger im Hinblick auf die Durchführung der Ambulanz abgeschlossenen Vertrag herleiten können, da insofern ein Vertrag mit Schutzwirkung zugunsten Dritter anzunehmen sein wird (Deutsch, Medizinrecht, RNr. 55).

Schließen sich Ärzte der gleichen Fachrichtung zum Betrieb einer *Gemeinschaftspraxis* zusammen, werden die Verträge für alle Ärzte gemeinsam geschlossen, sie alle haften als Gesamtschuldner gemäß §§ 705, 427 BGB.[103]

Von dieser Form der Gemeinschaftspraxis zu unterscheiden ist die Praxisgemeinschaft, die Ärzte verschiedener Fachrichtungen bilden. In diesem Falle bleiben die einzelnen Ärzte unabhängig voneinander und schließen mit den Patienten jeweils gesonderte Verträge.[104]

In strafrechtlicher Hinsicht ist auch für die Ärzte, die aufgrund eines Vertragsschlusses zur Behandlung eines Patienten verpflichtet sind, von einer Garantenstellung im Sinne des § 13 Abs. 1 StGB zumindest ab dem Zeitpunkt des Behandlungsbeginns auszugehen.[105]

---

[103] BGHZ 97, 273 (277); Steffen/Dressler, Arzthaftungsrecht, RNr. 62

[104] Deutsch, Medizinrecht, RNr. 52

[105] Unproblematisch ist dies zunächst in all den Fällen, in denen ein Arzt selbst den Vertragsschluß im eigenen Namen vornimmt (RGSt 10, 100, 101; BGHSt 5, 187, 190: allein der Vertragsschluß begründe die Garantenstellung; seit BGHSt 7, 211, 212 wird von der Rechtsprechung darüber hinaus gefordert, daß die ärztliche Behandlung auch tatsächlich aufgenommen worden sei).
Schwieriger gestaltet sich die Lage jedoch bei der stationären Behandlung im Krankenhaus, da die einzelnen an der Betreuung des Patienten mitwirkenden Ärzte am Vertragsschluß selbst in der Regel gar nicht beteiligt sind. Die Tätigkeit im Krankenhaus ist zunächst durch die hierarchisch gegliederte Arbeitsteilung zwischen Chefarzt, Oberarzt und Assistenzarzt gekennzeichnet, die sich durch die jeweils bestehende fachliche Weisungsbefugnis der übergeordneten Ebene auszeichnet (Wilhelm, Strafrechtliche Fahrlässigkeit bei Arbeitsteilung in der Medizin, Jura 1985, 183, 184). Daraus ergibt sich sowohl im Klinikalltag als auch im Nacht- oder Wochenenddienst eine Herrschaft des Chef- bzw. Oberarztes über das Verhalten der nachgeordneten Ärzte und damit auch über die Krankheit des Patienten. Der Dienstvorgesetzte teilt die ihm unterstehenden Ärzte zum Dienst ein, er kann allgemein durch Dienstanweisungen deren Verhalten lenken und schließlich im konkreten Einzelfall Weisungen erteilen. Seine Garantenstellung ist daher auch während seiner Rufbereitschaft zu bejahen (BGHSt NStZ 1983, 263). Anders dürfte nur dann zu entscheiden sein, wenn der Dienstvorgesetzte während seiner Rufbereitschaft von dem diensthabenden Arzt nicht über die Einlieferung eines bestimmten Patienten informiert wird, da in diesem Falle für den Hintermann schon rein faktisch keinerlei Einwirkungsmöglichkeiten auf das Geschehen bestehen (Erlinger, Behandlungsfreiheit und ärztliche Behandlungspflicht, S. 100).
Im Verhältnis der Ärzte unterschiedlicher Abteilungen eines Krankenhauses zueinander bestehen demgegenüber keinerlei Weisungsbefugnisse (Wilhelm, Strafrechtliche Fahrlässigkeit bei Arbeitsteilung in der Medizin, Jura 1985, 183, 184). Sind einzelne Abteilungen bei ihrer Tätigkeit auf die Hilfe einer anderen angewiesen, wie beispielsweise die Chirurgie auf die Anästhesiologie bei einer Operation, so sind die Ärzte beider Bereiche als Garanten anzusehen. Dies gilt selbst dann, wenn der Patient bis zur Operation stets nur Kontakt zu dem die Operation durchführenden Chirurgen hatte. Denn dem Patienten ist bei der Aufnahme ins Krankenhaus heutzutage klar, daß die Operation nicht ohne die Narkose des Anästhesisten durchgeführt werden kann, so daß er zumindest konkludent darin einwilligt, daß der primär behandelnde Arzt einen Teil der auszuübenden Funktionen an andere Spezialdisziplinen weitergibt. Dies aber bewirkt im Hinblick auf diese die Begründung der Garantenstellung, zumal der Patient auf die ordnungsgemäße Durchführung der Anästhesie vertraut und die Übertragung der Aufgaben an den Anästhesisten sich auch anfälligkeitsverändernd auf die Hilflosigkeit des Patienten auswirkt (Schünemann, Grund und Grenzen der unechten Unterlassungsdelikte, S. 345).

Das Vertragsverhältnis endet automatisch kraft Gesetzes sowohl im Falle des Todes des Arztes als Dienstverpflichtetem gemäß § 613 S. 1 BGB[106] als auch im Falle des Versterbens des Patienten, da das Dienstverhältnis entsprechend der Regelung des § 620 Abs. 2 BGB durch dieses Ereignis nach seinem Zweck und seiner Beschaffenheit an seine natürlichen Grenzen stößt. Gleichfalls erlischt das Schuldverhältnis im Falle des erfolgreichen Abschlusses der Behandlung im Wege der Erfüllung.[107] Vor diesem Zeitpunkt steht es den Vertragsparteien nach den allgemeinen Regeln frei, die Behandlung im beiderseitigen Einvernehmen durch den Abschluß eines Aufhebungsvertrages gemäß § 305 BGB zu beenden.

Übernimmt ein zweiter Arzt die Behandlung des Patienten, so ist die entsprechende Benachrichtigung des erstbehandelnden Arztes durch den Patienten als konkludente Kündigung des zwischen ihnen bestehenden Vertrages zu verstehen.[108] Da es sich bei den von ärztlicher Seite zu erbringenden Leistungen um Dienste höherer Art handelt, die auf Grund besonderen Vertrauens übertragen zu werden pflegen und auch nicht Gegenstand eines Arbeitsverhältnisses sind, steht beiden Vertragsparteien gemäß § 627 BGB grundsätzlich jederzeit ein außerordentliches Kündigungsrecht zu, das sowohl fristlos als auch befristet ausgeübt werden kann.[109] Freilich hat der Arzt in der Regel wegen der Schutzbedürftigkeit des Patienten die Behandlung fortzusetzen, bis dieser anderweitige ärztliche Hilfe in Anspruch nehmen kann. Etwas anderes gilt ausnahmsweise dann, wenn besondere Gründe für eine fristlose Kündigung durch den Arzt gegeben sind, die das Vertrauensverhältnis restlos zerstören, etwa bei fortgesetzter Verleumdung durch den Patienten. In diesem Falle kann der Arzt die Fortsetzung der Behandlung ablehnen, auch wenn der Patient noch keinen anderen Arzt gefunden hat.[110] Kündigt der Arzt dem Patienten dagegen gemäß § 627 Abs. 2 S. 1 BGB zur Unzeit, ist er dem Patienten unbeschadet der Wirksamkeit der Kündigung[111] zum Ersatz des daraus resultierenden Schadens gemäß § 627 Abs. 2 S. 2 BGB verpflichtet.

---

106 Putzo in: Palandt, BGB, § 613 RNr. 2
107 Dahm, Ärztliche Entscheidung unter Reanimationsbedingungen, S. 78
108 Deutsch, Medizinrecht, RNr. 78
109 Putzo in: Palandt, BGB, § 627 RNr. 6
110 Deutsch, Medizinrecht, RNr. 78
111 Putzo in: Palandt, BGB, § 627 RNr. 7

4. Hilfeleistungspflicht infolge faktischer Behandlungsübernahme

Die tatsächliche Übernahme der Behandlung verpflichtet den Arzt, diejenigen notwendigen Hilfsmaßnahmen zu ergreifen, die zur Abwehr der dem Patienten drohenden Rechtsgutverletzungen erforderlich sind, unabhängig davon, ob ein wirksamer Behandlungsvertrag zwischen ihnen zustandegekommen ist.[112] Die Rechtsprechung folgert aus der Behandlungsübernahme eine besondere sozialethische und rechtliche Gebundenheit des Arztes, die in der Schaffung einer konkreten Vertrauenslage grundgelegt ist.[113] Dem Kranken steht zudem ab dem Zeitpunkt der Begründung der Obhutsbeziehung keine andere Möglichkeit mehr zur Verfügung, Hilfe zu erlangen. Mit Rücksicht auf die Übernahme der Behandlung unterlassen er oder Dritte anderweitige Schutzvorkehrungen.[114]

Auch im strafrechtlichen Sinne ist daher die Garantenstellung des Arztes in einem solchen Fall nach allgemeiner Meinung zu bejahen.[115]

Wie lange die Behandlungsverpflichtung des Arztes währt, und welche Handlungen sie erfordert, richtet sich nach den Umständen des Einzelfalles. Jedenfalls steht es dem Arzt frei, die Fürsorge für den Patienten jederzeit einseitig zu beenden, soweit diesem dadurch keine aktuell nötige und keinen Aufschub duldende Hilfe versagt bleibt.[116] Der Kranke darf also durch die Beendigung der Obhutsbeziehung keiner konkreten Gefahrenlage ausgesetzt werden.

Andererseits kann auch der Patient auf den Schutz des Garanten jederzeit wirksam verzichten, sofern er über die erforderliche Einsichtsfähigkeit im Hinblick auf die Bedeutung und Tragweite seiner Entscheidung verfügt.[117] Denn unter Berücksichtigung des Selbstbestimmungsrechtes des Patienten[118] kann die Behandlungsaufnahme nicht zur Folge haben, daß er von nun an unwiderruflich der Entscheidungsgewalt des Arztes untersteht.[119]

---

[112] Otto/Brammsen, Die Grundlagen der strafrechtlichen Haftung des Garanten wegen Unterlassens, Jura 1985, 592 (595); Bruns, Die sog. "tatsächliche" Betrachtungsweise im Strafrecht, JR 1984, 133 (137)

[113] BGHSt 7, 211 (212); OLG Celle NJW 1961, 1939 (1940)

[114] Rieger, Die mutmaßliche Einwilligung, S. 45

[115] Stree in: Schönke/Schröder, StGB, § 13 RNr. 28; v. Dellingshausen, Sterbehilfe und Grenzen der Lebenserhaltungspflicht des Arztes, S. 25 f.

[116] Laufs, Arztrecht, RNr. 132

[117] Herzberg, Der Fall Hackethal: Strafbare Tötung auf Verlangen ? NJW 1986, 1635 (1638)

[118] vgl. hierzu die Ausführungen zu B. III.

[119] Otto, Recht auf den eigenen Tod ? in: Verhandlungen des 56. DJT 1986, Bd. I, Gutachten D, S. D 39

5. Hilfeleistungspflicht bei Unglücksfällen

In Unglücksfällen ist der Arzt gemäß § 323 c StGB verpflichtet, die erforderliche und ihm zumutbare Hilfe zu leisten. Unter einem Unglücksfall versteht man ein plötzlich eintretendes Ereignis, das erheblichen Schaden an Menschen oder Sachen anrichtet und weiteren Schaden zu verursachen droht.[120] Krankheiten unterfallen diesem Begriff unabhängig von ihrem Schweregrad nur dann, wenn sie eine sich rasch verschlimmernde Wendung nehmen, die mit erheblichen Gefahren verbunden ist.[121] Plötzlich sich steigernde, erhebliche Schmerzen[122] oder starke Atembeschwerden[123] verpflichten den Arzt daher zur Hilfeleistung. Das Merkmal der Plötzlichkeit ist dabei weit auszulegen.[124]

Hilfspflichtig im Sinne des § 323 c StGB ist jeder, der nach seinen Fähigkeiten und Hilfsmitteln ohne eigene Gefährdung, und ohne anderweitige Pflichtverletzungen zu begehen, wirksamer und rascher helfen kann als ein anderer.[125] Da der Arzt aber in Unglücksfällen aufgrund seiner besonderen Sachkunde regelmäßig effektiver zu helfen vermag als der Laie, ist die Vorschrift für ihn von besonderer Bedeutung. Er hat seine gesamten medizinischen Fachkenntnisse zu nutzen.[126] Das Maß der erforderlichen Hilfeleistung bestimmt sich aus der objektiven ex-ante Perspektive unter Berück-sichtigung der Stellung des Hilfspflichtigen.[127]

Die Begründung der Hilfeleistungspflicht setzt ferner voraus, daß sich der Arzt in einer engen räumlichen Beziehung zu dem Hilfsbedürftigen befindet.[128] Diesem Merkmal genügt jedoch auch derjenige Arzt, der zwar aktuell ortsabwesend, dem aber die Erbringung der erforderlichen Tätigkeit in räumlicher und zeitlicher Hinsicht noch

---

[120] BGHSt 3, 65 (66); BGHSt 6, 147 (152)

[121] BGHSt 6, 147 (153); BGHSt 21, 50 (54)

[122] OLG Hamm NJW 1975, 604 (605)

[123] BGHSt 17, 166 (169)

[124] Teilweise wird angenommen, es werde jedes Krankheitsstadium von dem Begriff umfaßt, in dem akut mit einer erheblichen Verschlechterung des Zustandes des Patienten zu rechnen sei (Kreuzer, Ärztliche Hilfeleistungspflicht in der Sicht des Strafrechts in: Mergen, Die juristische Problematik, Bd. II, S. 217, 229), teilweise wird auf das Merkmal einer plötzlichen Zustandsverschlechterung vollständig verzichtet (BGHSt 21,50, 54).

[125] BGHSt 2, 296 (298)

[126] Deutsch/Matthies, Arzthaftungsrecht, S. 21; Kienapfel, Die Hilfeleistungspflicht des Arztes in: Festschrift für Bockelmann, S. 591 (597)

[127] BGH NJW 1954, 728 (729); Kreuzer, Die unterlassene ärztliche Hilfeleistung in der Rechtsprechung, NJW 1967, 278 (279)

[128] Lenckner, Strafrecht und ärztliche Hilfeleistungspflicht, Medizinische Klinik 1966, S. 313 (314)

möglich ist.[129] Ausschlaggebend ist insofern, welche Anstrengungen dem Arzt vernünftigerweise zugemutet werden können.[130]

Auf die Erfolgsaussichten der Hilfeleistung kommt es dagegen nicht an.[131] Ferner kann es für die Frage der Verpflichtung zum Handeln nicht darauf ankommen, ob der Tod letztlich noch abzuwenden ist oder nicht, wenn durch das Eingreifen zumindest erhebliche Schmerzen oder sonstige Qualen beseitigt oder gelindert werden können.[132]

Der entgegenstehenden Auffassung[133], nach der die Hilfeleistungspflicht gegenüber Todgeweihten generell zu verneinen sei, weil es in einer solchen Situation nur noch um die Gewährung von wirklichem oder vermeintlichem seelischem Beistand oder Annehmlichkeiten gehe, die aber mit der Wahrnehmung realer Rettungschancen, die im Rahmen des § 323 c StGB allein von Relevanz sein könnten, nichts mehr zu tun hätten, ist entgegenzuhalten, daß sie den Kreis der geschützten Rechtsgüter zu eng zieht. Bis zum endgültigen Eintritt des Todes können sich im Einzelfall die Leiden des Patienten steigern. Die Verhinderung dieser Qualen aber ist gleichzusetzen mit der Förderung seines körperlichen Wohlbefindens und stellt insofern die Wahrnehmung einer konkreten Rettungschance dar.

Die Gegenansicht ist darüber hinaus auch nicht in der Lage, klar bestimmbare Abgrenzungskriterien zu liefern, die es erlauben, die Grenze der ärztlichen Behandlungspflicht unzweideutig festzulegen. Offen bleibt insbesondere, in welcher Zeit der Tod des Patienten zu erwarten sein muß, damit der Arzt sich unter dem Gesichtspunkt der unterlassenen Hilfeleistung auf seine Straflosigkeit berufen kann, welcher Grad an Sicherheit an die entsprechende Prognose zu stellen ist, und welcher Einfluß der konkreten Befindlichkeit des Kranken (Schmerzen, Grad der Wahrnehmungsfähigkeit, Lebenswille etc.) für die Beurteilung zukommt.

Als gänzlich unbefriedigend erweist sich ferner die sich aus dieser Ansicht unmittelbar ergebende Konsequenz, daß auch jeder Laie nach eigenem Gutdünken die ent-

---

129 BGHSt 21, 50 (54)

130 Laufs, Arztrecht, RNr. 145 f.

131 BGHSt 14, 213 (216); BGH NStZ 1985, 409 (410)

132 BGH JR 1956, 347 (348); BGH NJW 1961, 1981 (1982); OLG Hamm NJW 1975, 604 (605); Bockelmann, Das Strafrecht des Arztes in: Ponsold, Lehrbuch der gerichtlichen Medizin, 3. Aufl., S. 1 (4); Maurach, Anmerkung zu BGH, Urteil vom 08.05.1956 - 5 StR 29/56, JR 1956, 348 (349), der § 323 c StGB (vormals 330c StGB) das Gebot der humanitären Solidarität entnimmt.

133 Kreuzer, Ärztliche Hilfeleistungspflicht in der Sicht des Strafrechts in: Mergen, Die juristische Problematik, Bd. II, S. 217 (243, 244); Kreuzer, Die unterlassene ärztliche Hilfeleistung in der Rechtsprechung, NJW 1967, 278 (279)

sprechende Todesprognose stellen und von einer Hilfeleistung gegebenenfalls Abstand nehmen könnte. Gerade in den Fällen, in denen Hilfe besonders dringend geboten gewesen wäre, könnte dem Betreffenden im nachhinein nicht nachgewiesen werden, daß er in der konkreten Situation noch eine Überlebenschance des Opfers in seine Überlegungen einbezogen hatte. Selbst wenn sich dieser Nachweis aber führen ließe, könnte sich der Beschuldigte problemlos auf einen Prognoseirrtum berufen, der seinen Vorsatz entfallen ließe. Da die fahrlässig unterlassene Hilfeleistung nicht mit Strafe bedroht ist, könnte er nicht belangt werden. Diese Folge kann aber schon allein aus kriminalpolitischen Erwägungen nicht befriedigen.

Festzuhalten bleibt somit, daß die Behandlungspflichten des Arztes unter dem Gesichtspunkt der unterlassenen Hilfeleistung gemäß § 323 c StGB nicht durch den kurz bevorstehenden Tod des Patienten eingeschränkt oder gar aufgehoben werden.

III. Selbstbestimmungsrecht des Patienten

Parallel zu den wachsenden Möglichkeiten der Medizin ist ein gestiegenes Bedürfnis des Patienten festzustellen, dem Arzt nicht hilflos ausgeliefert zu sein, sondern selbständig über das eigene Schicksal zu bestimmen. Das Selbstbestimmungsrecht ist im Zuge dieser Entwicklung zum Zentralbegriff des Rechtes der ärztlichen Heilbehandlung geworden. Das früher geläufige Leitmotiv "salus aegroti suprema lex", das Ausdruck eines von der Vernunfthoheit[134] des Arztes geprägten paternalistischen Arzt-Patienten-Verhältnisses war, hat sich im Zuge dieser Entwicklung folgerichtig in den Wahlspruch "voluntas aegroti suprema lex" gewandelt. Der Patient darf nicht passives Objekt ärztlicher Fürsorge, er muß vielmehr Subjekt der medizinischen Behandlung sein, seine personale Würde ist unbedingt zu achten.[135] Die Beziehung zwischen ihm und dem behandelnden Arzt soll von vertrauensvoller Kooperation geprägt sein, die jedoch den Willensvorrang und das Letztentscheidungsrecht des Patienten nicht in Frage stellen darf.

Die Grundlagen des Selbstbestimmungsrechtes finden sich im Grundgesetz, mag auch im einzelnen heftig umstritten sein, ob es im allgemeinen Persönlichkeitsrecht nach Art. 2 Abs. 1 GG in Verbindung mit Art. 1 Abs. 1 GG oder im Recht auf Leben

---

134 Beling, Die strafrechtliche Verantwortlichkeit des Arztes bei der Vornahme und Unterlassung operativer Eingriffe, ZStW 44 (1924), S. 220 (239)

135 Voll, Die Einwilligung im Arztrecht, S. 54

und körperliche Unversehrtheit nach Art. 2 Abs. 2 S. 1 GG verankert ist.[136] Diese verfassungsrechtlichen Vorschriften sind gemäß Art. 1 Abs. 3 GG in erster Linie als Abwehrrechte konzipiert, die dem Bürger Schutz vor dem Zugriff staatlicher Gewalt bieten. Darüber hinaus entfaltet das Selbstbestimmungsrecht jedoch auch drittschützende Wirkung, so daß es in sozialen Beziehungen zu berücksichtigen und ihm dort zur Durchsetzung zu verhelfen ist.[137] Seine Transformation in den interpersonalen Bereich hat das Selbstbestimmungsrecht über die Anerkennung des allgemeinen Persönlichkeitsrechtes im Bürgerlichen Recht erfahren und in diesem Zusammenhang auch Eingang in den Kreis der absolut geschützten "sonstigen Rechte" im Sinne des § 823 BGB gefunden.[138]

---

136 Teilweise wird das Selbstbestimmungsrecht als ein Ausschnitt aus dem allgemeinen Persönlichkeitsrecht angesehen, das das Recht auf Respektierung des persönlichen Lebensbereiches, insbesondere der Privat- und Intimsphäre, umfasse (Amelung, Die Einwilligung in die Beeinträchtigung eines Grundrechtsgutes, S. 31; Deutsch, Medizinrecht, RNr. 102). Die Gegenauffassung geht davon aus, daß ein Heileingriff neben dem Rechtsgut der körperlichen Integrität auch das Persönlichkeitsrecht des Patienten unmittelbar betreffe (Starck in: v. Mangold/Klein, GG, Art. 2 Abs. 1, RNr. 41; Dürig in: Maunz/Dürig/Herzog, GG, Art. 2 Abs. 2 RNr. 36; Trück, Mutmaßliche Einwilligung und passive Sterbehilfe durch den Arzt, S. 29). Da aber ein Eingriff ohne Zustimmung des Patienten nach der Gesamtkonzeption des Grundgesetzes ohnehin niemals zulässig sein könne und das Recht auf Einwilligungsfreiheit insofern bereits durch Art. 2 Abs. 2 S. 1 GG mitgarantiert werde, liege das Schwergewicht der Grundrechtsbetroffenheit des Patienten im Bereich dieses Grundrechtes. Wenn die Einwilligung die einzige Möglichkeit darstelle, ein Grundrechtsgut zu wahren, sei die Freiheit, eine solche Erklärung abzugeben, in der speziellen Grundrechtsnorm, die dieses Rechtsgut schütze, mitenthalten (Starck in: v. Mangoldt/Klein, GG, Art. 2 Abs. 1, RNr. 41; Voll, Die Einwilligung im Arztrecht, S. 50).

Das Bundesverfassungsgericht hat beide Begründungsalternativen herangezogen, ohne insofern eine abschließende Entscheidung zu fällen (BVerfGE 52, 131 ff.: die die Entscheidung tragende Auffassung der Richter Zeidler, Rinck, Wand, Rottmann und Träger bezieht sich auf Art. 2 Abs. 1 GG als Gewährleistungsgarantie des Selbstbestimmungsrechtes, S. 168, während die abweichende Meinung der Richter Hirsch, Niebler und Steinberger insofern auf Art. 2 Abs. 2 Satz 1 GG Bezug nimmt, S. 171).

Bedeutung kann die Frage des Standortes des Selbstbestimmungsrechtes im Hinblick auf die Einschränkungsmöglichkeiten des Grundrechtsschutzes erlangen. Da staatliche Eingriffe in das Grundrecht des allgemeinen Persönlichkeitsrechtes gemäß der Schrankentrias des Art. 2 Abs. 1 GG in weiterem Umfange möglich sind als in das Grundrecht der körperlichen Unversehrtheit, das gemäß Art. 2 Abs. 2 S. 3 GG unter einfachem Gesetzesvorbehalt steht, dürften letztlich Gründe der Effektivität des Grundrechtsschutzes ebenso wie die Tatsache, daß es sich bei Art. 2 Abs. 2 S. 1 GG um das speziellere Grundrecht handelt, dafür sprechen, dieser Vorschrift den Vorzug zu geben (Voll, Die Einwilligung im Arztrecht, S. 51).

137 Menter, Therapeutische Aufklärung, S. 12; Raabe/Vogel, Medizin und Rechtsprechung, S. 16

138 BGHZ 13, 334 (338); BGHZ 24, 72 (76 f.): "Mit Recht ist es [das Berufungsgericht] davon ausgegangen, daß die Bestimmungen in Art. 1 und 2 GG, in denen die Unantastbarkeit der Menschenwürde ausgesprochen und das Recht eines jeden auf die freie Entfaltung seiner Persönlichkeit anerkannt ist, soweit er nicht Rechte anderer verletzt und nicht gegen die verfassungsmäßige Ordnung oder das Sittengesetz verstößt, ein Grundrecht gewährleisten, das sich nicht nur gegen den Staat und seine Organe richtet, sondern auch im Privatrechtsverkehr gegenüber jedermann gilt .... Denn nicht anders kann es verstanden werden, daß es in Art. 1 Abs. 1 Satz 2 zur Verpflichtung aller staatlichen Gewalt erklärt worden ist, die Würde des Menschen zu achten und zu schützen, und daß in Art. 1 Abs. 3 die in den nachfolgenden Bestimmungen niedergelegten Grundrechte, darunter in erster Linie das Recht auf freie Entfaltung der Persönlichkeit, zu unmittelbar geltendem, Gesetzgebung, vollziehende Gewalt und Rechtsprechung bindendem Recht erhoben worden sind. Danach ist aber auch die Folgerung unabweisbar, daß das allgemeine

Die Wurzeln des Selbstbestimmungsrechtes reichen jedoch erheblich weiter zurück. Denn schon zum Ausgang des 19. bzw. zu Beginn des 20. Jahrhunderts hatte ihm das Reichsgericht sowohl in der zivilrechtlichen[139] als auch in der strafrechtlichen[140] Judikatur den Vorrang gegenüber dem ärztlichen Heilauftrag eingeräumt.[141] Es hat dabei ausdrücklich die Existenz eines besonderen Berufsrechtes verneint, das dem Arzt einen Eingriff in die körperliche Unversehrtheit des Patienten ohne oder gar gegen dessen Willen erlaube.[142] Der Bundesgerichtshof hat diese Rechtsprechung fortgeführt und festgestellt, daß es dem Kranken letztlich überlassen bleiben müsse, ob und wie er sich behandeln lassen wolle.[143] Zwar sei es grundsätzlich das vornehmste Recht und die wesentlichste Pflicht des Arztes, den kranken Menschen unter Einsatz aller verfügbaren Möglichkeiten von seinem Leiden zu heilen. Dieses Recht und diese Pflicht seien jedoch begrenzt durch das freie Selbstbestimmungsrecht des Patienten. Niemand dürfe sich zum Richter in der Frage aufwerfen, unter welchen Umständen ein anderer vernünftigerweise bereit sein sollte, seine körperliche Unversehrtheit zu opfern, um dadurch wieder gesund zu werden. Dies gelte selbst dann, wenn der Patient einen lebensrettenden Eingriff ablehne und diese Entscheidung den alsbaldigen Todeseintritt zur Folge habe. Denn selbst ein lebensgefährlich Erkrankter könne triftige und sowohl menschlich als auch sittlich achtenswerte Gründe haben, eine Operation abzulehnen, auch wenn er durch sie und nur durch sie von seinem Leiden befreit werden könne.[144]

Eine sinnvolle Wahrnehmung des Selbstbestimmungsrechtes ist jedoch nur dann möglich, wenn dem Patienten vor seiner Entscheidung ausreichende Informationen über die Erforderlichkeit, die Durchführung, die Risiken und die möglichen Folgen eines geplanten Eingriffs zur Verfügung stehen. Der Sicherstellung dieser Informationsgrundlage und damit zugleich des Selbstbestimmungsrechtes dient die Aufklärungsverpflichtung des Arztes.[145]

Persönlichkeitsrecht als ein "sonstiges Recht" im Sinne des § 823 Abs. 1 BGB anzusehen ist."; BGHZ 26, 349 (354 f.)

139 RGZ 68, 431 (433 ff.)

140 RGSt 25, 375 (380 f.)

141 Kollwitz, Entwicklung der Patientenautonomie in: Neumann/Körner, Patientenautonomie und Humanes Sterben, S. 15 (16) hält diese Entscheidungen für die Geburtsstunde der Patientenautonomie in Deutschland

142 RGZ 68, 431 (434); RGSt 25, 375 (379 f.)

143 BGH NJW 1974, 1422; BGH NJW 1980, 1905 (1906); BGH MedR 1985, 40 (43)

144 BGHSt 11, 111 (114) = NJW 1958, 267 (268): Myom-Entscheidung; zustimmend Kleinewefers, Umfang und Grenzen der Aufklärung des Patienten in: Stiftung zur Förderung der wissenschaftlichen Forschung, Die Aufklärungspflicht des Arztes, S. 33 (37)

145 vgl. im einzelnen zur Aufklärungspflicht des Arztes unten B. V. 3.c.; das heute so brennende Problem der ärztlichen Aufklärungspflicht spielte bis in die 30er Jahre hinein kaum eine Rolle. Denn das Reichsgericht ging zwar einerseits davon aus, daß sich niemand gegen oder ohne seinen Willen behandeln lassen müsse. Andererseits aber nahm es an, daß der Patient, der einen Arzt aufsuche,

Eine Ausprägung des Selbstbestimmungsrechtes stellt auch die sich dem Patienten bietende Möglichkeit dar, frei zu wählen, ob er nur ein Mindestmaß an Aufklärung oder eine Totalaufklärung wünscht.[146] Im letzteren Falle hat er die etwaigen negativen seelischen Folgen zu bedenken, die sich aus einer schonungslosen Aufklärung durch den Arzt ergeben können. Hier zeigt sich deutlich die Kehrseite des Selbstbestimmungsrechtes,[147] das dem Patienten neben den vielfältigen Gestaltungsmöglichkeiten seiner Freiheit auch die Verantwortung dafür auferlegt, daß er diese in einer für ihn adäquaten Weise ausübt. Es verwundert nicht, daß in diesem Zusammenhang auch von der "Last der Selbstbestimmung" die Rede ist.[148]

Seine Grenze freilich findet die Selbstbestimmung des Patienten in den Berufspflichten des Arztes. Dieser darf von Rechts wegen keinen Eingriff vornehmen, der zwar dem Willen des Patienten, nicht aber der Berufsregel entspricht.[149] Ein solches Handeln wäre sittenwidrig und könnte gemäß § 228 StGB bzw. § 138 BGB nicht rechtmäßig sein.[150] Der Arzt darf zwar einerseits nicht mehr tun, als der Patient ihm ge-

---

sich diesem voll anvertraue. Aufklärung war nur erforderlich, wenn und soweit darum gebeten wurde. Sie war anders als heute vom Patienten einzufordern und nicht vom Arzt anzubieten (Tröndle, Selbstbestimmungsrecht des Patienten - Wohltat und Plage ? MDR 1983, 881, 882).

146 vgl. im einzelnen zu den Möglichkeiten des Aufklärungsverzichts unten B.V.3.c.bb.(2) (e) (bb)

147 BVerfGE 52, 131 (184)

148 Tröndle, Selbstbestimmungsrecht des Patienten - Wohltat und Plage ? MDR 1983, 881 (884, 885); Taupitz, Landesbericht Deutschland in: Taupitz, Zivilrechtliche Regelungen zur Absicherung der Patientenautonomie am Ende des Lebens, S. 273 (276)

149 Hempfing, Aufklärungspflicht und Arzthaftung, S. 34; Taupitz, Empfehlen sich zivilrechtliche Regelungen in: Verhandlungen des 63. DJT 2000, Bd. I, Gutachten A, S. A 23 f.; Laufs, Arztrecht, RNr. 29; anerkanntermaßen handelt beispielsweise ein Arzt sittenwidrig, der körperfremde oder abnorm wirkende Substanzen an Sportler zur Leistungssteigerung verabreicht (Doping), falls diese erhebliche Gesundheitsschädigungen zur Folge haben oder zumindest haben können (Linck, Doping und staatliches Recht, NJW 1987, 2545, 2550; U.Weber, Objektive Grenzen der strafbefreienden Einwilligung in Lebens- und Gesundheitsgefährdungen in: Festschrift für Baumann, S. 43, 54; Turner, Die Einwilligung des Sportlers zum Doping, NJW 1991, 2943; Derleder/Deppe, Die Verantwortung des Sportarztes gegenüber Doping, JZ 1992, 116, 119).
Ebenso ist die kommerzielle Organentnahme an lebenden Personen durch einen Arzt zumindest dann als sittenwidrig und gegen das ärztliche Berufsethos verstoßend anzusehen, wenn sie für den Spender gefährlich und für den Empfänger bei nicht kompatiblen Organen sinnlos ist (Tröndle in: Tröndle/Fischer, StGB, § 228 StGB, RNr. 10). Ferner sind persönlichkeitsverändernde Maßnahmen im Rahmen von Heilversuchen und Humanexperimenten als sittenwidrig abzulehnen (Kohte, Die rechtfertigende Einwilligung, AcP 185 (1985), 105, 133; Fischer, Medizinische Versuche an Menschen, S. 19 sieht in diesen Fällen einen Verstoß gegen die Menschenwürde für gegeben). Gleiches gilt, wenn bei einem Humanexperiment zwischen Risiko und Nutzen kein ausgewogenes Verhältnis mehr besteht und die betreffende Person zum Objekt gefährlicher Versuche degradiert wird (Fischer, Medizinische Versuche an Menschen, S. 14; Giesen, Arzthaftungsrecht, S. 150).

150 Diese Vorschrift des Strafgesetzbuches setzt dem Selbstbestimmungsrecht des Patienten verfassungsgemäß Schranken. Es spielt dabei keine Rolle, ob man das Selbstbestimmungsrecht in Art. 2 Abs. 1 in Verbindung mit Art. 1 Abs. 1 GG (dann würde ein Verstoß gegen § 228 StGB als eine zur verfassungsmäßigen Ordnung gehörende Vorschrift sowie ein Verstoß gegen das Sittengesetz vorliegen) oder aber in Art. 2 Abs. 2 GG (dann würde ein Verstoß gegen § 228 StGB als Gesetz im Sinne des Art. 2 Abs. 2 S. 3 GG vorliegen) verankert sieht.

stattet, andererseits aber auch nicht alles, was dieser von ihm verlangt.[151] Die Einwilligung des Patienten ist somit eine zwar grundsätzlich notwendige, aber nicht ohne weiteres hinreichende Bedingung für die Rechtmäßigkeit eines ärztlichen Eingriffs.[152] Umgekehrt kann der Patient den sittlich und medizinisch gebotenen Eingriff verhindern, nicht aber zugleich auch jeden Eingriff ohne Rücksicht auf dessen sittliche Rechtfertigung durchsetzen.

IV. Rechtliche Beurteilung der ärztlichen Heilbehandlung

1. Begriffsbestimmung Heilbehandlung / ärztlicher Eingriff

Unter *Heilbehandlung* versteht man jede durch den Arzt, durch weisungsgebundenes Hilfspersonal oder durch Angehörige anderer Heilberufe, wie z.B. durch Heilpraktiker zu Heilzwecken veranlaßte Maßnahme, wobei der Heilzweck sowohl in der Erhaltung des Lebens wie auch in der Beseitigung oder Linderung von körperlichen oder seelischen Leiden, Beschwerden oder sonstigen Störungszuständen liegen kann.[153] Veranlaßt in diesem Sinne sind nicht nur die unmittelbar auf die Behandlung des Leidens gerichteten Maßnahmen, sondern auch solche vorbereitender und nachbereitender Art. Daher werden neben den eigentlichen therapeutischen Eingriffen (z.B. Operation samt Anästhesie, Intensivtherapie, medikamentöse oder Strahlenbehandlung) auch diagnostische (z.B. Blutentnahme, Röntgenaufnahme, Leberfunktionstest, Angiographie) oder prophylaktische Maßnahmen (wie z.B. Impfungen) erfaßt.[154] Reine Beratungs- und Diagnosebehandlungen, die nur auf äußeres Erkennen der Krankheitsursache gerichtet sind, gelten dagegen nicht als Heilbehandlung, da es insoweit an einer typischen Heileinwirkung auf den Körper des Patienten fehlt.[155]

Die Beurteilung des Vorliegens einer medizinischen Indikation ist aus der ex-ante-Perspektive des Arztes vorzunehmen, d.h. seine Erkenntnismöglichkeiten im Augenblick der Behandlung sind hier maßgebend.[156]

---

[151] LG Karlsruhe NJW 1992, 756

[152] Eser, Medizin und Strafrecht: Eine schutzgutorientierte Problemübersicht, ZStW 97 (1985), 1 (24)

[153] Winkler-Wilfurth, Betreuung und Heilbehandlung, S. 21; Schreiber, L. H., Die medikamentöse Versorgung als Heilbehandlung gemäß § 1904 n.F. im zukünftigen Betreuungsgesetz, FamRZ 1991, 1014 (1016)

[154] Winkler-Wilfurth, Betreuung und Heilbehandlung, S. 21

[155] Rieger, Lexikon des Arztrechts, 1984, RNr. 802

[156] Eser in: Schönke/Schröder, StGB, § 223 RNr. 36

Ein *ärztlicher Eingriff* ist jede ärztliche Behandlungsmaßnahme, die in die körperliche Unversehrtheit eingreift.[157] Der Begriff wird von der Rechtsprechung und Literatur extensiv ausgelegt. Ihm unterfallen daher nicht nur körperliche Eingriffe im eigentlichen Sinne, wie beispielsweise die Operation oder die medikamentöse Behandlung, sondern darüber hinaus auch alle Maßnahmen, die sich in irgendeiner Weise auf den Körper auswirken, wie etwa die konservative Behandlung eines Bruches durch Ruhigstellung.[158] Die Begriffe der Heilbehandlung und des ärztlichen Eingriffs überschneiden sich somit ihrem Inhalt nach weitgehend, soweit letzterer zu Heilzwecken vorgenommen wird. Lediglich solche Maßnahmen, die in die körperliche Unversehrtheit eingreifen, ohne Heilzwecken zu dienen (z.B. kosmetische Schönheitsoperation, wissenschaftliches Humanexperiment, nicht medizinisch indizierter Schwangerschaftsabbruch, Insemination, Entnahme einer Blutspende oder eines Organtransplantats)[159] erfordern zwar jeweils einen ärztlichen Eingriff, sie unterfallen jedoch nicht zugleich auch dem Begriff der Heilbehandlung.

Nachfolgend können die Begriffe der Heilbehandlung und des Heileingriffes daher weitgehend synonym verwandt werden.

2. Rechtliche Qualifizierung des ärztlichen Heileingriffs im Zivilrecht und im Strafrecht

a. Zivilrecht

aa. Rechtsprechung

Die zivilrechtliche Rechtsprechung geht davon aus, daß der ärztliche Heileingriff die tatbestandlichen Voraussetzungen einer unerlaubten Handlung im Sinne des § 823 Abs. 1 BGB erfülle. Demzufolge sei es insofern unerheblich, ob die Maßnahme kunstgerecht und erfolgreich durchgeführt werde oder mißlinge. Nicht immer einheitlich fällt dabei die Angabe des beeinträchtigten Rechtsgutes aus. Überwiegend wird eine Körperverletzung angenommen,[160] also jede Störung der körperlichen, geistigen oder seelischen Lebensvorgänge sowie jedes Hervorrufen oder Steigern eines von den normalen körperlichen Funktionen nachteilig abweichenden Zustandes auch

---

[157] Tröndle in: Tröndle/Fischer, StGB, § 223 RNr. 9a
[158] Ehlers, Die ärztliche Aufklärung, S. 86 FN 451; Menter, Die therapeutische Aufklärung, S. 47
[159] Tröndle in: Tröndle/Fischer, StGB, § 223 RNr. 9d
[160] RGZ 68, 431 (433); RGZ 163, 129 (131); BGH NJW 1971, 1887; BGH NJW 1980, 1905 (1906,1907); BGH NJW 1987, 710

ohne Schmerzen oder tiefgreifende Veränderung der Befindlichkeit.[161] Teilweise findet sich jedoch auch eine Bezugnahme auf die Verletzung der Gesundheit,[162] d.h. auf die Verursachung einer Störung der inneren Lebensvorgänge und damit des physiologischen Zusammenspiels der Körperfunktionen[163] oder auf den in Art. 2 Abs. 2 S. 1 GG genannten Begriff der körperlichen Unversehrtheit.[164] Da jedoch die Körper- und die Gesundheitsverletzung nicht in einem Ausschließlichkeitsverhältnis zueinander stehen, kommt diesen terminologischen Unterschieden keine praktische Bedeutung zu.

Die nach der Konzeption der Rechtsprechung tatbestandlich zu bejahende unerlaubte Handlung indiziert auch deren Rechtswidrigkeit, die wiederum nur dann entfällt, wenn ein Rechtfertigungsgrund im Sinne einer wirksamen Einwilligung des Patienten bzw. in Form der berechtigten Geschäftsführung ohne Auftrag vorliegt. Jeder eigenmächtige, d.h. ohne Einholung der vorherigen Zustimmung durchgeführte Heileingriff ist daher grundsätzlich als rechtswidrige Körper- bzw. Gesundheitsverletzung zu werten, so daß die Verletzung des Selbstbestimmungsrechtes auf der Ebene der Rechtswidrigkeit Bedeutung erlangt.

bb. Literatur

Ein Teil der Lehre orientiert sich an dem Modell der Rechtsprechung und vertritt in gleicher Weise die Ansicht, jeder ärztliche Heileingriff verwirkliche die Voraussetzungen einer tatbestandlich unerlaubten Handlung im Sinne einer Körper- bzw. Gesundheitsverletzung, und nur die Einwilligung des Patienten vermöge das in der Rechtswidrigkeit liegende Unwerturteil zu beseitigen.[165]

Ein anderer Lösungsansatz basiert auf der Annahme, daß die indizierte und kunstgerecht durchgeführte ärztliche Heilbehandlung schon tatbestandlich nicht die Voraussetzungen einer Körper- oder Gesundheitsverletzung im Sinne des § 823 Abs. 1 BGB erfülle. Dies gelte selbst dann, wenn der erstrebte Heilerfolg ausbleibe (Lehre

---

161 Thomas in: Palandt, BGB, § 823 RNr. 4
162 BGH NJW 1963, 393 (394); BGH NJW 1991, 1948 (1949)
163 Deutsch/Matthies, Arzthaftungsrecht, S. 32
164 BGH NJW 1959, 814; BGHZ 29, 46 (49)
165 Mertens in: Münchner-Kommentar, BGB, § 823 RNr. 360; Thomas in: Palandt, BGB, § 823 RNr. 33; Deutsch/Matthies, Arzthaftungsrecht S. 32; Sick, Beweisrecht im Arzthaftpflichtprozeß, S. 36; Zeuner in: Soergel, BGB, § 823 RNr. 18; Hubmann, Das Persönlichkeitsrecht, S. 229 f.; Hager in: Staudinger, BGB, § 823 I 3

vom Handlungsunrecht, lex-artis-Theorie).[166] Diese Auffassung betrachtet den Heileingriff nicht als eine Summe von Einzelakten, sondern als Gesamtakt einer Maßnahme, die auf die Erhaltung oder Wiederherstellung der Gesundheit gerichtet sei. Da dieser Wille prägender Bestandteil des ärztlichen Handelns sei, könne auch das Fehlschlagen der Behandlung nicht im nachhinein eine andere Einschätzung rechtfertigen. Der medizinisch indizierte und kunstgerecht ausgeführte Heileingriff verschlechtere die Gesundheitschancen des Kranken nicht, da er sich gerade dadurch auszeichne, daß die mit ihm verbundenen Risiken in einem wohlabgewogenen Verhältnis zu den schon bestehenden Gefahren der Krankheit selbst stünden, so daß der Patient aus der maßgeblichen ex-ante Betrachtung gesundheitlich optimal betreut sei.[167]

Handle der Arzt bei einer solchen Heilbehandlung jedoch eigenmächtig, so verletze er zwar nicht Körper oder Gesundheit des Patienten, wohl aber dessen allgemeines Persönlichkeitsrecht,[168] das als sonstiges Recht im Sinne des § 823 Abs. 1 BGB deliktischen Schutz genießt.[169]

Nicht jede Beeinträchtigung des allgemeinen Persönlichkeitsrechts stellt aber zugleich auch einen Verletzungstatbestand dar, der die Rechtswidrigkeit indiziert. Es liegt vielmehr ein sog. "offener Tatbestand" vor, bei dem die Rechtswidrigkeit positiv aufgrund einer umfassenden Interessenabwägung festgestellt werden muß.[170] Bei der Einwilligung in die Behandlung handelt es sich nach dieser Lehre daher dogmatisch nicht wie nach der Rechtsprechung um einen Unrechtsausschlußgrund, sondern um eine negative Voraussetzung des Unrechts selbst.[171]

---

166 Laufs, Arztrecht, RNr. 540; Laufs, Die Verletzung der ärztlichen Aufklärungspflicht und ihre deliktische Rechtsfolge, NJW 1974, 2025 (2028); Eberhardt, Selbstbestimmungsrecht des Patienten, S. 54; Kleinewefers, Die Aufklärungspflicht des Arztes unter Berücksichtigung der Rechtsprechung des Bundesgerichtshofes, VersR 1962, 197; Wiethölter, Arzt und Patient als Rechtsgenossen in: Stiftung zur Förderung der wissenschaftlichen Forschung, Die Aufklärungspflicht des Arztes, S. 71 (94, 109)

167 Laufs, Arztrecht, RNr. 540

168 Wiethölter, Arzt und Patient als Rechtsgenossen in: Stiftung zur Förderung der wissenschaftlichen Forschung, Die Aufklärungspflicht des Arztes, S. 71 (94, 109); Taupitz, Empfehlen sich zivilrechtliche Regelungen in: Verhandlungen des 63. DJT 2000, Bd. I, Gutachten A, S. A 15 f.; Taupitz, Landesbericht Deutschland in: Taupitz, Zivilrechtliche Regelungen zur Absicherung der Patientenautonomie am Ende des Lebens, S. 273 (277)

169 BGHZ 13, 334 (338); BGHZ 24, 72 (76 f.); BGHZ 26, 349 (354 f.); Thomas in: Palandt, BGB, § 823 RNr. 29, 175 ff.; hierzu siehe auch B. III.

170 BGHZ 13, 334, 338; BGHZ 24, 72 (78); Medicus, Bürgerliches Recht, RNr. 615

171 Laufs, Schutz der Persönlichkeitssphäre und ärztliche Heilbehandlung, VersR 1972, 1 (6); Wiethölter, Arzt und Patient als Rechtsgenossen in: Stiftung zur Förderung der wissenschaftlichen Forschung, Die Aufklärungspflicht des Arztes, S. 71 (102 f.)

Deutsch vertritt mit seiner Transparenztheorie demgegenüber einen Ansatz, der die beiden vorgenannten Standpunkte miteinander verbindet, indem er für den Fall des ärztlichen Heileingriffs sowohl von einer Beeinträchtigung der körperlichen Integrität als auch von einer solchen des allgemeinen Persönlichkeitsrechtes des Patienten ausgeht.[172] Zwar sei der Lehre vom Handlungsunrecht zuzugeben, daß der eigentliche Haftungsgrund in der Mißachtung des Patientenwillens liege, jedoch könne diese Sichtweise nicht darüber hinwegtäuschen, daß zugleich auch ein Eingriff in das Rechtsgut "Körper" vorliege. Nur durch die Berücksichtigung beider Elemente aber werde ein sachgerechter Zivilrechtsschutz begründet. Das Verhältnis beider Schutzgüter zueinander sei dadurch bestimmt, daß jedem disponiblen Rechtsgut die Entscheidungsfreiheit des jeweiligen Inhabers vorgelagert sei. Diese sei gewissermaßen transparent und gebe damit auch den Blick auf das hinter ihr liegende Rechtsgut frei. Für eine derartige Verknüpfung des Autonomie- und des Gesundheitsschutzes spricht sich in gleicher Weise Bodenburg[173] aus.

Die Verletzung des Selbstbestimmungsrechtes über die leiblich-seelische Integrität und damit diejenige eines neuartigen Schutzgutes hält dagegen Brüggemeier für gegeben.[174] Dieses Rechtsgut setze sich aus einem kognitiv-voluntativen (Autonomie) und einem somatisch-psychischen (Kontingenz) Element zusammen. Auch Brügge-meier vertritt damit eine Lösung, die die Ansätze der Rechtsprechung und der Lehre vom Handlungsunrecht miteinander kombiniert.

Unterschiede der skizzierten Auffassungen ergeben sich im Bereich der Rechtsfolgen: Während nach der Rechtsprechung jeder eigenmächtige Heileingriff eine Körper- bzw. Gesundheitsverletzung darstellt, die den Arzt zum Ersatz des gesamten hieraus resultierenden materiellen und immateriellen (Schmerzensgeld gemäß § 847 BGB) Schadens verpflichtet, besteht unter den Vertretern der Lehre vom Handlungsunrecht Uneinigkeit bezüglich der Reichweite des haftungsausfüllenden Tatbestandes. Teilweise wird dabei die Ansicht vertreten, behandlungsbedingte Körper- und Gesundheitsschäden sowie die daraus resultierenden Folgeschäden seien nicht vom Schutzzweck des durch den eigenmächtigen Eingriff allein verletzten allgemeinen Persönlichkeitsrechts erfaßt, so daß entschädigungsfähig nur der immaterielle Schaden sei, der dem Patienten daraus erwachse, daß er nicht über die Vornahme

---

[172] Deutsch, Schutzbereich und Tatbestand des unerlaubten Heileingriffs im Zivilrecht, NJW 1965, 1985 (1989)
[173] Bodenburg, Der ärztliche Kunstfehler als Funktionsbegriff zivilrechtlicher Dogmatik, S. 189
[174] Brüggemeier, Deliktsrecht, RNr. 701

der Behandlung habe mitentscheiden können.[175] Dem Patienten wird daher lediglich ein Schmerzensgeld aus dem Gesichtspunkt der Genugtuungsfunktion zugebilligt, sofern - entsprechend den einschränkenden Anforderungen, die von der Rechtsprechung im Hinblick auf die Gewährung eines Schmerzensgeldes für Verletzungen des allgemeinen Persönlichkeitsrechtes entgegen § 253 BGB entwickelt worden sind[176] - eine schwere Verletzung des Persönlichkeitsrechts vorliegt und die Genugtuung auf andere Weise nicht erreicht werden kann.[177] Ob ein Eingriff die erforderliche Schwere erreicht, ist dabei nach den Umständen des Einzelfalles zu beurteilen, insbesondere nach dem Beweggrund und dem Grad des Verschuldens, der Art und Schwere der Beeinträchtigung sowie der Nachhaltigkeit und Fortdauer der Interessenschädigung.[178]

Nach einer anderen Auffassung ist die behandlungsimmanente Körperschädigung als Folgeverletzung der Mißachtung des allgemeinen Persönlichkeitsrechtes anzusehen, die die Schadensersatzpflicht für materielle Folgeschäden (z.B. Rehabilitationskosten, Verdienstausfall) sowie die Schmerzensgeldhaftung sowohl aus dem Gesichtspunkt der Ausgleichs- als auch der Genugtuungsfunktion nach sich ziehe.[179]

Sowohl den Ersatz des materiellen als auch des immateriellen Schadens befürworten in gleicher Weise diejenigen Ansätze, die die Elemente der Rechtsprechung und der Lehre vom Handlungsunrecht miteinander kombinieren.[180]

---

[175] Wiethölter, Arzt und Patient als Rechtsgenossen in: Stiftung zur Förderung der wissenschaftlichen Forschung: Die Aufklärungspflicht des Arztes, S. 71 (109); Laufs, Zur deliktsrechtlichen Problematik ärztlicher Eigenmacht, NJW 1969, 529 (532, 533); Laufs, Schutz der Persönlichkeitssphäre und ärztliche Heilbehandlung, VersR 1972, 1 (6); Laufs, Die Verletzung der ärztlichen Aufklärungspflicht und ihre deliktische Rechtsfolge, NJW 1974, 2025 (2029); Ehlers, Die ärztliche Aufklärung, S. 47

[176] BGH NJW 1971, 698 (699); BGHZ 26, 349 ff.

[177] nicht zuletzt diese von der Rechtsprechung an die Zuerkennung eines Schmerzensgeldes gestellten erhöhten Anforderungen im Bereich der "schweren" Persönlichkeitsrechtsverletzung sowie die hieraus resultierenden nicht unerheblichen Abgrenzungsprobleme bei der Bestimmung des Schweregrades der Verletzung lassen teilweise den Ruf nach einem gesondert geregelten Tatbestand der eigenmächtigen Heilbehandlung laut werden (so z.B. Taupitz, Landesbericht Deutschland in: Taupitz, Zivilrechtliche Regelungen zur Absicherung der Patientenautonomie am Ende des Lebens, S. 273, 278 f.; Taupitz, Empfehlen sich zivilrechtliche Regelungen in: Verhandlungen des 63. DJT 2000, Bd. I, Gutachten A, S. A 16 f.).

[178] BGH NJW 1985, 1617 (1619); BGH VersR 1988, 405

[179] Eberhardt, Selbstbestimmungsrecht, S. 218 f.; Weitnauer, Fragen der ärztlichen Verantwortlichkeit in zivilrechtlicher Sicht, DB 61, Beilage 21, S. 1 (8)

[180] Deutsch, Schutzbereich und Tatbestand des unerlaubten Heileingriffs im Zivilrecht, NJW 1965, 1985 (1989)

b. Strafrecht

aa. Rechtsprechung

In der strafrechtlichen wird ebenso wie in der zivilrechtlichen Rechtsprechung in jeder ärztlichen Maßnahme, die die körperliche Integrität berührt, eine tatbestandliche Körperverletzung gesehen. Dabei wurde früher überwiegend eine Zuordnung zu der Tatbestandsalternative der körperlichen Mißhandlung vorgenommen,[181] unter der man jede üble und unangemessene Behandlungsweise versteht, durch die das körperliche Wohlbefinden in mehr als nur unerheblicher Weise beeinträchtigt wird.[182] Die neuere Rechtsprechung verzichtet hingegen zumeist darauf, zwischen einer körperlichen Mißhandlung und einer Gesundheitsbeschädigung zu differenzieren und spricht allgemein von der Verwirklichung des Tatbestandes der Körperverletzung.[183]

bb. Literatur

Auch ein Teil der strafrechtlichen Literatur pflichtet der Auffassung der Rechtsprechung bei.[184] Zum einen solle der Arzt keinen Freibrief für die Durchführung von Heilmaßnahmen erhalten,[185] zum anderen werde durch jeden Eingriff, auch wenn er Heilzwecken diene, der pathologische Zustand des Patienten zunächst gesteigert.[186] Darüber hinaus verlange der in Art. 2 Abs. 2 Satz 1 GG verankerte Schutz der körperlichen Unversehrtheit eine weite Auslegung des Begriffs der Körperverletzung.[187]

---

[181] RGSt 25, 375 (378): Das Reichsgericht verwies darauf, daß der Gesetzgeber bei der Formulierung des § 223 StGB im Gegensatz zu der bis dahin gültigen Fassung des § 187 des preußischen Strafgesetzbuches mit dem Ausdruck "körperlich mißhandeln" im weitesten und allgemeinsten Sinn alle unmittelbar und physisch dem körperlichen Organismus zugefügten Verletzungen zusammenfassen wollte; RGSt 38, 34 (35)

[182] BGHSt 14, 269 (271); BayObLG NJW 1970, 769;

[183] BGHSt 11, 111 (112); BGH JZ 1964, 231

[184] Mitsch in: Baumann/Weber/Mitsch, Strafrecht AT, § 17 RNr. 95, 96; Horn in: Systematischer Kommentar, StGB, § 223 RNr. 36; Krey, Strafrecht BT 1, § 3 RNr. 219: Die Lösung der Rechtsprechung sei zwar nicht in jeder Hinsicht zufriedenstellend, bis zur Einführung einer speziellen Strafvorschrift über die eigenmächtige Heilbehandlung sei jedoch zum Schutze des Selbstbestimmungsrechtes und der Menschenwürde des Patienten an ihr festzuhalten; Schwalm, Die strafrechtliche Bedeutung der ärztlichen Aufklärungspflicht, MDR 1960, 722 (723); Weber in: Arzt/Weber, Strafrecht BT 1, RNr. 320 f.; Schröder, Eigenmächtige Heilbehandlung im geltenden Strafrecht und im StGB-Entwurf 1960, NJW 1961, 951 (952); Baumann, Körperverletzung oder Freiheitsdelikt, NJW 1958, 2092 (2093); Krauss, Zur strafrechtlichen Problematik der eigenmächtigen Heilbehandlung in: Festschrift für Bockelmann, S. 557 (572)

[185] Mitsch in: Baumann/Weber/Mitsch, Strafrecht AT, § 17 RNr. 96

[186] Weber in: Arzt/Weber, Strafrecht BT 1, RNr. 320 f.

[187] Schwalm, Zum Begriff und Beweis des ärztlichen Kunstfehlers in: Festschrift für Bockelmann, S. 539

Demgegenüber folgt ein anderer Teil des strafrechtlichen Schrifttums der Lehre vom Handlungsunrecht, nach der der ex-ante indizierte und kunstgerecht durchgeführte Heileingriff bereits nicht dem Tatbestand der Körperverletzung gemäß § 223 Abs. 1 StGB unterfalle.[188]

Einen grundsätzlich anderen Ansatz verfolgt die Lehre vom Erfolgsunrecht, nach der jeder erfolgreich verlaufene Heileingriff schon tatbestandlich nicht als Körperverletzung anzusehen sei, während der mißlungene den Tatbestand des § 223 StGB erfülle.[189] Die Bewertung wird dabei aus der ex-post Perspektive vorgenommen, die Heilbehandlung wird einer gesamtheitlichen Wertung unterzogen.[190] Unterschiedliche Ansichten bestehen jedoch darüber, in welcher Weise das maßgebliche Merkmal des Erfolges zu definieren sei.[191]

---

[188] Gallas, Zum gegenwärtigen Stand der Lehre vom Verbrechen, ZStW 67 (1955), 1 (21); Eb. Schmidt, Der Arzt im Strafrecht, S. 81; Engisch, Die rechtliche Bedeutung der ärztlichen Operation in: Stich/Bauer, Fehler und Gefahren bei chirurgischen Operationen, S. 1521 (1536); vgl. zur Lehre vom Handlungsunrecht auch oben B. IV. 2. a. bb.

[189] Bockelmann, Strafrecht des Arztes, S. 67; Hardwig, Betrachtungen zur Frage des Heileingriffs, GA 1965, S. 161 (162 f.); Welzel, Das deutsche Strafrecht, S. 289; Beling, Die strafrechtliche Verantwortlichkeit des Arztes bei Vornahme und Unterlassung operativer Eingriffe, ZStW 44 (1924), 220 (228): Die Körperverletzung sei von dem Gesetzgeber durch den Erfolg, nicht durch die Art und Weise des Handelns charakterisiert worden. Eine bestimmte Art und Weise der Körperverletzung sei nur nach § 223 a StGB von straferhöhender Bedeutung. Da die Einhaltung der Regeln der ärztlichen Kunst aber nur die Art und Weise des Handelns bezeichne, sei die Heranziehung dieses Kriteriums im Gegensatz zur Beurteilung des Eingriffserfolges nicht systemgerecht; Bockelmann, Operativer Eingriff und Einwilligung des Verletzten, JZ 1962, 525 (528): Der erfolgreich verlaufene Eingriff könne schon begrifflich weder als Mißhandlung noch als Gesundheitsbeschädigung qualifiziert werden.

[190] H. Mayer, Strafrecht AT, § 25 I.

[191] So wird von einer tatbestandlichen Körperverletzung grundsätzlich dann ausgegangen, wenn sich der Gesundheitszustand des Patienten verschlechtert habe (Hardwig, Betrachtungen zur Frage des Heileingriffs, GA 1965, 161, 166; H. Mayer, Strafrecht AT, § 25 I.). Teilweise wird diese Folge jedoch auch schon dann bejaht, wenn sich die gesundheitliche Situation des Patienten durch die Behandlung nicht gebessert habe oder zumindest unerwünschte Nebenwirkungen aufgetreten sind, da die Bewertung des Gesamtaktes in diesem Falle ergebe, daß die Beeinträchtigung des körperlichen Wohls, welche der Eingriff als solcher hervorrufe, nicht durch die Erhöhung des körperlichen Wohls kompensiert werde (Maurach/Schroeder/Maiwald, Strafrecht BT 1, § 8 RNr. 30; Hardwig, Betrachtungen zur Frage des Heileingriffs, GA 1965, S. 161, 163; Bockelmann, Strafrecht des Arztes, S. 68; Bockelmann, Strafrecht des Arztes in: Ponsold: Lehrbuch der gerichtlichen Medizin, 3. Aufl., S. 1, 35). Ebenso wird teilweise von einer tatbestandlichen Körperverletzung in den Fällen ausgegangen, in denen von vornherein eine eindeutige begriffliche Zuordnung im Sinne einer Verbesserung oder Verschlechterung des Zustandes ausscheide, wie z. B. bei der Vornahme einer Amputation (Schröder, Eigenmächtige Heilbehandlung im geltenden Strafrecht und im StGB-Entwurf 1960, NJW 1961, 951, 952). Eine Körperverletzung kommt dagegen nicht in Betracht, wenn durch die körperliche Beeinträchtigung das Leben des Patienten gerettet werden konnte (Beling, Die strafrechtliche Verantwortlichkeit des Arztes bei Vornahme und Unterlassung operativer Eingriffe, ZStW 44 (1924), 220, 225; Hardwig, Betrachtungen zur Frage des Heileingriffs, GA 1965, S. 161, 166). Teilweise wird bei negativem Ausgang der Behandlung zwar der objektive Tatbestand der Körperverletzung bejaht, jedoch der subjektive Tatbestand verneint, da der Arzt mit Heilwillen handle (Maurach, Strafrecht BT, 5. Aufl., S. 79: Der den Arzt beherrschende Heilwille schließe den Mißhandlungs- oder Gesundheitsbeschädigungsvorsatz aus; ausdrücklich aufgegeben jedoch in der 8. Aufl., § 8 RNr. 30).

Eine vermittelnde Ansicht kombiniert die Ansätze der Lehren vom Erfolgs- und Handlungsunrecht und hält eine tatbestandliche Körperverletzung weder im Falle des gelungenen noch im Falle des zwar mißlungenen, aber lege artis durchgeführten Heileingriffs für gegeben.[192]

Eser wiederum geht von der Erfolgstheorie aus und differenziert zusätzlich danach, ob der Eingriff für den Patienten mit einem Substanzverlust verbunden ist.[193]

c. Stellungnahme

Eine Entscheidung zur Frage der rechtlichen Einordnung des ärztlichen Heileingriffs ist sowohl im Hinblick auf die mögliche Berücksichtigungsbedürftigkeit von Rechtfertigungsgründen als auch wegen der teilweise gravierenden Unterschiede, die sich nach den verschiedenen Lösungsansätzen auf der Rechtsfolgenseite ergeben, von erheblicher praktischer Bedeutung.

---

192 Hirsch, Literaturbericht, ZStW 81 (1969), S. 917 (921); Hirsch in: Leipziger Kommentar, StGB, RNr. 3, 5 vor § 223; Eb. Schmidt, Der Arzt im Strafrecht, S. 72; bezüglich des kunstgerechten, aber mißglückten Eingriffs ist die Begründung dabei nicht einheitlich: Während teilweise aufgrund des ärztlichen Heilwillens lediglich das Vorliegen des subjektiven Tatbestandes verneint wird (Hirsch in: Leipziger Kommentar, StGB, RNr. 5 vor § 223), lassen andere bereits den objektiven Tatbestand entfallen, weil dem kunstgerecht vorgenommenen Eingriff nicht der Sinngehalt einer Körperverletzungshandlung beigemessen werden könne (Gallas, Zum gegenwärtigen Stand der Lehre vom Verbrechen, ZStW 67 (1955), S. 1, 21), weil dieser im Rahmen des erlaubten Risikos liege (Kaufmann, Die eigenmächtige Heilbehandlung, ZStW 73 (1961), S. 341, 373) oder aber dem Arzt in einem solchen Falle allenfalls das Nichtabwenden des schädlichen Erfolges angelastet werden könne (Eb. Schmidt, Der Arzt im Strafrecht, S. 78). Da dies aber nach den Regeln der unechten Unterlassungsdelikte zu beurteilen sei (Eb. Schmidt, Der Arzt im Strafrecht, S. 78), nach denen der Inhalt der Garantenpflicht nicht erst ex-post definiert werden dürfe, könne dem Arzt, der eine indizierte Behandlung lege artis durchführe, kein Vorwurf gemacht werden (Eb. Schmidt, Der Arzt im Strafrecht, S. 81). Zudem dürfe der Begriff der Körperverletzung nicht "äußerlich", sondern müsse vielmehr als "Körperinteressenverletzung" verstanden werden. Daraus folge, daß ein Eingriff, der vorgenommen werde zur Wahrung dieser Interessen, selbst dann nicht zu deren Verletzung führe, wenn zugleich einzelne untergeordnete Interessen in Mitleidenschaft gezogen würden (Eb. Schmidt, Der Arzt im Strafrecht, S. 72). Engisch verneint eine tatbestandliche Körperverletzung, wenn sich aus der ex-ante Perspektive eine überwiegende Wahrscheinlichkeit für einen erfolgreichen Behandlungsverlauf ergebe (Engisch, Ärztlicher Eingriff zu Heilzwecken und Einwilligung, ZStW 58 (1939), 1, 8, 9).

193 Eser in: Schönke/Schröder, StGB, § 223 RNr. 31; Eser, Medizin und Strafrecht, ZStW 97 (1985), 1 (18); für die gelungene Heilbehandlung, worunter jede Maßnahme zu subsumieren sei, die zu keiner Gesundheitsverschlechterung führe, entfalle daher schon tatbestandlich die Körperverletzung (Eser in: Schönke/Schröder, StGB, § 223 RNr. 32). Bei dem mißlungenen, aber kunstgerecht durchgeführten Eingriff werde der Tatbestand mangels Handlungsunwertes nicht verwirklicht, falls der Patient mit der Maßnahme einverstanden gewesen sei (Eser in: Schönke/Schröder, StGB, § 223 RNr. 33). Bei einem mit wesentlichen Substanzveränderungen verbundenen Eingriff (z.B. Amputation) entfalle dagegen der Erfolgunwert, wenn er insgesamt eine Gesundheitsverbesserung bewirkt habe und der Patient sein Einverständnis vor der Behandlung erteilt habe (Eser in: Schönke/Schröder, StGB, § 223 RNr. 33).

aa. Zivilrecht

Der Lehre vom Handlungsunrecht liegt das Bestreben zugrunde, den ärztlichen Heileingriff von dem Vorwurf der tatbestandlichen Körper- bzw. Gesundheitsverletzung zu befreien. Es wird als nicht sachgerecht angesehen, das Handeln des Arztes insofern mit dem des Gewalttäters oder Messerstechers auf eine Stufe zu stellen,[194] obwohl es doch seinem Sinn und seiner Zielrichtung nach in keiner Weise mit diesem vergleichbar sei.[195] Bisweilen ist in diesem Zusammenhang die Rede von einer Stigmatisierung[196] oder sozialen Diskreditierung[197] des Arztes.

Zur Vermeidung dieser als mißlich empfundenen Konsequenz wird die ärztliche Heilbehandlung in ihrer Gesamtheit unter Berücksichtigung der Merkmale der medizinischen Indikationsstellung sowie der ordnungsgemäßen Durchführung bewertet, den Einzelakten kommt dagegen keine eigenständige Bedeutung mehr zu. Handelt der Arzt jedoch eigenmächtig, findet die in diesem Verhalten liegende Pflichtwidrigkeit in der Bejahung der Verletzung des allgemeinen Persönlichkeitsrechtes Berücksichtigung.

Zuzugeben ist dieser Lehre zunächst, daß die Konzeption der Rechtsprechung in der Tat nicht in der Lage ist, auf der Ebene des Tatbestandes der unerlaubten Handlung den sozialen Wert ärztlichen Handelns zu verdeutlichen. Ferner stellt die Lehre vom Handlungsunrecht zu Recht klar, daß bei der eigenmächtigen Behandlung der Schwerpunkt der Vorwerfbarkeit ärztlichen Verhaltens eindeutig im Bereich der Verletzung des Selbstbestimmungsrechtes des Patienten liegt.

Andererseits aber verkennt sie zum einen, daß mit der Bejahung der Tatbestandsmäßigkeit ärztlichen Handelns im Sinne des § 823 Abs. 1 BGB keinerlei sittliches Unwerturteil verbunden ist, eine Entscheidung hierüber vielmehr erst im Bereich der Rechtswidrigkeitsebene getroffen werden kann. Der von der Rechtsprechung gewählte Weg stellt daher lediglich einen juristisch-technischen Ansatz der Problemlösung dar, der keine inhaltlich-moralische Diskriminierung beinhaltet. Zum anderen aber trägt sie nicht in hinreichendem Maße dem Umstand Rechnung, daß bei jedem ärztlichen Heileingriff zwangsläufig auch die körperliche Integrität des Patienten beeinträchtigt wird, mag seine Vornahme auch noch so angezeigt und seine Durchfüh-

---

[194] E. Schmidt, Verhandlungen des 44. DJT 1962, Gutachten, Empfiehlt es sich, daß der Gesetzgeber die Fragen der ärztlichen Aufklärungspflicht regelt ? S. 44, RNr. 35; S. 152 RNr. 191a

[195] Menter, Therapeutische Aufklärung, S. 34

[196] Menter,Therapeutische Aufklärung, S. 30

[197] Voll, Die Einwilligung im Arztrecht, S. 29

rung noch so kunstgerecht sein. Die Rechtsprechung und der ihr folgende Teil der Literatur sind durch die Berücksichtigung der Beeinträchtigung der körperlichen Unversehrtheit sowie durch die Verlagerung der Selbstbestimmungsproblematik auf die Ebene der Rechts-widrigkeit in der Lage, diesen Interessen gerecht zu werden und so insgesamt zu einem differenzierteren und in sich ausgewogeneren Urteil zu gelangen. Aus diesem Grunde verdient auch die isolierte Betrachtung der Einzelakte der ärztlichen Tätigkeit den Vorzug vor einer Gesamtbewertung. Handelt der Arzt mit dem Einverständnis des Patienten, erwachsen ihm aus dieser Perspektive keinerlei Nachteile.

Der hieraus sich ergebende umfassende Schutz der körperlichen Unversehrtheit korrespondiert mit der entsprechenden objektiven Wertentscheidung des Art. 2 Abs. 2 Satz 1 GG.

Als problematisch erweist sich für die Lehre vom Handlungsunrecht darüber hinaus die exakte Definition dessen, was jeweils als lex artis anzusehen ist. Insofern stellt sich bereits die Frage, ob die Beurteilung der Kunstgerechtigkeit eines Heileingriffes nur die Entscheidung über die Art der Behandlungsmaßnahme oder auch über deren medizinische Durchführung zum Gegenstand hat.[198] Bezüglich der Behandlungsart aber führt selbst die Forderung, man müsse eine Behandlung solange als richtig anerkennen, solange sie *einer* der in der Medizin vertretenen und praktizierten Richtungen entspreche,[199] zu keinen klaren Abgrenzungen. Es erschiene bedenklich, würde man bereits eine von nur wenigen Außenseitern befürwortete Therapie als in dieser Weise fachgerecht ansehen. Letztlich würde es nach der vorstehenden Definition sogar genügen, wenn nur ein einzelner Arzt eine bestimmte Auffassung vertritt. Damit aber würde das Merkmal der sachgerechten Heilbehandlung in vollem Umfange in das Belieben des jeweils behandelnden Arztes gestellt werden.

In gleicher Weise würden sich bei neuartigen Methoden, deren Risikopotential noch weitgehend unerforscht ist oder die überhaupt nur von einer geringen Anzahl hochqualifizierter Spezialisten durchgeführt werden, kaum befriedigend zu lösende Abgrenzungsschwierigkeiten ergeben.

---

[198] Hardwig, Betrachtungen zur Frage des Heileingriffes, GA 1965, S. 161 (163)
[199] Grünwald, Heilbehandlung und ärztliche Aufklärungspflicht in: Göppinger, Arzt und Recht, S. 125 (129)

Ebenso spricht die Zielrichtung des § 823 Abs. 1 BGB gegen die Lehre vom Handlungsunrecht. Denn sowohl bei der Körper- als auch bei der Gesundheitsverletzung steht der Erfolg einer Handlung im Mittelpunkt des gesetzlichen Tatbestandes, die Art und Weise seiner Verwirklichung ist dagegen von untergeordneter Bedeutung. Genau diese Handlungsmodalitäten aber bilden den Anknüpfungspunkt und das Zentrum der Lehre, die den kunstgerechten Eingriff nicht als tatbestandliche Körperverletzung anerkennen will. Sie überfrachtet den Tatbestand des § 823 Abs. 1 BGB daher systemwidrig mit Erwägungen, die selbst nach dem gesetzlichen Leitbild erst im Bereich der Rechts-widrigkeit anzusprechen sind.

Schließlich führt auch die Betrachtung der rechtlichen Konsequenzen der verschiedenen dargestellten Auffassungen zu dem Ergebnis, daß der Tatbestand der Körperverletzung im Falle ärztlicher Heileingriffe zu bejahen ist. Nur diese Lösung rechtfertigt es, dem Patienten im Falle eines eigenmächtigen Eingriffs unter dem Gesichtspunkt der Genugtuungsfunktion neben einem Schmerzensgeldanspruch auch den Ersatz seines materiellen Schadens, der ja maßgeblich gerade mit der Beeinträchtigung seiner körperlichen Funktionen in Zusammenhang steht, zuzuerkennen, und auf dieser Grundlage das Schmerzensgeld unter dem Aspekt der Ausgleichsfunktion angemessen zu erhöhen. Dies aber scheint zum Schutze der berechtigten Interessen des Patienten dringend geboten. Denn andernfalls bliebe die körperliche Integrität des Patienten zivilrechtlich weitgehend ungeschützt, und auch die Hemmschwelle für Ärzte, eigenmächtige Eingriffe vorzunehmen, dürfte aufgrund der geringeren Haftungsrisiken mit der Zeit erheblich herabgesetzt werden.

Diese mißliche Konsequenz bleibt derjenigen Ansicht nicht verborgen, die allein von einer Verletzung des allgemeinen Persönlichkeitsrechtes ausgeht, gleichwohl jedoch sowohl den Ersatz materieller Folgeschäden als auch die Zuerkennung eines Schmerzensgeldes zum Ausgleich für die erlittenen Schmerzen befürwortet. Gegen diese Lösung spricht entscheidend, daß sie ihren dogmatischen Ausgangspunkt verläßt. Es ist mit dem Gedanken des Schutzzwecks der Norm nicht zu vereinbaren, diesen zunächst im Bereich des haftungsbegründenden Tatbestandes auf das allgemeine Persönlichkeitsrecht zu beschränken, anschließend im Bereich der Rechtsfolgen aber dennoch die eingetretenen Körper- und Gesundheitsschäden zu sanktionieren.

Gerade der Aspekt des Patientenschutzes spricht andererseits dafür, neben einer Körper- bzw. Gesundheitsverletzung bei eigenmächtigen ärztlichen Heileingriffen auch eine solche des allgemeinen Persönlichkeitsrechtes zu bejahen. Nur so kann der Sachverhalt unter allen entscheidungserheblichen Gesichtspunkten umfassend gewürdigt und zudem der Tatsache Rechnung getragen werden, daß zumindest bei dem eigenmächtig, aber kunstgerecht durchgeführten indizierten Eingriff der Verletzung des Selbstbestimmungsrechtes des Patienten eine größere Bedeutung zukommt als der seiner gesundheitlichen Interessen. Wird dies nicht nur bei der Beurteilung der Rechtswidrigkeit der Körper- bzw. Gesundheitsverletzung, sondern zusätzlich auch im Rahmen der Verletzung des allgemeinen Persönlichkeitsrechtes zum Ausdruck gebracht, ist insgesamt mit einer Stärkung des Selbstbestimmungsrechtes des Patienten - nicht zuletzt im Bewußtsein der Ärzte - zu rechnen. Dies spricht dafür, der Kombinationslösung von Deutsch den Vorzug vor der Ansicht der Rechtsprechnung zu geben. Freilich ist darauf zu achten, daß bei der Bemessung des Schmerzensgeldes dessen Genugtuungsfunktion nicht doppelt in Ansatz gebracht werden darf.

Demgegenüber überzeugt die Kombinationslösung Brüggemeiers nicht, da er glaubt, auf die Kreation eines neuartigen Rechtsgutes angewiesen zu sein, ohne daraus aber Folgen herzuleiten, die sich nicht schon aus der Transparenztheorie auf der Grundlage der von der Rechtsordnung zur Verfügung gestellten Möglichkeiten ergeben würden.

bb. Strafrecht

Bezüglich derjenigen Gründe, die gegen die Lehre vom Handlungsunrecht sprechen, kann auf die vorstehenden zivilrechtlichen Ausführungen verwiesen werden.

Doch auch gegen die Erfolgstheorie, die das ärztliche Handeln danach beurteilt, welchen Einfluß es auf die gesundheitliche Situation des Patienten hat, sprechen gewichtige Argumente. Zwar ist es nicht ungewöhnlich, daß bei Erfolgsdelikten wie der Körperverletzung die Tatbestandsmäßigkeit einer Handlung im Augenblick ihrer Vornahme noch nicht endgültig festzustellen ist. Die Tätigkeit des Arztes würde bei Anwendung dieser Lehre jedoch deshalb in unzumutbarer Weise mit Unsicherheiten belastet werden, weil jede Heilbehandlung an sich schon mit einem gewissen Risiko behaftet und ihr Erfolg nicht allein von dem konkreten Handeln des Arztes, sondern von einer Vielzahl von Faktoren abhängig ist, auf die der Arzt zumindest zum Teil gar keinen Einfluß hat (Konstitution des Patienten, Vorschädigungen, Verhalten des Patienten nach dem Eingriff, insbesondere Befolgung der ärztlichen Verhaltensanweisungen, psychische Verarbeitung der Maßnahme, unvorhersehbare Komplikationen). Die Unbrauchbarkeit der Lehre vom Erfolgsunrecht tritt besonders deutlich in den Fällen zutage, in denen der Kranke am dringendsten der ärztlichen Hilfe bedarf, der erforderliche Eingriff aber zugleich im Hinblick auf seinen erfolgreichen Verlauf naturgemäß mit den größten Risiken verbunden ist. Es wäre nicht sachgerecht, den Arzt in einer solchen Situation einem gesteigerten Haftungsrisiko auszusetzen, da dies zwangsläufig die Hilfs- und Einsatzbereitschaft der Ärzteschaft gerade in Notfällen entscheidend lähmen würde.

Darüber hinaus ist die Lehre vom Erfolgsunrecht nicht in der Lage, überzeugende Kriterien dafür zu liefern, wann ein Eingriff als gelungen anzusehen ist. Fälle, in denen sich der Zustand des Patienten überhaupt nicht verändert hat, oder in denen zwar die Bekämpfung einzelner Krankheitssymptome gelungen ist, jedoch zugleich neue, vorher unbekannte aufgetreten sind, kann sie nicht befriedigend lösen. Gleiches gilt für Konstellationen, in denen sich der Gesundheitszustand des Patienten durch eine bestimmte Behandlungsmethode aufrechterhalten läßt, während er sich ohne die Behandlung verschlechtern würde. Hier von dem Arzt zu fordern, er müsse eine Verbesserung des Gesundheitszustandes des Patienten bewirken, hieße, ihm objektiv Unmögliches abzuverlangen. Eine solche Verpflichtung wäre nach § 306 BGB und dem hinter dieser Vorschrift stehenden Rechtsgedanken des nemo ultra posse obligatur von vornherein unwirksam. Der gleichen Problematik würde sich der Arzt in allen Fällen von infausten Prognosen gegenübersehen, da hier eine vollständige Wiederherstellung der Gesundheit des Patienten schon begrifflich ausgeschlossen ist. Es bliebe hier allein die Möglichkeit, das Merkmal des Erfolges neu zu definieren und diesen bereits in dem Hinauszögern der Verschlechterung der Lage des Patienten zu sehen. Vor die Notwendigkeit einer Neudefinition des Erfolgsmerkmales wäre man ebenso gestellt, wenn eine Behandlung zwar zu einer Verbesserung des Gesundheitszustandes beigetragen hat, bei sorgfältigerer Durchführung aber noch bessere Ergebnisse hätten erzielt werden können.

Diese Überlegungen zeigen, daß letztlich bei jeder einzelnen Behandlung gesondert geprüft werden müßte, welche weitere Entwicklung als Erfolg zu definieren ist und welche nicht. Genaue Aussagen hierzu werden sich sehr häufig selbst aus einer ex-post Betrachtung nicht mehr treffen lassen. Die Erfolgstheorie bedingt somit eine erhebliche Rechtsunsicherheit und verstößt gegen das rechtsstaatliche Bestimmtheitsgebot.

Ferner würde es der Systematik des Strafrechts widersprechen, wenn ein einmal verwirklichter Tatbestand, hier die mit dem Eingriff einhergehende Gesundheitsbeschädigung, durch zeitlich nachfolgende Ereignisse, hier die Verbesserung des Gesundheitszustandes des Patienten, gegenstandslos werden könnte.

Die Lehre vom Erfolgsunrecht erweist sich daher als ebenso unpraktikabel wie rechtlich bedenklich.

Ebenso unbefriedigend ist der Ansatz Esers, der in bestimmten Fällen einen Tatbestandsausschluß aufgrund des Einverständnisses des Patienten bejaht. Denn ein solches tatbestandsausschließendes Einverständnis kann nur relevant werden, wo bereits der Tatbestand der verletzten Norm einen Angriff auf die Freiheit der Willensbildung oder -betätigung enthält.[200] Dies ist aber bei der Körperverletzung gemäß § 223 StGB nicht der Fall. Die gegenteilige Auffassung läßt sich insbesondere nicht mit der Intention des Gesetzgebers vereinbaren, der in § 228 StGB ausdrücklich normiert hat, daß die Einwilligung des Verletzten an der Tatbestandsverwirklichung als solcher nichts zu ändern vermag, sondern sich ausschließlich auf die Frage der Rechtswidrigkeit der betreffenden Handlung auswirkt.

Auch der teilweise unternommene Versuch, im Falle des Mißerfolges über die Verneinung des Vorsatzes zu einem Ausschluß des Tatbestandes zu kommen, überzeugt nicht. Denn bezüglich der unmittelbar durch den Eingriff bedingten Beeinträchtigung der körperlichen Integrität können an dem Wissen und Wollen des Arztes keine Zweifel bestehen. Verwirklicht sich aber ein der Behandlung innewohnendes und dem Arzt bekanntes Risiko, so muß konsequenterweise auch sein Eventualvorsatz hinsichtlich der dadurch bedingten Verschlechterung des Gesundheitszustandes bejaht werden.

Entscheidend gegen die Auffassungen, die den ärztlichen Heileingriff aus dem Tatbestand der Körperverletzung auszuklammern versuchen, sprechen zudem die sich hieraus ergebenden Strafbarkeitslücken. Die Vorschriften der Freiheitsberaubung (§ 239 StGB) und der Nötigung (§ 240 StGB) würden nur in unzureichendem Maße den Schutz des Patienten gewährleisten, da diese Freiheitsdelikte sich von ihrem Schutzzweck her nur auf die Brechung des Willens eines anderen beziehen. Die Erwirkung einer Einwilligung aber, die auf Täuschungen oder unrichtigen bzw. unvollständigen Vorstellungen beruht, muß in diesem Zusammenhang unberücksichtigt bleiben. Allein die Behandlung gegen den Widerstand des Patienten, nicht aber schon die Herbeiführung einer Entscheidung, die auf Täuschung oder unrichtigen

---

200 BGHSt 23, 1 (3 f.); Klug, Konfliktlösungsvorschläge bei heimlichen Tonbandaufnahmen in: Festschrift für Sarstedt, S. 101 (108)

bzw. unvollständigen Vorstellungen beruht, wäre danach strafbar.[201] Hierdurch aber würde der Wesensgehalt der grundrechtlich gewährleisteten körperlichen Unversehrtheit sowie des Selbstbestimmungsrechtes angetastet, aus dem sich ergibt, daß der Arzt nicht ohne oder gegen den Willen des Patienten Eingriffe an diesem vornehmen darf.[202]

Schließlich wäre es systematisch verfehlt, den ärztlichen Heileingriff nicht den Körperverletzungs-, sondern den Freiheitsdelikten zuzuordnen. Denn dies hätte zur Folge, daß man letztlich bei allen Tatbeständen, bei denen eine Einwilligung rechtfertigende Wirkung zu entfalten vermag, in gleicher Weise verfahren müßte.[203]

Zusammenfassend bleibt daher festzuhalten, daß sowohl aus zivilrechtlicher als auch aus strafrechtlicher Sicht erhebliche Gesichtspunkte dafür sprechen, den ärztlichen Heileingriff als tatbestandliche Körperverletzung zu bewerten. Außer aus den aufgezeigten dogmatischen Gesichtspunkten ergibt sich dies insbesondere aus einem Vergleich der Rechtsfolgen der vertretenen Auffassungen, der verdeutlicht, daß nur auf diesem Wege in beiden Rechtsgebieten der Schutz der Persönlichkeitssphäre und der körperlichen Integrität des Patienten in hinreichendem Maße gewährleistet werden kann. Vor allem im Strafrecht würden sich andernfalls Rechtsschutzlücken ergeben, die mit der grundgesetzlichen Wertentscheidung des Art. 2 Abs. 2 Satz 1 GG nicht in Einklang zu bringen wären.

Darüber hinaus ist zu bedenken, daß aus Gründen der Einheit der Rechtsordnung die Bewertung des ärztlichen Heileingriffes im Hinblick auf den Tatbestand der Körperverletzung zivil- und strafrechtlich nicht unterschiedlich vorgenommen werden kann. Die hier vorgeschlagene Lösung trägt diesem Erfordernis Rechnung.

---

[201] Krey, Strafrecht BT 1, § 3 RNr. 218; Grünwald, Die Aufklärungspflicht des Arztes, ZStW 73 (1961), S. 5 (9); Voll, Die Einwilligung im Arztrecht, S. 23; Eser in: Schönke/Schröder, StGB, § 223 RNr. 30

[202] Voll, Die Einwilligung im Arztrecht, S. 29; Dürig in: Maunz/Dürig/Herzog, GG, Art. 2 Ab. 2 RNr. 37

[203] Baumann, Körperverletzung oder Freiheitsdelikt, NJW 1958, 2092 (2093)

V. Rechtfertigung des ärztlichen Heileingriffs durch die Einwilligung des Patienten

1. Funktion der rechtfertigenden Einwilligung

Schon das Reichsgericht stellte fest, daß die Rechtswidrigkeit des ärztlichen Eingriffs in die körperliche Unversehrtheit grundsätzlich nur dann und insoweit entfällt, als der Patient zuvor in die betreffende Maßnahme eingewilligt hat (sofern nicht andere Rechtfertigungsgründe eingreifen, wie die mutmaßliche Einwilligung, die Geschäftsführung ohne Auftrag oder der rechtfertigende Notstand).[204] Der Bundesgerichtshof hat sich dieser Auffassung ausdrücklich angeschlossen.[205]

Hieraus folgt unmittelbar, daß der Abbruch einer Behandlung immer dann zulässig und geboten ist, wenn in der gleichen Situation mit den gleichen Kenntnissen der Beteiligten eine Behandlungsaufnahme nicht zulässig wäre,[206] d.h. insbesondere dann, wenn der Patient mit der Fortführung der Behandlung nicht einverstanden ist.

Während nach den Literaturauffassungen, die in der Durchführung einer ärztlichen Heilbehandlung unter bestimmten Voraussetzungen schon tatbestandlich keine Körperverletzung erblicken, in diesen Fällen die Eingriffsbefugnis bereits aus der medizinischen Indikation folgt und der Einwilligung lediglich die Funktion einer Rechtmäßigkeitsschranke zukommt,[207] bildet sie nach der Konzeption der Rechtsprechung, der hier gefolgt wird, stets einen Rechtfertigungsgrund. Man spricht daher auch von der rechtfertigenden Einwilligung.[208] Dieser Rechtfertigungsgrund wiederum beruht auf dem Prinzip des mangelnden Interesses: Die zivil- (§ 823 BGB) und strafrechtlichen (§ 223 ff. StGB) Regelungen dienen dem Schutz der körperlichen Integrität. Gestattet der Patient dem Arzt die Vornahme eines Eingriffes, so verzichtet er insoweit freiwillig auf den ihm selbst von der Rechtsordnung eingeräumten Schutz seiner Rechtsgüter. In dem Rechtsinstitut der Einwilligung findet somit seine

---

[204] RGZ 68, 431 (433); RGSt 25, 375 (382)

[205] BGH NJW 1956, 1106 (1107) "1. Elektroschock-Urteil"; in ständiger Rechtsprechung bestätigt unter anderem in BGHZ 29, 176 (179); BGH NJW 1971, 1887; BGH NJW 1985, 2192; BGHSt 11, 111 (112)

[206] Taupitz, Empfehlen sich zivilrechtliche Regelungen in: Verhandlungen des 63. DJT 2000, Bd. I, Gutachten A, S. A 22

[207] Ehlers, Die ärztliche Aufklärung, S. 43; Laufs, Die Verletzung der ärztlichen Aufklärungspflicht und ihre deliktische Rechtsfolge, NJW 1974, 2025 (2026); Geilen, Rechtsfragen der ärztlichen Aufklärungspflicht in: Mergen: Die juristische Problematik in der Medizin, Bd. II, S. 11 (29).

[208] im Gegensatz zu dem Einverständnis, bei dessen Vorliegen bereits der Tatbestand ausgeschlossen wird.

Möglichkeit, über diese zu disponieren, seinen Niederschlag.[209] Soweit aber der einzelne über seine körperliche Unversehrtheit frei zu verfügen vermag, soll und kann er nicht in weiterem Umfange geschützt werden, als er es selbst verlangt (volenti non fit iniuria).[210] Lediglich die Schranke der Sittenwidrigkeit setzt diesen privatautonomen Gestaltungsmöglichkeiten gemäß § 228 StGB Grenzen.[211]

Seit dem Inkrafttreten des Grundgesetzes wird die rechtfertigende Einwilligung unmittelbar aus dem Selbstbestimmungsrecht des Menschen hergeleitet, das in Art. 2 Abs. 2 Satz 1 GG bzw. in Art. 2 Abs. 1 in Verbindung mit Art. 1 Abs. 1 GG verankert ist.[212] Neben dem Selbstbestimmungsrecht sieht das Bundesverfassungsgericht ergänzend sowohl die Achtung der Entschließungsfreiheit als auch die Würde des Menschen als ihre normativen Wurzeln an.[213]

Während die rechtfertigende Einwilligung im Bereich des Strafrechts durch § 228 StGB ihren positivrechtlichen Niederschlag gefunden hat, fehlt eine korrespondierende Regelung im Bürgerlichen Gesetzbuch.[214] Insbesondere ist die rechtfertigende Einwilligung streng von der Einwilligung im Sinne des § 183 BGB zu unterscheiden. Während es bei dieser darum geht, ob jemand zur Vornahme eines Rechtsgeschäftes legitimiert ist, behandelt jene die Frage, ob eine eigentlich unerlaubte bzw. pflichtwidrige Handlung ausnahmsweise durch einen Erlaubnissatz gerechtfertigt ist.[215] Jedoch zeigt die Vorschrift des § 1904 BGB, daß der Gesetzgeber die Existenz des Instituts voraussetzt.

---

209 Geilen, Einwilligung und ärztliche Aufklärungspflicht, S. 194 f.; Arzt, Willensmängel bei der Einwilligung, S. 48

210 Kohte, Die rechtfertigende Einwilligung, AcP 185 (1985), 105 (110); Steffen in: RGRK, BGB, § 823 RNr. 377

211 vgl. zu den Grenzen des Selbstbestimmungsrechtes auch oben B. III.

212 Deutsch, Theorie der Aufklärungspflicht des Arztes, VersR 1981, S. 293 (296); Schloßhauer-Selbach, Typologie der ärztlichen Aufklärungspflicht, DRiZ 1982, 361 (362)

213 BVerfG NJW 1979, 1925 (1930)

214 Im 1. Entwurf des BGB war in § 706 noch eine Regelung über die Einwilligung enthalten. Deren rechtfertigende Wirkung wurde dabei generell und unabhängig von ihrer strafrechtlichen Wirksamkeit anerkannt. Die Vorschrift sollte lediglich den Schadensersatzanspruch des Einwilligenden ausschließen (Mugdan, Die gesamten Materialien zum Bürgerlichen Gesetzbuch, Bd. 2, S. 407 f.). Die Regelung wurde von der 2. Kommission jedoch wegen ihrer zu geringen Differenzierungskraft nicht übernommen, ohne daß zugleich das Rechtsinstitut der rechtfertigenden Einwilligung als solches in Frage gestellt worden wäre (Mugdan, Die gesamten Materialien zum Bürgerlichen Gesetzbuch, Bd. 2, S. 1080, 1116).

215 Zitelmann, Ausschluß der Widerrechtlichkeit, AcP 99 (1906), S. 1, 57; Manigk, Das rechtswirksame Verhalten, S. 508; Diederichsen, Zur Begriffstechnik richterlicher Rechtsfortbildung im Zivilrecht in: Festschrift für Wieacker, S. 325 (336 f.)

2. Rechtsnatur der rechtfertigenden Einwilligung

Bezüglich der Beurteilung der Rechtsnatur der rechtfertigenden Einwilligung findet sich in Rechtsprechung und Literatur ein breites Meinungsspektrum, das von der Einordnung als Willenserklärung[216] über die als geschäftsähnliche Handlung[217] oder als Rechtsgeschäft[218] bis hin zu einer Verneinung aller vorgenannten Kategorien[219] reicht.

Zur Erläuterung der vorstehenden Begriffe ist folgendes anzumerken: Bei der *Willenserklärung* handelt es sich um die Äußerung eines auf die Herbeiführung einer Rechtswirkung gerichteten Willens, der inhaltlich auf die Begründung, inhaltliche Änderung oder Beendigung eines privaten Rechtsverhältnisses abzielt.[220] Das *Rechtsgeschäft* besteht aus einer oder mehreren Willenserklärungen, die allein oder in Verbindung mit anderen Tatbestandsmerkmalen eine Rechtsfolge herbeiführen, weil sie gewollt ist. Die im BGB sowie in den Motiven[221] vorgenommene Gleichsetzung von Willenserklärung und Rechtsgeschäft ist nicht generell gerechtfertigt, da die Willenserklärung zwar notwendiger, nicht aber in jedem Falle auch hinreichender Bestandteil eines Rechtsgeschäftes ist. Während insbesondere bei einseitigen Gestaltungserklärungen wie der Anfechtung, Aufrechnung oder Kündigung beide Begriffe synonym verwendet werden können, treten bei den meisten Rechtsgeschäften zu der Willenserklärung weitere Tatbestandsmerkmale hinzu, z. B. beim Vertragsschluß eine zweite Willenserklärung, bei der Übereignung beweglicher Sachen die Besitzübergabe oder bei der Übereignung von Grundstücken der behördliche Akt der Grundbucheintragung.[222] *Geschäftsähnliche Handlungen* sind demgegenüber auf einen tatsächlichen Erfolg gerichtete Erklärungen, deren Rechtsfolgen kraft Gesetzes eintreten.[223] Sie sind von den *Realakten* zu unterscheiden, die zwar ebenfalls

---

216 BGHZ 90, 96 (101); Kohte, Die rechtfertigende Einwilligung, AcP 185 (1985), 105 (117, 152 f.); Schiemann in: Erman, BGB, § 823 RNr. 147

217 BGHZ 29, 33 (36): in Form einer Gestattung oder Ermächtigung zur Vornahme tatsächlicher Handlungen; BGHZ 105, 45 (48); Heinrichs in: Palandt, BGB, Überbl. vor § 104 RNr. 6; Hefermehl in: Soergel, BGB, § 107 RNr. 19; Nüßgens in: RGRK, BGB, § 823 Anh. II RNr. 66; Rickmann, Zur Wirksamkeit von Patiententestamenten, S. 137.

218 Zitelmann, Ausschluß der Widerrechtlichkeit, AcP 99 (1906), S. 11 (53)

219 Steffen in: RGRK, BGB, § 823 RNr. 377; Deutsch, Allgemeines Haftungsrecht, RNr. 282: danach soll es sich bei der rechtfertigenden Einwilligung ausschließlich um einen Verzicht auf Rechtsschutz handeln.

220 Heinrichs in: Palandt, BGB, Einf. vor § 116 RNr. 1

221 Motive zu dem Entwurfe eines Bürgerlichen Gesetzbuches, Bd. I, S. 126

222 Heinrichs in: Palandt, BGB, Überbl. vor § 104 RNr. 2

223 Heinrichs in: Palandt, BGB, Überbl. vor § 104 RNr. 6

kraft Gesetzes Rechtsfolgen auslösen, jedoch lediglich auf einen tatsächlichen Erfolg gerichtete Willensbetätigungen, nicht aber Erklärungen umfassen.[224]

Während die Strafsenate des Reichsgerichts seit jeher die Einordnung der rechtfertigenden Einwilligung als rechtsgeschäftsähnliche Willensäußerung befürworteten,[225] ordnete sie die zivilgerichtliche Judikatur des Reichsgerichts[226] ebenso wie die ältere Rechtsprechung des Bundesgerichtshofs dem Bereich der Willenserklärungen zu.[227] Seit seiner Entscheidung vom 05.12.1958 sieht jedoch auch die zivilrechtliche Rechtsprechung die Einwilligung grundsätzlich als geschäftsähnliche Handlung an.[228] Lediglich das Urteil vom 07.02.1984 spricht der Einwilligung den Charakter einer Willenserklärung zu.[229]

---

[224] Heinrichs in: Palandt, BGB, Überbl. vor § 104 RNr. 9

[225] RGSt 41, 392 (395)

[226] RGZ 68, 431 (433 f.)

[227] BGHZ 7, 198 (207)

[228] BGHZ 29, 33, 36; bestätigt u.a. in BGH VersR 1961, 632 (633); BGH NJW 1964, 1177; BGH NJW 1972, 335 (336); BGHZ 105, 45 (48); der BGH hat in BGHZ 29, 33 (36) zur Begründung seiner Ansicht zunächst ausgeführt, der Einordnung der rechtfertigenden Einwilligung als rechtsgeschäftlicher Erklärung stehe zwingend entgegen, daß es sich bei ihr um keine Einwilligung im Sinne des § 183 BGB handle. Ferner seien die Vorschriften über Willenserklärungen nicht anzuwenden, da die Rechtsgüter Leben und körperliche Unversehrtheit nicht Gegenstand eines Rechtes ihres Trägers seien und dieser über sie daher auch nicht verfügen könne. Schließlich sei auch kein für eine Willenserklärung unabdingbarer Rechtsfolgewille vorhanden, da es sich bei der Einwilligung lediglich um die Gestattung eines faktischen Eingriffs handle.
Diese Argumentation vermag jedoch nicht zu überzeugen: Da es sich bei der Einwilligung im Sinne des § 183 BGB nicht um die einzig mögliche Art der Willenserklärung handelt, sagt die Tatsache, daß die rechtfertigende Einwilligung von dieser strikt zu unterscheiden ist, noch nichts über ihre Rechtsnatur aus (Kohte, Die rechtfertigende Einwilligung, AcP 185 (1985), 105, 114 f.; Schöllhammer, Die Rechtsverbindlichkeit des Patiententestaments, S. 42). Art. 2 Abs. 2 Satz 1 GG zeigt ferner, daß sich allein daraus, daß jedermann ein Recht auf Leben und körperliche Unversehrtheit zusteht, ergibt, daß diese Rechtsgüter auch Gegenstand eines Rechts ihres Trägers sein müssen (K. G. Mayer, Medizinische Maßnahmen, S. 28 f.). Es ist daneben Ausfluß der Menschenwürde, daß jeder Mensch grundsätzlich über sich selbst verfügen und sein Schicksal auch grundsätzlich eigenverantwortlich gestalten kann (BVerfG NJW 1979, 595). Daß das Dispositionsrecht freilich Einschränkungen unterliegt, besagt nichts über die Rechtsnatur der Einwilligung (Kohte, Die rechtfertigende Einwilligung, AcP 185 (1985), 105, 116). Denn eine inhaltlich unzulässige Willenserklärung ist zwar möglicherweise gem. §§ 134, 138 BGB nichtig, sie büßt dadurch aber nicht ihren Charakter als Willenserklärung ein (Kohte, Die rechtfertigende Einwilligung, AcP 185 (1985), 105, 116; Schöllhammer, Die Rechtsverbindlichkeit des Patiententestamentes, S. 42). Schließlich scheint auch in der Regel vom Vorliegen eines Rechtsfolgewillens auszugehen zu sein. Denn dem Patienten geht es nicht allein um die tatsächliche Herbeiführung der Heilung, vielmehr erteilt er in deren Vorfeld dem Arzt mit der Einwilligung zunächst die Erlaubnis, den heilenden Eingriff vorzunehmen, dies aber ist ohne Zweifel ein rechtlicher Erfolg (Voll, Die Einwilligung im Arztrecht, S. 40). Allgemein wird das Vorliegen einer Willenserklärung aber schon dann bejaht, wenn der tatsächliche Erfolg aus der Sicht des Patienten rechtlich abgesichert und rechtsverbindlich gewährleistet sein soll (Hefermehl in: Soergel, BGB, RNr. 19 vor § 116; Enneccerus/Nipperdey, BGB AT, Bd. 2, S. 897). In aller Regel wird man davon ausgehen können, daß bei dem Patienten dieses Bewußtsein vorhanden ist. Im Ergebnis dürfte daher entgegen der Auffassung des BGH zumindest in diesen Fällen auch für die rechtfertigende Einwilligung vom Vorliegen einer Willenserklärung auszugehen sein.

[229] BGHZ 90, 96 (101)

Eine Entscheidung des vorstehenden Meinungsstreites ist im Rahmen der vorliegenden Arbeit entbehrlich, da alle genannten Auffassungen im Bereich der Rechtsfolgen zu gleichlautenden Ergebnissen gelangen. Während diejenigen, die vom Charakter der Einwilligung als Willenserklärung oder Rechtsgeschäft ausgehen, grundsätzlich zu einer unmittelbaren Anwendung der Vorschriften über Willenserklärungen gem. §§ 104 ff. BGB gelangen, zieht die Ansicht, die in der rechtfertigenden Einwilligung eine geschäftsähnliche Handlung sieht, diese Regelungen in gleichem Umfange in entsprechender Weise heran.[230] Schließlich gelangt auch die Lehre von der Sonderkategorie im Wege des Abstellens auf den Schutzbereich des Gutes, auf das verzichtet wird, zu denselben Schlußfolgerungen.[231]

Besonderheiten ergeben sich bei der Einwilligung in ärztliche Heileingriffe jedoch aus dem höchstpersönlichen Charakter des durch diese Handlungen betroffenen Rechtsgutes. Da hierdurch das allgemeine Persönlichkeitsrecht tangiert wird, muß in verstärktem Maße das Selbstbestimmungsrecht Berücksichtigung finden. Es ist hier jeweils im Einzelfall zu prüfen, ob die Heranziehung der §§ 104 ff. BGB sowohl mit dem Recht auf körperliche Unversehrtheit als auch mit dem Selbstbestimmungsrecht des Patienten vereinbar ist und zu interessengerechten Ergebnissen führt.[232] Diese Überlegungen sind ebenfalls unabhängig davon anzustellen, welcher der vorgenannten Kategorien man die rechtfertigende Einwilligung im Hinblick auf ihre Rechtsnatur zuordnet.

Abweichungen von den Vorschriften über Willenserklärungen können sich dabei insbesondere bei den Fragen der Einwilligungsfähigkeit,[233] der Widerruflichkeit der Einwilligung[234] sowie der Freiheit der Erklärung von Willensmängeln[235] ergeben.

---

[230] BGHZ 47, 352 (357); BGH NJW 1980, 1903 (1904); BGH NJW 1989, 1792; Heinrichs in: Palandt, BGB, Überbl. vor § 104 RNr. 7; Hefermehl in: Soergel, BGB, § 107 RNr. 19

[231] Deutsch, Allgemeines Haftungsrecht, RNr. 282; da somit mit dieser Lehre kein Erkenntnisgewinn verbunden ist, erscheint ihr praktischer Nutzen gering, vgl. auch Kohte, Die rechtfertigende Einwilligung, AcP 185 (1985), 105 (120)

[232] Für die Vertreter der rechtsgeschäftlichen Natur der Einwilligung: Kohte, Die rechtfertigende Einwilligung, AcP 185 (1985), 105 (120); Schöllhammer, Die Rechtsverbindlichkeit des Patiententestaments, S. 45; bei geschäftsähnlichen Handlungen sind diese Überlegungen ohnehin stets anzustellen: Flume, BGB AT, § 9 2 b, S. 113; Larenz/Wolf, BGB AT, § 22 RNr. 28; Medicus, BGB AT, § 18 RNr. 198

[233] vgl. unten B. V. 3. b.

[234] vgl. unten B. V. 3. d.

[235] vgl. unten B. V. 3. e.

3. Wirksamkeitsvoraussetzungen der rechtfertigenden Einwilligung

a. Verfügungsmacht über das betroffene Rechtsgut

Eine wirksame Einwilligung setzt zunächst voraus, daß der Einwilligende im Hinblick auf das zu beeinträchtigende Rechtsgut verfügungsbefugt ist. Eine rechtfertigende Einwilligung ist daher von vornherein nur im Falle der Beeinträchtigung von Individualrechtsgütern, nicht aber in gleicher Weise auch im Falle derjenigen von Gemeinschaftswerten denkbar.[236] Für die ärztliche Heilbehandlung wurde bereits festgestellt, daß grundsätzlich allein der Patient als Träger der Rechtsgüter Körper und Gesundheit aufgrund seines grundgesetzlich garantierten Selbstbestimmungsrechtes über die Vornahme oder Nichtvornahme einer ärztlichen Behandlungsmaßnahme zu entscheiden hat, und zwar unabhängig davon, ob er eine nach Ansicht des Arztes vernünftige Entscheidung trifft oder nicht.[237] Nur dann, wenn er nicht oder nicht mehr in der Lage ist, eine diesbezügliche Entscheidung zu treffen, geht die Entscheidungskompetenz auf Dritte (z.B. Eltern, Betreuer, gewillkürte Vertreter) über, die dann als dispositionsbefugt anzusehen sind.[238]

b. Einwilligungsfähigkeit des Patienten

aa. Allgemeine Kriterien der Einwilligungsfähigkeit

Die Entscheidung über die Erteilung der Einwilligung in eine ärztliche Behandlungsmaßnahme durch den Patienten selbst ist nur insoweit sinnvoll, als er in der Lage ist, diese aus seinem Selbstbestimmungsrecht fließende Befugnis kompetent auszuüben.

Das maßgebliche Kriterium der Einwilligungsfähigkeit hat in unserer Rechtsordnung bislang keine allgemeingültige Definition erfahren.[239] Während der Begriff bezüglich seiner Voraussetzungen und Bezugspunkte in einzelnen Spezialgesetzen in zum Teil erheblich differierender Weise beschrieben wird[240] und die reichsgerichtliche

---

[236] Lenckner in: Schönke/Schröder, StGB, RNr. 35 a vor § 32.
[237] vgl. oben B. III. sowie B. V. 1.
[238] vgl. unten B. VI.
[239] eine gesetzliche Regelung der Voraussetzungen der Einwilligungsfähigkeit lehnte auch der 63. DJT 2000 mit 20:21:7 (ja:nein:Enthaltung) Stimmen ab.
[240] z.B. § 40 Abs. 2 S. 1 AMG, § 3 Abs. 3 KastrG, § 81 c Abs. 3 S. 2 StPO, § 41 Abs. 6 Nr. 1 S. 6 StrahlSchVO; vgl. im einzelnen die Aufstellung bei Amelung, Über die Einwilligungsfähigkeit, ZStW 104 (1992), S. 525 (531 f.).

Rechtsprechung sowohl in Zivil-[241] als auch in Strafsachen[242] die Einwilligungsfähigkeit mit der Geschäftsfähigkeit des Patienten gleichsetzte, stimmen Rechtsprechung und Literatur heute für den Bereich der Heilbehandlung darin überein, daß der Patient immer dann als einwilligungsfähig anzusehen ist, wenn er die erforderliche Einsichts- und Urteilsfähigkeit[243] besitzt, um Wesen, Bedeutung und Tragweite des in Frage stehenden Eingriffs hinreichend erfassen und beurteilen zu können, wobei jeweils auf die Umstände des Einzelfalles abzustellen ist.[244] Die Abkehr von den Vorschriften über die Geschäftsfähigkeit beruht dabei zum einen auf der Einsicht, daß die §§ 104 ff. BGB auf vermögensrechtliche Beziehungen zugeschnitten sind, zum anderen aber ist sie als bewußte Stärkung der Selbstbestimmung im Bereich der höchstpersönlichen Rechtsgüter Ausdruck der Achtung des verfassungsrechtlich verankerten allgemeinen Persönlichkeitsrechtes.[245] Sie bringt zum Ausdruck, daß die Bestimmung über die eigene leiblich-seelische Integrität zum ureigensten Bereich der Personalität des Menschen gehört.[246]

Auch im Gesetzgebungsverfahren zur Regelung des Betreuungsrechtes wurde im Zusammenhang mit der Vorschrift des § 1904 BGB, die sich ausdrücklich mit der Einwilligung in Maßnahmen der Heilbehandlung befaßt, intensiv darüber diskutiert, ob nicht aus Gründen der Rechtssicherheit das Merkmal der Geschäftsfähigkeit zur Wirksamkeitsvoraussetzung der Einwilligung erhoben werden sollte.[247] Dies wurde

---

[241] RGZ 68, 431(436); RGZ 168, 206 (210); fortgeführt wurde diese Rechtsprechung auch noch in BGHZ 2, 159 (162); BGHZ 7, 199 (207)

[242] RGSt 25, 375 (381 f.); RGSt 38, 34 (35); die strafrechtliche Judikatur des Reichsgerichts löste sich jedoch bereits mit dem Urteil RGSt 41, 392 (395) von dem Kriterium der Geschäftsfähigkeit.

[243] teilweise wird hier von der natürlichen (Jescheck, Strafrecht AT, § 34 IV. 4.), teilweise von der konkreten (Eser/Koch, Aktuelle Rechtsprobleme der Sterilisation, MedR 1984, 6, 8) Einsichts- und Urteilsfähigkeit gesprochen, andere stellen auf die geistige und sittliche Reife (Wessels, Strafrecht AT, RNr. 374) oder die Verstandesreife (Trockel, Die Einwilligung Minderjähriger in den ärztlichen Heileingriff, NJW 1972, 1493, 1495) ab.

[244] BGHZ 29, 33, 36; BGH NJW 1974, 1947 (1950); BGHSt 23, 1 (4); Schünemann, Einwilligung und Aufklärung von psychisch Kranken, VersR 1981, 306 (307); Kleinewefers, Zur Aufklärung des Patienten, VersR 1981, 99 (104); Stolz, Betreuungsgesetz: Umsetzungsdefizite im Bereich Heilbehandlung, FamRZ 1993, 642 (643); der 63. DJT 2000 hat dies mit 48:0:0 Stimmen einstimmig bestätigt.

[245] vgl. schon oben B. V. 2. am Ende; auch die Sonderregeln des § 5 RelKErzG und des § 1671 Abs. 3 S. 2 BGB beruhen auf dieser Grundlage.

[246] BVerfGE 52, 131 (175)

[247] Gesetzentwurf der Bundesregierung zur Reform des Rechts der Vormundschaft und Pflegschaft für Volljährige, BT-Drs. 11/4528, S. 71; für die Maßgeblichkeit der Geschäftsfähigkeit aus Gründen der Rechtssicherheit sprachen sich auch Teile der Literatur aus, zumal der Rechtsbereich der persönlichen Güter nicht einfacher ausgestaltet sei als derjenige der vermögensrechtlichen Angelegenheiten (Coester, Von anonymer Verwaltung zu persönlicher Betreuung, Jura 1991, 1, 8; Klüsener, Leitgedanken zur Reform des Vormundschafts- und Pflegschaftsrechts, RPfleger 1989, 217, 223; Gitter in: Münchner-Kommentar, BGB, 2. Aufl., RNr. 89 vor § 104; Schwab in: Münchner-Kommentar, BGB, 3. Aufl., § 1904 RNr. 6). Holzhauer fordert demgegenüber aus Gründen der Rechtssicherheit eine Doppelzuständigkeit von Betreuer und Betreutem. Ähnlich wie die Geschäftsfähigkeit des Betreuten neben der Vertretungsmacht des Betreuers stehe, solle auch die

schließlich zum einen wegen der Höchstpersönlichkeit der von ihr betroffenen Rechtsgüter, zum anderen jedoch auch deshalb abgelehnt, weil eine Differenzierung im Bereich der Einwilligungsfähigkeit nach dem Schwierigkeitsgrad bzw. nach der Schwere und Kompliziertheit eines Eingriffs geboten sei, das Abstellen auf die Geschäftsfähigkeit aber eine solche Unterscheidung nicht ermögliche, zumal eine relative Geschäftsfähigkeit[248] nicht anzuerkennen sei.[249] Darüber hinaus sollte unter der Geltung des neuen Betreuungsrechtes aus grundsätzlichen Erwägungen keine Entscheidung mehr über die Geschäftsfähigkeit des Betreuten getroffen werden, da andernfalls schwere therapeutische Nachteile für den Betroffenen zu befürchten seien.[250]

Von der Einwilligungsfähigkeit ist andererseits die bloße natürliche Willensfähigkeit zu unterscheiden, die in allen Arten zustimmender oder ablehnender Äußerungen unabhängig von den diesen zugrundeliegenden Motiven oder davon, ob der Betreffende ihren Bedeutungsgehalt erfaßt hat, ihren Niederschlag finden kann.[251] Die Einwilligungsfähigkeit ist ferner schon von ihrer Zielrichtung, die in der Verantwortlichkeit für eigene Rechtsgüter liegt, grundsätzlich von der Schuld- bzw. Deliktsfähigkeit zu trennen, die jeweils auf die Sphäre fremder Rechtsgüter bezogen sind.[252]

Die vorstehend genannte Definition der Einwilligungsfähigkeit besteht aus einer Reihe auslegungsbedürftiger Begriffsmerkmale, die dem Arzt einen weiten Ermessensspielraum eröffnen.

Einwilligungsfähigkeit des Betreuten neben die Einwilligungszuständigkeit des Betreuers treten (Holzhauer in: Erman, BGB, § 1904 RNr. 8). Hiergegen spricht jedoch, daß in diesem Falle die Rechtssicherheit auf Kosten des Selbstbestimmungsrechtes gestärkt würde. Es erscheint insbesondere nicht hinnehmbar, daß ein Betreuer gegen den Willen des einwilligungsfähigen Betreuten in eine Heilbehandlung wirksam einwilligen kann, denn ein Zwangsbehandlungsrecht Einwilligungsfähiger ist mit den grundrechtlichen Gewährleistungen der körperlichen Unversehrtheit und der Selbstbestimmung nicht zu vereinbaren. Die Konstruktion Holzhauers widerspricht zudem auch den das Betreuungsrecht beherrschenden Grundsätzen der Subsidiarität und der Erforderlichkeit als Grenze des Betreuerhandelns.

248 Danach wäre nur bei besonders schwierigen Geschäften von einer Geschäftsunfähigkeit auszugehen.

249 Gesetzentwurf der Bundesregierung zum BetrG, BT-Drs. 11/4528, S. 71; BGH NJW 1961, 261; BGH NJW 1970, 1680 (1681); BayObLG NJW 1989, 1678 (1679)

250 Gesetzentwurf der Bundesregierung zum BetrG, BT-Drs. 11/4528, S. 61; BR-Drs. 59/89, S. 398; Bürgle, Probleme des Vormundschaftsrechts, Anwaltsblatt 1989, 507 (508 f.); man glaubte, der Betroffene werde demotiviert, positive Gesundungsansätze würden zunichte gemacht; für den Betroffenen ergebe sich ein ähnlicher Stigmatisierungs- und Diskriminierungseffekt wie bei der Entmündigung wegen Geisteskrankheit.

251 BGHSt 23, 1 (3); Lenckner, Die Einwilligung Minderjähriger und deren gesetzlicher Vertreter, ZStW 1960, 446 (449)

252 Uhlenbruck, Vorab-Einwilligung und Stellvertretung bei der Einwilligung in einen Heileingriff, MedR 1992, 134 (136); Kuhlmann, Einwilligung in die Heilbehandlung, S. 22

Auch zahlreiche Versuche, die allgemein anerkannte Umschreibung zu konkretisieren, hatten nicht die Bildung einer Formel zur Folge, die die Schwierigkeiten der praktischen Anwendung hätten beseitigen können.[253] Die Gefahr von Mißbräuchen und Manipulationen ist daher nicht zu leugnen.[254]

Es erscheint allerdings äußerst zweifelhaft, ob es überhaupt möglich ist, eine solche allgemeingültige, alle Probleme der praktischen Handhabung behebende Formel zu finden. Denn die mit Einführung des Kriteriums der Einwilligungsfähigkeit anstelle der Geschäftsfähigkeit verfolgte Intention, dem einzelnen in einem möglichst weitgehenden Umfange die Möglichkeit selbstbestimmter Entscheidungen bezüglich seines höchstpersönlichen Rechtsgutes der körperlichen Unversehrtheit zu eröffnen, kann nur dann in die Praxis umgesetzt werden, wenn jeweils im konkreten Einzelfall individuell geprüft wird, ob der Patient in der Lage ist, eine eigenverantwortliche Entscheidung zu treffen. Dies bedingt, daß allenfalls Kriterien gefunden werden können, anhand derer diese Kontrolle durchzuführen ist. Den bei der Beurteilung der Einsichtsfähigkeit auftretenden Entscheidungsspielraum hat der Arzt in Form eines persönlichen Urteils über die Geistes- und Willenskräfte des Patienten auszufüllen. Seine Entscheidung ist in vollem Umfange der gerichtlichen Überprüfung zugänglich, da es hier um die Rechtsfrage der Beurteilung der Wirksamkeit der Einwilligung

---

[253] z. B. hat der BGH für die Bejahung der Einwilligungsfähigkeit gefordert, daß der Patient über das volle Verständnis der Sachlage, insbesondere bezüglich des voraussichtlichen Verlaufs und der möglichen Folgen verfüge. Notwendig seien insbesondere die Urteilskraft und Gemütsruhe, die nötig seien, um die Tragweite der Erklärung und das Für und Wider der Möglichkeiten verständig gegeneinander abzuwägen (BGHSt 4, 88, 90).
Dagegen bezeichnet Amelung denjenigen als einwilligungsfähig, der in der Lage sei, vernünftige Entscheidungen zu treffen. Dies sei der Fall, wenn die Entscheidung den subjektiven Wertmaßstäben des Rechtsgutträgers entspreche und auf den Erwerb eines Vorteils, die Vermeidung eines Nachteils oder die Preisgabe eines dem Inhaber unwichtigen Rechtsgutes ziele, auf einer zutreffenden Würdigung der bewertungsrelevanten objektiven Tatsachen und Kausalverläufe beruhe und im Falle eines Konfliktes zwischen mehreren Rechtsgütern nach der subjektiven Bewertung des Patienten zur Konfliktlösung erforderlich sei (Amelung, Über die Einwilligungsfähigkeit, ZStW 104 (1992), 525, 550).
Neyen fordert für die Anerkennung der Einwilligungsfähigkeit, daß der Einwilligende die Rechtsgutverletzung, die möglichen Entscheidungsalternativen und die daraus resultierenden Folgen zutreffend einschätzen können müsse (Neyen, Die Einwilligungsfähigkeit im Strafrecht, S. 45).
Engisch wiederum legt die Einwilligungsfähigkeit bei Heileingriffen dahingehend aus, daß der Patient über die Reife und Fähigkeit verfügen müsse, die Tragweite des ärztlichen Eingriffes für Körper, Beruf und Lebensglück zu ermessen (Engisch, Die rechtliche Bedeutung der ärztlichen Operation, S. 14; ebenso Laufs, Arztrecht, RNr. 222).
Diese Erläuterungsversuche sehen sich letztlich in gleicher Weise wie die bisherige Definition der Kritik ausgesetzt, daß sie die seither verwandten Begriffe lediglich durch neue, ebenso unpräzise ersetzen, die nicht erkennen lassen, zu welchen Gedankenoperationen der Betroffene konkret fähig sein muß, um als einwilligungsfähig gelten zu können (Kuhlmann, Einwilligung in die Heilbehandlung, S. 24). Die Beschreibungen der intellektuellen Fähigkeiten bedürfen einer Bewertung, die nicht auf juristischer, sondern allein auf medizinischer Ebene vorgenommen werden kann (Voll, Die Einwilligung im Arztrecht, S. 65).

[254] Winkler-Wilfurth, Betreuung und Heilbehandlung, S. 78

geht.[255] Freilich wird der Richter meist nicht darauf verzichten können, sich das erforderliche Fachwissen durch ärztliches Zeugnis oder Gutachten vermitteln zu lassen.[256]

Die sich hieraus ergebenden Unsicherheiten sollten jedoch meines Erachtens nicht überbewertet werden, zeigt doch die Regelung des § 828 Abs. 2 BGB, daß der Gesetzgeber auch im Hinblick auf die Schadensverantwortlichkeit von Minderjährigen keine Bedenken gegen die Normierung eines ähnlich unscharfen und weiten Kriteriums hatte.

Allgemein ist zu fordern, daß der Patient zunächst die Möglichkeit zur sinnlichen und intellektuellen Kenntnisnahme der die Krankheitssituation charakterisierenden Tatsachen hat, diese in ihrer Bedeutung erfassen kann,[257] über die Einsicht in die Existenz der Krankheit als solche sowie deren Behandlungsbedürftigkeit verfügt,[258] das ihm vorgelegte Tatsachenmaterial unter Einbeziehung der unmittelbaren und mittelbaren Wirkungen der Behandlung prognostisch zu beurteilen versteht,[259] zu einer wertenden Entscheidung zwischen verschiedenen möglichen Alternativen fähig ist[260] und sich schließlich entsprechend seiner Einsicht zu verhalten vermag.[261]

Da nach allgemeiner Ansicht Volljährige über die volle Grundrechtsmündigkeit verfügen und ihnen daher das Recht zukommt, in Ausübung ihres Selbstbestimmungsrechtes eigenmächtig zu handeln,[262] dürfen die Anforderungen an die Einwilligungsfähigkeit, in der das Selbstbestimmungsrecht seinen konkreten Ausdruck findet, nicht so hoch geschraubt werden, daß sie von dieser Bevölkerungsgruppe nur im

---

255 Niemann, Die privatautonome Gestaltung, S. 94

256 BGHZ 29, 46 (52)

257 Amelung, Über die Einwilligungsfähigkeit, ZStW 104 (1992), 553 f.

258 A. Ehrhardt, Behandlung und Behandlungsverweigerung, S. 40; Schünemann, Einwilligung und Aufklärung von psychisch Kranken, VersR 1981, 306 (308); diese Einsicht kann insbesondere bei Depressiven fehlen, die ihren Zustand häufig nur als reine Traurigkeit und Lustlosigkeit, nicht aber als psychische Krankheit deuten. Den Gegenpol hierzu bildet der Hypochonder, der nicht erkennt, daß seine Krankheiten nur eingebildete sind. Bezüglich dieser "Erkrankungen" ist auch er einwilligungsunfähig, da er nicht über die Einsicht der fehlenden Behandlungsbedürftigkeit verfügt.

259 Kuhlmann, Einwilligung in die Heilbehandlung, S. 28

260 Kuhlmann, Einwilligung in die Heilbehandlung, S. 29; Kollmer, Selbstbestimmung im Betreuungsrecht, S. 196; Amelung, Zur Verantwortlichkeit Drogenabhängiger für Selbstschädigungen durch den Gebrauch von Suchtstoffen, NJW 1996, 2393 (2397)

261 Kern, Die Bedeutung des Betreuungsgesetzes für das Arztrecht, MedR 1991, 66 (68); Tröndle in: Tröndle/Fischer, StGB, RNr. 3 b vor § 32 StGB; Taupitz/Fröhlich, Medizinische Forschung mit nichteinwilligungsfähigen Personen, VersR 1997, 911 (913); diese Steuerungsfähigkeit kann insbesondere im Falle der Drogen- bzw. Medikamentenabhängigkeit fehlen. Die Süchtigen erkennen zwar in der Regel die Schädlichkeit der Droge und die Notwendigkeit der Therapie, es fehlt ihnen jedoch die Kraft, sich entsprechend dieser Einsicht zu verhalten (OLG Frankfurt, NJW 1991, 763).

262 v. Münch in: v.Münch/Kunig, GG, Vorbem. Art. 1- 19 RNr. 11 ff.

Ausnahmefall erfüllt werden können.[263] Wo die Grundrechtsausübung von Rechts wegen eingeschränkt wird, bedarf dies einer besonderen Rechtfertigung auf verfassungsrechtlicher Grundlage.[264] Als allgemeiner Rechtfertigungsgrund kommt dabei im vorliegenden Zusammenhang das Sozialstaatsprinzip in Betracht. Dieses gebietet, Schwache davor zu bewahren, daß sie im Daseinskampf untergehen.[265] Deshalb ist aus dem Sozialstaatsprinzip in Verbindung mit der Verpflichtung des Staates zum Schutz der Menschenwürde seine Berechtigung abzuleiten, die Einwilligungsfreiheit selbst von volljährigen Personen einzuschränken, soweit diese wegen geistiger Mängel zur Selbstbehauptung nicht imstande sind.[266]

Grundsätzlich ist daher bei Volljährigen von ihrer Einwilligungsfähigkeit auszugehen, solange nicht das Gegenteil erwiesen ist.[267]

Dabei sind die Einwilligungsvoraussetzungen bei einfacheren Eingriffen, d.h. solchen, die der Patient ohne große geistige Anstrengung in ihrem Ablauf, ihrer Notwendigkeit und ihren Folgen verstehen und überschauen kann, nicht etwa niedriger anzusetzen als bei komplizierteren.[268] Die Einwilligungsfähigkeit ist in diesen Fällen vielmehr nur deshalb eher zu bejahen, weil der Kranke zu ihrer umfassenden Beurteilung eine geringere intellektuelle Leistungsfähigkeit benötigt als bei einer komplexen Operation.[269]

Umgekehrt sind bei rein präventiven Eingriffen grundsätzlich intellektuell höhere Anforderungen an den Patienten zu stellen, da hier in der Regel umfangreichere Abwägungen zwischen verschiedenen Verhaltensmöglichkeiten mit oft ganz unterschiedlich gelagerten Risikopotentialen erforderlich sind.[270] Diese Entscheidungs-

---

263 Amelung, Über die Einwilligungsfähigkeit, ZStW 104 (1992), 525 (527, 529); Lenckner in: Schönke/Schröder, StGB, vor § 32 ff. RNr. 40

264 Hohm, Grundrechtsträgerschaft und "Grundrechtsmündigkeit" Minderjähriger am Beispiel öffentlicher Heimerziehung, NJW 1986, 3107 (3111 f.)

265 BVerfGE 58, 209 (225)

266 Amelung, Über die Einwilligungsfähigkeit, ZStW 104 (1992), S. 821 (828)

267 Eser/Koch, Aktuelle Rechtsprobleme der Sterilisation, MedR 84, 6 (8); vgl. auch Schöllhammer, Die Rechtsverbindlichkeit des Patiententestamentes, S. 94 und Eisenbart, Patiententestament, S. 118, die diese Vermutung allerdings aus § 104 BGB herleiten. Hiergegen spricht jedoch, daß Geschäfts- und Einwilligungsfähigkeit unabhängig voneinander zu beurteilen sind, so daß sich aus den Vorschriften, aus denen sich eine Vermutung für die Geschäftsfähigkeit ergibt, keine Rückschlüsse auf eine entsprechende Vermutung im Bereich der Einwilligungsfähigkeit ergeben können.

268 so aber Amelung, Über die Einwilligungsfähigkeit, ZStW Bd. 104 (1992), 821 (830, 833)

269 Kuhlmann, Einwilligung in die Heilbehandlung, S. 43

270 Neyen, Die Einwilligungsfähigkeit im Strafrecht, S. 59

schwierigkeiten korrespondieren mit einer umfassenderen Aufklärungsverpflichtung des Arztes vor einem Präventiveingriff.[271]

Sind parallel zueinander zahlreiche Behandlungsmaßnahmen indiziert, so gilt es festzustellen, bezüglich welcher Teilbereiche der Patient in der Lage ist, die Art seiner Erkrankung, die Bedeutung der beabsichtigten Therapie im Hinblick auf ihre unmittelbaren Folgen, die damit verbundenen Risiken und die Nebenwirkungen sowie mögliche alternative Behandlungsmöglichkeiten geistig zu erfassen und sich ein eigenes Urteil hierüber zu bilden.[272]

Es ist daher durchaus nicht fernliegend, daß Patienten in bestimmten Situationen als lediglich teilweise (nämlich bezüglich bestimmter Behandlungsmaßnahmen) einwilligungsfähig anzusehen sind. Dies gilt freilich nur dann, wenn die verschiedenen indizierten Maßnahmen völlig unabhängig voneinander durchgeführt werden können. Soweit sie demgegenüber in einem wechselseitigen Abhängigkeitsverhältnis zueinander stehen und somit einer einheitlichen Beurteilung unterliegen, ist auf die Einwilligungsfähigkeit hinsichtlich des Gesamtkomplexes abzustellen.

Im Einzelfall kann ein Patient auch hinsichtlich einer komplexen Therapie als einwilligungsfähig anzusehen sein, die er in ihrer Bedeutung allein deshalb hinreichend würdigen kann, weil er bereits in der Vergangenheit einmal wirksam in sie eingewilligt hat, während es an seiner Einwilligungsfähigkeit fehlen würde, wenn er erstmals über die Anwendung der Behandlungsmaßnahme zu entscheiden hätte.[273]

Andererseits kann die Einwilligungsfähigkeit eines im übrigen verständigen Patienten zu verneinen sein, wenn er unter starken Schmerzen leidet und so auf diese fi-

---

271 BGH NJW 1972, 335 (337); in diesen Fällen wird das Zusammenspiel zwischen dem Selbstbestimmungsrecht des Patienten und der Aufklärungsverpflichtung des Arztes besonders deutlich. Der Patient kann selbstbestimmt über die Vornahme einer Heilbehandlung nur dann entscheiden, wenn ihm der Arzt zuvor die für die Entscheidungsfindung erforderlichen Informationen zur Verfügung gestellt hat. Je schwieriger diese Entscheidung zu treffen ist, desto umfassender muß der Arzt den Patienten informieren. Gleichzeitig besteht aber bei zunehmender Komplexität der Materie die Gefahr, daß der Patient intellektuell mit der Vornahme der erforderlichen Abwägung überfordert ist, so daß ihm die Ausübung seines Selbstbestimmungsrechtes faktisch unmöglich wird. In diesem Falle entfällt folglich auch die Aufklärungsverpflichtung des Arztes ihm gegenüber (nicht aber jedoch gegenüber bereits bestellten oder noch zu bestellenden gesetzlichen Vertretern oder entsprechend Bevollmächtigten).

272 Müller, Das neue Betreuungsgesetz - Auswirkungen auf die ärztliche Behandlung, DAVorm 1992, S. 151; Ukena, Aufklärung und Einwilligung beim ärztlichen Heileingriff an untergebrachten Patienten, MedR 1992, 202 (203)

273 Kuhlmann, Einwilligung in die Heilbehandlung, S. 44

xiert ist, daß er nicht mehr in der Lage ist, sich ausreichend auf die von ihm zu treffende Entscheidung zu konzentrieren.[274]

Die vorgenannten Gesichtspunkte verdienen eine umso größere Beachtung, als in der Praxis Ärzte heute immer noch vielfach den Patienten, den sie in irgendeiner Weise von der Erforderlichkeit der von ihnen vorgeschlagenen Therapie überzeugen können, ohne nähere Untersuchung für hinreichend vernünftig halten.[275]

bb. Einwilligungsfähigkeit minderjähriger Personen

Anhand der vorstehend genannten Kriterien ist auch die Einwilligungsfähigkeit Minderjähriger zu beurteilen. Diese sind dann als einwilligungsfähig anzusehen, wenn ihre Persönlichkeitsentwicklung und ihr geistiger Entwicklungsstand so weit fortgeschritten sind, daß ihre Kritik- und Urteilsfähigkeit ausreichen, um die Bedeutung sowie die möglichen Folgen der Einwilligung im konkreten Fall zu verstehen.[276] Das Elternrecht aus Art. 6 Abs. 2 Satz 1 GG, das nicht nur die Pflege, sondern auch die Erziehung des Minderjährigen und damit auch die Formung seiner Person umfaßt, steht dem nicht entgegen. Denn dieses ist ganz wesentlich ein im Interesse des Kindes bestehendes Recht, so daß folgerichtig mit abnehmender Pflege- und Erziehungsbedürftigkeit sowie zunehmender Fähigkeit des Kindes zur Selbstbestimmung die im Elternrecht wurzelnden Rechtsbefugnisse zurückgedrängt werden. Die Anerkennung einer partiellen Mündigkeit des Minderjährigen, die an diesen Bezugspunkten ausgerichtet und sachlich begründet ist, stellt daher keinen Eingriff in das Elternrecht dar.[277]

Teilweise wird die Auffassung vertreten, Jugendlichen unter 18 Jahren fehle meist die Erfahrung sowie die erforderliche vorausschauende Erkenntnis, um eine Einwilligung wirksam erteilen zu können.[278] Während andere auf die Festsetzung einer konkreten Altersgrenze für die Bestimmung der Einwilligungsfähigkeit gänzlich ver-

---

[274] OLG Frankfurt/Main MedR 1984, 194 (196); OLG Saarbrücken VersR 1988, 95 (97); Kern, Fremdbestimmung bei der Einwilligung in ärztliche Eingriffe, NJW 1994, 753 (757); Schöllhammer, Die Rechtsverbindlichkeit des Patiententestamentes, S. 93; Füllmich, Der Tod im Krankenhaus, S. 44
[275] Schwab, Das neue Betreuungsrecht, FamRZ 1990, 681 (686); Winkler-Wilfurth, Betreuung und Heilbehandlung, S. 85
[276] Trockel, Die Einwilligung Minderjähriger in den ärztlichen Heileingriff, NJW 1972, 1493 (1495); Eberbach, Grundsätze zur Aufklärungspflicht bei nicht voll Geschäftsfähigen, MedR 1986, 14 (15)
[277] BVerfGE 59, 360 (382)
[278] Kleinewefers, Zur Aufklärung des Patienten, VersR 1981, 99 (104); Steffen/Dressler, Arzthaftungsrecht, RNr. 432; Giesen, Arzthaftungsrecht, S. 216; Bömer, Aufklärung von Patientinnen vor gynäkologischen Eingriffen, Der Gynäkologe 1989, 369 (376)

zichten und diese im Einzelfall überprüfen wollen,[279] vertritt eine weitere Meinungsgruppe die Ansicht, daß grundsätzlich erst ab dem 16. Lebensjahr die Selbstbestimmungsfähigkeit in Betracht komme.[280] Vereinzelt wird derjenige für einwilligungsfähig gehalten, der über die durchschnittlichen Fähigkeiten eines 14-jährigen verfügt.[281] Überwiegend wird dagegen die Einwilligungsfähigkeit von unter 14jährigen grundsätzlich abgelehnt.[282]

Meines Erachtens verbietet sich jede starre altersmäßige Begrenzung der Einwilligungsfähigkeit bzw. -unfähigkeit von Minderjährigen. Wie eingehend dargelegt wurde, ist jeweils im konkreten Fall darauf abzustellen, ob der Patient die in Aussicht genommene Maßnahme in ihrer Bedeutung und Tragweite hinreichend würdigen kann. Während diese Fähigkeit selbst 16- oder 17jährigen Jugendlichen häufig abzusprechen sein wird, soweit sehr riskante oder sehr komplexe Eingriffe zu beurteilen sind, wird man andererseits nicht bestreiten können, daß die Persönlichkeitsstruktur zahlreicher Jugendlicher unter 14 Jahren ausreichend entwickelt ist, um sehr einfach strukturierte Heilbehandlungen mit geringfügigen Risiken in ausreichendem Maße zu überblicken. Es ist nicht einzusehen, weshalb beispielsweise ein 13jähriger nicht in der Lage sein sollte, im Falle einer Grippe in die Verabreichung eines gängigen Medikamentes einzuwilligen oder aber der Vornahme einer herkömmlichen Schutzimpfung zuzustimmen. Die in der Literatur befürworteten Untergrenzen der Einwilligungsfähigkeit von 14 bzw. 16 Jahren können daher allenfalls als grobe Richtwerte dienen, jenseits derer eine besonders gründliche Überprüfung des persönlichen Reifeprozesses und damit einhergehend der Einwilligungsfähigkeit Minderjähriger vorzunehmen ist.

Zuzugeben ist, daß sich bei der hier befürworteten Prüfung im Einzelfall in der Praxis hin und wieder schwierige Grenzfälle ergeben werden. Diese Unsicherheiten sind jedoch als gerechtfertigter Preis dafür in Kauf zu nehmen, daß nur auf der

---

[279] Mitsch in: Baumann/Weber/Mitsch, Strafrecht Allgemeiner Teil, § 17 RNr. 103; Lenckner in: Schönke/Schröder, StGB, vor §§ 32 ff. RNr. 40; Ebert, Strafrecht Allgemeiner Teil, S. 79

[280] Deutsch, Das Persönlichkeitsrecht des Patienten, AcP 192 (1992), S. 161 (175); Eser in: Schönke/Schröder, StGB, § 223 RNr. 38; ausnahmsweise wird lediglich für den Bereich sexualmedizinischer Maßnahmen eine frühere Grenzziehung erwogen.

[281] Taupitz, Empfehlen sich zivilrechtliche Regelungen in: Verhandlungen des 63. DJT 2000, Bd. I, Gutachten A, S. A 60 f.; Taupitz, Landesbericht Deutschland in: Taupitz, Zivilrechtliche Regelungen zur Absicherung der Patientenautonomie am Ende des Lebens, S. 273 (317)

[282] Tempel, Inhalt, Grenzen und Durchführung der ärztlichen Aufklärungspflicht, NJW 1980, 609 (614); Gaisbauer, Die Rechtsprechung zum Arzthaftpflichtrecht 1966 bis 1970, VersR 1972, 419 (420); Kern, Der Minderjährige als Blutspender, FamRZ 1981, 738 (739); Eser/Koch, Rechtsfragen bei der gynäkologischen Betreuung minderjähriger Patientinnen in: Huber/Hiersche, Praxis der Gynäkologie im Kindes- und Jugendalter, S. 18 (20); Deutsch, Medizinrecht, RNr. 105; Laufs, Arztrecht, RNr. 222; Laufs in: Laufs/Uhlenbruck, Handbuch des Arztrechts, § 66 RNr. 9; Kern, Fremdbestimmung bei der Einwilligung in ärztliche Eingriffe, NJW 1994, 753 (755).

Grundlage dieser Prüfung eine der Individualität, dem Selbstbestimmungsrecht und dem Schutzbedürfnis des Patienten ausreichend Rechnung tragende Lösung verwirklicht werden kann. Diese Möglichkeiten bietet die starre Festlegung einer Altersgrenze von vornherein nicht. Aber auch der Ansatz, der auf die durchschnittlichen Fähigkeiten eines 14-jährigen als entscheidendes Kriterium für die Einwilligungsfähigkeit abstellt, ist nicht geeignet, die vorgenannten Abgrenzungsschwierigkeiten zu lösen. Vielmehr werden hier zusätzliche - zwangsläufig mit Unsicherheiten behaftete - Wertungsebenen eingeführt. Denn zunächst ist zu bestimmen, über welchen Grad an Fähigkeiten, auf die es für die Einwilligungsfähigkeit ankommt, ein durchschnittlicher 14-jähriger verfügt, ehe in einem zweiten Schritt zu prüfen ist, ob der konkret Betroffene dahinter zurückbleibt. Da auch diese Auffassung letztlich auf eine konkrete Altersstufe für die Bestimmung der Einwilligungsfähigkeit abstellt, sieht sie sich zudem dem Einwand ausgesetzt, nicht ausreichend die unterschiedliche Komplexität und die unterschiedliche Schwierigkeit denkbarer Eingriffe in die Bewertung der Einwilligungsfähigkeit des Betroffenen einzubeziehen.

Da die Einwilligungsfähigkeit des Minderjährigen dennoch eher die Ausnahme als die Regel darstellen dürfte, erscheint es sinnvoll, sie nur dann zu bejahen, wenn sie positiv festgestellt werden kann. In Zweifelsfällen verbleibt es damit bei der Entscheidungskompetenz des bzw. der gesetzlichen Vertreter(s). Hierin liegt der grundlegende Unterschied zwischen der Behandlung Minderjähriger und derjenigen von Volljährigen, bei denen von der Einwilligungsfähigkeit auszugehen ist, solange nicht das Gegenteil erwiesen ist.

Umstritten ist auch die Frage, ob dem Minderjährigen in den Fällen, in denen seine Einwilligungsfähigkeit zu bejahen ist, ein Alleinentscheidungsrecht zuzubilligen ist, oder ob den Eltern als gesetzlichen Vertretern Mitspracherechte bei der Entscheidung zukommen. Während die in der Rechtsprechung und in der Literatur vorherrschende Meinung dem Minderjährigen das Recht einräumt, eigenverantwortlich über die in Frage stehenden ärztlichen Maßnahmen zu entscheiden,[283] räumen andere dem Personensorgerecht der Eltern zumindest bei gewichtigen Entscheidungen

---

[283] BGH NJW 1959, 811; OLG Karlsruhe FamRZ 1983, 742 (743); LG München NJW 1980, 646; Laufs, Arztrecht, RNr. 222; Uhlenbruck, Rechtsfragen bei der ärztlichen Behandlung von minderjährigen Patienten, Arzt- und Arzneimittelrecht 1976, 301 (305 f.), der jedoch betont, daß die Einwilligungsfähigkeit bei Minderjährigen nur ausnahmsweise angenommen werden könne; Kern, Fremdbestimmung bei der Einwilligung in ärztliche Eingriffe, NJW 1994, 753 (755); Lüderitz, Familienrecht, RNr. 837; Thomas in: Palandt, BGB, § 823 RNr. 42; Gernhuber/Coester-Waltjen, Lehrbuch des Familienrechts, § 57 VII 4; Röver, Einflußmöglichkeiten des Patienten im Vorfeld einer medizinischen Heilbehandlung, S. 96; Kleinewefers, Umfang und Grenzen der Aufklärung des Patienten in: Stiftung zur Förderung der wissenschaftlichen Forschung, Die Aufklärungspflicht des Arztes, S. 33 (40)

entweder stets den Vorrang ein[284] oder zumindest im Falle offensichtlicher Fehlentscheidungen des Minderjährigen,[285] während wieder andere kumulativ die Einwilligung sowohl der sorgeberechtigten Eltern als auch des Jugendlichen fordern.[286]

Vorzugswürdig erscheint die von der herrschenden Meinung befürwortete Alleinentscheidungszuständigkeit des Minderjährigen. Im Falle seiner Einwilligungsfähigkeit hat das in Art. 6 Abs. 2 Satz 1 GG verankerte elterliche Sorgerecht hinter dem ebenfalls grundrechtlich gewährleisteten Selbstbestimmungsrecht des Jugendlichen zurückzutreten. Dies zeigt insbesondere die gesetzliche Wertung des § 1626 Abs. 2 BGB, wonach die Personenfürsorge der Eltern gegenläufig zu der wachsenden Selbständigkeit des Jugendlichen zunehmend in den Hintergrund treten soll. Sie soll nach dem Willen des Gesetzgebers nur dort subsidiär zum Zuge kommen, wo der Minderjährige aufgrund seines Entwicklungsstandes noch nicht in der Lage ist, eigenverantwortlich zu handeln. Erkennt man aber im Einzelfall an, daß der Jugendliche kraft seiner intellektuellen Fähigkeiten in der Lage ist, die zu beurteilende Heilmaßnahme umfassend zu würdigen, besteht kein Anlaß mehr, den Eltern ein Mitspracherecht zuzugestehen.

Die gegenteiligen Auffassungen müssen sich den Vorwurf gefallen lassen, ihre Entscheidung zugunsten der Einwilligungsfähigkeit des Heranwachsenden nicht wirklich ernst zu nehmen. Denn dort, wo man dem Jugendlichen zugibt, er habe die Fähigkeit, eine alle relevanten Aspekte berücksichtigende Entscheidung zu treffen, ist kein Raum für Mißtrauen gegenüber der von ihm getroffenen Entscheidung. Genau diese Skepsis aber scheint die Ursache dafür zu sein, daß den Eltern ein Entscheidungsvorrang oder zumindest ein Vetorecht eingeräumt wird.

Als gänzlich sachfremd erweist sich die teilweise befürwortete Differenzierung nach mehr oder weniger "richtigen" Entscheidungen des Jugendlichen. Ebensowenig wie dem Arzt das Recht zusteht, eine behandlungsbezogene Entscheidung eines einwilligungsfähigen Patienten nach hinreichender Aufklärung daraufhin zu überprüfen, ob

---

[284] Taupitz, Empfehlen sich zivilrechtliche Regelungen in: Verhandlungen des 63. DJT 2000, Bd. I, Gutachten A, S. A 66 f. spricht sich de lege ferenda für die Einführung eines Einwilligungsvorbehaltes in Anlehnung an §§ 107, 111, 1904 Abs. 1 BGB aus, der bei begründeter Gefahr des Todes oder erheblicher gesundheitlicher Schäden zum Tragen kommen solle.

[285] Lenckner, Die Einwilligung Minderjähriger und deren gesetzlicher Vertreter, ZStW 72 (1960), 446 (463): Würde man das Selbstbestimmungsrecht des Minderjährigen nicht in dieser Weise beschränken, so würde dies bei urteilsfähigen Minderjährigen praktisch das Ende des Personensorgerechtes überhaupt bedeuten. Dies aber stehe nicht im Einklang mit §§ 2, 1626 BGB.

[286] Bosch, Anmerkung zu OLG Karlsruhe, Urt. v. 31.03.1983 - 4 U 179/81 - FamRZ 1983, 744; Gitter in: Münchner-Kommentar, BGB, 2. Aufl., vor § 104 RNr. 89; Heinrichs in: Palandt, BGB, Überbl. vor § 104 RNr. 8; Steffen/Dressler, Arzthaftungsrecht, RNr. 433; ferner auch BGH NJW 1972, 335 (337); BGH NJW 1991, 2344 (2345)

sie seiner Meinung nach als vernünftig anzusehen ist,[287] kann den Eltern das Recht zuerkannt werden, ihre eigenen Bewertungsmaßstäbe an die Stelle derjenigen des einwilligungsfähigen Minderjährigen zu setzen. "Offensichtliche Fehlentscheidungen" können allenfalls Anlaß für eine besonders gründliche Untersuchung der Einwilligungsfähigkeit des Heranwachsenden sein. Keinesfalls aber darf ein Mangel an Einsichtsfähigkeit schon allein aus dem Inhalt der getroffenen Entscheidung gefolgert werden.

cc. Einwilligungsfähigkeit volljähriger, insbesondere älterer Personen

Auch bei erwachsenen, vor allem aber bei älteren Menschen kann Anlaß bestehen, unter Zugrundelegung der vorgenannten Kriterien im Einzelfall zu entscheiden, ob und in welchem Umfange die Einwilligungsfähigkeit gegeben ist. Zugunsten dieses Personenkreises muß grundsätzlich die für alle Volljährigen geltende Vermutung eingreifen, nach der die Einwilligungsfähigkeit im Regelfalle vorliegt. Erst dann, wenn hieran aufgrund besonderer Anhaltspunkte Zweifel bestehen, hat eine eingehende Überprüfung zu erfolgen.

Positiv auf die Einwilligungsfähigkeit älterer Menschen wirken sich häufig insbesondere ihre höhere Lebenserfahrung und -weisheit, die verstärkte Ausprägung der Fähigkeit zu Kompromissen, die im Alter gewonnene Vertiefung im Urteil sowie die regelmäßig zu beobachtende Bereitschaft, die Grenzen des Lebens zu akzeptieren, aus, wobei insbesondere letztere geeignet ist, den Patienten vor einer übersteigerten Erwartungshaltung gegenüber dem Arzt zu bewahren.[288]

Umgekehrt ist aber ebenso zu berücksichtigen, daß zahlreiche geistige Erkrankungen im Alter Veränderungen mit sich bringen, die die Einwilligungsfähigkeit erheblich beschränken können. Es besteht bei älteren Menschen daher in einer prozentual sehr viel höheren Anzahl von Fällen Veranlassung, die Frage der Einwilligungsfähigkeit im Interesse ihres eigenen Schutzes vor Selbstschädigungen zu thematisieren als bei jüngeren Patienten.

Der Tatsache einer Betreuerbestellung, die sich gar nicht oder aber nur ganz allgemein auf Fragen der Gesundheitsfürsorge bezieht, dürfte allenfalls eine Warnfunkti-

---

[287] BGHSt 11, 111 (114): es bestehe keine "Vernunfthoheit" des Arztes über den Patienten, selbst wenn dieser eine lebensnotwendige Behandlungsmaßnahme ablehne.
[288] Kuhlmann, Einwilligung in die Heilbehandlung, S. 74

on für den Arzt zukommen, die Frage der Einwilligungsfähigkeit nicht vorschnell zu übergehen, während eine bereits für die konkrete Heilbehandlung angeordnete Betreuung die Einwilligungsunfähigkeit des Betreuten deutlich erkennen läßt.[289] Dies folgt daraus, daß Voraussetzung einer solchen auf Sachverständigengutachten (§ 68 b FGG) gestützten Betreuerbestellung die Einwilligungsunfähigkeit des Betroffenen ist.

Auf die noch im 1. Diskussions-Teilentwurf des Betreuungsgesetzes zu § 1904 Abs. 1 BGB vorgesehene Klarstellung, der Betreuer sei nicht zur Entscheidung über die Einwilligung in einen Heileingriff berufen, solange der Betreute noch einwilligungsfähig sei, wurde im Regierungsentwurf verzichtet,[290] ohne daß insofern eine sachliche Änderung beabsichtigt gewesen wäre.[291]

Bezüglich des Aufgabenbereichs und der Kompetenzen des Betreuers besteht - wie Untersuchungen zeigen - in der Praxis noch ein erhebliches Aufklärungsbedürfnis der behandelnden Ärzte. Diese neigen nur allzu gerne dazu, bei Patienten, die unter Betreuung stehen, ohne Überprüfung ihrer Einwilligungsfähigkeit sogleich die Einwilligung des Betreuers einzuholen, während sie andererseits Patienten, die noch nicht unter Betreuung stehen, vorschnell für fähig halten, die erforderliche Einwilligung selbständig zu erteilen.[292]

Im übrigen können die Symptome gerontopsychiatrischer Erkrankungen einen Hinweis auf möglicherweise vorliegende Einschränkungen der Einwilligungsfähigkeit geben. Haben diese alterspsychiatrischen Erkrankungen Einbußen der intellektuellen Leistungsfähigkeit zur Folge, kann ohne weiteres davon ausgegangen werden, daß sich dies negativ auf die natürliche Einsichts- und Urteilsfähigkeit auswirkt.[293]

Orientierungsstörungen für sich genommen sind zwar nicht geeignet, die Einwilligungsfähigkeit eines Patienten in Frage zu stellen, da es für die Einwilligung in eine Heilmaßnahme grundsätzlich nicht darauf ankommt, ob der Kranke weiß, wo er sich befindet. Andererseits werden gerade Orientierungsstörungen in aller Regel mit anderweitigen Einbußen der intellektuellen Leistungsfähigkeit verbunden sein, so daß

---

289 Damrau in: Damrau/Zimmermann, Kommentar zum BetrG, § 1904 RNr. 2
290 BT-Drucks. 11/4528, 141
291 Kern, Die Bedeutung des Betreuungsgesetzes für das Arztrecht, MedR 1991, 66 (68)
292 Winkler-Wilfurth, Betreuung und Heilbehandlung, S. 85
293 Amelung, Über die Einwilligungsfähigkeit, ZStW 104 (1992), 525 (554)

ihnen eine Indizfunktion für das Fehlen der Einwilligungsfähigkeit beizumessen ist.[294]

Ebenso kann Gedächtnisstörungen bei der Beurteilung der Einwilligungsfähigkeit eine entscheidende Bedeutung zukommen. Der Begriff der Gedächtnisstörung beinhaltet Veränderungen in der Funktion des Gedächtnisses, die sich qualitativ als Erinnerungsverfälschungen und quantitativ als Erinnerungsausfälle äußern können. Dabei ist zwischen solchen des Kurzzeit-[295] und Langzeit-[296] sowie des Alt-[297] und Neugedächtnisses[298] zu unterscheiden. Störungen des Altgedächtnisses führen zu keiner Beeinträchtigung der Einwilligungsfähigkeit, da der damit einhergehende Verlust der Erfahrungen durch aktuelle Informationen ersetzt werden kann. Darüber hinaus verfügen auch junge Menschen oft nicht über besondere krankheitsspezifische Erfahrungen, ohne daß man ihnen die Einwilligungsfähigkeit aberkennen müßte. Alle anderen Störungen des Gedächtnisses können sich demgegenüber negativ auf die Einwilligungsfähigkeit auswirken. Denn Kurzzeit- und Neugedächtnis werden für die Verarbeitung des im Aufklärungsgespräch mitgeteilten Wissens benötigt, bei dem Langzeitgedächtnisgestörten kann das Wissen um die erteilte Einwilligung schon vor dem Eingriff verloren gehen, sofern dieser nicht im unmittelbaren Anschluß daran vorgenommen wird.[299]

Auch Antriebsstörungen können die Einwilligungsunfähigkeit des alten Menschen zur Folge haben. Zwar ist in diesen Fällen nicht die Einsicht in die Notwendigkeit einer Heilbehandlung beeinträchtigt, dem Patienten fehlt jedoch die Fähigkeit, sein Verhalten hierauf entsprechend einzurichten (mangelnde Steuerungsfähigkeit).[300]

Persönlichkeitsveränderungen, die insbesondere bei der Pickschen Krankheit, bei Depressionen sowie bei Hypochondrien auftreten, wirken sich dann nachteilig auf die Einwilligungsfähigkeit aus, wenn sie zu einer krankhaften Verschiebung des

---

[294] Neyen, Die Einwilligungsfähigkeit im Strafrecht, S. 77 und Jeschek, Einwilligung in der Geriatrie, S. 37 gehen generell in diesen Fällen von Einwilligungsunfähigkeit des Patienten aus, während Kuhlmann, Einwilligung in die Heilbehandlung, S. 78 in dem Vorliegen von Orientierungsstörungen lediglich einen wesentlichen Hinweis auf eine möglicherweise bestehende Einwilligungsunfähigkeit sieht.

[295] speichert Informationen nur für wenige Sekunden

[296] speichert Wahrnehmungen langfristig

[297] speichert lange zurückliegende Erfahrungen und Wahrnehmungen

[298] speichert unmittelbare Erfahrungen und Wahrnehmungen

[299] Kuhlmann, Einwilligung in die Heilbehandlung, S. 79

[300] Kuhlmann, Einwilligung in die Heilbehandlung, S. 80

Wertesystemes führen, die eine eigenverantwortliche Entscheidung des Patienten unmöglich macht.[301]

Ferner können selbst Ängstlichkeit und Ratlosigkeit so gravierende Ausmaße annehmen (vor allem in den Anfangsstadien der Alzheimer Krankheit), daß der Patient nicht mehr fähig ist, sich trotz intensiver Aufklärung eindeutig für oder gegen eine dringend notwendige Behandlungsmaßnahme zu entscheiden. Der Patient, der in dieser Situation ganz offensichtlich mit der Entscheidungsfindung überfordert ist, ist zu seinem eigenen Schutz als einwilligungsunfähig zu betrachten.[302]

Heftig umstritten ist dagegen die Frage, wie zu verfahren ist, wenn sich auch durch eine ärztliche Untersuchung des Betroffenen nicht eindeutig klären läßt, ob er im Hinblick auf eine konkrete Heilbehandlung einwilligungsfähig ist oder nicht. Teilweise wird für einen solchen Fall die Auffassung vertreten, es müsse die Bestellung eines Betreuers sowie die Anordnung eines Einwilligungsvorbehaltes analog § 1903 BGB erfolgen, so daß der Betreute ohne Zustimmung des Betreuers dann nicht mehr widersprechen, der Betreuer aber analog § 1902 BGB der Maßnahme zustimmen könne.[303] Nach einer anderen Ansicht ist im Falle nicht aufklärbarer Einwilligungsfähigkeit des Patienten von einem Alleinentscheidungsrecht des Betreuers auszugehen.[304] Wieder andere befürworten die Notwendigkeit einer kumulativen Einwilligung von Betreuer und Betreutem.[305] Differenzierend wird dagegen teilweise auch auf die Erheblichkeit der drohenden Gesundheitsgefahren abgestellt, wobei ein Alleinentscheidungsrecht des Betreuers in den Fällen befürwortet wird, in denen die Gefahr einer erheblichen oder dauerhaften Selbstschädigung, insbesondere durch eine unangebrachte Behandlungsverweigerung, bestehe, während der Patient im übrigen alleinentscheidungsbefugt sei.[306]

Meines Erachtens muß in Sachverhaltskonstellationen dieser Art von der alleinigen Einwilligungszuständigkeit des Patienten ausgegangen werden, solange sich nicht mit Sicherheit der Mangel seiner Fähigkeit, eine eigenverantwortliche Entscheidung

---

301 Amelung, Über die Einwilligunsgfähigkeit, ZStW 104 (1992), 525 (552 f.)
302 Kuhlmann, Einwilligung in die Heilbehandlung, S. 82
303 Diederichsen in: Palandt, BGB, § 1904 RNr. 4
304 Lachwitz, Perspektiven für Menschen mit geistiger Behinderung, FuR 1990, 266 (269); Bienwald, Betreuungsrecht, § 1904 RNr. 8
305 Damrau in: Damrau/Zimmermann, Kommentar zum BetrG 1992, § 1904 RNr. 2; Voll, Die Einwilligung im Arztrecht, S. 92
306 Kuhlmann, Einwilligung in die Heilbehandlung, S. 90

zu treffen, in der konkreten Situation nachweisen läßt.[307] Dies ergibt sich bereits aus der erwähnten, zugunsten aller Volljährigen bestehenden und aus ihrer Grundrechtsmündigkeit hergeleiteten Vermutung der Einwilligungsfähigkeit. Einschränkungen des allgemeinen Persönlichkeitsrechtes sind nur insofern zulässig, als dies zum Schutze des Betroffenen geboten ist. Das Betreuungsrecht geht im Anschluß hieran von den Prämissen der Erforderlichkeit und der Subsidiarität aus, d.h. die Entscheidung des Betreuers ist nur dann und insoweit zulässig und geboten, als der Betreute nicht in der Lage ist, seine Angelegenheiten selbständig zu erledigen. Der Aufgabenkreis des Betreuers wird daher regelmäßig auf diejenigen Lebensbereiche beschränkt, in denen der Betreute tatsächlich seiner Hilfe bedarf. Dieser Bedarf aber muß im Einzelfall jeweils positiv festgestellt werden.

Zwar ist denjenigen Ansichten, die sich in Zweifelsfällen zumindest für ein Mitentscheidungsrecht des Betreuers aussprechen, zuzugestehen, daß auch sie durch die Konstituierung des Mitwirkungserfordernisses allein versuchen, dem Schutz des Betreuten zu dienen. Andererseits befürworten sie aber eine Einschränkung des Selbstbestimmungsrechtes, die rein präventiv erfolgen würde, ohne daß ihre Erforderlichkeit feststünde.

Nach der Konzeption sowohl der Grundrechte als auch des Betreuungsrechtes bedarf jede Einschränkung des Selbstbestimmungsrechtes einer Rechtfertigung. Wird eine solche angeordnet, so muß positiv derjenige Sachverhalt feststehen, aus dem sich ihre Notwendigkeit ergibt. Die Gegenansichten gelangen letztlich zu einer hiermit nicht in Einklang zu bringenden Umkehr der Beweislast, da der Patient nach ihnen erst dann als einwilligungsfähig anzusehen ist, wenn er selbst positiv den Beweis dafür erbracht hat, daß er zu einer eigenverantwortlichen Entscheidung in der Lage ist. Der Aspekt der Fürsorge für den Patienten allein rechtfertigt eine derartige Einschränkung nicht, zumal diese nicht das mildeste zur Verfügung stehende Mittel darstellen würde. Es bleibt nämlich sowohl dem Arzt als auch einem möglicherweise bereits bestellten Betreuer unbenommen, den Patienten weiterhin intensiv zu beobachten und ihn auf seine Einwilligungsfähigkeit hin zu untersuchen. Erst wenn sich aus diesen Überprüfungen mit Hilfe eines Sachverständigen (§ 68 b FGG) positiv feststellen läßt, daß die kritische Grenze der Einsichts- bzw. Steuerungsunfähigkeit überschritten ist, kann dem Betreuer für den konkreten Fall das Entscheidungsrecht

[307] so auch Taupitz, Empfehlen sich zivilrechtliche Regelungen in: Verhandlungen des 63. DJT 2000, Bd. I, Gutachten A, S. A 62; Taupitz, Landesbericht Deutschland in: Taupitz, Zivilrechtliche Regelungen zur Absicherung der Patientenautonomie am Ende des Lebens, S. 273 (322)

zukommen. Die Gefahr einer unverantwortbaren Selbstgefährdung läßt sich auf diese Weise mit vertretbarem Aufwand vermeiden.

Darüber hinaus sprechen auch gesetzessystematische Bedenken gegen eine Mitwirkung des Betreuers in konkreten Fragen der Heilbehandlung. Die Regelungen des Betreuungsrechtes beruhen auf der Annahme, daß der Betreute entweder einwilligungsfähig ist, so daß ihm alleine das Recht zusteht, über etwaige Heileingriffe zu entscheiden, oder aber daß er hierzu nicht mehr in der Lage ist mit der Folge, daß die Aufgabe einem Betreuer übertragen wird. Die Einwilligungsbefugnis ist mithin unteilbar. Die Einführung einer dritten Katgeorie der beiderseitigen Zuständigkeit ist dem Gesetz fremd.

Schließlich ist die Einführung einer solchen zusätzlichen Kompetenzebene auch rechtspolitisch nicht wünschenswert. Denn zusätzlich zu den ohnehin bestehenden Schwierigkeiten bei der Abgrenzung zwischen Einwilligungsfähigkeit und Einwilligungsunfähigkeit würden sich neue Probleme in den Grenzbereichen zwischen der Einwilligungsfähigkeit bzw. Einwilligungsunfähigkeit und dem Zwischenstadium der nicht festellbaren Einwilligungsfähigkeit ergeben. Ferner bestünde zweifellos die Gefahr, daß sich die Ärzte in verstärktem Maße der Einfachheit halber darauf zurückziehen würden, daß Zweifel an einer letztverbindlichen Einordnung in die Kategorien der Einwilligungsfähigkeit bzw. Einwilligungsunfähigkeit nicht beseitigt werden könnten, so daß der prozentuale Anteil der Fälle, die dem Zwischenbereich unterfielen, rasch ansteigen würde. Genau diese Folge aber gilt es zu vermeiden. Denn es kann nicht im Interesse und in der Intention des Betreuungsrechtes liegen, den verantwortlichen Ärzten die Verantwortung für eine klare Entscheidung abzunehmen, zumal mit der Zunahme der Zweifelsfälle zwangsläufig auch der Bereich einer möglichen eigenverantwortlichen Entscheidung durch den Patienten weiter Schritt für Schritt beschnitten würde.

c. Einwilligungsmöglichkeit - die Aufklärung des Patienten durch den Arzt

Eine vertrauensvolle Kooperation zwischen Arzt und Patient, die dessen Selbstbestimmungsrecht hinreichend Rechnung trägt und ihm seine Stellung als Subjekt der Heilbehandlung beläßt, ist nur dann zu verwirklichen, wenn beide Seiten bei der Entscheidungsfindung von einer vergleichbaren Informationsgrundlage ausgehen. Der Patient befindet sich jedoch vor dem Beginn der Therapie nicht nur aufgrund seiner in aller Regel fehlenden medizinischen Fachkenntnisse, sondern häufig genung auch infolge seiner krankheitsbedingten Hilfsbedürftigkeit faktisch in einer strukturell erheblich schwächeren Position, die ihn gerade nicht als gleichberechtigten Partner ausweist.[308] Soll in dieser Situation das Selbstbestimmungsrecht des Patienten nicht leerlaufen, muß der Arzt ihn in einer für den Laien verständlichen Weise und unter Berücksichtigung seiner konkreten körperlichen und seelischen Verfassung über alle Gesichtspunkte informieren, die ihm eine eigenverantwortliche Abwägung und Entscheidung ermöglichen und sein regelmäßig vorhandenes massives Informations- und Kompetenzdefizit ausgleichen.[309]

Im Vordergrund der Aufklärung steht daher nicht die bloße Wissensvermittlung, sondern die behutsame, dem Verständnis wie der gesundheitlichen Verfassung gleichermaßen angepaßte Unterrichtung des Kranken darüber, ob es in Abwägung der mit dem Eingriff verbundenen Gesundungschancen und unvermeidbaren oder möglichen Folgen vernünftig erscheint, in die Vornahme der in Frage stehenden medizinischen Maßnahme einzuwilligen. Durch die Aufklärung muß der Patient in die Lage versetzt werden, sich der Tragweite seiner Entscheidung bewußt werden zu können.[310] Er muß die Möglichkeit haben, einen zutreffenden Eindruck von der Schwere des Eingriffs und der Art der Belastungen zu gewinnen, die auf ihn und seine Lebensführung zukommen können.[311]

Die Notwendigkeit und der Inhalt der ärztlichen Aufklärung stehen daher nicht im Ermessen des Arztes, sondern ergeben sich aus objektiven Kriterien. Bei der Vornahme der Aufklärung selbst sind jedoch immer auch die individuellen Fähigkeiten des Patienten zur Informationsaufnahme und -verarbeitung zu berücksichtigen. Dem Arzt ist eine weitgehende Entscheidungsfreiheit bezüglich der Art und Weise der Unterrichtung des Patienten zuzugestehen. Wird der Kranke aber in kürzester Zeit mit einer Informationsfülle überhäuft, die sein Auffassungsvermögen übersteigt, so ist er so zu behandeln, als wäre er überhaupt nicht aufgeklärt worden (Übermaßaufklärung).[312]

---

308 Taupitz, Landesbericht Deutschland in: Taupitz, Zivilrechtliche Regelungen zur Absicherung der Patientenautonomie am Ende des Lebens, S. 273 (292)

309 Laufs, Die Entwicklung des Arztrechts 1992/93, NJW 1993, 1497 (1501); Schlund, Die ärztliche Aufklärungspflicht im Spannungsfeld der Gerichte und der Ärzteschaft, Der Gynäkologe 1989, 344 (346). Der 63. DJT 2000 hat mit 40:4:2 Stimmen bekräftigt, daß die Einwilligung des Patienten in eine Behandlung nur wirksam ist, wenn er zuvor durch den Arzt über die Bedeutung und Tragweite der geplanten Maßnahme und geeignete Alternativen aufgeklärt worden ist. Daneben sprach sich der 63. DJT mit 38:6:5 Stimmen dafür aus, daß der Arzt verpflichtet sei, den Patienten deutlich auf mögliche Selbstschädigungen hinzuweisen, falls dieser eine vorgeschlagene Behandlung ablehne.

310 BGHZ 90, 103 (106); BGH NJW 1992, 2351 (2352)

311 BGH NJW 1991, 2346 (2347)

312 Deutsch, Theorie der Aufklärungspflicht des Arztes, VersR 1981, 293 (295); Spann/Liebhardt/Penning, Übermaßaufklärung in: Festschrift für Weißauer, S. 143 (145)

Die Aufklärungspflichten des Arztes wurden von der Rechtsprechung im Wege einer ausgesprochen kasuistischen Spruchpraxis entwickelt, ohne daß sie bis zum heutigen Tage eine gesetzliche Normierung erfahren hätten.[313] Der Grund für diese enorme Differenzierungsvielfalt ist darin zu sehen, daß sich seit Jahrzehnten der Schwerpunkt der Arzthaftpflichtklagen mehr und mehr von der Rüge der (von dem Patienten oft nur schwer beweisbaren) ärztlichen Behandlungsfehler hin zu derjenigen der fehlerhaften Aufklärung verlagert hat, da der Arzt - zumindest soweit die Selbstbestimmungsaufklärung betroffen ist - die Beweislast dafür trägt, daß er den Patienten ordnungsgemäß unterrichtet hat.

Systematisch lassen sich die Aufklärungspflichten des Arztes entsprechend ihrer unterschiedlichen Zielrichtungen den nachfolgend aufgeführten Kategorien zuordnen.

aa. Aufklärung über behandlungsexterne Faktoren

Zahlreiche Elemente können Eingang in die ärztliche Behandlung finden, die in keinem unmittelbaren Zusammenhang mit den gesundheitlichen und sozialen Interessen des Patienten stehen, sondern in der Person des Arztes ihre Grundlage haben und gleichsam von außen auf die Behandlung einwirken. Aus der Sicht des Patienten erscheinen sie als behandlungsextern.[314] Zu diesen Faktoren gehören beispielsweise die wirtschaftlichen Begleitumstände einer Behandlung, die von dem Arzt mit ihr verfolgten wissenschaftlichen Interessen oder die Tatsache eines vorausgegangenen ärztlichen Behandlungsfehlers als Ursache für die Vornahme einer spezifischen Folgetherapie.[315]

Da die Aufklärung dem Patienten eine ausreichende Informationsgrundlage für die Abgabe einer wirksamen Einwilligungserklärung im Hinblick auf Eingriffe in seine körperliche Unversehrtheit gewähren soll, sind seine Fehlvorstellungen bezüglich

---

313 dabei wird teilweise die Ansicht vertreten, die von der Rechtsprechung an eine ordnungsgemäße Aufklärung des Patienten gestellten Anforderungen seien derart überzogen, daß sie von keinem Arzt selbst bei idealer Aufklärungstechnik erfüllt werden könnten (Ehlers, Das ärztliche Aufklärungsgespräch zwischen Utopie und Wirklichkeit, Der Gynäkologe 1989, 360, 363).

314 Glatz, Der Arzt zwischen Aufklärung und Beratung, S. 53

315 Von der rechtlichen auf das Vorliegen eines haftungsbegründenden Behandlungsfehlers gerichteten Wertung zu unterscheiden ist jedoch die Aufklärung des Patienten darüber, daß der durchgeführte Eingriff nicht zu dem gewünschten Therapieerfolg geführt hat. Bei diesem Umstand handelt es sich sehr wohl um einen rechtsgutbezogenen behandlungsimmanenten Faktor, der dem Patient mitzuteilen ist, damit er in die Lage versetzt wird, über den weiteren Verlauf seiner Behandlung zu entscheiden.

derartiger Gesichtspunkte grundsätzlich für die Wirksamkeit der rechtfertigenden Einwilligung unbeachtlich.[316] Dies gilt zumindest insoweit, als der Arzt neben gesundheitlichen Zwecken mit der Therapie lediglich *zusätzlich* rechtsgutfremde Ziele verfolgt.[317] Dient die Behandlung demgegenüber *ausschließlich* Interessen, die nicht mit der körperlichen Unversehrtheit des Patienten in Zusammenhang stehen, ist die ohne entsprechende Aufklärung erteilte Einwilligung des Patienten unwirksam, da sein Willensmangel als rechtsgutbezogen und damit beachtlich zu bewerten ist.[318] Wird dem Patienten beispielsweise ohne nähere Erläuterung von seinem Arzt Blut abgenommen, darf er davon ausgehen, daß dies aus diagnostischen Gründen geschieht. Erfolgte die Venenpunktion jedoch planmäßig allein zur Durchführung eines medizinisch nicht indizierten HIV-Antikörpertests, liegt ein relevanter Willensmangel vor, der der Einwilligung ihre Wirksamkeit nimmt.[319]

Da die Aufklärung über behandlungsexterne Faktoren im übrigen jedoch weder für die Wirksamkeit der Einwilligung des Patienten noch in anderer Weise für die Rechtmäßigkeit des Heileingriffes von Bedeutung ist,[320] erübrigt sich eine diesbezügliche weitere Darstellung im Rahmen der vorliegenden Arbeit.[321]

---

316 Baden, "Wirtschaftliche Aufklärungspflichten" in der Medizin, NJW 1988, 746 (748); Schröder/Taupitz, Menschliches Blut: Verwendbar nach Belieben des Arztes ? S. 31

317 Glatz, Der Arzt zwischen Aufklärung und Beratung, S. 288

318 Taupitz, Menschliche Körpersubstanzen: nutzbar nach eigenem Belieben des Arztes ? Deutsches Ärzteblatt 1993, Ausgabe B, 786 (787); Rieger, Lexikon des Arztrechts, RNr. 976

319 Buchborn, Ärztliche Erfahrungen und rechtliche Fragen bei AIDS, MedR 1987, 260 (263); Herzog, H., Die rechtliche Problematik von AIDS in der Praxis des niedergelassenen Arztes, MedR 1988, 289 (290); Giesen, Arzthaftungsrecht, S. 125; a.A. G. und Th. Solbach, Zur Frage der Aufklärung der Patienten bei Blutentnahmen (AIDS), MedR 1988, 241, die das Vorliegen eines relevanten Willensmangels mit der Begründung verneinen, ein verantwortlich handelnder AIDS-Verdächtiger werde wissen wollen, ob er infiziert sei. Würde man dieser Ansicht folgen, so müßte es dem Arzt auch im Hinblick auf andere Krankheiten erlaubt sein, Untersuchungen durchzuführen, ohne insofern zuvor die Einwilligung des Patienten einzuholen. Das Selbstbestimmungsrecht des Patienten bezüglich diagnostischer Eingriffe des Arztes würde hierdurch rechtswidrig in seinem Kernbereich betroffen.

320 Eine solche Situation ergibt sich aber bei der therapeutischen Aufklärung. Auch bei dieser wirken sich etwaige Versäumnisse des Arztes nicht auf die Wirksamkeit der von dem Patienten erklärten Einwilligung aus, sie stellen jedoch selbständige Behandlungsfehler dar, die eine vertragliche und deliktische Schadensersatzverpflichtung des Arztes begründen (siehe hierzu im einzelnen unter B. V. 3. c. bb. (1)).

321 Zu beachten ist freilich, daß auch das Unterlassen einer Aufklärung über behandlungsexterne Faktoren zu einer deliktischen Schadensersatzverpflichtung unter dem Gesichtspunkt der Verletzung des allgemeinen Persönlichkeitsrechtes führen kann. Werden Körpersubstanzen vom Körper abgetrennt, bleibt ihre persönlichkeitsrechtliche Bindung unabhängig von der jeweiligen sachenrechtlichen Zuordnung zumindest dann erhalten, wenn der Arzt sie einer Verwendung zuführen möchte, die geeignet ist, persönlichkeitsrechtliche Interessen des bisherigen Trägers zu berühren (Schröder/Taupitz, Menschliches Blut: verwendbar nach Belieben des Arztes ? S. 31). Eine Aufklärung des Arztes ist daher insbesondere dann erforderlich, wenn er mit dem Eingriff die Durchführung eines routinemäßigen HIV-Antikörpertests (AG Mölln, NJW 1989, 775, 776: rechtswidrige Verletzung des allgemeinen Persönlichkeitsrechts, jedoch kein Schmerzensgeldanspruch, da der Eingriff nicht als schwerwiegend anzusehen sei; Eberbach, Heimliche Aids-Tests, NJW 1987, 1470, 1471: ein Schmerzensgeld sei schon deshalb zuzusprechen,

bb. Aufklärung über behandlungsinterne Faktoren

Der Bereich der ärztlichen Aufklärung, der den Gesundheitszustand des Patienten, eventuelle Behandlungsmöglichkeiten, die sich hieraus ergebenden Chancen und

---

weil der Patient sonst zwar nicht de iure, aber doch de facto gegenüber heimlichen Aids-Tests schutzlos gestellt wäre; Laufs/Laufs, Aids und Arztrecht, NJW 1987, 2257, 2263; Lesch, Die strafrechtliche Einwilligung beim HIV-Antikörpertest an Minderjährigen, NJW 1989, 2309, 2312; Michel, Forum: Aids-Test ohne Einwilligung, JuS 1988, 8, 11), die Vornahme einer Genomanalyse (Deutsch, Haftung für unerlaubte bzw. fehlerhafte Genomanalyse, VersR 1991, 1205, 1207; Deutsch, Das Persönlichkeitsrecht des Patienten, AcP 192 (1992), 161, 169; Sternberg-Lieben, Strafbarkeit eigenmächtiger Genomanalysen, GA 1990, 289, 291 f.; Taupitz, Privatrechtliche Rechtspositionen um die Genomanalyse, JZ 1992, 1089, 1090; Wiese, Gibt es ein Recht auf Nichtwissen in: Festschrift für Niederländer, S. 475, 484), eine gentechnische Manipulation des in den Substanzen enthaltenen Erbmaterials (Benda, Humangenetik und Recht, NJW 1985, 1730, 1733; Hofmann, Biotechnik, Gentherapie, Genmanipulation - Wissenschaft im rechtsfreien Raum ? JZ 1986, 253, 259 f.; Zierl, Strafrechtliche Aspekte der Humangenetik und der Fortpflanzungsmedizin, DRiZ 1986, 161, 166) oder die Verarbeitung der Körpersubstanzen für pharmazeutische Zwecke erstrebt, soweit die verwendete Menge nicht offensichtlich geringfügig ist (Taupitz, Wem gebührt der Schatz im menschlichen Körper ? AcP 191 (1991), 201, 212; Glatz, Der Arzt zwischen Aufklärung und Beratung, S. 313).
Erfolgt die Verwendung der Körpersubstanzen demgegenüber in anonymisierter Form, werden persönlichkeitsrechtliche Interssen des ehemaligen Trägers nicht berührt, so daß eine Aufklärungslast des Arztes zu verneinen ist (Deutsch, Haftung für unerlaubte bzw. fehlerhafte Genomanalyse, VersR 1991, 1205, 1207).
In gleicher Weise bedarf die Weitergabe von Informationen, die mit der individuellen Person des Patienten verknüpft sind, der vorherigen Einwilligung des Patienten, will sich der Arzt nicht aus dem Gesichtspunkt der Verletzung des allgemeinen Persönlichkeitsrechtes haftbar machen. Relevant werden kann dies insbesondere im Falle der Anfertigung photographischer Aufnahmen (OLG Hamm NJW-RR 1988, 425 f.; Schäfer in: Staudinger, BGB, § 823 RNr. 213) oder der Veröffentlichung nicht hinreichend anonymisierter Lichtbilder des Patienten (AG Hamburg, GRUR 1990, 149, 150), bei der Weitergabe von Patientenunterlagen an dritte Personen (BGHZ 115, 123, 126; Taupitz, Die ärztliche Schweigepflicht in der aktuellen Rechtsprechung des BGH, MDR 1992, 421, 423; vgl. auch allgemein zur informationellen Selbstbestimmung BVerfGE 65, 1, 42 f.) oder auch schon bei der bloßen Anwesenheit dritter Personen während der Behandlung (Glatz, Der Arzt zwischen Aufklärung und Beratung, S. 312).
Soweit diese deliktischen Aufklärungspflichten des Arztes reichen, ist er auch analog § 666 BGB in Verbindung mit § 242 BGB vertraglich verpflichtet, den Patienten über behandlungsexterne Umstände aufzuklären (Taupitz, Wem gebührt der Schatz im menschlichen Körper ? AcP 191 (1991), 201, 211). Diese vertragliche Aufklärungslast kann jedoch auch darüber hinausgehen.
So trifft den Arzt beispielsweise eine vertragliche Pflicht zur Aufklärung über wirtschaftliche Gesichtspunkte der Behandlung, soweit deren Durchführung zu einer dauernden Vermögenseinbuße beim Patienten führen könnte und dies für den Arzt ohne weiteres erkennbar ist (BGH NJW 1983, 2630, 2631; LG Düsseldorf MedR 1986, 208; Baden, "Wirtschaftliche Aufklärungspflichten in der Medizin", NJW 1988, 746, 748; Laufs in: Laufs/Uhlenbruck, § 66 RNr. 17; Laufs, Arztrecht, RNr. 232; Ehlers, Die ärztliche Aufklärung, S. 49; Deutsch, Medizinrecht, RNr. 119).
Er muß den Patienten ferner auf den wirtschaftlichen Wert abgetrennter Körpersubstanzen hinweisen, sofern es sich bei diesen um regenerierbare Materialien handelt, denen ein außergewöhnlicher Wert beizumessen ist, und der Arzt die Absicht hat, sich diesen Wert persönlich anzueignen (Taupitz, Wem gebührt der Schatz im menschlichen Körper ? AcP 191 (1991), 201, 217; H. Schünemann, Die Rechte am menschlichen Körper, S. 169).
Auch im Hinblick auf die mit einem Eingriff verbundenen wissenschaftlichen Aspekte ist der Patient umfassend zu informieren (OLG Stuttgart VersR 1981, 342, 343).
Vertraglich kann der Arzt darüber hinaus verpflichtet sein, den Patienten auf das Vorliegen eines eigenen Behandlungsfehlers hinzuweisen, soweit dieser eine Gegenbehandlung erforderlich macht, der Arzt selbst diese Maßnahme durchführen will und das schädigende Ereignis auf einem groben Sorgfaltsverstoß beruhte (G. Solbach, "Aufklärung" des Patienten über wirtschaftliche Aspekte der Behandlung ? JA 1986, 419, 421; Taupitz, Aufklärung über Behandlungsfehler, NJW 1992, 713, 718).

Risiken für den Patienten, konkrete Verhaltensanweisungen und damit letztlich unmittelbar seine gesundheitlichen und sozialen Interessen zum Gegenstand hat (behandlungsinterne Faktoren), wird üblicherweise in die Sicherungsaufklärung (auch therapeutische Aufklärung genannt)[322] und die Selbstbestimmungsaufklärung unterteilt.[323]

(1) Sicherungsaufklärung (therapeutische Aufklärung)

Die Sicherungsaufklärung dient der Gefahrenabwehr und erfolgt im gesundheitlichen Interesse des Patienten, nicht aber um die Ausübung seines Selbstbestimmungsrechtes zu gewährleisten. Sie ist Bestandteil jeder ärztlichen Behandlung und unerläßlich für ihren Erfolg.[324] Der Patient kann nicht auf sie verzichten.[325] Auch eine Kontraindikation der therapeutischen Aufklärung kommt anders als im Falle der Selbstbestimmungsaufklärung nicht in Betracht.[326]

Voraussetzung der Pflicht zur therapeutischen Aufklärung ist das Vorliegen einer konkreten Arzt-Patienten-Beziehung, in der der Arzt sich verpflichtet, die Heilung des Patienten anzustreben. Er hat den Patienten über die von diesem zu erbringende notwendige Mitwirkung an der Therapie zur Optimierung der Heilungschancen und zur Vermeidung zusätzlicher Behandlungsrisiken zu informieren.[327] Die Sicherungsaufklärung dient somit der Ermöglichung, Vorbereitung und Unterstützung des medizinisch Notwendigen durch die Erteilung von Schutz- und Warnhinweisen.[328]

Zeitlich wird die Sicherungsaufklärung vor, während und nach der Behandlung als ein ihr wesensimmanenter Bestandteil geschuldet. Inhaltlich ist sie auf die Therapie bezogen.[329] Sie kann jedoch auch im Interesse Dritter geboten sein, die vor der Gefahr der Ansteckung bewahrt werden sollen.[330]

---

[322] Laufs, Die Entwicklung des Arztrechts 1984/85, NJW 1985, 1361 (1366).

[323] Laufs, Arztrecht, RNr. 168; Ehlers, Die ärztliche Aufklärung, S. 48; Eberhardt, Selbstbestimmungsrecht des Patienten, S. 7

[324] Voll, Die Einwilligung im Arztrecht, S. 115; Laufs, Das Aufklärungsformular, Der Gynäkologe 1989, 364

[325] Kern/Laufs, Die ärztliche Aufklärungspflicht, S. 183; Ehlers, Die ärztliche Aufklärung, S. 49; Laufs, Arztrecht, RNr. 163

[326] Glatz, Der Arzt zwischen Aufklärung und Beratung, S. 239; Kern/Laufs, Die ärztliche Aufklärungspflicht, S. 187

[327] Menter, Die therapeutische Aufklärung, S. 52

[328] Geiß/Greiner, Arzthaftpflichtrecht, S. 68

[329] Menter, Die therapeutische Aufklärung, S. 52

[330] BGH MedR 1995, 25 (26)

Vor, während und nach der Behandlung hat der Arzt den Patienten auf seine Krankheitssituation und die möglichen und ggf. erforderlichen Therapie- bzw. Nachsorgemaßnahmen hinzuweisen. Dadurch soll dem Patienten die Notwendigkeit der Therapie vor Augen geführt werden.[331] Gerade die für den Erfolg der Therapie unabdingbare Bereitschaft zur aktiven Mitwirkung des Patienten (Compliance) kann in der Praxis sehr häufig nur durch eine gleichermaßen intensive wie einfühlsame Aufklärungspraxis geschaffen werden.[332] Resigniert der Patient, so hat ihn der Arzt anzuspornen und zu unterstützen, indem er ihn auf die besondere Wichtigkeit bestimmter Maßnahmen hinweist und versucht, ihm deren Indikation auf der Grundlage der erstellten Diagnose verständlich zu machen.[333] Von besonderer Bedeutung ist diese Verpflichtung in den Fällen, in denen sich der Kranke einem gebotenen diagnostischen oder therapeutischen Eingriff nicht unterziehen möchte. Gerade weil der Arzt nicht berechtigt ist, gegen den erklärten Willen des Patienten dessen körperliche Unversehrtheit zu beeinträchtigen, ist er gefordert, alles nach der Sachlage Gebotene zu unternehmen, damit der Kranke seine Weigerungshaltung aufgibt und seine Einwilligung zu dem notwendigen Eingriff erteilt.[334] Therapeutische Aufklärungsmaßnahmen gegenüber nahen Angehörigen können in diesen Fällen das unmittelbare Gespräch zwischen Arzt und Patient in keinem Falle ersetzen.[335] Aus dem ablehnenden Verhalten eines nicht hinreichend aufgeklärten Patienten darf der Arzt keinen Behandlungsverzicht ableiten.[336]

Auch der Hinweis auf ein etwaiges Fehlschlagen vorausgegangener Behandlungsmaßnahmen kann geboten sein, soweit schwere Gefahren für Gesundheit und Leben des Patienten drohen und auf andere Weise die Einwilligung des Patienten in eine bereinigende Maßnahme nicht zu erlangen ist.[337]

---

331 Kern/Laufs, Die ärztliche Aufklärungspflicht, S. 183

332 Laufs, Entwicklung des Arztrechts 1980/81, NJW 1981, 1289 (1292); Fischer/Lehrl, Patienten-Compliance, S. 199 ff.

333 OLG Stuttgart MedR 1985, 175; Laufs, Arztrecht, RNr. 163; Hart, Arzneimitteltherapie und ärztliche Verantwortung, S. 117

334 BGH VersR 1954, 98 (99); LG Memmingen VersR 1981, 585; OLG Düsseldorf VersR 1988, 1297 (1298); Ehlers, Die ärztliche Aufklärung, S. 49; Engisch, Aufklärung und Sterbehilfe bei Krebs in rechtlicher Sicht in: Festschrift für Bockelmann, S. 519 (527); Glatz, Der Arzt zwischen Aufklärung und Beratung, S. 237

335 BGH NJW 1989, 2318 (2319)

336 BGH NJW 1991, 748 (749); OLG Schleswig VersR 1987, 419

337 BGH NJW 1989, 1536 (1538); OLG Hamm VersR 1984, 91 f.; LG Gießen NJW 1956, 1111 f.; Taupitz, Aufklärung über Behandlungsfehler, NJW 1992, 713 (715 f.); demgegenüber besteht keine Rechtspflicht des Arztes, den Patienten über eigene Behandlungsfehler aufzuklären, um ihm die erfolgreiche Durchsetzung von Schadensersatzansprüchen zu ermöglichen. Denn dadurch müßte der Arzt zugleich die Begehung von ihm begangener Straftaten aufdecken. Zu einer Selbstbezichtigung aber kann nach dem deutschen Strafprozeßrecht niemand verpflichtet werden (Kern/Laufs, Die ärztliche Aufklärungspflicht, S. 191; Taupitz, Aufklärung über Behandlungsfehler, NJW 1992, 713, 719; Gubernatis, Zur Offenbarungspflicht bei ärztlicher Fehlbehandlung, JZ 1982, 363, 364). Die

Andererseits darf die therapeutische Aufklärung nicht in einer Weise erfolgen, daß sie von dem Patienten als Drohung zur Erzwingung der Mitarbeit an der Behandlung empfunden wird.[338]

Die Verpflichtung zur therapeutischen Aufklärung bringt es ferner mit sich, daß der Arzt, der dem Patienten Medikamente verschreibt, ausdrücklich und verständlich auf die Nebenwirkungen hinzuweisen hat, die mit deren Einnahme verbunden sein können.[339] Keineswegs reicht die bloße Bezugnahme auf den Beipackzettel aus.[340] Die Instruktionspflicht reicht umso weiter, je gefährlicher das Präparat ist.[341] Dem Arzt ist es dabei zuzumuten, sich über den Beipackzettel hinaus zusätzliche Informationen aus der medizinischen Spezialliteratur zu verschaffen.[342] Behandelt er Patienten mit einem Präparat, das üblicherweise in einem anderen Fachgebiet Verwendung findet, so hat er sich auch bei entsprechenden Fachärzten über die Wirkung des Präparates zu informieren.[343]

---

vereinzelt vertretene Gegenauffassung, die eine Aufklärungspflicht bezüglich eigener Behandlungsfehler daraus herleitet, daß auch für sozial und standesrechtlich vergleichbare Berufsgruppen wie Rechtsanwälte und Steuerberater ähnliche Pflichten anerkannt seien (Brüggemeier, Deliktsrecht, RNr. 671), übersieht, daß sich Rechtsanwälte und Steuerberater, die gegenüber ihren Mandanten die fahrlässige Verletzung von Sorgfaltspflichten offenbaren, die den Eintritt von Vermögensschäden zur Folge hatten, nicht der Gefahr einer strafrechtlichen Verfolgung aussetzen. Sie trägt darüber hinaus auch nicht dem Umstand Rechnung, daß die Rechtsprechung bislang - anders als beim anwaltlichen Beratungsvertrag (BGH VersR 1967, 979, 980; BGH VersR 1968, 1042, 1043) - eine solch weitreichende Informations- und Aufklärungspflicht nicht einmal als Nebenpflicht des ärztlichen Behandlungsvertrages anerkannt hat. Eine andere Beurteilung ist daher nur dann geboten, wenn im *gesundheitlichen* Interesse des Patienten - und nicht in seinem Interesse auf Leistung von Schadensersatz - auf eine Aufklärung über vorausgegangene Behandlungsfehler nicht verzichtet werden kann, weil sich weitere Behandlungsmaßnahmen als notwendig erweisen, um Gefahren für Gesundheit und Leben des Patienten oder den Eintritt von Folgeschäden zu verhindern und auf andere Weise die Erteilung der Einwilligung des Patienten nicht zu erlangen ist (Nüßgens in: RGRK, BGB, RNr. 51 zu § 823 Anh. II; Uhlenbruck, Das Recht und die Pflicht des Arztes zur restitutio ad integrum nach einem Behandlungsfehler in: Festschrift für Weißauer, S. 150, 158).
Unklarer gestaltet sich in der Literatur dagegen die Frage der Verpflichtung des Arztes zur Aufklärung des Patienten über Behandlungsfehler eines Kollegen. Teilweise wird auch diesbezüglich eine Hinweispflicht des Arztes mit der Begründung abgelehnt, es sei nicht Aufgabe des Arztes, als Zulieferer von Regreßansprüchen für den Patienten aufzutreten, soweit er nicht offiziell als Gutachter tätig werde, zumal er nach § 15 Abs. 1 Satz 1 BÄO gehalten sei, seinen Kollegen durch rücksichtsvolles Verhalten Achtung zu erweisen. Außerdem ließen sich Kunstfehler ohne die exakte Kenntnis der betreffenden Behandlungssituation im nachhinein kaum mit Sicherheit erkennen (Solbach, "Aufklärung" des Patienten über wirtschaftliche Aspekte der Behandlung ? JA 1986, 419, 422; Raabe/Vogel, Medizin und Rechtsprechung, S. 54 f.). Die Gegenansicht steht demgegenüber auf dem Standpunkt, der Arzt, der den Behandlungsfehler eines Kollegen verschweige, erfülle den Straftatbestand der Strafvereitelung (Brüggemeier, Deliktsrecht, RNr. 672; Francke/Hart, Ärztliche Verantwortung und Patienteninformation, 78 f.).

338 Hart, Arzneimitteltherapie und ärztliche Verantwortung, S. 117

339 BGH NJW 1970, 511 (512); OLG Oldenburg, VersR 1986, 69 (70); Laufs, Arztrecht, RNr. 165; Glatz, Der Arzt zwischen Aufklärung und Beratung, S. 238

340 Kern/Laufs, Die ärztliche Aufklärungspflicht, S. 184 ff.

341 Menter, Die therapeutische Aufklärung, S. 55

342 Ehlers, Die ärztliche Aufklärung, S. 94

343 BGH NJW 1982, 697 (698)

Eine Ausnahme von dieser Aufklärungspflicht ist nur für die Fälle anzuerkennen, in denen der Arzt ein Placebo (Scheinmedikament) einsetzt, um eine Krankheit zu behandeln, die auf psychischen Störungen des Patienten beruht. Denn würde der Arzt über die Placebowirkung informieren, würde der erstrebte Erfolg naturgemäß entfallen.[344]

Die Sicherungsaufklärung wird aufgrund des zwischen Arzt und Patient bestehenden Behandlungsvertrages geschuldet. Streitig ist dabei, ob es sich um eine vertragliche Haupt- oder Nebenpflicht handelt.[345] Sie ist strukturell von der Selbstbestimmungsaufklärung zu unterscheiden und nicht Voraussetzung für die Wirksamkeit der Einwilligung des Patienten in einen Heileingriff.[346] Der Umfang der Unterweisungsverpflichtung ist bei der Sicherungsaufklärung weiter als bei der Selbstbestimmungsaufklärung.[347] Auch bei sehr niedrigen Zwischenfallquoten ist eine Information des Patienten in dessen gesundheitlichem Interesse geboten.[348]

Die Verletzung der Pflicht zur Sicherungsaufklärung ist als Behandlungsfehler[349] zu werten, der deliktsrechtlich als Körper- bzw. Gesundheitsverletzung im Sinne des § 823 Abs. 1 BGB sanktioniert wird und daneben auch vertragliche Schadensersatzansprüche nach sich zieht.[350] Der Patient trägt dabei jeweils die Beweislast für das Vorliegen der Haftungsvoraussetzungen.[351] Lediglich bei einem groben Verstoß ge-

---

344 Brenner, Arzt und Recht, B. I. 3. 1., S. 39; Ehlers, Die ärztliche Aufklärung, S. 94; a.A. Lenckner in: Schönke/Schröder, StGB, Vorbem. zu §§ 32 ff. RNr. 47; vgl. hierzu auch B. V. 3. e.

345 Die Ansicht, die die therapeutische Aufklärungslast den vertraglichen Nebenpflichten zuordnet, sieht sie als vertragliche Schutzpflicht des Arztes gegenüber dem Patienten an. Solche Schutzpflichten könnten aber nicht als wesentliches Element des Behandlungsvertrages angesehen werden (Kuhnert, Die vertragliche Aufklärungspflicht des Arztes, S. 39; Ehlers, Die ärztliche Aufklärungspflicht, S. 49). Die Gegenauffassung weist jedoch zutreffend darauf hin, daß die Kernaufgabe des Arztes, nämlich das Bemühen um die Heilung des Patienten, unauflöslich mit der therapeutischen Aufklärung verknüpft ist (Menter, Die therapeutische Aufklärung, S. 62 f.). Es dürfte daher mehr für die Einordnung der Sicherungsaufklärung als vertragliche Hauptpflicht sprechen.

346 BGH NJW 1972, 335 (336); OLG Karlsruhe VersR 1987, 1247 (1248)

347 Kern/Laufs, Die ärztliche Aufklärungspflicht, S. 187; Ehlers, Die ärztliche Aufklärung, S. 49

348 BGH NJW 1981, 2513; BGH NJW 1989, 2318 (2319); OLG Koblenz VersR 1992, 752 (753)

349 Unter einem Behandlungsfehler versteht man jede ärztliche Maßnahme, die die nach dem Erkenntnisstand der medizinischen Wissenschaft gebotene Sorgfalt vermissen läßt und damit unsachgemäß ist. Welches Maß an Sorgfalt und Fachkunde der Arzt aufzubringen hat, wird nach dem Stand der medizinischen Erkenntnis zur Zeit der Behandlung bewertet (Giesen, Arzthaftungsrecht, S. 29). Besitzt der Arzt Spezialkenntnisse, muß er diese zugunsten des Patienten einsetzen (BGH NJW 1987, 1479, 1480; OLG Oldenburg VersR 1989, 402; zustimmend Deutsch, Anmerkung zu BGH, Urteil vom 10.02.1987 - VI ZR 68/86 -, NJW 1987, 1480, 1481: Die Anrechnung besonderer Fähigkeiten entspreche dem Konzept der Fahrlässigkeit. Haftung nur für außer acht gelassene Sorgfalt bedeute, daß man einen Freiraum zur grundsätzlich ungehinderten Bewegung erhalte. Wer aber besondere Kenntnisse habe, benötige diesen Bewegungsraum nicht).

350 Menter, Die therapeutische Aufklärung, S. 52; Kim, Aufklärungspflicht im Arztrecht, S. 62 f.; Voll, Die Einwilligung im Arztrecht, S. 116

351 OLG Düsseldorf, VersR 1995, 542 (543); OLG Celle, VersR 1987, 591; Deutsch, Medizinrecht, RNr. 118; Laufs in: Laufs/Uhlenbruck, Handbuch des Arztrechts, § 62 RNr. 2; Laufs, Arztrecht, RNr.

gen die Hinweispflicht wird der Patient von dem Kausalitätsnachweis entsprechend den allgemeinen beweisrechtlichen Folgen eines schweren Behandlungsfehlers befreit.[352] In dieser für den Patienten unvorteilhaften Beweislastverteilung liegt der wesentliche Unterschied zur Selbstbestimmungsaufklärung.[353]

(2) Selbstbestimmungsaufklärung

Während die therapeutische Aufklärung - wie dargelegt - allein dem gesundheitlichen Interesse des Patienten zu dienen bestimmt ist (salus aegroti), soll die Selbstbestimmungsaufklärung dem Kranken primär die Möglichkeit eröffnen, eine eigenverantwortliche Entscheidung im Hinblick auf die Durchführung einer konkreten ärztlichen Behandlungsmaßnahme zu treffen (voluntas aegroti suprema lex).[354] Sie steht daher im Spannungsfeld zwischen der ärztlichen Fürsorge und dem ärztlichen Respekt vor der Autonomie des Patienten.[355] Dieser muß über Wesen, Bedeutung und Tragweite des geplanten ärztlichen Eingriffs in seinen Grundzügen informiert werden.[356] Jeder Verstoß gegen die hieraus resultierende Aufklärungslast hat unmittelbar die Unwirksamkeit der von dem Patienten erteilten Einwilligung in den ärztlichen Heileingriff zur Folge.[357]

Die zivilrechtliche Verantwortlichkeit des Arztes entfällt jedoch, wenn er nachweisen kann, daß der unerwünschte Gesundheitszustand des Patienten auch ohne den Eingriff eingetreten wäre oder der Kranke auch nach erfolgter ausreichender Aufklärung in den Eingriff eingewilligt hätte. Die Rechtsprechung stellt an diesen Nachweis traditionell sehr strenge Anforderungen.[358]

167; Eschner, Wege zu neuen Lösungen im Arzthaftungsprozeß, DRiZ 1983, 9 (12); Giesen, Grundzüge der zivilrechtlichen Arzthaftung, Jura 1981, 10 (20 f.); Giesen, Zur Annäherung von Arzthaftung und Dienstleistungshaftung in Deutschland und Europa, JR 1991, 485 (492)

[352] BGH NJW 1989, 2318 (2319); Deutsch, Medizinrecht, RNr. 167

[353] Glatz, Der Arzt zwischen Aufklärung und Beratung, S. 239; Kim, Aufklärungspflicht im Arztrecht, S. 62 f.

[354] Mertens in: Münchner-Kommentar, BGB, § 823 RNr. 423; Nüssgens, Zwei Fragen zur zivilrechtlichen Haftung des Arztes in: Festschrift für Hauß, S. 287 (288)

[355] Brüggemeier, Deliktsrecht, RNr. 721

[356] BGH NJW 1956, 1106 (1107)

[357] Glatz, Der Arzt zwischen Aufklärung und Beratung, S. 240

[358] BGHZ 29, 176 (187); BGH VersR 1980, 428 (429); BGH VersR 1982, 74 (75); BGH NJW 1990, 2928 (2929); OLG Düsseldorf MedR 1987, 189 (192); OLG Köln NJW 1987, 2302 (2303); OLG Schleswig MedR 1987, 157 (158); OLG Stuttgart VersR 1987, 391 (392); OLG Braunschweig VersR 1988, 382 (383); OLG Düsseldorf VersR 1988, 1132 (1133)

Gelingt es dem Arzt jedoch darzulegen, daß die Einwilligung des Patienten medizinisch vernünftig gewesen wäre oder im Falle der Nichtbehandlung gar gleichartige Risiken mit höherer Komplikationsdichte bestanden hätten, so haftet er nur dann, wenn der Patient seinerseits plausible Gründe dafür vorträgt, daß er bei erfolgter Aufklärung in einen Entscheidungskonflikt geraten wäre. Nicht erforderlich ist es dagegen, daß er behauptet, er hätte sich bei erfolgter Aufklärung in jedem Falle gegen die Vornahme des Eingriffs entschieden. Der Patient wäre nämlich damit überfordert, die Situation, in der er sich seinerzeit befand, zu rekonstruieren und auf diese Weise eine präzise Antwort darauf zu geben, wie er sich wirklich verhalten hätte.[359]

Bezüglich des Haftungsumfanges unter dem Gesichtspunkt des Zurechnungszusammenhanges gilt folgendes: Fehlt es bereits an der gebotenen Grundaufklärung des Arztes über Art und Schweregrad des Eingriffs, so hat der Arzt für ein Aufklärungsversäumnis auch dann einzustehen, wenn sich lediglich ein solches Risiko verwirklicht, über das er nicht zu informieren brauchte. Dagegen fehlt es bei erfolgter Grundaufklärung dann an dem erforderlichen Zurechnungszusammenhang, wenn das eingetretene nicht aufklärungsbedürftige Risiko mit dem Selbstbestimmungsrecht des Patienten in keinem inneren Zusammenhang stand.[360]

Die Selbstbestimmungsaufklärung läßt sich entsprechend ihren unterschiedlichen Zielrichtungen in die Diagnose-, Verlaufs- und Risikoaufklärung unterteilen.

(a) Diagnoseaufklärung

Nicht unumstritten ist die Frage, ob und unter welchen Umständen der Arzt verpflichtet ist, den Patienten über den von ihm erhobenen Befund zu unterrichten. Während ein Teil des Schrifttums eine solche Mitteilungspflicht generell verneint,[361] befürworten sie andere zumindest dort, wo der Patient die Information ausdrücklich fordert oder eine entsprechende Unterrichtung sich als erforderlich erweist, um ihn zur Einwilligung in eine notwendige Heilbehandlung, möglicherweise auch bei einem

---

359 BGH MedR 1991, 137 (139); BGH NJW 1991, 2342 (2343); BGH NJW 1991, 2344 (2345)

360 BGH NJW 1991, 2346 (2347); Laufs, Arztrecht, RNr. 240

361 Grünwald, Die Aufklärungspflicht des Arztes, ZStW 73 (1961), S. 19 f.: Wenn der Arzt einen Eingriff vornehme, nachdem er den Kranken zuvor auf die mit ihm verbundenen Gefahren hingewiesen und dieser eingewilligt habe, dann sei es ausgeschlossen, den Eingriff deshalb als rechtswidrig anzusehen, weil der Patient die Schwere seines Leidens nicht erkannt habe. Denn dann habe ihn der Arzt ja nur über einen Umstand im unklaren gelassen, dessen Kenntnis ihn in seinem Entschluß, sich behandeln zu lassen, nur bestärkt hätte.

Spezialisten, zu bewegen.[362] Die Rechtsprechung hält die Diagnoseaufklärung demgegenüber grundsätzlich für geboten.[363]

Für die Auffassung der Rechtsprechung spricht der Zweck der Aufklärung. Da der Patient in aller Regel nicht bereit ist, sich mit einem ärztlichen Eingriff einverstanden zu erklären, ohne die Grundlagen der medizinischen Indikation zu kennen, ist die Mitteilung der sachgerecht erstellten Diagnose als unverzichtbarer Bestandteil der Selbstbestimmungsaufklärung anzuerkennen.[364]

Durch die Diagnoseaufklärung soll dem Patienten Klarheit über seinen Gesundheitszustand verschafft werden. Der Arzt hat ihm die erhobenen Befunde insoweit zu erläutern, als die Kenntnis der Diagnose für seine Behandlungsentscheidung erkennbar von Bedeutung ist.[365] Die Verpflichtung des Arztes erstreckt sich daher auch auf die Vermittlung etwaiger Unsicherheiten bei der Deutung der Befunde, da diese Zweifel geeignet sind, den Abwägungsvorgang des Patienten entscheidend zu beeinflussen.[366] Dagegen ist eine Aufklärung über bloße auf den Gesundheitszustand bezogene Vermutungen nicht erforderlich und sogar kontraindiziert, sofern der Patient zu Überreaktionen neigt.[367]

(b) Verlaufsaufklärung

(aa) Aufklärung über die konkret geplante Behandlungsmaßnahme

Die Verlaufsaufklärung hat die Art, den Umfang und die Durchführung des Eingriffs zum Gegenstand.[368] Dem Patienten soll eine ungefähre Vorstellung davon vermittelt werden, in welcher Weise sich der Eingriff vollziehen wird.[369] Diese Kenntnis ist

---

362 Schlund, Die ärztliche Aufklärungspflicht im Spannungsfeld der Gerichte und der Ärzteschaft, VersR 1977, 496 (499); Tempel, Inhalt, Grenzen und Durchführung der ärztlichen Aufklärungspflicht, NJW 1980, 609 (613)

363 RGSt 66, 181 (182); BGHZ 29, 176 (184,185); zustimmend auch Friedrich, Die Aufklärungspflicht des Arztes, VersR 1954, 329 (330)

364 Herrmann, Soll ein Krebspatient über seine Diagnose aufgeklärt werden ? MedR 1988, 1 (5); Kern/Laufs, Die ärztliche Aufklärungspflicht, S. 54

365 OLG Stuttgart, VersR 1988, 695 (696)

366 OLG Frankfurt/M. NJW-RR 1995, 1048; OLG Stuttgart VersR 1958, 473

367 Laufs in: Laufs/Uhlenbruck, Handbuch des Arztrechts, § 63 RNr. 15; Laufs/Narr, AIDS - Antworten auf Rechtsfragen aus der Praxis, MedR 1987, 282; G. Solbach/Th. Solbach, Zur Frage der Aufklärung der Patienten bei Blutentnahmen, MedR 1988, 241

368 BGH NJW 1972, 335 (336); BGH VersR 1971, 929 (930); Tempel, Inhalt, Grenzen und Durchführung der ärztlichen Aufklärungspflicht, NJW 1980, 609 (613)

369 BGH VersR 1979, 1012

Grundvoraussetzung jeder wirksamen Einwilligung. Der Arzt darf auf die Verlaufsaufklärung nicht verzichten, es sei denn, daß selbst der Laie schon durch die bloße Bezeichnung des Eingriffs ausnahmsweise als hinreichend informiert anzusehen ist[370] oder der Patient über das erforderliche Fachwissen verfügt, um aus einer solchen Benennung die notwendigen Schlußfolgerungen ziehen zu können.[371] Wird dem Patienten dagegen nicht einmal der genaue Eingriff mitgeteilt, so ist die Aufklärung in jedem Falle unzureichend.[372]

Dem Patienten sind der Grad der Erfolgschancen des Eingriffs sowie die Erfolgssicherheit der Methode im Rahmen der Verlaufsaufklärung mitzuteilen.[373] Dies gilt vor allem dann, wenn er dringend einen Eingriff wünscht, dieser aber nicht den gewünschten Erfolg erwarten läßt.[374]

Darüber hinaus soll ihm deutlich vor Augen geführt werden, wie sich der Krankheitsverlauf ohne die von dem Arzt vorgeschlagene Behandlung vermutlich weiterentwickeln würde.[375] Hierdurch soll der Kranke einen Eindruck von der sachlichen und zeitlichen Erforderlichkeit der Behandlung erhalten.[376]

Inwieweit der Patient darüber zu informieren ist, welcher Arzt eine geplante Operation durchführen wird, hängt demgegenüber von der konkreten Ausgestaltung der vertraglichen Beziehungen zwischen ihm und dem Krankenhausträger ab. Bei einem totalen Krankenhausaufnahmevertrag ohne Zusatzvertrag entfällt eine Aufklärungsverpflichtung hinsichtlich der Person des den Eingriff vornehmenden Arztes, da hier kein Anspruch auf die Behandlung durch einen bestimmten Arzt besteht.[377] Der Patient ist jedoch auch in diesem Falle aufzuklären, falls er die Erteilung seiner Einwilligung von der Person des Operateurs abhängig macht und der Krankenhausträger dem Wunsch des Patienten nicht nachkommen kann oder will. In diesem Falle wird

---

370 BGH NJW 1972, 335 (336); Laufs in: Laufs/Uhlenbruck, Handbuch des Arztrechts, § 63 RNr. 16

371 BGH NJW 1971, 1887

372 BGH NJW 1971, 1887 (1888)

373 BGH NJW 1992, 1558 (1560); OLG Köln VersR 1978, 551 (552); Ehlers, Die ärztliche Aufklärung, S. 70 f.; Kern/Laufs, Die ärztliche Aufklärungspflicht, S. 61; Laufs in: Laufs/Uhlenbruck, Handbuch des Arztrechts, § 63 RNr. 18 f.

374 Kern/Laufs, Die ärztliche Aufklärung, S. 61

375 Laufs, Arztrecht, RNr. 204; Deutsch, Das therapeutische Privileg des Arztes: Nichtaufklärung zugunsten des Patienten, NJW 1980, 1305

376 BGH NJW 1992, 2354 (2355 f.); Francke/Hart, Ärztliche Verantwortung und Patienteninformation, S. 25

377 OLG Celle, NJW 1982, 706; OLG Düsseldorf VersR 1985, 1049 (1051); Franzki, Rechtsfragen der Anfängeroperation, MedR 1984, 186 (187); Gounalakis, Anfängernarkose und -operation - Behandlungsfehler oder Aufklärungspflichtverletzung ? NJW 1991, 2945 (2946)

die Behandlung insgesamt unterbleiben müssen.[378] Anders ist die Situation dagegen beim gespaltenen Krankenhausaufnahmevertrag sowie beim totalen Krankenhausaufnahmevertrag mit Zusatzvertrag zu beurteilen, da in diesen Fällen ein unmittelbarer Vertrag mit dem Chefarzt der Krankenhausabteilung zustande kommt. Ein Vertreter darf die Operation nur vornehmen, wenn der Patient zuvor darüber hinreichend informiert worden ist.[379]

Zur Verlaufsaufklärung wird auch die Mitteilung über all diejenigen Folgen gezählt, die mit dem betreffenden Eingriff zwangsläufig verbunden und auch bei Beachtung der ärztlichen Kunst nicht zu vermeiden sind.[380] Hierzu zählen etwa bleibende Narben,[381] der Eintritt der Unfruchtbarkeit als Folge einer Gebärmutterentfernung[382] oder auch die mit einer Behandlungsmaßnahme zwangsläufig verbundenen Schmerzen.[383] Anders ist jedoch hinsichtlich derjenigen Folgen zu entscheiden, die bei jedem Eingriff entstehen und als allgemein bekannt vorausgesetzt werden können.[384]

(bb) Aufklärung über Behandlungsalternativen

Ferner sind mit dem Patienten unter bestimmten Umständen die ernsthaft in Betracht kommenden Behandlungsalternativen zu erörtern, um ihm die Möglichkeit zur Abwägung aller relevanten Faktoren zu eröffnen.[385] Zwar ist grundsätzlich anerkannt, daß der Arzt nach pflichtgemäßem Ermessen die Wahl der konkret anzuwendenden Behandlungsmethode zu treffen hat, sofern mehrere von ihnen gleich erfolgverspre-

---

378 OLG Celle NJW 1982, 706; OLG München NJW 1984, 1412 f.; Franzki, Kein Anspruch auf Behandlung und Operation durch einen bestimmten Arzt, Deutsches Ärzteblatt 1983, Ausgabe B, S. 72 (74)

379 OLG München NJW 1984, 1412 (1413); OLG Celle NJW 1982, 706 f.; kritisch zu der hieraus resultierenden Ungleichbehandlung zwischen Privat- und Kassenpatienten Deutsch, Neue Aufklärungsprobleme im Arztrecht, NJW 1982, 2585 (2586 f.): Aus dem medizinischen Kontakt zwischen dem behandelnden Arzt und dem Patienten erwachse in beiden Fällen die Treuepflicht, dem Kranken mitzuteilen, wenn seine Erwartungen hinsichtlich der Person des Operateurs enttäuscht würden. Die Aufklärung für Privat- und Kassenpatienten unterschiedlich auszugestalten, stelle das privatrechtlich geprägte Arzt-Patienten-Verhältnis in seiner Gesamtheit in Frage.

380 BGH NJW 1972, 335 (336); OLG Karlsruhe VersR 1966, 68 (69); Hager in: Staudinger, BGB, § 823 I 89

381 Laufs, Arztrecht, RNr. 205; Kern/Laufs, Die ärztliche Aufklärungspflicht, S. 59

382 Hager in: Staudinger, BGB, § 823 I 89

383 BGHZ 90, 96 (99); BGH NJW 1984, 1395; Deutsch, Schutzbereich und Beweislast der ärztlichen Aufklärungspflicht, NJW 1984, 1802; Giesen, Zwischen Patientenwohl und Patientenwille, JZ 1987, 282 (285); Ehlers, Die ärztliche Aufklärung, S. 93 f.; kritisch hierzu Laufs, Arztrecht, RNr. 206 und Laufs, Die Entwicklung des Arztrechts 1984/85, NJW 1985, 1361 (1366): Die Gerichte sollten zurückhaltend mit dem Kriterium der Schmerzaufklärung umgehen, da der Schmerz und seine Intensität kaum meß- und beweisbar und damit schwer justitiabel seien.

384 Kern/Laufs, Die ärztliche Aufklärungspflicht, S. 59; Ehlers, Die ärztliche Aufklärung, S. 70

385 Voll, Die Einwilligung im Arztrecht, S. 116; Deutsch, Medizinrecht, RNr. 114

chend und üblich sind.[386] Dies gilt vor allem dann, wenn die Unterschiede zwischen den Methoden von lediglich untergeordneter Bedeutung sind und kein divergierender Grad der Indikation gegeben ist.[387] Die Verpflichtung zur Unterrichtung über die alternativ zur Verfügung stehenden Behandlungsmöglichkeiten ist aber gegeben, wenn sie zu jeweils unterschiedlichen Belastungen des Patienten führen,[388] mit unterschiedlichen Risiken verbunden sind[389] oder unterschiedliche Erfolgschancen bieten.[390] Hier muß es dem Kranken im Interesse der Wahrung seines Selbstbestimmungsrechtes überlassen bleiben, darüber zu befinden, welche Belastungen und Gefahren er auf sich nehmen will.[391]

Eine Aufklärungsverpflichtung hat der BGH auch in den Fällen anerkannt, in denen der Arzt eine Behandlungsmethode vorschlägt, die ernsthaft umstritten ist (Außenseitermethode).[392] Er muß dem Patienten deutlich machen, ob und inwieweit in der medizinisch-wissenschaftlichen Literatur Bedenken gegen diese von ihm bevorzugte Behandlungsform geäußert worden sind.[393]

Schließlich ist der Arzt auch verpflichtet, den Patienten über die Möglichkeiten indizierter Spezialbehandlungen zu informieren, die in anderen Krankenhäusern erfolgversprechender durchgeführt werden könnten als durch ihn selbst. Er hat ihm die Weiterverweisung an die Spezialklinik zu empfehlen, sobald die dortige Vorgehensweise eine bedeutende Akzeptanz erfahren hat und für den Patienten mit maßgeblichen Vorteilen verbunden sein kann.[394] Dies gilt jedoch wiederum nicht, wenn keine echte Wahlmöglichkeit für den Patienten besteht, insbesondere wenn ein Eingriff vital indiziert ist und eine Verlegung in eine Spezialklinik mit anderen Behandlungsmöglichkeiten daher schon faktisch nicht in Betracht kommt.[395]

Darüber hinaus hat der Patient auch keinen Anspruch darauf, ungefragt über diagnostische und therapeutische Verfahren aufgeklärt zu werden, die sich erst in der

---

[386] BGH NJW 1982, 2121 (2122); BGHZ 102, 17 (22);
[387] BGH NJW 1982, 2121 (2122); OLH Hamm VersR 1992, 834
[388] BGHZ 102, 17 (22); BGH NJW 1994, 799 (801); LG Hannover NJW 1981, 1320 (1321)
[389] OLG Frankfurt/M., NJW 1983, 1382; BGH NJW 1982, 2121 (2122)
[390] BGH NJW 1974, 1422 (1423); BGH NJW 1988, 765 (766); BGH NJW 1992, 2353 (2354)
[391] BGH NJW 1988, 765 (766)
[392] BGH NJW 1978, 587 (588); BGH NJW 1982, 2121 (2122); BGH MedR 1983, 23 (24); BGHZ 102, 17 (22); OLG Celle VersR 1992, 749 (750)
[393] OLG Düsseldorf, MedR 1984, 28 (30); Siebert, Strafrechtliche Grenzen ärztlicher Therapiefreiheit, S. 113
[394] BGHZ 102, 17 (23); BGH NJW 1988, 763 (765);
[395] BGH NJW 1982, 2121 (2123)

Erprobung befinden und nur in einigen Spezialkliniken zur Verfügung stehen.[396] Anders wiederum verhält es sich in den Fällen, in denen sich der Patient konkret nach Behandlungsalternativen erkundigt. Der Arzt hat ihn dann umfassend über alle in Betracht kommenden Möglichkeiten aufzuklären.[397] Die an den Umfang der Aufklärungspflicht zu stellenden Anforderungen sind dabei umso strenger, je neuer und unerprobter die erörterten Behandlungsmethoden sind.[398]

(c) Risikoaufklärung

Die Risikoaufklärung dient dazu, dem Patienten Informationen über Gefahren des beabsichtigten Eingriffs zu vermitteln, insbesondere über die vorübergehenden oder dauernden Nebenfolgen, die sich auch bei Anwendung der größtmöglichen Sorgfalt und kunstgerechter Durchführung der Behandlung nicht mit Sicherheit ausschließen lassen.[399] Der Arzt ist verpflichtet, sich durch gezieltes Studium der Fachliteratur fortlaufend über die möglichen Komplikationen der von ihm angewandten Therapien und Eingriffe zu informieren.[400]

Bei der Bestimmung des Umfanges der Verpflichtung zur Risikoaufklärung sind nach den von der Rechtsprechung entwickelten Grundsätzen zwei unterschiedliche Schwerpunktbereiche zu berücksichtigen, die spezifische mit dem Eingriff verbundene Gefahr einerseits und dessen Dringlichkeit andererseits.[401]

(aa) Die spezifische Gefahr des Eingriffs

Bezüglich der mit der Heilbehandlung verbundenen Gefahren hat sich in der Rechtsprechung des Bundesgerichtshofes zum Umfang der Aufklärungsverpflichtung ein Wandel vollzogen: Früher bejahte er eine solche Verpflichtung nur bei typischerwei-

---

[396] BGH NJW 1984, 1810 (1811); BGH NJW 1988, 1516; Siebert, Strafrechtliche Grenzen ärztlicher Therapiefreiheit, MedR 1983, 216 (219); Laufs, Die Entwicklung des Arztrechts 1983/84, NJW 1984, 1383 (1388 f.)

[397] BGH NJW 1980, 633 (635)

[398] Giesen, Arzthaftungsrecht im Umbruch, JZ 1982, 391 (397); Siebert, Strafrechtliche Grenzen ärztlicher Therapiefreiheit, S. 121 f.; Schmid, Die Grenzen der Therapiefreiheit, NJW 1986, 2339 (2340); Laufs, Die Entwicklung des Arztrechts 1983/84, NJW 1984, 1383 (1384 f.)

[399] OLG Frankfurt/M., VersR 1979, 651 (652); Giesen, Arzthaftungsrecht, S. 135; Laufs in: Laufs/Uhlenbruck, Handbuch des Arztrechts, § 64 RNr. 1; Kern/Laufs, Die ärztliche Aufklärungspflicht, S. 67

[400] OLG Oldenburg, VersR 1985, 274

[401] Tempel, Inhalt, Grenzen und Durchführung der ärztlichen Aufklärungspflicht, NJW 1980, 609 (611)

se mit dem Eingriff verbundenen Gefahren. Maß und Umfang der Aufklärungslast sollten sich allein nach der Häufigkeit und Schwere der auftretenden Komplikationen und damit nach dem Grad der Gefährlichkeit des Eingriffs richten.[402] Über Folgen, die nur in äußerst seltenen Fällen aufzutreten pflegten und von denen anzunehmen war, daß sie für den Entschluß eines verständigen Patienten, in die Behandlung einzuwilligen, nicht von Bedeutung waren, mußte dagegen nicht aufgeklärt werden.[403]

Da einerseits bei zahlreichen Eingriffsarten wissenschaftlich hinreichend abgesicherte Daten über die Zwischenfallhäufigkeit fehlten,[404] andererseits der BGH es aber auch stets vermied, für die Frage der Aufklärungsbedürftigkeit eine bestimmte Komplikationsdichte vorzugeben,[405] erwies sich diese Formel aufgrund ihrer Unbestimmtheit in der Praxis als wenig hilfreich.

Aus diesem Grunde stellt die höchstrichterliche Rechtsprechung heute auf die Bedeutung ab, die ein Risiko im Falle seiner Verwirklichung für die individuelle Entschließung, die Integrität und die Lebensführung des Patienten haben kann.[406] Der abstrakt-generelle Maßstab der Komplikationsdichte wurde somit von dem konkret-individuellen der Bedeutung des spezifischen Risikos für den einzelnen Patienten abgelöst. Die Komplikationsdichte ist dabei nur noch neben anderen Faktoren zu beachten, sie hat ihre ausschließliche Bedeutung verloren.[407] Daher ist auch unter Umständen über sehr selten auftretende Risiken aufzuklären, sofern diese im Falle ihrer Verwirklichung die Lebensführung des Patienten schwer belasten würden, trotz ihrer Seltenheit für den Eingriff spezifisch sind und der Patient als Laie nicht mit ihnen zu rechnen braucht.[408] Der Arzt muß somit bei der Aufklärung die spezifische

---

[402] BGHZ 29, 46 (57 f.); BGHZ 29, 176 (181); BGH VersR 1956, 406; Friedrich, Die Aufklärungspflicht des Arztes, VersR 1954, 380 (383)

[403] BGHZ 29, 176 (182); OLG München, VersR 1960, 953 (954); LG Berlin, VersR 1956, 261

[404] Tempel, Inhalt, Grenzen und Durchführung der ärztlichen Aufklärungspflicht, NJW 1980, 609 (611); Stammberger, Fragen der Heilbehandlung in straf- und zivilrechtlicher Sicht in: Stiftung zur Förderung der wissenschaftlichen Forschung, Die Aufklärungspflicht des Arztes, S. 9 (15)

[405] BGH NJW 1972, 335 (337)

[406] BGH NJW 1980, 1905 (1907); BGHZ 90, 103 (107); BGHZ 106, 391 (399); OLG Celle, NJW 1978, 593; OLG Bremen, VersR 1991, 425; Laufs, Arztrecht, RNr. 187

[407] BGH VersR 1971, 929 (930); OLG Stuttgart VersR 1987, 515 (516); OLG Karlsruhe VersR 1988, 93 (94); Jungbecker, Zivilrechtliche Probleme der klinischen formularmäßigen "Einverständniserklärung", S. 35

[408] BGHZ 90, 103 (106); BGHZ 106, 391 (399); BGH VersR 1993, 228 (229); BGH NJW 1994, 793; OLG Köln VersR 1985, 844 (845); Giesen, Arzthaftungsrecht, S. 136 f.; Laufs, Arztrecht, RNr. 187; Laufs, Die Entwicklung des Arztrechts 1993/94, NJW 1994, 1562 (1566); Börner, Die Aufklärung von Patientinnen vor gynäkologischen Eingriffen, Der Gynäkologe 1989, 369 (371)

Lebenssituation des Kranken und vor allem die Anforderungen seines Berufes berücksichtigen.[409]

Andererseits unterliegen Risiken, die sich nur im Falle fehlerhafter Behandlung realisieren können, nicht der Risikoaufklärung.[410] Ebenso darf der Arzt die Kenntnis der allgemeinen Risiken operativer Eingriffe bei jedem Patienten voraussetzen.[411] Er braucht ihn insbesondere nicht über das allgemeine Wundinfektionsrisiko aufzuklären[412] und darf auch davon ausgehen, daß sich der Patient bei größeren Operationen des allgemeinen Embolierisikos bewußt ist.[413]

Ferner muß der Patient nicht über den Stand der Ausbildung des behandelnden Arztes unterrichtet werden, solange bei der Behandlung durch einen Anfänger wegen der ständigen Hilfestellung eines Facharztes keine wesentlich erhöhte Gefahr gegeben ist.[414] Kann sich dagegen ein Mangel an Erfahrung und Können des Operateurs oder seines Teams auf die Komplikationshäufigkeit auswirken, hat ein entsprechender Hinweis zu erfolgen.[415] Ebenso ist der Arzt verpflichtet, bei schwerwiegenden Operationen seinen konkreten Erfahrungsstand mit Eingriffen der betreffenden Art mitzuteilen, wenn für den Patienten die konkrete Möglichkeit besteht, den Eingriff deutlich risikoloser durch einen anderen Arzt oder in einer anderen Klinik vornehmen zu lassen.[416] Ist der Arzt dagegen aufgrund seiner Kenntnisse und Fähigkeiten

---

409 OLG Bremen VersR 1983, 496 (497); so ist beispielsweise ein Kellner über Risiken eines Eingriffs für die Gebrauchsfähigkeit seiner Hände (OLG Frankfurt/M, VersR 1979, 651, 652), ein Lehrer, eine Chefsekretärtin oder ein Sänger über Gefahren für seine Stimme (OLG Karlsruhe NJW 1966, 399, 400) oder ein Hochleistungssportler über die Beeinträchtigungen zu informieren, die seine Berufsausübung behindern könnten (OLG Stuttgart VersR 1983, 278, 279). Dunz, Wann verwirklicht sich der Schaden aus mangelhafter Aufklärung, MedR 1984, 184 (186) weist darauf hin, daß der Arzt über den bekannten und erkennbaren Gefahrenkreis aufklären muß, aus dem möglicherweise unbekannte und unvorhersehbare Risiken resultieren. Andernfalls sei die Aufklärung fehlerhaft und die Einwilligung unwirksam, selbst wenn sich allein das unvorhersehbare Risiko verwirklicht habe.

410 BGH VersR 1962, 155 (156)

411 BGH NJW 1980, 633 (635); BGH NJW 1992, 743

412 BGH VersR 1991, 467; OLG Hamm, VersR 1979, 1012; Hempfing, Aufklärungspflicht, S. 28

413 BGH VersR 1986, 342

414 BGH NJW 1984, 655 (656); OLG Stuttgart VersR 1995, 1353 (1354); Deutsch, Die Anfängeroperation, NJW 1984, 650; Franzki, Rechtsfragen der Anfängeroperation, MedR 1984, 186; andererseits wird der Arzt den Patienten auf dessen ausdrückliche Nachfrage hin über seinen Ausbildungsstand aufklären müssen, Müller-Graff, Berufshaftung und Organisationshaftung bei der ärztlichen Anfängeroperation, JuS 1985, 352 (358)

415 BGH VersR 1956, 449 (450); BGH VersR 1981, 456 (458); OLG Köln VersR 1982, 453 (454); Deutsch, Operationen von Ärzten in der Ausbildung, Der Gynäkologe 1989, 380; dies gilt insbesondere beim Fehlen eines in der Anästhesie erfahrenen Assistenzarztes bei gleichzeitiger Übernahme der anfallenden Aufgaben durch einen Narkosepfleger (BGH MedR 1985, 170, 171), oder in den Fällen, in denen eine Hilfskraft ärztliche Nebentätigkeiten erfüllt (BGH NJW 1974, 604) bzw. ein Famulus leichtere Eingriffe selbständig durchführt (Kern/Laufs, Die ärztliche Aufklärungspflicht, 1983, 14).

416 OLG Stuttgart, NJW 1973, 560 (562); OLG Düsseldorf MedR 1985, 85 (87); OLG Düsseldorf VersR 1987, 161 (163)

von vornherein nicht in der Lage, die Behandlung ordnungsgemäß durchzuführen, liegt bereits in deren Übernahme ein Behandlungsfehler.[417]

Bei der Aufklärung über die mit einer Behandlung verbundenen Risiken hat der Arzt auch die konkreten Klinikverhältnisse zu berücksichtigen.[418] Gegebenenfalls ist der Patient darauf hinzuweisen, daß der an ihm vorzunehmende Eingriff in einem anderen, mit Spezialapparaturen ausgerüsteten Krankenhaus wesentlich risikoloser vorgenommen werden kann.[419] Ebenso sind mangelhafte hygienische Verhältnisse eines Krankenhauses zu erörtern, die beispielsweise aus der Durchführung von Bauarbeiten resultieren und erhöhte Infektionsgefahren bedingen, sofern eine Verlegung in eine andere Klinik noch möglich ist.[420]

---

[417] BGHZ 88, 248 (252); BGH NJW 1989, 2321 (2322); Hiersche, Rechtliche Positionen des Geburtshelfers, MedR 1983, 53 (54); a. A. wohl noch BGH NJW 1980, 2751 (2753); differenzierend Mertens in: Münchner Kommentar, BGB, § 823 RNr. 429: Bestehe ein deutliches Risikogefälle zwischen der eigenen Behandlung und derjenigen bei einem anderen Arzt oder in einer anderen Klinik, so gehöre es bereits zur Behandlungspflicht des Arztes, dem Patienten die risikoärmere Behandlung zu vermitteln. Führe der Arzt stattdessen die Behandlung selbst durch, sei dieses Verhalten als Behandlungsfehler zu werten.
Habe der Arzt hingegen mit einer Therapie, die statistisch als suboptimal gelte, große Sicherheit und Erfahrung, und könne der Patient andernorts mit der optimalen Therapie nur durch Ärzte betreut werden, deren Erfahrung nicht in gleicher Weise gewährleistet sei, so liege es im Bereich des Vernünftigen, die suboptimale Therapie zur Anwendung zu bringen.
Darüber hinaus aber sei im Rahmen einer gewissen Risikobreite selbst bei riskanten Eingriffen eine Behandlung auch dann zulässig, wenn die Voraussetzungen der medizinischen Versorgung des Kranken in sachlicher und persönlicher Hinsicht suboptimal seien, da andernfalls eine angemessene ärztliche Versorgung der Bevölkerung und die Heranbildung ärztlichen Nachwuchses überhaupt nicht möglich sei.

[418] BGHZ 88, 248 (251); BGH NJW 1980, 1905 (1907)

[419] BGH NJW 1976, 365 (366); BGH NJW 1989, 2321 (2322); OLG Düsseldorf, MedR 1985, 85 (87); dies gilt jedoch nicht schon dann, wenn dieselbe Behandlung andernorts mit besseren personellen und apparativen Mitteln und damit einhergehend mit einem etwas geringeren Komplikationsrisiko durchgeführt werden kann, sofern das den Patienten betreuende Krankenhaus selbst eine dem jeweils zu fordernden medizinischen Standard genügende Therapie durchführen kann. Der Zeitpunkt, von dem ab eine bestimmte Behandlungsmaßnahme veraltet und überholt ist, so daß ihre Anwendung nicht mehr dem einzuhaltenden Qualitätsstandard genügt und damit zu einem Behandlungsfehler führt, ist dann gekommen, wenn neue Methoden risikoärmer sind und/oder bessere Heilungschancen versprechen, in der medizinischen Wissenschaft im wesentlichen unumstritten sind und deshalb allein ihre Anwendung von einem sorgfältigen Arzt verantwortet werden kann (BGH NJW 1988, 763, 764; BGH NJW 1988, 2302; OLG Düsseldorf VersR 1988, 1298; OLG Köln VersR 1992, 754). Eine Informationspflicht gegenüber dem Patienten ist aber selbst dann, wenn der zu fordernde medizinische Behandlungsstandard noch gewahrt sein sollte, zu bejahen, wenn die apparative Ausstattung und die verfügbaren Spezialkenntnisse für die in Aussicht genommene Behandlung von besonderer Bedeutung sind (BGH NJW 1989, 2321, 2322)

[420] BGH VersR 1979, 1012; OLG Köln NJW 1978, 1690 (1691); Laufs, Die Entwicklung des Arztrechts 1978/79, NJW 1979, 1230 (1232); Deutsch, Operationen von Ärzten in der Ausbildung, Der Gynäkologe 1989, 380; Hempfing, Aufklärungspflicht, S. 28; lassen sich aber die hygienischen Defizite kompensieren, so braucht der Operateur darüber nicht gesondert zu informieren (OLG Saarbrücken, VersR 1992, 52, 53 f.)

(bb) Die Dringlichkeit des Eingriffs

Der Umfang der Aufklärungslast des Arztes korrespondiert unmittelbar mit der Dringlichkeit des in Frage stehenden Eingriffs. Als Faustformel gilt dabei: Je dringlicher der Eingriff, desto geringere Anforderungen sind an den Umfang der Aufklärungspflicht zu stellen; je weniger dringlich der Eingriff, desto größeren Anforderungen unterliegt die Aufklärungspflicht.[421] Der Begriff der Dringlichkeit setzt sich dabei aus einer zeitlichen und einer sachlichen Komponente zusammen.[422]

Ist ein Eingriff vital indiziert, also zur Beseitigung einer akuten Lebensgefahr ohne zeitlichen Aufschub zwingend erforderlich, ohne daß Alternativen zur Verfügung stehen, wirkt sich dies einschränkend auf die Verpflichtung zur Aufklärung aus.[423] Auch in diesen Fällen ist jedoch streng darauf zu achten, daß dem Patienten alle für ihn konkret bedeutsamen Risiken geschildert werden und ihm so die Möglichkeit verbleibt, eigenverantwortlich über die Durchführung des Eingriffs zu entscheiden, mag diese Entscheidung auch aus medizinischer Sicht möglicherweise unvernünftig sein.[424] Denn weder die Bedeutung eines Eingriffs noch dessen Dringlichkeit vermögen die Bevormundung des Patienten durch den Arzt zu rechtfertigen. Lediglich an die Eindringlichkeit und Genauigkeit der Aufklärung können in einer solchen Situation aus zeitlichen und sachlichen Gründen keine übermäßig hohen Anforderungen gestellt werden.[425]

Ist ein ärztlicher Heileingriff aus medizinischer Sicht zur Behebung einer gesundheitlichen Beeinträchtigung des Patienten unabdingbar geboten, ohne daß sich diese Maßnahme in zeitlicher Hinsicht als besonders dringlich erweisen würde (absolute Indikation), so darf zwar bei der Gestaltung des Aufklärungsgespräches davon ausgegangen werden, daß der Patient in der Regel bereit sein wird, bestimmte Risiken in Anbetracht seiner gesundheitlichen Verfassung in Kauf zu neh-

---

[421] BGH MedR 1983, 23 (25); Kallfelz, Anmerkung zu RG JW 1937, 927, JW 1937, 927 (928); Schlosshauer-Selbach, Typologie der ärztlichen Aufklärungspflicht, DRiZ 1982, 361 (362); Tempel, Inhalt, Grenzen und Durchführung der ärztlichen Aufklärungspflicht, NJW 1980, 609 (611); Laufs, Arztrecht, RNr. 198; Kern/Laufs, Die ärztliche Aufklärungspflicht, S. 68; Gaisbauer, Die Rechtsprechung zum Arzthaftpflichtrecht 1971 - 1974, VersR 1976, S. 214 (216)

[422] Ehlers, Die ärztliche Aufklärung, S. 79; Menter, Die therapeutische Aufklärung, S. 50

[423] OLG Saarbrücken VersR 1988, 95 (97); Tempel, Inhalt, Grenzen und Durchführung der ärztlichen Aufklärungspflicht, NJW 1980, 609 (612); Schlosshauer-Selbach, Typologie der ärztlichen Aufklärungspflicht, DRiZ 1982, 360 (363)

[424] BGHZ 90, 103 (106 f.); BGH NJW 1973, 556 (558); Hager in: Staudinger, BGB, § 823 I 89 f.; Voll, Die Einwilligung im Arztrecht, S. 125

[425] OLG Düsseldorf, VersR 1985, 478 (480); Steffen/Dressler, Arzthaftungsrecht, RNr. 373

men.[426] Je weniger der Arzt jedoch im Hinblick auf die Durchführung des Eingriffs unter Zeitdruck steht, desto umfassender muß auch hier eine Aufklärung selbst über seltene Risiken erfolgen.[427]

Noch höhere Anforderungen sind an den Umfang und die Ausführlichkeit der Aufklärung dann zu stellen, wenn eine Heilbehandlung zwar angezeigt, aber nicht notwendig indiziert ist. Selbst bei geringer Wahrscheinlichkeit schädlicher Folgen des Eingriffs ist eine Aufklärung über diese umso eher geboten, je weniger der mit dem Eingriff bezweckte Erfolg einem vernünftigen Menschen dringlich und geboten erscheinen muß (Präventivmaßnahmen).[428] Denn in dieser Situation ist das ruhige Abwägen der für und gegen den Eingriff sprechenden Gesichtspunkte für den Patienten von noch größerer Bedeutung als in den Fällen, in denen zumindest aus medizinischer Sicht eine klare Handlungsnotwendigkeit besteht.[429] Ihm muß genügend Zeit bleiben, um nach umfassender Information zwischen der Hinnahme der ihn bereits beeinträchtigenden Krankheit und der Möglichkeit ihrer Beseitigung unter Inkaufnahme gewisser Risiken zu wählen.[430]

Erscheint der Erfolg einer Operation nicht nur zweifelhaft, sondern führt sie günstigstenfalls zu einem lediglich vorübergehenden Heilerfolg, so hat der Arzt den Patienten auch auf die Gefahr einer Verschlimmerung seiner Beschwerden hinzuweisen.[431] Der Patient darf nicht im Unklaren darüber gelassen werden, was im Falle des Fehlschlagens des Eingriffs auf ihn zukommt.[432]

Bei diagnostischen Eingriffen, d.h. solchen, die Aufschluß über den körperlichen Zustand des Patienten geben sollen, ist grundsätzlich eine schrankenlose Aufklärung erforderlich, insbesondere dann, wenn der Maßnahme kein therapeutischer Eigenwert zukommt.[433] Hierdurch soll diagnostischem Perfektionismus oder gar wissenschaftlicher Neugier vorgebeugt werden.[434] Etwas weniger strenge Maßstäbe sind nur dann anzulegen, wenn der Eingriff unmittelbar zur Vorbereitung der eigentlichen Behandlung dient und das Eingriffsrisiko in angemessenem Verhältnis zu den

[426] BGH NJW 1973, 556 (558); Tempel, Inhalt, Grenzen und Durchführung der ärztlichen Aufklärungspflicht, NJW 1980, 609 (612); Nüßgens in: RGRK, BGB, § 823 Anh. II RNr. 120
[427] Giesen, Arzthaftungsrecht, S. 147
[428] BGH VersR 1972, 153 (155); BGH NJW 1977, 337; BGH NJW 1984, 1397 (1398)
[429] BGH NJW 1959, 825 (826); BGH NJW 1977, 337; BGH MedR 1992, 272 (274, 275)
[430] BGH NJW 1977, 337 (338); BGH VersR 1988, 493 (494)
[431] OLG Hamm VersR 1990, 855
[432] BGH VersR 1988, 493 (494)
[433] BGH VersR 1979, 720 (721); Kern/Laufs, Die ärztliche Aufklärungspflicht, S. 77
[434] BGH VersR 1979, 720 (721)

erhofften Vorteilen steht.[435] Dennoch sind auch hier in aller Regel selbst entfernte Komplikations-möglichkeiten mit dem Patienten zu erörtern.[436]

Eine schrankenlose Aufklärung ist schließlich vor kosmetischen Operationen geboten. Hier entfällt die Überlegung, daß der Patient nicht durch die Erzeugung unangemessener Angst von der Einwilligung abgehalten werden darf. Auch auf sehr seltene Risiken muß deutlich hingewiesen werden.[437] Narbenbildung und geplante Schnittführung sind dem Patienten darzustellen. In schonungsloser Offenheit und Härte muß der Arzt ihm demonstrieren, mit welcher Verstümmelung des Körpers er in Wahrheit zu rechnen hat.[438] Dies sollte möglichst anhand von Fotografien geschehen.[439]

(d) Durchführung der Aufklärung

Grundlage der Aufklärung vor einer Heilbehandlung muß grundsätzlich das vertrauensvolle Gespräch zwischen Arzt und Patient sein, das auf dessen individuelle Situation zugeschnitten ist. Soweit möglich sollte dabei von jedem bürokratischen Formalismus abgesehen werden.[440]

(aa) Person des Aufklärungsverpflichteten

Grundsätzlich hat derjenige Arzt die Aufklärung vorzunehmen, der auch den Eingriff oder die Therapie selbst durchzuführen beabsichtigt.[441] Es ist ihm jedoch unbenommen, diese Aufgabe einem Kollegen zu übertragen.[442] In diesem Falle aber hat er sich vor dem Eingriff zumindest Gewißheit darüber zu verschaffen, daß die Aufklärung bereits in hinreichendem Maße erfolgt ist.[443] Die Überprüfung der durchgeführ-

---

[435] BGH NJW 1971, 1887 (1888); OLG Karlsruhe VersR 1978, 769 (770); Kern/Laufs, Die ärztliche Aufklärungspflicht, S. 77; OLG Saarbrücken VersR 1977, 872 (873);

[436] OLG Hamm VersR 1981, 686 (687); OLG Karlsruhe VersR 1989, 1053

[437] BGH NJW 1972, 335 (337); BGH NJW 1991, 2349; OLG Düsseldorf, NJW 1963, 1679 (1680); OLG Düsseldorf VersR 1985, 552 (553); OLG Köln VersR 1988, 1049 (1050); Nüßgens in: RGRK, BGB, § 823 Anh. II RNr. 118

[438] OLG Hamburg, VersR 1983, 63

[439] Ehlers, Die ärztliche Aufklärung, S. 80

[440] BGH NJW 1985, 1399

[441] OLG Hamburg NJW 1975, 603 (604); Schlosshauer-Selbach,Typologie der ärztlichen Aufklärungspflicht, DRiZ 1982, 361 (364); Laufs, Arztrecht, RNr. 210

[442] BGHSt 12, 379 (383)

[443] BGH VersR 1961, 1039 (1041); OLG Hamm VersR 1981, 686 (688); die hiervon abweichende Auffassung, nach der eine vollständig pflichtbefreiende Delegation der Aufklärungslast durch den den

ten Aufklärung kann sich grundsätzlich in einer Befragung des Patienten erschöpfen,[444] bei verbliebenen Zweifeln kann der Arzt jedoch gegebenenfalls verpflichtet sein, sich bei dem vorbehandelnden Arzt zu erkundigen, der das Aufklärungsgespräch angeblich geführt hat.[445] Die Aufklärung sollte keineswegs an unerfahrenes ärztliches Personal sowie jüngere Stations- und Assistenzärzte delegiert werden, sondern vorzugsweise den erfahrenen Ärzten vorbehalten bleiben.[446] Gänzlich unwirksam ist dagegen die Aufklärung des Patienten durch nichtärztliches Personal eines Krankenhauses.[447] Ebenso können zufällige Mitteilungen eines Mitpatienten die ärztliche Aufklärung niemals ersetzen.[448] Im Zweifel trägt der Arzt die Beweislast dafür, daß der Patient ordnungsgemäß aufgeklärt wurde.[449]

Demgegenüber ist keine generelle Pflicht des Krankenhausträgers anzuerkennen, Ärzte bei der Durchführung des Aufklärungsgespräches zu überwachen. Dem steht schon das an die Person gebundene Vertrauensverhältnis zwischen Arzt und Patient entgegen.[450] Allerdings dürfte der Krankenhausträger bei Anzeichen für eine fortgesetzte Verletzung der Aufklärungspflicht einzuschreiten haben.[451]

Eingriff vornehmenden Arzt auf einen anderen zulässig sein soll (Kern/Laufs, Die ärztliche Aufklärungspflicht, S. 13) übersieht, daß der behandelnde Arzt stets die Gesamtverantwortung für den Eingriff übernehmen muß. Er kann nicht einseitig die Vorteile, die das arbeitsteilige Zusammenwirken für Klinikärzte mit sich bringt, in Anspruch nehmen, ohne auch zugleich das damit verbundene Risiko von Fehlern der von ihm beauftragten Hilfspersonen auf sich zu nehmen.

444 BGH VersR 1984, 538 (540); OLG Hamm NJW 1976, 1157 (1158)

445 Ehlers, Die ärztliche Aufklärung, S. 52

446 Giesen, Arzthaftungsrecht im Umbruch, JZ 1982, 391 (398); Kern/Laufs, Die ärztliche Aufklärungspflicht, S. 22; Laufs, Das Aufklärungsformular, Der Gynäkologe 1989, 364; Wawersik, Die Auswirkungen juristischer Aufklärungserfordernisse in: Jung/Schreiber, Arzt und Patient zwischen Therapie und Recht, S. 90 (98) weist jedoch zu Recht darauf hin, daß dies im Interesse einer effektiven und rationellen Arbeitsteilung oft nicht möglich sein wird.

447 BGHSt 12, 379 (383); BGH NJW 1974, 604 (605); Tempel, Inhalt, Grenzen und Durchführung der ärztlichen Aufklärungspflicht, NJW 1980, 609 (615); Ehlers, Die ärztliche Aufklärung, S. 53; Deutsch, Medizinrecht, RNr. 137; Hempfing, Aufklärungspflicht, S. 25; a.A. Kern, Die Selbstbestimmungsaufklärung unter Einbeziehung des nichtärztlichen Pflegepersonals in: Festschrift für Weißauer, S. 71 (81), der es zwar als nicht ratsam und unärztlich ansehen würde, wenn ein Arzt die Aufklärung seiner Patienten ausschließlich nichtärztlichem Personal übertragen würde, der jedoch andererseits von einer haftungsrechtlichen Entlastung des Arztes im Falle der korrekten Aufklärung durch ebendieses Personal ausgeht.

448 OLG München NJW 1983, 2642; Laufs, Die Entwicklung des Arztrechts 1983/84, NJW 1984, 1383 (1388); Laufs, Das Aufklärungsformular, Der Gynäkologe 1989, 364; Schlosshauer-Selbach, Der Mitpatient als "Hilfsaufklärer" und der "unvernünftige" Patient, JuS 1983, 913 (914)

449 BGH NJW 1984, 1807 (1808)

450 OLG Bamberg, Arztrecht 1989, 9

451 Deutsch, Medizinrecht, RNr. 170

(bb) Person des Aufzuklärenden

Aufzuklären ist grundsätzlich der Patient höchstpersönlich. Kann er jedoch nicht wirksam in den in Frage stehenden Eingriff einwilligen, weil er die Bedeutung und Tragweite der Behandlung nicht hinreichend zu beurteilen vermag, so hat sich der Arzt bei der Aufklärung an den gesetzlichen Vertreter bzw. Bevollmächtigten zu wenden.[452] Bei Minderjährigen sind dies grundsätzlich gem. § 1626 Abs. 1 BGB beide Elternteile, im Falle der Nichtehelichkeit des Kindes gem. § 1626 a Abs. 2 BGB allein die Mutter, sofern nicht beide Elternteile erklären, die Sorge gemeinsam übernehmen zu wollen (§ 1626 a Abs. 1 Nr. 1 BGB) oder nach der Geburt des Kindes einander heiraten (§ 1626 a Abs. 1 Nr. 2 BGB). Die Eltern üben das Sorgerecht für ihr eheliches Kind dabei grundsätzlich gemeinsam aus (§§ 1626, 1629 BGB), es bleibt ihnen jedoch unbenommen, sich wechselseitig zu bevollmächtigen, jeweils für den anderen mitzuentscheiden.[453] Können sich die Eltern nicht auf eine Behandlungsmaßnahme einigen, so kann das Vormundschaftsgericht gem. § 1628 Abs. 1 Satz 1 BGB auf Antrag eines Elternteils die Entscheidung einem von ihnen übertragen, wenn dies dem Kindeswohl entspricht. Im Falle normaler, nicht jedoch bei schwierigen und weitreichenden Eingriffen, wird in der Praxis davon ausgegangen, daß dem Elternteil, das mit dem Minderjährigen zur Behandlung erscheint, durch den anderen Elternteil eine Vollmacht zur Entgegennahme der Aufklärung und zur Abgabe der Einwilligungserklärung für die Therapie erteilt wurde.[454] Bei Gefahr im Verzug, wenn also die Vornahme des Eingriffs sachlich und zeitlich so dringend geboten ist, daß jedes weitere Zuwarten den Erfolg wesentlich gefährden würde, erweist sich allerdings auch bei schwerwiegenden Eingriffen die Einwilligung eines Elternteils als ausreichend, sofern der andere nicht erreichbar oder sonst an der Ausübung des Sorgerechtes gem. § 1678 Abs. 1 BGB verhindert ist. Steht in derartigen Fällen keiner der Sorgeberechtigten zu einem Aufklärungsgespräch zur Verfügung, hat die Aufklärung gänzlich zu unterbleiben.[455]

Selbst im Falle der Einwilligungsunfähigkeit aber ist eine persönliche Aufklärung dem Patienten gegenüber in der Regel nicht in vollem Umfange verzichtbar. Soll der Patient nicht zum Objekt ärztlichen Handelns herabgewürdigt werden, muß er auch dann über einen bevorstehenden ärztlichen Eingriff infomiert werden, wenn von ihm

---

452 BGHZ 105, 45 (47 f.); Mayer, K. G., Medizinische Maßnahmen an Betreuten, S. 52; Stolz, Betreuungsgesetz: Umsetzungsdefizite im Bereich Heilbehandlung, FamRZ 1993, 642 (644); Laufs, Das Aufklärungsformular, Der Gynäkologe 1989, 364 (365)

453 Laufs, Arztrecht, RNr. 223

454 Deutsch, Medizinrecht, RNr. 145; Hempfing, Aufklärungspflicht, S. 53 f.

455 Voll, Die Einwilligung im Arztrecht, S. 75

persönlich eine rechtsbeachtliche Einwilligung nicht zu erwarten ist.[456] Es ist nicht nur ein Gebot der ärztlichen Ethik, jedem Patienten zu sagen, welche Maßnahmen an ihm aus medizinischen Gründen durchgeführt werden müssen.[457] Der Arzt hat vielmehr sogar die Rechtspflicht zur Aufklärung unabhängig von der Einwilligungsfähigkeit des Kranken, deren Grundlage in dem Gebot der Achtung der Persönlichkeit und der Würde des Patienten begründet liegt.[458] Dabei ist in medizinischer Hinsicht zu bedenken, daß eine Behandlung mit Zustimmung des Patienten bessere Erfolgsaussichten verspricht als eine Zwangsbehandlung.[459]

Der Umfang der Informationspflicht gegenüber einem Einwilligungsunfähigen ist auf der Grundlage seiner Verständnisfähigkeit zu beurteilen. Sie kann durchaus der eines einwilligungsfähigen Patienten entsprechen, wenn bei ihm etwa lediglich die Fähigkeit der Abwägung aller für und gegen eine Behandlungsmaßnahme sprechenden Gesichtspunkte nicht in hinreichendem Maße ausgebildet ist. Im anderen Extremfall kann die Auskunftspflicht wegen völlig fehlender Verständigungsmöglichkeit auch vollständig entfallen. In allen zwischen diesen Extremen gelagerten Fallgestaltungen aber wird eine gegenüber der Vollaufklärung vereinfachte und verkürzte Information zu fordern sein, wobei dem Arzt die Aufgabe zukommt, im Einzelfall auszuloten, welches Maß an Aufklärung der Patient noch aufzufassen in der Lage ist.[460]

(cc) Gestaltung des individuellen Aufklärungsgespräches

Der Arzt hat bei der Durchführung der Aufklärung die konkrete Situation des Patienten zu berücksichtigen. Er soll ihm Wissen vermitteln, gleichzeitig aber auch den Patienten schonen und auf seine individuellen Bedürfnisse eingehen.[461] Der Arzt hat das Aufklärungsgespräch so zu führen, daß der Patient das Gesagte zu verstehen vermag, er darf seine Aufnahmefähigkeit weder durch die Wahl unverständlicher Fachterminologie noch durch übermäßige Detailschilderungen überfordern.[462] An-

---

456 Schünemann, Einwilligung und Aufklärung von psychisch Kranken, VersR 1981, 306 (309)

457 die Bezugnahme auf die Gebote ärztlicher Ethik im Zusammenhang mit der Aufklärungspflicht findet sich bereits in BGH NJW 1956, 1106 (1107); ebenso BVerfG NJW 1979, 1925 (1930)

458 Deutsch, Medizinrecht, RNr. 145; Eberbach, Grundsätze zur Aufklärungspflicht bei nicht voll Geschäftsfähigen, MedR 1986, 14 (15)

459 Coeppicus, Durchführung und Inhalt der Anhörung in Betreuungs- und Unterbringungssachen, FamRZ 1991, 892 (898)

460 Schünemann, Einwilligung und Aufklärung von psychisch Kranken, VersR 1981, 306 (310)

461 Deutsch, Medizinrecht, RNr. 134

462 Deutsch, Theorie der Aufklärungspflicht des Arztes, VersR 1981, 293 (295); Kern/Laufs, Die ärztliche Aufklärungspflicht, S. 45

dernfalls gilt die Aufklärung als nicht erfolgt.[463] Dem Patienten sollte daher stets die Möglichkeit gegeben werden, das Aufklärungsgespräch durch eigene Zwischenfragen mitzugestalten. Nur so kann der Arzt letztlich Rückschlüsse darüber gewinnen, inwieweit der Patient seinen bisherigen Ausführungen folgen und die ihm mitgeteilten Informationen verarbeiten konnte. Auch können die Reaktionen des Patienten Aufschlüsse darüber geben, in welchem Umfange er aufgeklärt werden möchte.[464] Oftmals erweist sich eine Aufklärung über die Risiken "im großen und ganzen" als ausreichend.[465] Andererseits sind erhöhte Anforderungen an den Umfang der Aufklärungsverpflichtung immer dann zu stellen, wenn der Patient durch gezielte Fragen zu erkennen gibt, daß er weitere Informationen wünscht.[466]

Hinsichtlich der Art und Intensität der vorzunehmenden Aufklärung ist ferner von Bedeutung, inwieweit der Patient bereits vorinformiert ist. Dies kann insbesondere der Fall sein, wenn er seit langer Zeit an einer bestimmten Krankheit leidet, diesbezüglich bereits den Rat zahlreicher Ärzte eingeholt hat und schon Eingriffe vorgenommen wurden.[467] Diese vorweg erteilte Aufklärung entlastet den behandelnden Arzt - im Gegensatz zu derjenigen durch einen Mitpatienten - selbst dann, wenn er nichts von ihr weiß.[468]

Auch aus der beruflichen Ausbildung und dem Bildungsstand des Patienten im allgemeinen ergeben sich vereinzelt Rückschlüsse auf den Umfang der notwendigen Aufklärung.[469] Dies kann beispielsweise bei Ärzten,[470] Krankenschwestern[471] und Medizinstudenten[472] relevant werden, wobei jedoch durch Rückfragen jeweils zu überprüfen ist, inwieweit die betreffende Person tatsächlich das konkrete in Frage stehende Risiko überblickt.[473] Der Patient kann die für eine wirksame Aufklärung notwendigen Kenntnisse ferner aus Büchern oder Broschüren erlangt haben.[474]

---

463 Deutsch, Theorie der Aufklärungspflicht des Arztes, VersR 1981, 293 (295)
464 Deutsch, Medizinrecht, RNr. 138
465 BGH NJW 1973, 556 (557); BGH NJW 1981, 1319 (1320); OLG Hamm VersR 1979, 1012; OLG Hamm VersR 1981, 686 (687)
466 Kern/Laufs, Die ärztliche Aufklärungspflicht, S. 97
467 BGH NJW 1976, 363 (364)
468 BGH NJW 1981, 1319 (1320); Kern/Laufs, Die ärztliche Aufklärungspflicht, S. 11; Ehlers, Die ärztliche Aufklärung, 54; vgl. hierzu auch bereits B. V. 3. c. bb. (2) (d) (aa)
469 BGH NJW 1980, 633 (635)
470 BGH NJW 1966, 1855
471 BGH NJW 1961, 2302; OLG München VersR 1960, 953 (955)
472 BGH VersR 1961, 190 (191)
473 Ehlers, Die ärztliche Aufklärung, S. 54 f.
474 Voll, Die Einwilligung im Arztrecht, S. 128

Allgemein gilt darüber hinaus, daß die Information im Aufklärungsgespräch umso geringer ausfallen darf, je intelligenter und aufgeschlossener ein Patient ist, da sich diesem auch komplexe Sachverhalte ohne weitergehende Information erschließen werden.[475] Außerdem ist es dem Patienten mit zunehmendem Bildungsgrad in steigendem Maße zuzumuten, sein individuelles Informationsbedürfnis durch Nachfragen zum Ausdruck zu bringen, sofern er sich nicht infolge seiner Krankheit in einer Ausnahmesituation befindet, aus der sich über den Normalfall hinausreichende Aufklärungspflichten des Arztes ergeben.[476]

Bei der Aufklärung von Ausländern gelten Besonderheiten, soweit sie der deutschen Sprache nicht hinreichend mächtig sind. In diesem Falle ist dafür zu sorgen, daß sie durch die Zwischenschaltung einer sprachkundigen Person ohne die Gefahr von Mißverständnissen aufgeklärt werden.[477] Dies macht allerdings die Entbindung von der ärztlichen Schweigepflicht erforderlich.[478] Nur im Falle besonderer Dringlichkeit der Behandlung kann auf die entsprechende Übersetzung verzichtet werden, wenn diese nicht schnell genug gewährleistet werden kann.

Gibt allerdings ein ausländischer Patient, der grundsätzlich der deutschen Sprache hinreichend mächtig ist, während des Aufklärungsgespräches nicht zu erkennen, daß er die konkrete Aufklärung nicht verstanden hat, und verlangt er auch nicht die Hinzuziehung eines Dolmetschers oder eines deutsch sprechenden Familienangehörigen, so gilt die erteilte Einwilligung als wirksam.[479]

(dd) Form der Aufklärung - der Gebrauch von Aufklärungsformularen

Da die Aufklärung in erster Linie im Rahmen eines persönlichen Gespräches zu erfolgen hat, ist sie an keine Form gebunden.[480] Freilich bleibt es dem Arzt unbenommen, zur Vorbereitung bzw. Unterstützung seiner mündlichen Ausführungen Aufklä-

---

[475] BGH VersR 1959, 312 (313); BGH NJW 1980, 633 (635); OLG Hamm VersR 1979, 1012; Kern/Laufs, Die ärztliche Aufklärungspflicht, S. 117; Laufs, Arztrecht, RNr. 208; Hempfing, Aufklärungspflicht und Arzthaftung, S. 41; Kleinewefers, Die Aufklärungspflicht des Arztes unter Berücksichtigung der Rechtsprechung des Bundesgerichtshofs, VersR 1962, 197 (201)

[476] Giesen, Arzthaftungrecht im Umbruch, JZ 1982, 391 (395); Glatz, Der Arzt zwischen Aufklärung und Beratung, S. 255

[477] OLG Düsseldorf NJW 1990, 771 (772); OLG München VersR 1995, 95; OLG Nürnberg VersR 1996, 1372 (1373)

[478] Kern/Laufs, Die ärztliche Aufklärungspflicht, S. 23

[479] Hempfing, Aufklärungspflicht und Arzthaftung, S. 55 f.

[480] Tempel, Inhalt, Grenzen und Durchführung der ärztlichen Aufklärungspflicht, NJW 1980, 609 (615); Voll, Die Einwilligung im Arztrecht, S. 118

rungsbroschüren zu verwenden, die dem Patienten bereits zu einem Basiswissen im Hinblick auf seine spezifische Gesundheitssituation, bezüglich der Möglichkeiten eines Eingriffs sowie der damit einhergehenden Chancen und Risiken verhelfen.[481] Informationsblätter können jedoch das Aufklärungsgespräch selbst niemals ersetzen, sondern stets nur ein zusätzliches Hilfsmittel darstellen.[482]

Neben der Funktion der Informationsvermittlung übernehmen die in der Praxis immer differenzierter und spezialisierter werdenden Merkblätter aber vor allem die Aufgabe, dem Arzt die Beweisführung hinsichtlich der Durchführung des Aufklärungsgespräches sowie der Vermittlung aller notwendigen Informationen zu erleichtern. Denn der Arzt trägt die Beweislast für die erfolgte Einwilligung des Patienten und damit auch für eine ordnungsgemäße Aufklärung.[483]

Zu untersuchen ist daher, welcher Beweiswert der Unterschrift unter einem vorformulierten Aufklärungsformular zukommt.

Von Bedeutung für diese Frage ist insbesondere, ob derartige Formulare nach den Regelungen des AGB-Gesetzes zu beurteilen sind. Hierfür spricht zumindest der Schutzzweck des AGB-Gesetzes, das den Verbraucher vor der formularmäßigen Überwälzung von Risiken bewahren möchte.[484]

Da die Aufklärung durch den Arzt in Erfüllung seiner sich aus dem Behandlungsvertrag ergebenden Pflichten erfolgt und die Formulare dabei als Hilfsmittel zum Einsatz kommen, weisen sie einen untrennbaren Zusammenhang zu diesem Vertrag auf.

Dennoch wird die Anwendbarkeit des AGB-Gesetzes auf ärztliche Aufklärungsformulare von einem Teil des Schrifttums bereits mit dem Hinweis verneint, die Bestätigung des Patienten hinsichtlich der ordnungsgemäß erfolgten Aufklärung könne als nicht rechtsgeschäftliche Willenserklärung nicht Inhalt eines schuldrechtlichen Vertrages sein.[485] Widerlegt wird dieses Argument bereits durch die Existenz des § 11 Nr. 15 b AGBG, der beweislaständernde formularmäßige Tatsachenbestätigungen für unwirksam erklärt. Solche Tatsachenbestätigungen, zu denen auch Quittungen

---

[481] Deutsch, Medizinrecht, RNr. 138; Deutsch, Die Haftung von Arzt und Krankenhaus in: Festschrift für Weißauer, S. 12 (19)

[482] Laufs, Das Aufklärungsformular, Der Gynäkologe 1989, 364 (365)

[483] BGH NJW 1984, 1807 (1808); Laufs, Das Aufklärungsformular, Der Gynäkologe 1989, 364 (365)

[484] Gounalakis, Formularmäßige ärztliche Aufklärung im Lichte des AGB-Gesetzes, NJW 1990, 752

[485] Kern/Laufs, Die ärztliche Aufklärungspflicht, S. 50; Laufs, Arztrecht, 4. Aufl., RNr. 131 FN 20; nicht mehr aufrechterhalten jedoch in der 5. Aufl. RNr. 184

im Sinne des § 368 BGB zu zählen sind, sind keine rechtsgeschäftlichen Erklärungen. Sie müssen nach der Gesetzessystematik dem Anwendungsbereich des § 1 AGBG unterliegen, da andernfalls ihre Unwirksamkeit nach § 11 AGBG überhaupt nicht mehr zu prüfen wäre.[486]

Ebensowenig vermag die Ansicht zu überzeugen, das ärztliche Aufklärungsformular unterfalle nicht dem Anwendungsbereich des AGBG, da § 1 AGBG fordere, daß eine Vertragsklausel vorliege, die Einwilligung in die Heilbehandlung als einseitige Willenserklärung jedoch dieser Anforderung nicht entspreche.[487] Verkannt wird hierbei bereits, daß die Bestätigung des Patienten, von dem behandelnden Arzt aufgeklärt worden zu sein, strikt von der Einwilligung in den Eingriff selbst zu unterscheiden ist.

Nach anderer Auffassung soll in der Regel eine wirksame Einbeziehung des Aufklärungsformulars in den Behandlungsvertrag gem. §§ 1, 2 AGBG zu verneinen sein. Zwar sei grundsätzlich davon auszugehen, daß allgemeine Geschäftsbedingungen auch dann vorliegen könnten, wenn der Vertrag bereits abgeschlossen sei und die Bedingungen im nachhinein gestellt würden. Eine Einbeziehung komme bei Aufklärungsformularen jedoch nur bis zu dem Zeitpunkt in Betracht, zu dem der Patient realistischerweise noch in der Lage sei, Für und Wider, Art und Weise, Zeitpunkt und Ort des in Frage stehenden Eingriffs zu würdigen und gegebenenfalls ein anderes Krankenhaus zu wählen oder von der Behandlung gänzlich Abstand zu nehmen. Dies sei aber nach der Aufnahme in ein Krankenhaus in der Regel nicht mehr der Fall.[488] Gegen diesen Ansatz spricht, daß eine sinnvolle Aufklärung des Patienten meist überhaupt erst nach seiner Aufnahme im Krankenhaus vorgenommen werden kann, da hier die für die Entscheidungsbildung entscheidenden Untersuchungen häufig überhaupt erst durchgeführt werden. Würde man der Annahme folgen, der Patient habe in dieser Situation rein faktisch keine Möglichkeit mehr, sich den Behandlungsvorschlägen des Arztes zu widersetzen, so müßte man konsequenterweise die rechtliche Relevanz jeglicher in Krankenhäusern stattfindender Aufklärungsgespräche verneinen. Dies würde es wiederum den Ärzten nahezu unmöglich machen, ihrer Aufklärungsverpflichtung ordnungsgemäß nachzukommen, so daß das Gesamtsystem der von der Rechtsprechung entwickelten Aufklärungslasten des Arztes mangels Erfüllbarkeit in sich zusammenbrechen müßte. Darüber hinaus aber ist die Annahme, der Patient könne im Krankenhaus nicht mehr frei über den Fortgang der Behandlung entscheiden, auch sachlich nicht gerechtfertigt.[489]

---

[486] Jungbecker, Die formularmäßige Operationsaufklärung und -einwilligung, MedR 1990, 173 (175)
[487] Laufs, Das Aufklärungsformular, Der Gynäkologe 1989, 364 (368)
[488] Niebling, Ärztliche Formularaufklärung und AGB-Gesetz, MDR 1982, 193 (195 f.)
[489] siehe hierzu im einzelnen unter B. V. 3 c. bb. (2) (d) (ee) zum Zeitpunkt der Aufklärung

Da die Erklärung, mit der der Patient bestätigt, die ihm vorgelegten Informationen über den bevorstehenden Eingriff gelesen, verstanden und mit dem Arzt hinreichend erörtert zu haben, auch für eine Vielzahl von Verträgen vorformuliert ist, ist somit von der grundsätzlichen Anwendbarkeit des AGB-Gesetzes auszugehen. Entsprechend der bereits erwähnten Vorschrift des § 11 Nr. 15 b AGBG hat dies die Unwirksamkeit der von dem Patienten erteilten Bestätigung zur Folge, denn im Falle ihrer Wirksamkeit würde die Beweislast hinsichtlich der ordnungsgemäß vorgenommenen Aufklärung auf ihn verlagert werden.[490]

Dem steht insbesondere nicht Satz 2 des § 11 Nr. 15 AGBG entgegen, nach dem gesondert unterschriebene Empfangsbekenntnisse nicht von der Unwirksamkeitsfolge der Regelung umfaßt sind. Die ärztlichen Aufklärungsformulare sind nicht mit diesen Empfangsbekenntnissen gleichzusetzen,[491] da durch die Unterschrift unter sie nicht lediglich der Erhalt des Aufklärungsbogens, sondern darüber hinaus auch die Korrektheit der Aufklärung dem Inhalt und der Art und Weise nach insgesamt bestätigt werden soll. Diese Funktion aber reicht weit über diejenige einer bloßen Quittung im Sinne des § 368 BGB hinaus.[492]

Die Unterschrift unter dem Aufklärungsformular entbindet somit den Arzt nicht von der Darlegungs- und Beweislast bezüglich der ordnungsgemäßen Aufklärung des Patienten.

Folgerichtig sieht auch der Bundesgerichtshof in der Existenz eines unterschriebenen Aufklärungsformulars lediglich ein Indiz dafür, daß überhaupt ein Aufklärungsgespräch über den bevorstehenden Eingriff und dessen mögliche Folgen stattgefunden hat.[493]

Das OLG München hat dem unterschriebenen Aufklärungsformular demgegenüber eine weitergehende rechtliche Bedeutung zuerkannt:[494] Zwar beweise die Unterzeichnung von Aufklärungsformularen nicht, daß der Patient diese auch gelesen und verstanden, geschweige denn, daß der Arzt ihren Inhalt mit ihm auch erörtert habe. Andererseits dürften jedoch an den dem Arzt obliegenden Beweis der ordnungsgemäßen Aufklärung des Patienten keine unbilligen und übertriebenen Anforderungen

---

490 Niebling, Ärztliche Formularaufklärung und AGB-Gesetz, MDR 1982, 193 (196); Deutsch, Medizinrecht, RNr. 144

491 so aber Jungbecker, Die formularmäßige Operationsaufklärung und -einwilligung, MedR 1990, 173 (179)

492 Niebling, Ärztliche Formularaufklärung und AGB-Gesetz, MDR 1982, 193 (196)

493 BGH NJW 1985, 1399

494 OLG München VersR 1988, 1136 (1137)

gestellt werden. Daher sei es zulässig anzunehmen, daß das unterschriebene Aufklärungsformular einigen Beweis für die Durchführung eines gewissenhaften Aufklärungsgespräches erbringe. Dies erlaube die Vernehmung des Arztes als Partei auch ohne Antrag des Patienten und ohne Rücksicht auf die Beweislast gem. § 448 ZPO.[495]

Die Auffassung des OLG München widerspricht meines Erachtens der von § 11 Nr. 15 b AGBG angeordneten Rechtsfolge. Soweit eine Klausel, durch die der Verwender versucht, die Beweislast auf den Vertragspartner abzuwälzen, unwirksam ist, kann ihr hinsichtlich der in Frage stehenden Tatsache auch keine Indizwirkung zukommen. Eine solche ist lediglich bezüglich der Vornahme der Aufklärung an sich, nicht aber im Hinblick auf die Ordnungsmäßigkeit ihrer Durchführung zu bejahen, da nur insoweit § 11 Nr. 15 S. 2 AGBG eine Ausnahme von der Unbeachtlichkeit der Patientenerklärung zuläßt.

Ein gewichtiges Indiz dafür, daß bestimmte Risiken des in Frage stehenden Eingriffs mit dem Patienten erörtert worden sind, ist jedoch dann gegeben, wenn entsprechende individuelle handschriftliche Vermerke in dem Aufklärungsformular niedergelegt wurden.[496]

Selbst wenn der Text mit zahlreichen individuellen Zusätzen versehen ist, kann aber allein durch die Vorlage des unterschriebenen Aufklärungsformulars nicht nachgewiesen werden, daß der Patient auch tatsächlich den Inhalt der Aufklärung verstanden hat.[497] Insofern vermag ein unterschriebenes Aufklärungsformular dem Arzt die Beweisführung nicht zu erleichtern, mag man ein solches auch grundsätzlich für umso beweiskräftiger halten, je individueller es ausgefüllt ist.[498]

Andererseits ist zu vermuten, daß der Patient umso weniger von dem Inhalt der Aufklärungsunterlagen aufzunehmen imstande ist, desto ausgefeilter diese ausgestaltet sind.[499] Ganz abgesehen davon aber ist natürlich der vielfach geübte aus-

---

[495] der BGH ist in seiner in NJW 1985, 1399 abgedruckten Entscheidung dagegen nur deshalb davon ausgegangen, es sei einiger Beweis für ein gewissenhaftes Aufklärungsgespräch erbracht, der die Parteivernehmung des Arztes rechtfertige, weil sich aus den Bekundungen zweier Zeugen bereits entsprechende Hinweise entnehmen ließen.

[496] OLG Celle VersR 1982, 500; LG Bremen MedR 1983, 73 (74); Ehlers, Die ärztliche Aufklärung, S. 64; Voll, Die Einwilligung im Arztrecht, S. 107

[497] BGH MedR 1985,168 (169); Deutsch, Neue Aufklärungsprobleme im Arztrecht, NJW 1982, 2585 (2588)

[498] Laufs, Arztrecht, RNr. 180

[499] Schloßhauer-Selbach, Typologie der ärztlichen Aufklärungspflicht, DRiZ 1982, 361 (365); Laufs, Das Aufklärungsformular, Der Gynäkologe 1989, 364 (366)

ufernde Einsatz von Aufklärungsformularen auch insofern bedenklich, als er geeignet ist, das Mißtrauen des Patienten in die ärztliche Behandlung zu steigern,[500] so daß letztlich auch therapeutische Gründe dafür sprechen, auf ihren maßvollen Einsatz in der Praxis zu achten und ihnen kein Übergewicht gegenüber der persönlichen Aufklärung im Gespräch zukommen zu lassen.

Diesen Gefahren sieht sich auch das Modell der von Weißauer vorgeschlagenen sog. Stufenaufklärung[501] ausgesetzt. Ziel der Stufenaufklärung ist es, auf Dauer eine Standardisierung der Aufklärung zu entwickeln.[502] Auch hier scheint die Absicherung des Arztes gegenüber haftungsrechtlichen Nachteilen das von der Rechtsprechung als so elementar geforderte vertrauensvolle Gespräch zwischen Arzt und Patient längst verdrängt zu haben. Zwar sollen die Merkblätter dieses Gespräch ihrer Intention nach nicht verhindern, sondern lediglich vorbereiten, die dem Patienten offenbarte Fülle aller denkbaren, verklausuliert vorgetragenen Risiken des Eingriffs aber dürfte den Patienten eher belasten und aus dem Gleichgewicht bringen, als daß sie ihm eine vernünftige eigenverantwortliche Entscheidung ermöglicht.[503] Insbesondere die unterschiedliche individuelle Belastbarkeit der Patienten bleibt dabei unberücksichtigt.[504] Ferner ist eine Störung des Arzt-Patienten-Verhältnisses zu befürchten, wenn nicht bereits am Anfang der Behandlung das vertrauensvolle persönliche Gespräch zwischen Arzt und Patient steht.[505] Schließlich besteht die Gefahr, daß in der praktischen Handhabung die zweite Stufe, also das persönliche Gespräch, zunehmend zurückgedrängt wird, weil der Arzt den Patienten auf die ausführlichen Dar-

---

500 Tempel, Inhalt, Grenzen und Durchführung der ärztlichen Aufklärungspflicht, NJW 1980, 605 (615); Grafe, Die ärztliche Aufklärung - ein zwischenmenschliches Problem ? Arztrecht 1992, 76 (77)

501 Weißauer, Erwiderung zur Veröffentlichung von Wachsmuth/Schreiber, Der Chirurg 1982, 597 f.: Die erste Stufe der Aufklärung - die Basisaufklärung - wird dabei allein mittels eines Merkblattes durchgeführt, das alle Risiken des geplanten Eingriffes beinhaltet. Dem Patienten soll dadurch eine ausreichende Basisinformation zur Verfügung gestellt werden, die es ihm ermöglicht, sein Aufklärungsbedürfnis zu konkretisieren und zu entscheiden, ob er weitere gezielte Fragen stellen oder bewußt auf eine weitere Aufklärung verzichten möchte. Auf der zweiten Stufe ist dann das Aufklärungsgespräch zwischen Arzt und Patient vorgesehen. Neben der Aufklärung des Patienten verfolgt das Konzept der Stufenaufklärung mit ihrer detaillierten schriftlichen Dokumentation der in Frage kommenden Risiken das Ziel, die Beweisnot des Arztes gegenüber dem von Patientenseite behaupteten Aufklärungsfehler zu beheben (so auch: Weißauer, Ärztliche Aufklärungspflicht aus rechtlicher Sicht in: Lawin/Huth, Grenzen der ärztlichen Aufklärungs- und Behandlunsgpflicht, S. 14, 20; Weißauer, Ist eine Stufenaufklärung sinnvoll ? Der Gynäkologe 1989, 349, 350 f.).

502 Weissauer, Ärztliche Aufklärungspflicht aus rechtlicher Sicht in: Lawin/Huth, Grenzen der ärztlichen Aufklärungs- und Behandlungspflicht, S. 14 (19).

503 Deutsch, Theorie der Aufklärungspflicht des Arztes, VersR 1981, 293 (295); Wachsmuth/Schreiber, Die Stufenaufklärung - ein ärztlich und rechtlich verfehltes Modell, Der Chirurg 1982, 594 (595); Kern/Laufs, Die ärztliche Aufklärungspflicht, S. 50

504 Wachsmuth/Schreiber, Die Stufenaufklärung - ein ärztlich und rechtlich verfehltes Modell, Der Chirurg 1982, 594 (595)

505 Tempel, Inhalt, Grenzen und Durchführung der ärztlichen Aufklärungspflicht, NJW 1980, 609 (615 f.)

stellungen in dem Merkblatt verweisen kann[506] und auch die Rechtsprechung dazu tendiert, dem Patienten nach erfolgter Grundaufklärung zuzumuten, spezielle Fragen nach weiteren Details des bevorstehenden Eingriffs zu stellen.[507] Die Stufenaufklärung wird daher nicht ganz zu Unrecht als bedauerliches Element einer Defensivmedizin betrachtet, zu der sich Ärzte durch die Aufklärungsanforderungen der Rechtsprechung genötigt sehen.[508]

Besser als jedes Aufklärungsformular ist die möglichst ausführliche Darstellung des Aufklärungsgespräches in den Krankenunterlagen[509]. Die teilweise befürwortete Aufnahme des Aufklärungsgespräches auf Tonband, soweit der Patient damit einverstanden sei[510] oder die Herbeiziehung eines weiteren Arztes oder einer Stationsschwester als Zeugen[511] erscheinen demgegenüber nicht unbedenklich, da auch Maßnahmen dieser Art die haftungsrechtliche Absicherung des Arztes gegenüber dem vertrauensvollen Gespräch zu sehr an Gewicht gewinnen lassen. Das Arzt-Patienten-Verhältnis droht hier ebenso wie durch die Stufenaufklärung den Charakter einer bloßen Vertragsbeziehung anzunehmen. Hinsichtlich der Unterredung vor Zeugen ist zudem zu bedenken, daß sich auch hier auf eine nachträgliche Aufzeichnung des Gespräches nicht wird verzichten lassen, da Arzt und Zeuge den Inhalt einer mündlichen Besprechung nicht über längere Zeit im Gedächtnis behalten können.[512]

In manchen Fällen von Schwersterkrankungen verbietet sich der Einsatz von Aufklärungsformularen von vornherein. Insbesondere die Aufklärung und Begleitung von Krebspatienten erfordern ein gesteigertes Maß an Behutsamkeit und Beistand.[513]

---

506 Wachsmuth/Schreiber, Die Stufenaufklärung - ein ärztlich und rechtlich verfehltes Modell, Der Chirurg 1982, 594 (596); Heidner, Die Bedeutung der mutmaßlichen Einwilligung, S. 78; Tempel, Inhalt, Grenzen und Durchführung der ärztlichen Aufklärungspflicht, NJW 1980, 609 (616); Kern/Laufs, Die ärztliche Aufklärungspflicht, S. 50

507 BGH NJW 1980, 1333 (1334); Schwenzer, Die Bedeutung der Stufenaufklärung nach Weißauer in: Festschrift für Weißauer, S. 132 (134) bestätigt aus seiner praktischen Erfahrung, daß durch den Einsatz der Stufenaufklärung das Gespräch in der zweiten Stufe zumeist sehr kurz gehalten werden könne.

508 Laufs, Arztrecht, RNr. 181; Wachsmuth/Schreiber, Die Stufenaufklärung - ein ärztlich und rechtlich verfehltes Modell, Der Chirurg 1982, 594 (596)

509 BGH MedR 1985, 168 (169); OLG Frankfurt/Main NJW 1981, 1322 (1323); Laufs, Grundlagen und Reichweite der ärztlichen Aufklärungspflicht in: Jung/Schreiber, Arzt und Patient zwischen Therapie und Recht, S. 71 (83)

510 Schöllhammer, Die Rechtsverbindlichkeit des Patiententestamentes, S. 88

511 OLG München VersR 1991, 189 (190); Tempel, Inhalt, Grenzen und Durchführung der ärztlichen Aufklärung, NJW 1980, 609 (616); Ehlers, Die ärztliche Aufklärung, S. 67

512 Kern/Laufs, Die ärztliche Aufklärungspflicht, S. 52

513 Diehl/Diehl, Die Aufklärung und Begleitung des Krebspatienten, VersR 1982, 716 (721); Laufs, Arztrecht, RNr. 182; Laufs, Das Aufklärungsformular, Der Gynäkologe 1989, 364 (367)

Nur die menschliche Zuwendung vermag hier den Anforderungen einer humanen Arzt-Patienten-Beziehung gerecht zu werden.[514]

(ee) Aufklärungszeitpunkt

Das Aufklärungsgespräch mit dem Patienten darf nicht zur Unzeit durchgeführt werden, damit sein Selbstbestimmungsrecht nicht unterlaufen wird.[515] Wann eine Aufklärung rechtzeitig ist, ergibt sich aus dem Einzelfall. Generell ist dem Patienten eine ausreichende Überlegungszeit ohne Zeitdruck zuzugestehen. Diese ist beispielsweise dann nicht mehr gewährleistet, wenn die Aufklärung erst unmittelbar vor der Operation erfolgt und der Patient bereits unter dem Einfluß von Sedativa steht, da er dann zu einem vernünftigen Abwägen der für und gegen den Eingriff sprechenden Faktoren überhaupt nicht mehr in der Lage ist.[516]

Als Grundregel kann festgehalten werden, daß der Patient grundsätzlich spätestens einen Tag vor der Operation aufgeklärt werden und seine Einwilligung erteilen muß.[517] Entsprechend der Dringlichkeitsstufe des vorzunehmenden Eingriffs aber sind Abweichungen von diesem Grundsatz geboten: In Notfällen kann der Patient durchaus auch noch auf dem Operationstisch aufgeklärt werden, sofern er noch hinreichend einsichts- und urteilsfähig ist.[518] Die Ausübung seines Selbstbestimmungsrechtes im Sinne einer wohlüberlegten Entscheidungsfindung wird in diesem Falle von seinem Interesse an der Wiederherstellung seiner Gesundheit zumindest teilweise verdrängt.

In gleicher Weise kann im Falle geringfügiger - insbesondere ambulanter - Maßnahmen die Einwilligung des Patienten unmittelbar vor dem Eingriff genügen, da hier

---

514 vgl. hierzu im einzelnen auch die Ausführungen zum therapeutischen Privileg unter B. V. 3. c. bb. (2) (e) (ee)

515 BGH NJW 1992, 2351 f.

516 Kern/Laufs, Die ärztliche Aufklärungspflicht, S. 42; Giesen, Arzthaftungsrecht im Umbruch, JZ 1982, 391 (393); Tempel, Inhalt, Grenzen und Durchführung der Aufklärungspflicht, NJW 1980, 609 (615); Rohde, Der Zeitpunkt der Aufklärung vor ambulanten Operationen, VersR 1995, 391 (392)

517 Laufs in: Laufs/Uhlenbruck, Handbuch des Arztrechts, § 66 RNr. 6; Wertenbruch, Der Zeitpunkt der Patientenaufklärung, MedR 1995, 306; Hempfing, Aufklärungspflicht und Arzthaftung, S. 43; Weißauer, Ist eine Stufenaufklärung sinnvoll ? Der Gynäkologe 1989, 349 (352); OLG Oldenburg VersR 1994, 221(Aufklärung am Vortag einer Begradigung der Nasenscheidewand überfordert den Patienten nicht); OLG Hamm VersR 1995, 1440 (1441) (Aufklärung über erhöhtes Operationsrisiko bei Rezidivschilddrüsenoperation am Vorabend zulässig, wenn früher eine umfassende Aufklärung erfolgt ist);

518 Ehlers, Die ärztliche Aufklärung, S. 60

die für und gegen die Behandlung sprechenden Gesichtspunkte keine längere Bedenkzeit erforderlich erscheinen lassen.[519]

Demgegenüber sind dem Patienten bei Eingriffen, die weniger dringlich und längerfristig vorhersehbar, dafür aber mit nicht unerheblichen Risiken verbunden sind, etwa drei Tage Bedenkzeit zu gewähren.[520]

Andererseits sollte die Aufklärung auch nicht zu früh erfolgen, da der Patient sonst unnötig lange in Gewissensqualen gestürzt würde und erhebliche Zusatzbelastungen zu ertragen hätte.[521] Der Umstand, daß die Einwilligung zum Zeitpunkt der Operation noch fortdauern muß, bedingt zwangsläufig eine gewisse zeitliche Nähe im Verhältnis zwischen Information, Zustimmung und Eingriff.[522] Hinzu kommt, daß eine umfassende und einzelfallbestimmte Aufklärung erst dann sinnvoll erfolgen kann, wenn alle Untersuchungen und die Diagnosestellung abgeschlossen sind.[523]

Somit wird der zur Verfügung stehende Aufklärungszeitraum einerseits durch die notwendige Überlegungsfrist, andererseits durch die Tatsache, daß alle Untersuchungsergebnisse vorliegen müssen, begrenzt.[524] Auf der Grundlage dieser Überlegungen ist für den Regelfall davon auszugehen, daß die Aufklärung des Patienten in einem Zeitraum von ein bis drei Tagen vor dem geplanten Eingriff durchzuführen ist.[525] In Ausnahmefällen kann von dieser Frist jedoch abgewichen werden. Während eine Verkürzung bei Gefahr in Verzug oder bei Bagatelleingriffen in Betracht kommt, ist andererseits eine Aufklärung, die mehr als drei Tage vor dem in Frage stehenden Eingriff vorgenommen wurde, als wirksam anzusehen, wenn sich die aufklärungsbedürftigen Umstände von dieser Zeit an bis zur Vornahme des Eingriffs nicht mehr geändert haben.

---

519 BGH VersR 1994, 1235 (1236): In Fällen dieser Art müsse dem Patienten jedoch verdeutlicht werden, daß ihm nicht nur der Eingriff und seine Risiken beschrieben würden, sondern daß die Aufklärung ihm die eigenständige Entscheidung ermöglichen solle, ob er den Eingriff durchführen lassen wolle; OLG Hamm NJW 1993, 1538 (Aufklärung unmittelbar vor einer Kontrastmitteluntersuchung rechtzeitig); Deutsch, Der Zeitpunkt der ärztlichen Aufklärung und die antizipierte Einwilligung des Patienten, NJW 1979, 1905 (1907); Rohde, Der Zeitpunkt der Aufklärung vor ambulanten Operationen, VersR 1995, 391(393)

520 Voll, Die Einwilligung im Arztrecht, S. 108; OLG Köln MedR 1992, 40 (42); Laufs, Das Aufklärungsformular, Der Gynäkologe 1989, 364 (365)

521 Deutsch, Medizinrecht, RNr. 140; Laufs, Arztrecht, RNr. 218

522 Laufs, Arztrecht, RNr. 218

523 Kern/Laufs, Die ärztliche Aufklärungspflicht, S. 41; Bodenburg, Entzerrung der ärztlichen Aufklärungspflicht, NJW 1981, 601 (603)

524 OLG München, NJW 1984, 1412 (1413); Ehlers, Die ärztliche Aufklärung, S. 60

525 Ehlers, Die ärztliche Aufklärung, S. 61; LG Bremen MedR 1983, 73 (76); Tempel, Inhalt, Grenzen und Durchführung der Aufklärungspflicht, NJW 1980, 609 (615)

(e) Grenzen der Aufklärungspflicht

(aa) Der vorinformierte Patient

Wie bereits eingehend dargestellt,[526] ergeben sich Einschränkungen der Aufklärungsverpflichtung zunächst aus dem konkreten und individuellen Vorwissen des Patienten über die anstehende Behandlung. Soweit er aufgrund seiner beruflichen Ausbildung, aus früheren Aufklärungsgesprächen, aus Therapien bei anderen Ärzten oder aufgrund selbst angelesenen Wissens über die notwendigen Kenntnisse verfügt, die ihm eine adäquate Beurteilung seiner Krankheitssituation sowie der weiteren möglichen Behandlungsschritte und ihrer Folgen ermöglichen, entfällt die Aufklärungsverpflichtung des Arztes. Dabei kann sich der behandelnde Arzt jedoch niemals auf die Vermutung zurückziehen, der Patient habe bereits ausreichendes Wissen über den geplanten Eingriff. Vielmehr ist es seine Aufgabe, sich vor dem Eingriff darüber zu vergewissern, ob dieser seiner Aufklärung tatsächlich nicht bedarf.[527] Hierfür ist er auch beweisbelastet.[528]

Auch aus dem Bildungsstand und der Intelligenz des Patienten können sich Einschränkungen der Aufklärungsverpflichtung ergeben.

(bb) Aufklärungsverzicht

Die dargelegten weitreichenden Aufklärungspflichten des Arztes dienen dem Schutz des Patienten und seines Selbstbestimmungsrechtes. Es ist jedoch vorstellbar, daß der Kranke überhaupt nicht über alle Einzelheiten seiner Krankheit oder eines beabsichtigten Eingriffs informiert werden möchte, weil er zum einen die sich aus einer solchen umfassenden Aufklärung ergebenden psychischen Belastungen fürchtet, zum anderen aber dem behandelnden Arzt uneingeschränktes Vertrauen im Hinblick auf die zu treffenden Entscheidungen entgegenbringt.

Es ist grundsätzlich anerkannt, daß der Kranke nicht verpflichtet ist, eine in alle Einzelheiten gehende Unterweisung betreffend seine Krankheit und die bevorstehen-

---

[526] siehe oben unter B. V. 3. c. bb. (2) (d) (cc)

[527] BGH NJW 1980, 633 (635); BGH VersR 1984, 538 (539); Laufs in: Laufs/Uhlenbruck, Handbuch des Arztrechts, § 64 RNr. 16

[528] Voll, Die Einwilligung im Arztrecht, S. 128; Laufs, Das Aufklärungsformular, Der Gynäkologe 1989, 364

den Behandlungsmaßnahmen über sich ergehen zu lassen.[529] Die Möglichkeit des Verzichts auf eine umfassende Aufklärung ist als eine denkbare Form der Ausübung des Selbstbestimmungsrechtes des Patienten anerkannt.[530]

Andererseits aber ist der Verzicht auf *jegliche* Information über den Behandlungsfortgang (sog. Blankoverzicht) nicht möglich.[531] Eine generelle Einwilligung in die Vornahme einer ärztlichen Heilbehandlung, bei der dem Patienten letztlich nicht klar ist, welcher therapeutische oder diagnostische Eingriff aus welchem Grunde durchgeführt werden wird, ist unwirksam.[532] Teilweise wird eine Grundkenntnis des Patienten gefordert, so daß er nur auf die Mitteilung von Einzelheiten des Verlaufs und der Gefahren verzichten könne,[533] andere halten - im Ergebnis sehr ähnlich - eine Vorinformation des Kranken für erforderlich, durch die er über die für wahrscheinlich erachtete Diagnose, die Notwendigkeit der Behandlungsmaßnahmen, deren besondere Risiken und ihre Erfolgsaussichten unterrichtet wird,[534] wieder andere ziehen die Grenze des Aufklärungsverzichts, wo die Gefahr der Behandlung über das für einen verständigen Menschen vorhersehbare Maß hinausgeht.[535]

Diese restriktiven Voraussetzungen für die wirksame Erklärung eines Aufklärungsverzichts verdeutlichen, daß die darin zum Ausdruck kommende Ausübung des Selbstbestimmungsrechtes nicht schrankenlos gewährleistet ist. Sie ist nur sinnvoll und unterliegt lediglich dann dem Schutz der Rechtsordnung, wenn der Patient abzuschätzen weiß, auf was er verzichtet. Dies aber setzt zwangsläufig die vorherige

---

529 BGH VersR 1959, 153 (155); LG Bremen, MedR 1983, 73 (76); Bockelmann, Rechtliche Grundlagen und rechtliche Grenzen der ärztlichen Aufklärungspflicht, NJW 1961, 945 (948); Deutsch, Haftungsfreistellung von Arzt oder Klinik und Verzicht auf Aufklärung durch Unterschrift des Patienten, NJW 1983, 1351 (1354)

530 Giesen, Zwischen Patientenwohl und Patientenwille, JZ 1987, 282 (289); Schlund, Die ärztliche Aufklärungspflicht im Spannungsfeld der Gerichte und der Ärzteschaft, VersR 1977, 496 (498); Pichler, Internationale Entwicklungen in den Patientenrechten, S. 338; Uhlenbruck, Ärztliche Haftung bei Erweiterung oder Abänderung des Operationsplanes, VersR 1968, 1101 (1103)

531 OLG Frankfurt/Main, NJW 1973, 1415 (1416); Tempel, Inhalt, Grenzen und Durchführung der Aufklärung, NJW 1980, 609 (614); Ehlers, Die ärztliche Aufklärung, S. 100; Glatz, Der Arzt zwischen Aufklärung und Beratung, S. 259; Kern/Laufs, Die ärztliche Aufklärungspflicht, S. 119; Roßner, Verzicht des Patienten auf eine Aufklärung durch den Arzt, NJW 1990, 2291 (2294); a.A. Dunz, Zur Praxis der zivilrechtlichen Arzthaftung, S. 11; Hagedorn, Die Entbehrlichkeit der Einwilligung und Aufklärung bei Heilbehandlungen nach dem Strafgesetzbuch-Entwurf 1962, S. 103; Schuck, Strafrechtliche Bedeutung der Verletzung der ärztlichen Aufklärungslast unter besonderer Berücksichtigung der kosmetischen Chirurgie, S. 53

532 BGH VersR 1971, 929 (930)

533 Kern/Laufs, Die ärztliche Aufklärungspflicht, S. 119; Laufs in: Laufs/Uhlenbruck, Handbuch des Arztrechts, § 64 RNr. 18

534 Schmid, Die Grundlagen der ärztlichen Aufklärungspflicht, NJW 1984, 2601 (2604 f.); Voll, Die Einwilligung im Arztrecht, S. 130; Laufs, Arztrecht, RNr. 207

535 Schuck, Strafrechtliche Bedeutung der Verletzung der ärztlichen Aufklärungslast unter besonderer Berücksichtigung der kosmetischen Chirurgie, S. 53

Vermittlung der Grundkenntnisse seiner gesundheitlichen Situation, der weiteren möglichen Behandlungswege und der damit verbundenen Risiken voraus. Wäre ein Aufklärungsverzicht ohne diese Einschränkung möglich, könnte sich der Kranke bedingungslos dem Willen des behandelnden Arztes unterwerfen. Abgesehen davon aber, daß es diesem nicht zuzumuten wäre, über das Schicksal eines einwilligungsfähigen Patienten alleinverantwortlich zu entscheiden, würde der Kranke in diesem Falle in vollem Umfange fremdbestimmt werden. Der eigentliche Sinn des Selbstbestimmungsrechtes, das eigenständige und verantwortungsbewußte Handeln des Individuums in größtmöglichem Umfange zu fördern, würde in sein Gegenteil verkehrt werden. Vor der damit verbundenen Verletzung des Kernbereichs des grundrechtlich geschützten Selbstbestimmungsrechtes aber muß der Patient in seinem eigenen wohlverstandenen Interesse geschützt werden.

Der Verzicht muß zu dem Zeitpunkt erfolgen, zu dem der Arzt verpflichtet ist, den Patienten zu informieren,[536] nach der hier vertretenen Auffassung also in der Regel ein bis drei Tage vor einem geplanten Eingriff. Er kann nur dann angenommen werden, wenn der Patient deutlich und ausdrücklich zu erkennen gegeben hat, daß er auf weitere Informationen keinen Wert legt.[537] Nur in engen Grenzen erscheint demgegenüber ein Verzicht durch schlüssiges Verhalten möglich.[538] Zumindest sind hierfür eindeutige und ernsthafte Anhaltspunkte zu fordern.[539] Niemals aber kann bloßes Schweigen als Verzicht interpretiert werden.[540]

Im Streitfalle hat der Arzt zu beweisen, daß der Patient keine weiteren behandlungsspezifischen Informationen erhalten wollte.[541]

(cc) Der entschlossene Patient

Der Patient, der einen Arzt bereits mit dem festen Willen aufsucht, von ihm einen bestimmten Eingriff vornehmen zu lassen, dürfte diesbezüglich in der Regel bereits über ein gewisses Maß an Vorinformationen verfügen, die in ihm den entsprechenden Entschluß haben reifen lassen. In dieser Situation hat der Arzt in erster Linie zu

---

536 Ehlers, Die ärztliche Aufklärung, S. 101

537 BGH NJW 1959, 811 (813); OLG Bremen, MedR 1983, 111 (112); LG Bremen MedR 1983, 73 (76); Hempfing, Aufklärungspflicht und Arzthaftung, S. 58; Tempel, Inhalt, Grenzen und Durchführung der Aufklärungspflicht, NJW 1980, 609 (614)

538 OLG Bremen, MedR 1983, 111 (112); Voll, Die Einwilligung im Arztrecht, S. 129

539 Mayer, K. G., Medizinische Maßnahmen an Betreuten, S. 47

540 Kern/Laufs, Die ärztliche Aufklärungspflicht, S. 120; Ehlers, Die ärztliche Aufklärung, S. 101

541 Kern/Laufs, Die ärztliche Aufklärungspflicht, S. 120

überprüfen, ob die von dem Patienten behaupteten Kenntnisse wirklich ausreichen, um die Bedeutung und Tragweite der Behandlung richtig erfassen zu können. Soweit dies nicht der Fall ist, ist er verpflichtet, ihm ergänzende Informationen zukommen zu lassen. Hinsichtlich der Risikoaufklärung muß der Arzt hier höheren Anforderungen genügen als im Falle des Aufklärungsverzichts.[542] Sollte der Patient einen widersinnigen und völlig unvernünftigen Eingriff wünschen, so ist der Arzt verstärkt verpflichtet, sich darum zu bemühen, ihn hiervon durch umfangreiche Aufklärungsmaßnahmen abzubringen.[543]

(dd) Gefahr im Verzug

Die Aufklärung kann ausnahmsweise dann insgesamt entfallen, wenn Gefahr im Verzug vorliegt, d.h. wenn der Patient zu einer eigenverantwortlichen Entscheidung nicht in der Lage ist, weil ihm die hierzu konkret erforderliche Einsichts- und Urteilsfähigkeit fehlt, und jedes weitere Zuwarten durch den Arzt zu einer erheblichen gesundheitlichen Beeinträchtigung des Patienten führen würde. Der Verzicht auf jede Form der Aufklärung setzt daher insbesondere voraus, daß es die erforderlichen Behandlungsmaßnahmen aufgrund ihrer zeitlichen Dringlichkeit nicht erlauben, den bereits vorhandenen oder noch zu bestellenden gesetzlichen Vertreter des Kranken bzw. einen entsprechend Bevollmächtigten umfassend zu unterrichten.

Notwendig ist insofern stets eine Abwägung der Risiken des erforderlichen Eingriffs gegenüber den Nachteilen einer weiteren Verzögerung, so daß Fälle dieser Art in aller Regel nur bei vitaler oder allenfalls bei absoluter Indikation zu bejahen sein werden.[544]

(ee) Das therapeutische Privileg

Mit dem Begriff des therapeutischen Privilegs wird das angebliche Recht und zugleich die vermeintliche Verpflichtung des Arztes bezeichnet, auf eine Aufklärung des Patienten im Interesse des Heilerfolges zu verzichten. Das Selbstbestimmungsrecht und die Sorge um die Gesundheit des Patienten stehen hier wie in kaum einem anderen arztrechtlichen Kontext in einem Spannungsverhältnis zueinander. Die Zu-

---

[542] Kern/Laufs, Die ärztliche Aufklärungspflicht, S. 121; Voll, Die Einwilligung im Arztrecht, S. 130; Ehlers, Die ärztliche Aufklärung, S. 102

[543] BGH NJW 1978, 1206; OLG Köln VersR 1978, 551 (552)

[544] Glatz, Der Arzt zwischen Aufklärung und Beratung, S. 257 f.

lässigkeit des therapeutischen Privilegs wird allgemein im Hinblick auf die Eröffnung ungünstiger Gesundheitsprognosen erörtert, die möglicherweise bereits für sich genommen mit erheblichen psychischen Belastungen des Patienten verbunden ist. Von besonderer Brisanz aber ist sie in denjenigen Fällen, in denen der Arzt die Unheilbarkeit einer Krankheit diagnostiziert hat.

Während im Grundsatz anerkannt ist, daß es Fälle gibt, in denen Einschränkungen der Aufklärung in Betracht kommen, ist die inhaltliche Reichweite des therapeutischen Privilegs im einzelnen heftig umstritten.

(aaa) Rechtsprechung

Die Rechtsprechung verzichtet auf das Erfordernis der Aufklärung nur dann, wenn sie eine ernsthafte und nicht behebbare Lebens- oder Gesundheitsgefährdung nach sich ziehen würde.[545] Dasselbe gilt, wenn eine zu weitgehende Aufklärung den Heilerfolg ernstlich gefährden könnte.[546] Schonungslose Offenheit könne sich in dieser Situation geradezu als ärztlicher Fehler darstellen. Nehme der Patient durch die Art der Unterrichtung einen physischen oder psychischen Schaden, so sei der Arzt aus dem Gesichtspunkt der Körperverletzung verantwortlich.[547] Bloße Beunruhigungen oder depressive Beeinträchtigungen der Gemütslage des Patienten sollen hierfür dagegen nicht ausreichen.[548] Seelische Belastungen des Patienten aufgrund der Eröffnung eines ungünstigen Befundes oder erheblicher Risiken eines medizinisch angezeigten Heileingriffs seien geradezu die notwendige Kehrseite der Ausübung des Selbstbestimmungsrechtes durch den Patienten, die diesen zum verantwortlichen Partner des Arztes mache.[549] Die Gefahr der Beeinträchtigung der Stimmung des Patienten oder seines Allgemeinbefindens sei daher als unvermeidbarer Nachteil hinzunehmen, der in Kauf genommen werden müsse.[550] Zwar könnten im Einzelfalle zwingende therapeutische Erwägungen für eine Einschränkung der Aufklärung sprechen,[551] doch seien hieran strenge Anforderungen zu stellen, die den Charakter des therapeutischen Privilegs als Ausnahmeregelung nicht in Frage stellten.[552] Eine

---

545 BGHZ 29, 46 (56) (2.Elektroschock-Urteil); BGHZ 29, 176 (182) (Strahlen-Urteil)
546 BGH VersR 1956, 406 (407)
547 Deutsch, Medizinrecht, S. 102
548 RGZ 163, 129 (138); BGH NJW 1956, 1106 (1107) (1.Elektroschock-Urteil); BGHZ 29, 46 (56); BGHSt 11, 111 (115)
549 BGHZ 85, 327 (333); KG NJW 1981, 2521 (2523); Giesen, Wandlungen im Arzthaftungsrecht, JZ 1990, 1053 (1060); BVerfGE 52, 171 (179 f.)
550 BGH NJW 1956, 1106 (1107)
551 BGH NJW 1979, 1933 (1934); OLG Hamm NJW 1976, 1157
552 BGH VersR 1984, 465 (467); BGHZ 90, 103 (109)

falsch verstandene Rücksicht könne sich nur allzu leicht nachträglich als eine dem Leidenden unerwünschte Verheimlichung seines wahren Zustandes herausstellen.[553]

Bis zum heutigen Tage hat der Bundesgerichtshof ein therapeutisches Privileg für den Arzt in noch keiner einzigen Entscheidung anerkannt.

(bbb) Literatur

In der Literatur werden demgegenüber die unterschiedlichsten Differenzierungen getroffen: Während unter den Befürwortern des therapeutischen Privilegs teilweise die Ansicht vertreten wird, schon bei drohenden ernsten psychischen Beeinträchtigungen müsse die Aufklärung insgesamt entfallen,[554] wollen andere im Falle starker psychischer Belastungen des Patienten lediglich von einer Diagnoseaufklärung absehen.[555] Wieder andere räumen dem Arzt einen weiten Ermessensspielraum ein, da es gegenüber Schwerstkranken entscheidend auf sein Einfühlungsvermögen ankomme.[556] Teilweise wird gefordert, die Vermittlung der Wahrheit - gerade im Hinblick auf die Genauigkeit der Diagnose - von dem jeweiligen Informationsbedürfnis abhängig zu machen, das der Patient nach außen hin erkennen lasse.[557] Auch wird ein Vergleich zwischen der drohenden Schädigung des Patienten im Falle der Aufklärung und der Beeinträchtigung seines Selbstbestimmungsrechtes beim Absehen hiervon vorgeschlagen. Wiege erstere schwerer, so könne zumindest auf eine Voll-

---

553 BGHSt 11, 111 (115)

554 Laufs, Grundlagen und Reichweite der ärztlichen Aufklärungspflicht in: Jung/Schreiber, Arzt und Patient zwischen Therapie und Recht, S. 71 (78); Engisch in: Engisch/Hallermann, Die ärztliche Aufklärungspflicht aus rechtlicher und ärztlicher Sicht, S. 37; Engisch, Aufklärung und Sterbehilfe bei Krebs in rechtlicher Sicht in: Festschrift für Bockelmann, S. 519 (529); Grünwald, Die Aufklärungspflicht des Arztes, ZStW 73 (1961), 5 (31); Roemer, Die Aufklärungspflicht des Arztes gegenüber Krebskranken, JZ 1960, 137 (138): Die von der Rechtsprechung propagierte Ausnahme stelle in der Praxis zumindest bei Krebserkrankungen die Regel dar, da davon auszugehen sei, daß das Wissen um den wahren Sachverhalt grundsätzlich die Heilung beeinträchtige; Steindorff, Zur Aufklärungspflicht des Arztes gegenüber Krebskranken, JZ 1960, 137 (140 f.): Die Annahme des BGH, der Patient vertraue sich dem Arzt nur ausnahmsweise an, sei zumindest für schwere Erkrankungen umzukehren, da er nur so viel Aufklärung wünsche, soweit diese ihm seine Hoffnung bestätige. Nur dann, wenn der Patient in einer solchen Situation ausdrücklich die volle Wahrheit wissen wolle, müsse der Arzt ihm diese offenbaren.

555 v. Husen/Gerlach, Aufklärungspflicht aus internistischer Sicht, in: Lawin/Huth, Grenzen der ärztlichen Aufklärungs- und Behandlungspflicht, S. 22 (25); Kaufmann, Die eigenmächtige Heilbehandlung, ZStW 73 (1961), 341 (362)

556 Geilen, Rechtsfragen der ärztlichen Aufklärungspflicht in: Mergen, Die juristische Problematik in der Medizin, Bd. II, S. 11 (38 f.)

557 v. Lutterotti/Sporken in: Eser/v. Lutterotti/Sporken, Lexikon Medizin-Ethik-Recht, Stichwort: Wahrheit am Krankenbett, Sp. 1239; Kloppenborg, Ärztliche Aufklärungspflicht beim alten Menschen, MedR 1986, S. 18 (19)

aufklärung verzichtet werden.[558] Wieder andere gehen von einer Entbindung des Arztes von seiner Informationspflicht aus, wenn die Aufklärung über einen Eingriff selbst Eingriffscharakter annehmen würde,[559] wobei als Eingriff auch die schwere psychische Belastung des Patienten[560] oder Dritter[561] zu gelten habe. Der Behebbarkeit der eingetretenen Störung komme dagegen keine Bedeutung zu.[562] Ebenso wird die Auffassung vertreten, je stärker die Beeinträchtigung der intellektuellen und emotionalen Fähigkeiten sei, umso mehr wachse der Anspruch des Kranken auf Beruhigung und Führung durch den Arzt, und umso mehr trete das Recht und das Bedürfnis auf Aufklärung zurück.[563] Teilweise wird hieraus gefolgert, es sei Aufgabe des Arztes, den Schwerkranken vor der Erkenntnis des ungünstigen und möglicherweise tödlichen Verlaufes seiner Erkrankung zu bewahren.[564] Der Schleier, der häufig dem schwerkranken Patienten seine wirkliche Situation verdunkle, dürfe nicht in höchst barbarischer und inhumaner Weise zerrissen werden.[565] Dem Kranken sei Hilfe und Schutz zu gewähren, anstatt ihn durch allzu große Offenheit zu schädigen.[566] Auch sei selbst bei einem Patienten, der nach der Wahrheit verlange, nicht sicher, ob er diese wirklich hören wolle oder zumindest vertragen könne.[567] Schließ-

---

558 Grünwald, Heilbehandlung und ärztliche Aufklärungspflicht, in: Göppinger, Arzt und Recht, S. 125 (147); Eser in: Schönke/Schröder, StGB, § 223 RNr. 42; Bockelmann, Strafrecht des Arztes, S. 62

559 Buchborn, Ärztliche Erfahrungen und rechtliche Fragen bei AIDS, MedR 1987, 260 (263); Deutsch, Das Persönlichkeitsrecht des Patienten, AcP 192 (1992), 161 (168); Saueracker, Die Bedeutung des Patiententestamentes, S. 77

560 Herrmann, Soll ein Krebspatient über seine Diagnose aufgeklärt werden ? MedR 1988, 1 (5): Es könne nicht Sinn des Grundrechtsschutzes sein, dem Patienten schwere psychische Belastungen und unerträgliche Leiden aufzubürden. Vom Arzt sei deshalb allein zu verlangen, daß er die kollidierenden Pflichten - die Aufklärungspflicht, die Therapiepflicht und die Pflicht, auf die Psyche des Patienten Rücksicht zu nehmen - sorgfältig abwäge und eine Lösung wähle, die er mit seinem Gewissen vereinbaren könne. Die Rechtsprechung müsse ihm hierfür den notwendigen Freiraum zur Verfügung stellen.

561 Deutsch, Das therapeutische Privileg des Arztes: Nichtaufklärung zugunsten des Patienten, NJW 1980, 1305 (1306): Es genüge, daß eine erhebliche Störung zu befürchten sei, die sich in einer besonderen Tiefe des Leidens, dessen langer Dauer, aber auch in Auswirkungen auf Dritte, etwa Familienangehörige, ausdrücken könne.

562 Deutsch, Medizinrecht, S. 100

563 Neidhardt, Behandlungsrecht des Arztes und ärztliche Aufklärungspflicht in der Sicht des Arztes und des Juristen, NJW 1956, 1097 (1098)

564 Hallermann in: Engisch/Hallermann, Die ärztliche Aufklärungspflicht aus rechtlicher und ärztlicher Sicht, S. 61; Hallermann, Ärztliche Aufklärungspflicht aus medizinischer Sicht in: Mergen, Die juristische Problematik in der Medizin, Band II, S. 44 (55 f.)

565 Hanack, Euthanasie in strafrechtlicher Sicht in: Hiersche, Euthanasie, S. 121 (128)

566 Deutsch, Das therapeutische Privileg des Arztes: Nichtaufklärung zugunsten des Patienten, NJW 1980, 1305 (1308); Warkentin, Aufklärung der Patienten bei bösartigen Erkrankungen, Deutsches Ärzteblatt 1973, 915 (917)

567 Mertens, Berufshaftung, VersR 1974, 509 (514); Roemer, Zur Aufklärungspflicht des Arztes gegenüber Krebskranken, JZ 1960, 137 (138); Gostomzyk/Leithoff, Die Aufklärungspflicht aus ärztlicher Sicht, Deutsches Ärzteblatt 1973, 25 (30); Junghans, Die Aufklärungspflicht des Arztes in: Stiftung zur Förderung der wissenschaftlichen Forschung, Die Aufklärungspflicht des Arztes, S. 59 (67)

lich sei es sinnlos, einem Sterbenden noch die Wahrheit aufzudrängen, wenn er ohnehin nichts mehr entscheiden könne.[568]

Nach diesen Auffassungen des Schrifttums setzt sich somit im Konflikt zwischen den Positionen der salus aegroti und der voluntas aegroti letztlich der ärztliche Fürsorgegedanke durch.

Auch die christliche Ethik steht auf dem Standpunkt, daß der Arzt zumindest dann nicht gehalten ist, dem Patienten die ganze Wahrheit grausam zu offenbaren, wenn er sieht, daß der Kranke nicht die Kraft hat, sie zu ertragen.[569]

Diejenigen dagegen, die dem therapeutischen Privileg mit Skepsis begegnen, weisen darauf hin, daß eine restriktive Handhabung unabdingbar geboten sei, um dem Arzt nicht die Möglichkeit zu bieten, leichtfertig die strengen Aufklärungsanforderungen der Rechtsprechung zu unterlaufen und dadurch das Selbstbestimmungsrecht des Patienten auszuhöhlen.[570] Zudem zeige die gerichtliche Erfahrung, daß Ärzte im Einzelfall in aller Regel nicht nachweisen könnten, daß eine weitergehende Unterrichtung dem Patienten wirklich einen ins Gewicht fallenden Schaden zugefügt hätte.[571]

Ferner verdeutlichten empirische Untersuchungen, daß vor allem unheilbar Kranke und Sterbende eine Aufklärung über ihren Zustand wünschten.[572] Da Sterbende zudem oft instinktiv um ihren Zustand wüßten, leide unter dem Verlust der Glaubwürdigkeit des Arztes, der dem Patienten die Wahrheit verschweige, auch das Vertrauensverhältnis zwischen ihnen.[573] Die Wahrheit am Krankenbett bilde geradezu die Basis für das im Arzt-Patienten-Verhältnis notwendige Vertrauen[574] und entspreche der Würde des Menschen.[575] Zudem werde gerade dem Sterbenden im Falle des Verschweigens seines Zustandes das Recht verwehrt, seine letzte Lebensphase

568 Tempel, Inhalt, Grenzen und Durchführung der ärztlichen Aufklärungspflicht, NJW 1980, 609 (614)

569 Papst Pius XII., Ansprache an Ärzte vom 12. 11. 1944 in: Kirche und modernes Leben, Lexikon päpstlicher Weisungen, 2. Bd., 1950, S. 27 (32)

570 Giesen, Zwischen Patientenwohl und Patientenwille, JZ 1987, 282 (286); Giesen, Wandlungen im Arzthaftungsrecht, JZ 1990, 1053 (1060)

571 Schmid, Die Grundlagen der ärztlichen Aufklärungspflicht, NJW 1984, 2601 (2604)

572 Voll, Die Einwilligung im Arztrecht, S. 134; Kahlke, Recht auf Aufklärung - Pflicht zur Aufklärung ? Kommentar II, Ethik Med 1989, 225

573 Witzel, Sterben auf Verlangen in: Hiersche, Euthanasie, S. 183 (191); Nagel, Des Menschen eigener Tod in der Medizin in: Romero-Haus-Protokolle, Menschlich sterben, S. 33 (39)

574 Möllering, Schutz des Lebens - Recht auf Sterben, S. 18; Zander, Ärztliche Aufklärung in: Hiersche, Euthanasie, S. 197 (206 f.)

575 Taupitz, Rechtliche Bindungen des Arztes, NJW 1996, 2851 (2857)

selbstbestimmt zu gestalten und Unerledigtes im beruflichen wie im persönlichen Bereich zu regeln.[576]

Gefordert wird daher eine der Wahrheit verpflichtete, aber dennoch einfühlsame und rücksichtsvolle, auf den individuellen Patienten abgestimmte Information.[577] Die Sorge um das körperliche und seelische Wohl des Patienten finde in erster Linie nicht im Bereich des "Ob" der Aufklärung Berücksichtigung.[578] Das taktische "Wie" der Wahrheitsvermittlung sei vielmehr entscheidend.[579] Die Hoffnung des Patienten auf eine unvorhergesehene glückliche Wendung des Krankheitsverlaufes dürfe nicht ausgeschlossen werden.[580] Reines Schweigen habe sich für solche Hoffnung noch selten als echte Hilfe erwiesen.[581] Für die Aufklärung eines Schwerkranken dürfe daher nicht das Motto gelten: "Nicht aufklären und hoffen lassen !" sondern: "Aufklären, aber hoffen lassen !"[582]

(ccc) Stellungnahme

Die ärztlichen Aufklärungspflichten wurden von der Rechtsprechung und Literatur in ihrer kasuistischen Vielfalt entwickelt, um dem Interesse des Patienten Rechnung zu tragen, selbstbestimmt über das Ob und Wie einer Behandlung zu entscheiden. Diese Form der Selbstbestimmung ist Voraussetzung jeder vertrauensvollen Zusammenarbeit zwischen Arzt und Patient und damit Grundlage eines erfolgreichen Genesungsprozesses.

Da die Aufklärung somit keinen Selbstzweck erfüllt, sondern das Wohl des Patienten zum Ziel hat, sind Einschränkungen dort geboten, wo die Informationsvermittlung mit derart negativen Nebenfolgen verknüpft wäre, daß diese die erstrebte Stärkung der Selbstbestimmung überwiegen würden. Insoweit ist den Stimmen zu folgen, die das Maß der erforderlichen Aufklärung von einer Abwägung der mit ihr verbundenen

---

576 Voll, Die Einwilligung im Arztrecht, S. 135; Kaufmann, Die eigenmächtige Heilbehandlung, ZStW 73 (1961), S. 341 (363): Für viele Kranke, namentlich für christliche, sei die geistige Vorbereitung auf den Tod und der Empfang der Sterbesakramente von so entscheidend wichtiger Bedeutung, daß kein Arzt, und sei er der überzeugteste Atheist, es auf sein Gewissen nehmen könne, aus einem völlig falsch verstandenen Mitleid heraus den Ernst der Lage zu verheimlichen.

577 Niemann, Die privatautonome Gestaltung, S. 101 (102)

578 Glatz, Der Arzt zwischen Aufklärung und Beratung, S. 261

579 Voll, Die Einwilligung im Arztrecht, S. 133 f.; Giesen, Zwischen Patientenwohl und Patientenwille, JZ 1987, 282 (286)

580 Kübler-Ross, Interviews mit Sterbenden, S. 95 f.

581 Mayer-Scheu, Seelsorge im Krankenhaus, S. 80

582 Kübler-Ross, Interviews mit Sterbenden, S. 95

positiven und negativen Folgen abhängig machen. So zutreffend jedoch dieser Ausgangspunkt auch sein mag, so wenig praktikabel ist er in der ärztlichen Praxis. Gelingt es nicht, näher zu konkretisieren, welche durch ärztliche Aufklärung bedingten seelischen Belastungen einem schwerkranken Patienten - zumindest für den Regelfall - zumutbar sind, bleibt es dem Arzt letztlich in jedem Einzelfalle überlassen, nach eigenem Gutdünken und eigenen Wertmaßstäben darüber zu befinden, ob und in welcher Form er seiner grundsätzlich bestehenden Aufklärungsverpflichtung nachzukommen gedenkt. Dies kann aus Gründen der Rechtssicherheit nicht hingenommen werden.

Darüber hinaus aber darf auch nicht verkannt werden, daß Umschreibungen des therapeutischen Privilegs, die dem Arzt einen weiten Beurteilungsspielraum belassen, die Gefahr einer extensiven Handhabung des Privilegs begründen. Ärzte könnten sich nur allzu leicht veranlaßt sehen, die Sorge um das Wohl des Patienten als Vorwand für den Verzicht auf Aufklärung vorzugeben, um sich der nicht nur zeitaufwendigen, sondern auch viel Einfühlungsvermögen und nicht zuletzt auch Selbstüberwindung erfordernden Begleitung insbesondere von sterbenden Patienten zu entziehen. Befürchtungen dieser Art haben durchaus einen realistischen Hintergrund, wenn man bedenkt, daß es für den Arzt heute ungemein beschwerlich geworden ist, sich in dem von Arbeitsteilung und Zeitmangel geprägten Krankenhausbetrieb um den Kranken im allgemeinen, vor allem aber um den Sterbenden, in ausreichendem Maße zu kümmern. Nicht unberücksichtigt bleiben dürfen in diesem Zusammenhang darüber hinaus die Schwierigkeiten und Hemmungen, die viele Ärzte haben, wenn es um die Betreuung eines Sterbenden geht, auf die sie in ihrer beruflichen Ausbildung vielfach überhaupt nicht oder nur unzureichend vorbereitet worden sind.[583] Die extensive Handhabung des therapeutischen Privilegs aber würde die Beachtung des gesamten dargestellten Systems der Aufklärungsverpflichtungen in bedenklicher Weise zur Disposition des jeweils behandelnden Arztes stellen.

Als nicht viel praktikabler erweist sich das Abstellen auf den Eingriffscharakter der Aufklärung, zumal unklar bleibt, wie die relevante Eingriffsschwelle definiert sein soll, geschweige denn, wie ein solcher Eingriff später nachgewiesen werden könnte. Soweit aber erwogen wird, bereits psychische Belastungen Dritter ausreichen zu lassen, um den Arzt von seiner Aufklärungspflicht zu entbinden, dürften die Grenzen des therapeutischen Privilegs in unzulässiger Weise überdehnt werden, denn im Rahmen des Behandlungsverhältnisses kann sich allein aus dem Spannungsver-

---

[583] Warkentin, Aufklärung des Patienten bei bösartigen Erkrankungen, Deutsches Ärzteblatt 1973, 915 (917); vgl. hierzu im einzelnen C. II. 1. b. dd.

hältnis der unterschiedlichen Interessen des Patienten selbst eine Einschränkung des Aufklärungsumfanges ergeben. Dagegen entfaltet der Behandlungsvertrag keine Schutzwirkung zugunsten Dritter, so daß etwaige Auswirkungen der Aufklärung auf Angehörige oder andere außenstehende Personen nicht als abwägungserhebliche Gesichtspunkte herangezogen werden können.

Ferner vermag auch die Überlegung, es könne im Zweifel auf eine Aufklärung des Patienten verzichtet werden, weil selbst in denjenigen Fällen, in denen dieser ausdrücklich nach der Mitteilung der Wahrheit verlange, nicht sicher sei, ob er diese auch hören wolle oder vertragen könne, nicht zu überzeugen. Zwar ist es zutreffend, daß Äußerungen von Patienten in einem bestimmten Stadium ihrer Krankheit nicht immer ernst gemeint sein müssen. Es würde jedoch entschieden zu weit gehen, wollte man aus diesem zeitweilig auftretenden Phänomen eine umfassende Befreiung des Arztes von der Aufklärung des Patienten ableiten.

Zumindest aber scheint das Abstellen auf die psychische Verfassung des Patienten der richtige Ansatzpunkt bei der Entwicklung einer Lösung zur Problematik möglicher Einschränkungen der Aufklärungspflicht im Falle schwerwiegender Erkrankungen zu sein. Denn letztlich läßt sich nur durch die genaue Untersuchung der Frage, wie Patienten auf Aufklärung in bestimmten Stadien des Krankheitsverlaufes reagieren, feststellen, in welchen Situationen möglicherweise von einer Mitteilung des wahren Sachverhaltes abzusehen ist.

Sachfremd ist dagegen die Erwägung, man könne auf eine Aufklärung unheilbar kranker Patienten schon deshalb verzichten, weil diese ohnehin an ihrem Schicksal nichts mehr ändern könnten. Sie übersieht, daß die ärztliche Behandlungspflicht nicht in dem Augenblick erlischt, in dem der Arzt feststellt, daß eine Wiederherstellung der Gesundheit des Patienten nicht mehr möglich ist. Lediglich der Inhalt des Behandlungsvertrages wandelt sich ab diesem Zeitpunkt. Die Therapie ist von nun an auf die Bekämpfung der Krankheitssymptome und vor allem der Schmerzen auszurichten. Daneben aber hat der Arzt auch die vertragsimmanente Verpflichtung, dem Patienten beizustehen und ihm zu helfen, sich mit seiner Situation auseinanderzusetzen und diese zu bewältigen. Hinsichtlich der letztgenannten Komponente aber kann die Mitteilung der Krankheitsdiagnose in der rechten Weise und zur rechten Zeit von großer Bedeutung sein. Das richtige Wort gegenüber dem Kranken, die persönliche Zuwendung und insbesondere das Erübrigen von Zeit gewinnen hier enorm an Gewicht. Der Arzt muß gegenüber einem schwer kranken oder gar sterbenden Patienten noch mehr als sonst versuchen, eine vertrauensvolle Atmosphäre zu schaffen und ihm in diesem Rahmen die Informationen zukommen zu lassen, die er im Hinblick auf den Ablauf der weiteren Behandlung benötigt.

Auch für Krankheiten, die mit großer Wahrscheinlichkeit heilbar sind, gilt, daß der Patient umso mehr darauf angewiesen ist, daß der Arzt ihn nicht nur intellektuell, sondern auch psychologisch zu dem aus medizinischer Sicht richtigen Entschluß führt, je bedrohlicher das Krankheitsbild und je komplexer die vorgeschlagene Therapie ist. Hier erweist es sich als Behandlungsfehler in Gestalt der Übermaßaufklärung, wenn der Arzt dem Kranken einen zwar zutreffenden, aber bedrückenden Befund in besonders schonungsloser Form eröffnet.[584]

Andererseits ist die Notwendigkeit der psychologischen Führung des Patienten gerade bei schwerwiegenden Erkrankungen jedoch keinesfalls generell mit einer Einschränkung des Umfanges der ärztlichen Aufklärungspflichten verbunden. Zur Erarbeitung einer differenzierten Lösung erscheint es insofern sinnvoll, danach zu unterscheiden, ob (α) lediglich von einer für den Patienten ungünstigen gesundheitlichen Prognose auszugehen ist, die Krankheit aber vermutlich nicht oder doch zumindest nicht mit an Sicherheit grenzender Wahrscheinlichkeit tödlich verlaufen wird, oder ob (β) der Arzt im Rahmen seiner Erkenntnismöglichkeiten von einem letalen Ausgang auszugehen hat.

(α) Therapeutisches Privileg bei nicht mit Sicherheit zum Tode führender Krankheit

Einschränkungen bezüglich des Umfanges der Aufklärung kommen im Falle von Krankeitsbildern, die zwar schwerwiegend sind, jedoch keineswegs zum Tode führen müssen, grundsätzlich nicht in Betracht. Entscheidend ist, daß dem Arzt in diesen Fällen noch Möglichkeiten der Behandlung verbleiben, die entweder zu einem vollständigen Überwinden der Erkrankung beitragen oder doch zumindest eine fortschreitende Schädigung im Sinne der allmählichen Zerstörung lebensnotwendiger körperlicher Funktionen verhindern können. Es besteht noch keinerlei Veranlassung, die Hoffnung auf ein Überleben des Patienten aufzugeben. Andererseits dürfte in der Regel die Einleitung oder Fortführung einer bestimmten Therapie geboten sein. Deren Notwendigkeit aber kann der Arzt seinem Patienten nur dann plausibel darlegen, wenn er ihn bezüglich seines aktuellen Gesundheitszustandes nicht im Ungewissen läßt. Die Erforderlichkeit der Behandlung muß dabei schon deshalb mit dem

[584] OLG Köln NJW 1988, 2306

Erkrankten ausführlich erörtert werden, weil ihr Erfolg zumeist auch davon abhängen wird, ob er kooperativ mit dem Arzt zusammenarbeitet, gegebenenfalls seine Lebensweise ändert und sein gesamtes Verhalten seiner körperlichen Verfassung sowie den Erfordernissen der Therapie anpaßt.[585] Je genauer der Patient über die Diagnose seiner Erkrankung informiert ist, desto wahrscheinlicher ist es, daß er die Ratschläge des Arztes nicht leichtfertig übergeht, sondern dessen Arbeit aktiv und konstruktiv unterstützt.

Bei schweren Erkrankungen wird häufig auch eine (sofortige) Operation dringend geboten sein. Der Arzt muß dem Patienten die Bedeutung des Eingriffs vermitteln, um seine Zustimmung hierzu zu erlangen. Dies hat vor allem dann sehr eindringlich zu geschehen, wenn der Kranke sich andernfalls den Argumenten des Arztes verschließen würde. Es wäre in dieser Situation genauso unverantwortlich, die Entscheidung über die Vornahme des Eingriffs zu treffen, ohne zuvor die Zustimmung des Patienten eingeholt zu haben, wie es nicht zu rechtfertigen wäre, die Weigerung des Patienten zu akzeptieren, die allein darauf beruht, daß ihm wichtige Informationen vorenthalten worden sind.

Nicht übersehen werden soll freilich, daß natürlich auch die Mitteilung der Diagnose einer schweren Erkrankung, die beispielsweise mit einer Wahrscheinlichkeit von fünfzig Prozent einen tödlichen Ausgang nehmen wird, in jedem Falle eine erhebliche psychische Belastung für den Patienten mit sich bringt. Gerade hier aber muß die psychologische Betreuung durch den Arzt einsetzen. Schonend und in einer der individuellen Persönlichkeit des Patienten angepaßten Weise hat er diesem die von ihm gestellte Diagnose zu eröffnen.

Dabei hat er zunächst zu berücksichtigen, daß Prognosen, die den Verlauf der Krankheit betreffen, ohnehin nur selten mit absoluter Sicherheit getroffen werden können, da der menschliche Organismus oftmals unvorhersehbar reagiert.[586] Insbesondere soweit es um Prognosen geht, die die vermeintlich verbleibende Lebenszeit des Partienten betreffen, ist Vorsicht geboten, da diesbezügliche Aussagen in aller Regel nicht zutreffend sind.[587] Vereinzelt wird in diesem Zusammenhang zu Recht von dem Erfordernis der selektiven Offenheit gesprochen: Nur was der Arzt weiß,

---

585 Zander, Ärztliche Aufklärung am Kranken- und Sterbebett in: Hiersche, Euthanasie, S. 197 (203)
586 Ilhardt, Medizinische Ethik, S. 130; Müller-Fahlbusch, Sterben und Tod aus ärztlicher Sicht in: Bloching, Tod, S. 39 (43)
587 Kübler-Ross, Verstehen was Sterbende sagen wollen, S. 34

nicht jedoch auch, was er nach seiner Erfahrung zu wissen glaubt, sollte er dem Patienten offenbaren.[588]

Noch wichtiger aber ist in Situationen, die dem Patienten noch Chancen der Genesung bieten, deren besondere Hervorhebung und Betonung durch den Arzt. Er hat in dem Erkrankten die Hoffnung zu stärken, die Grundlage eines jeden positiven Behandlungsverlaufes ist. Zeigt er dabei das nötige Einfühlungsvermögen gegenüber den Sorgen und Ängsten des Patienten, wird er dessen Vertrauen gewinnen können. Das Gegenteil wäre sicher der Fall, wenn der Arzt neue Behandlungswege einschlagen würde, ohne deren Sinn und Zweck mit dem Patienten zu erörtern. Dies hätte eine weitere Verunsicherung des Erkrankten zur Folge und würde spätestens dann das Vertrauensverhältnis zwischen ihm und dem Arzt endgültig zerstören, wenn er nachträglich erfahren müßte, daß der Arzt ihn getäuscht und eigenmächtig gehandelt hat. Daß darüber hinaus eine solche Herabwürdigung des Patienten zum Objekt ärztlichen Handelns in unüberbrückbarem Gegensatz zu dessen grundrechtlich garantiertem Selbstbestimmungsrecht stehen würde, ist offensichtlich und bedarf keiner näheren Erläuterung.

Sind aber schon Einschränkungen der Pflicht zur Diagnoseaufklärung grundsätzlich nicht anzuerkennen, sofern sich die gesundheitliche Situation des Patienten nicht als hoffnungslos erweist, so muß gleiches erst recht für den Bereich der Verlaufs- und Risikoaufklärung gelten. Die grundsätzliche Funktion dieser Aufklärungsverpflichtungen besteht darin, den Patienten durch die hinreichende Information über den Verlauf und die Risiken eines Eingriffs oder einer sonstigen Behandlungsform überhaupt in die Lage zu versetzen, eine wirksame Einwilligung zu erteilen. Sie kommt auch und gerade bei schwerwiegenden Erkrankungen zum Tragen. Die Abwägung aller relevanten Gesichtspunkte muß hier besonders sorgfältig und vor allem unter Einbeziehung aller möglichen Handlungsalternativen erfolgen.

In psychologischer Hinsicht ist auch im Hinblick auf die Verlaufs- und Risikoaufklärung festzustellen, daß sich selbstverständlich eine gewisse Beunruhigung des Patienten nicht wird vermeiden lassen, wenn ihm eröffnet wird, daß die Vornahme eines bestimmten Eingriffes möglicherweise mit erheblichen Gefahren verbunden ist. Andererseits aber dürfte der Arzt dem Patienten einen konkreten Eingriff nicht als medizinisch indiziert nahelegen, wenn er in der gegebenen Situation mit unverhältnismäßigen Risiken einherginge oder von vornherein sinnlos wäre. Hält aber der Arzt

---

588 Dickhaut/Luban-Plozza, in: Eser/v.Lutterotti/Sporken, Lexikon Medizin, Ethik, Recht, Sp. 127 Stichwort: Arzt-Patienten-Beziehung

ihn trotz aller mit ihm verbundenen Gefahren für angemessen, so hat er die Aufgabe, seinem Patienten genau diese Einstellung zu vermitteln und in ihm dadurch die Hoffnung auf einen positiven Ausgang zu stärken. Eine den Patienten weniger belastende tragfähige Alternative gibt es nicht. Denn die psychische Belastung wäre sicher keineswegs geringer, wenn der Patient plötzlich merken würde, daß riskante Eingriffe an ihm vorgenommen werden, über die zuvor mit ihm überhaupt nicht gesprochen wurde. Würden sich zusätzlich aber die mit der Behandlung verbundenen Risiken auch nur teilweise realisieren, wäre das Vertrauensverhältnis zwischen Arzt und Patient restlos zerstört.

Insgesamt bleibt daher festzuhalten, daß auf eine umfassende Aufklärung des Patienten sowohl bezüglich der Krankheitsdiagnose als auch im Hinblick auf den weiteren Verlauf und die damit verbundenen Risiken der Behandlung nicht verzichtet werden kann. Zwar lassen sich gewisse seelische Beeinträchtigungen des Erkrankten dabei nicht vermeiden. Dies aber muß letztlich in Kauf genommen werden, da das Vertrauensverhältnis zwischen Arzt und Patient in unabsehbarer Weise beschädigt würde, wenn der Arzt über den Kopf des Patienten hinweg Behandlungsentscheidungen treffen würde. Der Arzt hat durch entsprechend einfühlsame Führung des Patienten in diesem sowohl das Vertrauen in seine Fähigkeiten als auch die Hoffnung in einen positiven Ausgang der Therapie zu stärken und die psychischen Belastungen dadurch auf ein möglichst geringes Maß zu reduzieren.

Zu überlegen ist jedoch, ob eine Ausnahme von diesem Grundsatz bei Patienten in Betracht kommt, bei denen schon die geringste psychische Erregung tödliche Folgen haben kann (dies ist etwa beim Vorliegen des Basedow-Symptoms möglich).[589] Unzweifelhaft hat hier die Aufklärung im gesundheitlichen Interesse des Patienten - zumindest diesem gegenüber - zu unterbleiben, da andernfalls bereits sie den Erfolg der Behandlung ernsthaft in Frage stellen würde. Eine echte Ausnahme von der Aufklärungsverpflichtung des Arztes im Sinne des therapeutischen Privilegs stellt dieser Aufklärungsverzicht entgegen der von Kern/Laufs vertretenen Auffassung aber nicht dar. Denn wenn der Patient aufgrund seiner Konstitution nicht mehr in der Lage ist, die ärztliche Aufklärung entgegenzunehmen, rational Bedeutung und Tragweite des in Frage stehenden Eingriffs zu erfassen und alle für und gegen dessen Vornahme sprechenden Gesichtspunkte gegeneinander abzuwägen, erweist er sich schon aus diesem Grunde als einwilligungsunfähig. Insofern ist die Sachlage nicht anders zu beurteilen als bei einem Patienten, der aus Gründen geistiger Defizite nicht in der Lage ist, den Inhalt der ärztlichen Aufklärung aufzufassen. In Fällen

[589] so Kern/Laufs, Die ärztliche Aufklärungspflicht, S. 55

der Einwilligungsunfähigkeit aber ist dem Patienten grundsätzlich ein Betreuer für den Aufgabenbereich der Heilbehandlung zur Seite zu stellen, der an seiner Stelle Adressat der ärztlichen Aufklärung ist und für ihn auf dieser Grundlage die erforderlichen Behandlungsentscheidungen trifft.[590]

(β) Therapeutisches Privileg bei mit Sicherheit zum Tode führender Krankheit

Diagnostiziert der Arzt bei einem Patienten eine mit an Sicherheit grenzender Wahrscheinlichkeit zum Tode führende Erkrankung, läßt sich eine umfassende Verpflichtung zur Aufklärung zumindest nicht mit dem Hinweis rechtfertigen, dem Patienten könnten nur auf diese Weise die erforderlichen Kenntnisse vermittelt werden, um selbstbestimmt über den weiteren Verlauf der Behandlung entscheiden und an deren Erfolg konstruktiv mitarbeiten zu können. Auch entfällt hier die Möglichkeit des Arztes, die seelischen Belastungen des Patienten dadurch zu mindern, daß er ihm berechtigterweise Hoffnung auf eine Überwindung der Krankheit macht. Die Situation ist vielmehr gerade dadurch gekennzeichnet, daß sie sich für den Patienten hoffnungslos darstellt, alle weiteren Bemühungen, seine unheilbare Krankheit zu besiegen, werden definitiv zum Scheitern verurteilt sein.

Diese Erwägungen könnten es nun nahelegen, dem ohnehin geschwächten Patienten die bittere Erkenntnis seines Zustandes generell zu verheimlichen und ihn auf diese Weise so lange wie möglich zu schonen. Diese Sichtweise würde jedoch die spezifischen psychologischen Stadien, die ein unheilbar Erkrankter typischerweise zu durchlaufen hat, außer Acht lassen.

P. Sporken und E. Kübler-Ross haben bei der Erforschung dieser Phasen bahnbrechende Arbeit geleistet. Aus den von ihnen gewonnenen Erkenntnissen lassen sich ohne weiteres Rückschlüsse auf die Wahl des richtigen Zeitpunkts der Aufklärung des Patienten über die Unheilbarkeit seiner Erkrankung gewinnen.

Kübler-Ross befaßte sich bei ihren Forschungsarbeiten mit Patienten, die bereits von ihrem Arzt über ihren Zustand in vollem Umfange aufgeklärt worden waren. Sie stellte fest, daß diese in aller Regel einen Reifungsprozeß durchlaufen, der sie von

---

[590] zur den Voraussetzungen der Betreuerbestellung und den von diesem wahrzunehmenden Aufgaben vgl. unten B. VI. 1. b. aa. und cc.

dem Nicht-Wahrhaben-Wollen der Krankheit[591] über die Zorn-,[592] Verhandlungs-[593] und Depressionsphase[594] schließlich bis hin zu ihrer Annahme[595] führt.

Sporken hingegen beleuchtete hauptsächlich den Zeitraum zwischen dem Zeitpunkt, zu dem der Arzt weiß, daß die Krankheit einen tödlichen Verlauf nehmen wird, und demjenigen, zu dem der Patient hiervon in Kenntnis gesetzt werden möchte.

Die erste der dabei auftretenden Phasen bezeichnet Sporken als die der Unwissenheit.[596] Der Patient befindet sich in einem tödlich verlaufenden Krankheitsprozeß, weiß dies selbst aber nicht und hat deshalb auch psychisch keine Schwierigkeiten mit seiner Situation. Diese ergeben sich jedoch für die ihn umgebenden Ärzte und Pflegekräfte, die von der Bekämpfung der Ursache der Erkrankung zu derjenigen der Symptome übergehen. Ihre Einstellung zum Patienten verändert sich in dieser Phase - oft auch unbewußt - und läßt eine gewisse Distanz erkennen. Es bedarf einer großen Selbstbeherrschung und Übung, um hier gegenzusteuern und den Patienten, der seelisch noch nicht in der Lage ist, die Wahrheit zu verarbeiten, nicht spüren zu lassen, daß "etwas nicht stimmt".

Wenn Sporken in diesem Zusammenhang darauf hinweist, daß Ärzte schon in dieser Phase zumeist die Angehörigen des Patienten von dem Ausmaß der Erkrankung in Kenntnis setzen und diese in der Folgezeit die meisten Schwierigkeiten haben, ihr Wissen vor dem Patienten zu verbergen, so sei hierzu angemerkt, daß nicht nur diese Probleme der Angehörigen die Offenbarung der Unheilbarkeit der Krankheit fragwürdig erscheinen lassen, sondern der Arzt rechtlich auch gar nicht befugt ist, derartige Informationen an die Angehörigen weiterzugeben, wenn diese nicht zu Betreuern des mittlerweile einwilligungsunfähig gewordenen Patienten bestellt worden sind oder ihnen von diesem für einen solchen Fall eine Vollmacht für die Regelung von Gesundheitsangelegenheiten erteilt worden ist. Solange aber der Patient als einwilligungsfähig zu betrachten ist - und nur aus therapeutischen Gründen einstwei-

---

591 Kübler-Ross, Interviews mit Sterbenden, S. 16 ff.; Kübler-Ross, Verstehen was Sterbende sagen wollen, S. 37 ff.

592 Kübler-Ross, Interviews mit Sterbenden, S. 26 ff.; Kübler-Ross, Verstehen was Sterbende sagen wollen, S. 49 ff.

593 Kübler-Ross, Interviews mit Sterbenden, S. 54 ff.; Kübler-Ross, Verstehen was Sterbende sagen wollen, S. 52 ff.

594 Kübler-Ross, Interviews mit Sterbenden, S. 57 ff.; Kübler-Ross, Verstehen was Sterbende sagen wollen, S. 58 ff.

595 Kübler-Ross, Interviews mit Sterbenden, S. 77 ff.; Kübler-Ross, Verstehen was Sterbende sagen wollen, S. 63 ff.

596 Sporken, Umgang mit Sterbenden, S. 61-65; Sporken, Hast du denn bejaht, daß ich sterben muß? S. 67-71; Sporken, Sterbebeistand: Aufgabe und Ohnmacht in: Engelke/Schmoll/Wolff, Sterbebeistand, S. 30 (35)

len auf eine Aufklärung ihm gegenüber verzichtet wird -, kann auch nur er Adressat der ärztlichen Aufklärung sein. Anders stellt sich die Sachlage nur dann dar, wenn der Patient gegenüber dem Arzt seine Einwilligung dazu erteilt hat, daß Informationen, die die ärztliche Behandlung betreffen, seinen Angehörigen unbeschränkt zugänglich gemacht werden dürfen.

An die Phase der Unwissenheit schließt sich diejenige der Unsicherheit an.[597] Hierbei stehen die Zweifel des Patienten über den Verlauf der Krankheit im Vordergrund. Dieser Abschnitt wird einerseits bestimmt durch die Hoffnung und Erwartung, daß die Genesung voranschreiten werde, in anderen Momenten aber überwiegt eine intensive Angst und Traurigkeit. Der Gemütszustand wechselt ständig, der Patient wendet sich bereits an den Arzt, um Auskunft über seine Situation zu erlangen. Die häufig direkt gestellte Frage nach einer unheilbaren Krankheit ist jedoch noch nicht wirklich ernst gemeint. Der Patient sucht nach einer Bestätigung des Arztes, wieder gesund zu werden, die Hilfe, die ihm Arzt und Krankenschwestern gewähren können, besteht allein darin, daß sie ihn nicht alleine lassen und ihm die Möglichkeit geben, über seine Ängste und Unsicherheiten zu reden. Sie müssen jedoch darauf achten, daß sie nicht selbst über den Zeitpunkt entscheiden, wann der Patient den wahren Sachverhalt erfährt, sondern letztlich der Patient darüber befindet, wann er diese Information erhalten möchte.

Die dritte Phase ist die der impliziten Leugnung.[598] Sie ist dadurch gekennzeichnet, daß der Patient seine Situation schon mehr oder weniger unbewußt spürt, sie jedoch nicht wahrhaben will. Bei jedem anderen würde er die Anzeichen einer bösartigen Erkrankung wahrnehmen, bei sich selbst jedoch widersetzt er sich hartnäckig dieser Erkenntnis. Er entfaltet eine ungeheure Aktivität, arbeitet beispielsweise viel härter, als es sein Gesundheitszustand gestattet, schmiedet weitreichende Zukunftspläne oder beginnt aufwendige Hobbys. Die Leugnung ist für ihn positiv, solange er die Wahrheit noch nicht ertragen kann. Sie ist jedoch eine Flucht vor der Realität, der er sich meist schon nach kurzer Zeit bewußt wird. Der Patient setzt durch sein Verhalten in dieser Phase ein deutliches Zeichen dafür, daß er Hilfe braucht in Form einer dosierten Form der Wahrheitsvermittlung.[599] Gerade weil die Phase der impliziten Leugnung oftmals nur von kurzer Dauer ist, darf der Arzt nicht zu lange zögern, den

---

[597] Sporken, Umgang mit Sterbenden, S. 65-68; Sporken, Hast du denn bejaht, daß ich sterben muß? S. 71-76; Sporken, Sterbebeistand: Aufgabe und Ohnmacht in: Engelke/Schmoll/Wolff, Sterbebeistand, S. 30 (35)

[598] Sporken, Umgang mit Sterbenden, S. 68-70; Sporken, Hast du denn bejaht, daß ich sterben muß? S. 76 f.

[599] Ansohn, Die Wahrheit am Krankenbett, S. 46 f.; Sporken, Sterbebeistand: Aufgabe und Ohnmacht in: Engelke/Schmoll/Wolff, Sterbebeistand, S. 30 (38)

Patienten von der Diagnose seiner Krankheit in Kenntnis zu setzen. Andernfalls würde dieser enttäuscht feststellen, daß der Arzt ihm längere Zeit bewußt den wahren Sachverhalt verschwiegen hat. Dies wiederum könnte zu einer tiefen Vertrauenskrise führen,[600] die es unter allen Umständen zu vermeiden gilt, da gerade in der Terminalphase eine wirksame Hilfeleistung nur auf der Grundlage eines stabilen Vertrauensverhältnisses möglich ist.[601]

In den meisten Fällen wird der rechte Zeitpunkt der Wahrheitsmitteilung vom Patienten selbst angedeutet. Sein Bedürfnis, über sein Schicksal zu sprechen, wird deutlich, der Arzt darf dem Gespräch über den Ernst und den Verlauf der Krankheit nicht mehr aus dem Wege gehen.[602] Dabei ist auch zu bedenken, daß Patienten in einer für sie derart existentiellen Situation außerordentlich sensibilisiert sind für Veränderungen im Ausdruck ihrer Bezugspersonen. Auch andere Formen averbaler Kommunikation nehmen sie in erhöhtem Maße wahr,[603] so daß der Versuch, dem Kranken die Wahrheit auf Dauer vorzuenthalten, in den allermeisten Fällen ohnehin zum Scheitern verurteilt wäre.

Das dargestellte Schema der verschiedenen psycholgischen Stadien, die ein todkranker Patient durchläuft, kann selbstverständlich nicht starr auf jeden Einzelfall angewendet werden. Insbesondere ist die zeitliche Erstreckung der Phasen individuell sehr verschieden, nicht jeder Patient muß notwendigerweise jede einzelne Phase durchlaufen.[604] Andererseits kann sich der Patient natürlich zu dem Zeitpunkt, zu dem der Arzt erstmals Gewißheit bezüglich des tödlichen Verlaufes der Krankheit

---

600 Kübler-Ross, Verstehen was Sterbende sagen wollen, S. 162; M. v. Lutterotti, Menschenwürdiges Sterben, S. 46; M. v. Lutterotti, Sterbebegleitung als Aufgabe des Arztes in: Student, Das Hospiz-Buch, S. 44 (46); Herrmann, Soll ein Krebspatient über seine Diagnose aufgeklärt werden ? MedR 1988, 1 (4); Schmeling-Kludas, Recht auf Aufklärung - Pflicht zur Aufklärung ? Kommentar I. Ethik Med 1989, 223 (224); Zander, Ärztliche Aufklärung am Kranken- und Sterbebett in: Hiersche, Euthanasie, S. 197 (206)

601 Peitgen, Sterben zu Hause in: Böhme, Der Arzt und das Sterben, S. 41 (44); Ansohn, Die Wahrheit am Krankenbett, S. 48

602 Sporken, Umgang mit Sterbenden, S. 71; Gebhardt, Seelsorge an Sterbenden in: Giesler, Sterbende begleiten, S. 73 (92): "Es gibt keinen Sterbenden, der nicht den Wunsch hätte, offen über seine Situation zu sprechen, ohne Rückhalt zu sagen, wie es um ihn steht, was ihn quält, wo er sich schuldig fühlt, wo er schreien möchte."

603 Köhle, Zur psychologischen Betreuung unheilbar Kranker in: Böhme, Der Arzt und das Sterben, S. 64 (69); Siegrist, Aufklärung in Grenzsituationen in: Kruse/Wagner, Sterbende brauchen Solidarität, S. 25 (35)

604 Engelke, Situation und Umfeld für Sterbebeistand heute in: Engelke/Schmoll/Wolff, Sterbebeistand, S. 17 (20) merkt daher kritisch an, daß die dargestellten Phasen-Modelle zu wenig die Persönlichkeit des Sterbenden, seine ihm eigene Art, mit Konflikten umzugehen, seine Lebensphilosophie, seinen Lebensstil sowie seine frühere und gegenwärtige Umwelt berücksichtigten. Sie stünden daher in der Gefahr, einer guten Sterbebegleitung entgegenwirken, indem sie den Sterbenden hinderten, seinen eigenen Tod zu sterben, da geradezu Lernziele vorgegeben seien, die mit dem Sterbenden verwirklicht werden müßten.

erlangt, auch bereits im Stadium der Unsicherheit oder impliziten Leugnung befinden, so daß die Aufklärung zum Wohle des Patienten möglicherweise schon nach sehr kurzer Zeit zu erfolgen hat.

In unserer modernen Leistungsgesellschaft ist vielen Menschen als Folge der fortschreitenden Säkularisierung ein inneres, existenzielles Verhältnis zu Krankheit und Tod abhanden gekommen.[605] Krankheiten werden häufig als "Betriebsunfälle" angesehen, die von dem Arzt als "Gesundheitsingenieur" möglichst rasch behoben werden müssen.[606] Der Tod hat in einem solchen technischen und perfektionistischen Denken keine sinnvolle Berechtigung mehr, "der heutige Mensch will mit dem Tod nichts mehr zu tun haben."[607] Aus diesem Bewußtsein erwächst vielfach die Forderung "aktiver", "gesunder" Bevölkerungsgruppen, das Sterben auch im Falle unheilbarer Krankheiten aus dem Bewußtsein der betroffenen Personen fernzuhalten. Grenzsituationen zwischen Leben und Tod sind jedoch nicht allein mit naturwissenschaftlich-technischen Mitteln zu bewältigen. Der einzelne Patient hat in seiner letzten Lebensphase die dargestellte Entwicklungsphase zu durchlaufen, sie ist Teil seiner Selbstverwirklichung.[608] Er kann dem Vorgang des Sterbens letztlich nicht ausweichen und ist nur dann in der Lage, ihn geistig-seelisch zu verarbeiten, wenn er sich mit ihm auseinandersetzt.[609] Jedenfalls aber muß ihm die Chance hierzu gegeben werden. Dabei ist auch die Phase der Depression notwendig und heilsam, wenn der Patient eines Tages in Frieden und innerer Bereitschaft sterben soll. Denn in aller Regel erreichen nur diejenigen Kranken, die durch alle Ängste und Verzweiflungen hindurchgegangen sind, letztlich auch das Stadium des inneren Friedens und der Annahme des Todes.[610] Allein durch eine behutsame, den Bedürfnissen des Patienten angepaßte Aufklärung kann der Arzt dem Patienten somit die Möglichkeit eröffnen, seine letzte Lebensphase positiv anzunehmen, seine persönlichen und sozialen Angelegenheiten zu regeln und das Ende seines Lebens bewußt zu erle-

---

605 Kaufmann, Die eigenmächtige Heilbehandlung, ZStW 73 (1961), 341 (358)

606 Kaufmann, Die eigenmächtige Heilbehandlung, ZStW 73 (1961), 341 (359); Kruse, Die Verantwortung des Arztes in: Kruse/Wagner, Sterbende brauchen Solidarität, S. 41 (43)

607 Kaufmann, Die eigenmächtige Heilbehandlung, ZStW 73 (1961), 341 (359); Perret, Nochmals: Aufklärungspflicht des Arztes bei Krebs, Medizinische Klinik 1960, 1205 (1207)

608 Auer, Die Unverfügbarkeit des Lebens in: Auer/Menzel/Eser, Zwischen Heilauftrag und Sterbehilfe, S. 36

609 Ansohn, Die Wahrheit am Krankenbett, S. 148 ff.; Lessing, Euthanasie aus evangelischer Sicht in: Hiersche, Euthanasie, S. 89 (109)

610 Kübler-Ross, Interviews mit Sterbenden, S. 60; Kübler-Ross, Leben bis wir Abschied nehmen in: Atrott/Eibach u.a., Sterbehilfe - Mitleid oder Mord ? S. 13 (16) mit dem Hinweis, daß ein Sterbender in den letzten Tagen oder Stunden oft sehr viel intensiver lebe als zuvor. Sehr viele Krebskranke hätten ihr beispielsweise kurz vor ihrem Tode anvertraut, daß die letzten Monate ihres Lebens die wichtigsten für sie gewesen seien und sie alles darum geben würden, wenn sie diese Lektionen schon früher hätten lernen können.

ben.[611] Insofern verliert die Aufklärungspflicht gegenüber Todkranken und Sterbenden nicht etwa an Bedeutung, sondern ist im Gegenteil besonders ernst zu nehmen.

In der Praxis hat sich denn auch gezeigt, daß Kranke, die zum rechten Zeitpunkt aufgeklärt werden, vielfach über das Vermögen verfügen, sich mit der Diagnose offen auseinanderzusetzen und einem von den Ärzten befürchteten Trauma durch entsprechende Defensivmechanismen vorzubeugen.[612] Entgegen aller Vernunft findet man gerade Sterbende selten in tiefer Hoffnungslosigkeit an.[613] Erfahrungen mit moribunden Patienten zeigen, daß sie in aller Regel bis in die letzten Tage ihres Lebens hinein noch Hoffnung hegen und sich in besonders schwierigen Phasen ihres Leidens von ihr tragen lassen.[614] Das Wort vom "hoffnungslosen Fall" dürfte daher vielfach eher die Lage aus der Sicht des Arztes als aus der des Patienten widerspiegeln.

Wichtig zu erwähnen ist in diesem Zusammenhang, daß die Hoffnung des Kranken sich nicht ausschließlich auf das Überleben bezieht. Für ihn ist das Erleben des eigenen Wertes und die Aufrechterhaltung der Integrität der Person entscheidend.[615] Sein Selbstwertgefühl bezieht sich dabei auf Möglichkeiten, sich in der gegebenen Situation selbst zu verwirklichen sowie darauf, mit seinen Bezugspersonen kommunizieren zu können.[616] Die Antithese zur Hoffnung des Kranken ist die Verzweiflung. Diese aber steht in untrennbarem Zusammenhang zu dem Erleben von Wertlosigkeit und Alleingelassensein. Der Kranke fürchtet den sozialen Tod häufig mehr als den physischen.[617] Wichtig ist es daher, in dem Maße, in dem die Hoffnung auf Heilung abnimmt, die Hoffnung auf das Selbstwerterleben zu stärken und dem Patienten dadurch die Möglichkeit zu geben, in der ihm verbliebenen Zeit Wertvolles zu gestalten.

Entscheidend kommt es im terminalen Krankheitsstadium somit darauf an, daß der Patient als Person nicht "aufgegeben" wird. Gerade derjenige, dem man medizinisch

---

611 Herrmann, Soll ein Krebspatient über seine Diagnose aufgeklärt werden ? MedR 1988, 1 (4 f.)

612 M. v. Lutterotti, Menschenwürdiges Sterben, S. 47; Riha, Über den Tod reden in: Humanes Leben - Humanes Sterben, Nr. 1/2000, S. 17

613 Kübler-Ross, Interviews mit Sterbenden, S. 95 f.

614 Hartmann, Hilfe beim Sterben - Hilfe zum Sterben in: Exner/Fahlbusch, Sterbehilfe, S. 9 (15)

615 Köhle, Zur psychologischen Betreuung unheilbar Kranker in: Böhme, Der Arzt und das Sterben, S. 64 (73)

616 Köhle, Zur psychologischen Betreuung unheilbar Kranker in: Böhme, Der Arzt und das Sterben, S. 64 (73); Eid, Hoffnung und Wahrheit in auswegloser Krankheit in: Eid/Frey, Sterbehilfe oder wie weit reicht die ärztliche Behandlungspflicht ? S. 85 (92 f.)

617 Köhle, Zur psychologischen Betreuung unheilbar Kranker in: Böhme, Der Arzt und das Sterben, S. 64 (74)

nicht mehr helfen kann, braucht noch mehr Aufmerksamkeit als ein anderer, der nach erfolgter Heilung seiner Entlassung aus dem Krankenhaus entgegensieht. Wird er aufgegeben, gibt er sich vermutlich auch selbst auf. Gibt der Arzt ihm dagegen das Gefühl, weiterhin alles in seinen Kräften Stehende zu tun, um ihm seine Lage so erträglich wie möglich zu gestalten, wird der Kranke - selbst wenn der Arzt ihm den Ernst seiner Lage nicht verschwiegen hat - nicht verzweifeln und den Arzt als Freund betrachten, der bis zum Ende zu ihm hält.[618] Er braucht sich nicht ab dem Augenblick verlassen zu fühlen, in dem die Ärzte keine Heilungsmöglichkeiten mehr sehen.

Diese besondere Beziehung zwischen Arzt und Patient, die Führung des Sterbenskranken in seiner letzten Lebensphase, wäre schwer belastet, würde der Arzt ihn aktiv über seine Situation täuschen. Es wäre der sicherste Weg, das gegenseitige Vertrauen und den Respekt voreinander zu zerstören, die letztlich zu den wichtigsten therapeutischen Kräften gehören, über die der Arzt verfügt.[619]

Es ist somit für den Regelfall davon auszugehen, daß dem Patienten die Wahrheit über den tödlichen Verlauf seiner Erkrankung mitgeteilt werden muß. Dennoch erfahren die üblichen Aufklärungsverpflichtungen des Arztes in diesen Fällen eine gewichtige Modifikation, deren Ursache in der spezifischen seelischen Belastbarkeit des Patienten im Verlaufe eines solchen Krankheitsprozesses begründet liegt. Im allgemeinen hat der Arzt seine Patienten möglichst umgehend über die Diagnose ihres Gesundheitszustandes und eventuelle Möglichkeiten ihrer Genesung in Kenntnis zu setzen, zum einen, weil die Erfolgsaussichten der Behandlung umso günstiger sind, je eher dem Krankheitsverlauf Einhalt geboten wird, zum anderen, um dem Patienten vor dem Beginn der Therapie genügend Zeit zu geben, die für und gegen deren Durchführung sprechenden Gesichtspunkte gegeneinander abzuwägen und eine wirksame Entscheidung über die Erteilung seiner Einwilligung zu fällen. Diesen Gesichtspunkten kommt bei einem unheilbar erkrankten Patienten keine Bedeutung mehr zu. Da nun nicht mehr die Wiederherstellung der Gesundheit Gegenstand der ärztlichen Bemühungen sein kann, es vielmehr auf die Bekämpfung - insbesondere der schmerzverursachenden - Krankheitssymptome sowie auf die psychologische Begleitung des Sterbenden ankommt, hat dieser zwar nach wie vor einen Anspruch auf die Kenntnis der gestellten Diagnose, der wiederum zumindest grundsätzlich mit einer entsprechenden Aufklärungsverpflichtung des Arztes korrespondiert. Der Zeit-

---

[618] Kübler-Ross, Interviews mit Sterbenden, S. 96 f.; Riha, Über den Tod reden in: Humanes Leben - Humanes Sterben, Nr.1/2000, S. 17

[619] Häring, Heilender Dienst, S. 115; Heberer, Humanitas im Krankenhaus in: Festschrift für Weißauer, S. 37 (40)

punkt der Informationsvermittlung ist jedoch im Interesse des Patienten so zu wählen, daß er entsprechend den vorstehenden Ausführungen in der Lage ist, die bedrückende Nachricht zu ertragen und letztlich - mit Unterstützung des Arztes - zu verarbeiten. In seltenen Fällen kann es geboten sein, dem Patienten erst kurz vor seinem Tode den Charakter seiner Krankheit zu offenbaren.

Ein therapeutisches Privileg, das die Aufklärungslast des Arztes im Interesse des Patientenwohles einschränkt, kann somit in aller Regel auch nur insoweit Anerkennung finden, als es um die Wahl des richtigen Zeitpunktes der Informationsvermittlung geht, nicht jedoch auch im Hinblick auf den Umfang der Aufklärung.

Es kann allerdings nicht ausgeschlossen werden, daß einzelne Patienten bis zuletzt nicht in der Lage sind, das Wissen über ihren bevorstehenden Tod zu verkraften.[620] In solchen Extremfällen, in denen die Aufklärung dem Patienten nur noch Schaden, aber keinen Nutzen mehr bringt, ist der Arzt verpflichtet, im Interesse des Sterbenden in vollem Umfange auf eine Diagnoseaufklärung zu verzichten.

Kommt aber eine Einschränkung der Aufklärungspflichten des Arztes schon bezüglich der Krankheitsdiagnose nur in den seltensten Fällen in Betracht, so sind derartige Ausnahmen im Bereich der Verlaufs- und Risikoaufklärung überhaupt nicht vorstellbar. Mögen auch bei einem Todkranken keine größeren Eingriffe mehr indiziert, die Behandlung des Arztes vielmehr im wesentlichen auf Linderungsmaßnahmen beschränkt sein, so ist der Patient - sofern er überhaupt noch fähig ist, Informationen aufzunehmen und zu verarbeiten - doch zumindest über den Verlauf und die spezifischen Risiken auch dieser Maßnahmen hinreichend zu informieren. Selbst dort, wo Heilungschancen nicht mehr bestehen, hat der Patient ein erhebliches und schutzwürdiges Interesse daran, über die Art und Weise mitzubestimmen, in der die Behandlungsmaßnahmen, insbesondere solche der Schmerzbekämpfung, durchgeführt werden sollen. Ernsthafte Gefahren für seine Gesundheit aber sind aufgrund einer derartigen Kenntnis des Behandlungsverlaufes nicht zu erwarten. Die Rücksichtnahme auf die Psyche des Patienten darf daher zumindest niemals dazu führen, daß der Arzt von jeder weiteren Aufklärung absieht.

---

620 Sporken, Umgang mit Sterbenden, S. 74; Herrmann, Soll ein Krebspatient über seine Diagnose aufgeklärt werden ? MedR 1988, 1 (5)

(3) Verhältnis zwischen der therapeutischen Aufklärung und der Selbstbestimmungsaufklärung

Sicherungs- und Selbstbestimmungsaufklärung überschneiden sich regelmäßig dann, wenn eine Entscheidung des Patienten über die weitere Behandlung notwendig wird. Die Aufklärung soll hier sicherstellen, daß der Kranke zum einen eine eigenverantwortliche Entscheidung zur Sicherung seines Selbstbestimmungsrechtes treffen kann, zum anderen hat ihm der Arzt die Notwendigkeit der Entscheidung aufzuzeigen und so seine Bereitschaft zur Mitwirkug an der von ihm für sinnvoll erachteten Behandlung zu wecken.[621]

Im Bereich der Diagnoseaufklärung mit anschließendem Therapievorschlag erfolgt die Unterweisung des Patienten regelmäßig, um ihm die Entscheidung für oder gegen die betreffende Behandlung zu ermöglichen. Sie dient somit dem Schutz des Patienten vor der eigenmächtigen Heilbehandlung des Arztes und damit der Sicherung seines Persönlichkeits- sowie seines Selbstbestimmungsrechtes. Gleichzeitig aber ist die Aufklärung geboten, um dem Patienten die Notwendigkeit der Behandlung vor Augen zu führen (Sicherungsaufklärung).[622]

Wenn der Arzt zwar eine Krankheit diagnostiziert hat, sich aber außerstande sieht, diese auch adäquat zu therapieren, ist er verpflichtet, dem Patienten die Notwendigkeit der Behandlung durch einen anderen Arzt deutlich vor Augen zu führen. Diese Verpflichtung ist Ausfluß der therapeutischen Aufklärung.[623] Soweit der Arzt jedoch darauf hinzuweisen hat, daß eine bestimmte Krankheit andernorts aufgrund von Spezialbehandlungsmethoden oder besserer instrumenteller Ausstattung erfolgversprechender behandelt werden kann als in seinem Krankenhaus, ist die Selbstbestimmungsaufklärung in der Form der Aufklärung über Behandlungsalternativen betroffen.[624]

Vor und während der Therapie ist der Arzt verpflichtet, den Patienten über behandlungsimmanente Gefahren aufzuklären. Dies stellt eine Pflicht im Sinne der Sicherungsaufklärung zum Schutz des Patienten dar, sofern die Verwirklichung der Gefahr durch sein Verhalten verhindert oder in ihrer Tragweite vermindert werden kann.[625] Sofern es dagegen um ein unvermeidbares oder in seiner Realisierung nicht

---

[621] Menter, Die therapeutische Aufklärung, S. 111
[622] RGSt 66, 181 (182); BGH NJW 1989, 2318 (2319)
[623] BGHZ 102, 17 (23); Menter, Die therapeutische Aufklärung, S. 80 f.
[624] BGH NJW 1982, 2121 (2122); BGH NJW 1988, 763 (765); BGH NJW 1994, 799 (801)
[625] BGH NJW 1970, 511 (512)

beeinflußbares Risiko geht, ist der Arzt im Rahmen der Selbstbestimmungsaufklärung in der Ausprägung der Risikoaufklärung verpflichtet, dem Patienten diese Gefahren nahezubringen, um ihm die Entscheidung zu ermöglichen, ob er sich diesen Risiken aussetzen möchte.[626]

Entscheidet sich der aufgeklärte Patient gegen eine medizinisch eindeutig indizierte Behandlungsmaßnahme, hat der Arzt im Falle drohender Gesundheitsschäden zu versuchen, ihm mit Hilfe zusätzlicher Informationen die Notwendigkeit der Therapie darzulegen.[627] Es handelt sich dabei um eine therapeutische Aufklärung, die mit dem Begriff "informed refusal" bezeichnet wird.[628] Dient die Aufklärung des Patienten vor seiner Entscheidung somit beiden Aufklärungszielen, so zeigt sich im Falle der Behandlungsablehnung, daß die Sicherungsaufklärung zeitlich und inhaltlich weiterreicht.

Stellt sich im Laufe der Behandlung heraus, daß zur Sicherung des Heilerfolges der Übergang zu einer anderen Behandlungsmethode notwendig ist, so resultiert auch insofern die Aufklärungsverpflichtung aus beiden Aspekten: Sie soll dem Patienten zum einen die Erforderlichkeit der anderweitigen Behandlung vor Augen führen (Sicherungsaufklärung),[629] ihn zum anderen jedoch zugleich in die Lage versetzen, eine Entscheidung über die Durchführung der neuen Therapie zu treffen (Selbstbestimmungsaufklärung). Nichts anderes gilt, falls nach dem Abschluß der Therapie Nachbehandlungen indiziert sind.[630]

Demgegenüber ist die Unterweisung des Patienten im Hinblick auf angeratene Verhaltensweisen, die verhindern sollen, daß der Erfolg der Therapie im nachhinein in Frage gestellt wird, oder daß sich Nebenwirkungen realisieren, deren Eintritt der Patient verhindern könnte, allein dem Bereich der Sicherungsaufklärung zuzuordnen.[631]

d. Widerruflichkeit der Einwilligung

Die von dem Patienten erteilte Einwilligung in einen Heileingriff vermag diesen nur dann zu rechtfertigen, wenn sie noch im Zeitpunkt seiner Vornahme Bestand hat.

---

626 BGH VersR 1972, 153 (155)
627 BGH VersR 1954, 98 (99); LG Memmingen VersR 1981, 585; OLG Celle VersR 1985, 346
628 Deutsch, NJW 1982, 2585 (2586); OLG Celle VersR 1985, 346
629 BGH NJW 1991, 748 (749)
630 BGH VersR 1981, 954 (955); BGH VersR 1988, 82 (83); OLG Düsseldorf VersR 1992, 751 (752)
631 BGH VersR 1986, 1121 (1122); LG Konstanz NJW 1972, 2223 (2224)

Nahezu Einigkeit besteht darüber, daß zumindest bis zum Beginn der Behandlung ein Widerruf der Einwilligung jederzeit möglich und von seiten des Arztes auch unbedingt zu beachten ist.[632]

Unterschiedlich sind lediglich die Begründungsansätze für diese Auffassung: Diejenigen, die der Einwilligung den Charakter einer rechtsgeschäftlichen Willenserklärung absprechen, vermögen schon aus ihrer Rechtsnatur als bloßer Willensäußerung die jederzeitige freie Widerruflichkeit herzuleiten.[633] In der Widerruflichkeit nach Zugang beim Erklärungsempfänger liege geradezu das spezifische Unterscheidungskriterium zwischen der Willensäußerung und der rechtsgeschäftlichen Willenserklärung.[634]

Für die Gegenansicht ergibt sich das gleiche Ergebnis dagegen erst aus der Bedeutung der durch den ärztlichen Eingriff betroffenen Rechtsgüter der körperlichen Unversehrtheit und des Selbstbestimmungsrechtes des Patienten, da Willenserklärungen gemäß § 130 Abs. 1 Satz 2 BGB nach ihrem Zugang bei dem Erklärungsempfänger grundsätzlich unwiderruflich und daher als rechtlich bindend anzusehen sind.[635]

Zwar gibt es Formen der Einwilligung, die, wie z. B. die Einwilligung in einen Eingriff in das Eigentumsrecht, unwiderruflich erteilt werden können.[636] Im Gegensatz zu dem Rechtsgut Eigentum aber sind das Recht auf Leben, auf körperliche Unversehrtheit sowie auf die Selbstbestimmung der eigenen Person höchstpersönlicher Natur und daher für das einzelne Individuum von ungleich größerer Bedeutung. Dies zeigen nicht zuletzt die Grundsätze, die im Hinblick auf die Erteilung unwiderruflicher Vollmachten entwickelt worden sind. Hier gilt, daß auf einen Widerruf nur insoweit verzichtet werden kann, als das Selbstbestimmungsrecht des Vollmachtgebers nicht in Frage gestellt wird.[637] In entsprechender Weise kann auch der Patient

---

[632] Eser in: Schönke/Schröder, StGB, § 223 RNr. 46; Hirsch in: Leipziger Kommentar, StGB, § 226a RNr. 33; a.A. Narr, Ärztliches Berufsrecht, RNr. 875, der davon ausgeht, daß ein Willensumschwung des Patienten unbeachtlich sei, wenn der geplante Eingriff lebenserhaltender Natur sei. Diese Auffassung ist mit dem Selbstbestimmungsrecht des Patienten nicht in Einklang zu bringen. Geht man mit dem BGH davon aus, daß der Patient jeden Eingriff ablehnen kann, auch wenn diese Entscheidung tödliche Folgen haben wird (vgl. hierzu B. III.), so muß ihm im gleichen Umfange das Recht zugestanden werden, die einstmals erklärte Einwilligung vor dem Beginn des Eingriffs zu widerrufen.

[633] Niemann, Die privatautonome Gestaltung, S. 96

[634] Kohte, Die rechtfertigende Einwilligung, AcP 185 (1985), S. 105 (137)

[635] Forkel, Verfügungen über Teile des menschlichen Körpers, JZ 1974, 593 (595)

[636] v. Tuhr, BGB AT, Bd. II/2, S. 469

[637] Kohte, Die rechtfertigende Einwilligung, AcP 185 (1985), 105 (138); Leptien in: Soergel, BGB, § 168 RNr. 22, 26; Heinrichs in: Palandt, BGB, § 168 RNr. 6; Schramm in: Münchner-Kommentar, BGB, § 168 RNr. 38: in Fällen dieser Art gilt eine Klausel, die die Möglichkeit des Widerrufs der

nicht wirksam darauf verzichten, künftig auf Entscheidungen einzuwirken, die seine Heilbehandlung betreffen, da er andernfalls gegenüber dem Arzt in eine Objektrolle gedrängt würde, die den Kernbereich der grundrechtlichen Gewährleistungen des Art. 2 Abs. 2 bzw. des Art. 2 Abs. 1 in Verbindung mit Art. 1 Abs. 1 GG in unzulässiger Weise verletzen würde.[638]

Zu der Frage nach der Widerruflichkeit der Einwilligung nach Behandlungsbeginn werden demgegenüber unterschiedliche Auffassungen vertreten: Während die Rechtsprechung[639] und der überwiegende Teil der Literatur[640] auch insofern von dem Recht des Patienten ausgehen, in freier Selbstbestimmung über die Fortführung des Eingriffs zu disponieren, wird teilweise die Ansicht vertreten, der Arzt übernehme mit dem Beginn der Behandlung die Verantwortung für deren sachgemäße Durchführung und sei daher von diesem Zeitpunkt an berechtigt, unabhängig vom Willen des Patienten über ihre Weiterführung zu entscheiden.[641]

Gegen diesen Standpunkt spricht zum einen, daß die Rechtsgüter Leben und körperliche Unversehrtheit ihren höchstpersönlichen Charakter mit dem Beginn der ärztlichen Behandlung nicht verlieren, so daß letztlich die gleichen Erwägungen, aus denen sich für den Patienten vor dem Beginn des Eingriffs das Recht zum jederzeitigen Widerruf der Einwilligung herleitet, auch nach diesem Zeitpunkt in vollem Umfange zu berücksichtigen sind. Die Gegenauffassung bleibt zum anderen jede Erklärung dafür schuldig, aus welchem Grunde sie von der Pflicht des Arztes zur sachgerechten Durchführung des Eingriffs den Rückschluß auf sein Entscheidungsrecht bezüglich dessen Vornahme zieht. Da beide Bereiche vor dem Beginn der Behandlung unbestritten stets getrennt voneinander zu beurteilen sind, kann nach diesem Zeitpunkt keine abweichende Bewertung gerechtfertigt sein.

Vollmacht ausschließen soll, wegen des Vorwurfs der Sittenwidrigkeit als rechtsunwirksam. Die Vollmacht als solche bleibt hingegen - als jederzeit frei widerrufliche - rechtlich wirksam.

638 Forkel, Verfügungen über Teile des menschlichen Körpers, JZ 1974, 593 (595); Canaris, Grundrechte und Privatrecht, AcP 184, 201(233 f.); Schöllhammer, Rechtsverbindlichkeit des Patiententestamentes, S. 58

639 RGSt 25, 375 (382); BGH VersR 1954, 98 (99)

640 Brenner, Arzt und Recht, S. 40; Lenckner in: Schönke/Schröder, StGB, Vorbem. §§ 32 ff. RNr. 44; Jescheck, Strafrecht AT, S. 383; Baumann/Weber, Strafrecht AT, RNr. 106; Hirsch in: Leipziger-Kommentar, StGB, RNr. 113 vor § 32 und § 226 a RNr. 33; Amelung, Über die Einwilligungsfähigkeit, ZStW 104 (1992), 525 (527 f.)

641 Tempel, Inhalt, Grenzen und Durchführung der ärztlichen Aufklärungspflicht, NJW 1980, 609 (614); Narr, Ärztliches Berufsrecht, RNr. 875

Davon unberührt bleibt freilich die Verpflichtung des Arztes zur therapeutischen Aufklärung, die es gegebenenfalls erforderlich macht, dem Patienten die Gefahren der Behandlungseinstellung deutlich vor Augen zu führen.[642]

Da der Widerruf den actus contrarius zur Abgabe der Einwilligungserklärung darstellt, sind an die Fähigkeiten des Patienten zur Einsicht in die Bedeutung und Tragweite der Entscheidung in beiden Fällen die gleichen Anforderungen zu stellen.[643]

e. Freiheit von Willensmängeln

Hat der Arzt den Patienten in hinreichendem Maße über alle maßgeblichen Gesichtspunkte aufgeklärt, und verfügt dieser über die erforderlichen intellektuellen Fähigkeiten, um auf dieser Grundlage die Bedeutung und Tragweite des geplanten Eingriffs zu erfassen und eine eigenverantwortliche Entscheidung über dessen Vornahme zu treffen, so kann die Unwirksamkeit seiner Einwilligungserklärung dennoch daraus resultieren, daß er sich bei ihrer Abgabe im Irrtum über wesentliche Aspekte der Behandlung befand, genötigt wurde, in eine Behandlungsmaßnahme einzuwilligen oder sich zu einer solchen Erklärung durch arglistige Täuschung veranlaßt sah.

Ein Irrtum des Patienten wird teilweise dann als in diesem Sinne relevant angesehen, wenn er als rechtsgutbezogen zu bewerten sei.[644] Von der Rechtsgutbezogenheit wiederum sei auszugehen, wenn sich der Einwilligende zum Zeitpunkt seiner Erklärung falsche Vorstellungen von den Folgen, der Tragweite oder auch der Bedeutung seiner Entscheidung gemacht habe.[645] Dagegen sei der reine Motivirrtum, z.B. über etwaige Behandlungskosten,[646] unbeachtlich und daher von vornherein nicht geeignet, die Wirksamkeit der Einwilligung in Frage zu stellen.[647]

---

642 Wilts/Kleinewefers, Die zivilrechtliche Haftung des Arztes in: Mergen, Juristische Problematik in der Medizin, Bd. III, S. 25 (48)

643 Voll, Die Einwilligung im Arztrecht, S. 139; Eisenbart, Patiententestament, S. 73, Schöllhammer, Rechtsverbindlichkeit des Patiententestamentes, S. 61

644 Lenckner in: Schönke/Schröder, StGB, Vorbem. §§ 32 ff., RNr. 46; Bichlmeier, Die Wirksamkeit der Einwilligung in einen medizinisch nicht indizierten ärztlichen Eingriff, JZ 1980, 53 (55); Jescheck, Strafrecht AT, S. 383; Küper, "Autonomie", Irrtum und Zwang bei mittelbarer Täterschaft und Einwilligung, JZ 1986, 219 (226); Michel, Forum: Aids-Test ohne Einwilligung - Körperverletzung oder Strafbarkeitslücke ? JuS 1988, 8 (11); Müller-Dietz, Mutmaßliche Einwilligung und Operationserweiterung, JuS 1989, 280 (281); Rudolphi, Literaturbericht, ZStW 86, 68 (82)

645 Arzt, Willensmängel bei der Einwilligung, S. 22 f.; Steffen in: RGRK, BGB, § 823, RNr. 380; Schmidhäuser, Strafrecht AT, S. 275 (RNr. 8/137)

646 Eser in: Schönke/Schröder, StGB, § 223 RNr. 39

647 RGSt 41, 392 (396); OLG Stuttgart NJW 1962, 62 (63); Schmidhäuser, Strafrecht AT, S. 275 (8/RNr. 137); Jescheck, Strafrecht AT, S. 382 (§ 34 IV. 5.); Blei, Strafrecht AT, S. 136; nach Arzt,

Die strafrechtliche Judikatur trifft demgegenüber lediglich eine Unterscheidung zwischen einfachen und schweren Irrtümern, wobei allein letztere dazu führten, daß der Willensbildung, die die Grundlage der Behandlungsentscheidung bilde, die Freiverantwortlichkeit abzusprechen sei.[648] Dieser terminologische Unterschied führt jedoch im Ergebnis in aller Regel nicht zu einer abweichenden Bewertung, zumal auch die Strafgerichte bei der Konkretisierung des Begriffs des schweren Irrtums auf die Fehlvorstellungen des Patienten hinsichtlich des Umfanges bzw. der Tragweite des bevorstehenden Eingriffs abstellen.[649] Der Vorteil der Formel der Rechtsprechung liegt darin, daß sie sich in problematischen Einzelfällen als flexibler erweist, während andererseits gerade ihre Unbestimmtheit auch Anlaß zur Kritik gibt.[650]

Nicht einheitlich beurteilt werden die Konsequenzen eines rechtsgutbezogenen Willensmangels des Patienten: Die Auffassung, die die Einwilligung nicht als rechtsgeschäftliche Erklärung ansieht, befürwortet in diesen Fällen die Unwirksamkeit der Patientenerklärung.[651] Die Gegenansicht gelangt demgegenüber zu einer Anwendung der Anfechtungsvorschrift des § 119 BGB.[652] Da die Anfechtung grundsätzlich gemäß § 142 Abs. 1 BGB dazu führt, daß die angefochtene Erklärung mit ex-tunc-Wirkung erlischt, muß die sich daraus ergebende Frage der Haftung des Arztes, der die Behandlung im Vertrauen auf die Wirksamkeit der Einwilligung vorgenommen hat, über das Korrektiv des Verschuldens gelöst werden. Dabei ist gemäß § 142 Abs. 2 BGB darauf abzustellen, ob der Arzt die Anfechtbarkeit der Einwilligung hätte erkennen können.

Als für den Patienten nachteilig könnte es sich erweisen, daß er gemäß § 121 Abs. 1 Satz 1 BGB grundsätzlich unverzüglich die Anfechtung erklären müßte, nachdem er seinen Irrtum bemerkt hat. Um zu verhindern, daß das Erfordernis der Abgabe einer Anfechtungserklärung den Patienten gegenüber der nach der Gegenansicht befürworteten automatisch eintretenden Unwirksamkeit der Einwilligung unbillig benachteiligt, wird jedoch abweichend von § 121 Abs. 1 Satz 1 BGB in der rechtzeitigen

---

Heileingriffe aufgrund einer Blanko-Einwilligung in: Festschrift für Baumann, S. 201 (208) ist in gleicher Weise ein Irrtum über die Person des einen Eingriff vornehmenden Arztes irrelevant, soweit es um den Schutz des Rechtsgutes der körperlichen Unversehrtheit gehe.

[648] BGH NJW 1964, 1177 (1178); BGHSt 16, 309 (310 f.)

[649] RGSt 41, 392 (396); BGH NJW 1964, 1177 (1178)

[650] Eisenbart, Patiententestament, S. 73

[651] BGH NJW 1964, 1177 (1178); Lenckner in: Schönke/Schröder, StGB, Vorbem. §§ 32 ff., RNr. 46; Taupitz, Wem gebührt der Schatz im menschlichen Körper ? AcP 191 (1991), 201 (207 f.); Arzt, Willensmängel bei der Einwilligung, S. 22; Brandes, AIDS: Test und Einwilligung, VersR 1987, 747 (748); Steffen in: RGRK, BGB, § 823 RNr. 380; Hennies/Sandvoß, Rechtlich-ethische Probleme des Behandlungsabbruchs - insbesondere bei entscheidungsunfähigen Patienten, Arztrecht 1997, 39 (41)

[652] Kohte, Die rechtfertigende Einwilligung, AcP 185, 105 (140); Schöllhammer, Rechtsverbindlichkeit des Patiententestaments, S. 63

Einreichung der gegen den Arzt erhobenen Haftungsklage noch eine fristgerechte konkludente Anfechtungserklärung des Patienten gesehen.[653]

Ein relevanter Willensmangel ist ferner dann gegeben, wenn der Patient die Einwilligung nicht freiwillig, sondern unter Androhung von Gewalt oder einem empfindlichen Übel erteilt hat. Allerdings ist insofern eine Drohung zu fordern, die erhebliches Gewicht besitzt.[654] Eine solche liegt zumindest dann vor, wenn durch sie der Tatbestand des § 240 StGB erfüllt wird.[655] Bloße Unannehmlichkeiten, die sich noch im Bereich des sozial Adäquaten bewegen, lassen die Wirksamkeit der Einwilligungserklärung dagegen unberührt.[656] Allerdings dürfte anders als bei der Vorschrift des § 240 StGB, nach der darauf abzustellen ist, ob die Drohung geeignet ist, einen *besonnenen Menschen* zu dem erstrebten Verhalten zu bestimmen, der Maßstab für das Vorliegen des erheblichen Gewichtes der Drohung an dem *Patienten in seiner konkreten Situation* auszurichten sein. Denn da die Entscheidung über die Einwilligung eine höchstpersönliche ist, können auch die Umstände ihres Zustandekommens nur individuell beurteilt werden.[657] So kann auf einen alten, hilfsbedürftigen Menschen unter Umständen schon dadurch ein unzulässiger psychologischer Druck ausgeübt werden, daß ihm für den Fall, daß er sich mit bestimmten Behandungsmethoden nicht einverstanden erklärt, die Verlegung in eine andere Abteilung des Krankenhauses oder Pflegeheimes angedroht wird, durch die für sein seelisches Wohl wichtige Kontakte zu Mitbewohnern oder anderen Bezugspersonen verloren gehen würden.[658]

Schließlich ist die Einwilligung fehlerhaft, wenn sie auf einer Täuschung des Patienten beruht, die bei diesem einen rechtsgutbezogenen Willensmangel hervorruft und seine Entscheidung im Hinblick auf seine Gesundheit und seine körperliche Integrität als nicht mehr autonom erscheinen läßt.[659] Wird der Kranke über die Erfolgsmöglichkeiten einer Behandlung getäuscht, braucht er sich an seiner daraufhin erteilten Einwilligung daher nicht festhalten zu lassen.

---

653 Schöllhammer, Die Rechtsverbindlichkeit des Patiententestaments, S. 63; Eisenbart, Patiententestament, S. 106; abweichend hiervon vertritt Kroll, Datenschutz im Arbeitsverhältnis, S. 169 f. die Auffassung, daß die Rechtsfolge der Anfechtung einer Einwilligungserklärung, die auf einem Mangel in der Entschließungssphäre des Betroffenen beruhe, nicht rückwirkend eintreten könne.

654 Lenckner in: Schönke/Schröder, StGB, Vorbem. §§ 32 ff., RNr. 48

655 OLG Hamm NJW 1987, 1034 (1035); Lenckner in: Schönke/Schröder, StGB, Vorbem. §§ 32 ff., RNr. 48; Jescheck, Strafrecht AT, S. 383 (§ 34 IV. 5.)

656 Voll, Die Einwilligung im Arztrecht, S. 109

657 Kuhlmann, Einwilligung in die Heilbehandlung, S. 114

658 Kuhlmann, Einwilligung in die Heilbehandlung, S. 114

659 Lenckner in: Schönke/Schröder, StGB, Vorbem. §§ 32 ff., RNr. 47; Rudolphi, Literaturbericht, ZStW 86 (1974), S. 68 (83 f.); Arzt, Willensmängel bei der Einwilligung, S. 20

Werden dem Patienten dagegen heimlich mit der Nahrung Medikamente verabreicht, so liegt bereits keine Einwilligung vor, die die Behandlung rechtfertigen könnte.

Zulässig ist allein die Täuschung des Patienten, die mit der Verabreichung von Placebos, also von Medikamenten, die nur scheinbar eine Wirksubstanz enthalten, einhergeht. Denn das Scheinmedikament dient gerade der Verfolgung jenes Zieles, das der Patient bei der Erteilung der Einwilligung gewünscht hat, nur daß es nunmehr nicht auf physiologischem, sondern auf psychologischem Wege erreicht werden soll.[660]

Der Gegenansicht, die hier einen Anwendungsfall des rechtsgutbezogenen Irrtums, verursacht durch eine Täuschung, bejaht,[661] ist zumindest insoweit zu widersprechen, als von dem Placebo-Medikament keinerlei gesundheitsbeeinträchtigende Nebenwirkungen ausgehen. Denn der Patient mag sich zwar im Irrtum über den genauen Verlauf der Behandlung befinden. Da dieser sich jedoch auf die körperliche Integrität mangels Wirksubstanz des Placebos nicht negativ auswirken kann, kommt dieser Fehlvorstellung keine Relevanz zu.

f. Sachliche Reichweite der Einwilligung

Ärztliche Heilbehandlungen sind nur insoweit gerechtfertigt, als sie von der Einwilligung des Patienten gedeckt sind. Inhaltlich muß sich die Einwilligungserklärung daher auf eine ganz konkrete Behandlung bzw. die dafür notwendigen einzelnen Eingriffe beziehen. Unwirksam sind dagegen global gehaltene oder gar totale Freizeichnungen, wie zum Beispiel die Einwilligung in "alle erforderlichen Maßnahmen".[662] Davon unberührt bleibt die Möglichkeit, mehrere Einwilligungen auf einmal abzugeben, etwa bei der Einwilligung in eine vielerlei Maßnahmen umfassende Operation.

Ist die Vornahme einer Therapie über längere Zeit erforderlich, gewinnt das Problem an Bedeutung, ob und inwieweit eine abgegebene Einwilligung auch alle einzelnen im Verlaufe der Behandlung erfolgenden Maßnahmen deckt. Von Relevanz ist dies vor allem in den Fällen, in denen der Patient im Laufe der Behandlung seine Einwil-

---

[660] Kuhlmann, Einwilligung in die Heilbehandlung, S. 115
[661] Lenckner in: Schönke/Schröder, StGB, Vorbem. §§ 32 ff., RNr. 47
[662] BGH NJW 1973, 556 (557 f.); Eser in: Schönke/Schröder, StGB, § 223 RNr. 43; Bockelmann, Strafrecht des Arztes, S. 55

ligungsfähigkeit verliert, so daß möglicherweise notwendig werdende weitere Einwilligungen durch Dritte erteilt werden müßten.

Es ist insofern zunächst jede Maßnahme als separat einwilligungsbedürftig anzusehen, die Gegenstand einer Einwilligung sein kann. Zusätzlich ist danach zu differenzieren, ob eine weiter oder neu zu treffende therapeutische Maßnahme materiell gesehen entweder andersartiges Handeln erfordert oder für den Patienten ein andersartiges, neues oder gar zusätzliches Risiko mit sich bringt.[663] Eine erneute Einwilligung ist daher auch bei einer fortdauernden Behandlungsmethode, wie etwa einer künstlichen Beatmung, erforderlich, wenn der Arzt eine neue Entscheidung über die Art der Weiterbehandlung zu treffen hat, die auf einer Risikoveränderung aus der Sphäre des Patienten beruht, etwa wenn dieser nunmehr zu eigenständiger Atmung fähig ist. Diese Entscheidung kann dabei inhaltlich durchaus die unveränderte Weiterbehandlung zum Gegenstand haben.[664]

Daher macht nicht nur die Verabreichung eines Medikamentes die Aufklärung und Einwilligung des Patienten erforderlich, sondern in gleicher Weise das Absetzen eines Präparates oder die Veränderung der verabreichten Dosis, sofern dieser Vorgang mit hinreichender Wahrscheinlichkeit mit andersartigen oder zusätzlichen Risiken verbunden ist.[665]

Soweit Arzt und Patient bereits konkret den Eintritt einer veränderten Sachlage voraussehen, bestehen grundsätzlich keine Bedenken gegen eine von seiten des Patienten nach entsprechender Aufklärung vorab erklärte Einwilligung in die dann notwendig werdende Heilbehandlungsmaßnahme.[666]

Als problematisch erweist sich die Reichweite der von dem Patienten erteilten rechtfertigenden Einwilligung im Bereich der Operationserweiterungen. Dabei wird herkömmlicherweise von der Rechtsprechung zwischen vorhersehbaren und unvorhersehbaren Erweiterungen des Eingriffs unterschieden:

Ist eine mögliche Ausweitung der Operation schon vor Beginn des Eingriffs vorhersehbar, hat der Arzt dies im Rahmen des Aufklärungsgespräches zu berücksichtigen.[667] Andernfalls wird die Erweiterung nicht durch die von dem Patienten erteilte

---

[663] Kuhlmann, Einwilligung in die Heilbehandlung, S. 13
[664] Kuhlmann, Einwilligung in die Heilbehandlung, S. 14
[665] Kuhlmann, Einwilligung in die Heilbehandlung, S. 14
[666] Röver, Einflußmöglichkeiten des Patienten im Vorfeld einer medizinischen Behandlung, S. 94
[667] OLG Stuttgart, VersR 1956, 427

Einwilligung gedeckt.[668] Auch für eine mutmaßliche Einwilligung ist kein Raum mehr, wenn der Arzt das Einverständnis des Patienten vor dem Eingriff hätte einholen können.[669]

Ist die Notwendigkeit der Operationserweiterung hingegen nicht vorauszusehen, findet eine Interessenabwägung statt.[670] Bei vitaler Indikation ist der Arzt zur Fortsetzung der Behandlung berechtigt und verpflichtet, soweit keine Anhaltspunkte für einen entgegenstehenden Willen des Patienten vorliegen.[671] In jedem Falle muß es sich dabei um einen notwendigen Eingriff handeln, wobei jedoch nicht erforderlich ist, daß der Patient in unmittelbarer Lebensgefahr schwebt. Die Erweiterung muß lediglich unverzüglich erforderlich sein, um eine in absehbarer Zeit nötige, nur mit Lebensgefahr durchführbare zweite Operation abzuwenden.[672] Der Eingriff ist somit fortzuführen, wenn ein Abbruch zum Zwecke der Einholung der Einwilligung völlig widersinnig wäre.[673]

Liegt dagegen für den Eingriff nur eine relative Indikation vor, ist er aber andererseits mit einem erhöhten Risiko behaftet, muß der Arzt ihn abbrechen und den Patienten aufklären.[674] Wenn in diesen Fällen nicht von einem erhöhten Risiko auszugehen und eine risikolose Unterbrechung des Eingriffs möglich ist, darf dieser nicht ohne vorherige Einwilligung des Patienten weitergeführt werden.[675]

---

668 BGH NJW 1993, 2372 (2373); OLG Frankfurt/M. NJW 1981, 1322 (1323); Lippert, Die Eigenblutspende, VersR 1992, 790 (791); demgegenüber sieht Uhlenbruck in dem Versäumnis, im Vorfeld der Operation über mögliche Operationserweiterungen zu informieren, einen Diagnosefehler und damit eine Vertragsverletzung, die eine Haftung wegen schuldhafter Falschbehandlung zur Folge hat (Uhlenbruck, Ärztliche Haftung bei Erweiterung oder Abänderung des Operationsplanes, VersR 1968, 1101, 1104).

669 BGH NJW 1958, 267 (268); LG Karlsruhe VersR 1980, 1054 (1055); Kern/Laufs, Die ärztliche Aufklärungspflicht, S. 132

670 BGH NJW 1977, 337 (338); Laufs in: Laufs/Uhlenbruck, Handbuch des Arztrechts, § 64 RNr. 13; Deutsch hingegen unterstellt die Aufklärungspflicht in Fällen der Operationserweiterung ganz allgemein dem Vorbehalt der Güterabwägung, Deutsch, Der Zeitpunkt der ärztlichen Aufklärung und die antizipierte Einwilligung des Patienten, NJW 1979, 1905 (1908)

671 OLG Celle VersR 1984, 444 (445 f.); OLG Frankfurt/M. NJW 1981, 1322 (1324); Giesen, Zwischen Patientenwohl und Patientenwille, JZ 1987, 282 (285); Kleinewefers/Sparwasser, Zur Aufklärungspflicht des Arztes, VersR 1990, 1205 (1207); Laufs, Arztrecht, RNr. 227

672 BGH NJW 1977, 337 (338); OLG München VersR 1980, 172 (173 f.); Kern/Laufs, Die ärztliche Aufklärungspflicht, S. 134

673 Giesen, Arzthaftungsrecht im Umbruch, JZ 1982, 391 (393); Giesen, Zwischen Patientenwohl und Patientenwille, JZ 1987, 282 (285)

674 BGH NJW 1977, 337 (338); OLG Frankfurt/M., NJW 1981, 1322 (1324); LG Mannheim, VersR 1981, 761 (762); Uhlenbruck, Ärztliche Haftung bei Erweiterung oder Abänderung des Operationsplanes, VersR 1968, 1101 (1109)

675 OLG Frankfurt/M. NJW 1981, 1322 (1324); Uhlenbruck, Ärztliche Haftung bei Erweiterung oder Abänderung des Operationsplanes, VersR 1968, 1101 (1109); Kern/Laufs, Die ärztliche Aufklärungspflicht, S. 130, 133

Ist die Erweiterung einerseits nicht vital indiziert, aber mit einem erhöhten Risiko verbunden, andererseits der Abbruch jedoch kontraindiziert, weil er den Patienten in ähnlichem oder noch stärkerem Maße gefährden würde, so ist der Arzt berechtigt, den Eingriff fortzuführen, wenn die Einwilligung des Patienten zu vermuten ist.[676] Gleiches gilt, wenn der Abbruch zu zusätzlichen Komplikationen führen würde, die bei sofortiger Operation vermeidbar wären.[677]

Grundsätzlich ist daher festzuhalten, daß die Operation dann abzubrechen ist, wenn die dem Patienten damit erhaltene Entscheidungsmöglichkeit in der konkreten Situation höher einzuschätzen ist als die Mehrbelastung durch einen wiederholten Eingriff.[678]

So berechtigt die von der Rechtsprechung entwickelten Differenzierungen im Bereich der unvorhersehbaren Operationserweiterungen auch sein mögen, so wenig vermag demgegenüber die generelle Unterscheidung zwischen vorhersehbaren und unvorhersehbaren Eingriffserweiterungen zu überzeugen. In diesem Zusammenhang erweist es sich insbesondere als unbefriedigend, daß der Arzt nach dem Stand der heutigen Rechtsprechung bei einer schuldhaft im Vorfeld des Eingriffs nicht berücksichtigten möglichen Operationserweiterung in jedem Falle für alle ihre Folgen straf- und zivilrechtlich haftet. Ihm ist deshalb anzuraten, zur Vermeidung dieser Haftung sofort nach dem Erkennen des eigenen Pflichtenverstoßes den Eingriff abzubrechen. Ein solches Abstandnehmen von einer indizierten Operationsänderung wird jedoch zumindest in den Fallkonstellationen weder den gesundheitlichen Interessen des Patienten noch der ärztlichen Fürsorgepflicht des Arztes gerecht, in denen von der Rechtsprechung bei unvorhersehbar notwendigen Änderungen des Eingriffsplanes ein Abbruch der Operation als kontraindiziert bewertet würde.

Auch hier ist es sachgerecht, allein die Abwägung zwischen den gesundheitlichen Interessen des Patienten und der Wahrung seines Selbstbestimmungsrechtes darüber entscheiden zu lassen, ob der bereits begonnene Eingriff weitergeführt und gegebenenfalls erweitert wird. Andernfalls müßte zum einen der Kranke für das Aufklärungsversäumnis des Arztes dadurch büßen, daß er die Belastungen eines weiteren operativen Eingriffs und die möglicherweise hierdurch sowie durch die Verzögerung der adäquaten Behandlung eintretenden Nachteile auf sich nehmen müßte. Zum anderen aber würde auch der Arzt aufgrund seines vorangegangenen Fehlverhal-

---

[676] LG Mannheim VersR 1981, 761 (762)
[677] Uhlenbruck, Ärztliche Haftung bei Erweiterung oder Abänderung des Operationsplanes, VersR 1968, 1101 (1109)
[678] Laufs, Arztrecht, RNr. 227

tens davon abgehalten, seine Entscheidung in der konkreten Operationssituation allein danach auszurichten, was im Interesse sowohl der körperlichen Integrität als auch des Selbstbestimmungsrechtes des Patienten notwendig und geboten ist.

Diese unerwünschten Konsequenzen lassen sich meines Erachtens nur dadurch vermeiden, daß der Arzt sich selbst dann auf die mutmaßliche Einwilligung des Patienten berufen kann und von dem Vorwurf der Körperverletzung im Falle der Operationserweiterung befreit wird, wenn er den Patienten vor dem Eingriff nicht über die vorhersehbare Notwendigkeit einer möglichen Operationserweiterung aufgeklärt hat, sofern diese entsprechend der von der Rechtsprechung zu den Fällen der nicht vorhersehbaren Eingriffserweiterungen entwickelten Kasuistik indiziert ist.

Zu dem gleichen Ergebnis gelangt auch Uhlenbruck.[679] Jedoch erweist sich seine Begründung als unbefriedigend, wenn er behauptet, der Arzt sei schon nach dem Inhalt des Behandlungsvertrages, der ihn dazu anhalte, alles zu tun, um die Gesundheit des Patienten wiederherzustellen und dabei auch stets die optimale Therapie anzuwenden, verpflichtet, auch bei unvorhergesehenen Operationsänderungen eine Behandlungsentscheidung zu treffen, die sowohl die gesundheitlichen als auch die persönlichkeitsrechtlichen Interessen des Patienten berücksichtige. Denn mit dem Abschluß des Behandlungsvertrages willigt der Patient gerade nicht in die Vornahme aller dem Arzt künftig notwendig erscheinenden Behandlungsmaßnahmen - und zwar auch solcher, an die im Augenblick des Vertragsschlusses weder er selbst noch der Arzt denken - ein. Wäre dies anders, so müßten auch die im einzelnen dargelegten Aufklärungsverpflichtungen des Arztes entfallen. Denn die mit dem Behandlungseingriff verbundene tatbestandliche Körper- bzw. Gesundheitsverletzung wäre selbst dann allein aufgrund des zwischen dem Arzt und dem Patienten bestehenden Vertragsverhältnisses als gerechtfertigt anzusehen, wenn der Arzt auf jede Aufklärung verzichtete, sofern nur die Behandlung selbst nach den Regeln der ärztlichen Kunst erfolgte.

Wie jedoch bereits eingehend dargestellt wurde, kann der Patient eine wirksame Einwilligung jeweils nur im Hinblick auf konkrete Behandlungsmaßnahmen erteilen, deren Bedeutung und Tragweite er in seiner spezifischen gesundheitlichen Situation aufgrund der ärztlichen Aufklärung in hinreichendem Maße beurteilen kann. Werden im Verlaufe einer Therapie jedoch Eingriffe erforderlich, die entweder ein andersartiges, nicht vorhergesehenes ärztliches Handeln bedingen oder aber für den Patien-

---

[679] Uhlenbruck, Ärztliche Haftung bei Erweiterung oder Abänderung des Operationsplanes, VersR 1968, 1101 (1106)

ten mit neuen, nicht vorhergesehenen Risiken verbunden sind, so ist das Handeln des Arztes insofern nur dann gerechtfertigt, wenn er den Patienten über die veränderte Situation gesondert aufgeklärt und für den weiteren Verlauf der Behandlung dessen Einwilligung eingeholt hat.

Ungeachtet der Berechtigung des Arztes, unter bestimmten Voraussetzungen auch dann eine Änderung des ursprünglichen Operationsplanes vorzunehmen, wenn er es vor dem Eingriff schuldhaft unterlassen hat, den Patienten hierüber aufzuklären, kann freilich dieses Aufklärungsverschulden als Behandlungs(=Diagnose)-fehler sanktioniert werden. Hierbei kommt jedoch allenfalls ein Schmerzensgeldanspruch aus dem Gesichtspunkt der Verletzung des allgemeinen Persönlichkeitsrechtes des Patienten in Betracht, dem durch den Diagnosefehler des Arztes die Möglichkeit genommen wurde, eigenständig vor dem Beginn des Eingriffs über die Vornahme der eventuell erforderlich werdenden Operationserweiterung zu entscheiden. Die Zuerkennung eines Schmerzensgeldes dürfte allerdings nur dann zu bejahen sein, wenn der Fehler des Arztes als gravierend zu bewerten ist, und sich zudem die Richtung des Eingriffs durch den geänderten Operationsplan so nachhaltig verändert hat, daß dieser mit der zwischen dem Arzt und dem Patienten besprochenen Behandlung in keinerlei innerem Zusammenhang mehr steht. Denn nur in diesem Falle erreicht der rechtswidrige Eingriff in die Rechtsposition des Patienten die von der Rechtsprechung geforderte Schwere, die Voraussetzung für die Begründung eines jeden Schmerzensgeldanspruches aus dem Gesichtspunkt der Verletzung des allgemeinen Persönlichkeitsrechtes ist.[680]

g. Weitere Rechtmäßigkeitsvoraussetzungen

Die Einwilligung in einen ärztlichen Heileingriff setzt weiterhin voraus, daß sie vor dem Eingriff erkennbar nach außen kundgetan worden ist. Eine bloß innere Zustimmung vermag der ärztlichen Behandlung keine rechtfertigende Wirkung zu verleihen.[681]

In subjektiver Hinsicht ist das Handeln des Arztes nur dann gerechtfertigt, wenn er zumindest in Kenntnis der Einwilligung handelt (subjektives Rechtfertigungsele-

680 siehe hierzu bereits unter B. IV. 2. a. bb.
681 Jescheck, Strafrecht AT, S. 382 (§ 34 IV. 2.)

ment).[682] Teilweise wird darüber hinaus gefordert, die Heilbehandlung müsse auch aufgrund, also motiviert durch die Einwilligung, vorgenommen werden.[683]

Schließlich setzt die Wirksamkeit der Einwilligung voraus, daß sie nicht als sittenwidrig zu bewerten ist.[684]

VI. Rechtfertigung des ärztlichen Heileingriffs beim einwilligungsunfähigen Patienten

1. Der Regelfall: Einwilligung des gesetzlichen Vertreters bzw. des Bevollmächtigten

a. Der Eingriff bei einwilligungsunfähigen Minderjährigen

Die Zuständigkeit für die Entscheidung über die Einwilligung in einen ärztlichen Heileingriff bei einwilligungsunfähigen Minderjährigen liegt bei den Inhabern der elterlichen Sorge, also grundsätzlich gem. § 1626 Abs. 1 BGB bei Vater und Mutter, beim nichtehelichen Kind gem. § 1626 a Abs. 2 BGB allein bei der Mutter, sofern nicht beide Elternteile erklären, die Sorge gemeinsam übernehmen zu wollen (§ 1626 a Abs. 1 Nr. 1 BGB) oder nach der Geburt des Kindes einander heiraten (§ 1626 a Abs. 1 Nr. 2 BGB), sowie in Fällen, in denen der Minderjährige nicht unter elterlicher Sorge steht, in denen die Eltern in den die Person betreffenden Angelegenheiten nicht zur Vertretung des Minderjährigen berechtigt sind oder in denen der Familienstand des Minderjährigen nicht zu ermitteln ist, beim Vormund (§ 1773 BGB). Gegenüber diesem Personenkreis hat daher in der Regel die Aufklärung vor dem Eingriff zu erfolgen.[685]

Richtschnur und Maßstab der von den Sorgeberechtigten zu treffenden Entscheidung muß das Wohl des Kindes sein (§ 1627 S. 1 BGB). Sie sind nicht befugt, objektiv unvernünftige Entscheidungen zum Nachteil des Minderjährigen zu treffen.[686] Ihre Entscheidungsfreiheit ist somit erheblich enger als die eines einwilligungsfähi-

682 Lenckner in: Schönke/Schröder, StGB, Vorbem. §§ 32 ff., RNr. 51; Blei, Strafrecht AT, S. 136; Stratenwerth, Strafrecht AT, S. 127 (RNr. 385)
683 Jescheck, Strafrecht AT, S 383 (§ 34 V.); Wessels, Strafrecht AT, RNr. 379; Hirsch in: Leipziger-Kommentar, StGB, RNr. 57 vor § 32
684 vgl. zur Sittenwidrigkeit der Einwilligung und des auf ihr beruhenden ärztlichen Eingriffs auch B. III.
685 vgl. hierzu auch B. V. 3. c. bb. (2) (d) (bb)
686 Kern/Laufs, Die ärztliche Aufklärungspflicht, S. 30

gen Kranken über seine eigene Person. Die medizinische Indikation haben sie dem Kindeswohl gleichzusetzen.[687]

Allerdings gewährt die gesetzliche Regelung des § 1666 BGB den Sorgeberechtigten einen recht breiten Ermessensspielraum. Nur dann, wenn ihre Entscheidung eine geradezu mißbräuchliche Ausübung der elterlichen Sorge darstellt, die die begründete gegenwärtige Besorgnis der Gefährdung des körperlichen, geistigen oder seelischen Wohls des Minderjährigen mit sich bringt,[688] hat das Vormundschaftsgericht in Ausübung des staatlichen Wächteramtes nach Art. 6 Abs. 2 S. 2 GG[689] hiergegen einzuschreiten. Dem Sorgerechtsmißbrauch stellt das Gesetz u.a. das unverschuldete Versagen der Sorgeberechtigten als Auffangtatbestand gleich. In jedem Falle aber muß das Fehlverhalten gegenüber dem Kind eine gewisse Evidenz aufweisen.[690] Dies ist beispielsweise dann zu bejahen, wenn die Eltern sich weigern, der Vornahme einer notwendigen Operation oder einer indizierten Bluttransfusion zuzustimmen.[691]

Bejaht das Vormundschaftsgericht die genannten Eingriffsvoraussetzungen, so wird es in Fällen zeitlicher Dringlichkeit gem. § 1666 Abs. 2 BGB anstelle der Sorgeberechtigten die Einwilligung zu dem in Frage stehenden Eingriff selbst erteilen, im übrigen aber gem. § 1909 Abs. 1 BGB das Entscheidungsrecht auf einen von ihm zu bestellenden Pfleger übertragen.[692]

b. Der Eingriff bei einwilligungsunfähigen Volljährigen

Ist über die Vornahme eines ärztlichen Heileingriffs bei einem einwilligungsunfähigen Volljährigen zu befinden, so obliegt diese Entscheidung grundsätzlich seit dem Inkrafttreten des Betreuungsgesetzes am 1. Januar 1992 dem Betreuer, dessen Bestellung an die Stelle der seitherigen Vormundschaft für Volljährige, der ihrerseits

---

[687] Kern, Der Minderjährige als Blutspender, FamRZ 1981, 738 (739); Dunz, Aktuelle Fragen zum Arzthaftungsrecht, S. 35; Laufs, Arztrecht, RNr. 222

[688] Lempp, Das Wohl des Kindes in §§ 1666 und 1671 BGB, NJW 1963, 1659; Schwoerer, Kindeswohl und Kindeswille, NJW 1964, 5

[689] BVerfGE 4, 52 (57); Becker, H. J., Das Elternrecht im Spiegel der verfassungs- und verwaltungsgerichtlichen Rechtsprechung, Ehe und Familie im privaten und öffentlichen Recht, 1961, 104 (105)

[690] Diederichsen in: Palandt, BGB, § 1666 RNr. 31

[691] BayObLG FamRZ 1976, 43 (44)

[692] KG FamRZ 1965, 158 (161)

die Entmündigung des Betroffenen vorausging, und der Gebrechlichkeitspflegschaft getreten ist.[693]

[693] Gleichzeitig hat das formelle Recht durch die Begründung der alleinigen Zuständigkeit des Vormundschaftsgerichtes für alle Betreuungs- und Unterbringungssachen sowie durch den Erlaß einheitlicher Verfahrensregelungen in den §§ 65 ff. FGG n.F. eine Konzentration erfahren, die gespaltene Zuständigkeit zwischen Prozeßgericht und Vormundschaftsgericht gemäß §§ 645 ff. ZPO a.F. wurde aufgehoben.
Die Entmündigung gem. § 6 BGB a.F. war ein rechtsgestaltender Staatsakt, durch den einem Menschen im Falle von Geisteskrankheit die Geschäftsfähigkeit entzogen, bei Geistesschwäche, Trunk- oder Rauschgiftsucht sowie Verschwendung diese beschränkt, ihr Eintreten verhindert oder ihr Nichtvorhandensein bestätigt wurde. Voraussetzung ihres Ausspruches war ein dauerhafter geistiger Mangel, der je nach Bedeutung, Grad und Umfang der daraus resultierenden Behinderung der natürlichen Handlungsfähigkeit bei dem Betroffenen als Geistesschwäche oder Geisteskrankheit bezeichnet wird, sowie die aus der geistigen Behinderung folgende Unfähigkeit des Betroffenen, seine Angelegenheiten zu besorgen.
Die Gebrechlichkeitspflegschaft gem. § 1910 a.F., die nur dann angeordnet werden konnte, wenn der Betreffende nicht schon unter Vormundschaft stand, setzte demgegenüber voraus, daß entweder ein geistiges (Geisteskrankheit, Geistesschwäche oder andere geistige oder psychische Erkrankungen oder Behinderungen) oder ein körperliches Gebrechen vorlag, das die physischen Kräfte des Hilfebedürftigen dauerhaft schwächte. Dieses Gebrechen mußte die Fürsorgebedürftigkeit zur Folge haben. Dies war der Fall, wenn a) das körperliche Gebrechen dazu führte, daß der grundsätzlich noch handlungs- und willensfähige Betroffene infolge physischer Defizite an der Besorgung aller seiner Angelegenheiten gehindert war (Totalpflegschaft gem. § 1910 Abs. 1 BGB a.F.), oder b) das körperliche Gebrechen dazu führte, daß der handlungs- und willensfähige Betroffene infolge seiner partiellen physischen Defizite seine Angelegenheiten teilweise nicht mehr selbst besorgen konnte (Spezialpflegschaft gem. § 1910 Abs. 2 1. Alt. a.F.) oder c) das geistige Gebrechen dazu führte, daß der Betroffene infolge seiner physischen Defizite einen Teil seiner Angelegenheiten nicht mehr zu besorgen vermochte (Spezialpflegschaft gem. § 1910 Abs. 2 2. Alt. BGB a.F.) oder d) das geistige Gebrechen dazu führte, daß der Betroffene zwar mehr als nur einen Teil seiner Angelegenheiten nicht mehr besorgen konnte, jedoch nur ein beschränktes Fürsorgebedürfnis bestand, das eine Spezialpflegschaft im Sinne von § 1910 Abs. 2 2. Alt. BGB a.F. rechtfertigte (sog. unechte Totalpflegschaft). Schließlich mußte der Betroffene schutz- und fürsorgebedürftig sein und gem. § 1910 Abs. 3 BGB a.F. wirksam in die Einrichtung der Pflegschaft einwilligen, es sei denn, daß eine Verständigung mit ihm nicht möglich war (Kollmer, Selbstbestimmung im Betreuungsrecht, S. 14 ff.). Während der gerichtliche Entmündigungsakt dem Betroffenen die Alleinentscheidungsbefugnis im Rechtsverkehr konstitutiv entzog, hatte die Pflegerbestellung keinerlei Auswirkungen auf die allgemeine Geschäftsfähigkeit des partiell Fürsorgebedürftigen (BGHZ 35, 1, 5).
Anlaß zur Kritik gaben insbesondere die in der Praxis häufig vorkommende "vorläufige Vormundschaft"gem. § 1906 BGB a.F., die aufgrund der langen Dauer des Entmündigungsverfahrens angeordnet werden konnte, um aktuell drohenden Gefährdungen des Betroffenen zu begegnen und die oft dauerhaft einer Entmündigung gleichkam, sowie die zur Zwangspflegschaft ohne gesetzliche Grundlage umgewandelte Gebrechlichkeitspflegschaft, die durch eine Gleichsetzung der Unfähigkeit zur Verständigung mit der Geschäftsunfähigkeit gehandhabt wurde (Coester, Von anonymer Verwaltung zu persönlicher Betreuung, Jura 1991, 1, 2). Hinzu kam, daß der Wirkungskreis des Pflegers üblicherweise sehr umfassend bezeichnet wurde, so daß die Folgen einer Gebrechlichkeitspflegschaft im Ergebnis oftmals denen einer Entmündigung entsprachen (Winkler-Wilfurth, Betreuung und Heilbehandlung, S. 4; Pardey, Wider die Formulare zur Bestimmung von Aufgabenkreisen, Rechtspfleger 1988, 451). Schließlich wurde das Entmündigungsverfahren als unnötig stigmatisierend und demütigend empfunden (Rink/Bauer, Richterliche Erfahrungen, FamRZ 1988, S. 1229 (1236)

aa. Voraussetzungen der Betreuerbestellung

Aus den Regelungen des Betreuungsrechtes lassen sich als Leitgedanken der Erforderlichkeitsgrundsatz und der Grundsatz der Subsidiarität herauslesen. Ihre Beachtung soll dazu beitragen, daß auf den jeweiligen Hilfe- und Betreuungsbedarf flexibel reagiert werden kann.[694] Die "helfende Betreuung" soll an die Stelle der früheren "entrechtenden Bevormundung" treten.[695] Die Betreuung soll noch vorhandene eigene Fähigkeiten der von ihr betroffenen Person nicht übergehen, diese soll keiner größeren Fremdeinwirkung ausgesetzt sein als unbedingt nötig.[696] Die Betreuung ist somit bewußt nicht als disqualifizierendes, den Betroffenen als defizitäre Persönlichkeit degradierendes, sondern als lediglich unterstützendes Rechtsverhältnis konzipiert. Um den Gebrechlichen nicht zu demotivieren oder sein Selbstwertgefühl zu beeinträchtigen, wird auch bei der Prüfung der Betreuungsbedürftigkeit auf die Feststellung verzichtet, ob er geschäftsunfähig ist oder nicht.[697]

Nicht die Ausgrenzung, sondern die Förderung des Schutzbefohlenen hat im Vordergrund der betreuerischen Bemühungen zu stehen. Dem Betreuer ist es aufgegeben, die Mittlerfunktion einerseits als Vertrauter des Hilfebedürftigen, andererseits als Bindeglied zum Sozialstaat zu übernehmen.[698]

---

694 Holzhauer in: Erman, BGB, § 1904 RNr. 2; Klüsener, Leitgedanken zur Reform des Vormundschafts- und Pflegschaftsrechts, Rechtspfleger 1989, 217 (219)

695 Laufs, Arztrecht, RNr. 225

696 Bienwald, Betreuungsrecht, § 1896 RNr. 62; Gesetzentwurf der Bundesregierung zum BetrG, BT-Drucks. 11/4528, 59; teilweise wurde daher auch im Vorfeld der Verabschiedung des Betreuungsgesetzes das Rechtsinstitut der Entmündigung, insbesondere aber die Entmündigung bei Geisteskrankheit (mit der Folge des § 104 Nr. 3 BGB a.F.), für unverhältnismäßig und damit verfassungswidrig angesehen (Schulte, Anmerkungen zur Reform des Entmündigungs-, Vormundschafts- und Pflegschaftsrechts, ZRP 1986, 249, 251 f.; Peters, Gedanken zu einer Reform des Entmündigungs-, Vormundschafts- und Pflegschaftsrechts für Volljährige, DAVorm 1990, 178).

697 Gesetzentwurf der Bundesregierung zum BetrG, BT-Drucks. 11/4528, S. 61 f.; diese Frage ist jedoch durch das Vormundschaftsgericht inzident zu überprüfen. Denn da das Gericht gem. § 1896 Abs. 2 Satz 2 BGB einen Betreuer nur dann zu bestellen berechtigt ist, wenn der Betroffene nicht mehr in der Lage ist, eine wirksame Vollmacht für die Besorgung der in Frage stehenden Angelegenheit zu erteilen, muß seine Geschäftsfähigkeit zwingend zum Gegenstand der Ermittlungen gemacht werden. Auch der nach § 68 b Abs. 1 FGG heranzuziehende Sachverständige wird sich mit dieser Problematik auseinanderzusetzen haben, wobei die ihm vorgelegte Frage jedoch nicht lautet, ob der Betroffene geschäftsfähig ist - dies ist eine Rechtsfrage, deren Beurteilung nicht in die Kompetenz des Sachverständigen fällt - sondern ob dieser in der Lage ist, seine Angelegenheiten ganz oder teilweise einem anderen zur Erledigung zu übertragen, das Ausmaß und die Folgen dieser Übertragung zu erkennen und schließlich die Rechte aus dieser Bevollmächtigung wahrzunehmen oder auf einen weiteren Bevollmächtigten zu übertragen (Schwab, Strukturfragen des geplanten Betreuungsrechts in: Festschrift für Mikat, S. 881, 891).

698 Coester in: Staudinger, BGB, § 1673 RNr. 8; da sich das zahlenmäßige Verhältnis zwischen denjenigen, für die gesorgt werden muß, und denen, die diese Sorge sicherzustellen haben, in unserer Gesellschaft zunehmend verschlechtert, ist die Stärkung der Selbständigkeit der Betreuten und die Nutzung der diesen verbliebenen tatsächlichen und rechtlichen Fähigkeiten darüber hinaus durchaus auch sozialpolitisch im Sinne einer Entlastung des Fürsorgewesens motiviert (Kollmer, Selbstbestimmung im Betreuungsrecht, S. 36).

(1) Der Erforderlichkeitsgrundsatz

Bereits im Gesetzgebungsverfahren zum Betreuungsgesetz wurde deutlich darauf hingewiesen, daß der Erforderlichkeitsgrundsatz mit Verfassungsrang ausgestattet sei, soweit die Betreuung sich als Eingriff in die Freiheitssphäre des Betroffenen darstelle, und daß dieser Grundsatz weder im Recht der Vormundschaft noch in der bis dahin zu beobachtenden Praxis in hinreichendem Maße beachtet worden sei.[699] Er hat nunmehr Eingang gefunden beispielsweise in die Vorschriften der §§ 1896 Abs. 1, 1903 Abs. 1, 1906 Abs. 1, 1908 b Abs. 4 BGB und 67 FGG.

Daneben begrenzt der Erforderlichkeitsgrundsatz den Hilfeanspruch des Bedürftigen. Nur im Rahmen des Erforderlichen kann er erwarten, daß der Staat Hilfe für ihn organisiert.[700]

Als Ausfluß des Erforderlichkeitsgrundsatzes erweist sich die Betreuerbestellung nur insoweit als zulässig, als für die Erledigung von Angelegenheiten des Betroffenen die Rechtsmacht eines gesetzlichen Vertreters erforderlich ist. Es muß sich folglich um Rechtsangelegenheiten handeln, und zwar hauptsächlich um die Abgabe und Entgegennahme von Willenserklärungen, die Erklärung von Einwilligungen in Handlungen und von Einwilligungen und Genehmigungen nach § 1903 BGB.[701] Wer dagegen nur der Hilfe in tatsächlichen Angelegenheiten des täglichen Lebens bedarf (z.B. Waschen, Kochen), benötigt keinen zivilrechtlichen Betreuer.[702]

Die Entscheidung, ob und wenn ja mit welchem Aufgabenkreis ein Betreuer bestellt wird, hängt von dem konkreten Betreuungsbedarf des Betroffenen in seiner gegenwärtigen Lebenssituation ab. Seine Erkrankung bzw. Behinderung muß einen solchen Grad erreichen, daß seine Fähigkeit zur Wahrnehmung seines Selbstbestimmungsrechtes ausgeschlossen oder doch so erheblich beeinträchtigt ist, daß er für den einzurichtenden Aufgabenkreis der Betreuung zu eigenverantwortlichen Entscheidungen nicht in der Lage ist.[703] Es ist daher darauf zu achten, daß dem Betreuer nicht formularmäßig und ohne nähere Prüfung pauschal Angelegenheiten zur Besorgung zugewiesen werden.[704] Aus diesem Grunde hat sich das vor einer Betreuerbestellung einzuholende Gutachten auf die Beschreibung des Aufgabenkreises zu

---

[699] Gesetzentwurf der Bundesregierung zum BetrG, BT-Drucks. 11/4528, 120
[700] Bienwald, Betreuungsrecht, § 1896 RNr. 86
[701] Bienwald, Betreuungsrecht, § 1896 RNr. 78
[702] Gesetzentwurf der Bundesregierung zum BetrG, BT-Drucks. 11/4528, 122
[703] OLG Hamm FamRZ 1995, 433 (435)
[704] Bienwald, Betreuungsrecht, § 1896 RNr. 190

erstrecken, wenn nach Auffassung des Sachverständigen eine Betreuerbestellung in Betracht zu ziehen ist (§ 68 b Abs. 1 Satz 5 FGG).

Die Betreuung darf nicht länger als erforderlich aufrechterhalten werden. Daher ist bereits bei der Bestellung des Betreuers der Zeitpunkt zu bestimmen, zu dem spätestens über die Aufhebung oder Verlängerung der Maßnahme zu entscheiden ist (§ 69 Abs. 1 Nr. 5 FGG).

(2) Der Grundsatz der Subsidiarität

Der Grundsatz der Subsidiarität hat in § 1896 Abs. 2 Satz 2 BGB seinen Niederschlag gefunden: Stehen Hilfen zur Verfügung, durch die die Angelegenheiten des Betroffenen ebenso gut wie durch einen gerichtlich bestellten Betreuer besorgt werden können, tritt die Betreuerbestellung als subsidiär zurück. Dies gilt insbesondere, wenn eine Bevollmächtigung durch den betroffenen Volljährigen bereits vorgenommen worden ist oder noch wirksam vorgenommen werden kann.[705] Es kann in diesem Falle lediglich gem. § 1896 Abs. 3 BGB ein Betreuer zur Kontrolle des Bevollmächtigten eingesetzt werden. Motiv des Gesetzgebers für den Vorrang der Eigenvorsorge ist nicht nur die Stärkung der Privatautonomie des Betroffenen und die Beachtung der von ihm geäußerten Wünsche, sondern auch die Hoffnung, der verstärkte Gebrauch von Altersvorsorgevollmachten werde zu einer Vermeidung nicht erforderlicher Betreuungen beitragen und dadurch dem Mangel an Betreuern begegnen.[706]

Als vorrangig gegenüber der Betreuerbestellung kommen darüber hinaus die Tätigkeit eines Beistandes nach § 13 SGB X, die Bestellung eines besonderen Vertreters nach § 57 ZPO im Zivilprozeß, nach § 62 Abs. 4 VwGO im Verwaltungsstreitverfahren, nach § 71 f SGG im Verfahren vor den Sozialgerichten sowie nach § 58 FGO vor den Finanzgerichten in Betracht.

Einen Betreuer darf das Vormundschaftsgericht nur dann bestellen, wenn die gesetzlichen hierfür in § 1896 BGB festgeschriebenen Voraussetzungen zweifelsfrei erfüllt sind. Lassen sich dagegen Unklarheiten nicht beseitigen, hat die Bestellung zu unterbleiben, da bereits der Wortlaut des § 1896 BGB verdeutlicht, daß sowohl der Eingriff in die Rechte des Betroffenen als auch das Bereitstellen staatlich be-

---

[705] Seitz, Erforderlichkeitsgrundsatz und Zivilprozeß, BtPrax 1996, 93

[706] Gesetzentwurf der Bundesregierung zum BetrG, BT-Drucks. 11/4528, 122

stellter und kontrollierter Hilfe nur insoweit zulässig sein soll, als die Voraussetzungen hierfür feststehen.[707]

bb. Zwangsweise Bestellung eines Betreuers bei psychischen Krankheiten oder geistiger bzw. seelischer Behinderung

Während aufgrund ihrer körperlichen Gebrechen Betreuungsbedürftigen nur mit ihrem Einverständnis ein Betreuer zur Seite gestellt werden kann, es sei denn, daß sie ihren Willen nicht kundtun können (§ 1896 Abs. 1 Satz 3 BGB), ist es zulässig, Personen, die aufgrund einer psychischen Krankheit oder einer geistigen oder seelischen Behinderung der Hilfe bedürfen, die Betreuung auch aufzudrängen (§ 1896 Abs. 1 Satz 1 BGB).

Umstritten ist dabei im letzteren Falle, ob die Bestellung eines Betreuers gegen den Willen des Betroffenen zwingend dessen Geschäftsunfähigkeit voraussetzt. Während dies teilweise in der Literatur mit dem Hinweis darauf verneint wird, es komme bei der Entscheidung des Vormundschaftsgerichtes allein auf das Vorliegen der im Gesetz genannten objektiven Voraussetzungen der Betreuung an, zu denen aber der Wille des Hilfsbedürftigen gerade nicht zähle,[708] gehen andere Stimmen des Schrifttums[709] und ihnen folgend die Rechtsprechung davon aus, daß die Bestellung

---

[707] Bienwald, Betreuungsrecht, § 1896 RNr. 9

[708] H. Rausch/J. Rausch, Betreuung Geschäftsfähiger gegen ihren Willen, NJW 1992, 274 (275): Die Regelung des § 1896 Abs. 1 S. 3 BGB n.F. zeige, daß bei nicht nur körperlich Behinderten die Bestellung eines Betreuers ohne Zustimmung des Betroffenen möglich sei. Dies sei in jenen Fällen geboten, in denen sich zeige, daß die Person aufgrund krankheitsbedingter Verkennung des realen Situation nicht mehr in der Lage sei, ihre Angelegenheiten zu besorgen; Schwab in: Münchner-Kommentar, BGB, § 1896 RNr. 21: Bei Behinderungen oder Krankheiten, die nach altem Recht eine Entmündigung wegen Geistesschwäche oder Suchtkrankheit gerechtfertigt hätten (§ 114 BGB), müsse es auch nach dem Wegfall der Entmündigung möglich sein, den Betroffenen zu ihrem Schutz auch ohne ihre Einwilligung einen Betreuer an die Seite zu stellen; Schwab, Das neue Betreuungsrecht, FamRZ 1990, 681 (682); Klüsener, Der Rechtspfleger im Betreuungsrecht, Rechtspfleger 1991, 225 (226): Allerdings werde der Gesichtspunkt der Erforderlichkeit regelmäßig als Korrektiv fungieren; Jürgens, Betreuung wider Willen, BtPrax 1992, 47 (49): Den Maßstab für die Entscheidung des Vormundschaftsgerichtes, auch gegen den Willen des Betroffenen einen Betreuer zu bestellen, könne nicht die Frage der Geschäftsfähigkeit liefern, sondern allein § 1901 Abs. 2 BGB. Nur wenn es dem Wohl des Betroffenen entspreche, sei eine Betreuerbestellung trotz entgegenstehenden Willens erforderlich. Dabei könne die Abwägung, wann die Wahrnehmung einer bestimmten Aufgabe auch gegen den Willen dem Wohl der Person entspreche, nur unter Berücksichtigung der jeweiligen Rechtsgüter des Betroffenen und der Vor- und Nachteile einer jeden Entscheidung getroffen werden.

[709] Bürgle, Auf dem Weg zu einem neuen Betreuungsrecht, NJW 1988, 1881 (1883): Die inzidente Prüfung der Geschäftsfähigkeit bleibe weiterhin die wichtigste Schutzmaßnahme zugunsten des Betroffenen gegen ungerechtfertigte Eingriffe; Dieckmann, Empfiehlt es sich, das Entmündigungsrecht, das Recht der Vormundschaft und der Pflegschaft über Erwachsene sowie das Unterbringungsrecht neu zu ordnen ? JZ 1988, 789 (797 f.); Bienwald in: Staudinger, BGB, § 1896 RNr. 23

eines Betreuers in diesen Fällen voraussetze, daß der Betroffene seinen Willen nicht frei bestimmen könne.[710] Nur wenn die Einsichts- und Steuerungsfähigkeit bezüglich einer bestimmten Maßnahme fehle und dieser Mangel auf der Erkrankung beruhe, könne ein Betreuer für den Hilfsbedürftigen entscheiden.[711] Der Betroffene müsse zumindest im Hinblick auf die zur Entscheidung anstehende Frage (partiell) geschäftsunfähig sein.[712] Dies ergebe sich zwar nicht unmittelbar aus dem Gesetz, aber aus dessen verfassungskonformer Auslegung unter Berücksichtigung des von Art. 2 GG geschützten Selbstbestimmungsrechtes.[713]

Dieser Ansicht ist zu folgen, da sich aus der Gegenauffassung, die die Bestellung eines Betreuers davon abhängig macht, ob sie dem Wohl des Betroffenen entspricht, eine gefährliche und vom Gesetzgeber gewiß nicht gewollte Tendenz der Fremdbestimmung Volljähriger ergibt. Würde man diesen Standpunkt konsequent verfolgen, so könnte das Vormundschaftsgericht für jeden voll Geschäftsfähigen, der im Begriff ist, eine objektiv unvernünftige Entscheidung in eigenen Angelegenheiten zu treffen, einen Betreuer bestellen und sich auf diese Weise die Vernunfthoheit über die betreffende Person anmaßen. In gleicher Weise aber, wie eine solche Nichtbeachtung des Selbstbestimmungsrechtes des Patienten durch den Arzt in verfassungswidriger Weise in den Kernbereich dieser grundrechtlichen Gewährleistung eingreifen würde,[714] kann auch ein entsprechendes Handeln des Vormundschaftsgerichtes gegenüber einem seiner Ansicht nach betreuungsbedüftigen, aber dennoch voll geschäftsfähigen und sich einer Betreuerbestellung widersetzenden Volljährigen nicht gerechtfertigt werden.

Schließlich vermag auch die Überlegung, man müsse Personen, die nach § 114 BGB a.F. hätten entmündigt werden können, zu ihrem Schutz einen Betreuer bestellen können, nicht zu überzeugen. Hierdurch würde die Entscheidung des Gesetzgebers, diesen Personenkreis vor einer Entmündigung zu bewahren und ihm die Geschäftsfähigkeit zu belassen, bewußt ignoriert werden. Nach Inkrafttreten des Betreuungsgesetzes fehlt hierfür jegliche gesetzliche Grundlage.

---

[710] BayObLG FamRZ 1994, 720 (721); OLG Frankfurt/Main BtPrax 1997, 123
[711] OLG Düsseldorf FamRZ 1995, 118 (119)
[712] BayObLG FamRZ 1995, 116
[713] BayObLG FamRZ 1994, 720 (721); OLG Hamm FamRZ 1995, 433 (435); OLG Frankfurt/Main BtPrax 1997, 123
[714] vgl. hierzu oben B. III.

cc. Die Zuständigkeit des Betreuers in Gesundheitsangelegenheiten

Wird einem Betreuer allgemein der Aufgabenbereich "Sorge für die Gesundheit" bzw. als dessen Teilausschnitt die "ärztliche Betreuung" übertragen, so ist gleichwohl im Einzelfall zu überprüfen, ob der Betreute fähig ist, selbständig über die Erteilung der Einwilligung zu einer konkret in Frage stehenden Maßnahme zu entscheiden.[715] Daneben ist aber bereits bei der Bestimmung des Aufgabenkreises des Betreuers darauf zu achten, daß die Entscheidungsbefugnisse des Schutzbefohlenen im Hinblick auf die ihn betreffenden Heilbehandlungsangelegenheiten nicht unnötig eingeschränkt werden. Der Tätigkeitsbereich des Betreuers erstreckt sich daher unter Umständen nur auf einen abgegrenzten Bereich von Maßnahmen, sofern sich eine weitergehende Fürsorge als nicht erforderlich erweist.

Schwierig gestaltet sich die Situation bei denjenigen Patienten, deren Verständnisfähigkeit - wie etwa bei einer fortschreitenden Demenz - ständig abnimmt. Um einen verhältnismäßigen Ausgleich zwischen dem Selbstbestimmungsrecht des Patienten und seiner Gesundheit herzustellen, kann der Aufgabenkreis des Betreuers nicht schon von vornherein sämtliche Gesundheitsangelegenheiten, andererseits aber auch nicht nur diejenigen Behandlungen umfassen, die in allernächster Zeit anstehen und nach dem dann zu erwartenden Zustand des Patienten von diesem nicht mehr allein entschieden werden können. In Fällen dieser Art wird eine Abgrenzung des Tätigkeitsbereiches des Betreuten nur unter Einbeziehung einer Zukunftsprognose in Betracht kommen, wobei ein Prognosezeitraum von etwa 6 Monaten in Anlehnung an die Regelung des § 69 f Abs. 2 FGG bezüglich der vorläufigen Anordnung der Betreuung oder eines Einwilligungsvorbehaltes für sachgerecht gehalten wird.[716]

(1) Genehmigungsbedürftigkeit risikoreicher Eingriffe gem. § 1904 Abs. 1 BGB

Für risikoreiche Behandlungen sieht § 1904 Abs. 1 BGB die Einholung einer vormundschaftsgerichtlichen Genehmigung zu der von dem Betreuer beabsichtigten Erteilung einer Einwilligung vor (nicht hingegen auch für den Abschluß des Behandlungsvertrages, den der Betreuer immer dann selbständig abschließen kann, wenn dies von dem ihm zugeteilten Aufgabenbereich umfaßt wird). Die Vorschrift war lange Zeit während des Gesetzgebungsverfahrens umstritten. Der Bundesrat sah ri-

[715] vgl. hierzu oben B.V. 3. b.
[716] Kuhlmann, Einwilligung in die Heilbehandlung, S. 143

sikoreiche Behandlungsmaßnahmen besser bei den sachnäheren Ärzten als beim Vormundschaftsgericht aufgehoben, die Bundesregierung lehnte jedoch letztlich die vom Bundesrat vorgeschlagene Streichung der Regelung ab.[717] Sie verfolgte dabei das Ziel, der seitherigen Überbetonung der Vermögenssorge und der Vernachlässigung der Personensorge im Rahmen des Vormundschafts- und Pflegschaftsrechtes Abhilfe zu verschaffen.[718] Zugleich bestätigte sie ihre im Bereich personenrechtlicher Entscheidungsbefugnisse allgemein befürwortete Politik, den Betreuer in stärkerem Maße der vormundschaftsgerichtlichen Kontrolle zu unterwerfen als den Vormund nach der früheren Rechtslage, sowie die Zahl der Genehmigungsvorbehalte insofern deutlich zu erhöhen (§§ 1904 bis 1907).[719]

In der Sache vermag freilich die Einschaltung des Vormundschaftsgerichtes nicht darüber hinwegzutäuschen, daß durch den Genehmigungsvorbehalt im Grunde lediglich eine ärztliche Mißbrauchskontrolle gesetzlich verankert wurde. Der Vormundschaftsrichter wird in aller Regel nicht aus eigener Sachkunde darüber befinden können, mit welchen medizinischen Risiken ein Eingriff verbunden ist. § 69 d Abs. 2 FGG stellt ihm daher einen Sachverständigen bei der Überzeugungsbildung zur Seite, der nicht mit dem behandelnden Arzt identisch sein soll (§ 69 d Abs. 2 S. 1, 2 FGG). Bei diesem wird es sich um einen Facharzt handeln, der in aller Regel über keine weiterreichenden Kenntnisse und Erfahrungen verfügen dürfte als der behandelnde Arzt selbst. § 1904 BGB führt daher zu keiner höhergelagerten Beurteilungsebene aufgrund größerer Sachkompetenz, sondern lediglich zu einer ärztlichen Kontrolle unter Kollegen, die nur in Fällen evidenter Fehlentscheidungen des behandelnden Arztes eine zuverlässige abweichende Einschätzung erlauben wird.[720] Gerade in Zweifelsfällen aber dürfte einer gegenüber dem Urteil des behandelnden Arztes möglicherweise abweichenden Einschätzung des Sachverständigen kaum die

---

717 BT-Drucks. 11/4528, 208: Der Bundesrat wies darauf hin, daß die Kriterien der Entscheidung, ob entsprechende Untersuchungen, Heilbehandlungen oder ärztliche Eingriffe erfolgen sollen, im Grunde nur vom Arzt beurteilt werden könnten. Aufgrund der größeren persönlichen Nähe werde der Betreuer häufig die Frage, ob eine risikoreiche Operation im Sinne des Betroffenen liege, eher beantworten können als das Gericht. Die Notwendigkeit einer vormundschaftsgerichtlichen Genehmigung führe auch zu zeitlichen Verzögerungen, die gerade bei schweren Eingriffen schädlich sein könnten. Ob mit einem Aufschub des Eingriffs Gefahr verbunden sei, werde sich zudem häufig nicht feststellen lassen. Schließlich werde die gesetzliche Regelung auch dazu führen, daß ein Betreuer häufig rein vorsorglich das Vormundschaftsgericht anrufe, was wiederum eine Überlastung der Gerichte zur Folge habe.

718 BT-Drucks. 11/4528, 227

719 Bienwald, Betreuungsrecht, Einf. RNr. 7; Roth in: Erman, BGB, 10. Aufl., § 1904 RNr. 1

720 Taupitz, Empfehlen sich zivilrechtliche Regelungen in: Verhandlungen des 63. DJT 2000, Bd. I, Gutachten A, S. A 84 weist darauf hin, daß diese Kontrollfunktion § 1904 BGB als unmittelbare Ausprägung des Grundrechtsschutzes durch Verfahren erscheinen lasse. Ebenso Taupitz, Landesbericht Deutschland in: Taupitz, Zivilrechtliche Regelungen zur Absicherung der Patientenautonomie am Ende des Lebens, S. 273 (337)

Gewähr größerer Richtigkeit beizumessen sein. Dem Vormundschaftsrichter wird in diesen Fällen mangels eigener Sachkompetenz nichts anderes übrig bleiben, als eine dritte ärztliche Stellungnahme einzuholen und sich auf der Grundlage aller ihm dann vorliegenden Einschätzungen ein Urteil zu bilden. Dies zeigt, wie schwerfällig sich der Entscheidungsprozeß im Falle risikoreicher Eingriffe gestalten kann.

Darüber hinaus begegnet die Vorschrift des § 1904 Abs. 1 BGB auch deshalb Bedenken, weil der Vormundschaftsrichter eine sachlich weit größere Distanz zu dem betreffenden Patienten besitzt als der behandelnde Arzt. Zu Recht wird in diesem Zusammenhang darauf hingewiesen, der Richter sei mehr einem routinemäßigen Entscheidungsprozeß ausgesetzt, während der Arzt eher eine dem Einzelfall angemessene Entscheidung treffen könne, weil er auf deren Verallgemeinerung keine Rücksicht zu nehmen brauche.[721]

In den dargelegten Kritikpunkten dürfte wiederum die wesentliche Ursache dafür zu suchen sein, daß die Vorschrift des § 1904 BGB allgemein eher restriktiv ausgelegt und die Genehmigungsbedürftigkeit der Einwilligung des Betreuers auf offensichtliche Risikoeingriffe beschränkt wird.[722]

Dies erscheint auch sachgerecht, da andernfalls zu befürchten wäre, der Arzt werde nach anderen Möglichkeiten suchen, um das aufwendige Verfahren des § 1904 BGB zu umgehen. Insbesondere würde er durch eine extensive Interpretation der Vorschrift geradezu ermuntert, entweder die Einwilligungsfähigkeit des Patienten vorschnell zu bejahen und damit die Regelungen des Betreuungsrechtes gänzlich zu umgehen, oder aber eine Entscheidung über die Vornahme des Risikoeingriffs so lange hinauszuzögern, bis die Eilvoraussetzungen des § 1904 Abs. 1 Satz 2 BGB gegeben sind und der Eingriff auch ohne vorherige Einschaltung des Vormund-

---

721 Frister, Anmerkung zu OLG Frankfurt am Main, Beschluß vom 15.07.1998, JR 1999, 73 (74)

722 Wiebach/Kreyßig/Peters u.a., Was ist "gefährlich" ? BtPrax 1997, 48 (49); Schwab in: Münchner-Kommentar, BGB, § 1904 RNr. 12; Stolz, Betreuungsgesetz: Umsetzungsdefizite im Bereich Heilbehandlung und freiheitsentziehende Maßnahmen bei Heimbewohnern, FamRZ 1993, 642 (644); Kern, Die Bedeutung des Betreuungsgesetzes für das Arztrecht, MedR 1991, 66 (69); Kern, Arzt und Betreuungsrecht MedR 1993, 245 (249); a.A. dagegen Taupitz, Empfehlen sich zivilrechtliche Regelungen in: Verhandlungen des 63. DJT 2000, Bd. I, Gutachten A, S. A 85, der sich de lege ferenda für eine Ausweitung des Gesetzesvorbehaltes ausspricht, so daß entsprechend der Regelung des § 1906 Abs. 1 Nr. 1 BGB nicht nur in den Fällen, in denen *schwere* und *länger andauernde* gesundheitliche Schäden drohten, sondern darüber hinaus auch in denjenigen, in denen lediglich *erhebliche* gesundheitliche Beeinträchtigungen zu befürchten seien, die Anrufung des Vormundschaftsgerichtes erforderlich werde. Schon ab dieser Grenze bestehe das Bedürfnis einer besonderen Kontrolle des Betreuerhandelns im Interesse der Wahrung des Selbstbestimmungsrechtes des Patienten. Ebenso Taupitz, Landesbericht Deutschland in: Taupitz, Zivilrechtliche Regelungen zur Absicherung der Patientenautonomie am Ende des Lebens, S. 273 (337 f.)

schaftsgerichtes vorgenommen werden kann. Beide Alternativen aber liefen dem von dem Gesetzgeber intendierten verbesserten Schutz des Patienten ebenso klar zuwider wie eine mögliche Überlastung der Vormundschaftsgerichte als Folge einer ausufernden Vorlagepraxis von Ärzten, die sich vor jedem Eingriff rechtlich rundum abzusichern versuchten. Die einschränkende Auslegung des § 1904 BGB ist daher nicht zuletzt im Interesse des Patienten selbst und zur Verhinderung eines weiteren Umsichgreifens der sog. Defensivmedizin geboten, die mehr die Justizfestigkeit des ärztlichen Handelns als die effektive Hilfe dem Patienten gegenüber im Blick hat.

De lege ferenda allerdings erscheint es wünschenswert, die vormundschaftsgerichtliche Kontrolle gem. § 1904 Abs. 1 BGB durch die - außer in Eilfällen - zwingende Einschaltung eines zweiten Arztes vor der Entscheidung über die Vornahme eines risikoreichen Eingriffs zu ersetzen. Dem Schutzbedürfnis des unter Betreuung stehenden Patienten wäre hierdurch wohl in erheblich größerem Maße Rechnung getragen als durch die Einschaltung des Vormundschaftsrichters.

Andererseits ist zu bedenken, daß die Regelung des § 1904 Abs. 1 BGB allein für unter Betreuung stehende Personen gilt, während Minderjährigen, die unter Vormundschaft oder Pflegschaft stehen, kein vergleichbarer Schutz zuteil wird. Der Gesetzgeber hat beide Fälle bewußt ungleich geregelt.[723] Dies aber ist sachlich nicht gerechtfertigt. Während sich die fehlende gerichtliche Kontrolle des Vormundschaftsgerichts gegenüber Entscheidungen der Eltern noch mit deren engen persönlichen Beziehung zu ihren Kindern begründen läßt, greifen ähnliche Überlegungen gegenüber dem Vormund oder dem Pfleger nicht durch.[724]

Mag man daher auch die Regelung des § 1904 Abs. 1 BGB insgesamt für wenig geglückt halten und sie restriktiv interpretieren, so ist zumindest de lege ferenda zu fordern, daß minderjährige unter Vormundschaft oder Pflegschaft stehende Personen künftig den gleichen Schutz durch die Kontrolle des Vormundschaftsgerichtes genießen wie Volljährige, für die ein Betreuer bestellt worden ist. Vorzugswürdig freilich wäre - bei gleichzeitiger entsprechender Änderung des § 1904 Abs. 1 BGB - auch insofern die Ersetzung der durch das Vormundschaftsgericht ausgeübten Kontrolle durch die eines zweiten Arztes.

---

723 BT-Drucks. 11/4528, S. 72

724 Taupitz, Empfehlen sich zivilrechtliche Regelungen in: Verhandlungen des 63. DJT 2000, Bd. I, Gutachten A, S. A 94 f.

(2) Rechtsnatur der vormundschaftsgerichtlichen Genehmigung

Umstritten ist, ob die Genehmigung des Vormundschaftsgerichts eine Rechtmäßigkeitsvoraussetzung für die betreffende Behandlungsmaßnahme darstellt. Teilweise wird dies abgelehnt. Die Legitimationswirkung für das ärztliche Handeln komme allein der von dem Betreuer erteilten Einwilligung zu.[725] Die Zustimmung des Gerichts betreffe dagegen lediglich das Innenverhältnis zwischen ihm und dem Betreuer und habe zur Folge, daß dieser nicht pflichtwidrig handle (Innengenehmigung). Da der Betreuer von der gerichtlichen Genehmigung, die stets an ihn adressiert sei, keinen Gebrauch machen dürfe, wenn sich die Durchführung des Eingriffs aufgrund geänderter Umstände nicht mehr als erforderlich erweise, könne der Entscheidung des Gerichtes keine Außenwirkung gegenüber dem Arzt beigemessen werden.[726]

Die Gegenansicht stützt sich bezüglich der von ihr vertretenen Auffassung vom Wesen der vormundschaftsgerichtlichen Genehmigung als Außengenehmigung im wesentlichen auf die Entwurfsbegründung zu § 1904[727] sowie auf § 1904 Abs. 1 Satz 2 BGB, der die Durchführung der Maßnahme vom Vorliegen der Genehmigung abhängig mache und damit die Zulässigkeit des ärztlichen Handelns und nicht die der Betreuerentscheidung betreffe.[728] Ferner wird geltend gemacht, § 1904 Abs. 1 Satz 1 BGB bezeichne speziell die Einwilligung, also die von dem Betreuer abzugebende Erklärung, als Gegenstand der Genehmigung. Dies sei aber in den anerkannten Fällen der Innengenehmigungen, wie beispielsweise bei § 1803 Abs. 2 BGB, in denen das Außenrechtsverhältnis überhaupt nicht angesprochen werde, abweichend geregelt.[729] Schließlich findet sich der Hinweis, nach dem Sinn der gesetzlichen Regelung wolle der Staat dadurch, daß er sich eine Entscheidungskompetenz in medizinischen Fragen zumute, Arzt, Betreuer und Patient von der Entscheidungsverantwortung befreien.[730]

---

725 Holzhauer in: Erman, BGB, § 1904 RNr. 26

726 Bienwald, Betreuungsrecht, § 1904 RNr. 27; Bienwald in: Staudinger, BGB, Vorbem. zu §§ 1904 ff. RNr. 16

727 BT-Drucks. 11/4528, 140; die Entwurfsbegründung geht davon aus, daß die Einwilligung nur mit der Genehmigung des Gerichtes "wirksam" sei.

728 Damrau in: Damrau/Zimmermann, BetrG, § 1904 RNr. 2; Schwab in: Münchner-Kommentar, BGB, § 1904 RNr. 23; Winkler-Wilfurth, Betreuung und Heilbehandlung, S. 73; Kuhlmann, Einwilligung in die Heilbehandlung, S. 193; Taupitz, Empfehlen sich zivilrechtliche Regelungen in: Verhandlungen des 63. DJT 2000, Bd. I, Gutachten A, S. A 80; im Ergebnis ebenso BGHSt 40, 257 (262); OLG Frankfurt/Main NJW 1998, 2747 (2748)

729 Rieger, Die mutmaßliche Einwilligung in den Behandlungsabbruch, S. 119

730 Diederichsen in: Palandt, BGB, § 1904 RNr. 6

Dieser letztgenannten Ansicht wird allein aus praktischen Erwägungen zu folgen sein. Eine effektive und umfassende Einbeziehung des Vormundschaftsgerichtes in Entscheidungsprozesse der in § 1904 BGB genannten Art ist im Interesse des Patienten nur dann möglich, wenn sowohl der Arzt als auch der Betreuer zur Rechtfertigung ihres Handelns auf das Vorliegen der gerichtlichen Genehmigung angewiesen sind. Andernfalls wäre zu befürchten, daß sich die Ärzte allein mit der von dem Betreuer erteilten Einwilligung in den betreffenden Eingriff zufriedengeben würden, ohne auf der Einholung der Auffassung des Gerichtes durch den Betreuer zu bestehen. Da aber auch das Vormundschaftsgericht selbst in aller Regel keine Kenntnis von geplanten risikoreichen Behandlungsmaßnahmen hat, wäre für den Betreuer geradezu ein Anreiz geschaffen, die Entscheidung über die Durchführung der Maßnahme unter Meidung der als aufwendig und übermäßig bürokratisch empfundenen Zwischenschaltung des Richters selbständig zu treffen. Dem in der Vorschrift des § 1904 BGB grundgelegten Mißtrauen gegenüber einem unkontrollierten Zusammenwirken von Arzt und Betreuer[731] würde hierdurch neue Nahrung gegeben. Die hier vertretene Auffassung kann daher entgegen der Ansicht Holzhauers[732] durchaus unter Heranziehung des auch den §§ 1908 i Abs. 1 Satz 1, 1831 S. 1 BGB zugrundgeliegenden Gedankens, die Rechtssphäre des Betreuten sei sowohl gegen das Handeln des Betreuers als auch gegen das des Vertragspartners abzusichern, begründet werden.[733]

Die im Außenverhältnis rechtfertigende Wirkung der Genehmigung hat im Gegenzug zur Folge, daß den Staat das Haftungsrisiko für Fehlentscheidungen bei der Genehmigungserteilung trifft, die bei zutreffender Ermittlung des Sachverhaltes auf Rechtsanwendungsfehlern beruhen.[734] Ist das Vormundschaftsgericht dagegen von einer unrichtigen Tatsachengrundlage bei seiner Entscheidungsfindung ausgegangen, so entfällt die rechtfertigende Wirkung gegenüber denjenigen Personen, die hiervon Kenntnis hatten.[735]

---

[731] Schwab in: Münchner-Kommentar, BGB, § 1904 RNr. 1

[732] Holzhauer in: Erman, BGB, § 1904 RNr. 26

[733] Darüber hinaus weist Taupitz, Empfehlen sich zivilrechtliche Regelungen in: Verhandlungen des 63. DJT 2000, Bd. I, Gutachten A, S. A 80 zutreffend darauf hin, daß die Beurteilung der vormundschaftsgerichtlichen Genehmigung als Außengenehmigung den Arzt nicht unzumutbar belaste, da die Gefahren, die das Genehmigungserfordernis auslösten, ärztlicherseits beurteilbar seien.

[734] Diederichsen in: Palandt, BGB, § 1904 RNr. 6

[735] Zielinski, Anmerkung zum Urteil des Bundesgerichtshofs vom 13.09.1994 - 1 StR 357/94 - ArztR 1995, 188 (192); Rieger, Die mutmaßliche Einwilligung in den Behandlungsabbruch, S. 121

(3) Die Tatbestandsmerkmale des § 1904 Abs. 1 BGB

Um die Eingriffsschwelle für das Vormundschaftsgericht nicht zu niedrig anzusetzen, wurde der Begriff der "begründeten Gefahr" in den Gesetzestext eingefügt, der seinem Inhalt nach zwischen der "bloßen" und der "dringenden Gefahr" anzusiedeln ist und die ernste und konkrete Erwartung der näher bezeichneten Folgen sowie ein besonderes, über das gewöhnliche Maß hinausreichendes Risiko voraussetzt.[736] Eine Katalogisierung genehmigungspflichtiger ärztlicher Maßnahmen kommt dabei entgegen einer teilweise vertretenen Auffassung[737] schon deshalb nicht in Betracht, weil sich allgemeingültige Aussagen über Gefahren eines bestimmten Eingriffs oder Medikaments schon aufgrund der oftmals sehr unterschiedlichen gesundheitlichen Konstitution der Patienten nicht treffen lassen.[738]

Die Auslegung des Begriffs der "schweren und länger dauernden gesundheitlichen Schäden" hat sich nach dem Willen des Gesetzgebers in erster Linie an den Wertungen des § 226 StGB n.F. (= § 224 StGB a.F.) zu orientieren,[739] sie kann sich jedoch darüber hinaus auch auf andere erhebliche gesundheitliche Beeinträchtigungen erstrecken, wie beispielsweise auf schwere nachteilige Nebenwirkungen von Medikamenten.[740] Ab einem Zeitraum von einem Jahr kann von einem länger dauernden Schaden ausgegangen werden.[741]

---

736 BT-Drucks. 11/4528, 140; Damrau in: Damrau/Zimmermann, BetrG, § 1904 RNr. 6; Schwab in: Münchner-Kommentar, BGB, § 1904 RNr. 12; LG Berlin FamRZ 1993, 597 (599): Eine solche Gefahr ist zu bejahen, wenn in 8 - 10 % der Fälle mit bleibenden Schäden zu rechnen ist.

737 Schreiber, L. H., Die medikamentöse Versorgung als Heilbehandlung gem. § 1904 n.F. im zukünftigen Betreuungsgesetz, FamRZ 1991, 1014 (1018 ff.)

738 Nedopil, Erwiderung auf den Beitrag von Schreiber, FamRZ 1991, 1014 ff., FamRZ 1993, 24 (26); Dose, Medikamentöse Versorgung als Heilbehandlung gem. § 1904 BGB, FamRZ 1993, 1032 (1033); Pardey, Alltagsprobleme im Betreuungsrecht, insbesondere zu § 1904 und 1906 IV BGB, BtPrax 1995, 81 (83); Wolter-Henseler, Gefährliche medizinische Maßnahmen ? BtPrax 1995, S. 168 (169); Wolter-Henseler, Betreuungsrecht und Arzneimittel - wann ist eine medikamentöse Behandlung genehmigungspflichtig im Sinne des § 1904 BGB ? BtPrax 1994, 183 (187): Darüber hinaus sei die Unvollständigkeit einer jeden Medikamentenliste aufgrund der Struktur und Funktionsweise des deutschen Arzneimittelmarktes vorprogrammiert, da immer wieder Hersteller mit unter jeweils neuem Namen angebotenen Parallelpräparaten von bereits auf dem Markt verfügbaren Wirkstoffen nachstießen, während andere bei wirtschaftlicher Erfolglosigkeit ihre Präparate vom Markt nehmen würden.

739 BT-Drucks. 11/4528, 140; zu beachten ist hierbei jedoch, daß nur voraussehbare, wenn auch unbeabsichtigte, aber dennoch in Kauf genommene Begleitfolgen zu berücksichtigen sind. So unterfällt beispielsweise die medizinisch indizierte Beinamputation nicht dem Genehmigungsvorbehalt des § 1904 BGB, da sich der schwere Gesundheitsschaden in diesem Falle nicht erst durch den Eingriff realisiert, sondern schon vorher aufgrund der Gefäßerkrankung vorhanden ist und durch die ärztliche Maßnahme gerade an einer weiteren Ausdehnung gehindert werden soll (Bienwald, Betreuungsrecht, § 1904 RNr. 19).

740 BT-Drucks. 11/6949, 73; Schwab, Das neue Betreuungsrecht, FamRZ 1990, 681 (686); Wiebach/Kreyßig/Peters/Wächter/Winterstein, Was ist "gefährlich" ? - Ärztliche und juristische Aspekte bei der Anwendung des § 1904 BGB, BtPrax 1997, 48 (49)

741 BT-Drucks. 11/4528, 141; Schwab in: Münchner-Kommentar, BGB, § 1904 RNr. 13

Ganz bewußt hat der Gesetzgeber davon Abstand genommen, für den Fall der Verweigerung der Einwilligung des Betreuers in eine Behandlungsmaßnahme bei hieraus resultierendem hohen Risiko die Genehmigung des Vormundschaftsgerichtes zu fordern.[742]

Lehnt es der Betreuer ab, eine notwendige Entscheidung im Sinne des § 1904 BGB zu treffen und hierfür die Genehmigung des Vormundschaftsgerichtes einzuholen, so kann dieses ihm nach §§ 1908 i Abs. 1, 1837 Abs. 2 Satz 1 BGB aufgeben, die erforderliche Einwilligung zu erklären und die Genehmigung einzuholen. Die Befolgung dieses Gebotes kann durch die Festsetzung eines Zwangsgeldes erzwungen werden (§§ 1908 i Abs. 1, 1837 Abs. 3 BGB). Dies gilt jedoch nicht, soweit dem Betreuer noch ein Ermessensspielraum bei seiner Entscheidung zusteht.[743]

Möchte der Betreuer sichergehen, daß die Einwilligung zu einem bestimmten Eingriff nicht dem Genehmigungsvorbehalt des § 1904 BGB unterfällt, so steht es ihm frei, das Vormundschaftsgericht um die Ausstellung eines Negativattestes zu ersuchen.[744] Ebenso kann er gem. §§ 1908 i Abs. 1 Satz 1, 1837 Abs. 1 Satz 1 BGB die Beratung durch das Gericht in dieser Frage in Anspruch nehmen.

(4) § 1904 Abs. 2 BGB - Bevollmächtigung in Gesundheitsangelegenheiten

Durch die Erweiterung des § 1904 BGB um einen zweiten Absatz wurde die bis dahin umstrittene Frage der Zulässigkeit einer rechtsgeschäftlichen Bevollmächtigung zur Erteilung der Einwilligung in eine ärztliche Heilbehandlung positiv entschieden.[745] Dieses Vollmachtsinstitut wird meist als Vorsorgevollmacht bezeichnet,[746]

[742] Bienwald in: Staudinger, BGB, § 1904 RNr. 10; Schwab in: Münchner-Kommentar, BGB, § 1904 RNr. 10; Roth in: Erman, BGB, 10. Aufl., § 1904 RNr. 24

[743] Bienwald, Betreuungsrecht, § 1904 RNr. 16

[744] Damrau in: Damrau/Zimmermann, BetrG, § 1904 RNr. 11; Schwab in: Münchner-Kommentar, BGB, § 1904 RNr. 15

[745] Überwiegend wurde vor dem Inkrafttreten des Betreuungsrechtsänderungsgesetzes (01.01.1999) im Schrifttum die Möglichkeit einer gewillkürten Stellvertretung für die Erklärung der Einwilligung zu medizinischen Maßnahmen verneint, da der höchstpersönliche Charakter dem entgegenstehe. Die Willensbildung könne in Fällen dieser Art nicht auf Dritte delegiert werden. Keinesfalls könne allein aufgrund der vom Gesetz vorgesehenen Möglichkeit der staatlichen Einsetzung eines gesetzlichen Vertreters bereits im Wege des Erst-Recht-Schlusses eine Bevollmächtigung durch den Betroffenen befürwortet werden, da der Betreuer anders als der Bevollmächtigte Beschränkungen durch das Vormundschaftsgericht ausgesetzt sei und der Vollmachtgeber in der Situation seiner Einwilligungsunfähigkeit nicht mehr in der Lage sei, den von ihm Bevollmächtigten zu überwachen. Auch eine Überwachung des Bevollmächtigten durch einen gemäß § 1896 Abs. 3 eingesetzten Betreuer, wie sie beispielsweise Kuhlmann fordere (Kuhlmann, Einwilligung in die Heilbehandlung, S. 195), könne dieses Defizit gerade bei risikoreichen und dringenden Heileingriffen nicht ausgleichen, da ein Mißbrauch häufig erst nachträglich erkannt werden könne (Rieger, Die mutmaßliche

teilweise findet jedoch auch der Begriff der Gesundheitsfürsorgevollmacht[747] oder der Altersvorsorgevollmacht[748] Verwendung. Einzelheiten zu Fragen der Bestellung des Bevollmächtigten, seinen Handlungsvollmachten sowie einer etwaigen Kontrolle seiner Tätigkeit sind jedoch nach wie vor umstritten.[749]

Die speziellen Anforderungen an Form und inhaltliche Gestaltung einer Vollmacht im Sinne des § 1904 Abs. 2 Satz 2 BGB sollen sicherstellen, daß der frühere Wille des Betroffenen Beachtung findet.[750]

Unklar ist jedoch, ob in der schriftlichen Vollmacht ausdrücklich die mit den fraglichen Behandlungsmaßnahmen verbundenen Gefahren genannt sein müssen. Teilweise wird dies abgelehnt.[751] Dem ist jedoch entgegenzuhalten, daß der Schutz-

---

Einwilligung in den Behandlungsabbruch, S. 136 f.; Schenke, Die Einwilligung des Verletzten im Zivilrecht, S. 98; Kohte, Die rechtfertigende Einwilligung, AcP 185 (1985), S. 105, 142 f.; Muschke, Gesetzliche Regelung der Sterbehilfe ? S. 76; Schwab, Probleme des materiellen Betreuungsrechts, FamRZ 1992, 493, 496; Stolz, Betreuungsgesetz: Umsetzungsdefizite im Bereich Heilbehandlung und freiheitsentziehende Maßnahmen bei Heimbewohnern, FamRZ 1993, 642, 643; Epple, Einfluß der Betreuungsverfügung, BtPrax 1993, 156, 158; Roxin, Strafrecht AT, § 13 RNr. 66; Kayser, Rechtsprechungsübersicht zum Betreuungsrecht, FGPrax 1995, 173, 177).
Andere dagegen schlossen von der Berechtigung des Staates, im Falle der Einwilligungsunfähigkeit des Patienten Dritte oder Gerichte mit der Wahrnehmung der Gesundheitsfürsorge zu betrauen, auf die Berechtigung des Patienten, dies auch eigenständig zu tun. Zumindest sei es möglich, die Ausübung des Selbstbestimmungsrechtes als Bestandteil des allgemeinen Persönlichkeitsrechtes auf Dritte zu übertragen, mit der Folge, daß diese die Einwilligung erteilen könnten (Uhlenbruck, Vorab-Einwilligung und Stellvertretung bei der Einwilligung in einen Heileingriff, MedR 1992, 134, 140; Uhlenbruck, Die Altersvorsorge-Vollmacht als Alternative zum Patiententestament und zur Betreuungsverfügung, NJW 1996, 1583 (1584); Füllmich, Der Tod im Krankenhaus und das Selbstbestimmungsrecht des Patienten, S. 113 f.; Füllmich, Zur Ablehnung künstlich lebensverlängernder medizinischer Maßnahmen durch nicht entscheidungsfähige Patienten, NJW 1990, 2301, 2302; Meier, Suizid, Patiententestament, Altersvorsorgevollmacht und Zulässigkeit der Vertretung in Gesundheits- und anderen höchstpersönlichen Angelegenheiten, BtPrax 1994, 190, 193; Langenfeld, Vorsorgevollmacht, Betreuungsverfügung und Patiententestament nach dem neuen Betreuungsrecht, S. 108; Röver, Einflußmöglichkeiten des Patienten im Vorfeld einer medizinischen Behandlung, S. 179; Walter, Die Vorsorgevollmacht, S. 212, 229 f.: Bei Eintritt der Einwilligungsunfähigkeit des Vollmachtgebers sei jedoch stets ein Überwachungsbetreuer zur Kontrolle des Bevollmächtigten zu bestellen, da die Einwilligungsunfähigkeit des Betroffenen stets den konkreten Überwachungsbedarf indiziere). Andere begründeten diese Auffassung demgegenüber unter Berufung auf § 1896 Abs. 2 Satz 2 BGB und die dort erwähnte Altersvorsorgevollmacht, die sie als familienrechtliche Spezialregelung begriffen, die den Grundsatz der Unzulässigkeit einer Stellvertretung in höchstpersönlichen Angelegenheiten außer Kraft setze (Kern, Arzt und Betreuungsrecht, MedR 1993, 245, 249; Kern, Fremdbestimmung bei der Einwilligung in ärztliche Eingriffe, NJW 1994, 753, 757; OLG Stuttgart DNotZ 1995, 687, 688; Cypionka, Anmerkung zu OLG Stuttgart, DNotZ 1995, 690).

[746] Rudolf/Bittler, Vorsorgevollmacht, Betreuungsverfügung, Patientenverfügung, S. 17; Walter, Die Vorsorgevollmacht, S. 2

[747] Taupitz, Landesbericht Deutschland in: Taupitz, Zivilrechtliche Regelungen zur Absicherung der Patientenautonomie am Ende des Lebens, S. 273 (348)

[748] Uhlenbruck, Selbstbestimmtes Sterben, S. 326

[749] vor diesem Hintergrund beschloß der 63. DJT 2000 mit 34:8:9 Stimmen, daß diese Fragen eigenständig und zusammenhängend gesetzlich geregelt werden sollten.

[750] Bienwald, Betreuungsrecht, § 1904 RNr. 3; BT-Drucks. 13/7158, S. 34

[751] Diederichsen in: Palandt, BGB, § 1904 RNr. 7

zweck des § 1904 Abs. 2 BGB, den Vollmachtgeber vor Übereilung und unbedachtem Handeln zu warnen, nicht erreicht werden kann, wenn der Betreffende in der Vollmacht lediglich allgemein Heilbehandlungen und Gesundheitsangelegenheiten angeben muß, nicht aber gerade die besonders brisanten Entscheidungen, die die Gefahr des Todes oder eines schweren und länger dauernden gesundheitlichen Schadens zum Gegenstand haben.[752] Es ist daher erforderlich und angemessen, die Vollmacht nur dann auf Heilbehandlungen im Sinne des § 1904 Abs. 1 BGB zu erstrecken, wenn sich aus ihr die besonderen Gefahrentatbestände der Vorschrift entnehmen lassen.

Umstritten ist ferner, ob die wirksame Erteilung der Vollmacht die Einwilligungsfähigkeit[753] oder die Geschäftsfähigkeit[754] des Vollmachtgebers voraussetzt. Der letztgenannten Ansicht ist der Vorzug zu geben. Bei der Vollmachtserteilung handelt es sich um ein Rechtsgeschäft, das von der Einwilligung in die Heilbehandlung zu trennen ist, so daß die allgemeinen Vorschriften über die Wirksamkeit von Willenserklärungen zur Anwendung kommen.

Problematisch und inkonsequent ist vor diesem Hintergrund die teilweise vertretene Auffassung, aufgrund des hohen Wertes des Selbstbestimmungsrechtes in höchstpersönlichen Angelegenheiten müsse der Widerruf der Vollmacht auch dann noch möglich sein, wenn der Vollmachtgeber nur noch einwilligungsfähig sei.[755] Da der Widerruf als actus contrarius die gleiche Rechtsqualität hat wie die Erteilung der Vollmacht, müssen beide Erklärungen den gleichen rechtlichen Anforderungen genügen.

Solange der Vollmachtgeber zwar nicht mehr geschäfts-, wohl aber noch einwilligungsfähig ist, wirkt sich diese Beschränkung der Widerrufsmöglichkeit praktisch noch nicht aus, da die Behandlungsentscheidung ohnehin allein von ihm persönlich

[752] Taupitz, Empfehlen sich zivilrechtliche Regelungen in: Verhandlungen des 63. DJT 2000, Bd. I, Gutachten A, S. A 101; Berger, Privatrechtliche Gestaltungsmöglichkeiten, JZ 2000, 797 (803); Rudolf/Bittler, Vorsorgevollmacht, Betreuungsverfügung, Patientenverfügung, S. 35 f.

[753] Bienwald, Betreuungsrecht, § 1896 RNr. 109; Berger, Privatrechtliche Gestaltungsmöglichkeiten, JZ 2000, 797 (803)

[754] OLG Stuttgart BtPrax 1994, 99 (100 f.); Walter, Die Vorsorgevollmacht, S. 48, 230; Diederichsen in: Palandt, BGB, § 1904 RNr. 7; Röver, Einflußmöglichkeiten des Patienten, S. 196; Taupitz, Empfehlen sich zivilrechtliche Regelungen in: Verhandlungen des 63. DJT 2000, Bd. I, Gutachten A, S. A 102; in diesem Sinne auch die Beschlußfassung des 63. DJT 2000 mit dem Stimmenverhältnis 29:18:4

[755] so aber Walter, Das Betreuungsrechtsänderungsgesetz und das Rechtsinstitut der Vorsorgevollmacht, FamRZ 1999, 685 (693); Walter, Die Vorsorgevollmacht, S. 233 f.; Diederichsen in: Palandt, BGB, § 1904 RNr. 7; Taupitz, Empfehlen sich zivilrechtliche Regelungen in: Verhandlungen des 63. DJT 2000, Bd. I, Gutachten A, S. A 103; zustimmend auch der 63. DJT 2000 mit dem Stimmenverhältnis 41:5:3

zu treffen ist. Es wäre jedoch äußerst mißlich, wenn in dieser Situation geäußerte Zweifel des Vollmachtgebers an der Person des Bevollmächtigten überhaupt keine Berücksichtigung finden würden. Um dem wirksam zu begegnen, ist in solchen Fällen nach dem Eintritt der Einwilligungsunfähigkeit des Vollmachtgebers zwingend ein Kontrollbetreuer im Sinne des § 1896 Abs. 3 BGB zu bestellen, der durch die Überwachung des Bevollmächtigten sicherzustellen hat, daß die Interessen und Wünsche des Vollmachtgebers hinreichend beachtet werden. Hat der nur noch einwilligungsfähige Vollmachtgeber kundgetan, er wolle nunmehr anstelle des bisherigen Bevollmächtigten eine konkrete andere Person mit der Wahrnehmung seiner gesundheitlichen Interessen beauftragen, so dürfte diese Person zum Kontrollbetreuer zu ernennen sein, sofern nicht ausnahmsweise schwerwiegende Gründe gegen ihre Eignung sprechen. Anlaß zur Bestellung eines Kontrollbetreuers können im Einzelfall jedoch auch Äußerungen eines mittlerweile sowohl geschäfts- als auch einwilligungsunfähig gewordenen Patienten geben, wenn diese die Vermutung begründen, daß der Bevollmächtigte die ihm übertragenen Aufgaben nicht ordnungsgemäß wahrnimmt.

Demgegenüber ist die Wirksamkeit der Vollmachtserteilung nicht davon abhängig, daß der Vollmachtgeber zuvor über die von ihr in Bezug genommenen ärztlichen Heilbehandlungsmaßnahmen aufgeklärt worden ist.[756] Dies gilt zumindest, solange der Vollmachtgeber dem Bevollmächtigten lediglich allgemein die Rechtsmacht einräumt, für ihn im Falle seiner Einwilligungsunfähigkeit Behandlungsentscheidungen zu treffen. Denn zum einen ist der Gegenstand der Vollmacht in einem solchen Falle so weitläufig, daß eine umfassende Aufklärung - wie sie vor einem akuten Heileingriff vorzunehmen ist - ohnehin nicht möglich wäre. Zum anderen aber ist eine Aufklärung aber auch deshalb nicht erforderlich, weil dem Bevollmächtigten nicht mehr Befugnisse eingeräumt werden als dem Betreuer. Beide müssen anstelle des nicht mehr entscheidungsfähigen Patienten von dem Arzt konkret aufgeklärt werden und auf dieser Grundlage die Behandlungsentscheidung im Interesse und zum Wohl des Patienten treffen.[757] Kommt aber eine (obligatorische) Aufklärung aller volljährigen Personen im Hinblick auf Heilmaßnahmen, über die möglicherweise später zu entscheiden sein wird, wenn sie unter Betreuung stehen, nicht in Betracht, so ist sie auch dann entbehrlich, wenn die betreffende Person von der Möglichkeit Gebrauch

---

[756] Damrau in: Soergel, BGB, § 1812 RNr. 8; Taupitz, Empfehlen sich zivilrechtliche Regelungen in: Verhandlungen des 63. DJT 2000, Bd. I, Gutachten A, S. A 101; Berger, Privatrechtliche Gestaltungsmöglichkeiten, JZ 2000, 797 (803); in diesem Sinne auch die Beschlußfassung des 63. DJT 2000 mit 15:29:6 Stimmen; dagegen beschloß der 63. DJT 2000 mit 39:3:8 Stimmen, daß der Vollmachtgeber vor der Erteilung einer Vorsorgevollmacht aufgeklärt werden *solle*.

[757] vgl. hierzu im einzelnen B. VI. 1. b. dd. und jj.

macht, für diese Situation einen Bevollmächtigten zu ernennen, um dadurch der Bestellung eines Betreuers zuvorzukommen.

Bleibt der Bevollmächtigte untätig, obwohl ein Vorgehen nach § 1904 BGB geboten wäre, ist ein Betreuer zu bestellen, dessen Aufgabenkreis sich lediglich auf die fragliche Angelegenheit bezieht, da der Betroffene insoweit keine ausreichende Vorsorge gem. § 1896 Abs. 2 Satz 2 BGB getroffen hat. Ein Beschwerderecht gegen diese Betreuerbestellung steht dem Bevollmächtigten nicht zu.[758]

Bestehen Zweifel an der Wirksamkeit der Vollmachtserteilung, soll das Vormundschaftsgericht berechtigt sein, einen Betreuer zu bestellen.[759] Diese Auffassung erscheint jedoch fragwürdig angesichts des eindeutigen Wortlautes des Gesetzes, das die subsidiäre Betreuerbestellung nur dann zuläßt, wenn der Hilfebedürftige nicht auf rechtsgeschäftlichem Wege durch die Erteilung von Vollmachten ausreichend Vorsorge getroffen hat. Die Beweislast für die Erforderlichkeit der Einsetzung eines Betreuers trifft danach das Vormundschaftsgericht. In Zweifelsfällen ist daher von einer Betreuerbestellung Abstand zu nehmen. Zu erwägen wäre allenfalls die Einsetzung eines Kontrollbetreuers im Sinne des § 1896 Abs. 3 BGB.

(5) Einwilligungsvorbehalt gem. § 1903 BGB für Gesundheitsangelegenheiten ?

Umstritten ist, ob die Möglichkeit des Betreuten, Einwilligungen zu Heileingriffen zu erteilen, durch einen auf medizinische Eingriffe gerichteten Einwilligungsvorbehalt gem. § 1903 BGB eingeschränkt werden kann. Während dies von denjenigen, die in der Einwilligung keine Willenserklärung, sondern nur eine rechtsgeschäftliche Handlung sehen, teilweise schon deshalb abgelehnt wird, weil sich § 1903 BGB nur auf Willenserklärungen erstrecke[760] und andere zur Begründung dieser Ansicht zusätzlich § 1903 Abs. 3 Satz 1 BGB heranziehen, der eindeutig auf die §§ 106 ff. BGB Bezug nehme,[761] oder auf die Höchstpersönlichkeit des betroffenen Rechtsgutes

---

[758] BayObLG FamRZ 1996, 968 (969)
[759] BayObLG FamRZ 1994, 720 (721)
[760] OLG Hamm FamRZ 1995, 433 (435); LG Köln FamRZ 1992, 857 (858); Bienwald, Zur Umsetzung des Betreuungsgesetzes in der Praxis, FamRZ 1992, 1125 (1131); Voll, Die Einwilligung im Arztrecht, S. 93
[761] Bienwald, Betreuungsrecht, § 1904 RNr. 14

abstellen,[762] wird von der Gegenansicht die - zumindest analoge - Anwendung des § 1903 BGB befürwortet.[763]

Vorzugswürdig dürfte es sein, die Möglichkeit der Anordnung eines Einwilligungsvorbehaltes nicht auf die Einwilligung in einen ärztlichen Heileingriff auszudehnen. Selbst wenn man die Einwilligung als Willenserklärung betrachtet, so daß ihre Rechtsnatur der Anwendbarkeit des § 1903 BGB an sich nicht entgegenstehen würde, spricht doch der höchstpersönliche Charakter der zu treffenden Entscheidung dafür, die Entscheidungsbefugnis des Betroffenen nicht mehr einzuschränken als unbedingt notwendig. Eingriffsvoraussetzung für den staatlicherseits eingesetzten Betreuer in diesem Bereich ist aber die positiv nachgewiesene Unfähigkeit des Hilfebedürftigen, eigenverantwortlich über seine gesundheitlichen Interessen zu entscheiden. Liegen diese Voraussetzungen nicht vor, gebietet das Grundgesetz die Achtung des Selbstbestimmungsrechtes des Patienten. Hiermit ist dessen gesundheitliche Bevormundung durch die Anordnung eines Einwilligungsvorbehaltes nicht in Einklang zu bringen, zumal sie weder seinem Wohl noch seinen Wünschen im Sinne des § 1901 BGB dienen würde. Bestätigung findet diese Auffassung in § 1903 Abs. 2 BGB,[764] der ausdrücklich für zahlreiche höchstpersönliche Angelegenheiten die Anordnung eines Einwilligungsvorbehaltes untersagt.

Unstreitig aber können die Entscheidungen des Betreuten im Hinblick auf seine Heilbehandlung zumindest dadurch einer gewissen Kontrolle unterworfen werden, daß seine Befugnis zum Abschluß von Behandlungsverträgen unter einen Einwilligungsvorbehalt im Sinne des § 1903 BGB gestellt wird.[765]

dd. Gesetzliche Richtlinien für die Entscheidung des Betreuers

Handlungsleitend für die von dem Betreuer wahrzunehmende Aufgabe hat in erster Linie die Ausrichtung an dem Wohl des Betreuten im Sinne des § 1901 Abs. 2 BGB zu sein.[766] Ergänzt wird diese Anweisung durch § 1901 Abs. 3 BGB, der die Beach-

---

762 Schwab in: Münchner-Kommentar, BGB, § 1904 RNr. 4

763 Diederichsen in: Palandt, BGB, § 1904 RNr. 4; Winkler-Wilfurth, Betreuung und Heilbehandlung, S. 108

764 a.A. Winkler-Wilfurth, Betreuung und Heilbehandlung, S. 109 unter Berufung auf die Begründung des Regierungsentwurfes, der auf einzelne Vorschriften verweist, die von § 1903 Abs. 2 BGB betroffen sein sollen. Sie schließt aus dieser Aufzählung auf den abschließenden Charakter der Vorschrift und ihre mangelnde Analogiefähigkeit.

765 Bienwald, Betreuungsrecht, § 1904 RNr. 14 und § 1903 RNr. 17; Damrau in: Damrau/Zimmermann, BetrG, § 1904 RNr. 2

766 Gesetzentwurf der Bundesregierung zum BetrG, BT-Drucks. 11/4528, S. 53

tung der Wünsche des Betreuten vorschreibt, sofern dies dessen Wohle nicht zuwiderläuft und dem Betreuer zuzumuten ist.[767]

Die Formulierung der Leitprinzipien "Wohl" und "Wunsch" des Betreuten hat der Gesetzgeber bewußt allgemein gehalten, da ihm eine nähere Konkretisierung aufgrund der Vielfalt der möglichen Fallgestaltungen nicht möglich erschien.[768] Der Begriff des "Wohls" des Betreuten kann dabei nicht ausschließlich objektiv bestimmt werden, da das Wohlergehen nicht zuletzt auch von subjektiven Wertungen und Empfindungen des Betreuten selbst abhängig ist. Allgemein anerkannt ist, daß zumindest die Förderung der Ausübung des Selbstbestimmungsrechtes durch den Hilfebedürftigen im Rahmen seiner Fähigkeiten sowie die Vermeidung ernsthafter Gefahren für seine Gesundheit seinem Wohl entspricht.[769]

Wenn ein Wunsch des Betreuten mit seinen gesamten Lebensverhältnissen korrespondiert, ist davon auszugehen, daß die Erfüllung seinem Wohle nicht widerspricht. Entscheidend hat der Betreuer daher darauf abzustellen, wie der Betreute selbst entscheiden würde, wenn er dazu noch in der Lage wäre.[770]

Wie aus § 1901 Abs. 3 Satz 2 BGB hervorgeht, können Wünsche, die der Betreute vor der Zeit seiner Hilfsbedürftigkeit geäußert hat, für die Betreuerentscheidung von Bedeutung sein. Je mehr sich aber seit diesem Zeitpunkt seine Lebensverhältnisse geändert haben, umso mehr drängt sich die Frage auf, ob der Betreffende auch in der konkreten Situation noch an seinen früheren Vorstellungen festhalten würde. Die Beachtlichkeit der vormals geäußerten Wünsche kann hierdurch erheblich relativiert werden.[771]

In jedem Falle sind Wünsche des Betreuten dann unbeachtlich, wenn ihre Befolgung zur Gefährdung anderer seiner Rechtsgüter führen würde, die im Range über den mit dem Wunsch verfolgten Interessen stehen (Leben, Gesundheit, fundamentale Persönlichkeitsrechte gegenüber Freizeitwünschen des Betreuten), oder aber mit einer merklichen Verschlechterung seiner gesamten Lebens- und Versorgungssituation verbunden wäre (etwa wirtschaftlich unvertretbarer Umgang mit dem Vermögen, wenn daraus die Gefahr erwächst, daß künftig der angemessene Unterhalt nicht

---

767 Gesetzentwurf der Bundesregierung zum BetrG, BT-Drucks. 11/4528, S. 53, 133

768 Gesetzentwurf der Bundesregierung zum BetrG, BT-Drucks. 11/4528, S. 133

769 Gesetzentwurf der Bundesregierung zum BetrG, BT-Drucks. 11/4528, S. 134; Crefeld/Lantzerath/Wessels, Der Fall Margot F., BtPrax 1995, 205 (211 f.)

770 Bienwald, Betreuungsrecht, § 1901 RNr. 26

771 Bienwald, Betreuungsrecht, § 1901 RNr. 21

mehr bestritten werden kann).[772] Die amtliche Begründung zum Betreuungsgesetz spricht sich dafür aus, im Zweifel die zu treffende Entscheidung mehr an objektiven Maßstäben als an Äußerungen des Betreuten auszurichten.[773] Im Hinblick auf die Beurteilung der gesundheitlichen Situation des Betreuten ist dabei eine enge Kooperation und ein ständiger Dialog zwischen dem Betreuer und dem behandelnden Arzt geboten.[774]

Eine weitere Schranke für die Beachtlichkeit von Wünschen des unter Betreuung Stehenden bildet die Zumutbarkeit für den Betreuer, diese zu befolgen. Für die Frage, was dem Betreuer zuzumuten ist, sind wiederum dessen Situation und Meinung ausschlaggebend.[775]

ee. Die Zwangsbehandlung betreuter Personen

Im Bereich der Gesundheitsfürsorge kommt unter Zugrundelegung dieser Grundsätze auch die zwangsweise Behandlung eines Betreuten in Betracht, der in der konkreten Situation nicht einwilligungsfähig ist.[776] Kann die zwangsweise Behandlung nur in einem Krankenhaus durchgeführt werden, so bedarf die nach § 1906 Abs. 1 Nr. 1 BGB aus medizinischen Gründen erforderliche Unterbringung der vormundschaftsgerichtlichen Genehmigung.[777] Neben dieser kann unter den Voraussetzungen des § 1904 BGB eine weitere Genehmigung des Vormundschaftsgerichtes einzuholen sein. Die Überwindung des vom natürlichen Willen getragenen Widerstandes des Betreuten ist anders als bei der Entscheidung über die Vornahme einer Sterilisation nach § 1905 BGB zulässig, nach dem Willen des Gesetzgebers

---

[772] Schwab, Probleme des materiellen Betreuungsrechts, FamRZ 1992, 493 (503)

[773] Gesetzentwurf der Bundesregierung zum BetrG, BT-Drucks. 11/4528, S. 133 f.; teilweise werden Wünsche dann für unbeachtlich erklärt, wenn sie von niemandem, der sich durchschnittlich vernünftig verhält, gebilligt werden (Holzhauer in: Erman, BGB, § 1901 RNr. 9). Andere stellen wiederum darauf ab, ob die Wünsche des Betreuten zu objektiv vernünftigen, akzeptablen oder zumindest tolerablen Ergebnissen führen (Kollmer, Selbstbestimmungsrecht im Betreuungsrecht, S. 156) oder ob sie sich als kraß vernunftwidrig und schädlich erweisen (Kern, Arzt und Betreuungsrecht, MedR 1993, 245).

[774] Thar, Einwilligung in Heilbehandlung - durch den Betreuten - durch den Betreuer, BtPrax 1994, 91 (92); Wojnar/Bruder, Ärztliche Tätigkeit und das Betreuungsgesetz, BtPrax 1993, 50 (51); Wolter-Henseler, Gefährliche medizinische Maßnahmen ? BtPrax 1995, 168 (169 ff.)

[775] Bienwald, Betreuungsrecht, § 1901 RNr. 25

[776] Damrau in: Damrau/Zimmermann, BetrG, § 1904 RNr. 3; Holzhauer in: Erman, BGB, § 1904 RNr. 30; Schwab in: Münchner-Kommentar, BGB, § 1904 RNr. 8; Kollmer, Personensorge im Betreuungsrecht, Rechtspfleger 1995, 45 (47)

[777] Holzhauer in: Erman, BGB, § 1904 RNr. 30

und des überwiegenden Schrifttums allerdings nur insoweit, als es um die Vornahme eines lebensnotwendigen Eingriffs geht.[778]

Teilweise wird eine Zwangsbehandlung an Einwilligungsunfähigen zwar bei medizinisch notwendig indizierten, nicht aber bei lediglich angezeigten Eingriffen für zulässig erachtet.[779]

Beide Einschränkungen lassen sich jedoch weder unter Bezugnahme auf den Wortlaut der betreuungsrechtlichen Regelungen noch unter Berücksichtigung des Zwec??kes der Betreuerbestellung für Fragen der Heilbehandlung bzw. der Gesundheitsfürsorge rechtfertigen. Solange der Hilfsbedürftige in der Lage ist, aufgrund seiner geistigen Fähigkeiten die Bedeutung und Tragweite möglicher ärztlicher Eingriffe zu erkennen und selbstbestimmt über seine Gesundheit zu entscheiden, hat der Betreuer sich jeder Entscheidung oder Einflußnahme auf den Betreuten zu enthalten. Ist dieser aber unzweifelhaft einwilligungsunfähig, so hat der Betreuer als gesetzlicher Vertreter seine Interessen wahrzunehmen und in diesem Sinne die objektiv notwendigen Entscheidungen zu treffen. Sieht das Gesetz in § 1901 BGB auch als Orientierungspunkte seines Handelns neben dem Wohl die Wünsche des Betreuten vor, so können hierbei doch nur diejenigen Wünsche maßgeblich sein, die der Betroffene bewußt und reflektiert äußert. Vermag er aber die Bedeutung einer in Frage stehenden Maßnahme überhaupt nicht mehr einzuschätzen, so kann es bei der Entscheidung über diese auch nicht auf seinen möglicherweise entgegenstehenden natürlichen Willen ankommen. Käme diesem maßgebliche Bedeutung zu und könnte der Betreuer nicht gegen das Veto des Betreuten seine Einwilligung erteilen, so würde letztlich die Betreuerbestellung als solche ihrer Funktion beraubt werden. Denn diese besteht nicht zuletzt auch darin, dem Hilfebedürftigen einen wirksamen Schutz vor sich selbst im Sinne der Verhinderung einer Selbstschädigung zu gewährleisten.[780] Die fürsorgende Hilfe des

---

[778] Gesetzentwurf der Bundesregierung zum BetrG, BT-Drucks. 11/4528, S. 141; Schwab in: Münchner-Kommentar, BGB, § 1904 RNr. 22; Bienwald, Betreuungsrecht, § 1904 RNr. 24; Voll, Die Einwilligung im Arztrecht, S. 99 sieht selbst dies noch als zu weitgehend an. Die gesetzliche Regelung der Betonung des "Wohls" des Betreuten übersehe, daß auch Einwilligungsfähige von ihrem Recht, sich selbst zu schädigen, durch eigene Torheit reichlich Gebrauch machten. Zwinge man daher einen Betreuten, sich gegen seinen natürlichen Willen operieren zu lassen, so verletze man mit gesetzlicher Erlaubnis sein Selbstbestimmungsrecht. Denn auch mit für Außenstehende unvernünftig erscheinenden Abwehrhandlungen zeige der Betreute rudimentäre Ansätze zur Selbstbestimmung, die zu respektieren seien.

[779] Mayer, K. G., Medizinische Maßnahmen an Betreuten, S. 107 f.

[780] Dem Grundsatz des Selbstschädigungsverbotes kommt im Rahmen des Betreuungsgesetzes ein hoher Stellenwert zu. Er taucht überall dort auf, wo die Berücksichtigung der Wünsche des Betreuten in Frage steht. Vgl. hierzu Gesetzentwurf der Bundesregierung zum BetrG, BT-Drucks. 11/4528, S. 133, linke Spalte unten; S. 133, rechte Spalte unten; S. 127, linke Spalte unten

Betreuers soll verhindern, daß der Kranke seinen nicht durchdachten Willen als Instrument gegen die eigenen Integritäts- und Entfaltungsinteressen einsetzt. Aus dem Zweck des Betreuungsverhältnisses läßt sich daher nicht nur die Statthaftigkeit einer zwangsweisen Behandlung des Schutzbefohlenen herleiten, sofern die in Frage stehende Maßnahme mit seinem gesundheitlichen Wohlbefinden in Einklang steht. Vielmehr hat dieser sogar einen Anspruch darauf, daß seine Interessen in derartigen Fällen selbst gegen seinen natürlichen Willen nach außen hin durch eine Fürsorgeperson wahrgenommen werden. Dieser Anspruch läßt sich aus dem im Grundgesetz verankerten Sozialstaatsprinzip herleiten (Art. 20 Abs. 1, 28 GG).

Andernfalls bliebe dem Betreuten allein aufgrund seiner alters- bzw. krankheitsbedingten Ausfälle eine konkrete Behandlung versagt. Soweit diese medizinisch indiziert wäre, würde dies dem Wohl des Patienten zuwiderlaufen. Weder dem Betreuer noch dem Betreuten aber kann es zugemutet werden, bei Vorliegen eines widerstrebenden natürlichen Willens des einsichtsunfähigen Patienten die Entscheidung über die Vornahme eines Eingriffes so lange hinauszuzögern, bis dieser in Lebensgefahr schwebt.

Nichts anderes kann letzlich für diejenigen Fälle gelten, in denen ein Eingriff zwar nicht notwendig indiziert, aber doch angezeigt ist, weil seine Vornahme zu einer Verbesserung des Gesundheitszustandes des Patienten, sein Unterlassen dagegen nicht zu dessen Verschlechterung führen würde. Ein solcher Fall würde beispielsweise vorliegen, wenn durch eine Operation dem an den Rollstuhl gefesselten Patienten wieder die Gebrauchsfähigkeit seiner Beine ermöglicht werden könnte, das Unterbleiben des Eingriffes sich andererseits nicht negativ auf seinen gegenwärtigen Zustand auswirken würde. Auch in einem solchen Falle ist nicht einzusehen, weshalb dem Patienten, der aufgrund seiner geistigen Verfassung nicht mehr in der Lage ist zu erkennen, mit welchen Vorteilen die angezeigte Behandlung für ihn verbunden ist, allein aufgrund einer in dieser Unkenntnis erfolgten Abwehrreaktion die Verbesserung seines Gesundheitszustandes vorenthalten werden sollte. Die entgegenstehende Auffassung stützt sich zum einen auf die Stellungnahme des Bundesverfassungerichtes in BVerfGE 58, 208 (226), die angblich die Freiheit einsichtsunfähiger psychisch Kranker zur Krankheit anerkenne.[781] Zum anderen widersprächen nur diejenigen Wünsche, deren Befolgung eine Verschlechterung des Gesundheitszustandes nach sich ziehe, dem Wohl des Betreuten, nicht aber diejenigen, die sich gesundheitlich neutral auswirkten.[782]

---

[781] Mayer, K. G., Medizinische Maßnahmen an Betreuten, S. 98 f.
[782] Mayer, K. G., Medizinische Maßnahmen an Betreuten, S. 108

Beide Argumente sind nicht stichhaltig: Das Bundesverfassungsgericht hat in der genannten Entscheidung ausdrücklich darauf hingewiesen, daß bei psychisch Kranken die Fähigkeit zur Selbstbestimmung häufig so erheblich beeinträchtigt sei, daß es im Interesse der öffentlichen Fürsorge erforderlich sein könne, ihren natürlichen Willen durch die bessere Einsicht des für ihn verantwortlichen Betreuers zu ersetzen. Der verfassungsrechtlich verankerte Sozialstaatsgedanke gebiete es in diesen Fällen, das Leben und die Gesundheit des Einsichtsunfähigen gegen ihn selbst zu schützen.[783] Allenfalls in Bagatellfällen könne sich eine Anstaltsunterbringung als unverhältnismäßig erweisen, so daß insofern dem psychisch Kranken in gewissen Grenzen die "Freiheit zur Krankheit" belassen bleibe.[784]

Nur diejenigen Fälle aber, in denen dem Kranken die erforderliche Einsicht in die mögliche weitere medizinische Behandlung fehlt, sind vorliegend von Bedeutung, denn selbstverständlich kommt die Zwangsbehandlung eines noch einsichtsfähigen Patienten sowie deren Durchsetzung unter Anwendung von Gewalt nicht in Betracht.[785] Die erforderliche gesetzliche Grundlage für den Eingriff ist mit der Vorschrift des § 1901 Abs. 2 Satz 1 BGB gegeben.

Es widerspräche dem Sinn und Zweck dieser Vorschrift, wollte man auf für den Betreuten vorteilhafte Heilbehandlungsmaßnahmen verzichten. Denn es kann nicht allein darauf ankommen, durch die Einschaltung eines Betreuers weiteren Schaden und die zunehmende Verschlechterung des Gesundheitszustandes des Schutzbefohlenen abzuwenden. Gesetzliche Leitlinie für das Handeln des Betreuers ist das "Wohl des Betreuten". Dieses aber umfaßt zweifellos auch Maßnahmen, die sich positiv für den Betreuten auswirken, selbst dann, wenn ihr Unterlassen nicht unmittelbar mit zusätzlichen, über die bereits vorhandenen Beschwerden hinausgehenden Beeinträchtigungen verbunden wäre.

Gegen die Auffassungen, die - in unterschiedlichem Umfange - die Berücksichtigung des natürlichen Willens des einwilligungsunfähigen Betreuten im Rahmen des § 1904 BGB befürworten, spricht darüber hinaus die Gesetzessystematik. Während in § 1905 BGB bezüglich der Sterilisation des Betreuten ausdrücklich die Maßgeblichkeit des natürlichen Willens verankert wurde, fehlt eine entsprechende Regelung in § 1904 BGB. Ist nun aber § 1905 BGB unstreitig eine Spezialvorschrift für einen ärztlichen Eingriff, der ohne diese Sonderregelung der Bestimmung des § 1904 BGB

---

[783] BVerfGE 58, 208 (225); bestätigt durch BVerfG NJW 1998, 1774 (1775)
[784] BVerfGE 58, 208 (226)
[785] so auch LG Kassel FamRZ 1996, 1501

unterfiele,[786] so ergibt sich gerade aus ihrem Ausnahmecharakter im Umkehrschluß, daß der Gesetzgeber dadurch, daß er in der allgemeinen Vorschrift des § 1904 BGB nicht auf den natürlichen Willen abstellt, zu erkennen gegeben hat, daß dieser für die Entscheidungsfindung des Betreuers bzw. des Vormundschaftsgerichtes im Rahmen dieser Vorschrift nicht maßgeblich sein soll.

Das gleiche Ergebnis läßt sich ferner aus dem Verhältnis des § 1901 BGB zu § 1905 BGB herleiten, da die letztgenannte Regelung durch die schrankenlose Gewährleistung des Willensvorranges des Betreuten eine Ausnahme von der Grundregel statuiert, nach der die Berücksichtigungsfähigkeit des Willens des Betroffenen ihre Grenze an seinem Wohlergehen findet. Da aber Ausnahmeregelungen stets restriktiv auszulegen und einer Analogiebildung nicht zugänglich sind, muß die Berücksichtigung des natürlichen Willens des Patienten im Rahmen des § 1904 BGB durch sein Wohl im Sinne des § 1901 Abs. 2 BGB begrenzt werden.

Es bleibt somit festzuhalten, daß Zwangsbehandlungen immer dann zulässig sind, wenn der Betreute einwilligungsunfähig ist und die in Frage stehende medizinische Maßnahme sich entweder als notwendig indiziert oder doch zumindest als angezeigt erweist.

ff. Die Bedeutung früherer Äußerungen bei der Ermittlung der aktuellen Wünsche des Betreuten

Berücksichtigungsfähig können unter Umständen auch in der Vergangenheit im einwilligungsfähigen Zustand geäußerte Wünsche des Betreuten sein. Hierbei ist jedoch stets eingehend zu prüfen, inwieweit sich diese unmittelbar mit der nun vorliegenden Situation befassen, ob Anzeichen dafür vorliegen, daß sich die Einstellung des Betreuten zu dem Eingriff geändert haben könnte, und inwieweit der Betreffende aus der ex ante-Perspektive überhaupt in der Lage sein konnte, sich im vorhinein in die zu beurteilende Situation zu versetzen und die Entscheidung zu antizipieren. Es gibt unzweifelhaft eine Vielzahl von Behandlungsentscheidungen, die auf diese Weise im voraus getroffen werden können, insbesondere im Hinblick auf solche Maßnahmen, die der Patient im Zeitpunkt der Äußerung seines Wunsches bereits aus seiner bisherigen Lebenserfahrung heraus zuverlässig zu beurteilen vermag.

---

[786] Gesetzentwurf der Bundesregierung zum BetrG, BT-Drucks. 11/4528, S. 141

Zu berücksichtigen ist stets, daß die Wirksamkeit der Behandlungsentscheidung grundsätzlich die umfassende Aufklärung des Patienten voraussetzt. Der Ausnahmefall, in dem eine solche Aufklärung entbehrlich ist, weil der Patient bereits über die erforderliche Sachkunde verfügt, dürfte vor allem im Rahmen der Risikoeingriffe im Sinne des § 1904 BGB praktisch kaum eine Rolle spielen. Selbst wenn die betreffende Person nämlich in der Vergangenheit derartigen Maßnahmen ausgesetzt war und sich für den Wiederholungsfall für eine bestimmte Vorgehensweise ausgesprochen haben sollte, dürften das Risikopotential und die abwägungserheblichen Faktoren kaum jemals in identischer Weise wiederkehren, so daß die unreflektierte Übertragung der vormaligen Entscheidung des Patienten auf die aktuelle Situation höchst selten in Betracht kommen dürfte.

Erweisen sich vormalige Äußerungen des Betreuten als nicht ausreichend, um allein auf ihrer Grundlage die aktuell anstehende Entscheidung treffen zu können, so bleibt nur der Rückgriff auf die objektiv medizinisch indizierten Maßnahmen, die dem - in dieser Situation lediglich objektiv zu bestimmenden - Wohl des Betreuten nach § 1901 Abs. 2 BGB entsprechen. Die Ausübung des Selbstbestimmungsrechtes durch den Patienten im Sinne der Möglichkeit, im voraus über sein weiteres gesundheitliches Schicksal zu bestimmen, stößt hier an seine faktischen Grenzen.

Auf die Frage der Grenzen der Antizipierbarkeit von Behandlungsentscheidungen in der letzten Lebensphase aber wird im Rahmen der Erörterungen zur Verbindlichkeit des Patiententestamentes noch zurückzukommen sein.[787]

gg. Der objektive Beurteilungsmaßstab

Der angesprochene objektive Entscheidungsmaßstab aber muß auch dann maßgebend sein, wenn der Patient weder in gesunden Tagen bereits seine Einstellung zu bestimmten Behandlungsmaßnahmen geäußert hat noch in der konkreten Entscheidungssituation eine diesbezügliche Willenbekundung abgeben kann.

Bei der Prüfung der Frage, welche medizinische Behandlung im konkreten Einzelfall objektiv dem wohlverstandenen Interesse des Patienten entspricht, sind die verfolgten Ziele (bloße Beseitigung von Schmerzen, Behebung einzelner Funktionsstörungen oder vollkommene Widerherstellung der Gesundheit) den mit dem Eingriff verbundenen Risiken für Leben und Gesundheit des Patienten gegenüberzustellen. Die

---

[787] vgl. hierzu im einzelnen C. III. 2. a. dd. (9)

Gefährlichkeit des Eingriffs, dessen Dringlichkeit, der zu erwartende oder zumindest mögliche Nutzen für den Betreuten sowie mögliche Behandlungsalternativen sind in den Abwägungsvorgang miteinzubeziehen.[788] Ferner ist eine Prognose für das Risiko des Eintritts unbeabsichtigter Nebenfolgen sowie die Wahrscheinlichkeit des erstrebten Heilerfolges zu erstellen. Außer Acht zu bleiben haben demgegenüber Drittinteressen wie beispielsweise die Verhinderung einer von dem Schutzbefohlenen ausgehenden Fremdgefährdung, da Betreuungsmaßnahmen ausschließlich das Individualinteresse des Betreuten im Blick haben dürfen.[789]

Ergibt sich unter Zugrundelegung des dargestellten Beurteilungsmaßstabes, daß die Risiken des beabsichtigten Eingriffs dessen Nutzen überwiegen, so entspricht die Behandlung nicht dem wohlverstandenen Interesse des Betreuten. Sie ist medizinisch nicht indiziert, der Betreuer darf seine Einwilligung zu ihr nicht erteilen. Im umgekehrten Falle, in dem der zu erwartende Heilerfolg die Inkaufnahme der mit dem Eingriff verbundenen Nachteile und Begleitfolgen gerechtfertigt erscheinen läßt, folgt die Berechtigung und Verpflichtung des Betreuers, dessen Vornahme zuzustimmen, ebenfalls allein aus der medizinischen Indikation.

Allgemein erscheint das Eingehen von Risiken in umso größerem Umfange hinnehmbar, je größer die Lebensgefahr für den Patienten ohne die Vornahme des Eingriffs sein würde. Selbst ganz erhebliche Gefahren stehen einer Behandlung daher im Einzelfall nicht entgegen, wenn diese die einzige Möglichkeit bietet, das Leben des Patienten überhaupt zu retten.

Vermag aber der Betreuer - unterstützt durch die fachliche Beratung des Arztes - weder ein Überwiegen der für den Eingriff noch der gegen ihn sprechenden Gesichtspunkte zu erkennen, so kommt die Erteilung der Einwilligung nicht in Betracht. Hat die Behandlung nämlich keine positive Veränderung der gesundheitlichen Situation des Betreuten gegenüber dem bloßen Untätigbleiben zur Folge, so fehlt es ihr an der erforderlichen medizinischen Indikation. Es kann dann schon begrifflich nicht davon die Rede sein, ihre Vornahme fördere sein "Wohl".

---

[788] Nedopil, Erwiderung auf den Beitrag von Schreiber, FamRZ 1991, 1014 ff., FamRZ 1993, 24 (26)
[789] LG Berlin FamRZ 1993, 597 (599)

hh. Die Maßstäbe für die Entscheidung des Vormundschaftsgerichtes

Die gesetzlichen Vorgaben des § 1901 BGB sind auch für die Entscheidung des Vormundschaftsgerichtes über die Erteilung der Genehmigung zu der von dem Betreuer erteilten Einwilligung zu einer Heilbehandlung bzw. für seine Aufsichtstätigkeit gem. §§ 1908 i Abs. 1 S. 1, 1837 BGB maßgebend. Es kann das Handeln des Betreuers nur insoweit beanstanden, als es dem Wohl des Betreuten zuwiderlaufen würde.[790]

ii. Beurteilungsspielraum des Betreuers gegenüber dem Vormundschaftsgericht bezüglich des Betreutenwohles ?

Fraglich ist, ob dem Betreuer bei der Prüfung der Frage, was dem Wohle des Schutzbefohlenen entspricht, ein durch das Vormundschaftsgericht nur beschränkt nachprüfbarer Beurteilungsspielraum verbleibt, oder ob er dessen Kontrolle in vollem Umfange unterworfen ist.

Teilweise wird das Vorliegen eines solchen Beurteilungsspielraumes zugunsten des Betreuers angenommen.[791] Allein durch die Verwendung des unbestimmten Rechtsbegriffes "Wohl des Betreuten" habe der Gesetzgeber zu erkennen gegeben, daß die von dem Betreuer getroffenen Wertungen nur begrenzt einer gerichtlichen Kontrolle zugänglich seien.[792]

Diese Argumentation verkennt jedoch die in der verwaltungsgerichtlichen Rechtsprechung entwickelten Grundsätze zur Bedeutung unbestimmter Rechtsbegriffe und des sich aus ihnen ergebenden Beurteilungsspielraumes der zuständigen Behörden. Zwar ist allgemein anerkannt, daß ein solcher Spielraum durch den Gesetzgeber geschaffen werden kann.[793] Dies beruht darauf, daß dieser in bestimmten Fällen keine so eindeutige Regelung getroffen hat und nach der Natur der Sache auch nicht treffen konnte, daß sich mit hinreichender Sicherheit feststellen ließe, welche Entscheidung richtig ist. Die gerichtliche Kontrolle stößt hier an die Funktionsgrenzen der Rechtsprechung.[794]

---

[790] Bienwald in: Staudinger, BGB, § 1904 RNr. 50

[791] Diederichsen in: Palandt, BGB, § 1837 RNr. 15; Kollmer, Selbstbestimmung im Betreuungsrecht, S. 122 f.

[792] Kollmer, Selbstbestimmungsrecht im Betreuungsrecht, S. 122 f.

[793] BVerfGE 39, 334 (354); BVerwGE 39, 197 (203 f.); Maurer, Allgemeines Verwaltungsrecht, § 7 RNr. 32; Ule, Unbestimmte Begriffe und Ermessen im Umweltschutzrecht, DVBl. 1973, 756 (757)

[794] BVerfG NJW 1991, 2005 (2006); BVerfG DVBl. 1992, 145 (147)

Allerdings wird heute für die Anerkennung eines Beurteilungsspielraumes der Verwaltung ganz überwiegend eine entsprechende Regelung im Gesetz gefordert (normative Ermächtigungslehre). Der einschlägigen Rechtsvorschrift muß zumindest durch Auslegung die Entscheidung des Gesetzgebers zu entnehmen sein, daß die Verwaltung ermächtigt ist, über das Vorliegen der tatbestandlichen Voraussetzungen eines unbestimmten Rechtsbegriffes abschließend zu entscheiden.[795] Dies fordert nicht zuletzt die Rechtsschutzgarantie des Art. 19 Abs. 4 GG, nach der grundsätzlich auch unbestimmte Rechtsbegriffe unbeschränkt überprüfbar sein müssen.[796]

Lediglich ausnahmsweise ist daher für einige begrenzte Fallgruppen ein Beurteilungsspielraum anerkannt worden, und zwar bei Prüfungsentscheidungen,[797] dienstlichen Beurteilungen,[798] prognostischen Entscheidungen wertenden Charakters[799] sowie Entscheidungen, die weitgehend von einer persönlichen Wertung abhängen und einem weisungsfreien, pluralistisch besetzten Gremium übertragen sind.[800]

Zwar ist das Handeln des Betreuers nicht unmittelbar mit dem einer Behörde gleichzusetzen, insbesondere wird seine Rechtsstellung nicht nur von öffentlich-rechtlichen, sondern zumindest in gleichem Maße auch von privatrechtlichen Elementen geprägt.[801] Dennoch ist die Möglichkeit der gerichtlichen Überprüfung der von dem Betreuer in Ausübung seines Amtes vorgenommenen Handlungen im Interesse des Schutzes des Betreuten in gleicher Weise geboten wie die Überprüfbarkeit behördlichen Handelns. Entscheidend für diese Überlegung spricht, daß der Betreuer die

---

795 BVerwG NVwZ 1991, 568 (569); Redeker, Verfassungsrechtliche Vorgaben zur Kontrolldichte verwaltungsgerichtlicher Rechtsprechung, NVwZ 1992, 305 (307); Rozek, Neubestimmung der Justitiabilität von Prüfungsentscheidungen, NVwZ 1992, 343 (344); Kopp, Anmerkung zu BVerfG, DVBl. 1991, 805, DVBl. 1991, 989 (991); Herzog, R., Verfassung und Verwaltungsgerichte - zurück zu mehr Kontrolldichte ? NJW 1992, 2601 (2604)

796 BVerfG NJW 1991, 2005 (2006); BVerwG DVBl. 1991, 49; BVerwG NJW 1992, 451 (452)

797 BVerfG NJW 1991, 2005 (2007 f.)

798 BVerwGE 60, 245; BVerwGE 61, 176 (185)

799 BVerwG DVBl. 1982, 301 (302); BVerwGE 72, 300 (316 f.); Tettinger, Überlegungen zu einem administrativen "Prognosespielraum", DVBl. 1982, 421 (426)

800 BVerwG DVBl. 1993, 498 (500); BVerwGE 39, 197 (203 f.); BVerwGE 62, 330 (339); OVG Berlin NJW 1988, 365 (366); OVG Koblenz DÖV 1992, 410 (411)

801 Das Bundesverfassungsgericht hat in einer zum Vormundschaftsrecht ergangenen Entscheidung die öffentlich-rechtliche Seite des Amtes betont. Der Vormund sei "Vertrauensperson des fürsorgenden Staates", seine Befugnisse beruhten auf der vormundschaftsgerichtlichen Bestellung als staatlichem Hoheitsakt. Insgesamt beherrsche der Gedanke der öffentlichen Fürsorge das gesamte Vormundschaftsrecht (BVerfGE 10, 302, 311, 328). Nach dem Inkrafttreten des Betreuungsgesetzes gelten diese Gesichtspunkte für das Verhältnis des Betreuers zum Vormundschaftsgericht unvermindert fort. Insofern erfolgt die gesetzliche Vertretung des Betreuten nicht nur in seinem Interesse, sondern auch im Interesse des Staates an einem funktionierenden Gesundheits- und Gemeinwesen. Demgegenüber ist die rechtliche Beziehung zwischen dem Betreuer und seinem Schutzbefohlenen in den §§ 1896 ff. BGB eindeutig privatrechtlich ausgestaltet.

Legitimation seiner Entscheidungsbefugnis aus seiner hoheitlichen Bestellung herleitet.

Die Zuerkennung eines Beurteilungsspielraumes wäre allenfalls dann gerechtfertigt, wenn sich den Regelungen des Betreuungsrechtes entnehmen ließe, daß der Gesetzgeber dem Betreuer die abschließende Entscheidung über das Vorliegen unbestimmter Tatbestandsmerkmale überlassen wollte. Dies aber ist nicht der Fall. Schon die Verweisung des § 1908 i Abs. 1 Satz 1 BGB auf § 1837 BGB, durch die die gesamte Tätigkeit des Betreuers der Aufsicht des Vormundschaftsgerichtes unterstellt wird, belegt, daß der Gesetzgeber dem Betreuer keinen Entscheidungsspielraum zugestehen wollte. Bestätigt wird diese Intention für den Bereich der Heilbehandlungen durch die Vorschrift des § 1904 BGB, der besonders riskante Entscheidungen dem Alleinentscheidungsrecht des Betreuers ausdrücklich entzieht. Der Gesetzgeber wollte durch die Einführung dieser Regelung eine verstärkte Kontrolle im Bereich der persönlichen Angelegenheiten des Betreuten erzielen, die Eigenständigkeit des Betreuers sollte zurückgedrängt werden. Auch zeigt sich gerade hier, daß das Gesetz davon ausgeht, daß sich die Entscheidung des Betreuers durch das Gericht mit vertretbarem Aufwand überprüfen läßt.

Die Einschätzung des Betreuers, ob eine beabsichtigte ärztliche Maßnahme dem Wohl des Betreuten entspricht oder nicht, unterliegt somit in vollem Umfange der vormundschaftsgerichtlichen Kontrolle. Vertritt dieses im Einzelfall eine abweichende Meinung, so kann es gegen die von ihm erkannte Pflichtwidrigkeit des Betreuers gem. §§ 1908 i Abs. 1 Satz 1, 1837 Abs. 2 Satz 1 BGB durch geeignete Ge- und Verbote einschreiten. Letztlich hat es sogar die Entlassung des Betreuers als für die übertragene Aufgabe ungeeignet in Betracht zu ziehen (§ 1908 b Abs. 1 BGB). Es darf sich demgegenüber jedoch grundsätzlich nicht selbst an die Stelle des Betreuers setzen.[802] Eine Ausnahme hiervon gilt lediglich für den Fall, daß ein Betreuer entweder noch nicht bestellt oder bei der Erfüllung seiner Pflichten verhindert ist und eine dringende Entscheidung ansteht, die keinen zeitlichen Aufschub duldet (§§ 1908 i Abs. 1 Satz 1, 1846 BGB). In keinem Falle aber darf sich die Tätigkeit des Vormundschaftsgerichtes nach außen hin als Umgehung der Betreuerbestellung darstellen.[803]

---

802 Diederichsen in: Palandt, BGB, § 1837 RNr. 19; da das Vormundschaftsgericht somit grundsätzlich keine eigene Entscheidung trifft, sondern lediglich kontrolliert, ob die vorgesehene Entscheidung des Betreuers zulässig ist, erhebt sich das Gericht auch nicht etwa zum "Herrn über Leben und Tod"(so auch Taupitz, Empfehlen sich zivilrechtliche Regelungen in: Verhandlungen des 63. DJT 2000, Bd. I, Gutachten A, S. A 85).

803 Diederichsen in: Palandt, BGB, § 1846 RNr. 1

jj. Richtlinien für die Entscheidung des Vorsorgebevollmächtigten

Das Betreuungsrecht enthält keine ausdrückliche Regelung der Frage, nach welchen Grundsätzen der Bevollmächtigte, der aufgrund der durch das Betreuungsrechtsänderungsgesetz neu eingeführten Vorschrift des § 1904 Abs. 2 BGB nunmehr unstreitig auch für den Bereich der Heilbehandlungen von dem Hilfebedürftigen eingesetzt werden kann, Entscheidungen über die Vornahme eines körperlichen Eingriffes zu treffen hat.

Zunächst ist der Inhalt der Vollmacht daraufhin zu überprüfen, ob sich bereits aus ihr der maßgebliche Wille des Patienten zum Zeitpunkt des Eingriffs herleiten läßt. Weder das Vormundschaftsgericht noch der Bevollmächtigte sind berechtigt, ihre Auffassung an die Stelle derjenigen des Patienten zu setzen, wenn dieser im noch einwilligungsfähigen Zustand eine Entscheidung über seine weitere Behandlung getroffen hat, deren Wirksamkeit auch nach dem Eintritt seiner Einwilligungsunfähigkeit keinen Zweifeln unterliegt. Zu überprüfen ist jedoch stets, ob der Vollmachtgeber sich in der Vergangenheit tatsächlich gerade mit der nun aktuell eingetretenen Situation befaßt hat, und inwieweit er überhaupt in der Lage sein konnte, sich in diese hineinzuversetzen und die Entscheidung zu antizipieren.[804]

Lassen sich durch die Auslegung der Vollmacht nicht alle Zweifel am Willen des Patienten beseitigen, so ist die analoge Heranziehung des § 1901 Abs. 2 BGB bei der Bestimmung ihres Inhaltes zu befürworten, so daß die Entscheidung dann nach objektiven medizinischen Maßstäben zu treffen ist, die das - objektiv zu bestimmende - Wohl des Vollmachtgebers im Blick haben. Der vollständige Verweis des neu eingefügten § 1904 Abs. 2 Satz 1 BGB auf den ersten Absatz der Vorschrift verdeutlicht, daß der Gesetzgeber das Handeln des Bevollmächtigten, soweit es gesundheitliche Belange des Vollmachtgebers betrifft, grundsätzlich den gleichen Maßstäben unterwerfen wollte wie das des Betreuers.[805]

Bei besonders risikoreichen ärztlichen Eingriffen dürfte sich aufgrund der Einschaltung des Vormundschaftsgerichtes sowohl im Falle der Betreuerbestellung als auch in dem der Bevollmächtigung im Hinblick auf die zu treffende Behandlungsentscheidung überhaupt kein Unterschied mehr ergeben. Je bedeutungsvoller die in Frage stehenden Maßnahmen für Leben und Gesundheit des Patienten sind, desto wichti-

---

[804] vgl. hierzu auch die Parallelsituation im Falle der Betreuerbestellung unter B. VI. 1. b. ff.; in welchem Umfange eine Antizipation möglich ist, wird im Rahmen der Erörterungen zur Verbindlichkeit des Patiententestamentes zu erörtern sein, vgl. hierzu C. III. 2.

[805] hierfür sprach sich auch der 63. DJT 2000 mit 39:5:5 Stimmen aus.

ger wird nach dem Willen des Gesetzgebers der Gedanke der Rechtssicherheit und desto bedeutsamer wird die wirksame und gleichmäßige Durchführung der Mißbrauchskontrolle. Dabei kommt der Frage, ob die zu überwachende Person von dem Patienten selbst bevollmächtigt oder durch den Staat als Betreuer eingesetzt worden ist, keine entscheidende Bedeutung zu.

Diese Entscheidung des Gesetzgebers wird insbesondere von Uhlenbruck heftig kritisiert. Seiner Ansicht nach ist die Vollmacht in Gesundheitsangelegenheiten durch § 1904 Abs. 2 BGB wertlos geworden. Denn letztlich entscheide immer ein Vormundschaftsrichter darüber, ob eine Behandlung oder eine Operation durchgeführt werde oder nicht. Das Gericht werde sich im Zweifel an der Stellungnahme des ärztlichen Gutachtens orientieren, so daß die letzte Entscheidung beim Arzt liege und dem Willen des Patienten kaum mehr Beachtung geschenkt werde. Dies aber widerspreche dem Wesen der gewillkürten Stellvertretung, da der Vertreter allein vom Willen des Vertretenen abhängig und an diesen gebunden sein müsse, nicht aber an das objektive Wohl, sofern dies im Einzelfalle dem Willen entgegenstehe.[806]

Die Befürchtung, das Selbstbestimmungsrecht des Patienten werde durch die angesprochene Gesetzesänderung in unvertretbarer Weise eingeschränkt, ist meines Erachtens unbegründet. Die Gegenansicht übersieht in erster Linie, daß das Vormundschaftsgericht bei seiner Entscheidung über die Genehmigungserteilung im Rahmen des § 1904 BGB an die gesetzlichen Vorgaben des § 1901 BGB gebunden ist und in diesem Zusammenhang die aktuellen sowie die vormals geäußerten Wünsche des nicht (mehr) einwilligungsfähigen Patienten insoweit zu berücksichtigen hat, als sie seinem Wohl nicht zuwiderlaufen. Von einer willkürlichen Entscheidungsmacht kann daher keine Rede sein. Auch dem einzuholenden ärztlichen Sachverständigengutachten kommt lediglich eine Hilfsfunktion bei der Ermittlung des

---

[806] Uhlenbruck, Entmündigung des Patienten durch den Gesetzgeber, ZRP 1998, 46 (47 f.); Uhlenbruck, Die Stellvertretung in Gesundheitsangelegenheiten in: Festschrift für Deutsch, S. 849 (857); Uhlenbruck, Selbstbestimmtes Sterben, S. 349; zustimmend auch Bienwald, Betreuungsrecht, § 1904 RNr. 42; Schwab in: Münchner-Kommentar, BGB, § 1896 RNr. 152; Röver, Einflußmöglichkeiten des Patienten, S. 194, 208 f. sieht in der Regelung des § 1904 Abs. 2 BGB eine unverhältnismäßige staatliche Kontrollmaßnahme, die das Selbstbestimmungsrecht des Betroffenen in unzulässiger Weise einschränke; Scheffen, Zivilrechtliche Neuregelung der passiven Sterbehilfe und Sterbebegleitung, ZRP 2000, Heft 8, S. 1 (3): Die aufgezwungene Kontrolle des Gerichts verstoße massiv gegen das Recht des Vollmachtgebers auf Selbstbestimmung. Die Vormundschaftsrichter würden dadurch zu "Göttern in schwarz", die Fremdbestimmung im persönlichen Bereich sei systemwidrig und müsse als unangemessene Bevormundung empfunden werden. Für eine umfassendere Entscheidungskompetenz des Bevollmächtigten gegenüber dem Betreuer auch Neumann, Die Vorsorgevollmacht und die Rolle eines "Patientenanwalts" in Theorie und Praxis in: Neumann/Körner, Patientenautonomie und Humanes Sterben, S. 115 (117). Der 63. DJT 2000 lehnte mit 21:25:3 Stimmen den Vorschlag ab, daß die Kontrolle des Gesundheitsbevollmächtigten gem. § 1904 Abs. 2 BGB entfallen solle.

Gesundheitszustandes und der aus ärztlicher Sicht gebotenen Behandlungsmaßnahmen zu. Insoweit liegt in dem Genehmigungserfordernis zwar verfahrensrechtlich, nicht aber materiell eine Beschränkung der Patientenautonomie.[807]

Soweit nun aber der vormals geäußerte Wille des Vollmachtgebers zu Maßnahmen im Sinne des § 1904 Abs. 1 BGB aktuell seinem objektiv verstandenen Wohl eindeutig zuwiderläuft, ist zwar zuzugeben, daß die Bindung des Vormundschaftsgerichtes und des Bevollmächtigten an § 1901 Abs. 2, 3 BGB den Umfang des Selbstbestimmungsrechtes des Vollmachtgebers einschränkt. Dies aber scheint hinnehmbar, um den Betreffenden vor einer voreilig im voraus veranlaßten Selbstschädigung zu schützen. Darüber hinaus ist es dem Bevollmächtigten in solchen Fällen auch nicht zumutbar - und noch viel weniger dem Vormundschaftsgericht in Ausübung seiner Tätigkeit gem. § 1904 BGB - sehenden Auges an einer solchen Selbstschädigung des Vollmachtgebers mitzuwirken. Das Selbstbestimmungsrecht muß - wie auch im Falle des § 216 StGB - seine Grenze dort finden, wo Dritte in die bewußte Selbstschädigung einbezogen werden sollen.

Ist der Patient hingegen aktuell noch einwilligungsfähig, so ist er bezüglich des Fortganges der Behandlung allein entscheidungsbefugt. Das Vormundschaftsgericht hat sich in diesem Falle ebenso wie der Bevollmächtigte jeder eigenen Stellungnahme zu enthalten, selbst wenn über die Vornahme riskanter Eingriffe der in § 1904 BGB genannten Art zu entscheiden ist.

2. Der Eilfall: Entscheidungskompetenz des Arztes

Ist der Patient in der entscheidungsrelevanten Situation nicht einwilligungsfähig, besteht andererseits jedoch angesichts der sachlichen und zeitlichen Dringlichkeit einer erforderlich gewordenen risikobehafteten Maßnahme für den Betreuer bzw. Bevollmächtigten keine Möglichkeit mehr, das Vormundschaftsgericht anzurufen, ohne daß hierdurch der Erfolg der Behandlung nachhaltig in Frage gestellt würde (Gefahr im Verzuge), so kann der Betreuer bzw. der Bevollmächtigte seine Einwilligung zu dem Eingriff auch ohne entsprechende vormundschaftsgerichtliche Genehmigung erteilen (§ 1904 Abs.1 Satz 2 BGB). Durch diese Regelung soll verhindert werden, daß Leben und Gesundheit einwilligungsunfähiger Patienten durch die

---

[807] Berger, Privatrechtliche Gestaltungsmöglichkeiten, JZ 2000, 797 (804) weist zutreffend darauf hin, daß es die Errichtung einer Vorsorgevollmacht vielfach sogar erleichtern werde, wenn der Vollmachtgeber davon ausgehen könne, daß lebenswichtige Entscheidunges eines anderen einer gerichtlichen Kontrolle unterliegen würden.

mit der Einführung des Genehmigungsvorbehaltes zwangsweise verbundenen Bürokratisierung der ärztlichen Behandlung gefährdet werden.[808] Deshalb ist eine Genehmigung des Vormundschaftsgerichtes bereits dann als entbehrlich anzusehen, wenn nach ärztlicher Erfahrung und unter Berücksichtigung sämtlicher Umstände des konkreten Einzelfalles nicht mit hinreichender Sicherheit ausgeschlossen werden kann, daß sich der Zustand des Patienten durch die Einschaltung des Gerichtes verschlimmern, oder daß sich gar das Risiko des Eintritts der Lebens- oder Gesundheitsgefahr verwirklichen würde. Diese Gefahr muß ihrem Grade nach eine dringende sein.[809] Anders als im Falle des § 1906 Abs. 2 BGB muß die Genehmigung des Vormundschaftsgerichtes auch nicht nachgeholt werden, da Maßnahmen der Heilbehandlung im Gegensatz zu denen einer länger andauernden Freiheitsentziehung nach ihrer Durchführung grundsätzlich nicht mehr rückgängig gemacht werden können.[810]

Sieht sich der Betreuer dagegen lediglich gehindert, seinen Aufgaben nachzukommen, so hat sich der Arzt an das Vormundschaftsgericht zu wenden, sofern hierdurch nicht in zeitlicher Hinsicht unvertretbare Verzögerungen eintreten. Das Gericht wiederum ist für die Erteilung der Einwilligung anstelle des verhinderten Betreuers gem. §§ 1908 i Abs. 1 Satz 1, 1846 BGB zuständig. In entsprechender Anwendung dieser Vorschriften hat das Vormundschaftsgericht auch anstelle eines verhinderten Vorsorgebevollmächtigten zu entscheiden.

Erweist sich demgegenüber das Eingreifen des Arztes als derart dringend, daß schon die Hinzuziehung des gesetzlichen Vertreters, des Vorsorgebevollmächtigten oder des Vormundschaftsgerichtes mit unvertretbaren Verzögerungen verbunden wäre, fällt dem behandelnden Arzt die Eilentscheidungskompetenz zu.[811]

Teilweise wird darüber hinaus die Auffassung vertreten, dem Arzt sei die alleinige Entscheidungskompetenz zuzuerkennen, wenn der Sterbeprozeß eines Patienten irreversibel eingesetzt habe und bis zu diesem Zeitpunkt noch kein Betreuer oder Bevollmächtigter bestellt worden sei.[812]

---

[808] Schwab in: Münchner-Kommentar, BGB, § 1904 RNr. 19
[809] Damrau/Zimmermann, BetrG, § 1904 RNr. 13; Schwab, Das neue Betreuungsrecht, FamRZ 1990, 681 (686); Kern, Die Bedeutung des Betreuungsgesetzes für das Arztrecht, MedR 1991, 66 (69); Kern, Arzt und Betreuungsrecht, MedR 1993, 245 (249); Bienwald, Betreuungsrecht, § 1904 RNr. 26
[810] Damrau/Zimmermann, BetrG, § 1904 RNr. 13
[811] zustimmend insofern auch der 63. DJT 2000 mit 35:3:5 Stimmen.
[812] in diesem Sinne die Beschlußfassung des 63. DJT 2000 mit 27:6:11 Stimmen.

Diese Auffassung ist jedoch abzulehnen. Das Betreuungsrecht sieht vor, daß immer dann, wenn eine Person nicht mehr in der Lage ist, ihre Angelegenheiten eigenverantwortlich zu regeln, für sie ein Betreuer zu bestellen ist, um ihre Interessen wahrzunehmen. Im Bereich der Heilbehandlungen impliziert dies die Kontrolle ärztlicher Entscheidungen. Erkennt man diese Regelung als sinnvoll an, so ist kein sachlicher Grund ersichtlich, der ein abweichendes Verhalten am Ende des Lebens rechtfertigen würde, zumal Eilentscheidungen weiterhin wie auch sonst von der Notkompetenz des Arztes gedeckt sind. Die gegenteilige Auffassung erweckt - wenn auch möglicherweise ungewollt - den Eindruck, als komme es bei einem sterbenden Patienten nicht mehr darauf an, welche Behandlungsentscheidung getroffen werde, da er dem Tode ohnehin nicht mehr entgehen könne. Da sich aber jegliche Differenzierungen des Lebenswertes in qualitativer und quantitativer Hinsicht prinzipiell verbieten, erscheint eine solche Regelung nicht hinnehmbar. Darüber hinaus ist die Überwachung des Arztes selbst in der Sterbephase nicht sinnlos, da hier nicht nur - wie noch im einzelnen zu zeigen sein wird - über die Anwendung lebenserhaltender Behandlungsmaßnahmen zu entscheiden ist, sondern gerade Fragen der Schmerzlinderung und der Basispflege ein erhebliches schutzwürdiges Interesse des Patienten an einer Betreuerbestellung begründen. Abgesehen davon aber ist die Verlagerung der Entscheidungskompetenz auf den Arzt ab dem "irreversiblen Eintritt des Sterbeprozesses" viel zu unbestimmt, als daß sich hieraus eine praktikable Lösung herleiten ließe. Denn bis zum heutigen Tage existiert keine Definition der Sterbephase, geschweige denn, daß sich diese von einem Arzt exakt bestimmen ließe, so daß dem Arzt ein erheblicher Gestaltungsspielraum verbliebe, innerhalb dessen er nach Belieben Entscheidungsbefugnisse unter Umgehung der zeitaufwendigen und daher als lästig empfundenen Betreuerbestellung an sich ziehen könnte.

Somit ist daran festzuhalten, daß dem Arzt lediglich in Eilfällen eine originäre Entscheidungsbefugnis bezüglich der Behandlung des Patienten zukommt. Findet auch das Bedürfnis, das Handeln des Arztes in dieser Situation zu rechtfertigen, heute allgemein Anerkennung, so weichen die Wege, die zur Verwirklichung dieses Zieles eingeschlagen werden, in ihren Voraussetzungen teilweise doch recht deutlich voneinander ab.

a. Zivilrecht

Die zivilrechtliche Rechtsprechung[813] und Literatur[814] stützt den ärztlichen Heileingriff bei Gefahr im Verzuge überwiegend auf den Rechtfertigungsgrund der berechtigten Geschäftsführung ohne Auftrag.[815] Gemäß §§ 677, 683 S. 1 BGB setzt diese voraus, daß die Tätigkeit des Geschäftsführers sowohl dem Interesse als auch dem wirklichen bzw. mutmaßlichen Willen des Geschäftsherrn entspricht.

In Abgrenzung zu seinem Willen ist das Interesse des Geschäftsherrn dabei rein objektiv zu bestimmen.[816] Vom Standpunkt des objektiven Betrachters aus ist danach zu fragen, ob die Übernahme der Tätigkeit für den Geschäftsherrn zu diesem Zeitpunkt nützlich ist.[817] Dies ist auf der Grundlage der konkreten Situation im Einzelfall nach der objektiven Nützlichkeit, subjektiv bezogen auf die Verhältnisse des Geschäftsherrn, festzustellen.[818] Spezielle bzw. ungewöhnliche Wertungen des Geschäftsherrn werden bei der Ermittlung des Interesses nicht berücksichtigt.[819]

In subjektiver Hinsicht ist vorrangig der wirklich geäußerte Wille des Geschäftsherrn zu berücksichtigen, unabhängig davon, ob dieser gegenüber dem Geschäftsführer kundgetan wurde, diesem bekannt ist oder sich als unvernünftig oder interessenwidrig erweist.[820]

Nur dann, wenn der Geschäftsherr keinen wirklichen Willen gebildet und geäußert hat, ist der Rückgriff auf seinen mutmaßlichen Willen statthaft. Hierunter versteht

---

[813] RGZ 68, 431 (434); RGZ 163, 129 (138): allerdings wird in diesen Urteilen nur die Möglichkeit einer Rechtfertigung bei einem Handeln im Interesse und mutmaßlichen Willen des Geschäftsherrn diskutiert, ohne daß dabei ausdrücklich auf die Regeln der Geschäftsführung ohne Auftrag Bezug genommen würde.

[814] Steffen in: RGRK, BGB, § 823 RNr. 383; Deutsch, Das Persönlichkeitsrecht des Patienten, AcP 192 (1992), 161 (168); Deutsch, Medizinrecht, RNr. 63; Laufs, Arztrecht, RNr. 226; Bienwald, Betreuungsrecht, § 1904 RNr. 24; Füllmich, Der Tod im Krankenhaus und das Selbstbestimmungsrecht des Patienten, S. 81; Röver, Einflußmöglichkeiten des Patienten im Vorfeld einer medizinischen Behandlung, S. 77; Stammberger, Fragen der Heilbehandlung in straf- und zivilrechtlicher Sicht in: Stiftung zur Förderung der wissenschaftlichen Forschung, Die Aufklärungspflicht des Arztes, S. 9 (22)

[815] A.A.: Seiler in: Münchner-Kommentar, BGB, RNr. 17 vor § 677 und Wollschläger, Geschäftsführung ohne Auftrag, S. 271 ff.: in den §§ 677 ff. BGB seien lediglich die schuldrechtlichen Ansprüche und Pflichten im Verhältnis zwischen Geschäftsherrn und Geschäftsführer geregelt. Von einem allgemeinen Grundsatz der Rechtfertigung nützlicher Eingriffe in fremde Rechtssphären sei weder im Gesetz selbst noch in den zugehörigen Materialien die Rede. Vorzugswürdig sei daher die Anwendung der Regeln des rechtfertigenden bzw. übergesetzlichen Notstandes.

[816] Medicus, Bürgerliches Recht, RNr. 422; Brox, Schuldrecht BT, RNr. 369

[817] Sprau in: Palandt, BGB, § 683 RNr. 4

[818] OLG München NJW-RR 1988, 1013 (1015)

[819] Schöllhammer, Die Rechtsverbindlichkeit des Patiententestamentes, S. 128

[820] Seiler in: Münchner-Kommentar, BGB, § 683 RNr. 9

man den Willen, den der Geschäftsherr bei objektiver Beurteilung aller Umstände im Zeitpunkt der Übernahme der Tätigkeit geäußert haben würde.[821] Rückschlüsse aus dem seitherigen Verhalten des Geschäftsherrn und früheren Äußerungen sollen hierbei ebenso zulässig sein[822] wie die Ermittlung seiner Einstellung durch die Befragung naher Angehöriger oder sonst nahestehender Personen.[823]

Als verfehlt erweist sich demgegenüber der teilweise vertretene Ansatz, nach dem im Falle der Unerreichbarkeit eines für den Geschäftsherrn bereits bestellten gesetzlichen Vertreters im Eilfall dessen mutmaßlicher Wille im Hinblick auf die Behandlung des Schutzbefohlenen maßgeblich sein soll.[824] Sinnvoll ist das Abstellen auf den Standpunkt eines gesetzlichen Vertreters nur, solange dieser auch tatsächlich in der Lage ist, die seiner Sorge anvertraute Person im Willen zu vertreten. Seine Äußerungen treten dann an die Stelle derjenigen des Vertretenen und repräsentieren seinen Willen verbindlich gegenüber Dritten, ohne daß der Rechtsverkehr - abgesehen von Fällen des Rechtsmißbrauchs - Mutmaßungen darüber anstellen müßte, ob der Vertreter bei seiner Meinungsbildung im Innenverhältnis den Willen des Betroffenen hinreichend beachtet hat. Ist der gesetzliche Vertreter jedoch in Eilfällen nicht erreichbar, so kann er diese Aufgabe im Außenverhältnis zu Dritten nicht mehr wahrnehmen. Der behandelnde Arzt, der nunmehr an seine Stelle in die Position des Entscheidungsträgers rückt, vertritt nicht den gesetzlichen Vertreter, sondern unmittelbar den Schutzbefohlenen an Stelle des verhinderten Vertreters. In gleicher Weise wie im Normalfall der gesetzliche Vertreter hat er das objektive Interesse und - soweit dies zeitlich überhaupt noch möglich ist - den wirklichen oder mutmaßlichen Willen des Patienten zu erforschen und seiner Behandlungsentscheidung zugrunde zu legen. Seine Befugnisse unterscheiden sich somit in keiner Weise von denen des gesetzlichen Vertreters, falls dieser verfügbar wäre.

---

821 OLG München NJW-RR 1988, 1013 (1015); Sprau in: Palandt, BGB, § 683 RNr. 7

822 RGZ 151, 349 (354); Taupitz, Empfehlen sich zivilrechtliche Regelungen in: Verhandlungen des 63. DJT 2000, Bd. I, Gutachten A, S. A 50 weist jedoch zu Recht darauf hin, daß es dem Selbstbestimmungsrecht in gewisser Weise widersprechen könne, wenn der Betroffene an Äußerungen festgehalten werde, die er selbst noch nicht als endgültig und bindend betrachtet und auch noch nicht in allen Facetten durchdacht habe. Zudem sei es bedenklich, Äußerungen aus dem Zusammenhang zu reißen, indem man aus ihnen Ableitungen für zum Äußerungszeitpunkt in ihrem Ausmaß und Erleben noch unsichere Situationen vornehme.

823 BGHZ 29, 176 (185); Kern/Laufs, Die ärztliche Aufklärungspflicht, S. 25; Füllmich, Der Tod im Krankenhaus und das Selbstbestimmungsrecht des Patienten, S. 81 f.; Klie, Das Behandlungsrecht als Fallstrick für das Betreuungsrecht, BtPrax 1996, 38 (40); Ankermann, Verlängerung sinnlos gewordenen Lebens ? MedR 1999, 387 (389); Scheffen, Zivilrechtliche Neuregelung der passiven Sterbehilfe und Sterbebegleitung, ZRP 2000, Heft 8, S. 1 (4); Berger, Privatrechtliche Gestaltungsmöglichkeiten, JZ 2000, 797 (799)

824 Voll, Die Einwilligung im Arztrecht, S. 105; Winkler-Wilfurth, Betreuung und Heilbehandlung, S. 50, 71

Müßte er demgegenüber den mutmaßlichen Willen des gesetzlichen Vertreters ergründen, sähe er sich vor nahezu unlösbare Probleme gestellt. Da er diesen wahrscheinlich niemals zuvor kennengelernt hat, ist es ihm unmöglich, eine zuverlässige Aussage darüber zu treffen, welchen Willen er wohl bei Kenntnis des objektiven Befundes im Hinblick auf die weitere Behandlung des Patienten gebildet haben würde. Selbst wenn ihm aber konkrete Anhaltspunkte bezüglich des Willens des gesetzlichen Vertreters vorliegen würden, bliebe es dem Arzt nicht erspart, im Rahmen dieser Prüfung inzident zu überlegen, in welcher Weise sich wiederum die konkrete gesundheitliche Situation des Patienten auf den Willensbildungsprozeß des gesetzlichen Vertreters ausgewirkt haben könnte. Die Prüfung des Arztes müßte sich folglich mehrstufig vollziehen und würde sich hierdurch in unnötiger Weise verkomplizieren, ohne daß dadurch die Interessen des Patienten besser gewahrt werden könnten als im Falle der einstufigen Entscheidungsfindung des Arztes an Stelle des gesetzlichen Vertreters. Denn das Urteil darüber, welche Therapie am ehesten dem Interesse und dem Willen des einwilligungsunfähigen Patienten gerecht zu werden vermag, wird gewiß nicht dadurch sicherer und weniger angreifbar, daß der Entscheidungsträger vage Vermutungen zu möglichen Ansichten dritter Personen hierzu anstellt. Mangels hinreichender Anhaltspunkte für eine abweichende Position des gesetzlichen Vertreters wird der Arzt allenfalls seinen eigenen Standpunkt auf diesen projizieren. Nur scheinbar wird dadurch das ärztliche Handeln zusätzlich legitimiert. Es ist daher vorzugswürdig, in der Situation des Eilfalles, in der schon rein faktisch allein der behandelnde Arzt in der Lage ist, die Entscheidung über den Fortgang der Behandlung zu treffen, diesen mit der vollen Entscheidungskompetenz auszustatten, die ansonsten dem gesetzlichen Vertreter zukommt.

Teilweise wird dem Interesse des Geschäftsherrn keine eigenständige Funktion zuerkannt. Es solle vielmehr von vornherein lediglich als Mittel zur Feststellung seines mutmaßlichen Willens dienen.[825] In jedem Falle aber gebührt im Falle der Divergenz zwischen Interesse und Willen des Geschäftsherrn letzterem der Vorzug.[826] Denn nur durch diese Rangordnung der Tatbestandselemente der berechtigten Geschäftsführung ohne Auftrag kann sichergestellt werden, daß der Geschäftsherr vor unerbetener und ungewollter Einflußnahme auf seine persönlichen Angelegenheiten geschützt wird.[827]

---

[825] Medicus, Bürgerliches Recht, RNr. 425
[826] Taupitz, Empfehlen sich zivilrechtliche Regelungen in: Verhandlungen des 63. DJT 2000, Bd. I, Gutachten A, S. A 44
[827] Medicus, Bürgerliches Recht, RNr. 422

Sind keine aussagekräftigen Indizien für einen bestimmten zu mutmaßenden Willen des Geschäftsherrn zu ermitteln, ist als mutmaßlich derjenige Wille anzunehmen, der dem Interesse des Geschäftsherrn entspricht.[828] Nach der Rechtsprechung des BGH spricht eine Vermutung dafür, daß aus den objektiven Interessen auf den Willen des Geschäftsherrn geschlossen werden kann.[829]

Zu widersprechen ist in diesem Zusammenhang jener Auffassung, die zunächst in einem ersten Schritt eine objektive Interessenabwägung durchzuführen beabsichtigt und dabei fragt, ob die Maßnahme als legitimationsbedürftiger Eingriff die Interessen des Betroffenen fördere, nicht aber, ob sie seine Interessen nur nicht verletze. Diese Interessenabwägung solle anschließend in einem zweiten Schritt daraufhin überprüft werden, ob nicht die erkennbaren Vorstellungen und Wünsche des Patienten zu einem anderen Ergebnis führten, so daß die objektive Interessenabwägung unter einem subjektiven Korrekturvorbehalt stehe.[830]

Richtigerweise dürfte in einem ersten Schritt danach zu fragen sein, welche Art der Behandlung der Patient wünscht, ehe in einem zweiten Schritt das gefundene Ergebnis daraufhin zu überprüfen ist, ob es objektiv medizinisch vertretbar ist. Nur so wird nach außen hin deutlich dokumentiert, daß dem Willen des Geschäftsherrn der Vorrang vor seinem objektiv zu bestimmenden Interesse gebührt. Im Ergebnis sollte daher von einer subjektiven Interessenabwägung unter objektivem Korrekturvorbehalt gesprochen werden, wobei der Unterschied zu der Gegenauffassung durchaus nicht nur theoretischer Natur ist. Praktische Auswirkungen sind vielmehr überall dort festzustellen, wo die dem Willen des Patienten gemäße Behandlung dessen Wohl nicht fördert, ohne deshalb jedoch bereits als medizinisch unvertretbar gelten zu müssen. Führt man in einem ersten Schritt eine objektive Interessenabwägung durch, so scheidet die Durchführung der Maßnahme bereits an dieser Stelle aus, da sie ja das Wohl des Patienten nicht fördert. Nach der hier vertretenen Auffassung dagegen gelangt die Behandlung zur Ausführung, weil sie erstens dem Willen des

---

828 BGHZ 47, 370 (374); BGH NJW-RR 1989, 970; Berger, Privatrechtliche Gestaltungsmöglichkeiten, JZ 2000, 797 (799) weist zu Recht darauf hin, daß die Vorgabe, die Maßstäbe der Abwägung dürften nicht schlichtweg mit einem objektiven Vernünftigkeitsstandard gleichgesetzt werden, in diesen Fällen theoretisch bleibt.

829 BGHZ 47, 370 (372 ff.)

830 Taupitz, Landesbericht Deutschland in: Taupitz, Zivilrechtliche Regelungen zur Absicherung der Patientenautonomie am Ende des Lebens, S. 273 (301 f.); Taupitz, Empfehlen sich zivilrechtliche Regelungen in: Verhandlungen des 63. DJT 2000, Bd. I, Gutachten A, S. A 43; ablehnend die Beschlußfassung des 63. DJT 2000 hierzu mit 13:33:3 Stimmen.

Patienten entspricht und zweitens medizinisch nicht als unvertretbar anzusehen ist.[831]

Die Formel von der "objektiven Interessenabwägung unter subjektivem Korrekturvorbehalt" ist auch keineswegs zwingend vor dem Hintergrund der Überlegung, daß sich aus dem objektiven Interesse das Referenzmaß dafür ergebe, wie deutlich der Patient seinen eventuell abweichenden Willen zum Ausdruck bringen müsse, wobei die Indizien für einen abweichenden Willen um so ausgeprägter sein müßten, je größer die gewünschte Abweichung vom Normalen sei.[832] Stellt man nämlich den zunächst ermittelten Willen des Patienten unter den objektiven Korrekturvorbehalt, so gelangt man zu dem gleichen Ergebnis, wenn man diese Korrektur um so eher zum Zuge kommen läßt, je weniger deutlich der hiervon abweichende Wille des Patienten zum Ausdruck gekommen war.

Unabhängig von der zuvor erörterten Streitfrage aber kann zumindest dann, wenn sich ein Patient im Vorfeld eines Eingriffes überhaupt keine Gedanken über dessen Vornahme gemacht hat, die Eilfallentscheidung des Arztes nur nach objektiven medizinischen Gesichtspunkten getroffen werden, ausgerichtet an dem sich hieraus unmittelbar ergebenden objektiven gesundheitlichen Interesse des Patienten. Die Feststellung des vorrangig zu bestimmenden Willens des Patienten verliert in diesem Zusammenhang jegliche eigenständige Bedeutung.[833] Rechtsprechung und Literatur erkennen somit an, daß die Berücksichtigungsfähigkeit der Selbstbestimmung an Grenzen stößt, wenn eine aktuelle Stellungnahme des Patienten nicht vorliegt. Gleichzeitig verdeutlicht das Abstellen allein auf das objektive Interesse in Fällen dieser Art das Bemühen, zu rational nachvollziehbaren Entscheidungen zu gelangen, die subjektiven Wertungen des behandelnden Arztes möglichst wenig Spielraum lassen.[834]

---

[831] im Ergebnis scheint auch die Gegenauffassung dem zuzustimmen, geht doch auch sie davon aus, daß vormals geäußerte Wünsche in gleichem Umfange beachtlich seien wie solche, die ein einwilligungsfähiger Patient äußere, und daß der Arzt bei deren Befolgung bis an die obere Grenze des medizinisch Vertretbaren zu gehen habe (Taupitz, Empfehlen sich zivilrechtliche Regelungen in: Verhandlungen des 63. DJT 2000, Bd. I, Gutachten A, S. A 44 f.).

[832] Taupitz, Empfehlen sich zivilrechtliche Regelungen in: Verhandlungen des 63. DJT 2000, Bd. I, Gutachten A, S. A 43

[833] BGHZ 47, 370 (372 ff.); ebenso auch Taupitz, Empfehlen sich zivilrechtliche Regelungen in: Verhandlungen des 63. DJT 2000, Bd. I, Gutachten A, S. A 45

[834] Zu Recht weist Taupitz, Empfehlen sich zivilrechtliche Regelungen in: Verhandlungen des 63. DJT 2000, Bd. I, Gutachten A, S. A 37 f. darauf hin, daß sich bei der Ermittlung des mutmaßlichen Willens sehr häufig das Problem stellt, welche wann und in welchem Zusammenhang und mit welcher Intensität und aufgrund welcher Vorinformation (mit oder ohne ärztliche Aufklärung ?) wem gegenüber geäußerten Wünsche als maßgeblich angesehen werden könnten, ob diese früher geäußerten Wünsche auf die konkrete Situation projizierbar seien und welcher Willensermittlungsaufwand in diesem Zusammenhang geleistet werden müsse. Angesichts dieser

Abgemildert wird diese einseitige Ausrichtung am objektiven Interesse des Patienten dagegen in Situationen, in denen absehbar ist, daß die Einwilligungsunfähigkeit des Patienten nur von vorübergehender Natur sein wird (z.B. Zustand momentaner Bewußtlosigkeit). Hier ist dem Selbstbestimmungsrecht zumindest dadurch Rechnung zu tragen, daß der Arzt seine Tätigkeit auf die Vornahme der im Augenblick unerläßlich gebotenen Maßnahmen beschränkt und die Entscheidung über den weiteren Verlauf der Behandlung dem Patienten nach Wiedererlangung seiner Entscheidungsfähigkeit überläßt.[835]

Im Ergebnis nicht anders stellt sich der Entscheidungsfindungsprozeß dar, wenn der Patient sich zwar in der Vergangenheit einmal Gedanken über die Durchführung einer bestimmten Behandlungsmaßnahme gemacht hat, in der konkreten Situation aber nunmehr Zweifel bestehen, ob entweder die von dem Patienten vorhergesehene Konstellation mit der eingetretenen tatsächlich übereinstimmt, oder ob nicht damals Gesichtspunkte für ihn entscheidungserheblich waren, die jetzt möglicherweise in ihrer Bedeutung von ihm abweichend beurteilt würden. Bleiben auch nur geringe Zweifel an dem tatsächlichen oder mutmaßlichen Willen des Patienten unaufklärbar bestehen, erweist sich jedes Abstellen auf eine subjektive Sichtweise des Patienten als zu vage und zu unbestimmt. Würde der Arzt hier nicht allein das objektive gesundheitliche Interesse des Patienten in den Mittelpunkt seiner Überlegungen stellen, könnte sich außenstehenden Dritten sehr leicht der Eindruck aufdrängen, er habe eigene Wertmaßstäbe auf den Patienten projiziert und ihn dadurch zum Objekt einer - wenn nicht willkürlichen, so aber doch zumindest angreifbaren - Behandlungsentscheidung gemacht.

Kann der Patient aktuell nicht über den Fortgang seiner Behandlung mitentscheiden, besteht stets die Gefahr, daß Entscheidungen getroffen werden, die nicht mit dem übereinstimmen, was er selbst im Vollbesitz seiner geistigen Kräfte angeordnet hätte. Eine absolute Sicherheit, den Willen des Patienten auf der Grundlage hypothetischer Erwägungen zutreffend zu ermitteln, wird es hier nur in den seltensten Fällen geben. Führt man sich diese Unwägbarkeiten deutlich vor Augen, so scheint im Zweifel das Abstellen auf rein objektive Interessengesichtspunkte eher hinnehmbar als das Anstellen vager Vermutungen über einen möglichen Willen des Patienten in der konkreten Situation, der sich niemals wirklich wird ergründen lassen und allein schon aus diesem Grunde Dritte veranlassen mag, Kritik an einer ärztlichen

Unsicherheiten werde der mutmaßliche Wille leicht zur Fiktion und zum praktischen Instrumentarium, diejenige Entscheidung als dem mutmaßlichen Willen des Betroffenen entsprechend und damit als von seinem Selbstbestimmungsrecht gedeckt darzustellen, die dem Handelnden die genehmste sei.

[835] Kleinewefers, Zur Aufklärung des Patienten, VersR 1981, 99 (103)

Entscheidung zu äußern, die sich lediglich an solchen hypothetischen Erwägungen ausrichtet. Schlägt nämlich das Bemühen des Arztes fehl, den mutmaßlichen Willen des Patienten zu ergründen, wiegt die sich hieraus ergebende faktische Fremdbestimmung des Kranken - mag sie nun beabsichtigt sein oder nicht - deutlich schwerer als im Falle einer rein objektiv ausgerichteten Entscheidungsfindung, die sich im Bewußtsein unaufklärbarer Zweifel jeglicher hypothetischer Mutmaßungen über den Willen des Patienten enthält.

Gänzlich unmöglich aber ist das Abstellen auf einen wirklichen oder mutmaßlichen Willen bei Patienten, die nie in der Lage gewesen sind, einen freiverantwortlichen Willen zu bilden, namentlich also bei noch einwilligungsunfähigen Kindern oder bei von Geburt an geistig schwer geschädigten Personen. Hier liegen von vornherein keine in der Vergangenheit liegenden Willensäußerungen des Kranken vor, aus denen sich Anhaltspunkte für seinen mutmaßlichen aktuellen Willen herleiten ließen.

Ist aber der von Gesetzes wegen dem gesetzlichen Vertreter vorgegebene Entscheidungsmaßstab in dieser Situation allein auf das Wohl des Schutzbefohlenen ausgerichtet (§ 1627 S.1 BGB für den Minderjährigen, § 1901 BGB für den volljährigen Betreuten, der geistig niemals in der Lage war, eigene Wünsche und Vorstellungen zu entwickeln), so kann sich der Entscheidungsmaßstab für den Arzt im Eilfall nicht abweichend darstellen. Auch hier wird das objektive Interesse des Patienten im Bereich der berechtigten Geschäftsführung ohne Auftrag zum alles entscheidenen Kriterium, das keinen Raum mehr läßt für subjektive Erwägungen des wirklichen oder mutmaßlichen Patientenwillens.

Es ist somit derjenigen Auffassung entschieden zu widersprechen, die bei einwilligungsunfähigen Minderjährigen im Bereich der Geschäftsführung ohne Auftrag nicht nur auf das Interesse des Betroffenen, sondern darüber hinaus auf den wirklichen bzw. mutmaßlichen Willen des gesetzlichen Vertreters abstellen möchte.[836] Da die Entscheidungsfreiheit der Eltern - wie bereits unter B. VI. 1. a. dargestellt - erheblich enger ausgestaltet ist als die eines einwilligungsfähigen Kranken über seine eigene Person, und sie insbesondere nicht befugt sind, objektiv unvernünftige Entscheidungen zum Nachteil des Minderjährigen zu treffen, könnte das zusätzliche Abstellen auf die Perspektive der Eltern ohnehin nicht zu einer Veränderung des Entscheidungsmaßstabes führen. Schon aus praktischen Erwägungen erscheint die Einbe-

[836] so aber: Sprau in: Palandt, BGB, § 682 RNr. 3; Schöllhammer, Die Rechtsverbindlichkeit des Patiententestamentes, S. 135; Esser/Weyers, Schuldrecht BT § 46 II 1 b, S. 394

ziehung der Sichtweise der Eltern daher nicht sinnvoll. Ein zusätzlicher Schutz des Minderjährigen jedenfalls kann hieraus nicht erwachsen.

Kein Anwendungsfall der Geschäftsführung ohne Auftrag ist demgegenüber in denjenigen Fällen gegeben, in denen zwar der gesetzliche Vertreter noch rechtzeitig um die Erteilung seiner Einwilligung ersucht werden kann, diese aber vernunftwidrigerweise versagt. Da hier ein tatsächlich geäußerter Wille des gesetzlichen Vertreters als Repräsentant des Geschäftsherrn vorliegt, würde ein Eingreifen des Arztes zwar den objektiven Interessen des Patienten gerecht werden, der subjektiven Tatbestandsseite der Geschäftsführung ohne Auftrag wäre jedoch nicht in hinreichendem Maße Rechnung getragen. Verbleibt dem Arzt noch hinreichend Zeit, um das Vormundschaftsgericht von der pflichtwidrigen Versagung der Einwilligung durch den gesetzlichen Vertreter in Kenntnis zu setzen, wird dieses im Falle der Vertretung Minderjähriger gem. § 1666 Abs. 2 BGB die Einwilligung anstelle der Eltern erteilen, bei Volljährigen wird es den Betreuer gem. §§ 1908 i Abs. 1 Satz 1, 1837 Abs. 2 Satz 1 BGB anweisen, die Einwilligung zu erteilen, im Falle der Verhinderung des Betreuers diese Einwilligung gem. §§ 1908 i Abs. 1 Satz 1, 1846 BGB selbst aussprechen oder aber den Betreuer gem. § 1908 b Abs. 1 BGB als für die übertragene Aufgabe der Heilbehandlung ungeeignet entlassen und gem. § 1908 c BGB durch einen anderen Betreuer ersetzen.

Verbietet sich demgegenüber aus Gründen zeitlicher und sachlicher Dringlichkeit die Anrufung des Vormundschaftsgerichtes, so kann der unter Mißachtung der ablehnenden Haltung des gesetzlichen Vertreters vorgenommene ärztliche Heileingriff allein unter dem Gesichtspunkt der Nothilfe (wenn man in der mißbräuchlichen Einwilligungsverweigerung einen Angriff des gesetzlichen Vertreters auf die Gesundheit des Schutzbefohlenen sieht) oder des rechtfertigenden Notstandes gerechtfertigt sein.[837]

b. Strafrecht

Als strafrechtlicher Rechtfertigungsgrund, der in Fällen mangelnder Einholbarkeit einer tatsächlichen Entscheidung des betroffenen Rechtsgutträgers bzw. seines gesetzlichen Vertreters oder Bevollmächtigten zur Anwendung gelangen kann, ist die

---

[837] Voll, Die Einwilligung im Arztrecht, S. 149; Uhlenbruck in: Laufs/Uhlenbruck, Handbuch des Arztrechts, § 52 RNr. 11; Bockelmann, Strafrecht des Arztes, S. 61, 79 FN. 65; Hirsch in: Leipziger-Kommentar, StGB, § 226 a RNr. 37

mutmaßliche Einwilligung gewohnheitsrechtlich anerkannt.[838] Es werden jedoch unterschiedliche dogmatische Ansätze vertreten, um die Rechtfertigung des Täters zu begründen.

aa. Willenstheorien

Die Willenstheorien sehen die rechtfertigende Grundlage des Handelns im mutmaßlichen Willen des betroffenen Rechtsgutträgers. Dabei wird wiederum teilweise die mutmaßliche Einwilligung als bloßes Einwilligungssurrogat und damit als Unterfall der rechtfertigenden Einwilligung angesehen.[839] Zwischen tatsächlicher und mutmaßlicher Einwilligung bestehe ein Ergänzungsverhältnis, beide dienten der Selbstverwirklichung des Individuums.[840] Der virtuelle Wille des Berechtigten müsse erkennbar sein, wobei sich aus dem objektiven Interesse Anhaltspunkte für diesen ergeben könnten, jedoch nicht übersehen werden dürfe, daß dem objektiven Interesse allenfalls eine Indizfunktion zukomme, niemals aber die rechtfertigende Wirkung selbst.[841]

Eine andere Ansicht stellt zwar ebenfalls entscheidend auf den mutmaßlichen Willen ab, der selbst dann über die Rechtfertigung entscheide, wenn er vom objektiven Interesse des Betroffenen abweiche. Die mutmaßliche Einwilligung wird hier jedoch als völlig selbständiger, von der rechtfertigenden Einwilligung und dem rechtfertigenden Notstand losgelöster Rechtfertigungsgrund angesehen.[842]

---

838 BGHSt 16, 309 (312); Lenckner in: Schönke/Schröder, StGB, RNr. 54 vor § 32; Hirsch in: Leipziger-Kommentar, StGB, RNr. 129 vor § 32; Roxin, Strafrecht AT, § 18 RNr. 8; Wessels, Strafrecht AT, RNr. 380; Maurach/Zipf, Strafrecht AT/1, § 28 II RNr. 4 ff.; Baumann/Weber, Strafrecht AT, § 17 RNr. 114; Müller-Dietz, Mutmaßliche Einwilligung und Operationserweiterung - BGH NJW 1988, 2310, JuS 1989, 280 (281)

839 Blei, Strafrecht AT, S. 138; Kuhlmann, Einwilligung in die Heilbehandlung, S. 124

840 Häcker, Wille und Interesse bei der mutmaßlichen Einwilligung, S. 123

841 Hruschka, Extrasystematische Rechtfertigungsgründe in: Festschrift für Dreher, S. 189 (205); so wohl auch im Ergebnis Vogel, Die versuchte passive Sterbehilfe, MDR 1995, 337 (338)

842 Hirsch in: Leipziger-Kommentar, StGB, RNr. 129 vor § 32; Kleinewefers, Die Aufklärungspflicht des Arztes und die Rechtsfolgen ihrer Verletzung, VersR 1964, 349 (352); Trockel, Die Rechtfertigung ärztlicher Eigenmacht, NJW 1970, 489 (490); Arzt, Einwilligung zur Heilbehandlung untergebrachter Kranker ? NJW 1967, 668 (670); Kaufmann, Die eigenmächtige Heilbehandlung, ZStW 73 (1961), 341 (378); Van Husen/Gerlach, Aufklärungspflicht aus internistischer Sicht in: Lawin/Huth, Grenzen der ärztlichen Aufklärungs- und Behandlungspflicht, S. 22 (23)

bb. Interessen- bzw. Rechtsgüterabwägungstheorien

Demgegenüber sehen ein Teil der Rechtsprechung und Literatur in dem Notstandsgedanken das eigentlich hinter dem Rechtfertigungsgrund der mutmaßlichen Einwilligung stehende Prinzip an. Die Interessenabwägungstheorie geht dabei davon aus, daß eine Handlung dann rechtmäßig sei, wenn die mit ihr geschützten Interessen die durch die Tat verletzten überwiegen würden.[843] Die Rechtsprechung hat diesen Gedanken auf die Wertverhältnisse der konkret im Widerstreit stehenden Rechtsgüter oder Pflichten übertragen.[844] Teilweise wird aus der engen Beziehung zwischen der mutmaßlichen Einwilligung und Gesichtspunkten der Interessenabwägung die Schlußfolgerung gezogen, es handle sich bei der mutmaßlichen Einwilligung lediglich um einen Anwendungsfall des rechtfertigenden Notstandes ohne eigenständige Bedeutung,[845] teilweise wird trotz der engen Verknüpfung beider Rechtfertigungsgründe deren eigengesetzlicher Charakter betont.[846] Schmidhäuser kritisiert dabei bereits die Bezeichnung des Rechtfertigungsgrundes als mutmaßliche Einwilligung, da es nicht auf den hypothetischen Willen des Berechtigten oder irgendwelche Mutmaßungen hierüber ankommen könne, sondern allein darauf, ob der Täter im dringlichen Interesse des Rechtsgutträgers gehandelt habe.[847] Ähnlich stellt auch H. Mayer allein auf die objektive Sachlage ab und mißt den Erwägungen, die ein vernünftiger Mensch in einer bestimmten Situation anstelle, rechtfertigende Wirkung bei.[848]

cc. Theorie des erlaubten Risikos

Ein dritter Lösungsansatz sieht in dem erlaubten Risiko das der mutmaßlichen Einwilligung zugrundeliegende Rechtfertigungsprinzip.[849] Im Mittelpunkt steht dabei die sachgemäße Prognose über den wahren Willen des Berechtigten, die Rechtferti-

---

[843] Hegler, Die Merkmale des Verbrechens, ZStW 36 (1915), S. 19 (39); Jakobs, Strafrecht AT, 15. Abschnitt RNr. 16; Schmidhäuser, Strafrecht AT, 9. Abschnitt RNr. 49; Welzel, Das deutsche Strafrecht, § 14 V; Bockelmann, Strafrecht AT, § 15 C II 2.; Bockelmann, Rechtliche Grundlagen und rechtliche Grenzen der ärztlichen Aufklärungspflicht, NJW 1961, 945 (949); Eb. Schmidt, Der Arzt im Strafrecht, S. 114

[844] RGSt 61, 242 (254); BGHSt 12, 299 (304); BayObLG NJW 1953, 1602 (1603)

[845] Otto, Grundkurs Strafrecht, § 8 IV RNr. 131; Welzel, Das deutsche Strafrecht, § 14 V.; Bockelmann, Strafrecht AT, § 15 C II 2; Heidner, Die Bedeutung der mutmaßlichen Einwilligung als Rechtfertigungsgrund, S. 163 ff.

[846] BGH MedR 1988, 248; Jescheck, Lehrbuch des Strafrechts AT, § 34 VII. 1.

[847] Schmidhäuser, Strafrecht AT, 9. Abschnitt RNr. 50

[848] Hellmuth Mayer, Strafrecht AT, S. 168

[849] Roxin, Über die mutmaßliche Einwilligung in: Festschrift für Welzel, S. 447 ff.; Roxin, Strafrecht AT, § 18 RNr. 1

gung des Täters folge aus der pflichtgemäßen Prüfung dieses Willens,[850] sofern die wirkliche Entscheidung des Betroffenen nicht eingeholt oder abgewartet werden könne.[851] Bei sachgebundenen Entscheidungen sei davon auszugehen, daß eine Handlung dann gerechtfertigt sei, wenn sie dem Interesse des Berechtigten entspreche, sofern nicht erkennbare Indizien vorlägen, die eine abweichende Auffassung des Rechtsgutträgers vermuten ließen.[852] Demgegenüber dürfe der Täter bei persönlichkeitsgebundenen Entscheidungen grundsätzlich nicht von einer mutmaßlichen Einwilligung ausgehen, es sei denn, daß besondere Umstände die Annahme nahelegten, der Rechtsgutträger sei mit dem Eingriff einverstanden.[853] Nur bei existentiellen Entscheidungen, die Leben und Tod betreffen würden, kehre sich dieses Verhältnis zwischen Regel und Ausnahme erneut um, so daß in diesen Fällen grundsätzlich von einer mutmaßlichen Einwilligung der betroffenen Person auszugehen sei.[854]

dd. Kombination der Willenstheorien mit der Theorie des erlaubten Risikos

Teilweise werden auch die Grundsätze der Willenstheorien und des erlaubten Risikos miteinander kombiniert. Die rechtfertigende Wirkung der mutmaßlichen Einwilligung beruhe grundsätzlich auf der Übereinstimmung der Täterhandlung mit dem hypothetischen Willen des Rechtsgutträgers.[855] Stelle sich jedoch im nachhinein heraus, daß der Täter den wirklichen Willen verfehlt habe, so könne er allenfalls aus dem Gesichtspunkt des erlaubten Risikos gerechtfertigt sein.[856]

ee. Kombination der Willenstheorien mit den Interessen- bzw. Rechtsgüterabwägungstheorien

Schließlich findet sich auch der Versuch, die Willenstheorien mit Interessengesichtspukten zu verknüpfen. Dies geschieht überwiegend unter Verweis auf die Re-

---

850 Roxin, Über die mutmaßliche Einwilligung in: Festschrift für Welzel, S. 447 (453); Roxin, Strafrecht AT, § 18 RNr. 5
851 Roxin, Über die mutmaßliche Einwilligung in: Festschrift für Welzel, S. 447 (461); Roxin, Strafrecht AT, § 18 RNr. 10
852 Roxin, Über die mutmaßliche Einwilligung in: Festschrift für Welzel, S. 447 (464); Roxin, Strafrecht AT, § 18 RNr. 20
853 Roxin, Strafrecht AT, § 18 RNr. 21
854 Roxin, Strafrecht AT, § 18 RNr. 24 f.
855 Lenckner in: Schönke/Schröder, StGB, RNr. 56 vor § 32
856 Lenckner in: Schönke/Schröder, StGB, RNr. 58 vor § 32

geln über die Geschäftsführung ohne Auftrag.[857] Teilweise wird daneben die unmittelbare Anwendung der Geschäftsführung ohne Auftrag als strafrechtlicher Rechtfertigungsgrund propagiert.[858] Angesichts der überwiegenden Akzeptanz der Geschäftsführung ohne Auftrag in der zivilrechtlichen Literatur spreche für ihre Heranziehung auch im Strafrecht schon die gerade im Bereich der Rechtfertigungsgründe zu wahrende Einheit der Rechtsordnung.[859] Dabei wird der mutmaßliche Wille dem objektiven Interesse des Betroffenen gleichberechtigt gegenübergestellt und inhaltlich danach bestimmt, was ein vernünftiger Mensch unter Berücksichtigung der Person des Geschäftsherrn im Zeitpunkt der Tat gewollt hätte.[860]

Teilweise werden die beiden Ansätze dergestalt miteinander kombiniert, daß grundsätzlich nach dem mutmaßlichen Willen des Betroffenen gefragt wird und erst dann, wenn keine hinreichend deutlichen Anhaltspunkte für diesen erkennbar sind, ein Rückgriff auf die Notstandsregeln erfolgt und damit eine Interessen- und Güterabwägung vorgenommen wird.[861]

ff. Stellungnahme

Wie im Bereich des Zivilrechtes ist auch in strafrechtlicher Hinsicht denjenigen Auffassungen, die sich um eine Berücksichtigung des - wenn auch zu mutmaßenden - Willens des Betroffenen bemühen, zunächst zugute zu halten, daß sie es dem Rechtsgutträger ermöglichen, den Eingriff in seine körperliche Integrität nach seinen persönlichen Wertvorstellungen zu beeinflussen. Das einseitige Abstellen auf die

---

857 Honig, Die Einwilligung des Verletzten, S. 153 FN 58; Ahrens, Geschäftsführung ohne Auftrag als Strafausschließungsgrund in: Strafrechtliche Abhandlungen, Bd. 101, S. 25 ff.; Noll, Übergesetzliche Rechtfertigungsgründe, im besonderen die Einwilligung des Verletzten, S. 137; Heinitz, Das Problem der materiellen Rechtswidrigkeit in: Strafrechtliche Abhandlungen, Bd. 211, S. 47 f.; Brückmann, Neue Versuche zum Problem der strafrechtlichen Verantwortlichkeit des Arztes für operative Eingriffe, ZStW 24 (1904), 657 (701 f.); Kleinewefers, Die Aufklärungspflicht des Arztes unter Berücksichtigung der Rechtsprechung des Bundesgerichtshofs, VersR 1962, 197 (202); Deutsch, Das therapeutische Privileg des Arztes: Nichtaufklärung zugunsten des Patienten, NJW 1980, 1305 (1307); Uhlenbruck, Ärztliche Haftung bei Erweiterung oder Abänderung des Operationsplanes, VersR 1968, 1101 (1106); Tiedemann, Die mutmaßliche Einwilligung, insbesondere bei Unterschlagung amtlicher Gelder - OLG Köln, NJW 1968,2348, JuS 1970, 108 (109); Dahm, Ärztliche Entscheidung unter Reanimationsbedingungen, S. 87;Weber, Zur strafrechtsgestaltenden Kraft des Zivilrechts in: Festschrift für Baur, S. 133 (140)

858 Zitelmann, Ausschluß der Widerruflichkeit, AcP 99 (106), 1 ff. (104); Schroth, Die berechtigte Geschäftsführung ohne Auftrag als Rechtfertigungsgrund im Strafrecht, JuS 1992, 476 ff.; U. Weber, Zur strafrechtsgestaltenden Kraft des Zivilrechts in: Festschrift für Baur, S. 133 (139 f.)

859 Schroth, Die berechtigte Geschäftsführung ohne Auftrag als Rechtfertigungsgrund im Strafrecht, JuS 1992, 476 (478)

860 Ahrens, Geschäftsführung ohne Auftrag als Strafausschließungsgrund in: Strafrechtliche Abhandlungen, Bd. 101, S. 27

861 Eser in: Schönke/Schröder, StGB, § 223 RNr. 42

objektive Nützlichkeit einer Behandlungsmaßnahme würde zudem die unbefriedigende Konsequenz mit sich bringen, daß solche Handlungen als strafbar anzusehen wären, die durchaus im Einklang mit dem Willen des Betroffenen stehen, jedoch seinen objektiven Interessen zuwiderlaufen. Der Rechtsgutträger liefe in diesem Falle Gefahr, unter Mißachtung seines Selbstbestimmungsrechtes fremdbestimmt zu werden.

Von ihrem Ansatzpunkt her ist der Kombination der Willenstheorien mit dem objektiven Ansatz der Interessenabwägungs- bzw. Notstandstheorien der Vorzug zu geben, wobei das dogmatische Schwergewicht des Rechtfertigungsgrundes im Willen des Betroffenen zu suchen ist. Andererseits aber zeigen gerade die Fälle der Heilbehandlung sehr deutlich, daß das Abstellen auf einen mutmaßlichen Willen des Patienten oft genug einer bloßen Willensfiktion gleichkommt, die sich jeder rationalen Begründbarkeit entzieht und mit enormer Rechtsunsicherheit verbunden ist. Wie bereits im Rahmen der zivilrechtlichen Erörterungen gezeigt, stößt die Berücksichtigung des Selbstbestimmungsrechtes hier an seine natürliche Grenze, die die Heranziehung eines objektiv am gesundheitlichen Wohl des Patienten ausgerichteten Maßstabes unausweichlich werden läßt.

C. Rechtmäßigkeit ärztlicher Sterbehilfemaßnahmen

I. Zum Begriff und den verschiedenen Kategorien der Sterbehilfe

1. Sterbehilfe vor dem Hintergrund der Euthanasie des Dritten Reiches

Bei dem Begriff "Sterbehilfe" handelt es sich um eine in Deutschland bewußt gewählte Wortschöpfung, da die international gebräuchliche Bezeichnung "Euthanasie" hierzulande untrennbar mit düsteren Erinnerungen an die Zeit des Nationalsozialismus verbunden ist.[862] Schon terminologisch soll so deutlich gemacht werden, daß die heute geführte Diskussion betreffend den Umgang mit Sterbenden weder in ideologischer noch in inhaltlicher Hinsicht irgendwelche Verbindungen zu den Praktiken jener Zeit aufweise.[863]

Das Wort Euthanasie, das übersetzt nichts anderes bedeutet als "der gute, angenehme Tod", wurde im Dritten Reich mißbraucht für die Liquidierung sog. "lebensunwerter" und "rassenhygienisch unerwünschter" Menschen. Noch bevor die systematische Ermordung von Millionen von europäischen Juden einsetzte, wurden ab 1939 unter dem Vorwand der Euthanasie körperlich oder geistig behinderte "arische" Deutsche unter nicht weniger entsetzlichen Umständen umgebracht. Weder die Ausrottung der europäischen Juden noch die Ermordung der Behinderten waren dabei spontane Vorgänge, die den perversen Vorstellungen einiger weniger entstammten, sondern vielmehr das Ergebnis eines seit dem 19. Jahrhundert virulenten Rassenwahns. Beide Vernichtungsaktionen aber hatten letztlich das gleiche Endziel: Eine fiktive reinrassige "arische Herrenrasse". Zuerst mußte dazu die angeblich allen anderen Rassen überlegene "arische Rasse" von physisch und psychisch Kranken "gesäubert" werden, damit nur noch "wertvolles Erbgut" zur Vermehrung gelangen konnte.[864] Anschließend galt es, den europäischen Herrschaftsraum des NS-Regimes von "minderwertigen", "fremdrassigen" Menschen zu befreien - wobei auf der Werteskala der NS-Ideologen die schon von den Rassisten des 19. Jahrhunderts erfundene "semitische Rasse" an unterster Stelle rangierte.

---

862 Kaufmann, Euthanasie - Selbsttötung - Tötung auf Verlangen, MedR 1983, 121

863 Sattler, Selbstbestimmt sterben, S. 13; Hirsch, Behandlungsabbruch und Sterbehilfe in: Festschrift für Lackner, S. 597 f.

864 Nowak, Erbgesundheitsgeschichte in: Christoph/Illiger, Notwehr gegen die neue Euthanasie, S. 268 (270). In den Medien wurde eingehend darauf aufmerksam gemacht, wie schädlich sich die Vermehrung "erbkranker" und "minderwertiger" Menschen auf die Entwicklung des Staates auswirke. Statistiken wurden veröffentlicht, die angaben, wie viele gesunde Familien mit dem Geld gefördert werden könnten, das ein kranker Mensch in einer Anstalt kostete.

Während des ersten Teiles der angesprochenen "Säuberung" wurde die Euthanasie unter dem Schlagwort des "Gnadentodes" propagiert, um nach außen hin den Mitleidsgedanken zu betonen und gleichzeitig den eigentlichen Anlaß und das Ziel der barbarischen Vernichtungsaktionen zu verschleiern.[865]

Als ausgewiesener Verfechter des rassenhygienischen Gedankens vertrat Hitler die Auffassung, daß Völker, die der Verschlechterung ihres Erbgutes nicht entgegenwirkten, im Kampf um das Dasein auf Dauer unterliegen würden. Gleichzeitig beklagte er, daß durch die Pflege der Kranken und Schwachen der natürliche Ausleseprozeß ausgeschaltet werde (kontraselektorischer Effekt der Medizin).[866]

Daher wurde am 14.07.1933 auf sein Betreiben hin das Gesetz zur Verhütung erbkranken Nachwuchses verabschiedet. Dieses erlaubte die zwangsweise Sterilisierung erbkranker Personen.[867] Als solche mußten von beamteten Ärzten und Anstaltsleitern all diejenigen gemeldet werden, die an angeborenem Schwachsinn, Schizophrenie, manisch-depressivem Irresein, erblicher Fallsucht, erblichem Veitstanz, erblicher Blindheit, erblicher Taubheit oder schwerer körperlicher Mißbildung litten.[868] Auch wer an Alkoholismus litt, konnte unfruchtbar gemacht werden. 1934 erfolgte eine Erweiterung des Gesetzes, die, sofern die Sterilisation bei einer Schwangeren erfolgte, gleichzeitig die Abtreibung erlaubte. Insgesamt wurden während der NS-Zeit ungefähr 400.000 Menschen zwangssterilisiert.[869]

Die Sterilisationsgesetzgebung erwies sich als unmittelbare Vorstufe der unter dem Begriff der Euthanasie vollzogenen nationalsozialistischen Vernichtungsaktionen, die wiederum als Vorstufe der sogenannten "Endlösung der Judenfrage" anzusehen ist.[870] Bewußt wartete Hitler mit der Umsetzung seines Euthanasieprogramms den Ausbruch des Zweiten Weltkrieges im Jahre 1939 ab. Er war der Meinung, daß sich die Euthanasiefrage im Kriege glatter und leichter lösen ließe, da offene Wider-

---

[865] Schadewaldt, Euthanasie in: Hiersche, Euthanasie, S. 11 (22)

[866] Stadler, Sterbehilfe, S. 56

[867] Beckert, Strafrechtliche Probleme um Suizidbeteiligung und Sterbehilfe, S. 102; zur Entstehungsgeschichte dieses Gesetzes vgl. Schleiermacher, Das Konzept der differenzierten Fürsorge in: Rothmaler/Mitrovic, Die neue Ethik, S. 25 ff.; Roth/Schlatmann, Eugenik im Recht in: Düwell/Vormbaum, Themen juristischer Zeitgeschichte, Schwerpunktthema: Recht und Nationalsozialismus, S. 152 ff.

[868] Mitrovic, Zum Menschenbild der staatlichen Fürsorge im Dritten Reich in: Rothmaler/Mitrovic, Die neue Ethik, S. 38 (40)

[869] Stadler, Sterbehilfe, S. 58; Klee, Durch Zyankali erlöst, S. 8; Rothmaler, Gesundheitsbegriff und Rassenhygiene in: Rothmaler/Mitrovic, Die neue Ethik, S. 9 (16); Buck, Die Ausrottungsmaßnahmen von 1933 bis 1945 in: Christoph/Illiger, Notwehr gegen die neue Euthanasie, S. 280; Nowak, "Viele nehmen ihren Gram und Kummer mit ins Grab" in: Daub/Wunder, Des Lebens Wert, S. 21

[870] Zimmermann-Acklin, Euthanasie, S. 72

stände, die insbesondere von kirchlicher Seite zu erwarten seien, im Kriegsgeschehen eher bekämpft werden könnten. Außerdem baute er darauf, daß die Akzeptanzbereitschaft der Bevölkerung bezüglich der Massenvernichtungen durch die allgemeine "Entwertung" eines Menschenlebens in Kriegszeiten (durch die Kriegstoten) erhöht werde.[871] Die Euthanasie erfolgte jedoch auch ab Herbst 1939 allein auf der Grundlage des in die Form einer Ermächtigung gekleideten Führerbefehls.[872] Ordnungsgemäße Gesetze dagegen wurden hierzu nicht erlassen, weil man glaubte, die Krankenmorde so besser vor der Öffentlichkeit geheimhalten zu können,[873] die für diese Art der "inneren Selbstreinigung" noch nicht "reif" genug schien.[874] Dem Entwurf eines "Gesetzes über die Sterbehilfe bei unheilbar Kranken", der im Oktober 1940 der Kanzlei Hitlers vorlag, blieb ebenfalls aus diesem Grunde die Verabschiedung versagt. Der Text dieses Gesetzentwurfes kann heute nur noch teilweise anhand der zugehörigen Diskussionsprotokolle rekonstruiert werden. In ihnen heißt es u.a., daß die Erhaltung des Lebens von Menschen, die infolge unheilbaren chronischen Leidens zum schaffenden Leben unfähig seien, mit den sittlichen Normen der Volksgemeinschaft nicht vereinbar sei. In dem Entwurf wurde geregelt, daß zum einen derjenige, der an einer unheilbaren, sich oder andere stark belästigenden oder sicher zum Tode führenden Krankheit leide, seine Tötung durch einen Arzt verlangen könne, zum anderen aber auch das Leben eines unheilbar Geisteskranken, der ansonsten lebenslänglicher Verwahrung bedürfe, durch ärztliche Maßnahmen beendet werden könne.[875]

Die Euthanasieaktionen des Dritten Reiches gliederten sich in fünf Etappen:

a. Kindereuthanasie

Der Reichsminister des Innern erließ am 18.08.1939 eine geheime Verordnung, die für leitende Ärzte geburtshilflicher Einrichtungen und Hebammen eine Meldepflicht

---

[871] Humphry/Wickett, Das Recht auf den eigenen Tod, S. 31; Stadler, Sterbehilfe, S. 62

[872] v. Engelhardt, Euthanasie in: Oehmichen, Lebensverkürzung, S. 25 (38): Der auf den 1.9.1939 zurückdatierte Führerbefehl lautete: "Reichsleiter Bouhler und Dr. med. Brandt sind unter Verantwortung beauftragt, die Befugnisse namentlich zu bestimmender Ärzte so zu erweitern, daß nach menschlichem Ermessen unheilbar Kranken bei kritischster Beurteilung ihres Krankheitszustandes der Gnadentod gewährt werden kann."

[873] Saueracker, Die Bedeutung des Patiententestamentes, S. 12; Bade, Der Arzt an den Grenzen von Leben und Recht, S. 45; Beckert, Strafrechtliche Probleme um Suizidbeteiligung und Sterbehilfe, S. 102; Wunder, Sterbehilfe - zur gegenwärtigen medizinischen, juristischen und ethischen Diskussion in: Evang. Akademie Berlin, Sterbehilfe - Tötung auf wessen Verlangen ? S. 49 (52)

[874] Degener, Tödliches Mitleid schützt vor Strafe in: Tolmein, Geschätztes Leben, S. 119 (192)

[875] Stadler, Sterbehilfe, S. 68 f.; Wunder, Die neue Lebens(un)wertdiskussion und die alten Erlösungshoffnungen in: Daub/Wunder, Des Lebens Wert, S. 26 (28)

an örtliche Gesundheitsämter vorsah für Idiotie, Mongolismus, Mikrozephalie, Hydrocephalus, Mißbildungen jeder Art, z.B. Spina bifida, und spastische Lähmungserscheinungen.[876] In der hierzu erstellten Liste wurden in der Folgezeit insgesamt etwa 100.000 Kinder und Jugendliche bis zum 17. Lebensjahr registriert. Von den Meldebögen wurden 20.000 ausgesondert und den drei Gutachtern Werner Catel, Hans Heinze und Ernst Wentzler vorgelegt.[877] Je einer von ihnen sollte aus der Sicht des Wissenschaftlers, des psychiatrisch-neurologischen Facharztes und des in der Praxis stehenden Kinderarztes urteilen.[878] Sie entschieden - mittels eines Plus- (für Tötung) bzw. eines Minuszeichens (für Lebenlassen) über das Schicksal der Kinder und Jugendlichen, ohne diese jemals gesehen zu haben.[879] Vor ihrer Hinrichtung wurden in der Regel Menschenversuche an den Kindern durchgeführt.[880]

Schon bald nach dem Beginn der Kindereuthanasie erlegten sich die Gutachter und Ärzte in den Mordstationen bei der Entscheidung über Leben und Tod eines Kindes keinerlei Zurückhaltung mehr auf. Nicht selten kam es vor, daß die von den Ärzten gestellte Diagnose zu ungenau und zu knapp war, als daß Aussichten auf Besserung überhaupt hätten beurteilt werden können. Zudem waren die vorlegenden Ärzte in ihrer Prognose oft unterschiedlicher Auffassung. Dies hinderte die Gutachter jedoch nicht, in aller Regel die ungünstigste Prognose ihrem Urteil zugrundezulegen und in vielen Fällen den Zustand eines Kindes selbst dann als unheilbar darzustellen, wenn der Hausarzt, der das Kind am besten kannte, den Fall nicht für schwerwiegend gehalten hatte. Sie wurden dabei durch die Ärzte auf den Mordstationen in ihrer Entscheidung bestärkt, die bei "produktiver" Arbeitsweise mit Sonderprämien von seiten des Reichsausschusses belohnt wurden.[881]

Die Eltern überließen ihre Kinder den Behörden meist freiwillig, wurde ihnen doch versichert, daß in den Anstalten eine viel bessere Therapie möglich sei als zu Hause. Weigerten sich Eltern, ihre Kinder Anstalten zu überlassen, wurden Zwangsmaßnahmen, z.B. in Form des Sorgerechtsentzuges, gegen sie eingelei-

---

[876] Aly, Der saubere und der schmutzige Fortschritt in: Verein zur Erforschung der nationalsozialistischen Gesundheits- und Sozialpolitik e.V., Euthanasie im Dienst des Fortschritts, S. 9 (35 f.)
[877] Benzenhöfer, Der gute Tod ? S. 117
[878] Schultz, Dichtkunst, Heilkunst, Forschung: Der Kinderarzt Werner Catel in: Verein zur Erforschung der nationalsozialistischen Gesundheits- und Sozialpolitik e.V., S. 107
[879] Antonioli, Tötung auf Verlangen, S. 19; Friedlander, Der Weg zum NS-Genozid, S. 94; H. Ehrhardt, Euthanasie und Vernichtung lebensunwerten Lebens, S. 29
[880] Baader, Sterbehilfe und Euthanasie - ideologische Zusammenhänge in: Evang. Akademie Berlin, Sterbehilfe - Tötung auf wessen Verlangen ? S. 1 (18)
[881] Friedlander, Der Weg zum NS-Genozid, S. 110, 112

tet.[882] In mindestens 22 sogenannten Kinderfachabteilungen wurden bis zum Ende des Zweiten Weltkrieges mindestens 5.000 Kinder und Jugendliche umgebracht.[883] Teilweise ließ man sie schlichtweg verhungern, größtenteils jedoch wurden die durchaus gängigen Medikamente Luminal, Veronal oder Morphium-Skopolamin zu Tötungszwecken mißbraucht.[884]

b. Massenerschießungen geistig Behinderter in Pommern/Warthegau

In Pommern/Warthegau und den besetzten Ostgebieten wurde auf Veranlassung des dortigen Gauleiters Schwede-Coburg unmittelbar nach Kriegsbeginn im Herbst 1939 mit Massenerschießungen von Anstaltsinsassen begonnen.[885] Diese frühen Euthanasiemorde erfolgten ohne den Deckmantel einer ärztlichen Untersuchung und ohne Verschleierung der tatsächlichen Vorgehensweise nach außen. Während im Reich derlei Täuschungsmanöver mit Rücksicht auf die öffentliche Meinung unerläßlich waren, entfielen diese Beschränkungen im Osten aufgrund des Kriegszustandes.[886]

c. Aktion T 4

Ende 1939 wurde ohne gesetzliche Grundlage mit der Euthanasie Erwachsener unter der Tarnbezeichnung "Aktion T 4"[887] begonnen. Zwar richtete sich die Aktion in erster Linie gegen Geisteskranke. In gleicher Weise waren jedoch zunehmend auch Blinde und Taubstumme, Epileptiker, Schwachsinnige, Personen, die an Senilität und anderen Alterskrankheiten litten, sowie solche betroffen, die nicht die deutsche Staatsangehörigkeit besaßen oder nicht deutschen oder artverwandten Blutes waren, so daß sich der Kreis der potentiellen Opfer mit der Zeit enorm ausweitete.[888]

---

882 Friedlander, Der Weg zum NS-Genozid, S. 114

883 Winau, Die Freigabe der Vernichtung lebensunwerten Lebens in: Winau/Rosemeier, Tod und Sterben, S. 27 (43); Friedlander, Der Weg zum NS-Genozid, S. 97; Begemann, Medizin im Widerspruch in: Bastian, Denken - schreiben - töten, S. 95 (107)

884 Friedlander, Der Weg zum NS-Genozid, S. 105

885 Antonioli, Tötung auf Verlangen, S. 19

886 Friedlander, Der Weg zum NS-Genozid, S. 229

887 die Tarnbezeichnung war eine Abkürzung für "Tiergartenstraße 4". Dort war der größte Teil der Euthanasie-Verwaltung in Berlin untergebracht (Knopp, Holokaust, S. 124; Stadler, Sterbehilfe, S. 72; Friedlander, Der Weg zum NS-Genozid, S. 126; Humphry/Wickett, Das Recht auf den eigenen Tod, S. 31)

888 Friedlander, Der Weg zum NS-Genozid, S. 138

Der Durchführung des Projektes dienten die Tötungsanstalten in Grafeneck, Brandenburg, Bernburg, Hartheim bei Linz, Sonnenstein und Hadamar.[889]

Die Aktion T 4 bedeutete aus der Sicht des NS-Regimes die konsequente Weiterführung der zuvor begonnenen Vernichtungspolitik: Waren in der ersten Phase Zwangssterilisationen durchgeführt worden, um der Geburt potentiell untauglicher Kinder vorzubeugen, und war in der zweiten Phase die Euthanasie an Kindern in die Wege geleitet worden, um sämtlichen Nachwuchs auszurotten, dessen Existenz sich durch das Sterilisationsprogramm nicht hatte verhindern lassen, so konnte man auf der Grundlage dieser zukunftsgerichteten Vorkehrungen nunmehr daran gehen, die Gegenwart zu "säubern" und die Vergangenheit auszulöschen, indem man auch behinderte Erwachsene in das Euthanasie-Mordprogramm aufnahm.[890]

Die Vorgehensweise in der Erwachsenen-Euthanasie unterschied sich kaum von jener, die man zuvor gegenüber den Kindern entwickelt hatte: Anhand von Meldebögen wurden Patientendaten ermittelt, ärztliche Gutachter sollten die erfaßten Personen beurteilen und über deren weitere Behandlung befinden. Doch während über das Schicksal der Kinder lediglich drei Fachärzte entschieden hatten, waren für die Durchführung der Erwachsenen-Euthanasie weitaus mehr Gutachter erforderlich. Es wurden dabei Untergutachtergremien mit insgesamt etwa 40 Ärzten gebildet, die in einer ersten Bewertungsrunde Entscheidungen über Leben und Tod fällten, ehe sie ihr Urteil den Obergutachtern Heyde, Nitsche und Linden zur Überprüfung vorlegten.[891] So vermittelte man nach außen hin den Eindruck größter Sorgfalt und Korrektheit bei der Entscheidungsfindung, während die drei Obergutachter tatsächlich - selbst wenn sie dies gewollt hätten - schon allein wegen der Menge der ihnen vorgelegten Gutachten nicht in der Lage sein konnten, diese einer kritischen Überprüfung zu unterziehen.[892] Doch auch die Untergutachter, denen somit faktisch die alleinige Entscheidung überlassen blieb, trafen ihre verhängnisvollen Beurteilungen nicht aufgrund einer persönlichen Untersuchung der Patienten und nach eingehender Überprüfung der jeweiligen Krankengeschichte, sondern allein anhand der knappen Angaben in den Meldebögen.[893] Das nach außen hin beeindruckende medizinische Gebäude, das "T 4" zum Schutz vor unsachgemäßen Beurteilungen errichtet hatte, erwies sich somit bei näherer Betrachtung als bloße Fassade.[894] Die Entscheidun-

---

889 Knopp, Holokaust, S. 124; Winau, Die Freigabe der Vernichtung lebensunwerten Lebens in: Winau/Rosemeier, Tod und Sterben, S. 27 (44)
890 Friedlander, Der Weg zum NS-Genozid, S. 117
891 Benzenhöfer, Der gute Tod ? S. 123
892 Friedlander, Der Weg zum NS-Genozid, S. 139, 141
893 Klee, Durch Zyankali erlöst, S. 10
894 Friedlander, Der Weg zum NS-Genozid, S. 143

gen wurden letztlich überwiegend auf der Grundlage utilitaristischer Überlegungen, insbesondere unter Berücksichtigung der Fähigkeit der betroffenen Personen, produktive Arbeit zu verrichten, getroffen.[895]

Insgesamt 70.273 Menschen fielen der Aktion in den zwanzig Monaten zwischen Januar 1940 und August 1941 zum Opfer.[896] Sie wurden anfangs erschossen, später mit Kohlenmonoxid in Duschräumen vergast, wobei sie zuvor mit Morphin-Scopolamin und anderen Medikamenten betäubt worden waren.[897]

d. Wilde Euthanasie

Hitler setzte seinen Propagandaapparat für die Zwecke der Euthanasie ein, bemühte sich jedoch gleichzeitig um eine strenge Publikationssperre hinsichtlich des Ablaufes der Aktionen.[898] Dennoch wurden sie öffentlich bekannt und lösten heftige Proteste in der Bevölkerung und insbesondere bei den Kirchen aus. Der plötzliche Tod so vieler behinderter Patienten ließ sich nicht erklären, und daß sie kurz nach ihrer geheimen Überführung starben, weckte Verdacht. Dieser wurde zusätzlich durch zahlreiche Pannen genährt, die die Tötungsmaschinerie produzierte. So kam es nicht selten vor, daß den Angehörigen der Getöteten gleich zwei Urnen zur Bestattung zugestellt wurden, oder daß ihnen als Todesursache die Entzündung des Blinddarms selbst dann mitgeteilt wurde, wenn dieser dem Betroffenen bereits vor vielen Jahren entfernt worden war.[899] Außerdem ereigneten sich die Sterbefälle in auffälliger Weise nur in einigen bestimmten Anstalten, so daß alle bürokratischen Versuche, die Angaben über Zeitpunkt und Ort der Todesfälle zu manipulieren, letztlich nicht geeignet waren, die Öffentlichkeit auf Dauer zu täuschen.[900]

Einen wichtigen Beitrag zur Aufklärung leistete in diesem Zusammenhang die Predigt des Bischofs von Münster, von Galen, vom 03. August 1941, die in gedruckter Form bald Verbreitung in ganz Deutschland, aber auch bei den Soldaten an der

---

[895] Friedlander, Der Weg zum NS-Genozid, S. 147
[896] Klee, Durch Zyankali erlöst, S. 13; Willems, Krankenmorde in der NS-Zeit in: Evang. Akademie Berlin, Sterbehilfe - Tötung auf wessen Verlangen ? S. 22
[897] Antonioli, Tötung auf Verlangen, S. 20; Stadler, Sterbehilfe, S. 77
[898] Saueracker, Die Bedeutung des Patiententestamentes, S. 13
[899] Knopp, Holokaust, S. 124
[900] Friedlander, Der Weg zum NS-Genozid, S. 193; Humphry/Wickett, Das Recht auf den eigenen Tod, S. 32

Front und in England fand.[901] Galen war der erste Kirchenführer, der die Krankentötungen öffentlich als Mord bezeichnete.[902]

Der hieraus - trotz der hiermit verbunden Gefahr für jeden einzelnen Protestierenden - resultierende Widerstand beruhte vor allem auf der Angst immer weiterer Teile der Bevölkerung, sie selbst oder nahe Angehörige und Freunde könnten bald schon dem grausamen Morden des NS-Regimes zum Opfer fallen.[903] Selbst bei den von der Euthanasieaktion in erster Linie betroffenen Behinderten handelte es sich ja nicht etwa um eine ausgegrenzte Minderheit, sondern um eine Gruppe von Mitbürgern, die immer noch in Beziehung zu ihrer Familie und den Nachbarn standen, so daß auch diese unwillkürlich mittelbar zu Opfern des Terrorregimes wurden. Darüber hinaus aber hatte die Euthanasiebewegung längst eine viel expansivere Tendenz angenommen, der Kreis der Opfer wurde immer größer, immer mehr Menschen, insbesondere die älteren, sahen sich durch die Morde der Nationalsozialisten unmittelbar bedroht. Sicher wähnen konnte sich jedoch im Grunde niemand mehr.

Unter dem Eindruck der sich in weiten Teilen der Bevölkerung breitmachenden Unruhe wurde die "Aktion T 4" auf mündlichen Befehl Hitlers am 24. August 1941 offiziell abgebrochen.[904] Tatsächlich jedoch wurde sie verdeckt bis zum Ende des Krieges fortgeführt, nun aber den Blicken der Öffentlichkeit entzogen. Der "Euthanasiestopp" galt ohnehin nicht für die Kindereuthanasie, und auch die Erwachseneneuthanasie wurde nur in den Mordzentren beendet. Nach einer Anweisung von Prof. Dr. Karl Brandt, Hitlers Leibarzt und Euthanasiebevollmächtigtem, vom 17. August 1943 sollte die Euthanasie ausdrücklich auf Anstaltsebene eigenmächtig weiterbetrieben werden (Dezentralisierung der Tötungsbefugnis, sog. "wilde Euthanasie").[905] Wie die Kinder wurden nach dem Einstellungsbefehl auch

---

[901] Friedlander, Der Weg zum NS-Genozid, S. 198; Humphry/Wickett, Das Recht auf den eigenen Tod, S. 34; Graf v. Krockow, Die Deutschen in ihrem Jahrhundert, S. 226; Willems, Krankenmorde in der NS-Zeit in: Evang. Akademie Berlin, Sterbehilfe - Tötung auf wessen Verlangen ? S. 22 (33); Knopp, Holokaust, S. 126

[902] Klee, Durch Zyankali erlöst, S. 12

[903] Stadler, Sterbehilfe, S. 77

[904] Knopp, Holokaust, S. 123; Stadler, Sterbehilfe, S. 77 f.: Heydrich war am 31. Juli 1941 mit der sog. "Gesamtlösung der Judenfrage" beauftragt worden. Das T 4 -Personal, mehrheitlich SS-Angehörige, wurde nun zu erheblichen Teilen in den Vernichtungslagern gebraucht und eingesetzt, so daß die Aktion auch personell nicht unverändert weitergeführt werden konnte. Schließlich fiel in diese Zeit auch der Beginn des Krieges zwischen Deutschland und Rußland (22. Juni 1941). Diese gleichermaßen politisch wie taktisch heikle Entscheidung bedeutete endgültig den Zweifrontenkrieg und sollte nicht durch Zweifel an der Führung in Frage gestellt werden. Innere Auseinandersetzungen in der Euthanasiefrage galt es daher unter allen Umständen zu vermeiden. Letztlich dürfte das Zusammentreffen der vorgenannten Faktoren in ihrer Gesamtheit den Ausschlag dafür gegeben haben, daß Hitler sich dazu entschloß, die "Aktion T 4" abzubrechen.

[905] Winau, Die Freigabe der Vernichtung lebensunwerten Lebens in: Winau/Rosemeier, Tod und Sterben, S. 27 (46)

erwachsene Behinderte nicht mehr vergast, sondern von Ärzten und Pflegekräften mit Tabletten, Spritzen oder durch Nahrungsentzug getötet. Hinter der Fassade eines normalen Anstaltsbetriebes herrschten Bedingungen, die denen in den Konzentrationslagern ähnelten.[906] Es verwundert daher nicht, daß nach dem 24. August 1941 mehr Euthanasieopfer zu verzeichnen waren als in der Zeit zuvor.[907] Ausschlaggebend für das Todesurteil war meist allein die fehlende Arbeitsfähigkeit der Patienten. Häufig wurde es jedoch auch dann gefällt, wenn ein Patient dem Pflegepersonal oder den Ärzten "lästig" wurde.[908]

e. Aktion 14 f 13

Von Frühjahr 1941 bis weit in das Jahr 1944 hinein dauerte die "Sonderbehandlung 14 f 13" an. "Sonderbehandlung" lautete der Ausdruck, den SS und Polizei für "Töten" benutzen mußten, "14 f" kennzeichnete Todesfälle im Konzentrationslager und "13" stand für Vergasung.[909] Offiziell wurden die SS-Lagerärzte im Rahmen dieser Aktion angewiesen, jene Häftlinge zu selektieren, die an unheilbaren physischen Krankheiten litten und daher dauerhaft nicht zu körperlicher Arbeit fähig waren.[910] Inoffiziell aber betrafen die Selektionskriterien in gleicher Weise rassische und eugenische Merkmale.[911] Auf Weisung Himmlers wurden nicht arbeitsfähige Juden systematisch in den Konzentrationslagern begutachtet und anschließend in Euthanasieanstalten getötet. Daneben wurden unter der Bezeichnung Muselmanen geführte Häftlinge, die durch Schwerstarbeit in den Lagern völlig entkräftet waren, ebenfalls euthanasiert. Schon bald wurde die Aktion auf Tuberkulose- und Krebspatienten, Asoziale, Prostituierte, Alkoholiker, politische Gegner und Kriminelle ausgeweitet. Weniger die medizinische oder psychiatrische Indikation als vielmehr die soziale und politische Selektion drängten somit in den Vordergrund.[912] Später, als der Bedarf an KZ-Arbeitern anstieg, wurde dieser Tendenz wieder entgegengewirkt und auch bei diesen Häftlingen zunehmend darauf geachtet, daß sie solange nicht der "Aktion 14 f 13" zugeführt wurden, als ihre Arbeitsfähigkeit nicht restlos erloschen

---

906 Friedlander, Der Weg zum NS-Genozid, S. 262
907 Friedlander, Der Weg zum NS-Genozid, S. 249
908 Stadler, Sterbehilfe, S. 83
909 Stadler, Sterbehilfe, S. 79
910 Unter den KZ-Häftlingen kursierte daher auch der Begriff der "Invaliden-Aktion" (H. Ehrhardt, Euthanasie und Vernichtung lebensunwerten Lebens, S. 37)
911 Friedlander, Der Weg zum NS-Genozid, S. 238 f.
912 Süssmuth, "Wir können nicht so tun, als hätte es unsere Geschichte nicht gegeben" in: Daub/Wunder, Des Lebens Wert, S. 12 (16)

war.[913] Die Zahl der in diesem Zusammenhang ermordeten Häftlinge wird auf 20.000 geschätzt.[914]

Erst nach dem Zusammenbruch des NS-Regimes wurde das gesamte Ausmaß der unter dem Begriff der Euthanasie durchgeführten Vernichtungsaktionen bekannt, denen insgesamt etwa 200.000 Menschen auf brutalste Weise zum Opfer gefallen waren.[915] Diese Schreckensbilanz belastete fortan die Diskussion um jede Form der Euthanasie schwer. Im Deutschland der Nachkriegsjahre wurde sie nahezu vollständig aus dem öffentlichen Bewußtsein verdrängt, ja geradezu tabuisiert.[916] Die Auffassung von Arndt, der auf dem Konstanzer Juristentag 1947 der Hoffnung Ausdruck verlieh, es möge selbst um eine "echte" Euthanasie in Deutschland niemals mehr eine Diskussion geben,[917] wurde lange Zeit fast uneingeschränkt geteilt.[918]

Während insbesondere in England und den Vereinigten Staaten Fragen der Euthanasie bzw. Sterbehilfe seit den 30er Jahren fortlaufend Gegenstand lebhafter Erörterungen waren, wurde die Thematik in Deutschland erst im Jahre 1962 durch den bereits erwähnten Arzt Werner Catel, der in so unrühmlicher Weise an der Kindereuthanasie des Dritten Reiches beteiligt war ("Grenzsituationen des Lebens"), sowie 1964 durch den Juristen Simson ("Euthanasie als Rechtsproblem, NJW 1964, S. 1153 ff.) wieder aufgegriffen und in größerem Umfange öffentlich diskutiert.[919] In der Folgezeit wurde dabei der Begriff der Sterbehilfe gegenüber dem der Euthanasie als vorzugswürdig angesehen,[920] wenngleich die Terminologie heute keinesfalls als einheitlich bezeichnet werden kann.[921] Teilweise wird die Auffassung vertreten, der Be-

---

913 Friedlander, Der Weg zum NS-Genozid, S. 247

914 Antonioli, Tötung auf Verlangen, S. 20; Friedlander, Der Weg zum NS-Genozid, S. 248

915 Antonioli, Tötung auf Verlangen, S. 20

916 Kaufmann, Euthanasie - Selbsttötung - Tötung auf Verlangen, MedR 1983, 121; Humphry/Wickett, Das Recht auf den eigenen Tod, S. 37; Möllering, Schutz des Lebens - Recht auf Sterben, S. 71; Eid, Geschichtliche Aspekte des Euthanasieproblems in: Eid, Euthanasie oder soll man auf Verlangen töten ? S. 12 (21); Leist, Diskussionen um Leben und Tod in: Leist, Um Leben und Tod, S. 9 (42)

917 Arndt, Das Verbrechen der Euthanasie in: Der Konstanzer Juristentag 1947, S. 184 (196)

918 Eine Ausnahme hiervon bildete die Stellungnahme von Brenske, Die Tötung aus eugenischen Gründen und aus Euthanasiegründen, JR 1952, 275 (276 f.), der schon bald nach dem Ende des Zweiten Weltkrieges, allerdings zu diesem Zeitpunkt öffentlich noch kaum beachtet, die Legalisierung der aktiven Sterbehilfe forderte.

919 Saueracker, Die Bedeutung des Patiententestamentes, S. 14

920 Zimmermann-Acklin, Euthanasie, S. 80; Hörster, Sterbehilfe im säkulkaren Staat, S. 13; Lunshof, Die Sterbehilfe-Diskussion in der Bundesrepublik in: Kuitert, der gewünschte Tod, S. 130; Koch, K., Sterbehilfe, S. 6; Kehl, Sterbehilfe, S. 19; Schewe, Definitionen und aktuelle juristische Aspekte in: Oehmichen, Lebensverkürzung, S. 45 (46)

921 Heifetz/Mangel, Das Recht zu sterben, S. 103; Robbers, Euthanasie und die Folgen für unsere Rechtsgemeinschaft in: Gose/Hoffmann/Wirtz, Aktive Sterbehilfe ? S. 71 (74); Gründel, Hilfe für Sterbende in: Kruse/Wagner, Sterbende brauchen Solidarität, S. 82 (90 ff.); Körtner, Theologische Perspektiven aktiver Sterbehilfe in: Exner/Fahlbusch, Sterbehilfe, S. 29; nach Leist, Diskussionen um

griff der Euthanasie bezeichne einen Ausschnitt aus dem Gesamtbereich der Sterbehilfe, nämlich jenen Teilbereich, der sich mit der absichtlichen Verkürzung des Sterbeprozesses befasse.[922]

2. Anknüpfungspunkte für die Sterbehilfe

Der Begriff der Sterbehilfe ist angesichts der Vielfalt der in Betracht kommenden Fallgestaltungen einer einheitlichen und allgemeingültigen Definition nicht zugänglich.

Uneinigkeit besteht dabei zunächst in der Frage, welcher gesundheitliche Zustand einer Person es überhaupt rechtfertigt, ein Verhalten ihr gegenüber als "Sterbehilfe" zu bezeichnen.

Teilweise werden hierunter nur diejenigen Fälle zusammengefaßt, in denen sich der Kranke entweder bereits in der Agonie, also im unmittelbaren Todeskampf befinde, der mit einer zunehmenden Einschränkung der lebenswichtigen Körperfunktionen verbunden sei, aus der es keine spontane Erholung gebe,[923] oder in denen zumindest der Sterbeprozeß begonnen habe und nach menschlichem Ermessen der baldige Tod unabwendbar erscheine.[924] Stillschweigend wird in diesem Zusammenhang davon ausgegangen, daß jeder erfahrene Arzt aufgrund der objektiven Verschlechterung von physiologischen Prozessen feststellen könne, ob sich ein Patient in der Sterbephase befinde und ob der Tod innerhalb absehbarer Zeit eintreten werde.[925]

Demgegenüber werden von anderen auch Hilfsmaßnahmen gegenüber Leidenden dem Begriff der Sterbehilfe zugeordnet, wenn der unmittelbare Sterbevorgang noch nicht eingesetzt hat und der Todeszeitpunkt noch völlig unbestimmt ist. Voraussetzung

---

Leben und Tod in: Leist, Um Leben und Tod, S. 9 (48) steht einem völligen Verzicht auf den griechischen Begriff entgegen, daß die internationale Diskussion ihn nach wie vor verwendet.

922 Sporken, Euthanasie im Rahmen der Lebens- und Sterbehilfe in: Eser/Bringewat, Suizid und Euthanasie, S. 271 (273); Sporken, Hast du denn bejaht, daß ich sterben muß ? S. 136; Sporken, Menschlich sterben, S. 75 f.; Sporken, Darf die Medizin, was sie kann ? S. 201 f.; Leipold, Euthanasie oder Sterbehilfe ? in: Giesler, Sterbende begleiten, S. 11 (25 f.)

923 Roche, Lexikon Medizin, Stichwort "Agonie", S. 27: Als Anzeichen dieses Zustandes gelten Bewußtseinsverlust, röchelndes Atmen und schwindender Puls.

924 Weihrauch, Möglichkeiten und Grenzen erlaubter Sterbehilfe, Kriminalistik 1975, S. 343; Sporken, Euthanasie im Rahmen der Lebens- und Sterbehilfe in: Eser/Bringewat, Suizid und Euthanasie, S. 271 (273); Fritsche, Der Arzt und seine Verpflichtung zur Sterbehilfe, MedR 1993, 126 (128 f.); Hirsch, G., Der sterbende Mensch, ZRP 1986, 239 (240); Schweizerische Akademie der medizinischen Wissenschaften, Richtlinien für die Sterbehilfe in: Eid /Frey, Sterbehilfe oder wie weit reicht die ärztliche Behandlungspflicht ? S. 56 (57)

925 Pichler, Internationale Entwicklungen in den Patientenrechten, S. 263

zung sei allein das Vorliegen einer Krankheit, die mit Sicherheit in einiger Zeit zum Tode führen werde, so daß die Todesursache schon definitiv gesetzt sei.[926]

Als selbstverständlich vorausgesetzt wird bei derartigen Definitionsversuchen, daß die Diagnose der Unheilbarkeit in der Praxis überhaupt getroffen werden kann. Man könnte geneigt sein, dem entgegenzuhalten, daß derartige Prognosen angesichts der rasch fortschreitenden Entwicklung der Medizin äußerst gewagt seien. Sicher ist auch nicht zu bestreiten, daß es in der Geschichte der Medizin sowohl Fälle gegeben hat, in denen nach der Stellung einer infausten Prognose ein lebensrettendes Medikament auf den Markt gekommen ist, durch das der Krankheitsverlauf eine nicht mehr für möglich gehaltene atypische Wendung zum Positiven genommen hat. Solche Ausnahmen sprechen jedoch meines Erachtens nicht entscheidend gegen die Möglichkeit des Arztes, gegebenenfalls einen unheilbaren Krankheitsverlauf bei einem Patienten zu diagnostizieren. Die Forderung, ärztliches Handeln nur auf absolut sichere Erkenntnisse zu stützen, ist ohnehin unerfüllbar.[927] Ärztliche Prognosen können allenfalls mit an Sicherheit grenzender Wahrscheinlichkeit abgegeben werden. Würde man nun den jeweils verbleibenden Zweifeln ein solches Gewicht beimessen, daß sich der Arzt nicht über diese hinwegsetzen dürfte, so müßte dies nicht nur im Bereich der Sterbehilfe, sondern letztlich in allen Tätigkeitsbereichen ärztlichen Handelns zwangsläufig zur Handlungsunfähigkeit des Mediziners führen.

Andererseits aber mahnen die erwähnten, immer wieder zu beobachtenden Heilungen von bereits aufgegeben Patienten natürlich zu besonderer Vorsicht beim Stellen infauster Prognosen und gebieten deren ständige Überprüfung im Rahmen des weiteren Behandlungsverlaufes. Naturgemäß betrifft dies insbesondere diejenigen Fälle, in denen sich der vermeintlich Unrettbare noch nicht im Terminalstadium der vermutlich tödlich verlaufenden Erkrankung befindet.

Auch der Bundesgerichtshof hat sich der Auffassung angeschlossen, daß das Problemfeld der Sterbehilfe über die Phase des bereits sich vollziehenden Sterbeprozesses hinausreiche. Zwar geht er grundsätzlich von dem Verständnis eines Sterbenden aus, das die Bundesärztekammer ihren "Grundsätzen zur ärztlichen Sterbebegleitung" zugrundegelegt hat. Danach ist zu fordern, daß eine oder mehrere vitale

---

926 v. Dellingshausen, Sterbehilfe und Grenzen der Lebenserhaltungspflicht des Arztes, S. 13; Simson, Die Tötung aus Barmherzigkeit in rechtsvergleichender Sicht in: Eser, Suizid und Euthanasie, S. 322 (327); Hanack, Euthanasie in strafrechtlicher Sicht in: Hiersche, Euthanasie, S. 121 (139); Eser, Sterbehilfe und Euthanasie in rechtlicher Sicht in: Eid, Euthanasie oder soll man auf Verlangen töten ? S. 45 (47 f.); Trück, Mutmaßliche Einwilligung und passive Sterbehilfe durch den Arzt, S. 9

927 Sporken, Darf die Medizin, was sie kann ? S. 195

Funktionen eines Kranken oder Verletzten unumkehrbar (irreversibel) versagen, sein Leiden einen tödlichen Verlauf angenommen hat und der Tod in kurzer Zeit eintreten wird.[928] Nur wenn eine derartige Prognose - insbesondere im Hinblick auf das Merkmal der unmittelbaren Todesnähe - gegeben sei, sei es im eigentlichen Sinne gerechtfertigt, von Sterbehilfe zu reden ("Sterbehilfe im engeren bzw. im eigentlichen Sinne"). Der Zeitraum vor dem Beginn dieses terminalen Stadiums könne jedoch der "Sterbehilfe im weiteren Sinne" zugeordnet werden.[929]

An diesen weiten Sterbehilfebegriff soll auch in der vorliegenden Arbeit angeknüpft werden. Zwar ist der Gegenansicht zum einen zuzugeben, daß es rein terminologisch nicht unproblematisch ist, von Sterbehilfe zu reden, solange für den von den Hilfsmaßnahmen Betroffenen der Sterbeprozeß noch nicht begonnen hat. Zum anderen können ärztliche Entscheidungen, die in unmittelbarer zeitlicher Nähe zum Todeseintritt getroffen werden, sicher nicht unkritisch auf andere Krankheitsstadien übertragen werden. Die Anwendung des Oberbegriffs der Sterbehilfe auf alle diese - sowohl in tatsächlicher als auch in rechtlicher Hinsicht im einzelnen doch sehr unterschiedlichen - Sachverhalte begründet darüber hinaus unweigerlich die Gefahr, daß diesen in der Öffentlichkeit die gebotene differenzierte Betrachtung nicht zuteil wird.

Andererseits zeigen die Erfahrungen der Praxis in gleicher Weise wie zahllose Beiträge in der Literatur im Verlaufe der zurückliegenden Jahrzehnte, daß schon vor dem Beginn der terminalen Phase das Leiden eines unheilbar erkrankten Patienten einen Verlauf zu nehmen vermag, das die Frage nach dem Sinn weiterer Behandlungsmaßnahmen bzw. deren Umfang und Intensität aufwirft und die Ärzteschaft nicht selten vor schwere Entscheidungskonflikte stellt. Auch die Diskussion um die Vornahme aktiver Maßnahmen mit dem Ziel oder der Nebenfolge einer vorzeitigen Leidens- und Lebensbeendigung des Patienten erfolgt meist losgelöst von Erwägungen eines (ohnehin) unmittelbar bevorstehenden Todeseintritts. Da diese Problemfelder jedoch thematisch letztlich nicht unabhängig von den Fällen der Sterbehilfe im engeren Sinne einer abschließenden Bewertung unterzogen werden können, erscheint nachfolgend die Heranziehung des weiten Sterbehilfebegriffes, der auch die Zeitspanne einer unheilbaren, zum Tode führenden Erkrankung umfaßt, die dem Terminalstadium vorgelagert ist, trotz der oben aufgezeigten Bedenken geboten.

---

928 Grundsätze der Bundesärztekammer zur ärztlichen Sterbebegleitung, Ziffer I., NJW 1998, 3406 (3407)
929 BGH NJW 1995, 204 ff.

Der zweite Wortteil des Begriffs Sterbehilfe impliziert, daß es sich um ein Tätigwerden im Interesse des Moribunden zur Linderung oder Beendigung seines Leidens und Sterbens handeln muß.[930] Dieses Ziel muß ausschlaggebendes Motiv der ärztlichen Maßnahme sein.[931] Demnach fallen Handlungen aus wirtschaftlichen, sozialen oder gar rassischen Gründen sowie die sog. Vernichtung lebensunwerten Lebens im Grunde von vornherein nicht unter die hier zu behandelnden Fallgestaltungen der Sterbehilfe.[932] Wie im einzelnen noch darzulegen sein wird, können die Grenzen zwischen beiden Bereichen jedoch fließend sein. Dabei besteht die sehr ernst zu nehmende Gefahr, daß eine immer extensivere Auslegung zulässiger Sterbehilfemaßnahmen und die undifferenzierte Gleichstellung unterschiedlichster Krankheitsbilder nahezu unbemerkt in die sog. Vernichtung lebensunwerten Lebens übergeht.

3. Kategorien der Sterbehilfe

Im einzelnen sind die folgenden Handlungsformen im Bereich der Sterbehilfe strikt voneinander zu unterscheiden:

a. Sterbehilfe ohne Lebensverkürzung

Unter dieser Form der Sterbehilfe, die häufig auch als "Hilfe im Sterben",[933] "Hilfe beim Sterben"[934], "Sterbebegleitung"[935] oder "reine Sterbehilfe"[936] bezeichnet wird, versteht man die Summe derjenigen ärztlichen und pflegerischen Maßnahmen, die sowohl die Schmerzlinderung als auch die Erleichterung des Sterbevorganges zum Ziel haben, ohne daß mit ihnen ein lebensverkürzendes Risiko verbunden ist.[937]

---

930 Simson, Ein Ja zur Sterbehilfe aus Barmherzigkeit in: Festschrift für Schwinge, S. 89 (94 f.); Engisch, Der Arzt an den Grenzen des Lebens, S. 44

931 v. Dellingshausen, Sterbehilfe und Grenzen der Lebenserhaltungspflicht des Arztes, S. 14

932 Engisch, Der Arzt an den Grenzen des Lebens, S. 41; v. Lutterotti, Ärztlicher Heilauftrag und Euthanasie in: Eser, Suizid und Euthanasie, S. 291; Hiersche, Euthanasie aus ärztlicher Sicht in: Hiersche, Euthanasie, S. 209 (227)

933 Eser in: Schönke/Schröder, StGB, RNr. 23 vor § 211

934 Stürmer, Sterbehilfe, S. 6

935 Koch, Rechtsfragen der Entscheidungsfindung in Sterbehilfe-Fällen in: Koch/Meran/Sass, Patientenverfügung und stellvertretende Entscheidung, S. 20 (28); Koch, Sterbehilfe in der Bundesrepublik Deutschland in: Eser/Koch, Materialien zur Sterbehilfe, S. 31 (34)

936 K. M. v. Lutterotti, Ärztliche Handlungsanleitungen, S. 10

937 Kutzer, Strafrechtliche Grenzen der Sterbehilfe, NStZ 1994, 110; Eisenbart, Patiententestament und Stellvertretung in Gesundheitsangelegenheiten, S. 18

b. Aktive Sterbehilfe

Unter diesem Begriff werden alle aktiven Handlungen zusammengefaßt, die gezielt auf die Herbeiführung des Todes gerichtet sind. Teilweise wird in diesem Zusammenhang - inhaltlich gleichbedeutend - auch von "direkter" Sterbehilfe gesprochen.[938]

c. Indirekte Sterbehilfe

Hierunter wird die medikamentöse Schmerzbekämpfung bei unheilbar erkrankten, schwer leidenden Patienten verstanden, bei der aufgrund der hohen Dosis der verabreichten Schmerzmittel das Risiko einer durch die Behandlung verursachten Lebensverkürzung in Kauf genommen wird. Der Eintritt der Lebensverkürzung steht jedoch vor dem Beginn der Therapie keineswegs bereits fest und wird von dem behandelnden Arzt auch nicht intendiert.[939]

d. Passive Sterbehilfe

Sie umfaßt die Fälle, in denen bei einem Todkranken die Behandlung auf die Linderung von Beschwerden unter gleichzeitigem Verzicht auf lebensverlängernde Maßnahmen beschränkt wird.[940] Teilweise wird dabei auch vom schlichten "Sterbenlassen" des Patienten gesprochen.[941]

e. Suizidbeihilfe

Unter die Sterbehilfe im weiteren Sinne kann schließlich auch die Beihilfe zur Selbsttötung eines an einer tödlich verlaufenden Krankheit leidenden Patienten eingeordnet werden, die dazu dient, ein von diesem als unerträglich empfundenes Leiden zu beenden.[942]

---

938 Stürmer, Sterbehilfe, S. 6

939 Rieger, Die mutmaßliche Einwilligung in den Behandlungsabbruch, S. 19; Antonioli, Tötung auf Verlangen, S. 9

940 Schöllhammer, Die Rechtsverbindlichkeit des Patiententestaments, S. 19 f.

941 Eser in: Schönke/Schröder, StGB, RNr. 27 vor § 211

942 Stürmer, Sterbehilfe, S. 6; Koch, Rechtsfragen der Entscheidungsfindung in Sterbehilfe-Fällen in: Koch/Meran/Sass, Patientenverfügung und stellvertretende Entscheidung, S. 20 (28); Koch, Sterbehilfe in der Bundesrepublik Deutschland in: Eser/Koch, Materialien zur Sterbehilfe, S. 31 (35)

II. Ärztliche Sterbehilfe gegenüber dem einwilligungsfähigen Patienten mit dessen Zustimmung

1. Sterbehilfe ohne Lebensverkürzung (Sterbebegleitung)

Die Grundlage der Hilfeleistungspflichten des Arztes gegenüber einem sterbenden Menschen bilden die Maßnahmen der Sterbebegleitung. Der Patient hat ein Recht auf Hilfe bis zum Tode, der Arzt ist verpflichtet, ihm ein menschenwürdiges Sterben zu ermöglichen.[943] Entsprechend der von der Bundesärztekammer in ihren "Grundsätzen zur ärztlichen Sterbebegleitung" vorgenommenen Differenzierung ist die Sterbebegleitung zu untergliedern in die palliative Behandlung, den ärztlichen Beistand und die Sicherstellung der Basisbetreuung.[944]

Teilweise wird die Auffassung vertreten, die Sterbebegleitung werfe keinerlei juristische oder ethische Probleme auf.[945] Diese These ist im Rahmen der nachfolgenden Erörterungen einer kritischen Überprüfung zu unterziehen. Dabei wird näher zu untersuchen sein, inwieweit die heute in Krankenhäusern praktizierte Sterbebegleitung, insbesondere aber die psychologische Betreuung unheilbar erkrankter Patienten, dem sowohl in rechtlicher als auch in ethischer Hinsicht zu fordernden Standard gerecht zu werden vermag.

Die Darstellung dieser Fallgruppe der Sterbehilfe ist derjenigen der übrigen Kategorien voranzustellen, da sie mit den geringsten Beeinträchtigungen für den Patienten verbunden ist. Nur soweit die "Sterbehilfe ohne Lebensverkürzung" den Bedürfnissen des Moribunden nicht hinreichend Rechnung trägt, ist überhaupt zu erwägen, welche ergänzenden Maßnahmen zulässigerweise ergriffen werden können, um dem Patienten helfend zur Seite zu stehen.

Nicht verkannt werden soll hinsichtlich der Sterbebegleitung wie auch bezüglich aller übrigen denkbaren Formen der Sterbehilfe, daß die finanzielle Grundausstattung von Krankenhäusern und Pflegeheimen eine nicht unwesentliche Rahmenbedingung für die nähere Ausgestaltung von Sterben und Tod setzt. Der zunehmende Kostendruck, der auf dem gesamten Gesundheitswesen lastet, steht in einem natürlichen

---

943 Möllering, Schutz des Lebens - Recht auf Sterben, S. 8; Hanack, Euthanasie in strafrechtlicher Sicht in: Hiersche, Euthanasie, S. 121 (123)

944 Grundsätze der Bundesärztekammer zur ärztlichen Sterbebegleitung, Ziffer I., NJW 1998, 3406

945 Beckert, Strafrechtliche Probleme um Suizidbeteiligung und Sterbehilfe unter Berücksichtigung historischer und ethischer Aspekte, S. 20; Leonardy, Zum rechtlichen Rahmen der Sterbehilfe in: Jung/Meiser/Müller, Aktuelle Probleme und Perspektiven des Arztrechts, 14 (17); Muschke, Gesetzliche Regelung der Sterbehilfe ? S. 20; Töndle, Antworten auf Grundfragen, S. 208

Spannungsverhältnis zu den immer neuen medizinisch-technischen Errungenschaften, die sich als ausgesprochen kostspielig erweisen. Schon heute wird die sicher nicht ganz aus der Luft gegriffene Ansicht vertreten, daß unser Finanzsystem zusammenbrechen würde, wenn alle Patienten sowohl in medizinisch-technischer als auch in psychologischer Hinsicht optimal betreut werden würden.[946] Es wäre sicher vermessen, insofern für die Zukunft eine günstigere Prognose zu stellen.[947]

Die nachfolgenden Ausführungen müssen daher zwangsläufig unter dem Vorbehalt der zur Verfügung stehenden Ressourcen stehen. Dort, wo faktisch keine Möglichkeiten bestehen, einem Patienten zu helfen, läuft naturgemäß auch sein Recht auf eine bessere Versorgung ins Leere. Hiervon strikt zu unterscheiden ist jedoch die Frage, ob in unserer Gesellschaft nicht dringend über eine begrenzte Umverteilung des vorhandenen Haushaltsvolumens nachgedacht werden muß, die auf eine Humanisierung des Sterbens ausgerichtet ist, um das Recht eines jeden Bürgers auf angemessene und ausreichende ärztliche und pflegerische Versorgung mit Leben zu erfüllen, und um der den grundrechtlichen Gewährleistungen der Menschenwürde und des Lebens zuwiderlaufenden Tendenz entgegenzuwirken, den einzelnen zum bloßen Rechnungsposten herabzuwürdigen. Insofern haben die nachfolgend zitierten Worte von H. Geißler aus dem Jahre 1978 - wenn nicht absolut, so doch zumindest in ihrer Tendenz - unverändert Gültigkeit: "In einem Staat mit einem Bruttosozialprodukt von 1 Billion DM darf aber eine Einschränkung gerade der Intensivmedizin aus wirtschaftlichen Gründen nicht zugelassen werden, darf kein finanzielles Opfer gescheut werden, wenn es darum geht, Menschenleben unter menschenwürdigen Bedingungen zu erhalten."[948]

a. Palliative Behandlung

Die Palliativmedizin widmet sich der Behandlung und der Begleitung von Patienten mit einer nicht heilbaren, progredienten und weit fortgeschrittenen Erkrankung mit begrenzter Lebenserwartung.[949] Der Begriff "palliativ" bedeutet so viel wie

---

[946] Burkart, Das Recht, in Würde zu sterben - ein Menschenrecht, S. 31; Koslowski, Lebensverlängerung in: Koslowski/Kreuzer/Löw, Die Verführung durch das Machbare, S. 83 (85)

[947] so auch Beleites, Aktive Sterbehilfe - eine Budgetfrage ? in: ISS-Frankfurt/M., Förderung der Sterbebegleitung, S. 29 (32 ff.); Blaha/Springmann, Schutz des Lebens: Möglichkeiten und Grenzen in: Blaha/Gutjahr-Löser/Niebler, Schutz des Lebens - Recht auf Tod, S. 111 (114 f.)

[948] Geißler, Ökonomische und sozialpolitische Aspekte der Intensivmedizin in: Eid/Frey, Sterbehilfe oder wie weit reicht die ärztliche Behandlungspflicht ? S. 133 (141)

[949] Schindler, Konzept einer lindernden Medizin in: Neumann/Körner, Patientenautonomie und Humanes Sterben, S. 39 (40)

"schmerzlindernd". Die Beschwerden einer Krankheit werden vermindert, ohne die Ursache des Leidens zu bekämpfen.[950] Hierdurch soll die Lebensqualität des moribunden Patienten verbessert und ihm die mit oft unerträglichen Schmerzen verbundene Angst vor dem Verlust von Würde und Selbstbestimmung genommen werden.[951] Neben einer qualifizierten Behandlung der Krankheitssymptome bemüht sich die Palliativmedizin aber auch darum, die psychischen, sozialen und geistig-seelischen Probleme des Patienten zu berücksichtigen und ihn so ganzheitlich als Person und nicht nur als bloßen Krankheitsfall wahrzunehmen.[952]

Im Bereich der Schmerztherapie hervorzuheben ist die Blockadetherapie, die auf die Schmerzausschaltung mittels Nervenblockaden gerichtet ist. Durch sie gelingt es, Bewußtseinsstörungen oder -veränderungen ebenso zu vermeiden wie Nebenwirkungen an entfernten Organsystemen.[953] Das Konzept wurde ursprünglich für Patienten mit Tumorerkrankungen entwickelt, wird jedoch mittlerweile bei allen Krankheiten angewandt, die progredient und irreversibel zum Tode führen.[954]

Mag auch keineswegs davon auszugehen sein, daß die meisten tödlichen Krankheiten mit heftigen Schmerzen verbunden sind - tatsächlich wird nur in den wenigsten Fällen ganz kurz vor dem Tod noch über Schmerzen geklagt[955] - so verdient dennoch gerade der Komplex der Schmerzbekämpfung bzw. -verhinderung die besondere Aufmerksamkeit des Arztes, fürchten doch die meisten Menschen bezüglich des Sterbevorganges nichts mehr als das möglicherweise damit verbundene qualvolle Leiden.

Soweit der moribunde Patient zur Durchführung palliativer Maßnahmen seine Zustimmung erteilt und mit diesen keinerlei lebensverkürzende Nebenwirkungen verbunden sind, sind sie nicht nur rechtlich nicht zu beanstanden, sondern - selbst wenn sie mit einer Bewußtseinstrübung oder Bewußtlosigkeit einhergehen - sogar

---

950 Roche, Lexikon Medizin, Stichwort: "palliativ", S. 1199

951 Aulbert/Zech, Prinzipien der Symptombehandlung in der Palliativmedizin in: Aulbert/Klaschik/Pichlmaier, Palliativmedizin - Die Alternative zur Sterbehilfe, S. 65 (67)

952 Radbruch/Zech, Defintion, Entwicklung und Ziele der Palliativmedizin in Deutschland in: Aulbert/Klaschik/Pichlmaier, Palliativmedizin - Die Alternative zur Sterbehilfe, S. 53; Stiefel/Senn, Euthanasie und fortgeschrittenes Tumorleiden, Zeitschrift für medizinische Ethik 39 (1993), S. 99

953 Mayrhofer/Porges, Möglichkeiten und Grenzen der Schmerzausschaltung mittels Nervenblockaden in: Eser/Bringewat, Suizid und Euthanasie, S. 121

954 Radbruch/Zech, Definition, Entwicklung und Ziele der Palliativmedizin in Deutschland in: Aulbert/Klaschik/Pichlmaier, Palliativemdizin - Die Alternative zur Sterbehilfe, S. 53

955 Sporken, Umgang mit Sterbenden, S. 47; Twycross, Freiwillige Euthanasie - eine klinische Betrachtung in: Eser/Bringewat, Suizid und Euthanasie, S. 111 (112) berichtet von Untersuchungsergebnissen, nach denen bis zu 50 % aller Krebspatienten im letzten Stadium entweder gar keine Schmerzen oder nur geringfügige Unannehmlichkeiten hätten, 40 % heftige Schmerzen verspürten und die restlichen 10 % weniger heftige Schmerzen erlitten.

dringend geboten.[956] Ein Arzt, der seiner gegenüber dem Patienten bestehenden Rechtspflicht zur Schmerzlinderung nicht im Rahmen aller ihm zur Verfügung stehenden Möglichkeiten (zu denen es gegebenenfalls auch gehören kann, den Patienten an ein Krankenhaus weiterzuverweisen, in dem ihm wirksamer geholfen werden kann) bis zum letzten Atemzug nachkommt, kann sich unter Umständen wegen unterlassener Hilfeleistung gem. § 323 c StGB bzw. wegen vorsätzlicher oder fahrlässiger Körperverletzung durch Unterlassen gem. §§ 223 ff.,13 StGB strafbar machen.[957]

In dem Kommentar der Medizinisch-Ethischen Richtlinien für die ärztliche Betreuung sterbender und cerebral schwerstgeschädigter Patienten wird zu den Möglichkeiten der Schmerztherapie und dem gebotenen Umfang ihres Einsatzes unter Ziffer 1.3. Stellung genommen. Es heißt dort ausdrücklich:

"Schmerzzustände jeglicher Art am Lebensende, die viele Patienten befürchten, können in nahezu allen Fällen erfolgreich bekämpft werden. Für Patienten, welche trotz Schmerzbekämpfung und angemessener Betreuung weiterhin über ungelinderte Schmerzen klagen, müssen Spezialisten der Palliativmedizin beigezogen werden."[958]

Die Behandlung chronischer Schmerzzustände nach den Leitlinien der Weltgesundheitsorganisation (WHO) verspricht gar eine 90%ige Beschwerdefreiheit.[959]

---

[956] Eser, Lebenserhaltungspflicht und Behandlungsabbruch aus rechtlicher Sicht in: Auer/Menzel/Eser, Zwischen Heilauftrag und Sterbehilfe, S. 75 (84)

[957] Hanack, Euthanasie in strafrechtlicher Sicht in: Hiersche, Euthanasie, S. 121 (123); Baumann/ Bochnik/Brauneck u.a., AE-Sterbehilfe, S. 19; Stürmer, Sterbehilfe, S. 7; Bottke, Strafrechtliche Probleme in: Deutsche Sektion der Internationalen Juristen-Kommission, Lebensverlängerung aus medizinischer, ethischer und rechtlicher Sicht, S. 35 (114); Bade, Der Arzt an den Grenzen von Leben und Recht, S. 101; Koch, Recht auf Sterbehilfe und Pflicht des Arztes in: Neumann/Körner, Patientenautonomie und Humanes Sterben, S. 27 (29)

[958] Medizinisch-Ethische Richtlinien für die ärztliche Betreuung sterbender und cerebral schwerstgeschädigter Patienten, NJW 1996, 767 (768); zustimmend zur Möglichkeit, Schmerzzustände zumindest lindern zu können: Mayrhofer/Porges, Möglichkeiten und Grenzen der Schmerzausschaltung mittels Nervenblockaden in: Eser/Bringewat, Suizid und Euthanasie, S. 121 (122); Eid, Freie Verfügung über das eigene Leben ? in: Eid, Euthanasie oder soll man auf Verlangen töten ? S. 71 (86); Eibach, Recht auf Leben - Recht auf Sterben in: Atrott, Eibach u.a., Sterbehilfe - Mitleid oder Mord ? S. 21 (60); Falck, Sterbebegleitung aus der Sicht des Arztes in: Evang. Akademie Berlin, Begleitetes Sterben, S. 29 (30)

[959] U. Schmidt, Mehr Lebensqualität für Krebskranke, PTA heute, Nr. 3 März 2000, S. 7; M. v. Lutterotti, zit. nach Bringewat, Diskussionsbericht III in: Eser/Bringewat, Suizid und Euthanasie, S. 408 (409) geht gar davon aus, daß alle Schmerzen linderbar seien.

In Deutschland ist jedoch nach wie vor ein erhebliches Defizit in der Versorgung von Schmerzpatienten zu beklagen.[960] So bleiben gegenwärtig mehr als die Hälfte der Tumorpatienten ohne ausreichende Schmerztherapie.[961]

Zur Verbesserung dieser unbefriedigenden Situation wurde bereits 1983 in Köln die erste Palliativ-Station in einem deutschen Krankenhaus eingerichtet, heute gibt es bundesweit etwa 55 dieser Schmerzbekämpfungszentren.[962] Behandelt werden dort Patienten mit einer weit fortgeschrittenen unheilbaren Krankheit, wenn diese mit starken Schmerzen oder anderen quälenden Symptomen (wie beispielsweise Luftnot) verbunden ist, die in gewöhnlichen Krankenhausstationen nicht behandelt werden können. Häufig gelingt es, die Patienten innerhalb weniger Tage von ihren Beschwerden zu befreien und sie bei klarem Bewußtsein für die letzten Wochen ihres Lebens nach Hause zu entlassen. Das Palliativzentrum in Bonn hat bereits einen ambulanten Dienst eingerichtet, bestehend aus Sozialarbeitern, Seelsorgern und Pflegekräften, die in der Zeit nach der Entlassung des Patienten dessen ambulante Hilfe organisieren.[963]

Palliativ-Stationen unterscheiden sich von Hospizen, die sich ebenfalls der modernen Möglichkeiten der Palliativmedizin bedienen, in der Regel dadurch, daß sie an ein Krankenhaus angeschlossen sind und auf dessen apparative und personelle Ressourcen zurückgreifen können, während die medizinische Betreuung in den Hospizen durch die Hausärzte der Patienten erfolgt.[964]

Trotz des wachsenden Bewußtseins um die Notwendigkeit der Fortentwicklung und Ausbreitung der Palliativmedizin besteht in Deutschland in diesem Bereich immer noch ein enormer Nachholbedarf. Während hierzulande zur Schmerztherapie nur 13 Betten für jeweils eine Million Einwohner zur Verfügung stehen, sind es beispielsweise 50 Betten in Großbritannien.[965] Darüber hinaus kann nicht übersehen werden,

---

960 Kutzer, Die Angst der Ärzte vor dem Strafrichter, ZRP 1993, 404; Kruse, Euthanasie, Zeitschrift für medizinische Ethik 39 (1993), S. 83 (84)

961 Ullmann/Schulz/Schumann/Ristau, Tumorschmerzen - wie Sie sie in den Griff bekommen, Geriatrie 2000, Heft 6, S. 18; Lemmen, Das selbstbestimmte Ende bei Menschen mit Aids in: Neumann/Körner, Patientenautonomie und Humanes Sterben, S. 47 (52); Uhlenbruck, Die Rechtspflicht des Arztes zu ausreichender postoperativer Schmerztherapie, MedR 1993, 296 (298); Dornberg, Angefragt: Sterbehilfe, S. 76 geht gar von 90 % der Tumorerkrankten aus.

962 Stichwort: Palliativmedizin in: Darmstädter Echo, 15. Januar 2000, S. 11

963 Saul, Es muß Alternativen zur aktiven Sterbehilfe geben in: Darmstädter Echo, 15. Januar 2000, S. 11

964 Radbruch/Zech, Defintion, Entwicklung und Ziele der Palliativmedizin in Deutschland in: Aulbert/Klaschik/Pichlmaier, Palliativmedizin - Die Alternative zur Sterbehilfe, S. 53 (56)

965 dpa, Bei der Begleitung Sterbender ist Deutschland ein Entwicklungsland in: Darmstädter Echo vom 19.04.2001, S. 2

daß die Grundlagenforschung im Bereich der Schmerztherapie noch in den Kinderschuhen steckt und einer dringenden Intensivierung bedarf. So ist über die Ursachen vieler quälender Symptome wie Luftnot bisher kaum etwas bekannt.[966] Die entsprechende Aus- und Weiterbildung von Medizinstudenten, Ärzten und Pflegenden wird in Zukunft Voraussetzung dafür sein, daß der Kreis der Patienten, deren Leiden mit den modernen Methoden der Schmerztherapie spürbar gelindert und deren Lebensqualität dadurch selbst in der Endphase ihrer Krankheit erheblich gesteigert werden kann, stetig anwächst.[967] Der Gesetzgeber hat durch eine Änderung des Betäubungsmittelrechtes schon 1986 die Voraussetzungen dafür geschaffen, daß Opiate und andere Schmerzmittel bei chronisch Kranken, Sterbenden und unter schweren Schmerzen Leidenden dauerhaft dosiert eingesetzt werden können, da hier die Suchtproblematik gegenüber der Schmerzbekämpfung eine völlig untergeordnete Rolle spielt. Es wird zukünftig darauf hinzuwirken sein, daß die rechtlich eröffneten Spielräume der Schmerzbekämpfung in der praktischen ärztlichen Arbeit in und außerhalb der Kliniken in größerem Umfange als bisher sinnvoll ausgeschöpft werden.[968]

Einen wichtigen Schritt in diese Richtung stellte die Einrichtung des ersten Lehrstuhls für Palliativmedizin in Deutschland an der Universität Bonn zum Wintersemester 1999/2000 dar. In Großbritannien ist dagegen bereits seit 1987 die Palliativmedizin als eigener Fachbereich anerkannt. Nach Abschluß der Facharztausbildung und mit ausreichend klinischer Erfahrung wird eine 2- bis 4jährige Spezialisierung in diesem Bereich gefordert, wobei das Interesse an einer solchen Ausbildung sehr beachtlich ist.[969]

Die praktischen Auswirkungen einer effizienten Schmerztherapie auf die gesamte Sterbehilfe-Diskussion ist nicht zu unterschätzen. Diese wird nicht selten vor dem Hintergrund der Angst vor qualvollen Leidenszuständen am Lebensende geführt, die den Ruf entweder nach einer aktiven vorzeitigen Beendigung des Lebens oder zumindest nach einem Verzicht auf lebenserhaltende Maßnahmen immer lauter werden läßt. Der flächendeckende Einsatz einer wirkungsvollen Schmerztherapie

---

966 Saul, Es muß Alternativen zur aktiven Sterbehilfe geben in: Darmstädter Echo, 15. Januar 2000, S. 11

967 so auch Heinrich, Zur Euthanasie-Diskussion in Deutschland in: Diak. Werk der Evang. Kirche von Westfalen, Ausweg Euthanasie ? S. 7 (9)

968 Gegenwärtig werden in Deutschland mengenmäßig immer noch deutlich weniger Schmerzmittel verabreicht als in den in Fragen der Schmerztherapie erfahreneren nordischen und angelsächsischen Ländern (Dornberg, Angefragt: Sterbehilfe, S. 76).

969 Radbruch/Zech, Definition, Entwicklung und Ziele der Palliativmedizin in Deutschland in: Aulbert/Klaschik/Pichlmaier, Palliativmedizin - Die Alternative zur Sterbehilfe, S. 53 (61)

könnte viel zu einer Versachlichung der Diskussion beitragen und darüber hinaus dem Bedürfnis entgegenwirken, den Tod vorzeitig aktiv herbeizuführen oder zumindest bereits in gesunden Tagen Grenzen der Therapie in der Annahme festzuschreiben, nur so einem unwürdigen Sterben entgehen zu können.

b. Beistand

aa. Sterben und Tod in unserer Zeit

In früheren Zeiten hatten Sterben und Tod ihren festen Platz im Kreise der Familie, aufgrund zahlreicher noch nicht beherrschbarer Krankheiten war die Gefahr des Todes auch für junge Menschen stets gegenwärtig. Dies hatte zur Folge, daß das Sterben ein gesellschaftlicher Vorgang und in der Gesellschaft ein Sterbebewußtsein verankert war.[970] In ländlichen Gegenden bestand vielfach sogar der Brauch, die Kirchenglocken zu läuten, wenn jemand "versehen" wurde. Familienangehörige, Freunde und Nachbarn versammelten sich im Sterbezimmer. Der Sterbende wurde so zur Hauptfigur des Zusammenseins und hatte Gelegenheit, seine Angelegenheiten vor seinen Mitmenschen und vor Gott zu ordnen und Abschied zu nehmen. Selbst nach seinem Tode wurde der Verstorbene noch drei Tage im Hause aufgebahrt, die Verwandten und Freunde wachten in der Zeit bis zum Begräbnis nachts bei ihm. Auch die Bestattung war schließlich ein soziales Geschehen, an dem die ganze Gemeinschaft teilnahm.[971]

In unserer modernen, säkularisierten und leistungsorientierten Industriegesellschaft, die den Idealen der Jugendlichkeit, Gesundheit und Leistungsfähigkeit, des Fortschrittdenkens, der aktiven Freizeitgestaltung und nicht zuletzt des Konsums und Genusses fest verhaftet ist, können schwerkranke und sterbende Menschen dagegen nicht "mithalten" und haben kaum eine Chance, in ihre soziale Umwelt eingebunden zu werden. Die Gesellschaft steht in der ständigen Gefahr, den einzelnen Menschen allein von seinem sozialen Nutzwert zu betrachten, sie stellt nicht mehr die Frage nach dem letzten Sinn menschlichen Lebens, sie will Krankheit, Schmerz, Leid und Behinderung nicht wahrhaben.[972] Der Tod zählt längst zu ihren Tabuthe-

---

970 Bloching, Tod, S. 27; Neumann, Die Patientenverfügung in: Neumann/Körner, Patientenautonomie und Humanes Sterben, S. 55 (56)

971 Sporken, Hast du denn bejaht, daß ich sterben muß ? S. 161 f.

972 Nüchtern, Der Arzt, der Kranke, der Tod und der Teufel in: Böhme, Der Arzt und das Sterben, S. 29 (37)

men,[973] Krankheit und Sterben werden weitgehend aus dem häuslichen Bereich in das Krankenhaus verlagert. Dort sowie in den Alters- und Pflegeheimen ereignen sich heute rund 90 % aller Todesfälle.[974] Auf diese Weise läßt sich der Tod leicht verdrängen, selbst zahlreiche Erwachsene sind in ihrer nächsten Umgebung noch nicht mit dem Sterben in Berührung gekommen. Vor diesem Hintergrund aber vermag es kaum zu überraschen, daß es längst zur Regel geworden ist, Trauer und Schmerz über den Verlust eines nahestehenden Menschen nicht öffentlich zu zeigen.[975]

Die zur Belastung gewordenen Sterbenden werden nicht selten in zwar apparativ perfekt funktionierenden, jedoch sterilen und anonymen Kliniken der Vereinsamung preisgegeben,[976] und das nicht selten auch aufgrund der Furcht ihrer Angehörigen, dem Umgang mit Sterben und Tod nicht gewachsen zu sein.

bb. Psychologische Begleitung des Sterbenden

Das Sterben ist der Weg, den der Mensch in seiner letzten Lebensphase zurücklegen muß. Hinter diesem Prozeß verbirgt sich stets ein persönliches Geschehen, das sehr verschieden miterlebt wird. Viele erleiden einen raschen Tod und nehmen daher das Sterben kaum bewußt wahr. Andere sind zwar vom Tode über viele Monate hinweg gezeichnet, aber sie wollen nichts davon wissen, ja sie sind bis zuletzt auf der Flucht. Andererseits haben Untersuchungen ergeben, daß die Zahl derer, die dem Tod bewußt entgegengehen und dabei nach Hilfe verlangen, weit größer ist als gemeinhin angenommen.[977]

---

[973] Reuter, Tabuisierung und Verdrängung des Todes in: Reuter, Sterben, Tod, Trauer, S. 7; Bloch, Vom Sterben nicht reden in: Reuter, Sterben, Tod , Trauer, S. 7; Hartmann, Umgang mit Sterbenden in: Engelke/Schmoll/Wolff, Sterbebeistand, S. 5 (14)

[974] Bloching, Tod, S. 27; Burkart, Das Recht, in Würde zu sterben - ein Menschenrecht, S. 30; Muschke, Gesetzliche Regelung der Sterbehilfe ? S. 4; Uhlenbruck, Selbstbestimmtes Sterben, S. 13; Lennert, Sterbehilfe ? S. 1; Sierck, Wie die Euthanasie-Bewegung behinderte Menschen degradiert in: Rothmaler/Mitrovic, Die neue Ethik, S. 47; Matthaei, Der alltägliche Tod in der Klinik in: Böhme, Der Arzt und das Sterben, S. 31: Im Jahre 1900 starben nur etwa 10 % der Deutschen im Krankenhaus, 1960 waren es 44 %, 1971 etwa 53 %.

[975] Aries, Die Unschicklichkeit der Trauer in: Reuter, Sterben, Tod, Trauer, S. 53 f.; Pfeiffer, Ich trage Trauer in: Reuter, Sterben, Tod, Trauer, S. 55; Winau, Einstellungen zu Tod und Sterben in der europäischen Geschichte in: Winau/Rosemeier, Tod und Sterben, S. 15 (24)

[976] Menne, Das Ende sozialer Lebensgeschichten in: Eid, Euthanasie oder soll man auf Verlangen töten ? S. 132 (141); Sporken, Menschlich sterben, S. 7

[977] Böckle, Menschenwürdiges Sterben in: Knevels/Böckle/Schmalenberg, Euthanasie, S. 34 (35); Sporken, Menschlich sterben, S. 45

Es ist davon auszugehen, daß 75 % der Sterbenden während der letzten Stunde ihres Lebens zeitlich und örtlich orientiert sind. Die meisten erleben das Sterben bewußt mit, wobei über 25 % von ihnen noch bis 15 Minuten vor dem Tode voll ansprechbar sind. Die Hälfte der Patienten fühlt das herannahende Ende, wobei ein Viertel dies spontan angibt, ein Viertel erst auf Befragung nach dem Befinden.[978]

Gerade der letztgenannten Patientengruppe bereiten die psychischen Belastungen im Sterben, die insbesondere durch ihre zunehmende Vereinsamung bedingt sind, oft mehr Qualen als die physischen Schmerzen.[979] Nicht zu unterschätzen ist jedoch, daß auch körperliche Schmerzen durch solche psycho-sozialen Faktoren in negativer Weise beeinflußt werden.[980] Solche Patienten sind daher angewiesen auf menschlichen Beistand als Lebenshilfe auf ihrem letzten, beschwerlichen Weg und zeigen in aller Regel große Dankbarkeit, wenn ihnen die Möglichkeit geboten wird, Ängste, Zweifel und Unsicherheiten auszusprechen.[981]

Nur vereinzelt wird in der Literatur angesprochen, daß sich der Anspruch des Sterbenden auf Beistand nicht nur allgemein aus seiner Menschenwürde und dem aus ihr folgenden Gebot der Solidarität mit dem Mitmenschen herleiten läßt,[982] sondern ganz konkret Bestandteil des mit dem Arzt bzw. dem Krankenhaus geschlossenen Behandlungsvertrages ist.[983] Dessen Inhalt modifiziert sich jeweils entsprechend dem gesundheitlichen Zustand des Patienten. Je mehr dieser dem Tode entgegengeht und je weniger ihm durch medizinische Eingriffe geholfen werden kann, umso deutlicher tritt die Komponente der ärztlichen Beistandspflicht zutage.

---

978 Witzel, Der Sterbende als Patient, Medizinische Klinik 1973, 1373 (1374); Siegrist, Aufklärung in Grenzsituationen in: Kruse/Wagner, Sterbende brauchen Solidarität, S. 25 (26)

979 Burkart, Das Recht, in Würde zu sterben - ein Menschenrecht, S. 112; Rest, Die Bedürfnisse des Patienten im Sterben in: Schara, Humane Intensivtherapie, S. 69 (70)

980 Sporken, Hast du denn bejaht, daß ich sterben muß ? S. 43; Köhle/Erath-Vogt, Die Integration des psychosomatischen Arbeitsansatzes in: Engelke/Schmoll/Wolff, Sterbebegleitung, S. 75 (86 f.); Mendiola, Menschliche Leiden in: Holderegger, Das medizinisch assistierte Sterben, S. 208 (223 f.)

981 Sporken, Darf die Medizin, was sie kann ? S. 190; Sierck, Wie die Euthanasie-Bewegung behinderte Menschen degradiert in: Rothmaler/Mitrovic, Die neue Ethik, S. 47 (49); Kremer, Intensivstation in: Reuter, Sterben, Tod, Trauer, S. 28

982 so aber: Burkart, Das Recht, in Würde zu sterben - ein Menschenrecht, S. 114

983 Lenz, Pflicht und Grenzen ärztlichen Handelns in: Eid/Frey, Sterbehilfe oder wie weit reicht die ärztliche Behandlunsgpflicht ? S. 41 (54); Uhlenbruck, Rechtliche, medizinische und theologische Probleme im Grenzbereich zwischen Leben und Tod in: Uhlenbruck/Rollin, Sterbehilfe und Patiententestament, S. 33 (53); Uhlenbruck, Selbstbestimmtes Sterben, S. 264, 269: Der Hinweis des Bundesgerichtshofes im "Elektroschock-Urteil" vom 09.12.1958 (NJW 1959, 811, 813), daß das Verhältnis zwischen Arzt und Patient ein starkes Vertrauen voraussetze, das in starkem Maße in der menschlichen Beziehung wurzele, in die der Arzt zum Patienten trete, verdeutliche, daß das Vertrauen und die menschliche Beziehung zwischen Arzt und Patient in das Vertragsverhältnis einzubeziehen und einer richterlichen Überprüfung zugänglich seien.

Zwar darf nicht verkannt werden, daß echte Anteilnahme und Mitgefühl immer auf Freiwilligkeit beruhen und daher im letzten niemals erzwingbar sein werden. Dies ändert jedoch nichts daran, daß Sterbebeistand nicht nur als mitmenschlicher Auftrag zu verstehen ist, der den Angehörigen und Freunden des Kranken übertragen ist, sondern daß er darüber hinaus auch unmittelbar den behandelnden Arzt und die Pflegekräfte, die mit dem Kranken täglich in Kontakt treten, in rechtlich verbindlicher Weise anspricht.[984] Angehörige der Heilberufe können sich dabei nicht darauf zurückziehen, daß die psychologisch-menschliche Betreuung nicht in ihre Kompetenz falle. Soweit sie wirklich nicht genügend fachkundig sind, haben sie gegenüber dem Patienten die Verpflichtung, entsprechende Fachärzte, Psychologen oder Seelsorger beizuziehen.[985]

Die Forderung nach ärztlicher Sterbebegleitung soll jedoch keineswegs darüber hinwegtäuschen, daß es kein noch so gut gemeinter Beistand dem Patienten letztlich wird ersparen können, sein Sterben selbst durchzustehen. Es handelt sich um ein Geschehen, bei dem der Mensch zunehmend auf sich selbst zurückgeworfen wird.[986] Sterbehilfe in der Form der Sterbebegleitung kann daher allein den Sinn verfolgen, dem Moribunden in einer Weise nahe zu sein, daß er besser befähigt wird, "seinen eigenen Tod"[987] zu sterben.[988] Sie beginnt bereits mit dem Zurverfügungstellen einer würdigen Umgebung, eines Raumes, in dem sich der Patient nicht abgeschoben fühlt. Dabei gilt es zu bedenken, daß sich die längere Anwesenheit von Angehörigen und persönliche Gespräche mit dem Sterbenden leichter verwirklichen lassen, wenn dem Patienten ein Einzelzimmer zur Verfügung gestellt wird.[989] Der Beistand soll darin zum Ausdruck kommen, daß der Arzt nicht vor dem Kranken

---

984 Zu einer strafrechtlich zu ahndenden Körperverletzung im Sinne einer Gesundheitsbeschädigung gem. § 223 2.Alt. StGB dürfte es im Falle der Vernachlässigung der seelischen Beistandspflicht jedoch nur in Ausnahmefällen kommen. Grundsätzlich ist davon auszugehen, daß eine bloß psychische Einwirkung auf den Patienten, die lediglich sein seelisches Wohlbefinden berührt, keine Gesundheitsbeschädigung darstellt. Anders ist die Situation nur dann zu beurteilen, wenn zugleich auch die Nerven in einen krankhaften Zustand versetzt werden, so daß ein somatisch objektivierbar krankhafter Zustand festzustellen ist (BGH NJW 1976, 1143 (1144); Tröndle in: Tröndle/Fischer, StGB,§ 223 RNr. 6).

985 Hanack, Euthanasie in strafrechtlicher Sicht in: Hiersche, Euthanasie, S. 121 (124); Eser, Lebenserhaltungspflicht und Behandlungsabbruch aus rechtlicher Sicht in: Auer/Menzel/Eser, Zwischen Heilauftrag und Sterbehilfe, S. 75 (86); v. Dellingshausen, Sterbehilfe und Grenzen der Lebenserhaltungspflicht des Arztes, S. 35

986 Eibach, Sterbehilfe - Tötung auf Verlangen ? S. 98

987 Rilke, Das Stundenbuch, III. Buch, Das Buch von der Armut und vom Tode, S. 103

988 Sporken, Umgang mit Sterbenden, S. 29; Sporken, Euthanasie im Rahmen der Lebens- und Sterbehilfe in: Eser/Bringewat, Suizid und Euthanasie, S. 271 (272); Sporken, Menschlich sterben, S. 43; Auer, Die Unverfügbarkeit des Lebens und das Recht auf einen natürlichen Tod in: Auer/Menzel/Eser, Zwischen Heilauftrag und Sterbehilfe, 1 (36)

989 Admiraal, 20 Jahre Erfahrung mit der Euthanasie in den Niederlanden; Matthaei, Der alltägliche Tod in der Klinik in: Böhme, Der Arzt und das Sterben, S. 31 (36)

flieht, sondern eine Beziehung zu ihm aufbaut, in der ehrliche, offene Gespräche geführt werden, und in der über die Gefühle der Unsicherheit, Angst, Auflehnung, Einsamkeit und des Kummers sowie - soweit dies möglich und erwünscht ist - über den tödlichen Verlauf der Krankheit mit dem Kranken gesprochen wird.[990] In diesem Zusammenhang sei auf die umfangreichen Untersuchungen insbesondere von Kübler-Ross[991] und Ansohn[992] verwiesen, die bei nahezu allen von ihnen aufgesuchten Patienten ein großes Bedürfnis festgestellt haben, ihre existentiell bedrohliche Situation durch intensive Gespräche zu bewältigen.[993] Viele Patienten sind zwar nicht in der Lage, ihre Wünsche und Bedürfnisse verbal klar und unmißverständlich zu artikulieren, ihre symbolhafte Sprache jedoch läßt zumeist Rückschlüsse auf ihre psychische Verfassung zu.[994]

Sterbehilfe als Hilfe beim Sterben bedeutet somit, am Sterbegeschehen teilzunehmen und es positiv zu beeinflussen,[995] d.h. sich dem Kranken zuzuwenden mit der Bereitschaft, ihm zu begegnen und ihm Aufmerksamkeit und Sorge zu schenken.[996] Wenn dies auch stets einen Dialog zwischen Arzt und Patient voraussetzt, so sollte sich ersterer als Begleiter stets bewußt sein, daß die Person des Erkrankten im Vor-

---

990 Sporken, Umgang mit Sterbenden, S. 34; Sporken, Menschlich sterben, S. 48; Sporken, Darf die Medizin, was sie kann ? S. 189; Ziegler, Der Abruf in die Ewigkeit in: Deutsch/Kleinsorg/Ziegler, Das Patiententestament, S. 23 (41); Jutzler, Sterben im Krankenhaus in: Evang. Akademie Baden, Sterbehilfe, S. 7 (11); Roos, Gespräche mit Sterbenden in: Giesler, Sterbende begleiten, S. 101 (114); Wolff, Was wissen denn schon die Kinder ? in: Engelke/Schmoll/Wolff, Sterbebeistand, S. 49 (54 f.)

991 Kübler-Ross, Verstehen was Sterbende sagen wollen, S. 28

992 Ansohn, Die Wahrheit am Krankenbett, S. 130 ff.

993 Sporken, Sterbebeistand: Aufgabe und Ohnmacht in: Engelke/Schmoll/Wolff, Sterbebeistand, S. 30 (38 f.) weist darauf hin, daß ein helfendes Gespräch fast immer zu 90 % aus geduldigem Zuhören des Beistehenden bestehen wird.

994 Furth, Die Verwendung von Zeichnungen, angefertigt in einer Lebenskrise in: Kübler-Ross, Verstehen was Sterbende sagen wollen, S. 83 (117); Wagner, Kinder und Jugendliche vor dem Tod in: Kruse/Wagner, Sterbende brauchen Solidarität, S. 70 (77); Ostermann, Begleitung lebensbedrohlich erkrankter Kinder in: Engelke/Schmoll/Wolff, Sterbebegleitung, S. 99 f.; sehr eindrucksvoll im Zusammenhang mit der Symbolsprache der Sterbenden ist auch der bei Piper, Praktische Sterbebegleitung in: Exner/Fahlbusch, Sterbehilfe, S. 36 (40 f.) wiedergegebene Beispielsfall.

995 Fritsche, Ärztlich-ethische Aspekte zur Ambivalenz der Lebensverlängerung in: Deutsche Sektion der Internationalen Juristen-Kommission, Lebensverlängerung aus medizinischer, ethischer und rechtlicher Sicht, S. 3 (21); Lemmen, Aids - Die besondere Krankheit in: Evang. Akademie Berlin, Begleitetes Sterben, S. 22; Karnetzki, Der letzte Feind, der vernichtet wird, ist der Tod in: Evang. Akademie Berlin, Begleitetes Sterben, S. 54 (56); Kalish, Der gegenwärtige Status von Tod und Betreuung des Sterbenden: Das Ende eines Tabus in: Eser/Bringewat, Suizid und Euthanasie, S. 159 (167)

996 Sporken, Hast du denn bejaht, daß ich sterben muß ? S. 18; Admiraal, 20 Jahre Erfahrung mit der Euthanasie in den Niederlanden, S. 8; Baader, Sterbehilfe und Euthanasie - ideologische Zusammenhänge in: Evang. Akademie Berlin, Sterbehilfe - Tötung auf wessen Verlangen ? S. 1 (20); Zenz, Sterben, Sterbehilfe, auf Verlangen töten ? in: Evang. Akademie Baden, S. 61 (63); Nüchtern, Der Arzt, der Kranke, der Tod und der Teufel in: Böhme, Der Arzt und das Sterben, S. 29 (30); Mayer-Scheu, Der mitmenschliche Auftrag der Sterbehilfe in: Eid, Euthanasie oder soll man auf Verlangen töten ? S. 95 (96)

dergrund stehen, er selbst hingegen dahinter zurücktreten muß.[997] Die Gedanken und Gefühle des Sterbenden sollen den Fortgang des Gesprächs bestimmen.[998] Diese Form der Sterbehilfe verfolgt das Ziel, dem unheilbar Kranken die Überzeugung zu vermitteln, daß seine letzte Lebensphase wert ist, gelebt zu werden.[999] Dies aber setzt seinerseits voraus, daß der Sterbende nicht vereinsamt, sondern die Nähe und den Beistand, die Solidarität und Verbundenheit des Arztes oder des Pflegepersonals erfährt, die ihn allein befähigt, sein Schicksal zu verarbeiten.[1000] Der Patient erwartet von dem behandelnden Arzt erfahrungsgemäß oft gar keine umfassenden Antworten auf seine Situation, sondern akzeptiert dessen Unsicherheit, wenn er nur bereit ist, Geduld zu üben und Anteil an seiner Situation zu nehmen, ihn zu verstehen, ihm die Möglichkeit zu bieten, seinen Gefühlen Ausdruck zu verleihen und ihm die Gewißheit zu verschaffen, da zu sein, wenn es erforderlich werden sollte.[1001] Fluchtreaktionen auf "unangenehme" Fragen des Patienten, wie z.B. "Wie steht es um mich ?" oder "Wie lange dauert es noch ?" führen dagegen in aller Regel bei dem Kranken zu Angstzuständen, fühlt er sich doch von seinem Helfer in dieser Situation alleinegelassen.[1002]

Die schlichte Aufmunterung, tapfer zu sein, ist - obwohl oft gut gemeint und bewußt eingesetzt, um den Patienten zu beruhigen und zu schonen - häufig nicht geeignet, dem Sterbenden zu helfen, seine Gefühle zu verarbeiten. Vielmehr entsteht in dem Augenblick, in dem der Arzt sich weigert, auf die tiefe Verzweiflung des Patienten einzugehen, sondern stattdessen versucht, diese durch pauschale Durchhalteparo-

---

[997] Sporken, Hast du denn bejaht, daß ich sterben muß ? S. 13; Loerbroks, Tod als Geschenk ? - Überlegungen eines Arztes in: Evang. Akademie Berlin, Sterbehilfe - Tötung auf wessen Verlangen ? S. 63 (64)

[998] Sporken, Hast du denn bejaht, daß ich sterben muß ? S. 63; Sporken, Ausbildung und Training für den Umgang mit Sterbenden in: Engelke/Schmoll/Wolff, Sterbebegleitung, S. 115 (121); Kübler-Ross, Leben bis wir Abschied nehmen in: Atrott/Eibach u.a., Sterbehilfe - Mitleid oder Mord ? S. 13 (14); Becker, Sterbehilfe als Lebenshilfe in: Böhme, Der Arzt und das Sterben, S. 48 (50)

[999] Sporken, Umgang mit Sterbenden, S. 29, 98; Sporken, Menschlich sterben, S. 43; Rust-Riedel, Praxisbericht in: Evang. Akademie Berlin, Begleitetes Sterben, S. 45 (47); Mayer-Scheu, Der mitmenschliche Auftrag der Sterbehilfe in: Eid, Euthanasie oder soll man auf Verlangen töten ? S. 95 (97); Greshake, Bemühungen um eine Theologie des Sterbens in: Eid, Euthanasie oder soll man auf Verlangen töten ? S. 170 (184)

[1000] Sporken, Hast du denn bejaht, daß ich sterben muß ? S. 28 f.; Sporken, Rechte und Verantwortlichkeiten des Arztes in: Schara, Humane Intensivtherapie, S. 47 (54 f.)

[1001] Heifetz/Mangel, Das Recht zu sterben, S. 143; Sporken, Umgang mit Sterbenden, S. 33, 86; Sporken, Menschlich sterben, S. 51; Mayer-Scheu, Der mitmenschliche Auftrag der Sterbehilfe in: Eid, Euthanasie oder soll man auf Verlangen töten ? S. 95 (100); Koch/Schmeling, Ausbildung für den Umgang mit Sterbenden in: Engelke/Schmoll/Wolff, Sterbebegleitung, S. 125 (131); Wolff/Schmoll/Engelke, Sterbebeistand bleibt eine Herausforderung in: Engelke/Schmoll/Wolff, Sterbebeistand, S. 141 (143); Schara, Die Zustimmung des Kranken zur Therapie in: Schara, Humane Intensivtherapie, S. 147 (155)

[1002] Uhlenbruck, Rechtliche, medizinische und theologische Probleme im Grenzbereich zwischen Leben und Tod in: Uhlenbruck/Rollin, Sterbehilfe und Patiententestament, S. 33 (69) len zu übergehen, zwischen beiden eine Distanz, die einer vertrauensvollen Kooperation und Begleitung abträglich ist.[1003]

Ärzte und Pflegepersonal müssen darüber hinaus lernen, daß bereits ihre bloße Präsenz dem Patienten helfen kann. Der Anschein, der Sterbende möchte allein gelassen werden, trügt häufig. Vielmehr sinkt er in ein Stadium zurück, in dem er seine mitmenschlichen Bedürfnisse nicht mehr verbal befriedigt sehen möchte. Anwesenheit ist hier das Gebot, Abwesenheit der oft beklagte Mangel.[1004]

Die Solidarität des Arztes mit dem Sterbenden darf schließlich selbst dann nicht ihr Ende finden, wenn eine direkte Kommunikation mit ihm nicht mehr möglich ist. Tröstend und bestärkend kann in dieser Situation ein einfacher Händedruck oder die bloße Gegenwart eines Menschen sein, die dem Kranken das Gefühl vermittelt, mit seinem Leid nicht alleingelassen zu werden.[1005] Wichtig zu wissen ist für den Arzt, daß Sterbende nach gesicherten wissenschaftlichen Erkenntnissen bis zum Eintritt des Todes selbst bei scheinbarer Anteilnahmslosigkeit in ihrem Wahrnehmungsvermögen kaum jemals eingeschränkt sind.[1006]

Andererseits lassen sich aber auch keine allgemeinen Aussagen darüber treffen, in welcher Weise der Arzt einem unheilbar erkrankten Patienten gegenübertreten sollte, die für alle Phasen des Sterbeprozesses Gültigkeit beanspruchen könnten. Wie bereits in anderem Zusammenhang angedeutet,[1007] läßt sich der Sterbeprozeß nach

---

[1003] Sporken, Hast du denn bejaht, daß ich sterben muß ? S. 31, 45; Ansohn, Die Wahrheit am Krankenbett, S. 141

[1004] Hartmann, Hilfe beim Sterben - Hilfe zum Sterben in: Exner/Fahlbusch, Sterbehilfe, S. 9 (16); Ansohn, Die Wahrheit am Krankenbett, S. 135

[1005] Nüchtern, Bilder gegen den Tod in: Böhme, Der Arzt und das Sterben, S. 89 (90); Schütz, Euthanasie aus geriatrischer Sicht in: Oehmichen, Lebensverkürzung, S.97 (101); Assel, Umgang mit Sterbenden in: Reuter, Sterben, Tod, Trauer, S. 33; Tausch, Sanftes Sterben in: Reuter, Sterben, Tod, Trauer, S. 33; Sporken, Sterbebeistand: Aufgabe und Ohnmacht in: Engelke/Schmoll/Wolff, Sterbebeistand, S. 30 (39); Aumüller, Leben erhalten oder Sterbehilfe ? in: Kruse/Wagner, Sterbende brauchen Solidarität, S. 9 (16 f.); Rest, Überlegungen zum Gespräch mit Schwerkranken in: Schara, Humane Intensivtherapie, S. 79 (85); Schara, Regeln für die Pflege in: Schara, Humane Intensivtherapie, S. 127 (131); Sporken, Zuwendung als Voraussetzung in: Schara, Humane Intensivtherapie, S. 157 (160)

[1006] Blumenthal-Barby/Spyra, Zur perimortalen Forschung in: Atrott/Pohlmeier, Sterbehilfe in der Gegenwart, S. 41 (45); Erlemeier, Beiträge der psychologischen Thanatologie zum Euthanasieproblem in: Eid, Euthanasie oder soll man auf Verlangen töten ? S. 108 (130); Becker, Subjektive Sterbeerlebnisse von Wiederbelebten in: Engelke/Schmoll/Wolff, Sterbebegleitung, S. 108 (113); Eid, Solidarische Hilfe beim Sterben in: Kruse/Wagner, Sterbende brauchen Solidarität, S. 52 (57); L. Schmidt, Psychologische Aspekte der Information in: Jung/Schreiber, Arzt und Patient zwischen Therapie und Recht, S. 103 (105), weist auf die Problematik ungewollt verbreiteter Informationen hin, die von Ärzten gegeben werden, weil sie den anwesenden Patienten für nicht aufnahmefähig halten.

[1007] siehe oben B. V. 3. c. bb. (2) (e) (ee) (ccc) (β)

den Forschungsarbeiten der in Amerika wirkenden Ärztin Kübler-Ross in fünf typische Phasen unterteilen, nachdem der Patient über den Ernst seiner Lage unterrichtet worden ist: Deren erste ist die des Nicht-Wahrhaben-Wollens. Obschon der Patient die Diagnose seiner Krankheit wissen wollte und der Arzt ihm einige behutsame Hinweise gegeben hat, stemmt er sich nun mit allen Mitteln gegen den Befund, weil er ihn in dieser Form noch nicht verkraften kann. In seiner Ratlosigkeit flüchtet er in die Isolation, wenn sein Leugnen von seiner Umgebung nicht bestätigt wird und er den Eindruck gewinnt, niemand wolle ihn verstehen.[1008] Verschlechtert sich in der Folge sein Zustand, folgt zumeist die Phase des Zorns.[1009] Die Auflehnung gegen das Schicksal sowie Groll, Wut und Neid gegenüber den gesunden Mitmenschen werden nunmehr erkennbar. Hinter diesem Verhalten steckt meist eine tiefe Trauer über den eigenen Zustand und große Angst vor dem, was noch kommen mag, wobei die Angst vor dem Sterben in aller Regel größer ist als die vor dem Tod. Diese Phase kann schon bald in das Stadium des Verhandelns übergehen.[1010] In diesem Zusammenhang macht der Patient Versprechungen gegenüber Gott, dem Schicksal, der Umgebung, den Ärzten etc. für den Fall, daß er seine Krankheit überwinden sollte. Er hofft dadurch eine Möglichkeit zu finden, seiner Krankheit zu entgehen, oder doch zumindest die Gewährung einer Gnadenfrist. Verständlich ist, daß sich bei einer weiteren Verschlechterung eine depressive Phase einstellt. Diese lockert über eine wehmütige Stimmung des Abschiednehmens seine bisherigen Bindungen. Zukunftsperspektive und Träume sind nunmehr zerstört, der Patient kapselt sich von seiner Umwelt ab oder sucht die Konfrontation mit ihr, Nahrung und Flüssigkeiten rührt er kaum noch an. Diese Phase ist zu verstehen einerseits als Reaktion auf alle Verluste und Konsequenzen, die der Krankenhausaufenthalt mit sich bringt, vor allem im Hinblick auf das Ausmaß der Operations- und anderen Behandlungsfolgen, andererseits als Vorbereitung auf den eigenen endgültigen Abschied.[1011] In dieser Situation ist es von Bedeutung, daß der Patient das Gefühl der Verzweiflung ausleben kann und ihm dieses nicht ausgeredet wird. Denn zumeist kann erst nach dem Durchleben dieser Niedergeschlagenheit die nächste und letzte Phase beginnen, nämlich die der inneren Zustimmung des Patienten zu seinem Schicksal. Er ist reif geworden, überblickt seinen Zustand, akzeptiert die Endlichkeit seines Seins und strahlt große Ruhe und inneren Frieden aus. Die Annahme des Todes bedeutet da-

---

[1008] Kübler-Ross, Interviews mit Sterbenden, S. 16 ff.; Kübler-Ross, Verstehen was Sterbende sagen wollen, S. 37 ff.

[1009] Kübler-Ross, Interviews mit Sterbenden, S. 26 ff.; Kübler-Ross, Verstehen was Sterbende sagen wollen, S. 49 ff.

[1010] Kübler-Ross, Interviews mit Sterbenden, S. 54 ff.; Kübler-Ross, Verstehen was Sterbende sagen wollen, S. 52 ff.

[1011] Kübler-Ross, Interviews mit Sterbenden, S. 57 ff.; Kübler-Ross, Verstehen was Sterbende sagen wollen, S. 58 ff.

bei in aller Regel nicht, daß der Patient diesen herbeisehnt, vielmehr findet sie bei einer Gruppe von Patienten dadurch ihren Ausdruck, daß sie weniger traurig sind, andere geben den rebellischen Kampf gegen den Tod auf, wieder andere akzeptieren ihn als etwas Natürliches oder von Gott Gewolltes und fügen sich in positiver Weise in das Unvermeidliche. Diese Phase kann daher sowohl für den Kranken selbst als auch für seine Angehörigen bereichernd sein. Sie setzt nicht abrupt und durchgängig ein, sondern zeigt sich zunächst sehr instabil. Meist ist sie erst kurz vor dem Tode durchgängig zu beobachten.[1012]

Die beschriebenen Stadien können ineinander übergehen, nebeneinander bestehen, kürzere oder längere Zeit andauern.[1013] Stets aber bleibt ein Funke Hoffnung bestehen, der den Todkranken noch eine Weile am Leben erhält. Dabei gilt es zu bedenken, daß sich Hoffnung am Anfang einer ernsten Erkrankung völlig anders äußert als am Ende dieses Prozesses. Am Beginn der bösartigen Krankheit besteht die Hoffnung des Patienten stets darin, daß die gestellte Diagnose nicht stimmt. Sie bezieht sich somit auf Heilung und vollkommene Wiederherstellung der Gesundheit. Am Ende des Leidensweges aber verwandelt sich die Hoffnung in eine solche, die auf das Erleben eines erfüllten, schmerzfreien Lebensrestes im Rahmen der verbliebenen Möglichkeiten gerichtet ist.[1014] Der Arzt hat die Verpflichtung, dieser Hoffnung bis zuletzt Raum zu geben.[1015] Hat der Patient selbst diesen Schimmer Hoffnung verloren, so bedeutet dies, daß der Tod unmittelbar bevorsteht.[1016]

Der Arzt ist aufgerufen, den Sterbenden durch alle Phasen seiner Krankheit zu begleiten, Verständnis für die dargestellte Entwicklung aufzubringen und seine oft widersprüchlich erscheinenden Gefühle aufzufangen. Zunächst ist es notwendig, daß er in Erfahrung bringt, in welcher Phase sich der Patient befindet. Dies ist oft nur durch Gespräche mit Angehörigen oder dem Pflegepersonal möglich, da Patienten häufig diesen gegenüber offener über ihre Empfindungen sprechen als gegenüber dem Arzt.[1017] Wo es dem Arzt gelingt, sich in den Erkrankten hineinzuversetzen, seine Äußerungen und Gesten richtig zu interpretieren und ihn schließlich hinzuführen zur Annahme seiner Situation, wird auch seine letzte Lebensphase mit Sinn er-

---

1012 Kübler-Ross, Interviews mit Sterbenden, S. 77 ff.; Kübler-Ross, Verstehen was Sterbende sagen wollen, S. 63 ff.
1013 Gebhardt, Seelsorge an Sterbenden in: Giesler, Sterbende begleiten, S. 73 (91); Rest, Sterbenden beistehen - die Leiden und das Leid in: Evangelische Akademie Baden, Sterbehilfe, S. 68 (81), der zugleich vor einer Sterbenormung und davor warnt, den Sterbeprozeß über fünf Phasen hinweg therapeutisch zurechtzubiegen, bis er dem Sterbensbild des Helfers entspricht.
1014 Kübler-Ross, Verstehen was Sterbende sagen wollen, S. 36
1015 Kübler-Ross, Verstehen was Sterbende sagen wollen, S. 204
1016 Kübler-Ross, Interviews mit Sterbenden, S. 94 - 96
1017 Sporken, Umgang mit Sterbenden, S. 56

füllt werden. Mit jedem Tage ist ihm eine Chance gegeben, sein Leben tiefer zu verstehen und zu bewältigen, die Chance, reifer gerade auch dadurch zu werden, daß er das Wissen um das Sterben in sein Leben mit einbezieht.[1018] Eine Lebensvollendung in diesem Sinne aber entspricht in besonderer Weise der Würde des Menschen.[1019]

Ob der Sterbende diese Hilfe letztlich allein von seinem Arzt oder möglicherweise auch von dem Pflegepersonal, Seelsorgern, Angehörigen oder Freunden erwartet, wird im Einzelfall davon abhängen, zu wem er eine persönliche Beziehung aufbauen kann, in wen er das meiste Vertrauen setzt oder von wem er die wirksamste Hilfe erwartet.[1020] Dabei spielt die Geduld, die ihm entgegengebracht wird, eine herausragend wichtige Rolle. Die Angehörigen der therapeutischen Berufe sind hier gefordert, die - oft versteckten - Signale des Kranken zu erfassen und richtig zu deuten. Kübler-Ross jedenfalls kam im Rahmen ihrer Untersuchungen zu dem Ergebnis, daß nahezu alle von ihr betreuten moribunden Patienten imstande waren, ihr drei entscheidende Dinge zu verstehen zu geben: w a n n sie der Hilfe bedurften, von w e m sie betreut sein wollten und w a s sie nötig hatten.[1021]

Diese Wünsche und Bedürfnisse aus dem Sprechen, Schweigen oder den Gesten des Kranken herauszuhören, erfordert nicht nur viel Erfahrung und Einfühlungsvermögen, sondern vor allem sehr viel Zeit. Die heutige Struktur unseres Krankenhauswesens macht es dem Arzt ebenso wie dem Pflegepersonal leider fast unmöglich, sich dieser Aufgabe ausreichend in der dargestellten Weise zu widmen.

cc. Organisatorische Unzulänglichkeiten bei der Betreuung von Terminalpatienten in Krankenhäusern

Schwerstkranke Patienten werden in unseren Krankenhäusern in perfekt überwachten Intensivstationen zusammengefaßt, das Personal wechselt ständig, niemand ist eigentlich wirklich für einen bestimmten Patienten zuständig. Die Arbeits- und Funktionsteilung ist so weit vorangeschritten und professionalisiert, daß für beinahe jede Tätigkeit anderes Personal - sei es ärztliches oder nichtärztliches - zur Verfügung

1018 Heß, Alter, Sterben, Tod - einbeziehen oder verdrängen ? in: Uhlenbruck/Rollin, Sterbehilfe und Patiententestament, S. 102 (103); Ansohn, Die Wahrheit am Krankenbett, S. 143, 148 ff.

1019 Böckle, Menschenwürdiges Sterben in: Knevels/Böckle/Schmalenberg, Euthanasie, S. 34 (38)

1020 Becker, Sterbehilfe als Lebenshilfe in: Böhme, Der Arzt und das Sterben, S. 48 (54)

1021 Kübler-Ross, Verstehen was Sterbende sagen wollen, S. 61; Kübler-Ross, Interviews mit Sterbenden, S. 150 f.

steht.[1022] Die Stationen verkörpern so den medizinischen und technischen Fortschritt unserer Zeit, sie garantieren im Bedarfsfalle jederzeit selbst die Durchführung kompliziertester chirurgischer Eingriffe. Der Preis hierfür aber sind zunehmende humanitäre Defizite, der Patient wird zum Arbeitsobjekt degradiert, es fehlt an Personen und Zeit, um für den menschlichen Beistand in seinen zumeist schwersten Stunden zu sorgen.

Vielfach wird darüber hinaus den Angehörigen eines Sterbenden der Zugang zur Intensivstation im Wege allzu starrer Handhabung von Verwaltungsvorschriften verwehrt, die Ordnung des Klinikbetriebes hat Vorrang vor den Bedürfnissen des Patienten und seiner engsten Bezugspersonen.

Verfehlt wäre es, die Schuld an dieser unbefriedigenden Situation allein den Ärzten oder Pflegekräften der Kliniken zuzuschreiben, die ohnehin vielfach überarbeitet sind. Die an sie gerichtete Forderung, sich intensiver um die Belange des einzelnen Patienten zu kümmern, erweist sich in Anbetracht der heutigen personellen Ausstattung unserer Krankenhäuser und der dort praktizierten Arbeitsteilung in wesentlichen Teilen als unerfüllbar. Nicht selten wird daher gerade von ärztlicher Seite angemerkt, daß die oben beschriebene Form des Sterbebeistandes zwar sicher wünschenswert wäre, zu ihrer Verwirklichung jedoch nicht die erforderliche Zeit zur Verfügung stehe.[1023]

Dies verdeutlicht ein Blick auf die personelle Situation der Pflegestationen. Als angemessen wird hier allgemein ein Pflegeschlüssel von 1:4 angesehen, d.h. ein(e) Pfleger(in) sollte für vier Pflegefälle zuständig sein. In der Praxis jedoch bleiben aus Kostengründen so viele Planstellen unbesetzt, daß der Pflegeschlüssel heute meist bei 1:9 oder gar bei 1:15 liegt.[1024] Es ist daher nur allzu verständlich, daß von seiten des Pflegepersonals immer wieder die Überlastung und der Zeitmangel angeprangert werden, die eine angemessene Pflege des einzelnen Patienten nicht mehr erlauben.

Der Staat ist hier aufgerufen, im Hinblick auf den grundgesetzlich verankerten Anspruchs des einzelnen auf Achtung seiner Menschenwürde zukünftig durch eine bessere personelle Ausstattung der Kliniken die Voraussetzungen dafür zu schaffen, daß nicht mehr das Beherrschen neuester technischer Errungenschaften, sondern

---

1022 Matthaei, Der alltägliche Tod in der Klinik in: Böhme, Der Arzt und das Sterben, S. 31 (37)
1023 Sporken, Hast du denn bejaht, daß ich sterben muß ? S. 47
1024 Stadler, Sterbehilfe, S. 241; Gronemeyer, Die Entfernung vom Wolfsrudel, S. 148

der Mensch im Vordergrund aller Bemühungen steht. Immer noch ignoriert die Gesellschaft die Notwendigkeit eines menschenwürdigen Ortes zum Sterben. Milliardensummen werden heute für Parks, Spielplätze, Kindertagesstätten, Vorschuleinrichtungen etc. ausgegeben. Daß dies richtig und notwendig ist, steht außer Frage. Es darf jedoch nicht aus den Augen verloren werden, daß sich der sozialstaatliche Auftrag unseres Grundgesetzes in dieser Form der Daseinsvorsorge nicht erschöpft, sondern auch diejenigen Personengruppen umfaßt, die dem Ende ihres Lebens entgegengehen und nicht mehr in der Lage sind, auf ihre Situation aufmerksam und ihre Rechte geltend zu machen.

Das Bewußtsein hierfür in unserer Gesellschaft zu verankern, scheint dringend erforderlich. Andernfalls ist aufgrund der für die Zukunft zu erwartenden zunehmenden Knappheit der für soziale und gesundheitliche Einrichtungen zur Verfügung stehenden öffentlichen Gelder zu erwarten, daß Schwerkranke und Sterbende noch mehr in die Rolle der gesellschaftlichen Randgruppe gedrängt werden, als dies schon heute der Fall ist. Es gehört nicht viel Phantasie dazu zu erahnen, daß diese Entwicklung eine zusätzliche Dynamik dadurch erhalten könnte, daß infolge unserer offensichtlichen Altersstrukturproblematik die Zahl der pflegebedürftigen Personen schon bald stark ansteigen und sich vor diesem Hintergrund verstärkt die Frage stellen wird, wie deren Versorgung gewährleistet werden soll. Nach heutigen Schätzungen werden im Jahre 2030 auf zehn arbeitende Personen dreizehn Rentner kommen, etwa ein Drittel der Bevölkerung wird über 65 Jahre alt sein.[1025] Diese Entwicklung birgt sozialen Sprengstoff, zumal künftig die Familie aufgrund sinkender Kinderzahl und steigender Mobilität aller Voraussicht nach weiter an Bedeutung verlieren und parallel dazu die Rolle des Staates als Fürsorgeeinrichtung noch mehr in den Blickpunkt rücken wird. Ist dann das Bewußtsein der Verantwortlichkeit für das Wohl alter und kranker Menschen nicht tief in der Gesellschaft verwurzelt, werden ökonomische Gesichtspunkte in der Sterbehilfediskussion gegenüber humanitären Erwägungen klar die Oberhand gewinnen. Tendenzen, die in diese Richtung weisen, sind - zumindest im internationalen Maßstab - schon heute deutlich erkennbar, wenn auch zur Rechtfertigung der damit einhergehenden Forderung nach einer Begrenzung der medizinischen Behandlung oder gar nach einer aktiven Tötung des Patienten zumeist die rechtlich und sozial allgemein akzeptierten Kategorien des Mitleids sowie des Rechtes des Patienten auf Selbstbestimmung herangezogen werden.[1026]

1025 Stadler, Sterbehilfe, S. 202; Dörner, Zur Professionalisierung der "Sozialen Frage" in: Bastian, Denken - schreiben - töten, S. 23 (31)

1026 vgl. hierzu insbesondere C. II. 2. b., C. II. 2. f. und C. II. 2. g. ff.

Erinnert sei in diesem Zusammenhang daran, daß in den USA bereits Mitte der sechziger Jahre Gesetzentwürfe vorlagen, die vorsahen, daß Operationen nur noch bis zum 60. Lebensjahr durch Krankenkassen finanziert werden sollten.[1027] In England hingegen werden schon heute Patienten, die älter als 55 Jahre alt sind, nicht mehr zur Dialysebehandlung zugelassen.[1028] Aber auch in Deutschland bekommen beispielsweise aus Kostengründen nur 18 % der gesetzlich versicherten Alzheimer-Patienten das wirksamste Medikament, bei den privat versicherten sind es mit 35 % immerhin fast doppelt so viele.[1029]

dd. Ausbildungsdefizite von Ärzten und Pflegepersonal bezüglich des Umganges mit Sterbenden

Es wäre jedoch sicher zu einfach, die heutigen Probleme von Ärzten und Pflegepersonal im Umgang mit Sterbenden allein auf die dargestellte prekäre personelle Situation zurückzuführen. Der Sterbebeistand erfordert nämlich nicht viele und lange Unterredungen, ausreichend sind vielmehr in aller Regel kurze Gespräche, die dem Patienten das Gefühl vermitteln, daß er nicht in Vergessenheit gerät.[1030] Für diese Gespräche aber ist selbst in der knappen den Ärzten und dem Pflegepersonal für den einzelnen Patienten zur Verfügung stehenden Zeit genügend Raum.[1031] Neben den beschriebenen organisatorischen Unzulänglichkeiten der Krankenhäuser sind jedoch erhebliche Ausbildungsdefizite von Ärzten und Krankenschwestern im Bereich der Sterbebegleitung zu beklagen.[1032] So sehr der Tod in den Kliniken längst

[1027] Stadler, Sterbehilfe, S. 211

[1028] Jutzler, Sterben im Krankenhaus in: Evang. Akademie Baden, Sterbehilfe, S. 7 (25)

[1029] Stieve, Altern und Sterben sind keine unerwünschten Nebenwirkungen, Pharmazeutische Zeitung 2000, S. 3420

[1030] Sporken, Hast du denn bejaht, daß ich sterben muß ? S. 47 f.

[1031] Der Chirurg Matthaei bestätigt dies in Matthaei, Der alltägliche Tod in der Klinik in: Böhme, Der Arzt und das Sterben, S. 31 (37): "Ganz sicher gibt es Personalprobleme im Krankenhaus, ... aber Zeit hat man immer für Dinge, die einem wichtig oder zumindest nicht unangenehm sind. Wir Chirurgen zum Beispiel fürs Operieren. ... Dinge, die wir nicht so gerne machen, müssen da halt zurückstehen. Hier: Das Gespräch mit dem Sterbenden."

[1032] Mayer-Scheu, Der Beitrag der Seelsorge in: Eid/Frey, Sterbehilfe oder wie weit reicht die ärztliche Behandlungspflicht ? S. 61 (63); Muschke, Gesetzliche Regelung der Sterbehilfe ? S. 5; Engelke, Das Psychodrama der Sterbehilfe in: Engelke/Schmoll/Wolff, Sterbebegleitung, S. 64 (65); Kruse, Die Verantwortung des Arztes in: Kruse/Wagner, Sterbende brauchen Solidarität, S. 41 (47); aus diesem Grunde hat sich der 63. DJT 2000 mit 31:3:8 Stimmen dafür ausgesprochen, die Zahl der speziell geriatrisch ausgerichteten Lehrstühle an den medizinischen Fakultäten deutlich zu erhöhen. Daneben wurde dafür plädiert, auch an juristischen Lehrstühlen auf eine stärkere Berücksichtigung der zivil- und sozialrechtlichen Probleme des Alters hinzuwirken.

zum medizinisch Alltäglichen gehört, so wenig scheinen diejenigen, die mit ihm ständig konfrontiert werden, gelernt zu haben, mit ihm umzugehen.[1033]

Dem Arzt wurde im Rahmen seiner Ausbildung beigebracht, mit allen ihm zur Verfügung stehenden Mitteln um das Leben des Patienten zu kämpfen, der Tod ist sein Feind, den es zu besiegen gilt.[1034] Untersuchungen belegen gar, daß viele Ärzte gerade die Medizin als Beruf wählen, weil sie außergewöhnliche Angst vor dem Tode haben, den sie zu bekämpfen suchen.[1035] Es gehört zum Selbstverständnis des Berufes, daß geheilt werden soll, die Beschäftigung mit Sterben und Tod ist zu keiner Phase Gegenstand des Studiums.[1036] Schon in den Präparierkursen wird der Leichnam gerade bewußt zu einem Objekt anatomischer Studien und erlernter technischer Fähigkeiten herabgestuft, das es dem einzelnen leichter macht, anatomisches Lernen strikt von der Person des nunmehr toten Patienten zu trennen und dessen Sterben nicht zu hinterfragen.[1037] Diese Aufspaltung des Menschen in einzelne Organe und deren Zuordnung zu medizinischen Spezialdisziplinen bestimmt aber in gleicher Weise später die Berufstätigkeit des Arztes. Dementsprechend wird das Sterben eines Patienten häufig als persönliches Versagen[1038] oder zumindest als "technischer Betriebsunfall" empfunden. Bei dieser Flucht vor dem Tod tritt der Kranke als Person völlig in den Hintergrund.[1039] Wehrt sich der Patient dann auch noch gegen bestimmte ihm von dem Arzt vorgeschlagene Behandlungsmaßnahmen, reagieren Ärzte häufig nicht nur mit Unverständnis, sondern vielfach sogar mit der völligen Ablehnung seiner Person.

Hat sich aber das Leiden erst einmal als unheilbar herausgestellt, so halten sich die meisten Ärzte immer mehr von dem Sterbenden fern, um sich anderen Patienten zuzuwenden, bei denen sie die Aussicht auf Rettung noch nicht aufgegeben haben.[1040] Untersuchungen belegen, daß Ärzte im Krankenhaus dem Patienten von diesem

---

1033 Eibach, Der Tod und das Selbstverständnis von Ärzten und Pflegenden in: Evang. Akademie Berlin, Begleitetes Sterben, S 48

1034 Mattheis, Euthanasie und gesellschaftlicher Auftrag der Medizin - ein Widerspruch ? in: Gose/Hoffmann/Wirtz, Aktive Sterbehilfe ? S. 135 (141); Schleker, Thanatologie, Euthanasie, Sterbehilfe, S. 20; Eibach, Recht auf Leben - Recht auf Sterben, S. 64

1035 Elliott, Mutter-Kind-Station in: Kübler-Ross, Verstehen was Sterbende sagen wollen, S. 121 (161); Moor, Die Freiheit zum Tode, S. 87

1036 Admiraal, 20 Jahre Erfahrung mit der Euthanasie in den Niederlanden, S. 5

1037 Rollin, Ärzte im Konflikt in: Uhlenbruck/Rollin, Sterbehilfe und Patiententestament, S. 3 (12)

1038 Moor, Die Freiheit zum Tode, S. 87; Schara, Intensivmedizin zwischen Technik und Humanität, Zeitschrift für medizinische Ethik 39 (1993), S. 111 (112)

1039 Piper, Praktische Sterbebegleitung in: Exner/Fahlbusch, Sterbehilfe, S. 36 (37)

1040 Heifetz/Mangel, Das Recht zu sterben, S. 145; Uhlenbruck, Selbstbestimmtes Sterben, S. 84

Zeitpunkt an nur noch ein Sechstel der seitherigen Besuchszeit widmen.[1041] Sie fühlen ihre Ohnmacht gegenüber dem inkurablen Leiden, den Kampf um das Leben des Patienten haben sie verloren.[1042] Seinen Heilauftrag sieht der Arzt damit als im wesentlichen beendet an, der Fall ist medizinisch uninteressant geworden, der Patient wird aufgegeben.[1043] Für den Arzt wird der Sterbende zur Belastung, er vermeidet Gespräche mit ihm, obwohl der Aufgegebene gerade in dieser Situation am meisten seiner Hilfe und Zuwendung bedürfte. Stattdessen wird der Sterbende nicht mehr beachtet und für den Fall, daß er sich gegen diese Form der Isolation wehrt, medikamentös ruhiggestellt. Seine weitere Betreuung bis zum Tode überläßt der Arzt im übrigen nur allzu gern den Krankenschwestern, oder aber er versucht, die Entlassung des Patienten in die Wege zu leiten, weil er austherapiert sei.[1044] Übersehen wird dabei freilich nur allzu leicht, daß ärztliches Handeln sich niemals allein auf die Beseitigung körperlicher Beschwerden beziehen darf, sondern stets auch die emotionalen und psychologischen Aspekte des Menschseins berücksichtigen muß.

Und so dürfte das von Sporken geschilderte Beispiel eines Facharztes, der sich der Situation des unabwendbaren Leides eines Patienten hilflos gegenübersah, keinesfalls einen seltenen Ausnahmefall markieren, sondern sich vielmehr in vielfältiger Weise täglich neu in der Realität des Krankenhausalltages wiederholen: Dieser Arzt hatte einen Patienten zu betreuen, der an unheilbarem Kieferkrebs litt. Eine Operation hatte ihm nicht helfen können, der Krankheitsprozeß schritt unaufhaltsam voran, der Patient verbreitete einen sehr üblen Geruch. Der Arzt brachte nicht mehr die Kraft auf, ihn zu besuchen und ging regelmäßig an der Tür seines Zimmers vorbei. Verantwortlich hierfür seien sowohl der Anblick des Kranken und der Gestank gewesen als auch die Tatsache, daß er als Arzt nicht mehr habe helfen können und nicht gewußt habe, was er dem Patienten sagen sollte. Er habe sich ohnmächtig gefühlt, aber zugleich auch feige und schuldig, weil er ihn im Stich gelassen habe.

In diesen Kontext fügt sich nahtlos ein, daß dem Tode nahe Patienten, die - instinktiv und ohne darüber aufgeklärt worden zu sein - um ihren Zustand wissen, dem fehlenden Vermögen ihres Arztes, echte Sterbebegleitung zu leisten, dadurch Rechnung tragen, daß sie ihm gegenüber vorgeben, es gehe ihnen schon wieder besser, während sie gegenüber Angehörigen oder Seelsorgern zu erkennen geben, wie ih-

---

[1041] Bade, Der Arzt an den Grenzen von Leben und Recht, S. 53; Auer, Die Unverfügbarkeit des Lebens und das Recht auf einen natürlichen Tod in: Auer/Menzel/Eser, Zwischen Heilauftrag und Sterbehilfe, S. 1 (43); Eibach, Recht auf Leben - Recht auf Sterben, S. 65 Anm. 12

[1042] Matthaei, Der alltägliche Tod in der Klinik in: Böhme, Der Arzt und das Sterben, S. 31 (33)

[1043] Eibach, Der Tod und das Selbstverständnis von Ärzten und Pflegenden in: Evang. Akademie Berlin, Begleitetes Sterben, S. 48 (50)

[1044] Uhlenbruck, Selbstbestimmtes Sterben, S. 19

nen wirklich zumute ist.[1045] Der Patient möchte den Arzt nicht enttäuschen, er fürchtet, dieser werde ihm böse sein, wenn er seine Bemühungen nicht mit Erfolg belohne und seinen Erwartungen nicht entspreche. Der Druck des Gesundwerdens als "Anstaltsziel" ist zu groß, als daß er es sich leisten könnte, offen mit seinem Arzt über seine Hoffnungen und Ängste zu reden.[1046]

Aufgrund der beschriebenen Einschränkung des ärztlichen Kontakts mit dem Sterbenden und seiner Abwesenheit im Endstadium steht das Pflegepersonal dem eigentlichen Sterbeprozeß sowie dem körperlichen und geistigen Verfall der Patienten oft sehr viel näher.[1047] So werden die Krankenschwestern zum eigentlichen sozialen Gegenüber des Moribunden im Krankenhaus.[1048] Sie treffen sehr häufig Entscheidungen, die für das Leben oder (den vorzeitigen) Tod der schwerkranken Patienten von Bedeutung sind, sei es im physischen Sinne durch das Anwenden oder Unterlassen medizinischer Hilfsmaßnahmen, sei es psychologisch durch regelmäßige Zuwendung oder die Vollstreckung des "sozialen Todes".[1049] Dieser "soziale Tod" aber, der eintritt, wenn gewohnte mitmenschliche Beziehungen abreißen, neue hingegen nicht mehr aufgebaut werden können, führt seinerseits bei alten Menschen erfahrungsgemäß meist zum baldigen oder vorzeitigen psychogen bedingten leiblichen Tod. Die soziale Isolierung wird so zu einer indirekten Form der Tötung.[1050]

Doch die Krankenschwestern fühlen sich bei dieser umfassenden Betreuung oft nicht weniger hilflos und überfordert als die Ärzte und meiden den Moribunden. Dies geschieht ganz offensichtlich häufig auch unbewußt. Sporken schildert in diesem Zusammenhang die Untersuchung in einer Krankenhausstation, auf der sehr viele todkranke Patienten lagen. Die Pflegekräfte stellten eine Liste auf über die Reihenfolge, in der diese ihrem Empfinden nach sterben würden. Anschließend wurde die Zeit überwacht, die jeweils zwischen dem Läuten eines Kranken und dem Erscheinen der Krankenschwester in seinem Zimmer verging. Diese war bezeichnenderweise umso länger, je näher der Patient, der geläutet hatte, dem Tode war.[1051] In gleicher Weise mußten Krankenpflegeschülerinnen, die sich von diesem Ergebnis empört distanziert hatten, bei einer Diskussion zugeben, daß sie selbst zwar zumindest

---

1045 Piper, Die Begleitung des Sterbenden in: Engelke/Schmoll/Wolff, Sterbebeistand, S. 57 (59 f.)
1046 Piper, Praktische Sterbebegleitung in: Exner/Fahlbusch, Sterbehilfe, S. 36 (38)
1047 Glaser/Strauss, Interaktion mit Sterbenden, S. 185 f.
1048 Christian-Widmaier, Der institutionelle Rahmen thanato-therapeutischer Arbeit in: Spiegel-Rösing/Petzold, Die Begleitung Sterbender, S. 183 (196)
1049 Reuter, Erst der soziale, dann der physische Tod in: Reuter, Sterben, Tod, Trauer, S. 27; Schmoll, Sterben als sozialer Prozeß in: Engelke/Schmoll/Wolff, Sterbebeistand, S. 40 f.; Eibach, Recht auf Leben - Recht auf Sterben, S. 356
1050 Eibach, Sterbehilfe - Tötung auf Verlangen ? S. 67
1051 Sporken, Hast du denn bejaht, daß ich sterben muß ? S. 167

nicht bewußt langsamer auf den Ruf schwerkranker Patienten reagierten, andererseits aber bei denjenigen, die oft Fragen über den Tod oder das Leben nach dem Tode stellten, sehr beschäftigt taten, um auf diese Weise derartige Gespräche zu verhindern.[1052] Beide Beispiele verdeutlichen, daß das Handeln des Pflegepersonals von einer gewissen Abwehrhaltung gegenüber sterbenden Patienten geprägt ist, mag diese auch in unterschiedlicher Weise zum Ausdruck kommen.

Kann aber der sterbenskranke Patient mit niemandem über das sprechen, was ihn seelisch bewegt, führt dies nicht selten zu schweren Depressionen und leichter Reizbarkeit gegenüber dem Pflegepersonal.[1053] Dieses wiederum - ohnehin unfähig, auf den Patienten einzugehen - sieht sich dadurch in seiner ablehnenden Haltung bestätigt und meidet den "unbequemen" Patienten noch mehr als zuvor.[1054]

Der Grund für die Zurückhaltung der Krankenschwestern gegenüber dem Sterbenden und die damit einhergehende beschriebene Wechselwirkung der gegenseitigen Ablehnung ist (wie bei den Ärzten) sicher nicht allein in der - sicherlich nicht zu unterschätzenden - Arbeitsbelastung zu sehen, sondern ganz wesentlich auch in ihrer nur sehr ungenügenden Vorbereitung auf den Umgang mit Sterbenden im Rahmen ihrer Ausbildung. Die Thanatologie, die Sterbekunde, als Einführung in die Praxis der Sterbebegleitung, spielt dort keine Rolle. Schwesternschülerinnen wird zwar beigebracht, wie man mit sterbenden und toten *Körpern* umgeht, nicht aber, wie sterbende *Menschen* als solche zu behandeln sind. Die Gefühle der Sterbenden und ihrer Angehörigen führen daher bei ihnen ebenso wie ihre eigene Betroffenheit nur allzu häufig zu Hilflosigkeit und Überforderung. Die erste Begegnung mit Sterbenden wirkt auf das Pflegepersonal wie ein Schock, der nur langsam verarbeitet werden kann.[1055] Die erfahreneren Kollegen erweisen sich dabei kaum als Hilfe, da sie den Tod von Patienten meist als alltägliche Routine hinnehmen, Schutzmechanismen entwickelt haben, um eine persönliche Auseinandersetzung mit dem Schicksal der konkreten vor ihnen liegenden Person zu vermeiden,[1056] Unlust und Gleichgültigkeit

---

[1052] Sporken, Hast du denn bejaht, daß ich sterben muß ? S. 167; Sporken, Menschlich sterben, S. 60

[1053] Köhle, Zur psychologischen Betreuung unheilbar Kranker in: Böhme, Der Arzt und das Sterben, S. 64 (66)

[1054] Heifetz/Mangel, Das Recht zu sterben, S. 148; Ziegler, Die Lebenden und der Tod, S. 103

[1055] Abresch, Gedanken zur Situation des Personals in: Schara, Humane Intensivtherapie, S. 97 (101)

[1056] Moor, Die Freiheit zum Tode, S. 101; Eibach, Sterbehilfe - Tötung auf Verlangen ? S. 40

gegenüber ihrer Arbeit entwickeln und auf diese Weise abgestumpft sind ("Burn-out-Syndrom").[1057]

In solchen Verhaltensweisen spiegelt sich die ganze Hilflosigkeit des Pflegepersonals wider: Es sieht seine Aufgabe darin, den Patienten Mut zu machen und ihnen Hoffnung zu vermitteln, muß jedoch zugleich gegenüber todkranken Patienten Anzeichen der eigenen Resignation und Schwäche verbergen. Dies wirkt sich wiederum im Verhalten gegenüber dem Patienten aus, den die Krankenschwestern und Pfleger nicht selten respektlos und gefühllos behandeln.[1058] Der sterbende Mensch wird nicht mehr als Person begriffen, er ist vielmehr ein Symbol dessen, was alle ihn umgebenden Menschen fürchten.[1059]

Untersuchungen belegen dieses Phänomen. Auf ihrer Grundlage läßt sich nachweisen, daß die Anteilnahme des Pflegepersonals gegenüber den Patienten mit der zunehmenden Gewißheit, daß sie sterben werden, zurückgeht. Ausnahmen hiervon sind allein dann zu beobachten, wenn der soziale Verlust im Todesfalle des Patienten besonders schwerwiegend scheint. Besteht auch nur die leiseste Wahrscheinlichkeit, daß ein junger Patient oder ein Patient, dessen berufliche Stellung wichtig und bedeutend ist, der begabt ist, der im gleichen Alter ist oder dessen Familie sehr an ihm hängt, sterben könnte, bedrückt dies die Schwestern sehr.[1060] Eine Identifikation liegt dann nahe, sie geben ihre innere Distanz auf und sehen sich zu größerem Einsatz veranlaßt, um sein Leben zu retten. Aber selbst in diesen Fällen ist zu beobachten, daß sich die Schwestern und Pfleger innerlich umso mehr zurückziehen,

---

1057 Stadler, Sterbehilfe, S. 237; Uhlenbruck, Selbstbstimmtes Sterben, S. 260; Missliwetz/Bauer/Reiter/Vycudilik, Todesfälle in einem Wiener Krankenhaus in: Oehmichen, Lebensverkürzung, S.183 (187)

1058 Klockenbusch, Die Betreuung unheilbar Kranker und Sterbender, S. 24; Heifetz/Mangel, Das Recht zu sterben, S. 145; in Extremfällen haben Pflegekräfte dabei sogar von ihnen zu betreuende Patienten serienweise und über längere Zeiträume hinweg getötet, so beispielsweise in Rheinfelden 1975 (Friedrich, D., Die Todesfälle von Rheinfelden in: Oehmichen, Lebensverkürzung, S. 159 ff.), in Wuppertal 1985 und 1986 (Daldrup, Todesfälle in einer Wuppertaler Klinik in: Oehmichen, Lebensverkürzung, S. 171 ff.), in Lainz 1989 (Missliwetz/Bauer/Reiter/Vycudilik, Todesfälle in einem Wiener Krankenhaus in: Oehmichen, Lebensverkürzung, S. 183 ff.), in Gütersloh 1990 (Bajanowski/DuChesne/Brinkmann, Tötungsserie durch Luftembolie in: Oehmichen, Lebensverkürzung, S. 195 ff.) oder im Raum Köln 1990 und 1991 (Käferstein/Madea/Sticht, Todesfälle während ambulanter Krankenpflege in: Oehmichen, Lebensverkürzung, S. 205 ff.). Aus der Sicht der forensischen Verhaltenswissenschaften lassen sich derartige Serientötungen von Patienten durch Pflegekräfte nicht auf ein einziges Motiv reduzieren. Mitleidsmotivationen, der Pflegenotstand sowie die Lästigkeit von Patienten spielen jedoch gewiß eine Rolle (Maisch, Kriminologische Phänomenologie der Serientötung von Patienten durch Angehörige des Pflegepersonals in: Oehmichen, Lebensverkürzung, S. 217 (224)

1059 Heifetz/Mangel, Das Recht zu sterben, S. 142

1060 Schmoll, Sterben als sozialer Prozeß in: Engelke/Schmoll/Wolff, Sterbebeistand, S. 40 (45)

je gewisser der Tod wird. In der unmittelbaren Sterbesituation schließlich versuchen die meisten von ihnen, nicht zugegen zu sein.[1061]

Nicht zu unterschätzen ist zudem, daß die Pflege Sterbender und menschliche Zuwendung ihnen gegenüber offensichtlich im Status weit unterhalb operativer Tätigkeiten und dem Bedienen von Apparaten rangieren.[1062] Die sich hieraus ergebenden praktischen Schwierigkeiten beschreiben Koch/Schmeling anhand des Beispiels einer 18jährigen Schwesternschülerin, die sich etwa eine Viertelstunde lang mit einer schwerkranken Patientin unterhielt, weil es dieser sehr schlecht ging und sie sich von ihren Angehörigen verlassen fühlte. Als die Schwesternschülerin in das Stationszimmer zurückkehrte, wurde sie für ihre Anteilnahme am Schicksal der Patientin gerügt, und es wurde ihr vorgeworfen, sie sei faul.[1063] Darüber hinaus wird offensichtlich denjenigen Schwestern und Pflegern, die sich um Sterbende besonders bemühen, oftmals auch von ihren Kollegen vorgehalten, sie seien "naive Idealisten".[1064]

Und so verwundert es nicht, daß Sterbende in ihrer letzten Stunde häufig in irgendein Schwestern- oder Badezimmer abgeschoben werden, isoliert von ihrer Umwelt und alleingelassen mit ihren Schmerzen, ihrer Todesangst und ihrem Bedürfnis nach menschlicher Wärme.[1065] Die gerade für einen Schwerkranken oder Sterbenden angstmachende und bedrückende Anonymität unserer hochtechnisierten Kliniken wird somit noch verstärkt durch das Fehlen von Bezugspersonen. Das Sterben ist insofern heute sicher vielfach grausamer als zu früheren Zeiten, einsamer, mechanisierter, unpersönlicher.[1066] Vereinzelt wird in diesem Zusammenhang davon gesprochen, unsere Kliniken befänden sich auf einem technischen Höchst-, aber auf einem menschlichen Tiefststand.[1067] Sie seien insofern ein Spiegelbild unserer Leistungsgesellschaft.[1068]

Vor diesem Hintergrund drängt sich aber geradezu die Vermutung auf, daß der Wunsch vieler Menschen auf den Pflegestationen, in Ruhe gelassen zu werden und

---

1061 Glaser/Strauss, Interaktion mit Sterbenden, S. 211

1062 Klockenbusch, Die Betreuung unheilbar Kranker und Sterbender, S. 14

1063 Koch/Schmeling, Betreuung von Schwer- und Todkranken, S. 31; ähnliche Erfahrungen beschreibt auch Sporken, Hast du denn bejaht, daß ich sterben muß ? S. 52

1064 Stadler, Sterbehilfe, S. 239

1065 Uhlenbruck, Rechtliche, medizinische und theologische Probleme im Grenzbereich zwischen Leben und Tod in: Uhlenbruck/Rollin, Sterbehilfe und Patiententestament, S. 33 (55); Schmoll, Sterben als sozialer Prozeß in: Engelke/Schmoll/Wolff, Sterbebeistand, S. 40 (42)

1066 Kübler-Ross, Interviews mit Sterbenden, S. 13

1067 Uhlenbruck, Selbstbestimmtes Sterben, S. 272

1068 Uhlenbruck, Selbstbestimmtes Sterben, S. 261

in Frieden sterben zu dürfen, im Grunde der verzweifelte Ruf nach mehr Menschlichkeit, Begleitung und liebevoller Zuwendung ist.[1069] Sie fühlen mehr noch als das Schwinden der eigenen Kräfte die Gleichgültigkeit der Gesellschaft ihnen gegenüber, sie spüren, daß sie unerwünscht geworden sind, überflüssig, in den Augen ihrer Umwelt nur noch unnötige Kosten verursachen und Klinikbetten blockieren, die im Grunde längst für "hoffnungsvollere Fälle" benötigt werden. In zunehmender Isolation und räumlich von den "Lebenden" getrennt erleben sie verbittert ihre letzten Stunden in Einsamkeit, bis der Eintritt des Todes nicht nur sie selbst, sondern auch das Krankenhauspersonal erlöst.

Aus dieser Situationsanalyse ergibt sich - neben der bereits oben dargestellten Forderung nach einer verbesserten personellen Ausstattung unserer Krankenhäuser und speziell der Pflegestationen - unmittelbar der gleichermaßen an Ärzte wie an Krankenschwestern und Pfleger gerichtete Appell, die Person des schwerstkranken Patienten mehr als bisher in den Mittelpunkt ihrer Arbeit zu stellen und seine Begleitung in der letzten Phase seines Lebens nicht als lästige Pflichtaufgabe zu begreifen. Einem Menschen das Sterben in dem hier dargestellten Sinne zu erleichtern, kann niemals sinnlose Mühe sein. Es wird im weiteren Verlauf der Arbeit noch darauf zurückzukommen sein, daß neben der Beseitigung des personellen Pflegenotstandes in der hier geforderten, der Person des Patienten positiv zugewandten Grundeinstellung von Arzt und Pflegepersonal die einzige Chance liegt, die immer wieder aufflackernde Diskussion um die Legalisierung der aktiven Sterbehilfe zum Erlöschen zu bringen.

Daß menschliche Zuwendung im Terminalstadium eines Menschen durchaus erlernbar ist, ist ein weiteres Ergebnis von Untersuchungen, die sich mit dem Verhalten des Pflegepersonals in den Krankenhäusern befassen. Diese belegen, daß diejenigen unter den Krankenschwestern wesentlich besser mit Sterbenden umgehen können, die schon einmal persönlich mit dem Tod in irgendeiner Weise in Berührung gekommen sind.[1070] In die gleiche Richtung weisen die Erkenntnisse des englischen Analytikers Michael Balint (1896-1970), der schon in der Zeit nach dem Zweiten Weltkrieg eine "patientenorientierte" Medizin propagierte, die den Menschen nicht nur als Summe seiner Teile, sondern als Gesamtpersönlichkeit begreift.[1071]

1069 Heß, Alter, Sterben, Tod - einbeziehen oder verdrängen ? in: Uhlenbruck/Rollin, Sterbehilfe und Patiententestament, S. 102 (105)
1070 Klockenbusch, Die Betreuung unheilbar Kranker und Sterbender, S. 78
1071 Rollin, Ärzte im Konflikt in: Uhlenbruck/Rollin, Sterbehilfe und Patiententestament, S. 3 (10)

Neben dem guten Willen aller in den Heilberufen Tätigen ist daher die umfassende Reform des Ausbildungssystems ebenso dringend vonnöten wie eine in diese Richtung weisende intensive Weiterbildung von Ärzten und Pflegekräften. Sie alle müssen in gleicher Weise wie die ihnen anvertrauten Patienten lernen, daß zu einem erfüllten Leben auch der Tod gehört.[1072] Diese Einsicht ist nicht nur bedeutsam im Hinblick auf den Umfang der Behandlungsmaßnahmen, die im Endstadium einer tödlich verlaufenden Krankheit zur Anwendung kommen sollen und müssen, sondern in gleicher Weise ist sie Grundvoraussetzung für eine Sterbebegleitung, die dem Sterbenden hilft, sein Schicksal in Würde zu ertragen. Nur Ärzte und Pflegekräfte, die gelernt haben, mit Sterbenden umzugehen, und die zugleich erkannt haben, daß ihre Aufgabe nicht schon endet, wenn die Aussichtslosigkeit der angewandten Therapie offenbar wird, können in einem umfassenden Sinne dem Anforderungsprofil entsprechen, das den Heilberufen immanent ist. Gelingt dies, wird sich auch das Schwarzweißschema "gesund oder lieber gleich sterben", das vor allem über Euthanasiegesellschaften Einzug in das Denken immer weiterer Teile der Gesellschaft hält, langsam auflösen zugunsten einer organischen Integration von Krankheit und Sterben in den Alltag unserer Pflegestationen. Als hilfreich bei dieser Neuorientierung können sich Untersuchungen erweisen, die über die Intensivbehandlung im Erleben des Patienten Auskunft geben und zugleich Vorschläge zur Humanisierung der gegenwärtigen Praxis unterbreiten.[1073] Würden diese Gedanken von mehr Kliniken zur Kenntnis genommen und umgesetzt, ließe sich trotz aller strukturellen Defizite der Krankenhäuser und trotz des dort herrschenden notorischen Personalmangels schon heute eine wesentliche Verbesserung der Situation der Terminalpatienten herbeiführen.

ee. Das Hospiz: Der Ansatz zu einer besseren Sterbebegleitung

Die Hospizbewegung[1074] verfolgt das Ziel, Todkranken im Sterbeprozeß Ruhe, Erholung und Stärkung unter Einbeziehung der modernen Medizin und der Mithilfe der

---

[1072] Fritz, Ärztliche Gedanken zur Intensiv-Medizin in: Uhlenbruck/Rollin, Sterbehilfe und Patiententestament, S. 114 (116)

[1073] z.B. Kübler-Ross, Interviews mit Sterbenden; Sporken, Umgang mit Sterbenden; Jelen/Kolb/Tempel, Intensivbehandlung im Erleben des Patienten in: Schara, Humane Intensivtherapie, S. 134 ff.; Engelke/Schmoll/Wolff, Sterbebeistand bei Kindern und Erwachsenen; Rest, Den Sterbenden beistehen. Ein Wegweiser für die Lebenden, S. 32 ff.; Kruse/Wagner, Sterbende brauchen Solidarität

[1074] Das Wort Hospiz leitet sich von dem lateinischen Wort hospitium (= Gastfreundschaft) ab. Im Mittelalter bezeichneten Hospize Gasthäuser, die von Ordensgemeinschaften geführt wurden, und in denen Pilger, Arme und Kranke Aufnahme fanden. Aus dieser Tradition hat die Hospizbewegung ihren Namen ebenso wie das Bild von der Pilgerreise übernommen, die durch das Leben zum Sterben führt. Die Hospitalität, die Gastfreundschaft, ist ein Bild für die Begleitung und Fürsorge, die

Angehörigen zu gewähren.[1075] Sie hat ihren Ursprung in den Armenasylen und Pilgerraststätten Großbritanniens im ausgehenden 19. Jahrhundert. Das erste bekannte Hospiz, das St. Christopher's Hospice in London-Sydenham, wurde im Jahre 1967 von der Ärztin Dr. Cicely Saunders gegründet und war unmittelbar als Gegenreaktion auf den Gesetzesantrag einer englischen Sterbehilfegesellschaft zu verstehen, der die Freigabe der Tötung auf Verlangen zum Gegenstand hatte.[1076]

Dr. Saunders propagierte stattdessen auf dem Boden christlicher Tradition die Entwicklung einer mitfühlenden Pflege terminaler Patienten in der Überzeugung, daß diese bei entsprechender Versorgung überhaupt nicht auf den Gedanken kommen würden, aus Verzweiflung um den Gnadentod zu bitten. Der Begriff der Versorgung ist dabei in einem sehr umfassenden Sinne zu verstehen und bezieht sich sowohl auf eine möglichst weitreichende Minderung physischen Leides als auch auf die Stärkung des emotionalen, psychischen, sozialen und spirituellen Bereichs.[1077] Nicht mehr die Krankheit, sondern die Bedürfnisse des Patienten rücken hier in den Mittelpunkt. Das Menschenbild der Hospizarbeit geht von der Ganzheit der Person aus, der Prozeß des Sterbens wird nicht als Krankheit, sondern als Lebensphase betrachtet.[1078] Durch das Bewußtwerden des Todes sowie durch die bejahende Begegnung mit ihm soll der Mensch zu einer vertieften Lebensgestaltung finden.[1079]

Die Gründung des St. Christopher's Hospice war zudem eine Reaktion auf die Betreuungssituation in den Krankenhäusern. In einem Londoner Großklinikum hatte Dr. Saunders in den Nachkriegsjahren einst - zu dieser Zeit noch als Krankenschwester - einen jüdischen Patienten gepflegt, der gerade dem Holokaust des Warschauer Ghettos entkommen war, nun aber unheilbar an Krebs erkrankt war und - von Angst vor einem qualvollen Ende erfüllt - in der Einsamkeit des Krankenhauses lag. In langen Gesprächen mit ihm entwickelten Saunders und ihr Patient die Vision eines

---

dem Leib, der Seele und der Gemeinschaft gleichermaßen gelten. Die Hospizbewegung hat es sich zur Aufgabe gemacht, diese Gastfreundschaft für Sterbende auf unsere heutigen Lebensverhältnisse zu übertragen. Aus der mittelalterlichen Tradition wird dabei auch die Idee der Hospizgemeinschaft aufgenommen und übersetzt in die Zusammenarbeit eines Teams von spezialisierten Fachkräften und ehrenamtlichen Mitarbeitern (Eppinger, Hospiz in: Reuter, Sterben, Tod, Trauer, S. 34).

1075 von Kühlmann, Sterbehilfe - Eine Studie geltenden Rechtes, S. 22

1076 Uhlenbruck, Selbstbestimmtes Sterben, S. 163; Humphry/Wickett, Das Recht auf den eigenen Tod,, S. 151; M. v. Lutterotti, Menschenwürdiges Sterben, S. 155

1077 Stadler, Sterbehilfe, S. 151

1078 Student, Die heilsame Alternative: Hospiz in: Student, Das Recht auf den eigenen Tod, S. 108 (122 ff.); von Kühlmann, Sterbehilfe - Eine Studie geltenden Rechts, S. 22; Rest, Das Hospiz in: ISS Frankfurt/M., Förderung der Sterbebegleitung, S. 37 (45)

1079 Hinzen, Hospizbewegung in: Evang. Akademie Berlin, Begleitetes Sterben, S. 36 (37) besseren Sterbeortes als eines Hauses, in dem sterbende Menschen willkommen seien und bis zuletzt in Würde leben dürften.[1080]

Nicht zuletzt mit dem Geld, daß ihr dieser Patient hierfür hinterlassen hatte, gelang es Saunders Jahre später, das St. Christopher's Hospice zu gründen,[1081] das sich nicht als "Sterbeklinik", sondern als Ort der Begegnung und als eine Einrichtung versteht, die sich umfassend um eine Verbesserung der Lebensqualität am Ende des Lebens bemüht.[1082] Zur aktiven Therapie gehört dabei auch das Gespräch mit dem einzelnen Patienten über den herannahenden Tod sowie das Hinhören auf seine Fragen und Wünsche. Diese Form der Begleitung beruht auf der Erkenntnis, daß der Tod dem moribunden Patienten umso schlimmer erscheine, je mehr er - auch von der Umwelt - verdrängt werde.[1083]

Die bereits angesprochene palliative Behandlung der Terminalpatienten[1084] ist die tragende Säule der Hospizarbeit. Denn man erkannte schnell, daß es überhaupt erst dann, wenn die physischen Schmerzen des Patienten zumindest erträglich geworden sind, möglich ist, eine persönliche Beziehung zu ihm aufzubauen und ihn psychologisch zu betreuen.[1085] In St. Christopher, London, ebenso wie in anderen Hospizen, gelingt die Schmerzbekämpfung ohne Beeinträchtigung des Bewußtseins und Denkvermögens in 99 Prozent aller Fälle.[1086] Dies ist umso bemerkenswerter, wenn man bedenkt, daß drei Viertel der Patienten unter starken Schmerzen leiden, bevor sie in dem Hospiz aufgenommen werden.[1087] Viele von ihnen werden aufgrund des Nachlassens der Schmerzen schon bald wieder wesentlich aktiver und bleiben es bis fast unmittelbar vor dem Tod. Gerade das Gefühl aber, daß in dem Hospiz niemand leiden muß, vermittelt ein Gefühl großer Sicherheit.[1088] Bezeichnenderweise wird von den vielen Hundert Kranken, die jährlich in den zahlreichen Hospizen der angelsächsischen Welt sterben, so gut wie nie der Wunsch nach aktiver Sterbehilfe geäußert.[1089]

1080 Uhlenbruck, Selbstbestimmtes Sterben, S. 163
1081 M. v. Lutterotti, Menschenwürdiges Sterben, S. 154
1082 Kennedy, Sterbehilfe: Ein Plädoyer, S. 44; Hinzen, Hospizbewegung in: Evang. Akademie Berlin, Begleitetes Sterben, S. 36
1083 Heifetz/Mangel, Das Recht zu sterben, S. 153
1084 vgl. oben C. II. 1. a.
1085 Heifetz/Mangel, Das Recht zu sterben, S. 152; Bartosch, Sterbebegleitung in: ISS Frankfurt/M., Förderung der Sterbebegleitung, S. 51 (54)
1086 Klaschik, Zur Euthanasie-Diskussion in Deutschland in: Aulbert/Klaschik/Pichlmaier, Palliativmedizin - Die Alternative zur Sterbehilfe, S. 1 (6); Klee, Durch Zyankali erlöst, S. 38; M. v. Lutterotti, Menschenwürdiges Sterben, S. 158
1087 Stadler, Sterbehilfe, S. 154; Heifetz/Mangel, Das Recht zu sterben, S. 154
1088 Heifetz/Mangel, Das Recht zu sterben, S. 155
1089 M. v. Lutterotti, Der Arzt und das Tötungsverbot, MedR 1992, 7 (10)

Darüber hinaus widmet sich die Hospizbewegung der Bekämpfung des psychischen, religiösen und sozialen Schmerzes,[1090] und dies offensichtlich mit erstaunlichem Erfolg. Nicht vereinzelt geblieben sind Berichte wie der eines Seelsorgers, der ein Praktikum in St. Christopher's ableistete und dabei voller Verwunderung feststellte, daß dieser Ort keineswegs den Eindruck einer Endstation des Lebens vermittle. Vielmehr habe er niemals einen Ort gefunden, an dem intensiver gelebt worden sei.[1091] Eine Patientin sah das Besondere an St. Christopher's darin, daß man sich hier im Gegensatz zu ihrer vorangegangen Behandlung im Krankenhaus für sie Zeit nahm und Interesse an ihr als Person bekundete.[1092] Selbst ein so engagierter Verfechter der aktiven Sterbehilfe wie Ludovic Kennedy zeigte sich von der friedvoll-ruhigen Atmosphäre des Hospizes zutiefst beeindruckt.[1093]

Zahlreiche Menschen lehnen für sich die Aufnahme in ein Hospiz mit der Begründung ab, daß dort niemand mehr lebendig herauskomme. So zutreffend dies auch sein mag, so bemerkenswert erscheint doch gerade als Antwort hierauf die Erfahrung einer Patientin, die über ein Jahr in St. Christpher's verbrachte und schließlich feststellte, daß der eigene Tod seinen Schrecken verliere, wenn man mitansehen könne, wie friedlich die allermeisten Patienten sterben würden.[1094]

Viele der in dem Hospiz tätigen Krankenschwestern und Ärzte waren wie die Gründerin Dr. Saunders vormals in einem Krankenhaus tätig und empfinden bei ihrer neuen Tätigkeit eine viel tiefere innere Befriedigung, da ihnen hier die Zeit bleibt, für den einzelnen Patienten dazusein, ihn individuell zu betreuen und ihm zu helfen, leichter zu sterben.[1095] Zugleich machen sie die Erfahrung, daß aus der Ohnmacht des anscheinend Nichts-mehr-tun-Könnens die Befreiung von dem Kampf der technischen Machbarkeit erwächst.[1096]

Schließlich betrachtet die Hospizbewegung es als ihre Aufgabe, die Angehörigen zu unterstützen.[1097] Diese Arbeit ist sowohl im Vorfeld des Todes von Bedeutung, wenn es unter Mithilfe von Psychologen darum geht, die Beziehung der Angehörigen und

---

1090 Hinzen, Hospizbewegung in: Evang. Akademie Berlin, Begleitetes Sterben, S. 36 (39)

1091 Flöck, Geh'nicht ohne Zorn in diese schöne dunkle Nacht in: Reuter, Sterben, Tod, Trauer, S. 35; ebenso Kennedy, Sterbehilfe: Ein Plädoyer, S. 44; Humphry/Wickett, Das Recht auf den eigenen Tod, S. 153

1092 Heifetz/Mangel, Das Recht zu sterben, S. 153

1093 Kennedy, Sterbehilfe: Ein Plädoyer, S. 44

1094 Uhlenbruck, Selbstbestimmtes Sterben, S. 169

1095 Heifetz/Mangel, Das Recht zu sterben, S. 156 f.

1096 Hinzen, Hospizbewegung in: Evang. Akademie Berlin, Begleitetes Sterben, S. 36 (39)

1097 Hinzen, Hospizbewegung in: Evang. Akademie Berlin, Begleitetes Sterben, S. 36 (41)

Freunde untereinander ebenso wie die zu dem Sterbenden zu stärken,[1098] als auch in der Zeit nach dem Ableben des Patienten, in der ihnen bei der Bewältigung ihrer Trauer geholfen wird.[1099]

Das St. Christopher's Hospice umfaßt 62 Betten bei insgesamt etwa 230 Ärzten, Schwestern und Pflegehelfern, so daß zumindest stets ein Pflegeschlüssel von 1:1 gewährleistet ist. Außerdem sind dort Klinikseelsorger, Sozialarbeiter, Krankengymnasten und zahlreiche ehrenamtliche Mitarbeiter tätig.[1100] Ausgehend von der stationären Einrichtung wurde mittlerweile ergänzend ein ambulanter Dienst für die häusliche Pflege eingeführt. Erst wenn diese sich nicht mehr durchführen läßt, wird ein Bett im Hospiz zur Verfügung gestellt. Dadurch soll dem Kranken so lange wie möglich der Verbleib in seiner vertrauten Umgebung ermöglicht werden.[1101]

Außer in Großbritannien gibt es derzeit Hospize in Kanada, den USA, Australien, Neuseeland, Japan, Polen, Italien und Deutschland. Die erste Hospizklinik nach englischem Vorbild wurde auf deutschem Boden im November 1986 in Aachen von katholischen Geistlichen am Altenzentrum des Oratorianer-Konvents gegründet. 1987 folgten die Eröffnung des "Hospiz zum Heiligen Franziskus" in Recklinghausen sowie des "Christopherus Hauses" in Frankfurt.[1102] Neben weiteren dieser Einrichtungen ist die Zahl hospizähnlicher, kleinerer Initiativen und ambulanter Dienste mittlerweile auf etwa eintausend angewachsen. Die ärztliche Versorgung wird dort durch die Hausärzte der Patienten sowie durch Konsiliarärzte sichergestellt.[1103]

Die Finanzierung erfolgt teilweise durch die öffentliche Hand, im übrigen durch Spenden und die Mitarbeit ehrenamtlicher Helfer,[1104] in vielen Fällen müssen zum Teil erhebliche Beiträge von den Patienten selbst aufgebracht werden.[1105] Die Krankenkassen tragen lediglich die Kosten für die Medikation und die Arztbesuche, nicht jedoch den Pflegesatz.[1106]

1098 Heifetz/Mangel, Das Recht zu sterben, S. 159; Humphry/Wickett, Das Recht auf den eigenen Tod, S. 154

1099 Stadler, Sterbehilfe, S. 155; Hinzen, Hospizbewegung in: Evang. Akademie Berlin, Begleitetes Sterben, S. 36 (42)

1100 Stadler, Sterbehilfe, S. 151

1101 Stadler, Sterbehilfe, S. 152; Heifetz/Mangel, Das Recht zu sterben, S. 162

1102 Schindler, Konzept einer lindernden Medizin in: Neumann/Körner, Patientenautonomie und Humanes Sterben, S. 39 (42)

1103 Radbruch/Zech, Definition, Entwicklung und Ziele der Palliativmedizin in Deutschland in: Aulbert/Klaschik/Pichlmaier, Palliativmedizin - Die Alternative zur Sterbehilfe, S. 53 (58)

1104 Stadler, Sterbehilfe, S. 156

1105 Radbruch/Zech, Definition, Entwicklung und Ziele der Palliativmedizin in Deutschland in: Aulbert/Klaschik/Pichlmaier, Palliativmedizin - Die Alternative zur Sterbehilfe, S. 53 (59)

1106 Sattler, Selbstbestimmt sterben, S. 33

Die Hospizarbeit in Deutschland, die sich auch hier ausdrücklich als Gegenbewegung zu dem Trend der Befürwortung aktiver Sterbehilfe betrachtet,[1107] geht grundsätzlich, mögen auch im Einzelfall die Schwerpunkte unterschiedlich gesetzt werden, von folgenden Prinzipien aus:[1108]

- der Patient und seine Angehörigen werden als gemeinsame Adressaten der Fürsorge betrachtet,
- die Fürsorge erfolgt durch ein interdisziplinäres Team (Krankenschwester, Arzt, Sozialarbeiter, Geistlicher),
- der Dienst wird medizinisch-ärztlich geleitet,
- der Dienst ist rund um die Uhr verfügbar,
- weitreichende Kenntnisse und Erfahrungen bezüglich der Symptomkontrolle kommen dem Patienten zugute,
- freiwillige Helfer sind integraler Bestandteil des Dienstes,
- die Aufnahme der Patienten in das Programm erfolgt unabhängig von der Regelung der Kostenfrage,
- die Kooperation mit bereits bestehenden Diensten (Kliniken, Hauspflegedienste etc.) wird angestrebt,
- die stationäre Rückendeckung für den Hauspflegedienst wird bereitgestellt,
- Betreuung der Hinterbliebenen nach dem Versterben des Patienten.

Der Personenkreis, für den die Aufnahme in einem Hospiz aufgrund der geringen hierfür zur Verfügung stehenden Plätze in Frage kommt, beschränkt sich derzeit im wesentlichen auf Patienten, deren Leben mit den herkömmlichen Unterstützungsmöglichkeiten nicht erträglich gestaltet werden kann, insbesondere auf solche mit fortgeschrittenen Krebserkrankungen, Erkrankungen des Nervensystems mit fortschreitenden Lähmungen sowie chronischen Erkrankungen der inneren Organe, sofern der Todeszeitpunkt absehbar ist.[1109]

Generell werden in den Hospizen keine künstliche Ernährung, Beatmung oder langandauernde Infusionstherapien durchgeführt.[1110] Das Leben soll weder verkürzt noch künstlich verlängert werden.[1111]

1107 Dopffel, Sterbehilfe und Sterbebegleitung in: ISS Frankfurt/M., Förderung der Sterbebegleitung, S. 7 (8)

1108 Stadler, Sterbehilfe, S. 156; ähnlich Dopffel, Sterbehilfe und Sterbebegleitung in: ISS-Frankfurt/M., Förderung der Sterbebegleitung, S. 7 (8)

1109 Stadler, Sterbehilfe, S. 157; Student, Was ist ein Hospiz ? in: Student, Das Hospiz-Buch, S. 19 (26); Albrecht, Hospizprinzipien in: Reuter, Sterben, Tod, Trauer, S. 34

1110 Heifetz/Mangel, Das Recht zu sterben , S. 152; Humphry/Wickett, Das Recht auf den eigenen Tod, S. 155

Ob und unter welchen Voraussetzungen diese letztgenannte Praxis des Verzichts auf künstliche Ernährung, Beatmung oder Infusionstherapien rechtlich gerechtfertigt ist, wird noch zu untersuchen sein. An dieser Stelle aber kann zumindest festgehalten werden, daß das Bemühen der Hospizbewegung, schwerstkranken Patienten so lange wie möglich die Betreuung in ihrer gewohnten häuslichen Umgebung zu ermöglichen, nach der Aufnahme in das Hospiz aber durch möglichst umfassende Schmerzbekämpfung die Lebensqualität des Sterbenden in seinen letzten Tagen zu steigern, ihn nicht alleine zu lassen, den Angehörigen jederzeit die Möglichkeit zu geben, dem Patienten nahe zu sein und ihn auf psychologisch und seelsorgerisch hohem Niveau zu betreuen, einen Weg aufzeigt, der sich in bemerkenswerter Weise von der oben beschriebenen Krankenhausroutine und -hektik unterscheidet. Der sterbende Mensch wird nicht als Belastung, sondern als Aufgabe begriffen, er wird nicht ausgegrenzt und isoliert, sondern eingebunden in eine Gemeinschaft, die ihm beisteht auf seinem letzten Lebensweg und ihm dadurch hilft, das von Kübler-Ross beschriebene typische Stadium der Verzweiflung zu überwinden, seinen inneren Frieden zu finden und die Endphase seines Lebens mit Sinn zu erfüllen.

Sicher erweist sich diese Art der Sterbebegleitung gegenüber dem Ignorieren der Bedürfnisse des Terminalpatienten, wie es in unseren Kliniken allzu häufig zu beobachten ist, oder gar gegenüber dessen vorzeitiger "Erlösung" durch die Verabreichung einer tödlich wirkenden Substanz als wesentlich aufwendiger und unbequemer. Dem humanitären Auftrag, der gerade den Heilberufen wesensimmanent ist, wird sie jedoch allemal eher gerecht als diese Alternativen.

Das Beispiel der Hospizbewegung zeigt, daß ein erstes Bewußtwerden der Problematik der Sterbebegleitung durchaus Einzug in unsere Gesellschaft gehalten hat. Doch noch ist die Zahl der Einrichtungen (ebenso wie ihre Kapazitäten) viel zu gering, als daß insofern bereits von einem allgemeinen Trend gesprochen werden könnte. Sterben und Tod aber werden als Tabuthemen unserer Zeit erst dann überwunden sein, wenn die immense Bedeutung des Bemühens, Sterbenden beizustehen, allgemeine Anerkennung gefunden hat.

Diesem Ziel hat sich beispielsweise auch die private Initiative "OMEGA. Mit dem Sterben leben e.V." verschrieben. Hierbei handelt es sich um eine überkonfessionelle, weltanschaulich ungebundene Gemeinschaft von Menschen, die sich persönlich und unmittelbar für sterbende und trauernde Menschen einsetzen, um die Bedin-

---

1111 von Kühlmann, Sterbehilfe - Eine Studie geltenden Rechts, S. 22; Martinez, Grenzen der ärztlichen Behandlungspflicht, S. 29

gungen zu verbessern, unter denen sich in unserer Gesellschaft das Sterben vollzieht.[1112]

c. Grund (=Basis) pflege

Die Grundsätze der Bundesärztekammer zur ärztlichen Sterbebegleitung zählen zu den Maßnahmen der Basisbetreuung, für die der Arzt unabhängig von dem Ziel der medizinischen Behandlung zu sorgen habe, u.a. die menschenwürdige Unterbringung, die Zuwendung, die Körperpflege, das Lindern von Schmerzen, Atemnot und Übelkeit sowie das Stillen von Hunger und Durst.[1113]

Soweit Schmerzlinderung und Zuwendung betroffen sind, handelt es sich um Elemente, die unter Ziffer I. der "Grundsätze" gesondert neben der Basispflege Erwähnung finden. Auf eine saubere terminologische Trennung der Begriffe hat die Bundesärztekammer insofern offensichtlich keinen Wert gelegt. Im Rahmen der vorliegenden Darstellung soll diese jedoch beibehalten werden. Hierfür spricht insbesondere, daß der (seelische) Beistand und die (physische) Schmerzlinderung sich sachlich und im Hinblick auf das von dem Hilfeleistenden zu erfüllende Anforderungsprofil von der Befriedigung elementarer - grundsätzlich krankheitsunabhängiger - Grundbedürfnisse des Patienten wie Hunger, Durst oder Körperpflege erheblich unterscheiden.

Bei der Grundpflege handelt es sich daher nicht so sehr um das Besondere, das spezifisch für den Sterbenden getan wird, sondern um das Gewöhnliche, Alltägliche. Dennoch ist die sorgfältige Ausführung dieser Dienste, die darauf gerichtet sind, daß der Patient äußerlich gepflegt und seiner Menschenwürde entsprechend versorgt wird, gerade für den leidenden Menschen von besonderer Bedeutung, machen doch diese Tätigkeiten einen nicht unwesentlichen Teil der ihm überhaupt noch gewidmeten Aufmerksamkeit aus.

Auch der Patient, der schwerwiegend bewußtseinsgestört ist oder zu keinerlei Kommunikation mit seiner Umwelt mehr in der Lage ist (z.B. im Falle des apallischen Syndroms), hat in jedem Falle Anspruch auf diese pflegerische Hilfe.

1112 Sattler, Selbstbestimmt sterben, S. 35 f.

1113 Grundsätze der Bundesärztekammer zur ärztlichen Sterbebegleitung, Präambel, NJW 1998, 3406

Erwähnenswert ist in diesem Zusammenhang, daß sich die Beschlußfassung der Bundesärztekammer anders als der Entwurf der Grundsätze zur Sterbebegleitung vom 25.04.1997, der die objektivierbare Verpflichtung zur Zufuhr von Flüssigkeit und natürlicher Ernährung aussprach,[1114] darauf beschränkt, die Verpflichtung zur Linderung der subjektiven Empfindungen Atemnot, Hunger und Durst sicherzustellen. Es wurde zu dieser Formulierungsänderung kritisch angemerkt, daß bei Menschen ohne Bewußtsein häufig davon ausgegangen werde, daß sie über keine subjektiven Wahrnehmungen mehr verfügten. Deshalb könne die Schlußfolgerung naheliegen, die Zufuhr von Flüssigkeit und Nahrung sowie die Beseitigung der Atemnot sei in diesem Falle nicht mehr geboten.[1115] Die Beibehaltung der Formulierung der Entwurfsfassung wäre somit zumindest geeignet gewesen, diesbezügliche Unklarheiten zu vermeiden. Auch sachlich aber erscheint ein objektiver Maßstab aus Gründen der Rechtssicherheit vorzugswürdig, wird sich doch wohl kaum jemals mit letzter Sicherheit beurteilen lassen, was ein sterbender Patient konkret empfindet.

Vielfach wird im Bereich der Basispflege die Forderung nach Behebung der Atemnot sowie nach Zuführung von Nahrung und Flüssigkeit - gegebenenfalls auch künstlich über eine Magensonde - erhoben.[1116] Sie ist jedoch nicht unumstritten.[1117] Teilweise wird streng wie in der Entwurfsfassung der Richtlinien der Bundesärztekammer aus dem Jahre 1997 zwischen der natürlichen und der künstlichen Ernährung unter-

---

[1114] abgedruckt bei Schreiber, Ein neuer Entwurf für eine Richtlinie der Bundesärztekammer zur Sterbehilfe in: Festschrift für Deutsch, S. 773 (783 ff.)

[1115] Eibach, Sterbehilfe - Tötung aus Mitleid ? S. 262; Uhlenbruck, Selbstbestimmtes Sterben, S. 369 ist jedoch der Auffassung, daß bereits durch das Kemptener Urteil des Bundesgerichtshofes vom 13.09.1994, NJW 1995, 204, abschließend geklärt worden sei, daß die künstliche Ernährung nicht zur Basispflege zähle. Dies dürfte jedoch schon deshalb nicht der Fall sein, weil der Bundesgerichtshof sich mit der Unterscheidung zwischen Maßnahmen der Basispflege und lebenserhaltenden bzw. -verlängernden Maßnahmen überhaupt nicht auseinandergesetzt, sondern die künstliche Ernährung unmittelbar dem letztgenannten Bereich zugeordnet hat. Der Entscheidung läßt sich somit nicht einmal entnehmen, ob sich der BGH der hier vorgenommenen Differenzierungsmöglichkeiten überhaupt bewußt gewesen ist.

[1116] Laufs, Zivilrichter über Leben und Tod, NJW 1998, 3399 (3400); Hiersche, Das Recht des Menschen auf seinen würdigen Tod, MedR 1987, 83 (85); M. v. Lutterotti, Menschenwürdiges Sterben, S. 81; Menzel, Ziel und Grenzen ärztlichen Handelns im Extrembereich menschlicher Existenz in: Auer/Menzel/Eser, Zwischen Heilauftrag und Sterbehilfe, S. 53 (56); Baumann/Bochnik/Brauneck u.a., AE-Sterbehilfe, S. 19, 20 (auch zur Basispflege bei Neugeborenen, zu der neben dem Versorgen mit Sauerstoff und Nahrung diejenige mit Wärme sowie das Absaugen gezählt wird); Eibach, Thesen zur Diskussion um die sogenannte "Euthanasie" in: Eser/Bringewat, Suizid und Euthanasie, S. 245 (246); Eibach, Du sollst Menschenleben nicht töten I MedR 2000, 10 (15); Schmidt/Madea, Grenzen ärztlicher Behandlungspflicht am Ende des Lebens, MedR 1998, 406 (408); Bringewat, Diskussionsbericht III: Ethische und rechtliche Perspektiven zu Suizid und Euthanasie in: Eser/Bringewat, Suizid und Euthanasie, S. 408 (421); v. Dellingshausen, Sterbehilfe und Grenzen der Lebenserhaltungspflicht des Arztes, S. 423; Saueracker, Die Bedeutung des Patiententestamentes, S. 92 f.; Wöbker/Bock, Apallisches Syndrom in: Holderegger, Das medizinisch assisitierte Sterben, S. 272 (289)

[1117] Koch, Sterbehilfe in der Bundesrepublik Deutschland in: Eser/Koch, Materialien zur Sterbehilfe, S. 31 (53) schieden und nur die erstere zur Basispflege gerechnet, während letztere ebenso wie die künstliche Beatmung nicht mehr dieser Rubrik zugeordnet werden,[1118] teilweise wird die Zulässigkeit des Abbruchs der künstlichen Ernährung und künstlichen Beatmung für diejenigen Fälle bejaht, in denen auch ein Behandlungsabbruch im Sinne des Unterlassens lebensverlängernder Maßnahmen zu bejahen sei,[1119] teilweise wird das Abstellen der Kalorienzufuhr ausdrücklich als Maßnahme der passiven Sterbehilfe angesehen und dadurch aus dem Bereich der Basispflege ausgeklammert,[1120] während andererseits die Flüssigkeitszufuhr als elementar und unverzichtbar angesehen wird, da das Verdursten qualvoll sei.[1121]

Letztlich angemessen dürfte es sein, sowohl die natürliche und künstliche Ernährung über die Magensonde (im Gegensatz zu der intravenösen) sowie die Zuführung von Flüssigkeit als auch die Behebung von Atemnot im Gegensatz zur künstlichen Beatmung dem Bereich der Basispflege zuzuordnen.[1122] Während es bei letzterer nicht lediglich um die lebensnotwendige Zuführung von Luft (die sicher zur Basispflege zu rechnen ist), sondern unmittelbar um das Einwirken auf die Atmungstätigkeit des Patienten und damit um die Ersetzung bzw. Unterstützung einer lebenswichtigen Körperfunktion, d.h. um eine primär medizinische Maßnahme geht, die weit über den Bereich der allgemeinen Pflege des Patienten hinausgeht, steht bei der Ernährung des Patienten sowie bei der Zuführung von Flüssigkeit - mag sie nun auf natürlichem Wege oder künstlich erfolgen - die Aufrechterhaltung der Grundversorgung im Vor-

---

1118 so wohl BGH NJW 1995, 204, der die künstliche Ernährung als lebensverlängernde Maßnahme betrachtet; ebenso LG Duisburg NJW 1999, 2744 f.; Taupitz, Empfehlen sich zivilrechtliche Regelungen in: Verhandlungen des 63. DJT 2000, Bd. I, Gutachten A, S. A 48; Taupitz, Landesbericht Deutschland in: Taupitz, Zivilrechtliche Regelungen zur Absicherung der Patientenautonomie am Ende des Lebens, S. 273 (307); Verrel, Richter über Leben und Tod ? JR 1999, 5 (6); Saliger, Sterbehilfe mit staatlicher Genehmigung, JuS 1999, 16 (20); Häring, Moraltheologische Überlegungen zu Suizid und Euthanasie in: Eser/Bringewat, Suizid und Euthanasie, S. 261 (267); Engisch, Suizid und Euthanasie nach deutschem Recht in: Eser/Bringewat, Suizid und Euthanasie, S. 312 (315); Uhlenbruck, Selbstbestimmtes Sterben, S. 270 f.; Kuitert, Der gewünschte Tod, S. 77; Scheffen, Zivilrechtliche Neuregelung der passiven Sterbehilfe und Sterbebegleitung, ZRP 2000, Heft 8, S. 1 (2); Koch, Der medizinisch assistierte Tod in: Holderegger, Das medizinisch assistierte Sterben, S. 297 (310)

1119 Beckert, Strafrechtliche Probleme um Suizidbeteiligung und Sterbehilfe unter besonderer Berücksichtigung historischer und ethischer Aspekte, S. 374 f.: Dies sei insbesondere im Falle des irreversiblen Bewußtseinsverlustes im Sinne eines Komas zu bejahen; Rudolf/Bittler, Vorsorgevollmacht, Betreuungsverfügung, Patientenverfügung, S. 83

1120 Atrott, Humanes Sterben in: Atrott, Eibach u.a., Sterbehilfe, Mitleid oder Mord ? S. 87 (91)

1121 Atrott, Der ersehnte Tod in: Atrott/Pohlmeier, Sterbehilfe in der Gegenwart, S. 7 (17); so im Ergebnis wohl auch OLG Frankfurt NJW 1998, 2747 (2748); eine Umfrage unter Internisten in deutschen Krankenhäusern ergab, daß 90 % von ihnen die Flüssigkeitsgabe essentiell zur Basipflege zählen, 42 % gaben an, daß weder Nährlösungen noch Flüssigkeit disponibel sein dürften (Dornberg, Angefragt: Sterbehilfe, S. 59).

1122 im Ergebnis ebenso Eibach, Sterbehilfe - Tötung aus Mitleid ? S. 157 ff., 189, der auch die Ernährung über eine Magensonde als natürliche Ernährung bezeichnet; ähnlich auch Bade, Der Arzt an den Grenzen von Leben und Recht, S. 72, der diese Maßnahmen als Minimaltherapie bezeichnet.

dergrund, die überhaupt erst menschliches Leben ermöglicht. Dem Patienten werden lediglich die notwendigen Nährstoffe sowie die erforderliche Flüssigkeit zugeführt, die dann von seinem Körper selbständig und ohne weitere äußere Eingriffe verarbeitet werden.

Anders stellt sich die Situation dar, wenn die Verdauungsorgane ihre Funktion eingebüßt haben. Die in diesem Falle allenfalls mögliche intravenöse Ernährung wäre nicht mehr als Grundversorgung anzusehen, sondern als Ersetzung einer lebenswichtigen Funktion und damit als primär medizinische Maßnahme, so daß hier die Grenzen der Basispflege überschritten würden.

Die Grundversorgung darf dem Patienten niemals, auch nicht in der Endphase einer unheilbaren Erkrankung und unabhängig von seinem subjektiven Hunger- oder Durstempfinden, vorenthalten werden. Erst recht aber wäre es als inhuman zu bewerten, würde man einen Patienten bewußt verhungern oder verdursten lassen oder zumindest das Risiko eingehen, daß derartige Empfindungen bei ihm auftreten.

Zwar wird teilweise darauf hingewiesen, daß ein sterbender Patient unter dem Abbruch der künstlichen Ernährung sowie der Flüssigkeitszufuhr nicht leide, so daß es verfehlt sei, hier von einem qualvollen und inhumanen "Verhungernlassen" bzw. "Verdurstenlassen" im herkömmlichen Sinne zu sprechen.[1123] Solchen Äußerungen ist jedoch mit Vorsicht zu begegnen, wird doch von anderer Seite nachhaltig betont, die medizinische Forschung befinde sich in diesem Bereich noch zu sehr im Anfangsstadium, als daß derartige Vermutungen bereits als gesicherte wissenschaftliche Erkenntnisse gelten könnten.[1124]

Zumindest solange dies der Fall ist, verbietet es sich von vornherein, allein teleologisch von den für den Patienten spürbaren Folgen her zu argumentieren.

Abgesehen davon hat die Basisbetreuung und die damit verbundene Befriedigung der Grundbedürfnisse des Menschen auf der Grundlage seines Menschseins zu er-

---

[1123] Taupitz, Empfehlen sich zivilrechtliche Regelungen in: Verhandlungen des 63. DJT 2000, Bd. I, Gutachten A, S. A 48 f.

[1124] zu der Frage, ob bzw. in welchen Fällen ein Patient durch das Vorenthalten von Flüssigkeit wirklich leidet, liegen bis zum heutigen Tage noch keine abschließenden Forschungsergebnisse vor (Dornberg, Angefragt: Sterbehilfe, S. 74). Nach der hier vertretenen Auffassung hätten der BGH in seinem Urteil vom 13.09.1994, NJW 1995, 204, ebenso wie das OLG Frankfurt in seinem Beschluß vom 15.07.1998, NJW 1998, 2747, und das LG Duisburg in seinem Beschluß vom 09.06.1999, NJW 1999, 2744 f., somit das Vorliegen der Voraussetzungen der passiven Sterbehilfe schon allein deshalb nicht näher prüfen dürfen, weil die Patienten in den den Entscheidungen zugrundeliegenden Fällen abgesehen von der Notwendigkeit künstlicher Ernährung unstreitig lebensfähig waren.

folgen, aus Achtung und Respekt vor seinem Leben und unabhängig von seinem Bewußtseinszustand oder eventuellen Leidensempfindungen.

Zudem wird zu Recht darauf verwiesen, daß der nach allgemeinem Verständnis hohe symbolische Rang der Ernährung eines hilflosen Patienten[1125] sowie die Belastungen für die Umgebung des Sterbenden, die bei ihm deutlich den Gewichtsverlust und die Auszehrung als sichtbare Folgen des Nahrungsentzuges registrieren müßte, die Einstellung der künstlichen Ernährung unzumutbar erscheinen läßt.[1126]

Nichts anderes kann hinsichtlich der Behebung von akuter Atemnot des Patienten gelten. Auch insoweit muß daran festgehalten werden, daß das Freihalten der Atemwege und das Verhindern des Erstickens des Patienten der Basispflege zuzurechnen sind.

Lediglich dann, wenn der sterbende Patient nach außen hin bewußt und unmißverständlich zu erkennen gibt, daß er die Basispflege ganz oder teilweise ablehnt, hat der Arzt diese Ausübung des Selbstbestimmungsrechtes grundsätzlich zu respektieren. Denn der Patient hat zwar einen unbedingten Anspruch auf Basispflege, kann auf diese jedoch auf der Grundlage seines frei verantwortlich gebildeten Willens auch verzichten.[1127]

2. Aktive Sterbehilfe auf ausdrückliches und ernsthaftes Verlangen des Patienten

Ist entsprechend den vorstehenden Ausführungen davon auszugehen, daß die Sterbebegleitung, in deren Rahmen der zeitliche Ablauf des Krankheitsprozesses unbeeinflußt bleibt, das zentrale Element der ärztlichen Hilfeleistungspflichten gegenüber einem moribunden Patienten bildet, so bleibt nunmehr zu untersuchen, ob Maßnahmen, die die aktive, vorzeitige Beendigung des Lebens des Kranken zur Folge haben, Gegenstand des ärztlichen Behandlungsauftrages sein können.

1125 Merkel, Tödlicher Behandlungsabbruch und mutmaßliche Einwilligung bei Patienten im apallischen Syndrom, ZStW 107 (1995), 545 (562 f.), der zutreffend feststellt, daß mit dem Nahrungsentzug eine neue, von der Erkrankung unabhängige Kausalität in Gang gesetzt wird, und daß diese, nicht die Krankheit als solche, den Tod herbeiführt.

1126 Rieger, Die mutmaßliche Einwilligung in den Behandlungsabbruch, S. 150

1127 soweit der Patient jedoch durch die Verweigerung der Nahrungsaufnahme versucht, Suizid zu begehen, kann die Sachlage anders zu beurteilen sein, sofern der diesbezügliche Entschluß nicht als Ausfluß der freien Willensbestimmung des Patienten angesehen werden kann, vgl. hierzu auch C. II. 4. und 5.

Zunächst sind dabei diejenigen Fälle zu beleuchten, in denen der Arzt den Patienten auf dessen ausdrückliche und ernstgemeinte Bitte hin durch eine aktive Handlung bewußt und zielgerichtet tötet, um ihn auf diese Weise von seinem Leiden zu erlösen.

Der ärztliche Behandlungsauftrag kann eine solche aktive Tötung des Patienten zumindest dann nicht umfassen, wenn es gesetzliche Verbotsvorschriften im Sinne des § 134 BGB gibt, die dem ärztlichen Handeln insoweit Schranken setzen.

Als solche Verbotsvorschrift im Sinne des § 134 BGB kommt die gesetzliche Regelung des § 216 Abs. 1 StGB in Betracht, nach der gegenüber demjenigen, der durch das ausdrückliche und ernstliche Verlangen des Getöteten zur Tötung bestimmt worden ist, auf eine Freiheitsstrafe zwischen sechs Monaten und fünf Jahren zu erkennen ist.

Auf die zitierte gesetzliche Bestimmung nehmen inhaltlich die Grundsätze der Bundesärztekammer zur ärztlichen Sterbebegleitung Bezug, in deren Präambel es heißt: "Aktive Sterbehilfe ist unzulässig und mit Strafe bedroht, auch dann, wenn sie auf Verlangen des Patienten geschieht."

Die Deutsche Gesellschaft für Chirurgie stellte bereits in einer Resolution zur Behandlung Todkranker und Sterbender vom 10.04.1979 fest: "Direkte Eingriffe zur Lebensbeendigung sind ärztlich und rechtlich unzulässig, auch wenn sie vom Kranken verlangt werden."[1128] Dem schloß sich der 87. Deutsche Ärztetag 1984 ebenso ausdrücklich an[1129] wie die Einbecker Empfehlungen der Deutschen Gesellschaft für Medizinrecht (DGMR) aus dem Jahre 1986,[1130] der 98. Deutsche Ärztetag 1995[1131] sowie der 99. Deutsche Ärztetag 1996.[1132]

1128 Deutsche Gesellschaft für Chirurgie, Resolution zur Behandlung Todkranker und Sterbender, Ziff. IV., abgedruckt in: Koch, Landesbericht Bundesrepublik Deutschland in: Koch/Eser, Materialien zur Sterbehilfe, S. 31 (145 f.)

1129 Entschließung des 87. Deutschen Ärztetages 1984, Sterbehilfe durch den Arzt, abgedruckt in: Koch, Landesbericht Bundesrepublik Deutschland in: Koch/Eser, Materialien zur Sterbehilfe, S. 31 (152 f.)

1130 Deutsche Gesellschaft für Medizinrecht, Grenzen der ärztlichen Behandlungspflicht bei schwerstgeschädigten Neugeborenen, abgedruckt bei Schleker, Thanatologie, Euthanasie, Sterbehilfe, S. 109

1131 98. Deutscher Ärztetag 1995, Entschließung zur aktiven Sterbehilfe, zit. nach Wagner, Aktive Euthanasie oder Tötung alter Menschen in: Oehmichen, Lebensverkürzung, S. 15 (18)

1132 99. Deutscher Ärztetag 1996, Entschließung zur aktiven Sterbehilfe, BtPrax 1997, 19 f.

Mag somit das Verbot der aktiven Sterbehilfe auf den ersten Blick in unserer Rechtsordnung fest verankert erscheinen, so darf nicht übersehen werden, daß die Möglichkeit der straflosen Tötung schwerstkranker Patienten auf ihr Verlangen hin seit knapp drei Jahrzehnten in gleicher Weise heftig wie kontrovers diskutiert wird.[1133]

Dabei belegen nicht zuletzt die Umfrageergebnisse seit Beginn der 70er Jahre, daß die Legalisierung der aktiven Sterbehilfe von weiten Teilen der Bevölkerung - mit steigender Tendenz - befürwortet wird.

1133 für die Zulassung der aktiven Sterbehilfe sprechen sich beispielsweise aus: Catel, Grenzsituationen des Lebens, S. 100, 123; Moor, Die Freiheit zum Tode, S. 32; Knevels, Euthanasie - aus Liebe in: Knevels/Böckle/Schmalenberg, Euthanasie, S. 9 (16, 25 ff.); Leist, Das Dilemma der aktiven Euthanasie, S. 37; Foot, Euthanasie in: Leist, Um Leben und Tod, S. 285 (308); Reichenbach, Euthanasie und die aktiv/passiv-Unterscheidung in: Leist, Um Leben und Tod, S. 318 (344); Schmalenberg, Zum Sinn des Lebens und des Todes in: Knevels/Böckle/Schmalenberg, Euthanasie, S. 41 (53 f., 63); Jens, Vorwort in: Kennedy, Sterbehilfe: Ein Plädoyer, S. 7; Lischke, Sterbe- und Freitodhilfe in: Neumann/Körner, Patientenautonomie und Humanes Sterben, S. 75 (76);
Mochel, Milder Tod, S. 12 f.; Sporken, Darf die Medizin, was sie kann ? S. 206, 212: nur wenn der Arzt in einem ganz individuellen und persönlichen Verhältnis zu dem Patienten stehe; Siep/Quante, Ist die aktive Herbeiführung des Todes in: Holderegger, Das medizinisch assistierte Sterben, S. 37 (53 ff.): zumindest soweit es um die Befreiung eines Patienten von unerträglichem Leid auf dessen Wunsch hin gehe; Wolf, Der intendierte Tod in: Holderegger, Das medizinisch assistierte Sterben, S. 76 (83, 97): Das Verbot des intendierten Tötens könne nicht den Status einer absoluten Norm haben. Vielmehr handle es sich insofern lediglich um eine starke Präsumtion für ein lohnendes und erfülltes Leben, die qualifizierte Ausnahmen ermöglichen müsse, z.B. gegenüber einem schwer leidenden und sterbenden Patienten.
Abgelehnt wird die aktive Sterbehilfe dagegen z.B. von: Eisenmenger, Bedenklicher Trend zur aktiven Sterbehilfe, Münchner Medizinische Wochenschrift 1997, 13; Klinkhammer, Die Würde des Menschen wahren, Deutsches Ärztbelatt 1997, Ausgabe B, S. 651 (652); Böckle, Menschenwürdiges Sterben in: Knevels/Böckle/Schmalenberg, Euthanasie, S. 34 (40); Seidler, Leidensminderung. Wunsch nach aktiver Tötung ? Kommentar I, Ethik Med 1990, S. 201 (202 f.); Anschütz, Leidensminderung. Wunsch nach aktiver Tötung ? Kommentar III, Ethik Med 1990, 205; v. Kühlmann, Sterbehilfe, S. 8; Schleker, Thanatologie, Euthanasie, Sterbehilfe, S. 81; Auer, Die Unverfügbarkeit des Lebens in: Auer/Menzel/Eser, Zwischen Heilauftrag und Sterbehilfe, S. 1 (48 ff.); Eser, Lebenserhaltungspflicht und Behandlungsabbruch aus rechtlicher Sicht in: Auer/Menzel/Eser, Zwischen Heilauftrag und Sterbehilfe, S. 75 (108); Deutsche Bischofskonferenz vom 01.06.1975, Das Lebensrecht des Menschen und die Euthanasie, abgedruckt in: Koch, Landesbericht Bundesrepublik Deutschland in: Eser/Koch, Materialien zur Sterbehilfe, S. 31 (162); Kautzky, Die Euthanasie als Problem ärztlicher Ethik in: Valentin, Die Euthanasie, S. 32 (42); Schlaudraff, Zwischen Konsens und Widerstand in: Gose/Hoffmann/Wirtz, Aktive Sterbehilfe ? S. 9 (23); Robbers, Euthanasie und die Folgen für unsere Rechtsgemeinschaft in: Gose/Hoffmann/Wirtz, Aktive Sterbehilfe ? S. 71 ff.; Schreiber, Gibt es ein Recht auf Selbstbestimmung am Lebensende ? in: Gose/Hoffmann/Wirtz, Aktive Sterbehilfe ? S. 119 (132); Thielicke, Wer darf sterben ? in: Atrott/ Eibach u.a., Sterbehilfe - Mitleid oder Mord ? S. 105 (117); Ziegler, Der Abruf in die Ewigkeit in: Deutsch/Kleinsorg/Ziegler, Das Patiententestament, S. 23 (45); Uhlenbruck, Selbstbestimmtes Sterben, S. 248; Koch, T., Theologische Gedanken zu Sterbehilfe und Euthanasie in: Evang. Akademie Baden, Sterbehilfe, S. 90 (98 f., 103); auch der 63. DJT 2000 sprach sich mit 30:7:7 Stimmen dafür aus, daß die aktive Sterbehilfe selbst bei ausdrücklich auf sie gerichtetem Patientenwillen unzulässig bleiben müsse.

Dies zeigt zunächst das Ergebnis einer Meinungsumfrage des EMNID-Institutes, Bielefeld, aus dem Jahre 1990:[1134]

Frage: Es wird verstärkt darüber diskutiert, ob es erlaubt sein sollte, unheilbar Kranke von ihrem Leiden zu erlösen, indem ihr Leben auf ausdrücklichen Wunsch beendet wird. Wie stehen Sie zu diesem Problem: Sollte aktive Sterbehilfe für unheilbar Kranke erlaubt sein - oder sollte dies nicht der Fall sein ?

Tabelle 1	**Total**	Männer	Frauen
Geschlecht	**%**	%	%
sollte erlaubt sein	**72**	73	71
sollte nicht erlaubt sein	**27**	25	29
keine Angaben	**2**	3	1

Tabelle 2	**Total**	bis 19 Jahre	20 - 29 Jahre	30 - 49 Jahre	50 - 64 Jahre	über 65 Jahre
Altersgruppen	**%**	%	%	%	%	%
sollte erlaubt sein	**72**	81	74	76	67	63
sollte nicht erlaubt sein	**27**	19	22	23	32	36
keine Angaben	**2**	0	4	1	2	1

1134 abgedruckt bei: Kennedy, Sterbehilfe: Ein Plädoyer, S. 78; Bei Umfragen des Allensbacher Institutes hatten sich im Jahre 1974 demgegenüber nur 53 % der Befragten positiv zur aktiven Sterbehilfe geäußert, im Jahre 1984 waren es schon 66 %, zit. nach Klaschik, Zur Euthanasie-Diskussion in Deutschland in: Aulbert/Klaschik/Pichlmaier, Palliativmedizin - Die Alternative zur Sterbehilfe, S. 1 (2)

Tabelle 3	Total	Hauptschule	Realschule	Abitur, Uni
Schulbildung	**%**	%	%	%
sollte erlaubt sein	**72**	70	74	72
sollte nicht erlaubt sein	**27**	29	25	24
keine Angaben	**2**	1	1	4

Tabelle 4	Total	Arb.	Angst.	Beam.	Selb., Landw.	Rent-ner	Haus-frau	Azubi
Berufsgruppen	**%**	%	%	%	%	%	%	%
sollte erlaubt sein	**72**	74	72	78	77	59	74	78
sollte nicht er-laubt sein	**27**	24	27	20	20	40	26	18
keine Angaben	**2**	1	1	2	3	1	1	3

Tabelle 5	Total	Evangelisch	Katholisch	Sonstige / Keine
Konfessionen	**%**	%	%	%
sollte erlaubt sein	**72**	75	67	76
sollte nicht er-laubt sein	**27**	23	32	21
keine Angaben	**2**	2	1	3

Eine Repräsentativumfrage des Forsa-Institutes aus dem Jahre 1999, die von der Deutschen Gesellschaft für Humanes Sterben e.V. (DGHS) in Auftrag gegeben wurde, bestätigte diese Tendenz mit folgendem Ergebnis zu der gleichlautenden Frage:[1135]

Tabelle 1	**Total**	CDU / CSU	SPD	FDP	Grüne/ BÜ 90	PDS	Sonstige	Nicht - wähler
Parteipräferenz	**%**	%	%	%	%	%	%	%
sollte erlaubt sein	**78,0**	72,0	84,0	92,0	86,0	91,0	73,0	84,0
sollte nicht erlaubt sein	**12,0**	18,0	8,0	8,0	8,0	0,0	16,0	10,0
unentschlossen	**8,0**	9,0	7,0	0,0	5,0	9,0	11,0	6,0
keine Angaben	**1,0**	1,0	0,0	0,0	0,0	0,0	0,0	0,0

Tabelle 2	**Total**	Evangelisch	Katholisch	Keine
Konfessionen	**%**	%	%	%
sollte erlaubt sein	**78,0**	82,0	69,0	87,0
sollte nicht erlaubt sein	**12,0**	9,0	19,0	6,0
unentschlossen	**8,0**	7,0	9,0	7,0
keine Angabe	**1,0**	1,0	2,0	0,0

1135 Das Umfrageergebnis wird zitiert nach: Humanes Leben - Humanes Sterben, Nr. 3/1999, S. 3

Bei der Neuauflage der von der DGHS in Auftrag gegebenen Repräsentativumfrage des Forsa-Institutes aus dem Jahre 2000 sprachen sich schließlich gar 81 % der Befragten für die Freigabe der aktiven Sterbehilfe aus.[1136]

Selbst Theologen fordern die Zulassung der aktiven Sterbehilfe aus Mitleid mit dem Sterbenden, wobei in besonders tragischen Fällen nicht einmal der ausdrückliche Wunsch des Kranken für notwendig erachtet wird.[1137]

Auch in der strafrechtlichen Literatur stößt die ausnahmslose Verfolgung von Fällen aktiver Sterbehilfe keineswegs auf ungeteilte Zustimmung. Immer wieder sind Versuche gestartet worden, die Straflosigkeit des Arztes für den Fall einer von ihm durchgeführten Tötung eines unheilbar erkrankten Patienten unter der Geltung des § 216 Abs. 1 StGB in seiner heutigen Fassung zu begründen. Nachfolgend soll zunächst auf diese Ansätze eingegangen werden (a.). Im Anschluß daran werden beispielhaft die Standpunkte des australischen Philosophen Peter Singer (b.) und des deutschen Rechtsphilosophen Norbert Hörster (c.) skizziert, die eine umfassendere Freigabe der aktiven Sterbehilfe propagieren, die in Deutschland - wenn überhaupt - nur durch eine entsprechende Gesetzesänderung realisiert werden könnte. Überlegungen de lege ferenda stehen auch im Mittelpunkt der Beschreibung des Wirkens der Deutschen Gesellschaft für Humanes Sterben e.V. (DGHS), die sich auf gesellschaftlicher Ebene um eine wachsende Akzeptanz der aktiven Sterbehilfe und der ärztlichen Beihilfe zur Selbsttötung bemüht (d.), sowie des Alternativ-Entwurfes Sterbehilfe (e.). Spiegeln die vorgenannten Gliederungspunkte lediglich die theoretische Auseinandersetzung mit der Frage nach einer möglichen Legalisierung der aktiven Sterbehilfe wider, so soll die sich anschließende Schilderung der Erfahrungen mit diesem Themenkomplex in den Niederlanden, wo Maßnahmen der aktiven Sterbehilfe längst Eingang in die tägliche Arbeit zahlreicher Kliniken und Ärzte gefunden haben, die praktischen Auswirkungen einer solch liberalen Politik näher beleuchten (f.). Im Rahmen einer umfassenden eigenen Stellungnahme sind die vorgestellten Lösungsansätze schließlich einer kritischen Würdigung zu unterziehen (g.). Dabei ist zunächst zu untersuchen, ob sich den Begründungsversuchen des strafrechtlichen Schrifttums de lege lata bereits eine befriedigende Lösung entnehmen läßt, die die Straflosigkeit eines Arztes, der einem Patienten aktive Sterbehilfe leistet, zum

---

1136 Das Umfrageergebnis wird zitiert nach: Humanes Leben - Humanes Sterben, Nr. 3/2000, S. 1

1137 Fletcher, In Verteidigung des Suizids in: Eser/Bringewat, Euthanasie und Suizid, S. 233 (241); Kuitert, Der gewünschte Tod, S. 65 f.; Knevels, Euthanasie - aus Liebe in: Knevels/Böckle/Schmalenberg, Euthanasie, S. 9 (16, 25 ff.); Schmalenberg, Zum Sinn des Lebens und des Todes in: Knevels/Böckle/Schmalenberg, Euthanasie, S. 41 (53 f.,63); Sporken, Darf die Medizin, was sie kann ? S. 206, 212: nur wenn der Arzt in einem ganz individuellen und persönlichen Verhältnis zu dem Patienten stehe.

Gegenstand hätte (aa.). Anschließend ist die Lehre Singers als diejenige zu prüfen, die die weitreichendsten Änderungen fordert (bb.). Es folgt eine kritische Auseinandersetzung mit den Thesen von Hörster (cc.) und der DGHS (dd.) sowie mit den Entwicklungen in den Niederlanden (ee.). Ein Blick auf die gesellschaftlichen Hintergründe der zunehmend erhobenen Forderung nach der Legalisierung der aktiven Sterbehilfe schließt sich hieran an (ff.), ehe abschließend zu dem Versuch des Alternativ-Entwurfs Sterbehilfe, eine Einschränkung der Verfolgbarkeit gewisser Fälle von aktiver Sterbehilfe de lege ferenda zu erwirken, Stellung zu nehmen ist (gg.).

Für den Fall, daß sich - sei es de lege lata oder de lege ferenda - die Straflosigkeit des Arztes im Bereich der aktiven Sterbehilfe auf Verlangen generell oder unter bestimmten Voraussetzungen überzeugend begründen ließe, stünde insofern - zumindest nach entsprechender Gesetzesänderung - ein Verbotsgesetz im Sinne des § 134 BGB einer Aufnahme dieser Maßnahmen in den Katalog ärztlicher Handlungsmöglichkeiten gegenüber einem sterbenden Patienten nicht (mehr) entgegen. Es wäre in diesem Falle zu überlegen, ob andere Gesichtspunkte dagegen sprechen könnten, dem Arzt solch weitreichende Befugnisse zu übertragen.

a. Straflosigkeit der Tötung auf Verlangen unter der Geltung des § 216 Abs. 1 StGB aus der Sicht der strafrechtlichen Literatur

aa. Tatbestandslosigkeit des ärztlichen Handelns

Jakobs vertritt die Auffassung, daß die Tötung eines Sterbenden bei objektiver Vernünftigkeit des von ihm geäußerten Sterbeverlangens schon nicht den Tatbestand des § 216 StGB ausfülle.[1138] Den argumentativen Ausgangspunkt bildet für ihn die allgemein anerkannte Straflosigkeit des Suizids.[1139] Der einzige Unterschied zwischen diesem und der Tötung auf Verlangen bestehe darin, daß bei ersterem der erstrebte Zweck eigenhändig, bei letzterer aber arbeitsteilig verfolgt werde.[1140] Da aber nach allgemeinen Grundsätzen der strafrechtlichen Zurechnungslehre die Eigenhändigkeit der Erfolgsverwirklichung keine Rolle spiele,[1141] könne die Strafbarkeit der Tötung auf Verlangen als abstraktes Gefährdungsdelikt nur deshalb und insoweit gerechtfertigt sein, als sie garantieren solle, daß der Selbsttötungswille nur dann verwirklicht werde, wenn er subjektiv vollzugsreif, d.h. vollständig aus einer

1138 Jakobs, Tötung auf Verlangen, Euthanasie und Strafrechtssystem, S. 31
1139 Jakobs, Tötung auf Verlangen, Euthanasie und Strafrechtssystem, S. 14
1140 Jakobs, Tötung auf Verlangen, Euthanasie und Strafrechtssystem, S. 16
1141 Jakobs, Tötung auf Verlangen, Euthanasie und Strafrechtssystem, S. 17

Zwecksetzung des Lebensmüden begründet sei, die keiner Überprüfung durch andere mehr bedürfe.[1142] Die Gefahr mangelnder Vollzugsreife aber bestehe dann nicht, wenn das Tötungsverlangen objektiv vernünftig sei.[1143] Dies wiederum sei anzunehmen in all denjenigen Situationen, in denen selbst bei einwilligungsunfähigen Patienten von der Zulässigkeit der indirekten und der passiven Sterbehilfe ausgegangen werde.[1144] Die restriktive Auslegung des Tatbestandes des § 216 Abs. 1 StGB führe in diesen Fällen zur Tatbestandslosigkeit der Tötung des Patienten.[1145]

bb. Rechtfertigung des Arztes

Aufgrund des eindeutigen Wortlautes des § 216 Abs. 1 StGB kann die vorsätzliche Tötung auf Verlangen von vornherein nicht mit dem Hinweis auf den hierauf gerichteten Willen des Getöteten gerechtfertigt werden.[1146] Allein die besonderen Umstände der Tat sowie die spezielle Motivation des Opfers und des Täters kommen daher als Ansatzpunkte für einen Unrechtsausschluß in Betracht.

Dabei ist zunächst zu bedenken, daß die gesetzliche Regelung keineswegs an eine *extreme Notlage des Opfers* anknüpft. Sie umfaßt beispielsweise auch alle Fälle, in denen das Tötungsverlangen auf Gründen beruht, die einem außenstehenden Dritten weit weniger gewichtig und rational nachvollziehbar erscheinen mögen als bei einem unheilbar und möglicherweise unter heftigen Schmerzen leidenden Erkrankten (z.B. bloßer Lebensüberdruß, Angst vor Schande, materielle Not, Liebeskummer).[1147]

Achtenswerte Beweggründe des Täters in den Fällen der Tötung auf Verlangen sind zwar häufig festzustellen. Auch sie werden jedoch von dieser Vorschrift nicht vorausgesetzt. Die typische Situation der aktiven Sterbehilfe, in der sich der Arzt aus tiefem Mitleid mit dem Sterbenden dazu entschließt, sein Leiden abzukürzen, unterscheidet sich somit qualitativ durchaus von dem Normfall des § 216 Abs. 1 StGB.[1148]

1142 Jakobs, Tötung auf Verlangen, Euthanasie und Strafrechtssystem, S. 23
1143 Jakobs, Tötung auf Verlangen, Euthanasie und Strafrechtssystem, S. 30
1144 Jakobs, Tötung auf Verlangen, Euthanasie und Strafrechtssystem, S. 26 ff.
1145 Jakobs, Tötung auf Verlangen, Euthanasie und Strafrechtssystem, S. 25 f., 31
1146 Engisch, Suizid und Euthanasie nach deutschem Recht in: Eser/Bringewat, Suizid und Euthanasie, S. 312 (319): "Der Arzt darf nichts, was der Patient nicht haben will, aber der Arzt darf keineswegs alles, was der Patient haben will."
1147 Engisch, Euthanasie und Vernichtung lebensunwerten Lebens, S. 14
1148 v. Dellingshausen, Sterbehilfe und Grenzen der Lebenserhaltungspflicht des Arztes, S. 284

Die strafrechtliche Literatur der Zeit vor dem Zweiten Weltkrieg bejahte überwiegend die Rechtfertigung des Arztes, der sich zur Durchführung der aktiven Sterbehilfe entschloß, unter Berufung auf allgemeine humanitäre Erwägungen. So vertrat beispielsweise die sog. Kulturnormentheorie den Standpunkt, daß die Zulässigkeit der "Beförderung des Sterbens hoffnungslos Leidender" zu den anerkannten Kulturnormen der Gesellschaft gehöre.[1149] Andere gingen von einer gewohnheitsrechtlichen "Erlaubtheit" der aktiven Sterbehilfe aus, sofern eine nur unbedeutende Lebensverkürzung von wenigen Stunden in Frage stehe, da in dieser Situation weder objektiv noch subjektiv ein Interesse an der Lebenserhaltung bestehe.[1150] Beling sprach insofern von einer allseitigen Billigung durch die Moral.[1151] Binding setzte die Zulässigkeit der aktiven Sterbehilfe als "selbstverständlich" voraus,[1152] während v. Hippel feststellte, daß die aktive Sterbehilfe zur Vermeidung eines schweren Todeskampfes überwiegend akzeptiert werde.[1153]

Ausgehend von der hierzu konträren Annahme, daß es sich bei der Frage der aktiven Sterbehilfe um eine Grenzsituation handelt, die gesellschaftlich äußerst kontrovers beurteilt wird, fordern andere einen rechtsfreien Raum, in dem der einzelne als mündiger Bürger zur freien sittlichen, allein vor seinem Gewissen zu verantwortenden Entscheidung aufgerufen sei.[1154] Dies sei erforderlich, weil es in Konfliktsfällen dieser Art keinen rational einsichtigen und allgemeinverbindlichen Entscheidungsmaßstab gebe. Eine freiheitliche Rechtsordnung müsse daher auf eine Normierung verzichten, um eine mißliche Diskrepanz zwischen Recht und Moral zu vermeiden.[1155]

[1149] M.E. Mayer, Strafrecht AT, S. 290 f.

[1150] Köhler, Deutsches Strafrecht AT, S. 400 f.; Sauer, Allgemeine Strafrechtslehre, S. 140; so auch in neuerer Zeit Wimmer, Kein Recht auf den eigenen Tod ? FamRZ 1975, 438 (439)

[1151] Beling, Unschuld, Schuld und Schuldstufen, S. 21

[1152] Binding in: Binding/Hoche, Die Freigabe der Vernichtung lebensunwerten Lebens, S. 5 (18): Es handle sich hier nicht um eine Tötungshandlung im Rechtssinne, sondern lediglich um eine Abwandlung der schon unwiderruflich gesetzten Todesursache. Als Beseitigung der Qual sei sie in Wahrheit als reine Heilhandlung anzusehen. Auf der Grundlage dieser Begründung dürfte allerdings bereits die Tatbestandsmäßigkeit des ärztlichen Handelns im Rahmen des § 216 StGB zu verneinen sein.

[1153] v.Hippel, Deutsches Strafrecht, Bd. II, S. 259: "Euthanasie zur Ersparung schweren Todeskampfes ist als Geschäftsführung ohne Auftrag rechtmäßig. Entgegenstehender Wille des Geschäftsherrn kommt im Falle des § 679 BGB nicht in Betracht."

[1154] Engisch, Der Begriff der Rechtslücke in: Festschrift für Sauer, S. 85 (99 ff.) allgemein zu Rechtslücken und nichtjustitiablen Konflikten; Kaufmann, Rechtsfreier Raum und eigenverantwortliche Entscheidung in: Festschrift für Maurach, S. 327 (331 ff.); Kaufmann, Strafrechtspraxis und sittliche Normen, JuS 1978, 360 (366)

[1155] Kaufmann, Rechtsfreier Raum und eigenverantwortliche Entscheidung in: Festschrift für Maurach, S. 331 (341) für den Bereich des Schwangerschaftsabbruchs; Kaufmann, Strafrechtspraxis und sittliche Normen, JuS 1978, 360 (366)

Teile der strafrechtlichen Literatur befürworten heute eine Rechtfertigung des aktive Sterbehilfe leistenden Arztes zumindest in Extremsituationen unter dem Gesichtspunkt des rechtfertigenden Notstandes gem. § 34 StGB.[1156] Soweit unerträgliche körperliche Qualen nicht gelindert werden könnten, verbleibe als einzige humanitär adäquate Hilfe der Weg, das Sterben des darum Bittenden direkt abzukürzen, soweit sein Leben ohnehin bereits am Verlöschen sei. Die im Rahmen des § 34 StGB vorzunehmende Interessenabwägung falle dann zugunsten der Leidensverkürzung aus. Schroeder stellt dabei ausdrücklich auf den angeblich geminderten Wert des unmittelbar seinem Ende zustrebenden Rechtsgutes Leben ab,[1157] während Otto sich im Rahmen der Interessenabwägung von der Erwägung leiten läßt, daß es in der beschriebenen Situation keine mitmenschliche Verpflichtung gebe, das Leben um jeden Preis zu erhalten.[1158] Merkel wiederum tritt dafür ein, § 216 StGB zumindest in denjenigen Fällen nicht ausschließlich als Norm zum Schutz des jeweils individuellen Lebens anzusehen, in denen das Lebensinteresse des Sterbewilligen eindeutig hinter sein Interesse an der Lebensbeendigung zurücktrete. Die Bedingungen gerade solcher Ausnahmen regele § 34 StGB. § 216 StGB stehe der Anwendung des Notstandsparagraphen hier offensichtlich nicht im Wege, da er lediglich anordne, daß allein die Einwilligung kein legitimer Grund für eine erbetene Fremdtötung sein könne. Dagegen schweige die Vorschrift zu der Situation eines Zusammentreffens von Sterbeverlangen und gutem Grund hierfür. Das eindeutig überwiegende Sterbensinteresse des Verlangenden sei ein solcher guter, ja sogar ein zwingender Grund.[1159] Das Grundrecht des Getöteten auf sein Leben stehe dem nicht entgegen. Vielmehr müsse das "Recht auf Leben", das ausnahmslos jedem menschlichen Leben jeder Qualität und Quantität zukomme, sorgfältig von dem "Schutz des biologischen Lebens" unterschieden werden, der dort enden müsse, wo er dem Inhaber aufgezwungen werde, also dort, wo die konkrete Beschaffenheit (Qualität und Quantität) des Lebens ein überwiegendes Sterbensinteresse zweifelsfrei mache.[1160] Zwar sei davon auszugehen, daß die ärztliche Sterbehilfe grundsätzlich auf das passive Sterbenlassen beschränkt bleiben könne. Anderes müsse jedoch gelten, wenn die Interessen des Betroffenen eindeutig und dringend die schnellstmögliche Lebensbeendigung forderten. In einer solchen Situation sei die

---

1156 Hirsch, Einwilligung und Selbstbestimmung in: Festschrift für Welzel, S. 775 (795 f.); Maurach/Schroeder, Strafrecht BT 1, § 1 VI RNr. 38; Otto, Straftaten gegen das Leben, ZStW 83 (1971), S. 39 (73); Herzberg, Der Fall Hackethal: Strafbare Tötung auf Verlangen ? NJW 1986, 1635 (1639); Herzberg, Straffreie Beteiligung am Suizid und gerechtfertigte Tötung auf Verlangen, JZ 1988, 182 (186); Merkel, Früheuthanasie, S. 413

1157 Maurach/Schroeder, Strafrecht BT 1, § 1 VI RNr. 38

1158 Otto, Straftaten gegen das Leben, ZStW 83 (1971), S. 39 (73)

1159 Merkel, Früheuthanasie, S. 413

1160 Merkel, Früheuthanasie, S. 527

Durchführung der aktiven Sterbehilfe der einzige für den Patienten tolerierbare Weg. Die Beschränkung auf indirekte Sterbehilfe sei hier nicht nur unehrlich, sondern auch moralisch keinesfalls geboten.[1161]

Teilweise findet sich im strafrechtlichen Schrifttum auch der Gedanke der Rechtfertigung des Arztes aus dem Gesichtspunkt der rechtfertigenden Pflichtenkollision in Ausnahmefällen. Die gesetzliche Pflicht zum Schutz des Lebens stehe hier in einem Spannungsverhältnis mit der sittlichen Pflicht zum barmherzigen Handeln, wobei es nicht möglich sei, einer Verpflichtung nachzukommen, ohne zugleich die andere zu verletzen. Wenn das rein biologische Weiterleben nur noch ein irreversibles Dahinvegetieren unter gräßlichen Qualen und damit in seiner Rangordnung nicht "der Güter höchstes" sei, dürfe der Arzt in den tragischsten, furchtbarsten und erschütterndsten Fällen der schmerzbefreienden, humanen Hilfe aus Barmherzigkeit den Vorrang vor dem Lebensschutz einräumen.[1162] Eine Rechtfertigung komme selbst dann in Betracht, wenn der natürliche Todeszeitpunkt noch fern liege.[1163]

cc. Fehlende Schuld des Arztes

Vereinzelt wird der die aktive Sterbehilfe auf Verlangen des Patienten durchführende Arzt zwar nicht für gerechtfertigt, jedoch unter dem Gesichtspunkt der *Unzumutbarkeit normgemäßen Verhaltens* für entschuldigt gehalten.[1164] Ausgehend von den Grundsätzen des § 35 StGB wird die Anerkennung dieses Entschuldigungsgrundes mit der Erwägung gefordert, die fehlende Schuld des Täters müsse angenommen werden, wenn für ihn eine Zwangssituation ähnlicher Stärke bestehe. Dies gelte selbst für vorsätzliche Begehungsdelikte. Bei ihnen mute das Gesetz dem Täter zwar im allgemeinen die Unterlassung des Normverstoßes zu, doch könne dies dort nicht gelten, wo Motivationen von unwiderstehlicher Stärke den Täter zur Tat zwingen würden.[1165] Dies aber könne insbesondere dann der Fall sein, wenn zwischen ihm und demjenigen, dem er die aktive Sterbehilfe gewähre, eine besondere persönliche Beziehung der in § 35 StGB beschriebenen Art bestehe.[1166]

1161 Merkel, Früheuthanasie, S. 586 f.

1162 Simson, Ein Ja zur Sterbehilfe aus Barmherzigkeit in: Festschrift für Schwinge, S. 89 (109 f.); Simson, Die Tötung aus Barmherzigkeit in rechtsvergleichender Sicht in: Eser/Bringewat, Suizid und Euthanasie, S. 322 (333 f.), wobei im letztgenannten Falle offenbleibt, ob er von einem rechtfertigenden, einem entschuldigenden oder einem übergesetzlichen Notstand ausgeht.

1163 Simson, Ein Ja zur Sterbehilfe aus Barmherzigkeit in: Festschrift für Schwinge, S. 89 (108 f.)

1164 Möllering, Schutz des Lebens - Recht auf Sterben, S. 47 f.; Bade, Der Arzt an den Grenzen von Leben und Recht, S. 128

1165 Baumann/Weber, Strafrecht AT, § 23 RNr. 64

1166 Möllering, Schutz des Lebens - Recht auf Sterben, S. 48

Ferner findet sich der Versuch, einen Entschuldigungsgrund zugunsten des Arztes unmittelbar aus Art. 4 Abs. 1 GG abzuleiten, sofern dieser sich durch sein Gewissen verpflichtet fühlt, dem Verlangen des Leidenden nach Beendigung seiner Qualen und seines Lebens nachzukommen.[1167] Unter Gewissensentscheidung ist dabei jede ernste sittliche, d.h. an den Kategorien von Gut und Böse orientierte Entscheidung zu verstehen, die der einzelne in einer bestimmten Lage als für sich innerlich bindend und unbedingt verpflichtend erfährt, so daß er gegen sie nicht ohne ernste Gewissensnot handeln könnte.[1168]

Der Grund für die Entschuldigung des Gewissenstäters wird darin gesehen, daß er dadurch, daß er seinem Gewissen gemäß handle, die Zerstörung seiner Persönlichkeit und die damit verbundenen mittelbaren Nachteile für das demokratische Leben in der Gesellschaft vermeide. Daher stehe dem verwirklichten Unrechtserfolg ein gleichwertiger Erfolgswert gegenüber.[1169]

Andere wiederum nehmen zugunsten des Arztes in analoger Anwendung des § 35 StGB einen übergesetzlichen entschuldigenden Notstand an, sofern der Patient fortwährend schwerste Qualen leide, die mit herkömmlichen Mitteln nicht zu lindern seien, so daß eine indirekte Sterbehilfe nicht mehr in Betracht komme.[1170] Teilweise wird darüber hinaus gefordert, daß auch der Weg über einen Selbstmord des Patienten nicht mehr gangbar sein dürfe.[1171] Beachtlich sei hier, daß der Arzt, selbst wenn er den Konflikt nicht so entscheiden durfte, wie er es getan habe, durch die Notstandstat zugleich ein anderes rechtliches Interesse geschützt habe, indem er für kurze Zeit das körperliche Wohlbefinden des Patienten erhalten und sein Interesse an der Beendigung unerträglicher Schmerzen gefördert habe. Auch diese Ansicht betont, daß dem in der Rechtsgutverletzung liegenden Erfolgsunwert ein ebenso hoch einzuschätzender Erfolgswert gegenüberstehe.[1172] Da der Rechtsgutverzicht des Patienten darüber hinaus im Hinblick auf ein ohnehin erlöschendes Leben erfolge, sei zwar nicht von einem geminderten Wert dieses Lebens auszugehen, dieses sei jedoch in der konkreten Situation weniger schutzwürdig.[1173] Schließlich könne nicht unberücksichtigt bleiben, daß die Schuld des Täters aufgrund einer

---

[1167] Rudolphi, Die Bedeutung eines Gewissensentscheides für das Strafrecht in: Festschrift für Welzel, S. 605 (628): erörtert wird diese Möglichkeit jedoch nur, soweit der Täter zugleich auch Angehöriger des Opfers ist; Ebert, Der Überzeugungstäter in der neueren Rechtsentwicklung, S. 69

[1168] BVerfGE 12, 45 (55); BVerwG NVwZ 1987, 694 (695)

[1169] Rudolphi, Die Bedeutung eines Gewissensentscheides für das Strafrecht in: Festschrift für Welzel, S. 605 (630)

[1170] Beckert, Strafrechtliche Probleme um Suizidbeteiligung und Sterbehilfe, S. 278

[1171] v. Dellingshausen, Sterbehilfe und Grenzen der Lebenserhaltungspflicht des Arztes, S. 348 f.

[1172] v. Dellingshausen, Sterbehilfe und Grenzen der Lebenserhaltungspflicht des Arztes, S. 342 f.

[1173] v. Dellingshausen, Sterbehilfe und Grenzen der Lebenserhaltungspflicht des Arztes, S. 346

psychischen Zwangslage erheblich gemindert sei, da er sich selbst dann in schwerste sittliche Schuld verstricken würde, wenn er den Dingen einfach ihren Lauf ließe. Es handle sich um eine im klassischen Sinne tragische Extremsituation, die den Arzt einem für einen Menschen nahezu unlösbaren Gewissenskonflikt aussetze, aus dem es keinen befriedigenden Ausweg gebe. Entscheide sich der Arzt dafür, dem Willen des Patienten nachzugeben, sei der Grad der Vorwerfbarkeit der Tat erheblich gemindert, der spezifische Schuldgehalt auf ein Minimum reduziert.[1174]

b. Der Utilitarismus - die Philosophie Peter Singers

aa. Der Präferenz - Utilitarismus

Der Utilitarismus bezeichnet in der Ethik einen Standpunkt, der die sittliche Qualität menschlicher Handlungen nur von ihrer Nützlichkeit bzw. Schädlichkeit und somit von ihren Folgen her bewertet. Unberücksichtigt bleiben die zugrundeliegenden Motive und Gesinnungen des Handelnden. Die Lehre wurde im ausgehenden 18. Jahrhundert von dem englischen Philosophen Jeremias Bentham begründet und später u.a. von Henry Sidgwick und John Stuart Mill weitergeführt.[1175] Zu ihren bekanntesten Vertretern unserer Tage gehört der australische Philosophieprofessor und Direktor des Centre of Human Bioethics an der Monash University in Melbourne, Peter Singer, dessen Werke mittlerweile ins Deutsche, Italienische, Spanische und Schwedische übersetzt wurden und weltweit für erhebliches Aufsehen sorgten. Unter Philosophen und Bioethikern findet seine Lehre vor allem im angelsächsischen Raum weithin Zustimmung.[1176]

Singer studierte Philosophie in Melbourne und Oxford und konzentriert sich als Schüler des britischen Moralphilosophen Richard M. Hare seit dieser Zeit in enger Zusammenarbeit mit der international bekannten Bioethikerin Helga Kuhse im wesentlichen auf die praktische Betrachtungsweise der Moral. Sein konsequentialistischer Ansatz ist dabei von demjenigen des klassischen Utilitarismus zu unterscheiden. Während der klassische Utilitarist eine Handlung als richtig betrachtet, wenn sie ebensoviel oder mehr Zuwachs an Glück und Lust für alle Betroffenen produziert als jede andere Handlung und gleichzeitig Unlust und Schmerz vermeidet,[1177] richtet

[1174] v. Dellingshausen, Sterbehilfe und Grenzen der Lebenserhaltungspflicht des Arztes, S. 347 f.
[1175] Brockhaus, Die Enzyklopädie, Stichwort: Utilitarismus, Bd. 22, S. 688
[1176] so z.B. von H. Tristam Engelhardt Jr., R.G. Frey, Jonathan Glover, John Harris, James Rachels, Michael Tooley und H. Kuhse
[1177] Singer, Praktische Ethik, S. 17

Singer seinen Blick auf die gesamten Interessen der Betroffenen.[1178] Von einem universalen Standpunkt aus beurteilt er Handlungen nach dem Grad, in dem sie mit den Präferenzen der von den Handlungen Betroffenen übereinstimmen (Präferenz-Utilitarismus). Eine Handlung, die der Präferenz eines Wesens entgegenstehe, ohne daß diese Präferenz durch entgegengesetzte Präferenzen ausgeglichen werde, sei moralisch falsch.[1179]

bb. Das Prinzip der gleichen Interessenabwägung

Die Gleichheit der Menschen ist für Singer ein grundlegendes moralisches Prinzip, das die Beachtung der Interessen des einzelnen unabhängig von seiner individuellen Intelligenz, seiner moralischen Persönlichkeit, seiner Rationalität oder anderen Merkmalen gebiete. Es gebe keinen logisch zwingenden Grund für die Annahme, ein Unterschied in den Fähigkeiten zweier Menschen rechtfertige eine Differenzierung in dem Maß der Beachtung, die wir ihren Interessen schenkten.[1180] Aus dem Prinzip der gleichen Interessenabwägung ergebe sich daher unmittelbar, daß jede Form des Rassismus, insbesondere aber jener der Nationalsozialisten in Deutschland bis zum Ende des Zweiten Weltkrieges, Unrecht sei. Denn die Nationalsozialisten hätten sich willkürlich nur um das Wohlergehen der Mitglieder der "arischen" Rasse gekümmert, während ihnen das Schicksal der Juden, Zigeuner und Slawen gleichgültig gewesen sei.[1181]

Die Forderung nach Gleichheit und Gleichbehandlung erweist sich bei Singer jedoch nicht als radikal egalitäres Prinzip. So haben die Interessen der von einer bestimmten Handlung betroffenen Person seiner Auffassung nach zurückzustehen, sofern eine Gesamtbewertung ergebe, daß die von dieser ausgehenden positiven Wirkungen für Dritte die negativen Folgen für sie selbst überwiegen würden.[1182] Selbst die Tötung eines einzelnen könne zulässig sein, sofern dadurch den Präferenzen einer Vielzahl von Menschen gedient werde.[1183] Es geht Singer somit nicht darum, daß der einzelne in seinem Leben möglichst viel Glück erfährt, sondern daß in einer Kosten-Nutzen-Analyse die Interessen möglichst vieler Menschen Berücksichtigung finden.

1178 Singer, Praktische Ethik, S. 31: Der Unterschied zwischen beiden Positionen verschwimmt jedoch dann, wenn man die von den klassischen Utilitaristen Bentham und Mill verwandten Begriffe der Lust und des Schmerzes in einem umfassenden Sinne gebraucht.

1179 Singer, Praktische Ethik, S. 128, 168

1180 Singer, Praktische Ethik, S. 39

1181 Singer, Praktische Ethik, S. 41

1182 Singer, Praktische Ethik, S. 44

1183 Singer, Praktische Ethik, S. 130

Demgegenüber sei die Vorstellung von der "Heiligkeit" des menschlichen Lebens als spezifisch christlich-religiöses Erbe kein universaler moralischer Wert und daher abzulehnen.[1184]

Grundvoraussetzung dafür, daß Interessen überhaupt vorhanden sein und damit auch Berücksichtigung finden könnten, sei die Fähigkeit des einzelnen, leiden und sich freuen zu können. Nur insoweit habe ein Lebewesen Anspruch auf Zugang zu der beschriebenen gleichen Interessenabwägung.[1185] Sei ein Wesen nicht leidensfähig oder nicht fähig, Freude oder Glück zu erfahren, so gebe es nichts zu berücksichtigen. Jenseits der Grenze der Empfindungsfähigkeit gebe es keinen Grund, auf andere Rücksicht zu nehmen.[1186]

Sei andererseits erwiesen, daß ein Wesen leide, so gebe es keine moralische Rechtfertigung dafür, dieses Leiden nicht zu berücksichtigen, unabhängig von der Natur des Wesens. Das Prinzip der Gleichheit müsse daher über unsere Spezies hinaus auf nichtmenschliche Lebewesen Anwendung finden.[1187]

Sofern ein Individuum einer bestimmten Spezies in einer konkreten Situation mehr leide als ein solches einer anderen Spezies, gebühre der Linderung des größeren Leidens der Vorrang.[1188] So sei das Leiden erwachsener Menschen als schwerwiegender zu bewerten als das von Tieren, Säuglingen oder geistig behinderten Menschen und müsse daher auch in stärkerem Maße Berücksichtigung finden. Denn anders als die letztgenannten Lebewesen verfüge der erwachsene Mensch grundsätzlich über die Fähigkeit der Antizipation, über ein detailliertes Erinnerungsvermögen sowie über ein Wissen darüber, was geschehen werde und was ihm zustoßen könne.[1189]

Überhaupt zeichneten den erwachsenen Menschen gegenüber den meisten anderen Lebewesen sein Selbstbewußtsein, seine Selbstkontrolle, sein Sinn für die Zukunft und die Vergangenheit, die Fähigkeit, mit anderen Beziehungen zu knüpfen, sich um andere zu kümmern, Kommunikation und Neugier aus und begründeten seine Ei-

---

[1184] Singer, Praktische Ethik, S. 122
[1185] Singer, Praktische Ethik, S. 41, 84
[1186] Singer, Praktische Ethik, S. 85
[1187] Singer, Praktische Ethik, S. 82 f.; Singer, Leben und Tod, S. 204, 221; Singer/Kuhse, Muß dieses Kind am Leben bleiben ? S. 164
[1188] Singer, Praktische Ethik, S. 86; Singer/Kuhse, Muß dieses Kind am Leben bleiben ? S. 176
[1189] Singer, Praktische Ethik, S. 88

genschaft als "Person".[1190] Kleinkinder und geistig schwer geschädigte Menschen gehörten demgegenüber zwar der Spezies "Homo sapiens" an, seien aber keine "Personen".[1191] Insbesondere sei es nicht angemessen, bei Säuglingen ein gegenwärtiges Interesse an ihrem zukünftigen Leben zu konstruieren, da sie noch keinerlei Vorstellung von einer fortdauernden Existenz hätten.[1192] Die potentielle Entwicklung hin zu einer Person müsse bei ihrer aktuellen Beurteilung unberücksichtigt bleiben.[1193] Durch die Tötung eines Säuglings werde lediglich die künftige Existenz einer Person verhindert. Dies aber sei vergleichbar mit dem Unterlassen der Fortpflanzung überhaupt. Betrachte man letzteres aber nicht als Unrecht, so sei auch die Tötung eines Kleinkindes keiner abweichenden Bewertung zugänglich.[1194] Andererseits könne bei einigen Tieren, insbesondere bei Menschenaffen, nachgewiesen werden, daß diese sich ihrer selbst als in der Zeit lebende Wesen bewußt seien, so daß ihnen Personenqualität zukomme.[1195]

Für den von Singer propagierten Präferenz-Utilitarismus ist die Tötung einer "Person" im Sinne seiner Lehre von größerem Übel als diejenige eines anderen Wesens, weil Personen in ihren Präferenzen zukunftsorientiert seien. Eine Person zu töten stelle die Verletzung einer Vielzahl der zentralsten und bedeutendsten Präferenzen dar, die ein Wesen haben könne. Alles was das Opfer in den vergangenen Monaten und Jahren zu tun bemüht gewesen sei, werde durch seine Tötung ad absurdum geführt. Da demgegenüber ein Wesen, das sich nicht selbst als eine Entität mit einer Zukunft sehen könne, keine Präferenz hinsichtlich dieser Zukunft habe, werde keine Präferenz verletzt, wenn man es schmerzlos töte.[1196] Der Tod bedeute für dieses Wesen lediglich das Aufhören von Erfahrungen. Geburt und Tod würden sich bei ihm gegenseitig aufheben,[1197] es sei gegenüber gleichgearteten Lebewesen ohne weiteres austauschbar.[1198] Aus diesem Grunde könne letztlich nur eine Person ein Recht auf Leben haben,[1199] und folglich sei beispielsweise die Tötung eines Schimpansen schlimmer als diejenige eines menschlichen Wesens, welches auf-

---

[1190] Singer, Praktische Ethik, S. 118, 120, 166; Singer, Leben und Tod, S. 181; Singer/Kuhse, Muß dieses Kind am Leben bleiben ? S. 162, 177

[1191] Singer, Praktische Ethik, S. 119 f.; Singer, Leben und Tod, S. 207; Singer/Kuhse, Muß dieses Kind am Leben bleiben ? S. 177; Kuhse, Die "Heiligkeit des Lebens" in der Medizin, S. 262

[1192] Singer, Praktische Ethik, S. 133; Singer/Kuhse, Muß dieses Kind am Leben bleiben ? S. 178

[1193] Singer, Praktische Ethik, S. 198, 200; Singer, Leben und Tod, S. 202; Singer /Kuhse, Muß dieses Kind am Leben bleiben ? S. 178

[1194] Singer/Kuhse, Muß dieses Kind am Leben bleiben ? S. 179

[1195] Singer, Praktische Ethik, S. 148 ff., 157, 173; Singer, Leben und Tod, S. 183; Singer/Kuhse, Muß dieses Kind am Leben bleiben ? S. 177; Kuhse, Die "Heiligkeit des Lebens" in der Medizin, S. 263

[1196] Singer, Praktische Ethik, S. 129; Singer, Leben und Tod, S. 199 f.

[1197] Singer, Praktische Ethik, S. 167

[1198] Singer, Praktische Ethik, S. 174

[1199] Singer, Praktische Ethik, S. 131

grund einer angeborenen geistigen Behinderung keine Person sei und auch nie sein könne.[1200]

Hieraus folgt für Singer zugleich, daß jede Schlechterstellung von Tieren gegenüber Säuglingen oder schwer geistig behinderten Menschen als willkürlich anzusehen sei.[1201]

Dies wiederum müsse Konsequenzen in verschiedenen Bereichen nach sich ziehen.

cc. Folgerungen Singers im Hinblick auf Tierversuche

Nach Singer können Tierversuche zwar aus utilitaristischer Sicht gerechtfertigt sein, wenn eine kleine Zahl von Tieren leide, um eine Vielzahl von Menschen zu retten. Jedoch stelle die Verwendung nichtmenschlicher Lebewesen deren ungerechtfertigte Diskriminierung allein aufgrund ihrer Spezieszugehörigkeit gegenüber Säuglingen oder schwer geistig behinderten Menschen dar. Da Menschenaffen, Hunde, Katzen und selbst Mäuse und Ratten intelligenter seien und beispielsweise ein stärkeres Bewußtsein hätten von dem, was mit ihnen geschehe, seien sie vielen schwer hirngeschädigten Menschen überlegen, so daß keine moralisch akzeptable Rechtfertigung der Bevorzugung der letztgenannten ersichtlich sei.[1202]

Dem könne nicht mit dem überkommenen, der christlichen Weltanschauung verhafteten Argument begegnet werden, daß Säuglinge oder schwer geistig behinderte Menschen, selbst wenn sie über keine besonderen Fähigkeiten verfügten, schon allein deshalb besondere Achtung verdienten und ihr Leben gegenüber demjenigen aller Tiere unvergleichlich höher einzuschätzen sei, weil sie eben Menschen seien. Denn zum einen erweise sich das Abstellen auf die Spezies als ebenso willkürlich wie die Berücksichtigung von Rasse oder Geschlecht, zum anderen sei darauf zu achten, daß wir die moralischen Ansprüche derer, die von unseren Handlungen betroffen seien, unabhängig von unseren Gefühlen ihnen gegenüber bewerteten.[1203] Dem Leben eines Wesens bloß deshalb den Vorzug zu geben, weil es unserer Spezies angehöre, würde uns letztlich in die Position von Rassisten versetzen, die

1200 Singer, Praktische Ethik, S. 156
1201 Singer, Praktische Ethik, S. 88
1202 Singer, Praktische Ethik, S. 97; Singer, Leben und Tod, S. 184
1203 Singer, Praktische Ethik, S. 107 f., 196; Singer/Kuhse, Muß dieses Kind am Leben bleiben ? S. 164

denen den Vorzug geben, die zu ihrer Rasse gehörten.[1204] Ein Blick in antike Kulturen belege, daß Gedanken dieser Art keineswegs revolutionär und neuartig seien. Schon Römern und Griechen habe die Zugehörigkeit zur Spezies "Homo sapiens" nicht genügt, um den Schutz des Lebens zu garantieren. Das Leben mißgestalteter Säuglinge sei dort nicht geachtet und vielfach umgehend vernichtet worden.[1205]

Zwar seien Abstufungen des Selbstbewußtseins, der Autonomie oder des Empfindungsvermögens nicht genauso klar durchzuführen wie die Trennungslinie zwischen Mensch und Tier, doch dürften Unterschiede in unserem Verhalten nicht von den hiermit verbundenen Gefahren abhängig gemacht werden, zumal es letztlich darum gehe, den Status der Tiere zu heben, und nicht darum, denjenigen der Menschen zu senken.[1206]

dd. Folgerungen Singers im Hinblick auf Schwangerschaftsabbruch und aktive Sterbehilfe

Die vorstehenden Ausführungen über die Zuerkennung der Personenqualität haben jedoch auch Auswirkungen für die Frage der Rechtmäßigkeit des Schwangerschaftsabbruches und der aktiven Sterbehilfe: Da der Fötus keine Person sei, beende ein Schwangerschaftsabbruch eine Existenz, die überhaupt keinen Wert an sich habe. Selbst in einem späten Stadium der Schwangerschaft, in dem der Fötus bereits Schmerzen deutlich empfinden könne, sei ein Abbruch selbst aus trivialsten Gründen schwerlich zu verurteilen, weil das Interesse der Frau als Person Vorrang vor dem des Kindes habe, nicht den Schmerzen ausgesetzt zu werden, denen es bei der Abtreibung ausgesetzt sein könne.[1207] Erfolge die Abtötung des Fötus aber in einer für diesen schmerzlosen Weise, so sei überhaupt kein Interesse erkennbar, das einem Schwangerschaftsabbruch entgegenstehen könne. Insbesondere könne nicht darauf verwiesen werden, daß jeder Fötus genetisch einmalig sei, denn dies treffe in gleicher Weise auf den Fötus eines jeden Hundes zu, ohne daß wir es bei diesem für Unrecht hielten, eine Abtreibung vorzunehmen.[1208]

1204 Singer, Praktische Ethik, S. 121; Singer/Kuhse, Muß dieses Kind am Leben bleiben ? S. 166; Kuhse, Die "Heiligkeit des Lebens" in der Medizin, S. 259

1205 Singer, Praktische Ethik, S. 121, 223; Singer/Kuhse, Muß dieses Kind am Leben bleiben ? S. 151 f.; Kuhse, Die "Heiligkeit des Lebens" in der Medizin, S. 34 f.

1206 Singer, Praktische Ethik, S. 108 f.; Singer/Kuhse, Muß dieses Kind am Leben bleiben ? S. 184

1207 Singer, Praktische Ethik, S. 197

1208 Singer, Praktische Ethik, S. 202

Habe aber der Fötus keine Personenqualität und damit kein Recht auf Leben, so müsse dies für das Neugeborene in gleicher Weise gelten.[1209] Sein Wert sei geringer einzuschätzen als der eines Schweines, eines Hundes oder eines Schimpansen.[1210] Zwar dauere dieser Zustand wohl in der Regel bis zum zweiten oder gar dritten Lebensjahr an, doch solle aus Sicherheitsgründen ein gesetzlich verankertes Recht auf Leben schon etwa einen Monat nach der Geburt in Kraft treten.[1211] Die Tötung solle jedoch auch bis zu diesem Zeitpunkt nur dann zugelassen werden, wenn die Eltern damit einverstanden seien, da andernfalls ihr Schmerz im Hinblick auf den Verlust ihres Kindes als entgegenstehende und überwiegende Präferenz zu werten sei.[1212]

Hinsichtlich der Tötung behinderter Neugeborener müßten zunächst die Interessen der Familie berücksichtigt werden. Die Eltern hätten die Verantwortung für die Entscheidung zu tragen, da sie im Überlebensfalle für das Kind sorgen müßten.[1213] Ethisch vertretbar sei es, wenn sie sich für den Tod des behinderten Kindes entschieden, um anschließend ein weiteres Kind zu zeugen, das andernfalls niemals geboren würde.[1214] Sofern aber die Eltern nicht bereit seien, für das behinderte Kind zu sorgen, sei die Gesellschaft berechtigt, allein schon wegen der enormen Kostenbelastung, die die Betreuung und Pflege des Kindes für die Dauer seines Lebens mit sich bringe und die Erledigung wichtigerer Aufgaben verhindere, dieses umzubringen.[1215]

Akzeptiere man die Abtreibung und die Tötung von Neugeborenen, so seien ebenso gute Gründe für die Tötung anderer menschlicher Wesen unter bestimmten Bedingungen anzuerkennen. Dies sei nichts Schreckliches und stehe schon gar nicht mit der Nazi-Ideologie in Zusammenhang.[1216] So unterschieden sich Menschen, die durch Unfall oder ihr Alter die Fähigkeit verloren hätten, rational und autonom zu handeln, in ihrer Lebensqualität nicht von Säuglingen. Erwägungen des Respekts vor ihrem Leben seien unangebracht, dieses habe keinen Wert mehr an sich.[1217] Es sei nur schwer einzusehen, weshalb man solche menschlichen Wesen am Leben

[1209] Singer, Leben und Tod, S. 212
[1210] Singer, Praktische Ethik, S. 219, 221
[1211] Singer, Praktische Ethik, S. 223; Singer, Leben und Tod, S. 218; Singer/Kuhse, Muß dieses Kind am Leben bleiben ? S. 250
[1212] Singer, Praktische Ethik, S. 224; Singer, Leben und Tod, S. 213; Singer/Kuhse, Muß dieses Kind am Leben bleiben ? S. 181
[1213] Singer/Kuhse, Muß dieses Kind am Leben bleiben ? S. 239, 243
[1214] Singer, Leben und Tod, S. 217; Singer/Kuhse, Muß dieses Kind am Leben bleiben ? S. 228
[1215] Singer/Kuhse, Muß dieses Kind am Leben bleiben ? S. 226, 246
[1216] Singer, Praktische Ethik, S. 225
[1217] Singer, Leben und Tod, S. 192

erhalten solle, da dieses insgesamt als elend gelten müsse. Die Tötung sei selbst dann zulässig, wenn sie zuvor keine Aussage darüber getroffen hätten, ob sie in einer solchen Situation weiterleben wollten (nichtfreiwillige Euthanasie).[1218] Dem könne nicht entgegengehalten werden, daß ältere Menschen möglicherweise befürchten könnten, jede Spritze oder Pille, die ihnen verabreicht werde, werde ihnen möglicherweise den Tod bringen. Denn jeder könne dem dadurch vorbeugen, daß er schriftlich im vorhinein festlege, daß er diese Form der Sterbehilfe nicht wünsche.[1219]

Erst recht müsse es zulässig sein, denjenigen Patienten zu töten, der seinen Arzt darum ersuche (freiwillige Euthanasie). Ebenso wie der Präferenz-Utilitarismus den Wunsch des Kranken weiterzuleben als Grund gegen das Töten gelten lasse, so müsse er einen Wunsch zu sterben als Grund für das Töten anerkennen.[1220]

Gegen die angesprochene Tötung von Patienten spreche auch nicht, daß möglicherweise in Einzelfällen eine falsche Diagnose gestellt werde und die Betroffenen genesen oder doch zumindest noch einige Jahre leben könnten, wenn sie nicht voreilig getötet worden wären. Denn dieser kleinen Zahl unnötiger Todesfälle stehe die große Summe von Leid und Schmerz gegenüber, die unheilbar erkrankte Patienten erleiden müßten, wenn die aktive Sterbehilfe nicht legalisiert werde.[1221]

ee. Verhältnis aktive Sterbehilfe - Sterbebegleitung

Sofern behauptet werde, Patienten, die mit der erforderlichen persönlichen Aufmerksamkeit und einer umfassenden Schmerztherapie behandelt würden, verlangten nicht nach einer aktiven Beschleunigung des Todeseintrittes, so sei dies zwar möglicherweise zutreffend. Solange aber eine derartige Betreuung noch nicht flächendeckend allen Patienten angeboten werden könne, sei die aktive Sterbehilfe unerläßlich.[1222]

1218 Singer, Praktische Ethik, S. 245; Singer, Wir verwerfen den Gedanken an den gleichen Wert allen menschlichen Lebens in: Weber, Wer nicht paßt, muß sterben, S. 6 (12); Kuhse, Die "Heiligkeit des Lebens" in der Medizin, S. 258; Kuhse, Menschliches Leben und seine Würde, S. 32

1219 Singer, Praktische Ethik, S. 246; Singer, Leben und Tod, S. 194; Kuhse, Die "Heiligkeit des Lebens" in der Medizin, S. 266

1220 Singer, Praktische Ethik, S. 249 f.; Singer, Leben und Tod, S. 151, 220; Singer/Kuhse, Muß dieses Kind am Leben bleiben ? S. 21; Kuhse, Die "Heiligkeit des Lebens" in der Medizin, S. 264

1221 Singer, Praktische Ethik, S. 252

1222 Singer, Praktische Ethik, S. 255

ff. Verhältnis aktive Sterbehilfe - passive Sterbehilfe

Stehe man vor der Wahl, ob man sich gegenüber einem unheilbar erkrankten Patienten auf passive Sterbehilfe beschränken oder aktive anwenden solle, so sei zunächst zu bedenken, daß es zwischen Töten und Sterbenlassen moralisch keinen Unterschied gebe, da der Erfolg derselbe sei.[1223] Ziehe man darüber hinaus die Zeit in Erwägung, die es brauche, bis der Tod im Falle der passiven Sterbehilfe eintrete, müsse wohl in den meisten Fällen die aktive Sterbehilfe als der einzig humane und moralisch angemessene Weg betrachtet werden.[1224] Habe man erkannt, daß der Tod für den Patienten das beste sei, so solle sichergegangen werden, daß er auf die schnellste und schmerzloseste Weise eintrete.[1225] Die weitverbreitete Praxis des "Liegenlassens" behinderter Neugeborener sei demgegenüber in gleicher Weise als inhuman zu verurteilen wie zahlreiche Varianten der passiven Sterbehilfe, die dem Patienten oft jahrelanges Siechtum bescherten.[1226] In diesem Zusammenhang müßten zudem die erhebliche Belastung für die Angehörigen und das Pflegepersonal in gleicher Weise wie die durch die Pflege des Patienten verursachten Kosten berücksichtigt werden.[1227]

Der Gefahr, daß die nicht leicht zu ziehende Trennlinie zwischen dem noch erhaltenswerten und demjenigen Leben, das vernichtet werden dürfe oder gar vernichtet werden müse, immer weiter hinausgeschoben werde, könne dadurch wirksam begegnet werden, daß man nur einem Arzt unter Mitwirkung eines Kollegen Maßnahmen der aktiven Sterbehilfe überlasse.[1228]

Denjenigen, die für die Zukunft eine geringer werdende Achtung vor dem menschlichen Leben infolge der Legalisierung der aktiven Sterbehilfe erwarteten, sei entgegenzuhalten, daß bereits die zunehmende Akzeptanz der Abtreibung und des "Liegenlassens" behinderter Neugeborener in unserer Gesellschaft Risse in der traditionellen Lehre von der "Heiligkeit des menschlichen Lebens" bloßgelegt ha-

---

1223 Singer, Praktische Ethik, S. 267; Singer, Leben und Tod, S. 197; Singer/Kuhse, Muß dieses Kind am Leben bleiben ? S. 117 f., 132 f.; Kuhse, Die "Heiligkeit des Lebens" in der Medizin, S. 53 f., 65; so auch Kennedy, Sterbehilfe: Ein Plädoyer, S. 40

1224 Singer, Praktische Ethik, S. 270; Singer, Wir verwerfen den Gedanken an den gleichen Wert allen menschlichen Lebens in: Weber, Wer nicht paßt, muß sterben, S. 6 (12); Kuhse, Menschliches Leben und seine Würde, S. 34; so auch Knevels, Euthanasie - aus Liebe in: Knevels/Böckle/Schmalenberg, Euthanasie, S. 9 (25 ff.)

1225 Singer, Praktische Ethik, S. 272; Singer, Leben und Tod, S. 198; Singer/Kuhse, Muß dieses Kind am Leben bleiben ? S. 124, 253; Kuhse, Die "Heiligkeit des Lebens" in der Medizin, S. 251

1226 Singer/Kuhse, Muß dieses Kind am Leben bleiben ? S. 36; Kuhse, Die "Heiligkeit des Lebens" in der Medizin, S. 246

1227 Singer, Praktische Ethik, S. 270; ebenso Kennedy, Sterbehilfe: Ein Plädoyer, S. 14

1228 Singer, Praktische Ethik, S. 276

be.[1229] Dem müsse durch eine neue Ethik Rechnung getragen werden, um so einen festen Grund zu legen, der langfristig geeignet sei, nicht gerechtfertigtem Töten wirksam entgegenzuwirken.[1230]

Allein die aktive Sterbehilfe gegen den erklärten Willen des Patienten (unfreiwillige Euthanasie) sei in der Regel unzulässig, sofern nicht außenstehende Dritte ausnahmsweise besser als der Patient selbst zu einer Beurteilung seiner Situation in der Lage seien und dabei zu der Erkenntnis gelangten, daß diesem im Falle des Weiterlebens unerträgliche Qualen bevorstünden, die sein Leben nicht mehr lebenswert machten, so daß seine vorzeitige Tötung vorzuziehen sei.[1231]

c. Die Philosophie Norbert Hörsters

aa. Das Recht des Patienten auf einen selbstbestimmten Tod als Postulat eines weltanschaulich neutralen Weltbildes

Der Rechtsphilosoph Norbert Hörster gilt in Deutschland als einer der engagiertesten Befürworter der aktiven Sterbehilfe. Hinsichtlich der Frage nach der Zulässigkeit der aktiven Sterbehilfe de lege ferenda distanziert er sich zumindest insofern ausdrücklich von utilititaristischem Gedankengut, als nicht das Interesse der Allgemeinheit, sondern ausschließlich das Lebensinteresse des Betroffenen den Maßstab für die Entscheidung zur Durchführung aktiver Sterbehilfemaßnahmen bilden dürfe.[1232] Seine Lehre unterscheidet sich daher sowohl in wesentlichen Grundannahmen als auch in den sich hieraus ergebenden Konsequenzen erheblich von der Peter Singers. Durch die vorgenannte Prämisse aber verfolge seine Philosophie auch einen ganz anderen Ansatz als die der Nationalsozialisten, die das Interesse der "Volksgemeinschaft" als höchsten Wert propagiert hätten.[1233]

Neben dem bereits erwähnten Interesse des Betroffenen ist dessen Selbstbestimmungsrecht für Hörster elementar und Grundlage jeder humanen Sterbehilfe.[1234]

1229 Singer, Leben und Tod, S. 94, 119, 131; Singer/Kuhse, Muß dieses Kind am Leben bleiben ? S. 127, 132, 182, 184; so auch Kennedy, Sterbehilfe: Ein Plädoyer, S. 39
1230 Singer, Praktische Ethik, S. 277
1231 Singer, Praktische Ethik, S. 257
1232 Hörster, Sterbehilfe im säkularen Staat, S. 105
1233 Hörster, Sterbehilfe im säkularen Staat, S. 125, 12
1234 Hörster, Sterbehilfe im säkularen Staat, S. 10

Weder die grundrechtliche Gewährleistung der Menschenwürde noch die des Rechtes auf Leben schließe es aus, daß derjenige, der entschieden habe, nicht mehr weiterleben zu wollen, sein Leben selbst zerstöre oder freiwillig preisgebe.[1235] Sei die Zerstörung einer fremden Sache mit Einwilligung ihres Eigentümers nicht als rechtswidrig anzusehen, so müsse gleiches für die aktive Beendigung fremden Lebens gelten.[1236] Werde einem Sterbewilligen die Möglichkeit hierzu eröffnet, führe dies zur Förderung seiner Selbstbestimmung und seiner Autonomie als wesentlichen Ausdrucksformen der Menschenwürde.[1237]

Das hiergegen häufig vorgebrachte Argument der Unantastbarkeit menschlichen Lebens erweise sich bei näherer Betrachtung nicht als ein für jedermann nachvollziehbares ethisches, sondern als ein spezifisch religiös-christliches Postulat, das mit einem modernen, weltanschaulich neutralen und empirisch orientierten Weltbild nicht vereinbar sei.[1238] Als ausnahmslos geltendes Prinzip lasse sich die Unantastbarkeit menschlichen Lebens schon deshalb nicht rechtfertigen, weil niemand ernsthaft die Rechtmäßigkeit von Tötungen in Notwehr oder anläßlich eines Verteidigungskrieges in Zweifel ziehe.[1239] Darüber hinaus aber werde von unserer Rechtsordnung weder die indirekte Sterbehilfe noch die Selbsttötung als verwerflich eingestuft, so daß von einem absoluten Schutz des menschlichen Lebens in unserer Gesellschaft ohnehin keine Rede sein könne.

Entscheidend sei daher allein die Frage, ob es im Interesse des menschlichen Individuums liege, daß von dem grundsätzlichen strafrechtlichen Verbot der Tötung von Menschen im Bereich der aktiven Sterbehilfe eine weitere Ausnahme zugelassen werde.[1240]

Da der strafrechtlich abgesicherte Schutz des menschlichen Lebens dem Zweck diene, das grundsätzlich bei jedem Menschen vorhandene Interesse an dem eigenen Überleben sowie an demjenigen ihm persönlich nahestehender Personen zu

[1235] Hörster, Rechtsethische Überlegungen zur Freigabe der Sterbehilfe, NJW 1986, 1786 (1788); Hörster, Rechtsethische Überlegungen zur Sterbehilfe in: Gose/Hoffmann/Wirtz, Aktive Sterbehilfe ? S. 51 (59); so auch Jens, Vorwort in: Kennedy, Sterbehilfe: Ein Plädoyer, S. 7
[1236] Hörster, Sterbehilfe im säkularen Staat, S. 14
[1237] Hörster, Sterbehilfe im säkularen Staat, S. 14 f.
[1238] Hörster, Sterbehilfe im säkularen Staat, S. 20; Hörster, Rechtsethische Überlegungen zur Freigabe der Sterbehilfe, NJW 1986, 1786 (1787 f.)
[1239] Hörster, Sterbehilfe im säkularen Staat, S. 16; Hörster, Rechtsethische Überlegungen zur Freigabe der Sterbehilfe, NJW 1986, 1786 (1791); Hörster, Rechtsethische Überlegungen zur Sterbehilfe in: Gose/Hoffmann/Wirtz, Aktive Sterbehilfe ? S. 51 (58)
[1240] Hörster, Sterbehilfe im säkularen Staat, S. 25; Hörster, Rechtsethische Überlegungen zur Sterbehilfe in: Gose/Hoffmann/Wirtz, Aktive Sterbehilfe ? S. 51 (58); Hörster, Warum keine aktive Sterbehilfe ? ZRP 1988, S. 1 (3)

fördern,[1241] sei die Tötung eines Menschen als mit seinen Interessen vereinbar anzusehen, wenn sie von einer wirksamen Einwilligung getragen sei, d.h. wenn der Betreffende sich hierfür rational im Zustande der Urteilsfähigkeit und in Kenntnis der Bedeutung und Tragweite der Verletzungshandlung entschieden habe.[1242] Zwar sei nicht daran zu zweifeln, daß die meisten Menschen, die sich den Tod wünschten, an starken, aber vorübergehenden Depressionen litten.[1243] Dies schließe jedoch keinesfalls aus, daß andere im Rahmen einer rational getroffenen Entscheidung zu dem Ergebnis kämen, nicht mehr leben zu wollen.[1244]

bb. Voraussetzungen für die Durchführung der aktiven Sterbehilfe auf Verlangen

Um sicherzugehen, daß nur Fälle einer solchermaßen wohlüberlegten und interessengerechten Tötung auf Verlangen legalisiert würden, müßten folgende drei Bedingungen erfüllt sein:[1245]

(1) Der Betroffene befinde sich in einem Zustand schweren, unheilbaren Leidens. Dieser Zustand mindere seine Lebensqualität auf Dauer derart, daß eine große Wahrscheinlichkeit dafür spreche, daß sein erklärter seinem tatsächlichen Willen entspreche.[1246] Das Kriterium des "schweren" Leidens sei trotz einer nicht zu leugnenden Grauzone hinreichend objektivierbar.[1247]

(2) Der Betroffene wünsche die Tötungshandlung aufgrund freier und reiflicher Überlegung, die er in einem urteilsfähigen und über seine Situation aufgeklärten

---

1241 Hörster, Sterbehilfe im säkularen Staat, S. 24; Hörster, Rechtsethische Überlegungen zur Freigabe der Sterbehilfe, NJW 1986, 1786 (1788)

1242 Hörster, Sterbehilfe im säkularen Staat, S. 29; Hörster, Warum keine aktive Sterbehilfe ? ZRP 1988, S. 1 (3); so auch Stürmer, Sterbehilfe, S. 59

1243 Hörster, Sterbehilfe im säkularen Staat, S. 32

1244 Hörster, Sterbehilfe im säkularen Staat, S. 34

1245 Hörster, Sterbehilfe im säkularen Staat, S. 37 f.; Hörster, Rechtsethik der Sterbehilfe in: Atrott/Pohlmeier, Sterbehilfe in der Gegenwart, S. 55 (56 f.); noch in: Rechtsethische Überlegungen zur Freigabe der Sterbehilfe, NJW 1986, 1786 (1790) hatte Hörster zur Rechtfertigung der aktiven Sterbehilfe neben dem Einverständnis des Patienten lediglich das Vorliegen einer unheilbaren Krankheit gefordert, die das Leben des Betroffenen für die Zukunft derart beeinträchtige, daß es nach gewöhnlichen Maßstäben als nicht mehr lebenswert erscheine. Es fehlten hier also die Merkmale des schweren Leidens und der Aufklärung des Patienten in gleicher Weise wie sein reifliches Überlegen, die mehrfachen Gespräche in gewissen Zeitabständen mit einem Arzt sowie schließlich der Vollzug der Tötungshandlung durch diesen.

1246 Hörster, Sterbehilfe im säkularen Staat, S. 38; Hörster, Rechtsethische Überlegungen zur Freigabe der Sterbehilfe, NJW 1986, 1786 (1790); Hörster, Rechtsethische Überlegungen zur Sterbehilfe in: Gose/Hoffmann/Wirtz, Aktive Sterbehilfe ? S. 51 (61 f.)

1247 Hörster, Sterbehilfe im säkularen Staat, S. 171

Zustand vollzogen habe. Dies setze voraus, daß das Tötungsverlangen in mehrfachen, durch gewisse Zeitabstände getrennten Gesprächen geäußert werde.[1248]

(3) Die Tötungshandlung werde von einem Arzt vorgenommen. Dies solle sicherstellen, daß das Vorliegen der beiden erstgenannten Bedingungen durch eine fachlich kompetente Person geprüft und die Tötung selbst schließlich auf humane Weise vollzogen werde.[1249] Dem stehe die ärztliche Standesethik nicht entgegen. Denn unter den genannten Voraussetzungen könne der Arzt dem Patienten ohnehin nur noch durch die aktive und unmittelbare Beendigung seines Leidens helfen. Außerdem gebe es genügend andere Fälle, wie etwa Schwangerschaftsabbrüche oder Schönheitsoperationen, in denen sich die Handlungen des Arztes ebenfalls nicht auf eine Heilbehandlung beziehen würden, aber dennoch anerkannt seien. Im übrigen müßten etwaige Zweifel an der Vereinbarkeit des ärztlichen Handelns mit den Maßstäben der Standesethik im Bereich der aktiven Sterbehilfe in gleicher Weise auf die indirekte und passive Sterbehilfe Anwendung finden, da dort eine Heilung des Patienten ebenfalls nicht mehr zur Diskussion stehe.[1250] Bei allen drei Formen der Sterbehilfe führe der Arzt letztlich den Tod des Patienten herbei, weil sein weiteres Leben für ihn insgesamt einen negativen Wert besitze.[1251] Führe dies aber weder bei der indirekten noch bei der passiven Sterbehilfe zu einem nachhaltigen Vertrauensverlust im Arzt-Patienten-Verhältnis, so sei ein solcher auch im Bereich der aktiven Sterbehilfe nicht zu befürchten.[1252]

Unter den genannten Voraussetzungen dürfe das Handeln des Arztes nicht als rechtswidrig angesehen werden.[1253] Insbesondere sei es nicht ausreichend, es lediglich dem richterlichen Ermessen zu überlassen, im Einzelfall von Strafe abzusehen, da hierdurch nicht hinreichend dem Bedürfnis nach einer offenen, klaren und in sich stimmigen Regelung sowie dem Wunsch der Ärzte, aus der bestehenden Grauzone herauszutreten, die ihr Gewissen belaste, Rechnung getragen werde.[1254]

1248 Hörster, Sterbehilfe im säkularen Staat, S. 173; Hörster, Rechtsethische Überlegungen zur Sterbehilfe in: Gose/Hoffmann/Wirtz, Aktive Sterbehilfe ? S. 51 (62); Hörster, Rechtsethik der Sterbehilfe in: Atrott/Pohlmeier, Sterbehilfe in der Gegenwart, S. 55 (59)

1249 Hörster, Sterbehilfe im säkularen Staat, S. 39; Hörster, Rechtsethische Überlegungen zur Sterbehilfe in: Gose/Hoffmann/Wirtz, Aktive Sterbehilfe ? S. 51 (63); Hörster, Rechtsethik der Sterbehilfe in: Atrott/Pohlmeier, Sterbehilfe in der Gegenwart, S. 55 (56)

1250 Hörster, Sterbehilfe im säkularen Staat, S. 176, 178; Hörster, Rechtsethische Überlegungen zur Freigabe der Sterbehilfe, NJW 1986, 1786 (1791)

1251 Hörster, Sterbehilfe im säkularen Staat, S. 178

1252 Hörster, Sterbehilfe im säkularen Staat, S. 181

1253 Hörster, Sterbehilfe im säkularen Staat, S. 169

1254 Hörster, Sterbehilfe im säkularen Staat, S. 185 f.

Daß selbst bei Anwendung der vorgenannten restriktiven Kriterien Mißbräuche oder Irrtümer nicht auszuschließen seien, spreche nicht gegen eine Freigabe der aktiven Sterbehilfe in dem beschriebenen Umfange, da diese Gefahren letztlich jeder denkbaren Regelung anhafteten.[1255]

cc. Verhältnis der aktiven Sterbehilfe zur indirekten und passiven Sterbehilfe sowie zur Suizidbeihilfe

Für die Legalisierung der Tötung auf Verlangen spreche ferner, daß die indirekte Sterbehilfe heute weithin akzeptiert werde, es sich jedoch auch bei dieser um eine Form der aktiven Sterbehilfe handle, die keine abweichende Bewertung verdiene.[1256] Berücksichtige man das längere Leiden des Betroffenen im Falle der indirekten Sterbehilfe, spreche dies im Ergebnis sogar für die unmittelbare Tötung auf Verlangen.

Außerdem dürften die Intentionen des Tötenden keine Bedeutung haben für die Frage der Legitimität seines Handelns. Dies verdeutliche das Beispiel eines nationalsozialistischen Arztes, der an todkranken Patienten ohne deren Einwilligung wissenschaftliche Experimente durchgeführt habe, die zwar schmerzlos gewesen seien, aber den Todeseintritt als sichere Nebenfolge beschleunigt hätten. Diese Form der indirekten Tötung sei nicht weniger verbotswürdig als eine zielgerichtete.[1257] Gegen die Berücksichtigungsfähigkeit von Intentionen spreche darüber hinaus der Vergleich zur passiven Sterbehilfe. Diese werde allgemein selbst dann für zulässig gehalten, wenn der Arzt wisse, daß das Unterlassen einer weiteren Behandlung den - vorzeitigen - Todeseintritt zur Folge habe. Wolle man die indirekte Sterbehilfe allein aufgrund der Intentionen des Handelnden anders bewerten als die aktive Sterbehilfe, dann dürfe folglich auch die passive Sterbehilfe nur dann rechtmäßig sein, wenn die Intention des eine Behandlung abbrechenden Arztes nicht auf den Tod als solchen, sondern allein auf das Unterlassen der entsprechenden Behandlungsmaßnahme gerichtet sei.[1258]

1255 Hörster, Sterbehilfe im säkularen Staat, S. 39 f.; Hörster, Rechtsethische Überlegungen zur Sterbehilfe in: Gose/Hoffmann/Wirtz, Aktive Sterbehilfe ? S. 51 (65)

1256 Hörster, Sterbehilfe im säkularen Staat, S. 46; Hörster, Rechtsethische Überlegungen zur Sterbehilfe in: Gose/Hoffmann/Wirtz, Aktive Sterbehilfe ? S. 51 (63); Hörster, Rechtsethik der Sterbehilfe in: Atrott/Pohlmeier, Sterbehilfe in der Gegenwart, S. 55 (62)

1257 Hörster, Sterbehilfe im säkularen Staat, S. 47; Hörster, Rechtsethische Überlegungen zur Sterbehilfe in: Gose/Hoffmann/Wirtz, Aktive Sterbehilfe ? S. 51 (64)

1258 Hörster, Sterbehilfe im säkularen Staat, S. 68; Hörster, Rechtsethische Überlegungen zur Freigabe der Sterbehilfe, NJW 1986, 1786 (1791); Hörster, Rechtsethische Überlegungen zur Sterbehilfe in: Gose/Hoffmann/Wirtz, Aktive Sterbehilfe ? S. 51 (68)

Soweit die indirekte Sterbehilfe als rechtmäßig angesehen werde, beruhe dies allein darauf, daß sie dem Wunsch des Patienten nach Hilfe gerecht werde. Das gleiche Kriterium aber müsse auch die Zulässigkeit der aktiven Sterbehilfe begründen.[1259]

Ferner sei es zynisch und nicht nachvollziehbar, daß todkranke und schwer leidende Menschen, die das Ende ihres Lebens herbeisehnten, von der Rechtsordnung auf die Möglichkeit der straflosen Selbsttötung verwiesen würden, während die fachgerechte Tötung auf Verlangen durch den Arzt mit Strafe bedroht sei. Eine unterschiedliche Bewertung beider Sachverhalte sei ethisch nicht haltbar.[1260] In einem weltanschaulich neutralen Staat müsse jedem die Möglichkeit gewährt werden, entsprechend seinem Willen zu sterben.[1261]

dd. Voraussetzungen für die Durchführung der aktiven Sterbehilfe im mutmaßlichen Interesse des Patienten

Die aktive Sterbehilfe sei jedoch nicht nur auf Verlangen, sondern zumindest auch dann unter Annahme eines entsprechenden mutmaßlichen Willens des Patienten statthaft, wenn zum einen zweifelsfrei feststehe, daß dieser in weltanschaulich-ethischer Hinsicht der aktiven Sterbehilfe grundsätzlich positiv gegenüberstehe und er sich zum anderen in einem dauerhaften Zustand der Urteilsunfähigkeit befinde, der nicht zu beseitigende Schmerzen von unerträglicher Intensität mit sich bringe.[1262] Da eine beträchtliche Anzahl von Menschen heute der aktiven Sterbehilfe prinzipiell ablehnend gegenüberstehe, könne nicht ohne die positive Kenntnis der Einstellung des konkret Betroffenen davon ausgegangen werden, daß er in einer bestimmten Situation die aktive Verkürzung seines Lebens wünsche. Es sei dann unverantwortlich, das Risiko einzugehen, diesem Menschen aktive Sterbehilfe gegen seinen möglicherweise entgegenstehenden Willen aufzunötigen.[1263]

1259 Hörster, Sterbehilfe im säkularen Staat, S. 48; Hörster, Rechtsethische Überlegungen zur Sterbehilfe in: Gose/Hoffmann/Wirtz, Aktive Sterbehilfe ? S. 51 (64); Hörster, Rechtsethik der Sterbehilfe in: Atrott/Pohlmeier, Sterbehilfe in der Gegenwart, S. 55 (56)

1260 Hörster, Sterbehilfe im säkularen Staat, S. 41, 54, 56, 173; Hörster, Rechtsethische Überlegungen zur Freigabe der Sterbehilfe, NJW 1986, 1786 (1790); Hörster, Rechtsethische Überlegungen zur Sterbehilfe in: Gose/Hoffmann/Wirtz, Aktive Sterbehilfe ? S. 51 (68)

1261 Hörster, Sterbehilfe im säkularen Staat, S. 165; Hörster, Rechtsethische Überlegungen zur Sterbehilfe in: Gose/Hoffmann/Wirtz, Aktive Sterbehilfe ? S. 51 (68); Hörster, Rechtsethik der Sterbehilfe in: Atrott/Pohlmeier, Sterbehilfe in der Gegenwart, S. 55 (62)

1262 Hörster, Sterbehilfe im säkularen Staat, S. 94

1263 Hörster, Sterbehilfe im säkularen Staat, S. 95; Hörster, Rechtsethische Überlegungen zur Freigabe der Sterbehilfe, NJW 1986, 1786 (1790)

Andererseits könne bei Personen, die niemals die erforderliche Urteilsfähigkeit besessen hätten, um einen rational begründeten Standpunkt zur aktiven Sterbehilfe zu begründen, insbesondere bei von Geburt an schwer Geisteskranken oder bei schwerstgeschädigten Neugeborenen und Kleinkindern, mit Rücksicht auf ihren Leidenszustand von ihrem mutmaßlichen Wunsch nach einem möglichst baldigen Tod und damit nach aktiver Sterbehilfe ausgegangen werden.[1264] Freilich dürfe man niemals Interessen Dritter oder der Gesellschaft zur Rechtfertigung ihrer Tötung heranziehen.[1265]

Die aktive Sterbehilfe bei Koma-Patienten komme dagegen von vornherein nicht in Betracht, da diese nicht leiden würden.[1266]

ee. Kein Dammbruch des Lebensschutzes

Die beschriebenen zulässigen Formen der aktiven Sterbehilfe führten nicht zu einem Dammbruch des allgemeinen menschlichen Lebensschutzes. Bei allen Dammbruchvoraussagen handle es sich ohnehin um rational unausgewiesene Unterstellungen, die in Wahrheit allein der Scheinbegründung weltanschaulicher Fixierungen und Tabus dienten.[1267] In diesem Zusammenhang sei zum einen zu bedenken, daß es wohl bereits heute zahlreiche Fälle illegaler aktiver Sterbehilfe in Deutschland gebe. Eine eng umrissene Erlaubnisnorm, die in ihrer Begründung rational nachvollziehbar sei, könne vor dem Hintergrund dieses Faktums leichter befolgt werden als die unterschiedslose Verurteilung jeder aktiven Sterbehilfe. Wo irrationale Tabus illegalerweise gebrochen würden, werde schließlich häufig über das Ziel hinausgeschossen.[1268] Zum anderen existierten keinerlei Erfahrungswerte, die für den Fall der Legalisierung ethisch vertretbarer aktiver Sterbehilfe ein Anwachsen auch der illegitimen Fälle belegen könnten.[1269]

Abgesehen davon werde der Schaden einer Zunahme ethisch nicht zu rechtfertigender Fälle aktiver Sterbehilfe durch den Nutzen mehr als aufgewogen, den ihre grundsätzliche Freigabe für eine vermutlich zehnfache Anzahl von Patienten in einer hoffnungslosen Situation ermögliche.[1270] Zwar gebe es kaum einen Leidenszustand,

[1264] Hörster, Sterbehilfe im säkularen Staat, S. 97
[1265] Hörster, Sterbehilfe im säkularen Staat, S. 99
[1266] Hörster, Sterbehilfe im säkularen Staat, S. 119 f.
[1267] Hörster, Rechtsethik der Sterbehilfe in: Atrott/Pohlmeier, Sterbehilfe in der Gegenwart, S. 55 (62)
[1268] Hörster, Sterbehilfe im säkularen Staat, S. 136
[1269] Hörster, Sterbehilfe im säkularen Staat, S. 135
[1270] Hörster, Sterbehilfe im säkularen Staat, S. 136 f.

der sich durch umfassende ärztliche Hilfe nicht in einem gewissen Sinne lindern lasse, ja sogar beheben könne man praktisch jedes Leiden, indem man den Betroffenen notfalls in Narkose versetze. Es müsse jedoch dem Patienten selbst überlassen bleiben, darüber zu befinden, ob und in welchem Umfange er in seiner hoffnungslosen Situation Schmerztherapie oder aktive Sterbehilfe in Anspruch nehmen wolle.[1271] Ferner herrschten heute noch bei weitem nicht überall derart ideale Bedingungen, daß alle Möglichkeiten der Schmerzbekämpfung ausgeschöpft werden könnten. Solange dies aber der Fall sei, dürfe die Tötung auf Verlangen schwer leidenden Patienten nicht verweigert werden.[1272]

Schließlich dürfe das Dammbruchargument schon deshalb nicht überbewertet werden, weil unter dem Gesichtspunkt des Lebensschutzes offensichtlich auch keine Bedenken gegen die öffentliche Veranstaltung von Extremsportarten wie z.B. Autorennen bestünden, bei denen einem zahlungswilligen Publikum der Nervenkitzel des Spieles mit dem Tod geboten werde.[1273]

ff. Kein unangemessener Druck auf den Patienten

Es sei nicht davon auszugehen, daß es zu einer erheblichen Zunahme des Drucks auf den Patienten durch Angehörige kommen werde, die ihn dazu drängten, nach aktiver Sterbehilfe zu verlangen. Zudem sei von solchen Angehörigen ohnehin auch keine Sterbebegleitung im eigentlichen Sinne zu erwarten.[1274]

Ebenso könne nicht davon ausgegangen werden, daß Ärzte den Patienten in der beschriebenen Weise unter Druck setzen würden, da sie doch gerade an seiner weiteren Behandlung erheblich verdienten.[1275]

gg. Verhältnis aktive Sterbehilfe - Sterbebegleitung

Das Argument, die Palliativmedizin werde möglicherweise nicht weiterentwickelt, wenn man sich der Patienten im Wege der aktiven Sterbehilfe wesentlich leichter

---

1271 Hörster, Sterbehilfe im säkularen Staat, S. 172; Hörster, Rechtsethische Überlegungen zur Freigabe der Sterbehilfe, NJW 1986, 1786 (1790); Hörster, Rechtsethik der Sterbehilfe in: Atrott/Pohlmeier, Sterbehilfe in der Gegenwart, S. 55 (62)

1272 Hörster, Sterbehilfe im säkularen Staat, S. 140

1273 Hörster, Sterbehilfe im säkularen Staat, S. 137

1274 Hörster, Sterbehilfe im säkularen Staat, S. 146

1275 Hörster, Sterbehilfe im säkularen Staat, S. 147

und kostengünstiger entledigen könne, greife zu kurz, da *derzeit* schwer leidende Patienten nicht in unvertretbarer Weise instrumentalisiert werden dürften mit Rücksicht auf eine mögliche bessere Versorgung *künftiger* Patienten.[1276]

Die angeführten Argumente der Ausübung von Druck auf den Patienten durch Angehörige oder Ärzte sowie der Gefahr eines Stillstandes in der Entwicklung der Palliativmedizin seien ferner auch deshalb nicht überzeugend, weil sie konsequenterweise in gleicher Weise auch auf die indirekte und passive Sterbehilfe angewendet werden müßten. Hierfür aber trete heute niemand ernsthaft ein.[1277]

Die Sozialschädlichkeit der aktiven Sterbehilfe werde in unserer Gesellschaft daher zu Unrecht propagiert.[1278]

hh. Die künftige Entwicklung vor dem Hintergrund des schwindenden gesellschaftlichen Einflusses der christlichen Kirchen

Jenen Einfluß auf die Rechtsgestaltung, den die Kirchen inzwischen im Bereich der Sexualmoral vollkommen und in der Abtreibungsmoral weitgehend verloren hätten, könnten sie derzeit in der Sterbemoral noch erfolgreich behaupten. Es sei jedoch eine Frage der Zeit, wann auch dieser Einfluß gebrochen sei. Dann würden unsere Politiker und Rechtsprofessoren mit denselben Schlagworten für eine freie Sterbehilfe argumentieren, mit denen heute die meisten von ihnen einer (im praktischen Ergebnis) freien Abtreibung das Wort redeten.[1279]

d. Deutsche Gesellschaft für Humanes Sterben e.V. (DGHS)

aa. Die Zielsetzung des Vereins

Die Deutsche Gesellschaft für Humanes Sterben e.V. (DGHS) versteht sich als Bürgerrechtsbewegung zur Verwirklichung des Selbstbestimmungsrechtes des Menschen bis zur letzten Lebensminute.[1280] Sie hat sich zum Ziel gesetzt, vor allem jene

---

1276 Hörster, Sterbehilfe im säkularen Staat, S. 148

1277 Hörster, Sterbehilfe im säkularen Staat, S. 149 f.; Hörster, Rechtsethische Überlegungen zur Freigabe der Sterbehilfe, NJW 1986, 1786 (1791)

1278 Hörster, Sterbehilfe im säkularen Staat, S. 152

1279 Hörster, Sterbehilfe im säkularen Staat, S. 161 f.

1280 Atrott, Zur Situation der Sterbehilfe in der Bundesrepublik in: Humphry/Wickett, Das Recht auf den eigenen Tod, S. 285 (290 f.)

Bürger zu vertreten, die für sich eine Sterbensverkürzung aus humanitären Gründen erstreben. Dabei versucht sie, auf die allgemeine Willensbildung insofern Einfluß zu nehmen, als sie die Möglichkeit der Verfügung über das eigene Leben und deren Verwirklichung im Staate propagiert. Parteipolitisch ist die DGHS unabhängig, sie fühlt sich den Gedanken der Aufklärung und des Humanismus verpflichtet.[1281] Dabei sieht sie sich als "größte Organisation gegen Menschenquälerei in Deutschland"[1282] und als Sprachrohr einer modernen, von Rationalität und Wissenschaft geprägten Gesellschaft an, die ein ausschließlich diesseitiges Leben konzipiere. Wo das Leben nicht mehr auf religiöse Sinngebung angewiesen sei, sei es auch der Tod nicht mehr. In der säkularen Gesellschaft ließen sich Tod und Sterben daher sinnvoll allein vom Leben selbst her bestimmen. Dies aber führe unweigerlich zu einer offenen und toleranten Haltung gegenüber dem Gedanken der Verfügung über das eigene Leben.[1283]

Die DGHS wurde am 07. November 1980 in Nürnberg als Nachfolgeorganisation der "Bürgerinitiative für humanes Sterben" gegründet und hat nach eigenen Angaben heute etwa 40.000 Mitglieder.[1284] Satzungsgemäß initiiert und fördert sie Maßnahmen, die das Selbstbestimmungsrecht des Menschen im Rahmen des freiheitlichen-demokratischen Rechtsstaates durch geeignete Willensverfügungen und gemeinwohlorientierte Hilfen verbessern, die Autonomie des Patienten im Prozeß des Sterbens stärken und der Humanität im Krankenhaus, im Alten- und im Pflegeheim dienlich sind. Sie beabsichtigt, diese Zielsetzung durch konkrete Angebote zu verwirklichen, die diesen Zwecken unter Achtung der Rechtsordnung dienlich sein sollen, beispielsweise durch Akademien für Sterbebegleitung, Patientenschutzinformationen, Informationsbroschüren zur Vorsorge und Stärkung des Selbstbestimmungsrechtes, persönliche Beratung in Konflikt- und Trauerfällen sowie durch Gesetzesvorschläge zur Humanisierung des Sterbealltages und zur Sterbehilfe.[1285]

Die gesetzliche Regelung der Sterbehilfe soll darauf gerichtet sein,

- das Recht jedes unheilbar Kranken zu stärken und durchzusetzen, über sein Leben und Sterben sowie über Art, Umfang, Fortsetzung oder Abbruch medizinischer Maßnahmen selbst zu bestimmen, soweit es sein Zustand

[1281] Deutsche Gesellschaft für Humanes Sterben e.V., Satzung, § 2

[1282] Atrott, Der ersehnte Tod in: Atrott/Pohlmeier, Sterbehilfe in der Gegenwart, S. 7 (13)

[1283] Rampp, DGHS und Hospiz-Idee - Gemeinsamkeiten und Unterschiede in: Humanes Leben - humanes Sterben, Nr. 3/1999, S. 21

[1284] Deutsche Gesellschaft für Humanes Sterben e.V. in: Humanes Leben - Humanes Sterben, Nr. 3/1999, S. 17

[1285] Deutsche Gesellschaft für Humanes Sterben e.V., Satzung, § 3 zuläßt,

- den Ärzten Spielräume für eine Hilfe beim Sterben unheilbar Kranker zu eröffnen, diese aber auch zu begrenzen,

- Mißbräuche der Sterbehilfe im Sinne der Verfolgung von anderen als im Wohl und Willen des Patienten begründeten Zwecken zu verhindern, sowie

- das Recht des Arztes zu sichern, an Handlungen der Sterbehilfe, die seinen ethischen Überzeugungen widersprechen, nicht beteiligt zu werden.[1286]

Gegenstand heftiger Diskussionen sind in der Vergangenheit insbesondere die Stellungnahmen der DGHS zu Suizid, ärztlicher Beihilfe zur Selbsttötung unheilbar Kranker sowie zur aktiven Sterbehilfe gewesen.

bb. Die Stellung der DGHS zu Suizid und Suizidbeihilfe

Der Verein vertritt zur Selbsttötung die Auffassung, ein unheilbar Kranker, der in informierter und verständiger Abwägung der Konsequenzen und aus einer individuellen Wertentscheidung heraus einen unabwendbaren und voraussichtlich bis zum Tode anhaltenden Leidenszustand durch eine gezielte Selbsttötung abzukürzen versuche, sollte weder an der Ausführung des Suizids gehindert noch nach der Ausführung des Selbsttötungsversuches ins Leben zurückgerufen werden. Der Arzt, der den Suizidversuch eines unheilbar Kranken zulasse, solle die Sicherheit haben, daß sein Unterlassen strafrechtlich gedeckt sei.[1287]

Die Beihilfe zur Selbsttötung eines unheilbar Kranken sei nicht rechtswidrig, wenn die Selbsttötung die Abkürzung eines schweren und voraussichtlich bis zum Tode andauernden Leidenszustandes zum Ziel habe, auf einer frei verantwortlichen, informierten und ernstlichen Entscheidung beruhe und andere Mittel der Leidensminderung, insbesondere palliative Maßnahmen, nicht zur Verfügung stünden oder vom Patienten abgelehnt würden. Werde die Beihilfe zur Selbsttötung durch einen Arzt

---

[1286] Deutsche Gesellschaft für Humanes Sterben e.V., Rechtspolitische Leitsätze und Vorschläge der DGHS zu einer gesetzlichen Regelung der Sterbehilfe und -begleitung, S. 1
[1287] Deutsche Gesellschaft für Humanes Sterben e.V., Rechtspolitische Leitsätze und Vorschläge zu einer gesetzlichen Regelung der Sterbehilfe und -begleitung, S. 2

geleistet, solle sie nur dann nicht rechtswidrig sein, wenn eine schriftliche Erklärung des Patienten vorliege, nach der er Beihilfe zur Selbsttötung wünsche, und wenn ein zweiter Arzt bestätige, daß die vorgenannten Voraussetzungen erfüllt seien.[1288] Die DGHS distanziert sich gerade in diesem Punkt ausdrücklich von dem Gesetzgebungsvorschlag Hörsters.[1289]

cc. Die Stellung der DGHS zur aktiven Sterbehilfe

Die aktive Sterbehilfe soll dagegen nach Ansicht der DGHS nur in seltenen Extremfällen rechtlich erlaubt sein. Diese Beschränkung sei notwendig, um den Gefahren des Mißbrauches, des Vertrauensverlustes und der möglichen Ausweitung der aktiven Sterbehilfe auf Fälle von Mitleidstötungen, in denen der unheilbar Kranke eine aktive Sterbehilfe nicht ausdrücklich verlange, zuvorzukommen. Der Extremfall, der eine aktive Sterbehilfe zulässig mache, sei dann gegeben, wenn neben den aufgeführten Bedingungen für die Zulässigkeit der Beihilfe zur Selbsttötung die weitere Voraussetzung vorliege, daß der unheilbar Kranke, der den Tod wünsche, zu einer Selbsttötung physisch nicht in der Lage sei.[1290] Werde die Tötung des unheilbar Kranken auf dessen Verlangen aber von einem Arzt ausgeführt, sei sie nur dann nicht rechtswidrig, wenn zusätzlich eine schriftliche Erklärung des Patienten vorliege, nach der er getötet zu werden wünsche, und wenn ein zweiter Arzt das Vorliegen der Voraussetzungen für die aktive Sterbehilfe bestätigt habe.[1291]

Zur Frage der aktiven Sterbehilfe sieht die DGHS nicht zuletzt aufgrund der oben wiedergegebenen Umfrageergebnisse des Forsa-Instituts aus den Jahren 1999 und 2000 einen dringenden Handlungsbedarf für das Tätigwerden der Parteien und des Gesetzgebers.[1292] Die Politiker werden in diesem Zusammenhang der Feigheit und des Mangels an Zivilcourage bezichtigt, die dazu führten, daß sie sich seit langem vor einer Gesetzgebung drückten, die die Mehrheit der Bevölkerung befürworte.[1293]

[1288] Deutsche Gesellschaft für Humanes Sterben e.V., Rechtspolitische Leitsätze und Vorschläge zu einer gesetzlichen Regelung der Sterbehilfe und -begleitung, S. 3

[1289] Sandkuhl, Hörsters Streitschrift, Humanes Leben - Humanes Sterben, Nr. 3/1999, S. 13

[1290] Atrott, Zur Situation der Sterbehilfe in der Bundesrepublik in: Humphry/Wickett, Das Recht auf den eigenen Tod, S. 285 (303, 306 f.)

[1291] Deutsche Gesellschaft für Humanes Sterben e.V., Rechtspolitische Leitsätze und Vorschläge der DGHS zu einer gesetzlichen Regelung der Sterbehilfe und -begleitung, S. 3 f.

[1292] Schobert, NDR-Umfrage zur aktiven Sterbehilfe in: Humanes Leben - Humanes Sterben, Nr. 3/1999, S. XI

[1293] Deutsche Gesellschaft für Humanes Sterben e.V., Ich habe einen Traum... in: Humanes Leben - Humanes Sterben, Nr. 1/2000, S. 2

dd. Die Stellung der DGHS zur Hospizbewegung

Offiziell bekennt sich die DGHS zu den von der Hospiz-Bewegung verfolgten Zielen der Sterbebegleitung und Schmerzbekämpfung und rühmt sich gar damit, beide Ideen bereits Anfang der 80er Jahre aufgegriffen zu haben, als es in Deutschland noch kein Hospiz gegeben habe.[1294] Sie unterscheidet sich von der Hospiz-Bewegung jedoch fundamental durch ihre offene Befürwortung des Suizids. Einem Bürger nach gründlicher Abwägung die Möglichkeit der Selbsttötung zu verweigern, sei mit dem Ideal der Selbstbestimmung nicht zu vereinbaren.[1295]

ee. Das Wirken der DGHS in der Praxis

Die DGHS versorgt ihre Mitglieder ein Jahr nach Vereinsbeitritt auf Anfrage mit Informationsmaterial, das eine Anleitung zur gezielten Selbsttötung zum Gegenstand hat. Diese soll dem einzelnen die Möglichkeit geben, sich eigenmächtig im Falle von Krankheit oder schweren Unfallfolgen "einer fremdbestimmten, qualvollen Sterbensverlängerungsmanipulation" zu entziehen. Nach Schätzungen ist die DGHS auf diese Weise an mehreren tausend Suiziden pro Jahr in Deutschland beteiligt.[1296]

In den 80er Jahre geriet die Sterbehilfegesellschaft dadurch in die Schlagzeilen, daß sie Mitgliedern - insbesondere in Person ihres damaligen Präsidenten Hans-Henning Atrott, nicht zuletzt aber auch durch das damalige Mitglied Prof. Dr. Julius Hackethal - Zyankali zur Durchführung der Selbsttötung zur Verfügung stellte.[1297] Dies erwies sich insofern als praktikabel, als Patienten, die Zyankali zu sich genommen haben, nicht mehr gerettet werden können. Es stellt sich somit nach diesem Zeitpunkt nicht mehr das strafrechtlich relevante Problem der unterlassenen Hilfeleistung. Hackethal sprach sich in dieser Zeit sogar dafür aus, daß die Durchführung der aktiven Sterbehilfe in hoffnungslosen Fällen bei einem entsprechend eindeutig geäußerten Willen des Patienten zur ärztlichen Pflicht erhoben werden sollte.[1298]

1294 Wichmann, Das eine zu tun, bedeutet nicht, das andere zu lassen in: Humanes Leben - Humanes Sterben, Nr. 3/1999, S. 21; Rampp, DGHS und Hospiz-Idee - Gemeinsamkeiten und Unterschiede in: Humanes Leben -Humanes Sterben, Nr. 3 /1999, S. 21

1295 Wichmann, Das eine zu tun, bedeutet nicht, das andere zu lassen in: Humanes Leben - Humanes Sterben, Nr. 3/1999, S. 21

1296 Stadler, Sterbehilfe, S. 111; Miltner/Püschel/Bratzke u.a., Aktive Euthanasie und Beihilfe zum Suizid in: Oehmichen, Lebensverkürzung, S. 145 (154 f.) unter Hinweis auf die erhebliche Dunkelziffer

1297 Stadler, Sterbehilfe, S. 111

1298 Hackethal, Schwerkranke haben das Recht auf einen würdigen Tod in: Atrott/Eibach u.a., Sterbehilfe, Mitleid oder Mord ? S. 7 (10)

Zum Bruch zwischen ihm und der DGHS kam es schließlich, als ihm bewußt wurde, daß die Verabreichung von Zyankali einen äußerst schmerzhaften Tod des Patienten nach sich zieht.[1299] Von dem Zurverfügungstellen von Zyankali dürfte jedoch mittlerweile auch die DGHS selbst Abstand genommen haben.[1300] Nachdem zu Beginn der 90er Jahre die bis dahin in Umlauf befindlichen Hinweise der DGHS für den Vollzug der Selbsttötung wegen angeblicher Untauglichkeit eingezogen worden sind, verteilt die Gesellschaft seit dem Jahre 1994 die Informationsschrift "Selbsterlösung durch Medikamente". Sie legt Wert darauf, daß es sich hierbei nicht um eine originäre DGHS-Publikation handelt, sondern um eine lediglich ins Deutsche übersetzte Veröffentlichung englischer bzw. schottischer Sterbehilfegesellschaften.[1301]

In gleicher Weise wirbt die DGHS für einen Erstickungsbeutel bzw. eine Erstickungskapuze zur Abkürzung eines qualvollen Sterbeprozesses ohne ärztliche Hilfe und Medikamente. Auch insofern legt sie Wert darauf, daß das Tötungsinstrument nicht von ihr selbst in den Handel gebracht wird.[1302]

Gleichzeitig betont die DGHS ausdrücklich, sie sei bemüht, Paniksuizide zu verhindern. Wer aus Liebeskummer, Gemütserregung oder infolge psychischer Erkrankung seinem Leben ein Ende setzen möchte, finde seitens der DGHS keine Unterstützung.[1303] Dennoch macht die DGHS die Übersendung der Selbsttötungsanleitungen allein von der einjährigen Vereinsmitgliedschaft abhängig. Darüber hinaus hat der Interessent lediglich zu versichern, im Vollbesitz seiner geistigen Kräfte zu sein und in den letzten zwei Jahren nicht wegen Depressionen psychotherapeutische Behandlungen in Anspruch genommen zu haben.

Die DGHS arbeitet mit Organisationen gleicher Zielrichtung auf internationaler Ebene zusammen. Sie ist Mitglied in internationalen Dachorganisationen der Sterbehilfegesellschaften, nämlich in der World Federation of Right to Die Societies

---

1299 Klee, Durch Zyankali erlöst, S. 104

1300 Pohlmeier, Das alte Wort Euthanasie und die neue Idee der Sterbehilfebewegung in: Oehmichen, Lebensverkürzung, S. 53 (59, 61): Der Grund hierfür sei gewesen, daß der Zyankalihandel des bis dahin amtierenden DGHS-Präsidenten Atrott den Verein in das Zwielicht einer Selbstmördergesellschaft gebracht habe und die Mitglieder und Mitarbeiter in das Zwielicht von Todesengeln.

1301 Deutsche Gesellschaft für Humanes Sterben e.V., Freitod-Informationen für DGHS-Mitglieder in: Humanes Leben - Humanes Sterben, Nr. 3/1999, S. 11

1302 Deutsche Gesellschaft für Humanes Sterben e.V. in: Humanes Leben - Humanes Sterben, Nr. 3/1999, S. 11

1303 Deutsche Gesellschaft für Humanes Sterben e.V., Menschenrecht Freitod: Hinweise und Hilfen in: Humanes Leben - Humanes Sterben, Nr. 3/1999, S. 11

(WFRS) sowie in deren europäischer Unterorganisation, den Right to Die Societies Europe (RtDE).

ff. Sterbehilfeorganisationen im Ausland

Auch im Ausland haben sich zahlreiche Sterbehilfegesellschaften zu entschiedenen Verfechtern des Selbstbestimmungsrechtes unter Einschluß des Rechtes, über das eigene Leben verfügen sowie Art und Zeitpunkt des Todes frei bestimmen zu können, aufgeschwungen. Noch weiter in ihrer Forderung nach Zulasung der aktiven Sterbehilfe als die DGHS geht dabei die ebenfalls 1980 gegründete amerikanische Sterbehilfeorganisation Hemlock Society. Diese fordert die Freigabe des "Gnadentodes", wenn zwei Ärzte bestätigt hätten, daß der Patient innerhalb von sechs Monaten sterben werde und der Sterbenskranke im Bewußtsein dieser Tatsache und im Zustande voller Zurechnungsfähigkeit und in Anwesenheit eines Zeugen den Arzt schriftlich bitte, sein Leben zu beenden.[1304] Ein Patient solle darüber hinaus schon im voraus einen Vertreter beauftragen können, der für ihn die betreffende Erklärung abgeben könne, falls er selbst in der entscheidungserheblichen Situation hierzu nicht mehr in der Lage sein sollte.[1305]

Die englische Voluntary Euthanasia Society, die bereits im Jahre 1935 gegründet worden ist,[1306] fordert dagegen die Legalisierung der aktiven Sterbehilfe, sofern eine Person unter einer unheilbaren und schmerzhaften körperlichen Erkrankung leide, dies von zwei Ärzten bestätigt worden sei, von denen einer ein Gutachter sein müsse, der Patient über 18 Jahre alt und bei klarem Verstand sei, persönlich und aus freien Stücken vor zwei Zeugen um die vorzeitige Beendigung seines Lebens gebeten habe und seit diesem Zeitpunkt dreißig Tage vergangen seien.[1307]

Die schweizerische EXIT-Vereinigung hat demgegenüber in ihrer Generalversammlung vom 07.04.1984 beschlossen, das Postulat der Legalisierung der Tötung auf Verlangen nicht zu vertreten.[1308] Stattdessen propagiert sie die Möglichkeit der Selbsttötung und leistet ihren Mitgliedern hierzu im Bedarfsfalle Beihilfe.[1309]

1304 Humphry, In Würde sterben, S. 189 f.

1305 Humphry/Wickett, Das Recht auf den eigenen Tod, S. 268

1306 Moor, Die Freiheit zum Tode, S. 37; Zimmermann-Acklin, Euthanasie, S. 74

1307 Twycross, Freiwillige Euthanasie - eine klinische Betrachtung in: Eser/Bringewat, Suizid und Euthanasie, S. 111; Moor, Die Freiheit zum Tode, S. 308 ff.

1308 Kehl, Sterbehilfe, S. 86; Zimmermann-Acklin, Euthanasie, S. 83: Die Realisierungsmöglichkeit einer gesetzlichen Liberalisierung der Tötung auf Verlangen wurde damals als sehr gering eingeschätzt, so daß man sich entschloß, bis auf weiteres allein die Beihilfe zur Selbsttötung zu

e. Alternativ-Entwurf Sterbehilfe

Im strafrechtlichen Schrifttum finden sich schon seit den 70er Jahren Stellungnahmen, die die Straflosigkeit des Arztes unter Beibehaltung des Schuldausspruches in bestimmten Fällen de lege ferenda fordern. Teilweise wird dabei die Schaffung eines besonderen persönlichen Strafausschließungsgrundes zugunsten des Arztes im Falle der aktiven Sterbehilfe propagiert,[1310] teilweise wird ein Schuldspruch unter Strafverzicht favorisiert.[1311]

Im Jahre 1986 haben zahlreiche Strafrechtslehrer und Professoren der Medizin im Rahmen des von ihnen verfaßten Alternativ-Entwurfes Sterbehilfe diesen Vorschlag aufgegriffen und die heutige Regelung des § 216 Abs. 1 StGB um einen zweiten Absatz mit folgendem Wortlaut ergänzt:

"Das Gericht kann unter den Voraussetzungen des Abs. 1 von Strafe absehen, wenn die Tötung der Beendigung eines schwersten, vom Betroffenen nicht mehr zu ertragenden Leidenszustandes dient, der nicht durch andere Maßnahmen behoben oder gelindert werden kann."[1312]

Die strafrechtliche Abteilung des 56. Deutschen Juristentages stimmte im gleichen Jahr mit 70 : 21 Stimmen bei 6 Enthaltungen diesem Vorschlag ausdrücklich zu.[1313]

---

propagieren, um auf diese Weise eine weitere gesellschaftliche Öffnung für die eigenen Anliegen zu erwirken. Implizit dürften der gegenüber den Theorien von Singer und Hörster eher restriktiven Bestrebung nach einer Legalisierung der aktiven Sterbehilfe von seiten der DGHS ähnliche Erwägungen zugrundeliegen.

1309 Kehl, Sterbehilfe, S. 96; Bär, Sterbehilfe in der Schweiz in: Oehmichen, Lebensverkürzung, S. 123 (126)

1310 Geilen, Euthanasie und Selbstbestimmung, S. 30; Roxin, Der Schutz des Lebens in: Blaha/Gutjahr-Löser/Niebler, Schutz des Lebens - Recht auf Tod, S. 85 (93)

1311 Eser, Lebenserhaltungspflicht und Behandlungsabbruch aus rechtlicher Sicht in: Auer/Menzel/Eser, Zwischen Heilauftrag und Sterbehilfe, S. 75 (92); Eser, Sterbehilfe und Euthanasie in: Böhme, Der Arzt und das Sterben, S. 9 (28); Hanack, Euthanasie in strafrechtlicher Sicht in: Hiersche, Euthanasie, S.121 (155 f.); Wassermann, Das Recht auf den eigenen Tod, DRiZ 1986, 291 (297); Lackner, Erfahrungen aus einem Seminar, JZ 1977, 502 (503, 505); Sattler, Selbstbestimmt sterben, S. 26; Heifetz/Mangel, Das Recht zu sterben, S. 122; Engisch, Suizid und Euthanasie nach deutschem Recht in: Eser/Bringewat, Suizid und Euthanasie, S. 312 (321); in neuerer Zeit auch: Stürmer, Sterbehilfe, S. 93, 99; Schreiber, Behandlungsabbruch und Sterbehilfe in: Deutsche Sektion der Internationalen Juristen-Kommission, Lebensverlängerung aus medizinischer, ethischer und rechtlicher Sicht, S. 129 (144); Koch, Ist Sterbehilfe ein rechtspolitisches Problem ? in: Evang. Akademie Baden, Sterbehilfe, S. 29 (37); M. v. Lutterotti, Menschenwürdiges Sterben, S. 119; Koch, Recht auf Sterbehilfe und Pflicht des Arztes in: Neumann/Körner, Patientenautonomie und Humanes Sterben, S. 27 (32)

1312 Baumann/Bochnik/Brauneck u.a., Alternativ-Entwurf eines Gesetzes über Sterbehilfe, S. 12

1313 Verhandlungen des 56. Deutschen Juristentages 1986, Bd. II, S. M 193

Die Verfasser des Alternativ-Entwurfes intendierten bei dieser Neuregelung nicht die Lockerung des Lebensschutzes, sondern sie wollten allein die Grenzen des Strafrechts verdeutlichen.[1314]

Soweit das Arzt-Patienten-Verhältnis betroffen sei, bestehe die durchaus begründete Vermutung, daß Patienten kaum ernsthaft ihre Tötung verlangten, wenn sie sich medizinisch wie menschlich gut versorgt fühlten und darauf vertrauen könnten, daß ihnen passive bzw. indirekte Sterbehilfe zuteil werde.[1315] Aktive Tötungshandlungen in extremen Lebenssituationen und als letztes Mittel zur Beendigung aussichtsloser und schwerster Leidenszustände seien daher keine spezifisch ärztlichen Maßnahmen. Sie könnten nicht medizinisch indiziert sein, sondern nur aus mitmenschlicher Solidarität geleistet werden.[1316]

Es ging den Verfassern des Alternativ-Entwurfes somit allein darum, daß in einer extremen, für Täter und Getöteten gleichermaßen existentiellen Situation die Entscheidung des Täters, aus mitmenschlichen Gründen die Achtung vor fremdem Menschenleben gegenüber der ausweglosen Not des Leidenden zurücktreten zu lassen, unter bestimmten Voraussetzungen ohne strafrechtliche Sanktion bleiben könne. Deutlich sei darauf hinzuweisen, daß es bei der Mitleidstötung auf Verlangen nicht darum gehe, dem Selbstbestimmungsrecht des Leidenden zur Durchsetzung zu verhelfen und ihm den Vorrang vor dem Lebensschutz einzuräumen.[1317]

Eine Tötung aus der beschriebenen Solidarität heraus sei denkbar in extremen Notsituationen, so z.B. wenn ein Lastwagenfahrer nach einem Unfall im Führerhaus seines brennenden LKW eingeklemmt und Hilfe nicht erreichbar sei, wenn ein Soldat im Krieg lebensgefährlich verwundet werde und schreckliche Qualen leide, ärztliche Hilfe aber nicht zur Verfügung stehe, oder wenn ein unrettbar Verletzter nach einem Flugzeugabsturz in unwegsamem Gelände, weitab von ärztlicher Hilfe, qualvollen Schmerzen ausgesetzt sei, sofern die Betroffenen jeweils einen Hinzutretenden um ihre Tötung bitten würden.[1318]

Durch das Tatbestandsmerkmal des "schwersten, vom Betroffenen nicht mehr zu ertragenden Leidenszustandes" haben die Verfasser bewußt nicht an die Unheilbar-

---

1314 Baumann/Bochnik/Brauneck u.a., Alternativ-Entwurf eines Gesetzes über Sterbehilfe, Vorwort, S. V

1315 Baumann/Bochnik/Brauneck u.a., Alternativ-Entwurf eines Gesetzes über Sterbehilfe, S. 34

1316 Baumann/Bochnik/Brauneck u.a., Alternativ-Entwurf eines Gesetzes über Sterbehilfe, S. 39

1317 Baumann/Bochnik/Brauneck u.a., Alternativ-Entwurf eines Gesetzes über Sterbehilfe, S. 36

1318 Baumann/Bochnik/Brauneck u.a., Alternativ-Entwurf eines Gesetzes über Stebrehilfe, S. 35

keit des Leidens angeknüpft, da ansonsten die Tötung in extremen Notsituationen, in denen wegen der äußeren Umstände eine Rettung des Betroffenen nicht möglich sei, nicht erfaßt werden könne. Schließlich stellten sie ganz bewußt auch nicht darauf ab, daß der Tod nahe bevorstehe bzw. das Sterben schon begonnen habe, da die Fälle der auf Dauer Schwerstgeschädigten, die mit ihrer Behinderung noch länger leben könnten, nicht von vornherein ausgeschlossen werden sollten. Die subjektive, allein auf das Erleben des Betroffenen abstellende Beschreibung des Leidenszustandes wurde demgegenüber aufgenommen, weil die menschliche Toleranzgrenze in Bezug auf ein schweres Leiden nicht objektivierbar sei. Niemand könne sich außerdem anmaßen, verbindlich festlegen zu wollen, wieviel Leid ein anderer ertragen können müsse.[1319]

Die Einordnung der Tötung unter den beschriebenen Voraussetzungen als Rechtfertigungsgrund schien der Mehrheit der Verfasser des Alternativ-Entwurfes nicht angemessen. Vielmehr sollte durch die bloße Einräumung der Möglichkeit, von Strafe abzusehen, verdeutlicht werden, daß auch in den Fällen des § 216 Abs. 2 StGB-AE der Unrechtsgehalt einer einverständlichen Tötung bestehen bleibe.[1320]

Dadurch, daß § 216 Abs. 2 StGB-AE allein den Verzicht auf Strafe ermögliche, werde zudem sichergestellt, daß sich der Täter nicht dazu hinreißen lasse, einen anderen auf dessen Verlangen hin vorschnell zu töten. Denn er müsse sich vor Gericht verantworten, die Gründe für seine Entscheidung darlegen und das Risiko tragen, daß der von ihm vorgetragene Konflikt vom Gericht anders bewertet werde.[1321]

f. Aktive Sterbehilfe in den Niederlanden

Während in den meisten Industrienationen die Phase einer äußerst kontroversen Diskussion um die aktive Sterbehilfe erst ihren Anfang zu nehmen scheint und dort deren offizielle Legalisierung in naher Zukunft nicht zu erwarten ist,[1322] ist die Ent-

---

1319 Baumann/Bochnik/Brauneck u.a., Alternativ-Entwurf eines Gesetzes über Sterbehilfe, S. 38
1320 Baumann/Bochnik/Brauneck u.a., Alternativ-Entwurf eines Gesetzes über Sterbehilfe, S. 37
1321 Baumann/Bochnik/Brauneck u.a., Alternativ-Entwurf eines Gesetzes über Sterbehilfe, S. 36
1322 Die einverständliche Tötung wird dabei durchweg als Fall verminderter, aber regelmäßig bestehender Strafwürdigkeit verstanden (Koch, Einführung und rechtsvergleichende Übersicht in: Eser/Koch, Materialien zur Sterbehilfe, S. 1, 8). Teilweise bestehen dabei strafrechtliche Sonderbestimmungen über die Tötung auf Verlangen nach dem Muster des deutschen § 216 StGB, die in ihrer Bedeutung über Fälle aktiver Sterbehilfe hinausgehen (Dänemark: § 239 dän.StGB, zit. nach Cornils, Landesbericht Dänemark in: Eser/Koch, Materialien zur Sterbehilfe, S. 507, 512; Finnland: Kap. 21 § 3 fin.StGB, zit. nach Cornils, Landesbericht Finnland in: Eser/Koch, Materialien zur Sterbehilfe, S. 519, 523; Island: § 213 isl.StGB, zit. nach Cornils, Landesbericht Island in: Eser/Koch, Materialien zur Sterbehilfe, S. 532, 533; Österreich: § 77 ö.StGB, zit. nach

wicklung in den Niederlanden bereits erheblich weiter vorangeschritten. Die Diskussionen in unserem Nachbarland kreisen daher mittlerweile weniger um die Frage der grundsätzlichen Zulässigkeit dieser Form der Lebenbeendigung als vielmehr um die Art ihrer praktischen Durchführung.[1323]

Vor diesem Hintergrund mag es zunächst überraschen, daß der Gesetzgeber in den Niederlanden sowohl die aktive Sterbehilfe als auch den medizinisch assistierten Suizid bis in die jüngste Vergangenheit hinein durchweg als illegale Handlungen mit Strafe bedrohte: Auf die aktive Sterbehilfe war Art. 293 des niederländischen Strafgesetzbuches anzuwenden, der ein Strafmaß von bis zu 12 Jahren Freiheitsstrafe bzw. eine Geldstrafe von 100.000 holl. Gulden vorsah. Laut Art. 294 wurde die von einem Arzt geleistete Beihilfe zur Selbsttötung mit einer Geldstrafe von 25.000 holl. Gulden oder einer Freiheitsstrafe von bis zu drei Jahren belegt. In den letzten Jahrzehnten hatte sich jedoch eine Spruchpraxis der Gerichte entwickelt, nach welcher Ärzte, die aktive Sterbehilfe oder Beihilfe zur Selbsttötung leisteten, mit hoher Wahrscheinlichkeit gar nicht erst vor Gericht erscheinen mußten oder aber - falls sie doch vorgeladen wurden - straffrei ausgingen, wenn sie bestimmte Sorgfaltsbedingungen erfüllt hatten.

Dearing/Schwarz, Landesbericht Österreich in: Eser/Koch, Materialien zur Sterbehilfe, S. 557, 564; Portugal: Art. 134 port.StGB, zit. nach Hünerfeld, Landesbericht Portugal in: Eser/Koch, Materialien zur Sterbehilfe, S. 581, 587).
Manche Rechtsordnungen halten demgegenüber bereits aufgrund des bloßen Einverständnises des Opfers eine Strafmilderung für angezeigt (Italien: Art. 579 ital.StGB, zit. nach Bosch, Landesbericht Italien in: Eser/Koch, Materialien zur Sterbehilfe, S. 391, 400; Spanien: Art. 409 sp.StGB, zit. nach Madlener, Landesbericht Spanien in: Eser/Koch, Materialien zur Sterbehilfe, S. 651, 654 f., 662).
In Norwegen wird unabhängig von einer Willensäußerung des Opfers die opferbezogene altruistische Motivation des Täters strafmildernd berücksichtigt (§ 235 Abs. 2 norw.StGB, zit. nach Cornils, Landesbericht Norwegen in: Eser/Koch, Materialien zur Sterbehilfe, S. 534, 537; Rognum, Euthanasia - a new health service in Norway ? in: Oehmichen, Lebensverkürzung, S. 117,118).
In Griechenland und der Schweiz kommt eine Strafmilderung nur dann in Betracht, wenn Opferverlangen und Mitleidsmotivation kumulativ vorliegen (Griechenland: Art. 300 gr.StGB, zit. nach Kareklas, Landesbericht Griechenland in: Eser/Koch, Materialien zur Sterbehilfe, S. 321, 332; Schweiz: Art. 114 schw.StGB, zit. nach Heine, Landesbericht Schweiz in: Eser/Koch, Materialien zur Sterbehilfe, S. 591, 604).
In Rechtsordnungen, in denen es an einem solchen Sondertatbestand fehlt, kommen dagegen häufig allgemeine Milderungsbestimmungen zum Zuge (Belgien, Locher-Linn/Oudijk, Landesbericht Belgien in: Eser/Koch, Materialien zur Sterbehilfe, S. 249, 253; Großbritannien: Zuerkennung verminderter Zurechnungsfähigkeit, Huber, Landesbericht Großbritannien in: Eser/Koch, Materialien zur Sterbehilfe, S. 339, 344; Frankreich, Art. 463 fr.StGB, zit. nach Spaniol, Landesbericht Frankreich in: Eser/Koch, Materialien zur Sterbehilfe, S. 281, 286, 306; USA, Weigend/Künschner, Landesbericht USA in: Eser/Koch, Materialien zur Sterbehilfe, S. 669, 671). In Schweden ist dabei "starkes menschliches Mitgefühl" als allgemeiner Strafmilderungsgrund typisiert (Kap. 29 § 3 Abs. 1 Zif. 4 schw.StGB, zit. nach Cornils, Landesbericht Schweden in: Eser/Koch, Materialien zur Sterbehilfe, S. 544, 549).

1323 Gordijn, Euthanasie in den Niederlanden, S. 3

Am 10. April 2001 billigte die Erste Kammer des niederländischen Parlaments (Senat) das bereits am 28. November 2000 von der Zweiten Kammer beschlossene "Gesetz zur Überprüfung von Lebensbeendigung auf Verlangen und Hilfe bei der Selbsttötung", durch das die schon seit 1994 in den Niederlanden geltenden Sorgfaltskriterien bei der Anwendung aktiver Sterbehilfe und der Beihilfe zur Selbsttötung auf eine neue gesetzliche Grundlage gestellt wurden. Zwar bleiben nach diesem Gesetz aktive Sterbehilfe sowie die Beihilfe zur Selbsttötung grundsätzlich auch weiterhin strafbar, sie werden jedoch unter bestimmten Bedingungen entkriminalisiert. Zu diesem Zweck wurde in das Strafgesetzbuch ein besonderer Strafausschließungsgrund aufgenommen.[1324]

aa. Die Diskussion zur aktiven Sterbehilfe von 1973 bis 1994

Grundlegend für die beschriebene Entwicklung war das Urteil eines Gerichts in Leeuwarden im Jahre 1973, durch das die Ärztin G.A. Postma - v. Boven, die aktive Sterbehilfe an ihrer Mutter verübt hatte, zu der eher symbolischen Strafe von einer Woche Haft auf Bewährung verurteilt wurde. Begründet wurde das milde Strafmaß damit, daß die Mutter der Ärztin *unheilbar krank* gewesen sei, daß sie ihr Leiden als *untragbar* erfahren habe, daß sie sich bereits in der *Sterbephase* befunden habe, und daß die Tötung durch eine *Ärztin* und *auf die ausdrückliche Bitte der Patientin* hin erfolgt sei. Seit dieser Entscheidung spielen alle diese Gesichtspunkte in der Rechtsprechung der Niederlande zur aktiven Sterbehilfe eine gewichtige Rolle.[1325]

In den 80er Jahren wurde heftig die Frage diskutiert, ob und unter welchen Voraussetzungen die Tötung auf Verlangen legalisiert werden sollte. Am 27. November 1984 tolerierte der Hohe Rat, der Höchste Gerichtshof der Niederlande, für bestimmte Fälle eine Berufung des Arztes auf einen Notstand, wenn er sorgfältig

---

1324 Levy, Mehr als 2000 gemeldete Fälle von Sterbehilfe im Jahr in: FAZ vom 11.04.2001, S. 2; heftige Kritik erfuhr dieses Gesetz in Deutschland vor allem von seiten der Deutschen Bischofskonferenz sowie der Bundesärztekammer, zitiert in: Glaube und Leben, Mißbrauch Tor und Tür geöffnet, Nr. 50/2000, S. 4; nach der Billigung des Gesetzes durch die Zweite Kammer des Parlaments am 28.11.2000 hatten die christlichen Kirchen gemeinsam mit Muslimen, Juden und Patientenvereinigungen der Ersten Kammer des Parlaments vergeblich eine Petition vorgelegt, um die endgültige Verabschiedung des Gesetzes zu verhindern (Birschel, Später Protest gegen Todesspritze in: Glaube und Leben, Nr. 12/2001, S. 4).

1325 Visser, Aktive Sterbehilfe durch einen Arzt in den Niederlanden in: Oehmichen, Lebensverkürzung, Tötung und Serientötung, S. 107 (109); Humphry/Wickett, Das Recht auf den eigenen Tod, S. 273

handle, seine ärztlichen Erkenntnisse einbringe, einen Abwägungsprozeß vollziehe und darüber hinaus besondere Umstände vorliegen würden.[1326]

Großes Gewicht für die öffentliche Meinungsbildung erlangten auch die Richtlinien der Königlichen Niederländischen Gesellschaft zur Förderung der Heilkunst (KNMG) aus dem Jahre 1984.[1327] Sie machten die Befürwortung der aktiven Sterbehilfe durch einen Arzt nicht einmal von dem Beginn der Sterbephase abhängig. Vielmehr sollte es genügen, daß der Patient wohlüberlegt und freiwillig sein Verlangen nach dem Tode zu erkennen gebe und der Arzt erkenne, daß der Patient unerträglich und nach dem Stand der Wissenschaft ohne Aussicht auf eine Verbesserung dieses Zustandes leide.

Im Januar 1990 wurde von der Regierung eine aus drei Ärzten und drei Juristen bestehende Kommission (nach ihrem Präsidenten "Remmelink-Kommission" genannt) eingesetzt, um Daten über die Häufigkeit und die Art der Durchführung der aktiven Sterbehilfe sowie der ärztlichen Beihilfe zur Selbsttötung in der Praxis zu erheben.[1328] Zugleich wurde ein Meldeverfahren eingeführt, das die Ärzte verpflichtete, alle Fälle aktiver Sterbehilfe und der ärztlichen Suizidbeihilfe dem zuständigen Leichenbeschauer zu melden, der diese wiederum seinerseits anschließend zur weiteren Beurteilung an die Staatsanwaltschaft weiterzuleiten hatte.[1329]

Nach Veröffentlichung der Ergebnisse dieser Studie im September 1991 wurde eine Gesetzesänderung erarbeitet, die im Juni 1994 in Kraft trat, jedoch nicht das Strafrecht, sondern das Gesetz zur Leichenbestattung betraf. Zu ihrem Hintergrund ist anzumerken, daß in den Niederlanden zu jeder Bestattung die Erlaubnis des zuständigen Standesbeamten eingeholt werden muß. Sie wird erteilt, wenn entweder ein Totenschein, ausgestellt vom behandelnden Arzt bzw. vom Leichenbeschauer, oder eine Erklärung der Staatsanwaltschaft vorliegt mit dem Inhalt, daß gegen eine Bestattung keine Einwände bestehen. Arzt bzw. Leichenbeschauer sind nur dann zur Ausstellung eines Totenscheines befugt, wenn eine natürliche Todesursache vorliegt. Im Falle aktiver Sterbehilfe und der ärztlichen Suizidbeihilfe als nicht-natürlichen Todesursachen dagegen wurde dem Arzt durch die Gesetzesänderung des Jahres 1994 aufgegeben, dem Staatsanwalt auf einem Formularvordruck eine Liste

---

1326 Beckers/Peters, Heute Fristenlösung - morgen Euthanasie in: Christoph/Illiger, Notwehr gegen die neue Euthanasie, S. 150 (153); Visser, Aktive Sterbehilfe durch einen Arzt in den Niederlanden in: Oehmichen, Lebensverkürzung, Tötung und Serientötung, S. 107 (110)

1327 Kuitert, Der gewünschte Tod, S. 115

1328 Richartz, Euthanasie und Menschenrechte in: Daub/Wunder, Des Lebens Wert, S. 100 (103); Leist, Das Dilemma der aktiven Euthanasie, S. 26

1329 Gordijn, Euthanasie in den Niederlanden, S. 9

von Fragen zu den Umständen seines Handelns zu beantworten. Anhand der Darstellung des Arztes wiederum entschied der Staatsanwalt, ob eine Strafverfolgung eingeleitet werden mußte.[1330]

Der Staatsanwalt sah von einer Strafverfolgung ab, wenn der Tatbestand der "Übermacht" im Sinne des Notstandes gem. Art. 40 des niederländischen Strafgesetzbuches vorlag. Dies wiederum war dann der Fall, wenn der Arzt folgende "Sorgfaltsbedingungen" eingehalten hatte:[1331]

- Dem Arzt mußte ein ausdrückliches, freies und beständiges Verlangen des über seinen Zustand vollständig unterrichteten Patienten nach Tötung vorliegen.

- Es mußte ein dem Patienten untragbares Leiden gegeben sein. Dieses Leiden konnte körperlicher, aber auch rein seelischer Natur sein.

- Der Zustand des Patienten mußte irreversibel unheilbar sein.

- Der Arzt mußte einen weiteren, unabhängigen Mediziner zu Rate ziehen.

- Allein der behandelnde Arzt oder ein Arzt, der mit diesem gemeinsam beratschlagt hatte, durfte das Gesuch des Patienten nach aktiver Sterbehilfe erfüllen.

- Der Arzt mußte mit dem Patienten über sämtliche möglichen Alternativen gesprochen und nach Möglichkeit die nächsten Familienangehörigen unterrichtet haben sowie schließlich die Tötungshandlung sorgfältig ausführen.

1330 Gordijn, Euthanasie in den Niederlanden, S. 10; Gordijn, Die derzeitige Euthanasie-Debatte in den Niederlanden in: Aulbert/Klaschik/Pichlmaier, Palliativmedizin - Die Alternative zur Sterbehilfe, S. 9 (10); Jochemsen, Sterbehilfe und Sterbebegleitung in den Niederlanden in: Diakonisches Werk der Evangelischen Kirche von Westfalen, Ausweg Euthanasie ? S. 29 (31); Rutenfrans, Befreiung oder schiefe Ebene in: Daub/Wunder, Des Lebens Wert, S. 94 (95)

1331 Gordijn, Euthanasie in den Niederlanden, S. 12; Gordijn, Die niederländische Euthanasie-Debatte in: Gose/Hoffmann/Wirtz, Aktive Sterbehilfe ? S. 29 (34f.); Gordijn, Medizinisch assistierter Suizid und freiwillige Euthanasie in den Niederlanden in: Neumann/Körner, Patientenautonomie und Humanes Sterben, S. 67 (70); Admiraal, 20 Jahre Erfahrung mit der Euthanasie in den Niederlanden, S. 11; Jochemsen, Sterbehilfe und Sterbebegleitung in den Niederlanden in: Diakonisches Werk der Evangelischen Kirche von Westfalen, Ausweg Euthanasie ? S. 29 (36); Klaschik, Zur Euthanasie-Diskussion in Deutschland in: Aulbert/Klaschik/Pichlmaier, Palliativmedizin - Die Alternative zur Sterbehilfe, S. 1 (4); Pichler, Internationale Entwicklungen in den Patientenrechten, S. 264

- Schließlich hatte der Arzt einen ausführlichen schriftlichen Bericht über den gesamten Fall zu erstatten.

Für die Staatsanwaltschaft war es praktisch unmöglich zu kontrollieren, ob alle Fälle von Euthanasie gemeldet wurden, und wenn sie gemeldet wurden, ob die Meldungen inhaltlich korrekt erfolgten.[1332]

Der bewußten Duldung der aktiven Sterbehilfe in den Niederlanden lag die Annahme zugrunde, daß sie auch im Falle eines strikten Verbotes praktiziert würde. Durch das offizielle Absehen von einer Strafverfolgung unter bestimmten Voraussetzungen sollte eine größtmögliche Kontrolle der aktiven Sterbehilfe gewährleistet, dem größer erachteten Übel der heimlichen, unkontrollierten Tötung aber in gleichem Maße entgegengewirkt werden.[1333]

bb. Aktive Sterbehilfe in der niederländischen Praxis

Im November 1996 wurden die Ergebnisse einer Studie veröffentlicht, die die Auswirkungen der Veränderung des Leichenbestattungsgesetzes untersuchte. Danach konnten bei einer Gesamtzahl von 136.000 Todesfällen pro Jahr in den Niederlanden 3.200 Fälle aktiver Sterbehilfe registriert werden. Dies bedeutete gegenüber 1990 eine Steigerung um etwa 900 Fälle (39,13 %). Insgesamt war die Bitte um aktive Sterbehilfe 1995 rund 9.700 mal an Ärzte herangetragen worden, so daß diese dem Wunsch des Patienten in etwa einem Drittel aller Fälle entsprachen. In 17 % der Fälle aktiver Sterbehilfe bestanden nach Angaben der Ärzte alternative Behandlungsmöglichkeiten.[1334] In Anbetracht von 8.900 Bitten von Patienten um die Durchführung der aktiven Sterbehilfe im Jahre 1990 hatten die Ärzte damals nur etwa jeden vierten Todeswunsch erfüllt.[1335]

1332 Jochemsen, Sterbehilfe und Sterbebegleitung in den Niederlanden in: Diakonisches Werk der Evangelischen Kirche von Westfalen, Ausweg Euthanasie ? S. 29 (32); Rutenfrans, Befreiung oder schiefe Ebene in: Daub/Wunder, Des Lebens Wert, S. 94 (95); Beckers/Peters, Heute Fristenlösung - morgen Euthanasie in: Christoph/Illiger, Notwehr gegen die neue Euthanasie, S. 150 (166)

1333 Gordijn, Euthanasie in den Niederlanden, S. 15

1334 Jochemsen, Sterbehilfe und Sterbebegleitung in den Niederlanden in: Diakonisches Werk der Evangelischen Kirche von Westfalen, Ausweg Euthanasie ? S. 29 (33)

1335 Gordijn, Die derzeitige Euthanasie-Debatte in den Niederlanden in: Aulbert/Klaschik/Pichlmaier, Palliativmedizin - Die Alternative zur Sterbehilfe, S. 9 (14)

In 400 Fällen und damit etwa im gleichen Umfange wie 1990 leisteten Ärzte Mitte der 90er Jahre beim Suizid eines Patienten Beihilfe.[1336]

1995 tötete ein Arzt in etwa 900 Fällen einen Patienten, ohne daß dieser ihn ausdrücklich darum gebeten hatte. 1990 waren unter diesem Aspekt 1.000 Tötungsfälle registriert worden.[1337] In 21 % der 1995 registrierten Fälle bestand noch eine Lebenserwartung von etwa vier Wochen, in 7 % sogar zwischen einem und sieben Monaten.[1338] Bemerkenswert ist ferner, daß 25 % der ohne ausdrücklichen Wunsch getöteten Patienten von den sie tötenden Ärzten als kompetent, d.h. als fähig eingestuft wurden, ihre Situation zu beurteilen und eine angemessene Entscheidung selbständig zu treffen.[1339]

Die Studie belegte ferner, daß 53 % aller in den Niederlanden zugelassenen Ärzte bereits aktive Sterbehilfe bzw. Beihilfe zur Selbsttötung eines Patienten geleistet hatten, weitere 35 % zeigten ihre grundsätzliche Bereitschaft hierzu. 9 % der Ärzte würden derartige Maßnahmen zwar niemals selbst durchführen, den Patienten aber zu diesem Zwecke an einen anderen Kollegen verweisen. Nur 3 % der Ärzte lehnten auch letzteres entschieden ab. Unter den Hausärzten belief sich der Anteil derjenigen, die entweder bereits aktive Sterbehilfe oder Suizidbeihilfe geleistet hatten oder zumindest hierzu bereit wären, gar auf 91 %.[1340] Hausärzte waren es auch, die die aktive Sterbehilfe in 85 % aller Fälle durchführten.[1341]

23 % der Ärzte gaben an, bereits einmal das Leben eines Patienten ohne dessen ausdrückliches Verlangen aktiv beendet zu haben, weitere 32 % hatten dies zwar selbst noch niemals getan, wären jedoch hierzu bereit. Die Zahlen entsprachen insofern in etwa denen aus dem Jahre 1990.[1342]

1336 Gordijn, Die derzeitige Euthansie-Debatte in den Niederlanden in: Aulbert/Klaschik/Pichlmaier, Palliativmedizin - Die Alternative zur Sterbehilfe, S. 9 (15)

1337 Gordijn, Euthanasie in den Niederlanden, S. 20; Admiraal, 20 Jahre Erfahrung mit der Euthanasie in den Niederlanden, S. 14; Visser, Aktive Sterbehilfe durch einen Arzt in den Niederlanden in: Oehmichen, Lebensverkürzung, Tötung und Serientötung, S. 107 (114)

1338 Leist, Das Dilemma der aktiven Euthanasie, S. 29

1339 Leist, Das Dilemma der aktiven Euthanasie, S. 29

1340 Gordijn, Euthanasie in den Niederlanden, S. 21; Admiraal, 20 Jahre Erfahrung mit der Euthanasie in den Niederlanden, S. 15

1341 Klaschik, Zur Euthanasie-Diskussion in Deutschland in: Aulbert/Klaschik/Pichlmaier, Palliativmedizin - Die Alternative zur Sterbehilfe, S. 1 (4)

1342 Gordijn, Euthanasie in den Niederlanden, S. 22; Gordijn, Die derzeitige Euthanasie-Debatte in den Niederlanden in: Aulbert/Klaschik/Pichlmaier, Palliativmedizin - Die Alternative zur Sterbehilfe, S. 9 (16)

Interessant sind in diesem Zusammenhang auch die Gründe, die die Ärzte bewogen, einen Patienten ohne Vorliegen eines ausdrücklichen Wunsches zu töten. Mehrfachnennungen waren hierbei möglich. 67 % der Ärzte gaben an, sie hätten den Patienten getötet, weil jede medizinische Handlung sinnlos geworden sei. Bei 38 % der Tötungen war für sie ausschlaggebend, daß die Angehörigen den Zustand des Patienten nicht mehr mitansehen konnten, in 36 % der Fälle spielte die nach Auffassung des Arztes geringe Lebensqualität des Patienten eine Rolle, bei 30 % der Tötungen wurde der Wunsch des Patienten nach einer aktiven Beendigung seines Lebens unterstellt, ökonomische Überlegungen spielten angeblich niemals eine Rolle für die ärztliche Entscheidung.[1343]

Bei lediglich der Hälfte der Tötungen hatten die Ärzte ihr Vorhaben mit einem Kollegen diskutiert, eine formelle Konsultation erfolgte gar nur in 3 % der Fälle.[1344]

Trotz der neuen Meldegesetzgebung wurden Mitte der 90er Jahre nur etwa 41 % aller Fälle der aktiven Sterbehilfe und des medizinisch assistierten Suizids ordnungsgemäß der Staatsanwaltschaft angezeigt.[1345] So gut wie überhaupt keine offizielle Meldung erfolgte hinsichtlich der Tötung des Patienten ohne dessen ausdrückliches Verlangen.[1346] Die juristische Überprüfbarkeit gerade dieser Fälle hatte somit nicht zugenommen.[1347] Bei der Untersuchung der Gründe, die Ärzte veranlaßten, von einer solchen Anzeige abzusehen, wurde der Wunsch des Arztes, sich selbst und der Familie Unannehmlichkeiten zu ersparen, in 55 % aller Fälle genannt, die Furcht vor Strafverfolgung spielte zu 36 % eine Rolle, gefolgt von dem Wunsch der Angehörigen des Patienten, keinen gerichtlichen Nachforschungen ausgesetzt zu werden (31 %), dem Wunsch des Arztes, den Angehörigen gerichtliche Nachforschungen zu ersparen (30 %) und dem Wissen des Arztes darum, nicht alle Sorgfaltsanforderungen eingehalten zu haben (30 %). Mehrfachnennungen waren auch zu diesem Untersuchungsgegenstand möglich.[1348]

Unzufriedenheit herrschte nach der Veröffentlichung der Ergebnisse der Studie insbesondere darüber, daß mehr als die Hälfte aller Fälle nicht gemeldet worden wa-

---

1343 Gordijn, Euthanasie in den Niederlanden, S. 24

1344 Jochemsen, Sterbehilfe und Sterbebegleitung in den Niederlanden in: Diakonisches Werk der Evangelischen Kirche von Westfalen, Ausweg Euthanasie ? S. 29 (34)

1345 Gordijn, Die derzeitige Euthanasie-Debatte in den Niederlanden in: Aulbert/Klaschik/Pichlmaier, Palliativmedizin - Die Alternative zur Sterbehilfe, S. 9 (19)

1346 Leist, Das Dilemma der aktiven Euthanasie, S. 30; Gordijn, Die niederländische Euthanasie-Debatte in: Gose/Hoffmann/Wirtz, Aktive Sterbehilfe ? S. 29 (38)

1347 Gordijn, Euthanasie in den Niederlanden, S. 27

1348 Gordijn, Euthanasie in den Niederlanden, S. 26

ren. Nach Ansicht der damaligen niederländischen Regierung sprach dies gegen die Überlegung, aktive Sterbehilfe und die ärztliche Beihilfe zur Selbsttötung unter bestimmten Voraussetzungen gänzlich zu legalisieren.[1349] In gleicher Weise wurde gegen die Legalisierungsbestrebungen vorgebracht, daß die Palliativmedizin in den Niederlanden noch nicht auf einem solch zufriedenstellenden Niveau angelangt sei, daß man unzureichende palliative Pflege als Grund für die Durchführung aktiver Sterbehilfe ausschließen könne.[1350]

Die Remmelink-Kommission beurteilte demgegenüber die zahlreichen Fälle nichtfreiwilliger aktiver Sterbehilfe als normalen Vorgang, weil sich gezeigt habe, daß das Leben der Patienten (nach Angaben des tötenden Arztes !) unerträglich geworden sei und nach medizinischem Ermessen als nicht erhaltenswert (ebenfalls nach Auffassung des betreffenden Arztes !) habe angesehen werden müssen.[1351]

Unterdessen war 1994 bereits in höchstrichterlicher Rechtsprechung anerkannt worden, daß auch ein starkes psychisches Leiden Euthanasie oder ärztliche Suizidbeihilfe rechtfertige, selbst wenn der Patient weder körperlich leide noch sich in der Sterbephase befinde.[1352] In dem der Entscheidung zugrundeliegenden Fall hatte ein Psychiater einer 50jährigen Patientin im Jahre 1991 einen tödlichen Trunk verabreicht. Diese hatte sich entschieden jeder Form der Therapie widersetzt und ihren Tod verlangt, weil sie die Enttäuschung über das Scheitern ihrer Ehe ebensowenig verwinden konnte wie die Trauer über den Tod ihres Vaters (1986) sowie ihrer beiden Söhne in den Jahren 1986 und 1991.[1353]

Nicht nur ernüchternd, sondern gar schockierend wirken die Darstellungen des niederländischen Kardiologen Richard Fenigsen zur praktischen Handhabung der aktiven Sterbehilfe in seinem Heimatland:

[1349] Gordijn, Die derzeitige Euthanasie-Debatte in den Niederlanden in: Aulbert/Klaschik/Pichlmaier, Palliativmedizin - Die Alternative zur Sterbehilfe, S. 9 (21); eher skeptisch in Anbetracht der Ergebnisse der Studie auch Zimmermann-Acklin, Das niederländische Modell in: Holderegger, Das medizinisch assistierte Sterben, S. 351 (368)

[1350] Gordijn, Euthanasie in den Niederlanden, S. 29; Jochemsen, Sterbehilfe und Sterbebegleitung in den Niederlanden in: Diakonisches Werk der Evangelischen Kirche von Westfalen, Ausweg Euthanasie ? S. 29 (45f.)

[1351] Klaschik, Zur Euthanasie-Debatte in Deutschland in: Aulbert/Klaschik/Pichlmaier, Palliativmedizin - Die Alternative zur Sterbehilfe, S. 1 (5); Leist, Das Dilemma der aktiven Euthanasie, S. 31

[1352] Urteil des Hoge Raad vom 21.06.1994, zitiert bei Zimmermann-Acklin, Euthanasie, S. 399 sowie bei Reuter, Die gesetzliche Regelung der aktiven ärztlichen Sterbehilfe des Königreichs der Niederlande - ein Modell für die Bundesrepublik Deutschland ? S. 163 ff.

[1353] Reuter, Die gesetzliche Regelung der aktiven ärztlichen Sterbehilfe des Königreichs der Niederlande - ein Modell für die Bundesrepublik Deutschland ? S. 164

"Euthanasie [gemeint ist die aktive Sterbehilfe] wird als ein durch Wahrheit und Weisheit geleiteter Akt der Liebe dargestellt. Aber ach, die Wirklichkeit der Euthanasie bestätigt diesen Anspruch nicht, viel eher ist das Gegenteil wahr. Ärzte, deren Handlungen ich beobachtet habe, versuchten immer wieder, die Euthanasie durch falsche Angaben zu rechtfertigen, indem sie einen nicht vorhandenen Lungenkrebs anführten oder ein angenommenes, aber niemals erfolgtes Verlangen der Familie. Oder aber sie stellten einen Patienten mit einer großen und liebenden Familie als "einen Menschen vor, der in der Welt ganz allein ist".

Ein Neurologe empfahl Euthanasie nach einer nicht besonders sorgfältigen Untersuchung des Patienten, denn er hielt eine Frau für einen Mann.

Ein Internist verordnete aktive Euthanasie, weil der Patient halb bewußtlos war, sein Zustand war jedoch durch die Verordnung von Valium durch denselben Arzt verursacht. Derselbe Arzt hielt es in der Regel nicht für nötig, Kandidaten für unfreiwillige Euthanasie selbst zu untersuchen, und verließ sich dafür auf die Meinung der Oberschwester.

Ein anderer Internist ließ es absichtlich zu, daß ein 16 Jahre alter, körperlich aktiver junger Mann und begabter Student an einer Herzrhythmusstörung starb, weil er einen angeborenen Herzfehler hatte, der damals noch nicht operiert werden konnte.

Als bei einer Abteilungsbesprechung in einem Rotterdamer Krankenhaus ein Internist gefragt wurde, warum er unfreiwillige aktive Euthanasie bei einem Patienten, der gar nicht schwer krank war, versuchte, ohne die Diagnose zu kennen, erklärte er, es wäre der Beruf des Arztes, Euthanasie ohne Berücksichtigung der Diagnose dann durchzuführen, wenn sich die Gelegenheit dazu böte, Menschen die Krankheiten und Leiden des Lebens zu ersparen.

Eine lebensrettende medizinische Behandlung wurde Kindern mit Down Syndrom (Mongolismus) sowie Alten und Einsamen ohne Familie verweigert, damit die Gesellschaft nicht mit dem Unterhalt für solche Menschen belastet werde, und mit der Begründung, es sei in ihrem eigenen besten Interesse, so bald als möglich zu sterben."[1354]

[1354] Fenigsen, A Case Against Dutch Euthanasia, Hastings Center Report, Vol. 19, Nr. 1, Jan./Febr. 1989, Special Supplement, S. 22-30, zitiert nach: M. v. Lutterotti, Der Arzt und das Tötungsverbot, MedR 1992, S. 7 (12)

Richard Fenigsen berichtet darüber hinaus von weiteren Fällen, die in der holländischen medizinischen oder allgemeinen Presse veröffentlicht wurden:

"Eine Frau, die ihren kranken Ehemann nicht länger pflegen wollte, bot ihm die Wahl zwischen Euthanasie und Aufnahme in ein Pflegeheim an; der Mann hatte Angst, in einer ungewohnten Umgebung und in der Hand von Fremden zu sein, und entschied sich, getötet zu werden. Ein älterer Mann zwang seine gesunde, 73 Jahre alte Frau, sich der Euthanasie zu unterziehen, indem er ihr versprach, nach drei Tagen das gleiche zu tun, obwohl er sich stattdessen nach Österreich absetzen wollte. In beiden Fällen waren sich die Ärzte der Nötigung bewußt, sie brachten die Patienten aber trotzdem um.

Ein Allgemeinpraktiker machte einen Hausbesuch bei einer Patientin und, obgleich er sie zum ersten Mal sah, verlangte von ihr sofort, zwischen Krankenhausaufnahme und Euthanasie zu wählen. Als die dadurch völlig verschreckte Patientin nicht antworten konnte, gab er ihr eine Stunde Bedenkzeit.

Ein Thoraxchirurg erzählte einem Interviewer von einem chronisch erkrankten Patienten, "der noch sehr jung war und am Leben hing", und wie er ihn über mehrere Jahre behandelte, aber schließlich aus Ungeduld in einem Anfall von Ärger tötete.

Laut Zeugenaussagen in der "De-Torp-Verhandlung" pflegte der Oberpfleger eingeschüchterte Insassen mit den Worten zum Schweigen zu bringen: "Wenn ich und der Arzt Euthanasie beschließen, dann wird es Euthanasie geben, und Sie halten lieber den Mund. Ich möchte kein einziges Wort mehr von Ihnen hören, sonst..."

In dem Krankenhaus, in dem Pater P. Verspieren Seelsorger ist, ist es die Gewohnheit des Arztes, unfreiwillige Euthanasie anzuordnen, indem er der Schwester warnend sagt: "Wenn ich vom Wochenende zurückkomme, wünsche ich diesen Mann hier nicht mehr vorzufinden."[1355]

Als Reaktion auf derartige Vorfälle hat die Vereinigung holländischer Patienten schon im Jahre 1985 erklärt, in den zurückliegenden Jahren habe die Angst vor Euthanasie unter der Bevölkerung erheblich zugenommen.[1356] Seit dieser Zeit mehren

---

1355 Fenigsen, A Case Against Dutch Euthanasia, Hastings Center Report, Vol. 19, Nr. 1, Jan./Febr. 1989, Special Supplement, S. 22-30, zitiert nach: M. v. Lutterotti, Der Arzt und das Tötungsverbot, MedR 1992, S. 7 (12)

1356 Über eine Eskalation in der niederländischen Euthanasiepraxis, die insbesondere die Tötung von Patienten betrifft, die hierzu ihr Einverständnis nicht erklärt haben, berichten ferner Beckers/Peters, sich die Berichte, wonach Patienten in der Furcht vor aktiver Sterbehilfe ihrer Einlieferung in Kliniken und Heime entgegensehen.[1357] Tausende von Menschen sahen sich in den letzten Jahren bereits veranlaßt, sich eine sog. CredoCard zuzulegen, durch die sie ausdrücklich ihren Protest gegen die aktive Sterbehilfe und die Bitte um geistlichen Beistand zum Ausdruck bringen.[1358] Eine Gruppe Schwerbehinderter aus Amersfoort wiederum erklärte in einem Brief an den Parlamentsausschuß für Gesundheit und Recht: "Wir fühlen unser Leben bedroht. ... Wir sind uns darüber klar, daß wir der Gesellschaft viele Kosten verursachen. ... Viele Menschen meinen, daß wir nutzlos wären. ... Oft stellen wir fest, daß man uns bedrängt, den Tod zu wünschen. Es schiene uns sehr gefährlich und beängstigend, wenn die neue Medizingesetzgebung Euthanasie mit einschlösse."[1359]

Eine im Jahre 1996 in Deutschland durchgeführte Repräsentativumfrage ergab, daß die Ärzte hier der Übernahme des "Niederländischen Modelles" überwiegend ablehnend gegenüberstanden.[1360] Die zum damaligen Zeitpunkt in Holland übliche Praxis der aktiven Sterbehilfe würden danach

---

Heute Fristenlösung - morgen Euthanasie in: Christoph/Illiger, Notwehr gegen die neue Euthanasie, S. 150 (157); Rutenfrans, Befreiung oder schiefe Ebene in: Daub/Wunder, Des Lebens Wert, S. 94 (98 f.). Benzenhöfer, Der gute Tod ? S. 183 schildert Fälle, in denen unheilbar erkrankte Patienten von Angehörigen bzw. ihrem Hausarzt gedrängt wurden, nach aktiver Sterbehilfe zu verlangen. Darauf, daß Ärzte in der Praxis sehr schnell bereit sind, einem von Patienten geäußerten Tötungsverlangen nachzukommen, verweist Wehrmann, Die letzte Hürde, Die Zeit vom 11.04.2001, S. 34 unter Bezugnahme auf zwei Bücher der niederländischen Wissenschaftlerinnen Corrie Koppedraijer und Anne-Mei The. Ebenso Jochemsen, Sterbehilfe und Sterbebegleitung in den Niederlanden in: Diakonisches Werk der Evangelischen Kirche von Westfalen, Ausweg Euthanasie ? S. 29 (39). Die Zeitspanne zwischen dem ersten ausdrücklichen Sterbewunsch und der Durchführung der aktiven Sterbehilfe beträgt in 48 % aller Fälle weniger als eine Woche (Dornberg, Angefragt: Sterbehilfe, S. 52). Gordijn, Die derzeitige Euthanasie-Debatte in den Niederlanden in: Aulbert/Klaschik/Pichlmaier, Palliativmedizin - Die Alternative zur Sterbehilfe, S. 9 (22) merkt kritisch zu gegenwärtigen Handhabung der aktiven Sterbehilfe in den Niederlanden an, es gehe ausschließlich noch um das formale Erfüllen der Sorgfaltsbedingungen, die ethische Reflexion trete zunehmend dahinter zurück, die Moral habe sich in Prozedur aufgelöst. Daß die praktische Handhabung der aktiven Sterbehilfe in der holländischen Bevölkerung bereits für viel Aufsehen gesorgt habe, gesteht auch der Befürworter der liberalisierten Handhabung der aktiven Sterbehilfe Visser, Aktive Sterbehilfe durch einen Arzt in den Niederlanden in: Oehmichen, Lebensverkürzung, Tötung und Serientötung, S. 107 (114) zu.

1357 Beckers/Peters, Heute Fristenlösung - morgen Euthanasie in: Christoph/Illiger, Notwehr gegen die neue Euthanasie, S. 150 (157); Schöttler, Menschenrechte für jeden oder "Sterbehilfe" vom Anfang bis zum Ende ? S. 20; Fritsche, Ärztlich-ethische Aspekte zur Ambivalenz der Lebensverlängerung in: Deutsche Sektion der Internationalen Juristen-Kommission, Lebensverlängerung aus medizinischer, ethischer und rechtlicher Sicht, S. 3 (25)

1358 Beckert, Strafrechtliche Probleme um Suizidbeteiligung und Sterbehilfe, S. 258 f.

1359 zitiert nach: M. v. Lutterotti, Der Arzt und das Tötungsverbot, MedR 1992, S. 7 (12)

1360 Wehkamp, Sterben und Töten, S. 11

	Klinikärzte	Allgemeinärzte
begrüßen	3,8 %	6,3 %
hinnehmen	8,5 %	19,3 %
ablehnen	65,5 %	51,2 %
bekämpfen	11,2 %	8,4 %
erproben wollen	9,3 %	17,7 %.

Dabei war mit steigendem Alter und steigender Position in der ärztlichen Klinikhierarchie eine wachsende Ablehnung der niederländischen Entwicklung zu registrieren.

cc. Neuorientierung des Gesetzgebers seit 1996

Auf der Grundlage der Ergebnisse der Studie aus dem Jahre 1996 hat das niederländische Parlament 1998 eine neue Regelung des Meldeverfahrens gebilligt. Diese sah vor, daß die Meldungen nunmehr nicht mehr direkt dem zuständigen Staatsanwalt zu übersenden waren, sondern einer Kommission, die mit einem Arzt, einem Jurist und einem Ethiker besetzt war. Zusammen mit dem Urteil der Kommission wurde die Meldung anschließend der Staatsanwaltschaft zugeleitet. Im Oktober 1998 wurden fünf regionale Kommissionen in Holland eingesetzt. Obwohl der Staatsanwalt eine eigene Entscheidung zu treffen hatte, erwies sich doch das Urteil der Kommission nach den Erfahrungen in der Praxis fast immer als entscheidend für die Frage, ob eine strafrechtliche Verfolgung erfolgte oder nicht. Die Regierung hoffte, daß die Ärzte bedingt durch diese Neuregelung zukünftig eine höhere Bereitschaft würden erkennen lassen, Fälle aktiver Sterbehilfe zu melden, weil der Einfluß der Justiz durch das neue Meldeverfahren zurückgedrängt worden sei.[1361]

Ferner setzte sich die im Sommer 1998 neu formierte Regierung Kok das Ziel, die aktive Sterbehilfe sowie die ärztliche Beihilfe zur Selbsttötung unter bestimmten Voraussetzungen zu legalisieren. Im August 1999 legte sie einen entsprechenden Gesetzentwurf vor, der schließlich in leicht abgewandelter Form am 10.04.2001 vom niederländischen Parlament verabschiedet wurde. Während bislang die aktive Sterbehilfe bzw. die Suizidbeihilfe vom Grundsatz her verboten waren und der Arzt im Einzelfall beweisen mußte, daß er die "Sorgfaltsanforderungen" erfüllt hatte, sieht

---

1361 Jochemsen, Zum Stand der Euthanasie-Diskussion in Holland in: Diakonisches Werk der Evangelischen Kirche Westfalen, Ausweg Euthanasie ? S. 12

das Gesetz nunmehr vor, die Beweislast vom Arzt auf den Staatsanwalt zu verlagern, so daß dieser künftig den Beweis dafür führen muß, daß der Arzt die Auflagen nicht erfüllt hat. Das Meldeverfahren hat durch das Gesetz insofern eine weitere Modifikation erfahren, als die regionalen Prüfungsausschüsse, denen es obliegt, die ihnen gemeldeten Euthanasiefälle daraufhin zu überprüfen, ob die Sorgfaltsregeln eingehalten wurden, nach einem positiven Urteil nunmehr eigenverantwortlich und ohne Einschaltung der Staatsanwaltschaft den Vorgang abschließen können. Nur wenn der Ausschuß letzte Zweifel nicht ausräumen kann, überweist er die Akte an die Staatsanwaltschaft.[1362] Auch hierdurch erhofft die Regierung, die Ärzte verstärkt zu einer Meldung von Fällen aktiver Sterbehilfe veranlassen zu können.[1363]

Besonderes Aufsehen hatte der Gesetzentwurf aus dem Jahre 1999 durch eine in ihm vorgesehene Regelung erregt, nach der selbst schwerkranken Zwölfjährigen die Möglichkeit eröffnet werden sollte, sich für die Durchführung aktiver Sterbehilfe oder der Suizidbeihilfe selbst gegen den Willen ihrer Eltern zu entscheiden.[1364] Nach heftigen Debatten wurde diese Regelung in der am 28.11.2000/10.04.2001 vom niederländischen Parlament gebilligten Gesetzesvorlage insofern entschärft, als bei Zwölf- bis Fünfzehnjährigen die Zustimmung der Erziehungsberechtigten erforderlich bleibt, während Sechzehn- und Siebzehnjährige selbständig entscheiden dürfen, die Eltern aber in die Entscheidungsfindung miteinbeziehen müssen.[1365]

g. Stellungnahme

aa. Kritik der strafrechtlichen Literatur zur (teilweisen) Freigabe der aktiven Sterbehilfe de lege lata

Nicht haltbar ist die Ansicht von Jakobs, nach der die Tötung auf Verlangen unter bestimmten Voraussetzungen bereits nicht unter den Tatbestand des § 216 Abs. 1 StGB fallen soll. Dieser Ansatz widerspricht schon dem eindeutigen Wortlaut der Vorschrift und führt zu einer Auslegung über deren möglichen Wortsinn hinaus. Die Tötung eines anderen Menschen ist eben keine arbeitsteilig vollzogene Selbsttö-

---

1362 Levy, Mehr als 2000 gemeldete Fälle von Sterbehilfe im Jahr in: FAZ vom 11.04.2001, S. 2

1363 Gesundheitsministerin Els Borst, zitiert nach Levy, Mehr als 2000 gemeldete Fälle von Sterbehilfe im Jahr in: FAZ vom 11.04.2001, S. 2; Jochemsen, Zum Stand der Euthanasie-Diskussion in Holland in: Diakonisches Werk der Evangelischen Kirche Westfalen, Ausweg Euthanasie ? S. 12 (13)

1364 dpa, Sterbehilfe für Schulkinder ? in: Darmstädter Echo, 12. 8.1999, S. 1

1365 In den Niederlanden dürfen Patienten auf Verlangen getötet werden in: FAZ vom 11.04.2001, S. 1; Denter, Das Recht auf einen guten Tod, Darmstädter Echo, 29.11.2000, S. 5

tung, sondern bleibt zwingend ein Akt der Fremdtötung. Eine solche aber erfüllt nach dem eindeutigen Willen des Gesetzgebers stets den Tatbestand eines Tötungsdeliktes.

Es ist darüber hinaus auch keineswegs gerechtfertigt, die Selbsttötungshandlung qualitativ mit der Tötung auf Verlangen auf eine Stufe zu stellen. Während der Suizident das zum Tode führende Ereignis selbst in Händen hält und bis zuletzt eigenständig darüber entscheidet, ob es zum Todeseintritt kommt,[1366] nimmt das Opfer im Falle der Tötung auf Verlangen den Tod von dem Täter duldend entgegen.[1367] Die Hemmschwelle im erstgenannten Falle, die geplante Tat zu Ende zu führen, liegt aber deutlich höher als bei der Tötung auf Verlangen, so daß der Beihilfe zur Selbsttötung eine andere Handlungsqualität zukommt als der aktiven Tötungshandlung auf Verlangen.

Ferner ist der Rückschluß von den Fällen, in denen rechtmäßigerweise indirekte oder passive Sterbehilfe angewandt wird, auf eine entsprechende Zulässigkeit der aktiven Sterbehilfe nicht überzeugend. Im Bereich der indirekten Sterbehilfe wird der Eintritt des Todes als unerwünschte und unbeabsichtigte Nebenwirkung nur deshalb in Kauf genommen, weil das verfolgte Ziel der akuten Schmerzlosstellung des Patienten das Eingehen eines solchen Risikos angemessen erscheinen läßt. Die Zielsetzung, den Patienten von Schmerzen zu befreien, kann jedoch keineswegs mit derjenigen der Tötung gleichgesetzt werden. Bei der passiven Sterbehilfe dagegen verzichtet der Arzt auf weitere lebensverlängernde Maßnahmen, um den bereits in Gang gesetzten Sterbeprozeß nicht künstlich zu behindern. Hierdurch bringt er seinen Respekt vor der Begrenztheit des menschlichen Lebens zum Ausdruck und überläßt den Patienten seinem naturgemäß vorausbestimmten Tod. Gerade dies aber ist nicht der Fall, wenn der Arzt aktiv und direkt menschliches Leben auslöscht.

Jakobs geht offensichtlich davon aus, daß die indirekte und die passive Sterbehilfe in bestimmten Situationen deshalb zulässig seien, weil das menschliche Leben nicht mehr lebenswert sei und deshalb keinen Schutz mehr verdiene. Aus diesem Grunde könne es aber auch zumindest dann aktiv und unmittelbar beendet werden, wenn der Patient darum ersuche. Zum einen ist diesem Argumentationsmuster entgegenzuhalten, daß sowohl die indirekte als auch die passive Sterbehilfe nur insoweit zulässig sein können, als sie nicht Ausdruck der Geringachtung, sondern gerade der

---

[1366] BGHSt 19, 135 (140); Wessels/Hettinger, Strafrecht BT 1, § 2 V 2
[1367] BGHSt 19, 135 (140); OLG München JZ 1988, 201

besonderen Achtung des menschlichen Lebens sind.[1368] Zum anderen ist zu bedenken, daß nach Jakobs auch kein Unterschied mehr zwischen indirekter und passiver Sterbehilfe bestehen dürfte, so daß diese Formen der Sterbehilfe stets wechselseitig, bzw. alternativ zu ihnen auch die aktive Sterbehilfe, zur Anwendung kommen könnten. Hierdurch würden jedoch die zahlreichen Bedingungen, an deren Vorliegen die Durchführung der indirekten bzw. der passiven Sterbehilfe gekoppelt ist, mit einem Schlage gegenstandslos, ohne daß Jakobs hierfür einen sachlich berechtigten Grund nennen könnte.

Jakobs ist allein zuzugeben, daß die gegenwärtige Rechtslage, die einerseits die Suizidbeihilfe straflos läßt und andererseits die Strafbarkeit der Tötung auf Verlangen vorsieht, Anlaß gibt, darüber nachzudenken, ob diese von dem Gesetzgeber vorgenommene Bewertungsdifferenz sachlich gerechtfertigt ist. Hierauf wird noch einzugehen sein.[1369]

Von vornherein nicht akzeptabel sind in unserer heutigen Zeit die dargestellten Versuche der strafrechtlichen Literatur aus der Zeit vor dem Zweiten Weltkrieg, die aktive Sterbehilfe auf Verlangen zu rechtfertigen. Wie die seit Jahrzehnten heftig geführte Diskussion um die Zulässigkeit dieser Form ärztlichen Handelns eindrucksvoll belegt, kann von einer gewohnheitsrechtlichen Zulässigkeit, die einen entsprechenden allgemeinen Rechtsgeltungswillen der Gemeinschaft voraussetzen würde, der sich wiederum in einer dauernden Übung, vor allem aber in einem ständigen Gerichtsgebrauch manifestieren müßte,[1370] insofern sicher keine Rede sein. Im Gegenteil dürfte sogar eher davon auszugehen sein, daß es der Überzeugung des weitaus überwiegenden Teiles sowohl der Gerichte als auch der Rechtslehre und der Ärzte entspricht, daß Maßnahmen der aktiven Sterbehilfe generell als rechtswidrig zu bewerten sind. Ebensowenig ist es vor diesem Hintergrund möglich, zur Begründung der Zulässigkeit der Tötung schwerkranker Patienten auf ihr Verlangen hin angeblich "allgemein anerkannte Kulturnormen" heranzuziehen.

In gleicher Weise ist die Lehre vom rechtsfreien Raum zumindest insoweit abzulehnen, als sie mit der aktiven Sterbehilfe in Verbindung gebracht wird. Der Ansatz dieser Lehre ist für Fälle aktiver Sterbehilfe schon deshalb nicht akzeptabel, weil hier zweifellos ein Eingriff in das Rechtsgut Leben erfolgt, der die tatbestandlichen Voraussetzungen der §§ 211 ff. StGB erfüllt. Ist dies aber der Fall, so kann von einem

[1368] vgl. zu den Voraussetzungen der indirekten und passiven Sterbehilfe insbesondere C. II. 6. und C. III. 1. e.
[1369] vgl. hierzu C. II. 4. d.
[1370] Brox, Allgemeiner Teil des Bürgerlichen Gesetzbuches, § 1 RNr. 7

rechtsfreien Raum nicht mehr gesprochen werden. Nur mit Mitteln des Rechts kann versucht werden, die tatbestandliche Rechtsgutverletzung zu rechtfertigen oder zu entschuldigen.[1371] Die Anerkennung eines rechtsfreien Raumes ist auch nicht erforderlich, um eine Diskrepanz zwischen Moral und Recht zu vermeiden. Vielmehr würde die Gewährung eines solchen Freiraumes, der unterschiedliche religiöse, moralische und weltanschauliche Standpunkte angeblich respektiert und toleriert,[1372] in Wirklichkeit einer Wertentscheidung gegen alle restriktiv orientierten sozialethischen Auffassungen gleichkommen, da die liberalste Auffassung stets zugleich die Grenze des Zulässigen markieren würde. Das Recht kann sich durch die Gewährung eines rechtsfreien Raumes somit gerade nicht aus sozialethischen Auseinandersetzungen heraushalten.[1373] Durch die Anerkennung beliebig freizügiger Auffassungen würde es sich möglichen neuen und auch radikalen Strömungen blind ausliefern, die wiederum ihrerseits eine ernste Gefahr für das Gemeinwesen bedeuten könnten.

Darüber hinaus aber wäre das Gewissen des einzelnen in einem rechtsfreien Raum sehr viel anfälliger für eine Beeinflussung durch einzelne gesellschaftliche Gruppierungen, die es verstehen, durch geschickte Propaganda weite Teile der Bevölkerung für ihre Ideale zu begeistern.[1374] Die "Freiheit" der Gewissensentscheidung wäre hierdurch bedenklich in Frage gestellt.

Schließlich wäre es sachlich unangemessen, die Lösung derart wichtiger und mit so weitreichenden Konsequenzen verbundener Fragen wie die der aktiven Sterbehilfe dem Gewissen des einzelnen zu überlassen. Dies würde zu einer willkürlichen Behandlung todkranker Patienten geradezu einladen und diese völlig schutzlos stellen. Jeder, der sich mit einer ernsthaften Erkrankung in ärztliche Behandlung begeben würde, müßte letztlich befürchten, daß der Arzt es zu irgendeinem Zeitpunkt für sinnvoll erachtete, ihn kurzerhand umzubringen, ohne daß er mit rechtlichen Konsequenzen rechnen müßte. Das Vertrauensverhältnis zwischen Arzt und Patient würde durch die mangelnde Vorhersehbarkeit ärztlichen Verhaltens wohl noch weit größeren Schaden nehmen, als wenn konkrete Rechtssätze die Freigabe der aktiven Sterbehilfe für abschließend definierte Fälle vorsehen würden.

[1371] v. Dellingshausen, Sterbehilfe und Grenzen der Lebenserhaltungspflicht des Arztes, S. 304 f.; Hirsch, Strafrecht und rechtsfreier Raum in: Festschrift für Bockelmann, S. 89 (100)

[1372] so gefordert von Kaufmann, Rechtsfreier Raum und eigenverantwortliche Entscheidung in: Festschrift für Maurach, S. 327 (341)

[1373] v. Dellingshausen, Sterbehilfe und Grenzen der Lebenserhaltungspflicht des Arztes, S. 308; Hirsch, Strafrecht und rechtsfreier Raum in: Festschrift für Bockelmann, S. 89 (101)

[1374] Hirsch, Strafrecht und rechtsfreier Raum in: Festschrift für Bockelmann, S. 89 (114)

Doch auch die Argumente, die für eine Rechtfertigung des Arztes de lege lata aus dem Gesichtspunkt des rechtfertigenden Notstandes gem. § 34 StGB vorgebracht werden, vermögen nicht zu überzeugen. Dabei ist bereits zu der Ausgangsüberlegung, es gebe Situationen, in denen Patienten nicht von unerträglichen Schmerzen befreit werden könnten, anzumerken, daß es der heutige Stand der Medizin ermöglicht, in nahezu allen Fällen Schmerzzustände jeglicher Art am Lebensende erfolgreich zu bekämpfen.[1375] Hiervon gehen nicht nur die Medizinisch-Ethischen Richtlinien für die ärztliche Behandlung sterbender und cerebral schwerstgeschädigter Patienten aus.[1376] Vielmehr belegen dies auch die praktischen Erfahrungen der Hospizarbeit ebenso eindrucksvoll unter Verweis auf die oft unterschätzten Möglichkeiten der Palliativmedizin.[1377]

Sofern in bestimmten Fällen aber eine erfolgreiche, das Leben des Patienten gleichwohl nicht gefährdende Schmerzbekämpfung unmöglich sein sollte, dürfte die vorsätzliche und direkte Tötung kaum das mildeste zur Verfügung stehende Mittel sein, um sein Leiden zu beheben. Denn zumindest besteht in diesen Fällen die Möglichkeit, dem Kranken im Rahmen der indirekten Sterbehilfe immer höhere Dosen schmerzstillender Substanzen zu verabreichen, mag auch hierbei die Beschleunigung des Todeseintritts als unbeabsichtigte Nebenfolge in Kauf zu nehmen sein.

Wenn sich jedoch im Einzelfall selbst durch die beste Schmerzbehandlung unerträgliches Leid weder beheben noch lindern lassen sollte, kann der Argumentation Schroeders nicht gefolgt werden, nach der die im Rahmen des § 34 StGB vorzunehmende Interessenabwägung schon deshalb eine aktive Beendigung des Lebens erlauben soll, weil der Wert des Lebens am Ende eines unaufhaltsam zum Tode führenden Krankheitsverlaufes erheblich gemindert sei. Ganz entschieden ist jeglichem

---

1375 Mayrhofer/Porges, Möglichkeiten und Grenzen der Schmerzausschaltung mittels Nervenblockaden in: Eser/Bringewat, Suizid und Euthanasie, S. 121 (122 f.); Falck, Sterbebegleitung aus der Sicht des Arztes in: Evang. Akademie Berlin, Begleitetes Sterben, S. 29 (30); Eid, Freie Verfügung über das eigene Leben ? in: Eid, Euthanasie oder soll man auf Verlangen töten ? S. 71 (86)

1376 Medizinisch-Ethische Richtlinien für die ärztliche Behandlung sterbender und cerebral schwerstgeschädigter Patienten, NJW 1996, 767 (768); vgl. hierzu auch oben C. II. 1. a.

1377 Stadler, Sterbehilfe, S. 154; Heifetz/Mangel, Das Recht zu sterben, S. 154; ernsthafte Zweifel daran, daß es überhaupt Situationen gibt, in denen unerträgliche Schmerzen des Patienten nicht zumindest auf ein "normales" Maß reduziert werden können, äußern auch Eser, Lebenserhaltungspflicht und Behandlungsabbruch aus rechtlicher Sicht in: Auer/Menzel/Eser, Zwischen Heilauftrag und Sterbehilfe, S. 75 (91); Eser, Sterbehilfe und Euthanasie in rechtlicher Sicht in: Eid, Euthanasie oder soll man auf Verlangen töten ? S. 45 (63); Möllering, Schutz des Lebens - Recht auf Sterben, S. 10 f., 40; nach Geilen lassen sich dagegen nicht beherrschbare Schmerzzustände im Endstadium mancher Krebsarten zumindest nicht ausschließen, Geilen, Euthanasie und Selbstbestimmung, S. 28 FN 50

Versuch entgegenzutreten, die Schutzwürdigkeit menschlichen Lebens von rein quantitativen Erwägungen im Sinne der einer Person mutmaßlich noch verbleibenden Lebenszeit abhängig zu machen. Andernfalls müßte man generell das Leben älterer gegenüber demjenigen jüngerer Menschen als geringerwertig einstufen. Dies aber wäre mit den verfassungsrechtlichen Garantien der Menschenwürde und des Lebensschutzes gem. Art. 1 und 2 Abs. 1 GG sowie der Gleichheitsgarantie des Art. 3 GG in keiner Weise in Einklang zu bringen. Dieser Schutz, den sicherzustellen eine der grundlegendsten Aufgaben des Strafrechts ist, verbietet jegliche Differenzierung und Bewertung menschlichen Lebens nach qualitativen oder quantitativen Kriterien,[1378] so daß Erwägungen, die sich auf die "Lebensfähigkeit" oder gar den "Lebenswert" beziehen, strafrechtlich zwingend jegliche Relevanz abzusprechen ist.

Allenfalls im Rahmen der internen Abwägung gegenläufiger Interessen einer Person kann es gerechtfertigt sein, das Rechtsgut Leben als relevanten Abwägungsfaktor zu betrachten, dem beispielsweise das Interesse des Patienten, schmerzfrei zu sein, gegenübergestellt werden kann. Hierauf wird im Rahmen der indirekten Sterbehilfe zurückzukommen sein. Geht man jedoch von der hier zugrunde gelegten Prämisse aus, daß es nicht mehr möglich ist, den Schmerz des Patienten wenigstens auf ein erträgliches Maß zu reduzieren, fehlt es von vornherein an einem schutzwürdigen lebzeitigen "internen" Interesse des Moribunden, das gegenüber dem Rechtsgut Leben abgewogen werden könnte.[1379]

[1378] Eser in: Schönke/Schröder, StGB, vor § 211 RNr. 14

[1379] die hiergegen vorgebrachte Erwägung v. Dellingshausens und Bades, im Falle der aktiven Sterbehilfe beispielsweise durch eine Überdosis Morphium fielen Tötungshandlung und Todeseintritt zeitlich nicht zusammen, vielmehr bewirke die Injektion, daß der Patient langsam in einen sanften Tod hinübergleite, so daß auch nach der letztlich todbringenden Handlung noch eine lebende Bezugsperson vorhanden sei, die das Nachlassen der Qualen auch empfinde (v. Dellingshausen, Sterbehilfe und Grenzen der Lebenserhaltungspflicht des Arztes, S. 289; Bade, Der Arzt an den Grenzen von Leben und Recht, S. 116), ist schon deshalb nicht überzeugend, weil sie das einheitliche Tötungsgeschehen zu Unrecht in verschiedene zeitliche Abschnitte unterteilt. Darüber hinaus erscheint es zumindest zweifelhaft, ob ein Patient, dem eine Überdosis Morphium injiziert worden ist, das Nachlassen des Schmerzes noch bewußt wahrzunehmen imstande ist. Schließlich aber könnte selbst dann, wenn man diese Frage bejahen wollte, allenfalls ein kurzer Moment der Schmerzfreiheit registriert werden, der im Rahmen der Interessenabwägung der bewußten und absichtlichen Vernichtung des Rechtsgutes Leben gegenübergestellt werden müßte. Ein überwiegendes Interesse des Patienten, für einen Augenblick das Nachlassen des Schmerzes zu empfinden, dürfte hierbei kaum angenommen werden können. Die Situation ist insbesondere auch nicht mit derjenigen der indirekten Sterbehilfe zu vergleichen, in der die (nach wie vor für möglich gehaltene) Schmerzbekämpfung allein Gegenstand des ärztlichen Bemühens ist und lediglich in Grenzbereichen das Risiko der unbeabsichtigten Nebenfolge des Todeseintritts in Kauf genommen wird. Dies gilt nicht nur im Hinblick auf die Motivation des Arztes, sondern auch in Bezug auf den Abwägungsgegenstand, da die Verpflichtung zur Schmerzbekämpfung in der Situation der indirekten Sterbehilfe nicht unmittelbar mit dem Verbot, den Patienten zu töten, sondern lediglich mit der Verpflichtung, das Leben des Patienten nicht unnötigen Risiken auszusetzen, kollidiert.

Als abwägungserhebliches Interesse des Patienten könnte allein zu berücksichtigen sein, daß durch das Hinübergehen in den Tod ein Zustand geschaffen wird, in dem die Kategorien Schmerz und Wohlbefinden wohl keine Rolle mehr spielen. Daß aber Gesichtspunkte, die keinen Bezug mehr zum diesseitigen Leben des Patienten haben, keine abwägungserheblichen Belange im Rahmen der Interessenabwägung nach § 34 StGB sein können, dürfte sich von selbst verstehen.

Im Ergebnis stimmen dem auch Möllering[1380] und Eser[1381] zu, die es für widersprüchlich halten, wenn die Person, der man helfen wolle, durch die Hilfsaktion selbst "liquidiert" werde. Es sei nicht hinnehmbar, daß die Schmerzlinderung nicht nur die Schmerzen beseitige, sondern auch den Leidenden und damit die Schutzperson selbst vernichte, der sie eigentlich dienen solle.[1382]

Der Ansatz Merkels sieht sich diesem Einwand in gleicher Weise ausgesetzt. Darüber hinaus bleibt bei ihm unklar, nach welchen praktisch handhabbaren Kriterien der Arzt darüber befinden soll, ob im Einzelfall ein überwiegendes Sterbensinteresse des Patienten anzuerkennen ist, und ob es darüber hinaus sogar moralisch geboten sein kann, ihn schnellstmöglich zu töten. In der Praxis freilich dürfte kaum ein Fall denkbar sein, in dem der Arzt gezwungen wäre, aktive Sterbehilfe anzuwenden, um dem Patienten unerträgliches Leid zu ersparen. Die indirekte Sterbehilfe stellt sich hier als milderes und daher eindeutig vorzuziehendes Mittel dar, mag auch zuzugeben sein, daß die Trennlinie zwischen der aktiven und der indirekten Sterbehilfe oft hauchdünn ist und der Unterschied zwischen beiden Bereichen vielfach allein in der mit der betreffenden Handlung verbundenen ärztlichen Intention begründet liegt.

Wenig überzeugend ist die Auffassung Ottos, der die Anwendung von Maßnahmen der aktiven Sterbehilfe mit dem Hinweis auf die Grenzen der Pflicht zur Lebenserhaltung unter bestimmten Voraussetzungen befürwortet. Er verkennt insbesondere, daß

1380 Möllering, Schutz des Lebens - Recht auf Sterben, S. 40

1381 Eser, Lebenserhaltungspflicht und Behandlungsabbruch aus rechtlicher Sicht in: Auer/Menzel/Eser, Zwischen Heilauftrag und Sterbehilfe, S. 75 (91); Eser, Sterbehilfe und Euthanasie aus rechtlicher Sicht in: Eid, Euthanasie oder soll man auf Verlangen töten ? S. 45 (63)

1382 Eser, Lebenserhaltungspflicht und Behandlungsabbruch aus rechtlicher Sicht in: Auer/Menzel/Eser, Zwischen Heilauftrag und Sterbehilfe, S. 75 (91); Eser, Sterbehilfe und Euthanasie in rechtlicher Sicht in: Eid, Euthanasie oder soll man auf Verlangen töten ? S. 45 (63); im Ergebnis gleichfalls gegen die Rechtfertigung der aktiven Sterbehilfe sprechen sich aus: Bockelmann, Strafrecht des Arztes, S. 24; Engisch, Aufklärung und Sterbehilfe bei Krebs in rechtlicher Sicht in: Festschrift für Bockelmann, S. 519 (536 f.); Geilen, Euthanasie und Selbstbestimmung, S. 29; Hanack, Euthanasie in strafrechtlicher Sicht in: Hiersche, Euthanasie, S. 121 (146 f.); Kreuzer, Ärztliche Hilfeleistungspflicht in der Sicht des Strafrechts in: Mergen, Die juristische Problematik in der Medizin, Bd. II, S. 217 (241); Niemann, Die privatautonome Gestaltung der ärztlichen Pflicht zur Erhaltung erlöschenden Lebens durch den Patienten, S. 123 f.

es in den Fällen der Tötung auf Verlangen nicht um das bloße Unterlassen der Lebenserhaltung geht, sondern vielmehr um einen unmittelbaren und aktiven Eingriff, der das andernfalls fortbestehende Leben vorzeitig zum Erlöschen bringt. Mögliche Grenzen der Lebenserhaltungspflicht aber sind erst im Zusammenhang mit den Fragen der passiven Sterbehilfe zu erörtern.[1383]

Der von Simson vorgetragenen Möglichkeit der Rechtfertigung des Arztes entsprechend den Grundsätzen der rechtfertigenden Pflichtenkollision steht schon entgegen, daß Voraussetzung für das Eingreifen dieses Rechtfertigungsgrundes stets die Kollision zweier den Täter treffenden Handlungspflichten ist.[1384] Die von Simson angeführte Verpflichtung zum Schutz des Lebens begründet in einer Situation, in der die Anwendung aktiver Sterbehilfe zur Diskussion steht, jedoch keinerlei Handlungspflichten, sie stellt sich vielmehr ihrem Inhalt nach als Verpflichtung zum Unterlassen eines Eingriffs in das Rechtsgut Leben dar. Der Rechtfertigungsgrund der rechtfertigenden Pflichtenkollision kommt daher nicht zum Zuge. Abgesehen davon aber ist der Gedanke Simsons, aktive Tötungshandlungen auch außerhalb eines konkreten Sterbeprozesses zu rechtfertigen, nicht akzeptabel, da er das Rechtsgut Leben hierdurch in erheblichem Maße verfügbar macht und die Gefahr begründet, daß die Achtung vor ihm nach und nach schwindet.

Das Abstellen auf die Unzumutbarkeit normgemäßen Verhaltens kommt in den Fällen der aktiven Sterbehilfe ebenfalls nicht in Betracht. Dieser übergesetzliche Entschuldigungsgrund ist im Bereich der vorsätzlichen Begehungsdelikte nicht anzuerkennen, weil hier Maßstäbe der Unzumutbarkeit außerhalb der anerkannten Entschuldigungsgründe fehlen und die generelle Befürwortung eines derart vagen, in Voraussetzungen und Grenzen unbestimmten Entschuldigungsgrundes der Rechtsunsicherheit Tür und Tor öffnen würde.[1385]

Ferner ist das einseitige Abstellen auf den möglicherweise übermächtigen Motivationsdruck, dem der Arzt oder ein Dritter ausgesetzt sein und durch den sie sich veranlaßt sehen könnten, das Leben und damit das Leiden des Patienten aktiv vorzeitig zu beenden, nicht geeignet, eine solche Handlung zu entschuldigen. Voraussetzung jeder Notstandstat ist sowohl eine Reduzierung des Erfolgs- als auch des Hand-

---

[1383] vgl. hierzu C. III. 1. e.

[1384] Lenckner, Der Grundsatz der Güterabwägung, GA 1985, S. 295 (312); Beckert, Strafrechtliche Probleme um Suizidbeteiligung und Sterbehilfe, S. 319

[1385] Rudolphi in: Systematischer Kommentar, StGB, vor § 19 RNr. 10; Wessels/Beulke, Strafrecht AT, § 10 RNr. 451; Achenbach,Wiederbelebung der allgemeinen Nichtzumutbarkeitsklausel, JR 1975, 492 (496); RGSt 66, 397 (399) lungsunwertes der Tat.[1386] Nur wenn das so verminderte Unrecht eine gewisse Grenze unterschreitet, ist als weiterer, speziell den Schuldgehalt betreffender Milderungsgrund die besondere psychische Ausnahmesituation des Täters und die damit verbundene Einengung seiner Motivationsfreiheit beachtlich. Berücksichtigt wird insoweit, daß die Tat nicht in gleichem Maße Ausdruck einer tadelnswerten Gesinnung des Täters ist, als dies ohne die Konfliktslage der Fall wäre. Nur das Zusammenspiel aller genannten Umstände kann zu einer solchen Reduzierung von Unrecht und Schuld führen, daß die Rechtsordnung von der Erhebung des strafrechtlichen Schuldvorwurfes absehen kann.[1387] Das bloße Abstellen auf die psychische Zwangslage des Arztes würde somit dem System der gesetzlichen Entschuldigungsgründe zuwiderlaufen, so daß für ihn eine Berufung auf die Unzumutbarkeit normgemäßen Verhaltens nicht in Betracht kommt.

In gleicher Weise würde die Anerkennung eines unmittelbar aus Art. 4 Abs. 1 GG unter dem Gesichtspunkt der Gewissensfreiheit abgeleiteten Entschuldigungsgrundes letztlich dazu führen, daß die psychische Zwangssituation des Täters ausreichen würde, um seine Schuld zu verneinen.[1388] Abgesehen davon, daß es unmöglich wäre, auf objektiver Tatsachengrundlage mit Bestimmtheit festzustellen, ob im konkreten Einzelfall eine "die Persönlichkeit des Täters zerstörende Situation" vorlag, deren Vermeidung allein die Entschuldigung des Täters begründen könnte,[1389] sprechen zumindest im Bereich der vorsätzlichen Begehungsdelikte gegen ein Abstellen auf Gewissensentscheidungen des Täters auch die bereits erörterten Gesichtspunkte, die der Zuerkennung eines rechtsfreien Raumes für die Frage der aktiven Sterbehilfe entgegenstehen. Insbesondere sind hier die Gefahr des Erstarkens mit Mitteln des Rechts nicht mehr beherrschbarer, extrem liberaler oder gar radikaler Anschauungen, die Gefahr der Manipulation des einzelnen durch bestimmte meinungsbildende gesellschaftliche Kräfte sowie die Gefahr der mangelnden Berechenbarkeit des ärztlichen Verhaltens gegenüber dem Patienten mitsamt der damit einhergehenden negativen Begleiterscheinungen der Rechtsunsicherheit, der Rechtlosstellung des Patienten und nicht zuletzt der Zerstörung des Vertrauensverhältnises zwischen Arzt und Patient zu nennen.

Der Ansicht von Dellingshausens wiederum, die eine Entschuldigung des Arztes unter Berufung auf einen übergesetzlichen entschuldigenden Notstand annimmt, ist

---

1386 Rudolphi, Ist die Teilnahme an einer Notstandstat i.S.d. §§ 52, 53 Abs. 3 und 54 StGB strafbar ? ZStW 78 (1966), S. 67 (82 f.)

1387 v. Dellingshausen, Sterbehilfe und Lebenserhaltungspflicht des Arztes, S. 329

1388 Lenckner in: Schönke/Schröder, StGB, vor §§ 32 ff., RNr. 119

1389 v. Dellingshausen, Sterbehilfe und Lebenserhaltungspflicht des Arztes, S. 336

zwar zuzugeben, daß das von ihr vorausgesetzte besonders schwere und nicht behebbare Leiden eines Patienten in der Tat eine schwer zu lösende Konfliktsituation für den Arzt zu begründen vermag. Die gezogene Schlußfolgerung, den Arzt von jeder Schuld freizusprechen, ist jedoch schon deshalb nicht konsequent, weil sie selbst nur von einer wesentlichen Minderung der Schuld des Täters, nicht aber von ihrem Entfallen ausgeht. Verbleibt aber eine - wenn auch möglicherweise geringe - Restschuld, so kann dies nicht bereits im Bereich der Entschuldigungsgründe, sondern erst auf Strafzumessungsebene Berücksichtigung finden.

Darüber hinaus ist die Annahme, bei der Durchführung der aktiven Sterbehilfe erhalte der Arzt für kurze Zeit das körperliche Wohlbefinden des Patienten und schütze sein Interesse an der Beendigung unerträglicher Schmerzen, nicht unerheblichen Bedenken ausgesetzt. Es ist schon zweifelhaft, ob man davon ausgehen kann, daß derjenige Patient, dem beispielsweise eine Überdosis Morphium injiziert wird, noch vor dem Eintritt des Todes für einen relevanten Zeitraum das Nachlassen des Schmerzes bewußt empfindet. Sofern es aber möglich ist, durch die erhöhte Gabe von Schmerzmitteln für einen gewissen - wenn auch kurzen - Zeitraum einen für den Patienten erträglichen Zustand herbeizuführen, bedeutet dies zugleich, daß der Arzt sein Handeln durchaus noch auf Maßnahmen der indirekten Sterbehilfe beschränken kann. Wenn nämlich das in Frage stehende Schmerzmittel dem Grunde nach geeignet ist, den Schmerz zu beseitigen oder ihn doch zumindest auf ein erträgliches Maß zu reduzieren und lediglich die Höhe der hierzu erforderlichen Dosis unklar ist, ist es dem Arzt durchaus möglich und zumutbar, durch die vorsichtige Steigerung der Dosen des verabreichten Schmerzmittels herauszufinden, ab welchem Zeitpunkt dieses seine Wirkung zu entfalten beginnt. Stößt er dabei in Bereiche vor, in denen die weitere Erhöhung der Dosis zugleich mit der Gefahr des Todeseintritts verbunden ist, so ist sein Handeln in diesem Falle doch allein von dem Bemühen getragen, den Schmerz zu lindern. Der mögliche Todeseintritt bleibt dessen unbeabsichtigte und letztlich unvermeidbare Nebenfolge. Dem Arzt wird es aber stets möglich sein, die Schmerzmitteldosen jeweils so vorsichtig zu erhöhen, daß sich im vorhinein niemals mit Sicherheit voraussehen läßt, ob sich die nächste Injektion letal auswirken wird. Lediglich das diesbezügliche Risiko wächst stetig an.

Mag der Unterschied zwischen der aktiven und der indirekten Sterbehilfe somit im Hinblick auf die todbringende Spritze auch lediglich in der Motivation des Arztes begründet liegen, so gewinnt diese doch für die Bewertung des Unrechtsgehaltes der

Tat maßgebliche Bedeutung. Hierauf wird bei der Erörterung der Maßnahmen der indirekten Sterbehilfe zurückzukommen sein.[1390]

Sofern von Dellingshausen jedoch den Erfolgswert der Tat darin sieht, daß der Arzt das Interesse des Patienten an der Beendigung seiner unerträglichen Qualen geschützt habe, wurde bereits darauf hingewiesen, daß es widersprüchlich ist, die Person, der man helfen will, durch die Vornahme der Hilfsmaßnahme zugleich zu töten. Den Patienten von Schmerzen durch die Herbeiführung seines Todes zu befreien, kann darüber hinaus auch schwerlich als Erfolg bezeichnet werden.

Ferner scheint die Situation der aktiven Sterbehilfe nicht mit den Fällen vergleichbar zu sein, anhand derer in der Literatur der Entschuldigungsgrund des übergesetzlichen Notstandes entwickelt wurde. Hierbei handelte es sich um die Fälle der sog. "Euthanasie"-Ärzte, die zur Zeit des Nationalsozialismus eine geringere Anzahl der ihnen anvertrauten Patienten der Tötung preisgaben, um wenigstens die übrigen vor der Vernichtung durch die Handlanger des NS-Regimes zu bewahren.[1391] Das Schrifttum dehnte die Anwendung des Entschuldigungsgrundes später allgemein auf solche Notstandssituationen aus, in denen Leben gegen Leben steht und das von dem Täter angerichtete Unheil im Verhältnis zu dem durch die Tat verhinderten das wesentlich geringere Übel darstellt (quantitativer Lebensnotstand).[1392] Im Falle der aktiven Sterbehilfe aber steht dem Tod des Patienten kein relevanter Vorteil gegenüber, der jenem gegenüber als wesentlich höherwertig bezeichnet werden könnte. Dies war bereits im Rahmen der Interessenabwägung zu § 34 StGB festgestellt worden.

Zweifelhaft ist schließlich die Auffassung von Dellingshausens, das erlöschende Leben des Patienten sei weniger schutzwürdig als das eines gesunden Menschen. Selbst wenn sie im gleichen Atemzug betont, daß nicht zugleich von einer Wertminderung des Lebens auszugehen sei, so bleibt doch zumindest unklar, worin der Unterschied zwischen dem "Wert" und der "Schutzwürdigkeit" des Lebens bestehen soll. Jedenfalls scheint sie davon auszugehen, daß es Situationen gebe, in denen das Leben eines Menschen nicht mehr wert sei, erhalten zu werden und einer akti-

---

[1390] vgl. hierzu C. II. 6.

[1391] v. Dellingshausen, Sterbehilfe und Grenzen der Lebenserhaltungspflicht des Arztes, S. 338; Teile der strafrechtlichen Literatur haben in diesen Fällen jedoch nur einen bloßen Strafausschließungsgrund angenommen: Oehler, Die Achtung vor dem Leben und die Notstandshandlung, JR 1951, 489 (493); Peters, Zur Lehre von den persönlichen Strafausschließungsgründen, JR 1949, 496 (497); für bloße Strafmilderung Spendel, Der conditio qua non Gedanke als Strafmilderungsgrund in: Festschrift für Engisch, S. 509 (525)

[1392] Lenckner in: Schönke/Schröder, StGB, § 34 RNr. 24

ven Vernichtung ausgesetzt werden dürfe. Da sie jedoch diese Fälle nicht näher umschreibt, ist ihr Vorschlag mangels Bestimmtheit als für die Praxis untauglich abzulehnen. Würde man die Auslegung des vagen Begriff des vermindert schutzwürdigen Lebens den Ärzten und Gerichten überlassen, so bestünde die ernsthafte Gefahr einer nicht unerheblichen und nicht vorhersehbaren Ausweitung der aktiven Sterbehilfe. Niemand wäre wohl in der Lage, für die Zukunft verbindlich und klar die Grenze zu bestimmen, jenseits derer von einem unlösbaren Gewissenskonflikt des Arztes auszugehen wäre. Es würde sich zudem die Frage erheben, weshalb der Arzt nur bei einem sterbenden Patienten, nicht aber auch bei anderen, die schweres Leid zu tragen haben, entschuldigt sein sollte, wenn er diese auf ihr Verlangen hin tötet.

bb. Kritik an der Lehre Peter Singers

(1) Unvereinbarkeit der Relativierung des Lebensschutzes mit dem Wertesystem des Grundgesetzes

Zentral für die Lehre des Präferenz-Utilitarismus in der von Singer propagierten Form ist die Aufwertung des Tierschutzes und die gleichzeitige Abwertung des menschlichen Lebens. Weil dieses Leben für Singer keinen Wert an sich hat und nicht Selbstzweck ist, sondern lediglich als Träger von "Interessen" Schutz verdient, wird es zum Gegenstand einer bloßen Kosten-Nutzen-Analyse. Leben, das keine Interessen - sei es der betreffenden Person selbst oder außenstehender Dritter - mehr zu befriedigen vermag, verliert seine Existenzberechtigung und wird vogelfrei.

Dieser Ansatz ist schon deshalb nicht akzeptabel, weil er in unüberbrückbarem Widerspruch steht zu den Werten, die tief in unserer Gesellschaft und in unserer Rechtsordnung verankert sind und das Ergebnis einer jahrtausendelangen Entwicklung westlicher Zivilisation darstellen. Die Lehre Singers fordert uns letztlich auf, die Grundlagen unserer Gesellschaftsordnung über Bord zu werfen und der Befriedigung irgendwelcher - nicht näher definierter - Interessen nachzujagen, um auf diese Weise die allgemeine Kosten-Nutzen-Bilanz des Gemeinwesens positiver zu gestalten. Abgesehen davon, daß die Befolgung der Lehre - wie noch zu zeigen sein wird - niemals zu dem erwünschten Ergebnis führen könnte, bleibt sie eine plausible Erklärung dafür schuldig, weshalb sie statt des menschlichen Lebens ein wie auch immer geartetes Glücksempfinden als höchsten Wert verabsolutiert und dadurch das Interesse der Mehrheit zum ausschlaggebenden Faktor des gesellschaftlichen Lebens erhebt. Gänzlich unberücksichtigt bleibt darüber hinaus, ob es auf der Grundlage des Präferenz-Utilitarismus überhaupt allgemeinverbindliche Werte geben kann, ob die Festlegung solcher Werte als Grundlage des Glücksstrebens wünschenswert ist, und welche Folgen es für die Gesellschaft haben würde, wenn eine solche gemeinschaftliche Basis verloren ginge.

Zutreffend erkennt Singer allein, daß unsere heutige Auffassung von dem menschlichen Leben und seiner Würde als den höchsten Werten unserer Rechts- und Gesellschaftsordnung maßgeblich auf den Einfluß des Christentums zurückzuführen ist. Nach christlicher Lehre ist das menschliche Leben heilig, weil es von seinem Beginn an der Schöpfermacht Gottes bedürfe und für immer in einer besonderen Beziehung zu seinem Schöpfer bleibe, seinem einzigen Ziel.[1393] Die Würde des Menschen wurzele in seiner Erschaffung nach Gottes Bild und Ähnlichkeit[1394] sowie in seiner Beziehung zu Gott.[1395] In Christus, dem Erlöser und Retter, sei das durch die Ursünde entstellte göttliche Abbild im Menschen wiederhergestellt und durch die Gnade Gottes veredelt worden.[1396] Weil der Mensch eine geistige und unsterbliche Seele besitze, sei er auf Erden das einzige Geschöpf, das Gott um seiner selbst willen gewollt habe[1397] und das an der Kraft des göttlichen Geistes teilhabe.[1398] Die Gottesebenbildlichkeit könne somit nicht auf Fähigkeiten des Menschen oder seine Taten zurückgeführt werden, sondern sei allein in Gottes besonderer Zuwendung zum Menschen begründete Gabe Gottes.[1399] Da nur Gott der Herr des Lebens von seinem Anfang bis zu seinem Ende und das Leben dem Menschen zu treuer Verwaltung bzw. als Leihgabe anvertraut sei,[1400] dürfe sich niemand das Recht anmaßen, ein

---

1393 Katechismus der katholischen Kirche, RNr. 2258

1394 Die Bibel, Buch Genesis 1, 26-27 sowie 9, 6; Papst Johannes Paul II., Enzyklika Evangelium vitae, S. 50; Kopfensteiner, Sanctity of life in: Holderegger, Das medizinisch assistierte Sterben, S. 192 (194)

1395 Auer, Die Unverfügbarkeit des Lebens in: Auer/Menzel/Eser, Zwischen Heilauftrag und Sterbehilfe, S. 1 (20); Eibach, Sterbehilfe - Tötung auf Verlangen ? S. 59 f.: Die Würde des Menschen gründe nicht darin, daß er über dem Tier stehe, sondern darin, daß er in besonderer Weise unter Gott stehe, daß Gott ihn zu seinem Partner erwählt und geschaffen und zu ewiger Gemeinschaft mit sich bestimmt habe. Ebenso Eibach, Menschenwürde und Menschenrechte schwerstpflegebedürftiger Menschen in: Diak. Werk der Evang. Kirche von Westfalen, Ausweg Euthanasie ? S. 14 (19)

1396 Katechismus der katholischen Kirche, RNr. 1701

1397 Katechismus der katholischen Kirche, RNr. 1703

1398 Katechismus der katholischen Kirche, RNr. 1704

1399 Eibach, Sterbehilfe - Tötung auf Verlangen ? S. 59

1400 Papst Pius XII., Ansprache an Frauen vom 11.09.1947 in: Papst Pius IX - Papst Pius XII. Katholische Soziallehre, Bd. 1, S. 114 f.; Häring, Moraltheologische Überlegungen zu Suizid und Euthanasie in: Eser/Bringewat, Suizid und Euthanasie, S. 261 (263); Eibach, Thesen zur Diskussion um die sogenannte Euthanasie in: Eser/Bringewat, Suizid und Euthanasie, S. 245 (247); Auer, Das Recht des Menschen auf einen "natürlichen" Tod in: Eser/Bringewat, Suizid und Euthanasie, S. 250 (252 f.); Honecker, Euthanasie aus der Sicht der Theologie in: Aulbert/Klaschik/Pichlmaier, Palliativmedizin - Die Alternative zur Sterbehilfe, S. 31(35); Wagner, Euthanasie, Zeitschrift für medizinische Ethik 39 (1993), S. 87; Demmer, Handeln als Einüben des Sterbens in: Holderegger, Das medizinisch assistierte Sterben, S. 175 (177) unschuldiges menschliches Wesen direkt zu zerstören.[1401] Weil Gott zum Menschen Ja sage, bleibe dieser stets Mensch und könne weder durch Krankheit noch durch Alter oder völligen geistigen Verfall zum "Nichtmenschen" herabsinken.[1402] Daß Gott der Schöpfer, Erhalter und Erlöser des Lebens sei, mache auch das armseligste Leben vor Gott lebenswert.[1403] Dies finde seine Bestätigung nicht zuletzt darin, daß sich Jesus gerade der Schwachen, Kranken und von der Gesellschaft Ausgestoßenen angenommen und ihnen das Reich Gottes verheißen habe.[1404] Schließlich sei er dadurch, daß er den gewaltsamen Kreuzestod voller Schmerzen[1405] erlitten habe, zum wahren Ebenbild Gottes geworden,[1406] das für das christliche Verständnis der Gottebenbildlichkeit des Menschen nicht ohne Folgen bleiben könne.[1407]

Die Auffassung von der "Heiligkeit des menschlichen Lebens" ist in unserer Gesellschaft jedoch nicht allein Ausdruck der spezifisch religiösen Einstellung einzelner, sondern zugleich elementarer Bestandteil einer in allen westlichen Kulturen verankerten und akzeptierten weltlichen Ethik, die die Grundlage unseres verfassungs-

---

1401 Katechismus der katholischen Kirche, RNr. 2258; Papst Johannes Paul II., Enzyklika Evangelium vitae, S. 50 f., 89; Sekretariat der Deutschen Bischofskonferenz, Erklärung der Kongregation für die Glaubenslehre zur Euthanasie, S. 7 f.; Gemeinsame Erklärung des Rates der Evangelischen Kirche in Deutschland und der Deutschen Bischofskonferenz "Gott ist ein Freund des Lebens" vom 30.11.1989, abgedruckt in: Koch, Landesbericht Bundesrepublik Deutschland in: Eser/Koch, Materialien zur Sterbehilfe, S. 31 (167); Deutsche Bischofskonferenz, Das Lebensrecht des Menschen und die Euthansie, S. 6, 8; Erklärung des Ständigen Rates der Französischen Bischofskonferenz, abgedruckt in: Holderegger, Das medizinisch assistierte Sterben, S. 413 (419); Kruse/Stoll/Wilckens, Das Leben ist eine Gabe Gottes - Erklärung der drei nordelbischen Bischöfe in: Weber, Wer nicht paßt, muß sterben, S. 21; Koch, Sterbehilfe, S. 21

1402 Auer, Die Unverfügbarkeit des Lebens in: Auer/Menzel/Eser, Zwischen Heilauftrag und Sterbehilfe, S. 1 (20); Eibach, Sterbehilfe - Tötung auf Verlangen ? S. 60

1403 Bonhoeffer, Ethik, S. 108 f.; Gründel, Euthanasie aus Mitleid ? in: Gose/Hoffmann/Wirtz, Aktive Sterbehilfe ? S. 89 (92); Koch, Sterbehilfe, S. 25; Gründel, Probleme des Lebensschutzes in: Blaha/Gutjahr-Löser/Niebler, Schutz des Lebens - Recht auf Tod, S. 11 (12); Nüchtern, Herr über Leben und Tod in: Evang. Akademie Baden, Sterbehilfe, S. 106 (109); Eibach, Sterbehilfe - Tötung auf Verlangen ? S. 60: Der Begriff "lebensunwertes Leben" sei christlich gesehen nicht denkbar, weil der Mensch sich damit ein Bewertungs- und Verfügungsrecht über menschliches Leben anmaßen würde, das Gott allein zustehe.

1404 Die Bibel, Mt 5, 3ff; Lk 14, 21; 1 Kor 1, 25-27

1405 Die Bibel, Jes 53, 3 f

1406 Die Bibel, Kol 1, 15; 3,10; Hebr 1,3

1407 Eibach, Sterbehilfe - Tötung aus Mitleid ? S. 56 f., der zugleich darauf hinweist, daß hierdurch nicht Krankheit und Behinderung zu gottgewollten Formen des Lebens oder gar als der Gesundheit vorzuziehende höhere Werte stilisiert würden. Das Kreuz Christi könne nicht als Verklärung des kranken Menschseins gedeutet werden, sondern sei allein Ausdruck dafür, daß Gott gegen Sünde und Elend an seiner Schöpfung festhalte und ihr die Erlösung und darin die Vollendung verheiße. Es sei daher theologisch weder möglich, dem zerrütteten Leben einen besonderen Wert beizumessen, noch von einer möglichen oder tatsächlichen innerweltlichen Sinnlosigkeit von Leiden und Behinderung auf die Sinnlosigkeit und damit Wertlosigkeit des Lebens an sich zu schließen. Denn andernfalls werde nicht mehr zwischen Krankheit und Leben unterschieden, so daß der Mensch nur noch nach seiner Krankheit und nicht mehr unter dem Gesichtspunkt des Geschöpfseins und der ihm von Gott verliehenen Würde beurteilt würde.

rechtlichen Wertesystems bildet.[1408] In dieser säkularisierten Betrachtungsweise ist der Begriff der "Heiligkeit" des Lebens als Synonym für seine Unantastbarkeit und seinen unbedingten Achtungsanspruch gegenüber aller staatlichen Gewalt und den ihr Unterworfenen zu verstehen.[1409]

Das Grundgesetz hat dem dadurch Rechnung getragen, daß es den Schutz der Menschenwürde an den Anfang der Verfassung gestellt und dadurch dokumentiert hat, daß in Umkehr des nationalsozialistischen Leitsatzes: "Der einzelne ist nichts und der Staat (oder die Gemeinschaft) ist alles" nach seiner Ordnung an erster Stelle der Mensch steht und dann erst der Staat.[1410] Das Grundgesetz ist somit gerade im Hinblick auf die Betonung der Menschenwürde das Ergebnis geschichtlicher Fehlentwicklungen und soll verhindern, daß Menschen ausschließlich unter utilitären und instrumentalisierenden Gesichtspunkten betrachtet werden. Der Mensch ist kraft seiner Existenz Selbstzweck.[1411] Das Grundgesetz steht insofern unmittelbar in der Tradition der Lehre Kants,[1412] der bereits in der "Selbstzwecklichkeit des Menschen" dessen Würde begründet sah.[1413]

Dadurch, daß Art. 1 GG gem. Art. 79 Abs. 3 GG nicht im Wege einer Verfassungsänderung eingeschränkt werden darf, wurde die Würde des Menschen zum obersten Wert des Grundgesetzes erhoben, der unantastbar vor aller staatlichen Gewalt zu schützen ist. Art. 1 GG enthält eine elementare Grundentscheidung für das gesamte Grundrechts- und Staatsverständnis.[1414] Daraus wiederum folgt, daß Art. 1 GG alle anderen Bestimmungen des Grundgesetzes durchdringt, die vielfach Ausfluß des Schutzes der Menschenwürde und daher stets im Lichte dieses tragenden Verfassungsprinzips zu interpretieren sind.[1415] Die Menschenwürde ist vor diesem Hinter-

---

[1408] Schöttler, Menschenrechte für jeden oder "Sterbehilfe" vom Anfang bis ans Ende ? S. 10; Auer, Die Unverfügbarkeit des Lebens in: Auer/Menzel/Eser, Zwischen Heilauftrag und Sterbehilfe, S. 1 (13)

[1409] Zimmermann-Acklin, Euthanasie, S. 224; Kuhse, Die Lehre von der Heiligkeit des Lebens in: Leist, Um Leben und Tod, S. 75 (77 f.)

[1410] Jarass in: Jarass/Pieroth, GG, Art. 1 RNr. 1

[1411] Bastian, Vom "Lebens-Wert" oder: Droht uns die Welttriage ? in: Christoph/Illiger, Notwehr gegen die neue Euthanasie, S. 14 (22 f.); Wellach, Die historische Irrationalität des Utilitarismus in: Christoph/Illiger, Notwehr gegen die neue Euthanasie, S. 92 (100); Honnefelder, Philosophisch-ethische Überlegungen zur Sterbehilfe in: Aulbert/Klaschik/Pichlmaier, Palliativmedizin - Die Alternative zur Sterbehilfe, S. 23 (27); Degener, Euthanasie - Tötung auf wessen Verlangen ? in: Daub/Wunder, Des Lebens Wert, S. 77 (82)

[1412] Ratschow, Wenn Sterbehilfe töten darf, S. 31

[1413] Kant, Kritik der praktischen Vernunft, S. 209

[1414] BVerfGE 32, 98 (108); BVerfGE 50, 166 (175); BVerfGE 54, 341 (357)

[1415] BVerfGE 6, 32 (36); BVerfGE 35, 203 (225)

grund das Ur-Recht, der Quell aller Rechte, auf den der einzelne nicht verzichten kann.[1416]

Träger des Grundrechts der Menschenwürde sind aber unstreitig alle Menschen, insbesondere auch Kinder und Geisteskranke[1417]. Jegliche Differenzierung nach Fähigkeiten, Leistungen oder gesellschaftlichem Nutzen ist unserer Rechtsordnung von vornherein fremd und kann auch nicht zum Ausgangspunkt für eine Bewertung des individuellen Lebenswertes und der Schutzbedürftigkeit des einzelnen Lebens gewählt werden. Menschliches Leben hat keinen Wert, der auf irgendeine Weise berechnet werden könnte. Es ist vielmehr Grundbedingung dafür, daß irgendetwas überhaupt Wert haben kann, und deshalb generell jeglicher Abwägung entzogen.[1418]

Dieser aus der Menschenwürde sich unmittelbar herleitende überragende Wert des menschlichen Lebens spiegelt sich in dem umfassenden Tötungsverbot gemäß den §§ 211 ff. StGB wider, das selbst dann Geltung beansprucht, wenn der einzelne freiwillig und ernstlich auf den Schutz seines Lebens verzichtet (§ 216 StGB).

Der Grund für dieses Tötungsverbot liegt nicht in einer möglichen Verpflichtung des einzelnen gegenüber der Gesellschaft zum Weiterleben. Zwar ist im einzelnen umstritten, ob das Leben des einzelnen jedenfalls auch als Rechtsgut der Allgemeinheit[1419] oder lediglich als Individualrechtsgut anzusehen ist, das der (uneingeschränkten) Disposition des Rechtsgutträgers entzogen ist,[1420] jedoch kann hieraus zumindest nicht ein Tötungsverbot im Interesse der Allgemeinheit hergeleitet werden.[1421] Zum einen stünde ein solchermaßen begründetes Tötungsverbot unter dem fragwürdigen Vorbehalt, daß der Staat einmal das Interesse an dem Weiterleben bestimmter Bevölkerungsgruppen verlieren könnte. Zum anderen wäre eine so begründete Pflicht des einzelnen zur Fortexistenz nicht mit seiner Menschenwürde und den Grundsätzen der freiheitlichen demokratischen Grundordnung, der das

---

1416 Nickl, Utilitarismus und Ethik in: Christoph/Illiger, Notwehr gegen die neue Euthanasie, S. 30 (38)

1417 BVerfGE 74, 102 (124 f.)

1418 Spaemann, Geleitwort in: Bastian, Denken - schreiben - töten, S. 7 (8); Löw, Philosophische Aspekte der Behindertenproblematik in: Bastian, Denken - schreiben - töten, S. 83 (89); Laber, Die rechtlichen Probleme der Früheuthanasie, MedR 1990, S. 182 (183); H. Ehrhardt, Euthanasie in: Göppinger, Arzt und Recht, S. 96 (120)

1419 BGHSt 4, 88 (93); Hirsch, Einwilligung und Selbstbestimmung in: Festschrift für Welzel, S. 775 (776 ff.)

1420 Arzt, Die Delikte gegen das Leben, ZStW 83 (1971), S. 1 (36); Lenckner in: Schönke/Schröder, StGB, vor §§ 32 ff. RNr. 36; Kühl in: Lackner/Kühl, StGB, vor § 32 RNr. 14

1421 so aber Schmidhäuser, Selbstmord und Beteiligung am Selbstmord in strafrechtlicher Sicht in: Festschrift für Welzel, S. 801 (817) mit der Begründung, ein Gemeinwesen, das sich selbst ernst nehme, könne seine Existenz nicht in das Belieben aller einzelnen stellen; zustimmend auch Klinkenberg, Die Rechtspflicht zum Weiterleben und ihre Grenzen, JR 1978, 441 (443 f.); Roellecke, Gibt es ein Recht auf den Tod ? in: Eser/Bringewat, Suizid und Euthanasie, S. 336 (340)

Menschenbild der eigenverantwortlichen Persönlichkeit zugrundeliegt,[1422] zu vereinbaren, würde er doch so letztlich zu einem Faktor staatlicher Menschenplanung und damit zum bloßen Objekt staatlichen Handelns herabgewürdigt werden.[1423]

Bei dem umfassenden Tötungsverbot der §§ 211 ff. StGB, insbesondere aber des § 216 StGB geht es vielmehr um die Wahrung des Respekts vor dem Leben Dritter. Nicht nur die Erhaltung des individuellen Lebens, sondern die "Idee des Lebens an sich" steht auf dem Spiel. Im Interesse der Achtung vor dem Leben der Mitmenschen ist fremdes Leben daher grundsätzlich zu tabuisieren.[1424]

All dies läßt Singer unbeachtet, indem er die in den Verfassungen der westlichen Welt festgeschriebene unbedingte Achtung vor dem menschlichen Leben schlichtweg als nicht rational begründbares Überbleibsel einer längst überholten, christlich geprägten Tradition des Abendlandes abqualifiziert, der für das Zusammenleben heutiger Generationen keinerlei Bedeutung beizumessen sei.[1425]

Dabei scheint selbst Singer zunächst durch die Erhebung der Gleichheit aller Menschen zum grundlegenden Prinzip jegliche Differenzierung des Lebenswertes abzulehnen. Zu Recht distanziert er sich in diesem Zusammenhang von jeder Form des Rassismus und sonstiger Diskriminierungen einzelner Bevölkerungsgruppen mit dem Hinweis, individuelle Fähigkeiten oder Merkmale könnten eine unterschiedliche Behandlung nicht rechtfertigen.

Auch die von ihm erhobene Forderung nach einem besseren Schutz der Tiere und deren artgerechterer Haltung ist durchaus vernünftig und nachvollziehbar.

1422 BVerfGE 32, 98 (107)

1423 v. Dellingshausen, Sterbehilfe und Grenzen der Lebenserhaltungspflicht des Arztes, S. 204; das Individuum ist zwar dem Staat und den anderen verpflichtet, so lange es lebt, es ist ihnen aber nicht verpflichtet zu leben (Gallas, Strafbares Unterlassen im Fall einer Selbsttötung, JZ 1960, 649, 654; Schwabe, Glaubensfreiheit und Pflicht zur Hilfeleistung, JuS 1972, 380, 384).

1424 Peters, Die Tötung von Menschen in Notsituationen, JR 1950, 742 (743); Möllering, Schutz des Lebens - Recht auf Sterben, S. 29; v. Dellingshausen, Sterbehilfe und Grenzen der Lebenserhaltungspflicht des Arztes, S. 210

1425 Während Singer bestrebt ist, durch die Überwindung "der Religion an sich" die Tötungslegitimation in der modernen Welt zu begründen, war die von der Reichsregierung zur Zeit des Nationalsozialismus verbreitete Propaganda darauf ausgerichtet, das Tötungstabu mit jüdischem Gedankengut gleichzusetzen und damit für unbeachtlich zu erklären. So ließ man zu damaliger Zeit verlauten, das 5. Gebot: Du sollst nicht töten, sei überhaupt kein Gebot Gottes, sondern eine jüdische Erfindung. Mag sich das "Feindbild" Singers von dem des Nationalsozialismus auch geringfügig unterscheiden, so kann doch schon an dieser Stelle die verblüffende Ähnlichkeit der Argumentationsstruktur nicht übersehen werden.

Das von Singer propagierte Ideal der Gleichheit wird jedoch in vollem Umfange dadurch ausgehöhlt und in sein Gegenteil verkehrt, daß er eine qualitative Unterscheidung zwischen den Interessen und dem Lebenswert von sog. Personen und Nichtpersonen trifft, wobei die einer "Person" in der Terminologie Singers zugeschriebenen Eigenschaften und Fähigkeiten nach dem allgemeinen Sprachgebrauch wohl allein die einer Person zukommende Persönlichkeit charakterisieren dürften.

Die Trennungslinie zwischen Mensch und Tier wird aufgehoben, einige Tiere werden zu Personen erhoben und erhalten ein Recht auf Leben, Kleinkinder, geistig Behinderte und Bewußtlose dagegen verlieren es und sinken auf die Stufe bloß empfindungsfähiger Lebewesen herab. Die Ungleichbehandlung der Menschen wird hierdurch nicht nur ermöglicht, sondern durch die Unterscheidung zwischen denjenigen, die ein Recht auf Leben haben und denjenigen, denen es abzusprechen ist, sogar geradezu gefordert. Diese Erkenntnis aber entlarvt Singers Postulat von der Gleichbehandlung aller Menschen als eine seine wahren Ziele verschleiernde Worthülse ohne jeglichen sachlichen Gehalt.

Singers Kategorie der Person als Meßlatte für den Lebenswert unterscheidet sich zwar inhaltlich von den von ihm kritisierten rassistischen und sexistischen Anschauungen. Dies vermag jedoch nicht darüber hinwegzutäuschen, daß es sich bei diesem Kriterium um ein gleichfalls willkürlich gewähltes handelt, das jeglicher rationalen Begründung entbehrt. Es drängt sich hier die Frage auf, weshalb gerade die Fähigkeit, selbstbewußt die eigene Zukunft planen zu können, das Kriterium sein sollte, das allein den Wert des Lebens ausmacht. Könnte man nicht genauso gut das Recht auf Leben beispielsweise von einem bestimmten Intelligenzquotienten oder von dem Vorhandensein bestimmter handwerklicher, technischer oder sonstiger Fertigkeiten abhängig machen, unterhalb derer die Möglichkeiten eines Menschen als so gering eingestuft werden müßten, daß sein Leben als "elend" und "nicht lebenswert" im Sinne der Singer´schen Philosophie zu gelten hätte ?

Bereits durch die Einführung der Kategorie der "Person", die damit verbundene qualitative Differenzierung des Lebenswertes einzelner Menschen und die sich hieraus ergebende Ungleichbehandlung, die diejenigen, die nicht als "Personen" angesehen werden, schließlich gänzlich schutzlos stellt, verstößt die Lehre Singers somit nicht nur gegen das elementare verfassungsrechtliche Gebot des Schutzes der Menschenwürde, sondern zugleich auch gegen das sich aus Art. 2 Abs. 2 Satz 1 GG ergebende Gebot, das Leben *aller* Menschen - und nicht nur der "Personen" im Sinne der Lehre Singers - zu schützen, sowie gegen die Art. 3 Abs. 1 GG entspringende Forderung, *alle* Menschen gleich zu behandeln. Auf Singers Appell, behinderte Menschen in ihrem Wert gering zu achten, antwortet darüber hinaus Art. 3 Abs. 3 Satz 2 GG, der ausdrücklich bestimmt, daß niemand wegen einer Behinderung benachteiligt werden dürfe.

Im Grunde erübrigt sich bereits aufgrund der festgestellten Unvereinbarkeit der Singer'schen Lehre mit dem Wertesystem des Grundgesetzes jede weitere Auseinandersetzung mit der von ihm propagierten Form des Präferenz-Utilitarismus. Wenn nachfolgend dennoch der Versuch unternommen wird, die Lehre Singers auf der Grundlage der von ihm getroffenen Unterscheidung zwischen sog. "Personen" und "Nichtpersonen" näher auf ihre inneren Widersprüche und die sich hieraus ergebenden Konsequenzen zu untersuchen, so geschieht dies insbesondere vor dem Hintergrund der besorgniserregend weiten Verbreitung und Zustimmung, die das Werk des australischen Philosophen mittlerweile gefunden hat. Zwar soll nicht übersehen werden, daß vor allem im deutschsprachigen Raum - insbesondere von Seiten der Behindertenverbände - auch massive Proteste gegenüber den Forderungen Singers erhoben worden sind und einige Veranstaltungen, zu denen Singer sein Erscheinen angekündigt hatte, auf den Druck der Öffentlichkeit hin entweder gänzlich abgesagt werden mußten oder zumindest erst nach seiner Ausladung abgehalten werden konnten.[1426] Gerade im angelsächsischen Raum aber hat seine Lehre längst zahlreiche Anhänger gefunden, die ihr im globalen Zusammenhang weit mehr Gewicht zukommen lassen als einer extremen Außenseitertheorie. Bezeichnenderweise scheint gerade in den Industrienationen der westlichen Welt eine zunehmende Sympathie für die Doktrin Singers feststellbar zu sein, stehen doch vor allem hier Fragen der Wirtschaftlichkeit, der Rentabilität und der Kosten-Nutzen-Abwägung systembedingt im Mittelpunkt des gesellschaftlichen Interesses. Mit steigendem Wohlstand steigt hier der Anspruch, das Erreichte zu sichern und weiter zu vermehren. Nicht von ungefähr kommt daher die Einschätzung, Singer sei der Seismograph eines Zeitgeistes, der angesichts der drohenden Überalterung der Gesellschaft, einer rapiden Wandlung des Produktionsprozesses und einer tiefgreifenden sozialen Umstruktu-

---

1426 Singer selbst beschreibt diese Vorgänge im einzelnen im Anhang seines Buches: Praktische Ethik, S. 425 ff. sowie in seinem Aufsatz: Bio-Ethik und akademische Freiheit in: Weber, Wer nicht paßt, muß sterben, S. 34 ff. und beklagt in diesem Zusammenhang die mangelnde Bereitschaft vor allem der deutschen Bevölkerung, sich offen mit seinen Thesen auseinanderzusetzen. Zur Darstellung dieser Protestbewegung vgl. auch Bastian, Wie dieses Buch entstand... in: Bastian, Denken - schreiben - töten, S. 9-12 sowie Fengler, Ordnung, Pflicht und Tötungsbereitschaft in: Bastian, Denken - schreiben - töten, S. 15 (19), der davor warnt, Singer eine öffentliche Plattform zu geben, auf der er seine Ansichten salonfähig machen könne. Löw, Philosophische Aspekte der Behindertenproblematik in: Bastian, Denken - schreiben - töten, S. 83 (92) sieht in der Ablehnung der öffentlichen Aussprache mit Singer eine "vernünftige Selbstbeschränkung der öffentlichen Diskussion".

rierung mit der Folge einer Fülle von "Unbrauchbaren" und "Ballastexistenzen" unverkennbar zur Gewalttätigkeit der Starken gegen die Schwachen und der Gesunden gegen die Kranken dränge.[1427]

Doch nicht nur aus diesem Grunde erscheint die argumentative Auseinandersetzung mit Singers Ethik geboten. Vielmehr läßt sich am Beispiel seiner Philosophie auch sehr anschaulich darstellen, welche gravierenden und letztlich nicht mehr beherrschbaren Folgen die Lockerung des Lebensschutzes in unserer Rechtsordnung nach sich ziehen würde.

(2) Der Mangel der fehlenden inneren Schlüssigkeit der Lehre Singers

(a) Willkürliche Festlegung des Maßstabes für die Interessenfähigkeit

Ein Grundübel des Singer'schen Ansatzes besteht darin, daß er das, was der selbstbewußt und rational seine Zukunft gestaltende Mensch als erstrebenswert erachtet, zum Maßstab für die Interessenfähigkeit und damit letztlich für den Wert aller anderen Lebewesen erhebt.[1428] Wie aber kann eine "Person" im Sinne der Singer'schen Philosophie auch nur erahnen, was für Lebewesen einer anderen Bewußtseinsstufe Glück bedeutet ? Diese besitzen möglicherweise Lebensqualitäten, von denen er sich nicht einmal eine Vorstellung machen kann. Selbst wenn es jedoch möglich wäre, die Interessen aller Lebewesen zu erfassen, wer könnte sich rechtmäßigerweise anmaßen, darüber zu urteilen, welcher Wert dem jeweiligen Interesse beizumessen sei ?

(b) Nicht gerechtfertigte Gleichsetzung von Person und Glück

Aus Singers Ethik wird nicht deutlich, warum die angesprochene Personenqualität in einem inneren Zusammenhang zu dem Glück oder Unglück stehen sollte, das ein Mensch empfindet. Singer bleibt jede Erklärung dafür schuldig, weshalb das Leben eines geistig normal entwickelten erwachsenen Menschen allein aufgrund seiner

---

[1427] Bastian, Wie dieses Buch entstand... in: Bastian, Denken - schreiben - töten, S. 9 (13); Bastian, Vom "Lebens-Wert" oder: Droht uns die Welttriage ? in: Christoph/Illiger, Notwehr gegen die neue Euthanasie, S. 14 (15); Lohner, Rechtfertigung der Abtreibung ? S. 9

[1428] Dölle-Oelmüller, Euthanasie - philosophisch betrachtet, Zeitschrift für medizinische Ethik 39 (1993), S. 41 (45) sieht in der Fixierung Singers auf die "Personqualität" das entscheidende Argument gegen seine Lehre.

Fähigkeit, sein Leben bewußt gestalten zu können, ein größeres Maß an Glück mit sich bringt und damit gewichtigere Interessen befriedigt als das eines Kleinkindes oder geistig Behinderten. Wird es nicht in vielen Fällen sogar umgekehrt sein, daß derjenige mit dem größeren geistigen Horizont insgesamt als unglücklicher zu gelten hat, nicht zuletzt weil er sich häufig um Dinge sorgt, die sich dem Verständnis eines anderen gänzlich entziehen ? Insbesondere aber dürfte ein geistig normal entwickelter Erwachsener, dem der qualvolle Verlauf einer schweren Krankheit in Aussicht gestellt wird, hierunter mehr leiden als ein geistig Behinderter, weil er nicht nur den augenblicklichen Schmerz empfindet, sondern sich vermutlich in vielerlei Weise sorgt und ängstigt im Hinblick auf das ihm vermutlich noch bevorstehende Leid.

Besonders augenfällig wird die Unrichtigkeit der Singer´schen Hypothese von dem angeblichen Leid geistig Behinderter im Falle von Kindern mit Down-Syndrom, die ebenfalls in sein Tötungsszenario miteinbezogen werden. Denn diese verkörpern erwiesenermaßen im Regelfalle ein weit überdurchschnittliches Maß an Lebensfreude.[1429] Müßte Singer in einem solchen Falle auf der Grundlage seines präferenzutilitaristischen Ansatzes nicht sogar befürworten, daß das Leben der "Person" weniger wert ist als das des geistig Behinderten, weil die Glücks-Unglücks-Bilanz bei ihm negativer ausfällt ? Das Beispiel mag verdeutlichen, daß die Kategorie der "Person" als Gradmesser des Glücksempfindens nicht einmal geeignet ist, dem konsequentialistischen Ausgangspunkt Singers gerecht zu werden.

(c) Unmöglichkeit, Glück oder Leid im voraus zu prognostizieren

Gänzlich unbeantwortet bleibt bei Singer ferner, nach welchen Kriterien die Richter über Leben und Tod im Einzelfall überhaupt das Maß an Glück bestimmen sollten, das einem bestimmten Menschen - selbst im Falle einer schweren Krankheit - noch vergönnt sein wird. Weder die äußere Entwicklung des Krankheitsprozesses noch - und sogar noch viel weniger - die innere Einstellung des Patienten zu diesem lassen sich auch nur annähernd voraussagen. Bekanntlich haben sich schon viele Menschen in zuvor nicht für möglich gehaltener Weise an - in negativer Hinsicht - veränderte Lebenssituationen erfolgreich angepaßt und dabei ihre eigenen Wertekategorien neu geordnet.[1430] Unabhängig davon aber erscheint bereits der Gedanke des Aufwiegens von Leid und Glück abstrus. Das Lebensgefühl, aus dem heraus ein

---

1429 Klee, Durch Zyankali erlöst, S. 77

1430 vgl. hierzu Schultz, K., Grenzfall und Grenzgänger. Persönliche Erfahrungen mit der "neuen" Euthanasie-Diskussion in: Christoph/Illiger, Notwehr gegen die neue Euthanasie, S. 126 (136)

Mensch lebt und das er auf andere ausstrahlt, ist schwer in rationale Begriffe zu kleiden, oft nicht einmal nachfühlbar. Unbestritten können Schwerstkranke trotz großen Leidens ein hohes Maß an Lebensqualität erfahren, Todgeweihte sich über jeden neuen Lebenstag freuen, wohingegen beispielsweise das große Los in einer Lotterie schon viele überfordert hat und zur Quelle großen Leides geworden ist.

Können aber subjektive Empfindungen wie Glück und Leid niemals zuverlässig prognostiziert werden, können sie auch nicht als Abwägungsmaßstab für das Interesse eines Menschen an seinem Weiterleben herangezogen werden.

(d) Mangelhafte Abgrenzungskriterien für die Bestimmung der Personenqualität

Wenig überzeugend ist die Überlegung Singers, daß ein und derselbe Mensch im Laufe seines Lebens erst allmählich ein Recht auf Leben erlangen soll, um es an dessen Ende womöglich wieder zu verlieren. Unerörtert bleibt vor allem, in welcher Weise die Grenzlinie des jeweiligen Überganges definiert werden soll. Daß es an klaren Abgrenzungskriterien mangelt, die allein die praktische Handhabung der gesamten Theorie gewährleisten könnten, scheint selbst Singer nicht in Abrede zu stellen, wenn er zu bedenken gibt, daß ein zwei- bis dreijähriges Kind wohl noch nicht als Person angesehen werden könne, das Lebensrecht gesetzlich jedoch sicherheitshalber auf die Zeit nach dem ersten Lebensmonat festgeschrieben werden sollte. Ist aber schon bei Kindern eine genaue Bestimmung des Bewußtseinsgrades kaum möglich und vor allem jede Altersangabe aufgrund der unterschiedlichen individuellen Entwicklung des einzelnen höchst problematisch, so dürfte es bei Tieren in den allermeisten Fällen überhaupt unmöglich sein, einen bestimmten Grad des Bewußtseins definitiv festzustellen.

Mangels tauglicher Abgrenzungskriterien erweist sich die Lehre Singers somit als in der Praxis unbrauchbar.

(e) Widersprüchliche Aussagen zur Berücksichtigungsfähigkeit potentieller Fähigkeiten

Jegliche Begründung vermißt der Leser ferner für die Annahme Singers, potentielle Entwicklungsmöglichkeiten - beispielsweise eines Kleinkindes - hätten bei der Bewertung seines Lebenswertes unberücksichtigt zu bleiben. Selbst auf dem Boden seiner utilitaristischen Lehre müßte Singer in Rechnung stellen, daß die Tötung des Kindes zukunftsgerichtet den Interessen des dann erwachsenen Menschen zuwiderläuft, macht doch seiner eigenen Ansicht nach das zukunftsgerichtete Denken erst die Personenqualität eines Menschen aus.

Wollte man potentielle Fähigkeiten nicht im Rahmen einer Interessenabwägung berücksichtigen, so müßte entgegen der Auffassung Singers folgerichtig auch jedem schlafenden Erwachsenen die Qualität einer Person im Sinne seiner Lehre abgesprochen werden, da diesem ebenfalls aktuell die Fähigkeit fehlt, bewußt seine Zukunft zu planen und zu gestalten. Geradezu grotesk jedoch ist die Vorstellung, daß derjenige, der sich zur Ruhe begibt, sogleich sein Lebensrecht vorübergehend einbüßt. Singers Theorie konsequent zu Ende gedacht, wäre die Tötung eines Menschen in diesem Zustande kein Unrecht, sofern sie in einer Weise vollzogen würde, bei der der Betroffene keinen Schmerz empfände.

(f) Nicht gerechtfertigte Gleichsetzung der Tötung von Säuglingen mit deren unterlassenen Zeugung

Die von Singer vollzogene Gleichsetzung der Tötung eines Säuglings mit dem Unterlassen der Fortpflanzung negiert, daß im ersteren Falle bereits ein konkretes Individuum mit spezifischen Anlagen existiert, das niemals mit einem noch gar nicht vorhandenen Wesen verglichen werden kann. Würde man Singers Argumentation an dieser Stelle logisch fortentwickeln, müßte das Töten von "Personen" in gleicher Weise wie das von Säuglingen erlaubt sein. Denn auch nach der Vernichtung einer "Person" hätte man einen Zustand hergestellt, der demjenigen vor seiner Zeugung entsprechen würde, da der Betreffende in beiden Fällen nicht (mehr) existent wäre.

(g) Manipulierbarkeit der Interessengewichtung durch die Mehrheit und hierdurch bedingte Schutzlosigkeit des einzelnen

Singer verzichtet darauf, eine Reihenfolge bestimmter Werte oder Interessen festzulegen, die bei der erforderlichen Abwägung zu beachten wäre. Gibt es aber keine unverzichtbaren Grundwerte mit Ausnahme des allgemeinen Strebens nach Glück, muß der Rang der verschiedenartigsten Interessen stets neu bestimmt werden. Da dies wiederum zur Optimierung des Glücks nach dem Interesse der jeweiligen Mehrheit zu erfolgen hat, sind die Auswirkungen des Singer´schen Ansatzes nicht kalkulierbar.

Gleichzeitig wird ein weiteres Grundübel einer jeden utilitaristischen Betrachtungsweise deutlich: Eine Lehre, für die nur der Effekt zählt und der Erfolg alle Mittel heiligt, ist infolge der fehlenden Berücksichtigung der einer Handlung zugrundeliegenden Gesinnung zu einseitig. Der Mehrheit bleibt es überlassen, ihre Ziele selbst zu definieren und diese mit aller Macht zu verfolgen. Die Frage nach dem moralischen Handeln bleibt dabei zwangsläufig auf der Strecke. Umgekehrt werden utilitaristische Lehren all denen nicht gerecht, die sich um einen positiven Erfolg bemühen, diesen aber letztlich nicht zu erreichen vermögen. Ihre Anstrengungen müssen als wertlos gelten, da sie wirkungslos geblieben sind.[1431]

Bedingt durch die Ausblendung der einer Handlung zugrundeliegenden Motivation begründet das sog. "Recht auf Leben" in Singers Ethik nur einen äußerst beschränkten Schutz für den einzelnen. Da nach seiner Konzeption das Interesse der Mehrheit stets das der Minderheit überwiegt und diesem gegenüber vorrangig zu befriedigen ist, sieht sich der einzelne der Mehrheit weitgehend schutzlos ausgeliefert. Welche Art von Beeinträchtigungen er hinzunehmen hat, ist lediglich davon abhängig, welche Interessen die konkret in Frage stehende Gemeinschaft als berechtigte anerkennt. Es darf bezweifelt werden, daß eine Gesellschaft, die entsprechend Singers Vorstellung nicht einmal den Wert des menschlichen Lebens als solchen anzuerkennen bereit ist und darüber hinaus das Leben von Randgruppen als wertlos betrachtet, hierbei einen Maßstab anlegen würde, der auch nur annähernd der Werteordnung unserer Grundrechte entsprechen würde und sich aus unserer Perspektive als "human" bezeichnen ließe. Da das menschliche Leben für den Utilitaristen ohnehin niemals Selbstzweck sein kann, sondern nur insoweit Bedeutung erlangt, als es als Träger von Interessen in Betracht kommt, die keinen näher bestimmten Anforderungen entsprechen müssen, wäre jeder totalitären Willkür- oder Gewaltherrschaft Tür und Tor geöffnet.

Das Dilemma des Utilitarismus besteht somit darin, daß er für die von ihm geforderte Interessenabwägung auf Werte zurückgreifen muß, diese ihm jedoch nicht unabänderlich zur Verfügung stehen. Eine Ethik aber, deren Wertvorstellungen sich mit wechselnden Mehrheiten grundlegend verändern können, führt sich letztlich selbst ad absurdum. In ihrer praktischen Umsetzung muß sie die völlige Orientierungslosigkeit der Gesellschaft zur Folge haben, die wiederum ihrerseits anfällig für Mas-

[1431] Bastian/Rost, Leben und sterben lassen in: Bastian, Denken - schreiben - töten, S. 63 (73) senpropaganda jeder Art und zum Spielball der Machtinteressen einzelner zu werden droht. Man mag Singer in diesem Zusammenhang allenfalls zugute halten, daß er seine eigene Theorie nicht wirklich zu Ende gedacht und die mit ihr zwangsläufig einhergehenden Folgen noch nicht erkannt hat.

(h) Singers Lehre als Rechtfertigungsmodell für Menschenversuche, Infantizid und die Tötung behinderter Menschen

Es wirkt unheimlich, wenn Singer nüchtern und emotionslos andeutet, welche Maßnahmen sich letztlich rechtfertigen lassen, wenn man - ihm folgend - erst einmal akzeptiert hat, daß nicht das menschliche Leben und seine Würde, sondern die Summe des Glücks und der Interessen aller den Höchstwert der Gesellschaftsordnung darstellen, Kleinkinder und geistig Behinderte aber von der Interessenabwägung nahezu völlig ausgeschlossen bleiben: Stellt man bestimmte Personengruppen Tieren gleich oder ordnet sie gar diesen unter, so stellt sich zwangsläufig die Frage, aus welchem Grunde Versuche, die man beispielsweise im Interesse der Weiterentwicklung der Medizin für erforderlich hält, künftig nicht auch an Säuglingen durchgeführt werden sollten. Geht man mit Singer davon aus, daß das Leben eines Neugeborenen von geringerem Wert sei als das eines Schweines, eines Hundes oder eines Schimpansen, so drängt sich sogar geradezu die schreckliche Forderung auf, künftig ausschließlich Kleinkinder für solche Versuche zu opfern. Gleiches müßte nach Singer selbstverständlich für diejenigen Menschen gelten, die infolge ihres Alters oder einer geistigen Behinderung nicht mehr als "Personen" im Sinne seiner Definition angesehen werden können. Vor diesem Hintergrund dürfte es sicher schwerfallen, Singers Ansicht zu folgen, seine Ethik sei stärker von Mitgefühl und Rücksichtnahme geprägt als die traditionelle, auf christlichem Gedankengut basierende.[1432]

Glücklicherweise unterläßt es Singer in diesem Zusammenhang wenigstens, seine Ausführungen zur Zulässigkeit der Nutzung von Tieren als Nahrung auf die genannten Personengruppen zu übertragen. Dies wäre zwar nicht mehr als folgerichtig, mag aber wohl selbst Singer im wahrsten Sinne des Wortes geschmacklos und der Förderung der Akzeptanz seiner Lehre nicht zuträglich erschienen sein.

In gleicher Weise zu verurteilen ist Singers Forderung, es sei streng darauf zu achten, daß wir die moralischen Ansprüche derer, die von unseren Handlungen betrof-

[1432] Singer, Leben und Tod, S. 10

fen seien, unabhängig von unseren Gefühlen ihnen gegenüber bewerteten. Für eine humanitären Idealen verpflichtete Ethik sollte das Gegenteil wohl selbstverständlich sein. Selbst einer konsequentialistischen Ethik dürften jedoch derartige Überlegungen des Mitgefühls im Grunde nicht fremd sein, sind doch die Folgen unseres Handelns von unseren persönlichen Beziehungen gegenüber den hiervon Betroffenen letztlich nicht zu trennen.

Hiergegen vermag sich Singer nicht erfolgreich mit dem Hinweis zu verteidigen, daß schon die antiken Kulturen Griechenlands und Roms vor einer Tötung mißgestalteter Säuglinge nicht zurückgeschreckt hätten. Das Unrecht vergangener Tage sollte uns nicht als Alibi dienen, ähnliche Verhaltensweisen zu wiederholen. Gerade bei dem Vergleich mit der Antike sollte nicht unberücksichtigt bleiben, daß damals auch die Sklaverei allgemein akzeptiert wurde und das Leben der Fremden, der Barbaren, keinerlei Wertschätzung genoß. Da aber wohl selbst Singer bezüglich dieser Sachverhalte zu einer Nachahmung nicht raten würde, bleibt sein pauschaler Hinweis auf die "guten alten Zeiten" gleichermaßen substanz- wie wertlos.

Auf der Grundlage seiner vorerörterten Prämissen erweisen sich Singers Ausführungen zu Schwangerschaftsabbruch und Infantizid als gleichermaßen folgerichtig wie brutal. Gelingt es, den Fötus bzw. das Neugeborene schmerzlos zu beseitigen, so kann für Singer allenfalls das Interesse der Eltern an der Erhaltung des Lebens ihres Kindes dessen Tötung als Unrecht erscheinen lassen. Es bedarf nun keiner großen Phantasie, um sich auszumalen, daß auf der Grundlage dieser These die Tötung behinderter Kinder schnell zur Regel werden könnte. Zum einen könnte sich das gesellschaftliche Bewußtsein mit der Zeit derart verändern, daß die Eltern selbst eine solche Lösung für die "interessengerechteste" halten würden. Selbst wenn sie jedoch das Leben des Neugeborenen aufgrund ihrer natürlichen Verbundenheit mit ihm erhalten wollten, könnte die Gesellschaft diesem Interesse die Belastungen, insbesondere diejenigen finanzieller Art, entgegenhalten, die die Pflege eines behinderten Kindes im Laufe der Jahre mit sich bringt. Gerade in Zeiten knapper Ressourcen erscheint es mehr als zweifelhaft, ob der Wille der Eltern in einer solchen Situation als vorrangig respektiert würde. Denn zum einen wären sie nach dem Konzept Singers den gesellschaftlichen Interessen als Mehrheitsinteressen ohnehin schutzlos ausgeliefert, zum anderen aber könnte selbst dann, wenn man formal an dem Einverständnis der Eltern als unabdingbarer Voraussetzung für die Tötung des Kindes festhalten würde, auf die Eltern solange massiver Druck ausgeübt werden, bis sie schließlich zum Einlenken bereit wären.

Für den Fall, daß selbst die Eltern kein Interesse an der Erhaltung des Lebens ihres behinderten Kindes hätten, läßt Singer keinen Zweifel daran, daß die Gesellschaft allein schon aus wirtschaftlichen Interessen deren Tötung vollziehen werde.

(i) Nähe zur Ideologie des Nationalsozialismus

Entgegen Singers Behauptung rückt seine Theorie gerade durch die beschriebene Freigabe des Infantizids zumindest in ihren Konsequenzen in bedenkliche Nähe zur Ideologie des Nationalsozialismus.[1433] Wenn auch im Dritten Reich Hintergrund der Kindereuthanasie nicht wie bei Singer die Vermeidung einer negativen Lust-Unlust-Bilanz war, sondern der sozialdarwinistisch geprägte Selektionsgedanke, durch die Züchtung einer überlegenen "arischen Herrenrasse" und die gleichzeitige Aussonderung der Kranken und Schwachen den Grundstein für das Überleben der arischen Rasse im immerwährenden Existenzkampf der Völker zu legen, so wird doch in beiden Fällen das Leben schwer behinderter Menschen für wertlos und letztlich nicht lebenswert gehalten. In gleicher Weise erklären sich sowohl Singer als auch die Ideologen des Nationalsozialismus mit ihren eigenen Fähigkeiten oder Eigenschaften zum Maß aller Dinge, um auf dieser Grundlage alle, die von dieser Norm abweichen, mit dem Hinweis auf ihre angeblichen Defekte zu unterdrücken. Von einer "unparteiischen" Interessenabwägung kann hier sicher keine Rede sein. Hält man die Beseitigung sog. "Ballastexistenzen"[1434] für gerechtfertigt, so ist es aber im Ergebnis bedeutungslos, ob dies unter dem Deckmantel rassistischer Gründe oder im Interesse eines Zuwachses an Glück für die Gesellschaft geschieht, zumal selbst rassistische Ideologien in aller Regel das letztgenannte Ziel verfolgen und aus ihm die innere Rechtfertigung ihres Handelns abzuleiten pflegen.

Verblüffende Parallelen weist Singers Ethik darüber hinaus zu den Lehren von Binding und Hoche auf, deren gemeinsam verfaßtes Werk "Die Freigabe der Vernichtung lebensunwerten Lebens" heute als maßgeblicher ideologischer Wegbereiter

---

[1433] zu widersprechen ist daher auch der These Beckerts in: Beckert, Strafrechtliche Probleme um Suizidbeteiligung und Sterbehilfe, S. 256, die einen solchen Vergleich bereits allein deshalb für unsachlich und unangemessen hält, weil es Singer darum gehe, die aktive Sterbehilfe zugunsten der Leidenden zu entkriminalisieren. Singers Lehre läßt sich meines Erachtens gerade nicht auf dieses Ziel reduzieren. Das von ihm verfolgte Ziel des größtmöglichen Glücks der größtmöglichen Zahl läßt sogar ernstliche Zweifel daran aufkommen, ob dem konkreten Leiden eines Sterbenden überhaupt sein Interesse gilt.

[1434] Der Begriff wurde geprägt von Hoche in: Binding/Hoche, Die Freigabe der Vernichtung lebensunwerten Lebens, S. 43 (55)

der nationalsozialistischen Vernichtung sog. "lebensunwerten Lebens" gilt.[1435] Zwar fallen zunächst einige scheinbar wesentliche Unterschiede ins Auge: Singer nähert sich dem Problem der Sterbehilfe als Moralphilosoph, Binding als Jurist, Hoche als Psychiater. Singer argumentiert vom Individuum her, für Binding und Hoche bilden Volk und Staat den zentralen Bezugspunkt der Argumentation.[1436] Singer gibt zumindest vor, wirtschaftliche Gesichtspunkte bei der Abschätzung des Lebenswertes außen vor zu lassen, Binding und Hoche machen demgegenüber ganz bewußt eine Kosten-Nutzen-Rechnung auf und stellen die volkswirtschaftliche Belastung, die mit der Pflege geistig schwerstbehinderter Menschen verbunden ist, in den Mittelpunkt ihrer Argumentation.[1437]

Bei näherer Betrachtung aber wird deutlich, daß Singer durch seinen vom Grundsatz her ganz anderen argumentativen Ansatz nicht daran gehindert wird, im Ergebnis ganz ähnlich zu argumentieren wie Binding und Hoche. Deutliche Parallelen ergeben sich beispielsweise im Hinblick auf die Einstellung gegenüber möglichen Fehleinschätzungen des vermutlichen Krankheitsverlaufes. Geht Singer davon aus, daß einige Tote, die hätten gerettet werden können, gegenüber dem großen Leid nicht ins Gewicht fielen, das Patienten erleiden müßten, wenn die aktive Sterbehilfe nicht legalisiert werde, so erinnert dies in fataler Weise an die Ausführungen von Binding/Hoche.[1438] Singer gibt in diesem Zusammenhang deutlich zu erkennen, daß für ihn die Gesamtsumme des Glücks der Gesellschaft als solche wichtiger ist als das des einzelnen, womit er einer rein individualistischen Betrachtungsweise eine klare Absage erteilt. Andererseits haben bereits Binding und Hoche mit der Bilanzierung und Aufrechnung von Glück und Leiden argumentiert, wobei dem einzelnen Menschenleben kein eigenständiger Wert an sich zukam. Ist dies erst einmal anerkannt, so ist es nur noch ein kleiner Schritt zur Freigabe der Vernichtung von Leben, das

---

1435 Rost, "Schöne neue Welt" ? in: Bastian, Denken - schreiben - töten, S. 37 (40); Klee, Durch Zyankali erlöst, S. 68; Weß, Fortschritt durch Vernichtung in: Bruns/Penselin/Sierck, Tödliche Ethik, S. 58 (59); Goettle, A und B, Bein oder Zeh ? in: Bruns/Penselin/Sierck, Tödliche Ethik, S. 69 (73) spricht gar von der "Bibel der Ausmerzer"; Wunder, Die neue Lebens(un)wertdiskussion und die alten Erlösungshoffnungen in: Daub/Wunder, Des Lebens Wert, S. 26 (27); Eid, Geschichtliche Aspekte des Euthanasieproblems in: Eid, Euthanasie oder soll man auf Verlangen töten ? S. 12 (21): Die schon zuvor geführte Diskussion habe sich nun an den Stellungnahmen zweier anerkannter Fachleute, eines Mediziners und eines Juristen, orientieren können.

1436 Binding in: Binding/Hoche, Die Freigabe der Vernichtung lebensunwerten Lebens, S. 5 (31, 36 f.); Hoche in: Binding/Hoche, Die Freigabe der Vernichtung lebensunwerten Lebens, S. 43 (51)

1437 Hoche in: Binding/Hoche, Die Freigabe der Vernichtung lebensunwerten Lebens, S. 43 (53 ff.)

1438 Binding in: Binding/Hoche, Die Freigabe der Vernichtung lebensunwerten Lebens, S. 5 (40): "Nimmt man aber auch den Irrtum einmal als bewiesen an, so zählt die Menschheit jetzt ein Leben weniger. ... Aber die Menschheit verliert infolge Irrtums so viele Angehörige, daß einer mehr oder weniger wirklich kaum in die Waagschale fällt. ... Sein erhaltbar gewesener Lebensrest darf als ein nicht übertriebener Kaufpreis für die Erlösung so vieler Unrettbarer von ihren Leiden betrachtet werden."

"für dessen Träger wie für die Gesellschaft dauernd allen Wert verloren hat."[1439] Bei Hoche findet sich darüber hinaus auch bereits der Gedanke, daß derjenige als "geistig tot" zu gelten habe und straffrei getötet werden dürfe, dem es an Selbstbewußtsein fehle.[1440]

Gleichfalls müssen bei Singer in die Bilanzierung von Glück und Leiden des einzelnen und der Allgemeinheit fast zwangsläufig parallel zu den Erwägungen von Binding/Hoche wirtschaftliche Erwägungen einfließen. Die finanziellen Belastungen, die die Gesellschaft für kranke und hilfsbedürftige Menschen zu tragen hat, sind in der Sichtweise Singers negative Faktoren, die zu berücksichtigen seien. Deutlich ausgesprochen wird dies von ihm selbst sowohl bei der Frage, wie mit behinderten Kindern umzugehen sei, an deren Leben die Eltern offensichtlich kein Interesse haben,[1441] als auch bei der Frage, ob die aktive der passiven Sterbehilfe vorzuziehen sei.[1442]

Schließlich spielt in Singers utilitaristischer Theorie ebenso wie bei Binding/Hoche und später in der Ideologie des Nationalsozialismus der Gedanke des Mitleids mit den Opfern eine vergleichbare und letztlich untergeordnete Rolle. Zwar wird stets betont, daß die Tötungsaktionen nicht zuletzt dazu dienten, ungeheures Leid der Betroffenen zu vermeiden, so daß sie als Akt barmherziger Nächstenliebe zu verstehen seien. So hatte Binding bereits ausgeführt, daß es barbarisch sei zu verlangen, "daß der Todkranke durchaus an seinen Qualen zugrunde gehen müsse."[1443] Ebenso liegt Hoche mit Singer auf einer Wellenlänge, wenn er behauptet, die Fortschritte der Medizin kehrten sich gegen die Interessen der Schwerkranken und Sterbenden.[1444] Die Nationalsozialisten schließlich bedienten sich zur Illustration des Mitleidsgedankens aufwendiger Filmpropaganda.[1445] Doch kann der Gesichtspunkt

---

1439 Binding in: Binding/Hoche, Die Freigabe der Vernichtung lebensunwerten Lebens, S. 5 (27)

1440 Hoche in: Binding/Hoche, Die Freigabe der Vernichtung lebensunwerten Lebens, S. 43 (58 f.); mit diesem Hinweis versuchte im übrigen auch Catel, Gutachter bei der NS-Kinder-Euthanasie und Leiter einer Mordabteilung, die Tötung sog. "vollidiotischer" Kinder zu rechtfertigen, vgl. Catel, Grenzsituationen des Lebens, S. 112

1441 Singer/Kuhse, Muß dieses Kind am Leben bleiben ? S. 226, 246

1442 Singer, Praktische Ethik, S. 270

1443 Binding in: Binding/Hoche, Die Freigabe der Vernichtung lebensunwerten Lebens, S. 5 (18)

1444 Hoche in: Binding/Hoche, Die Freigabe der Vernichtung lebensunwerten Lebens, S. 43 (50): "Wohltat wird zur Plage."

1445 Rost, Der Euthanasie-Film "Ich klage an" von 1941 in: Evang. Akademie Berlin, Sterbehilfe - Tötung auf wessen Verlangen ? S. 40 (41): Im Dritten Reich wurde der Spielfilm "Ich klage an", der die Euthanasie als etwas ästhetisch Schönes und als Akt der Liebe darstellt, bewußt zu Propagandazwecken eingesetzt. Andere bereits fertiggestellte Dokumentarfilme wurden jedoch zurückgestellt, da man noch die offene Konfrontation des Publikums mit der "Vernichtung lebensunwerten Lebens" scheute. Wie sorgfältig die Nationalsozialisten die Inhalte ihrer Propagandafilme auswählten, beschreibt eindrucksvoll Roth, Filmpropaganda für die Vernichtung der Geisteskranken und Behinderten im Dritten Reich in: Verein zur Erforschung der des Mitleids weder bei Singer noch bei Binding/Hoche oder den Nationalsozialisten jemals von ausschlaggebender Bedeutung sein, da die Ideologie - sei es die der Rassenhygiene, sei es die der Glücksoptimierung einer möglichst großen Zahl von "Personen" - die einzige verbindliche Größe ist, der alles andere - insbesondere aber, wie Singer offen zugesteht, unsere Gefühle gegenüber den von unseren Handlungen Betroffenen - unterzuordnen ist. Wenn Singer ferner bezüglich derer, die nicht in der Lage seien, Freude oder Glück zu empfinden, vorgibt, es sei kein Interesse ersichtlich, daß ihrer Tötung entgegenstehe, so korrespondiert dies unmittelbar mit der Formulierung Hoches: "Wo kein Leiden ist, ist auch kein Mitleiden."[1446]

Die Motivation des Mitleids wird aus Imagegründen nur solange in den Vordergrund gestellt, wie sich das Opfer nicht wehrt oder nicht wehren kann. Stößt die Vernichtungsmaschinerie auf Widerstand, wird dieser entweder für unbeachtlich erklärt oder dadurch überwunden, daß an die Stelle der Barmherzigkeit die Motivation des Eintretens für eine bestimmte Ideologie als Selbstzweck tritt. Schließlich seien - so Singer - Erwägungen des Respekts vor dem Leben der "Nichtpersonen" unangebracht. Das Mitleid mit den von den Tötungsaktionen Betroffenen wandelt sich allenfalls zum Selbstmitleid derjenigen gesellschaftlichen Gruppierung, die sich als "höherwertig" betrachtet: Warum sollte sie Opfer bringen für das Leben von Menschen, die selbst von ihrem Leben gar nichts haben ? Es ist somit nicht das Leid der Behinderten und Schwachen, sondern das der Gesellschaft mit ihnen, der Unwille, sie als gleichberechtigt zu akzeptieren und angemessene Bedingungen für ein unbeschwertes oder zumindest erträgliches Leben zu schaffen, das die todbringende Lösung nahelegt. Ein Argumentationsschema, das sich Singers und Kuhses Thesen in gleicher Weise entnehmen läßt wie der nationalsozialistischen Propaganda.

Beweist das Beispiel der in ihrer Zeit hoch angesehenen Wissenschaftler Binding und Hoche, wie verheerend von "Theoretikern" letztlich in vermeintlich guter Absicht und zum Wohle der Allgemeinheit erdachte Vorstellungen wirken können, wenn sie nur in die Köpfe und Hände von Menschen gelangen, die die Macht haben, sie in die Tat umzusetzen, so ist es geboten, der zunehmenden Ausbreitung und Popularität der Lehre Singers entschieden entgegenzuwirken. Dies gilt umso mehr, als gerade die ausdrückliche Distanzierung Singers von Erfahrungen aus der Vergangenheit seine Lehre so gefährlich macht.

---

nationalsozialistischen Gesundheits- und Sozialpolitik e.V., Euthanasie im Dienst des Fortschritts, S. 125 ff.
[1446] Hoche in: Binding/Hoche, Die Freigabe der Vernichtung lebensunwerten Lebens, S. 59

(j) Vorgespiegelter Respekt vor dem Leben alter Menschen

Wenig durchdacht ist die Überlegung Singers, mit der er glaubt, einer allgemeinen Verunsicherung der Bevölkerung und insbesondere der Sorge alter Menschen entgegenwirken zu können, möglicherweise bald selbst Opfer der sog. nichtfreiwilligen Euthanasie zu werden. Er schlägt insofern vor, daß diejenigen, die diese Form der Sterbehilfe für sich selbst nicht akzeptieren könnten, dies im Vollbesitz ihrer geistigen Kräfte schriftlich niederlegen sollten. Wollte man diesem Vorschlag folgen, so müßte jeder, der im Alter nicht umgebracht werden möchte, dies erst ausdrücklich erklären. Wer dem nicht rechtzeitig nachkäme oder wessen Erklärung im entscheidenden Augenblick nicht auffindbar wäre, hätte sein Lebensrecht im Falle des Nachlassens seiner geistigen Kräfte verwirkt. Das Töten alter Menschen würde damit zum Regelfall erhoben, das Aufrechterhalten des Lebens die Ausnahme darstellen. Jeder aber, der das Sonderrecht des Weiterlebens im Alter für sich in Anspruch nehmen wollte, könnte dies wohl nur mit dem schlechten Gewissen tun, der Gesellschaft ein besonderes Opfer abzuverlangen. Ob dies dem Ziel der Optimierung von Glück und Zufriedenheit zuträglich ist, solange sich der Betreffende im Vollbesitz seiner geistigen und körperlichen Kräfte befindet, darf zumindest bezweifelt werden.

Abgesehen davon ist die Annahme Singers, das erwähnte Schreiben sei ausreichend, um der Durchführung aktiver Sterbehilfe wirksam vorzubeugen, auf der Grundlage seines Personenbegriffs nicht in sich schlüssig. Hat ein Mensch diejenigen Eigenschaften und Fähigkeiten verloren, die seine Personenqualität begründeten, ist sein Leben in der utilitaristischen Sichtweise Singers wertlos geworden, da es Träger von Interessen allenfalls im Hinblick auf die Empfindung von Schmerzen sein kann. Ehemals vorhandene Fähigkeiten sind für den alten Menschen ebenso ohne Belang wie für das Kleinkind potentielle künftige Entwicklungsmöglichkeiten. Folglich muß das ehemals vorhandene Interesse, nicht zum Opfer aktiver Sterbehilfe zu werden, zwingend für unbeachtlich erklärt werden, sobald der Betreffende nicht mehr in der Lage ist, dieses gegenüber Dritten zu vertreten. Er ist von diesem Zeitpunkt an denjenigen gleichzustellen, die sich vor Eintritt ihrer geistigen Hinfälligkeit niemals zur Frage der Sterbehilfe geäußert haben und von Singer zu tauglichen Opfern der sog. nichtfreiwilligen Euthanasie erklärt worden sind.

Diese Konsequenz muß sich für Singer schon deshalb aufdrängen, weil ja für ihn noch nicht einmal das Leben einer "Person" als solches Schutz genießt, sondern allein einen Faktor der Gesamt-Interessenabwägung darstellt, der zurückzustehen hat, sofern sich im konkreten Fall entgegenstehende Interessen anderer als vorrangig erweisen. Dieser Interessenabwägung muß sich jedoch erst recht derjenige stellen, der nicht mehr als "Person" im Sinne Singers angesehen werden kann, nur daß sein Schutzbedürfnis gegenüber dem einer "Person" erheblich vermindert, wenn nicht gar nahezu auf Null reduziert ist.

Wie wenig die angebliche Achtung der Befürworter der aktiven Sterbehilfe vor dem Lebenswillen der von ihnen für nutzlos gehaltenen Menschen wert ist, beweist im übrigen ein Blick auf die Lehre von Binding/Hoche. In ihrem Werk ist ausdrücklich davon die Rede, daß "selbstverständlich auch gegenüber Geistesschwachen, die sich in ihrem Leben glücklich fühlten, von Freigabe der Tötung nie die Rede sein kann."[1447] In der praktischen Handhabung haben die Nationalsozialisten diese Textpassage nur allzu gerne unbeachtet gelassen.

(k) Vorschnelle Befürwortung der aktiven Sterbehilfe auf Verlangen

Gleichfalls eine logische Folge des Präferenz-Utilitarismus ist die Bejahung der aktiven Sterbehilfe auf Verlangen. Denn da in diesem Falle kein Interesse mehr an einem Weiterleben besteht und das Leben an sich in den Augen Singers ohnehin wertlos ist, gibt es keinen Grund, dieses zu erhalten. So folgerichtig dieses Ergebnis auch sein mag, so sehr mißachtet es die psychologische Situation, in die sich ein todkranker Patient gestellt sieht. Dieser wird nicht selten durch psychisches oder physisches Leid so stark in seiner Vernunftentscheidung beeinträchtigt, daß er den einzigen Ausweg im Tod sieht. Dieser Wunsch kann im Verlaufe der erörterten Entwicklungsstadien auftreten, die der Patient im Falle einer unheilbaren Krankheit zu bewältigen hat, und die in ihm erst allmählich die Fähigkeit wachsen lassen, sein Leiden zu akzeptieren. Dem augenblicklichen Verlangen nach einem schnellen Tod nachzugeben, müßte nicht nur als verantwortungslos gegenüber dem Patienten bezeichnet werden, sondern würde diesem auch die Chance nehmen, den begonnenen Reifeprozeß bewußt zu Ende zu führen.[1448]

[1447] Binding in: Binding/Hoche, Die Freigabe der Vernichtung lebensunwerten Lebens, S. 5 (28 f.)

[1448] die Ärztin Kübler-Ross weist ausdrücklich darauf hin, daß sie sehr viele Krebskranke in ihrem letzten Stadium betreut habe, die ihr gegenüber zu erkennen gegeben hätten, daß die letzten Monate ihres Lebens für sie die wichtigsten gewesen seien und sie alles darum geben würden, wenn sie diese Lektionen schon früher hätten lernen dürfen, Kübler-Ross, Leben bis wir Abschied nehmen in: Atrott/Eibach u.a., Sterbehilfe - Mitleid oder Mord ? S. 13 (16); ebenso Meves, Der Mensch - Herr über Leben und Tod ? in: Atrott/Eibach u.a., Sterbehilfe - Mitleid oder Mord ? S. 79 (86)

Zudem ist deutlich darauf hinzuweisen, daß der ohnehin nur sehr selten geäußerte Wunsch nach einer baldigen Erlösung[1449] in den allermeisten Fällen nicht wirklich ernst gemeint ist, sondern einem Hilferuf nach mehr Zuwendung und besserer Pflege gleichkommt.[1450] Erwiesenermaßen fühlt sich der Kranke, insbesondere der chronisch Kranke, oft "minderwertig" und ist sehr verletzlich.[1451] Der Todeswunsch kann vor diesem Hintergrund leicht begründet sein in der Vorstellung, der finanziellen wie personellen Aufwendungen nicht mehr wert zu sein, der Familie oder dem Pflegepersonal nicht mehr zur Last fallen zu wollen[1452] oder aber in dem Wunsch, das Vermögen nicht aufbrauchen zu wollen, um für die Erben "wertvoll" zu bleiben.[1453]

Wie wenig ernsthaft selbst ein ausdrücklich von einem Sterbenden geäußertes Todesverlangen in der Regel ist, belegt nicht zuletzt eine Untersuchung von Sporken, die er gemeinsam mit einem befreundeten Arzt in einem Pflegeheim durchführte, in dem viele Terminalpatienten ihre letzte Lebensphase verbrachten. Sporken berichtet, es seien hierzu 24 Schwerkranke ausgewählt worden, die den Wunsch nach aktiver Sterbehilfe geäußert hatten und nach Auffassung hinzugezogener Psychologen, Seelsorger und des Pflegepersonals als innerlich sehr stabil galten. Ihnen gegenüber habe es der Arzt gewagt, ihre Bitte in einem offen geführten Gespräch aufzugreifen. Das Ergebnis sei gewesen: Alle 24 Terminalpatienten seien sehr er-

---

1449 M. v. Lutterotti, Menschenwürdiges Sterben, S. 108 berichtet beispielsweise, daß an ihn im Laufe seiner ärztlichen Tätigkeit nur ein einziges Mal der Wunsch nach einer erlösenden Spritze herangetragen worden sei; Witzel, Sterben auf Verlangen aus der Sicht des Kranken und Sterbenden in: Hiersche, Euthanasie, S. 183 (186) berichtet von 12 Fällen bei 10.000 behandelten Patienten, wobei in allen Fällen der Todeswunsch nach eingehender Behandlung der Depressionen bzw. der Schmerzen entfallen sei.

1450 Eibach, Sterbehilfe - Tötung aus Mitleid ? S. 199, 201; M. v. Lutterotti, Menschenwürdiges Sterben, S. 98; Martinez, Grenzen der ärztlichen Behandlungspflicht, S. 14; Arndt, Sterbehilfe in: Reuter, Sterben, Tod, Trauer, S. 37 (38)

1451 Dornberg, Angefragt: Sterbehilfe, S. 53 weist darauf hin, daß Depressionen bei körperlich Kranken in mehr als 50 % der Fälle nicht erkannt werden.

1452 Eibach, Sterbehilfe - Tötung auf Verlangen ? S. 176

1453 Rost, "Schöne neue Welt"? in: Bastian, Denken - schreiben - töten, S. 37 (54); Böckle, Menschenwürdiges Sterben in: Knevels/Böckle/Schmalenberg, Euthanasie, S. 34 (40): "Wo ein Sterbender gegenüber dem Arzt das Verlangen äußert, eingeschläfert zu werden, müßte man sich zuerst fragen, ob man ihm umfassende menschliche Hilfe hat zuteil werden lassen. Die Ehrfurcht vor dem Leben und der Würde des Menschen müßte gerade diesen Wunsch als Aufforderung verstehen, ihm bei der geduldigen Aufarbeitung des Sterbens als der letzten Phase des Lebens zu helfen." Ebenso M. v. Lutterotti, Menschenwürdiges Sterben, S. 109: "Wenn man gelegentlich Erklärungen einzelner Ärzte hört, sie hätten ... häufiger aktive Sterbenachhilfe geleistet, so wird man sich zunächst fragen müssen, ob sie wirklich alles getan haben, um für eine umfassende Hilfe zu sorgen, oder ob sie den Wunsch des Kranken nicht allzu schnell und allzu bereitwillig wörtlich genommen haben. ... Man wird bezweifeln dürfen, ob die genannten Ärzte über größere Erfahrungen verfügen als die Ärzte des St. Christopher's Hospice oder ähnlicher Institutionen [wo es stets gelungen sei, den Kranken von seinem Wunsch abzubringen]." Ähnlich auch Honecker, Sterbehilfe und Euthanasie aus theologischer Sicht in: Oehmichen, Lebensverkürzung, S. 67 (83) schrocken gewesen, und zwar allein über die Tatsache, daß ein Arzt auf ihre Äußerungen einging, als ob sie wirklich nach aktiver Sterbehilfe verlangt hätten. Viele Patienten hätten buchstäblich mit den Worten reagiert: "Aber Herr Doktor, Sie auch...?" Für 20 Patienten habe es tagelang gedauert, bevor das in diesem Moment gebrochene Vertrauensverhältnis wieder aufgebaut gewesen sei, bei den übrigen vier Patienten sei dies überhaupt nicht mehr gelungen. Die Unteruschung sei daraufhin unverzüglich abgebrochen worden, weil deutlich geworden sei, daß die Fortsetzung unethisch gewesen wäre und die Reaktion der Patienten so beweiskräftig gewesen sei, daß aus der Sicht der die Untersuchung leitenden Personen die Beibringung weiteren Beweismaterials nicht mehr notwendig erschien.[1454]

Kommt Sporken daher zu dem Schluß, daß der von einem sterbenden Patienten geäußerte Wunsch nach dem Ende seiner Leiden in mindestens 99 % aller Fälle keine Bitte nach aktiver Sterbehilfe sei, sondern die um mehr und effektiveren Beistand, so steht dieses Ergebnis nicht nur im Einklang mit den Forschungen der Ärztin Kübler-Ross[1455] und den Erfahrungen zahlreicher anderer Ärzte[1456], sondern auch mit den Erfahrungen der Suizidforschung.[1457] Die Mehrheit der rechtzeitig Aufgefundenen ist

---

1454 Sporken, Euthanasie im Rahmen der Lebens- und Sterbehilfe in: Eser/Bringewat, Suizid und Euthanasie, S. 271 (278 f.); Sporken, Umgang mit Sterbenden, S. 142 f.

1455 Kübler-Ross, Leben bis wir Abschied nehmen in: Atrott/Eibach u.a., Sterbehilfe - Mitleid oder Mord ? S. 13 (18 f.)

1456 so auch Fritsche, Ärztlich-ethische Aspekte zur Ambivalenz der Lebensverlängerung in: Deutsche Sektion der Internationalen Juristen-Kommission, Lebensverlängerung aus medizinischer, ethischer und rechtlicher Sicht, S. 3 (23); Twycross, Freiwillige Euthanasie - eine klinische Betrachtung in: Eser/Bringewat, Suizid und Euthanasie, S. 111 (119); M. v. Lutterotti, Ärztlicher Heilauftrag und Euthanasie in: Eser/Bringewat, Suizid und Euthanasie, S. 291 (295); ferner hierzu auch Brändel, Über das Recht, den Zeitpunkt des eigenen Todes selbst zu bestimmen, ZRP 1985, 85 (90): "Viele Beispiele zeigen, wie schwer, ja geradezu unmöglich es ist, den wahren, wirklichen Willen eines schwer kranken Menschen zu erforschen"; Mendler, Geborgen sterben dürfen, Ethik Med 1993, 136 (144); Bottke, Juristische Perspektiven der Sterbehilfe in: Exner/Fahlbusch, Sterbehilfe, S. 17 (21); Beckert, Strafrechtliche Probleme um Suizidbeteiligung und Sterbehilfe, S. 236; Schlaudraff, Zwischen Konsens und Widerstand in: Gose/Hoffmann/Wirtz, Aktive Sterbehilfe ? S. 9 (26 f.); Eibach, Recht auf Leben - Recht auf Sterben in: Atrott/Eibach u.a., Sterbehilfe - Mitleid oder Mord ? S. 21 (61): Der Wunsch nach Lebensbeendigung sei ein Zeichen dafür, daß der Sterbende unverantwortlich schlecht gepflegt werde; Bringewat, Unbeachtlicher Selbsttötungswille und ernstliches Tötungsverlangen in: Eser/Bringewat, Suizid und Euthanasie, S. 368 (375) geht hingegen gar davon aus, daß der für die Ernstlichkeit des Tötungsverlangens geforderte defektfreie Wille dessen, der zielbewußt und endgültig mit dem Leben abgeschlossen habe, ein Widerspruch in sich sei und in der Realität nicht vorkomme.

1457 Sonneck/Ringel, Zur Psychopathologie des Sterbewillens in: Eser/Bringewat, Suizid und Euthanasie, S. 77 (78): "Es soll nicht behauptet werden, daß jeder Suizident krank ist; wir können lediglich feststellen, daß jene, die wir untersucht haben, krank waren." Ebenso Klieeisen/Langen, Lebensalter und Sterbewillen in: Eser/Bringewat, Suizid und Euthanasie, S. 88 (89); Dornberg, Angefragt: Sterbehilfe, S. 53: Retrospektive Analysen von Suiziden hätten ergeben, daß 70-100% dieser Personen psychisch krank gewesen seien. Danto, Der Kranke im Endstadium in: Eser/Bringewat, Suizid und Euthanasie, S. 101 (102); Bringewat, Unbeachtlicher Selbsttötungswille und ernstliches Tötungsverlangen in: Eser/Bringewat, Suizid und Euthanasie, S. 368; Cooper, Selbstmord im Gefängnis in: Eser/Bringewat, Suizid und Euthanasie, S. 170 (174); Weis, Der Eigennutz des Sisyphos in: Eser/Bringewat, Suizid und Euthanasie, S. 180 (184 f.); Kautzky, Die später froh darüber, gerettet worden zu sein.[1458] Ihr Handeln ist Ausdruck einer inneren Verzweiflung, die psychiatrische Lehrmeinung spricht ihnen insofern gar jegliche Zurechnungsfähigkeit ab.[1459] Schließlich bestätigen die Erfahrungen in den Hospizen, in denen das Verlangen nach aktiver Sterbehilfe praktisch nicht vorkommt, daß Sterbebeistand den Ruf nach vorzeitiger Lebensbeendigung verstummen läßt.[1460]

Die Beachtlichkeit des Sterbewillens wird ferner dadurch in Frage gestellt, daß sich der Todkranke in einer extremen Lebenssituation befindet, die ihm eine nüchterne Beurteilung seiner Situation, insbesondere wenn er unter dem Einfluß von Medikamenten steht, erheblich erschwert.[1461] Umgekehrt gilt: Ist der Patient noch so klar bei Bewußtsein, daß er seine Lage nüchtern und rational beurteilen kann, dürfte sein Zustand noch nicht so unerträglich sein, daß die Tötung als einziger Ausweg verbliebe.

In einer Gesellschaft aber, die das Töten von für das Gemeinwesen nutzlos, weil unproduktiv gewordenen Menschen als selbstverständlich akzeptiert, dürfte kaum damit zu rechnen sein, daß Ärzte und Pflegepersonal sich der Mühe unterziehen, ein spontan geäußertes Sterbeverlangen eines Patienten auf seine Ernsthaftigkeit hin zu überprüfen.[1462] Denn dies würde zweifellos sehr viel mehr Mühe bereiten als das schlichte Akzeptieren des Patientenwunsches, durch dessen Befolgung sich zu-

---

Freiheit des Sterbenden und die Pflicht des Arztes in: Eid, Euthanasie oder soll man auf Verlangen töten ? S. 25 (39); Meyer, Zur ärztlichen Verantwortung bei der Verhinderung eines Suizids, MedR 1985, 210 (214); einschränkend dagegen Flew, Selbsttötung und Geisteskrankheit in: Eser/Bringewat, Suizid und Euthanasie, S. 95 (100), der keinen Beweis dafür als erbracht sieht, daß Selbsttötungen immer oder meistens Ausdruck einer geistigen Erkrankung seien.

1458 Stürmer, Sterbehilfe, S. 71; Otto, Recht auf den eigenen Tod ? in: Verhandlungen des 56. DJT 1986, Gutachten D, S. D 79, der darauf hinweist, daß nur 8 bis 12 Prozent der bei einem Selbsttötungsversuch Geretteten sich später doch noch selbst töteten.

1459 Stadler, Sterbehilfe, S. 122; Eser, Lebenserhaltungspflicht und Behandlungsabbruch aus rechtlicher Sicht in: Auer/Menzel/Eser, Zwischen Heilauftrag und Sterbehilfe, S. 75 (103)

1460 Da die Umfrageergebnisse zur aktiven Sterbehilfe belegen, daß die Angehörigen der christlichen Kirchen dieser nur geringfügig zurückhaltender gegenüberstehen als der übrige Teil der Bevölkerung, dürfte das häufig gegenüber den Hospizen vorgebrachte Argument, dort werde der Wunsch nach vorzeitiger Lebensbeendigung aufgrund der Verbundenheit der Patienten mit christlichen Wertvorstellungen seltener artikuliert, oder - um es mit den Worten Kennedys zu sagen - in einem vegetarischen Restaurant kämen nur sehr wenige Menschen auf die Idee, ein Steak zu verlangen (Kennedy, Sterbehilfe: Ein Plädoyer, S. 44 f.), widerlegt sein.

1461 Eibach, Recht auf Leben - Recht auf Sterben in: Atrott/Eibach u.a., Sterbehilfe - Mitleid oder Mord ? S. 21 (64 f.); Roellecke, Gibt es ein "Recht auf den Tod ?" in: Eser/Bringewat, Suizid und Euthanasie, S. 336 (344) geht sogar davon aus, daß dem Patienten in dieser Situation zwingend der erforderliche Überblick als Grundlage einer nüchternen Beurteilung fehle. Eberlein, Der freiverantwortete Suizid in: Atrott/Pohlmeier, Sterbehilfe in der Gegenwart, S. 49 (51) behauptet, daß zumindest der in einer Klinik geäußerte Sterbewunsch kaum als selbstverantwortet angesehen werden könne, da das menschliche Bewußtsein von körperlich-räumlichen Einschränkungen beeinflußt werde, was wiederum zu psychischen Veränderungen führe, die einer freiverantworteten Entscheidung entgegenstehen könnten.

1462 so auch Eibach, Sterbehilfe - Tötung aus Mitleid ? S. 201

dem für die Zukunft sowohl erheblicher pflegerischer Aufwand als auch gewaltige finanzielle Belastungen - also Elemente, die für Singer bei der Interessenabwägung negativ zu Buche schlagen - vermeiden lassen.[1463]

Im übrigen belegt die Tatsache, daß es gerade Mediziner waren, die die Mordmaschinerie des NS-Staates aufrechterhielten, indem sie selektierten und befanden, welche Tötungsmethode die "humanste" sei, wie töricht die Annahme Singers ist, schon allein die Beteiligung von Ärzten an der Entscheidungsfindung über den Vollzug der aktiven Sterbehilfe biete einen ausreichenden Schutz vor Mißbrauch.[1464]

(l) Wenig überzeugende Lösung des Konflikts aktive Sterbehilfe contra Sterbebegleitung

Erschütternd ist die Art und Weise, mit der Singer das Argument übergeht, todkranke Patienten würden so gut wie nie nach aktiver Sterbehilfe verlangen, sofern ihnen nur die erforderliche Pflege und Schmerzlinderung zuteil werde. Sein Hinweis, aktive Sterbehilfe sei dennoch unerläßlich, weil eine umfassende Betreuung gegenwärtig nicht flächendeckend angeboten werden könne, läßt ernstliche Zweifel daran aufkommen, ob ihm überhaupt an einer Weiterentwicklung der Gesellschaft und an einer deren wirklichen Bedürfnissen angepaßten Ethik gelegen ist. Stattdessen versucht er, auf der Grundlage des Ist-Zustandes der Gesellschaft möglichst einfache und kostensparende Wege zu finden, um bestehendes Leid zu beseitigen, ohne sich freilich darüber Gedanken zu machen, ob durch die vorgeschlagenen Maßnahmen nicht noch größeres Leid verursacht wird. Dabei wäre es selbst von einem utilitaristischen Standpunkt aus sicher nicht unvernünftig, darüber nachzudenken, wie durch eine Verbesserung der gegenwärtig verfügbaren Behandlungsmethoden ein Zugewinn an Glück und Zufriedenheit selbst bei Patienten in ihrer letzten Lebensphase erzielt werden kann.

Doch offensichtlich steht dieser Zugewinn an Lebensqualität für Singer in keinem angemessenen Verhältnis zu dem Aufwand, der hierfür betrieben werden müßte. Da

---

[1463] dies übersieht auch Birnbacher, Ist die Unterscheidung zwischen aktiver und passiver Sterbehilfe ethisch bedeutsam ? in: Atrott/Pohlmeier, Sterbehilfe in der Gegenwart, S. 25 (36 f.), der dem entgegenhält, die Stärkung des Selbstbestimmungsrechtes im Sinne der Zulassung der aktiven Sterbehilfe stehe einer Verbesserung der Lebensbedingungen Schwerkranker und Sterbender nicht entgegen. Theoretisch mag dies zutreffen, realistisch ist eine solche Einschätzung aber kaum.

[1464] so auch Eibach, Recht auf Leben - Recht auf Sterben in: Atrott/Eibach u.a., Sterbehilfe - Mitleid oder Mord ? S. 21 (25); Schmuhl, Die Geschichte der Lebens(un)wertdiskussion in: Daub/Wunder, Des Lebens Wert, S. 51 (54)

das Leben des Patienten an sich für ihn kein Selbstzweck ist, führt seine Abwägung zwischen der verbliebenen Möglichkeit, aus einem unerträglichen Leiden ein gerade noch erträgliches zu machen, und den damit einhergehenden Belastungen für eine Vielzahl von Personen - Angehörige, Pflegepersonal, Ärzte - sowie den dadurch verursachten Kosten zu dem Ergebnis, daß es die Bedürfnisse des Sterbenden nicht wert seien, sich für eine grundlegende Verbesserung der Pflegesituation und insbesondere für die Entwicklung der Palliativmedizin einzusetzen.

Da sich diese gerade zum Ziel gesetzt hat, den Ruf nach aktiver Sterbehilfe endgültig verstummen zu lassen, ihr flächendeckender Ausbau jedoch nicht nur erhebliche finanzielle Mittel, sondern auch große Anstrengungen im wissenschaftlichen Bereich sowie in der praktischen Umsetzung erfordert, muß sich die Forderung nach Zulassung der aktiven Sterbehilfe gegenüber dem Ziel der Förderung palliativmedizinischer Maßnahmen als kontraproduktiv erweisen. Gerade in Zeiten, in denen im Bereich des Gesundheitswesens mehr über Einsparungsmöglichkeiten als über die Inhalte der Therapie diskutiert wird, würde sich eine Legalisierung der aktiven Sterbehilfe zwangsläufig negativ auf die Fortentwicklung sterbebegleitender Maßnahmen auswirken. Es würde sich die Frage erheben, warum auf diesem Sektor Ausgaben in erheblichem Umfange vorgenommen werden sollten, wenn der Gesetzgeber mit der Zulassung der aktiven Sterbehilfe doch eine sehr viel billigere und in ihrer praktischen Anwendung sehr viel bequemere und zeitsparendere Alternative anerkannt hat. Illusorisch ist vor diesem Hintegrund die Vorstellung Singers, die Palliativmedizin, deren Verdienste er nicht in Frage stellt, werde sich ganz unabhängig von der Freigabe der Tötung auf Verlangen fortentwickeln.

Palliativmedizin und Sterbebegleitung einerseits und aktive Sterbehilfe andererseits stehen sich letztlich als konträre und nicht miteinander in Einklang zu bringende Formen der Sterbehilfe gegenüber, nicht zuletzt auch deshalb, weil sich das Menschenbild und die Ideale, von denen die Verfechter beider Strömungen ausgehen, ganz erheblich voneinander unterscheiden. Auf Dauer wird sich bei realistischer Betrachtung aller Wahrscheinlichkeit nach nur eine der beiden Formen der Sterbehilfe durchsetzen können. Sollte es gelingen, die Schmerztherapie in einer Weise weiterzuentwickeln, daß sie allen Teilen der Bevölkerung zugänglich ist und die Freiheit von (zumindest unerträglichen) Schmerzen bis zum Tode garantiert, wird der Forderung nach Zulassung aktiver Sterbehilfe die wesentlichste Grundlage genommen sein. Wird demgegenüber aber die aktive Sterbehilfe legalisiert werden, wird dies vermutlich nicht nur zu einem Stillstand, sondern - aus Kosten- und Zeitgründen - sogar zu einer Zurückdrängung der Palliativmedizin führen. Erkennt man daher die

Entwicklung der Schmerztherapie grundsätzlich als den richtigen Weg zur Humanisierung des Sterbeprozesses an, ergibt sich meines Erachtens allein hieraus die Notwendigkeit des Widerstandes gegen die Einführung der aktiven Sterbehilfe.

(m) Ungerechtfertigte Bevorzugung der aktiven gegenüber der passiven Sterbehilfe

Die vorgenannten Erwägungen der Kosten-Nutzen-Analyse lassen Singer der aktiven Sterbehilfe den Vorzug vor der passiven geben. Ist von einem menschlichen Leben bei umfassender Abwägung aller betroffenen Interessen kein positiver Saldo zu erwarten, ist es aus der Sicht Singers das beste, dem "elenden Dasein" der nutzlos gewordenen Existenz ein möglichst schnelles Ende zu bereiten. Natürlich ist dieses Argumentationsmuster aber nicht auf unheilbar kranke Patienten beschränkt, deren Tod in naher Zukunft ohnehin bevorsteht. Es läßt sich vielmehr in gleicher Weise auf alle diejenigen anwenden, die in irgendeiner Weise im Laufe ihres Lebens von anderen abhängig werden und auf deren Hilfe angewiesen sind. Da dies zwangsläufig zu Belastungen führt und diese schon als solche negativ beurteilt werden, legt Singers Theorie nur den Schluß nahe, sie alle und mit ihnen vor allem ihre Umwelt durch ihre rasche Exekution zu erlösen. Wie tröstlich für die Betroffenen, daß sich nach den Vorstellungen Singers zumindest der Tötungsvorgang selbst in einer möglichst schmerzlosen Weise vollziehen soll !

Daneben ist Singers qualitative Gleichsetzung von aktiver und passiver Sterbehilfe entschieden zu widersprechen.[1465] Betrachtet man nicht nur die Folgen beider Alternativen, die zweifellos jeweils den Tod des Patienten mit sich bringen, so bedeutet es einen gravierenden qualitativen Unterschied, ob der Arzt das Leben eines Menschen unmittelbar und bewußt beendet, oder ob er auf den Einsatz bestimmter Behandlungsmethoden verzichtet, um so dem ohnehin irreversiblen Sterbevorgang seinen Lauf zu lassen. Während er sich im erstgenannten Falle zum Herrn über Leben und Tod aufschwingt und das Urteil über den Verlust des Lebenswertes spricht, das er sodann eigenhändig vollstreckt, erkennt er im Rahmen der passiven Sterbehilfe zumindest vom Grundsatz her die Beschränktheit der ihm zur Verfügung stehenden Heilungsmöglichkeiten an und akzeptiert den naturgegebenen Kreislauf des Werdens und Vergehens. Der Arzt führt bei der passiven Sterbehilfe den Tod des

[1465] im Ergebnis ebenso Wolbert, Ist der Unterschied zwischen Töten und Sterbenlassen noch sinnvoll ? in: Holderegger, Das medizinisch assistierte Sterben, S. 56 (75); Scheidegger, Intensivmedizin und Sterbehilfe in: Holderegger, Das medizinisch assistierte Sterben, S. 263 (271)

Patienten nicht eigenhändig herbei, dieser stirbt vielmehr eines natürlichen Todes. Dies kann in keiner Weise einer aktiven Tötungshandlung gleichgesetzt werden, insbesondere dann nicht, wenn sie zu einem Zeitpunkt ausgeübt wird, zu dem der Patient noch über einen längeren Zeitraum hinweg am Leben gehalten werden könnte.

Wie noch an späterer Stelle zu erörtern sein wird, vermag dies natürlich nicht jede Untätigkeit des Arztes am Ende eines verlöschenden Lebens nach seinem freien Belieben zu rechtfertigen. Es ist durchaus die Gefahr gegeben, daß der Arzt durch eine voreilige oder verspätete Einstellung lebensverlängernder Maßnahmen entweder das Leben des Patienten ungerechtfertigterweise verkürzt oder aber den "natürlichen" Sterbeprozeß zu Unrecht verlängert.[1466]

Ferner sei klarstellend bereits an dieser Stelle darauf hingewiesen, daß der Begriff des "natürlichen" Todes nicht wörtlich zu verstehen ist. Die heute üblichen Behandlungsmethoden haben den "natürlichen" Sterbevorgang längst überdeckt, so daß es im Grunde darum geht, die Grenzen des Einsatzes der "künstlichen" Möglichkeiten der Lebenserhaltung bzw. -verlängerung zu bestimmen.

(n) Vorgespiegelte Ablehnung der unfreiwilligen aktiven Sterbehilfe

Vor dem Hintergrund der vorstehenden Erörterungen zu Singers Kosten-Nutzen-Denken und der hiermit zwangsläufig verbundenen Bewertung des Wertes menschlichen Lebens durch Dritte entpuppt sich seine ablehnende Haltung gegenüber der unfreiwilligen Euthanasie als bloßes Lippenbekenntnis, das sich keineswegs logisch aus den genannten Prämissen seiner Ethik ergibt. Die Orientierung seiner Theorie an einem möglichst umfassenden Zugewinn an Glück für die Mehrheit der Bevölkerung, dem sowohl der Wille als auch das Leben des einzelnen untergeordnet werden, legt den Schluß nahe, daß der von ihm angenommene Ausnahmefall, außenstehende Dritte könnten sich berufen fühlen, besser erkennen zu wollen als der Betroffene selbst, daß ein Weiterleben für ihn nicht mehr lohnenswert sei, in einer nach seinen Idealen lebenden Gesellschaft sehr bald den Regelfall darstellen dürfte.

Dadurch, daß Singer den einzelnen der Herrschaft der Mehrheit schutzlos ausliefert, bildet seine Lehre - möchte man nicht bereits davon ausgehen, daß ihr selbst stark

---

[1466] vgl. hierzu C. III. 1. e.

totalitäre Züge anhaften[1467] - zumindest den geeigneten Nährboden und eine ideologische Rechtfertigung für jegliche Gewaltherrschaft gegenüber Minderheiten.

Es verwundert sehr, daß sich ausgerechnet eine Person wie Singer, die als Kind österreichisch-jüdischer Flüchtlinge den Verlust dreier seiner Großeltern in den Konzentrationslagern des Dritten Reiches zu beklagen hatte, zum Verfechter einer solchen Theorie aufschwingt, deren Umsetzung in der Praxis fast zwangsläufig ähnliche Folgen mit sich bringen würde wie die Vernichtungsaktionen der Nationalsozialisten, wenn sie auch im Hinblick auf die Auswahl der Opfer eine Akzentverschiebung mit sich bringen würde.

(o) Singers Lehre als Paradebeispiel der "Schiefen Ebene"

Schließlich vermittelt der Blick auf Singers Lehre einen Eindruck von der Berechtigung des sog. "Argumentes der Schiefen Ebene" (slippery slope argument, auch Dammbruchargument genannt), das Gegner der aktiven Sterbehilfe häufig heranziehen.[1468] Inhaltlich besagt es, daß jegliche Lockerung des Tötungsverbotes unweigerlich und unaufhaltsam weitere Ausnahmen nach sich zieht, bis letztlich der grundrechtlich verbürgte Lebensschutz gänzlich ausgehöhlt ist. Wer den Lebenswert von Menschen aufgrund bestimmter Eigenschaften, mangelnder Fähigkeiten oder sonstiger Merkmale relativiert und ihre Tötung unter bestimmten Voraussetzungen zuläßt, schafft die Grundlage dafür, daß in der Folge eine zweite Personengruppe als Vergleichsmaßstab herangezogen werden wird, die sich objektiv nur unwesentlich von der ersten unterscheidet. Ist aber die Tötung der ersten Gruppe in bestimmten

---

1467 Bastian/Rost, Leben und sterben lassen in: Bastian, Denken - schreiben - töten, S. 63 (67)

1468 Bastian/Rost, Leben und sterben lassen in: Bastian, Denken - schreiben - töten, S. 63 (77); Rost, Zur gegenwärtigen Diskussion der "Euthanasie" in: Christoph/Illiger, Notwehr gegen die neue Euthanasie, S. 50 (51 f.); Schöttler, Menschenrechte für jeden oder "Sterbehilfe" von Anfang bis zum Ende ? S. 7; Auer, Die Unverfügbarkeit des Lebens in: Auer/Menzel/Eser, Zwischen Heilauftrag und Sterbehilfe, S. 1 (49); Giesen, Ethische und rechtliche Probleme am Ende des Lebens, JZ 1990, 929 (935); Gründel, Euthanasie aus Mitleid ? in: Gose/Hoffmann/Wirtz, Aktive Sterbehilfe ? S. 89 (111); Mattheis, Euthanasie und gesellschaftlicher Auftrag der Medizin - ein Widerspruch ? in: Gose/Hoffmann/Wirtz, Aktive Sterbehilfe ? S. 135 (140); Ratschow, Wenn Sterbehilfe töten darf, S. 22; Kautzky, Die Freiheit des Sterbenden und die Pflicht des Arztes in: Eser/Bringewat, Suizid und Euthanasie, S. 285 (288); Koch, Sterbehilfe, S. 55; Baumann-Hölzle, Freie Selbstbestimmung über den eigenen Tod in: Romero-Haus-Protokolle 65, Menschlich sterben, S. 7 (16); Meves, Der Mensch - Herr über Leben und Tod ? in: Atrott/Eibach u.a., Sterbehilfe - Mitleid oder Mord ? S. 79 (81); Reisert, Ich möchte beim Sterben helfen in: Atrott/Eibach u.a., Sterbehilfe - Mitleid oder Mord ? S. 99 (103); Buchheim, Sozialpolitische Stellungnahme zur Euthanasie in: Hiersche, Euthanasie, S. 169 (178); Oehmichen, Serientötung, Tötung und Lebensverkürzung in: Oehmichen, Lebensverkürzung, S. 229 (246); Degener, Tödliches Mitleid schützt vor Strafe in: Tolmein, Geschätztes Leben, S. 119 (173); Cranach/Schmidt/Spaemann, Kinsauer Manifest in: Stadler, Sterbehilfe, S. 273 (274): "Tötung auf Verlangen ist die Einstiegsdroge in die Euthanasiegesellschaft, alles andere ist eine katastrophale Illusion."

Fällen zulässig, so wird man auf Dauer nicht verhindern können, daß die gleichen Maßstäbe auf die zweite Personengruppe Anwendung finden werden, da die Unterschiede nicht so gravierend sind, daß sich eine Ungleichbehandlung sachlich rechtfertigen ließe. Auch zwischen der zweiten Personengruppe und einer dritten aber lassen sich gewiß Gemeinsamkeiten feststellen, die es als willkürlich erscheinen ließen, wenn die Ausnahmen von dem Tötungsverbot nicht in gleicher Weise auf sie übertragen würden. Da sich die Ausweitung der möglichen Ausnahmen vom grundsätzlichen Tötungsverbot jedoch nicht nur auf Personengruppen, sondern auch auf die Bedingungen, unter denen eine Tötung für zulässig erachtet wird, erstrecken kann, fällt es nicht schwer, sich vorzustellen, daß schon bald im Bewußtsein der Bevölkerung die Tötung von Menschen in Situationen als gerechtfertigt angesehen würde, an die diejenigen, die die erste Lockerung - womöglich in guter Absicht - durchsetzten, niemals gedacht haben, und die sie auch niemals gebilligt hätten.

Für Singer verläuft diese Argumentationslinie von den Tieren, die unter bestimmten Voraussetzungen Versuchen im Interesse des medizinischen Fortschritts ausgesetzt werden dürfen, über Säuglinge und schwer geistig behinderte Menschen, die diesen gegenüber bezüglich ihrer aktuellen Fähigkeiten nicht überlegen sind. Gleichgestellt werden ihnen alte Menschen, deren geistige Kräfte in einer Weise nachgelassen haben, daß sie nicht mehr in der Lage sind, ihr Leben selbstbestimmt zu gestalten, sowie Unfallopfer, die schwere Hirnschäden erlitten haben. Fast von selbst versteht es sich vor dem Hintergrund dieser Argumentationsstruktur für Singer, daß ein Fötus, der ja noch nicht einmal das Entwicklungsstadium eines Neugeborenen erlangt hat, kein Recht auf Leben hat und abgetötet werden darf, sofern dies schmerzlos geschieht und hierdurch keine Umweltinteressen negativ berührt werden.

Würde eine Gesellschaft aber dieses Modell als für sich verbindlich anerkennen, so würde sich die Frage erheben, ob den genannten Bevölkerungsgruppen nicht auch andere hilfsbedürftige alte, gebrechliche oder chronisch kranke Menschen gleichgestellt werden müßten, die sich zwar geistig im Vollbesitz ihrer Kräfte befinden, deren Leben aber - möglicherweise gerade weil sie ihren körperlichen Zerfall bewußt erleben - für einen Außenstehenden gleichfalls als unglücklich und elend erscheinen mag. Schon bald würde die von Singer gezogene Grenze des ersten Lebensmonats, bis zu dem die Tötung eines Säuglings gesetzlich zugelassen werden soll, als willkürlich erkannt werden und könnte mit der Zeit nahezu beliebig ausgedehnt werden. Wer könnte sich dann letztlich noch seines Lebens sicher sein ?

(p) Wenig überzeugende Reaktion Singers auf bereits erkennbare Einschränkungen des Lebensschutzes

Zu denken freilich gibt Singers Hinweis, daß unsere Gesellschaft durch ihre zunehmend liberale Haltung zu Fragen des Schwangerschaftsabbruchs und durch die weit verbreitete Praxis, behinderte Säuglinge "liegenzulassen", d.h. nicht zu behandeln und sie hierdurch ihrem tödlichen Schicksal preiszugeben, bereits die vorgenannte "Schiefe Ebene" betreten bzw. der Damm des Lebensschutzes schon Risse bekommen habe. Dies kann wohl in der Tat nicht geleugnet werden. Denn ohne insbesondere auf Einzelheiten der äußerst komplexen Materie der Abtreibungsproblematik eingehen zu wollen, die den Rahmen der vorliegenden Arbeit sprengen würde, kann zumindest festgehalten werden, daß derjenige, der nicht nur die Achtung der Menschenwürde als höchsten Wert unserer Rechtsordnung anerkennt, sondern den Schutzbereich auch auf das werdende Leben im Mutterleib ausdehnt[1469] und dabei insbesondere dessen potentielle Entwicklungsmöglichkeiten für schutzwürdig erachtet, in arge Begründungsnot gerät, plausibel zu erklären, daß Schwangerschaftsabbrüche bis zum Ablauf von zwölf Wochen nach der Empfängnis selbst aus trivialstem Anlaß zulässig oder zumindest nicht strafbar sein sollen. Noch viel schwieriger aber dürfte es sein, die willkürlich gesetzte 12-Wochen-Frist gegen eine Ausdehnung auf beispielsweise 12,5, 13 oder 20 Wochen oder gar auf die gesamte Dauer der Schwangerschaft mit rational zwingenden Gründen zu verteidigen. Gelingt dies nicht, liegt jedoch auch die Relativierung des Lebensschutzes Neugeborener nicht mehr fern.

Die Bezugnahme auf die liberale Abtreibungspraxis kommt Singer gelegen, um den ärztlichen Wertekanon als durchlöchertes und fragwürdiges Gebilde abzuqualifizieren mit der sich hieraus ergebenden Schlußfolgerung, die ärztliche Sittenlehre stehe der aktiven Sterbehilfe nicht entgegen. Ähnlich aber hatte auch Hoche argumentiert, indem er aufgrund der ärztlichen Praxis der Abtreibung hinsichtlich der "Tötung Unheilbarer oder der Beseitigung geistig Toter ... in der ärztlichen Sittenlehre jedenfalls keine ausschließenden Gegengründe" erkannte.[1470]

Nicht neu ist die These, daß der Schritt von der Abtreibungs- zur Euthanasiefreigabe eine konsequente Entwicklung ist, die lediglich etwas Zeit braucht.[1471] Aufgrund der Tatsache, daß sich das Geschehen rund um die vorgeburtliche Kindestötung in ei-

---

[1469] BVerfGE 39, 1 (41)
[1470] Hoche in: Binding/Hoche, Die Freigabe der Vernichtung lebensunwerten Lebens, S. 43 (49f.)
[1471] Boßmeyer, Tödlicher Zeitgeist in: Christoph/Illiger, Notwehr gegen die neue Euthanasie, S. 138 (143)

ner relativen Verborgenheit abspielt, d.h. nur begrenzt mit sinnlichen Eindrücken verbunden ist, ist die Überwindung der natürlichen menschlichen Tötungshemmung in diesem Bereich einfacher als gegenüber einem geborenen Menschen. Doch bei wachsender "Unzumutbarkeit" des zur Disposition stehenden Menschen für die Allgemeinheit und seine Angehörigen, der zudem aus der Sicht Dritter für sich selbst nur eine Last ist, könnte sich diese Hemmschwelle mit der Zeit überwinden lassen.

Die erwähnte Praxis des Sterbenlassens behinderter Neugeborener legt Zeugnis davon ab, daß derartige Überlegungen keineswegs aus der Luft gegriffen sind.

Haben wir aber die berüchtigte "Schiefe Ebene" bereits betreten, so muß es die Aufgabe der Gesellschaft sein, dafür Sorge zu tragen, daß wir uns dieser Tatsache nicht nur bewußt werden, sondern darüber hinaus alles Erdenkliche tun, um einem weiteren Abgleiten vorzubeugen. Die entgegengesetzte, die geschilderte Entwicklung noch beschleunigende Wirkung ist zu befürchten, wenn wir mit Singer auch in diesem Zusammenhang von dem Ist-Zustand der Gesellschaft ausgehen, diesen unkritisch zur Norm erheben und auf dieser Grundlage eine "neue" Ethik erarbeiten, die darauf ausgerichtet ist, alle tatsächlichen Entwicklungen, gleich welcher Art, ideologisch zu untermauern und zu rechtfertigen.

Durch seine beschriebene unkritische Haltung gegenüber gesellschaftlichen Entwicklungen gibt Singer nicht zuletzt eine der wichtigsten ihm als Philosophen gestellten Aufgaben preis. Denn die Philosophie hat es sich seit der Antike durch alle Zeiten hindurch zu ihrer vornehmsten Pflicht gemacht, eine "bessere Welt" zu entwerfen.[1472] Die Lehre Singers zumindest stellt sich dieser Aufgabe nicht.

cc. Kritik an der Lehre Norbert Hörsters

(1) Zu einseitige Betonung des Selbstbestimmungsrechtes

Hörster ist zunächst zuzugeben, daß seine Philosophie sehr viel stärker den Werten des Grundgesetzes verhaftet ist als die utilitaristische Lehre Singers. Er zieht die verfassungsrechtlich vorgegebene Bedeutung der Menschenwürde und des Rechts auf Leben vom Grundsatz her nicht in Zweifel und untersucht auf dieser Grundlage das Verhältnis von Lebensschutz und Selbstbestimmungsrecht.

[1472] Stadler, Sterbehilfe, S. 178

Die Anerkennung der Autonomie des einzelnen steht für ihn gerade bei der Entscheidung über das eigene Leben auf dem Prüfstand. Dieser Gedanke ist keineswegs revolutionär. Bereits im ausgehenden 19. Jahrhundert und zu Beginn des 20. Jahrhunderts wurde das Recht auf den eigenen Tod zum letzten noch fehlenden Beweis für das absolute Selbstbestimmungsrecht des Menschen stilisiert.[1473]

Hörster räumt dem durch Art. 2 Abs. 1 GG geschützten Selbstbestimmungsrecht im Konfliktsfalle den Vorrang vor dem Lebensschutz ein und sieht darin in besonderem Maße die Würde des Menschen verwirklicht. Da das durch Art. 2 Abs. 2 Satz 1 GG geschützte Recht auf Leben gem. Art. 2 Abs. 2 Satz 3 GG nicht uneingeschränkt gewährleistet ist, sondern unter Gesetzesvorbehalt steht, spricht die Systematik der Grundrechte nicht von vornherein gegen eine derartige Lösung, so daß die Legalisierung der aktiven Sterbehilfe verfassungsrechtlich zumindest nicht unvertretbar erscheint.

Fraglich ist dennoch, ob die von Hörster vorgeschlagene Lösung des Spannungsverhältnisses zwischen Lebensschutz und Privatautonomie letztlich in sich schlüssig und interessengerecht ist.

Zutreffend ist in diesem Zusammenhang Hörsters Hinweis darauf, daß unsere Rechtsordnung in Ausfüllung des genannten Gesetzesvorbehaltes von Art. 2 Abs. 2 Satz 3 GG beispielsweise durch die Rechtfertigung von Tötungshandlungen in Notwehrsituationen gem. § 32 StGB bereits Ausnahmen des Lebensschutzes normiert, so daß gegenwärtig nicht von einer allgemein anerkannten absoluten Unantastbarkeit des menschlichen Lebens die Rede sein kann.

Nur am Rande sei an dieser Stelle erwähnt, daß übrigens die christlichen Kirchen, denen Hörster die Forderung der absoluten Unantastbarkeit menschlichen Lebens zuschreibt, lediglich davon ausgehen, daß sich niemand das Recht anmaßen dürfe, "*unschuldige* menschliche Wesen direkt zu zerstören",[1474] so daß selbst nach ihrem Verständnis das Töten von Menschen in Notwehr oder in einem Verteidigungskrieg[1475] gerechtfertigt sein kann. Über die Vorgaben des Grundgesetzes hinaus schließen sie in schwerwiegendsten Fällen nicht einmal die Todesstrafe aus.[1476]

[1473] Schleker, Thanatologie, Euthanasie, Sterbehilfe, S. 74; Schipperges, Zur psychischen und sozialen Situation des Sterbenden in historischer Sicht in: Eser/Bringewat, Suizid und Euthanasie, S. 13 (18 f.); Benzenhöfer, Der gute Tod ? S. 93 f. unter Berufung auf Adolf Jost, Das Recht auf den Tod (1895).

[1474] Katechismus der katholischen Kirche, RNr. 2258

[1475] Katechismus der katholischen Kirche, RNr. 2263 - 2265

[1476] Katechismus der katholischen Kirche, RNr. 2266

Mag somit der Schutz des menschlichen Lebens durch unsere Rechtsordnung auch nicht schrankenlos gewährleistet sein, so vermag dies freilich nichts an der bereits oben erläuterten zentralen Bedeutung des staatlichen Schutzauftrages für das menschliche Leben und seine Würde für das gesellschaftliche Zusammenleben zu ändern. Da zudem gerade die Auseinandersetzung mit der Philosophie Peter Singers in sehr anschaulicher Weise gezeigt hat, welch weitreichende Folgen selbst geringfügige Lockerungen des Lebensschutzes zwangsläufig mit sich bringen, ist entgegen Hörsters Argumentationsansatz nicht allein danach zu fragen, ob es im Interesse des konkret betroffenen Individuums liegt, daß seinem Wunsch nach aktiver Beendigung seines Lebens nachgegeben wird. Vielmehr ist es unabdingbar, stets auch die gesamtgesellschaftlichen Konsequenzen einer Legalisierung der aktiven Sterbehilfe in den Blick zu nehmen. Der Ausgangspunkt Hörsters, der strafrechtlich sanktionierte Schutz des menschlichen Lebens diene allein dem Interesse des einzelnen an seinem eigenen Überleben sowie an dem ihm nahestehender Personen, ist daher zu einseitig und zu sehr auf das Selbstbestimmungsrecht fixiert.

(2) Mangelnde Bestimmbarkeit des "schweren, unheilbaren Leidens"

Selbst innerhalb dieser eindimensionalen Argumentationsstruktur der Hörster´schen Philosophie aber treten bei näherer Betrachtung deutliche Mängel zutage.

Dies betrifft zunächst die Voraussetzungen, von denen Hörster die Legalisierung der aktiven Sterbehilfe abhängig machen möchte. Sofern er hierbei ein "schweres" Leiden des Patienten voraussetzt, bestehen erhebliche Zweifel an der hinreichenden Bestimmtheit dieses Kriteriums. Der hiergegen vorgebrachte Hinweis Hörsters, der Begriff des "schweren" Leidens bringe gegenüber dem des "unerträglichen" Leidens den Vorteil mit sich, nicht allein von subjektiven Empfindungen des Betroffenen abhängig zu sein, vermag nicht zu überzeugen.

Schmerz- und Leidenszustände werden sich niemals objektiv messen lassen, sondern sind stets nach der subjektiven Wahrnehmung der sie betreffenden Person zu bewerten. Allein ihre Perspektive kann den Anknüpfungspunkt für die weitere ärztliche Behandlung bilden. Da es Hörster in erster Linie um die Verwirklichung des Selbstbestimmungsrechtes des Patienten geht, dürfte es gerade im Lichte seiner Lehre geboten sein, die subjektive Einstellung des Patienten zu seiner Krankheit zum Leitprinzip der Sterbehilfeentscheidung zu erheben.

Nicht zu leugnen ist selbstverständlich, daß die Beurteilung subjektiver Empfindungen durch einen Dritten stets mit Wertungen einhergehen wird und die auf dieser Grundlage getroffene Entscheidung zumindest Gefahr läuft, für beliebig gehalten zu werden. Die Verwendung des vagen Begriffs des "schweren" Leidens ist nicht geeignet, dem wirksam gegenzusteuern, da hier schon unklar bleibt, welchen Grad der Beeinträchtigung der einzelne subjektiv empfinden muß, damit sein Leiden hierunter zu subsumieren ist. Das Abstellen auf ein "unerträgliches" Leiden würde hingegen klar zum Ausdruck bringen, daß nur solche Schmerzzustände erfaßt werden, die den Betreffenden an die Grenzen seiner physischen und psychischen Belastbarkeit führen. Zwar wäre auch dieser Begriff letztlich wertausfüllungsbedürftig, dem Vorwurf mangelnder Bestimmtheit jedoch dürfte er kaum ausgesetzt sein.

Möchte Hörster hingegen durch die Verwendung des Merkmals des "schweren" Leidens sicherstellen, daß nicht nur subjektive Empfindungen des Patienten Berücksichtigung finden, so bleibt offen, ob bzw. in welchem Umfange die dennoch vorzunehmende Wertung die Perspektive des Arztes oder des Patienten sowie das Vorliegen bestimmter Krankheitsbilder zu berücksichtigen hat.

Soweit Hörster hingegen von der "Unheilbarkeit der Krankheit" spricht, bleibt klärungsbedürftig, ob es sich insofern um eine zum Tode führende Krankheit handeln muß. Nach dem Wortlaut der ersten von Hörster genannten Bedingung der Rechtmäßigkeit der Tötung auf Verlangen könnte zweifellos selbst das Leiden desjenigen, dem beispielsweise ein Arm oder ein Bein amputiert worden ist (bei einem Pianist würde womöglich bereits die Amputation oder Versteifung eines einzigen Fingers genügen), als schwer und unheilbar angesehen werden. Es ließen sich viele weitere Beispiele von chronischen Erkrankungen anführen, die einen Patienten voraussichtlich ein Leben lang begleiten werden, ohne überhaupt jemals zum Tode zu führen. Von einer Sterbehilfe könnte in diesen Fällen mangels Einsetzens des Sterbevorganges bzw. mangels eines alsbald zu erwartenden Todeseintritts schon begrifflich keine Rede sein.

Schon eher könnten unter den Begriff der "unheilbaren Krankheit" Situationen subsumiert werden, in denen die betreffende Krankheit zumindest nach Jahren oder Jahrzehnten zu einer derartigen Verschlechterung des Gesundheitszustandes des Patienten führen wird, daß sie zumindest mittelbar zu einer Minderung der Lebenserwartung beiträgt. Auch hier hätte eine Tötung freilich nichts mit Sterbehilfe zu tun.

Anhand dieser Beispiele wird deutlich, wie schnell der Bereich derjenigen Krankheitsbilder, die man für so gravierend erachtet, daß man dem Verlangen des Patienten nach der Gewährung des "Gnadentodes" nachzugeben bereit ist, ausgeweitet werden kann, wenn die Tatbestandsmerkmale nicht erheblich konkreter gefaßt werden, als Hörster dies tut.

Selbst wenn man jedoch aus dem Gesamtkontext der Hörster'schen Lehre folgern wollte, daß er unter unheilbaren Krankheiten nur solche versteht, die in absehbarer Zeit zum Tode führen, hätte er eine nähere Bestimmung dazu treffen müssen, ab welchem Stadium der Krankheit bzw. ab welcher Sicherheit der letalen Diagnose die aktive Sterbehilfe seiner Ansicht nach vorgenommen werden darf.

(3) Widersprüchliche Einschränkung des Selbstbestimmungsrechtes auf Fälle eines "schweren, unheilbaren Leidens"

Abgesehen von der mangelnden Bestimmbarkeit der von Hörster gewählten Tatbestandsmerkmale ist für den objektiven Betrachter nicht nachzuvollziehen, weshalb er auf der Grundlage der von ihm selbst aufgestellten Prämissen ausschließlich in der beschriebenen Situation des "schweren, unheilbaren Leidens" die rechtliche Zulässigkeit der Tötung auf Verlangen befürwortet.

Geht es Hörster letztlich darum, das Selbstbestimmungsrecht des einzelnen möglichst umfassend zu stärken und lediglich sicherzustellen, daß die getroffene Entscheidung nicht auf einer Kurzschlußreaktion, sondern auf einem rationalen und wohlüberlegten Entschluß beruht, kann die Frage der Rechtmäßigkeit der gewünschten Tötungshandlung nicht an das Vorliegen eines (mehr oder weniger) bestimmten Krankheitsbildes gekoppelt werden. Würde es auf der Grundlage der von Hörster selbst aufgestellten Prämissen nicht eine besonders gravierende Form der Bevormundung darstellen, wenn man das Tötungsverlangen derjenigen Personen für unbeachtlich erklären würde, die ihre Tötung in einer der nicht von Hörster genannten Situationen begehren ? Oder um mit der von Hörster in anderem Zusammenhang immer wieder bemühten individuellen Sichtweise zu argumentieren: Was hat der einzelne, dem sein Leben selbst bei bester Gesundheit nach gründlichem Überlegen nicht mehr lebenswert erscheint, und der die Tötung durch einen Dritten erstrebt, davon, daß ein solches Verlangen in anderer Situation für zulässig erachtet wird, in der angeblich eine größere Wahrscheinlichkeit dafür besteht, daß das Verlangen ernstlich ist ? Schließlich soll ja gerade das zweite von Hörster aufgestellte

Kriterium der reiflichen Überlegung im aufgeklärten und urteilsfähigen Zustand sicherstellen, daß es nicht zu Tötungshandlungen aufgrund krankhafter Depressionszustände des Patienten kommt. Jede weitergehende Eingrenzung des für beachtlich gehaltenen Tötungsverlangens muß dann aber - auf der Grundlage von Hörsters Zielsetzung einer möglichst umfassenden Stärkung des Selbstbestimmungsrechtes - als willkürlich erscheinen.

(4) Unzureichende Berücksichtigung der psychologischen Situation Sterbender

Die von Hörster geforderten Bedingungen für die Rechtmäßigkeit der Tötung auf Verlangen erweisen sich in ihren praktischen Konsequenzen nicht zuletzt deshalb als ausgesprochen problematisch, weil sie gänzlich die oben beschriebenen Stadien der psychischen Entwicklung eines moribunden Patienten außer Acht lassen (vgl. C.II.1.b.bb). Wie deren Darstellung gezeigt hat, stellen Verzweiflung und Depression geradezu typische Stim-mungslagen des Sterbenden dar, die jedoch ihrerseits lediglich vorüberge-hende Erscheinungsformen eines einheitlichen Reifungsprozesses bilden, an dessen Ende üblicherweise die Annahme des eigenen Schicksales steht. Nur wenn man diese Übergangsphasen isoliert betrachtet und einen in dieser Zeit geäußerten Wunsch nach baldiger Erlösung durch den Arzt als rational durchdacht anerkennt, ist es überhaupt möglich, mit Hörster die Befolgung eines solchen Patientenwunsches als Zeichen des Respekts vor dem Selbstbestimmungsrecht und der Würde des Kranken zu deuten.

Meines Erachtens würde eine solche Sichtweise zu kurz greifen. Zwar wird man nicht bezweifeln können, daß ein unheilbar erkrankter Patient, dem das Ausmaß seines Leidens bewußt geworden ist, zu rationalen Erwägungen fähig ist. Gleichfalls ist unbestritten, daß sich sein in dieser Situation möglicherweise geäußerter Wunsch nach aktiver Sterbehilfe aus der Sicht eines außenstehenden Dritten angesichts der Hoffnungslosigkeit der eingetretenen Situation durchaus nachvollziehen läßt, insbesondere dann, wenn der Dritte selbst noch mitten im Leben steht und für ihn Gedanken an den Tod in gleicher Weise fernliegend wie unfaßbar sind. Andererseits aber belegt doch gerade die Tatsache, daß solche Patienten im Zuge der ihnen aufgezwungenen Auseinandersetzung mit Krankheit und Tod regelmäßig zur Überwindung dieses Zustandes gelangen und neue Wertmaßstäbe für den verbliebenen Rest ihres Lebens zumindest dann entdecken, wenn sie hierbei genügende Unterstützung aus ihrer Umgebung erfahren, daß die anfängliche Niedergeschlagenheit ein Zeichen ihrer - nicht zuletzt emotionalen - Überforderung ist. Einen auf dieser Grundlage gefaßten Entschluß zur Entgegennahme der aktiven Sterbehilfe wird man kaum als wirklich durchdacht und als Ausdruck des Selbstbestimmungsrechtes des Patienten ansehen können. Im wohlverstandenen Interesse des Patienten ist es daher im Gegenteil gerade geboten, ihn vor einer aktiven Beendigung seines Lebens zu bewahren und ihm hierdurch die Möglichkeit zu eröffnen, seine (vorübergehende) Verzweiflung zu überwinden.

Dem dürfte sich auch nicht überzeugend entgegenhalten lassen, daß es theoretisch Patienten geben könnte, die bis zu ihrem letzten Atemzuge an dem Wunsch, von dritter Seite getötet zu werden, festhalten, sei es, daß sie von vornherein vollkommen emotionslos die Entscheidung für den Gnadentod getroffen haben, sei es, daß sie niemals das Stadium der Depression zu überwinden vermögen. Immerhin könnte bei solchen Patienten im ersteren Falle nicht von einer Unbeachtlichkeit der getroffenen Entscheidung wegen Überforderung, im letztgenannten nicht von dem Vorliegen eines vorübergehenden Phänomens im Rahmen eines Reifungsprozesses gesprochen werden. Zwar mag es tatsächlich derartige Fallgestaltungen geben, doch wird sich dies naturgemäß nur im nachhinein feststellen lassen. Da es sich hierbei jedoch - glaubt man den Untersuchungsergebnissen der Praxis, insbesondere den vorerwähnten von Sporken, Kübler-Ross und der Suizidforschung - um seltene Ausnahmefälle handelt, stünde das Risiko, durch die Freigabe der aktiven Sterbehilfe Patienten umzubringen, deren Todeswunsch nur vorübergehender und daher nicht wirklich ernsthafter Natur ist, außer Verhältnis zu dem möglichen Nutzen, den die Vornahme der Tötungshandlung im Hinblick auf das Selbstbestimmungsrecht des Patienten in den wenigen anderen Fällen mit sich bringen würde.

Selbst wenn man im Einzelfall von einem ernsthaften Todeswunsch eines Patienten als Ausdruck seiner selbstbestimmten Persönlichkeit ausgehen wollte, dürfte die Verweigerung der aktiven Sterbehilfe auch niemals so tief in die Sphäre des Patienten eingreifen, daß dieser hierdurch seine Würde verletzt sehen könnte. Wäre dies der Fall, so müßte dem Wunsch des rational überlegenden Patienten nach der aktiven Herbeiführung seines vorzeitigen Todes nicht nur eine entsprechende Befugnis des Arztes, sondern sogar dessen Verpflichtung zur Durchführung der Tötung auf Verlangen gegenüberstehen. Eine solch weitreichende Forderung aber wird - soweit ersichtlich - heute nicht einmal von den entschiedensten Befürwortern der aktiven Sterbehilfe erhoben.

(5) Untauglichkeit des Kriteriums der "mehrfachen, durch gewisse Zeitabstände getrennten Gespräche"

Hörster vermag den vorgenannten Bedenken an der Ernstlichkeit des geäußerten Sterbewillens auch nicht dadurch hinreichend Rechnung zu tragen, daß er mehrfache, zeitlich voneinander getrennte Gespräche zwischen Arzt und Patient in seinen Kriterienkatalog aufgenommen hat, anläßlich derer sich der Wille des Kranken als konstant erweisen müsse. Zum einen ist das Merkmal des "gewissen zeitlichen Abstandes" für eine angemessene praktische Handhabung viel zu vage. Hierunter kann man Unterredungen im Abstand von Wochen oder Monaten ebenso verstehen wie solche innerhalb von wenigen Tagen oder gar nur Stunden. Es bleibt darüber hinaus unklar, ob schon zwei Gespräche für ausreichend befunden werden, oder ob eine größere Anzahl von Unterredungen notwendig ist, ehe man von einem dauerhaften Entschluß des Patienten ausgehen kann. Nimmt man die Intention Hörsters, das Selbstbestimmungsrecht des Patienten möglichst zu stärken, ernst, dürften die zeitlichen Unterbrechungen wohl eher gering zu bemessen sein, da sich mit jedem Augenblick des Zuwartens der Eingriff in die Autonomie des Kranken verstärkt. Daß sich auf der Grundlage dieser Überlegungen in der Praxis des hektischen Krankenhausalltages schon sehr bald die Übung herausbilden würde, daß der Patient von dem behandelnden Arzt bei der Visite, die derjenigen nachfolgt, in der der Todeswunsch erstmalig artikuliert worden ist, routinemäßig schlicht noch ein letztes Mal danach gefragt würde, ob es bei seiner Entscheidung für die aktive Sterbehilfe verbleibe, scheint auf der Hand zu liegen. Ob hierdurch für den Patienten und die Frage der Ernsthaftigkeit seines Todesverlangens sehr viel gewonnen wäre, darf bezweifelt werden.

Daß die Freigabe der aktiven Sterbehilfe den Arzt der Versuchung aussetzen würde, dem Verlangen des Patienten, ihn zu töten, voreilig nachzugeben und sich so des Zeitaufwandes und der Mühe zu entledigen, die erforderlich sind, um zu erforschen, von welcher Motivation das Begehren des Sterbenden tatsächlich getragen ist, wurde bereits im Rahmen der Kritik an Singers Lehre dargelegt.

Abgesehen davon ist die von Hörster postulierte Bedingung mehrerer zeitlich voneinander getrennter Gespräche jedoch auch deshalb abzulehnen, weil sich entsprechend den obigen Ausführungen zur psychologischen Situation eines Terminalpatienten niemals voraussehen läßt, wie lange einzelne Stadien andauern werden, und diese zudem häufig nicht strikt voneinander getrennt werden können.

(6) Fehlende Aussagekraft früherer Äußerungen des Patienten zur aktiven Sterbehilfe

Noch viel weniger aussagekräftig als die aktuelle Äußerung eines sterbenden Patienten ist eine solche, die er bereits in gesunden Tagen ganz allgemein im Hinblick auf die aktive Sterbehilfe getroffen hat. Solche pauschalen Feststellungen haben schon keinen hinreichenden Bezug zu einer möglichen persönlichen Entscheidung des Betroffenen. So scheint es durchaus vorstellbar, daß eine bestimmte Person sich - wie von Hörster gefordert - aus Gründen der Toleranz und der Respektierung des Selbstbestimmungsrechtes anderer für eine Legalisierung der aktiven Sterbehilfe ausspricht, selbst jedoch niemals daran denken würde, ein solches Verlangen an einen Arzt heranzutragen. Zudem dürfte sich aus allgemeinen Äußerungen kaum ableiten lassen, wie sich ein Patient in einer konkreten Situation entscheiden würde, wenn er diese bewußt und urteilsfähig erleben könnte.

Die von Hörster genannten Kriterien für die Zulässigkeit aktiver Sterbehilfe aufgrund eines entsprechenden mutmaßlichen Willens des Patienten sind daher schon vom Ansatz her viel zu weit gefaßt, als daß sie einer zuverlässigen Handhabung in der Praxis zugänglich wären, ohne daß an dieser Stelle bereits auf das grundsätzliche Problem der Antizipierbarkeit von Entscheidungssituationen, das im Zusammenhang mit der Frage der Verbindlichkeit von Patiententestamenten zu erörtern sein wird, einzugehen wäre (vgl. hierzu C. III. 2.).

(7) Das Problem, die Ernstlichkeit und Freiwilligkeit des geäußerten Sterbewunsches nachträglich zu beweisen

Darüber hinaus sind die praktischen Schwierigkeiten und die Manipulationsmöglichkeiten zu bedenken, die sich ergeben, wenn es einem Arzt erlaubt wird, einen Patienten allein auf dessen Wunsch hin zu töten.

So dürfte nach dessen Ableben nur schwer festzustellen sein, ob er überhaupt ein solches Verlangen kundgetan hat. Dieses Problem wäre freilich dadurch zu lösen, daß man aus Gründen der Rechtssicherheit eine Willenserklärung des Patienten, die auf seine aktive Tötung durch den Arzt gerichtet ist, nur bei Wahrung bestimmter Formvorschriften als wirksam anerkennen würde. Insofern könnte in analoger Weise auf diejenigen Regelungen Bezug genommen werden, die bei der Errichtung einer Verfügung von Todes wegen zu beachten sind. Da jedoch in einer Situation, in der

der Patient aufgrund unerträglichen Leides aus dem Leben zu scheiden beabsichtigt, häufig weder ein Notar verfügbar sein noch die eigenhändige Abfassung einer entsprechenden Erklärung in Betracht kommen dürfte, müßte der Vorschrift des § 2250 Abs. 1 BGB, der im Bereich der Testamentserrichtung lediglich Ausnahmecharakter zukommt, größere Bedeutung beigemessen werden, so daß die Abgabe der Erklärung vor drei Zeugen als ausreichend angesehen werden müßte.

Allerdings dürfte in der hier diskutierten Extremsituation nur sehr schwer feststellbar sein, ob der Patient im Hinblick auf die von ihm begehrte aktive Sterbehilfe überhaupt einwilligungsfähig ist. Die drei Zeugen müßten daher zusätzlich über besondere fachliche Qualifikationen verfügen. Letztlich müßte es sich wohl um drei Ärzte handeln, wobei wiederum der die tödliche Maßnahme ausführende Arzt mit diesen aus Gründen der Mißbrauchsgefahr nicht personenidentisch sein dürfte.

Gänzlich jeder wirksamen Kontrolle aber wäre die Frage entzogen, ob der Patient aufgrund eines freien Willensentschlusses seine Tötung begehrt. Umgekehrt würde sich der die Tötungshandlung vollziehende Arzt erheblichen Schwierigkeiten gegenübersehen, wollte er im nachhinein nachvollziehbar darlegen und beweisen, wie stark und wie ernsthaft der von dem Patienten geäußerte Wunsch nach der ihn erlösenden Spritze tatsächlich gewesen ist, und daß sich hinter diesem nicht vielleicht doch der Hilferuf nach besserer Pflege verbarg.

(8) Gefahr des erzwungenen Sterbewunsches

Nicht zu unterschätzen ist in diesem Zusammenhang neben dem bereits erwähnten Gefühl der Minderwertigkeit, das viele Menschen gerade im Falle schwerer Krankheiten befällt, der Druck, dem sich Patienten in Zeiten immer knapper werdender Ressourcen ausgesetzt sehen könnten.[1477] Wenn in der konkreten Situation für alle Beteiligten offenkundig ist, daß Gründe für die Durchführung der aktiven Sterbehilfe vorliegen, besteht die ernstzunehmende Gefahr, daß der Kranke sich verpflichtet fühlt, mit Rücksicht auf seine Familie, Unkosten etc. den Tod zu verlangen.

Selbst der Arzt und das Pflegepersonal hätten die Möglichkeit, auf den Patienten psychisch einzuwirken und ihn durch ihr Verhalten ihm gegenüber mittelbar oder unmittelbar zu veranlassen, um aktive Sterbehilfe zu bitten. Dies ist keinesfalls ab-

---

[1477] Kautzky, Die Freiheit des Sterbenden und die Pflicht des Arztes in: Eid, Euthanasie oder soll man auf Verlangen töten ? S. 39; Geilen, Euthanasie und Selbstbestimmung, S. 27

wegig, wenn man einerseits berücksichtigt, daß moribunde Patienten aufgrund ihrer Konstitution über einen erheblich herabgesetzten Selbstbehauptungswillen verfügen, und andererseits in Rechnung stellt, daß das Ausüben von Druck für diejenigen, von denen die betroffene hilflose Person in jeder Beziehung abhängig ist, nicht sonderlich schwer ist. Wer könnte es unter diesen Voraussetzungen ausschließen, daß sich einzelne Ärzte oder Pflegekräfte vor allem in Phasen, in denen die Betreuung des sterbenden Patienten besondere Mühe bereitet oder dringend Betten für "aussichtsreichere" Fälle benötigt werden, veranlaßt sehen könnten, dem Patienten mehr oder weniger deutlich zu verstehen zu geben, daß sie seinen Tod für überfällig erachten und von ihm erwarten, daß er seiner "moralischen Verpflichtung" nachkomme, zur Durchführung der aktiven Sterbehilfe seine Zustimmung zu erteilen. Gerade die von dem niederländischen Kardiologen Fenigsen beschriebenen Beispiele legen in eindrucksvoller Weise davon Zeugnis ab, daß derartige Überlegungen sehr schnell Realität werden können und keineswegs Ausdruck übertriebener Skepsis sind.[1478]

Nicht sehr überzeugend ist vor diesem Hintergrund das hiergegen von Hörster vorgebrachte Argument, Ärzte würden Patienten schon deshalb nicht unter Druck setzen, weil sie an ihrer weiteren Behandlung verdienten. Zum einen kann dieses Argument in Zeiten, in denen dringend freie Betten für neu eingelieferte Patienten benötigt werden, ohnehin kaum Geltung beanspruchen, da die Ärzte in dieser Situation nicht auf die Weiterbehandlung eines bestimmten Patienten aus finanziellen Gründen angewiesen sind. Im übrigen aber werden die Ärzte durch die Krankenkassen bereits heute massiv angehalten, Einsparungen bei der Behandlung von Patienten vorzunehmen. Da sich diese Tendenz in Zukunft angesichts des steigenden Durchschnittsalters der Bevölkerung verstärken dürfte, wird parallel hierzu der auf den Ärzten lastende Druck der Kostenminimierung bei der Behandlung des einzelnen Patienten anwachsen. Welches Einsparungsmodell läge hier näher als das der aktiven Sterbehilfe, sollte diese erst einmal gesetzlich ausdrücklich anerkannt sein.

Je mehr sich in der Gesellschaft die Praxis der aktiven Sterbehilfe durchsetzen würde, umso selbstverständlicher liefe der beschriebene Prozeß ab, ohne daß auch nur einer der Beteiligten hierbei ein schlechtes Gewissen hätte.

Kaum realistisch wäre es zu erwarten, daß der einem solchen Psychoterror ausgesetzte Patient es wagen würde, später vor dem vorerwähnten Tribunal der drei Zeugen, die sich versammelt haben, um - rein formal und routinemäßig - seine Einwilli-

---

1478 vgl. hierzu oben C. II. 2. f. bb.

gung zur aktiven Sterbehilfe entgegenzunehmen, einen entgegenstehenden Willen zu äußern. Dies dürfte insbesondere dann gelten, wenn es sich um Zeugen handelte, die in dem gleichen Krankenhaus beschäftigt wären wie der behandelnde oder der die Tötung letztlich vollziehende Arzt.

Der gleiche Druck könnte auf den Patienten natürlich von Angehörigen ausgeübt werden. Auch insofern ist die finanzielle Motivation sicher nicht ganz aus der Luft gegriffen. Unklar bleibt in diesem Zusammenhang, was Hörster mit dem Hinweis, von Angehörigen, die einen Patienten derart unter Druck setzten, sei ohnehin keine wirkliche Sterbebegleitung zu erwarten, zum Ausdruck bringen möchte. Sofern er jedoch der Auffassung sein sollte, daß es für denjenigen, der in Notsituationen keine hinreichende Unterstützung von Dritten erwarten könne, das beste sei, möglichst umgehend im Wege der aktiven Sterbehilfe erlöst zu werden, kann diese Form des Zynismus nur entschieden zurückgewiesen werden.

Die dargestellten Bedenken möglicher Mißbrauchsgefahren einer Legalisierung der Sterbehilfe auf Verlangen lassen sich auch nicht mit dem Hinweis Hörsters beiseite schieben, keine Regelung werde letztlich in der Lage sein, Übertretungen zu vermeiden. Zwar kann nicht zweifelhaft sein, daß allein die Existenz von Gesetzen noch nicht deren Befolgung garantiert. Es wäre jedoch fatal, hieraus die Schlußfolgerung zu ziehen, es sei im praktischen Ergebnis gleichgültig, welche Regelungen vom Gesetzgeber getroffen würden. In Fragen, die wie die aktive Sterbehilfe unmittelbar das Leben des Menschen und seine Würde betreffen, muß jeder schleichenden Aufweichung des grundrechtlich verbürgten Schutzanspruches mit Nachdruck entgegengewirkt werden. Es geht letztlich darum, das Rechtsbewußtsein in elementaren Fragen des gesellschaftlichen Zusammenlebens zu stärken, um einer Relativierung aller Werte im Sinne der utilitaristischen Lehre Singers erfolgreich zu begegnen. In diesem Zusammenhang muß dem Verweis Hörsters auf die vermutlich bereits vielerorts praktizierte aktive Sterbehilfe als empirischer Tatsache, die eine dieser angepaßte gesetzliche Regelung verlange, in gleicher Weise widersprochen werden wie der Argumentation Singers, durch die im Ergebnis nahezu uneingeschränkte Freigabe der Abtreibung sei der Lebensschutz heute bereits in einer Weise eingeschränkt, daß die Legalisierung der aktiven Sterbehilfe nicht mehr als folgerichtig und konsequent sei. Gerade die bereits vorhandenen Risse im Damm des Lebensschutzes fordern uns verstärkt auf, seinem endgültigen Bruch aktiv vorzubeugen, statt der zweifellos zu beobachtenden allgemeinen Entwicklung hin zu einer Relativierung des Lebensschutzes tatenlos zuzusehen und diese als unabänderliches Faktum zu akzeptieren.

(9) Unbefriedigende Lösung des Spannungsverhältnisses zwischen aktiver Sterbehilfe und Palliativmedizin

Als wenig zukunftsorientiert erweist sich Hörsters Standpunkt, die aktive Sterbehilfe sei unentbehrlich, solange die Erkenntnisse der modernen Schmerztherapie noch nicht überall in vollem Umfange zur Anwendung kämen, da leidende Patienten nicht instrumentalisiert werden dürften für die Forderung nach Weiterentwicklung der Palliativmedizin. Im einzelnen kann diesbezüglich auf die entsprechende Kritik zur Lehre Singers verwiesen werden.[1479]

(10) Systemwidrige Ausdehnung der aktiven Sterbehilfe auf alle hoffnungslosen Situationen

Gänzlich unverständlich ist die Ansicht Hörsters, daß es selbst für den Fall, daß sich jeder Leidenszustand in befriedigender Weise beheben ließe, letztlich der Entscheidung des einzelnen überlassen bleiben müsse, ob er sich für die Schmerztherapie oder die aktive Sterbehilfe entscheide. An dieser Stelle verläßt Hörster die Grundlagen seiner eigenen Theorie, nach der doch die grundlegendste Bedingung der Durchführung der aktiven Sterbehilfe der Zustand eines "schweren Leidens" sein soll. Offensichtlich tendiert er dazu, den Begriff über den Bereich unerträglicher Schmerzen hinaus ganz allgemein auf die "Hoffnungslosigkeit" der eingetretenen Situation zu beziehen. Dies hätte eine ganz erhebliche und bedenkliche Ausweitung des Anwendungsbereiches der aktiven Sterbehilfe zur Folge. Letztlich könnte beispielsweise der bereits oben angesprochene Pianist, dem ein Finger amputiert oder auch nur versteift werden mußte, rechtmäßigerweise den Gnadentod verlangen. Denn wer wollte daran zweifeln, daß der eingetretene Zustand nicht nur unheilbar, sondern für ihn, insbesondere wenn er nicht in der Lage ist, seinen Lebensunterhalt auf andere Weise sicherzustellen, auch schweres Leid sowie tiefe Hoffnungslosigkeit für die Zukunft mit sich bringt ? Wer wollte sich zudem auf der Grundlage des Hörster´schen Kriterienkataloges anmaßen, den von dem besagten Pianisten auch ein Jahr nach Eintritt des für ihn so tragischen Ereignisses geäußerten Todeswunsch als irrational oder gar krankhaft zu betrachten und ihm die tödliche Injektion vorzuenthalten ? Das gewählte Beispiel dürfte zugegebenermaßen einen Extremfall betreffen und nicht den Alltag der ärztlichen Behandlung. Es mag jedoch ein weiteres Mal im Sinne des Dammbruchargumentes verdeutlichen, daß es argumentativ nahezu unmöglich ist, die Ausweitung der aktiven Sterbehilfe auf immer neue Fall-

---

[1479] vgl. hierzu C. II. 2. g. bb. (2) (l)

gestaltungen abzulehnen, wenn man sich nur ein einziges Mal dafür entschieden hat, sie in einer bestimmten Situation zuzulassen. Andere Beispiele ließen sich ohne Schwierigkeiten konstruieren.

Läßt man - wie Hörster - letztlich die Hoffnungslosigkeit zum tragenden Gesichtspunkt für die Zulässigkeit der Tötung auf Verlangen werden, so stellt sich fast von selbst die Frage, ob es nicht außerhalb des Bereichs unheilbarer Krankheiten andere Lebenslagen gibt, in denen man das Verlangen eines Menschen nach aktiver Beendigung seines Lebens nicht als in gleicher Weise nachvollziehbar anerkennen müßte, weil auch hier jede Hoffnung auf eine positive Gestaltung der Zukunft verlorengegangen ist (z.B. Langzeitarbeitslosigkeit, Armut, familiäre Schicksalsschläge). Gleichfalls würde sich in solchen Situationen erneut die Frage erheben, welche Instanz der Gesellschaft sich anmaßen wollte, darüber zu befinden, welches Tötungsverlangen als schutzwürdig anzuerkennen sei und welches nicht.

Hörster wehrt sich gegen jede Form der Dammbruchargumentation mit dem Hinweis, es handle sich hierbei lediglich um Scheinbegründungen weltanschaulicher Fixierungen und Tabus. Eine Begründung für diese Unterstellung bleibt er freilich schuldig. Nicht nachvollziehbar ist in diesem Zusammenhang insbesondere, aus welchem Grunde Überlegungen, die eine ins Auge gefaßte gesetzliche Neuregelung kritisch auf ihre Stichhaltigkeit überprüfen und sich mit ihren praktischen Konsequenzen befassen, Ausdruck einer weltanschaulichen Fixierung sein sollten. Der Wert der Dammbruchargumentation ist allein danach zu bemessen, ob sie in sich schlüssig und plausibel ist. Den Versuch, ihre innere Stringenz zu widerlegen, unternimmt Hörster nicht einmal ansatzweise.

(11) Nicht gerechtfertigte Ungleichbehandlung von nicht und lediglich nicht mehr urteilsfähigen Personen

Einen weiteren Bruch in der Argumentationskette Hörsters stellt seine Auffassung dar, Personen, die niemals die erforderliche Urteilsfähigkeit besessen hätten, um eine rational begründete Einstellung zur aktiven Sterbehilfe zu bilden, dürften mit Rücksicht auf einen entsprechenden Leidenszustand unter Berufung auf ihren mutmaßlichen Willen umgebracht werden. Diese Ansicht läßt sich nicht in Einklang bringen mit seinem Standpunkt, bei Personen, die einmal über die entsprechende Urteilsfähigkeit verfügt hätten, dürfe aktive Sterbehilfe nur dann ausgeübt werden, wenn ihre frühere positive Grundhaltung zu dieser Frage bekannt sei, da es unverantwortlich sei, das Risiko einzugehen, einem Menschen aktive Sterbehilfe gegen seinen eigentlichen Willen aufzudrängen. Hörster bleibt jede Begründung dafür schuldig, aus welchem Grunde bei einer Person, die sich niemals hierzu hat äußern können, auf das Vorliegen ihres mutmaßlichen Willens zugunsten der aktiven Sterbehilfe geschlossen werden könne. In welcher Weise unterscheidet sich ihr Leiden von dem derjenigen Personen, die früher urteilsfähig waren, diese Fähigkeit jetzt aber verloren haben ? Schließt man Willensunterstellungen bezüglich der Hinnahme des "Gnadentodes" bei letzteren aus, so kann konsequenterweise auch für die erstgenannte Personengruppe nichts anderes gelten. Durch die pauschale Annahme, bei schwerstgeschädigten Neugeborenen und Geisteskranken könne der Wunsch auf einen baldigen Tod unterstellt werden, würde die Lehre Hörsters in der Praxis Gefahr laufen, daß entgegen seiner angeblichen Intention doch allein Interessen Dritter oder der Gesellschaft über das Weiterleben dieses Personenkreises entscheiden würden.

(12) Ungerechtfertigte Gleichsetzung der aktiven mit der indirekten und passiven Sterbehilfe

Hörsters mehrfach unternommener Versuch, die Legalisierung der aktiven Sterbehilfe unter Hinweis auf ihre angebliche Gleichwertigkeit mit der indirekten und passiven Sterbehilfe zu rechtfertigen, hält einer genaueren Betrachtung nicht stand. Dies gilt zunächst im Hinblick auf die nicht näher begründete Ansicht Hörsters, die Entwicklung der Palliativmedizin werde durch die aktive Sterbehilfe nicht in stärkerem Maße beeinträchtigt als durch die passive oder indirekte. Bei letzterer läßt er außer Acht, daß sie gerade die Schmerzbekämpfung zu ihrem Hauptzweck erhoben hat und damit naturgemäß von einer Weiterentwicklung der Palliativmedizin profitiert. Je umfassender es gelingt, die Effizienz der Schmerzbekämpfung zu steigern, ohne daß hiermit lebensverkürzende Nebenwirkungen verbunden sind, desto geringer wird die Zahl der Fälle, in denen indirekte Sterbehilfe praktiziert werden muß. Da die mit der indirekten Sterbehilfe verbundene lebensverkürzende Nebenwirkung der Schmerzbehandlung begriffsnotwendig ohnehin niemals intendiert ist, sondern allenfalls als notwendiges Übel in Kauf genommen wird, stehen indirekte Sterbehilfe und Palliativmedizin niemals in einem Spannungsverhältnis zueinander.

Gleiches gilt für das Verhältnis zwischen Palliativmedizin und passiver Sterbehilfe. Da bei dieser lediglich auf lebensverlängernde Maßnahmen, nicht jedoch auf die Schmerzbehandlung verzichtet wird, sind Interessenkollisionen ausgeschlossen.

Dies belegt sehr anschaulich die Arbeit der Hospizbewegung, die sich in weitem Umfange zur passiven Sterbehilfe bekennt und gleichzeitig darum bemüht ist, dem Patienten die Möglichkeit zu geben, sein Lebensende durch die Ausschaltung seiner Schmerzen mit Sinn zu erfüllen.

Ebenso kann Hörsters Behauptung, indirekte und passive Sterbehilfe seien der aktiven gleichzustellen, da die Intentionen des Arztes bei der Bewertung seiner Tat keine Berücksichtigung finden dürften, nicht unwidersprochen bleiben. Zutreffend ist insofern lediglich, daß sich im nachhinein oftmals nur sehr schwer wird feststellen lassen, mit welcher Zielrichtung eine ärztliche Behandlung durchgeführt wurde. Im übrigen aber steht eine Therapie, die auf die Linderung von Schmerzen ausgerichtet ist und den Todeseintritt nach Möglichkeit vermeiden möchte, ihn jedoch im Interesse des Patienten an seiner Schmerzfreiheit in Kauf nehmen muß, wertungsmäßig auf einer ganz anderen Stufe als die zielgerichtete unmittelbare Tötung eines Menschen, der sein Leben nicht mehr als lebenswert empfindet. Fehl geht in diesem Zusammenhang das von Hörster zur Illustration seiner These angeführte Beispiel des nationalsozialistischen Arztes, der an todkranken Patienten ohne deren Einverständnis wissenschaftliche Experimente vornahm und dabei den Todeseintritt bewußt einkalkulkierte. Denn der hierbei verfolgte Hauptzweck, die Durchführung des wissenschaftlichen Experimentes, stand dem ärztlichen Heilauftrag in gleicher Weise entgegen und war als ebenso verwerflich anzusehen wie die gezielte Ermordung der Patienten. Die Gleichsetzung der Zielrichtung eines solchen Fehlverhaltens des Arztes mit einer der Schmerzbekämpfung dienenden Behandlung kann von vornherein nur als abwegig bezeichnet werden.

Bei der indirekten Sterbehilfe vermag das Handeln des Arztes zwar nicht mehr die Heilung des Sterbenden zu bewirken, es dient jedoch dadurch, daß es auf Schmerzlinderung gerichtet ist, der Erfüllung einer dem Beruf des Arztes wesensimmanenten Pflicht. Gerade dies aber kann von einer zielgerichteten Tötung des Patienten nicht behauptet werden.

Die Hilfe des Arztes hat stets dem Menschen bei der Gestaltung seines Lebens zu dienen. Dabei kann der Wunsch nach Schmerzfreiheit so sehr in den Vordergrund treten, daß eine Lebensverkürzung in Kauf genommen werden kann. In gleicher Weise kann bei der passiven Sterbehilfe das Interesse des Patienten an der Vermeidung einer künstlichen Verlängerung seines Leidens so sehr an Bedeutung gewinnen, daß sich der Arzt eines weiteren Hinauszögerns des "natürlichen" Todeseintritts enthalten und dem Patienten sein "naturgemäßes" Sterben ermöglichen kann und muß. Bei der gezielten, unmittelbaren Tötungshandlung hingegen ist von vornherein jede "Lebenshilfe" des Arztes ausgeschlossen. Unter einer solchen Lebenshilfe die Zerstörung des Lebens selbst zu verstehen, ohne daß dem andere gewichtige, lebzeitige Vorteile für den Patienten gegenüberstehen, ist paradox und vermag dem ärztlichen Auftrage nicht gerecht zu werden.[1480]

Nicht jede Befolgung des Willens des Patienten kann zur Rechtfertigung des ärztlichen Handelns herangezogen werden, sondern nur diejenige, die in einem inneren Zusammenhang zu seinem Berufsbild steht. Bei der aktiven Sterbehilfe aber benötigt Hörster den Arzt nicht mehr aufgrund seiner medizinischen Kenntnisse, sondern lediglich als eine Person, die über die technischen Fertigkeiten verfügt, eine tödliche Injektion fachgerecht vorzunehmen. Diese Herabstufung des Arztes zum Handlanger der Patientenexekution wird seinem beruflichen Auftrage in keiner Weise gerecht. Daher steht das ärztliche Mitwirken an der aktiven Sterbehilfe - anders als die Ausübung indirekter oder passiver Sterbehilfe - der ärztlichen Standesethik entgegen.

Ob der von Hörster skizzierte Umgang mit Sterbenden tatsächlich innerhalb der nächsten Jahre zur Selbstverständlichkeit werden wird, wird die Zukunft zeigen. Zwangsläufig jedenfalls ist diese Entwicklung sicher nicht, mag auch der wachsende Kostendruck des Gesundheitswesens eine Lösung im Sinne Hörsters nahelegen. Angesichts der zahlreichen vorstehend erläuterten Kritikpunkte an dieser Lehre bleibt zu hoffen, daß sich Politik und Rechtslehre weiterhin gegen eine Freigabe der aktiven Sterbehilfe aussprechen und damit Hörsters düstere Zukunftsprognose widerlegen.

(13) Die berechtigte Forderung, das Verhältnis der aktiven Sterbehilfe zur Suizidbeihilfe sowie die Notwendigkeit einer gesetzlichen Regelung der Materie neu zu überdenken

Zuzugeben ist Hörster allerdings, daß die dem derzeit geltenden Recht entsprechende unterschiedliche Bewertung der aktiven Sterbehilfe und der Beteiligung des Arztes an der Selbsttötung des Patienten einer kritischen Überprüfung bedarf. Hierauf wird an anderer Stelle zurückzukommen sein.[1481]

[1480] vgl. hierzu im einzelnen auch die Kritik zur Lehre v. Dellingshausens unter C. II. 2. g. aa. sowie zur Lehre Singers unter C. II. 2. g. bb. (2) (m)
[1481] vgl. hierzu C. II. 4. d.

Gleichfalls wird auf Hörsters Forderung nach einer gesetzlichen Regelung der Materie noch einzugehen sein (E.). Freilich werden sich diese Überlegungen inhaltlich entsprechend den vorstehenden Ausführungen nicht an Hörsters Kriterienkatalog zur aktiven Sterbehilfe orientieren können.

dd. Kritik an der Haltung der Deutschen Gesellschaft für Humanes Sterben e.V. (DGHS)

Die Zielsetzungen der DGHS sind im Bereich der aktiven Sterbehilfe teilweise restriktiver als diejenigen Hörsters. Während letzterer die Vornahme der Tötungshandlung zumindest in allen Fällen befürwortet, in denen ein unheilbar Kranker dies aufgrund eines schweren Leidens aus freiem Willen und aufgeklärt fordert, sieht die DGHS die aktive Sterbehilfe nur als Notlösung für den Fall an, daß der Sterbewillige physisch nicht mehr in der Lage sei, sich selbst zu töten. Im übrigen wird er auf den Suizid verwiesen.

(1) Unklarer Anwendungsbereich der aktiven Sterbehilfe

Es dürfte schon fraglich sein, ob überhaupt Fälle denkbar sind, in denen nach den von der DGHS aufgestellten Bedingungen Maßnahmen der aktiven Sterbehilfe zum Einsatz kommen können. Beispiele hierfür jedenfalls bleibt die Gesellschaft in den Erläuterungen ihrer rechtspolitischen Leitsätze schuldig. Zu bedenken ist in diesem Zusammenhang, daß selbst dann, wenn der Patient nicht in der Lage ist, seine Arme zu bewegen oder seinen Kopf anzuheben, eine Beihilfe zur Selbsttötung dadurch in Betracht kommt, daß ihm die Möglichkeit eingeräumt wird, eine tödlich wirkende Flüssigkeit über einen Strohhalm zu sich zu nehmen.

Sollte aber selbst nach Auffassung der DGHS kein praktischer Anwendungsfall für eine rechtmäßige aktive Sterbehilfe erkennbar sein, so würde sich eine auf ihre Legalisierung gerichtete gesetzliche Regelung von vornherein erübrigen.

(2) Übertriebene Skepsis gegenüber ärztlichem Handeln

Geht man demgegenüber davon aus, daß das Konzept der DGHS Raum für die ihrer Auffassung nach rechtmäßige Durchführung von Maßnahmen der aktiven Sterbehilfe läßt, so bleibt festzuhalten, daß deren Anwendungsbereich insofern weiter gefaßt ist als bei Hörster, als die DGHS die Ausführung der Tötungshandlung nicht ausschließlich Ärzten vorbehält. Aus der Tatsache, daß sie im Falle der ärztlicherseits verübten aktiven Sterbehilfe - anders als bei der durch eine Privatperson durchgeführten - nur dann ein Entfallen der Rechtswidrigkeit bejaht, wenn eine schriftliche Erklärung vorliegt und ein zweiter Arzt das Vorliegen der Tötungsvoraussetzungen im übrigen feststellt, läßt sich sogar ein gesteigertes Mißtrauen der Sterbehilfegesellschaft gegenüber Tötungshandlungen von Ärzten entnehmen.

Die von seiten der DGHS angestellte Überlegung, ärztliches Handeln müsse einer strengeren Kontrolle unterworfen werden als das einer Privatperson, erscheint in ihren Konsequenzen sehr zweifelhaft. Wie soll ein Laie sachkundig darüber befinden können, ob ein schweres und voraussichtlich bis zum Tode andauerndes Leiden vorliegt ? Und wie kann er das Vorliegen einer frei verantwortlichen, ernstlichen und informierten Entscheidung des Erkrankten zuverlässig überprüfen ? Gerade die Aufklärung des unheilbar Kranken über seinen Zustand und die Prognose seines weiteren Leidens müßte zur Gewähr ihrer Richtigkeit und Vollständigkeit zwingend durch einen Arzt gestellt werden. Die die Tötungshandlung ausführende Privatperson müßte folglich zum einen bei dieser Aufklärung des Sterbewilligen anwesend sein, zum anderen aber selbst beurteilen können, ob die Aufklärung durch den Arzt richtig und vollständig erfolgt ist.

Schwerfallen dürfte es einem Laien darüber hinaus zu erkennen, inwieweit das bekundete Sterbeverlangen auf einer ernstlichen Willensbildung beruht. Es wurde bereits darauf hingewiesen, daß gerade der von unheilbar erkrankten Patienten geäußerte Wunsch nach aktiver Sterbehilfe fast niemals wirklich ernst gemeint ist. Selbst ein auf Fragen dieser Art spezialisierter Psychologe dürfte Schwierigkeiten haben, einen derartigen Sterbewunsch mit letzter Sicherheit als rein rational und frei von jeglichen Depressionen getroffen zu deklarieren. Für einen Laien aber ist es vor diesem Hintergrund nahezu unmöglich, in diesem Bereich eine sachlich fundierte Entscheidung zu treffen.

Ebenso überfordert dürfte der Laie sein, wenn es darum geht zu beurteilen, inwieweit andere Mittel der Leidensminderung und vor allem palliative Maßnahmen zur Verfügung stehen.

Selbst wenn der Laie aber den vorgenannten Anforderungen gewachsen wäre, würde sich die weitergehende Frage stellen, weshalb der über den erforderlichen medizinischen Sachverstand verfügende Arzt gesondert einen Kollegen hinzuziehen muß, um sich das Vorliegen der Voraussetzungen der aktiven Sterbehilfe bestätigen zu lassen, während sich der Laie auf sein eigenes Urteil verlassen darf. Für die von der DGHS getroffene Differenzierung zwischen der von Ärzten und der von Laien durchgeführten aktiven Sterbehilfe ist letztlich kein sachlich rechtfertigender Gesichtspunkt erkennbar.

Es erscheint durchaus zweifelhaft, ob die Sterbehilfegesellschaft ihre gesetzlichen Forderungen im Hinblick auf die vorgenannten Gesichtspunkte durchdacht hat. Dagegen spricht, daß sie im Rahmen ihrer rechtspolitischen Leitsätze jegliche Begründung für die von ihr gestellten unterschiedlichen Anforderungen an die von Ärzten und von Laien durchgeführten Maßnahmen der aktiven Sterbehilfe schuldig bleibt.

(3) Mangelnde Bestimmbarkeit der Merkmale der "unheilbaren Krankheit" und des schweren Leidens"

Soweit die von der DGHS angesprochenen Tatbestandsmerkmale der "unheilbaren Krankheit" sowie des "schweren Leidens" betroffen sind, kann hinsichtlich der mangelnden Bestimmtheit der gewählten Begriffe auf die entsprechende Kritik zu Hörsters Lehre verwiesen werden.

(4) Keine Stellungnahme zum Umgang mit nicht mehr einwilligungsfähigen Personen

Unklar bleibt, was nach dem Willen der DGHS mit jenen Personen geschehen soll, die aufgrund ihres schweren Leidens aktuell nicht mehr einwilligungsfähig sind und daher nicht über die Fähigkeit verfügen, sich frei verantwortlich und aufgeklärt für den Suizid oder die aktive Sterbehilfe zu entscheiden. In den rechtspolitischen Leitsätzen wird diese Problematik ausgespart. Es dürfte jedoch einiges dafür sprechen, daß die DGHS als engagierte Befürworterin der Patientenverfügungen ebenso wie im Bereich der passiven Sterbehilfe auch hier die Möglichkeit eines bereits im voraus erklärten Einverständnisses anzuerkennen bereit ist.

(5) Zweifelhaftes Bekenntnis zu den Idealen der Hospizbewegung

An der Ernsthaftigkeit des Bekenntnisses der DGHS zu dem von der Hospizbewegung propagierten Ideal der Sterbebegleitung dürften bereits deshalb erhebliche Zweifel bestehen, weil sie lediglich als gleichberechtigte Alternative zu Selbsttötung und (im Falle einer entsprechenden Gesetzesänderung) aktiver Sterbehilfe angesehen wird.

Aus Überzeugung befürworten dürfte die DGHS allenfalls die Anwendung schmerzlindernder Maßnahmen. Sterbebegleitung im Sinne der Zielsetzung der Hospizbewegung hat demgegenüber die ganzheitliche Betreuung des Patienten im Auge. Hierzu gehört es, die natürliche Phase der Depression, die nahezu jeder Sterbende durchzustehen hat, mit ihm auszuhalten und schließlich zu überwinden. Gerade daß der in dieser Phase trotz Schmerzfreiheit geäußerte Sterbewunsch in den allermeisten Fällen - wie oben dargelegt wurde - nicht wirklich ernst gemeint und nichts anderes als der dringende Wunsch des Patienten nach intensiverer (auch psychologischer) Betreuung und Pflege ist, verkennt die DGHS, wenn sie davon ausgeht, daß das Verlangen des Sterbenden nach einer vorzeitigen Beendigung seines Lebens - sei es durch eigene oder fremde Hand - im Falle einer unheilbaren und zum Tode führenden Krankheit in jedem Falle zu berücksichtigen sei.

Der Standpunkt der DGHS sieht sich damit letztlich den gleichen Bedenken ausgesetzt wie die ebenfalls das Selbstbestimmungsrecht sehr einseitig betonende Sichtweise Hörsters. Meines Erachtens geben beide im Bestreben, die Selbstbestimmung des Patienten zu stärken, zugleich die Zielsetzung wirklicher Sterbebegleitung auf.

Die Erfahrung der Hospize, nach der bei umfassendem Sterbebeistand der Wunsch des Sterbenden nach vorzeitiger Beendigung seines Lebens verstummt, zeigt, daß sich Sterbebegleitung und Beihilfe zum Suizid bzw. aktive Sterbehilfe als Gegenpole unversöhnlich gegenüberstehen. Das gleichzeitige Bekenntnis zu beiden Formen der Sterbehilfe ist letztlich nicht möglich.

Auch die DGHS ist nicht in der Lage, das aufgezeigte Spannungsverhältnis zu überwinden. Dies belegt ihre Presse-Information vom 15. Dezember 1999. Darin heißt es ausdrücklich, es gehe nicht an, daß unter dem Deckmantel der Humanität und Nächstenliebe in Altenpflegeheimen und Sterbehäusern Kasse gemacht werde und Krankenkassen, Pflegeversicherung, Angehörige, aber vor allem die Betroffenen selbst "geschröpft" würden. Die Verhältnismäßigkeit von Leistung und Kosten werde nicht gewahrt. Die Hospize kassierten allein von den Krankenkassen je Bett monatlich zwischen 12.000,- DM und 14.000,- DM. Es sei nicht nachzuvollziehen, daß sie mit Millionenbeträgen staatlicherseits subventioniert würden.[1482]

Diese Stellungnahme belegt, daß die DGHS nur vordergründig von einer Gleichberechtigung von Sterbebegleitung und Suizid bzw. aktiver Sterbehilfe ausgeht. Unabhängig davon, ob die von ihr genannten Kosten der Betreuung in den Hospizen realistisch sind oder nicht, wird deutlich, daß für sie weit wichtiger als die Frage der Angemessenheit der Betreuung der dem Sterben nahen Patienten ganz offensichtlich die hierdurch berührten ökonomischen Gesichtspunkte sind. Da die umfassende Betreuung eines Patienten rund um die Uhr aber nun einmal viel Geld kostet, lehnt die DGHS das Betreiben von Sterbehäusern, wie sie heute von der Hospizbewegung unterhalten werden, ab. Die Alternative des freiwilligen Suizids ist für sie die nicht nur weniger arbeitsaufwendige, sondern vor allem kostengünstigere und daher vorzugswürdige Form der Lebensbeendigung.

Die von der DGHS propagierte menschliche Zuwendung beschränkt sich daher in der Praxis auf die Übersendung einer Freitodanleitung an ihre Mitglieder und die Verwaltung von Patientenverfügungen. Hieran verdient die DGHS (Jahresbeitrag pro Mitglied: 80,00 DM, Lebensmitgliedschaft: 1.500,00 DM). Für die wesentlich schwierigere Sterbebegleitung bleibt da kaum Raum. Bezeichnenderweise erhält jedes Mitglied die Suizidanleitung kostenlos, die Fahrtkosten für einen Krankenbesuch dagegen müssen von dem Kranken selbst getragen werden.[1483]

Überhaupt scheint die DGHS wohl eher aus taktischen Überlegungen und aus Gründen der Imagepflege als aus Überzeugung heraus das Ziel der Sterbebegleitung öffentlich zu propagieren, um nicht als Tötungsorganisation angesehen zu werden. Anders läßt es sich nicht erklären, daß die Gesellschaft bereits Anfang der 80er Jahre ankündigte, bald selbst Hospize gründen zu wollen, jedoch bis zum heutigen Tage keinerlei Aktivitäten in dieser Richtung entfaltet hat.[1484] Stattdessen wird in der Mitgliederzeitung das Leben und Sterben von Menschen, die keinen Selbstmord begehen, sondern eine zum Tode führende Krankheit in ihren verschiedenen Phasen erleben - oftmals auch unter Zuhilfenahme entsprechenden Bildmaterials - als abschreckendes Beispiel vorgeführt. Zugleich warnt DGHS-Präsident Wichmann, in Pflegeeinrichtungen, Heimen und Institutionen der Sterbebegleitung würden Spen-

---

[1482] DGHS, Presse-Info vom 15.12.1999, abgedruckt in: Humanes Leben - Humanes Sterben, Nr. 1/2000, S. 7

[1483] Stadler, Sterbehilfe, S. 118 f.

[1484] Klee, Durch Zyankali erlöst, S. 137

dengelder und Erbschaften "abgezockt", indem die Sorgen und Ängste von Kranken und Sterbenden aus Geldgier und Machtgelüsten mißbraucht würden. Hiergegen wende sich die DGHS und verhelfe ihren Mitgliedern zur inneren Gelassenheit mit der Möglichkeit, Suizid-Informationen zu beziehen, um einen solch qualvollen Sterbeprozess abzukürzen.[1485]

Der Hilfsbedürftigkeit des einzelnen sowie dem Mißbrauch von Vertrauen hat die DGHS somit nicht anderes als die Möglichkeit des Suizids entgegenzusetzen. Zweifellos lassen sich durch diesen im Einzelfall alle Schwierigkeiten, die Alter und Krankheit mit sich bringen, einer schnellen und endgültigen Lösung zuführen. Trotz dieser Effizienz aber sieht sich die Überlegung, Probleme dadurch lösen zu wollen, daß man sich ihnen im Wege der Selbsttötung entzieht, schon von ihrem Ansatz her gravierendsten Bedenken ausgesetzt.

Würde die DGHS tatsächlich entsprechend den Vorgaben ihrer Satzung einer dem Ideal des Sterbebeistandes verpflichteten Sterbehilfe offen gegenüberstehen, gäbe es für sie keinen Grund, die Hospizbewegung und mit ihr ihre vielfach kirchlich orientierten Träger unumwunden zu ihren Feindbildern zu erklären. Bei einem Blick in die Mitgliederzeitung "Humanes Leben - Humanes Sterben" muß der unbefangene Leser immer wieder erstaunt feststellen, in welch polemisierender und unsachlicher Weise die DGHS hier gegen die christlichen Kirchen im allgemeinen und gegen die auf christlichem Gedankengut basierende Hospizbewegung im besonderen zu Felde zieht.[1486]

1485 Wichmann, DGHS warnt vor Geschäftemacherei mit Sterbebegleitung und -hilfe in: Humanes Leben - Humanes Sterben, Nr. 3/1999, S. 6

1486 So wird beispielsweise das Dokument 8421 des Europarates vom 21.5.1999: "Schutz der Menschenrechte und Würde der Sterbenskranken und Sterbenden", das sich gegen die aktive Sterbehilfe und die Beihilfe zum Suizid ausspricht, wie folgt kommentiert: "In einem pluralistisch orientierten Europa wirkt das Papier wie der Mauerbau von Berlin. Kerker und die Fesseln irdischer Drangsale würden bei Umsetzung dieses Papiers festzementiert werden, die Festung Europa würde mit Dämmen einer mittelalterlichen Moral ein kirchlich-ideologisiertes Menschenbild festschreiben... Bezeichnenderweise soll das Papier auf Malta entstanden sein, wo die Malteser als kirchlicher Ritterorden derzeit ihr tausendjähriges Bestehen feiern. Der Ritter-Kreuzzug wird offensichtlich fortgesetzt - nur mit anderen Mitteln. Nicht mit Schwert, Eroberung Jerusalems und Herbergen (Hospizen) für müde Kreuzzugs-Wanderer, sondern mit Hospiz-Sterbehäusern, in denen ein mitunter sehr eigenartiges kirchliches Weltbild verkauft wird." (Humanes Leben - Humanes Sterben, Nr. 3/1999, S. 2)
An anderer Stelle heißt es: "Aber wenn es um die Möglichkeit des Freitods oder der Beihilfe hierzu geht, dann zeigt sich schnell der fundamentale Unterschied. Fast alle Hospiz-Organisationen sind von streng religiös orientierten Menschen - nicht selten sogar von christlichen Fundamentalisten - geleitet, denen die Respektierung Andersdenkender oder gar Nichtgläubiger fremd ist. Meist werden diese Zirkel sogar direkt von den Kirchen unterstützt. ... Eine besonders fanatische Organisation ist die sog. "Deutsche Hospiz-Stiftung", die sich mit Millionen-Unterstützung aus dunklen kirchlichen Kanälen und Spenden bemüht, das Selbstbestimmungsrecht der Menschen beim Freitod zu untergraben." (Humanes Leben - Humanes Sterben, Nr. 3/1999, S. 21)

(6) Unverantwortliche Verbreitung von Suizidanleitungen

Nur die Tatsache, daß die DGHS, anders als in ihrer Satzung proklamiert, weit mehr an einem Ansteigen der Suizidzahlen unheilbar erkrankter Menschen interessiert ist als an einer Humanisierung des Sterbeprozesses im Sinne wirklicher Sterbebegleitung, vermag letztlich auch zu erklären, daß sie jedem Mitglied nach einem Jahr der Vereinszugehörigkeit auf Verlangen Informationsmaterial zur Selbsttötung zur Verfügung stellt, ohne sich über die Hintergründe des Sterbewunsches näher zu informieren. Bei Abgabe der Mitgliedserklärung hat das neu geworbene Mitglied lediglich zu erklären, im Vollbesitz seiner geistigen Kräfte zu sein, die Übersendung der Suizidanleitung erfolgt, wenn der Interessent unterschreibt, in den vergangenen zwei Jahren nicht wegen Depressionen in psychotherapeutischer Behandlung gewesen zu sein.[1487] Allein dadurch, daß die Broschüre erst nach einem Jahr der Mitgliedschaft versandt wird, glaubt man, allen Mißbrauchsgefahren wirksam begegnen zu können.[1488]

Es ist offenkundig, daß jeder, der depressiv ist und sich das Leben nehmen möchte, diese Erklärung unterschreiben wird. Die DGHS hinterfragt somit in keiner Weise, ob ein sterbewilliger unheilbar Erkrankter an einer Depression leidet, ob er genügend Beistand erfährt, wie schwerwiegend sein Leiden bis zum Eintritt des Todes sein wird, in welcher Form er aufgeklärt worden ist, und wie ernsthaft der Todeswunsch tatsächlich ist. Sie untersucht nicht die Ursachen der Suizidwilligkeit, indem sie sich vorschnell darauf zurückzieht, den einzelnen als frei und selbstverantwortlich zu betrachten. Die an keine gesonderten Bedingungen geknüpfte Übersendung des Informationsmateriales eröffnet sogar jedem Mitglied ohne Schwierigkeiten die Möglichkeit, seinen Suizid nach Anleitung der Gesellschaft in die Wege zu leiten, wenn überhaupt keine unheilbare Krankheit oder ein schweres Leiden vorliegen. Nach der Aushändigung der Broschüre besteht außerdem keinerlei Gewähr dafür, daß der Betreffende nicht aufgrund einer zeitlich nachfolgenden Kurzschlußreaktion gerade jenen Paniksuizid begeht, der nach offiziellen Verlautbarungen der DGHS gerade nicht die Billigung der Gesellschaft erfährt.

Im Rahmen der Fernsehsendung "Das Recht auf einen gnädigen Tod" des "Offenen Kanals" in Hannover wurde eine Stellungnahme des DGHS-Präsidenten Wichmann mit dem Text: "Karlheinz Wichmann - Gesellschaft für Humanes Sterben" eingeblendet. In der Mitgliederzeitung veröffentlichte die DGHS dieses Bild mit dem Kommentar: "Ein Fehler mit System: Meist wird der Name der DGHS verstümmelt - im Unterschied zu den Namen von Hospiz-Gruppen. Einfluß der Kirchen ?"

[1487] Stadler, Sterbehilfe, S. 127

[1488] Sattler, Selbstbestimmt sterben, S. 49

Selbst wenn man der DGHS zugute halten wollte, daß sie diese Folgen bislang nicht bedacht habe, müßte sie sich den Vorwurf gefallen lassen, höchst fahrlässig zu einer Verbreitung der Suizidanleitungen beizutragen, die geeignet ist, Selbsttötungen weit über den Rahmen des von ihr selbst propagierten Gesetzesvorschlages herbeizuführen, insbesondere aber solche von Personen, die an Depressionen leiden und gerade nicht in der Lage sind, freiverantwortliche und ernstliche Entscheidungen über ihr Leben zu treffen. Sie beschwört geradezu die Gefahr herauf, daß in existentiellen Notlagen der gebotene menschliche Beistand und die erforderlichen medizinischen und psychologischen Hilfen nicht in Anspruch genommen werden. Mögen die von der DGHS im Zusammenhang mit der Aushändigung des Informationsmaterials verwandten Formulierungen, die darauf hinweisen, daß die Gesellschaft von der psychischen Gesundheit des Adressaten ausgeht, auch geeignet sein, sie nach geltendem Recht von strafrechtlich relevanten Verdachtsmomenten freizusprechen, so bleibt doch die Frage, ob sie durch ihre äußerst dürftigen Vorkehrungen zur Verhinderung einer Verbreitung der Suizidanleitung gegenüber psychisch kranken Personen ihrer gesellschaftlichen Verantwortung, die sie durch deren Verteilung zweifellos übernimmt, gerecht zu werden vermag.

(7) Bedenkenswerte Anregung zum Überdenken der generellen Straflosigkeit der Suizidbeihilfe

Dadurch, daß der Anwendungsbereich der aktiven Sterbehilfe nach den Richtlinien der DGHS sehr stark eingeschränkt wird und praktisch kaum - wenn überhaupt - von größerer Relevanz sein dürfte, steht für die Sterbehilfegesellschaft die Förderung der Selbsttötung und der Beihilfe hierzu im Vordergrund. Beides ist nach heute geltendem Recht in Deutschland straflos. Soweit die DGHS die Straflosigkeit der Suizidbeihilfe daher von einschränkenden Voraussetzungen abhängig macht (unheilbare Krankheit, schweres Leiden), schöpft sie die aktuellen gesetzlichen Möglichkeiten der Selbstbestimmung nicht einmal vollständig aus. Es wird an späterer Stelle noch zu untersuchen sein, ob die generelle (heutigem Recht entsprechende) oder teilweise (der Forderung der DGHS entsprechende) Straflosstellung der Beihilfe zur Selbsttötung als angemessen angesehen werden kann, und inwieweit Argumente, die die aktive Sterbehilfe betreffen, in entsprechender Weise auf diese Fallgestaltung zu übertragen sind.[1489]

[1489] vgl. hierzu C. II. 4. d.

ee. Kritik der Praxis der aktiven Sterbehilfe in den Niederlanden

Obwohl die aktive Sterbehilfe vom niederländischen Gesetzgeber erst im Jahre 2001 formal unter bestimmten Voraussetzungen für straffrei erklärt worden ist, hat ihre praktische Duldung durch die Spruchpraxis der Gerichte, die sie allenfalls mit symbolischen Strafen zu ahnden pflegten, schon seit vielen Jahren dazu geführt, daß mittlerweile sowohl die aktive Sterbehilfe auf Verlangen als auch die ohne ausdrücklichen Wunsch des Patienten von weiten Teilen der Bevölkerung und der Ärzte akzeptiert werden.

(1) Bedenkliche Zahl von Tötungsfällen ohne Verlangen des Patienten

Die vorzeitige Lebensbeendigung ohne ausdrücklichen Wunsch des Patienten konnte in der Vergangenheit nicht zurückgedrängt werden, obwohl sein freies, ausdrückliches und beständiges Verlangen nach seiner Tötung schon bisher das wesentlichste Kriterium der "Sorgfaltsbedingungen" war, das die Ärzte einzuhalten hatten, um einer strafrechtlichen Verfolgung zu entgehen. Gerade dies läßt die Entwicklung in den Niederlanden in einem besorgniserregenden Lichte erscheinen. Mag auch die Annahme, daß die Durchführung aktiver Sterbehilfe durch kein noch so strenges Gesetz in der Praxis gänzlich verhindert werden kann, als realistisch einzustufen sein, so hat doch gerade die niederländische Praxis die hieraus abgeleitete Überlegung, das Phänomen sei dadurch wirksam zu kontrollieren, daß es in einem gewissen Umfange offiziell geduldet werde, eindrucksvoll widerlegt. Die Tatsache, daß zu allen Zeiten mehr als die Hälfte der Fälle überhaupt nicht ordnungsgemäß gemeldet wurden, belegt, daß die Ärzte zu einer umfassenden Kooperation mit den Behörden nicht bereit waren und es auch heute nicht sind. Insbesondere dann, wenn nicht zweifelsfrei von der Straflosigkeit des eigenen Verhaltens ausgegangen werden kann, läßt ihre Meldefreudigkeit erwartungsgemäß zu wünschen übrig, so daß vor allem die Fälle der aktiven Sterbehilfe ohne ausdrückliches Verlangen häufig überhaupt nicht öffentlich bekannt werden. Dies nährt die Vermutung, daß die Dunkelziffer gerade bei dieser Form der Sterbehilfe tatsächlich noch sehr viel höher liegt, als es die Studie aus dem Jahre 1995 ausweist.

(2) Meldebereitschaft der Ärzte ist nur auf Kosten des Lebensschutzes zu realisieren

Eine größere Offenheit der Ärzteschaft wird möglicherweise durch die offizielle Anerkennung der Straflosigkeit der aktiven Sterbehilfe unter bestimmten Bedingungen gefördert. Da das Ziel der größtmöglichen Transparenz jedoch zwangsläufig mit einer weiteren erheblichen Preisgabe des Lebensschutzes verbunden sein wird, sieht sich die jüngste Gesetzesänderung größten Bedenken ausgesetzt.

Dies muß umso mehr deshalb gelten, weil rund 90 % aller Ärzte in den Niederlanden der aktiven Sterbehilfe positiv gegenüberstehen und mehr als die Hälfte von ihnen das Leben eines Patienten ohne dessen Verlangen entweder schon einmal aktiv beendet hat oder aber doch hierzu jederzeit bereit wäre.

(3) Aktive Sterbehilfe ist nicht Ausdruck der Achtung vor dem Selbstbestimmungsrecht des Patienten

Daß entgegen der offiziellen Rechtfertigung der niederländischen Duldungspolitik in der Vergangenheit keineswegs allein die Achtung des Selbstbestimmungsrechtes des Patienten die Ärzte dazu veranlaßte, aktive Sterbehilfe zu leisten, zeigt nicht zuletzt die Tatsache, daß sie selbst lediglich in 30 % aller Tötungsfälle ohne Einwilligung des Patienten dessen Wunsch auf vorzeitige Beendigung seines Lebens unterstellt haben. Sehr viel häufiger stützten sie ihr Handeln darauf, daß die Angehörigen den Anblick des Sterbenden nicht mehr ertragen konnten oder eine wesentliche Verbesserung des Zustandes des Patienten durch eine weitere Behandlung vermutlich nicht mehr hätte erzielt werden können. Haben die befragten Ärzte Tötungsmotivationen, die weitab von der Achtung des Selbstbestimmungsrechtes des Patienten liegen und zu einem nicht unerheblichen Teil mehr den Interessen Dritter als denen des Betroffenen selbst Rechnung tragen, bereits im Rahmen einer staatlicherseits in Auftrag gegebenen Umfrage offen eingestanden, so ist davon auszugehen, daß diese Intentionen ihr Handeln tatsächlich zu einem noch sehr viel höheren Prozentsatz prägen.

Überhaupt gewinnt der neutrale Betrachter der Umfrageergebnisse den Eindruck, daß sich die Ärzte, die bereit sind, aktive Sterbehilfe zu leisten, von keinem noch so detaillierten Kriterienkatalog, der dem Ziel einer restriktiven Handhabung aktiver Sterbehilfemaßnahmen dient, sonderlich beeindrucken oder gar in ihrem Handeln beeinflussen lassen. Aktive Sterbehilfe ist für sie offensichtlich bereits so selbstverständlich geworden, daß sie sich ihrem eigenen Bekunden nach für berechtigt halten, Tötungsentscheidungen davon abhängig zu machen, ob ihnen persönlich die verbliebene Lebensqualität des Patienten dessen Weiterleben sinnvoll erscheinen läßt.[1490]

Besonders besorgniserregend ist die Tatsache, daß viele von ihnen sogar in Fällen, in denen sie selbst davon ausgehen, daß der Patient noch eine eigenverantwortliche Entscheidung zu treffen imstande wäre, nicht davor zurückschrecken, aktive Sterbehilfe zu leisten, ohne zuvor die Zustimmung des Betroffenen einzuholen. Aktive Sterbehilfe erfolgt hier nicht mehr auf Verlangen, d.h. in Respektierung des Selbstbestimmungsrechtes, sondern allenfalls aus Fürsorge angesichts des scheinbar unerträglich gewordenen Leidens.

Die zahlreichen von dem niederländischen Kardiologen Fenigsen geschilderten Fälle, die belegen, wie leichtfertig zahlreiche seiner Kollegen mit dem Leben ihrer Patienten umgehen und ihre Position nutzen, um diese gefügig zu machen, belegen in eindrucksvoller Weise, wie schnell sich das zum Schutz des Patienten und seines Selbstbestimmungsrechtes geforderte Recht, einen Arzt um die vorzeitige Beendigung eines als untragbar empfundenen Leidens bitten zu dürfen - das auch in den Niederlanden Ausgangspunkt der Euthanasie-Bewegung war - in ein Machtinstrument in der Hand der Ärzteschaft verwandeln kann, das nicht nur jegliche Selbstbestimmung des Patienten im Keim zu ersticken, sondern darüber hinaus auch dem Aufbau jeglichen Vertrauens innerhalb des Arzt-Patienten-Verhältnisses die Grundlage zu entziehen droht.

(4) Die "Schiefe Ebene" in den Niederlanden

Die Schilderungen des Kardiologen Fenigsen und die Ergebnisse der Studie aus dem Jahre 1995 liefern den anschaulichen Beweis für die Berechtigung des so häufig bemühten "Argumentes der Schiefen Ebene". Sie zeigen, daß sich selbst dann, wenn die aktive Sterbehilfe nicht völlig legalisiert, sondern lediglich geduldet wird, hinsichtlich jedes einzelnen, der alt und schwach geworden ist, die Frage seiner Existenzberechtigung stellt, und zwar sowohl für ihn selbst als auch für den behan-

---

1490 Ten Have/Welie, Euthanasie - Zur Situation in den Niederlanden, Zeitschrift für medizinische Ethik 39 (1993), S. 63 (71) gelangen daher zu der ernüchternden Feststellung, daß die öffentliche Billigung der Euthanasie bewirkt habe, daß Ärzte noch mehr Macht über Leben und Tod ihrer Patienten gewonnen hätten als zu Beginn der 70er Jahre.

delnden Arzt. Je weniger der Patient in der Lage ist, seinen Lebenswillen zu artikulieren und über Angehörige oder andere ihm nahestehende Personen sicherzustellen, daß dieser von dem Arzt respektiert wird, umso mehr besteht die Gefahr, daß der Arzt über die vorzeitige Lebensbeendigung nach eigenem Gutdünken entscheidet. Daß dabei nicht immer medizinische Gesichtspunkte eine Rolle spielen müssen, belegen die Ergebnisse der Studie aus dem Jahre 1996 in gleicher Weise wie die von Fenigsen referierten Fälle.

Der niederländische Arzt Pieter V. Admiraal bestätigt zudem, daß bereits heute die bedrohliche Tendenz erkennbar werde, daß sich vor allem alte Menschen, die nicht nur krank, sondern darüber hinaus alleine seien, verstärkt gedrängt fühlten, ihren Arzt um aktive Sterbehilfe zu bitten.[1491]

Gibt der Gesetzgeber dem Arzt aber sogar die Möglichkeit, selbst darüber zu befinden, inwieweit die Durchführung der aktiven Sterbehilfe im Rahmen eines allein von ihm selbst in Gang zu setzenden Meldeverfahrens überhaupt öffentlich bekannt wird, bzw. formuliert er durch bestimmte Kriterienkataloge bereits vor, welche Angaben der Arzt im Falle einer solchen Meldung gegenüber den Behörden machen muß, um mit Sicherheit einer Strafverfolgung zu entgehen, wird ihm gegenüber das Leben des Patienten schutzlos preisgegeben. Es ist illusorisch anzunehmen, ein Arzt werde der Staatsanwaltschaft oder einer Ärztekommission aus freien Stücken selbst mitteilen, daß er das Leben eines Patienten etwa aus ökonomischen Erwägungen vorzeitig beendet habe oder allein deshalb, weil dieser ihm lästig geworden sei.[1492]

So mag das niederländische Modell zwar zu der Erkenntnis verhelfen, daß aktive Sterbehilfe vermutlich auch in den Ländern praktiziert wird, die sich entschieden gegen jegliche Duldungs- oder gar Legalisierungsbestrebungen zur Wehr setzen.[1493]

[1491] Admiraal, 20 Jahre Erfahrung mit der Euthanasie in den Niederlanden, S. 20

[1492] Reuter, Die gesetzliche Regelung der aktiven ärztlichen Sterbehilfe des Königreichs der Niederlande - ein Modell für die Bundesrepublik Deutschland ? S. 215 betont in diesem Zusammenhang, Ausgestaltung und praktische Handhabung der aktiven Sterbehilfe in den Niederlanden suggerierten Ärzten die übereinstimmende Ansicht von Gesetzgeber und Justizminister, die Entscheidung zur aktiven ärztlichen Sterbehilfe sei dem Gutdünken des handelnden Arztes überlassen. Verstöße gegen die Sorgfaltsanforderungen seien nicht überprüfbar, Mißbrauchs- und Manipulationsgefahren sei dadurch Tür und Tor geöffnet, die unfreiwillige aktive Sterbehilfe letztlich unvermeidlich (a.a.O., S. 201).

[1493] hierauf deutet auch eine Aussage des niederländischen Arztes Pieter V. Admiraal hin, der von Unterredungen mit deutschen Ärzten zu berichten weiß, diese hätten ihm bestätigt, daß auch in Deutschland aktive Sterbehilfe praktiziert werde, nur rede man hier selbstverständlich nicht darüber (Admiraal, 20 Jahre Erfahrung mit der Euthanasie in den Niederlanden, S. 16). Im Rahmen einer 1996 in Deutschland durchgeführten Studie gaben 6 % der Kliniker und 11 % der niedergelassenen Allgemeinärzte an, während ihrer ärztlichen Tätigkeit in Deutschland bereits Fälle aktiver Sterbehilfe miterlebt zu haben (Wehkamp, Sterben und Töten, S. 13).

Es belegt jedoch gleichermaßen, daß selbst eine Politik der offiziellen Duldung nicht geeignet ist, den Umfang der aktiven Sterbehilfe zu begrenzen, sondern vielmehr die Tendenz aufweist, diese als akzeptable Form ärztlichen Handelns zu etablieren, und ihren Anwendungsbereich nach dem Ermessen des Arztes zu erweitern.[1495]

Auch die Tatsache, daß die Tötung auf Verlangen selbst bei psychisch Kranken, die weder über physische Leiden klagen noch sich in der Sterbephase befinden, von der Rechtsprechung bereits zu Zeiten der Duldungspolitik akzeptiert wurde, verdeutlicht, wie schnell Tötungshandlungen in immer neuen Konstellationen zur Selbstverständlichkeit werden können. Die psychische Krankheit des Patienten dürfte in den besagten Fällen die Freiverantwortlichkeit seiner Entscheidung ausschließen, so daß hier von der Respektierung des Selbstbestimmungsrechtes keine Rede sein kann. Zum anderen sind die Grenzen der "Sterbe"-hilfe sicher dort längst gesprengt, wo auch Menschen, die physisch kerngesund sind, umgebracht werden.

Dieser Tendenz entgegenzuwirken, wäre meines Erachtens allein durch eine Verschärfung der Gesetzgebung und entsprechend strengere Kontrollen der Ärzte möglich gewesen. Wie schwer es jedoch ist, die bereits betretene "Schiefe Ebene" wieder zu verlassen bzw. den gebrochenen Damm des Lebensschutzes wiederherzustellen und eine Korrektur der Duldungspolitik vorzunehmen, zeigt das von dem niederländischen Parlament am 28.11.2000/10.04.2001 verabschiedete "Gesetz zur Überprüfung von Lebensbeendigung auf Verlangen und Hilfe bei der Selbsttötung", das die warnenden Hinweise der Studie aus dem Jahre 1996 völlig unberücksichtigt gelassen hat.

Durch die jahrzehntelange Duldungspolitik und die Gesetzgebung des Jahres 1994 hatte sich in den Niederlanden eine allgemeine Erwartungshaltung herausgebildet, die als logischen nächsten Schritt die (wenn auch vorläufig beschränkte) Entkriminalisierung der aktiven Sterbehilfe sowie des ärztlich assistierten Suizids geradezu forderte. Sich dieser Entwicklung in den Weg zu stellen und stattdessen wieder einen restriktiveren Kurs zu fahren, hätte die "liberalen Errungenschaften" der vorangegangenen 30 Jahre mit einem Male in Frage gestellt.

[1495] Reuter, Die gesetzliche Regelung der aktiven ärztlichen Sterbehilfe des Königreichs der Niederlande - ein Modell für die Bundesrepublik Deutschland ? S. 234 ff. vertritt vor diesem Hintergrund die Auffassung, die niederländischen Erfahrungen belegten die Berechtigung des Dammbrucharguments.

Politisch wäre dies nur schwer in der niederländischen Öffentlichkeit zu verkaufen gewesen.[1496] Viel leichter war es demgegenüber, den beschrittenen Weg im Sinne des neuen Gesetzesvorschlages konsequent zu Ende zu gehen. Dabei ist es der niederländischen Regierung nicht schwer gefallen, zur Rechtfertigung ihres Vorgehens aus den Ergebnissen der Studie aus dem Jahre 1996 herauszulesen, daß die aktive Sterbehilfe bereits ohnehin von fast allen Ärzten des Landes anerkannt und praktiziert wird, so daß die Verankerung ihrer Straflosigkeit bei Wahrung der "Sorgfaltsbedingungen" lediglich zu einer Anpassung der Rechtslage an die bestehende Übung geführt hat. Sie konnte sich zudem darauf zurückziehen, durch die formalen Vorgaben des Meldeverfahrens Sicherungsmaßnahmen geschaffen zu haben, bei deren Einhaltung dem Umfang der aktiven Sterbehilfe zumindest klare Grenzen gesetzt werden. Daß diese Sicherungsmaßnahmen sich schon bislang als untauglich erwiesen hatten und im Zuge der Gesetzesänderung weiter an Bedeutung verlieren werden, wurde dabei freilich nur allzu leichtfertig übersehen.

Es bedarf keiner seherischen Fähigkeiten, um schon heute vorauszusagen, daß gerade über die Fälle, in denen Ärzte die Voraussetzungen der straffreien aktiven Sterbehilfe nicht beachten, auch zukünftig entweder überhaupt nicht Bericht erstattet oder die Schilderung doch zumindest so erfolgen wird, daß eine Verfolgung des betreffenden Arztes nicht in Betracht kommt.

Aufgrund der jüngsten Gesetzesänderung kann sich der außenstehende Betrachter des Eindrucks nicht erwehren, daß in den Niederlanden gegenwärtig die Meldung der Fälle aktiver Sterbehilfe für bedeutsamer gehalten wird als eine wirksame Kontrolle und Verfolgung nicht den "Sorgfaltsbedingungen" entsprechender Patiententötungen. Ebenso droht nach der Einfügung des Strafausschließungsgrundes für Fälle der aktiven Sterbehilfe bei Einhaltung bestimmter Sorgfaltsregeln die Weiterentwicklung der Palliativmedizin in den Niederlanden in Vergessenheit zu geraten.

[1496] Illusorisch ist daher die Annahme Birnbachers, Ist die Unterscheidung zwischen aktiver und passiver Sterbehilfe ethisch bedeutsam ? in: Atrott/Pohlmeier, Sterbehilfe in der Gegenwart, S. 25 (37), die Grenzen der einmal legalisierten aktiven Sterbehilfe könnten nachträglich durch den Gesetzgeber jederzeit wieder enger gezogen werden.

ff. Gesellschaftliche Hintergründe der Forderung nach Legalisierung der aktiven Sterbehilfe

Die Kritik zu sämtlichen der vorgenannten Entwürfe, die die Forderung nach einer Legalisierung der aktiven Sterbehilfe - wenn auch in unterschiedlichem Ausmaße - zum Gegenstand haben, hat gezeigt, daß sie alle die Qualität des menschlichen Lebens in extremen Situationen bewerten und dabei zu dem Ergebnis gelangen, daß es unter bestimmten - jeweils leicht abgewandelten - Bedingungen nicht mehr lebenswert sei. Dies wird zum Anlaß genommen, den von dem Betroffenen geäußerten Wunsch nach Tötung als vernünftig anzusehen, zu respektieren und zu vollziehen. Da aber die Wohltat der alsbaldigen Erlösung denjenigen, die sich hierzu nicht mehr verständig zu äußern vermögen, nicht aufgrund ihrer mangelnden geistigen Fähigkeiten vorenthalten werden soll, wird in der Regel die Erstreckung der aktiven Sterbehilfe auf diesen Personenkreis befürwortet. Wo aber - wie im Falle der DGHS - eine ausdrückliche Stellungnahme hierzu fehlt, legt die innere Logik der Konzeption dies zumindest nahe.

Gerade die Abwägung des Lebenswertes führt zu einer Relativierung des Lebensschutzes, die darauf angelegt ist, immer weitere Kreise zu ziehen und das Lebensrecht immer neuer Personengruppen in Frage zu stellen. Es überrascht daher keineswegs, daß es keinem einzigen Entwurf gelungen ist, eine Regelung zu entwerfen, die sich nur auf eine sehr kleine und überschaubare Zahl von Fällen bezogen und darüber hinaus die Gefahr des Mißbrauchs zumindest weitgehend ausgeschlossen hätte. Alle diese Überlegungen zur Freigabe der aktiven Sterbehilfe de lege ferenda erweisen sich daher letztlich als nicht überzeugend.

Umso mehr mag es verwundern, daß sich rund 80 % der bundesdeutschen Bevölkerung für eine Legalisierung des "Gnadentodes" aussprechen und in den Niederlanden im Grunde nicht mehr über das "Ob", sondern allein über die organisatorischen Rahmendaten und die Durchführung aktiver Sterbehilfemaßnahmen diskutiert wird. Gerade in unserem Nachbarland haben weder die alarmierenden Daten der Studie aus dem Jahre 1996 noch zahlreiche erschütternde Berichte aus der Praxis zu einer restriktiveren Behandlung des Themenkomplexes beitragen können. Stattdessen wurde ein Gesetz verabschiedet, das die aktive Sterbehilfe straffrei ermöglicht.

Vor diesem Hintergrund stellt sich die Frage, welche gesellschaftlichen Faktoren dafür verantwortlich sind, daß die Forderung nach Freigabe der aktiven Sterbehilfe trotz aller gegen sie sprechenden Bedenken heute in weiten Teilen der Bevölkerung auf so viel Zustimmung stößt.

Hierbei ist zu unterscheiden zwischen solchen Faktoren, die die Forderung nach Freigabe der aktiven Sterbehilfe aus gesellschaftspolitischer Sicht begünstigen, und solchen, die das einzelne Individuum veranlassen, dieser Legalisierung aufgeschlossen gegenüberzutreten.

(1) Gesellschaftspolitische Gründe für die Befürwortung der aktiven Sterbehilfe

(a) Das Kostenargument

Ein ganz wesentlicher Gesichtspunkt für die immer lauter werdenden Rufe nach einer Freigabe der aktiven Sterbehilfe ist das Kostenargument, das schon um die Wende zum 20. Jahrhundert[1497] und später vor allem bei Binding/Hoche das herausragende Kriterium bildete:[1498] Unsere modernen westlichen Gesellschaften zeichnen sich durch eine zunehmende Überalterung aus. Alte Menschen aber kosten ebenso wie behinderte mehr Geld als junge und gesunde. Ohne noch etwas produktiv zum Wohle der Gesellschaft beitragen zu können, belasten sie die Allgemeinheit insbesondere dann, wenn sie in Alten- oder Pflegeheimen betreut werden müssen. Die Kostenexplosion des Gesundheitswesens ist dabei nicht nur untrennbar mit der zunehmenden Zahl von alten Menschen, sondern in gleicher Weise mit den erweiterten therapeutischen Möglichkeiten und der Fortentwicklung der medizinischen Technik verbunden.

Diese äußeren Umstände führen zu einer Verschärfung der "Sozialen Frage", die wiederum zumindest teilweise auch eine "Medizinische Frage" ist. Wenn bis zum Jahre 2030 stufenweise bis zu ein Drittel der Bevölkerung über 65 Jahre alt sein wird, liegt es nahe, schon jetzt über die Umverteilung der Ressourcen nachzudenken.[1499]

Vor diesem Hintergrund ist für die Einstellung zu Krankheit und Alter von maßgeblicher Bedeutung, daß die moderne Leistungs- und Ellenbogengesellschaft das individuelle, von allen Zwängen und Bindungen losgelöste Glücks- und Erfolgsstreben

1497 Schleker, Thanatologie, Euthanasie, Sterbehilfe, S. 75, 78
1498 Binding in: Binding/Hoche, Die Freigabe der Vernichtung lebensunwerten Lebens, S. 5 (27); Hoche in: Binding/Hoche, Die Freigabe der Vernichtung lebensunwerten Lebens, S. 43 (53)
1499 Eibach, Sterbehilfe - Tötung aus Mitleid ? S. 32 f.

zu ihren höchsten Idealen erhoben hat. Werte wie Solidarität und Verantwortung gegenüber den Randgruppen der Gesellschaft drohen ihr zunehmend fremd zu werden.

Als Zeichen schwindender Solidarität ist ein wachsender gesellschaftlicher Erwartungsdruck zu beobachten, der es dem einzelnen verbietet, sich von anderen abhängig zu machen. Die sozialen Kürzungen im Bereich der Renten und im Gesundheitswesen gehen einher mit dem Schreckgespenst künftig nicht mehr bezahlbarer Kostenlawinen. Krankheit und soziale Ausgrenzung werden zunehmend als individuelle Lebensschicksale angesehen, die von den Betroffenen alleinverantwortlich zu tragen seien. Schon heute werden in der Öffentlichkeit offen Diskussionen geführt, die sich mit der Frage befassen, ob nicht alten Menschen künftig notwendige medizinische oder soziale Leistungen vorzuenthalten seien, selbst wenn man damit ihren vorzeitigen Tod in Kauf nehmen müsse. Zwar werden in diesem Zusammenhang noch keine konkreten Altersgrenzen diskutiert, doch läßt sich unschwer vorstellen, daß eine solche Grenze je nach der wirtschaftlichen Situation eines Gemeinwesens sehr flexibel gestaltet werden könnte.

Das beschriebene frostige Klima bildet den idealen Nährboden für die Wiederbelebung der sozialdarwinistischen Idee des Rechtes des Stärkeren, die allgemeine Wertschätzung für altes und krankes Leben nimmt zusehends ab.[1500] Nicht zuletzt die aufkeimende Furcht vor Einschränkungen des persönlichen Lebensstiles fördert die Akzeptanz von Kosten-Nutzen-Rechnungen. Gesetzliche Krankenversicherungen sprechen schon seit einiger Zeit von "Alterslastquoten" oder "Grenzwertnutzen" für teure Behandlungen bei alten Menschen.[1501] Was lohnt sich noch bei welchen Patienten, ist die Frage, die auf der Kostenebene öffentlich salonfähig gemacht wird. Aus den Fehlern vergangener Tage aber haben die Protagonisten der neuen Bewegung der aktiven Sterbehilfe gelernt, daß sich die beabsichtigte Auslese besser unter dem Schutzschild von freier Selbstbestimmung und Liberalismus "verkaufen" läßt als unter dem der "inneren Hygiene".

Um der in Schieflage geratenen Altersstruktur Herr zu werden und insbesondere die Kosten des Gesundheitswesens unter Kontrolle zu halten, wird in der Bevölkerung daher ein Bewußtsein geformt, das selektive Maßnahmen aus Eigenverantwortlichkeit auch ohne permanente staatliche Eingriffe fördert.[1502] Durch das Wiederaufle-

---

1500 Beine, Sehen, Hören, Schweigen, S. 221 f.

1501 Wunder, Sterbehilfe - zur gegenwärtigen medizinischen, juristischen und ethischen Diskussion in: Evang. Akademie Berlin, Sterbehilfe - Tötung auf wessen Verlangen ? S. 49 (54)

1502 Bruns/Penselin/Sierck, Vorwort in: Bruns/Penselin/Sierck, Tödliche Ethik, S. 7 (9) benlassen der Ethik "des Rechtes auf den eigenen Tod" wird die Pflicht des Individuums, der Gesellschaft nicht zur Last zu fallen, umgedeutet in ein individuelles Recht und zugleich stilisiert als Symbol der Freiheit sowie als Ausdruck der selbstbestimmten Persönlichkeit und als Dienst an der Allgemeinheit.[1503] Derjenige, der den Mut aufbringt, nach aktiver Sterbehilfe zu verlangen, wird zum Held erhoben: "Eine Frau, die ihrem Kind ihr letztes Stück Brot gibt, oder ein Soldat, der für sein Land stirbt, sie beide gelten als vorbildhaft. Alte Menschen, die nicht länger leben wollen und ihr Krankenhausbett gerne für einen Patienten freimachen möchten, der noch ein sinnvolleres Leben vor sich hat, sollten mit der gleichen Achtung behandelt werden."[1504]

Der Bioethik kommt bei dieser Entwicklung eine zentrale Rolle zu.[1505] Zunehmend erscheint dieser ethisch nur, was rational begründet ist, was Selbstbestimmung und Autonomie als höchste Normen verabsolutiert, was Leiden für sinnlos und vermeidbar hält - und diese Haltung als Mitleid definiert - und was die Verteilung der knapper werdenden Ressourcen nach dem Nutzwert der Menschen und nach der Maximierung von Glück richtet. Alles andere gilt demgegenüber als irrational und damit als unerheblich und vernachlässigenswert.[1506]

Ziel dieser Bewegung ist es, alten und kranken Menschen durch einschneidende Sparmaßnahmen unmißverständlich zu verstehen zu geben, daß sie "in Würde sterben", d.h. freiwillig abzutreten haben. Dabei bedient sich die öffentliche Kampagne der Angst vor dem anonymisierten Medizinbetrieb und der Intensivmedizin. Extremfälle schwer leidender Patienten werden herangezogen, ihr Schicksal wird als Horrorszenario in allen Einzelheiten geschildert und möglichst mit entsprechendem Bildmaterial illustriert, um den Eindruck zu erwecken, der Gnadentod sei die einzige Möglichkeit, dem inhumanen Einsatz der Apparatemedizin am Ende eines verlöschenden Lebens zu entgehen. Dem unbefangenen Betrachter wird suggeriert, die dargestellten Ausnahmefälle stellten den Regelfall des heutigen Klinikalltags dar. Die mehr auf Emotion als auf Vernunft zielenden Fallbeispiele prägen mittlerweile

---

1503 Schöttler, Menschenrechte für jeden oder "Sterbehilfe" vom Anfang bis zum Ende ? S. 20; in diesem Sinne auch Schmitz, Euthanasie - verschiedene Wege ethischer Orientierung, Zeitschrift für medizinische Ethik 39 (1993), S. 27 (32 f.)

1504 Kennedy, Sterbehilfe: Ein Plädoyer, S. 64

1505 Die Bioethik ist das Teilgebiet der angewandten Ethik, das sich mit sittlichen Fragen zu Geburt, Leben und Tod des Menschen (u.a. im Hinblick auf neue Entwicklungen und Möglichkeiten der biologisch-medizinischen Forschung und Therapie), aber auch mit der Frage der Rechte von Tieren und einer ihrer Würde entsprechenden Behandlung (Tierethik) sowie im weiteren Sinne mit ethischen Aspekten der natürlichen Lebensgrundlagen der Menschen (ökologische Ethik) befaßt (Der Brockhaus in 5 Bänden, Bd. 1, S. 477, Stichwort "Bioethik").

1506 Dörner/Daub, Tödliches Mitleid und bioethisches Kalkül in: Daub/Wunder, Des Lebens Wert, S. 35 (38)

das Bewußtsein großer Teile der Bevölkerung und tragen zur Verbreitung dieser Auffassung bei.[1507]

Das Schreckgespenst der Apparatemedizin eignet sich jedoch in gleicher Weise, um die Durchführung der aktiven Sterbehilfe an Personen, die hierzu niemals ihr Einverständnis erklärt haben, zu rechtfertigen. Die Befürworter der aktiven Sterbehilfe, insbesondere aber diejenigen der modernen Bioethik, zögern nicht, die Zustimmung derer, die wegen Behinderung oder Alter nicht für sich selbst sprechen können, zu solchen Maßnahmen durch diejenige von Angehörigen, eines Arztes oder des Staates zu ersetzen. In diesem Zusammenhang bietet es sich geradezu an, auf das viel strapazierte Mitleidsmotiv zurückzugreifen.[1508]

Dörner hat anschaulich auf den Bedeutungswandel hingewiesen, den der Begriff des Mitleids seit dem 19. Jahrhundert erfahren hat. Wurde er ursprünglich in erster Linie als Tätigkeit im Sinne des gemeinschaftlichen Leidens und des Teilens von Leid verstanden, bezeichnete er zunehmend nur noch die Empfindung, die der Anblick fremden Leides verursacht. Auf diesem Wege hatte man mit dem Partner des Mitleidens immer weniger zu tun. Das Mitleid wird schließlich zum Selbstmitleid, weil man das Schicksal anderer unerträglich findet und es deshalb irgendwie verdrängen möchte.[1509] Leiden gilt heute aufgrund unserer therapeutischen Produktivitätssteigerung als grundsätzlich bekämpfbar und damit als irrational und überflüssig. Ihm fehlt jede Existenzberechtigung. Was für das Leiden an sich gilt, wird leicht auch auf den Leidenden übertragen.[1510] Taucht erst einmal der Gedanke der Tötung aus Mitleid

---

1507 Diese Angst Außenstehender steht in offensichtlichem Gegensatz zu dem Empfinden der intensivbehandelten Patienten selbst. Diese berichten zumeist, daß sie die Atmosphäre der Intensivstation keineswegs als bedrückend empfunden hätten. Insbesondere der hohe apparative und personelle Aufwand habe auf sie beruhigend gewirkt und einen großen Teil ihrer Ängste und Befürchtungen gemildert (Hannich/Wendt, Psychologische Aspekte der Intensivbehandlung in: Schara, Humane Intensivtherapie, S. 119, 122 f.; Jelen/Kolb/Tempel, Intensivbehandlung im Erleben des Patienten in: Schara, Humane Intensivtherapie, S. 134, 138).

1508 Degener/Ewinkel, Sterbehilfe bei behinderten Säuglingen in: Bruns/Penselin/Sierck, Tödliche Ethik, S. 94 (100); Bastian, Nachwort in: Bastian, Denken - schreiben - töten, S. 117; diese Argumentationsstruktur macht sich auch Kennedy zunutze in: Kennedy, Sterbehilfe: Ein Plädoyer, S. 41 f.:"Die Mediziner müssen sich bereit finden, den Hilflosen bei der Beendigung unnötigen Leidens zu helfen. Sie müssen aufhören, die Debatte emotional aufzuheizen, indem sie von Menschentötung reden. Sie müssen lernen, das Ersuchen um Sterbehilfe [gemeint ist die aktive Sterbehilfe] genau wie ihre Kollegen in Holland als Chance zu begreifen, einen sterbenden Patienten in einem letzten Akt des Mitgefühls und der Liebe von seinem Leiden zu befreien. Erbarmen ist das Motiv für die Mitleidstötungen."

1509 Dörner, Zur Professionalisierung der "Sozialen Frage" in: Bastian, Denken - schreiben - töten, S. 23 (33); Dörner, Wenn Mitleid tödlich wird in: Weber, Wer nicht paßt, muß sterben, S. 16 (19); ebenso Beine, Sehen, Hören, Schweigen, S. 25

1510 Dörner/Daub, Tödliches Mitleid und bioethisches Kalkül in: Daub/Wunder, Des Lebens Wert, S. 35 (40)

auf, so wird das Mitleid zumeist bedrohlich und zum Ausdruck eines angemaßten Machtverhältnisses.[1511]

Nur allzu gerne wird bei der angeblich auf Mitleid und Barmherzigkeit beruhenden Entscheidungsfindung für den nicht mehr einwilligungsfähigen Patienten übersehen, daß gerade hierdurch der argumentative Ausgangspunkt der Forderung nach der freien Verfügbarkeit über das eigene Leben als besondere Ausdrucksform des Selbstbestimmungsrechtes des einzelnen verlassen wird. Selbst die vage Berufung auf den mutmaßlichen Willen des nicht mehr Äußerungsfähigen vermag letztlich nicht darüber hinwegzutäuschen, daß sich in dieser Situation allein Dritte anmaßen, eigenmächtig über das Schicksal des Patienten zu entscheiden. So wird deutlich, wie nahe gerade im Bereich der aktiven Sterbehilfe Selbst- und Fremdbestimmung nebeneinanderliegen.

Diese Erkenntnis des untrennbaren Zusammenhanges der aktiven Sterbehilfe auf ausdrückliches Verlangen des Betroffenen mit derjenigen ohne dessen Zustimmung läßt sich historisch ohne weiteres belegen:

Schon Binding/Hoche forderten 1920 neben der Tötung derjenigen, die den dringenden Wunsch nach Erlösung äußerten, auch die von Personen, "die durch irgendein Ereignis ... bewußtlos geworden sind, und die, wenn sie aus ihrer Bewußtlosigkeit noch einmal erwachen sollten, zu einem namenlosen Elend erwachen würden."[1512] Selbst während der Euthanasie-Aktionen des Dritten Reiches wurden beide Anliegen als Einheit betrachtet. In dem bereits oben erwähnten Entwurf des "Gesetzes über die Sterbehilfe bei unheilbar Kranken" aus dem Jahre 1940[1513] wurden beide Personengruppen daher unterschiedslos der Tötung preisgegeben.[1514] In gleicher Weise aber zeigt heute das Beispiel der Niederlande, wo ein nicht geringer Anteil der Fälle aktiver Sterbehilfe auf nicht äußerungsfähige Personen entfällt, die Unaufhebbarkeit der Verquickung der aktiven Sterbehilfe mit und ohne Verlangen der von ihr Betroffenen.

Die beliebte Behauptung der Befürworter der aktiven Sterbehilfe, die Bindung der Tötung an den individuellen Wunsch des einzelnen sei eine stabile Grenze gegen

---

1511 Sierck, Wie die Euthansie-Bewegung behinderte Menschen degradiert in: Rothmaler/Mitrovic, Die neue Ethik, S. 47 (50)

1512 Binding in: Binding/Hoche, Die Freigabe der Vernichtung lebensunwerten Lebens, S. 5 (33)

1513 vgl. hierzu C. I. 1.

1514 Stadler, Sterbehilfe, S. 68 f.; Wunder, Die neue Lebens(un)wertdiskussion und die alten Erlösungshoffnungen in: Daub/Wunder, Des Lebens Wert, S. 26 (28)

Fremdbestimmung, wird hierdurch widerlegt, der Übergang von der freiwilligen zur unfreiwilligen aktiven Sterbehilfe und zur Tötung sog. lebensunwerten Lebens vollzieht sich fließend.[1515] Dem Anspruch der Betroffenen auf Achtung ihrer Würde und auf Schutz ihres Lebens wird dies nicht gerecht.

Gleichwohl ist der Übergang von der freiwilligen zur nichtfreiwilligen aktiven Sterbehilfe aus der Perspektive ihrer Protagonisten nicht mehr als folgerichtig. Denn wie sollte derjenige, der sein eigenes Leben unter bestimmten Voraussetzungen nicht mehr für lebenswert erachtet, Respekt vor einem Dritten in vergleichbarem Zustand haben oder - um es mit den ehrenhafter klingenden Worten der Sterbehilfe-Vertreter zu sagen - weshalb sollte derjenige, der unter bestimmten Bedingungen nicht leiden möchte, dies anderen zumuten, nur weil diese nicht fähig sind, ihren diesbezüglichen Willen zum Ausdruck zu bringen ?

In einer den Idealen der Bioethik verhafteten Gesellschaft droht somit für die entscheidungsfähigen Personen, die ihr Verlangen äußern können, eine erzwungene Freiwilligkeit, die den Zwang des Staates oder der Versicherungen überflüssig macht.[1516] Für die entscheidungsunfähigen Personen aber, die ihr Verlangen nicht äußern können, droht die Fremdentscheidung - vordergründig aus Fürsorge und Barmherzigkeit, möglicherweise auch zur Verwirklichung der größtmöglichen "Gesamtsumme des Glücks", in Wirklichkeit jedoch ausgerichtet an den Kriterien der sozialen Zuträglichkeit und der Ökonomie.

Die Fremdbestimmung nicht mehr einwilligungsfähiger Patienten und die aufgezeigte Parallele zu Binding/Hoche sowie zur geplanten Gesetzgebung der Nationalsozialisten belegt zugleich, daß die Verfechter der aktiven Sterbehilfe sich zu Unrecht weigern, die historischen Parallelen ihrer Lehren zu denen der ersten Hälfte des 20. Jahrhunderts anzuerkennen. Sie betonen empört, damals sei es um fremdbestimmte Zwangsmaßnahmen gegangen, heute stünden demgegenüber Freiwilligkeit und Selbstbestimmung im Mittelpunkt der Überlegungen. Ferner beschränken sie sich auf die Darstellung einzelner persönlicher Schicksale. Sie verschleiern dadurch, daß sich hinter dem zur Schau gestellten Mitleid mit den Betroffenen und der Forderung nach einer Stärkung ihres Selbstbestimmungsrechtes die Ansätze einer möglichen künftigen Selektionspolitik verbergen. Zudem erweist sich bei näherer Betrachtung das angeblich harte Trennkriterium der Freiwilligkeit als reine Schutzbehauptung.

[1515] so auch Eibach, Sterbehilfe - Tötung aus Mitleid ? S. 33
[1516] Tolmein, Geschätztes Leben, S. 62

Das Ziel der Leidverminderung auf der Basis von Kosten-Nutzen-Erwägungen ist heute wie damals im Ergebnis dieselbe.[1517] Die Verzahnung beider Komponenten läuft stets Gefahr, einen fatal wirkenden Mechanismus in Gang zu setzen. Denn selbst wenn (noch) nicht vordringlich aus ökonomischen Motiven heraus gehandelt wird, beschleunigen diese die Entwicklung und drohen schließlich zum bestimmenden Entscheidungsmerkmal zu werden.

Der Abwägungsprozeß zwischen Fürsorge, Freiheit und Ökonomie stellt bereits an sich das Recht auf Leben in Frage und wertet mit Krankheit behaftetes oder alt gewordenes Leben ab. Die Fernwirkung dieser Überlegungen sollte in keiner Weise unterschätzt werden. Nicht umsonst wird bereits heute in den USA die Frage gestellt, ob nicht im Falle der Freigabe des ärztlich assistierten Suizids oder der aktiven Sterbehilfe diese Formen der Lebensbeendigung für die große Zahl von Menschen (zur Zeit etwa 30 Millionen) ohne Krankenversicherung auf Dauer der einzige Ausweg bleibe.[1518] Ein beeindruckendes Umfrageergebnis spiegelt die diesbezüglichen Ängste der verwundbarsten Mitglieder des Gesundheitssystems wider.[1519]

Da die Vorstellung von der Minderwertigkeit des hinfällig gewordenen menschlichen Lebens häufig auf Behinderte im allgemeinen ausgedehnt zu werden pflegt,[1520] sehen diese sich spürbar einer Atmosphäre ausgesetzt, die ihnen das Existenzrecht zu entziehen droht.[1521] Theorien wie die von Singer tragen dazu bei, daß diese Stimmung philosophisch abgesichert wird.[1522] Viele von ihnen sind diesem Druck genauso wenig gewachsen wie eine große Zahl alter Menschen. Dies belegt nicht zuletzt die steigende Selbstmordrate, die bezüglich dieser Bevölkerungsgruppe in Deutschland gegenwärtig bei etwa 15.000 Menschen pro Jahr liegt und damit welt-

---

1517 Weß, Fortschritt durch Vernichtung in: Bruns/Penselin/Sierck, Tödliche Ethik, S. 58 (60)

1518 Zimmermann-Acklin, Das niederländische Modell in: Holderegger, Das medizinisch assistierte Sterben, S. 351 (369)

1519 Keenan, Fallstudien, Rhetorik und die amerikanische Debatte in: Holderegger, Das medizinisch assistierte Sterben, S. 157 (170 f.): Während 55 % der weißen Bevölkerung die Möglichkeit des ärztlich assistierten Suizids unterstützen, wird sie bloß von 20 % der afro-amerikanischen Befragten positiv beurteilt. 57 % der Menschen im Alter zwischen 40 und 49 Jahren begrüßen den begleiteten Suizid, jedoch nur 35 % der über Siebzigjährigen. Während 58 % derjenigen, die über $ 75.000 verdienen, positiv urteilten, unterstützten lediglich 37 % der unter $ 15.000 verdienenden Personen den assisitierten Suizid.

1520 Bentfeld, Singer und die Neugeborenenmedizin in: Rothmaler/Mitrovic, Die neue Ethik, S. 59 (62 f.)

1521 Christoph, Ein Behinderter: Ich werde nicht mehr Mit-Singern in: Weber, Wer nicht paßt, muß sterben, S. 23 (25); Christoph, Wir sind alle Gefangene des Zeitgeistes in: Christoph/Illiger, Notwehr gegen die neue Euthanasie, S. 168 (171); Mürner, Mythos der Neutralität in: Christoph/Illiger, Notwehr gegen die neue Euthanasie, S. 202 (209); Schönwiese, Neue Euthanasie-Debatte als Bedrohung von Menschenrechten in: Christoph/Illiger, Notwehr gegen die neue Euthanasie, S. 222; Aurien, Humangenetik und Ethik in: Bruns/Penselin/Sierck, Tödliche Ethik, S. 49 (56)

1522 Weß, Die Bibliothek und der Wert des Menschen in: Rothmaler/Mitrovic, Die neue Ethik, S. 67

weit zu den höchsten zählt.[1523] Hinter vielen dieser Suizid-Fälle verbirgt sich eine "Selbstentsorgung" von Menschen, die sich aus dem Gefühl heraus töten, unerwünscht zu sein oder andere in emotionaler oder finanzieller Hinsicht zu stark zu belasten.[1524] Weit ist es vor diesem Hintergrund nicht mehr bis zum sog. "obligatorischen altruistischen Selbstmord"[1525], dem Suizid also aus gänzlich uneigennützigen Gründen, der mit einem Handeln auf der Grundlage freier Selbstbestimmung nichts mehr zu tun hat.

In welchem Maße die beschriebenen Mechanismen bereits von dem Bewußtsein und der inneren Haltung weiter Bevölkerungskreise Besitz ergriffen haben, zeigt nicht zuletzt die Tatsache, daß immer mehr Menschen schon in gesunden Tagen angeben, nicht mehr leben zu wollen, sobald sie pflegebedürftig werden sollten. Es sei unzumutbar, anderen Menschen, insbesondere aber den eigenen Kindern, dann zur Last zu fallen und deren Lebensgenuß sowie ihre Freiheit zu beeinträchtigen.[1526]

(b) Veränderte Einstellung zu Krankheit und Leid im Zeitalter der Gentechnik

Das Zeitalter der Gentechnik fordert den perfekten, eigenständigen Menschen. Längst haben Volkswirtschaftler errechnet, welche Kosten das Leben und die Versorgung kranker und behinderter Menschen mit sich bringt.[1527] In einer Gesellschaft, die ihren Entwicklungsstand nicht nach der Fürsorge für ihre Randgruppen bemißt, sondern nach der Höhe des Bruttosozialproduktes, muß dies fast zwangsläufig zu der Erkenntnis führen, daß die Nicht-Existenz der genannten Personen für den Staat im Interesse einer gesunden Volkswirtschaft wünschenswert ist.

Diese Einsicht wiederum entwickelt sich parallel zu den neuen Möglichkeiten der Gentechnik, die vor allem im Bereich der pränatalen Diagnostik die Chance bietet, diejenigen schon frühzeitig auszusondern, die dem allgemeinen Kriterien-Katalog erwünschter Eigenschaften nicht entsprechen. Dabei erweisen sich althergebrachte sittliche und ethische Werte als hinderlich. Wen mag es da verwundern, daß Helga

---

1523 Bruns/Penselin/Sierck, Vorwort in: Bruns/Penselin/Sierck, Tödliche Ethik, S. 7 (8)

1524 Sierck, Wie die Euthanasie-Bewegung behinderte Menschen degradiert in: Rothmaler/Mitrovic, Die neue Ethik, S. 47 (52); Rost, Zur gegenwärtigen Diskussion der "Euthanasie" in: Christoph/Illiger, Notwehr gegen die neue Euthanasie, S. 50 (56); Lohner, Rechtfertigung der Abtreibung ? S. 7

1525 Stadler, Sterbehilfe, S. 212

1526 Dörner, Zur Professionalisierung der "Sozialen Frage" in: Bastian, Denken - schreiben - töten, S. 23 (32); Rest, Sterbebegleitung statt Sterbehilfe, S. 106 f.

1527 so würde der Staat allein an jedem nicht geborenen Behinderten durchschnittlich etwa 7,3 Millionen DM sparen, Sierck, Das "Liegenlassen" behinderter Neugeborener in: Christoph/Illiger, Notwehr gegen die neue Euthanasie, S. 112 (120)

Kuhse schon 1986 auf einem internationalen Kongreß der Humangenetiker in Berlin großen Beifall erntete für die Propagierung der Singerschen These, der auf überholter religiöser Grundlage basierende Begriff der Unverletztlichkeit des Lebens müsse abgelöst werden durch eine rationale Ethik, die den wissenschaftlichen und kulturellen Erfordernissen der Zeit gerecht werde. Lebenswertes sei von lebensunwertem Leben zu unterscheiden, und schließlich müsse man offen sein für nahezu grenzenlose medizinische Experimente mit ungeborenem menschlichen Leben.[1528]

Mögen auch in Deutschland Erfahrungen aus der Zeit des Dritten Reiches zu einer Sensibilisierung geführt haben, die noch immer die überwiegende Zahl von Ärzten und Wissenschaftlern der Ethik Singers mit Ablehnung begegnen läßt, so kann nicht verkannt werden, daß das "neue Denken" der Bioethik im internationalen Maßstab schon längst große Anerkennung erfahren und im Rahmen der Globalisierung auch bei uns nahezu unbemerkt Einzug gehalten hat.

Gerade unter den Humangenetikern hat sich bereits die Gewohnheit entwickelt, von behinderten Kindern als "Wesen mit geringer Lebensqualität" zu sprechen.[1529] Das Leben wird aus ihrer Perspektive nicht mehr als Wert an sich betrachtet, sondern allein danach beurteilt, wie reibungslos es sich in unsere hochtechnisierte Gesellschaft einpaßt.[1530] Gentechniker geben zu erkennen, daß sie auf die planmäßige Züchtung von Menschen zusteuern, indem sie darauf hinweisen, daß die herkömmliche sexuelle Zeugung eines Menschen überaus störanfällig und ein genetisch riskantes Roulettespiel sei. Die Reproduktionsmedizin steuere daher mit der Humangenetik auf eine Zeugung unter den kontrollierten Bedingungen des Labors zu, um alle Unwägbarkeiten auszuschalten.[1531] Das Ziel der Reproduktionsmedizin ist somit das industriell genormte Kind als Qualitätsprodukt.[1532] Ansätze hierzu werden gegenwärtig unter dem Stichwort der Präimplantationsdiagnostik diskutiert.[1533]

1528 Weber, Analyse und Kommentar: Euthanasie für das Jahr 2000 in: Weber, Wer nicht paßt, muß sterben, S. 3 (4)

1529 Weber, Analyse und Kommentar: Euthanasie für das Jahr 2000 in: Weber, Wer nicht paßt, muß sterben, S. 3 (4)

1530 Boßmeyer, Tödlicher Zeitgeist in: Christoph/Illiger, Notwehr gegen die neue Euthanasie, S. 138 (141); Beine, Sehen, Hören, Schweigen, S. 255

1531 Weß, Über die Zusammenhänge von Menschenzucht und Bioethik in: Weber, Wer nicht paßt, muß sterben, S. 44 (46)

1532 Jonas, Ethik im Zeitalter menschlicher Reproduzierbarkeit in: Bruns/Penselin/Sierck, Tödliche Ethik, S. 35 (45)

1533 Bei diesem Verfahren, das in Deutschland nach dem Embryonenschutzgesetz verboten, in den meisten anderen europäischen Staaten jedoch erlaubt ist, entnehmen Mediziner einem Embryo in den ersten Tagen nach der künstlichen Befruchtung und vor dem Einnisten in die Gebärmutter Zellen. Diese werden auf Chromosomenstörungen oder andere genetisch bedingte Erkrankungen untersucht. Auf der Grundlage des Untersuchungsergebnisses können Paare entscheiden, ob der Embryo in die

Die moderne bioethische Betrachtung der Lebensqualität bringt so, ebenso wie die Kriterien der Rassenzugehörigkeit und der Erbgesundheit in früheren Zeiten, eine Qualitätsnorm mit sich, unterhalb derer der Lebensunwert angesiedelt ist und das Leben zum Gegenstand der freien Verfügung des einzelnen wird.[1534]

Solange aber weder die technischen Voraussetzungen für die beschriebenen Maßnahmen vorhanden sind noch ihre Zulässigkeit gesetzlich verankert ist, liefert einstweilen zumindest das sehr liberal gefaßte Abtreibungsrecht die juristische Rechtfertigung für die legitime Beseitigung "unnützen" bzw. "unzumutbaren" menschlichen Lebens.

Wird aber künftig die Humangenetik zu einer scharfen Grenzziehung "genetisch krank/anormal" und "genetisch gesund/normal" beitragen, dürfte dies eine tiefgreifende Umgestaltung der Gesellschaft im Gesundheitswesen sowie im Arbeits- und Versicherungsrecht mit sich bringen. Vor allem wenn ein "Kriterienkatalog" zur Beurteilung von Krankheiten als "vertretbares" bzw. "unvertretbares" Risiko zum Zuge kommen sollte, ist nicht auszuschließen, daß eines Tages Kranke und Behinderte ihr Lebensrecht und ihren Anspruch auf Hilfe gegen den Vorwurf zu verteidigen haben werden, sie selbst oder ihre Eltern hätten eingetretene Gesundheitsschäden verhindern müssen.[1535] Werden Schwangere aber, die sich den Luxus erlauben, ein behindertes Kind zur Welt zu bringen, aufgrund eigenen Verschuldens von den Leistungen des Sozialstaates ausgenommen, führt dies zu einer modernen Form der Eugenik, da Sanktionen dieser Art unweigerlich zu einer Auslese führen.[1536]

Je umfassender die Möglichkeiten werden, behinderte Kinder abzutreiben oder nach ihrer Geburt zu töten, desto geringer wird die Bereitschaft der Gesellschaft sein, Verantwortung für sie zu übernehmen. Prävention bedeutet vor diesem Hintergrund dann nicht mehr nur Vorbeugung gegen krankmachende Situationen, sondern generell die Verhinderung von behindertem Leben an sich. Dieses gilt nur noch als unerwünschter und zu vermeidender Risikofaktor.

Gebärmutter übertragen werden oder sterben soll, vgl. Homburger, Ärzte warnen vor der Produktion von Babys nach Maß in: Darmstädter Echo vom 13. Mai 2000, S. 5

1534 Wunder, Die neue Lebens(un)wertdiskussion und die alten Erlösungshoffnungen in: Daub/Wunder, Des Lebens Wert, S. 26 (27)

1535 Theunissen, Kritik an humangenetischer Beratung und pränataler Diagnostik in: Weber, Wer nicht paßt, muß sterben, S. 47 (48)

1536 Illiger, Gesundheit als "absolute Norm" - eine tödliche Bedrohung ? in: Christoph/Illiger, Notwehr gegen die neue Euthanasie, S. 104 (106); Sierck, Das "Liegenlassen" behinderter Neugeborener in: Christoph/Illiger, Notwehr gegen die neue Euthanasie, S. 112 (121); Aurien, Humangenetik und Ethik in: Bruns/Penselin/Sierck, Tödliche Ethik, S. 49 (50)

Der wirtschaftliche Gewinn dieser Politik liegt auf der Hand: Was auf der einen Seite in genetische Beratung investiert wird, bewirkt nach volkswirtschaftlichen Hochrechnungen ein Mehrfaches an Ressourceneinsparungen in anderen Bereichen des sozialen Leistungsgefüges und zieht Volkseinkommenszuwächse in der 50fachen Höhe des investierten Betrages nach sich.[1537]

Ebenso wird der Druck auf die Frauen, die vorgeburtliche Untersuchungen vornehmen lassen, weiter zunehmen.[1538] Schon heute gibt es in den USA zahlreiche Kliniken, die eine Amniozentese nur dann durchführen, wenn die Schwangere sich vorher zu einem Abbruch verpflichtet, falls eine (mögliche) Schädigung des Fötus festgestellt werden sollte.[1539]

Das erklärte Ziel der internationalen Bioethikdebatte ist es, die herrschende Moral den neuen technologischen Entwicklungen anzupassen, d.h. sie so zu definieren, daß die neuen Möglichkeiten des Fortschritts und des Wohlstandes moralisch vertretbar, ja sogar erwünscht erscheinen, seien sie auch noch so menschenverachtend.[1540] Dabei geht es unter anderem auch um die Züchtung menschlicher Embryonen als "Ersatzteillager" für kranke Patienten, die beliebig ausgeschlachtet werden dürfen. Bezeichnenderweise und ganz folgerichtig im Sinne des "Argumentes der Schiefen Ebene" werden die "liberalen Errungenschaften" unserer Gesellschaft zur Frage der Abtreibung dabei herangezogen, um die diesbezüglichen Forschungen zu rechtfertigen. In gleicher Weise wird darauf hingewiesen, daß Schätzungen zufolge bereits Anfang der 90er Jahre allein in den alten Bundesländern Ärzte im Einvernehmen mit den Eltern jährlich etwa 1200 behinderte Neugeborene durch bloßes "Liegenlassen" sterben ließen.[1541]

Lehren wie die von Singer liefern die Rechtfertigung für die moderne Bioethik durch die ihnen anhaftende Verschiebung der ethischen Wertmaßstäbe hin zu einer Relativierung des Wertes des menschlichen Lebens und die Aufteilung in "brauchbare" und "nutzlose" Menschen. In gleicher Weise bildete das Werk von Binding und Hoche 1920 die theoretische Grundlage der nationalsozialistischen Vernichtungs-

---

[1537] v. Stackelberg, Probleme der Erfolgskontrolle präventivmedizinischer Programme, S. 339

[1538] Christoph, Wir sind alle Gefangene des Zeitgeistes in: Christoph/Illiger, Notwehr gegen die neue Euthanasie, S. 168 (197)

[1539] Aurien, Humangenetik und Ethik in: Bruns/Penselin/Sierck, Tödliche Ethik, S. 49 (52)

[1540] Klee, Durch Zyankali erlöst, S. 81: Die Ethik verkomme auf diese Weise zur Public-Relation-Abteilung der neuen Bio-Techniken. Rest, Sterbebegleitung statt Sterbehilfe, S. 96 f.

[1541] Rost, Zur gegenwärtigen Diskussion der "Euthanasie" in: Christoph/Illiger, Notwehr gegen die neue Euthanasie, S. 50 (60); Sierck, Das "Liegenlassen" behinderter Neugeborener in: Christoph/Illiger, Notwehr gegen die neue Euthanasie, S. 112 (116) strategien. Mit ihrer Schrift hatten die letztgenannten die Freigabe der Tötung von Menschen auf die Ebene rationaler Argumentation gehoben und die Voraussetzungen der wissenschaftlichen Diskussion unter Juristen, Medizinern, Philosophen und Theologen geschaffen, wobei für den Fortgang der geistigen Auseinandersetzung der Vormarsch des naturwissenschaftlichen Weltbildes und die ökonomische Krise als zeitgeschichtliche Faktoren entscheidend waren.

Nicht von ungefähr entstand Singers "Praktische Ethik" gerade zu jener Zeit, als die australischen Reproduktionsmediziner - bezeichnenderweise vor allem solche, die wie Singer an der Monash University in Melbourne tätig waren - zu einem hemmungslosen Wettlauf um die Vorrangstellung in der Reproduktionstechnologie ansetzten. Wenig später wurde Singer zum Leiter des neugegründeten Instituts für "Human Bioethics" in Melbourne ernannt. Er war in der Lage, auf die mit der neuen Technologie einhergehenden ethischen Probleme Antworten zu geben, die neben der aktiven Sterbehilfe den Zugriff der Wissenschaft auf menschliche Keimzellen, Embryonen und Neugeborene, auf genetische Zurichtung, Aussonderung und ungehemmtes Experimentieren rechtfertigten und dabei zugleich zur so dringend gewünschten Kostensenkung auf dem Gesundheitssektor für künftige Generationen beitragen konnten.[1542]

Schreitet der angesprochene Bewußtseinswandel weiter voran, so steht zu befürchten, daß menschliches Leben bald zu allen Zeiten seiner Entwicklung zur Disposition steht, sobald es unproduktiv und damit unbrauchbar geworden ist. Birth-control und death-control werden in der Bioethik seit jeher als Einheit betrachtet.[1543] Überspitzt ist in diesem Zusammenhang bereits die Rede von dem "Techno-Faschismus" als neuer Form eines Rassismus, der nicht mehr wie in früheren Zeiten Juden, Zigeuner oder Schwarze verfolge, sondern ganz allgemein unnütze, d.h. unproduktive Menschen ausrotte.[1544]

[1542] Jonas, Ethik im Zeitalter menschlicher Reproduzierbarkeit in: Bruns/Penselin/Sierck, Tödliche Ethik, S. 35 (40); Weß, Fortschritt durch Vernichtung in: Bruns/Penselin/Sierck, Tödliche Ethik, S. 58 (66); Schönwiese, Neue Euthanasie-Debatte als Bedrohung von Menschenrechten in: Christoph/Illiger, Notwehr gegen die neue Euthanasie, S. 222 (229)

[1543] Wunder, Die neue Lebens(un)wertdiskussion und die alten Erlösungshoffnungen in: Daub/Wunder, Des Lebens Wert, S. 26

[1544] Weber, Analyse und Kommentar: Euthanasie für das Jahr 2000 in: Weber, Wer nicht paßt, muß sterben, S. 3 (5)

(2) Gründe für die Bereitschaft des einzelnen, die Forderung nach der Legalisierung der aktiven Sterbehilfe zu befürworten

(a) Die Leistungsgesellschaft stellt die Existenzberechtigung der Unproduktiven in Frage

Das Individuum sieht sich heute ständig neuen Anforderungen ausgesetzt. Dies wird vor allem in der Arbeitswelt deutlich, die von ihm Mobilität, steigende Flexibilität und Leistungsbereitschaft, ständigen Fortbildungswillen und die Fähigkeit der Anpassung an immer neue Technologien in Produktion und Dienstleistung fordert. Dabei erlegt sie ihm bei zunehmender Vereinzelung ein höheres Maß an Verantwortung auf. Viele sind diesem Anforderungsprofil und ihrer neuen sozialen Rolle nicht gewachsen. Halten sie dem Druck nicht oder nicht mehr stand und werden sie dem Leistungsideal nicht (mehr) gerecht, geraten sie in Isolation und werden von der Gesellschaft als "minderwertig" betrachtet. Gerade ältere Menschen verlieren ihre gesellschaftliche Funktion heute früher als in vergangenen Zeiten.[1545] Die Gesellschaft wiederum steht in der Gefahr, sich um einen "rationalen", d.h. kosteneffizienten Umgang mit diesen Randgruppen zu bemühen. Dabei bietet sich der bereits erwähnte Gedanke der staatlich und ökonomisch erwünschten Selektion als Akt eigener Verantwortung, die sog. "saubere Auslese unter dem Schutzschild des Liberalismus",[1546] geradezu an. Wird denjenigen, die nicht mehr zur Steigerung des Bruttosozialproduktes beizutragen vermögen, in schonungsloser Offenheit vor Augen geführt, daß sie als Kostenfaktor eine Belastung für das Gemeinwesen darstellen,[1547] unterliegen sie einem negativen Druck, sich für "weniger wert" zu halten,[1548] und sind in ihrer Verzweiflung anfällig für Gedanken der Tötung auf Verlangen bzw. des Selbstmordes. Diese Formen, aus dem Leben zu scheiden, stellen die einzige Möglichkeit dar, die ihnen verbleibt, der Allgemeinheit noch einen Dienst zu erweisen. Der moderne Mensch scheint geradezu daran zu "leiden", daß er mit seinem eigenen sowie mit fremdem Leiden kaum noch sinnvoll umgehen kann.

[1545] Eser, Sterbehilfe und Euthanasie in: Böhme, Der Arzt und das Sterben, S. 9 (27); Eser, Sterbehilfe und Euthanasie in rechtlicher Sicht in: Eid, Euthanasie oder soll man auf Verlangen töten ? S. 45 (70)

[1546] Bruns/Penselin/Sierck, Vorwort in: Bruns/Penselin/Sierck, Tödliche Ethik, S. 7 (10)

[1547] so z.B. bei Moor, Die Freiheit zum Tode, S. 127

[1548] Eid, Freie Verfügung über das eigene Leben in: Eid, Euthanasie oder soll man auf Verlangen töten ? S. 71 (93)

(b) Mißtrauen gegenüber den technischen Errungenschaften der Medizin

Andere Teile der Bevölkerung haben sich zwar den geänderten Verhältnissen angepaßt, sind aber zumindest verunsichert und stehen den modernen Errungenschaften des Computerzeitalters skeptisch gegenüber. Ihre Vorbehalte erstrecken sich auch auf die Leistungen der Medizin. Kritisiert wird insbesondere, daß bei dem Bemühen, medizinische Probleme in erster Linie mit technologischen Mitteln zu lösen, die psycho-sozialen Aspekte des kranken Menschen aus den Augen verloren würden. Seit Beginn der 80er Jahre ist daher auf dem deutschen Buchmarkt eine steigende Flut von Publikationen über alternativ-medizinische Konzepte zu registrieren.[1549] Vor diesem Hintergrund ist die von vielen geforderte aktive Sterbehilfe als Symptom des Vertrauensverlustes in die Schulmedizin zu verstehen.

Gleichzeitig assoziieren viele Menschen heute die technischen Fortschritte der Medizin mit dem bereits erwähnten, vielfach vor allem von den Medien entworfenen Bild einer Apparatemedizin, die dem Tode geweihte Patienten in der kalten Atmosphäre von Intensivstationen an eine Vielzahl von Schläuche, Kabel und Geräte fesselt, sie scheinbar endlos dahinvegetieren läßt und an einem "natürlichen" Sterben hindert. Der medizinische Fortschritt gerät aus dieser Perspektive in den Verdacht, nicht mehr dem Menschen zu dienen, sondern in inhumaner Weise diesen zum bloßen Objekt der Technik herabzuwürdigen.

(c) Übersteigerter Individualismus verstärkt Ausgrenzung von Randgruppen

Parallel dazu hat sich im Zuge eines wachsenden Strebens nach Freiheit und Unabhängigkeit eine sehr individualistische Lebensweise ausgebildet.[1550] Die Bereitschaft, eigene Bedürfnisse, Wünsche und Pläne zugunsten anderer zurückzustellen, nimmt - wie bereits erwähnt[1551] - stetig ab. Diese Grundhaltung läßt keinen Raum für Solidarität mit den Interessen gesellschaftlicher Randgruppen, die der Unterstützung bedürfen.[1552]

[1549] Rost, "Schöne neue Welt" ? in: Bastian, Denken - schreiben - töten, S. 37 (44)

[1550] Gula, Zur Euthanasie-Diskussion in: Holderegger, Das medizinisch assistierte Sterben, S. 138 (141), der von einer vom Individualismus geprägten Kultur spricht, die die Maximierung der Eigeninteressen unter weitgehender Mißachtung äußerer Einschränkungen und sozialer Verantwortung favorisiert.

[1551] vgl. oben C. II. 2. g. ff. (1) (a)

[1552] Chappuis, Geriatrie und Sterbehilfe in: Holderegger, Das medizinisch assistierte Sterben, S. 247 (252); Eibach, Menschenwürde und Menschenrechte schwerstpflegebedürftiger Mitmenschen in: Diak. Werk der Evang. Kirche von Westfalen, Ausweg Euthanasie ? S. 14

(d) Selbstbestimmung als höchster Wert

Der Wertewandel in unserer Gesellschaft hat dem Autonomiestreben des einzelnen zu herausragender Bedeutung verholfen. Die freie Selbstbestimmung gehört neben dem Bemühen, persönliches Glück zu finden, zu dem einzig allgemein anerkannten Wert der Gesellschaft.[1553] Dem entspricht, daß die Menschen in der technischen Zivilisation zunehmend in dem Glauben leben, das Leben sei ganz nach ihren Vorstellungen planbar.[1554] Der moderne Mensch ist davon überzeugt, daß im Prinzip alle Probleme technisch-wissenschaftlich in den Griff zu bekommen sind und seiner Kontrolle unterliegen. Da aber Freiheits- und Glücksstreben Gesundheit voraussetzen und der einzelne immer weniger bereit ist, einen nicht gewollten und geplanten Geschehensablauf als "Fügung", d.h. als seiner Kontrolle entzogen, hinzunehmen, kann die Forderung, nicht nur den Lebensanfang (durch Abtreibung), sondern auch das Lebensende der freien Verfügung des Menschen zu übergeben, nicht ausbleiben. Unheilbarkeit und Pflegebedürftigkeit durchkreuzen den Größenwahn, wir könnten eine heile Welt herstellen, sowie die Fiktion eines ungebrochen glücklichen und selbstbestimmten Lebens.[1555] Es liegt in der Logik eines solchen "Machbarkeitswahns", wenn auf der einen Seite der unbedingte Kampf gegen die Krankheit unter Einsatz aller zur Verfügung stehenden technischen Hilfsmittel bis zum äußersten geführt wird und auf der anderen Seite dann, wenn alle Therapieversuche versagen und die Vergänglichkeit offen zutage tritt, die Forderung nach Vernichtung des von unheilbarer Krankheit gezeichneten Lebens erhoben wird. Die Verabsolutierung der Gesundheit stellt den Arzt vor die Alternative "Heilen" oder "Töten", das Bedürfnis nach Kontrolle des eigenen Lebens schlägt plötzlich um in das nach Beherrschung des eigenen Sterbens.

Diese Gesichtspunkte, die in weiten Teilen der Bevölkerung eine positive Grundhaltung gegenüber Fragen der aktiven Sterbehilfe erzeugt haben, werden von den modernen Euthanasiegesellschaften dankbar aufgegriffen und für ihre Zwecke instrumentalisiert. Die Berufung auf das Selbstbestimmungsrecht bildet für sie die Legitimationsgrundlage der aktiven Sterbehilfe sowie der Suizidbeihilfe. Erscheint ihnen schon jegliche Form der Abhängigkeit und Unselbständigkeit als unerträglich, so

---

1553 Rüther, Euthanasie - autonome Selbstbestimmung oder Hilflosigkeit ? in: Diak. Werk der Evang. Kirche von Westfalen, Ausweg Euthanasie ? S. 4 (5)

1554 Siegrist, Der Wandel der Medizin und der Wandel der Arzt-Patienten-Beziehung in: Jung/Schreiber, Arzt und Patient zwischen Therapie und Recht, S. 54 (64)

1555 Reiter, Die aktuelle Euthanasiediskussion in: Eid, Euthanasie oder soll man auf Verlangen töten? S. 185 (188); Beine, Sehen, Hören, Schweigen, S. 256

muß erst recht die Verfügbarkeit über das eigene Leben Bestandteil der eigenen Autonomie sein.

Alte und Schwache, Kranke und Behinderte und letztlich alle, die den Anforderungen der Leistungsgesellschaft nicht mehr gerecht werden und sich an den Randbereichen des sozialen Lebens wiederfinden, gehören zu ihrem potentiellen Klientel. Auch im Mitgliederbestand der DGHS sind ihren eigenen Angaben zufolge die über 60jährigen bei weitem in der Überzahl.[1556] Ihnen wird bewußt, daß zumindest Alter und Krankheit dem Streben nach individueller Selbstverwirklichung Grenzen setzen und Isolation und Einsamkeit den bislang praktizierten Konsumrausch abzulösen drohen. Daß fast 20 Prozent der sterbewilligen Menschen nicht akut oder chronisch krank, sondern einfach nur alt sind,[1557] verdeutlicht, welche Schwierigkeiten dieser Personenkreis häufig hat, ein erfülltes Leben zu führen. Seine Verzweiflung bildet den idealen Nährboden für die Ausbildung von Selbsttötungsbestrebungen oder den Wunsch nach einer Tötung durch Dritte. Das Ansteigen der Suizidrate bei Menschen über 75 Jahren um 40 Prozent innerhalb der letzten zwanzig Jahre mag als Beleg hierfür dienen.[1558] Dadurch aber, daß die Sterbehilfegesellschaften weder Suizid noch aktive Sterbehilfe als voreilige Flucht aus dem Leben, sondern gerade als Ausdruck des Selbstbestimmungsrechtes des einzelnen würdigen, bieten sie ihrem Klientel die Möglichkeit einer inneren Rechtfertigung, das eigene, als "nutzlos" empfundene Dasein vorzeitig zu beenden. Erleichtert wird dies durch die Tatsache, daß das Streben nach Selbstverwirklichung, das das Leben des "modernen" Menschen in gesunden Tagen geprägt hat, nun in gleicher Weise zur Grundlage des Handelns erhoben werden kann, so daß der vorzeitig aus dem Leben Scheidende sich sogar als besonders aufgeklärt und fortschrittlich begreift.

Es erhebt sich freilich vor diesem Hintergrund die Frage, wie menschlich eigentlich eine Gesellschaft ist, in der mehr und mehr Menschen nur noch in der freien Verfügung über ihren Tod die Möglichkeit sehen, die Menschenwürde ihres Lebens und Sterbens zu wahren.[1559]

[1556] von Hoesch, Interview in: Humanes Leben - Humanes Sterben, Nr. 3/1999, S. 10

[1557] Klee, Durch Zyankali erlöst, S. 25; zur Bedeutung des Alters als Risikofaktor für Suizide vgl. auch Möllhoff, Suizid in sozial- und versicherungs-medizinischer Sicht in: Eser/Bringewat, Suizid und Euthanasie, S. 194 (195)

[1558] Stadler, Sterbehilfe, S. 210

[1559] so auch Körtner, Theologische Perspektiven aktiver Sterbehilfe in: Exner/Fahlbusch, Sterbehilfe, S. 29 (35)

(e) Krankheit und Leiden passen nicht zu den ästhetischen Leitbildern der Gesellschaft

Ein weiteres Phänomen, das mit dem wachsenden Massenkonsum seit den 60er Jahren das Bewußtsein der Menschen prägt, sind die von der Produktwerbung vorgegebenen ästhetischen Leitbilder, die dem einzelnen die Utopie immerwährender Jugend, Schönheit, Gesundheit, Leistungsfähigkeit etc. vor Augen führen. Sie wirken unwillkürlich auf das Bewußtsein ein und helfen verdrängen, daß Alter, Krankheit und Leid notwendige Bestandteile des menschlichen Lebens sind. Dies führt zu einer Normierung des Menschen und zur Vision des von Krankheit und Leid befreiten Menschen. Diese Bewußtseinshaltung steht ihrerseits nicht nur den wachsenden Möglichkeiten der Gentechnik äußerst aufgeschlossen gegenüber, sondern führt in gleichem Maße zur Ablehnung derer, die sich als therapieresistent erweisen und dem therapeutischen Elan Grenzen setzen. Da sie der gesellschaftlichen Norm nicht (mehr) entsprechen, werden sie als Belastung für die Allgemeinheit eingestuft.[1560]

(f) Behinderung als Symbol des Schreckens

Die Instrumentalisierung von Behinderten als Symbol des Schreckens wurde und wird nicht zuletzt von der Ökologiebewegung eingesetzt, die in ihren Widerstand gegen Atomkraftwerke die Angst vor Behinderung als zentrales Motiv eingebaut hat.[1561] Die Aussicht auf ein behindertes Kind wird dabei quasi zur Verkörperung der drohenden ökologischen Katastrophe, der Wert des Lebens mit einer Behinderung aber zugleich in Frage gestellt.[1562]

(g) Leiden und Sterben werden aus dem Alltag und damit aus dem Bewußtsein verdrängt

Zudem wird der Umgang mit Leiden und Sterben an Ärzte, Therapeuten und andere Spezialisten delegiert, da er auf dem Weg zur leidensfreien Gesellschaft als störend

---

1560 Chappuis, Geriatrie und Sterbehilfe in: Holderegger, Das medizinisch assistierte Sterben, S. 247 (252)

1561 Schmierer, Ambivalenzen ärztlicher Friedensarbeit in: Christoph/Illiger, Notwehr gegen die neue Euthanasie, S. 238 (241)

1562 Bruns/Penselin/Sierck, Vorwort in: Bruns/Penselin/Sierck, Tödliche Ethik, S. 7 (13); Christoph, (K)ein Diskurs über "lebensunwertes Leben"! in: Bruns/Penselin/Sierck, Tödliches Mitleid, S. 26; Tolmein, Geschätztes Leben, S. 34

und unangenehm empfunden wird.[1563] Bei den Lebenssituationen schwerbehinderter oder todkranker Menschen handelt es sich um solche, die sehr weit von den eigenen Vorstellungen, Idealen und Lebensrealitäten des "produktiven" Teils der Gesellschaft entfernt liegen und mit Vorurteilen behaftet sind.[1564] Der moderne Mensch wird anders als zu früheren Zeiten erst dann existentiell mit Krankheit und Sterben konfrontiert, wenn er selbst hiervon betroffen wird.[1565] Dies hat zwangsläufig tiefgreifende Auswirkungen auf seine Einstellungen zum Leben, zu Krankheit und Tod und nicht zuletzt auch zu religiösen Fragen. So mag das Schwinden des Glaubens in nicht unerheblichem Maße ursächlich damit zusammenhängen, daß der Mensch keine Veranlassung mehr sieht, seine rein diesseitige Lebenshaltung durch reale Erfahrungen mit Not, Krankheit und Tod in Frage zu stellen. Indem der Tod aus dem Gesichtsfeld der Öffentlichkeit verbannt wird, erspart sich der einzelne die Auseinandersetzung mit einem Faktum, das die Frage nach dem Sinn des Lebens des einzelnen und der Gesellschaft aufwirft und einen Störfaktor im Getriebe des auf Konsum, Leistung und Gesundheit genormten Lebens darstellen könnte.[1566]

Das AG Flensburg stellte bezeichnenderweise fest, daß der unausweichliche Anblick Behinderter auf einer Urlaubsreise in einem ungewöhnlich eindringlichen Maße an die Möglichkeit menschlichen Leidens erinnere. Dies aber führe zu einem nicht unerheblichen Mangel einer Urlaubsreise, so daß in dem konkreten zur Entscheidung stehenden Fall der Reiseveranstalter zehn Prozent des Buchungspreises erstatten mußte.[1567] Bestätigung findet diese These häufig auch in der Darstellung der Medien.

1563 Dörner, Zur Professionalisierung der "Sozialen Frage" in: Bastian, Denken - schreiben - töten, S. 23 (31); Rost, "Schöne neue Welt" ? in: Bastian, Denken - schreiben - töten, S. 37 (45); Weß, Die Bibliothek und der Wert des Menschen in: Rothmaler/Mitrovic, Die neue Ethik, S. 67 (83)

1564 Feuser, Pädagogik ohne Ausgrenzung in: Daub/Wunder, Des Lebens Wert, S. 61 (65 ff.), der dieses Phänomen nicht zuletzt als Folge einer ausgrenzenden Pädagogik gegenüber behinderten Menschen ansieht.

1565 Baader, Heilen und helfen in: Evang. Akademie Berlin, Begleitetes Sterben, S. 1 (16); Ratschow, Wenn Sterbehilfe töten darf, S. 27

1566 Thomas, Kann man sterben lernen ? in: Eid, Euthanasie oder soll man auf Verlangen töten ? S. 149 (159)

1567 AG Flensburg, NJW 1993, S. 272; das LG Frankfurt, NJW 1980, 1169 (1170) ist demgegenüber davon ausgegangen, daß nicht schon der bloße Anblick, sondern erst darüber hinausgehende konkrete Störungen durch Behinderte geeignet sind, einen Reisemangel zu begründen. Ebenso AG Frankfurt, NJW 1980, 1965. Für besondere Toleranz gegenüber Behinderten unter Berufung auf Art. 3 III 2 GG plädiert das AG Kleve, NJW 2000, S. 84. Brox, Störungen durch geistig Behinderte als Reisemangel ? NJW 1980, S. 1939 (1940) weist zutreffend darauf hin, daß der vom Reiseveranstalter geschuldete Erfolg nicht in der Herbeiführung ungetrübten Urlaubsgenusses bestehe. Daher komme es weder auf die Anwesenheit von Behinderten noch auf einzelne von diesen ausgehende Störungen an, sondern allein darauf, ob die vom Reiseveranstalter dem Reisenden geschuldeten Reiseleistungen - durch welche Umstände auch immer - derart beeinträchtigt würden, daß ihr Wert oder ihre Tauglichkeit zu dem gewöhnlichen oder nach dem Vertrag vorausgesetzten Nutzen aufgehoben oder gemindert sei. Dabei sei von dem Grundsatz auszugehen, daß die bloße

Die Folge ist, daß der einzelne dem Sterbevorgang immer hilfloser gegenübertritt, daß seine geheime Angst vor dem unentrinnbaren Lebensschicksal wächst[1568] und viele Menschen schon bei dem Gedanken an das Schwinden ihrer Kräfte angeben, einen solchen Zustand nicht ertragen zu wollen, und stattdessen den Gnadentod erbitten.[1569] Parallel dazu schwindet in dem Maße, in dem Begegnungen mit Kranken, Alten und Behinderten abnehmen, das Verständnis für diese Gruppierungen.[1570] Chronische Krankheiten, Behinderungen und der Prozeß des Sterbens werden schon für sich genommen als menschenunwürdig erachtet.[1571] Zwangsläufig bleibt bei dieser einseitigen Betrachtungsweise außer Betracht, daß es zum einen für gesunde Menschen letztlich niemals möglich sein wird, sich wirklich in die Lage und das Empfinden eines Kranken zu versetzen, und daß zum anderen viele schwer-, schwerstkranke und behinderte Menschen fähig sind, das Leiden in ihrem Leben hinzunehmen und es als dessen Bestandteil zu akzeptieren.

(3) Schlußfolgerungen

Eine vertiefte Auseinandersetzung mit den vorstehend skizzierten gesellschaftlichen Faktoren, ihrem Zusammenspiel und der sich hieraus ergebenden bedrohlichen Tendenz, den Wert des menschlichen Lebens zu relativieren und allein an seiner Produktivität zu messen, scheint unabdingbar, um dieser Entwicklung gezielt entgegenzuwirken und das Bewußtsein der Verantwortung und der Solidarität der Gesellschaft gegenüber ihren schwächsten Glieder auf ein stabiles Fundament zu stellen.

Es darf nicht verkannt werden, daß die "neue Ethik" mit der Vision vom dauerhaften Glück bewußt die Schattenseiten des menschlichen Lebens ausblendet und mit ihnen die Notwendigkeit, neben dem Glück auch das Unglück als Realität menschlicher Existenz zu begreifen und anzunehmen. Zum Sinn des Lebens erhebt sie allein Glück, Gesundheit, Leistung und Konsum. Es wird dabei verkannt, daß es gerade die leid- und mühevollen Zeiten sind, aus denen Menschen zu allen Zeiten geläutert,

---

Begegnung mit dem Leid von Behinderten zum Alltagsleben gehöre und daher keinen Mangel begründen könne.

1568 Eibach, Sterbehilfe - Tötung aus Mitleid ? S. 42; Eibach, Sterbehilfe - Tötung auf Verlangen ? S. 39; Menne, Das Ende sozialer Lebensgeschichten in: Eid, Euthanasie oder soll man auf Verlangen töten ? S. 132 (138)

1569 Husemann, Euthanasie, S. 38

1570 Eibach, Sterbehilfe - Tötung auf Verlangen ? S. 68

1571 Sierck, Alternative und "Euthanasie" in: Bruns/Penselin/Sierck, Tödliches Mitleid, S. 18 (22); Sierck, Würden Sie eine Diskussion über ihr Lebensrecht billigen ? in: Daub/Wunder, Des Lebens Wert, S. 87 (92); Schöttler, Menschenrechte für jeden oder "Sterbehilfe" von Anfang bis zum Ende ? S. 6; Dirschauer, Leben - Sterben - Tod in: Exner/Fahlbusch, Sterbehilfe, S. 2 setzt die sozialen und psychischen Verdrängungs- und Bewältigungsmechanismen mit dem Verlust der Lebensmitte gleich.

gestärkt und gereift hervorgegangen sind. Unberücksichtigt bleibt ebenso, daß die Vielschichtigkeit des Lebens bedingt, daß Lust und Schmerz, Glück und Leid häufig nahe beieinander liegen, in einem stetigen Spannungsverhältnis zueinander stehen, und damit letztlich nicht voneinander getrennt gesehen werden können.[1572]

Die Frage der aktiven Sterbehilfe läßt sich letztlich nicht isoliert betrachten, sondern steht in untrennbarem Zusammenhang mit anderen Formen von Eingriffen in das menschliche Leben, wie sie derzeit insbesondere im Bereich der Gentechnologie und der Pränataldiagnostik diskutiert werden. Entscheidungen, die in einem der genannten Gebiete getroffen werden, werden sich mit hoher Wahrscheinlichkeit auf die übrigen auswirken, da Manipulationsmöglichkeiten am Beginn des Lebens zugleich als Rechtfertigung für solche an dessen Ende (und möglicherweise auch in anderen Situationen) herangezogen werden könnten und umgekehrt.

Der Respekt vor der Würde menschlichen Lebens ist unteilbar. Wird er an einer Stelle aufgegeben, wird die Werteordnung des Grundgesetzes mit ihrer Zentrierung auf Art. 1 GG insgesamt ausgehöhlt und in Frage gestellt. Daß wir diese "Schiefe Ebene" bereits betreten haben, wurde dargestellt. Die Zukunft wird zeigen, ob es gelingen wird, diese wieder zu verlassen - oder zumindest ein weiteres Hinabgleiten auf ihr zu verhindern - und einen angemessenen moralischen Umgang mit den technischen Errungenschaften unserer Zeit zu gewährleisten.

Wie oben dargelegt, setzt die Hospizbewegung mit ihrem Leitmotiv: "Der Tod ist ein Teil des Lebens" dem Elend des vereinsamten Sterbens im Krankenhaus, dem Ausgeliefertsein gegenüber der Intensivmedizin und der Angst vor vermeidbaren Schmerzen ein menschliches Konzept der Sterbebegleitung und der Schmerztherapie entgegen. Tod und Sterben werden nicht tabuisiert, sondern in das Leben zurückgeholt und in dieses eingebunden. Diese praktische Antwort der Hospizbewegung auf die nach wie vor wenig befriedigende Betreuung vieler Sterbender in unserer Gesellschaft ist ein wesentlicher Beitrag zur Zurückweisung der neuen Bestrebungen zur Legalisierung der aktiven Sterbehilfe. Sie ist eine positive Alternative zur Propagierung eines bioethisch-technisch handhabbaren Todes.

Statt einer Ethik der Qualitätskontrolle des Lebens ist eine solche zu fordern, die die Verpflichtung beinhaltet, für menschenwürdige Lebensbedingungen aller Menschen, einschließlich der alten, schwerkranken und behinderten, Sorge zu tragen. Dabei

---

[1572] von Lüpke, Thesen gegen die Propaganda des Tötens in: Weber, Wer nicht paßt, muß sterben, S. 40 (41)

muß der fundamentale Eigenwert des menschlichen Lebens eine unumstößliche und letztlich undiskutierbare Selbstverständlichkeit bleiben, da andernfalls die zynisch anmutenden Abwägungsversuche der Bioethik mit allen ihren negativen Konsequenzen wohl nicht verstummen werden. Nur wenn es gelingt, Krankheit und Tod als unausweichliche Gegebenheiten anzunehmen, mit dem Patienten über den Tod zu sprechen, ihn ganzheitlich zu betreuen, die Möglichkeiten der Schmerzlinderung auszuschöpfen und verantwortungsvoll Maßnahmen der Lebenserhaltung einzusetzen, wird der Widerstand gegen utilitaristische Denkansätze auf Dauer erfolgreich sein.

gg. Kritik am Alternativ-Entwurf Sterbehilfe

Die kritische Betrachtung der vorgestellten Lösungsansätze hat gezeigt, daß sich die Straffreiheit eines Arztes, der einem Patienten aktive Sterbehilfe leistet, unter der Geltung des § 216 StGB in seiner heutigen Fassung nicht begründen läßt. Ferner wurde deutlich, daß die bislang diskutierten Vorschläge, die sich de lege ferenda für eine Freigabe der aktiven Sterbehilfe einsetzen, weder ein in sich geschlossenes und widerspruchsfreies Konzept zu entwerfen vermögen noch in der Lage sind, einer unabsehbaren Ausweitung der aktiven Sterbehilfe wirksam Schranken zu setzen.

Es bleibt abschließend zu prüfen, ob der schon in den 70er Jahren von Teilen des strafrechtlichen Schrifttums und später insbesondere von den Verfassern des Alternativ-Entwurfes Sterbehilfe vorgeschlagene Weg, den Arzt in Ausnahmefällen unter Aufrechterhaltung des Schuldspruches für straffrei zu erklären, geeignet ist, möglichen Konfliktslagen eines Arztes angemessen zu begegnen.

Zunächst bestehen an der Bestimmtheit des im Alternativ-Entwurf Sterbehilfe verwandten Tatbestandsmerkmales des "schwersten, vom Betroffenen nicht mehr zu ertragenden Leidenszustandes" nicht die gleichen Bedenken wie an dem von Hörster und der DGHS verwandten Begriff des "schweren" Leidens. Durch die Beschränkung der aktiven Sterbehilfe auf unerträgliche Leidenszustände des Patienten wird hinreichend klargestellt, daß nur Extremsituationen erfaßt werden sollen. Eine darüber hinausgehende Präzisierung subjektiver Empfindungen dürfte kaum möglich sein.[1573]

[1573] vgl. hierzu C. II. 2. g. cc. (2)

Dem Arzt wäre jedoch durch die von § 216 Abs. 2 StGB-AE angeordnete Rechtsfolge, nach der dem Gericht lediglich die Möglichkeit eingeräumt wird, von Strafe abzusehen, nicht sehr geholfen. Denn da die Handhabung der Regelung von Gericht zu Gericht, ja sogar von Richter zu Richter sehr unterschiedlich ausfallen könnte, würde die Vorschrift dem unabweisbaren Bedürfnis der Ärzteschaft nach einer klaren und in der Praxis leicht handhabbaren gesetzlichen Leitlinie für ihre Tätigkeit nur unzureichend Rechnung tragen.

Darüber, ob einem Arzt überhaupt einmal die Anwendung aktiver Sterbehilfe gestattet sein kann, schienen die Verfasser des Alternativ-Entwurfes selbst keine abschließende Entscheidung treffen zu wollen. Ihre diesbezüglichen Zweifel kommen darin sehr deutlich zum Ausdruck, daß sie die Regelung des § 216 StGB-AE als Allgemeindelikt formulierten, als Beispielsfälle strafloser Tötung auf Verlangen lediglich extreme Notsituationen anführten, die gerade nicht eine typische Behandlungssituation des Arztes betreffen, die Möglichkeiten der indirekten und passiven Sterbehilfe für das Arzt-Patienten-Verhältnis grundsätzlich als ausreichend erachteten und schließlich ausdrücklich betonten, daß aktive Tötungshandlungen nicht als medizinisch indiziert, sondern lediglich aus mitmenschlicher Solidarität erfolgen dürften.

Da der Alternativ-Entwurf die Straflosigkeit der Tötung auf Verlangen ausdrücklich davon abhängig macht, daß der beschriebene Leidenszustand nicht durch andere Maßnahmen wirksam behoben werden kann, dürfte in der Tat - zumindest soweit es um die Behebung von Schmerzen geht - kaum eine Situation vorstellbar sein, in der sich die Tötung des Patienten als das mildeste zur Verfügung stehende Mittel erweist.

Bedenklich erscheint, daß der Alternativ-Entwurf die Straflosigkeit nicht davon abhängig macht, daß der Tod des Leidenden nahe bevorsteht bzw. der Sterbevorgang bereits eingesetzt hat. Hierdurch erhält die vorgeschlagene Regelung nicht nur einen Anwendungsbereich, der weit über die Grenzen der Sterbehilfe hinausragt, sondern eröffnet Arzt und Patient einen erheblichen Spielraum, gemeinsam einen Tötungsentschluß zu fassen und diesen auch straffrei durchzuführen.

Dies wäre umso mehr zu befürchten, als sich nach dem ausdrücklichen Willen der Verfasser des Alternativ-Entwurfes niemand anmaßen dürfe, darüber zu urteilen, wieviel Leid jemand ertragen könne. Daß hierdurch vielfach nicht wirklich rational durchdachte Todeswünsche im Sinne von Kurzschlußreaktionen begünstigt würden, liegt auf der Hand, zumal der Alternativ-Entwurf nicht einmal besondere Regelungen vorsieht, die darauf gerichtet wären, die Ernsthaftigkeit der Patientenentscheidung zu überprüfen (beispielsweise das obligatorische Verstreichenlassen einer gewissen Zeitspanne nach dem Eintreten des Leidenszustandes, die vorherige intensive psychologische Betreuung des Patienten etc.).

Daher wäre im Falle des Inkrafttretens des Entwurfes die Forderung nach einer Ausdehnung der zulässigen, von einem Arzt ausgeführten aktiven Sterbehilfe vorgezeichnet und folgerichtig. Hierdurch würde wiederum die "Schiefe Ebene" betreten und der Damm des Lebensschutzes gebrochen mit allen sich hieraus ergebenden und bereits oben ausführlich beschriebenen Konsequenzen.

Allein praktikabel und folgerichtig ist es, die von den Verfassern des Alternativ-Entwurfes vertretene Auffassung, Maßnahmen der passiven und indirekten Sterbehilfe seien im Arzt-Patienten-Verhältnis ausreichend, konsequent zu verfolgen. Kann eine Tötungshandlung niemals medizinisch indiziert sein, so muß dies zwingend bedeuten, daß es einem Arzt nicht erlaubt sein darf, einen Patienten zu töten. Wird die ärztliche Tötungshandlung per se als "nichtärztliche" Maßnahme qualifiziert, ohne daß zusätzlich die konkrete Situation des Patienten in den Blick genommen zu werden braucht, kann es nicht gerechtfertigt sein, dem Gericht die Möglichkeit zu eröffnen, einen Arzt für straffrei zu erklären, der einen Patienten auf dessen Wunsch hin tötet.

Bestätigung findet diese Auffassung darin, daß das Festhalten an dem ärztlichen Tötungsverbot als Prinzip, das einer Ausnahme nicht zugänglich ist, nicht nur im Hinblick auf die bereits vielfach diskutierten Mißbrauchs- und Manipulationsmöglichkeiten sowie für die Stärkung des gesellschaftlichen Bewußtseins, Tendenzen, die eine Relativierung des Lebensschutzes mit sich zu bringen drohen, entschieden zu begegnen, von größter Bedeutung ist. Darüber hinaus erfüllt es vielmehr auch hinsichtlich der Wahrung und Ausgestaltung des Vertrauensverhältnisses zwischen Arzt und Patient eine nicht zu unterschätzende Funktion.

Schon wenn es Ärzten unter bestimmten engen Voraussetzungen erlaubt wäre, aktiv die Tötung ihrer Patienten zu vollziehen, würde dies zu einem schwerwiegenden Vertrauensbruch im Arzt - Patienten - Verhältnis führen und die Rolle des Arztes in unserer Gesellschaft ernsthaft in Frage stellen.[1574] Dem Wesen dieser Beziehung

---

1574 Jonas, Über Euthanasie und Ethik in: Weber, Wer nicht paßt, muß sterben, S. 28 (30); Deutsche Bischofskonferenz vom 01.06.1975, Das Lebensrecht des Menschen und die Euthanasie in: Koch, Landesbericht Bundesrepublik Deutschland in: Eser/Koch, Materialien zur Sterbehilfe, S. 31 (163); Gemeinsame Erklärung des Rates der Evangelischen Kirche in Deutschland und der Deutschen gemäß hat der Arzt allein dem Leben und der Leidminderung verpflichtet zu sein, eine Ausnahme hiervon kann nicht geduldet werden. Der Kranke muß erwarten können, daß er von seinem Arzt als einmalige Person mit den ihr eigentümlichen Leiden angenommen wird. Der Arzt wiederum ist darauf angewiesen, daß sein Patient ihm Vertrauen, Offenheit und die Bereitschaft zur Kooperation entgegenbringt. Aus dieser speziellen Form wechselseitiger Abhängigkeit in intimen Lebensfragen resultiert die besondere Verletzlichkeit der Arzt-Patienten-Beziehung. Sobald der Arzt andere Interessen verfolgen würde als das an einer angemessenen, auf Heilung bzw. Schmerzlinderung ausgerichteten Therapie, würde er einen wesentlichen Grundsatz ärztlicher Ethik verletzen.[1575] Dann könnte in der Tat nie mehr ein Leidender, dessen Beschwerden ernstlich sind, "den Arzt an sein Lager herantreten sehen, ohne die bange Frage in sich auftauchen zu fühlen, ob er als Helfer komme oder als Mörder".[1576] Die Warnung des Arztes Hufeland aus dem Jahre 1836, der Arzt werde zum gefährlichsten Menschen im Staate, wenn er sich ein Urteil über den Wert menschlichen Lebens anmaße,[1577] ist auch nach mehr als 160 Jahren von unverminderter Aktualität.

Selbst wenn also im Einzelfall trotz aller Bemühungen um Schmerzlinderung das Leiden für den Betroffenen in gleicher Weise wie für die Außenstehenden grausam erscheinen mag, darf der Arzt den Patienten nicht unter Berufung auf etwaige Mitleidsmotive töten. Die Konsequenzen, die hieraus erwachsen würden für die Einstellung zum Akt des Tötens im allgemeinen, zum Mittel des Tötens aber als eines routinemäßig gangbaren Weges zur Beendigung gewisser Notlagen im besonderen,

---

Bischofskonferenz "Gott ist ein Freund des Lebens" vom 30.11.1989, abgedruckt in: Koch, Landesbericht Bundesrepublik Deutschland in: Eser/Koch, Materialien zur Sterbehilfe, S. 31 (167); Häring, Moraltheologische Überlegungen zu Suizid und Euthanasie in: Eser/Bringewat, Suizid und Euthanasie, S. 261 (269); Leipold, Euthanasie oder Sterbehilfe ? in: Giesler, Sterbende begleiten, S. 11 (34). A.A. Wiesing, Ist aktive Sterbehilfe unärztlich ? in: Holderegger, Das medizinisch assistierte Sterben, S. 233 (243 f.), der zu bedenken gibt, das strikte Verbot der aktiven Sterbehilfe könne zu einem Vertrauensverlust beitragen, da Patienten diese Haltung als mangelnde Akzeptanz ihrer überlegten Wünsche zur Gestaltung ihres Lebensendes interpretieren könnten. Umgekehrt könnte das Vertrauensverhältnis gestärkt werden, wenn Ärzte bereit seien, das Selbstbestimmungsrecht ihrer Patienten rückhaltlos zu respektieren.

1575 Cranach/Schmidt/Spaemann, Kinsauer Manifest in: Stadler, Sterbehilfe, S. 273 (276); Schöttler, Menschenrechte für jeden oder "Sterbehilfe" von Anfang bis zum Ende ? S. 21; Fritsche, Ärztlich-ethische Aspekte zur Ambivalenz der Lebensverlängerung in: Deutsche Sektion der Internationalen Juristen-Kommission, Lebensverlängerung aus medizinischer, ethischer und rechtlicher Sicht, S. 3 (24); Beckert, Strafrechtliche Probleme um Suizidbeteiligung und Sterbehilfe, S. 251; Niemann, U., Leidensminderung. Wunsch nach aktiver Tötung ? Kommentar II, Ethik Med 1990, 203 (204 f.); Bade, Der Arzt an den Grenzen von Leben und Recht, S. 67, 91; Gründel, Euthanasie aus Mitleid ? in: Gose/Hoffmann/Wirtz, Aktive Sterbehilfe ? S. 89 (111)

1576 Bockelmann, Strafrecht des Arztes, S. 24

1577 Hufeland, Enchiridion medicum, S. 734 f.

wären unabsehbar.[1578] Da durch die Duldung der ärztlichen aktiven Sterbehilfe das Arzt-Patienten-Verhältnis somit in seinem Kern erschüttert würde, muß an dem Prinzip des Tötungsverbotes festgehalten werden.

Darüber hinaus ist folgendes zu bedenken: Entschließt man sich dazu, den aktive Sterbehilfe praktizierenden Täter - wenn auch unter bestimmten einschränkenden Voraussetzungen - von jeder Strafe freizusprechen, so hat dies selbst dann, wenn im Urteil die Rechtswidrigkeit und Schuld der Tat ausdrücklich betont werden, zur Folge, daß sowohl die Ärzteschaft als auch die breite Öffentlichkeit zur Kenntnis nehmen, daß ein Arzt, der vorgibt, das Leiden eines schwer erkrankten Patienten nicht mehr mitansehen zu können, diesen ungestraft auf dessen Verlangen hin töten darf. Allein dieses Faktum aber ist ausreichend, die beschriebenen Mißbrauchs- und Manipulationsgefahren zu begründen. Einem Arzt, der Maßnahmen der aktiven Sterbehilfe durchführt, wird es wohl in aller Regel letztlich gleichgültig sein, ob sein Verhalten juristisch als nicht tatbestandlich, gerechtfertigt oder lediglich entschuldigt zu bewerten ist, zumal dem Laien schon die Existenz dieser unterschiedlichen Wertungsstufen häufig genug nicht geläufig sein dürfte. In gleicher Weise dürften andererseits Patienten, die nunmehr eine Ausweitung der aktiven Sterbehilfe befürchten und ihrem Arzt mit gesteigertem Mißtrauen begegnen, nicht mit dem Hinweis zu beruhigen sein, daß die Rechtsordnung nach wie vor die aktive Sterbehilfe mißbillige und lediglich von dem Strafausspruch gegenüber dem Arzt absehe. Für beide, Arzt wie Patient, dürfte letztlich allein entscheidend sein, ob die Durchführung der aktiven Sterbehilfe bestraft wird oder nicht.

Mag man auch Bedenken haben, ob derart kriminalpolitische Erwägungen ausschlaggebend dafür sein dürfen, ob gegenüber einem bestimmten Arzt im Hinblick auf eine konkrete Tat ein Schuldvorwurf zu erheben oder eine Strafe zu verhängen ist, so kann nicht deutlich genug betont werden, daß sich schon durch die Öffnung eines kleinen Einfallstores die Einstellung der Bevölkerung gegenüber der aktiven Sterbehilfe zwangsläufig verändern und letztlich zu einer Relativierung des Lebensschutzes führen würde. Auch in den Niederlanden bildete sich durch die Spruchpraxis der Gerichte trotz des gesetzlich nach wie vor verankerten Verbotes der aktiven Sterbehilfe das allgemeine gesellschaftliche Bewußtsein ihrer Zulässigkeit aus. Dieser Bewußtseinswandel hat dort seinerseits wiederum zu einer Änderung der ge-

[1578] so auch Jonas, Über Euthanasie und Ethik in: Weber, Wer nicht paßt, muß sterben, S. 28 (32); v. Engelhardt, Euthanasie in historischer Perspektive in: Romero-Haus-Protokolle 65, Menschlich sterben, S. 19 (31); Meves, Der Mensch - Herr über Leben und Tod ? in: Atrott/Eibach u.a., Sterbehilfe - Mitleid oder Mord ? S. 79 (82): "Die Alternative heißt nicht Schierlingsbecher oder mitleidloses Verzögern des Verendens, sondern eine adäquate Schmerztherapie anwenden, um dem Patienten das Sterben erträglich zu machen."

setzlichen Bestimmungen geführt. Mittlerweile scheint - wie die offiziellen Statistiken der letzten Jahre belegen - der Sinneswandel der niederländischen Bevölkerung so weit vorangeschritten zu sein, daß selbst zwischen der aktiven Sterbehilfe auf Verlangen des Patienten und derjenigen ohne dessen Zustimmung kein wesentlicher Unterschied mehr gesehen wird. Es gibt wohl kaum Anlaß zu der Annahme, daß die Entwicklung in Deutschland wesentlich anders verlaufen würde.

Das Tötungstabu muß als *die* Grundbedingung eines humanen Zusammenlebens in einer pluralistischen Gesellschaft erkannt und geschützt werden. Die einzig legitime Ausnahme hiervon bleibt - zumindest in Friedenszeiten - die Tötung aus Notwehr. Die Aufhebung dieses Tabus gefährdet das Gemeinwesen als solches, sie wäre in einer pluralistischen Gesellschaft mit dem Verlust des letzten allgemeinverbindlichen Wertes verbunden.

Auch die Verabsolutierung des Selbstbestimmungsrechtes wäre nicht geeignet, die entstandene Lücke zufriedenstellend zu schließen, zumal die Selbst- sehr schnell in Fremdbestimmung umschlägt und sich häufig genug als reine Fiktion erweist. Dies haben die Überlegungen zu den Theorien von Singer, Hörster und der DGHS in gleicher Weise gezeigt wie die Untersuchung der aktuellen Situation in den Niederlanden. Dort, wo das Tötungstabu gebrochen wird, wächst unweigerlich der Druck auf schwache, kranke und alte Menschen, die Gesellschaft mit ihrer Existenz nicht länger zu belasten. Dieser äußere gesellschaftliche Druck wird sehr leicht von den angesprochenen Personengruppen auf subtile Weise als Pflicht verinnerlicht, der Allgemeinheit unter keinen Umständen zur Last zu fallen. Es entspricht der mitmenschlichen Verpflichtung der Gesellschaft, dies zu verhindern und allen Menschen unabhängig von ihrer Konstitution, ihren Fähigkeiten und ihrem sozialen Nutzen uneingeschränkt ein Leben in Würde zu gewährleisten. Ohne die Beibehaltung des Tötungstabus als unbedingt zu achtendem Grundwert wird dies nicht möglich sein.

Lediglich auf der Strafzumessungsebene können etwaige Gewissenskonflikte des Arztes Berücksichtigung finden. Jedoch sollte man sich auch insofern das Beispiel der Niederlande warnend vor Augen halten. Dort hat sich gezeigt, daß die Verhängung sehr geringer und eher symbolischer Strafen ausreichend ist, um in der Bevölkerung das Bewußtsein zu wecken, aktive Sterbehilfe sei eine akzeptable und ethisch unbedenkliche Form der Lebensbeendigung. Es ist daher geboten, innere Konflikte eines Arztes, der aktive Sterbehilfe leistet, strafmildernd nur insoweit in Ansatz zu bringen, als auch bei anderen Straftatbeständen besondere Motivationslagen bei der Bestimmung der konkret zu verhängenden Strafe Berücksichtigung finden. Eine darüber hinausgehende Bevorzugung eines Arztes, der aktive Sterbehilfe verübt, ist in keiner Weise angezeigt.

hh. Ergebnis der Stellungnahme

Keine der vorgestellten Lösungsansätze, die auf der Grundlage der bestehenden Gesetzeslage oder im Wege der Rechtsfortbildung das Ziel verfolgen, den Arzt, der einem Patienten auf dessen ausdrücklichen Wunsch hin aktive Sterbehilfe leistet, unter bestimmten Voraussetzungen zumindest straffrei zu stellen, vermag letztlich zu überzeugen. Solche Tötungshandlungen sind daher auch weiterhin nach der Vorschrift des § 216 Abs. 1 StGB zu beurteilen und ausnahmslos unter Strafandrohung zu untersagen, eine Gesetzenovellierung ist insofern nicht angezeigt.

Damit steht zugleich fest, daß mit § 216 Abs. 1 StGB ein Verbotsgesetz im Sinne des § 134 BGB der Zuordnung der aktiven Sterbehilfe auf ausdrückliches Verlangen des Patienten zum ärztlichen Behandlungsauftrag zwingend entgegensteht.

3. Aktive Sterbehilfe mit Einwilligung des Patienten

Auf der Grundlage der vorstehenden Erörterungen ergibt sich im Wege des "Erst-recht-Schlusses", daß aktive Sterbehilfe, die der Arzt nicht auf ausdrückliches Verlangen des Patienten, sondern lediglich mit dessen Einwilligung leistet, strafbar ist. Da in einem solchen Falle die privilegierenden tatbestandlichen Voraussetzungen des § 216 Abs. 1 StGB nicht vorliegen, aufgrund der Einwilligung aber andererseits Heimtücke und wohl auch die übrigen Mordmerkmale kaum jemals ernsthaft in Betracht kommen, ist die Tat als Totschlag im Sinne des § 212 StGB zu beurteilen, der als Verbotsgesetz im Sinne des § 134 BGB seinerseits ausschließt, daß das Verhalten des Arztes von seinem Behandlungsauftrag gedeckt wird. In minder schweren Fällen, insbesondere in solchen, in denen der Arzt in schwerster Gewissensnot gehandelt hat, dürfte jedoch die Strafzumessungsregel des § 213 StGB zur Anwendung gelangen, so daß dann der Strafrahmen mit dem des § 216 StGB identisch ist.[1579]

1579 Eser in: Schönke/Schröder, StGB, § 213 RNr. 13; Hammann, Die echte Sterbehilfe, S. 193; v. Dellingshausen, Sterbehilfe und Grenzen der Lebenserhaltungspflicht des Arztes, S. 355

Für die Abgrenzung der aktiven Sterbehilfe auf Verlangen von der mit der bloßen Einwilligung des Patienten durchgeführten ist entscheidend darauf abzustellen, ob der Getötete über die bloße Billigung der Tötung hinaus auf den Willen des Täters eingewirkt hat. Dies setzt allerdings nicht voraus, daß der Vorschlag und die Initiative zur Tat unbedingt vom Opfer ausgegangen sein müssen. Vielmehr ist § 216 Abs. 1 StGB auch dann anwendbar, wenn der Patient einem Vorschlag des Arztes auf Durchführung der aktiven Sterbehilfe ausdrücklich zugestimmt hat und der Arzt ohne diese Zustimmung nicht gehandelt haben würde.[1580]

4. Beteiligung des Arztes an der Selbsttötung des Patienten

Ist es dem Arzt untersagt, den Patienten mit dessen Einverständnis oder auf sein ausdrückliches Verlangen hin zu töten, so bleibt in einem nächsten Schritt zu prüfen, ob die Beihilfe zur Selbsttötung einen zulässigen Gegenstand des ärztlichen Behandlungsauftrages bilden kann.

Für die Abgrenzung zur Fremdtötung in unmittelbarer Täterschaft ist darauf abzustellen, wer das zum Tode führende Geschehen tatsächlich beherrscht. Gibt sich der später Getötete freiwillig in die Hand eines anderen, weil er duldend von ihm den Tod entgegennehmen will, so kommt diesem die Tatherrschaft zu. Es liegt eine täterschaftlich begangene Fremdtötung vor. Behält der Sterbewillige dagegen bis zuletzt die freie Entscheidung über sein Schicksal, dann tötet er sich selbst, wenn auch mit fremder Hilfe. Dies ist der Fall, wenn er nach dem Vollzug der Mitwirkungshandlungen des anderen Beteiligten die volle Freiheit besitzt, sich deren Auswirkungen zu entziehen oder sie zu beenden.[1581]

[1580] Tröndle in: Tröndle/Fischer, StGB § 216 RNr. 2; Kühl in: Lackner/Kühl, StGB, § 216 RNr. 2; Eser in: Schönke/Schröder, StGB, § 216 RNr. 5

[1581] BGHSt 19, 135 (140); OLG München JZ 1988, 201; Eser in: Schönke/Schröder, StGB, § 216 RNr. 11; Horn in: Systematischer Kommentar, StGB, § 216 RNr. 10 f.; andere stellen - im Ergebnis sehr ähnlich - darauf ab, ob bei dem Opfer noch eine psychische Selbsttötungshemmung vorhanden war, die nur dadurch überwunden werden konnte, daß die entscheidende Todesursache einem anderen überlassen wurde (Arzt/Weber, Strafrecht BT, § 3 RNr. 40). Demgegenüber hat die Rechtsprechung von der Anwendung der von ihr in anderen Fällen bevorzugten subjektiven Theorie, die sie ursprünglich auch der Abgrenzung zwischen täterschaftlicher Fremdtötung und Beihilfe zur Selbsttötung zugrunde legte (BGHSt 13, 162, 166), Abstand genommen, da sie erkannte, daß das Abstellen auf den Täterwillen in diesen Fällen ein untaugliches Kriterium ist, ordnet sich doch letztlich auch derjenige, der die Tötung auf Verlangen vollzieht, dem Willen des Lebensmüden unter.

Der Suizidversuch unterfällt nicht dem Tatbestand des § 212 StGB.[1582] Nach allgemeinen strafrechtlichen Akzessorietätsgrundsätzen ist daher auch die von seiten

---

1582 BGHSt 2, 150 (152); BGHSt 6, 147 (154); BGHSt 13, 162 (167); Dreher, Kann ein Ehegatte, MDR 1952, 711 (713); Bottke, Suizid und Strafrecht, S. 35 f.; Dahm, Ärztliche Entscheidung unter Reanimationsbedingungen, S. 31; Küper, Autonomie, Irrtum und Zwang bei mittelbarer Täterschaft und Einwilligung, JZ 1986, 219 (227); Otto, Recht auf den eigenen Tod ? in: Verhandlungen des 56. DJT 1986, Bd. I, Gutachten D, S. D 18 f.; Eser in: Schönke/Schröder, StGB, vor §§ 211 ff. RNr. 35: Die § 211 ff. StGB setzten die Tötung eines a n d e r e n Menschen voraus, so daß für die Berücksichtigung des Suizids kein Raum bleibe.

Demgegenüber vertritt Schmidhäuser die Auffassung, die Selbsttötung sei tatbestandsmäßig im Sinne der Tötungsdelikte, da es hier in gleicher Weise wie bei der Fremdtötung entsprechend dem Wortlaut des § 212 StGB um die "Tötung eines Menschen" gehe (Schmidhäuser, Selbstmord und Beteiligung am Selbstmord in strafrechtlicher Sicht in: Festschrift für Welzel, S. 801, 813; ebenso Klinkenberg, Die Rechtspflicht zum Weiterleben und ihre Grenzen, JR 1978, 441, 443 f.; Klinkenberg, Die Rechtspflicht zum Weiterleben und ihre Grenzen, JR 1979, 183 f.). Der Unrechtsgehalt sei in beiden Fällen der gleiche (Schmidhäuser, Selbstmord und Beteiligung am Selbstmord in strafrechtlicher Sicht in: Festschrift für Welzel, S. 801, 813). Die tatbestandsmäßige Tötung sei auch rechtswidrig, da den einzelnen eine Pflicht zum Weiterleben gegenüber der Gesellschaft treffe. Die Straflosigkeit beruhe lediglich auf der gesetzlichen Anerkennung eines speziellen, die Rechtsschuld ausschließenden Entschuldigungsgrundes, nämlich des Erlebens der völligen Sinnlosigkeit des eigenen Lebens durch den Täter (Schmidhäuser, Selbstmord und Beteiligung am Selbstmord in strafrechtlicher Sicht in: Festschrift für Welzel, S. 801, 815).

Dem wird zu Recht entgegengehalten, der historische Gesetzgeber habe die Selbsttötung aus den Tötungsdelikten ausklammern wollen, zumal er andernfalls einen speziellen Strafrahmen für den Suizid hätte festlegen müssen, der die Relation zu § 216 StGB wahren würde (Bringewat, Die Strafbarkeit der Beteiligung an fremder Selbsttötung, ZStW 87 (1975), 623, 644 f., 648; Grünwald, Die Beteiligung durch Unterlassen, GA 1959, 110, 120; Möllering, Schutz des Lebens - Recht auf Sterben, S. 34 f.). Zudem ist auch der Unrechtsgehalt einer Fremdtötung nicht mit dem einer Selbsttötung vergleichbar, da nur in erstgenanntem Falle in die Rechtssphäre eines anderen eingebrochen wird. Schließlich ist die Konstruktion einer Rechtspflicht zum Weiterleben fragwürdig (so auch v. Dellingshausen, Sterbehilfe und Grenzen der Lebenserhaltungspflicht des Arztes, S. 249 f., Wellmann, Die Rechtspflicht zum Weiterleben und ihre Grenzen, JR 1979, 182). Auch die Einschränkung Klinkenbergs (Die Rechtspflicht zum Weiterleben und ihre Grenzen, JR 1978 441, 444), die Verpflichtung zum Weiterleben entfalle, wenn das Gemeinwesen nicht in der Lage sei, die Voraussetzungen für ein erträgliches Leben zu schaffen, hilft hier nicht weiter, da der Patient vollständig entmündigt wird und seine Pflicht zum Weiterleben allein von der Beurteilung Außenstehender abhängt.

Bringewat (Die Strafbarkeit der Beteiligung an fremder Selbsttötung, ZStW 87 (1975) S. 639, 648) bejaht ebenfalls die Tatbestandlichkeit der Selbsttötung im Rahmen der §§ 211 ff. StGB, befürwortet aber einen Strafbarkeitsausschluß für den Suizidenten als "ungesetztes, durch einen allgemeinen Rechtsgeltungswillen der Gemeinschaft erzeugtes Strafrecht und damit gesetzesgleiches Gewohnheitsrecht." Für den Teilnehmer verbleibe es gem. § 28 Abs. 2 StGB jedoch bei der Strafbarkeit seines Tuns. Hiergegen spricht neben den vorgenannten Argumenten, daß in der Rechtsentwicklung weder bei der Schaffung des Straftatbestandes der Selbsttötung noch bei dessen Aufhebung gewohnheitsrechtliche Aspekte eine Rolle spielten (Simson, Die Suizidtat, S. 75). Zudem müßte der Hinweis auf das Gewohnheitsrecht auch zur Straflosigkeit der Suizidbeihilfe führen, da diese bis zu den Ausführungen Schmidhäusers 1974 über einhundert Jahre hinweg allgemein anerkannt war (v. Dellingshausen, Sterbehilfe und Grenzen der Lebenserhaltungspflicht des Arztes, S. 257 f.).

Für Herzberg (Beteiligung an einer Selbsttötung oder tödlichen Selbstgefährdung als Tötungsdelikt, JA 1985, 131, 179, 184; Der Fall Hackethal: Strafbare Tötung auf Verlangen ? NJW 1986, 1635, 1638) ist schließlich für den Beschützergaranten jede aktive oder passive Selbstmordbeteiligung strafbar, weil das im aktiven Tun mitenthaltene und damit verbundene Nichtvermeiden des Todeserfolges trotz vorhandener Rettungsmöglichkeit zur Unterlassungstäterschaft führe (Lehre von den Pflichtdelikten). Nicht zu folgen ist jedoch bereits dem Ansatz der Lehre von den Pflichtdelikten, die Tatherrschaft durch die Erfolgsabwendungspflicht zu ersetzen, weil andernfalls die in den §§ 25-27 StGB vorgesehene Differenzierung zwischen Täterschaft und Teilnahme gegenstandslos würde.

des Arztes geleistete Beihilfe zur versuchten oder vollendeten Selbsttötung nach geltendem Recht nicht strafbar,[1583] so daß zumindest kein Verbotsgesetz im Sinne des § 134 BGB vorliegt, das dem Handeln des Arztes zivilrechtlich von vornherein entgegenstünde.[1584]

Auch die von der Bundesärztekammer verabschiedeten Grundsätze zur ärztlichen Sterbebegleitung vom 11.09.1998, die in der Päambel bestimmen, daß die Mitwirkung des Arztes bei der Selbsttötung dem ärztlichen Ethos widerspreche, vermögen kein Verbotsgesetz in dem vorbezeichneten Sinne zu begründen, da die Grundsätze schon ihrem eindeutigen Wortlaut nach lediglich als Orientierungshilfe für den Arzt anzusehen sind und keine rechtliche Verbindlichkeit beanspruchen.[1585]

Aus der Straflosigkeit der Suizidbeihilfe nach geltendem Recht kann andererseits nicht ohne weiteres auf ihre Unbedenklichkeit als Gegenstand des Behandlungsvertrages zwischen Arzt und Patient geschlossen werden, da das Strafrecht als ultima ratio nicht alle unzulässigen Verhaltensweisen, sondern nur diejenigen zu ahnden hat, die einen besonders schweren Angriff auf den Rechtsfrieden darstellen, so daß weniger einschneidende Reaktionen der Rechtsgemeinschaft im Interesse eines wirksamen Rechtsgüterschutzes nicht ausreichen.[1586] Die zitierten Grundsätze der Bundesärztekammer belegen zudem, daß ärztliche Standesorganisationen erhebliche Bedenken gegen die Zulässigkeit einer von Seiten eines Arztes unterstützten Selbsttötung erheben.

[1583] BGHSt 24, 342 (343 f.)

[1584] die Straflosigkeit des Suizids wurde in Deutschland erstmals in der Carolina, der peinlichen Gerichtsordnung Karl V. von 1532, positiviert. Allerdings sah Art. 125 CCC vor, daß das Vermögen konfisziert werden konnte, wenn der Suizident noch zu Lebzeiten wegen einer Tat angeklagt war, die mit Vermögenskonfiskation zu ahnden war und er sich "aus Furcht" vor der verwirkten Strafe umgebracht hatte. Konfiskationsgrund war also nicht die Selbsttötung, sondern die zuvor angeklagte Tat. In der Praxis wurden die Konfiskationsgründe jedoch auch auf andere Fälle der Selbsttötung ausgedehnt, die vollendete Tat durch die Behandlung der Leiche als Relikt eines Ehrlosen bestraft sowie die versuchte Tat mit Gefängnis für den lebensmüden Täter (Jakobs, Tötung auf Verlangen, S. 5). In Preußen wurde die Strafbarkeit des Freitodes 1751 unter dem der Philosophie der Aufklärung verpflichteten Friedrich dem Großen abgeschafft (Atrott, Zur Situation der Sterbehilfe in der Bundesrepublik Deutschland in: Humphry/Wickett, Das Recht auf den eigenen Tod, S. 285; Zimmermann-Acklin, Euthanasie, S. 46), während das Strafgesetzbuch Maria Theresias von 1769 nicht vor einer nachträglichen Ächtung des Selbstmörders zurückschreckte und in England der mißglückte Selbstmordversuch gar bis 1961 unter Strafe stand (Eser, Sterbehilfe und Euthanasie in rechtlicher Sicht in: Eid, Euthanasie oder soll man auf Verlangen töten ? S. 45, 50). Die Straflosigkeit der Suizidbeihilfe ist in Deutschland seit dem preußischen Strafgesetzbuch von 1851 anerkannt (Jakobs, Tötung auf Verlangen, S. 12).

[1585] K. M. v. Lutterotti, Ärztliche Handlungsanleitungen, S. 9

[1586] Wessels/Beulke, Strafrecht AT, § 1 I 2.

Ihre Grundlage finden diese Vorbehalte darin, daß solche Handlungen mit dem traditionellen ärztlichen Auftrag, Leben zu erhalten, Gesundheit zu schützen und wiederherzustellen sowie Leiden zu lindern und Sterbenden bis zum Tode beizustehen, nicht in Einklang zu bringen sind.

a. Grundrecht des Patienten auf Selbsttötung ?

Die fehlende Vereinbarkeit der Beihilfe zur Selbsttötung mit den traditionellen Aufgaben des Arztes würde ihrer Zulässigkeit jedoch zumindest dann nicht entgegenstehen, wenn dem Patienten ein Grundrecht auf Selbsttötung zustünde. Würde nämlich der Arzt einen Sterbenden, der in aller Regel selbst zu schwach sein dürfte, um sich selbst die für den Suizid notwendigen Hilfsmittel zu verschaffen, lediglich bei der Verwirklichung eines ihm von Verfassungs wegen zugebilligten fundamentalen Rechtes unterstützen, könnte sein Verhalten nicht als verwerflich gewertet werden. Gleichzeitig wäre die Suizidbeihilfe als möglicher Gegenstand ärztlichen Handelns über den seit Alters her überlieferten Aufgabenkreis hinaus zu akzeptieren.

aa. Art. 2 Abs. 2 Satz 1 GG - Recht auf Leben

Zu überlegen ist zunächst, ob sich aus dem in Art. 2 Abs. 2 Satz 1 GG verbürgten "Recht auf Leben" die Verfügungsbefugnis über das eigene Leben herleiten läßt. Dies wird teilweise mit dem Hinweis darauf vertreten, daß das Recht *auf* körperliche Unversehrtheit unzweifelhaft das Recht *über* die körperliche Unversehrtheit einschließe, so daß auch im Hinblick auf das Rechtsgut Leben, das von Art. 2 Abs. 2 Satz 1 GG in einem Atemzuge mit dem Recht auf körperliche Unversehrtheit genannt werde, nicht anders zu entscheiden sei.[1587]

Hierzu ist zunächst anzumerken, daß das Rechtsgut der körperlichen Unversehrtheit in der Tat ein Verfügungsrecht umfaßt, solange die Grenze der Sittenwidrigkeit nicht überschritten wird.[1588] Dies folgt schon allein daraus, daß jeder ärztliche Heileingriff als tatbestandliche Körperverletzung zu werten ist und somit nur dann rechtmäßig erfolgen kann, wenn der Patient hierzu wirksam seine Einwilligung erklärt. Es wäre nun aber verfehlt, allein hieraus und aus dem Wortlaut des Art. 2 Abs. 2 Satz 1 GG den Schluß zu ziehen, daß in gleicher Weise das Rechtsgut Leben zur freien Dis-

[1587] Hamann in: Hamann/Lenz, GG, Art. 2 Anm. B 8; Pieroth/Schlink, Grundrechte, § 9 II 1.
[1588] vgl. hierzu auch oben B. III.

position seines Trägers stehen müsse. Denn die Existenz der Vorschrift des § 216 StGB zeigt, daß der Gesetzgeber die Grenzen der Verfügungsmacht des einzelnen in diesem Bereich sehr viel enger zieht. Mag auch diese einfachgesetzliche Regelung nicht unmittelbar zur Auslegung des Grundrechtes herangezogen werden können,[1589] so verdeutlicht sie doch, daß Vorsicht gegenüber einer vorschnellen Bejahung gleichrangiger Verfügungsmöglichkeiten über die Rechtsgüter Leben und körperliche Unversehrtheit unter Bezugnahme auf den Wortlaut des Art. 2 Abs. 2 Satz 1 GG geboten ist.

Auch die historische Interpretation des Art. 2 Abs. 2 Satz 1 GG hilft wenig bei der Beantwortung der Frage nach der freien Verfügungsbefugnis des einzelnen über sein Leben. Das Grundrecht wurde in unmittelbarer Reaktion auf die Zeit des Nationalsozialismus in erster Linie als subjektives Abwehrrecht gegen alle staatliche Gewalt konzipiert.[1590] Dem objektiven Wertegehalt des Grundrechts nach hat der Staat das Leben darüber hinaus in besonderer Weise zu schützen.[1591] Die hieraus teilweise gezogene Schlußfolgerung, ein Anspruch auf staatliche Duldung der Selbsttötung sei mit diesem umfassenden staatlichen Schutzgebot unvereinbar,[1592] dürfte jedoch zu weit greifen, da die Schutzpflicht des Staates vor dem besagten historischen Hintergrund in erster Linie für den interpersonalen Bereich begründet wurde.

Teilweise wird daher die Ansicht vertreten, daß Art. 2 Abs. 2 Satz 1 GG für sich genommen weder eine Aussage für noch gegen ein Verfügungsrecht über das eigene Leben enthalte.[1593]

Zu überlegen ist jedoch, ob hiergegen die allgemeinen Regeln zur Zulässigkeit des Grundrechtsverzichtes sprechen. Ein solcher Verzicht ist zunächst von der bloßen Nichtausübung einer grundrechtlich gewährleisteten Befugnis zu unterscheiden, die als negative Ausübungsfreiheit dem Schutzbereich bestimmter Grundrechte unterfällt. Bei Rechtsgütern wie dem Leben oder der Gesundheit kommt jedoch anders als bei bloßen Rechten eine solche negative Freiheit von vornherein nicht in Betracht, so daß die freiwillige Duldung eines Eingriffs in das Rechtsgut einem (zumindest

---

1589 Niestroj, Die rechtliche Bewertung der Selbsttötung, S. 63

1590 Wassermann, Das Recht auf den eigenen Tod, DRiZ 1986, 291 (292); Stürmer, Sterbehilfe, S. 39; Füllmich, Der Tod im Krankenhaus, S. 25; Roellecke, Gibt es ein "Recht auf den Tod" ? in: Eser/Bringewat, Suizid und Euthanasie, S. 336 (338)

1591 Antoni in: Seifert/Hömig, GG, Art. 2 RNr. 9, 11

1592 Niestroj, Die rechtliche Bewertung der Selbsttötung, S. 59; Dürig in: Maunz/Dürig, GG, Art. 2 Abs. 2 RNr. 12

1593 Otto, Recht auf den eigenen Tod ? Verhandlungen des 56. DJT 1986, Bd. I, Gutachten D, S. D 12; Nußbaum, The Right to Die, S. 48

teilweisen) Verzicht auf das Grundrecht gleichkommt. Während früher der Verzicht auf Grundrechtsverbürgungen generell für unzulässig gehalten wurde,[1594] sehen heute diejenigen, die die Grundrechte in erster Linie als subjektive Abwehrrechte gegenüber dem Staat betrachten, den Verzicht auf Grundrechtspositionen als einen Akt der Freiheitsausübung und damit als Grundrechtsgebrauch an,[1595] wohingegen andere die Funktion der Grundrechte als wertentscheidende Grundsatznormen betonen und aufgrund ihres über den Schutz des einzelnen Bürgers hinausgehenden Gehalts in Abrede stellen, daß diese disponibel und verzichtbar seien.[1596] Da die Rechtsprechung des BVerfG beide Funktionen der Grundrechte anerkennt, muß eine Lösung des Problems beiden Aspekten gerecht werden.

Aus diesem Grunde ist davon auszugehen, daß die Verfügungsbefugnis des einzelnen niemals dazu berechtigen kann, einen Totalverzicht auf den Schutz eines bestimmten Grundrechts auszusprechen.[1597] Im übrigen aber ist nach der Funktion der Grundrechte zu differenzieren. Soweit ein Grundrecht vornehmlich der persönlichen Entfaltungsfreiheit dient, spricht eine Vermutung für die Zulässigkeit des Verzichts, soweit es dagegen für den Prozeß der politischen Willensbildung von Bedeutung ist, indiziert dies dessen Unzulässigkeit.[1598] Als weitere Gesichtspunkte sind zusätzlich zu berücksichtigen die Schwere und Dauer des Eingriffs, die Gefahr des Mißbrauchs des Verzichts sowie dessen freie Widerruflichkeit.[1599] In jedem Falle ist die Menschenwürde unverzichtbar sowie der Verzicht auf andere Grundrechte, soweit deren Menschenwürdegehalt betroffen ist.[1600]

Für den vorliegend zu beurteilenden Fall des Verzichts auf das Rechtsgut Leben gilt nun, daß der Grundrechtsverzicht stets einem Totalverzicht gleichkommt, der darüber hinaus unwiderruflich und irreversibel ist. Ein solcher Verzicht kann daher nicht vom Schutzbereich des Art. 2 Abs. 2 Satz 1 GG umfaßt sein.[1601]

1594 BVerwG NJW 1962, 1532 (1534)

1595 Dürig, Der Grundrechtssatz von der Menschenwürde, AöR 81. Bd. (1956), S. 117 (152); Geiger, Die Einwilligung in die Verarbeitung von persönlichen Daten, NVwZ 1989, 35 (37)

1596 Sturm, Probleme eines Verzichts auf Grundrechte in: Festschrift für Geiger, S. 173 (197 f.)

1597 Pieroth/Schlink, Grundrechte, RNr. 147

1598 Pieroth/Schlink, Grundrechte, RNr. 148

1599 Sachs, VerwArchiv 76. Bd. (1985), Volenti non fit iniuria, 398 (422 ff.)

1600 BVerwGE 64, 274 (279); Maunz/Zippelius, Deutsches Staatsrecht, § 20 II 2.

1601 so auch Beckert, Strafrechtliche Probleme um Suizidbeteiligung und Sterbehilfe, S. 132 f.; Czinczoll, Solidaritätspflichten bei der Selbsttötung, S. 126 f.; Wilms/Jäger, Menschenwürde und Tötung auf Verlangen, ZRP 1988, 41 (42); Malorny, Der Grundrechtsverzicht, JA 1974, 475 (477); Bleckmann, Probleme des Grundrechtsverzichts, JZ 1988, 57 (59)

Dem läßt sich auch nicht entgegenhalten, daß sich hieraus ein Wertungswiderspruch ergebe gegenüber den Befugnissen zur Selbstbestimmung, die einem Patienten in der Situation eines von seinem Arzt für indiziert gehaltenen körperlichen Eingriffs nach ständiger höchstrichterlicher Rechtsprechung zustehen.[1602] Insofern wurde darauf hingewiesen, daß der Patient jeglichen Eingriff in seine körperliche Unversehrtheit ablehnen kann, selbst wenn dieser die einzige Möglichkeit bedeutete, sein Leben zu retten.[1603]

Auf den ersten Blick könnte es zwar geboten scheinen, beide Fälle gleich zu bewerten, da die Entscheidung des Betroffenen hier wie dort unweigerlich seinen Tod zur Folge hat. Andererseits sind beide Konstellationen jedoch insofern nicht zu vergleichen, als der Suizident sich infolge der Selbsttötungshandlung unmittelbar und zielgerichtet seiner Grundrechte begibt, während der moribunde Patient sich zunächst vor die Entscheidung gestellt sieht, ob er im Rahmen des fraglichen operativen Eingriffs bereit ist, eine Beeinträchtigung seiner körperlichen Unversehrtheit hinzunehmen. Entscheidet er sich dagegen, verschafft er gerade hierdurch seinem Grundrecht aus Art. 2 Abs. 2 Satz 1 GG Geltung, ohne daß diese Entscheidung unmittelbar und zielgerichtet den Todeseintritt zur Folge hätte. Die Preisgabe seines Lebens erfolgt hier nur mittelbar und als Reflex seiner Entscheidung gegen die Vornahme des körperlichen Eingriffs.

Zudem ist auch die Motivationslage des sterbenden Patienten mit der des Suizidenten nicht zu vergleichen, da es jenem anders als diesem im Regelfalle gerade nicht um die Herbeiführung des Todes an sich gehen dürfte, sondern er lediglich nicht bereit ist, in einer konkreten Situation, in die er zufällig und ungewollt geraten ist, die mit einem Eingriff verbundenen Belastungen zu tragen, die ihm als unzumutbar erscheinen. Er hat das Gefühl vollkommener Machtlosigkeit angesichts eines zum Tode führenden Krankheitsverlaufes und verhält sich daher passiv. Hierin liegt der entscheidende Unterschied zu dem Suizidenten, der das Geschehen aktiv zu gestalten versucht.

Ein Grundrecht zur Selbsttötung läßt sich daher nicht aus Art. 2 Abs. 2 Satz 1 GG unter dem Gesichtspunkt des Rechtes auf Leben herleiten.

[1602] so aber Stürmer, Sterbehilfe, S. 22

[1603] vgl. oben B. III. mit dem Verweis auf die Myom-Entscheidung des Bundesgerichtshofes (BGHSt 11, 111, 114).

bb. Art. 2 Abs. 1 GG - Allgemeine Handlungsfreiheit

Art. 2 Abs. 1 GG garantiert dem einzelnen das Recht auf freie Entfaltung seiner Persönlichkeit. Bezieht man den Schutzbereich entsprechend der sog. Kernbereichstheorie allein auf die Sphäre, die der Mensch benötigt, um seine Wesensanlage als geistige Persönlichkeit zu entfalten,[1604] dürfte die Selbsttötung von vornherein nicht von der Grundrechtsgewährleistung des Art. 2 Abs. 1 GG erfaßt sein, da durch den Suizid gerade die Persönlichkeit als solche vernichtet wird und insofern von einer besonderen Entfaltung der geistigen Persönlichkeit keine Rede sein kann.

Das BVerfG[1605] und ihm folgend die herrschende Auffassung in der Literatur[1606] verstehen Art. 2 Abs. 1 GG in einem sehr viel umfassenderen Sinne als Grundrecht der allgemeinen Handlungsfreiheit. Sie können sich dabei vor allem auf die Entstehungsgeschichte des Grundrechtes berufen, da es im Entwurf des Parlamentarischen Rates zu Art. 2 Abs. 1 GG u.a. heißt: "Jedermann ist frei zu tun und zu lassen, was die Rechte anderer nicht verletzt und nicht gegen die verfassungsmäßige Ordnung und das Sittengesetz verstößt."[1607]

Teilweise werden auf der Grundlage dieser Definition und mit dem Hinweis, daß das Grundrecht nur tätigkeitsbezogen und nicht erfolgsbezogen interpretiert werden dürfe, Selbsttötungshandlungen als von Art. 2 Abs. 1 GG geschützt angesehen.[1608]

Andere ordnen zwar den Suizid grundsätzlich dem Schutzbereich des Art. 2 Abs. 1 GG zu, lassen den Grundrechtsschutz aber letztlich an den umfangreichen Schranken der Regelung scheitern. Zur Begründung wird insbesondere vorgetragen, daß

1604 Hesse, Grundzüge des Verfassungsrechts, RNr. 428; Grimm, Abweichende Meinung zu BVerfG, Beschluß vom 06.06.1989, NJW 1989, 2528

1605 BVerfGE 6, 32 (36); BVerfGE 80, 137 (152)

1606 Degenhart, Die allgemeine Handlungsfreiheit des Art. 2 I GG, JuS 1990, 161; Kunig, Der Reiter im Walde, Jura 1990, 523; Jarass in: Jarass/Pieroth, GG, Art. 2 RNr. 3

1607 zit. nach Kunig in: v.Münch/Kunig, GG, Art. 2 RNr. 13

1608 Möllering, Schutz des Lebens - Recht auf Sterben, S. 88 ff.; Wagner, Selbstmord und Selbstmordverhinderung, S. 93; Wassermann, Das Recht auf den eigenen Tod in: Rosemeier/Winau, Tod und Sterben, S. 381 (388); Brändel, Über das Recht, den Zeitpunkt des eigenen Todes zu bestimmen, ZRP 1985, 85 (89); Muschke, Gesetzliche Regelung der Sterbehilfe ? S. 92 f.; Bottke, Strafrechtliche Probleme am Lebensbeginn und am Lebensende in: Deutsche Sektion der Internationalen Juristen-Kommission, Lebensverlängerung aus medizinischer, ethischer und rechtlicher Sicht, S. 35 (76, 105, 108); ebenso wohl auch Eser, Sterbehilfe und Euthanasie in rechtlicher Sicht in: Eid, Euthanasie oder soll man auf Verlangen töten ? S. 45 (67), der von einem Recht auf Selbsttötung in einem säkularen Staat ausgeht, sich dabei allerdings nicht ausdrücklich auf Art. 2 Abs. 1 GG beruft. Nußbaum, The Right to Die, S. 52 hält es zumindest nicht für ausgeschlossen, das Recht auf Selbsttötung aus Art. 2 Abs. 1 GG herzuleiten.

die Selbsttötung gegen das Sittengesetz verstoße.[1609] Mit dem Begriff des "Sittengesetzes" wiederum wird auf die allgemein anerkannten Moral- und Wertvorstellungen der Gesellschaft Bezug genommen.[1610]

Die katholische Moraltheologie betrachtet den Suizid als schwere Sünde und verweigert dem Suizidenten grundsätzlich das kirchliche Begräbnis. In der Selbsttötung wird ein Verstoß gegen das fünfte Gebot und das Eigentumsrecht Gottes am menschlichen Leben gesehen.[1611] Gegenüber der Gesellschaft mache sich der Suizident dadurch schuldig, daß er dieser gegenüber seine Pflichten nicht mehr erfüllen könne.[1612] In der Praxis wird die Ausnahme des kirchlichen Begräbnisses freilich zum Regelfall erhoben, da eine Sünde die bewußte Entscheidung gegen Gottes Gebote voraussetze, dies in den meisten Selbsttötungsfällen aber zumindest fraglich bleibe. Vom Suizid streng zu trennen wiederum sei der freiwillige Opfertod für andere, der als heldenhafte Tugend zu gelten habe.[1613]

Die evangelische Ethik lehnt den Suizid grundsätzlich wegen der mangelnden Ehrfurcht des Suizidenten vor dem ihm von Gott verliehenen Leben ab. Der Sterbewillige halte sich fälschlicherweise für souverän, so daß eine Sünde des Unglaubens vorliege.[1614] Zunehmend finden sich jedoch auch liberalere Äußerungen evangelischer Theologen, die die Ansicht vertreten, kein Außenstehender dürfe sich anmaßen zu beurteilen, inwieweit einem verzweifelten Menschen das Weiterleben zuzumuten sei, so daß man ihm die Freiheit, aus dem Leben zu scheiden, nicht nehmen dürfe.[1615]

Diese christlichen Wertungen des Suizids werden jedoch keineswegs von allen gesellschaftlichen Gruppierungen geteilt. Allein die Existenz der DGHS mit ihren rund 40.000 Mitgliedern, die die Selbsttötung als besondere Ausdrucksform der Freiheit und Selbstbestimmung propagieren, läßt es fraglich erscheinen, ob man Selbsttö-

---

1609 BGHSt 6, 147 (153); Gallas, Strafbares Unterlassen im Fall einer Selbsttötung, JZ 1960, 649 (653); Schmidhäuser, Selbstmord und Beteiligung am Selbstmord in strafrechtlicher Sicht in: Festschrift für Welzel, S. 801 (816)

1610 Kannengießer in: Schmidt-Bleibtreu/Klein, GG, Art. 2 RNr. 13

1611 Katechismus der katholischen Kirche, RNr. 2280; Rahner, Zur Theologie des Todes, S. 40; Ziegler, Der Abruf in die Ewigkeit in: Deutsch/Kleinsorg/Ziegler, Das Patiententestament, S. 23 (33)

1612 Katechismus der katholischen Kirche, RNr. 2281; Häring, Moraltheologische Überlegungen zu Suizid und Euthanasie in: Eser/Bringewat, Suizid und Euthanasie, S. 261 (263 f.)

1613 Häring, Moraltheologische Überlegungen zu Suizid und Euthanasie in: Eser/Bringewat, Suizid und Euthanasie, S. 261 (262)

1614 Beckert, Strafrechtliche Probleme um Suizidbeteiligung und Sterbehilfe, S. 112

1615 Knevels, Euthanasie - aus Liebe in: Knevels/Böckle/Schmalenberg, Euthanasie, S. 9 (14); Fletcher, In Verteidigung des Suizids in: Eser/Bringewat, Suizid und Euthanasie, S. 233 (241); Kuitert, Der gewünschte Tod, S. 69

tungshandlungen als nach allgemeiner Auffassung sittlich verwerflich beurteilen kann. Dies muß insbesondere für die Fälle gelten, in denen ein Sterbenskranker seinem Leben ein Ende setzt.[1616] Vor diesem Hintergrund aber kann es nicht Aufgabe des Staates sein, religiöse und weltanschauliche Grundsätze zu Lasten der Freiheit Andersdenkender durchzusetzen. Der Herleitung des Rechts auf Selbsttötung aus Art. 2 Abs. 1 GG steht daher das "Sittengesetz" nicht entgegen.

Auch bezüglich des Grundrechts der allgemeinen Handlungsfreiheit ist jedoch zu bedenken, daß die in dessen Ausübung begangene Selbsttötungshandlung unmittelbar und zielgerichtet zur Vernichtung der Existenz der betroffenen Person führt und damit jegliche weitere Betätigung der grundrechtlich garantierten Freiheit unmöglich macht. Somit verzichtet der Suizident in gleicher Weise wie auf das Rechtsgut Leben unwiderruflich und endgültig auf seine allgemeine Handlungsfreiheit. Ein solcher Grundrechtsverzicht aber kann - entsprechend den vorstehenden Ausführungen zu Art. 2 Abs. 2 Satz 1 GG - nicht als von Art. 2 Abs. 1 GG gedeckt angesehen werden, da er irreversibel und unwiderruflich ist.[1617]

Die Selbsttötung steht somit nicht unter dem Grundrechtsschutz des Art. 2 Abs. 1 GG.

b. Grundrecht auf Beihilfe zur Selbsttötung ?

Ist schon die Selbsttötungshandlung nicht grundrechtlich geschützt, so kann erst recht nichts anderes für ein etwaiges Recht des Patienten auf Beihilfe zur Selbsttötung gelten. Da dieses einherginge mit der Verpflichtung des Staates, an der Vernichtung menschlichen Lebens mitzuwirken, stünde eine entsprechende Gewährleistung in fundamentalem Gegensatz zu seiner lebensschützenden Aufgabe gem. Art. 2 Abs. 2 Satz 1 GG.

Zudem würde das Recht des Patienten auf Beihilfe zur Selbsttötung die Freiheit des zur Aufführung Verpflichteten zur autonomen Gewissensentscheidung in dieser Frage negieren. Ein Leistungsanspruch auf Beihilfe zur Selbsttötung ist daher zwingend ausgeschlossen.[1618]

[1616] für ein Recht auf Suizid speziell in dieser Situation insbesondere Wallace, Selbstmord und Totschlag und das Recht auf Leben, Sterben und Töten in: Eser/Bringewat, Suizid und Euthanasie, S. 207 (219)
[1617] Niestroj, Die rechtliche Bewertung der Selbsttötung, S. 70
[1618] Burkart, Das Recht, in Würde zu sterben - ein Menschenrecht, S. 90

c. Argumente gegen die Ausweitung des ärztlichen Auftrages

Steht somit fest, daß ein Grundrecht auf Selbsttötung unserer Rechtsordnung fremd ist und keine Gesichtspunkte in besonderer Weise dafür sprechen, die traditionellen ärztlichen Aufgaben und Befugnisse um die Beihilfe zur Selbsttötung eines Patienten zu erweitern, so ist nunmehr andererseits zu überlegen, ob Gründe erkennbar sind, die einer solchen Änderung entgegenstehen.

Zu prüfen ist in diesem Zusammenhang, ob Argumenten, die gegen die Zulässigkeit der aktiven Sterbehilfe sprechen, auch für die Beantwortung der Frage, ob es dem Arzt erlaubt sein sollte, einem Patienten bei der Durchführung eines Suizids zu helfen, Bedeutung zukommt.

Im Rahmen der Erörterungen zur aktiven Sterbehilfe wurde festgestellt, daß das umfassende Tötungsverbot des § 216 StGB maßgeblich auf dem Gedanken beruht, daß das Leben jedes einzelnen letztlich nur dann wirksam gegen den Zugriff Dritter geschützt werden kann, wenn "fremdes" Leben generell von der Rechtsordnung tabuisiert wird.[1619] Diese Überlegung läßt sich unmittelbar auf die Beihilfe zur Selbsttötung übertragen, da hier ebenfalls von dem Arzt auf das Leben einer dritten Person eingewirkt und die Idee des "Schutzes des Lebens an sich" in Frage gestellt wird, mag das Maß der Einwirkung in diesem Falle auch geringer sein als bei der aktiven Sterbehilfe. Eine grundlegend andere Bewertung beider Fallgruppen ist daher nicht gerechtfertigt.[1620]

Gleichfalls wurde bereits darauf hingewiesen, daß es die Möglichkeiten der modernen Medizin erlauben, nahezu alle Schmerzzustände zu beheben oder zumindest auf ein erträgliches Maß zu reduzieren.[1621] Spricht dies dafür, daß die aktive Sterbehilfe für den Arzt keine angemessene Handlungsform darstellen kann, weil ihm andere, weniger einschneidende Möglichkeiten zur Verfügung stehen, den Patienten von seinem Leid zu befreien, so muß Gleiches für die Beihilfe zur Selbsttötung gelten. Es ist nicht davon auszugehen, daß der Arzt das physische Leiden des Patienten in bestimmten Situationen allein dadurch wirksam zu lindern vermag, daß er ihn

---

1619 vgl. C. II. 2. g. bb.

1620 a.A. Schöne-Seifert, Ist Assistenz zum Sterben unärztlich ? in: Holderegger, Das medizinisch assistierte Sterben, S. 98 (117 ff.), die sich für die Möglichkeit der ärztlichen Beihilfe zum Suizid ausspricht, sofern gewährleistet sei, daß hierdurch auch wirklich nur der wohlüberlegte, freiverantwortliche und autonome Sterbewunsch gefördert werde. Die ärztliche Suizidhilfe weise gegenüber der aktiven Sterbehilfe unter pragmatischen Gesichtspunkten derzeit deutliche Vorzüge auf. Eine andere Bewertung dieser Frage durch eine spätere Generation sei jedoch durchaus denkbar.

1621 vgl. hierzu C. II. 1. a. und C. II. 2. g. aa.

eigenhändig tötet oder ihm zumindest Beihilfe zum Suizid leistet. Da beide Mittel als unverhältnismäßig zu bewerten sind, ist eine entsprechende Ausdehnung des ärztlichen Auftrages abzulehnen.

Ein ebenso gravierender Grund, der gegen die ärztliche Beihilfe zur Selbsttötung spricht, besteht in der Schwierigkeit, im nachhinein nachzuweisen, daß der Patient den diesbezüglichen Wunsch im einwilligungsfähigen Zustand geäußert hat und sein Verlangen wirklich ernstlich gemeint war. Der sterbende Patient befindet sich sowohl physisch als auch psychisch in einer Extremsituation, die in vielen Fällen ernsthafte Zweifel daran aufkommen läßt, ob er zu rational abgewogenen Entscheidungen fähig ist. Steht der Patient darüber hinaus unter dem Einfluß starker Schmerzmittel, wird es ihm zusätzlich erschwert, seine Lage zu überblicken und eigenverantwortlich Entscheidungen über die Art seiner Behandlung zu treffen. Besteht allein aufgrund dieser Erwägungen Anlaß, einem Sterbewunsch des Patienten mit Vorsicht zu begegnen, so ist umso größere Skepsis deshalb geboten, weil die Ergebnisse der Suizidforschung belegen, daß der Suizidwille nahezu in allen Fällen einem Hilferuf gleichkommt und kaum jemals ernstlich gemeint ist.[1622] Dies kann zwar nicht generell ausgeschlossen werden, doch scheint es im Einzelfall nur schwer möglich, zuverlässig den Nachweis des defektfreien Zustandekommens des Todeswunsches zu erbringen. Die Gefahr eines Irrtums ist angesichts der aufgezeigten Unwägbarkeiten zu groß, als daß es einem einzelnen Arzt - insbesondere wenn er über keine spezifische psychologische Ausbildung verfügt - überlassen bleiben dürfte, hierüber abschließend zu befinden. Selbst mehrere, zeitlich voneinander getrennte Gespräche mit dem Patienten erweisen sich insofern nicht als aussagekräftig, da das für den sterbenden Patienten typische Stadium der Depression oft über einen längeren Zeitraum hinweg andauert.

Es bliebe allein die Möglichkeit, eine Kommission mit psychologisch speziell ausgebildetem Fachpersonal einzusetzen, dem die Aufgabe übertragen werden müßte, den Suizidwillen des Patienten auf seine Beachtlichkeit hin zu überprüfen. Auch eine solche Kommission aber könnte als Instanz, die die näheren Umstände der Behandlung nicht kennt, letztlich nicht darüber befinden, inwieweit der Wunsch zu sterben wirklich ernst gemeint und unabhängig von äußeren Einflüssen ist bzw. inwiefern durch eine bessere Sterbebegleitung dem Wunsch des Patienten nach einem vorzeitigen Tod abgeholfen werden könnte.

[1622] vgl. hierzu C. II. 2. g. bb. (2) (k)

Verbliebe die Entscheidung bei dem behandelnden Arzt - möglicherweise unter Hinzuziehung eines Kollegen - bestünde die Gefahr, daß das Sterbeverlangen des Patienten bald nicht mehr genügend hinterfragt würde, wenn sich erst einmal die Praxis eingebürgert hätte, daß Ärzte ihren Patienten bei deren Selbsttötung assistierten. Denn es bereitet unzweifelhaft sehr viel mehr Mühe, die wahren Gründe für das Sterbeverlangen zu erforschen und in der Folge die Bemühungen um einen angemessenen Sterbebeistand zu intensivieren, als auf den Wunsch des Patienten auf Beihilfe zum Suizid einzugehen.

Damit sind bereits sich ergebende Mißbrauchsmöglichkeiten angesprochen, die die ärztliche Beihilfe zum Suizid implizieren würde. Zu diesen ist zweifellos auch die Gefahr zu zählen, Ärzte, Pflegepersonal und Angehörige könnten sich veranlaßt sehen, den Patienten psychisch so unter Druck zu setzen, daß dieser sich verpflichtet fühlte, von seinem Arzt die Unterstützung zum Suizid zu erbitten.[1623] Unabhängig davon ist der gesellschaftliche Erwartungsdruck nicht zu unterschätzen, der angesichts knapper Ressourcen und immer populärer werdender Kosten-Nutzen-Rechnungen dem kranken Patienten deutlich vor Augen führt, daß er eine Belastung für die Allgemeinheit darstellt. Hierdurch könnte sich ein Patient dazu gedrängt fühlen, den Freitod zu wählen, wenn erst einmal offiziell festgelegt worden ist, unter welchen Voraussetzungen der Arzt dem Patienten Beihilfe zur Selbsttötung zu leisten hat und der Patient diese Kriterien erfüllt. Schon heute zeigen die steigenden Suizidzahlen älterer Menschen, daß diese den scheinbaren Verlust ihrer sozialen Funktion nach dem Eintritt in den Ruhestand oft nicht zu ertragen vermögen und ihr als sinnlos empfundenes Dasein vorzeitig beenden, selbst wenn sie körperlich gesund sind. Verstärkt wird diese Tendenz durch Strömungen, die den Wunsch nach dem vorzeitigen Tod als besondere Ausdrucksform der Selbstverwirklichung und Freiheit anpreisen.[1624]

Auch dem Dammbruchargument kommt im Zusammenhang mit der Suizidbeihilfe in zweifacher Hinsicht Bedeutung zu: Zum einen besteht keineswegs Einigkeit bezüglich der Fallkonstellationen, in denen ein Verlangen des Patienten nach Beihilfe zur Selbsttötung anerkannt werden sollte. Eine exakte Eingrenzung scheint nicht möglich, da eine inhaltliche Bewertung des Todeswunsches durch Dritte, dessen defektfreies Zustandekommen vorausgesetzt, einer nicht zu rechtfertigenden Bevormundung des Patienten gleichkäme. Dies aber bedingt, daß auch in Situationen außerhalb des Sterbeprozesses Ärzte herangezogen werden könnten, um an dem Vollzug

---

[1623] vgl. hierzu auch C. II. 2. g. cc. (8)
[1624] vgl. hierzu auch C. II. 2. g. ff. (1) (a) und C. II. 2. g. ff. (2) (d)

der Tötungshandlung mitzuwirken. Hierdurch würde der Bereich zulässigen ärztlichen Handelns unzweifelhaft überschritten, das sicher nicht die Unterstützung des Suizids einer körperlich gesunden Person zum Gegenstand haben kann.

Zum anderen bringt die offizielle Anerkennung der ärztlichen Suizidbeihilfe die Gefahr einer veränderten Einstellung zur aktiven Sterbehilfe mit sich. Gerade die Argumentation von Jakobs[1625] und Hörster[1626] zeigt, daß schon die heutige Gesetzeslage, nach der die Beihilfe zur Selbsttötung straflos, die Tötung auf Verlangen aber mit Strafe bedroht ist, geradezu die Forderung provoziert, eine Gleichstellung der aktiven Sterbehilfe müsse zumindest in bestimmten Situationen erfolgen. Wäre die ärztliche Beihilfe zum Suizid über die gegenwärtige Straflosigkeit hinaus sowohl in der öffentlichen Meinung als auch in Ärztekreisen erst einmal als mögliche Handlungsform akzeptiert, würde sich hierdurch die Argumentationsbasis der Befürworter der aktiven Sterbehilfe noch erheblich verbessern. Es spricht einiges dafür, daß die Sterbehilfegesellschaften dies ähnlich einschätzen. Insbesondere die Satzungsänderung der schweizerischen EXIT aus dem Jahre 1984, durch die die Gesellschaft offiziell von dem bis zu diesem Zeitpunkt von ihr verfolgten Ziel der Legitimation der aktiven Sterbehilfe Abstand nahm, deutet darauf hin, daß man es offensichtlich aus taktischen Gründen für geboten hält, durch die Propagierung des Selbsttötungsgedankens zunächst eine veränderte, offenere Haltung der Gesellschaft zu Fragen der vorzeitigen Lebensbeendigung zu erwirken, ehe anschließend vor dem Hintergrund eines gewandelten Bewußtseins die Forderung nach Legalisierung der aktiven Sterbehilfe offen gestellt werden kann.

Schließlich ist das Argument, das Vertrauensverhältnis zwischen Arzt und Patient könne durch eine Ausweitung der traditionellen ärztlichen Tätigkeitsbereiche in unzumutbarer Weise belastet werden, in gleicher Weise auf die Suizidbeihilfe wie auf die aktive Sterbehilfe anwendbar.[1627] Der Verlust des Vertrauens droht, wenn der Patient sich nicht mehr mit allen seinen Ängsten und Fragen in dem Bewußtsein an seinen Arzt wenden kann, dieser werde ihm in seinem Leiden bedingungslos helfen und beistehen. Dies ist jedoch der Fall, wenn dem Arzt die Möglichkeit eingeräumt wird, aktiv an dem vorzeitigen Tod des Patienten mitzuwirken. Denn dann vermag der Kranke nicht mehr einzuschätzen, ab welchem Zeitpunkt sein Arzt die aktive Tötung der Sterbebegleitung vorziehen wird bzw. wann er von ihm selbst erwartet, daß er - mit seiner Hilfe - vorzeitig aus dem Leben scheidet.

[1625] vgl. C. II. 2. a. aa.
[1626] vgl. hierzu C. II. 2. c. cc.
[1627] vgl. hierzu C. II. 2. g. gg.

Zusammenfassend bleibt somit festzuhalten, daß alle wesentlichen Gesichtspunkte, die einer Legalisierung der von einem Arzt durchgeführten aktiven Sterbehilfe entgegenstehen, in gleicher Weise auch gegen die Zulässigkeit der ärztlichen Beihilfe zur Selbsttötung sprechen. Diese kann somit nicht als mögliche ärztliche Handlungsform Anerkennung finden.

d. Strafbarkeit der ärztlichen Beihilfe zur Selbsttötung de lege ferenda

Aufgrund der aufgezeigten Parallelen zwischen den gegen die aktive Sterbehilfe und gegen die Beihilfe zur Selbsttötung sprechenden Bedenken liegt es nun nahe, beide Handlungsformen daraufhin zu untersuchen, inwieweit sie bezüglich ihrer strafrechtlichen Beurteilung einander anzugleichen sind.

Da der versuchte Suizid straflos ist und allein aus kriminalpolitischen Erwägungen auch in Zukunft nicht mit Strafe bedroht werden kann,[1628] kommt im Bereich der Beihilfe zur Selbsttötung allein die Schaffung eines gesonderten Straftatbestandes in Betracht, der die strafrechtliche Grundregel außer Kraft setzt, nach der die Strafbarkeit eines Teilnehmers nur insoweit in Betracht kommt, als eine vorsätzliche und rechtswidrige Haupttat vorliegt.

Sprechen die gleichen Gesichtspunkte gegen die Zulässigkeit der Beihilfe zum Suizid, die auch gegenüber einer möglichen Straflosigkeit der aktiven Sterbehilfe angeführt wurden, so müssen beide Verhaltensweisen gleichermaßen als schuldhaft begangenes und strafwürdiges Unrecht bewertet werden, das jeweils den Ausspruch einer strafrechtlichen Sanktion sowohl im Interesse des Lebensschutzes als auch zum Schutz des Ansehens des ärztlichen Standes erforderlich macht.

Ein Blick auf Rechtsordnungen anderer Staaten zeigt, daß dort vielfach ein Bedürfnis für ein Einschreiten gegen die Beihilfe zur Selbsttötung mit den Mitteln des Strafrechts für erforderlich gehalten wird.[1629] Die Einfügung eines entsprechenden Straf-

---

[1628] denn andernfalls käme man zu dem absurden Ergebnis, daß der Suizident Vorsorge dafür treffen müßte, daß sein Selbsttötungsversuch unter allen Umständen zum Erfolg führt, da er nur so einer Bestrafung entgehen könnte. Auch ein Rücktritt vom Versuch käme nämlich zumindest dann nicht mehr in Betracht, wenn er erst einmal das Bewußtsein verloren hätte und sich nicht mehr darum bemühen könnte, die Vollendung der Tat zu verhindern.

[1629] Teilweise wird die aktive Teilnahme am Suizid umfassend, d.h. sowohl bezüglich der Anstiftung als auch hinsichtlich der Beihilfe, mit Strafe bedroht (Kanada: § 224 kan.StGB, zit. nach Heemann/Werner, Landesbericht Kanada in: Eser/Koch, Materialien zur Sterbehilfe, S. 409, 414, 424; Portugal: Art. 135 port.StGB, zit. nach Hünerfeld, Landesbericht Portugal in: Eser/Koch, Materialien zur Sterbehilfe, S. 581, 587; Österreich: § 78 öst.StGB, zit. nach Dearing/Schwarz, Landesbericht tatbestandes in die deutsche Rechtsordnung wäre daher in rechtsvergleichender Hinsicht keineswegs als revolutionärer Sonderweg, sondern wohl eher als Angleichung an die allgemeine Rechtslage im internationalen Maßstab zu beurteilen.

Zudem wurde bereits darauf hingewiesen, daß gerade diejenigen, die für eine Legalisierung der aktiven Sterbehilfe eintreten, bevorzugt darauf hinzuweisen pflegen, daß es widersprüchlich sei, wenn es die Rechtsordnung dem Arzt einerseits erlaube, einem Sterbenden bei dessen Suizid Hilfe zu leisten, die unmittelbare Tötungshandlung des Arztes jedoch bei Androhung erheblicher Freiheitsstrafen verbiete.[1630] Schließlich finden sich im Schrifttum Stimmen, die davon ausgehen, daß alle Versuche, die strafbare Tötung auf Verlangen von der Beihilfe zur Selbsttötung abzugrenzen, zu unbilligen Ergebnissen führten, da nicht einzusehen sei, daß der Arzt straflos bleibe, wenn er ein tödliches Gift zubereite und auf den Nachttisch des Patienten stelle oder diesem gar an die Lippen führe, strafbar dagegen, wenn er es ihm injiziere.[1631]

In der Tat sind die Unterschiede zwischen beiden Handlungsweisen nicht so gravierend, als daß es vertretbar wäre, nur eine von ihnen dem Grunde nach unter Strafe

---

Österreich in: Eser/Koch, Materialien zur Sterbehilfe, S. 557, 564), teilweise beschränkt auf Anstiftungshandlungen (Griechenland: Art. 301 gr.StGB, zit. nach Kareklas, Landesbericht Griechenland in: Eser/Koch, Materialien zur Sterbehilfe, S. 321, 332).
Bisweilen wird die Strafbarkeit auch von dem Vorliegen weiterer objektiver oder subjektiver Voraussetzungen abhängig gemacht. So verlangt etwa Art. 115 schw. StGB ein Handeln des Täters "aus selbstsüchtigen Beweggründen" (zit. nach Heine, Landesbericht Schweiz in: Eser/Koch, Materialien zur Sterbehilfe, S. 591, 604). In Dänemark (§ 240 dän.StGB, zit. nach Cornils, Landesbericht Dänemark in: Eser/Koch, Materialien zur Sterbehilfe, S. 507, 512) und Island (§ 214 isl.StGB, zit. nach Cornils, Landesbericht Island in: Eser/Koch, Materialien zur Sterbehilfe, S. 532, 533) ist ein derartiges Kriterium als qualifizierendes Merkmal vorgesehen.
Andere Länder verlangen für die Begründung der Strafbarkeit, daß zumindest eine schwere Körperverletzung bzw. Gesundheitsbeschädigung eingetreten ist (Art. 580 Abs. 1 Satz 2 ital.StGB, zit. nach Bosch, Landesbericht Italien in: Eser/Koch, Materialien zur Sterbehilfe, S. 391, 400) oder werten den Eintritt des Todes als qualifizierenden Umstand (Art. 580 Abs. 1 Satz 1 ital.StGB, zit. nach Bosch, Landesbericht Italien in: Eser/Koch, Materialien zur Sterbehilfe, S. 391,400).
Straffrei ist die Beihilfe zum Suizid dagegen in Luxemburg, Frankreich, Schweden sowie seit Februar 1993 auch in den Niederlanden.

1630 Vgl. Jakobs unter C. II. 2. a. aa. oder Hörster unter C. II. 2. c. cc.

1631 Möllering, Schutz des Lebens - Recht auf Sterben, S. 39; Eser, Lebenserhaltungspflicht und Behandlungsabbruch aus rechtlicher Sicht in: Auer/Menzel/Eser, Zwischen Heilauftrag und Sterbehilfe, S. 75 (92 f.); Wassermann, Das Recht auf den eigenen Tod, DRiZ 1986, 291 (296); Hanack, Euthanasie in strafrechtlicher Sicht in: Hiersche, Euthanasie, S. 121 (149); Wolfslast, Euthanasie aus der Sicht der Rechtsprechung in: Aulbert/Klaschik/Pichlmaier, Palliativmedizin - Die Alternative zur Sterbehilfe, S. 41 (47 f.); Leipold, Euthanasie oder Sterbehilfe in: Giesler, Sterbende begleiten, S. 11 (32); Kübler-Ross, Leben bis wir Abschied nehmen in: Atrott/Eibach u.a., Sterbehilfe - Mitleid oder Mord ? S. 13 (17); Pichler, Internationale Entwicklungen in den Patientenrechten, S. 249; Kehl, Sterbehilfe, S. 91; dagegen jedoch Bade, Der Arzt an den Grenzen von Leben und Recht, S. 131, der die Beibehaltung der unterschiedlichen Rechtsfolgen befürwortet, weil es sich bei der Tötung auf Verlangen im Gegensatz zur Beihilfe zur Selbsttötung nicht mehr allein um eine Selbst-, sondern im wesentlichen um eine Fremdverfügung handle.

zu stellen. Lediglich bei der Bemessung des Strafrahmens ist zu berücksichtigen, daß ein qualitativer Unterschied insofern besteht, als der Patient bei der von seinem Arzt lediglich unterstützten Selbsttötungshandlung das zum Tode führende Geschehen selbst in Händen hält, die Hemmschwelle zur eigenhändigen Vornahme der Tötungshandlung aber zweifellos höher liegt als diejenige bei der an einen Dritten gerichteten Aufforderung, diese vorzunehmen. Da dies umgekehrt in gleicher Weise für den Arzt gilt, ist der Strafrahmen der Tötung auf Verlangen weiter zu bemessen als derjenige für die Beihilfe zur Selbsttötung. Während § 216 StGB eine Freiheitsstrafe von sechs Monaten bis zu fünf Jahren vorsieht, scheint es angemessen, für die Suizidbeihilfe eine Freiheitsstrafe bis zu fünf Jahren oder eine Geldstrafe festzusetzen.

Abschließend ist zu überlegen, ob das Delikt der Beihilfe zur Selbsttötung als echtes Sonderdelikt für Angehörige der Heilberufe oder als Allgemeindelikt verabschiedet werden sollte. Für eine generelle Strafbarkeit könnte insofern sprechen, daß es Laien sicher noch schwerer fallen dürfte als Ärzten, die Ernsthaftigkeit eines Selbsttötungsentschlusses und dessen tiefere Ursachen zu ergründen, so daß das mit der Beihilfe zur Selbsttötung verbundene Risiko, das Leben der Betroffenen entgegen ihrer wirklichen Interessen zu gefährden, die Strafbarkeit rechtfertigen könnte.

Andererseits entfalten im Verhältnis des Laien zu einem Suizidenten all jene Gesichtspunkte keine Wirksamkeit, die eine Gefährdung des Arzt-Patienten-Verhältnisses und damit eine solche für das Ansehen des gesamten ärztlichen Berufsstandes und der Heilberufe insgesamt bedeuten. Insbesondere dürften von einer singulären Beihilfe zur Selbsttötung im privaten Bereich keine weitreichenden, gesamtgesellschaftlich schädlichen Folgen im Sinne der Dammbruchargumentation ausgehen, da es hier gerade nicht darum geht, einer Institution bzw. einem bestimmten Personenkreis eine generelle Befugnis zur Unterstützung von Suizidhandlungen zuzugestehen. Darüber hinaus erschiene es kriminalpolitisch fragwürdig, denjenigen von der strafrechtlichen Verfolgung auszunehmen, der erfolglos versucht hat, sich umzubringen, dieses Privileg aber dem ihm nahestehenden Angehörigen oder Freund zu verweigern, der ihm hierbei assistierte. Insgesamt dürfte daher das Bedürfnis an strafrechtlichen Sanktionen allein gegenüber Angehörigen der Heilberufe zu bejahen sein. Die Beihilfe zur Selbsttötung ist aus diesem Grunde als echtes Sonderdelikt für diese Berufsgruppen auszugestalten.

5. Behandlungspflichten des Arztes gegenüber einem Suizidenten nach Eintritt der Bewußtlosigkeit

Während die Rechtsprechung gegenwärtig von der Straflosigkeit der aktiven Teilnahme an der Selbsttötung eines anderen ausgeht, ist ihre Haltung zu den Hilfspflichten des Arztes gegenüber einem Suizidenten nach Eintritt seiner Handlungsunfähigkeit, insbesondere nach Eintritt der Bewußtlosigkeit, nicht einheitlich. Teilweise wird ein rettungspflichtbegründender Unfall im Sinne des § 323 c StGB jedenfalls vom Zeitpunkt der Hilfsbedürftigkeit des Sterbewilligen an angenommen,[1632] teilweise wird vom Zeitpunkt der Handlungsunfähigkeit des Suizidenten an eine Hilfeleistungspflicht aus §§ 212, 13 StGB hergeleitet.[1633] Entscheidend für die Begründung der Hilfspflicht wird darauf abgestellt, ob und wann die Tatherrschaft von dem Suizidenten auf den Dritten übergeht.[1634] Andererseits wird betont, daß die Hilfeleistungspflicht im Einzelfall unter Zumutbarkeitsgesichtspunkten entfallen könne.[1635] Ungeklärt ist jedoch im einzelnen, wann genau dies der Fall sein soll. So wird teilweise die Unzumutbarkeit des ärztlichen Eingreifens im Falle einer unheilbaren und qualvollen Krankheit bejaht.[1636] In der Wittig-Entscheidung hat der 3. Strafsenat des BGH zwar einerseits den vor Eintritt der Bewußtlosigkeit erklärten Rettungsverzicht des Opfers allein für unbeachtlich erklärt, da ein ursprünglich ernsthafter Selbsttötungswille nach Beendigung des Suizidversuchs häufig entfalle, andererseits aber dargelegt, daß die Rettungspflicht des Garanten zu verneinen sei, wenn im Zeitpunkt seines Hinzutretens bereits das Stadium einer schweren und irreversiblen Schädigung des Opfers eingetreten sei.[1637] Diese Entscheidung wurde in der Literatur heftig kritisiert, weil das Selbstbestimmungsrecht des Patienten nicht hinreichend berücksichtigt worden sei.[1638] Dieses hat der 2. Strafsenat daraufhin in stärkerem

---

1632 BGHSt 6, 147 (149); BGH JR 1956, 347 (348); so auch Dölling, Suizid und unterlassene Hilfeleistung, NJW 1986, 1011 (1015)

1633 BGH NJW 1960, 1821 (1822); BayObLG NJW 1973, 565 (566); BGHSt 32, 367 (373); die Anerkennung dieser umfassenden Hilfeleistungsverpflichtungen wird teilweise dahingehend kritisiert, die Rechtsprechung habe den Übergang von der straffreien Suizidteilnahme zur Strafbarkeit als Täter vollzogen, so daß der Grundsatz der Straffreiheit der Suizidteilnahme faktisch zur Ausnahme werde (Gropp, Suizidbeteiligung und Sterbehilfe in der Rechtsprechung, NStZ 1985, 97, 100; Muschke, Gesetzliche Regelung der Sterbehilfe ? S. 116).

1634 BGHSt 13, 162 (167 f.); BGH NJW 1960, 1821 (1822); BGHSt 32, 367 (373)

1635 BGHSt 6, 147 (154); BGHSt 13, 162 (169); zustimmend Dölling, Suizid und unterlassene Hilfeleistung, NJW 1986, 1011 (1016 f.)

1636 BGHSt 2, 150 (154)

1637 BGHSt 32, 367 (380); zustimmend Kutzer, Strafrechtliche Überlegungen zum Selbstbestimmungsrecht des Patienten, MDR 1985, 710 (712)

1638 Eser, Sterbewille und ärztliche Verantwortung, MedR 1985, 6 (7); Sowada, Strafbares Unterlassen, Jura 1985, 75 (86); Gropp, Suizidbeteiligung und Sterbehilfe in der Rechtsprechung, NStZ 1985, 97 (100); Schultz, M., Aufhebung von Garantenstellungen und Beteiligung durch Unterlassen, JuS 1985, 270 (272 f.); Schünemann, Die deutschsprachige Strafrechtswissenschaft, GA 1985, 341 (378 f.); Roxin, Die Sterbehilfe im Spannungsfeld von Suizidteilnahme, erlaubtem

Maße betont und klargestellt, daß ein Behandlungsverzicht den Arzt von jeder Rettungshandlung entbinde, wenn feststehe, daß der Suizident den Selbsttötungsentschluß ernsthaft und frei verantwortlich gefaßt habe und nicht mit der Verhinderung des von ihm erstrebten Todes einverstanden sei.[1639] Noch vehementer hat demgegenüber das OLG München im sog. Hackethal-Fall die Gleichbehandlung von "Normalpatient" und "Suizidpatient" gefordert und festgestellt, daß allein das Selbstbestimmungsrecht des Patienten die Garantenverpflichtung des Arztes begrenze.[1640]

In der Tat hat die Lösung derartiger Fallgestaltungen zur Vermeidung von Widersprüchen an den herkömmlichen Regeln des Arzt-Patienten-Verhältnisses anzusetzen. Hat der Suizident vor der Selbsttötungshandlung freiverantwortlich und in einwilligungsfähigem Zustand[1641] erklärt, er lehne jegliches Eingreifen eines Arztes ab, so ist dies in gleicher Weise für diesen verpflichtend wie die Ablehnung eines Eingriffs von seiten eines "Normalpatienten". Der Arzt wird hierdurch von seiner Garantenpflicht im Sinne des § 13 StGB bzw. von seiner allgemeinen Hilfspflicht im Sinne des § 323 c StGB entbunden.[1642] Die Situation ist auch nach dem Eintritt der Bewußtlosigkeit nicht neu und abweichend von bisherigen Äußerungen des Betroffenen zu beurteilen, da sich in diesem Augenblick genau das realisiert, was der Suizi-

---

Behandlungsabbruch und Tötung auf Verlangen, NStZ 1987, 345 (348); Uhlenbruck, Recht auf den eigenen Tod ? ZRP 1986, 209 (215); Hiersche, Das Recht des Menschen auf seinen würdigen Tod, MedR 1987, 83 (84); Hiersche, Das Recht des Menschen auf einen würdigen Tod in: Festschrift für Weißauer, S. 55 (58 ff.); Charalambakis, Selbsttötung aufgrund Irrtums und mittelbare Täterschaft, GA 1986, 485 (504); Bochnik/Gärtner/Richtberg, Richter und psychiatrischer Sachverständiger, MedR 1988, 73 (79); Herrmann, Soll ein Krebspatient über seine Diagnose aufgeklärt werden ? MedR 1988, 1 (4); Dölling, Zulässigkeit und Grenzen der Sterbehilfe, MedR 1987, 6 (10); a.A. Herzberg, Straffreie Beteiligung am Suizid und gerechtfertigte Tötung auf Verlangen, JZ 1988, 182 (184 f.), der entgegen der Auffassung des BGH jedoch anstelle des Gedankens der Unzumutbarkeit des ärztlichen Handelns die Anwendung der Notstandsregeln gem. § 34 StGB befürwortet.

[1639] BGH NJW 1988, 1532

[1640] OLG München JZ 1988, 201 (203)

[1641] teilweise wird darauf abgestellt, ob der Suizident schuldfähig im Sinne der §§ 20, 21 StGB sei (Sax, Tatbestand und Rechtsgutsverletzung, JZ 1976, 80, 81, FN. 64; Roxin, Die Mitwirkung beim Suizid - ein Tötungsdelikt ? in: Festschrift für Dreher, S. 331 (347); Eser, Neues Recht des Sterbens? in: Eser/Bringewat, Suizid und Euthanasie, S. 392, 399; Engisch, Suizid und Euthanasie nach deutschem Recht in: Eser/Bringewat, Suizid und Euthanasie, S. 312, 313; Bottke, Probleme der Suizidbeteiligung, GA 1983, 22, 31f.; Bottke, Strafrechtliche Probleme am Lebensbeginn und am Lebensende in: Deutsche Sektion der Internationalen Juristen-Kommission, Lebensverlängerung aus medizinischer, ethischer und rechtlicher Sicht, S. 35 (125); Hirsch, Anm. zu BGH, Urteil vom 18.7.1978, JR 1979, 429, 432), teilweise wird die Ansicht vertreten, nur Geisteskrankheit und Minderjährigkeit würden den freiverantwortlichen Willen ausschließen (Schünemann, Grund und Grenzen der unechten Unterlassungsdelikte, S. 355 FN 120), teilweise werden die Kriterien der §§ 20, 21 StGB und der Minderjährigkeit miteinander kombiniert (Baumann/Bochnik/Brauneck u.a., Alternativ-Entwurf eines Gesetzes über Sterbehilfe, S. 25). Entscheidend ist jedoch genauso wie bei der Einwilligung in eine Heilbehandlung allein die natürliche Einsichts- und Urteilsfähigkeit, die erforderlich sind, um die Bedeutung des Rechtsgutes und die Tragweite der Einwilligung zu erkennen. Im Ergebnis freilich werden die voneinander abweichenden Ansätze nur in den seltensten Fällen zu abweichenden Beurteilungen gelangen.

[1642] Eser, Neues Recht des Sterbens ? in: Eser/Bringewat, Suizid und Euthanasie, S. 392 (399) dent herbeiführen wollte. Seine Lage ist mit der eines Patienten vergleichbar, der einer Operation zugestimmt hat, sobald die Narkose ihre Wirksamkeit entfaltet.

Problematisch gestaltet sich die Beurteilung der Hilfspflicht des Arztes bei einem Suizidenten jedoch deshalb, weil nur sehr schwer feststellbar ist, ob dieser seinen Selbsttötungsentschluß in einwilligungsfähigem Zustand gefaßt hat. Erweist sich eine Beurteilung insofern schon vor dem Eintritt der Bewußtlosigkeit als außerordentlich schwierig, so dürfte es einem hinzutretenden Dritten aus dem Stand heraus nahezu unmöglich sein, mit der erforderlichen Bestimmtheit darüber zu befinden, ob der Selbsttötungsentschluß eines bereits Handlungsunfähigen defektfrei zustandegekommen ist.[1643] Selbst von dem Suizidenten vor der Durchführung der Selbsttötungshandlung verfaßte Schriftstücke dürften nicht geeignet sein, diesbezüglich letztverbindliche Klarheit zu schaffen.[1644] Da aber - wie bereits ausgeführt - aufgrund der Erfahrungen der Suizidforschung davon auszugehen ist, daß der Selbsttötungswille in den allermeisten Fällen krankhafter Natur ist, ist der hinzutretende Arzt in aller Regel gehalten, Rettungsmaßnahmen in die Wege zu leiten, es sei denn, er könnte aufgrund seiner genauen Kenntnis des Suizidenten ausnahmsweise mit Sicherheit annehmen, daß der Selbsttötungswille defektfrei zustande gekommen ist.[1645] Das Risiko, im Falle des Tätigwerdens den selbstbestimmten und zu respektierenden Willen zum Suizid zu übergehen, ist gerade in Anbetracht der Tatsache, daß kaum eine Selbsttötungshandlung auf einem wirklich freien Willensentschluß beruht, äußerst gering und muß mangels weiterer in der Notsituation zur Verfügung stehender Erkenntnisse in Kauf genommen werden.

Körperliche Eingriffe durch den Arzt, die der Rettung des Suizidenten dienen, sind in diesen Fällen zivilrechtlich nach den Regeln der Geschäftsführung ohne Auftrag, strafrechtlich nach denen der mutmaßlichen Einwilligung gerechtfertigt, selbst wenn sich im nachhinein herausstellen sollte, daß der Sterbewillige seinen Selbsttötungsentschluß freiverantwortlich und im einwilligungsfähigen Zustand gefaßt hatte.

1643 Bochnik, Verzweiflung und freie Willensbestimmung bei Suizidversuchen, MedR 1987, 216 (219)

1644 so auch Baumann/Bochnik/Brauneck u.a., Alternativ-Entwurf eines Gesetzes über Sterbehilfe, S. 30

1645 so im Ergebnis auch Kutzer, Strafrechtliche Überlegungen zum Selbstbestimmungsrecht des Patienten, MDR 1985, 710 (711 f.); Spann/Liebhardt/Braun, Ärztliche Hilfeleistungspflicht und Willensfreiheit des Patienten in: Festschrift für Bockelmann, S. 487 (490); Bochnik, Verzweiflung und freie Willensbestimmung bei Suizidversuchen, MedR 1987, 216 (219 f.): "Bis zum Beweis des Gegenteils sollte der Suizidversuch als Ausdruck einer Einschränkung oder Aufhebung der freien Willensbestimmung gewertet werden."

Darüber hinaus ist in dieser Situation eine Hilfeleistungspflicht des Arztes zu bejahen, da der im unfreien Zustand herbeigeführte lebensbedrohliche Zustand als Unglücksfall im Sinne des § 323 c StGB zu werten ist.

Diese Hilfeleistungspflicht des Arztes beruht jedoch nicht darauf, daß entsprechend der vom BGH in der Wittig-Entscheidung vertretenen Ansicht zwischen dem Willen des Sterbewilligen vor und nach der Durchführung der Selbsttötungshandlung unterschieden werden müßte und letzterer stets auf die Durchführung von Rettungsmaßnahmen gerichtet wäre. Vielmehr ist die Suizidhandlung einheitlich zu bewerten. Gelingt es eindeutig, deren Defektfreiheit festzustellen, ist der Wille des Sterbewilligen auch nach Eintritt seiner Handlungsunfähigkeit zu beachten. Es wäre geradezu absurd, einen Arzt zu verpflichten, die Vornahme der Tötungshandlung zunächst zu respektieren, um ihm nach Eintritt der Bewußtlosigkeit des Betroffenen eine Rettungspflicht aufzuerlegen. Da es andererseits für den zu einem bereits handlungsunfähigen Suizidenten herantretenden Arzt in aller Regel unmöglich ist zu beurteilen, ob einer der seltenen Fälle eines wahrhaft selbstbestimmten Selbsttötungswillens vorliegt, ist er allein aus diesem Grunde zum Eingreifen verpflichtet.

Somit ist im Ergebnis eine Hilfeleistungspflicht des Arztes gegenüber einem Suizidenten nach Eintritt seiner Handlungsunfähigkeit zumindest dann zu bejahen, wenn er zu diesem Zeitpunkt erstmalig mit diesem in Kontakt tritt. In allen anderen Fällen dürfte die Pflicht des Arztes zum Eingreifen den Regelfall darstellen, von dem Ausnahmen nur insoweit zulässig sind, als der Arzt aufgrund seiner genauen Kenntnis des Suizidenten zweifelsfrei beurteilen kann, daß dessen Selbsttötungshandlung als freiverantwortlich zu bewerten ist. Die Untätigkeit kann den Arzt in einem solchen Falle allerdings in arge Beweisnot bringen, hat er doch im einzelnen darzulegen und nachzuweisen, daß er zum Untätigbleiben berechtigt war.

Dagegen kann es im Hinblick auf die Verpflichtung des Arztes, das Leben des Suizidenten zu retten, nicht darauf ankommen, ob bei dem Opfer bereits schwere und irreversible Schäden eingetreten sind. Zum einen dürfte dem Arzt auch insofern eine abschließende Beurteilung in der Kürze der ihm zur Verfügung stehenden Zeit kaum möglich sein, zum anderen kann die Hilfeleistungspflicht des Arztes nicht davon abhängen, in welchem Zustand sich der Patient befindet.[1646] Dessen Leben ist im Falle irreversibler Schädigungen nicht weniger schutzbedürftig als bei voller Gesundheit.

1646 A.A.: M. v. Lutterotti, Menschenwürdiges Sterben, S. 97, der davon ausgeht, daß das Unterlassen der Rettung eines Patienten bei zu befürchtenden schweren Dauerschäden zur Wahrung der Menschenwürde des Betroffenen geboten sei.

Eine Befugnis des Arztes, über den Wert des Lebens des Patienten zu befinden und ein Urteil darüber zu sprechen, ob sich Rettungsbemühungen in Anbetracht möglicher Schädigungen noch lohnen, ist unserer Rechtsordnung - insbesondere den grundrechtlichen Gewährleistungen der Art. 1 Abs. 1 GG und 2 Abs. 2 Satz 1 GG - in gleicher Weise fremd wie dem Berufsbild des Arztes. Sie kann daher kein tauglicher Ansatzpunkt für die Einschränkung der ärztlichen Behandlungspflicht sein. Das Tabu, das Leben Schwerkranker als "minderwertig" oder zumindest weniger schutzbedürftig anzusehen, darf nicht mittelbar über eine solche Beschränkung propagiert werden.

Abgesehen davon stehen keine hinreichend bestimmbaren Kriterien zur Verfügung, die klar erkennen ließen, wann ein Arzt berechtigt oder gar verpflichtet sein sollte, auf die Einleitung von Rettungsmaßnahmen zu verzichten. Es kann aber aus Gründen der Rechtssicherheit nicht angehen, daß man jedem Arzt die diesbezügliche Entscheidung nach seinem Ermessen überläßt, so daß das Weiterleben des Patienten letztlich allein von der Person des ihn in handlungsunfähigem Zustande auffindenden Arztes abhängen würde.

6. Indirekte Sterbehilfe

Hat der Arzt sich nach den bisherigen Erörterungen sowohl jeder bewußten und zielgerichteten aktiven Tötung eines Patienten als auch der Beihilfe zu dessen Suizid zu enthalten, so stellt sich nunmehr die Frage, ob von einem entsprechenden Verbot auszugehen ist, wenn der Arzt sich einem Patienten gegenübersieht, dessen schweres Leiden er zwar durch die Gabe von Schmerz- und Beruhigungsmitteln zu lindern vermag, hierbei jedoch nicht ausgeschlossen werden kann, daß als unbeabsichtigte Nebenfolge eine Lebensverkürzung eintritt.

Die beschriebene zentrale Stellung des Rechtsgutes Leben in unserer Rechtsordnung könnte es zweifelhaft erscheinen lassen, ob die grundsätzlich anerkannte Verpflichtung des Arztes zur Schmerzbekämpfung selbst dann noch Geltung beanspruchen kann, wenn ernsthaft zu befürchten steht, daß diese Form der Hilfeleistung mit der vorzeitigen Auslöschung der Existenz des Betroffenen verbunden ist. Dies könnte dafür sprechen, die zur Tötung des Sterbenden auf Verlangen entwickelten Grundsätze ohne weiteres auf die indirekte Sterbehilfe zu übertragen.

Hierbei bliebe jedoch unberücksichtigt, daß zwischen der aktiven und der indirekten Sterbehilfe fundamentale Unterschiede von der Intention des Handelnden her bestehen. Bei letzterer geht es dem Arzt allein darum, die Vorausssetzungen dafür zu schaffen, daß der Patient den Rest seines Lebens erträglich, d.h. ohne Schmerzen, gestalten kann, während bei jener das Ziel der Vernichtung des menschlichen Lebens im Vordergrund der Bemühungen steht. In gleicher Weise ergeben sich Unterschiede in der Motivation des Sterbenden. Derjenige, der den Arzt lediglich um eine wirksame Schmerzbekämpfung bittet, mag sie mittelbar auch eine Verkürzung des Lebens zur Folge haben, möchte vom Grundsatz her weiterhin und so lange wie möglich leben und nimmt einen vorzeitigen Todeseintritt nur in Kauf, soweit sich von ihm als unerträglich empfundene körperliche Qualen auf andere Weise nicht mehr beheben lassen. In dieser Situation übernimmt die Lebensverkürzung - anders als bei der aktiven Sterbehilfe - niemals eine handlungsbestimmende Funktion, sondern ist lediglich als Risikofaktor zu werten, der der Schmerzlinderung untergeordnet wird.

a. Praktische Bedeutung der indirekten Sterbehilfe mit Einwilligung des Patienten

Schmerz- und angstlindernde Medikamente können in hohen Dosen als Nebenwirkung die Lebensverkürzung des Patienten zur Folge haben.[1647] So wirken starke Analgetika nicht nur schmerzlindernd, sondern beeinträchtigen auch das Atemzentrum. Hierdurch bedingt kann es zu einer Atemdepression bis hin zur Einstellung der Atmung oder zu einer Lungenentzündung kommen, die gerade bei geschwächten Patienten die Gefahr des Todes begründet. Derselbe Effekt kann im Falle einer starken Ruhigstellung des Patienten durch Psychopharmaka auftreten.[1648]

Allerdings stehen zunehmend operativ-chirurgische Eingriffsmöglichkeiten zur Verfügung, die eine Reduzierung oder gar Ausschaltung selbst stärkster Schmerzen ohne lebensverkürzende Nebenwirkung erlauben und dadurch lebensverkürzenden Drogen viel von ihrer praktischen Bedeutung genommen haben. Hierzu gehören insbesondere Unterbrechungen der Schmerzbahn im Rückenmark (Chordotomie)[1649]

[1647] M. v. Lutterotti, Ärztlicher Heilauftrag und Euthanasie in: Eser/Bringewat, Suizid und Euthanasie, S. 291 (293)

[1648] Rickmann, Zur Wirksamkeit von Patiententestamenten, S. 65

[1649] Mayrhofer/Porges, Möglichkeiten und Grenzen der Schmerzausschaltung in: Eser/Bringewat, Suizid und Euthanasie, S. 121

oder Nervenblockaden durch Lokalanaesthetika.[1650] Aber selbst bei der Gabe starker Analgetika kann durch neue Mischungen und Verordnungsformen, die den Bedürfnissen des Patienten individuell angepaßt sind, das Auftreten unerwünschter Nebeneffekte, insbesondere die Beeinträchtigung des Atemzentrums, heute in weit größerem Um-fange verhindert werden als noch vor wenigen Jahren.[1651]

Teilweise wird bereits die These vertreten, der erfahrene Arzt könne stets eine Dosis wählen, die schon nütze, aber noch nicht schade.[1652] Die moderne Anaesthesiologie biete bereits ausreichend Möglichkeiten, bei sinnvoller Anwendung von Medikamenten mit analgetischer und hypnotischer Wirkung Schmerzen und Qualen bei Kranken zu vermeiden, ohne deren Tod herbeizuführen.[1653]

Da jedoch von anderer Seite derartige Aussagen zumindest in dieser Allgemeinheit in Zweifel gezogen werden,[1654] soll im Rahmen der vorliegenden Arbeit davon ausgegangen werden, daß in seltenen Fällen zur Schmerzbekämpfung auf hochdosierte, starke Analgetika zurückgegriffen werden muß, bei deren Verabreichung sich eine Lebensverkürzung nicht immer ausschließen läßt. Eine rechtliche Auseinandersetzung mit der indirekten Sterbehilfe ist unter diesen Voraussetzungen nach wie vor geboten.

Dabei dürfte von den ohnehin seltenen Fällen, in denen die Schmerzbekämpfung nur unter Inkaufnahme des Risikos eines vorzeitigen Todeseintritts möglich ist, wiederum nur ein sehr geringer Prozentsatz auf die hier in Frage stehende Fallgruppe der indirekten Sterbehilfe gegenüber dem einwilligungsfähigen Patienten entfallen. Typischerweise wird derjenige, der bereits im Vorfeld der hier zu beurteilenden kritischen Situation unter der Einwirkung hochdosierter Drogen steht, nicht mehr über die erforderliche Urteils- und Einsichtsfähigkeit verfügen, um eine selbstbestimmte und eigenverantwortliche Entscheidung über den Fortgang der Behandlung zu treffen.

[1650] Twycross, Freiwillige Euthanasie - eine klinische Betrachtung in: Eser/Bringewat, Suizid und Euthanasie, S. 111 (113)

[1651] Twycross, Freiwillige Euthanasie - eine klinische Betrachtung in: Eser /Bringewat, Suizid und Euthanasie, S. 111 (114); M. v. Lutterotti, Menschenwürdiges Sterben, S. 124

[1652] Schara, Das Recht des Kranken auf seinen Tod in: Schara, Humane Intensivtherapie, S. 19 (24)

[1653] Menzel, Kriterien für einen Behandlungsabbau in: Eser/Bringewat, Suizid und Euthanasie, S. 143 (146)

[1654] Fritsche, Der Patient als Mensch oder Objekt in: Eser/Bringewat, Suizid und Euthanasie, S. 150 (153); M. v. Lutterotti, Menschenwürdiges Sterben, S. 123; Möllering, Schutz des Lebens - Recht auf Sterben, S. 10; H. Ehrhardt, Euthanasie und Vernichtung lebensunwerten Lebens, S. 8; Rickmann, Zur Wirksamkeit von Patiententestamenten, S. 67 weist in diesem Zusammenhang zutreffend darauf hin, daß Unwissenheit und mangelnde Flexibilität des behandelnden Arztes zu einer Verlagerung des Problems von der indirekten Sterbehilfe hin zu der des Kunstfehlers führen.

b. Rechtliche Beurteilung

Die indirekte Sterbehilfe kann nach geltendem Recht nicht zum Gegenstand des ärztlichen Behandlungsauftrages erhoben werden, wenn ihr ein gesetzliches Verbot im Sinne des § 134 BGB entgegensteht. Als derartige Verbotsnormen kommen wiederum die strafrechtlichen Regelungen des § 212 StGB (falls der Arzt lediglich mit der Einwilligung des Patienten handelt) bzw. des § 216 StGB (falls ein ernsthaftes Verlangen des Patienten vorliegt) in Betracht.

aa. Der Tod als unmittelbare und sichere Folge der Schmerztherapie

Abzugrenzen ist die indirekte Sterbehilfe zunächst von den Fällen, in denen der Arzt einen Patienten zwar mit der Zielsetzung behandelt, ihn von körperlichen Qualen zu befreien, hierbei aber eine Medikation wählt, die - wie er weiß - den Eintritt des Todes unmittelbar und mit Gewißheit zur Folge haben wird. Da der Patient eine Linderung seiner Leiden überhaupt nicht mehr erlebt, handelt es sich bei einer solchen ärztlichen Maßnahme ihrer Funktion nach nicht mehr um eine Schmerztherapie. Bei wertender Betrachtung ist vielmehr festzustellen, daß der bei der indirekten Sterbehilfe als unerwünschte Nebenfolge eintretende Tod hier nicht nur die Hauptwirkung der Handlung darstellt, sondern letztlich deren Ziel ist. Ein solcher Fall ist nach den zur aktiven Sterbehilfe entwickelten Grundsätzen zu beurteilen. Dem Arzt muß es versagt bleiben, sein Tun allein mit dem Hinweis zu rechtfertigen, er habe zum Besten des Patienten handeln wollen. Bereits im Zusammenhang mit den Erörterungen zur aktiven Sterbehilfe wurde darauf hingewiesen, daß ärztliches Handeln in sich widersprüchlich wird, wenn es die Person, der zu helfen es angeblich bestimmt ist, durch die Hilfsaktion selbst zielgerichtet "liquidiert".[1655]

bb. Der Tod als mögliche Folge der Schmerztherapie

Die im folgenden zu untersuchende indirekte Sterbehilfe bezieht sich somit allein auf diejenigen Konstellationen, in denen der Arzt sich der Gefahr des beschleunigten Todeseintrittes durch die mit seiner Medikation verbundenen unerwünschten Nebenwirkungen bewußt ist und auf deren Ausbleiben auch nicht mehr vertraut, andererseits aber darauf hofft, und der Gesundheitszustand des Patienten ihn objektiv zu dieser Hoffnung berechtigt, so daß eine Verursachung des Todeserfolges durch die

---

[1655] vgl. unter C. II. 2. g. aa.

Behandlung noch nicht sicher ist. Dies kann zum einen der Fall sein bei Dauermedikationen, die zu Zwecken effektiver Schmerzlinderung vorgenommen werden und als Nebenwirkung die Schädigung von Organen zur Folge haben, die nach längerer Zeit mit einer Verkürzung der Lebenserwartung verbunden sein können. Zum anderen ist es denkbar, daß der Arzt eine dauerhafte Schmerztherapie einleitet, die die Gabe immer höherer Dosen des betreffenden Medikamentes erforderlich macht und damit die Gefahr begründet, der Patient werde zu einem bestimmten Zeitpunkt den Belastungen nicht mehr gewachsen sein.

Eine Grauzone zwischen der zuletzt beschriebenen Fallvariante und der aktiven Sterbehilfe ist gegeben, wenn die Einzeldosierungen des Schmerzmittels bereits so hoch sind, daß mit jeder weiteren Steigerung die Gefahr des unmittelbar hierdurch verursachten Todeseintrittes zunimmt. Von indirekter Sterbehilfe dürfte dann meines Erachtens solange die Rede sein, wie der Arzt auf der Grundlage objektiver Kriterien aus der ex-ante Perspektive die begründete Hoffnung hat, die konkrete Gabe des Schmerzmittels werde für sich genommen den Tod nicht herbeiführen, sondern leidensmindernd wirken. Denn nur insofern dürfte von einer lebensverkürzenden *Nebenwirkung* auszugehen sein. Zusätzlich muß die aufgrund der angestellten Prognose für möglich gehaltene Lebensverkürzung in einem angemessenen Verhältnis stehen zu dem Zeitraum, in dem eine spürbare Linderung der Schmerzen zu erwarten ist.

(1) Tatbestandsmäßigkeit der indirekten Sterbehilfe im Sinne der Tötungsdelikte

Teilweise wird in der strafrechtlichen Literatur der Versuch unternommen, die indirekte Sterbehilfe mit Zustimmung des Patienten bereits auf der Ebene des Tatbestandes aus den §§ 212, 216 StGB auszuklammern.

Wessels und Herzberg stellen auf den sozialen Sinn und Bedeutungsgehalt des Geschehens in seinem Gesamtzusammenhang ab und vertreten die Ansicht, daß die Behandlung eines unheilbar Kranken oder Sterbenden zur Linderung von Schmerzen und zur Vermeidung unnötiger Todesqualen unter Inkaufnahme lebensverkürzender Nebenwirkungen ihrem sozialen Sinngehalt nach etwas ganz anderes sei als eine "Tötungshandlung" im Sinne des § 212 StGB. Sie richte sich nämlich nicht *gegen* das Leben, sondern bilde die einzige und letzte Möglichkeit, mit deren Hilfe der Arzt dem ohnehin verlöschenden Leben noch dienen und es für den leidenden Patienten erträglich gestalten könne, so daß bei wertender Betrachtung bereits der Tatbestand der Tötungsdelikte nicht als verwirklicht angesehen werden könne.[1656]

Diese Auffassung dürfte bereits nicht mit der von Wessels selbst vertretenen sozialen Handlungslehre im Einklang stehen, nach der nur sozialerhebliche Handlungen strafrechtlich von Relevanz sein sollen. Dies wiederum sei bei einem Verhalten anzunehmen, das die Beziehungen des einzelnen zu seiner Umwelt berühre und nach seinen erstrebten oder unerwünschten Folgen im sozialen Bereich Gegenstand einer wertbezogenen Beurteilung sein könne. Dafür sei der soziale Sinngehalt des Geschehens in seiner vollen objektiven Bedeutung unter Berücksichtigung der subjektiven Zielsetzung des Täters und der normativen Verhaltenserwartungen der Rechtsgemeinschaft zu erfassen.[1657]

Es kann nicht zweifelhaft sein, daß die Frage der indirekten Sterbehilfe aus der Perspektive des einzelnen betroffenen Patienten über den Bereich seines individuellen Lebensraumes hinausragt und durch die Einbindung von Ärzten und Pflegepersonal einen sozialen Bezug aufweist. Da zudem in dieser Situation eine Entscheidung über das Leben des Patienten als fundamentalem Wert unserer Rechtsordnung zu treffen ist, ist die soziale Erheblichkeit keineswegs als geringfügig zu bewerten. Dies gilt umso mehr deshalb, als es hier nicht lediglich um die Bewertung eines konkreten Einzelfalles geht, sondern die abstrakte Beurteilung ärztlichen Handelns gegenüber einem schwer leidenden Patienten in Frage steht, die in einer unbestimmten Vielzahl von Fällen praktische Bedeutung erlangen kann. Eine zusätzliche Brisanz der Entscheidungsfindung resultiert aus der Gegenüberstellung der indirekten mit der aktiven und passiven Sterbehilfe sowie mit der Suizidbeihilfe, da sich - wie die vorstehenden Ausführungen zur aktiven Sterbehilfe und zur Suizidbeihilfe bereits deutlich gezeigt haben - niemals eine bestimmte Form der Sterbehilfe isoliert von den übrigen beurteilen lassen bzw. die Entscheidung zu einer Fallgruppe stets auch Auswirkungen auf die anderen haben wird. Gerade in einer pluralistischen Gesellschaft, in der die Einstellungen zu Fragen der Sterbehilfe äußerst kontrovers sind, kann aus Gründen der Rechtssicherheit nicht auf klare Antworten zu diesem Themenkomplex verzichtet werden.

1656 Wessels, Strafrecht BT 1, § 1 III. 2. (21.Auflage 1997); Herzberg, Sterbehilfe als gerechtfertigte Tötung im Notstand ? NJW 1996, 3043 (3048); dagegen bleibt bei Wessels/Hettinger, Strafrecht BT 1, § 1 III. 2. (24.Auflage 2000) offen, ob bereits das Vorliegen einer Tötungshandlung zu verneinen ist oder lediglich die Rechtswidrigkeit.

1657 Wessels/Beulke, Strafrecht AT, § 3 II 2.

Zwar mag Wessels insofern zuzustimmen sein, als die Vornahme der indirekten Sterbehilfe in der Tat nicht dem Charakter herkömmlicher Tötungshandlungen entspricht. Jedoch kann dieser Gesichtspunkt sicher nicht dazu führen, daß die ärztliche Handlung bereits auf Tatbestandsebene aus den Tötungsdelikten ausgeschieden wird. Denn auch der Arzt, der einem Patienten aus Mitleid und auf dessen ausdrückliches Verlangen hin eine unmittelbar tödlich wirkende Substanz injiziert, entspricht nicht dem Typ des Totschlägers, den § 212 StGB im Auge hat, ohne daß ihn dies - wie oben gezeigt - vor strafrechtlicher Verfolgung bewahren könnte.

Die Einbeziehung der indirekten Sterbehilfe in den Tatbestand der Tötungsdelikte ist darüber hinaus insoweit als unschädlich zu betrachten, als hierdurch noch keinerlei Unwerturteil über die Handlungsweise des Arztes gesprochen wird. Andererseits ermöglicht gerade diese Vorgehensweise im Einzelfall eine rechtliche Überprüfung der Gesichtspunkte, die für oder gegen die Vornahme der indirekten Sterbehilfe sprechen, unter Heranziehung der anerkannten Rechtfertigungsgründe. Würde man hingegen alle Fälle der indirekten Sterbehilfe bereits vortatbestandlich unter Berufung auf den äußerst vagen und wenig bestimmten Begriff des sozialen Gesamtsinnes des Geschehens generell aus der wertenden Betrachung ausklammern, so bestünde die Gefahr, daß der Lebensschutz keine hinreichende Berücksichtigung fände. Dies ist nicht hin-nehmbar.[1658]

Binding vertritt die Auffassung, daß es sich bei der indirekten Sterbehilfe nicht um eine "Tötungshandlung im Rechtssinne" handle, sondern lediglich um eine Abwandlung der schon unwiderruflich gesetzten Todesursache.[1659] Zur Begründung beruft er sich darauf, daß bei einem Kranken, dem der Tod sicher und alsbald bevorstehe, der Zeitunterschied zwischen dem infolge der Krankheit vorauszusehenden und dem durch das verabreichte Mittel verursachten Tode nicht von Bedeutung sei. Von einer spürbaren Verringerung der Lebenszeit des Verstorbenen könne dann überhaupt nicht oder höchstens von einem "beschränkten Pedanten" gesprochen werden.[1660]

Andere modifizieren diesen Standpunkt insofern, als sie zwar zugestehen, daß es dem Sinn der §§ 211 ff. StGB entspreche, selbst eine geringfügige Verkürzung menschlichen Lebens zu erfassen, wenn diese gewollt und Ziel des Handelns sei. Dies gelte jedoch nicht in gleicher Weise bei ungewollten und lediglich in Kauf genommenen Nebenfolgen. Denn so wie es nicht geboten sei, qualvoll erlöschendes

---

1658 so im Ergebnis auch v. Dellingshausen, Sterbehilfe und Grenzen der Lebenserhaltungspflicht des Arztes, S. 123, die generell die soziale Handlungslehre ablehnt.
1659 Binding in: Binding/Hoche, Die Freigabe der Vernichtung lebensunwerten Lebens, S. 5 (18)
1660 Binding in: Binding/Hoche, Die Freigabe der Vernichtung lebensunwerten Lebens, S. 5 (17)

Leben unter allen Umständen künstlich zu verlängern, so sei es nicht verboten, Todesqualen mit kunstgerechten Mitteln auf die Gefahr hin zu lindern, daß sie geringfügig abgekürzt werden. Die geringfügige Verkürzung eines ohnehin qualvoll erlöschenden Lebens sei nicht vom Schutzzweck der Tötungsdelikte umfaßt.[1661]

Zu diesen Ansichten ist zunächst anzumerken, daß nach der herrschenden Bedingungs- oder Äquivalenztheorie jede Handlung als kausal zu gelten hat, die nicht hinweggedacht werden kann, ohne daß der konkrete Erfolg in dieser Weise, unter diesen Umständen und in diesem Augenblick entfiele. Reserveursachen und hypothetische Kausalverläufe dürfen anstelle der weggedachten Handlung nicht hinzugefügt werden.[1662]

Wendet man diese Regeln auf das ärztliche Handeln im Falle der indirekten Sterbehilfe an, so kann nicht zweifelhaft sein, daß dieses im Rechtssinne kausal für den Todeseintritt ist. Denn ohne das Eingreifen des Arztes wäre der Patient auf andere Weise (nämlich infolge des fortschreitenden Krankheitsprozesses) und zu einem späteren Zeitpunkt verstorben. Somit kann Binding schon insofern nicht zugestimmt werden, als er davon ausgeht, die bereits vorhandene Todesursache werde lediglich unwesentlich abgewandelt. Allerdings soll in diesem Zusammenhang nicht verschwiegen werden, daß die Kausalitätsfeststellung zwischen dem Handeln des Arztes und dem Eintritt des Todes in der Praxis nicht selten erhebliche Schwierigkeiten bereitet. Die Wirkung schmerzstillender Medikamente ist im Einzelfall von so vielen variablen Bedingungen abhängig, daß die Frage, ob eine Beeinflussung des Todeszeitpunktes gegeben ist, schon ex post selten - noch weniger aber ex ante - mit Sicherheit zu beantworten ist.[1663] Insbesondere gilt es in diesem Zusammenhang zu bedenken, daß die Behebung von körperlichen oder seelischen Leiden im allgemeinen eine Entlastung des Organismus mit sich bringt, die für sich genommen zu einer Lebensverlängerung beiträgt, so daß im nachhinein oftmals fraglich ist, ob sich der lebensverlängernde oder der lebensverkürzende Effekt der Behandlung vorrangig niedergeschlagen hat.[1664]

1661 Krey, Strafrecht BT, § 1 RNr. 14; Blei, Strafrecht BT, § 5 VI. 3.; Helgerth, Strafrechtliche Beurteilung der Sterbehilfe durch den Arzt, JR 1976, 45; H. Mayer, Strafrecht, S. 172; Hirsch, G., Der sterbende Mensch, ZRP 1986, 239 (240)

1662 RGSt 1, 373 (374); BGHSt 1, 332 (333); BGHSt 24, 31 (34)

1663 Möllering, Schutz des Lebens - Recht auf Sterben, S. 11

1664 M. v. Lutterotti, Ärztlicher Heilauftrag und Euthanasie in: Eser/Bringewat, Suizid und Euthanasie, S. 291 (294); Eibach, Sterbehilfe - Tötung aus Mitleid ? S. 215; Kautzky, Die Freiheit des Sterbenden und die Pflicht des Arztes in: Eid, Euthanasie oder soll man auf Verlangen töten ? S. 25 (29)

Abgesehen davon würde das Abstellen auf das Kausalitätskriterium für sich genommen auch deshalb nicht zu befriedigenden Ergebnissen führen, da selbst dann, wenn die Ursächlichkeit des ärztlichen Handelns für den vorzeitigen Eintritt des Todes nicht bewiesen werden könnte, dies allein den Arzt zumindest nicht von dem Vorwurf des versuchten Tötungsdeliktes befreien könnte.

Ebensowenig vermag das Abstellen auf den zeitlichen Umfang der eingetretenen Lebensverkürzung zu überzeugen. Wie bereits ausgeführt, verbietet sich unter der Geltung der Art. 1 Abs. 1 und Art. 2 Abs. 2 Satz 1 GG jede Differenzierung menschlichen Lebens in quantitativer und qualitativer Hinsicht. Es hat keinen Wert, der berechnet werden könnte, sondern ist für sich gesehen Selbstzweck und von jedermann zu achten.[1665] Jeder Augenblick, um den das Leben eines Menschen von dritter Seite verkürzt wird, muß als erheblich angesehen werden, weil es niemandem zusteht, eine Wertung über den Wert oder die Sinnhaftigkeit der Lebensspanne abzugeben, um die der Betreffende gebracht worden ist. Dies hat nicht das Geringste mit Pedanterie zu tun. Vielmehr steht die Überlegung Bindings - konsequent fortgedacht - sehr schnell in der Gefahr, jeglichen Unterschied zwischen der indirekten und der aktiven Sterbehilfe zu negieren. Denn wenn es ohnehin unbeachtlich ist, wie lange ein todkranker Patient noch lebt, kann es wohl auch kaum von Bedeutung sein, auf welche Weise es zu einer Verkürzung des in seinem Achtungsanspruch stark geminderten Lebens kommt. Daß Differenzierungen in zeitlicher Hinsicht zudem geeignet sind, den Damm des Lebensschutzes zu brechen und nicht nur das Leben von Sterbenden, sondern das aller hinfällig gewordenen oder letztlich gar aller alten Menschen zu gefährden, wurde ebenfalls bereits eingehend erläutert.[1666]

Dem Vorwurf der Relativierung des Lebensschutzes versuchen zwar diejenigen entgegenzuwirken, die die Tötungsdelikte nur dann nicht tatbestandlich berührt sehen, wenn der vorzeitige Todeseintritt lediglich als unbeabsichtigte Nebenfolge zu beklagen ist. Auch sie können jedoch zumindest nicht leugnen, daß das Leben des Patienten nach ihrer Konstruktion zumindest dann schutzlos dem Handeln des Arztes ausgeliefert ist, wenn dieser die Lebensverkürzung nicht als solche gewollt hat. Dies kann jedoch in dieser allgemeinen Form sicher nicht hingenommen werden und entspricht auch nicht dem Regelungszweck der §§ 211 ff. StGB.

Darüber hinaus wird zu Recht darauf hingewiesen, daß der Ansatz unzureichend sei, weil er nur Fälle im Terminalstadium umfasse. Stehe der Arzt aber vor der

---

1665 vgl. hierzu auch C. II. 2. g. bb. (1)

1666 vgl. C. II. 2. g. bb. (2) (o)

Frage, ob er eine Schmerztherapie einleiten solle, die das Risiko der Lebensverkürzung mit sich bringe, so könne es keine Rolle spielen, ob sich der unerträglich Leidende im Endstadium einer zum Tode führenden Krankheit befinde oder nicht.[1667]

Engisch verneint im Falle der indirekten Sterbehilfe das Vorliegen eines tatbestandlichen Tötungsdeliktes auf der Grundlage der von ihm vertretenen Lehre vom Handlungsunrecht,[1668] sofern die ärztliche Maßnahme aufgrund einer objektiven Interessenabwägung ex-ante indiziert gewesen sei. Dies wiederum sei anzunehmen, wenn die Wahrscheinlichkeit einer erheblichen Gesundheitsförderung diejenige eines negativen Ausganges überwiege und der Eingriff kunstgerecht ausgeführt werde.[1669]

Die indirekte Sterbehilfe dürfte kaum jemals unter die von Engisch genannten Bedingungen zu subsumieren sein. So wurde bereits betont, daß die rechtliche Beurteilung der indirekten Sterbehilfe unter dem Gesichtspunkt der Tötungsdelikte erst dann von Relevanz ist, wenn der Arzt durch die Gabe immer höherer Dosen schmerzlindernder Medikamente für den Fall der Fortführung der Schmerztherapie die Gefahr des beschleunigten Todeseintrittes geschaffen hat, sich dessen bewußt ist und auf ein Ausbleiben der tödlichen Nebenwirkung nicht mehr vertraut, andererseits aber die Hoffnung hierauf noch nicht aufgegeben hat. Es ist mehr als fraglich, ob man in dieser Situation noch davon sprechen kann, eine weitere Schmerzbehandlung sei im Sinne der Lehre Engischs "indiziert", ist doch hier von einem Überwiegen der Wahrscheinlichkeit eines positiven Ausganges kaum mehr auszugehen.[1670]

1667 Eser, Lebenserhaltungspflicht und Behandlungsabbruch in rechtlicher Sicht in: Auer/Menzel/Eser, Zwischen Heilauftrag und Sterbehilfe, S. 75 (89); Hanack, Euthanasie in strafrechtlicher Sicht in: Hiersche, Euthanasie, S. 121 (134)

1668 vgl. hierzu B. IV. 2. a. bb.

1669 Engisch, Ärztlicher Eingriff zu Heilzwecken und Einwilligung, ZStW 58 (1939), 1 (7 ff.); Engisch, Aufklärung und Sterbehilfe bei Krebs in: Festschrift für Bockelmann, S. 519 (532), wobei er vom Vorliegen eines "erlaubten Risikos" einer riskanten Therapie ausgeht.

1670 Aus diesem Grunde sind auch die teilweise im Zusammenhang mit der indirekten Sterbehilfe vorgebrachten Überlegungen zum tatbestandsausschließenden "unverbotenen Risiko" hier nicht einschlägig, die daran anknüpfen, daß sich die Gefahr der Sterbensbeschleunigung noch im Bereich des generellen Risikos bewege. Denn auch ein solches sozialadäquates, unverbotenes Risiko wird von den Vertretern dieser Auffassung letztlich nur dann angenommen, wenn die Lebensverkürzung noch als bloßes Risiko bezeichnet werden, das Vertrauen auf ein Ausbleiben der Todesbeschleunigung nach objektiven Kriterien also als berechtigt gelten könne. Dies wiederum sei der Fall, wenn die Aussicht auf eine nachhaltige Besserung des Zustandes des Patienten ohne Lebensverkürzung größer sei als die Möglichkeit der Todesbeschleunigung (v. Dellingshausen, Sterbehilfe und Grenzen der Lebenserhaltungspflicht des Arztes, S. 160).

Abgesehen davon begegnet die Lehre vom Handlungsunrecht im Bereich der Tötungsdelikte denselben Bedenken, die bereits gegen die Ausgrenzung des ex-ante indizierten und kunstgerecht durchgeführten ärztlichen Heileingriffs aus dem Tatbestand der Körperverletzungsdelikte geltend gemacht wurden.[1671] Auch hier gilt, daß der eingetretene Todeserfolg als solcher keine hinreichende Berücksichtigung findet, die Definition dessen, was als kunstgerecht durchgeführte Behandlung zu betrachten ist, Probleme aufwirft, und die Begrenzung der strafrechtlichen Untersuchung auf eine möglicherweise vorliegende eigenmächtige Heilbehandlung als Freiheitsdelikt dem Patienten keinen hinreichenden Schutz bietet.

Schließlich ist die Ansicht Bockelmanns, der Arzt, der bei einem unrettbar Kranken schmerzstillende Mittel mit der Gefahr eines vorzeitigen Todeseintrittes verabreiche, handle nicht mit Tötungsvorsatz im Rechtssinne,[1672] unhaltbar.[1673] Ihm ist nur zuzustimmen, solange der Arzt auf das Ausbleiben der tödlichen Nebenwirkung tatsächlich vertraut. Dies aber wird in den hier in Frage stehenden kritischen Fällen gerade nicht mehr der Fall sein. Auch eine Modifikation des strafrechtlichen Vorsatzbegriffes im Sinne Bockelmanns[1674] dürfte sich für den Arzt hier letztlich nicht als wirklich hilfreich erweisen. Denn selbst wenn sich der Arzt auf das Fehlen seines Vorsatzes berufen könnte, so würde ihn dies bei objektiver Vorhersehbarkeit der eingetretenen Lebensverkürzung zumindest nicht von dem Vorwurf der Fahrlässigkeit befreien.

Aus dem gleichen Grunde ist der bloße Hinweis darauf, daß dem Arzt vorsätzliches Handeln zumindest nicht nachgewiesen werden könne,[1675] unbefriedigend. Es dürfte einem Arzt nicht zuzumuten sein, durch bewußt unrichtige Angaben die Aufklärung der Vorsatzfrage unmöglich zu machen.[1676] Darüber hinaus kann allein durch den Verweis auf die Möglichkeit eines solchermaßen prozessual "geschickten" Verhaltens die bestehende Rechtsunsicherheit nicht beseitigt werden, die als maßgebliche Ursache für die unangebrachte Zurückhaltung vieler Ärzte beim Gebrauch von Opiaten anzusehen ist.[1677]

1671 vgl. hierzu B. IV. 2. c. aa.

1672 Bockelmann, Das Strafrecht des Arztes in: Ponsold, Lehrbuch der gerichtlichen Medizin, 3. Aufl., S. 1 (8); Bockelmann, Strafrecht des Arztes, S. 25; zustimmend Engisch, Aufklärung und Sterbehilfe bei Krebs in rechtlicher Sicht in: Festschrift für Bockelmann, S. 519 (532 f.)

1673 Geilen, Rechtsfragen der Euthanasie in: Festschrift für Bosch, S. 277 (282) spricht insofern von einer Verlegenheitslösung Bockelmanns

1674 Bockelmann, Das Strafrecht des Arztes in: Ponsold, Lehrbuch der gerichtlichen Medizin, S. 1 (38)

1675 Schmitt, Euthanasie aus der Sicht des Juristen, JZ 1979, 462 (465)

1676 Eser, Lebenserhaltungspflicht und Behandlungsabbruch in rechtlicher Sicht in: Auer/Menzel/Eser, Zwischen Heilauftrag und Sterbehilfe, S. 75 (88); Rickmann, Zur Wirksamkeit von Patiententestamenten, S. 77

1677 Stürmer, Sterbehilfe, S. 8; Tröndle, Warum ist Sterbehilfe ein rechtliches Problem ? ZStW 1987, 25 (29f.); Baumann/Bochnik/Brauneck u.a., AE-Sterbehilfe, S. 22; Bauer, Aufklärung und Sterbehilfe

Zusammenfassend bleibt daher festzuhalten, daß die Durchführung der indirekten Sterbehilfe den Tatbestand der §§ 212 bzw. 216 StGB verwirklicht.

(2) Rechtswidrigkeit der indirekten Sterbehilfe ?

Zu prüfen bleibt, ob die Durchführung der indirekten Sterbehilfe gerechtfertigt sein könnte.

Unstreitig liegt in den Fällen der hier in Frage stehenden Art eine Güterkollision vor, in der das Rechtsgut des körperlichen Wohlbefindens nur dadurch gerettet werden kann, daß das Rechtsgut Leben zumindest in hohem Maße gefährdet, wenn nicht gar verletzt wird. Der Rechtspflicht des Arztes zur Schmerzlinderung steht somit unmittelbar das Tötungsverbot als abwägungserheblicher Belang gegenüber.[1678]

Teilweise wird die Rechtfertigung des Arztes in Fällen dieser Art aus dem Gesichtspunkt der rechtfertigenden Pflichtenkollision hergeleitet.[1679] Die Heranziehung dieses Rechtfertigungsgrundes erscheint jedoch bereits aus dogmatischen Gründen bedenklich, da er die Kollision zweier den Täter treffenden Handlungspflichten voraussetzt,[1680] vorliegend aber eine Handlungs- und eine Unterlassungsverpflichtung miteinander in Konflikt geraten.

Auf Fälle eines solchen Konfliktes findet § 34 StGB Anwendung.[1681] Danach ist die Verletzung des Handlungsverbotes nur dann rechtmäßig, wenn die Handlung zum Schutze eines anderen Rechtsgutes erforderlich ist und dieses Schutzinteresse das hinter dem Verbot stehende Interesse wesentlich überwiegt.

Der Anwendbarkeit des § 34 StGB steht nicht entgegen, daß die kollidierenden Rechtsgüter derselben Person zustehen.[1682] In einem solchen Falle - insbesondere

---

bei Krebs in medizinischer Sicht in: Festschrift für Bockelmann, S. 497 (515); Koch, Ist Sterbehilfe ein rechtspolitisches Problem ? in: Evang. Akademie Baden, Sterbehilfe, S. 29 (33)

1678 Möllering, Schutz des Lebens - Recht auf Sterben, S. 22

1679 Detering, Forum - § 216 StGB und die aktuelle Diskussion um die Sterbehilfe, JuS 1983, 418 FN 10

1680 Lenckner, Der Grundsatz der Güterabwägung, GA 1985, 295 (312); Beckert, Strafrechtliche Probleme um Suizidbeteiligung und Sterbehilfe, S. 319; vgl. hierzu auch bereits C. II. 2. g. aa.

1681 Küper, Noch einmal: Rechtfertigender Notstand, Pflichtenkollision und übergesetzliche Entschuldigung, JuS 1971, S. 474; Rickmann, Zur Wirksamkeit von Patiententestamenten, S. 81; Kutzer, Strafrechtliche Überlegungen zum Selbstbestimmungsrecht des Patienten, MDR 1985, 710 (714); Schreiber, Das Recht auf den eigenen Tod, NStZ 1986, 337 (341)

1682 Ebert, Strafrecht: Ärztlicher Eifer, JuS 1976, 319 (321); Ulsenheimer, Strafbarkeit des Garanten, JuS 1972, 252 (254); Spendel, Zur Dogmatik der unechten Unterlassungsdelikte, JZ 1973, 137 (141) soweit höchstpersönliche Rechtsgüter betroffen sind - kommt zunächst der Entscheidung des Rechtsgutträgers eine bedeutende Funktion zu, so daß nur diejenige Handlung gerechtfertigt sein kann, die mit seiner Einwilligung vorgenommen wird. Andererseits ist eine solche Einwilligung dann nicht ausreichend, wenn ein Eingriff in das Rechtsgut Leben durch einen Dritten in Frage steht, da entsprechend der Wertung des § 216 StGB dem Betroffenen insofern keine Dispositionsbefugnis zusteht. Der Patientenwille kann hier nur ein - wenn auch wesentlicher - Gesichtspunkt bei der Lösung des Interessenkonfliktes sein.[1683]

Vor dem Inkrafttreten des § 34 StGB in seiner heutigen Fassung wurde teilweise die Auffassung vertreten, der Interessenkonflikt sei allein unter Berücksichtigung des abstrakten Wertverhältnisses der im Widerstreit stehenden Rechtsgüter zu lösen (Güterabwägungstheorie).[1684] Würde man dem folgen, so könnte der Arzt im Falle der indirekten Sterbehilfe nicht als gerechtfertigt angesehen werden. Denn bei einer rein abstrakten Betrachtung ist das Rechtsgut Leben gegenüber dem der Schmerzfreiheit als höherrangig einzustufen.[1685]

Andere stellten der Güterabwägungstheorie die sog. Zwecktheorie gegenüber, nach der die Frage der Rechtmäßigkeit der die Notstandslage lösenden Handlung danach beurteilt wurde, ob diese Handlung ein angemessenes Mittel zur Verfolgung eines rechtlich billigenswerten Zweckes darstellte,[1686] und gelangten so zur Rechtfertigung des Arztes in Fällen der indirekten Sterbehilfe.[1687]

Die heutige Fassung des § 34 StGB vereinigt beide Positionen und berücksichtigt dabei, daß diese jeweils für sich genommen zu einseitig sind. Die Güterabwägungstheorie vernachlässigt mit ihrem zu starren Maßstab die Bedeutung subjektiver

---

[1683] v. Dellingshausen, Sterbehilfe und Grenzen der Lebenserhaltungspflicht des Arztes, S. 191

[1684] siehe Nachweise bei Lenckner, Der rechtfertigende Notstand, S. 4; so heute auch noch Stürmer, Sterbehilfe, S. 8 f.

[1685] BVerfG NJW 1975, 573 (575): Das menschliche Leben stelle innerhalb der grundgesetzlichen Ordnung einen Höchstwert dar, der die vitale Basis der Menschenwürde und aller anderen Grundrechte sei; Möllering, Schutz des Lebens - Recht auf Sterben, S. 22; v. Dellingshausen, Sterbehilfe und Grenzen der Lebenserhaltungspflicht des Arztes, S. 197 stellt zur Begründung zudem darauf ab, daß die Strafdrohungen der §§ 211 ff. StGB höher seien als diejenigen der §§ 223 ff. StGB, und daß das Rechtsgut Leben in Art. 2 Abs. 2 Satz 1 GG sowie in § 34 StGB jeweils vor demjenigen der körperlichen Unversehrtheit genannt werde.

[1686] Graf zu Dohna, Die Rechtswidrigkeit als allgemeingültiges Merkmal im Tatbestande strafbarer Handlungen, S. 48; E. Schmidt, Das Reichsgericht und der übergesetzliche Notstand, ZStW 49 (1929) S. 350 (362, 376 ff.)

[1687] Buschendorf, Die strafrechtliche Problematik der Euthanasie in: Valentin, Die Euthansie, S. 43 (55 f.); Kreuzer, Ärztliche Hilfeleistungspflicht in der Sicht des Strafrechts in: Mergen, Die juristische Problematik in der Medizin, Bd. II, S. 217 (242)

Kriterien sowie die besonderen Umstände des Einzelfalles,[1688] die Zwecktheorie dagegen vermag letztlich keine geeigneten Kriterien und Wertgesichtspunkte dafür zu liefern, ob ein angewandtes Mittel angemessen ist oder nicht. Diese Frage kann nicht allein schon im Hinblick auf den verfolgten Zweck der Handlung beantwortet werden, sondern allein im Wege einer umfassenden Interessenabwägung.[1689]

Als Ausgangspunkt dieser Abwägung bleibt festzuhalten, daß trotz des Willens des Patienten zur Durchführung der indirekten Sterbehilfe der abstrakt höhere Rang des Rechtsgutes Leben gegenüber dem der körperlichen Unversehrtheit als gegen diese sprechender Faktor zu berücksichtigen ist.

Da das grundsätzliche Tötungsverbot nicht allein dem Individualschutz des einzelnen zu dienen bestimmt ist, sondern darüber hinaus auch der "Idee des Lebensschutzes an sich",[1690] ist fraglich, ob und inwieweit der einzelne berechtigt ist, im Rahmen von Maßnahmen der indirekten Sterbehilfe wirksam auf den Schutz seines Lebens im Interesse der Linderung seiner Schmerzen zu verzichten.

Teilweise wird die Auffassung vertreten, daß das Prinzip des Lebensschutzes keine Ausnahme im Sinne der indirekten Sterbehilfe zulasse. Die Abkürzung des unmittelbaren Todeskampfes könne nicht rechtens sein oder dem Arzt zur freien Verfügung überlassen bleiben.[1691] Zwar werde dem einzelnen Sterbenden dadurch möglicherweise unnötiges Leiden abgefordert, doch müsse dem Patienten klargemacht werden, daß die indirekte Sterbehilfe nicht in Betracht komme, weil sein Beispiel Schule machen und zu einer Aufweichung des Lebensschutzes als solchem führen könne.[1692] Von anderer Seite wird die Befürchtung geäußert, aus der Anerkennung der indirekten Sterbehilfe könne der Ruf nach einer "Mörderklinik" resultieren.[1693]

[1688] so ist heute beispielsweise anerkannt, daß dem Rechtsgut Leben dann nicht der Vorrang gebührt, wenn einer konkreten akuten Gefahr für die Körperintegrität eine nur abstrakte potentielle Gefahr für das Leben gegenübersteht (Tröndle in: Tröndle/Fischer, StGB, § 34 RNr. 11; v. Dellingshausen, Sterbehilfe und Grenzen der Lebenserhaltungspflicht des Arztes, S. 198)

[1689] Tröndle in: Tröndle/Fischer, StGB, § 34 RNr. 8 ff.; Lenckner in: Schönke/Schröder, StGB, § 34 RNr. 22; Kühl in: Lackner/Kühl, StGB, § 34 RNr. 6

[1690] vgl. C. II. 2. g. bb. (1)

[1691] Niemann, Die privatautonome Gestaltung der ärztlichen Pflicht zur Erhaltung erlöschenden Lebens durch den Patienten, S. 120; Kohlhaas, Das Recht auf den eigenen Tod, NJW 1973, 548 (550); Eb. Schmidt, Der Arzt im Strafrecht in: Ponsold, Lehrbuch der gerichtlichen Medizin, 2. Aufl., S. 1 (13)

[1692] Porges, zit. nach Bringewat, Diskussionsbericht II in: Eser/Bringewat, Suizid und Euthanasie, S. 222 (226)

[1693] Hammann, Die echte Sterbehilfe, S. 140 (141); Lang, Zum Aufsatz Dr. Brenske: Tötung aus eugenischen Gründen und aus Euthanasiegründen, JR 1953, 54 (55); Leisner, Das Lebensrecht in: Niedersächsische Landeszentrale für politische Bildung, Das Recht auf Leben, S. 1 (39); im Ergebnis ähnlich Kohlhaas, Rechtsfragen zur Tranplantation von Körperorganen, NJW 1967, 1489 (1492)

In der Tat gebietet die überragende Bedeutung des Rechtsgutes Leben eine besonders gewissenhafte Überprüfung der Fallgruppe der indirekten Sterbehilfe auf etwaige Mißbrauchs- und Ausweitungstendenzen. Denn es kann nicht in Abrede gestellt werden, daß die indirekte Sterbehilfe einen - wenn auch nur mittelbaren - Eingriff in das Rechtsgut Leben darstellt. Hat der Arzt durch die von ihm verabreichte Medikation die (unerwünschte) Gefahr des beschleunigten Todeseintritts bewußt gesetzt und auf deren Ausbleiben auch nicht mehr vertraut, sondern lediglich hierauf gehofft, wobei ihn der Gesundheitszustand des Patienten objektiv zu dieser Hoffnung berechtigte, so bleibt im Falle der Realisierung dieses Risikos nur die Feststellung, daß er durch die Art und Weise der Behandlung über das Leben des Patienten verfügt hat.

Nicht fernliegend ist vor diesem Hintergrund die Befürchtung, die rechtliche Anerkennung der indirekten Sterbehilfe könne zu einer allmählichen Aushöhlung des grundgesetzlich verankerten Lebensschutzes beitragen. Im Sinne des Dammbruchargumentes ist es durchaus vorstellbar, daß ein Arzt, der die lebensverkürzende Nebenwirkung seiner Behandlung zunächst nur in Extremfällen schwersten Leidens eines Patienten in Kauf nimmt und dabei durch die sehr vorsichtige Erhöhung der Einzeldosierungen objektiv zu der Hoffnung berechtigt ist, diese werde den Tod nicht herbeiführen, die Einzeldosierungen allmählich großzügiger bemißt und sich dabei immer weniger die Frage stellt, inwiefern die konkrete Schmerzmittelgabe noch die Hoffnung auf einen für den Patienten positiven Ausgang begründet. Dieser Prozeß kann sich aus der Sicht des Arztes durchaus auch unbewußt vollziehen, bis er schließlich die Grenze überschritten hat, jenseits derer er davon auszugehen hat, daß die gewählte Medikation unmittelbar und mit Gewißheit zum Tode führen muß (aktive Sterbehilfe).[1694]

Ebenso ist eine Ausweitung der Fälle der indirekten Sterbehilfe insofern vorstellbar, als mit der Zeit auch Patientengruppen in diese einbezogen werden könnten, deren Leiden durchaus auch ohne das Risiko einer - auch nur mittelbaren - Lebensverkürzung behoben oder zumindest auf ein erträgliches Maß zurückgeführt werden könnte.

Die Dammbruchargumentation verdeutlicht, wie hauchdünn in der Praxis die Trennlinie ist, die zwischen der aktiven und der indirekten Sterbehilfe zu ziehen ist, zumal der im nachhinein in aller Regel nur sehr schwer nachweisbaren subjektiven Einstellung des Arztes bei der Abgrenzung die entscheidende Bedeutung zukommt.

1694 vgl. zur Abgrenzung der indirekten von der aktiven Sterbehilfe auch oben C. II. 6. b. aa.

Dies könnte dafür sprechen, die indirekte in ihrer Bewertung der aktiven Sterbehilfe gleichzustellen und sie ausnahmslos unter Strafandrohung zu untersagen. Andererseits jedoch stellt sich die Frage, ob dieses Ergebnis der Würde des Patienten in jedem Falle hinreichend Rechnung tragen würde. Denn letztlich müßte der Arzt einem Schwerstkranken, der an unerträglichen Schmerzen leidet, die Hilfe spätestens dann verweigern, wenn die erforderliche Dosierung schmerzstillender Mittel das Risiko einer Lebensverkürzung mit sich bringen würde. Dies wäre für Arzt und Patient nicht nur unbefriedigend, sondern vielfach sogar inhuman und unzumutbar. Nicht zu unterschätzen wäre ferner die das Vertrauensverhältnis zu dem Arzt belastende Sorge des Patienten, jener werde ihn in seinem möglicherweise qualvollen Todeskampf alleine lassen. Dies wiederum würde die Neigung zahlreicher Patienten, deren vorhersehbarer Krankheitsverlauf vermutlich erhebliche Schmerzen mit sich bringen wird, begünstigen, selbst Hand an sich zu legen, um diesem möglichen Horrorszenario zu entgehen. Gerade die Ausführungen zur Sterbebegleitung einerseits und zur aktiven Sterbehilfe und Suizidbeihilfe andererseits haben verdeutlicht, welch zentrale Bedeutung der Furcht des Patienten vor Schmerzen und dem damit einhergehenden Verlust seiner Würde im Rahmen der Sterbehilfediskussion zukommt. Eine rigorose Verurteilung der indirekten Sterbehilfe unter Berufung auf das Dammbruchargument, die das Leiden des konkret sterbenden Patienten nicht berücksichtigt, läuft daher Gefahr, ihrerseits die Position der Befürworter der aktiven Sterbehilfe sowie der Suizidbeihilfe zu stärken. Die hieraus resultierenden negativen Folgen für die Frage des Lebensschutzes lassen sich vor dem Hintergrund der dargestellten Kritik zur aktiven Sterbehilfe ohne weiteres erahnen.[1695]

Die Fallgruppe der indirekten Sterbehilfe fügt sich daher nur dann befriedigend in das hier erarbeitete Konzept der strikten Ablehnung der aktiven Sterbehilfe sowie der Beihilfe zur Selbsttötung bei gleichzeitiger Betonung aller Aspekte der Sterbebegleitung ein und rundet dieses nur dann im Sinne einer in sich schlüssigen Gesamtkonzeption ab, wenn es gelingt, einerseits zu gewährleisten, daß der Arzt berechtigt ist, unerträgliches Leid selbst dann zu lindern, wenn dies nur unter Inkaufnahme des Risikos einer unbeabsichtigten Lebensverkürzung möglich ist, zugleich aber sicherzustellen, daß indirekte Sterbehilfe nur in solchen Ausnahmefällen zur Anwendung gelangt, die den Gedanken der Unantastbarkeit menschlichen Lebens in seinem Kern unberührt lassen und nicht geeignet sind, seine Achtung im öffentlichen Bewußtsein zu erschüttern.

[1695] vgl. zur Kritik an den verschiedenartigsten Bestrebungen, die aktive Sterbehilfe zu legalisieren, oben C. II. 2. g.

Als zu weitgehend und undifferenziert erweist sich angesichts dieser Zielsetzung zumindest die Ansicht derer, die die indirekte Sterbehilfe im Sinne einer Schmerzlinderung mit lebensverkürzender Nebenwirkung ohne jede Einschränkung für zulässig halten.[1696]

Inwiefern die Ausübung indirekter Sterbehilfe vom Vorliegen weiterer Voraussetzungen abhängig gemacht werden muß, ist nachfolgend unter Berücksichtigung von Art und Ausmaß des Leidens, des konkreten Verlaufes der Krankheit, der Todesnähe des Patienten sowie des Risikos und der Erheblichkeit der Sterbensbeschleunigung zu prüfen.

Erforderlich kann die indirekte Sterbehilfe allein bei besonders starken, für den Patienten unerträglichen Schmerzen sein, sofern kein anderes Mittel zur Verfügung steht, das zur Linderung in vergleichbarer Weise geeignet wäre. Derartige das Wahrnehmungsspektrum des Patienten beherrschende Schmerzen sollten jedoch nicht vorschnell angenommen werden. Einige für Außenstehende besonders erschreckende und abstoßende Symptome in der letzten Phase eines unruhig verlaufenden Sterbeprozesses, wie z.B. unkontrollierbare Krampfanfälle, können Anzeichen des Zusammenbruchs cerebraler und vegetativer Kontrollmechanismen sein, von denen der Sterbende höchstwahrscheinlich nichts mehr mitbekommt.[1697]

Ferner wird zu Recht geltend gemacht, daß nicht nur die augenblickliche Stärke des Leidens zu berücksichtigen sei, sondern auch, ob es noch nennenswerte Intervalle eines erträglichen Daseins gebe oder ob sich mit Bestimmtheit sagen lasse, daß der Schmerz "das verlöschende Leben in seinen zentralen Bezügen für immer überwuchernd zerstöre."[1698]

Andererseits kann die hier in Frage stehende riskante Form der Schmerzbehandlung, soweit man sie dem Grunde nach anerkennt, nicht auf die Terminalphase beschränkt sein, da auch vor diesem Stadium Patienten oft wochen- oder monatelang in quälendster Weise dem Tode entgegengehen.[1699]

1696 Laufs, Selbstverantwortetes Sterben ? NJW 1996, 763; Händel, Jahrestagung der Deutschen Gesellschaft für Rechtsmedizin, NJW 1974, 2041 (2042); Eser, Lebenserhaltungspflicht und Behandlungsabbruch in rechtlicher Sicht in: Auer/Menzel/Eser, Zwischen Heilauftrag und Sterbehilfe, S. 75 (89 f.); Gründel, Sterbehilfe aus ethischer Sicht, MedR 1985, 2 (6)

1697 Forßmann, Die Euthanasie als Problem der Medizin in: Blaha/Gutjahr-Löser/Niebler, Schutz des Lebens - Recht auf Tod, S. 47 (54 f.); Rieger, Die mutmaßliche Einwilligung in den Behandlungsabbruch, S. 155

1698 Hanack, Euthanasie in strafrechtlicher Sicht in: Hiersche, Euthanasie, S. 121(133)

1699 v. Dellingshausen, Sterbehilfe und Grenzen der Lebenserhaltungspflicht des Arztes, S. 229

Darüber hinaus gebietet es der Grundsatz der Verhältnismäßigkeit, die indirekte Sterbehilfe von vornherein auf die Fälle zu begrenzen, in denen der Zeitraum, um den das Leben voraussichtlich verkürzt wird, in einem vertretbaren Verhältnis zur Dauer des Lebensrestes steht, der dem Patienten ohne den Eingriff voraussichtlich verbleiben würde. Dies wird regelmäßig nur dann der Fall sein, wenn die Lebensverkürzung als relativ geringfügig bezeichnet werden kann.[1700]

Wird aber das Leben des Patienten unter den vorgenannten Prämissen von seinen Schmerzen vollkommen und in unerträglicher Weise überlagert, dürfte es unzumutbar und geradezu unmenschlich sein, ihm die an sich mögliche Hilfe in Form schmerzlindernder Medikamente vorzuenthalten. Die Menschenwürde des einzelnen gebietet es, ihm die Möglichkeit zu eröffnen, die letzte Lebensphase möglichst positiv zu gestalten und mit Sinn zu erfüllen. Dies ist nicht möglich, wenn er von unerträglichen Schmerzen gequält und beherrscht wird. Dies hat auch der Bundesgerichtshof mittlerweile ausdrücklich anerkannt.[1701]

Schließlich muß der Arzt die Schmerztherapie in dem Bewußtsein durchführen, nur so den Lebensrest des Patienten erträglich gestalten zu können, wobei die Lebensverkürzung nur als mögliche und nicht als sichere Folge in Kauf genommen werden darf, die Hoffnung auf eine Schmerzlinderung ohne Lebensverkürzung also nicht aufgegeben ist und auf realistischer Grundlage basiert.

Kommen sämtliche der vorgenannten Komponenten zusammen, kann das Handeln des Arztes bei wertender Betrachtung nicht mehr als gegen das Leben des Patienten gerichtet aufgefaßt werden, sondern es legt geradezu Zeugnis ab von der besonderen Achtung und dem Respekt vor der Würde des Patienten.

Würde man dem Arzt mit dem Hinweis auf den Grundsatz des Lebensschutzes verbieten, in der beschriebenen Situation dem Wunsch des Patienten nach Linderung seiner Qualen nachzukommen, würde dieser zum Opfer eines gesellschaftlichen Tabus werden. Dies aber könnte allenfalls als verhältnismäßig angesehen werden, sofern die Aufrechterhaltung des Grundsatzes sowie dessen Erhebung zum Prinzip erforderlich wäre, um die Interessen der Allgemeinheit zu wahren. Hiervon ist meines Erachtens jedoch zumindest dann nicht auszugehen, wenn die vorgenannten

---

[1700] v. Dellingshausen, Sterbehilfe und Grenzen der Lebenserhaltungspflicht des Arztes, S. 230

[1701] BGHSt 42, 301 (305): "Denn die Ermöglichung eines Todes in Würde und Schmerzfreiheit gemäß dem erklärten oder mutmaßlichen Patientenwillen ist ein höherwertiges Rechtsgut als die Aussicht, unter schwersten, insbesondere Vernichtungsschmerzen, noch kurze Zeit länger leben zu müssen."

einschränkenden Bedingungen der indirekten Sterbehilfe deutlich betont werden und der Ausnahmecharakter dieser Form der Sterbehilfe, der ihre restriktive Handhabung gebietet, damit im allgemeinen Bewußtsein verankert wird. Vergegenwärtigt man sich einerseits, daß Fälle, in denen eine Schmerzlinderung nur auf Kosten des Risikos einer Lebensverkürzung erzielt werden kann, nur äußerst selten - wenn überhaupt - vorkommen,[1702] und bedenkt man andererseits, welch weitreichende negative Folgen für das Vertrauensverhältnis zwischen Arzt und Patient zu befürchten wären, wenn dieser nicht darauf vertrauen könnte, daß der Arzt unter den beschriebenen Bedingungen alles tun werde, um sein Leiden - ungeachtet einer hiermit möglicherweise verbundenen Lebensverkürzung - zu lindern, so können die Gefahren des Dammbruchs zwar nicht gänzlich vernachlässigt werden. Sie erscheinen jedoch eher hinnehmbar als ein starres Festhalten an dem Prinzip des Lebensschutzes, das der Würde des einzelnen nicht gerecht zu werden vermag, zumal sowohl die Wertschätzung des menschlichen Lebens als auch die eingeschränkte Dispositionsbefugnis des einzelnen über sein Leben, die keineswegs einem Recht auf Tötung gleichkommt, unter den genannten restriktiven Voraussetzungen der indirekten Sterbehilfe in ihrem Kern unberührt bleiben.

Bestätigung findet dieses Ergebnis in der Überlegung, daß es nur dann gelingen kann, gesamtgesellschaftlich die Überzeugung der Entbehrlichkeit der aktiven Sterbehilfe sowie der Beihilfe zum Suizid zu etablieren, wenn zugleich die Gewißheit vermittelt wird, daß die Ärzteschaft berechtigt ist, die Schmerzbekämpfung unter den hier genannten Voraussetzungen selbst dann in Angriff zu nehmen, wenn sie die Gefahr einer Lebensverkürzung mit sich bringt.

Nicht übersehen werden soll, daß die ärztliche Entscheidung über das Vorliegen der genannten Kriterien häufig mit Unsicherheiten behaftet sein wird, insbesondere soweit das Vorliegen unerträglichen Leides beurteilt werden muß, da es hier um eine vom subjektiven Empfinden abhängige Voraussetzung geht, die nur eingeschränkt einer objektiven Überprüfung zugänglich ist. Rein medizinisch wird dem Arzt daher ein Wertungsspielraum zuzugestehen sein, so daß seine Entscheidung insofern nur einer eingeschränkten Kontrolle im Sinne der Vertretbarkeit der getroffenen Entscheidung unterliegt.

Es ist daher im Ergebnis denen zuzustimmen, die die Auffassung vertreten, daß das vom Grundsatz her durchaus berechtigte Postulat nach formalisiertem und unbegrenztem Lebensschutz dort seine Grenze finden muß, wo es droht, in Inhumanität

---

[1702] vgl. hierzu oben C. II. 6. a.

umzuschlagen. Dies aber sei in der beschriebenen Situation der indirekten Sterbehilfe der Fall.[1703] Hier kommt im Rahmen der konkreten Abwägung dem Bedürfnis des Patienten nach Schmerzfreiheit größere Bedeutung zu als dem Schutz des Rechtsgutes Leben, so daß die Voraussetzungen des rechtfertigenden Notstandes im Sinne des § 34 StGB gegeben sind.[1704]

Schließlich kann nicht davon ausgegangen werden, daß das Vertrauensverhältnis zwischen Arzt und Patient durch die Anerkennung der indirekten Sterbehilfe in Frage gestellt wird. Das Gegenteil dürfte der Fall sein. Denn wie bereits betont wurde, ba-

---

1703 so auch - ohne allerdings die Zulässigkeit der indirekten Sterbehilfe unter - sämtliche - der hier genannten Bedingungen zu stellen - Verrel, Der BGH legt nach: Zulässigkeit der indirekten Sterbehilfe, MedR 1997, 248 (250); Otto, Straftaten gegen das Leben, ZStW 83 (1971), S. 39 (73); Hanack, Euthanasie in strafrechtlicher Sicht in: Hiersche, Euthanasie, S. 121 (133); v. Dellingshausen, Sterbehilfe und Grenzen der Lebenserhaltungspflicht des Arztes, S. 224; Rickmann, Zur Wirksamkeit von Patiententestamenten, S. 85; Eser, Freiheit zum Sterben - kein Recht auf Tötung, JZ 1986, 786 (793); Giesen, Ethische und rechtliche Probleme am Ende des Lebens, JZ 1990, 929 (935 f.); Muschke, Gesetzliche Regelung der Sterbehilfe ? S. 38

1704 BGHSt 42, 301 (305); Wolflast, Euthanasie aus der Sicht der Rechtsprechung in: Aulbert/Klaschik/Pichlmaier, Palliativmedizin - Die Alternative zur Sterbehilfe, S. 41 (43); Buschendorf, Die strafrechtliche Problematik der Euthanasie in: Valentin, Die Euthanasie, S. 43 (60); Geilen, Euthanasie und Selbstbestimmung, S. 22 f., der allerdings die Einwilligung des Patienten nicht für erforderlich hält; Hanack, Euthanasie in strafrechtlicher Sicht in: Hiersche, Euthanasie, S. 121 (132 f.); Roxin, Der Schutz des Lebens aus der Sicht des Juristen in: Blaha/Gutjhahr-Löser/Niebler, Schutz des Lebens - Recht auf Tod, S. 85 (87); Simson, Ein Ja zur Sterbehilfe aus Barmherzigkeit in: Festschrift für Schwinge, S. 89 (110); Dölling, Zulässigkeit und Grenzen der Sterbehilfe, MedR 1987, 6 (7); Otto, Straftaten gegen das Leben, ZStW 83 (1971), S. 39 (73); Engisch, Der nächste Schritt in: Festschrift für Schaffstein, S. 1 (11 f.); Möllering, Schutz des Lebens - Recht auf Sterben, S. 31 f.; v. Dellingshausen, Sterbehilfe und Grenzen der Lebenserhaltungspflicht des Arztes, S. 231; Beckert, Strafrechtliche Probleme um Suizidbeteiligung und Sterbehilfe, S. 326; Bade, Der Arzt an den Grenzen von Leben und Recht, S. 68, 92, 114 f.; Langer, Rechtliche Aspekte der Sterbehilfe in: Kruse/Wagner, Sterbende brauchen Solidarität, S. 101 (145); Wimmer, Kein Recht auf den eigenen Tod ? FamRZ 1975, 438 (439) wendet § 34 StGB entsprechend an; Eser, Lebenserhaltungspflicht und Behandlungsabbruch in rechtlicher Sicht in: Auer/Menzel/Eser, Zwischen Heilauftrag und Sterbehilfe, S. 75 (89 f.) differenziert zwischen den Fällen, in denen der Arzt eine Lebensverkürzung lediglich für möglich halte und denen, in denen sich das Risiko fast zur Gewißheit verdichte. Während in erstgenanntem Falle der Rechtfertigungsgrund des erlaubten Risikos zum Zuge komme, könnten die letztgenannten Fälle allein über den rechtfertigenden Notstand gem. § 34 StGB gelöst werden, da hier von einem bloßen Risiko nicht mehr die Rede sein könne. Ihm zustimmend Rickmann, Zur Wirksamkeit von Patiententestamenten, S. 80 f.; Kehl, Sterbehilfe, S. 82; Rudolf/Bittler, Vorsorgevollmacht, Betreuungsverfügung, Patientenverfügung, S. 83; Bottke, Strafrechtliche Probleme am Lebensbeginn und am Lebensende in: Deutsche Sektion der Internationalen Juristen-Kommission, Lebensverlängerung aus medizinischer, ethischer und rechtlicher Sicht, S. 35 (116); Koch, Landesbericht Deutschland in: Eser/Koch, Materialien zur Sterbehilfe, S. 31 (52); Schreiber, Behandlungsabbruch und Sterbehilfe in: Deutsche Sektion der Internationalen Juristen-Kommission, Lebensverlängerung aus medizinischer, ethischer und rechtlicher Sicht, S. 129 (133); Der AE-Sterbehilfe hat die Zulässigkeit der indirekten Sterbehilfe in § 214 a StGB-AE geregelt. Dort heißt es: "Wer als Arzt oder mit ärztlicher Ermächtigung bei einem tödlich Kranken mit dessen ausdrücklichem oder mutmaßlichen Einverständnis Maßnahmen zur Linderung schwerer, anders nicht behebbarer Leidenszustände trifft, handelt nicht rechtswidrig, auch wenn dadurch als nicht vermeidbare Nebenwirkung der Eintritt des Todes beschleunigt wird."(Baumann/Bochnik/Brauneck u.a., AE-Sterbehilfe, S. 22-24); Verrel, Selbstbestimmungsrecht contra Lebensschutz, JZ 1996, 224 (226 f.), spricht sich demgegenüber für eine Rechtfertigung nach den Grundsätzen der rechtfertigenden bzw. mutmaßlichen Einwilligung aus. Lediglich für den Ausschluß des strafrechtlichen Schuldvorwurfes dagegen Laufs, Arztrecht, RNr. 302.

siert das Vertrauen des Patienten gerade im Falle unheilbarer Krankheiten ganz wesentlich auf dem Bewußtsein und der Gewißheit, sein Arzt werde ihn nicht im Stich lassen und insbesondere vor unerträglichen Schmerzen bewahren.[1705]

In rechtsvergleichender Hinsicht fällt auf, daß es zwar nahezu durchgängig an ausdrücklichen gesetzlichen Regelungen zur indirekten Sterbehilfe fehlt, obgleich sich aus den allgemeinen strafrechtlichen Bestimmungen ihre Voraussetzungen und Grenzen nicht zweifelsfrei ableiten lassen. Da jedoch andererseits kaum Gerichtsentscheidungen vorliegen, die der Fallgruppe der indirekten Sterbehilfe zugeordnet werden könnten, liegt zumindest die Annahme nahe, daß die wirksame und kunstgerecht durchgeführte Schmerzbehandlung beim sterbenden Patienten trotz möglicher lebensverkürzender Nebenwirkungen keine nennenswerten forensischen Risiken mit sich bringt und allgemein auf Zustimmung stößt.[1706]

Die Zulässigkeit der indirekten Sterbehilfe wird auch von der Ärzteschaft[1707] und von Seiten der Theologie und Ethik[1708] ganz überwiegend befürwortet. Die Ethik stützt

---

[1705] vgl. hierzu auch bereits C. II. 1. b. bb.

[1706] Koch, Einführung und rechtsvergleichende Übersicht in: Eser/Koch, Materialien zur Sterbehilfe, S. 1 (13,19); K. M. v. Lutterotti, Ärztliche Handlungsanleitungen, S. 159

[1707] Grundsätze der Bundesärztekammer zur ärztlichen Sterbebegleitung, NJW 1998, 3406 (3407): "Bei Sterbenden kann die Linderung des Leidens so im Vordergrund stehen, daß eine möglicherweise unvermeidbare Lebensverkürzung hingenommen werden darf"; nahezu wortgleich auch Deutsche Gesellschaft für Chirurgie: Resolution zur Behandlung Todkranker und Sterbender vom 10.4.1979, abgedruckt in: Koch, Landesbericht Deutschland in: Eser/Koch, Materialien zur Sterbehilfe, S. 31 (145); Fritsche, Ärztlich-ethische Aspekte zur Ambivalenz der Lebensverlängerung in: Deutsche Sektion der Internationalen Juristen-Kommission, Lebensverlängerung aus medizinischer, ethischer und rechtlicher Sicht, S. 3 (18); Händel, Jahrestagung der Deutschen Gesellschaft für Rechtsmedizin, NJW 1974, 2041 (2042); Bauer, Aufklärung und Sterbehilfe bei Krebs in medizinischer Sicht in: Festschrift für Bockelmann, S. 497 (516); Kautzky, Die Freiheit des Sterbenden und die Pflicht des Arztes in: Eid, Euthanasie oder soll man auf Verlangen töten ? S. 28 f.; Kautzky, Die Euthanasie als Problem ärztlicher Ethik in: Valentin, Die Euthanasie, S. 32 (34); Meltzer, Das Problem der Abkürzung lebensunwerten Lebens, S. 10 f., 14

[1708] Küng, Das Recht auf menschenwürdiges Sterben, Deutsche Apotheker Zeitung 2000, 3484 (3487); Körtner, Theologische Perspektiven aktiver Sterbehilfe in: Exner/Fahlbusch, Sterbehilfe, S. 29 (32 f.); Eibach, Sterbehilfe - Tötung aus Mitleid, S. 214; Häring, Das Gesetz Christi, S. 1016, der jedoch einschränkend anmerkt, die schmerzstillenden Mittel dürften dem Kranken nicht die Möglichkeit nehmen, sich in wachem Bewußtsein auf den Tod vorzubereiten; Katechismus der katholischen Kirche, RNr. 2279; Mausbach, Katholische Moraltheologie, Bd. 3, S. 80; Schöllgen, Euthanasie in: Höfer/Rahner, Lexikon für Theologie und Kirche, Sp. 1207 f.; Thielicke, Theologische Ethik, Bd. III, S. 438 f.; Thielicke, Leben mit dem Tod, S. 135; Sporken, Euthanasie im Rahmen der Lebens- und Sterbehilfe in: Eser/Bringewat, Suizid und Euthanasie, S. 271 (275); Gründel, Sterbehilfe aus ethischer Sicht, MedR 1985, 2 (6); große Beachtung hat insbesondere die Ansprache Papst Pius XII. am 24.02.1957 anläßlich des 9. Italienischen Kongresses für Anästhesiologie gefunden. Der Papst stellte damals fest: "Wenn die Verabreichung narkotischer Mittel von selbst zwei verschiedene Wirkungen hervorruft, einerseits die Linderung der Schmerzen und andererseits die Verkürzung der Lebensdauer, so ist sie erlaubt. ... Kurz zusammengefaßt fragen Sie uns, ist die Ausschaltung des Schmerzes und des Bewußtseins durch Narkotika, wenn die medizinische Indikation sie verlangt, von seiten der Religion und Moral dem Arzt und dem Patienten erlaubt, auch wenn der Tod herannaht und wenn sich vorhersehen läßt, daß die Anwendung von Narkotika das Leben verkürzen wird ? Man muß sich dabei vornehmlich auf die Lehre von der Doppelwirkung (actus duplicis effectus). Diese geht auf Th. v. Aquin zurück[1709] und basiert auf der Annahme, daß bei einer Handlung, von der zwei Wirkungen ausgehen, wovon die eine beabsichtigt, die andere aber nicht intendiert ist, nur die beabsichtigte Wirkung einer sittlichen Wertung zu unterziehen ist, wenn die unbeabsichtigte zufällig, das heißt nicht Voraussetzung der beabsichtigten Handlung ist. Bewertet wird also nur die Handlung in Bezug auf die ihr zugrundeliegende innere Einstellung, ohne daß der Erfolg der Tat Berücksichtigung fände.[1710]

Unter den vorgenannten Bedingungen aber ist die Durchführung der indirekten Sterbehilfe nicht nur zulässig, sondern sogar rechtlich geboten.[1711] Entgegen der Ansicht v. Dellingshausens[1712] kann sich der Arzt hier nicht auf die Unzumutbarkeit der möglichen Schmerztherapie berufen.[1713] Denn wenn das Interesse des Patienten an der

---

hierauf antworten: Wenn es keine anderen Mittel gibt und unter bestimmten Umständen nicht die Erfüllung anderer religiöser oder moralischer Pflichten gehindert wird: Ja." (zit. nach Uhlenbruck, Rechtliche, medizinische und theologische Probleme im Grenzbereich zwischen Leben und Tod in: Uhlenbruck/Rollin, Sterbehilfe, S. 33, 58). Ähnlich die Gemeinsame Erklärung des Rates der Evangelischen Kirche in Deutschland und der Deutschen Bischofskonferenz "Gott ist ein Freund des Lebens" vom 30.11.1989, abgedruckt in: Koch, Landesbericht Deutschland in: Eser/Koch, Materialien zur Sterbehilfe, S. 31 (166 f.)

[1709] Th. v. Aquin, Summa Theologica, Bd. II, S. 152 f.

[1710] Eibach, Recht auf Leben - Recht auf Sterben, S. 309; Zimmermann-Acklin, Euthanasie, S. 77; nach Holderegger, Zur Euthanasie-Diskussion in: Holderegger, Das medizinisch assistierte Sterben, S. 123 (133) müssen folgende vier Aspekte kumulativ vorliegen, damit von einer moralischen Rechtfertigung ausgegangen werden kann: (1) Die Handlung muß als solche unabhängig von den Folgen moralisch gut oder moralisch indifferent sein. (2) Der Handelnde darf allein den guten Effekt intendieren; der schlechte Effekt darf nur in Kauf genommen, aber nicht intendiert werden. (3) Die schlechte Wirkung darf kein Mittel zur Erreichung eines guten Zieles sein. (4) Die guten Effekte müssen im Vergleich zu den schlechten Wirkungen verhältnismäßig sein; diese Verhältnismäßigkeit rechtfertigt die in Kauf genommenen schlechten Folgen.

[1711] zustimmend zur grundsätzlichen Gleichsetzung des Rechts und der Pflicht zur Durchführung der indirekten Sterbehilfe Giesen, Ethische und rechtliche Probleme am Ende des Lebens, JZ 1990, 929 (935); Forßmann, Die Euthanasie als Problem der Medizin in: Blaha/Gutjahr-Löser/Niebler, Schutz des Lebens - Recht auf Tod, S. 47 (57)

[1712] v. Dellingshausen, Sterbehilfe und Grenzen der Lebenserhaltungspflicht des Arztes, S. 233; im Ergebnis ähnlich Kreuzer, Ärztliche Hilfeleistungspflicht in der Sicht des Strafrechts in: Mergen, Juristische Problematik, Bd. II, S. 217 (242), Bottke, Strafrechtliche Probleme am Lebensbeginn und am Lebensende in: Deutsche Sektion der Internationalen Juristen-Kommission, Lebensverlängerung aus medizinischer, ethischer und rechtlicher Sicht, S. 35 (117); K. M. v. Lutterotti, Ärztliche Handlungsanleitungen, S. 158; Baumann/Bochnik/Brauneck u.a., AE-Sterbehilfe, S. 24, allerdings unter Hinweis darauf, daß der Arzt von seiner Hilfspflicht gegenüber dem Patienten nur dann frei werde, wenn er dafür Sorge trage, daß diesem die erforderliche Behandlung von anderer Seite zuteil werde.

[1713] Die strafrechtliche Abteilung des 56. Deutschen Juristentages 1986 billigte die Erklärung: "Die Verweigerung der indirekten Sterbehilfe kann als Körperverletzung durch Unterlassen oder als unterlassene Hilfeleistung strafbar sein" mit 43 Ja-Stimmen bei 29 Nein-Stimmen und 12 Enthaltungen (Verhandlungen des 56. Deutschen Juristentages Berlin 1986, Bd. II, S. M 191; Kautzky, Die Freiheit des Sterbenden und die Pflicht des Arztes in: Eser/Bringewat, Suizid und Euthanasie, S. 285 (287) geht von einer selbstverständlichen ärztlichen Pflicht zur Durchführung der indirekten Sterbehilfe aus.

Linderung seiner Leiden derart in den Vordergrund tritt, daß sich jede Untätigkeit für ihn als unzumutbar und inhuman darstellen würde, dann ist der Arzt im Rahmen des geltenden Rechts zwingend gehalten, die erforderlichen Hilfsmaßnahmen einzuleiten. Bleibt er in dieser Situation untätig, so liegt ein Behandlungsfehler vor, der ihn zivilrechtlich zur Zahlung eines Schmerzensgeldes gem. § 847 BGB verpflichtet und strafrechtlich dem Vorwurf der unterlassenen Hilfeleistung bzw. der vorsätzlichen oder fahrlässigen Körperverletzung durch Unterlassen gem. §§ 223, 229 n.F. (= § 230 a.F.), 13 StGB aussetzt.

7. Passive Sterbehilfe

Die passive Sterbehilfe betrifft den Verzicht auf lebenserhaltende bzw. lebensverlängernde Maßnahmen gegenüber einem unheilbar erkrankten Patienten. Dies bedeutet jedoch nicht, daß sich der Arzt in der Situation der passiven Sterbehilfe jeglicher Behandlungstätigkeit enthalten könnte. Vielmehr beschränkt sich diese lediglich auf die Elemente des Sterbebeistandes, der Basispflege sowie der Schmerzlinderung.

Gegenüber dem einwilligungsfähigen Patienten erweisen sich Fragen der passiven Sterbehilfe als rechtlich unproblematisch. Denn nach den oben dargestellten allgemeinen Regeln kann jeder ärztliche Eingriff in die körperliche Unversehrtheit des Patienten seine Legitimation allein aus dessen wirksamer Einwilligung herleiten. Gibt der Patient dem Arzt zu verstehen, daß er die Vornahme der hier in Frage stehenden lebensverlängernden bzw. -erhaltenden Maßnahmen ablehnt, und erweist sich diese Haltung als ernstlich und rational begründet, so hat der Arzt dies zu akzeptieren.[1714] In gleicher Weise, wie der aufgeklärte Patient die Vornahme einer Operation abzulehnen berechtigt ist, selbst wenn er nur durch sie von seiner Krankheit befreit werden könnte,[1715] kann er sich kraft seines Selbstbestimmungsrechtes für die passive Sterbehilfe entscheiden, ohne daß - wie etwa im Bereich der indirekten Sterbehilfe - weitere Rechtmäßigkeitsvoraussetzungen erfüllt sein müßten.[1716] In

---

1714 Roxin, Der Schutz des Lebens aus der Sicht des Juristen in: Blaha/Gutjhar-Löser/Niebler, Schutz des Lebens - Recht auf Sterben, S. 85 (89); Häring, Moraltheologische Überlegungen zu Suizid und Euthanasie in: Eser/Bringewat, Suizid und Euthanasie, S. 261 (268) weist zutreffend darauf hin, daß der Arzt das Leben des Patienten zwar unter Umständen "wider seinen Willen" retten dürfe und müsse, etwa in Fällen schwerer Depressionen, niemals aber gegen seinen "freien Willen".

1715 BGHSt 11, 111 (114): Myom-Entscheidung; BGH NJW 1984, 2639 (2641)

1716 BGH NStZ 1983, 117 (118); LG Ravensburg, JZ 1988, 207; in diesem Sinne auch § 214 Abs. 1 Zif. 1 AE-Sterbehilfe, Baumann/Bochnik/Brauneck u.a., AE-Sterbehilfe, S. 13; Bottke, Strafrechtliche Probleme am Lebensbeginn und am Lebensende in: Deutsche Sektion der Internationalen Juristen-Kommission, Lebensverlängerung aus medizinischer, ethischer und rechtlicher Sicht, S. 35 (118);

diesem Augenblick erlöschen sowohl das Behandlungsrecht als auch die Behandlungspflicht des Arztes. Eine Strafbarkeit gem. §§ 216, 13 StGB kommt nicht in Betracht.[1717]

Dies ist auch in der Rechtsprechung anderer Staaten allgemein anerkannt.[1718]

In der Praxis dürfte es jedoch nicht immer leicht sein, hinreichend sicher festzustellen, ob der Patient die Vornahme weiterer lebenserhaltender bzw. -verlängernder Maßnahmen tatsächlich auf der Grundlage eines freien und ernstlichen Willensentschlusses ablehnt, oder ob seine Weigerungshaltung Folge einer (vorübergehenden) Depression ist. Der Arzt wird diese Frage wohl nur dann zuverlässig beantworten können, wenn er sich sehr intensiv um die Begleitung des unheilbar Erkrankten gekümmert, sich mit dessen Hoffnungen und Ängsten auseinandergesetzt und ihm vor allem deutlich vor Augen geführt hat, welche Möglichkeiten eines sinnerfüllten Lebensrestes ihm die Anwendung bestimmter Therapieformen noch bieten könnte.

Bade, Der Arzt an den Grenzen von Leben und Recht, S. 141, 145, 171; Rickmann, Zur Wirksamkeit von Patiententestamenten, S. 86; Schmitt, Euthanasie aus der Sicht des Juristen, JZ 1979, 462 (466); Spann, Das Patiententestament, MedR 1983, 13 (15); K. M. v. Lutterotti, Ärztliche Handlungsanleitungen, S. 175, 182; Möllering, Schutz des Lebens - Recht auf Sterben, S. 52; Stürmer, Sterbehilfe, S. 15

[1717] anders als der BGH (BGHSt 13, 162, 166; BGHSt 32, 367, 371) und ihm folgend ein Teil der Literatur (Helgerth, Strafrechtliche Beurteilung der Sterbehilfe durch den Arzt, JR 1976, 45, 46; Bockelmann, Strafrecht des Arztes, S. 114) vertritt das strafrechtliche Schrifttum teilweise die Auffassung, eine Verwirklichung des § 216 StGB durch Unterlassen sei von vornherein gar nicht möglich, da die in § 216 StGB enthaltene Einwilligungssperre nur gegen die aktive Fremdtötung gerichtet sein könne (Sax, Sterbehilfe durch vorzeitigen Abbruch einer Intensivbehandlung, JZ 1975, 137, 147 ff.; Detering, Forum: § 216 StGB und die aktuelle Diskussion um die Sterbehilfe, JuS 1983, 418 f.; Muschke, Gesetzliche Regelung der Sterbehilfe ? S. 39 f.). Eine Ausnahme hiervon gelte nur für diejenigen Fälle, in denen dem Sterbeverlangen tatsächlich die Freiverantwortlichkeit fehle und damit objektiv der Tatbestand des § 212 StGB verwirklicht werde, der Garant jedoch das Verlangen für ernstlich gehalten habe. Hier müsse dem Täter die Privilegierung des § 216 StGB zugute kommen (Eser in: Schönke/Schröder, StGB, § 216 RNr. 10; Detering, Forum: § 216 StGB und die aktuelle Diskussion um die Sterbehilfe, JuS 1983, 418, 419; Muschke, Gesetzliche Regelung der Sterbehilfe ? S. 42). Da jedoch weder der Wortlaut des § 216 StGB noch die allgemeine Strafrechtsdogmatik den Schluß rechtfertigen, § 216 StGB könne nur durch aktives Tun verwirklicht werden, ist der Weg des BGH vorzuziehen, das Entfallen der Strafbarkeit nur dann zu bejahen, wenn und soweit die Garantenstellung oder andere strafbarkeitsbegründende Merkmale (Vorsatz, Rechtswidrigkeit, Schuld) zu verneinen sind.

[1718] vgl. z.B. die Entscheidung des französischen Kassationshofes vom 03.01.1973, zit. nach Spaniol, Landesbericht Frankreich in: Eser/Koch, Materialien zur Sterbehilfe, S. 281 (289, 310) sowie die Entscheidung R. v. Blaue (1975) 3 All ER 446 des britischen Court of Appeal, Criminal Division vom 16.7.1975, Lawton LJ., Thompson J. and Shaw J., zit. nach Huber, Landesbericht Großbritannien in: Eser/Koch, Materialien zur Sterbehilfe, S. 339 (347, 369 f.).

III. Ärztliche Sterbehilfe gegenüber dem einwilligungsunfähigen Patienten ohne (erreichbaren) gesetzlichen Vertreter bzw. Bevollmächtigten - Die Eilfallentscheidung

1. Der Patient hat sich in der Vergangenheit zur Art bzw. zum Umfang seiner Behandlung nicht geäußert

a. Sterbehilfe ohne Lebensverkürzung

Unter dieser Kategorie waren unter C. II. die Schmerzlinderung einschließlich der palliativen Behandlung, der Sterbebeistand sowie die Basispflege zusammengefaßt worden. Auf alle drei Bereiche erstreckt sich nach den "Grundsätzen zur ärztlichen Sterbebegleitung" der Bundesärztekammer die Handlungsverpflichtung des Arztes unabhängig von dem konkreten Ziel der medizinischen Behandlung.

Da sich der Anspruch des Patienten auf die Durchführung der genannten Tätigkeiten letztlich aus seiner Würde herleitet, kommen sie selbst dann zur Anwendung, wenn er konkret nicht einwilligungsfähig ist.

Selbstverständlich ist dies im Bereich der psychologischen Begleitung des Patienten. Da diese unmittelbarer Bestandteil eines jeden Behandlungsvertrages und zudem nicht mit körperlichen Eingriffen verbunden ist, die einer gesonderten Einwilligung bedürften, kann es für sie von vornherein nicht auf die Einsichts- und Urteilsfähigkeit des Sterbenden in seine Situation ankommen. Diese Faktoren sind lediglich hinsichtlich der inhaltlichen Ausgestaltung des Beistandes von Bedeutung.

Aber auch die Maßnahmen der Basispflege sind in aller Regel nicht einwilligungsbedürftig im Sinne der Rechtfertigung einer tatbestandlichen Körperverletzung und bedürfen keiner gesonderten Bewertung bei einwilligungsunfähigen Patienten.

Dort aber, wo dies der Fall ist, wie bei der künstlichen Ernährung eines Sterbenden, kann nach den oben erläuterten Regeln der Geschäftsführung ohne Auftrag (zivilrechtlich) bzw. der mutmaßlichen Einwilligung (strafrechtlich) davon ausgegangen werden, daß die Basispflege ohne weiteres objektiv dem Interesse des Patienten entspricht, da es sich für niemanden als vorteilhaft oder nützlich erweist, an Hunger oder Durst zu sterben. Ebenso dürfte es nicht sonderlich gewagt sein, subjektiv dem Patienten einen diesem objektiven Interesse entsprechenden Willen zu unterstellen.[1719]

Gleiches dürfte für den Bereich der Schmerzbehandlung gelten. Die Furcht vor - insbesondere unerträglichen - Schmerzen ist regelmäßig ein wesentlicher Bestandteil der Todesangst unheilbar erkrankter Patienten. Naturgemäß bestimmt diese die Hoffnung auf ausreichende Schmerzlinderung durch den Arzt.[1720] Dieser ist daher nach den Regeln der Geschäftsführung ohne Auftrag bzw. der mutmaßlichen Einwilligung zu einer angemessenen Schmerztherapie bei einwilligungsunfähigen Patienten berechtigt und darüber hinaus sogar verpflichtet, möchte er sich nicht dem Vorwurf der vorsätzlichen oder fahrlässigen Körperverletzung durch Unterlassen bzw. dem Vorwurf der unterlassenen Hilfeleistung aussetzen.

b. Aktive Sterbehilfe

Von vornherein unzulässig sind demgegenüber jegliche Maßnahmen der aktiven Sterbehilfe bei einwilligungsunfähigen Patienten. Kann der Arzt schon dann nicht gerechtfertigt sein, wenn dieser seine unmittelbare und direkte Tötung ausdrücklich und ernstlich verlangt[1721] oder zumindest in diese einwilligt,[1722] so kann erst recht nichts anderes gelten, wenn der Betroffene sich zu dieser Frage überhaupt nicht mehr verständig äußern kann.

c. Behandlungspflichten des Arztes gegenüber einem Suizidenten nach Eintritt der Bewußtlosigkeit

Da derjenige Arzt, der mit einem Suizidenten erstmals nach dem Eintritt der Bewußtlosigkeit in Kontakt kommt, in keiner Weise überprüfen kann, ob der von diesem gefaßte Selbsttötungsentschluß ernsthaft und frei von Willensmängeln gefaßt worden ist, dies jedoch fast niemals der Fall ist, ist seine Hilfeleistung zivilrechtlich nach den Regeln der Geschäftsführung ohne Auftrag, strafrechtlich nach denen der mutmaßlichen Einwilligung gerechtfertigt, selbst wenn sich im nachhinein herausstellen sollte, daß der Sterbewillige seinen Selbsttötungsentschluß freiverantwortlich im einwilligungsfähigen Zustand gefaßt hatte. Darüber hinaus trifft den Arzt eine Hilfe-

---

1719 so auch Muschke, Gesetzliche Regelung der Sterbehilfe ? S. 21
1720 so auch Leipold, Euthanasie oder Sterbehilfe in: Giesler, Sterbende begleiten, S. 11 (30)
1721 vgl. oben C. II. 2
1722 vgl. C. II. 3.

leistungspflicht gegenüber dem Suizidenten, da die im unfreien Zustand herbeigeführte lebensbedrohliche Situation als Unglücksfall im Sinne des § 323 c StGB zu bewerten ist.

Die Hilfeleistungspflicht besteht unabhängig davon, ob bereits schwere oder gar irreversible Schädigungen bei dem Suizidenten aufgetreten sind.[1723]

d. Indirekte Sterbehilfe

Wie oben ausgeführt wurde, ist die indirekte Sterbehilfe beim einwilligungsfähigen Patienten zulässig, wenn dieser sich hiermit einverstanden erklärt, keine Möglichkeiten für den Arzt bestehen, mit milderen, d.h. weniger riskanten und das Leben des Patienten gefährdenden Mitteln dessen Schmerzen zu lindern, diese den Betroffenen in einer Weise beherrschen, daß jedes weitere Zuwarten unzumutbar und inhuman wäre und die für möglich gehaltene Lebensverkürzung in einem angemessenen Verhältnis zu dem zu erwartenden Zeitraum der Leidenslinderung sowie zu der Zeit steht, die der Patient ohne das Eingreifen des Arztes vermutlich überleben würde. Letzteres ist der Fall, wenn die Lebenserwartung des Patienten nur geringfügig beeinträchtigt wird.[1724]

Zu prüfen ist nunmehr, ob ärztliche Maßnahmen der indirekten Sterbehilfe beim einwilligungsunfähigen Patienten in Betracht kommen. Diese Fallgruppe ist von erheblich größerer praktischer Relevanz als diejenige der indirekten Sterbehilfe mit ausdrücklicher Zustimmung des Patienten. Denn ein von schweren Schmerzen geplagter Mensch wird in den seltensten Fällen zu rein rationalen Überlegungen fähig sein, zumindest soweit Fragen der Schmerzlinderung betroffen sind. Das gleiche gilt für den, der unter dem Einfluß von Narkotika steht.[1725] Gerade diese Patienten aber benötigen schmerzlindernde Medikamente, noch dazu solche, die mit dem Risiko der Lebensverkürzung behaftet sind, am dringendsten.

Schwierigkeiten ergeben sich daraus, daß die Entscheidung eines Dritten darüber, wann der Schmerz für den nicht mehr einwilligungsfähigen Betroffenen unerträglich wird, nicht immer mit letzter Sicherheit möglich ist, da die Schmerzempfindung in erheblichem Maße von subjektiven Komponenten abhängt. Dennoch kann nicht zwei-

---

1723 vgl. hierzu im einzelnen C. II. 5

1724 vgl. hierzu C. II. 6.

1725 OLG Düsseldorf NJW 1963, 1679 (1680)

felhaft sein, daß für außenstehende Dritte besonders gravierende Leidenszustände eines nicht mehr einwilligungsfähigen Patienten erkennbar sind.

Hat der Patient unerträgliche Schmerzen, so wäre es inhuman, wollte man ihm die an sich mögliche - und für den Fall seiner Einwilligungsfähigkeit gerechtfertigte - Schmerztherapie verweigern.

Wie vor jedem ärztlichen Eingriff an einem Einwilligungsunfähigen geht auch im Falle der indirekten Sterbehilfe die Entscheidungszuständigkeit über deren Vornahme von dem Betroffenen auf dritte Personen über, in erster Linie also auf den gesetzlichen Vertreter oder den Bevollmächtigten, bei Gefahr im Verzuge auf den Arzt.

Diese hier zu diskutierende Eilfallsituation wird nur ausnahmsweise bei plötzlich und unerwartet auftretenden extremen Schmerzen des Patienten in Betracht kommen. Im Regelfalle der indirekten Sterbehilfe, bei dem sich eine Dauermedikation über längere Zeit hinweg negativ auf die Gesundheit des Betroffenen auszuwirken droht, dürfte demgegenüber genügend Zeit verbleiben, um den gesetzlichen Vertreter bzw. den Bevollmächtigten rechtzeitig über die Notwendigkeit einer Entscheidung zu informieren oder die Bestellung eines Betreuers zu veranlassen.

Legt der Arzt in der Eilfallsituation die Regeln der Geschäftsführung ohne Auftrag (zivilrechtlich) bzw. der mutmaßlichen Einwilligung (strafrechtlich) seiner Entscheidungsfindung zugrunde,[1726] so hat er diese an dem wirklichen bzw. mutmaßlichen Willen sowie an dem objektiven Interesse des Patienten auszurichten. Soweit die subjektive Willenskomponente betroffen ist, wird ihm der Betroffene, zumindest konkludent durch Gesten und seinen Gesichtsausdruck, gegebenenfalls zu verstehen geben, daß er nichts mehr wünscht als die Befreiung von seinen als unerträglich empfundenen Qualen.

In objektiver Hinsicht wird der Arzt in diesem Falle in gleicher Weise wie bei einem einwilligungsfähigen Patienten zu der Überzeugung gelangen müssen, daß die mit dem Risiko der Lebensverkürzung verbundene Schmerzbekämpfung in der konkreten Situation dem Interesse des Patienten entspricht. Denn räumt man dem Interesse eines einwilligungsfähigen Patienten an der Linderung seiner Schmerzen im Hinblick auf seine Menschenwürde den Vorrang vor dem Schutz seines Lebens ein und hält man den Arzt nicht nur für berechtigt, sondern sogar für verpflichtet, Maßnahmen der indirekten Sterbehilfe anzuwenden, kann die Behandlungsentscheidung

[1726] vgl. hierzu B. VI. 2.

des Arztes nicht anders ausfallen, wenn er sich einem einwilligungsunfähigen Patienten bei im übrigen unverändertem Leiden gegenübersieht. Insofern ist denen zuzustimmen, die die Vermeidung eines "Kampfes bis zum letzten Atemzug" mit dem objektiven Interesse des Patienten gleichsetzen.[1727]

Demgegenüber erweist sich die Auffassung v. Dellingshausens, die indirekte Sterbehilfe bei einwilligungsunfähigen Personen könne unter dem Aspekt des Lebensschutzes nur ausnahmsweise in Betracht kommen, da nicht angenommen werden könne, daß ein Patient selbst bei schwerem Leiden eine Lebensverkürzung in Kauf nehme,[1728] als wenig überzeugend. Sie übersieht, daß Fragen der indirekten Sterbehilfe niemals auf der Grundlage einer rein objektiven Interessenabwägung entschieden werden können. Wie bereits festgestellt wurde, kann das Vorliegen "unerträglicher" Schmerzen nicht objektiv diagnostiziert werden, sondern es ergibt sich in erster Linie aus den subjektiven Eindrücken und Empfindungen des Betroffenen.

Gibt ein Patient, sei er nun einwilligungsfähig oder nicht, nach außen hin nicht zu erkennen, daß er seinen konkreten Zustand als quälend empfindet, besteht für den Arzt kein Anlaß, eine riskante Schmerztherapie zu wählen, die das Risiko der Lebensverkürzung begründet. Dies würde dem Grundsatz widersprechen, daß die indirekte Sterbehilfe nur insoweit angewandt werden darf, als dies erforderlich ist, d.h. als mildere Mittel, die dem Patienten ein seiner Würde entsprechendes Dasein ermöglichen würden, nicht zur Verfügung stehen. Gänzlich indiskutabel ist die indirekte Sterbehilfe daher bei Bewußtlosen, die in keiner Weise Anzeichen eines Schmerzempfindens erkennen lassen, oder bei Patienten, die zwar starke Schmerzen haben, ihrem Arzt jedoch unmißverständlich zu verstehen geben, daß sie diese unbedingt aushalten wollen.

Zeigt der Patient demgegenüber ausdrücklich oder stillschweigend an, daß ihn seine Schmerzen derart beherrschen, daß er glaubt, diese nicht mehr aushalten zu können, und daß er nichts mehr ersehnt als die Linderung seines Leidens, so bringt er hierdurch zum Ausdruck, daß er der Schmerzbekämpfung absolute Priorität einräumt und Fragen einer möglichen Lebensverkürzung für ihn in ihrer Bedeutung klar dahin-

---

1727 Hanack, Euthanasie in strafrechtlicher Sicht in: Hiersche, Euthanasie, S. 121 (135); Möllering, Schutz des Lebens - Recht auf Sterben, S. 20; Beckert, Strafrechtliche Probleme um Suizidbeteiligung und Sterbehilfe, S. 326; Leipold, Euthanasie oder Sterbehilfe in: Giesler, Sterbende begleiten, S. 11 (30); Jakobs, Tötung auf Verlangen, S. 27 spricht demgegenüber von einer alltäglich massenhaft angewandten Regel, wonach es vernünftig sei, zur Bekämpfung stärkster Schmerzen eine Lebensverkürzung zu akzeptieren.

1728 v. Dellingshausen, Sterbehilfe und Grenzen der Lebenserhaltungspflicht des Arztes, S. 235

ter zurücktreten. Dies muß genügen, um die an objektiven Kriterien ausgerichtete Abwägung des Arztes, ob und in welcher Form eine Schmerztherapie mit dem Risiko einer möglichen Lebensverkürzung in Betracht kommt, auszulösen.

Folglich kann es für die Durchführung der indirekten Sterbehilfe keinen Unterschied machen, ob der Patient in der konkret zur Entscheidung stehenden Situation einwilligungsfähig ist oder nicht. Stets ist insofern die Bejahung zweier Komponenten erforderlich, zum einen eine - wie auch immer geartete - Äußerung des Patienten, er empfinde seine Schmerzen als unerträglich, zum anderen das Vorliegen einer Konstellation, die nach den aufgezeigten Kriterien die Verweigerung der Schmerztherapie als inhuman und unzumutbar erscheinen ließe. Sind diese Voraussetzungen erfüllt, ist der Arzt nicht nur unter Berufung auf § 34 StGB berechtigt, sondern sogar verpflichtet, die indirekte Sterbehilfe zu vollziehen.

e. Passive Sterbehilfe

aa. Einführung

Hat der Arzt im Eilfall gegenüber einem unheilbar erkrankten Patienten, der nicht mehr einwilligungsfähig ist, darüber zu befinden, ob bzw. in welchem Umfange er eine lebensverlängernde, d.h. gegen das Grundleiden gerichtete Therapie beginnen oder fortsetzen darf oder gar muß, so muß er seine Entscheidung aus zivilrechtlicher Perspektive an den Grundsätzen der Geschäftsführung ohne Auftrag auszurichten, während in strafrechtlicher Hinsicht die Voraussetzungen der mutmaßlichen Einwilligung zu beachten sind.[1729]

Für den Anwendungsbereich der Geschäftsführung ohne Auftrag wurde bereits festgestellt,[1730] daß zumindest dann, wenn keine aussagekräftigen Indizien für einen bestimmten zu mutmaßenden Willen des Geschäftsherrn vorliegen,[1731] als mutmaß-

---

1729 BGH NJW 1991, 2357 (2358)

1730 vgl. B. VI. 2. a.

1731 zumindest teilweise verfehlt ist daher der Ansatz des AG Neukölln in seinem Beschluß vom 11.8.1987, NJW 1987, 2933 f.: Der Entscheidung lagen Anträge auf vormundschaftsgerichtliche Zustimmung zum Abbruch der ärztlichen Krankenbehandlung einschließlich der künstlichen Ernährung sowie auf Anordnung, im Falle auftretender Komplikationen im Krankheitsverlauf Behandlungsmaßnahmen zu unterlassen, bei einem Patienten zugrunde, der an einem apallischen Syndrom litt. Das Gericht hielt den diesen Anträgen entsprechenden mutmaßlichen Willen des Kranken, auf den sich die Angehörigen berufen zu können glaubten, von vornherein für unbeachtlich, da eine antragsgemäße Entscheidung gegen die Menschenwürde des Patienten verstoße und daher ausgeschlossen sei. Dies ist lediglich zutreffend, soweit es um die Einstellung der Basispflege ging, zu der nach der hier vertretenen Auffassung auch die künstliche Ernährung gehört. Das Versagen lich derjenige Wille anzunehmen ist, der seinem objektiven Interesse entspricht.[1732] Hinsichtlich dieses Interesses ist vom Standpunkt eines objektiven Betrachters aus zu fragen, ob eine konkrete in Frage stehende Handlung für den Geschäftsherrn zu diesem Zeitpunkt nützlich ist.[1733] Der gleiche Entscheidungsmaßstab ergibt sich in strafrechtlicher Hinsicht bei der Anwendung der Regeln der mutmaßlichen Einwilligung.[1734]

Objektiv nützlich ist eine bestimmte Therapie dann, wenn sie medizinisch indiziert ist, d.h. wenn sie voraussichtlich eine Verbesserung der gesundheitlichen Verfassung des Patienten zur Folge haben, zumindest aber deren ansonsten zu befürchtenden Verschlechterung entgegenwirken wird. Denn nur in diesem Falle steht den mit dem Eingriff in die körperliche Integrität des Patienten verbundenen Belastungen ein diese überwiegender Vorteil gegenüber, der die tatbestandliche Körperverletzung zu rechtfertigen vermag.[1735]

---

dieser Maßnahmen tangiert in der Tat die Menschenwürde des mangels Nährstoffzufuhr vorzeitig sterbenden Patienten zumindest dann, wenn nicht eine eindeutige und ernstliche in diese Richtung weisende Entscheidung von dem Patienten selbst getroffen wird.
Die Argumentation des Amtsgerichts läßt sich jedoch nicht in gleicher Weise auch auf den Verzicht auf lebenserhaltende Maßnahmen bei Komplikationen im Krankheitsverlauf übertragen. Hier kommt dem mutmaßlichen Willen des Kranken sehr wohl dem Grunde nach entscheidende Bedeutung zu, so daß das Gericht mit der von ihm gegebenen Begründung die überragende Bedeutung des Selbstbestimmungsrechtes des Patienten verkannt hat. Ob die Entscheidung jedoch im Ergebnis anders ausgefallen wäre, wenn das Gericht dem Grunde nach eine Berufung auf den mutmaßlichen Patientenwillen für zulässig erachtet hätte, ist zumindest zweifelhaft. Denn sehr fraglich erscheint zum einen, ob der (beachtliche) mutmaßliche Wille des Patienten tatsächlich zweifelsfrei ermittelt werden konnte, zum anderen wäre es aber auch bedenklich gewesen, den Verzicht auf lebenserhaltende Maßnahmen bereits im voraus im Hinblick auf noch gar nicht im einzelnen bestimmbare Komplikationen anzuorden, zumal sich der Patient offensichtlich noch nicht in der unmittelbaren Sterbephase befand.

1732 BGHZ 47, 370 (374); BGH NJW-RR 1989, 970; ebenso Engisch, Suizid und Euthanasie nach deutschem Recht in: Eser/Bringewat, Suizid und Euthanasie, S. 312 (318)

1733 Sprau in: Palandt, BGB, § 683 RNr. 4

1734 vgl. B. VI. 2. b. ff.; Sax, Sterbehilfe durch vorzeitigen Abbruch einer Intensivbehandlung, JZ 1975, 137 (149) verneint darüber hinausgehend sogar bereits die Tatbestandsmäßigkeit des ärztlichen Verhaltens, da der Schutzzweck der Tötungsdelikte das Sterbestadium nicht mehr umfasse. Dieser Ansicht kann jedoch nicht gefolgt werden, da der Patient andernfalls Dritten schutzlos ausgeliefert wäre und sich selbst gegen Maßnahmen der aktiven Sterbehilfe nicht mehr zur Wehr setzen könnte.

1735 M. v. Lutterotti, Menschenwürdiges Sterben, S. 61 f. weist in diesem Zusammenhang darauf hin, daß die Kriterien der medizinischen Beurteilung keinesfalls nur als Notlösung anzusehen seien, sondern den Vorteil einer gewissen Objektivität mit sich bringen würden und insofern der Berufung auf den mutmaßlichen Willen des Patienten überlegen seien. Sporken, Euthanasie im Rahmen der Lebens- und Sterbehilfe in: Eser/Bringewat, Suizid und Euthanasie, S. 271 (277) spricht in diesem Zusammenhang von dem Recht (nicht jedoch auch von der Pflicht), lebensverlängernde Bemühungen einzustellen, wenn damit den ganzheitlichen Belangen der betreffenden Person nicht gedient sei. Ebenso Sporken, Umgang mit Sterbenden, S. 139; Sporken, Darf die Medizin, was sie kann ? S. 197; Sporken, Hast du denn bejaht, daß ich sterben muß ? S. 143 f.; Sporken, Menschlich sterben, S. 81

Es ist somit zu prüfen, ob bzw. unter welchen Umständen lebensverlängernde ärztliche Behandlungsmaßnahmen selbst dann noch dem Interesse des Patienten entsprechen, wenn mit an Sicherheit grenzender Wahrscheinlichkeit feststeht, daß sein Leiden unabänderlich zum Tode führen wird.

Dabei ist davon auszugehen, daß neben der Heilungs- und Schmerzlinderungspflicht grundsätzlich auch die Verpflichtung zur Lebenserhaltung und Lebensverlängerung zu den fundamentalen Aufgaben des ärztlichen Berufsstandes gehört.[1736] Andererseits haben die Fortschritte der medizinischen Wissenschaft samt der zugehörigen technologischen Entwicklungen in den zurückliegenden Jahrzehnten dazu geführt, daß für den Arzt fast immer die Möglichkeit besteht, das verlöschende Leben eines dem Tode geweihten Patienten durch einen Eingriff selbst im Terminalstadium noch für einen gewissen Zeitraum zu erhalten und den Todeseintritt hinauszuzögern. Der Zeitpunkt des Todes ist dadurch manipulierbar geworden, er ist gewissermaßen in die Abhängigkeit des medizinischen Fortschritts geraten.[1737] Fraglich erscheint vor dem Hintergrund dieser Ambivalenz des Fortschritts, ob der Arzt stets alle ihm zur Verfügung stehenden Handlungsmöglichkeiten ausschöpfen und "ausschließlich das Leben erhalten muß, andernfalls er aufhören würde, Arzt zu sein",[1738] oder ob nicht vielmehr eine ganzheitliche Betrachtung der Situation des Sterbenden geboten ist, in deren Rahmen der Aspekt der Lebenserhaltung bzw. -verlängerung lediglich einen, wenn auch sicher wesentlichen, Bestandteil eines umfassenden Abwägungsvorganges bildet.

Bereits im Zusammenhang mit den Erörterungen zur indirekten Sterbehilfe hat sich gezeigt, daß der Schutz des menschlichen Lebens trotz seiner überragenden Bedeutung als vitale Basis aller übrigen Grundrechte dort an seine Grenzen stößt, wo er sich gegen das Wohl des einzelnen richtet und mit inhumanen, die Menschenwürde verletzenden Folgen verbunden ist.

Nicht die technische Machbarkeit, sondern der Respekt vor der Person des Patienten und seinem Sterben als notwendigem Bestandteil und Abschluß seines Lebens muß daher zum obersten Handlungsideal erhoben werden, anhand dessen der Um-

---

[1736] Kautzky, Die Freiheit des Sterbenden und die Pflicht des Arztes in: Eid, Euthanasie oder soll man auf Verlangen töten ? S. 25 (29); Eser, Lebenserhaltungspflicht und Behandlungsabbruch in rechtlicher Sicht in: Auer/Menzel/Eser, Zwischen Heilauftrag und Sterbehilfe, S. 75 (129); Opderbecke, Grenzen der Intensivtherapie in: Lawin/Huth, Grenzen der ärztlichen Aufklärungs- und Behandlungspflicht, S. 109; Bade, Der Arzt an den Grenzen von Leben und Recht, S. 69; Körtner, Theologische Perspektiven aktiver Sterbehilfe in: Exner/Fahlbusch, Sterbehilfe, S. 29 (32)

[1737] Saueracker, Die Bedeutung des Patiententestamentes, S. 19

[1738] in diesem Sinne Bockelmann, Strafrecht des Arztes, S. 114 f.

fang des ärztlichen Behandlungsauftrages gegenüber einem dem Tode geweihten Patienten zu bestimmen ist.

Inakzeptabel ist es dabei entgegen einer teilweise vor allem von ärztlicher Seite vertretenen Ansicht[1739] schon vom Ansatz her, die Entscheidung über die Aufnahme oder Fortführung lebenserhaltender Maßnahmen allein der freien Verantwortung und dem Ermessen des Arztes zu überlassen, da dem Juristen das Verständnis für die Situation des Mediziners fehle und manchem Arzt die Überwachung durch das Recht wie eine Bevormundung durch Unsachverständige vorkomme. Denn es gehört ohne jeden Zweifel zu den ureigensten Aufgaben des Rechts, über den Rechtsgüterschutz zu wachen und ärztliches Handeln sowie die Pflichterfüllung des Arztes zu kontrollieren, sofern Rechtsverstöße möglich erscheinen. Hierin liegt keine Anmaßung.[1740]

Diese Auffassung hat sich mittlerweile auch ganz überwiegend im Schrifttum durchgesetzt. Das Therapieren des Grundleidens wird als für Arzt und Patient gleichermaßen "unzumutbar"[1741] aufgefaßt, wenn weitere Bemühungen "aussichtslos"[1742] bzw. "sinn- und zwecklos"[1743] erscheinen. Freilich sind derart abstrakte Kriterien für

---

1739 Entschließung des 87. Deutschen Ärztetages 1984 "Sterbehilfe durch den Arzt", zit. nach K. M. v. Lutterotti, Ärztliche Handlungsanleitungen, Anhang S. 11: "Berufsethisch zulässige Sterbehilfe schließt das Recht des Arztes ein, auf medizinisch und technisch mögliche Maßnahmen der Lebensverlängerung oder Wiederbelebung bei Sterbenden zu verzichten und damit einen sicher bevorstehenden Tod nicht hinauszuzögern. Voraussetzung ist hierbei jedoch, daß der Arzt seine Entscheidung nach gewissenhafter Abwägung aller Umstände trifft und daß diese Entscheidung zugleich dem erklärten oder aus der Gesamtheit der Umstände zu entnehmenden Willen des Kranken entspricht." Ähnlich die Empfehlung der Deutschen Gesellschaft für Medizinrecht zu den Grenzen der ärztlichen Behandlungspflicht bei schwerst geschädigten Neugeborenen vom 29.6.1986, zit. nach K. M. v. Lutterotti, Ärztliche Handlungsanleitungen, Anhang S. 12 (14): "1. Für den Arzt besteht ein Beurteilungsrahmen, wenn eine Behandlung dem Neugeborenen nur ein Leben mit schwersten, nicht behebbaren Schäden ermöglichen würde, z.B. bei schwersten Hirnschädigungen. ... 2. Das gleiche gilt bei multiplen Schäden, die in ihrer Summierung ebenso schwer wiegen wie die unter 1. fallenden Einzelschäden." Fritsche, Grenzbereich zwischen Leben und Tod, S. 83; Opderbecke, Grenzen der ärztlichen Behandlungspflicht in: Eser/Bringewat, Suizid und Euthanasie, S. 136; Menzel, Kriterien für den Behandlungsabbau in: Eser/Bringewat, Suizid und Euthanasie, S. 143; Ziegler, Römisch-katholische Wertung der Euthanasie in: Hiersche, Euthanasie, S. 53 (77); Reiter, Die aktuelle Euthanasiediskussion in: Eid, Euthanasie oder soll man auf Verlangen töten ? S. 185 (196); Trockel, Sterbehilfe im Wandel der Zeit, NJW 1975, 1440 (1446); Händel, Rechtsmedizinertagung in München, NJW 1976, 2297 (2298) berichtet, daß dies die herrschende Ansicht in den Vereinigten Staaten sei.

1740 Dahm, Ärztliche Entscheidung unter Reanimationsbedingungen, S. 59; Eser, Neues Recht des Sterbens ? in: Eser/Bringewat, Suizid und Euthanasie, S. 392 (402)

1741 Eser, Lebenserhaltungspflicht und Behandlungsabbruch in rechtlicher Sicht in: Auer/Menzel/Eser, Zwischen Heilauftrag und Sterbehilfe, S. 75 (125)

1742 Opderbecke, Grenzen der ärztlichen Behandlungspflicht in: Eser/Bringewat, Suizid und Euthanasie, S. 136

1743 Fritsche, Der Patient als Mensch oder Objekt in: Eser/Bringewat, Suizid und Euthanasie, S. 150 (153); Fritsche, Der Arzt und seine Verpflichtung zur Sterbehilfe, MedR 1993, 126 (129); M. v. Lutterotti, Ärztlicher Heilauftrag und Euthanasie in: Eser/Bringewat, Suizid und Euthanasie, S. 291

sich genommen viel zu unbestimmt, als daß sich aus ihnen ein hinreichend zuverlässiger Maßstab für die ärztliche Entscheidung im Einzelfall herleiten ließe. Insbesondere bleibt unklar, worin ein anerkennens- und erstrebenswerter "Zweck" und "Sinn" des menschlichen Lebens im Falle eines unweigerlich zum Tode führenden Krankheitsverlaufes liegen könnte, bzw. welche "Aussicht" für den Patienten bestehen muß, damit die Aufnahme bzw. das Fortführen lebensverlängernder Maßnahmen medizinisch indiziert ist.

Klar dürfte in diesem Zusammenhang lediglich sein, daß die lebenserhaltende Therapie nicht allein deshalb eingestellt werden darf, weil sich die Krankheit des Patienten als unheilbar herausgestellt hat und eine Wiederherstellung seiner Gesundheit somit nicht mehr möglich ist.[1744] Der Inhalt möglicher ärztlicher Behandlungsziele ist nicht allein auf die vollkommene Gesundung des Patienten beschränkt. Vielmehr ist er stets abhängig von der jeweiligen Konstitution des Patienten und der Art seiner Krankheit. Für einen moribunden Patienten bedeutet Hilfe zwangsläufig etwas anderes als für denjenigen, der nur leicht erkrankt ist. Für ihn kann bereits die Verlängerung seines Lebens um einige Wochen oder Monate bei gleichzeitiger Linderung seiner Schmerzen von großem Wert sein. Da menschlichem Leben zudem in jedem Augenblick seines Bestehens ein ungeminderter Höchstwert zukommt und sich jegliche Differenzierungen in qualitativer und quantitativer Hinsicht verbieten, kann selbst dann, wenn der Einsatz gegen das Grundleiden oder interkurrierende Krankheiten gerichteter Therapien nur eine kurzfristige Lebensverlängerung verspricht, schwerlich schon allein deshalb von einer sinnlosen, aussichtslosen oder gar unzumutbaren Behandlung gesprochen werden. In gleicher Weise verbietet sich eine Bewertung des solchermaßen verlängerten Lebens als sinnlos oder gar lebensunwert.

Freilich soll nicht verschwiegen werden, daß sich die Frage nach den Grenzen des ärztlichen Behandlungsauftrages und insbesondere nach denjenigen der Intensivmedizin letztlich nicht gänzlich ohne Bewertungen wird beantworten lassen. Dabei geht es jedoch nicht darum zu entscheiden, ob das Leben eines bestimmten Patien-

(293); Eibach, Thesen zur Diskussion um die sogenannte "Euthanasie" in: Eser/Bringewat, Suizid und Euthanasie, S. 245 (248 f.); Kohlhaas, Das Recht auf den eigenen Tod, NJW 1973, 548 (550); Kautzky, Die Freiheit des Sterbenden in: Eid, Euthanasie oder soll man auf Verlangen töten ? S. 25 (30); Sporken, Darf die Medizin, was sie kann? S. 204; Entscheidung des 84. Deutschen Ärztetages 1981 "Humanes Sterben", zit. nach K. M. v. Lutterotti, Ärztliche Handlungsanleitungen, Anhang S. 10 (11): "Er [der Ärztetag] wendet sich gegen unsinnig lebensverlängernde Maßnahmen um jeden Preis."

1744 Opderbecke, Grenzen der Intensivtherapie in: Lawin/Huth, Grenzen der ärztlichen Aufklärungs- und Behandlungspflicht, S. 109 (110); Koslowski, Lebensverlängerung als Aufgabe und Begrenzung ärztlichen Handelns in: Koslowski/Kreuzer/Löw, Die Verführung durch das Machbare, S. 75 (80) ten noch sinnvoll ist, sondern es ist allein darüber zu befinden, ob eine *konkrete Therapie* noch sinnvoll ist.[1745] Schon bei der indirekten Sterbehilfe konnte das überwiegende Interesse des Patienten an der Linderung seiner Schmerzen gegenüber dem Risiko einer geringfügigen Lebensverkürzung letztlich nur dadurch festgestellt werden, daß das Leben nicht verabsolutiert, sondern als ein wesentlicher Faktor in den Abwägungsprozeß der Interessen des Sterbenden eingestellt wurde. Hier wie dort muß man sich allerdings die Gefahren einer jeglichen Relativierung des Lebensschutzes, insbesondere aber die mit ihr verbundenen Ausweitungstendenzen im Sinne des Dammbruchargumentes stets deutlich vor Augen halten, so daß größte Vorsicht geboten ist, eine bestimmte lebensverlängernde Maßnahme vorschnell als sinn- oder zwecklos zu bezeichnen.

In jedem Falle kann die Bezeichnung einer konkreten Behandlung als "sinnlos" erst am Ende des Abwägungsvorganges stehen. Dagegen darf der Begriff nicht bereits im Zusammenhang mit dem Wert des menschlichen Lebens in den Abwägungsvorgang selbst eingeführt werden.

Von anderer Seite wird zwischen "gewöhnlichen" und "außergewöhnlichen" Lebenserhaltungsmaßnahmen unterschieden. Während der Arzt zwingend verpflichtet sein soll, erstere anzuwenden, seien letztere zwar moralisch wählbar, aber nicht verpflichtend.[1746] Dieser Ansatz geht auf die traditionelle katholische Moraltheologie zurück[1747] und wurde zu einer Zeit entwickelt, in der die Möglichkeiten der ärztlichen Kunst über Jahrhunderte hinweg keinen großen Veränderungen unterworfen waren.[1748] Da dies seit einigen Jahrzehnten grundlegend anders geworden ist und zum einen Behandlungsmaßnahmen, die vor kurzer Zeit noch als revolutionär neu galten, heute bereits vielerorts zum medizinischen Standard gehören, zum anderen aber die Möglichkeiten der einzelnen Krankenhäuser je nach dem Stand ihrer technischen und personellen Ausstattung sehr unterschiedlich sind, bietet das Abgrenzungskriterium des "Gewöhnlichen" keine hinreichend gesicherte Grundlage mehr, um auch nur einigermaßen zuverlässig bestimmen zu können, in welchem Umfange lebensverlängernde Maßnahmen indiziert sind.[1749]

1745 Opderbecke, Grenzen der Intensivtherapie in: Lawin/Huth, Grenzen der ärztlichen Aufklärungs- und Behandlungspflicht, S. 109 (111); Eibach, Sterbehilfe - Tötung aus Mitleid, S. 114

1746 Antonioli, Tötung auf Verlangen, S. 8

1747 vgl. Katechismus der katholischen Kirche, RNr. 2278

1748 Häring, Moraltheologische Überlegungen zu Suizid und Euthanasie in: Eser/Bringewat, Suizid und Euthanasie, S. 261 (265)

1749 Dahm, Ärztliche Entscheidung unter Reanimationsbedingungen, S. 56; Geilen, Euthanasie und Selbstbestimmung, S. 18; K. M. v. Lutterotti, Ärztliche Handlungsanleitungen, S. 233; Eser, Sterbehilfe und Euthanasie in rechtlicher Sicht in: Eid, Euthanasie oder soll man auf Verlangen töten

Unsicherheiten ergeben sich zudem daraus, daß "außergewöhnliche" Maßnahmen lediglich als *nicht verpflichtend* betrachtet werden, so daß ihr Einsatz letztlich dem Ermessen des behandelnden Arztes überlassen bliebe und somit gerade die kritischen Fälle einer normativen Bewertung entzogen wären.

Darüber hinaus hat der Arzt, wenn er auf normativer Grundlage zu dem Ergebnis gelangt, daß eine Lebensverlängerung dem objektiven Interesse des Patienten entspricht, alle diesbezüglich zur Verfügung stehenden medizinischen Möglichkeiten auszuschöpfen, mögen sie auch noch so ausgefallen oder außergewöhnlich erscheinen.[1750]

Schließlich wäre es schon deshalb zweifelhaft, den Umfang gebotener therapeutischer Maßnahmen danach zu bestimmen, was dem jeweiligen Standard der Medizin entspricht, weil hierdurch letztlich das technisch Machbare zum Ideal erhoben, die Person des Sterbenden hingegen zum bloßen Objekt der Apparatemedizin herabgestuft würde.

Nicht zu überzeugen vermag gleichfalls die Differenzierung zwischen "natürlichen" und "künstlichen" Behandlungsmaßnahmen[1751] als Kriterium zur Begrenzung der Pflicht zur Lebenserhaltung. Die moderne Medizin hat einen Entwicklungsstand erreicht, der es dem Arzt erlaubt, in vielfältiger Weise auf Krankheitsverläufe einzuwirken. Schon bei solchen Eingriffen, die der Wiederherstellung der Gesundheit von nicht ernsthaft erkrankten Patienten dienen, wird kaum von "natürlichen" Maßnahmen die Rede sein können. Erst recht dürfte kaum ein Krankheitsverlauf am Ende eines zu Ende gehenden Lebens "natürlich", d.h. unbeeinflußt von äußeren Umständen sein, und es erscheint auch durchaus fraglich, ob dies erstrebenswert wäre. Denn es gehört unbestritten gerade zu den Aufgaben der Medizin, im Rahmen ihrer Möglichkeiten auf "natürliche" Krankheitsverläufe "künstlich" einzuwirken und diese zum Nutzen des Patienten zu beeinflussen. Daher kann es bei der Frage nach der Anwendung lebensverlängernder Maßnahmen nicht darauf ankommen, ob eine konkrete Behandlungsform mehr oder weniger "natürlich" oder "künstlich" ist, sondern in welcher Weise sie sich vermutlich auf den Organismus des Patienten auswirken und

---

? S. 45 (58); Eser, Lebenserhaltungspflicht und Behandlungsabbruch in rechtlicher Sicht in: Auer/Menzel/Eser, Zwischen Heilauftrag und Sterbehilfe, S. 75 (128)

1750 Sporken, Darf die Medizin, was sie kann ? S. 198; Schreiber, Behandlungsabbruch und Sterbehilfe in: Deutsche Sektion der Internationalen Juristen-Kommission, Lebensverlängerung aus medizinischer, ethischer und rechtlicher Sicht, S. 129 (135)

1751 Kallmann, Rechtsprobleme bei der Organtransplantation, FamRZ 1969, 572 (574)

ob diese Folge seinen Interessen unter besonderer Berücksichtigung seiner personalen Würde und des verfassungsrechtlichen Lebensschutzgebotes gerecht wird.

Der Bundesgerichtshof hat dies bestätigt und ausgeführt, daß immer dann, wenn sich bei der gebotenen sorgfältigen Prüfung konkrete Umstände für die Feststellung des individuellen mutmaßlichen Willens hinsichtlich der Anwendung lebenserhaltender Maßnahmen nicht finden ließen, auf Kriterien zurückgegriffen werden müsse, die allgemeinen Wertvorstellungen entsprächen. Dabei sei jedoch Zurückhaltung geboten. Im Zweifel habe der Schutz des menschlichen Lebens Vorrang vor persönlichen Überlegungen des Arztes, eines Angehörigen oder einer anderen beteiligten Person. Im Einzelfall werde die Entscheidung nicht zuletzt davon abhängen, wie aussichtslos die ärztliche Prognose und wie nahe der Patient dem Tode sei. Je weniger die Wiederherstellung eines nach allgemeinen Vorstellungen menschenwürdigen Lebens zu erwarten sei und je kürzer der Tod bevorstehe, um so eher sei ein Behandlungsabbruch vertretbar.[1752]

Möllering betont daher zu Recht, ärztliches Bemühen um den Patienten könne sich nicht absolut bestimmen lassen, sondern müsse dem jeweiligen Stadium seines Lebens- bzw. Sterbeprozesses entsprechen und das Sterben achten, da dieses ganz wesentlich zum Menschsein gehöre. Wenig aussagekräftig ist jedoch die von ihm befürwortete Unterscheidung danach, ob bestimmte Behandlungsmaßnahmen "mehr der Sterbens- als der Lebensverlängerung" dienten.[1753] Denn diese Einteilung setzt ihrerseits eine Wertentscheidung voraus, deren maßgebliche Kriterien es erst festzustellen gilt. Normativ ist eine Abgrenzung von Lebens- und Sterbensverlängerung unmöglich, da Leben und Sterben keine Zustände sind, die sich gegenseitig ausschließen.[1754] Es bleibt bei dieser Differenzierung zudem unklar, ob die Verlängerung des Sterbeprozesses einen bestimmten Grad der Todesnähe voraussetzen oder ob sie im Gegensatz zur Lebensverlängerung an bestimmten Qualitätsmerkmalen (z.B. Schmerzen, bestimmter Grad des Bewußtseins) festgemacht werden soll.

[1752] BGH NJW 1995, 204 (205): allerdings beschränkt der BGH Maßnahmen der passiven Sterbehilfe in der letztgenannten Entscheidung nicht auf die eigentliche Sterbephase, sondern hält sie auch in deren Vorfeld für zulässig.

[1753] Möllering, Schutz des Lebens - Recht auf Sterben, S. 59; ihm zustimmend Burkart, Das Recht, in Würde zu sterben, S. 72; v. Kühlmann, Sterbehilfe, S. 9; M.v.Lutterotti, Grenzen ärztlicher Behandlungspflicht, Zeitschrift für medizinische Ethik 39 (1993), S. 3 (8); Tröndle, Warum ist Sterbehilfe ein rechtliches Problem ? ZStW 99 (1987), 25 (30); ähnlich auch Huber, Grenzen des medizinischen Fortschritts aus ethischer Sicht in: Deutsche Sektion der Internationalen Juristen-Kommission, Lebensverlängerung aus medizinischer, ethischer und rechtlicher Sicht, S. 147 (158), der einen Behandlungsverzicht dann für angezeigt hält, wenn die Weiterbehandlung nichts anderes wäre als "ein Eingriff in die Integrität menschlichen Sterbens."

[1754] Dahm, Ärztliche Entscheidung unter Reanimationsbedingungen, S. 57; K. M. v. Lutterotti, Ärztliche Handlungsanleitungen, S. 233 spricht gar von einer Leerformel.

Nachfolgend ist unter "Rückbesinnung auf die human-personale Zielsetzung ärztlichen Handelns"[1755] der Versuch zu unternehmen, konkrete Gesichtspunkte aufzuzeigen, die die Lebenserhaltungs- bzw. -verlängerungspflicht normativ begrenzen.

Da mit dem BGH von dem Grundsatz der Lebenserhaltungspflicht des Arztes auszugehen ist,[1756] der nur ausnahmsweise aus humanitären Erwägungen heraus durchbrochen werden darf, erscheint es sinnvoll, den Bereich möglicher Ausnahmen durch eine nähere Untersuchung der einzelnen Stadien des zu Ende gehenden Lebens zu konkretisieren. Dabei sollen nachfolgend zunächst die faktische Unmöglichkeit (aa.) und der Hirntod (bb.) als eindeutig feststehende und bestimmbare Grenzen des ärztlichen Behandlungsauftrages erörtert werden, ehe die Terminalphase (cc.) und der Zeitraum vor dem Beginn der eigentlichen Sterbephase (dd.) näher zu beleuchten sind. Schließlich sollen die Problembereiche des Abschaltens lebenserhaltender Appa-raturen (ee.) sowie der Auswahl der zu behandelnden Patienten im Falle nicht in ausreichendem Maße vorhandener intensivmedizinischer Möglichkeiten (Verteilungsge-rechtigkeit) (ff.) untersucht werden.

bb. Faktische Unmöglichkeit der Lebenserhaltung bzw. -verlängerung

Selbstverständlich kann der Arzt zumindest dann nicht verpflichtet (und auch nicht berechtigt) sein, gegen die unheilbare Krankheit des Patienten weiter anzukämpfen, wenn deren Verlauf rein faktisch unter keinen Umständen mehr beeinflußbar ist, und zwar selbst insofern nicht, als es um das Hinauszögern ihres tödlichen Verlaufes geht.

Gleichfalls kommt eine weitere Therapie des moribunden Patienten dort nicht in Betracht, wo es an der notwendigen medizinisch-technischen Ausrüstung und/oder dem hierfür erforderlichen Personal fehlt.[1757] Zu Recht hat jedoch v. Dellingshausen darauf hingewiesen, daß sich in Fällen dieser Art - zumindest wenn der Arzt die Behandlung bereits übernommen hat - seine Erfolgsabwendungspflicht durch eigenes Handeln inhaltlich umwandelt in die Verpflichtung, den Patienten an eine für ihn geeignete Klinik überführen zu lassen.[1758] Nur wo dies nicht möglich sei - sei es auf-

[1755] Eser, Lebenserhaltungspflicht und Behandlungsabbruch in rechtlicher Sicht in: Auer/Menzel/Eser, Zwischen Heilauftrag und Sterbehilfe, S. 75 (130)
[1756] BGH NJW 1995, 204 (205)
[1757] Eser, Lebenserhaltungspflicht und Behandlungsabbruch in rechtlicher Sicht in: Auer/Menzel/Eser, Zwischen Heilauftrag und Sterbehilfe, S. 75 (125 f.); Bockelmann, Strafrecht des Arztes, S. 115
[1758] v. Dellingshausen, Sterbehilfe und Grenzen der Lebenserhaltungspflicht des Arztes, S. 378

grund fehlender Kapazitäten anderer Krankenhäuser, sei es aufgrund der gesundheitlichen Verfassung des Patienten selbst - setzten die Rahmenbedingungen der konkreten Klinik dem ärztlichen Handeln Schranken, an denen sich die Verpflichtung zur Durchführung lebenserhaltender oder -verlängernder Maßnahmen abschließend bestimmen ließen.

cc. Der Hirntod als natürliche Grenze der Lebeserhaltung bzw. -verlängerung

Der Eintritt des Todes ist kein punktuelles Ereignis, sondern ein Prozeß, im Rahmen dessen die einzelnen Zellen des menschlichen Körpers nach und nach absterben.[1759] Da jedoch der Tod das Ende der Rechtspersönlichkeit bezeichnet und damit das Ende des besonderen Schutzes, den die Rechtsordnung dieser gewährt, bestand seit jeher aus Gründen der Rechtssicherheit das Bedürfnis, einen genauen Zeitpunkt zu definieren, der als Individualtod des Menschen gelten sollte. Dabei besteht stets eine Wechselwirkung zwischen der Todesdefinition und der Todesfeststellung, da sich eine rein normative Festlegung des Todeszeitpunktes, die durch die medizinischen und naturwissenschaftlichen Möglichkeiten der jeweiligen Zeit nicht überprüft und nachvollzogen werden kann, in der Praxis als untauglich erweisen würde.

Eine gesetzliche Definition des Todes existiert nicht. Jedoch ist nach heute ganz überwiegend vertretener Auffassung der Mensch dann als tot zu betrachten, wenn sämtliche Funktionen des Gehirns (Großhirn und Stammhirn) vollständig und irreversibel erloschen sind.[1760]

Bis Mitte der 60er Jahre ging man demgegenüber davon aus, daß menschliches Leben mit dem irreversiblen Stillstand von Kreislauf und Atmung, verbunden mit dem Aufhören der Tätigkeit des Zentralnervensystems und gefolgt vom Absterben aller Zellen und Gewebe des Organismus, erloschen sei (sog. klassischer Todesbegriff).[1761] Zur damaligen Zeit schien das Abstellen auf den Stillstand von Kreislauf und Atmung als äußerlich gut erkennbares und nachprüfbares Zeichen eine ein-

---

1759 Lüttger, Der Tod und das Strafrecht, JR 1971, 309; Uhlenbruck, Recht auf den eigenen Tod ? ZRP 1986, 209 (210); Fischer/Fritsche/Pribilla, Definition des Todes in: Eid/Frey, Sterbehilfe oder wie weit reicht die ärztliche Behandlungspflicht ? S. 26; Dixon, Kritisches zum heutigen Euthanasie-Gespräch in: Valentin, Die Euthanasie, S. 7 (15); Eibach, Recht auf Leben - Recht auf Sterben, S. 76

1760 Burkart, Das Recht, in Würde zu sterben, S. 6; v. Kühlmann, Sterbehilfe, S. 9; Frey, Die Grenzen der Behandlungspflicht in: Eid/Frey, Sterbehilfe oder wie weit reicht die ärztliche Behandlungspflicht ? S. 36 (37)

1761 Dietz, Gerichtliche Medizin, S. 1; König, Todesbegriff, Todesdiagnostik und Strafrecht, S. 6

leuchtende und auf alle Todesarten zugeschnittene Möglichkeit der Todesfeststellung zu sein.[1762] Man war sich weitgehend darüber im klaren, daß es sich bei der damaligen Todeserklärung um eine Fiktion handelte, und daß mit dem Herztod nicht eigentlich der Individualtod eingetreten, sondern dieser durch den Herzstillstand lediglich unaufhaltsam geworden war.[1763]

Der Stillstand von Kreislauf und Atmung zieht ohne den Einsatz künstlicher Maßnahmen den Hirntod zwangsläufig spätestens nach 8 bis 10 Minuten nach sich.[1764] Durch die im Zuge des medizinischen Fortschritts aufgekommenen Möglichkeiten der Wiederbelebung und der Überbrückung selbst langfristiger Atmungs- und Kreislaufstillstände erwies sich das Abstellen auf den Stillstand von Kreislauf und Atmung gegen Ende der 60er Jahre als unhaltbar. Zudem war es etwa zeitgleich gelungen, die ersten lebenswichtigen Organe zu transplantieren, so daß auch vor diesem Hintergrund eine neue zeitgemäße Bestimmung des Todeszeitpunktes erforderlich wurde.[1765]

Weil eine Organtransplantation die Verfügbarkeit möglichst frischer Organe voraussetzt,[1766] gebot es ferner der Schutz des Organspenders, den Todeszeitpunkt exakt zu definieren und ihn insbesondere nicht zu weit vorzuverlagern.

1762 Schönig, Zur Feststellung des Todeszeitpunktes, NJW 1968, 189; Geilen, Das Leben des Menschen in den Grenzen des Rechts, FamRZ 1968, 121 (123)

1763 Stratenwerth, Zum juristischen Begriff des Todes in: Festschrift für Engisch, S. 528 (535); Geilen, Neue juristisch-medizinische Grenzprobleme, JZ 1968, 145 (149 f.)

1764 Ziegler, Der Abruf in die Ewigkeit in: Deutsch/Kleinsorg/Ziegler, Das Patiententestament, S. 23 (26); Saueracker, Die Bedeutung des Patiententestamentes, S. 7; M. v. Lutterotti, Menschenwürdiges Sterben, S. 65 weist darauf hin, daß die Wiederbelebungszeit des Herzens etwa 15 Minuten beträgt, die des Gehirns bei normaler Körpertemperatur in der Regel höchstens 5-6 Minuten, oft auch nur 3-4 Minuten. Ein Herzstillstand, der länger als 6 Minuten dauert, hinterläßt also, falls die Wiederbelebung gelingen sollte, am Gehirn Dauerschäden mit oft schwerster Beeinträchtigung.

1765 Sass, Hirntod und Hirnleben, S. 4; Geilen, Medizinischer Fortschritt und juristischer Todesbegriff in: Festschrift für Heinitz, S. 373 (375): Hierbei ist insbesondere die im Dezember 1967 in Südafrika durch Prof. Barnard erstmals erfolgreich durchgeführte Herztransplantation zu nennen. Durch sie wurde in einer auch für den Laien verständlichen Weise aufgezeigt, daß das Herz den Tod seines Spenders überleben kann und auf der anderen Seite der Funktionsausfall des Herzens beim Empfänger nicht notwendigerweise dessen Tod bedeuten muß.

1766 König, Todesbegriff, Todesdiagnostik und Strafrecht, S. 9: Zur Risikoverringerung bei der Implantation ist von Bedeutung, daß die Organe möglichst bis zu ihrer Entnahme durchblutet sind. Dies war aufgrund der alten Todesdefinition, die ja gerade das Erliegen der Atmung und insbesondere des Kreislaufes erforderte, nicht zu erreichen. Dieser Zeitpunkt war für die Organentnahme zu spät angesiedelt, was sich daraus erklärt, daß die einzelnen Organe über unterschiedliche Wiederbelebungszeiten verfügen. Unter Wiederbelebungszeit ist dabei die Zeitspanne zu verstehen, die ein Organ bei völliger Unterbrechung der Blutzufuhr und damit der Sauerstoffversorgung überlebt und nach der eine vollkommene Wiederherstellung aller Funktionen noch möglich ist. Wird die Wiederbelebungszeit überschritten, sind die Störungen nicht mehr rückgängig zu machen, die eingetretenen Schäden sind irreversibel. Eine Organtransplantation, die nach Ablauf dieser Zeit durchgeführt würde, wäre daher für den Organempfänger sinnlos.

Schnell wurde man sich 1968 unter Führung eines Sonderausschusses der Harvard Medical School darüber einig, daß der Tod des Gehirns als Trägers individuell bestimmter Werte den Tod des Individuums ausmacht.[1767] Dabei handelte es sich erneut um eine Fiktion, die den Tod des Individuums auf einen Zeitpunkt festlegte, in dem der biologische Tod im Sinne eines endgültigen Zelltodes noch nicht festgestellt werden kann.[1768] Die Begründung wurde auf unterschiedliche Überlegungen gestützt:

Aus philosophisch-anthropologischer Sicht ging man davon aus, daß dem Gehirn eine metaphysische Bedeutung zukomme, die für das Wesen des menschlichen Daseins unabdingbar sei. Die menschliche Individualität und die menschliche Seele, die letztlich den Menschen ausmachten, seien an die Struktur des Gehirns gebunden,[1769] das Gehirn sei der Sitz des spezifisch Menschlichen.[1770]

Die Mediziner orientierten sich dagegen an ihrem seitherigen Begründungsmuster: Mit der klassischen Definition des Todes hatte man aus dem Absterbeprozeß den Zeitpunkt herausgegriffen, mit dem unaufhaltsam der endgültige Verfall der Organstruktur des Menschen eingeleitet wurde. Der gleiche Ansatz aber konnte nach der Verbesserung der Reanimationsmöglichkeiten und der Möglichkeit zur Organtransplantation bei der Festlegung des Individualtodes auf den Zeitpunkt des Hirntodes aufrechterhalten werden, denn nunmehr markiert der Tod des Gehirns als des Lebenszentrums den Zeitpunkt, von dem an eine Rückkehr zu den ursprünglichen spontanen Körperfunktionen nicht mehr möglich ist.[1771] Der völlige Ausfall aller Ge-

---

1767 Krey, Strafrecht Besonderer Teil, § 1 RNr. 16; Hiersche, Schwangerschaftsabbruch und Anencephalus, MedR 1984, 215 (216); Schreiber, Kriterien des Hirntodes, JZ 1983, 593; Raszeja, Kriterien des Hirntodes in: Festschrift für Spann, S. 453 unter Hinweis auf die humanitäre Bedeutung der Hirntoddefinition; Burkart, Das Recht, in Würde zu sterben, S. 6; Humphry/Wickett, Das Recht auf den eigenen Tod, S. 237

1768 Geilen, Medizinischer Fortschritt und juristischer Todesbegriff in: Festschrift für Heinitz, S. 373 (381); Wolflast, Grenzen der Organgewinnung, MedR 1989, 163 (167); Sass, Hirntod und Hirnleben, S. 5 f.; Niemann, Die privatautonome Gestaltung der ärztlichen Pflicht zur Erhaltung erlöschenden Lebens durch den Patienten, S. 49; Fritsche, Grenzbereich zwischen Leben und Tod, S. 18: "Andere Organfunktionen (z.B. Wachstum von Nägeln und Haaren) laufen, wenn auch in abgeschwächter Form, noch über Stunden, ja sogar Tage weiter, ehe sie definitiv zum Stillstand kommen."

1769 Schreiber, Kriterien des Hirntodes, JZ 1983, 593; Eibach, Recht auf Leben - Recht auf Sterben, S. 82; Geilen, Das Leben des Menschen in den Grenzen des Rechts, FamRZ 1968, 121 (124); Saueracker, Die Bedeutung des Patiententestamentes, S. 6: "Das Gehirn ist der Sitz des Bewußtseins, der seelischen und geistigen Funktionen des Menschen. Es bestimmt die Lebensqualität, und der Mensch stirbt, wenn das Gehirn stirbt."

1770 K. M. v. Lutterotti, Ärztliche Handlungsanleitungen, S. 125; Funck, Der Todeszeitpunkt als Rechtsbegriff, MedR 1992, 182 (185) geht einschränkend gar davon aus, daß das Großhirn allein der den Menschen ausmachende zentrale Träger von Geist und Bewußtsein sei.

1771 Käufer, Die Bestimmung des Todes bei irreversiblem Verlust der Hirnfunktionen, S. 2 f.

hirnfunktionen ist stets irreversibel und apparativ nicht ersetzbar.[1772] Zwar kann die Absterbeautomatik nach Eintritt des Hirntodes durch Reanimation aufgehalten und eine gewisse Zeit verzögert werden, eine Umkehr des Sterbevorganges im Sinne einer Wiederbelebung ist jedoch unmöglich.[1773]

Geilen hat darauf hingewiesen, daß mit dem Irreversibilitätsgedanken, der ja lediglich die prognostische Aussichtslosigkeit zum Ausdruck bringe, eine Wertabwägung verbunden sei. Da die Hirntoddefinition in untrennbarem Zusammenhang stehe zu möglichen Organentnahmen, verberge sich hinter ihr ein Stück Notstandsdenken, die Freigabe von Lebensresten eines im naturwissenschaftlichen Sinne noch Moribunden zur Lebensrettung eines anderen.[1774]

Demgegenüber konnte sich die Ansicht Schönigs, der Zeitpunkt des Todeseintritts sei anzunehmen, wenn der Arzt zu der Überzeugung gelange, daß ein selbständiges, d.h. von Wiederbelebungsgeräten unabhängiges Leben nicht mehr wiederhergestellt werden könne,[1775] ebensowenig durchsetzen wie die Auffassung Denckers, der Tod sei unabhängig von dem Hirntod eingetreten, wenn dem Betroffenen die Chance zu leben endgültig abgeschnitten sei.[1776] Gegen diese Ansätze wird zu Recht eingewandt, sie führten zu unerträglicher Rechtsunsicherheit und lieferten den Sterbenden letztlich der Willkür des Arztes aus, wenn dieser allein nach seiner subjektiven Einschätzung den Todeszeitpunkt festlegen könne, ohne daß ein solcher Zeitpunkt nach außen hin erkennbar und beweisbar wäre.[1777]

Andere sind der Auffassung, daß für den Fall, daß nach einer therapeutisch nicht mehr beeinflußbaren Kreislaufdepression ein Atem- und Herzstillstand eintrete, dem der Hirntod erst mit einer zeitlichen Differenz von wenigen Minuten nachfolge, der

---

[1772] Lüttger, Der Tod und das Strafrecht, JR 1971, 309 (312); Wawersik, Reanimation und ihre Grenzen in: Eser/Bringewat, Suizid und Euthanasie, S. 125 (134) weist jedoch darauf hin, daß der Praxis dadurch Grenzen gesetzt seien, daß der Gehirntod nur unter bestimmten klinischen apparativtechnischen Voraussetzungen objektiviert werden könne. Ebenso Heifetz/Mangel, Das Recht zu sterben, S. 136; Saueracker, Die Bedeutung des Patiententestamentes, S. 6

[1773] König, Todesbegriff, Todesdiagnostik und Strafrecht, S. 12

[1774] Geilen, Legislative Erwägungen zum Todeszeitproblem in: Eser/Bringewat, Suizid und Euthanasie, S. 301 (306); ähnlich Eibach, Sterbehilfe - Tötung aus Mitleid ? S. 233: "Erst infolge der Organentnahme tritt dann der endgültige Zusammenbruch des Organismus ein." Ebenso Höfling, Um Leben und Tod, JZ 1995, 26 (32), der die Hirntodkonzeption als Ausdruck eines reduzierten Menschenbildes für angreifbar hält. Sie entspreche keineswegs dem prozeßhaft verlaufenden Tod des Organismus als Ganzem, sondern beschreibe lediglich einen bestimmten Zustand des Menschen, auf den bestimmte Kriterien bezüglich eines bestimmten Organs zutreffen würden. Die Festschreibung des Hirntodkonzepts stelle sich daher in Wirklichkeit als partikularistische, eindimensionale Zerebralideologie dar.

[1775] Schönig, Die Feststellung des Todeszeitpunktes, NJW 1968, 189

[1776] Dencker, Zum Erfolg der Tötungsdelikte, NStZ 1992, 311(315)

[1777] König, Todesbegriff, Todesdiagnostik und Strafrecht, S. 13

Tod bereits zu dem leichter faßbaren Zeitpunkt des Herzstillstandes als eingetreten anzunehmen sei, zumal in Anbetracht der inkurablen Gesamtsituation Wiederbelebungsversuche nicht mehr indiziert seien.[1778] Jedoch dürfte hierdurch der Hirntod als Todes*kriterium* nicht ernsthaft in Frage gestellt werden. Lediglich im Hinblick auf die Todes*feststellung* begnügt sich dieser Ansatz in bestimmten Fällen damit, den Stillstand von Kreislauf und Atmung zu konstatieren, da von diesem Zeitpunkt an bis zum Eintritt des vollständigen Hirntodes unweigerlich nur noch wenige Minuten vergehen werden. Es wäre sicher auch weder aus rechtlicher noch aus medizinischer Sicht hinnehmbar, den Zeitpunkt des individuellen Todeseintritts von Fall zu Fall unterschiedlich zu definieren.

Teilweise wurde versucht, die Festlegung des Todeszeitpunktes auf den Zeitpunkt des irreversiblen Funktionsausfalles des *Gesamt*hirns in Frage zu stellen. Es wurde dabei dafür plädiert, den Todeseintritt bereits im Zeitpunkt des Funktionsverlustes der Großhirnrinde zu bejahen[1779] bzw. bei Eintritt des irreversiblen Bewußtseinsverlustes[1780] oder im Falle eines apallischen Syndroms (Funktionsausfall des Mantelhirns, des palliums).[1781] Nach der sog. Kortikaltodthese ist die Weitererhaltung der allein vegetativ funktionierenden Gehirnstammzellen für die Unterscheidung zwischen Leben und Tod bedeutungslos. Das Großhirn sei die bewußtseinstragende Instanz und kennzeichne den Menschen, so daß das Menschsein mit dem gleichzeitigen und endgültigen Erlöschen der Bewußtwerdung und der Fähigkeit zur willkürli-

---

[1778] Kommission für Reanimation und Organtransplantation der Deutschen Gesellschaft für Chirurgie, Todeszeichen und Todeszeitbestimmung, Der Chirurg 1968, S. 196 f.; Deutsch, Die rechtliche Seite der Transplantation, ZRP 1982, 174 (175); Kohlhaas, Rechtsfragen zur Transplantation von Körperorganen, NJW 1967, 1489 (1493); M. v. Lutterotti, Menschenwürdiges Sterben, S. 71 f.; Deutsch, Sterbehilfe und Euthanasie als rechtliches Problem in: Deutsch/Kleinsorg/Ziegler, Das Patiententestament, S. 51 (56) weist darauf hin, daß im Hinblick auf die Festlegung des Todeszeitpunktes weiterhin der Kreislauftod maßgebend sei. So werde auch der Totenschein des Organspenders auf den Zeitpunkt des Abstellens der Maschine ausgestellt, wenn Herztätigkeit und Kreislauf zusammenbrechen.

[1779] so z.B. von Dixon, Kritisches zum heutigen Euthanasie-Gespräch in: Valentin, Die Euthanasie, S. 7 (30); vgl. zu dieser Diskussion auch Funck, Der Todeszeitpunkt als Rechtsbegriff, MedR 1992, 182 (187 f.); Kubicki, Intoxikationen als Ursache des Hirntodes in: Penin/Käufer, Der Hirntod, Todeszeitbestimmung bei irreversiblem Funktionsverlust des Gehirns, S. 33 (42); Englert, Todesbegriff und Leichnam als Element des Totenrechts, S. 36 ff.; Wunderli, Euthanasie oder über die Würde des Sterbens, S. 104 ff.; Umbach, Ärztliche Verantwortung im Konflikt in: Giesen/Keienburg, Organtransplantation, S. 23 f.

[1780] Catel, Leidminderung richtig verstanden, S. 123

[1781] Ziegler, Der Abruf in die Ewigkeit in: Deutsch/Kleinsorg/Ziegler, Das Patiententestament, S. 23 (26); Kubicki, Intoxikationen als Ursache des Hirntodes in: Penin/Käufer, Der Hirntod, Todeszeitbestimmung bei irreversiblem Funktionsverlust des Gehirns, S. 33 (42) unter Gleichsetzung von irreversibler Bewußtlosigkeit und apallischem Syndrom chen Äußerung ende. Die Erhaltung der Hirnstammfunktionen sei dagegen kein hinreichender Grund für die Annahme des Lebendigseins des Menschen.[1782]

Diese Forderung nach einer Vorverlagerung des Todeszeitpunktes ist jedoch ganz überwiegend auf Ablehnung gestoßen.[1783] Zu Recht wird darauf hingewiesen, daß das Abstellen auf das menschliche Bewußtsein schon deshalb kein tragfähiges Kriterium darstelle, weil ansonsten bei einem Säugetier, das überhaupt kein Bewußtsein im menschlichen Sinne habe, niemals der Hirntod eintreten könne.[1784] Auch aus Gründen der Rechtsklarheit sei an dem Kriterium des Gesamthirntodes festzuhalten, da dieser wesentlich einfacher und eindeutiger nachzuweisen sei als der irreversible Funktionsverlust der Hirnrinde.[1785] Beim apallischen Syndrom sei sogar davon auszugehen, daß Erholungen mit und ohne nennenswerten Defekt möglich seien.[1786] Darüber hinaus wird geltend gemacht, daß längst noch nicht abschließend geklärt sei, welche Teile des Gehirns für die Bewußtseinsbildung und die Ausbildung kognitiver Fähigkeiten zuständig seien, so daß schon die Prämissen der Anhänger der Kortikaltodthese fragwürdig seien.[1787] Insbesondere aber sei ungeklärt, was ein Apalliker empfinde.[1788]

Somit bleibt daran festzuhalten, daß der (Gesamt-)Hirntod die durch Wertung gewonnene natürliche, wenn auch sicher nicht biologisch zwingende Grenze des Lebensschutzes im Sinne des Art. 2 Abs. 2 Satz 1 GG darstellt. Da sich ärztliche Behandlungsmaßnahmen naturgemäß nur auf den lebenden Menschen beziehen können, ist der Eintritt des Hirntodes gleichzusetzen mit dem Ende jeder ärztlichen Behandlungspflicht, aber auch jedes ärztlichen Behandlungsrechtes. Dies sei hier - so selbstverständlich es auch erscheinen mag - klarstellend angemerkt, wird doch ver-

---

1782 Kubicki, Intoxikationen als Ursache des Hirntodes in: Penin/Käufer, Der Hirntod, Todeszeitbestimmung bei irreversiblem Funktionsverlust des Gehirns, S. 33 (42); Umbach, Ärztliche Verantwortung im Konflikt in: Giesen/Keienburg, Organtransplantation, S. 24

1783 Isemer/Lilie, Rechtsprobleme bei Anencephalen, MedR 1988, 66 (68)

1784 König, Todesbegriff, Todesdiagnostik und Strafrecht, S. 16

1785 Burkart, Das Recht, in Würde zu sterben, S. 8; Sass, Hirntod und Hirnleben, S. 9

1786 Burkart, Das Recht, in Würde zu sterben, S. 9

1787 König, Todesbegriff, Todesdiagnostik und Strafrecht, S. 16; Begemann, Medizin im Widerspruch in: Bastian, Denken - schreiben - töten, S. 95 (103); Bundesärztekammer, Resolution zu den Kriterien des Hirntodes, JZ 1983, 594 f.; Schreiber, Kriterien des Hirntodes JZ 1983, 593; Stratenwerth, Zum juristischen Begriff des Todes in: Festschrift für Engisch, S. 528 (545); Penin/Käufer, Der Hirntod, Todeszeitbestimmung bei irreversiblem Funktionsverlust des Gehirns, S. X; Wawersik, Reanimation und ihre Grenzen in: Eser/Bringewat, Suizid und Euthanasie, S. 125 (126); Sporken, Darf die Medizin, was sie kann ? S. 231; im Ergebnis ebenso Lüttger, Der Tod und das Strafrecht, JR 1971, 309 (311), der vor den Mißbrauchsgefahren warnt, die mit der Forderung bestimmter geistiger Fähigkeiten zwangsläufig verbunden seien.

1788 König, Todesbegriff, Todesdiagnostik und Strafrecht, S. 17 FN 43 einzelt immer wieder die Frage erhoben, ob bei einem bereits hirntoten Patienten Lebensverlängerungsmaßnahmen sinnvoll und rechtlich geboten seien.[1789]

dd. Der irreversible Bewußtseinsverlust des Patienten als Grenze der Lebenserhaltungspflicht ?

Teilweise wird die Auffassung vertreten, die Lebenserhaltungspflicht des Arztes müsse dort enden, wo dem Menschen aufgrund unwiderruflichen Verlustes jeglicher Reaktions- und Kommunikationsfähigkeit jede Möglichkeit weiterer Selbstwahrnehmung und Selbstverwirklichung genommen sei. Dies sei spätestens bei nachweislich irreversibler Bewußtlosigkeit der Fall. Andererseits könnten nicht schon bloße Kommunikationsstörungen aufgrund geistiger Umnachtung oder der Teilverlust von Gehirn- und sonstigen Vitalfunktionen einen Behandlungsabbruch rechtfertigen, solange keine totale Kommunikationsunfähigkeit eingetreten sei.[1790] Zwar könne nicht

---

1789 z.B. Kuhlendahl, Euthanasie - Sterbehilfe - Behandlungsabbruch, NJW 1974, 1419 (1420); Barth auf einer Tagung der Katholischen Akademie Bayern, zitiert von Fritzen, Sterben und sterben lassen, FAZ 07.10.1974, S. 7 (8)

1790 Eser, Lebenserhaltungspflicht und Behandlungsabbruch in rechtlicher Sicht in: Auer/Menzel/Eser, Zwischen Heilauftrag und Sterbehilfe, S. 75 (131); Eser, Neues Recht des Sterbens ? in: Eser/Bringewat, Suizid und Euthanasie, S. 392 (403); Eser, Grenzen der Behandlunspflicht aus juristischer Sicht in: Lawin/Huth, Grenzen der ärztlichen Aufklärungs- und Behandlungspflicht, S. 77 (88); Eser, Sterbehilfe und Euthanasie in: Böhme, Der Arzt und das Sterben, S. 9 (17 f.); Eser, Sterbehilfe und Euthanasie in rechtlicher Sicht in: Eid, Euthanasie oder soll man auf Verlangen töten ? S. 45 (59); M. v. Lutterotti, Menschenwürdiges Sterben, S. 86; M. v. Lutterotti, Sterbehilfe, lex artis und mutmaßlicher Patientenwille, MedR 1988, 55 (58); Leipold, Euthanasie oder Sterbehilfe in: Giesler, Sterbende begleiten, S. 11 (31,53); v. Dellingshausen, Sterbehilfe und Grenzen der Lebenserhaltungspflicht des Arztes, S. 401; Lilie, Hilfe zum Sterben in: Festschrift für Steffen, S. 273 (281); Möllering, Schutz des Lebens - Recht auf Sterben, S. 60: wenn der Patient dauerhaft kommunikationsunfähig geworden sei, sei sein Sterben zumindest soweit vorangeschritten, daß die Schwelle des sozialen und psychischen Todes bereits unwiderruflich passiert sei. Dann aber seien keine Maßnahmen zur Lebensverlängerung zu ergreifen.
Auf den Eintritt der irreversiblen Bewußtlosigkeit als Grenze der ärztlichen Behandlungspflicht abstellend auch Baumann/Bochnik/Brauneck u.a., AE-Sterbehilfe, S. 13, 15; Schöch, Beendigung lebenserhaltender Maßnahmen, NStZ 1995, 153 (154); Weißauer/Opderbecke, Behandlungsabbruch bei unheilbarer Krankheit, MedR 1995, 456 (462); Weißauer/Opderbecke, Ein Vorschlag für Leitlinien, MedR 1998, 395 (397); Henke, Die Verantwortung des Arztes in: Schara, Intensivtherapie, S. 34 (38); Dölling, Zulässigkeit und Grenzen der Sterbehilfe, MedR 1987, 6 (9); Anschütz, Der unheilbar Kranke und der sterbende Patient, MedR 1985, 17 (19); v. Loewenich, Grenzen der ärztlichen Behandlungspflicht, MedR 1985, 30 (31); Hanack, Grenzen ärztlicher Behandlungspflicht, MedR 1985, 33 (36); Zimmermann-Acklin, Euthanasie, S. 221; K. M. v. Lutterotti, Ärztliche Handlungsanleitungen, S. 232; Dahm, Ärztliche Entscheidung unter Reanimationsbedingungen, S. 104; Pichler, Internationale Entwicklung in den Patientenrechten, S. 254; Humphry/Wickett, Das Recht auf den eigenen Tod, S. 177; Geilen, Euthanasie und Selbstbestimmung, S. 20; Geilen, Das Leben des Menschen in den Grenzen des Rechts, FamRZ 1968, 121 (126); Eid, Muß die Medizin alles tun, was sie kann ? in: Eid/Frey, Sterbehilfe oder wie weit reicht die ärztliche Behandlungspflicht ? S. 115 (130); Fritsche, Die ethische Relevanz der Leben-Tod-Problematik in: Eid/Frey, Sterbehilfe oder wie weit reicht die ärztliche Behandlungspflicht, S. 11 (15); Fritsche, Ärztlich-ethische Aspekte zur Ambivalenz der Lebensverlängerung in: Deutsche Sektion der Internationalen Juristen-Kommission, Lebensverlängerung aus medizinischer, ethischer und rechtlicher Sicht, S. 3 (13);

geleugnet werden, daß die Orientierung an der Kommunikationsunfähigkeit eine Wertung des Lebens enthalte. Es sei jedoch geboten, die Aufgabe des Arztes auf die Ermöglichung und Erhaltung menschlicher Selbstverwirklichung zu beschränken und normativ dem puren Biologismus und rein mechanisch-technischem Funktionalismus eine Absage zu erteilen. Das Selbstbewußtsein sei die eigentliche Signatur der menschlichen Existenz, ohne dieses sei der Mensch nur noch ein biologisches Präparat.[1791] Im Falle seines irreversiblen Verlustes sowie des Fehlens der Kommunikationsfähigkeit erübrige sich jede Spekulation über einen noch verbliebenen Lebenswert, da das personale und soziale Innewerdenkönnen mit dem unwiderruflichen Erlöschen des Bewußtseins völlig ausgeschlossen werden könne. Das genannte Kriterium habe darüber hinaus den Vorteil, daß es die ärztliche Verpflichtung zur Lebenserhaltung nicht aufgrund einer individuellen und daher unsicheren Einzelfallentscheidung über den Sinn eines menschlichen Lebens begrenze, sondern rein objektiv bestimmbar sei.[1792]

Solange der Arzt in einer solchen Situation seine Bemühungen nicht aus sachfremden Erwägungen heraus (z.B. Bequemlichkeit, finanzielle Motive) einstelle, sondern im Interesse der individuellen Persönlichkeit des Patienten, entspreche dies den Vorgaben des Art. 1 GG und stelle den grundgesetzlich verankerten Lebensschutz nicht in Frage.[1793] Da er dem Menschen als Persönlichkeit nicht mehr dienen könne, sei jede weitere Lebensverlängerung in der Tat als "sinnlos" zu bezeichnen.[1794] Das Fehlen geistiger Funktionen sei lediglich ein Grenzkriterium für die ärztliche Hand-

---

Eibach, Sterbehilfe - Tötung auf Verlangen ? S. 109; Kuhse, Menschliches Leben und seine Würde, S. 18; Rieger, Die mutmaßliche Einwilligung in den Behandlungsabbruch, S. 149; Bottke, Strafrechtliche Probleme am Lebensbeginn und am Lebensende in: Deutsche Sektion der Internationalen Juristen-Kommission, Lebensverlängerung aus medizinischer, ethischer und juristischer Sicht, S. 35 (119); Roxin, An der Grenze von Begehung und Unterlassung in: Festschrift für Engisch, S. 380 (396); Roxin, Der Schutz des Lebens in: Blaha/Gutjahr-Löser/Niebler, Schutz des Lebens - Recht auf Tod, S. 85 (89); Beckert, Strafrechtliche Probleme um Suizidbeteiligung und Sterbehilfe, S. 371, die betont, daß ärztliche Maßnahmen hier nicht mehr obligatorisch seien, also weiterhin nach dem Ermessen des Arztes angewendet werden dürften; Häring, Moraltheologische Überlegungen zu Suizid und Euthanasie in: Eser/Bringewat, Suizid und Euthanasie, S. 261 (266 f.), der auch das Recht des Arztes zur Anwendung lebensverlängernder Maßnahmen in dieser Situation verneint.

Für ein Unterlassen nicht nur weiterer Behandlungsmaßnahmen, sondern auch der Zufuhr von Nährstoffen und Flüssigkeit bei PVS-Patienten Schöne-Seifert, Verzicht auf Lebenserhalt: offene Fragen, Ethik Med 1989, 143 (154)

1791 Thielicke, Wer darf sterben ? In: Atrott/Eibach/Kübler-Ross u.a., Sterbehilfe, Mitleid oder Mord? S. 105 (112 f.)

1792 Eser, Lebenserhalungspflicht und Behandlungsabbruch in rechtlicher Sicht in: Auer/Menzel/Eser, Zwischen Heilauftrag und Sterbehilfe, S. 75 (132); zustimmend Fritsche, Grenzbereich zwischen Leben und Tod, S. 79

1793 v. Dellingshausen, Sterbehilfe und Grenzen der Lebenserhaltungspflicht des Arztes, S. 403

1794 v. Dellingshausen, Sterbehilfe und Grenzen der Lebenserhaltungspflicht des Arztes, S. 405

lungspflicht. Auch das vegetative Leben behalte seinen Wert als Rechtsgut, nur sein Schutz sei im Hinblick auf Maßnahmen zu seiner Verlängerung eingeschränkt.[1795]

Andere halten die (Weiter-) Behandlung für unzulässig, wenn (z. B. beim apallischen Syndrom) der irreversible Bewußtseinsverlust eingetreten sei und die Fähigkeit sonstiger sinnlicher Mitteilungs- oder Wahrnehmungsmöglichkeiten fehle und mit an Sicherheit grenzender Wahrscheinlichkeit nicht wiedererlangt werde.[1796] Es könne allein darauf ankommen, das menschliche Leben unter Berücksichtigung der ganzheitlichen Belange der Person zu erhalten. Dazu aber gehörten sowohl emotionale als auch geistige und soziale Bezüge.[1797] Teilweise wird anknüpfend an diese Merkmale zusätzlich im Hinblick auf die Einstellung der Behandlung gefordert, daß der Patient irreversibel abhängig sein müsse von der Substitution wichtigster Funktionen (z.B. künstliche Beatmung, Herz-Kreislauf-Assistenz durch Pumpenmechanismen, intravenöse Ernährung).[1798]

Nachfolgend sind die genannten Kriterien daraufhin zu überprüfen, ob sie tatsächlich das Ende all dessen charakterisieren, was den Menschen ausmacht, so daß eine Weiterbehandlung abzulehnen wäre.

Sofern im Hinblick auf die Grenzen der ärztlichen Behandlungsverpflichtung die Reaktions- und Kommunikationsmöglichkeit sowie die Fähigkeit zur Selbstwahrnehmung und Selbstverwirklichung angesprochen werden, so mag es sich hierbei ohne jeden Zweifel um wesentliche Merkmale der Persönlichkeit des Individuums handeln. Fraglich erscheint jedoch, ob die Leistung von Persönlichkeit zur Voraussetzung für den Schutz des menschlichen Lebens erhoben werden darf, oder ob nicht hierdurch die Meßlatte zu hoch gelegt würde.

Es ist in diesem Zusammenhang daran zu erinnern, daß auch Singer verschiedene Merkmale, die die Persönlichkeit eines Menschen ausmachen, zu den Grundbedin-

---

[1795] v. Dellingshausen, Sterbehilfe und Grenzen der Lebenserhaltungspflicht des Arztes, S. 404

[1796] Leonardy, Sterbehilfe, DRiZ 1986, 281 (284); Hirsch, Behandlungsabbruch und Sterbehilfe in: Festschrift für Lackner, S. 597 (603); Dölling, Zulässigkeit und Grenzen der Sterbehilfe, MedR 1987, 6 (9) hält die Fähigkeit zu geistig-seelischem Erleben und Reagieren für die maßgeblichen Kriterien; M. v. Lutterotti, Menschenwürdiges Sterben, S. 78 hält den Arzt im Falle eines als irreversibel erkannten apallischen Syndroms zumindest für berechtigt, von der Behandlung von Komplikationen Abstand zu nehmen, gibt jedoch zugleich zu bedenken, daß die "Irreversibilität" sich auch nach längerer Zeit noch als reversibel herausstellen könne, so daß bei Prognosen Vorsicht geboten sei.

[1797] Bade, Der Arzt an den Grenzen von Leben und Recht, S. 95

[1798] Taupitz, Empfehlen sich zivilrechtliche Regelungen, Verhandlungen des 63. DJT 2000, Bd. I, Gutachten A, S. A 48; Bernsmann, Der Umgang mit irreversibel bewußtlosen Personen, ZRP 1996, 87 (91); Schreiber, Ein neuer Entwurf für eine Richtlinie der Bundesärztekammer zur Sterbehilfe in: Festschrift für Deutsch, 773 (781) gungen des "Personseins" erhoben hat, um auf dieser Grundlage alle anderen Lebewesen als sog. Nicht-Personen den Personen unterzuordnen und ihnen letztlich gar jedes Lebensrecht abzusprechen. Zu welch fatalen Konsequenzen diese Prämisse führen kann, beschreibt Singer selbst in seiner "Praktischen Ethik".[1799] Zumindest einen Schritt in diese Richtung scheinen jedoch diejenigen zu gehen, die die Auffassung vertreten, das Leben eines Menschen, dem die Fähigkeit fehle, seine Persönlichkeit zu entfalten, müsse nicht aufrechterhalten werden. Nicht unbedenklich erscheint vor diesem Hintergrund insbesondere die Aussage v. Dellingshausens, das Leben des Kommunikationsunfähigen behalte zwar seinen Wert als Rechtsgut, sein Schutz im Hinblick auf Maßnahmen zu seiner Verlängerung sei jedoch eingeschränkt. Mag sie in diesem Zusammenhang auch deutlich darauf hinweisen, daß eine aktive Verkürzung des menschlichen Lebens selbst in dieser Situation nicht in Betracht gezogen werden dürfe, so drängt sich doch der Eindruck auf, daß dem Leben eines solchen Patienten in ihren Augen nur noch eingeschränkt der Rang eines Rechtsgutes zukommt, dieses aber zumindest in seinem Wert erheblich gemindert ist.

Daß eine solche Sichtweise geeignet ist, dem Damm des Lebensschutzes bedenkliche Risse zuzufügen, dürfte nachvollziehbar sein, drängt sich doch die Frage auf, weshalb das Leben des nicht mehr zur Kommunikation Fähigen, das nicht mehr für wert erachtet wird, aufrechterhalten zu werden, nicht zugleich aktiv beendet werden oder gar als erloschen gelten sollte.

Letztlich wird somit durch die Forderung, der Patient müsse zur Persönlichkeitsbildung fähig sein, um einen Anspruch auf Weiterbehandlung zu haben, ein Urteil über den Lebenswert bzw. Lebensunwert gefällt, das mit dem verfassungsrechtlich verankerten Gebot, sich jeder qualitativen Differenzierung menschlichen Lebens zu enthalten, nicht in Einklang zu bringen ist. Wenn das menschliche Leben bis zum Eintritt des Gesamthirntodes uneingeschränkt unter dem Schutz der Rechtsordnung steht, so kann es nicht gerechtfertigt sein, diesen allein aufgrund des Verlustes der Kommunikationsfähigkeit bzw. der Möglichkeit zur Selbstwahrnehmung und Selbstverwirklichung zu verkürzen.

Zwar kann - und dies soll auch hier durchaus nicht übersehen werden - in Fragen der Sterbehilfe, sowohl im Rahmen der indirekten als auch bei der passiven, nicht gänzlich auf Wertungen verzichtet werden. Jedoch sollten sich diese stets darauf beschränken, die lebzeitigen Interessen des Sterbenden selbst gegeneinander ab-

---

[1799] vgl. oben C. II. 2. b.

zuwägen, jedenfalls solange derartige Interessen vorhanden sind oder ihr Vorhandensein nicht ausgeschlossen werden kann.

Durch die Begrenzung der Lebenserhaltungspflicht des Arztes auf den Zeitraum bis zum Eintritt des irreversiblen Verlustes der Kommunikationsfähigkeit bzw. der Möglichkeit zur Selbstwahrnehmung und Selbstverwirklichung des Patienten wird von außen ein Wertmaßstab an das menschliche Leben angelegt, der mit einer internen Interessenkollision, wie sie beispielsweise im Falle starker Schmerzen auftreten kann, nicht vergleichbar ist.

Es kann nämlich nicht davon ausgegangen werden, daß mit dem Eintritt des Verlustes der Kommunikationsfähigkeit oder der Möglichkeit zur Selbstwahrnehmung oder Selbstverwirklichung bereits jegliches lebzeitige Interesse des Betroffenen unwiderruflich erloschen sei. Zum einen sind diese Begriffe ihrerseits sehr unbestimmt und sehr weitreichenden Interpretationen zugänglich, zum anderen kennzeichnen sie bei weitem nicht nur den in Bezug genommenen Zustand irreversibel Bewußtloser, sondern reichen weit darüber hinaus und verkürzen vor allem dadurch allzu sehr das, was das Menschsein ausmacht. Dies zeigt sehr anschaulich auch der Beschluß des LG Duisburg vom 09. Juni 1999, in dem das Gericht ausdrücklich feststellte, daß Reste von Bewußtsein bei der Patientin, über deren Schicksal zu entscheiden war, zweifelsfrei vorhanden seien. Das Gericht hat die Zulässigkeit des Behandlungsabbruchs dennoch bejaht, weil nicht angenommen werden konnte, daß sie noch einmal zu einem "selbstbestimmten Leben" in der Lage sein werde.[1800]

Wo genau soll die Grenze zwischen der bloßen Kommunikationsstörung und der Kommunikationsunfähigkeit verlaufen? Ab welchem oder bis zu welchem Geisteszustand läßt sich (noch) von der Fähigkeit zur Selbstwahrnehmung, Selbstbestimmung und Selbstverwirklichung sprechen? Einem Kleinkind dürfte wohl zumindest in seinen ersten Lebensmonaten das erforderliche Selbstbewußtsein abzusprechen sein, vielen Geisteskranken möglicherweise nicht minder.[1801]

1800 LG Duisburg, NJW 1999, 2744 (2745)

1801 Buhr, Lebensverlängerung um jeden Preis ? in: Evang. Akademie Baden, Sterbehilfe, S. 47 (50) unter Hinweis darauf, daß beim Umgang mit hochgradig Schwachsinnigen Reaktionen zu beobachten seien, die in Dimensionen abliefen, die unserem Zugriff entzogen seien. Auch bei Sterbenden liege der Schluß nahe, daß sie, obwohl sie möglicherweise bereits die gewöhnliche menschliche Kommunikation längst hinter sich gelassen hätten, gleichwohl noch über ein Selbstbewußtsein verfügten. Auch Roos, Gespräche mit Sterbenden in: Giesler, Sterbende begleiten, S. 101 (125) weist darauf hin, daß Sterbende erwiesenermaßen häufig noch hören und wahrnehmen könnten, auch wenn sie schon längst die Fähigkeit verloren hätten, sich mitzuteilen.

Wie aber ließe es sich, wenn allein die Fähigkeit zur Selbstbestimmung und Selbstverwirklichung den "Wert" des Menschen ausmachten, rechtfertigen, ihr Leben als absolut schützenswert zu erachten, das eines unheilbar erkrankten und dem Tode nahen Menschen aber nicht (zumindest nicht im Sinne der Verpflichtung, es zu erhalten)? Während bei dem Kleinkind insofern zugegebenermaßen noch auf seine potentiellen Entwicklungsmöglichkeiten verwiesen werden könnte, würde bei dem geistig Behin-derten selbst dieser Versuch, die Ungleichbehandlung sachlich zu rechtfertigen, fehlschlagen.

Dies aber führt zu der Frage, was die Schutzwürdigkeit des Lebens eines schwer geistig Behinderten, dem kaum mehr die Fähigkeit zur Selbstwahrnehmung, noch weniger aber zur Selbstverwirklichung zuerkannt werden kann, ausmacht. Die Antwort auf diese Frage verdeutlicht, daß das Wesen des Menschseins nicht von der Persönlichkeitsbildung abhängig gemacht werden darf: Auch der solchermaßen geistig Behinderte hat - und dies ist in aller Regel für seine Umwelt deutlich erkennbar - seine Wahrnehmungs- und Empfindungsfähigkeit nicht verloren, mag er auch zur rationalen Verarbeitung seiner Gefühle nicht in der Lage sein. Bereits diese Fähigkeiten gebieten es, ihm mit ungemindertem Respekt zu begegnen und sein Leben unter den uneingeschränkten Schutz von Art. 2 Abs. 2 Satz 1 GG, Art. 1 GG zu stellen.[1802]

Der Ansatz, der für die Einstellung der lebensverlängernden Behandlung fordert, daß der Patient seine sinnlichen Mitteilungs- und Wahrnehmungsmöglichkeiten in vollem Umfange und unwiderbringlich verloren haben müsse, verdient daher zumindest gegenüber der Auffassung, die die Fortsetzung der Behandlung von den Fähigkeiten zur Kommunikation, zur Selbstwahrnehmung und zur Selbstverwirklichung abhängig macht, den Vorzug.

Ist aber menschliches Leben als schutz- und erhaltenswert anzusehen, solange nicht jede Wahrnehmungs- und Empfindungsfähigkeit des Betroffenen erloschen ist, so stellt sich die weiterführende Frage, ab wann von einem Verlust dieser Fähigkeiten zuverlässig ausgegangen werden kann. Zweifellos ist dies der Fall, wenn der Gesamthirntod eingetreten ist.

1802 Niemann, Die privatautonome Gestaltung der ärztlichen Pflicht zu Erhaltung erlöschenden Lebens durch den Patienten, S. 62 verweist darauf, daß das Erlöschen der Behandlungspflicht des Arztes nicht schon bejaht werden könne, wenn der Patient geistige Funktionen nicht mehr erfüllen könne, da sich eine Inhaltsbestimmung des Menschseins verbiete.

Zu überlegen ist, ob in dessen Vorfeld dem von den oben zitierten Auffassungen verwandten Begriff der sog. irreversiblen Bewußtlosigkeit Bedeutung zukommen könnte, der vielfach als Grenze der Behandlungspflicht genannt wird. Bevor jedoch auf mögliche Zusammenhänge der irreversiblen Bewußtlosigkeit mit dem Verlust der Empfindungs- und Wahrnehmungsfähigkeit einzugehen ist, erscheint es zunächst angebracht, eine grundsätzliche terminologische Klarstellung vorzunehmen:

Beim Bewußtseinsverlust handelt es sich um einen Oberbegriff für verschiedene Stufen des Bewußtseinsschwundes, dessen höchste Stufe das unselbständige, irreversible Koma darstellt.[1803] Der irreversible Bewußtseinsverlust wiederum fungiert als Oberbegriff sowohl für das irreversible Koma als auch für den sog. "fortdauernden vegetativen Zustand" (persistent vegetative state, PVS).[1804]

Das irreversible Koma zeichnet sich dabei durch tiefste Bewußtlosigkeit infolge einer starken Schädigung des Hirnstammes aus. Der Betroffene ist an einen Respirator, mitunter auch an eine Herz-Lungen-Maschine angeschlossen, er wird künstlich ernährt, reagiert nicht auf stärkste Schmerzreize und wird nie wieder erwachen. Solche Komapatienten können nicht über einen längeren Zeitraum hinweg überleben, der Tod tritt erfahrungsgemäß spätestens nach sechs bis zwölf Monaten ein.[1805]

PVS-Patienten befinden sich demgegenüber zwar in einer permanenten Bewußtlosigkeit, nicht jedoch im Koma. Der Hirnstamm ist bei ihnen intakt. Sie durchlaufen Schlaf- und Wachphasen, für eine gewisse Anzahl von Stunden halten sie die Augen geöffnet. Husten- und Schluckreflexe sind beeinträchtigt, aber nicht ausgefallen. Mitunter kommt es zum Ausfall der Spontanatmung. Es ist möglich, daß diese Patienten über Jahre hinweg weiterleben.[1806]

Im Falle des sog. "locked-in"-Syndroms als Endstadium einer amyotrophen Lateralsklerose, die zum Verfall ausschließlich des willkürlichen motorischen Nervensystems führt, ohne das vegetative Nervensystem und die intellektuellen Fähigkeiten zu beeinträchtigen, zeigt der Patient zwar nach außen hin keinerlei Reaktionen, ist jedoch bei vollem Bewußtsein.[1807]

1803 Stufe IV der sog. Brüsseler Koma-Skala, vgl. hierzu im einzelnen Weikenmeier, Die prognostische Wertigkeit von Koma-Skalen bei Schädel-Hirn-Verletzten, S. 10 ff.
1804 Beckert, Strafrechtliche Probleme um Suizidbeteiligung und Sterbehilfe, S. 365
1805 Beckert, Strafrechtliche Probleme um Suizidbeteiligung und Sterbehilfe, S. 364
1806 Beckert, Strafrechtliche Probleme um Suizidbeteiligung und Sterbehilfe, S. 365
1807 Rieger, Die mutmaßliche Einwilligung in den Behandlungsabbruch, S. 143

Ein irreversibler Bewußtseinsverlust ist ex ante nur sehr schwer zu prognostizieren, mag auch die Prognose - beispielsweise bei schwersten Kopfverletzungen - mitunter sehr wahrscheinlich sein.[1808] Selbst die häufig vertretene Meinung, daß nach drei Monaten ohne Rückbildung der Symptome kaum noch mit einem Wiedererlangen der geistigen Leistungsfähigkeit gerechnet werden könne, scheint nicht mehr als ein grober Anhaltspunkt, sind doch Fälle bekannt geworden, in denen Patienten nach 7,5 oder 8 Jahren wieder zu Bewußtsein kamen.[1809] Insbesondere bei PVS-Patienten wurden zahlreiche Fälle bekannt, in denen Patienten entgegen aller Erwartung ihre vollen kognitiven Fähigkeiten wiedererlangt haben.[1810]

Bei dem im Zusammenhang mit dem irreversiblen Bewußtseinsverlust angesprochenen apallischen Syndrom handelt es sich demgegenüber um eine Dissoziation der Funktionen von Großhirn und Stammhirn. Der Patient kann sich nicht artikulieren und ist nicht ansprechbar. Es besteht jedoch ein Schlaf-Wachzyklus, so daß die Patienten zeitweise die Augen geöffnet haben, ohne daß sie jedoch Blickkontakt mit umstehenden Personen aufnehmen können oder Schmerzempfindungen zeigen.[1811] Kopf- und Augenwendungen auf akustische oder visuelle Reize hin zur jeweiligen Reizquelle werden ebenso wie das häufig zu beobachtende Schneiden von Grimassen, Lächeln, Weinen, Schmatzen oder Zähneknirschen als unwillkürliche, ungesteuerte Bewegungen interpretiert.[1812] Sehr häufig handelt es sich bei dem apallischen Syndrom lediglich um ein Durchgangsstadium. Zwar steigt mit zunehmender Dauer des Syndroms die Wahrscheinlichkeit, daß der Patient nicht wieder sein volles Bewußtsein erlangen wird, Prognosen sind jedoch im Einzelfall problematisch.[1813] Selbst nach längerer Zeit erweist sich der Zustand des Patienten hin und wieder als reversibel.[1814]

1808 Beckert, Strafrechtliche Probleme um Suizidbeteiligung und Sterbehilfe, S. 365; Burkart, Das Recht, in Würde zu sterben, S. 9; Baumann/Bochnik/Brauneck, AE-Sterbehilfe, S. 15 f.; Rieger, Die mutmaßliche Einwilligung in den Behandlungsabbruch, S. 144

1809 Rieger, Die mutmaßliche Einwilligung in den Behandlungsabbruch, S. 144

1810 Beckert, Strafrechtliche Probleme um Suizidbeteiligung und Sterbehilfe, S. 371

1811 Uhlenbruck, Selbstbestimmtes Sterben, S. 366 f.

1812 Benzenhöfer, Der gute Tod ? S. 195

1813 Burkart, Das Recht, in Würde zu sterben, S. 9; in Verkennung dieser Schwierigkeiten gehen dagegen Baumann/Bochnik/Brauneck, AE-Sterbehilfe, S. 15 f., gerade davon aus, daß es sich beim apallischen Syndrom um das Paradebeispiel des irreversiblen Bewußtseinsverlustes handelt, der nach einer "gewissen Zeit" der Beobachtung mit an Sicherheit grenzender Wahrscheinlichkeit angenommen werden könne.

1814 Bade, Der Arzt an den Grenzen von Leben und Recht, S. 71; Lücking, Apallisches Syndrom in: Eser/v.Lutterotti/Sporken, Lexikon Medizin, Ethik, Recht, Sp. 74 (78); M. v. Lutterotti, Menschenwürdiges Sterben, S. 78, 82 f. schildert das sehr eindrucksvolle Beispiel eines jungen Mannes, dessen apallisches Syndrom für irreversibel gehalten wurde, der jedoch durch die ständige Ansprache und Beschäftigung der Stationsärzte, der Schwestern und der Ehefrau mit ihm schließlich wieder Reaktionen zeigte und nach und nach sämtliche seiner vormaligen Fähigkeiten zurückerwarb. Benzenhöfer, Der gute Tod ? S. 195 f. berichtet von einer amerikanischen Studie, derzufolge 46 %

Es wird somit deutlich, daß der in der Diskussion um die passive Sterbehilfe so häufig verwandte schillernde Begriff der irreversiblen Bewußtlosigkeit kein einheitliches Krankheitsbild umschreibt, sondern sehr verschiedenartige Schädigungen des Gehirns bezeichnet.

Diesem Begriff werden mitunter solche Beeinträchtigungen der Hirnfunktionen zugeordnet, die - wie beispielsweise das apallische Syndrom - nicht zwingend irreversibel sind, so daß hier allenfalls von einem Bewußtseinsverlust die Rede sein kann, der sich *möglicherweise* als unumkehrbar herausstellen wird.

In gleicher Weise ergeben sich bei den Patienten, bei denen ein persistent vegetative state oder ein irreversibles Koma vermutet wird, nicht zu unterschätzende prognostische Unsicherheiten hinsichtlich des Wiedererlangens ihres Bewußtseins, mögen diese auch mehr in der Unsicherheit der Diagnosestellung an sich als in ihren Auswirkungen begründet liegen.

Dies allein schwächt deutlich die Position derer, die die ärztliche Behandlungspflicht mit dem Eintritt der sog. "irreversiblen Bewußtlosigkeit" als erloschen betrachten. Denn keineswegs handelt es sich hierbei um ein Kriterium, daß sich stets objektiv und zweifelsfrei ermitteln ließe.

Nun mag man hiergegen zu Recht einwenden, daß die vorerwähnten Schwierigkeiten der Diagnose bzw. Prognose nicht ausschließen, daß im Einzelfall doch mit an Sicherheit grenzender Wahrscheinlichkeit festgestellt werden kann, daß ein Patient nie wieder das Bewußtsein erlangen wird, so daß das Erlöschen der ärztlichen Behandlungspflicht auf jene Fälle zu begrenzen wäre.

Dies würde jedoch wiederum entsprechend den vorstehenden Ausführungen voraussetzen, daß der sog. irreversible Bewußtseinsverlust gleichzusetzen wäre mit dem Erlöschen jeglicher Wahrnehmungs- und Empfindungsmöglichkeiten und aller geistig-seelischen Funktionen des Patienten. Gerade diese Gleichsetzung aber scheint nach dem heutigen Stand medizinischer Erkenntnisse nicht möglich zu

der Patienten, die aufgrund eines Traumas ein apallisches Syndrom erlitten hatten, sechs Monate nach dem Stellen der Diagnose das Bewußtsein wiedererlangt hätten, zwölf Monate nach der Diagnose seien es 52 % gewesen, wobei bei mehr als der Hälfte der Patienten deutliche Behinderungen festzustellen gewesen seien, nach dieser Zeit aber hätten zumindest 7 von 434 Patienten (1,3 %) das Bewußtsein wiedererlangt.

sein.[1815] Gerade aus Medizinerkreisen wird immer wieder darauf hingewiesen, daß das menschliche Gehirn noch viel zu wenig erforscht sei, als daß man exakt lokalisieren könne, welchem Bereich die Fähigkeiten zu höheren kognitiven Leistungen sowie die Möglichkeit bewußter Erfahrungen zuzuordnen seien.[1816] Es sei keineswegs selbstverständlich, wie häufig behauptet werde, daß es sich insofern um ausschließliche Großhirn-Eigenschaften handle.[1817] Insbesondere sei bislang nicht hinreichend erforscht, welche Bedeutung besonderen Hirnstammteilen für die Tiefenpersönlichkeit und für bewußte seelische Reaktionen zukomme.[1818] Neurologen und Neurochirurgen, die über intensive Erfahrungen mit schwerst hirngeschädigten Patienten verfügen, weisen zudem immer wieder darauf hin, daß menschliches Seelenleben keineswegs auf das (Selbst-)Bewußtsein reduziert werden dürfe, als ob mit dem Erlöschen des Bewußtseins auch alle seelisch- geistigen Funktionen erloschen wären.[1819] Bezeichnenderweise kam das ärztliche Gutachten vom 05.05.1998, das das OLG Frankfurt/M. seinem Beschluß vom 15.07.1998 zugrunde legte,[1820] hinsichtlich der Beurteilung des Zustandes einer Koma-Patientin zu dem Ergebnis, daß zwar eine relevante Besserung im Sinne eines bewußten und selbstbewußten Lebens nicht mehr zu erwarten sei, daß jedoch andererseits offen bleiben müsse, ob die Betroffene ihren Zustand als leidvoll erlebe oder gar Schmerzen erdulden müsse.

1815 so auch Uhlenbruck, Selbstbestimmtes Sterben, S. 367 (allerdings an dieser Stelle lediglich bezogen auf das apallische Syndrom); Traufetter, Demut vor dem letzten Rätsel, Der Spiegel, Nr. 1/2001, S. 148 (150 f.)

1816 W. Singer, Das falsche Rot der Rose, Der Spiegel, Nr. 1/2001, S. 154 (155): "... sehen wir uns einem extrem dezentral organisierten System gegenüber, in dem an vielen Orten gleichzeitig visuelle, auditorische oder motorische Teilergebnisse erarbeitet werden. Und diese koordiniert das Gehirn auf geheimnisvolle Weise." ... S. 158: "Wir haben nicht einmal die simple Frage geklärt, wie eigentlich Wahrnehmungen im Gehirn neuronal verwirklicht werden."
Martinez, Grenzen der ärztlichen Behandlungspflicht, S. 48, 50: "Kein Mensch ist in der Lage, auch nicht die Medizin mit all ihren Mitteln, zu wissen, was sich im Leben solcher Menschen abspielt." ... "Und selbst wenn eine geistige Minderwertigkeit höheren oder geringeren Grades zurückbleibt, wer wagt es, ein Leben deshalb als lebensunwert zu bezeichnen ? Der Wert eines Lebens kann nicht ... bemessen werden, und wenn wir nicht an dem Grundsatz festhalten, daß jedes Leben heilig ist, so verwischen sich die Grenzen, und es ist nur noch ein kleiner Schritt, der uns von dem Verbrechen trennt."
Auch hinsichtlich anenzephaler Neugeborener, d.h. solcher, denen das Großhirn gänzlich fehlt, wird teilweise von deren (Schmerz-)empfindungsfähigkeit ausgegangen (Kloth, Anenzephale als Organspender, MedR 1994, 180, 184).

1817 Begemann, Medizin im Widerspruch in: Bastian, Denken - schreiben - töten, S. 95 (103); vgl. auch König, Todesbegriff, Todediagnostik und Strafrecht, S. 16; Eibach, Recht auf Leben - Recht auf Sterben, S. 96

1818 Dahm, Ärztliche Entscheidung unter Reanimationsbedingungen, S. 109; Riklin, Die strafrechtliche Regelung der Sterbehilfe in: Holderegger, Das medizinisch assistierte Sterben, S. 328 (335) weist ausdrücklich darauf hin, daß man bei Apallikern und allen Arten von komatösen Zuständen letztlich nicht wisse, was in dem Kranken vor sich gehe.

1819 Burkart, Das Recht, in Würde zu sterben, S. 12

1820 OLG Frankfurt NJW 1998, 2747 (2748)

Solange dieses Feld unerforscht ist, sollte man sich im Interesse des Lebensschutzes davor hüten, die Aufrechterhaltung menschlichen Lebens allein deshalb in Frage zu stellen, weil der Betroffene nicht mehr bei Bewußtsein ist und - anders als etwa der schwer geistig Behinderte - nicht mehr über die Fähigkeit verfügt, seine Wahrnehmungen und Empfindungen gegenüber seiner Umwelt kundzutun.

Vor diesem Hintergrund ist es durchaus verwunderlich, daß sich das OLG Frankfurt/M. in dem vorgenannten Beschluß nicht einmal ansatzweise mit dem Gesundheitszustand der Patientin befaßt und danach gefragt hat, welche Bedeutung dem Fehlen des nach außen hin in Erscheinung tretenden Bewußtseins bei gleichzeitig nicht auszuschließender Wahrnehmungs- und Empfindungsfähigkeit für den Umfang der ärztlichen Behandlungspflichten zukomme, insbesondere wenn der mutmaßliche Willen des Patienten nicht ermittelbar sei.

Im Ergebnis hat das OLG Frankfurt/M. unter Bezugnahme auf das Kemptener Urteil des BGH[1821] zwar zunächst - in Übereinstimmung mit der hier vertretenen Auffassung - festgestellt, daß im Falle der fehlenden Ermittelbarkeit eines mutmaßlichen Willens des Patienten dem Lebensschutz im Zweifel der Vorrang einzuräumen sei.[1822] Freilich relativiert die Rechtsprechung dieses Ergebnis dadurch, daß sie die Lebenserhaltungspflichten des Arztes unter den Vorbehalt der Übereinstimmung mit "allgemeinen Wertvorstellungen" stellt, ohne diese näher zu konkretisieren. Angesichts der großen Zahl derer, die sich in den Fällen der fehlenden Kommunikationsfähigkeit bzw. des irreversiblen Bewußtseinsverlustes für einen Behandlungsabbruch aussprechen, scheint es gut vorstellbar, daß der Arzt oder Richter im Einzelfall zu den Lebensschutz verkürzenden Bewertungsergebnissen gelangen. Dies belegt nicht zuletzt der vorzitierte Beschluß des LG Duisburg vom 09.06.1999 eindrucksvoll.[1823] Schon allein deshalb ist es aber meines Erachtens zwingend geboten, daß der Gesetzgeber verbindliche Richtlinien zur Ausfüllung der angesprochenen "allgemeinen Wertvorstellungen" festlegt, die die bestehende Rechtsunsicherheit beheben.

Teilt man die Auffassung, daß der mutmaßlich irreversible Bewußtseinsverlust bei nicht zu beurteilender oder gar auszuschließender Wahrnehmungs- und Empfindungsfähigkeit für sich genommen einen Behandlungsabbruch nicht rechtfertigt,[1824]

1821 BGH NJW 1995, 204 (205)

1822 OLG Frankfurt NJW 1998, 2747 (2749)

1823 LG Duisburg, NJW 1999, 2744 (2745)

1824 Die Grundsätze der Bundesärztekammer zur ärztlichen Sterbebegleitung, NJW 1998, 3406 (3407) stimmen dem zumindest insoweit zu, als der Patient voraussichtlich nicht in absehbarer Zeit so wird man auch unter keinem anderen Gesichtspunkt die Einstellung der Behandlung befürworten können. Insbesondere kann nicht unterstellt werden, daß der Patient ein Interesse am Unterbleiben lebensverlängernder Maßnahmen habe, weil er etwa starken oder gar unerträglichen Schmerzen oder Qualen ausgesetzt sei.[1825] Mutmaßungen hierüber sind als rein spekulativ zurückzuweisen, wie letztlich auch das erwähnte Gutachten vom 05.05.1998 bestätigte, das das OLG Frankfurt/M. seinem Beschluß vom 15.07.1998 zugrunde legte.

Sollte sich zukünftig herausstellen, daß bereits vor dem Eintritt des Gesamthirntodes die Empfindungs- und Wahrnehmungsfähigkeit sowie das Vorhandensein jeglicher geistig-seelischer Funktionen bei einem bestimmten Grad der Schädigung des Gehirns ausgeschlossen sind, so wäre hiermit zugleich das Ende der Behandlungspflicht des Arztes festgestellt. Denn wenn ein Mensch in der beschriebenen Weise irreversibel von seiner Umwelt abgeschnitten ist, könnte der Arzt allein rein biologisch-vegetative Funktionen des menschlichen Körpers aufrechterhalten. Dies aber kann nicht die Aufgabe des Arztes sein,[1826] was wiederum dadurch allgemeine Anerkennung gefunden hat, daß der Organtod des Gesamthirns zum Todeszeitpunkt des Menschen erklärt worden ist.[1827] Denn unbestritten sind auch zum Zeitpunkt des Hirntodes noch nicht sämtliche Zellen des menschlichen Körpers abgestorben.

Ist die lebensverlängernde Therapie nach dem Erlöschen jeglicher Empfindungs- und Wahrnehmungsmöglichkeiten sowie aller geistig-seelischen Funktionen als sinnlos anzusehen, hat der Arzt von diesem Zeitpunkt an nicht nur das Recht, sondern sogar die Verpflichtung, die Behandlung umgehend abzubrechen.

---

sterben wird, wohingegen bei fortgeschrittener Krankheit eine Änderung des Therapieziels und die Unterlassung lebenserhaltender Maßnahmen in Betracht komme.

1825 auch Schewe, Definitionen und aktuelle juristische Aspekte in: Oehmichen, Lebensverkürzung, Tötung und Serientötung, S. 45 (51) sieht gerade hierin einen wesentlichen Aspekt, der zur Vorsicht im Hinblick auf einen vorzeitigen Behandlungsabbruch mahnt.

1826 Fritsche, Grenzbereich zwischen Leben und Tod, S. 77; Bachmann, Grenzen der Behandlungspflicht in der Neonatologie in: Lawin/Huth, Grenzen der ärztlichen Aufklärungs- und Behandlungspflicht, S. 95 (99); Degenhardt, Den Tod annehmen - christlich sterben in: Worte zur Zeit, Heft 10/1981, S. 29 ff., zit. bei Uhlenbruck, Rechtliche, medizinische und theologische Probleme im Grenzbereich zwischen Leben und Tod in: Uhlenbruck/Rollin, Sterbehilfe und Patiententestament, S. 33 (57); a.A. Zenker, zit. bei Sternsdorff, Sterbehilfe - Der Tod als Freund, Der Spiegel Nr. 7/75, S. 36 (51): "Der Arzt darf nicht darüber entscheiden, ob der Patient nur mehr ein Bündel Zellen oder ein lebenswürdiges Individuum ist, denn er muß als Lebewesen am Leben erhalten werden. Ob er auch noch ein Mensch ist, das ist mir gleichgültig."

1827 Fritsche, Grenzbereich zwischen Leben und Tod, S. 13: "Die Rechtsordnung legt die sittliche Würde und die Freiheit des Menschen zugrunde und schützt ihn also im Hinblick auf Werte, die mit dem Bewußtsein unteilbar zusammenhängen. Der Sitz des Bewußtseins, der seelischen und geistigen Funktionen des Menschen, kann aber nur das Gehirn sein." ... "Die Leibhaftigkeit des Menschseins umschließt und setzt voraus die Funktion des Gehirns, das ermöglicht, als Mensch zu leben, zu fühlen und zu denken."

Sollte dieser Zustand einmal positiv feststellbar sein, würde meines Erachtens sogar einiges dafür sprechen, die seitherige Todesdefinition zu überdenken und sie entsprechend den gefundenen Erkenntnissen auf denjenigen Zeitpunkt zu beziehen, zu dem nachgewiesenermaßen jegliche Wahrnehmungs- und Empfindungsmöglichkeit sowie sämtliche geistig-seelischen Funktionen unwiderruflich erlöschen.

Wie die Ausführungen zum Todeszeitpunkt gezeigt haben, waren nicht zuletzt die beschriebenen unzulänglichen Kenntnisse des menschlichen Gehirns ausschlaggebend dafür, daß man Ende der 60er Jahre bei der Neudefinition des Todeszeitpunktes an dem Organtod des Gesamthirns als der einzig zuverlässigen Grenze festgehalten hat, jenseits derer nicht nur jedes persönlichkeitsbezogene Leben, sondern auch jede Wahrnehmungs- und Empfindungsfähigkeit ausgeschlossen ist und damit die menschliche Individualität endet.[1828] Bei einem Voranschreiten der Wissenschaft in dem vorbezeichneten Sinne dürfte ein Umdenken im Sinne einer Weiterentwicklung des Todesbegriffes sachlich geboten sein. Auch dürfte der der Hirntoddefinition immanente Irreversibilitätsgedanke, der mit einer Wertabwägung verbunden ist, die ihrerseits Organentnahmen zugunsten eines anderen rechtfertigt, letztlich einer solchen Konkretisierung des Todeszeitpunktes nicht entgegenstehen.

ee. Lebenserhaltung bzw. -verlängerung nach Einsetzen des eigentlichen Sterbevorganges

Ist das Grundleiden eines Kranken nach ärztlicher Überzeugung irreversibel, hat es einen tödlichen Verlauf angenommen und wird der Tod in kurzer Zeit eintreten, so hat der Sterbevorgang bereits eingesetzt.[1829] Offen bleibt bei dieser Formulierung, ob der Beginn des Sterbeprozesses erst dann angenommen werden kann, wenn der Tod in jedem Falle - also selbst dann, wenn mit Hilfe lebensverlängernder Maßnahmen gegen ihn angekämpft wird - in kurzer Zeit eintreten wird, oder ob auch diejenigen Situationen umfaßt sein sollen, in denen der Tod lediglich dann kurzfristig eintreten würde, wenn man auf lebensverlängernde Maßnahmen verzichtete.

Meines Erachtens kann die eigentliche Sterbephase nur die erstgenannte Alternative betreffen, da andernfalls selbst alle akut notwendigen Eingriffe (z.B. eine Blinddarmoperation) als lebenserhaltende Maßnahmen erfaßt würden, die keineswegs

---

[1828] so auch Singer, Leben und Tod, S. 32 f.

[1829] BGH NJW 1995, 204; ebenso Grundsätze der Bundesärztekammer zur ärztlichen Sterbebegleitung, Ziff. I, NJW 1998, 3406 notwendigerweise in einem inneren Zusammenhang zum Lebensende stehen müssen. Kann jedoch durch einen ärztlichen Eingriff das Leben des Patienten auf unbestimmte Zeit erhalten oder verlängert werden, so kann schon nach allgemeinem Sprachgebrauch nicht davon die Rede sein, daß er sich in der Sterbephase befinde. Da aber vor allem in Medizinerkreisen die vorgenannte Definition der Bundesärztekammer häufig im Sinne der zweiten Auslegungsalternative verstanden wird, erscheint eine entsprechende Klarstellung angezeigt.

Zur Bestimmung der Grenzen des ärztlichen Behandlungsauftrages nach Einsetzen des Sterbevorganges ist zunächst - und insofern besteht kein Unterschied zu anderen Behandlungssituationen - danach zu fragen, ob eine in Betracht gezogene Behandlungsmaßnahme medizinisch indiziert ist. Dies ist - wie bereits oben dargestellt - dann der Fall, wenn sie der Gesundheit des Patienten aller Voraussicht nach mehr nutzen als schaden wird.

Vor diesem Hintergrund wäre es zweifellos nicht zu rechtfertigen, und käme es gar einem Verstoß gegen die Menschenwürde des Sterbenden gleich, wenn der Arzt an ihm Eingriffe vornehmen würden, die allein wissenschaftlichen Experimenten,[1830] der Erprobung seiner medizinischen Fähigkeiten[1831] oder Beleginteressen des Krankenhauses[1832] dienten, ohne daß zugleich eine Verbesserung seines Gesundheitszustandes zu erwarten wäre. Daß der Patient nicht zum Opfer behandlungsfremder Zielsetzungen werden darf, versteht sich von selbst und bedarf keiner näheren Erläuterung.

Daher ist es selbstverständlich im umgekehrten Sinne ausgeschlossen, auf lebenserhaltende Maßnahmen aus rassischen, religiösen und politischen Motiven zu verzichten.[1833] Gleichfalls wäre es entgegen einer teilweise vertretenen Auffassung[1834] schon vom Ansatz her verfehlt, den Abbruch einer konkreten Behandlung

---

[1830] Burkart, Das Recht, in Würde zu sterben, S. 69; Möllering, Schutz des Lebens - Recht auf Sterben, S. 57

[1831] Eser, Grenzen der Behandlungspflicht aus juristischer Sicht in: Lawin/Huth, Grenzen der ärztlichen Aufklärungs- und Behandlungspflicht, S. 77 (88); Bade, Der Arzt an den Grenzen von Leben und Recht, S. 167

[1832] Eser, Lebenserhaltungspflicht und Behandlungsabbruch in rechtlicher Sicht in: Auer/Menzel/Eser, Zwischen Heilauftrag und Sterbehilfe, S. 75 (137)

[1833] Niemann, Die privatautonome Gestaltung der ärztlichen Pflicht zur Erhaltung erlöschenden Lebens durch den Patienten, S. 68

[1834] Opderbecke, Grenzen der Intensivtherapie in: Lawin/Huth, Grenzen der ärztlichen Aufklärungs- und Behandlungspflicht, S. 109 (113, 115); Opderbecke, Grenzen der ärztlichen Behandlungspflicht in: Eser/Bringewat, Suizid und Euthanasie, S. 136 (142); Kautzky, Die Freiheit des Sterbenden und die Pflicht des Arztes in: Eid, Euthanasie oder soll man auf Verlangen töten ? S. 25 (32); Schuster, Prognose und Ergebnisse in der internistischen Intensivtherapie in: Lawin/Huth, Grenzen der ärztlichen Aufklärungs- und Behandlungspflicht, S. 117 (129); ebenso abzulehnen ist die Auffassung allein aus Kostengründen im Interesse der Solidargemeinschaft an einem maßvollen Einsatz aufwendiger Intensivmedizin zu erwägen, obwohl sie faktisch von dem betreffenden Arzt durchgeführt werden könnte und die erforderlichen technischen und personellen Ressourcen hierdurch nicht anderen Patienten vorenthalten werden müßten.[1835]

Ebenso abzulehnen ist die Argumentation, lebensverlängernde Maßnahmen dürften nicht unabsehbar ausgedehnt werden, weil dies für die Angehörigen zu einer unerträglichen seelischen Tortur[1836] und außerordentlich hohen Pflegekosten führe,[1837] da auch hier behandlungsfremde Interessen das Lebensrecht des Patienten zu bestimmen und zu überlagern drohen.[1838]

Bades, Der Arzt an den Grenzen von Leben und Recht, S. 169, der den Arzt aufgrund der immer beachtlicher werdenden Kosten der Intensivmedizin für verpflichtet hält, die Indikation zum Einsatz lebenserhaltender Maßnahmen kritisch zu überdenken, wenn auch die Kosten der Behandlung nur eines unter mehreren zu berücksichtigenden Kriterien bildeten.

1835 so auch Möllering, Schutz des Lebens - Recht auf Sterben, S. 59; Eser, Diskussion Teil II in: Lawin/Huth, Grenzen der ärztlichen Aufklärungs- und Behandlungspflicht, S. 157; Peter, Diskussion Teil II in: Lawin/Huth, Grenzen der ärztlichen Aufklärungs- und Behandlungspflicht, S. 157 (160); Menzel, Kriterien für einen Behandlungsabbau in: Eser/Bringewat, Suizid und Euthanasie, S. 143 (146); Häring, Moraltheologische Überlegungen zu Suizid und Euthanasie in: Eser/Bringewat, Suizid und Euthanasie, S. 261 (266); strikt zu trennen ist die hier aufgeworfene Frage der Behandlungsentscheidung in der konkreten Situation von der vorgelagerten Entscheidung, welche Mittel die Gesellschaft generell dem Gesundheitswesen zur Verfügung stellt, da der Arzt natürlich nur in diesem Rahmen überhaupt tätig zu werden vermag. Ebenfalls einen anderen Problembereich betrifft die unter C. III. 1. e. hh.) zu behandelnde Frage, welchem von mehreren Patienten im Falle eines Versorgungsnotstandes die zur Verfügung stehenden Ressourcen vorrangig zuzuteilen sind.

1836 Koch, K., Sterbehilfe, S. 39; Heifetz/Mangel, Das Recht zu sterben, S. 56, der das Zusammenleben mit einem schwer geistig behinderten Kind für die Angehörigen als unzumutbar betrachtet; Eibach, Sterbehilfe - Tötung auf Verlangen ? S. 139, 157; Eibach, Sterbehilfe - Tötung aus Mitleid ? S. 187 f., der es als Haltung fehlenden Mitleids und fehlender Barmherzigkeit wertet, wenn Mediziner die Leiden der Angehörigen mit dem Hinweis übergingen, daß sie lediglich dem Leben des Patienten verpflichtet seien und daher nicht auch noch Rücksicht auf Angehörige nehmen könnten.

1837 so aber Bade, Der Arzt an den Grenzen von Leben und Recht, S. 70

1838 M. v. Lutterotti, Menschenwürdiges Sterben, S. 62, 67 gibt zu bedenken, daß häufig eine erhebliche Diskrepanz bestehe zwischen der Art und Weise, wie gerade Intensivstationen auf außenstehende Dritte und auf den Patienten selbst wirkten. Während sich vor den Augen der erstgenannten ein beängstigendes Szenario der moderner Apparatemedizin auftue, berichten Patienten, die auf einer Intensivstation behandelt wurden, immer wieder, sie hätten sich gut betreut gefühlt, und die Überwachungsgeräte hätten sogar zu ihrer Beruhigung beigetragen. Was sie freilich am meisten beruhigt habe, sei die Anwesenheit eines Arztes gewesen, der in der Nähe ihres Bettes gesessen und sie beobachtet habe. Ebenso Menzel, Ziel und Grenzen ärztlichen Handelns in: Auer/Menzel/Eser, Zwischen Heilauftrag und Sterbehilfe, S. 53 (70); Meran, Patientenverfügung in: Koch/Meran/Sass, Patientenverfügung und stellvertretende Entscheidung, S. 2 (8).
Anlaß zur Sorge gebe jedoch häufig das Verhalten der Angehörigen, die im Durchschnitt nur in 15 % der Fälle sterbende Patienten auf Intensivstationen aufsuchten (M. v. Lutterotti, Menschenwürdiges Sterben, S. 70).
Eser, Lebenserhaltungspflicht und Behandlungsabbruch aus rechtlicher Sicht in: Auer/Menzel/Eser, Zwischen Heilauftrag und Sterbehilfe, S. 75 (143) weist zu Recht darauf hin, daß im Bereich der Früheuthanasie personal-qualitative Lebensbetrachtungen besonders gefährlich seien, da sich hier die Gesellschaft ein Urteil über den Lebenswert des Kindes anmaße, wobei es weniger um die Hilfe für den Betroffenen als vielmehr um eine gesellschaftsnützliche Eugenik gehe. Ebenso Eser,

In gleicher Weise sollte sich der Arzt davor hüten, Empfindungen von Angehörigen, die glauben, die Situation des Sterbenden nicht mehr ertragen und mitansehen zu können, vorschnell auf den Patienten zu übertragen, da diesem selbst die Trostlosigkeit und Hoffnungslosigkeit seiner Lage in aller Regel sehr viel weniger bewußt sein wird als den Umstehenden, die noch mitten im Leben stehen, und denen die verschiedenen Unannehmlichkeiten, die den Lebensrest des Moribunden bestimmen, häufig als unwürdig erscheinen mögen. Erwartungen, die ein Mensch an das Leben stellt, sind - wie an anderer Stelle eingehend dargelegt[1839] - höchst wandelbar. Mit zunehmender Hilflosigkeit können sich die Maßstäbe dessen, was wichtig ist, ganz erheblich verschieben. Was früher bedeutungslos oder allenfalls selbstverständlich war, rückt nunmehr möglicherweise in den Mittelpunkt des Lebens.[1840]

Nicht ganz so eindeutig scheint die Sachlage zu sein, wenn es um finanzielle Versorgungsinteressen von Angehörigen des Sterbenden geht.

So vertritt Bockelmann die Auffassung, daß selbst das Leben, dem kein biologischer Wert mehr zukomme, unter anderen Gesichtspunkten sehr wohl noch wertvoll sein könne, z.B. im Hinblick auf den Bezug von Rente oder den Anfall einer Erbschaft, da dies zumindest für die Hinterbliebenen von erheblicher Bedeutung sein könne.[1841]

Von anderer Seite wird ihm entgegengehalten, daß der Sterbende nicht zum Objekt fremder Versorgungsinteressen degradiert werden dürfe, so daß die Beurteilung des Einsatzes lebensverlängernder Maßnahmen derartige Aspekte nicht berücksichtigen dürfe, sondern ausschließlich an der Person des Patienten auszurichten sei.[1842]

Letztgenannter Ansicht gebührt der Vorzug. Die ärztliche Behandlung darf sich allein an dem Wohlbefinden des Patienten und an seinen gesundheitlichen Interessen orientieren. Die Berücksichtigung anderer Gesichtspunkte, insbesondere jeder Art von Drittinteressen, wäre sachfremd und würde die fachliche Kompetenz des Arztes

---

Grenzen der Behandlungspflicht aus juristischer Sicht in: Lawin/Huth, Grenzen der ärztlichen Aufklärungs- und Behandlungspflicht, S. 77 (91)

[1839] vgl. C. II. 1. b. und C. III. 2. a. dd. (9)

[1840] so auch z.B. Bade, Der Arzt an den Grenzen von Leben und Recht, S. 160: Der gesunde Mensch stehe auf einer ganz anderen Basis als der Kranke und Sterbende. Vgl. hierzu noch weitergehend C. III. 2. a. dd. (9)

[1841] Bockelmann, Strafrecht des Arztes, S. 114 f.; zustimmend Rieger, Die mutmaßliche Einwilligung in den Behandlungsabbruch, S. 145

[1842] v. Dellingshausen, Sterbehilfe und Grenzen der Lebenserhaltungspflicht des Arztes, S. 389; Eser, Lebenserhaltungspflicht und Behandlungsabbruch aus rechtlicher Sicht in: Auer/Menzel/Eser, Zwischen Heilauftrag und Sterbehilfe, S. 75 (136); Eser, Grenzen der Behandlungspflicht aus juristischer Sicht in: Lawin/Huth, Grenzen der ärztlichen Aufklärungs- und Behandlungspflicht, S. 77 (88); Eser, Neues Recht des Sterbens ? in: Eser/Bringewat, Suizid und Euthanasie, S. 392 (403 f.)

übersteigen. Dies gilt selbst für solche Drittinteressen, die Angehörige oder sonst dem Sterbenden nahestehende Personen geltend machen. Denn der Arzt, der sich einem einwilligungsunfähigen Patienten gegenübersieht, vermag nicht zuverlässig darüber zu urteilen, in welcher faktischen Nähebeziehung dieser zu dem Drittinteressenten steht und inwiefern ihm an der Verwirklichung des fremden Interesses gelegen ist.

Selbst wenn man im Einzelfall davon ausgehen könnte, daß der Betreffende grundsätzlich an einer möglichst umfassenden Versorgung und einer wirtschaftlichen Besserstellung anderer Personen interessiert sei, so wäre es zumindest nicht möglich zu ermitteln, welche physischen und möglicherweise auch psychischen Opfer der Patient hierfür auf sich zu nehmen bereit wäre, wenn er noch einsichts- und urteilsfähig wäre. Es fehlt letztlich jeglicher Maßstab, der es erlauben würde, das Leiden eines Menschen gegen wirtschaftliche Interessen Dritter abzuwägen und darüber zu befinden, welches Ausmaß an Belastungen durch ärztliche Eingriffe noch zumutbar ist, ganz abgesehen davon, daß die Leidensfähigkeit vom subjektiven Empfinden des einzelnen abhängig ist und sich nicht objektiv bemessen läßt. Sollte es etwa erlaubt sein, einen moribunden Patienten unter allen Umständen am Leben zu erhalten, damit zumindest noch im nächsten Monat die Rente auf seinem Konto eingeht ? Wäre ein solches Vorgehen gar über mehrere Monate hinweg zu rechtfertigen ? Käme es dabei auf die Höhe der Bezüge an ? Wäre schließlich etwa der mögliche Anfall einer Erbschaft dem gleichzustellen ? Würde insofern die Höhe des erwarteten finanziellen Zuwachses eine Rolle spielen ?

Schließlich wäre es nicht möglich, den Kreis der anerkennenswerten von dem der nicht berücksichtigungsfähigen Fremdinteressen mit der erforderlichen Bestimmtheit abzugrenzen, wenn grundsätzlich anerkannt wäre, daß diese bei einer ärztlichen Entscheidung eine Rolle spielen können. Der Patient wäre insofern letztlich dem Belieben des Arztes ausgeliefert. Dies würde weder das Vertrauensverhältnis zwischen Arzt und Patient stärken, noch wäre es aus Gründen der Rechtssicherheit hinnehmbar.

Scheiden somit zunächst behandlungsfremde Zwecke als bestimmende Merkmale der ärztlichen Behandlungsentscheidung am Lebensende aus, so ist nunmehr zu untersuchen, unter welchen Voraussetzungen lebenserhaltende bzw. -verlängernde Maßnahmen als medizinisch indiziert, d.h. als für die Gesundheit des Patienten nützlich zu bewerten sind.

Dabei ist unter der Geltung des Art. 2 Abs. 2 Satz 1 GG von dem bereits erwähnten Grundsatz auszugehen, daß das menschliche Leben selbst dann als unbedingt zu schützender Höchstwert anzuerkennen ist, wenn es sich dem Ende zuneigt und keine Aussicht mehr besteht, die Gesundheit des Betroffenen in vollem Umfange wiederherzustellen oder auch nur den augenblicklichen Gesundheitszustand auf Dauer zu konservieren. Vor diesem Hintergrund kann - wie ebenfalls bereits erläutert wurde[1843] - die negative Prognose allein den Arzt nicht von der Pflicht zur Lebenserhaltung befreien mit der Folge, daß grundsätzlich auch in der Sterbephase gegen die Grunderkrankung und deren Voranschreiten gerichtete Eingriffe in Betracht zu ziehen sind.[1844]

Andererseits ist zu bedenken, daß die hier in Frage stehende eigentliche Sterbephase definiert wurde als Lebensabschnitt, in dem das Ableben des Patienten innerhalb kurzer Zeit unvermeidlich ist, und zwar selbst dann, wenn lebenserhaltende bzw. -verlängernde Maßnahmen ergriffen werden.

Liegen diese Voraussetzungen vor, so dürfte bei der ex-ante anzustellenden Prognose kaum mit Sicherheit davon auszugehen sein, daß ein gegen das Grundleiden gerichteter Eingriff noch zu einer - wenn auch möglicherweise kurzfristigen - Verlängerung des verbleibenden Lebenszeitraumes führen wird.

Sehr häufig wird der Arzt unter den genannten Bedingungen sogar annehmen müssen, daß sich die gesundheitliche Verfassung des Patienten infolge der insbesondere mit einem operativen Eingriff verbundenen Belastungen derart verschlechtern würde, daß er wahrscheinlich früher versterben würde als im Falle des Untätigbleibens. Bei einer derartigen Prognose kann schon begrifflich nicht mehr davon die Rede sein, daß es sich bei dem Vorgehen gegen die Grunderkrankung um eine "lebenserhaltende" oder gar "lebensverlängernde" Behandlung handle. Sie wäre nicht als medizinisch indiziert zu betrachten, da zum einen ein objektiver Nutzen für

---

[1843] C. III. 1. e. aa.

[1844] Trück, Mutmaßliche Einwilligung und passive Sterbehilfe durch den Arzt, S. 34; Greshake, Bemühungen um eine Theologie des Sterbens in: Eid, Euthanasie oder soll man auf Verlangen töten? S. 170 (181) weist darauf hin, daß es wissenschaftlich erwiesen sei, daß Sterbende im allgemeinen den Willen haben, weiter im Kontakt mit dem alltäglichen Leben zu stehen, auch wenn sie nur noch eine sehr kurze Zeit zu leben haben. A.A. Schara, Einführung in: Schara, Humane Intensivtherapie, S. 9, der den Einsatz einer Intensivtherapie nur dann für vertretbar hält, wenn der Organismus später auch ohne aufwendige technische Hilfe weiterleben kann. Ähnlich Henke, Verantwortung vor dem Patienten in: Schara, Humane Intensivtherapie, S. 41 (45), der die Therapie dann für unzumutbar und mit der Menschenwürde unvereinbar hält, wenn die Wiederherstellung der physischen und psychischen Voraussetzungen der Selbstbestimmung nicht gewährleistet werden kann. Ausdrücklich zustimmend hierzu wiederum Schara, Entscheidungen in der Intensivtherapie in: Schara, Humane Intensivtherapie, S. 57 (64) den Patienten in Form einer Lebensverlängerung nicht zu erwarten wäre, zum anderen die mit dem Eingriff verbundenen physischen und psychischen Belastungen als abwägungserheblicher Nachteil zu berücksichtigen wären und drittens gar eine Lebensverkürzung befürchtet werden müßte.

In der Endphase einer unheilbaren Erkrankung werden in der Regel allein solche gegen die Grunderkrankung gerichtete medikamentöse Behandlungen, die für den Organismus des Sterbenden nicht belastend sind, lebensverlängernd wirken. Da in einem solchen Falle aber grundsätzlich keine Gesichtspunkte erkennbar sind, die die Behandlung für den Patienten unzumutbar erscheinen lassen, ist sie aufgrund der wahrscheinlichen Lebensverlängerung vorteilhaft und damit als indiziert zu betrachten. Je weniger Belastungen mit der konkreten Behandlung für den Moribunden verbunden sind, desto eher wird man die medizinische Indikation bereits bei einer geringen prozentualen Wahrscheinlichkeit einer tatsächlichen Lebensverlängerung anzunehmen haben. Denn auch eine relativ kurze Zeitspanne, um die sich das Leben des Moribunden möglicherweise verlängern läßt, kann für den Betroffenen eine höchst lebenswerte Frist darstellen.[1845]

Zu widersprechen ist daher der Auffassung derer, die entweder die Verlängerung des Lebens in der Terminalphase generell als sinnlos ablehnen[1846] oder selbst dann, wenn der Patient keine Qualen leide, den Einsatz lebensverlängernder Maßnahmen für entbehrlich halten, sofern sein fortschreitender Verfall erkennbar sei, vitale Funktionen versagten (wie beispielsweise bei einem Herzstillstand) und eine Besserung der Grundsituation nicht erreicht werden könne.[1847] Dies liefe letztlich darauf hinaus,

---

[1845] so auch Opderbecke, Grenzen der Intensivtherapie in: Lawin/Huth, Grenzen der ärztlichen Aufklärungs- und Behandlungspflicht, S. 109 (110)

[1846] Makowski, Möglichkeiten und Grenzen der Intensivtherapie in: Eid/Frey, Sterbehilfe oder wie weit reicht die ärztliche Behandlungspflicht ? S. 19 (21); Koch, Ist Sterbehilfe ein rechtspolitisches Problem ? in: Evang. Akademie Baden, Sterbehilfe, S. 29 (31); Buhr, Lebensverlängerung um jeden Preis ? in: Evang. Akademie Baden, Sterbehilfe, S. 47 (52); K. M. v. Lutterotti, Ärztliche Handlungsanleitungen, S. 234; Bade, Der Arzt an den Grenzen von Leben und Recht, S. 94; Schmucker, Euthanasie aus intensivmedizinischer Sicht in: Oehmichen, Lebensverkürzung, Tötung und Serientötung, S. 85 (88); Pichler, Internationale Entwicklungen in den Patientenrechten, S. 254; Mayer, K. G., Medizinische Maßnahmen an Betreuten, S. 81 f.: Die unterlassenen Maßnahmen der Lebensverlängerung tangierten nicht einmal den Schutzbereich und damit den Tatbestand der Tötungsdelikte; LG Ravensburg NStZ 1987, 229; Opderbecke, Grenzen der ärztlichen Behandlungspflicht in: Eser/Bringewat, Suizid und Euthanasie, S. 136 (137), der jede Therapie dann für sinnlos hält, wenn das voraussehbare Ende des menschlichen Lebens nur noch aufgeschoben, aber nicht mehr abgewendet werden könne.

[1847] M. v. Lutterotti, Menschenwürdiges Sterben, S. 66; Bauer, Aufklärung und Sterbehilfe in: Festschrift für Bockelmann, S. 497 (511); v. Dellingshausen, Sterbehilfe und Grenzen der Lebenserhaltungspflicht des Arztes, S. 419; Kautzky, Die Freiheit des Sterbenden und die Pflicht des Arztes in: Eid, Euthanasie oder soll man auf Verlangen töten, S. 25 (30), der insbesondere bei Patienten mit inoperablem Hirntumor, der zu Störungen der Sprache oder des Bewußtseins geführt habe, die Einleitung einer künstlichen Beatmung für sinnlos hält, selbst wenn das Leben für Wochen daß im Terminalstadium einer Krankheit überhaupt keine lebenserhaltenden Maßnahmen mehr ergriffen werden dürften, da hier zweifellos sowohl ein fortschreitender Verfall des Patienten als auch eine Grundsituation, die nicht gebessert werden kann, vorliegen. Hierdurch würde sich der Arzt eine Wertung über den Wert des menschlichen Lebens anmaßen, die nicht nur mit lebzeitigen Interessen des Patienten - der ja unter seinem Zustand und unter der noch möglichen Behandlung nicht leidet - nicht zu rechtfertigen sein dürfte, sondern darüber hinaus sehr gefährlich ist. Denn wenn es sich "nicht mehr lohnt", ein Menschenleben zu erhalten, das möglicherweise innerhalb der nächsten Stunden unwiderruflich erlöschen wird, liegt der Gedanke nicht fern, daß sich auch Rettungsbemühungen bei einer verbleibenden Lebenserwartung von wenigen Tagen, wenigen Wochen oder wenigen Monaten nicht mehr "rentieren". Letztlich wird man immer dann, wenn der Arzt eine unheilbare, über kurz oder lang zum Tode führende Krankheit diagnostiziert hat, von einem fortschreitenden Verfall des Patienten auszugehen haben, der eine grundlegende Verbesserung der Grundsituation nicht mehr erwarten läßt. Zweifellos kann ein Patient möglicherweise noch viele Monate oder gar Jahre mit einer solchen Krankheit leben. Innerhalb dieses Prozesses eine Grenze zu ziehen, jenseits derer lebenserhaltende Maßnahmen wertlos sein sollen, ist sachlich nicht möglich und würde den Beginn einer unseligen Diskussion über den Lebenswert alter und kranker Menschen begründen.

Mag dies von den Befürwortern der hier zitierten Auffassung auch nicht intendiert sein, so ist bei der Bestimmung der Grenzen des ärztlichen Behandlungsauftrages doch darauf zu achten, daß der unbedingte Schutz des Lebens nur insoweit aufgegeben wird, als erstens dessen Aufrechterhaltung geradezu als inhuman gelten müßte und zweitens die getroffene Entscheidung keine Ausweitungstendenzen befürchten läßt.

Daß diese restriktive Begrenzung des ärztlichen Behandlungsauftrages und die Befürchtung von Ausweitungstendenzen keineswegs übertriebener Vorsicht entspringt,

---

oder Monate verlängert werden könnte; Engisch, Euthanasie und Vernichtung lebensunwerten Lebens, S. 8 f.; Helgerth, Strafrechtliche Beurteilung der Sterbhilfe durch den Arzt, JR 1976, 45 (47); Lennert, Sterbehilfe ? S. 4; Hirsch, Literaturbericht Strafrecht, ZStW 81 (1969), 917 (925 f.); Kohlhaas, Das Recht auf den eigenen Tod, NJW 1973, 548 (550); Die Deutsche Gesellschaft für Chirurgie hat in ihrer Resolution zur Behandlung Todkranker und Sterbender vom 10.04.1979, zit. nach K. M. v. Lutterotti, Ärztliche Handlungsanleitungen, Anhang S. 7 (8), ausgeführt, daß Maßnahmen zur Lebensverlängerung beendet werden dürften, wenn bei einer unausweichlich in kurzer Zeit zum Tode führenden Krankheit die vitalen Funktionen des Zentralnervensystems, der Atmung, der Herzaktion und des Kreislaufs offensichtlich schwer beeinträchtigt seien und der fortschreitende allgemeine Verfall nicht aufzuhalten sei oder nicht beherrschbare Infektionen vorlägen. In solchen Fällen solle der Arzt Komplikationen nicht mehr über das Maß, das die Leidensminderung erfordere, behandeln.

belegt beispielhaft die Argumentationsstruktur Singers[1848] und Kuhses[1849], die die aktive Sterbehilfe mit dem Hinweis darauf zu rechtfertigen versuchen, die Anhänger der Lehre von der "Heiligkeit des Lebens" würden zwar die aktive Tötung eines Menschen strikt ablehnen, es aber andererseits für zulässig erachten, den Eintritt des Todes nicht zu verhindern. Da es in beiden Fällen um absichtliches Beenden menschlichen Lebens gehe, dürften beide Fallgruppen nicht unterschiedlich bewertet werden. Folglich sei es inkonsequent und widersprüchlich, die passive Sterbehilfe zu bejahen, die aktive Sterbehilfe hingegen abzulehnen. Darüber hinaus sei es nicht folgerichtig, im Rahmen der passiven Sterbehilfe auf Überlegungen zur Qualität des Lebens zurückzugreifen, während man diese Erwägungen im Rahmen der aktiven Sterbehilfe strikt ablehne.[1850]

Etwas zurückhaltender im Hinblick auf die Einstellung lebenserhaltender Maßnahmen als die vorgenannte Meinungsgruppe äußern sich diejenigen, die zwar grundsätzlich fordern, daß der Arzt das verlöschende, dem Alterstod nahe Leben zu erhalten habe, dies jedoch unter die Bedingung stellen, daß der Patient überhaupt noch einmal zu Bewußtsein kommen könne.[1851] Auch dieser Einschränkung kann zumindest in dieser Allgemeinheit nicht zugestimmt werden. Es wurde oben festgestellt,[1852] daß allein das irreversible Erlöschen jeder Wahrnehmungs- und Empfindungsfähigkeit sowie aller geistig-seelischen Funktionen des Menschen einen zuverlässigen Maßstab dafür bilden kann, daß kein lebzeitiges Interesse des Betroffenen mehr besteht und jede ärztliche Behandlung letztlich gegen seine Würde verstoßen würde. Jede darüber hinausgehende Erweiterung ist mit Wertungen verbunden, die den Wert des menschlichen Lebens an entweder sehr vage, zumindest aber doch an sehr umfassende Fähigkeiten zur Persönlichkeitsbildung knüpft (Kommunikationsfähigkeit, Reaktionsfähigkeit, Fähigkeit zur Selbstwahrnehmung oder Selbstverwirklichung) und damit geeignet ist, das Lebensrecht beispielsweise vieler geistig behinderter Menschen in Frage zu stellen. Diese Kriterien bedrohen den vielzitierten Damm des Lebensschutzes und sind daher abzulehnen. Selbst das allgemeine Abstellen auf die Möglichkeit der Wiedererlangung "des Bewußtseins" scheint nicht bestimmt genug, um diese Gefahren auszuschließen, zumal der Begriff des Bewußtseinsverlustes - wie oben dargestellt - häufig mit dem Verlust persönlichkeitsbildender Merkmale gleichgesetzt wird.

1848 Singer, Leben und Tod, S. 73 - 76

1849 Kuhse, Die "Heiligkeit des Lebens" in der Medizin, S. 42 f., 46, 105

1850 Kuhse, Die "Heiligkeit des Lebens" in der Medizin, S. 45; Singer/Kuhse, Muß dieses Kind am Leben bleiben ? S. 129

1851 Roxin, Der Schutz des Lebens in: Blaha/Gutjahr-Löser/Niebler, Schutz des Lebens - Recht auf Tod, S. 85 (90)

1852 vgl. oben C. III. 1. e. dd.

Die vorgenannte These ist daher insofern abzuändern, als die ärztlichen Bemühungen im Falle des bevorstehenden Alterstodes fortzusetzen sind, sofern nicht jede Wahrnehmungs- und Empfindungsfähigkeit sowie alle geistig-seelischen Funktionen des Patienten ausgeschlossen werden können. Dies aber ist nach den derzeitigen Erkenntnissen der Medizin vor dem Eintritt des Gesamthirntodes nicht möglich.

Ausnahmsweise kann die Situation anders zu beurteilen sein, wenn der Patient unter Schmerzen leidet, die nicht wirksam beseitigt oder zumindest erheblich gelindert werden können. Fraglich erscheint, ob die - beispielsweise durch die vorerwähnte medikamentöse und für sich genommen wenig belastende Behandlung - an sich mögliche kurzzeitige Verlängerung des Lebensrestes in diesem Falle als für den Patienten wertvoll und nützlich aufzufassen ist. Bockelmann, der von einer unbedingten Lebensverlängerungspflicht ausgeht, selbst wenn es nur um Stunden oder Minuten gehe, scheint dies zu bejahen.[1853] Dahm ist ebenfalls der Auffassung, daß dem Schmerzproblem, so einschneidend es sich auch auf die Lebensverhältnisse des Patienten auswirken möge, für die Entscheidung des Arztes keine ausschlaggebende Bedeutung zukommen könne.[1854]

Unter Heranziehung der für die indirekte Sterbehilfe entwickelten Kriterien wird man dem zumindest dann nicht zustimmen können, wenn der verbleibende Lebensrest des Patienten unabänderlich von unerträglichen Schmerzen überlagert wird, ohne daß zumindest die Aussicht auf Intervalle eines erträglichen Daseins gegeben ist, und der Zeitraum einer möglichen Lebensverlängerung ohnehin nur als geringfügig einzustufen wäre.[1855] Lebensverlängerung würde hier gleichzusetzen sein mit einer Verlängerung von Qualen.[1856] Es wäre geradezu inhuman und würde die konkrete

---

[1853] Bockelmann, Strafrecht des Arztes, S. 114; ebenso Zenker, zit. in: Sternsdorff, Sterbehilfe - der Tod als Freund, Der Spiegel, Nr. 7 /75, S. 36 (51): Der Arzt dürfe nicht darüber entscheiden, ob der Patient nur mehr ein Bündel Zellen oder ein lebenswürdiges Individuum sei, denn er müsse als Lebewesen am Leben erhalten werden. Ob er auch noch ein Mensch sei, sei gleichgültig.

[1854] Dahm, Ärztliche Entscheidung unter Reanimationsbedingungen, S. 58

[1855] Bünte, Grenzen der Behandlungspflicht in der operativen Medizin in: Lawin/Huth, Grenzen der ärztlichen Aufklärungs- und Behandlungspflicht, S. 102 (108); Rieger, Die mutmaßliche Einwilligung in den Behandlungsabbruch, S. 155; etwas zurückhaltender bezüglich der Anforderungen für die passive Sterbehilfe äußern sich dagegen Baumann/Bochnik/Brauneck, AE-Sterbehilfe, S. 13, § 214 Abs. 1 Ziff. 3, die allein einen "aussichtslosen Leidenszustand" voraussetzen; Schreiber, Behandlungsabbruch und Sterbehilfe in: Deutsche Sektion der Internationalen Juristen-Kommission, Lebensverlängerung aus medizinischer, ethischer und juristischer Sicht, S. 129 (136) setzt lediglich "erhebliche schwere Belastungen und Qualen" bei nur kurzfristig möglicher Verlängerung des Lebens als Grenze der sinnvollen Weiterbehandlung voraus.

[1856] Knevels, Euthanasie in: Knevels/Böckle/Schmalenberg, Euthanasie, S. 9 (25); Menzel, Ziel und Grenzen ärztlichen Handelns im Extrembereich menschlicher Existenz in: Auer/Menzel/Eser, Zwischen Heilauftrag und Sterbehilfe, S. 53 (56); Eibach, Sterbehilfe - Tötung aus Mitleid ? S. 115; Eibach, Sterbehilfe - Tötung auf Verlangen ? S. 109; Fritsche, Ärztlich-ethische Aspekte zur Ambivalenz der Lebensverlängerung in: Deutsche Sektion der Internationalen Juristen-Kommission,

Lage des Patienten außer Acht lassen, wollte man in einer solchen Situation das Lebensschutzprinzip verabsolutieren und ohne normative Begrenzung auf jede praktisch mögliche Lebensverlängerung erstrecken.[1857]

Da es hier letztlich um die Würde des Patienten geht, trifft den Arzt nicht nur keine Behandlungspflicht, sondern er hat auch kein Behandlungsrecht. Unbefriedigend ist vor diesem Hintergrund die Regelung des § 54 Abs. 2 des Gesundheitsgesetzes des schweizerischen Kantons Aargau vom 10. November 1987, nach dem der Arzt in Fällen, in denen das Leiden des todkranken Patienten unzumutbar geworden ist, die Behandlung lediglich abbrechen "kann", nicht aber einstellen muß.[1858]

Da in praktischer Hinsicht davon auszugehen ist, daß der Patient in der Phase der unmittelbaren Agonie infolge fortschreitender Bewußtseinstrübung und vor allem aufgrund schwindender Sinnes- und Schmerzempfänglichkeit nur in wenigen Fällen schwer leidet,[1859] dürfte ein Behandlungsabbruch aus den hier dargestellten Gründen nur selten in Betracht zu ziehen sein.

Nicht übersehen werden soll an dieser Stelle, daß sich die größten Schwierigkeiten in der Praxis bei der Anwendung der genannten Kriterien ergeben werden, denn häufig wird der Arzt nur mit Mühe feststellen können, ob und in welcher Weise sich eine konkrete Behandlungsmaßnahme lebensverlängernd auswirken wird, und ob konkrete Schmerzen des Patienten bereits als unerträglich angesehen werden müssen. Das Aufstellen medizinischer Prognosen bleibt unumgänglich und eröffnet dem Arzt mitunter einen nicht unerheblichen Wertungsspielraum, so daß die ärztliche

---

Lebensverlängerung aus medizinischer, ethischer und rechtlicher Sicht, S. 3 (9, 13); Fritsche, Grenzbereich zwischen Leben und Tod, S. 63; Bade, Der Arzt an den Grenzen von Leben und Recht, S. 72 f., 94, 165; Kautzky, Die Freiheit des Sterbenden und die Pflicht des Arztes in: Eser/Bringewat, Suizid und Euthanasie, S. 285 (286); Kuhse, Menschliches Leben und seine Würde, S. 20

1857 so auch Hiersche, Euthanasie aus ärztlicher Sicht in: Hiersche, Euthanasie, S. 209 (221 f.); ebenso Möllering, Schutz des Lebens - Recht auf Sterben, S. 60; Fritsche, Der Patient als Mensch oder Objekt in: Eser/Bringewat, Suizid und Euthanasie, S. 150 (154); M. v. Lutterotti, Ärztlicher Heilauftrag und Euthanasie in: Eser/Bringewat, Suizid und Euthanasie, S. 291 (293, 296 f.), der die Auffassung Bockelmanns als wirklichkeitsfremd sowie als Zeichen mangelnder praktischer Erfahrung ablehnt; Bade, Der Arzt an den Grenzen von Leben und Recht, S. 69 spricht im Zusammenhang mit Behandlungsmaßnahmen bei schwerem Leiden und kurz bevorstehendem Todeseintritt gar vom "Terror der Humanität"; ebenso Thielicke, Wer darf sterben ? in: Atrott/Eibach u.a., Sterbehilfe, Mitleid oder Mord ? S. 105 (114); Eser, Lebenserhaltungspflicht und Behandlungsabbruch aus rechtlicher Sicht in: Auer/Menzel/Eser, Zwischen Heilauftrag und Sterbehilfe, S. 75 (122 f.). Eser, Grenzen der Behandlungspflicht aus juristischer Sicht in: Lawin/Huth, Grenzen der ärztlichen Aufklärungs- und Behandlungspflicht, S. 77 (84 f.), der jedoch die Möglichkeit eines Überwiegens des Interesses an der Schmerzfreiheit gegenüber demjenigen an einer möglichen Lebensverlängerung auf die Phase nach dem unwiderruflichen Einsetzen des Sterbeprozesses beschränkt.

1858 zit. nach Heine, Landesbericht Schweiz in: Eser/Koch, Materialien zur Sterbehilfe, S. 591 (605)

1859 Simson, Fragen der Abtreibung und Sterbehilfe in Schweden, JZ 1965, 636 (639)

Entscheidung von rechtlicher Seite letztlich allein auf ihre Vertretbarkeit hin überprüft werden kann. Mag somit in der Praxis im Einzelfall nicht nur eine der möglichen ärztlichen Verhaltensweisen als vertretbar zu gelten haben, so kann dies jedoch andererseits keinesfalls bedeuten, daß dem Arzt bezüglich der entscheidungserheblichen rechtlichen Kriterien, die er seiner wertenden Betrachtung zugrundezulegen hat, ein Ermessensspielraum zukommt.[1860]

Ist der Arzt unter den genannten Voraussetzungen berechtigt und sogar verpflichtet, unter Inkaufnahme einer unbeabsichtigten Lebensverkürzung Maßnahmen der indirekten Sterbehilfe zu ergreifen, so kann nichts anderes im Hinblick auf das Unterlassen einer lebensverlängernden Behandlung gelten. Ausweitungstendenzen im Sinne eines Dammbruches des Lebensschutzes sind hierdurch nicht zu befürchten, da ein eng umschriebener Ausnahmetatbestand vorliegt. Dieser dürfte einer entsprechenden Anwendung auf andere - nicht auf konkrete und für den Patienten unzumutbare Qualen abstellende - Fallkonstellationen nicht zugänglich sein. Zudem gibt der Arzt, der in diesem Rahmen auf den Einsatz lebensverlängernder Maßnahmen verzichtet, lediglich zu erkennen, daß er die ihm zur Verfügung stehenden technischen Hilfsmittel nicht um jeden Preis und ohne Rücksicht auf den Patienten einsetzt, sondern vielmehr um die Grenzen der ärztlichen Heilkunst weiß und bereit ist, den Eintritt des Todes zu gegebener Zeit zu akzeptieren. Hierdurch dokumentiert er seinen Respekt vor der Vergänglichkeit des Menschen und verzichtet darauf, sich zum "Herrn über Leben und Tod" aufzuspielen.[1861]

Deshalb ist auch nicht zu befürchten, daß die in dieser Weise praktizierte passive Sterbehilfe das Vertrauensverhältnis zwischen Arzt und Patient negativ belasten könnte. Vielmehr ist - wie bei der indirekten Sterbehilfe - davon auszugehen, daß die Gewißheit, der behandelnde Arzt werde ihn nicht unnötig leiden lassen, sondern der Bekämpfung unerträglicher Schmerzen stets oberste Priorität einräumen, dem Patienten dazu verhilft, seine seelischen Nöte angesichts des unausweichlich bevorstehenden Todeseintrittes besser zu bewältigen und sich der Obhut seines Arztes anzuvertrauen.

1860 noch weitergehend Schmitt, Ärztliche Entscheidungen zwischen Leben und Tod, JZ 1985, 365 (369 f.), der dem Arzt bei der Entscheidung über Leben und Tod überhaupt kein Ermessen einräumt.

1861 anderer Ansicht ist demgegenüber Bockelmann, Strafrecht des Arztes, S. 114 f., der das Unterlassen lebensverlängernder Maßnahmen der Verabreichung einer unmittelbar zum Tode führenden Injektion gleichstellt und deshalb die passive Sterbehilfe genauso kategorisch ablehnt wie die aktive.

Da die maßgeblichen Kriterien für die Beantwortung der Frage nach der medizinischen Indikation lebensverlängernder Maßnahmen bei einem unter extremen Schmerzen leidenden Patienten letztlich mit denjenigen identisch sind, die im Rahmen der indirekten Sterbehilfe unter dem Gesichtspunkt des rechtfertigenden Notstandes erörtert wurden, ist die passive Sterbehilfe insofern ebenfalls gem. § 34 StGB aus strafrechtlicher Sicht gerechtfertigt.

Häufig diskutiert werden im Zusammenhang mit möglichen Anwendungsfällen passiver Sterbehilfe auch Interkurrenterkrankungen, die unbehandelt zum Tode führen, durch ärztliche Maßnahmen aber beseitigt oder zumindest gelindert werden können (z. B. Lungenentzündungen), während sie das Grundleiden unberührt lassen oder dieses durch den Eingriff und seine Folgen sogar noch verstärken.

Letztlich stellen Interkurrenterkrankungen den Arzt im Hinblick auf möglicherweise anzuwendende lebensverlängernde Maßnahmen vor keine grundlegend andere Situation als die Grunderkrankung selbst, so daß sich diese Fälle mit Hilfe der vorstehend erarbeiteten Kriterien lösen lassen: Läßt sich die Interkurrenterkrankung nur durch einen komplizierten und für den Patienten belastenden Eingriff heilen, und wird der Patient diesen Eingriff vermutlich nicht überleben oder infolge der mit ihm verbundenen Belastungen zumindest nicht länger leben als ohne eine Bekämpfung der neu aufgetretenen Erkrankung, wäre der Eingriff schon mangels Aussicht auf eine Lebensverlängerung nicht medizinisch indiziert und hätte zu unterbleiben. Den physischen und psychischen Belastungen der Behandlung stünde kein überwiegender Vorteil gegenüber, der diese für den Patienten insgesamt nützlich erscheinen ließe.

Läßt sich die Interkurrenterkrankung dagegen durch die Gabe von Medikamenten erfolgreich bekämpfen, die sich nicht negativ auf die Gesamtkonstitution des Patienten auswirken und diesen auch nicht zusätzlich belasten, andererseits aber eine - zumindest kurzfristige - Lebensverlängerung versprechen, so hat der Arzt die lebensverlängernde Behandlung vorzunehmen. Diese hat wiederum zu unterbleiben, wenn sie den Patienten unerträglichen Schmerzen oder Qualen aussetzen würde, die die voraussichtlich zusätzlich erzielbare Lebensspanne vollständig überlagern würden.[1862]

1862 a. A. v. Dellingshausen, Sterbehilfe oder Grenzen der Lebenserhaltungspflicht des Arztes, S. 422, die in den von ihr angenommenen Fällen des Erlöschens der Lebenserhaltungspflicht des Arztes - jedoch ohne nähere Begründung - nicht zugleich dessen Verpflichtung zum Unterlassen der in Frage stehenden lebenserhaltenden Maßnahmen annimmt. Dies erscheint schon aus Gründen der Rechtssicherheit bedenklich, da die Weiterbehandlung des Patienten dann allein dem Ermessen des jeweiligen Arztes überlassen bliebe. In denjenigen Fällen aber, in denen lebensverlängernde

Zwar mag es nicht möglich sein, mit Hilfe der vorgenannten Kriterien sämtliche in der medizinischen Praxis auftauchenden Fallkonstellationen abschließend zu bewerten,[1863] da im Einzelfall häufig noch zusätzliche gesundheitlich relevante Faktoren zu berücksichtigen sind und die Risiken der möglichen Handlungsalternativen sehr unterschiedlich ausgestaltet sein können, so daß die rechtliche Normierbarkeit an ihre faktischen Grenzen stößt. Dennoch stecken sie den rechtlichen Rahmen ab, in dem sich der Arzt bewegt, und liefern die normativen Gesichtspunkte, auf deren Grundlage er die Lösung neuartiger Fallkonstellationen durch die Abwägung aller relevanten Faktoren zu ermitteln hat. Noch genauere, geradezu kasuistische Handlungsanweisungen dürften letztlich nicht nur nicht möglich, sondern auch entbehrlich sein.

ff. Lebenserhaltung bzw. -verlängerung vor dem Einsetzen des eigentlichen Sterbevorganges

In einem nächsten Schritt ist zu untersuchen, inwiefern bereits vor dem Beginn der eigentlichen Sterbephase das Unterlassen bzw. das Einstellen lebenserhaltender Behandlungsmaßnahmen in Betracht zu ziehen ist.

Der wesentliche Unterschied zu der vorerörterten Fallgruppe der Terminalphase des Lebens liegt darin begründet, daß der Arzt noch nicht vorherzusehen vermag, in welchem exakten Zeitrahmen die unheilbare Krankheit des Patienten zum Tode führen wird. Zumindest aber steht dieser nicht unmittelbar bevor.

In dieser Situation ist es zumeist noch möglich, durch die gezielte Bekämpfung der Grunderkrankung das Voranschreiten ihres letalen Verlaufes zu verzögern und die dem Patienten vermutlich verbleibende restliche Lebensspanne hierdurch zu verlängern. Ebenso wie in der eigentlichen Sterbephase[1864] ist hier von dem Grundsatz auszugehen, daß das Hinwirken auf eine solche Lebensverlängerung vom ärztlichen

---

Maßnahmen inhuman wären und damit gegen die Menschenwürde des Patienten verstoßen würden, kann dies sachlich nicht hingenommen werden. Das Ende der Lebenserhaltungspflicht muß hier zwingend mit dem Ende des Behandlungsrechtes identisch sein.

[1863] M. v. Lutterotti, Ärztlicher Heilauftrag und Euthanasie in: Eser/Bringewat, Suizid und Euthanasie, S. 291 (297) hält aufgrund der Komplexität der ärztlichen Praxis gar jede Normierung der passiven Sterbehilfe für unmöglich, da keine Formel gefunden werden könne, die auf alle denkbaren Fälle anwendbar sei. Vor dieses Problem sieht sich der Gesetzgeber jedoch letztlich bei der Normierung auch anderer - nicht das Arztrecht betreffender - Sachverhalte gestellt. Keine akzeptable Lösung dürfte es jedoch sein, in einer solchen Situation gänzlich untätig zu bleiben. Vielmehr hat der Gesetzgeber hier wie dort durch die Vorgabe abstrakter Regeln allgemeinverbindliche Richtlinien vorzugeben, die einer sinnvollen Anpassung an die Gegebenheiten des Einzelfalles zugänglich sind und gleichzeitig ein Höchstmaß an Rechtssicherheit gewährleisten.

[1864] vgl. oben C. III. 1. e. ee.)

Behandlungsauftrag umfaßt ist.[1865] Auch das allmählich und ohne reelle Rettungschance zu Ende gehende menschliche Leben ist unvermindert schutzwürdig und selbst dann wert, aufrechterhalten zu werden, wenn absehbar ist, daß die ärztlichen Bemühungen nicht dauerhaft erfolgreich sein werden. Keineswegs hat sich der Arzt bereits deshalb der Anwendung lebenserhaltender Maßnahmen zu enthalten, weil ein fortschreitender Verfall des Patienten augenscheinlich ist und eine wirkliche Verbesserung der Grundsituation nicht mehr erzielt werden kann. Andernfalls hätte der Arzt Wertungen des Lebenswertes vorzunehmen, die nicht nur seine Kompetenz klar übersteigen würden, sondern darüber hinaus eine gefährliche Ausweitung von Fallkonstellationen implizierten, in denen die Anwendung lebenserhaltender Therapien als nicht mehr "lohnenswert" bzw. "sinnvoll" gelten würde.[1866]

Allerdings ist im Einzelfall wiederum zu fragen, um welchen Preis die Lebensverlängerung "erkauft" werden muß. Wenig aussagekräftig ist in diesem Zusammenhang das Kemptener Urteil des BGH vom 13. September 1994,[1867] in dem es heißt, bei einem unheilbar erkrankten, nicht mehr entscheidungsfähigen Patienten könne der Abbruch einer ärztlichen Behandlung ausnahmsweise schon vor dem Einsetzen des Sterbevorganges zulässig sein, wobei es entscheidend auf den mutmaßlichen Wil-

---

1865 so auch Bünte, Grenzen der chirurgischen Indikation, MedR 1985, 20 (22)

1866 a.A. Auer, Die Unverfügbarkeit des Lebens in: Auer/Menzel/Eser, Zwischen Heilauftrag und Sterbehilfe, S. 1 (45): "Wo der Prozeß des Sterbens sich lange hinzieht, wo die psychische Kraft zur Bewältigung einer sicher unheilbaren, aber voraussichtlich noch lange sich hinschleppenden Krankheit nicht mehr vorhanden ist und wo der Prozeß des Sterbens sich ganz auf das allmähliche Erlöschen der letzten biologischen Funktionen eingeengt hat, ... können irgendwelche auftretenden Komplikationen nicht mehr bekämpft werden, auch wenn der Tod dadurch beschleunigt herbeigeführt wird." Ebenso auch Auer, Das Recht des Menschen auf einen "natürlichen Tod" in: Eser/Bringewat, Suizid und Euthanasie, S. 250 (255) und Bade, Der Arzt an den Grenzen von Leben und Recht, S. 70.
Ablehnend auch Eibach, Recht auf Leben - Recht auf Sterben, S. 318: "... ist an der Einsicht festzuhalten, daß alle Maßnahmen, die das Wesen des Menschen - die Identität und die Integrität der Person und ihre Fähigkeit zum eigenen Erfassen und zur Verwirklichung des Lebenssinnes und zur personalen, subjektiv-selbstbewußten Kommunikation mit Mitmenschen - mit größter Wahrscheinlichkeit in seinem Grundbestand bedrohen und verstümmeln, wesenswidrig und daher ethisch abzulehnen sind. Sind solche Schädigungen mit ziemlicher Sicherheit vorauszusehen, so ist es ethisches Gebot, auf diese Maßnahmen selbst dann zu verzichten, wenn dadurch eine erhebliche Verkürzung der Lebenszeit des Individuums in Kauf genommen werden muß, denn eine Lebensverlängerung dient dann nicht mehr der Bestimmung und dem Wohl der Person."
Ablehnend ferner Schuster, Diskussion Teil II in: Lawin/Huth, Grenzen der ärztlichen Aufklärungs- und Behandlungspflicht, S. 157 (160), der bei inkurablem Grundleiden eine Intensivtherapie nur dann für gerechtfertigt hält, wenn die akut intensivbehandlungsbedürftige Störung reversibel erscheint und der Patient möglicherweise noch einmal nach Hause entlassen werden kann. Dem wäre jedoch vom Ansatz her allein dann zuzustimmen, wenn man das Leben in einer Klinik von vornherein als lebensunwert betrachten würde. Dies dürfte eindeutig zu weit gehen.
Gleiches gilt für die Auffassung Büntes, Grenzen der Behandlungspflicht in der operativen Medizin in: Lawin/Huth, Grenzen der ärztlichen Aufklärungs- und Behandlungspflicht, S. 102 (103)

1867 BGHSt 40, 257 ff.

len des Kranken ankomme, subsidiär auf nicht näher definierte "allgemeine Wertvorstellungen".

Da sich der mutmaßliche Wille in der hier zu beurteilenden Eilsituation nicht ermitteln läßt, kann allein auf die genannten "allgemeinen Wertvorstellungen" zurückgegriffen werden, die ihrerseits mangels gegenteiliger Anhaltspunkte mit den vorstehend entwickelten objektiven Kriterien identisch sein dürften. Leidet der Patient bereits zum Zeitpunkt der entscheidungserheblichen Situation ausnahmsweise unter unerträglichen, nicht behebbaren Schmerzen, ist nicht zu erwarten, daß diese im Rahmen der weiteren Bekämpfung der Grunderkrankung zurückgedrängt werden können, so daß der Lebensrest des Betroffenen unweigerlich von schwerem Leid überlagert sein würde, und ist darüber hinaus die mögliche Lebensverlängerung als geringfügig anzusehen, so ist aus Gründen der Humanität und der Achtung der Würde des Betroffenen von lebens- und damit leidverlängernden Maßnahmen Abstand zu nehmen.[1868]

Gleiches muß selbstverständlich gelten, wenn durch einen konkreten Eingriff zwar eine kurzzeitige Lebensverlängerung erzielt werden könnte, andererseits aber hierdurch ein weit qualvolleres Ende des Patienten zu befürchten wäre als ohne die Intervention. Hierunter läßt sich sowohl der Fall des Krebspatienten subsumieren, bei dem die Ursprungsgeschwulst zwar durch eine belastende Operation behandelt werden könnte, kurze Zeit später jedoch in weit qualvollerer Weise als ohne den Eingriff eine irreversible Folgewirkung doch zum Tode führen würde,[1869] als auch der des Hirntumorpatienten im fortgeschrittenen Stadium, der nach dem möglichen Eingriff das Bewußtsein nur noch in kurzen Intervallen und dies lediglich unter schweren Qualen wiedererlangen würde.[1870]

Demgegenüber dürfte eine zu erwartende Defektheilung für sich betrachtet noch keinen Rückschluß auf die fehlende Indizierung der in Frage stehenden Behandlung zulassen. Selbst wenn die mit einer Lebensverlängerung verbundene Entfernung eines Hirntumors gravierende Folgen von persönlichkeitsveränderndem Ausmaß mit

---

1868 a.A. Eser, Lebenserhaltungspflicht und Behandlungsabbruch aus rechtlicher Sicht in: Auer/Menzel/Eser, Zwischen Heilauftrag und Sterbehilfe, S. 75 (123), der einen Verzicht auf lebensverlängernde Maßnahmen aufgrund unerträglicher Schmerzen des Patienten allein nach dem Beginn der eigentlichen Sterbephase für zulässig hält. In der Zeit davor müsse er selbst darüber befinden, ob ihm der verbliebene Lebensrest noch des Kämpfens wert erscheine. Soweit dies nicht geschehe, dürfe sich der Arzt nicht für befugt halten, durch die Annahme einer mutmaßlichen Einwilligung sowohl seine Schmerzen wie auch sein Leben zu beenden.

1869 Hanack, Euthanasie in strafrechtlicher Sicht in: Hiersche, Euthanasie, S. 121 (139)

1870 Kautzky, Die Freiheit des Sterbenden und die Pflicht des Arztes in: Eid, Euthanasie oder soll man auf Verlangen töten ? S. 25 (30)

sich zu bringen droht, überwiegt die mit dem Behandlungsabbruch bzw. dem Unterlassen des lebenserhaltenden Eingriffs verbundene Einbuße des alsbald eintretenden Todes diejenige des Verlustes geistiger Fähigkeiten, da dem menschlichen Leben unabhängig von diesen Fähigkeiten ein unveräußerlicher Eigenwert zukommt.[1871]

Nicht anders als bezüglich der Therapie der Grunderkrankung kann im Hinblick auf die Behandlung von Interkurrenterkrankungen entschieden werden. Auch diese sind dann zu behandeln, wenn sie voraussichtlich vollkommen ausgeheilt werden können, der Eingriff für den Patienten nicht derart belastend ist, daß aus diesem Grunde ein vorzeitiges Ableben zu erwarten ist und weder durch die Therapie selbst noch durch die Grunderkrankung dauerhaft unerträgliche und nicht zu behebende Schmerzen hervorgerufen werden.

gg. Die Beurteilung des Abbruchs lebenserhaltender bzw. lebensverlängernder apparativer Dauerbehandlungen

Als Ergebnis der vorangegangenen Kapitel kann u.a. festgehalten werden, das ein Abbruch lebenserhaltender bzw. -verlängernder Behandlungsmaßnahmen dann - aber auch nur dann - vorzunehmen ist, wenn der Patient entweder jede Wahrnehmungs- und Empfindungsfähigkeit sowie alle geistig-seelischen Funktionen verloren hat (eine Konstellation, die auf der Grundlage heutiger medizinischer Erkenntnisse jedoch vor Eintritt des Hirntodes nicht nachgewiesen werden kann, und der daher keinerlei praktische Bedeutung zukommt) oder durch die Behandlung unerträglichen Schmerzen ausgesetzt würde, die den erzielbaren Lebensrest vollkommen bestimmen und überlagern würden.

Unter diesen Bedingungen kommt auch der Abbruch apparativer Dauerbehandlungen in Betracht. Zu denken ist hier insbesondere an das Abschalten eines Respirators, während der Abbruch der künstlichen Nahrungs- und Flüssigkeitszufuhr schon

---

1871 so auch Rieger, Die mutmaßliche Einwilligung in den Behandlungsabbruch, S. 153; Martinez, Grenzen der ärztlichen Behandlungspflicht, S. 48 f.; a.A. Kautzky, Die Freiheit des Sterbenden und die Pflicht des Arztes in: Eser/Bringewat, Suizid und Euthanasie, S. 285 (286); Heifetz/Mangel, Das Recht zu sterben, S. 49, 54 im Hinblick auf eine durch einen Eingriff möglicherweise verursachte geistige Behinderung; Eibach, Sterbehilfe - Tötung aus Mitleid ? S. 119 f. unter Berufung darauf, daß die schwere Beeinträchtigung der Persönlichkeit ethisch nicht zu verantworten sei und daher mehr schade als helfe. Für die hier zu beurteilenden Notsituationen schränkt er jedoch diese Auffassung insofern ein, als hier in der Regel nicht absehbar sei, wie erheblich bleibende Schädigungen sein würden. Das Handeln mit der Absicht, das Leben zu retten, sei daher in Notfällen stets gerechtfertigt, sofern eine begründete Chance bestehe, das Ziel zu erreichen.

deshalb nicht in Erwägung gezogen werden kann, weil diese Maßnahmen nach der hier vertretenen Auffassung der Basispflege zuzuordnen sind[1872] und daher vor Eintritt des Hirntodes nicht abgesetzt werden dürfen.

In der Literatur hat sich nun eine lebhafte Diskussion zu der Frage entwickelt, ob ein solcher im Wege des Abschaltens eines Gerätes vollzogener Behandlungsabbruch rechtlich als aktives Tun oder als Unterlassen aufzufassen sei. Hintergrund dieser Erörterungen ist die Tatsache, daß durch die Annahme eines positiven Tuns das Abschalten des Respirators als bewußte Tötung der aktiven Sterbehilfe zugeordnet werden müßte, diese aber generell verboten ist. Hält man jedoch den Abbruch lebensverlängernder Maßnahmen in bestimmten Situationen für geboten, so muß man nach neuen Wegen suchen, um das Handeln des Arztes zu legitimieren.

Ein Teil des Schrifttums hat sich darum bemüht, das Abschalten des Apparates rechtlich als Unterlassen zu deklarieren, um den Bereich der passiven Sterbehilfe nicht verlassen und den Behandlungsabbruch nicht mit dem Makel der aktiven Sterbehilfe belasten zu müssen.[1873] Diese Stimmen erachten den Abbruch der apparativen Dauerbehandlung zumindest unter den hier genannten Voraussetzungen für zulässig.

Die Begründungen für die Annahme eines Unterlassens freilich sind sehr verschiedenartig:

[1872] vgl. oben C. II. 1. c.

[1873] Trück, Mutmaßliche Einwilligung und passive Sterbehilfe durch den Arzt, S. 14 ff.; M. v. Lutterotti, Menschenwürdiges Sterben, S. 75; Leonardy, Sterbehilfe, DRiZ 1986, 281 (283); Stürmer, Sterbehilfe, S. 12; Baumann/Bochnik/Brauneck, AE-Sterbehilfe, S. 4, 11; Beckert, Strafrechtliche Probleme um Suizidbeteiligung und Sterbehilfe, S. 344; Engisch, Suizid und Euthanasie nach deutschem Recht in: Eser/Bringewat, Suizid und Euthanasie, S. 312 (315 f.); Engisch, Tun und Unterlassen in: Festschrift für Gallas, S. 163 (177 f.); Eser, Sterbehilfe und Euthanasie in rechtlicher Sicht in: Eid, Euthanasie oder soll man auf Verlangen töten ? S. 45 (60); Eser, Lebenserhaltungspflicht und Behandlungsabbruch aus rechtlicher Sicht in: Auer/Menzel/Eser, Zwischen Heilauftrag und Sterbehilfe, S. 75 (140); Geilen, Das Leben des Menschen in den Grenzen des Rechts, FamRZ 1968, 121 (126 FN 35); Geilen, Neue juristisch-medizinische Grenzprobleme, JZ 1968, 145 (151); Hanack, Euthanasie in strafrechtlicher Sicht in: Hiersche, Euthanasie, S. 121 (145); Kautzky, Die Freiheit des Sterbenden und die Pflicht des Arztes in: Eid, Euthanasie oder soll man auf Verlangen töten ? S. 25 (33); Küper, Noch einmal: Rechtfertigender Notstand, Pflichtenkollision und übergesetzliche Entschuldigung, JuS 1971, 474 (476); Helgerth, Strafrechtliche Beurteilung der Sterbehilfe durch den Arzt, JR 1976, 45 (47); Mayer, K. G., Medizinische Maßnahmen an Betreuten, S. 82; Niemann, Die privatautonome Gestaltung der ärztlichen Pflicht, S. 144; Roxin, An der Grenze von Begehung und Unterlassung in: Festschrift für Engisch, S. 380 (398); Roxin, Der Schutz des Lebens in: Blaha/Gutjahr-Löser/Niebler, Schutz des Lebens - Recht auf Tod, S. 85 (89 f.); Zimmermann, Der Sterbende und sein Arzt, NJW 1977, 2101 (2103, 2105)

So wird teilweise die Abgrenzung zwischen Tun und Unterlassen unter Berufung auf die Rechtsprechung des BGH[1874] nach Wertgesichtspunkten, insbesondere nach dem sozialen Sinn des Verhaltens und dessen rechtlichem Schwerpunkt vorgenommen. Es sei zu vordergründig, allein auf die isolierte Körperbewegung abzustellen, vielmehr sei das Gesamtverhalten des Arztes maßgebend. Dessen Schwerpunkt liege im Unterlassen der Fortführung lebenserhaltender bzw. -verlängernder Maßnahmen. Denn so wie der Arzt lediglich weitere Rettungsbemühungen unterlasse, wenn er eine durch Massagebewegungen begonnene Wiederbelebungsmaßnahme abbreche, so sei es auf höherer technisierter Ebene als Unterlassen zu werten, wenn er die Arbeit einer Maschine abbreche.[1875]

Engisch stellt dagegen bei der Frage, ob ein Tun oder Unterlassen vorliege, auf die Qualität des unmittelbaren Verhaltens des Täters ab. Entscheidend sei bei einer Handlung der Aufwand von Energie in bestimmter Richtung, bei einem Unterlassen der fehlende Energieaufwand. Er versteht dabei Energie nicht in einem naturalistischen oder rein physikalischen Sinne, sondern tritt sogar für die Berücksichtigungsfähigkeit der seelischen Energie ein.[1876] Das Abschalten einer apparativen Dauerbehandlung sei als Unterlassen zu werten, weil der Arzt seiner an sich nicht wegzuleugnenden Aktivität die Bedeutung verleihe, weiteren Energieeinsatz nicht leisten zu wollen.[1877] Außerdem ergebe sich bei einer ganzheitlichen Betrachtung des Geschehens, daß der geringfügige Energieeinsatz, der für das Abschalten des Gerätes erforderlich sei, völlig sein Gewicht verliere gegenüber seinem Zweck, den Übergang von der aktiven Fürsorge in das passive Geschehenlassen einzuleiten.[1878] Damit nähert er sich zweifellos sehr stark denen an, die nach dem sozialen Sinn des ärztlichen Verhaltens fragen.

[1874] BGHSt 6, 46 (59); ebenso auch OLG Stuttgart, Ehe und Familie 1959, 74

[1875] Geilen, Das Leben des Menschen in den Grenzen des Rechts, FamRZ 1968, 121 (126 FN 35); Geilen, Neue juristisch-medizinische Grenzprobleme, JZ 1968, 145 (151); Ulsenheimer in: Laufs/Uhlenbruck, Handbuch des Arztrechts, § 149 RNr. 16; K. M. v. Lutterotti, Ärztliche Handlungsanleitungen, S. 312; Hanack, Euthanasie in strafrechtlicher Sicht in: Hiersche, Euthanasie, S. 121 (145); Bottke, Strafrechtliche Probleme am Lebensbeginn und am Lebensende in: Deutsche Sektion der Internationalen Juristen-Kommission, Lebensverlängerung aus medizinischer, ethischer und rechtlicher Sicht, S. 35 (122); Niemann, Die privatautonome Gestaltung der ärztlichen Pflicht, S. 144; Helgerth, Strafrechtliche Beurteilung der Sterbehilfe durch den Arzt, JR 1976, 45 (47); Küper, Noch einmal: Rechtfertigender Notstand, Pflichtenkollision und übergesetzliche Entschuldigung, JuS 1971, 474 (476); Kautzky, Die Freiheit des Sterbenden und die Pflicht des Arztes in: Eid, Euthanasie oder soll man auf Verlangen töten ?, S. 25 (33); Möllering, Schutz des Lebens - Recht auf Sterben, S. 61; Eser, Sterbehilfe und Euthanasie in: Böhme, Der Arzt und das Sterben, S. 9 (21); Eibach, Recht auf Leben - Recht auf Sterben, S. 319

[1876] Engisch, Tun und Unterlassen in: Festschrift für Gallas, S. 163 (172 f.)

[1877] Engisch, Tun und Unterlassen in: Festschrift für Gallas, S. 163 (178)

[1878] Engisch, Konflikte, Aporien und Paradoxien in: Festschrift für Dreher, S. 309 (327)

Roxin versucht über die Rechtsfigur des "Unterlassens durch Tun" zur Annahme der passiven Sterbehilfe zu gelangen.[1879] Das faktische Tun des Arztes sei rechtlich bedeutungslos, weil es nichts daran zu ändern vermöge, daß der rechtliche Charakter des Verhaltens ein Unterlassen sei. Das Abstellen der Apparatur sei ein Aufgeben des objektiv nicht (mehr) gebotenen Versuchs, den Erfolg abzuwenden, oder der Rücktritt von nicht geforderten Lebensverlängerungsbemühungen. Positiver und negativer Energieeinsatz würden sich beim Abbrechen der Rettungsbemühungen gegeneinander aufheben, so daß der Arzt nicht anders zu behandeln sei als ein von vornherein Rettungsunwilliger.

Ähnlich wertend ordnen auch Auer[1880] und Eibach[1881] das Abschalten eines Respirators der passiven Sterbehilfe zu. Passivität könne sehr wohl aktive Vollzugsformen annehmen. Der Verzicht erfordere häufig gerade eine vorsätzliche und überlegt aktive Handlung. Das eigentliche Kriterium liege daher keineswegs im Verzicht auf äußere Aktivität, sondern im Verzicht auf eigenmächtige totale und definitive Verfügung über menschliches Leben.

Ein anderer Teil des Schrifttums dagegen ordnet das Abschalten des Apparates als aktives Tun ein.[1882] Auch diese Stimmen erachten den Abbruch der apparativen Dauerbehandlung zumeist für zulässig, wobei die Einschränkung der Rettungspflichten des Arztes aus dem Schutzzweck der Norm hergeleitet wird.[1883] Entscheidend sei, daß der Arzt durch sein aktives Tun nicht eine Todesursache setze, die die auf den Tod hinwirkende Ursächlichkeit der natürlichen Krankheitskräfte verdränge, sondern im Gegenteil den natürlichen Krankheitsverlauf wieder freigebe und lediglich das Hindernis beseitige, das dem natürlichen Tod künstlich, aber im Ergebnis aussichtslos entgegengestellt worden sei. Anders als die Tötung durch eine letale Injektion verkürze das Abschalten der Apparatur nicht die dem Sterbenden trotz seiner Krankheit noch verbleibende Spanne seines "natürlichen Lebens", sondern es

---

[1879] Roxin, An der Grenze von Begehung und Unterlassung in: Festschrift für Engisch, S. 380 (394 ff.)

[1880] Auer, Die Unverfügbarkeit des Lebens in: Auer/Menzel/Eser, Zwischen Heilauftrag und Sterbehilfe, S. 1 (50)

[1881] Eibach, Recht auf Leben - Recht auf Sterben, S. 319

[1882] Hirsch, Literaturbericht Strafrecht, ZStW 81 (1969), S. 917 (924); Samson, Begehung und Unterlassung in: Festschrift für Welzel, S. 579 (600); Sax, Sterbehilfe durch vorzeitigen Abbruch einer Intensivbehandlung, JZ 1975, 137 (142); Haemmerli, Todkranke auf Kalorie Null gesetzt, Der Spiegel Nr. 7/1975, S. 42 (43)

[1883] aus dem Umstand wiederum, daß im Ergebnis weitgehend Einigkeit über die Zulässigkeit des Behandlungsabbruchs unabhängig von der Einordnung als Tun oder Unterlassen herrscht, schließen andere, daß die Frage letztlich unentschieden bleiben könne (Eser in: Schönke/Schröder, StGB, vor § 211 RNr. 31 f.; Merkel, Behandlungsabbruch und mutmaßliche Einwilligung, ZStW Bd. 107 (1995), S. 545, 553) beende nur das wegen seiner Krankheit sonst längst durch den natürlichen Tod abgeschlossene, aber künstlich verlängerte Sterben. Der Arzt bewirke durch sein Tun - das Abschalten - das gleiche, was er durch das Unterlassen des Anschlusses des Sterbenden an die Apparatur bewirkt hätte, daß nämlich das unrettbar verlöschende Leben im krankheitsbedingten Tod ende.[1884] Da der Reanimator dem Patienten nicht mehr nutzen könne und das Sterben sinnlos verlängere, sei der Verzicht auf ihn als Anerkennung seines Rechtes auf einen natürlichen Tod anzusehen.[1885]

Einzig Bockelmann bewertet das Abschalten der apparativen Dauerbehandlung nicht nur als aktives Tun, sondern betrachtet den das Gerät vor dem Eintritt des Hirntodes abstellenden Arzt sogar als Täter eines Tötungsdeliktes.[1886]

Daß dieser Ansatz nach der hier vertretenen Auffassung im Ergebnis nicht haltbar ist, ist offensichtlich. Denn wenn der Abbruch lebenserhaltender Maßnahmen bei einem Patienten, der unter extremen Schmerzen leidet, unter den genannten Voraussetzungen aus Gründen der Humanität und im Respekt vor der Menschenwürde des Betroffenen geboten ist, kann der Arzt, der eine solche Begrenzung seines ärztlichen Behandlungsauftrages akzeptiert, nicht dem Vorwurf strafbaren Verhaltens ausgesetzt sein.

Ist der Arzt in diesem Falle aus zivilrechtlicher Sicht schon nach dem Inhalt des Behandlungsvertrages weder berechtigt noch verpflichtet, weitere lebensverlängernde Handlungen vorzunehmen, so ist er aus strafrechtlicher Perspektive gem. § 34 StGB gerechtfertigt.

Vor diesem Hintergrund wird deutlich, daß die Diskussion, ob das Abschalten eines Respirators als Tun oder Unterlassen zu werten ist, im wesentlichen von dogmatischem Interesse ist, zumal mit Ausnahme von Bockelmann sämtliche der vorgenannten Literaturstimmen unabhängig von der von ihnen jeweils bevorzugten Einordnung die Zulässigkeit des Behandlungsabbruches unter den hier relevanten Bedingungen bejahen.

1884 Sax, Sterbehilfe durch vorzeitigen Abbruch einer Intensivbehandlung, JZ 1975, 137 (149 f.); Hirsch, Literaturbericht Strafrecht, ZStW 81 (1969), S. 917 (924); Rickmann, Zur Wirksamkeit von Patiententestamenten, S. 114

1885 Samson, Begehung und Unterlassung in: Festschrift für Welzel, S. 579 (601 f.); Bade, Der Arzt an den Grenzen von Leben und Recht, S. 179

1886 Bockelmann, Strafrecht des Arztes, S. 112 f.

Dennoch dürfte es letztlich sinnvoll und praktikabel sein, die Fallgruppe im Zusammenhang mit der passiven Sterbehilfe zu erörtern und schon allein aus diesem Grunde von einem bloßen "Unterlassen" weiterer Rettungsbemühungen des Arztes auszugehen. Denn mehr als die Frage, ob das Abschalten eines Gerätes als aktives Tun oder als Unterlassen zu bewerten ist, ist der Arzt selbstverständlich an der dahinterstehenden Frage interessiert, unter welchen Voraussetzungen er den berüchtigten "Knopfdruck" vorzunehmen berechtigt oder gar verpflichtet ist. Die hierfür maßgeblichen Überlegungen stehen - wie dargelegt - in untrennbarem Zusammenhang zur passiven Sterbehilfe. In der Tat kann es für den ärztlichen Entscheidungsprozeß insofern keine Rolle spielen, ob er eine lebenserhaltende bzw. -verlängernde Behandlung bereits eingeleitet hat oder nicht. Andernfalls müßte er solange mit dem Beginn der Behandlung zuwarten, bis er sich völlige Klarheit über den Krankheitszustand des Patienten verschafft hätte und sicher beurteilen könnte, ob sie medizinisch noch indiziert ist. Dies würde gerade in Notfällen, in denen schnelles Handeln bereits vor der exakten Diagnosestellung unumgänglich ist, den Bedürfnissen der Praxis in erheblicher Weise zuwiderlaufen. Auch bei einem Patienten, bei dem gegenwärtig der Einsatz eines Respirators angezeigt wäre, müßte der Arzt zögern, diesen wirklich anzuwenden, weil er befürchten müßte, zu einem späteren Zeitpunkt selbst dann die Weiterbehandlung nicht abbrechen zu dürfen, wenn sich der Zustand des Patienten verschlechtern würde und der erstmalige Einsatz eines Respirators nicht mehr indiziert wäre.

Steht aber der Abbruch lebenserhaltender Dauerbehandlungen sachlich in einem untrennbaren Zusammenhang zu Fragen der passiven Sterbehilfe und ist er nur unter den für diese geltenden Kriterien zulässig, so dürfte es gerechtfertigt sein, diesem Bereich und damit dem des Unterlassens das Schwergewicht des rechtlich relevanten Verhaltens zuzuordnen und hierin den sozialen Sinn des apparativen Behand-lungsabbruchs zu sehen.

hh. Verteilungsgerechtigkeit

Während es im Rahmen der bisherigen Erörterungen um die immanenten Grenzen des ärztlichen Behandlungsauftrages ging, die allein im Hinblick auf den einzelnen Patienten und seine individuellen Bedürfnisse festzulegen waren, ist nunmehr das Problem der Verteilungsgerechtigkeit, das teilweise auch unter den Bezeichnungen

"Verwaltung des Mangels"[1887] oder "altruistische Euthanasie"[1888] behandelt wird, zu untersuchen, das daraus resultiert, daß unser Gesundheitssystem nicht in der Lage ist, flächendeckend die notwendige technische Ausrüstung zur Behebung jeder denkbaren Notsituation in beliebiger Menge bereitzustellen.

Abzugrenzen ist die hier beschriebene Situation des Versorgungsnotstandes zunächst von denjenigen Fällen, in denen der Arzt die Möglichkeit hat, alle Patienten nacheinander zu therapieren. Hierbei ist unstreitig allein die medizinische Dringlichkeit für die Reihenfolge der Behandlung ausschlaggebend.

Nur der Arzt, dem zur Behandlung einer bestimmten lebensbedrohenden Symptomatik weniger Ressourcen zur Verfügung stehen, als er für die Behandlung seiner Patienten benötigen würde, steht bei Gefahr in Verzug, also dann, wenn eine Überweisung eines Teiles der Patienten in ein anderes Krankenhaus nicht in Betracht kommt, vor dem unausweichlichen Dilemma, selektieren zu müssen und die erforderliche Hilfe einem Patienten anzubieten, dem anderen aus Kapazitätsgründen hingegen zu verweigern.

Da die Kostenexplosion im Gesundheitswesen für die Zukunft die Vermutung nahelegt, daß sich diese Situation eher verschärfen als entspannen und der medizinische Fortschritt noch weniger allen Mitgliedern der Gesellschaft gleichmäßig zur Verfügung stehen wird als heute, dürfte die Problematik zunehmende Aktualität gewinnen.[1889]

Es stellt sich hier die Frage, nach welchen Kriterien der Arzt darüber zu befinden hat, welchem von mehreren hilfsbedürftigen Patienten er den Vorzug vor anderen zu geben hat.

Grundsätzlich scheint es zur Beantwortung dieser Frage sinnvoll zu sein, danach zu unterscheiden, ob die Patienten zeitgleich eingeliefert werden, so daß der Arzt sich vor die Entscheidung gestellt sieht, bei welchem von ihnen er die Behandlung einleiten soll, oder ob bereits ein Patient eine konkrete, die Kapazitäten des betreffenden

---

1887 von Kenne, Die Behandlunsgpflicht des Arztes in: Eid/Frey, Sterbehilfe oder wie weit reicht die ärztliche Behandlungspflicht ? S. 97 (98); Bockelmann, Strafrecht des Arztes, S. 115

1888 Dahm, Ärztliche Entscheidung unter Reanimationsbedingungen, S. 166

1889 vor allem im Bereich der Nierendialyse stellt sich das Problem schon heute vielerorts. In England beispielsweise werden bereits Patienten, die älter als 55 Jahre sind, nicht mehr zur Dialysebehandlung zugelassen (Jutzler, Sterben im Krankenhaus in: Evang. Akademie Baden, Sterbehilfe, S. 7, 25). Vgl. hierzu auch C. II. 1. b. cc.

Krankenhauses erschöpfende Therapie in Anspruch nimmt, während ein zweiter Patient eingeliefert wird, der auf diese in gleicher Weise angewiesen wäre.

Die erstgenannte Situation ist dabei sicher nicht nur theoretisch vorstellbar. Denn z. B. bei einem Verkehrsunfall kann es durchaus vorkommen, daß mehrere der Verletzten ähnlich schwere Verletzungen erlitten haben, zeitgleich in dasselbe Krankenhaus eingeliefert werden und in ähnlicher Weise versorgt werden müssen.

Aus strafrechtlicher Sicht ist es hier gleichgültig, welchen der Patienten der Arzt rettet, da in jedem Falle zu seinen Gunsten der Rechtfertigungsgrund der Pflichtenkollision zum Zuge kommt.[1890] Dieser setzt lediglich voraus, daß zwei Handlungs- bzw. Erfolgsabwendungspflichten miteinander kollidieren, die rechtlich gleichwertig sind, und der Handlungsverpflichtete eine von beiden tatsächlich mit Rettungswillen erfüllt. Maßgeblich im Hinblick auf die Gleichwertigkeit der Handlungsgebote sind der Wert der gefährdeten Güter, die rechtliche Stellung des Normadressaten diesen gegenüber, die Nähe der Gefahr und die Wahrscheinlichkeit des Schadenseintritts.[1891] Da der Arzt sich vor die Aufgabe gestellt sieht, zwei Menschenleben zu retten, von denen er faktisch nur eines retten kann, beide Patienten aber in gleicher Weise der Hilfe bedürfen, der Schadenseintritt bei beiden im Falle ihres Unterlassens gleich wahrscheinlich ist und sich Überlegungen über einen unterschiedlichen Wert des Lebens der Patienten von vornherein verbieten, entgeht der Arzt der strafrechtlichen Verfolgung schon dann, wenn er überhaupt Rettungsmaßnahmen zugunsten eines der beiden Patienten entfaltet. Leitet sich die Rechtfertigung des Arztes allein aus der Kollision des Rechtsgutes Leben mit dem Rechtsgut Leben ab, dann besteht sie unabhängig von den Motiven, die den Arzt beeinflussen. Ihm kann daher nicht zum Vorwurf gemacht werden, er habe keine Erwägungen darüber angestellt, welcher der Patienten die größeren Heilungschancen hatte, welcher von ihnen jünger war etc., andererseits jedoch ebenfalls nicht, er habe solche zum Anlaß genommen, beispielsweise den jungen dem älteren Patienten oder die Mutter dem Vater vorzuziehen.

Es ist sicher nicht von vornherein zwingend, diese strafrechtlichen Überlegungen auf das Zivilrecht zu übertragen, da sie ja lediglich eine Aussage darüber treffen, ob das Verhalten des Arztes sozialethisch in so hohem Maße verwerflich ist, daß es einer Sanktion mit den Mitteln des Strafrechtes bedarf. Und so wird vereinzelt in der Tat die Auffassung vertreten, daß es dem Arzt zugemutet werden könne, die individuelle

---

[1890] Dahm, Ärztliche Entscheidung unter Reanimationsbedingungen, S. 169
[1891] Wessels/Beulke, Strafrecht AT, § 16 III

Erfolgsaussicht der Behandlung und die Überlebenschancen bezüglich des jeweiligen Patienten zu berücksichtigen, ehe er entscheide, welchem von ihnen er die verfügbaren Ressourcen zur Verfügung stelle.[1892]

Vorzugswürdig erscheint es jedoch, den Arzt auch aus zivilrechtlicher Sicht keinen über das Strafrecht hinausgehenden Handlungsanweisungen zu unterwerfen, ließe sich doch eine rechtliche Verpflichtung des Arztes zur bevorzugten Rettung eines der beiden Patienten letztlich nur dadurch rechtfertigen, daß man das Leben des anderen für geringerwertig oder doch zumindest für weniger schutz- und rettungswert erachtet. Dies sollte meines Erachtens unter allen Umständen vermieden werden. Dem Arzt ist somit das Recht zuzugestehen, nach freiem Ermessen darüber zu befinden, welchen der Patienten er mit den zur Verfügung stehenden Ressourcen behandelt und welchen nicht.

Nicht zu leugnen ist allerdings, daß der Arzt in der betreffenden Situation gefühlsmäßig dazu tendieren wird, das Leben des Patienten zu retten, dem vermutlich längerfristiger und nachhaltiger geholfen werden kann. Eine derartige Entscheidung dürfte in gleicher Weise für außenstehende Dritte nachvollziehbar und plausibel erscheinen, unabhängig davon, ob man nun dazu tendiert, zur Begründung allein reine Praktikabilitätserwägungen heranzuziehen, oder ob man den Arzt gar für moralisch verpflichtet hält, so zu handeln. In jedem Falle aber sollte es hier bei außerrechtlichen Wertungen bleiben, so daß aus rechtlicher Sicht die Ermessensentscheidung des Arztes keinen inhaltlichen Beschränkungen unterliegt.

Fraglich ist, ob die Situation anders zu beurteilen ist, wenn bereits alle verfügbaren technischen Geräte zur Behandlung eines bestimmten Patienten im Einsatz sind, und nunmehr ein zweiter Patient eingeliefert wird, der diese ebenfalls lebensnotwendig benötigen würde.

Teilweise wird die Auffassung vertreten, der Arzt dürfe in diesem Falle die einmal begonnene Behandlung nicht abbrechen.[1893] Da er gegenüber dem ersten Patienten

---

1892 Eser, Lebenserhaltungspflicht und Behandlungsabbruch aus rechtlicher Sicht in: Auer/Menzel/Eser, Zwischen Heilauftrag und Sterbehilfe, S. 75 (133 f.); Niemann, Die privatautonome Gestaltung der ärztlichen Pflicht zur Erhaltung erlöschenden Lebens durch den Patienten, S. 62, 64; noch weitergehend im Hinblick auf die Selektionsproblematik bei Organspenden Bünte, Grenzen der Behandlungspflicht in der operativen Medizin in: Lawin/Huth, Grenzen der ärztlichen Aufklärungs- und Behandlungspflicht, S. 102 (104), der daneben auch andere "menschliche Werte" für berücksichtigungsfähig hält, so daß Kinder vor alten Menschen oder Frauen vor Männern zu retten seien. Kritisch hierzu Giesen, Euthanasie und Sterbehilfe aus juristischer Perspektive, Zeitschrift für medizinische Ethik 39 (1993), S. 151 (162) bereits die ärztliche Hilfspflicht übernommen habe, müsse sich der Arzt gegenüber dem hinzukommenden auf die Unmöglichkeit der Behandlung berufen. Dem letzteren den Vorzug zu geben, sei nur möglich, wenn man das Leben bzw. die ihm verbleibenden Chancen für abwägbar halte, was jedoch zwischen verschiedenen Rechtsgutträgern nicht in Betracht komme.[1894] Ferner würden hier eine Handlungs- und eine Unterlassungspflicht des Arztes aufeinandertreffen. Gegen die grundsätzlich stärker wirkende Unterlassungspflicht dürfe aber nicht durch die Erfüllung eines gleichzeitig bestehenden Handlungsgebotes verstoßen werden.[1895] Schließlich wird darauf hingewiesen, daß der Arzt gegenüber dem bereits behandelten Patienten eine Garantenpflicht übernommen habe, während ihn gegenüber dem anderen lediglich die allgemeine Hilfeleistungspflicht des § 323 c StGB treffe. Da die Verletzung der letztgenannten aber mit geringerer Strafe bedroht sei, sei erstere als höherwertige und vorrangig zu erfüllende Verpflichtung anzusehen.[1896]

Andere wiederum sprechen sich für die Berechtigung des Arztes aus, denjenigen bevorzugt zu behandeln, bei dem die technischen Hilfsmittel mit größerer Aussicht auf Erfolg zum Einsatz gebracht werden könnten. Das Abstellen auf die zeitliche Priorität sei zu formal und als Entscheidungsmaßstab ungeeignet.[1897] Allein maßgebend sei, daß die zu rettenden Rechtsgüter gleichwertig seien. Unbeachtlich sei demgegenüber die unterschiedliche Stärke der individuellen Pflichtenbindung des Arztes.[1898]

Teilweise wird in einem solchen Falle gar von einer Verpflichtung des Arztes ausgegangen, dem Patienten mit der größeren Überlebenschance alle verfügbaren personellen und sachlichen Mittel zur Verfügung zu stellen.[1899]

1893 Eser, Lebenserhaltungspflicht und Behandlungsabbruch aus rechtlicher Sicht in: Auer/Menzel/Eser, Zwischen Heilauftrag und Sterbehilfe, S. 75 (134); Eser, Grenzen der Behandlungspflicht aus juristischer Sicht in: Lawin/Huth, Grenzen der ärztlichen Aufklärungs- und Behandlungspflicht, S. 77 (89); Beckert, Strafrechtliche Probleme um Suizidbeteiligung und Sterbehilfe, S. 376; M. v. Lutterotti, Menschenwürdiges Sterben, S. 91

1894 Eser, Lebenserhaltungspflicht und Behandlungsabbruch aus rechtlicher Sicht in: Auer/Menzel/Eser, Zwischen Heilauftrag und Sterbehilfe, S. 75 (134); Zimmermann, Der Sterbende und sein Arzt, NJW 1977, 2101 (2102)

1895 Beckert, Strafrechtliche Probleme um Suizidbeteiligung und Sterbehilfe, S. 376

1896 Dahm, Ärztliche Entscheidung unter Reanimationsbedingungen

1897 Küper, Noch einmal: Rechtfertigender Notstand, Pflichtenkollision und übergesetzliche Entschuldigung, JuS 1971, 474 (476); Sporken, Darf die Medizin, was sie kann ? S. 199

1898 Blei, Strafrecht AT, § 88 I 4 c); Rudolphi in: Systematischer Kommentar, StGB, vor § 13 RNr. 29; Schmidhäuser Strafrecht AT, 16. Abschnitt, RNr. 81

1899 Hiersche, Euthanasie aus ärztlicher Sicht in: Hiersche, Euthanasie, S. 209 (216)

Soweit vorgetragen wird, es kollidierten vorliegend eine Handlungs- und eine Unterlassungsverpflichtung des Arztes miteinander, so kann dem zumindest nicht gefolgt werden, wenn man entsprechend der hier vertretenen Auffassung den Abbruch einer apparativen Dauerbehandlung seinem sozialen Sinn nach als Unterlassen der Weiterbehandlung ansieht und nach den zur passiven Sterbehilfe entwickelten Regeln beurteilt.

Ebensowenig erscheint es zwingend, daß der Arzt sich gegenüber dem neu hinzukommenden Patienten auf die faktische Unmöglichkeit der Behandlung berufen müsse. Schließlich kann er diesen ohne jeden Zweifel therapieren und retten, wenn er die vorhandene Apparatur von nun an zu seinen Gunsten einsetzt.

Somit stehen sich auch dann, wenn der Arzt bereits mit der Behandlung eines Patienten begonnen hat, zwei Handlungsgebote, gerichtet jeweils auf die Lebenserhaltung der Kranken, gegenüber, von denen der Arzt nur eines auf Kosten des anderen erfüllen kann.

Vor diesem Hintergrund würde es wiederum zu einer Bewertung und Abstufung des Lebens der beiden Patienten führen, wollte man einem von ihnen ein Vorrecht auf die lebenserhaltende Behandlung einräumen. Eine solche wertende Aussage ist hier ebensowenig sachlich zu rechtfertigen wie in der oben beschriebenen Situation, in der die Patienten zeitgleich in das Krankenhaus eingeliefert wurden.

Sie kann insbesondere nicht unter Rückgriff auf den Grad der Pflichtenbindung und den Strafrahmen der möglicherweise verletzten Strafvorschriften getroffen werden. Denn in den Fällen der hier beschriebenen Art beruht es auf Zufälligkeiten, wann welcher Patient eingeliefert wird und ob zu diesem Zeitpunkt bereits Hilfspflichten zugunsten eines anderen Kranken begründet worden sind. Hierdurch kann sich der Wert des Lebens des später hinzutretenden Patienten nicht verringern, ebensowenig wie sein Anspruch, behandelt und gerettet zu werden. Die bloße Bezugnahme auf den Strafrahmen führt schon deshalb nicht weiter, weil selbst diejenigen, die es für nicht rechtmäßig halten, die Behandlung eines Patienten zugunsten eines anderen aufzugeben, die Möglichkeit eines übergesetzlichen entschuldigenden Notstandes,[1900] einer Strafbefreiung[1901] oder eines Strafausschlusses[1902] zugunsten des

[1900] Welzel, Das deutsche Strafrecht, § 23 III 1.
[1901] Rudolphi, Die Bedeutung eines Gewissensentscheides für das Strafrecht in: Festschrift für Welzel, S. 606 (628 f.)
[1902] Dahm, Ärztliche Entscheidung unter Reanimationsbedingungen, S. 198

Arztes befürworten und daher letztlich den höheren Strafrahmen nicht zur Anwendung bringen.

Umgekehrt wäre es mit dem Prinzip der Gleichwertigkeit allen menschlichen Lebens nicht in Einklang zu bringen, wollte man dem Patienten mit den besseren Heilungschancen einen rechtlich verbindlichen Behandlungsvorrang einräumen.

Erst recht kann der Arzt nicht rechtlich verpflichtet sein, ohne jede Rücksicht auf die gesundheitliche Verfassung und die Rettungschancen der in Frage stehenden Patienten die technischen Ressourcen der Klinik rein formalistisch nach Prioritätsgrundsätzen zu vergeben.

Dem Arzt steht es somit in jedem Falle - mögen nun die Patienten gleichzeitig oder nacheinander eingeliefert werden - rechtlich frei, darüber zu entscheiden, welchen von ihnen er durch den Einsatz der verfügbaren technischen Möglichkeiten rettet. Unabhängig davon mag er sich aus praktischen oder moralischen Gründen gedrängt sehen, den Patienten bevorzugt zu behandeln, dem er glaubt, dauerhafter und nachhaltiger helfen zu können.

2. Der Patient hat in der Vergangenheit Vorstellungen bezüglich der Art bzw. des Umfanges seiner Behandlung geäußert

Ist der Patient in der entscheidungserheblichen Situation einwilligungsunfähig, und ist sein gesetzlicher Vertreter (bzw. Bevollmächtigter) entweder nicht rechtzeitig erreichbar oder hat er überhaupt keinen, und wäre dessen Bestellung mit unvertretbaren zeitlichen Verzögerungen verbunden, liegen dem Arzt andererseits jedoch Erklärungen des Patienten aus der Vergangenheit vor, die Art und Umfang möglicher Behandlungsmaßnahmen am Lebensende zum Gegenstand haben, so stellt sich die Frage, ob bzw. unter welchen Voraussetzungen derartige Handlungsanweisungen für den Arzt verbindlich sind, so daß der dargestellte objektive Entscheidungsmaßstab im Einzelfall entsprechend den Vorgaben des Patienten zu korrigieren wäre.

Nicht zu behandeln sind vorliegend solche Willensäußerungen, die ein Suizident unmittelbar vor seinem Selbsttötungsversuch schriftlich niedergelegt hat. Insofern wurde bereits darauf hingewiesen, daß sich aus derartigen Erklärungen nicht mit hinreichender Sicherheit auf die nur ausnahmsweise vorliegende Freiverantwortlichkeit der Entscheidung des Lebensmüden schließen läßt, so daß der hinzutretende Arzt in gleicher Weise zur Hilfeleistung verpflichtet ist wie gegenüber einem Suizidenten, der überhaupt keine Erklärungen abgegeben hat.[1903]

Vielmehr geht es um Verfügungen, die eine Person, die keineswegs lebensmüde ist und noch mitten im Leben steht, bereits im voraus im Hinblick auf ihre ärztliche Behandlung am Lebensende trifft, ohne daß zum Zeitpunkt ihrer Abfassung bereits absehbar wäre, ob die in Bezug genommenen Krankheitssymptome jemals vorliegen werden.

Derartige Anweisungen des Patienten werden teilweise als "Patiententestamente",[1904] teilweise als "Patientenverfügungen",[1905] als "Patientenbriefe"[1906], als

---

1903 vgl. hierzu oben C. III. 1. c.

1904 Rickmann, Zur Wirksamkeit von Patiententestamenten, S. 12; Saueracker, Die Bedeutung des Patiententestamentes, S. 25 f.; v. Kühlmann, Sterbehilfe, S. 13; Füllmich, Der Tod im Krankenhaus, S. 71; Bottke, Strafrechtliche Probleme am Lebensbeginn und am Lebensende in: Deutsche Sektion der Internationalen Juristen-Kommission, Lebensverlängerung aus medizinischer, ethischer und juristischer Sicht, S. 35 (99); Rieger, Die mutmaßliche Einwilligung in den Behandlungsabbruch, S. 79; Deutsch, Der Zeitpunkt der ärztlichen Aufklärung und die antizipierte Einwilligung des Patienten, NJW 1979, 1905 (1908); Mayer, K. G., Medizinische Maßnahmen an Betreuten, S. 84; Burkart, Das Recht, in Würde zu sterben, S. 122; Beckert, Strafrechtliche Probleme um Suizidbeteiligung und Sterbehilfe, S. 360; Bade, Der Arzt an den Grenzen von Leben und Recht, S. 161; Muschke, Gesetzliche Regelung der Sterbehilfe ? S. 75; K. M. v. Lutterotti, Ärztliche Handlungsanleitungen, S. 225 f.

"Euthanasietestamente"[1907], als "Verfügung zu Lebzeiten"[1908], "Anweisung an meinen Arzt"[1909] oder als "Anweisungen an den Arzt zur Würde im Sterben"[1910] bezeichnet.

Während gegen die Verwendung des Begriffes "Patiententestament" eingewandt wird, er wecke in Anlehnung an das erbrechtliche Testament fälschlich die Assoziation einer Anweisung des Patienten, die sich zum einen erst nach Eintritt seines Todes auswirke, zum anderen aber auf sein Vermögen bezogen sei,[1911] erweist sich der Begriff der "Patientenverfügung" zumindest insofern als mißverständlich, als es hier nicht um eine rechtsgeschäftliche Verfügung im Sinne einer unmittelbaren Einwirkung auf den Bestand eines Rechtes durch Übertragung, Aufhebung, Belastung oder inhaltliche Änderung[1912] geht. Der Begriff des "Patientenbriefes" wiederum erscheint ebenso wie die Bezeichnungen "Anweisung an meinen Arzt" oder "Verfügung zu Lebzeiten" als zu unbestimmt, als daß er erahnen ließe, was sich inhaltlich hinter ihm verbirgt. Der Begriff des "Euthanasietestamentes" weckt hingegen fälschlich die Assoziation zu Maßnahmen der aktiven Sterbehilfe. Treffender ist insofern sicher die Bezeichnung "Anweisung an den Arzt zur Würde im Sterben", die sich jedoch Bedenken aufgrund ihrer Länge ausgesetzt sieht, die sie für den praktischen Gebrauch ungeeignet erscheinen läßt. Darüber hinaus ist es nicht gerechtfertigt, den Adressatenkreis auf Ärzte zu beschränken, da sich das Dokument - jedenfalls soweit man seine Verbindlichkeit anzuerkennen bereit ist - in gleicher Weise an Betreuer oder Vorsorgebevollmächtigte richtet, die in der entscheidungserheblichen Situation zugunsten des Verfassers bestellt sind.[1913]

1905 Deutsche Bischofskonferenz und Rat der Evangelischen Kirche in Deutschland, Christliche Patientenverfügung, S. 13; Eisenbart, Patiententestament und Stellvertretung in Gesundheitsangelegenheiten, S. 16; Keppler, Erfahrungen mit der Böblinger Patientenverfügung in: Evangel. Akademie Bad Boll, Protokolldienst 1/96, S. 39 (43); Baumann/Bochnik/Brauneck u.a., AE-Sterbehilfe, S. 17; Hörster, Rechtsethische Überlegungen zur Sterbehilfe in: Gose/Hoffmann/Wirtz, Aktive Sterbehilfe ? S. 51 (55); Eibach, Sterbehilfe - Tötung aus Mitleid ? S. 121; Taupitz, Empfehlen sich zivilrechtliche Regelungen in: Verhandlungen des 63. DJT 2000, Bd. I, Gutachten A, S. A 106; Baumann/Hartmann, Die zivilrechtliche Absicherung der Patientenautonomie, DNotZ 2000, 594 (603), Hartmann, T., Patientenverfügung und Psychiatrische Verfügung, NStZ 2000, 113

1906 Eser, Grenzen der Behandlungspflicht aus juristischer Sicht in: Lawin/Huth, Grenzen der ärztlichen Aufklärungs- und Behandlungspflicht, S. 77 (81); Kleinsorg, Die ärztliche Entscheidung in: Deutsch/Kleinsorg/Ziegler, Das Patiententestament, S. 7 (9); Ziegler, Der Abruf in die Ewigkeit in: Deutsch/Kleinsorg/Ziegler, Das Patiententestament, S. 23 (24)

1907 v. Dellingshausen, Sterbehilfe und Grenzen der Lebenserhaltungspflicht des Arztes, S. 369; Jähnke in: Leipziger Kommentar, StGB, vor § 211 RNr. 13

1908 Kutner, Die Verfügung zu Lebzeiten in: Eser/Bringewat, Suizid und Euthanasie, S. 360

1909 Heifetz/Mangel, Das Recht zu sterben, S. 44

1910 Schöllhammer, Die Rechtsverbindlichkeit des Patiententestamentes, S. 17

1911 Schöllhammer, Die Rechtsverbindlichkeit des Patiententestamentes, S. 17

1912 Creifelds/Weber, Rechtswörterbuch, Stichwort "Verfügung", S. 1390

1913 Baumann/Hartmann, Die zivilrechtliche Absicherung der Patientenautonomie, DNotZ 2000, 594 (604)

Somit mag zunächst keine der heute gebräuchlichen Bezeichnungen für die hier zu untersuchenden Patientenanweisungen völlig zu überzeugen. Da sich im deutschsprachigen Raum jedoch gerade der Begriff des "Patiententestamentes" - zumindest seit den zahlreichen kontrovers geführten Diskussionen, die das 1978 von Uhlenbruck veröffentlichte Muster eines Patiententestamentes[1914] ausgelöst hat - längst zum gängigen terminus technicus geworden ist,[1915] der zudem wohl am ehesten einer deutschen Übersetzung des amerikanischen "living-will" als Vorläufer der deutschen Patiententestamente entspricht,[1916] soll im Rahmen der vorliegenden Arbeit an der Verwendung dieses Begriffes festgehalten werden.

1914 Uhlenbruck, Der Patientenbrief, NJW 1978, 566 (569 f.)

1915 Harder, Voluntas aegroti suprema lex, Arztrecht 1991, 11; Beckert, Strafrechtliche Probleme um Suizidbeteiligung und Sterbehilfe, S. 360; Uhlenbruck, Selbstbestimmtes Sterben, S. 300 geht davon aus, daß sich trotz der vielfältigsten Vorschläge und der juristischen Ungenauigkeit mittlerweile fast allgemein der Begriff "Patiententestament" durchgesetzt habe.

1916 Rickmann, Zur Wirksamkeit von Patiententestamenten, S. 12; Eser, Lebenserhaltungspflicht und Behandlungsabbruch aus rechtlicher Sicht in: Auer/Menzel/Eser, Zwischen Heilauftrag und Sterbehilfe, S. 75 (113); Koch, Einführung in: Eser/Koch, Materialien zur Sterbehilfe, S. 1 (13); Fritsche, Ärztlich-ethische Aspekte zur Ambivalenz der Lebensverlängerung in: Deutsche Sektion der Internationalen Juristen-Komission, Lebensverlängerung aus medizinischer, ethischer und rechtlicher Sicht, S. 3 (26). Der Begriff des living-will wurde erstmals im Jahre 1967 von dem Chicagoer Anwalt Luis Kutner verwandt. Durch den am 01.01.1977 in Kraft getretenen Natural Death Act erkannte der Bundesstaat Kalifornien als erster seine Verbindlichkeit unter bestimmten einschränkenden Voraussetzungen an. Danach wird der living-will nur dann wirksam, wenn der Verfügende ihn frühestens 14 Tage, nachdem er als unheilbar krank diagnostiziert worden ist, aufgesetzt oder bestätigt hat (§§ 7191 b, 7188). Die Verfügung ist höchstens 5 Jahre gültig (§ 7189.5), die Urteilsfähigkeit des Erklärenden muß durch die Unterschrift zweier besonders qualifizierter Zeugen bestätigt werden (§ 7188). Der Arzt kann es ablehnen, dem Wunsch des Patienten zu entsprechen, wenn er ihn an einen anderen, handlungsbereiten Kollegen verweist (§ 7191 b). Mittlerweile haben die meisten anderen Staaten der USA ähnliche Gesetze erlassen. Dennoch steht die amerikanische Rechtswissenschaft dem living-will nach wie vor skeptisch gegenüber, da die Antizipierbarkeit des Willens in der entscheidungserheblichen Situation bezweifelt wird. Zudem erweisen sich die antizipierte und die später tatsächlich eingetretene Situation nur allzu häufig als inkongruent (Röver, Einflußmöglichkeiten des Patienten im Vorfeld einer medizinischen Behandlung, S. 33). Auch unter den amerikanischen Ärzten erfreuen sich Patiententestamente keiner allzu großen Beliebtheit, da allein ihre Existenz als Vertrauensentzug gegenüber dem behandelnden Arzt gewertet wird (siehe hierzu Eisenbart, Patiententestament und Stellvertretung in Gesundheitsangelegenheiten, S. 35 f.). Selbst die amerikanischen Gerichte erkennen den antizipierten schriftlichen Äußerungen des Patienten nur eine begrenzte Rechtswirkung zu (Uhlenbruck, Selbstbestimmtes Sterben, S. 308).
Die trotz allem zu registrierende weite Verbreitung der Patiententestamente in den USA dürfte in erster Linie ökonomisch motiviert sein. Viele Patienten haben in Amerika die Behandlungskosten selbst zu tragen, da es keine annähernd vergleichbare Krankenversicherung gibt wie in Deutschland. Hinterbliebene würden in finanzielle Not geraten, wenn sie eine lange andauernde, kostspielige Behandlung am Lebensende bezahlen müßten (Saueracker, Die Bedeutung des Patiententestamentes, S. 29; Füllmich, Der Tod im Krankenhaus, S. 46 ff.). Demgegenüber belegte eine 1995 durchgeführte Untersuchung eines großen amerikanischen Krebszentrums, daß Patiententestamente von Angehörigen oft mit erheblichen zeitlichen Verzögerungen dem Arzt übergeben wurden. Dies geschah offensichtlich in der Angst, für den Patienten werde nicht genügend getan, wenn bekannt sei, daß ein Patiententestament vorliege (Heidemann, Welche Probleme gibt es mit Patiententestamenten ? in: Evangel. Akademie Bad Boll, Protokolldienst 1/96, Patiententestamente, S. 21 (24).
In Dänemark wurde im Jahre 1992 ein Gesetz über Lebenstestamente verabschiedet. Danach ist der in einem Patiententestament verfügte Wunsch, im Falle einer unheilbaren Erkrankung von lebensverlängernder Behandlung verschont zu bleiben, für den Arzt bindend, während anderen

Inhaltlich handelt es sich im Grunde um "Angstdokumente"[1917], da nicht nur die in ihnen beschriebenen Gesundheitszustände bereits für sich genommen stark angstbesetzt sind, sondern die Verfasser in aller Regel insbesondere ein Sterben im Krankenhaus fürchten, das von einem Übermaß an Technik und einem Defizit an menschlicher Zuwendung geprägt ist[1918] und ihnen eine apparativ gesteuerte Lebens- und Leidensverlängerung aufzwingt.[1919] Das Ziel des Testators ist somit ein weitgehend natürliches, schmerz- und angstfreies, selbstbestimmtes Sterben, hinter dem die Möglichkeiten der Lebensverlängerung deutlich zurücktreten.[1920]

Darüber hinaus verfolgen Patiententestamente den Zweck, ärztliches Handeln rechtlich abzusichern und zu verhindern, daß Ärzte nur deshalb sämtliche Möglichkeiten der Intensivtherapie ausschöpfen und dem Patienten ein qualvolles Ende bereiten, weil sie Angst vor strafrechtlicher Verfolgung haben.[1921]

Anweisungen lediglich die Bedeutung eines Anhaltspunktes für den Willen des Patienten zukommen soll. Sanktionen für den Fall einer Mißachtung des Patientenwillens werden in dem Gesetz jedoch nicht vorgesehen (vgl. im einzelnen Koch, Rechtsfragen des Patiententestaments in: Evangel. Akademie Bad Boll, Protokolldienst 1/96, Patiententestament, S. 7,11; Uhlenbruck, Selbstbestimmtes Sterben, S. 302 f.)

[1917] Rickmann, Zur Wirksamkeit von Patiententestamenten, S. 24; Ziegler, Der Abruf in die Ewigkeit in: Deutsch/Kleinsorg/Ziegler, Das Patiententestament, S. 23 (24) geht ebenfalls davon aus, daß die um sich greifende Angst vor dem Mißbrauch neuartiger ärztlicher Behandlungsmethoden entscheidenden Einfluß auf die Verbreitung der Patiententestamente genommen habe.

[1918] Meran, Patientenverfügung in: Koch/Meran/Sass, Patientenverfügung und stellvertretende Entscheidung, S. 2 (7); Kutner, Die Verfügung zu Lebzeiten in: Eser/Bringewat, Suizid und Euthanasie, S. 360 (361); Baumann/Hartmann, Die zivilrechtliche Absicherung der Patientenautonomie, DNotZ 2000, 594 (603)

[1919] Untersuchungen scheinen zu belegen, daß diese Befürchtungen im Grunde nicht gerechtfertigt sind, sondern gerade bei Patienten, die nicht mehr gefragt werden können, im Vergleich zu denen, die noch ansprechbar sind, signifikant häufiger auf lebenserhaltende Maßnahmen verzichtet wird, so daß teilweise bereits dazu aufgerufen wird, in einem Patiententestament niederzulegen, daß auf derartige Behandlungsmaßnahmen nicht verzichtet werden solle (Keller, Patientenverfügung aus der Sicht eines Nephrologen in: Evangel. Akademie Bad Boll, Protokolldienst 1/96, S. 29, 30).
Im übrigen wird teilweise darauf verwiesen, daß der viel kritisierte medizinische Aktivismus in den meisten Fällen erst im nachhinein als solcher erkannt werde, nämlich dann, wenn bestimmte Maßnahmen sich als nutzlos erwiesen oder zu unerwünschten Ergebnissen geführt hätten (Meran, Patientenverfügung in: Koch/Meran/Sass, Patientenverfügung und stellvertretende Entscheidung, S. 2, 8)

[1920] Nicht übersehen werden darf jedoch, daß gerade die Existenz von Patiententestamenten ihrerseits dazu beiträgt, daß die Furcht vor dem angeblich so unwürdigen Tod im Krankenhaus zunimmt. Denn indem sie suggerieren, daß es, um menschenwürdig sterben zu können, einer individuellen Verfügung bedürfe, die die aktuelle Rechtslage modifiziere, diskreditieren sie diese vehement (vgl. hierzu auch Tolmein, Geschätztes Leben, S. 25).

[1921] Uhlenbruck, Rechtliche, medizinische und theologische Probleme im Grenzbereich zwischen Leben und Tod in: Uhlenbruck/Rollin, Sterbehilfe und Patiententestament, S. 33 (73); so heißt es beispielsweise in dem von Uhlenbruck entworfenen Muster eines Patiententestaments, NJW 1978, 566 (569 f.): "Zur Entlastung meiner behandelnden Ärzte weise ich darauf hin, daß auch in der juristischen Literatur überwiegend die Sterbehilfe durch Einstellung der Intensivbehandlung oder durch das Abstellen des Atemgerätes bei irreversibler Bewußtlosigkeit oder Decerebration für zulässig gehalten wird."

Wie bereits ausführlich dargelegt wurde,[1922] hat der Arzt grundsätzlich immer dann, wenn er einem einwilligungsunfähigen Patienten gegenübertritt und kein gesetzlicher Vertreter oder Bevollmächtigter verfügbar ist, der eine Behandlungsentscheidung treffen könnte, im Bereich des Zivilrechtes, in dem sich sein Handeln nach den Regeln der Geschäftsführung ohne Auftrag beurteilt, ebenso wie in strafrechtlicher Hinsicht, in der der Rechtfertigungsgrund der mutmaßlichen Einwilligung von ausschlaggebender Bedeutung ist, nicht allein die objektiven Interessen des Patienten zu berücksichtigen, sondern auch - und sogar vorrangig - dessen (mutmaßlichen) Willen.

Allerdings wird die besondere Bedeutung des subjektiven Elementes in der Rechtsprechung des Bundesgerichtshofes dadurch relativiert, daß eine Vermutung dafür spricht, die objektiven Interessen des Betroffenen würden seinem wirklichen Willen entsprechen.[1923] Somit kann lediglich dann eine abweichende Behandlungsentscheidung des Arztes in Betracht gezogen werden, wenn ein entsprechender Wille des Patienten hinreichend klar und eindeutig zum Ausdruck gekommen ist.

Überhaupt keine Berücksichtigung finden kann ein mutmaßlicher Wille ferner, wenn das Gesetz bereits für den gesetzlichen Vertreter einen Entscheidungsmaßstab vorgibt, der allein die Berücksichtigung des Wohles des Schutzbefohlenen zuläßt (§ 1627 S. 1 BGB für den Minderjährigen, § 1901 BGB für den volljährigen Betreuten, der geistig niemals in der Lage war, eigene Wünsche und Vorstellungen zu entwickeln). In einer solchen Situation dürften in aller Regel keine Anhaltspunkte vorliegen, die einen Rückschluß auf den zu vermutenden Willen des Betroffenen zulassen. Jedenfalls hat der Arzt hier die Entscheidung des Gesetzgebers zu respektieren, seine Behandlung allein an dem Wohl des Patienten auszurichten. Gesichtspunkte, die es gerechtfertigt erscheinen ließen, dem Arzt hier weitergehende Entscheidungskompetenzen zuzugestehen als dem gesetzlichen Vertreter, sind nicht ersichtlich.

Soweit aber dem Grunde nach die Berücksichtigung des mutmaßlichen Patientenwillens in Betracht zu ziehen ist, soll nachfolgend zunächst zu den einzelnen Fallgruppen der Sterbehilfe anhand einiger heute in Patiententestamenten gängiger Klauseln untersucht werden, inwieweit diese überhaupt inhaltlich relevante Veränderungen gegenüber der vorstehend skizzierten Rechtslage vorsehen, und inwiefern diese Abweichungen Einfluß ausüben auf den Inhalt der ärztlichen Behandlungsent-

---

[1922] vgl. hierzu oben B. VI. 2.
[1923] BGHZ 47, 370 (372 ff.)

scheidung (a.). Anschließend wird zu überlegen sein, ob mögliche andere Inhalte von Patiententestamenten eine abweichende Bewertung verdienen (b.).

a. Die praktische Relevanz heute gebräuchlicher Klauseln in Patiententestamenten

aa. Sterbebegleitung

Maßnahmen der Sterbebegleitung umfassen solche der Schmerzbekämpfung, der psychologischen Betreuung sowie der Basispflege.[1924]

In Patiententestamenten wird teilweise hierauf Bezug genommen. Im einzelnen finden sich dabei die nachfolgend beispielhaft aufgeführten Klauseln, wobei zunächst diejenigen Regelungen ausgeblendet bleiben sollen, die sich mit der künstlichen Ernährung nicht als Maßnahme der Basispflege, sondern als Behandlungsmodalität befassen, die der Lebenserhaltung bzw. -verlängerung dient. Soweit dies der Fall ist, die Verwender der Klauseln also davon ausgehen, daß der Abbruch der künstlichen Ernährung der passiven Sterbehilfe zuzuordnen ist, werden die Klauseln erst im Zusammenhang mit dieser erörtert werden.

In dem von Uhlenbruck entworfenen Muster eines Patiententestaments[1925] heißt es:

> "Vorstehende Erklärungen [zur passiven Sterbehilfe] stellen keinen allgemeinen Verzicht auf eine Therapie dar. Sie beschränken vielmehr meine Einwilligung in die ärztliche Heilbehandlung auf eine Linderung von Leiden und Beschwerden für den Fall, daß ein Hinausschieben des Todes für mich eine nicht zumutbare Verlängerung des Leidens bedeuten würde und das Grundleiden mit infauster Prognose einen irreversiblen Verlauf genommen hat."

Die gemeinsame christliche Patientenverfügung der katholischen und evangelischen Kirche regelt diesen Bereich wie folgt:[1926]

[1924] siehe im einzelnen oben C. II. 1.

[1925] Uhlenbruck, Der Patientenbrief, NJW 1978, 566 (569 f.)

[1926] Deutsche Bischofskonferenz und Rat der Evangelischen Kirche in Deutschland, Christliche Patientenverfügung

"Ärztliche Begleitung und Behandlung sowie sorgsame Pflege sollen in diesen Fällen [der passiven Sterbehilfe] auf die Linderung von Schmerzen, Unruhe und Angst gerichtet sein. ... Ich bitte um seelsorgerlichen Beistand."

Die christliche Patientenverfügung der evang.-luther. Kirche in Bayern legt folgendes fest:[1927]

"Solange eine realistische Aussicht auf Erhaltung eines erträglichen Lebens besteht, erwarte ich ärztlichen und pflegerischen Beistand unter Ausschöpfung der angemessenen Möglichkeiten. Auf jeden Fall erwarte ich ausreichende Schmerzbehandlung."

Die Patientenverfügung des Deutschen Juristinnenbundes bestimmt:

"Für den Fall, daß Heilung nicht möglich ist, wünsche ich durch den behandelnden Arzt eine Leidens- oder Schmerzlinderung ... Für mich gehören zu Leidenszuständen auch schwere Atemnot, dauerndes schweres Erbrechen und unerträgliche seelische Qualen."

Eine Patientenverfügung der DGHS sieht vor:[1928]

"Ich setze es als selbstverständlich voraus, daß mir meine Schmerzen stets genommen bzw. gelindert werden."

Wie oben ausgeführt wurde, ist der Arzt auch dann, wenn keine Vorgabe durch den Patienten erfolgt, auf der Grundlage des in diesem Falle heranzuziehenden objektiven Entscheidungsmaßstabes verpflichtet, sämtliche Maßnahmen, die zur Sterbebegleitung des Patienten gehören, durchzuführen, da diese den Kernbereich ärztlicher Behandlungspflichten darstellen und letztlich in der Würde des Patienten und dem aus ihr folgenden Gebot mitmenschlicher Solidarität wurzeln. Dabei reicht der Umfang der den Arzt treffenden Pflichten sehr viel weiter, als dies in den meisten der vorgenannten Klauseln der Patiententestamente zum Ausdruck kommt. Diese sind in aller Regel auf die Linderung von Leiden und Beschwerden fixiert, lassen hingegen die psychologische Begleitung des Sterbenden meist unberücksichtigt.

1927 Evangelisch-Lutherische Kirche in Bayern, Eine christliche Patientenverfügung, abgedruckt in: Evangel. Akademie Bad Boll, Protokolldienst 1/96, Patiententestament, S. 68

1928 Deutsche Gesellschaft für Humanes Sterben, Patientenverfügung, Formblatt A, abgedruckt bei Koch, Landesbericht Deutschland in: Eser/Koch, Materialien zur Sterbehilfe, S. 31 (170 f.)

Somit bleibt festzuhalten, daß einem Patienten die in Patiententestamenten üblicherweise geforderten Maßnahmen der Sterbebegleitung (neben anderen) zwingend zuteil werden müssen, unabhängig davon, ob er dies aktuell im einwilligungsfähigen Zustand wünscht, ob er hierzu im Vorfeld der kritischen Situation eine der vorgenannten Erklärungen abgegeben hat oder ob dem Arzt überhaupt keine Anhaltspunkte für den mutmaßlichen Willen des Patienten vorliegen. Damit steht zugleich fest, daß den heute in Patiententestamenten üblicherweise vorzufindenden Regelungen zu den angesprochenen Fragen der Sterbebegleitung allenfalls deklaratorischer Charakter zukommt. Sie sind daher insgesamt entbehrlich.

bb. Aktive Sterbehilfe

Da die aktive Sterbehilfe in Deutschland nach geltender Rechtslage gem. § 216 StGB verboten ist und eine hierauf bezogene Anweisung des Patienten somit bereits gem. § 134 BGB als nichtig anzusehen wäre, verzichten die heute üblicherweise verwandten Formulare für Patiententestamente auf Klauseln, die derartige Bestimmungen enthalten.[1929]

Andererseits findet sich vereinzelt der ausdrückliche Hinweis, daß der Unterzeichner der Verfügung die Anwendung von Maßnahmen der aktiven Sterbehilfe strikt ablehne.

So heißt es in dem von Uhlenbruck entworfenen Patiententestament:[1930]

> "Ich bin mir bewußt, daß es ein gesetzlich anerkanntes Recht auf einen aktiv herbeigeführten Tod nicht gibt, auch wenn die nur passive Sterbehilfe zu einem qualvollen Leidensdasein führen sollte."

[1929] Eisenbart, Patiententestament und Stellvertretung in Gesundheitsangelegenheiten, S. 183 f. fordert jedoch bereits heute de lege ferenda, die Rechtslage zur aktiven Sterbehilfe in Deutschland zu überdenken und in Patiententestamenten die Festlegung zu erlauben, daß für den Fall einer infausten Prognose, bei einem Patienten mit interkurrenter Erkrankung, die kein umweltbezogenes Leben mehr ermögliche, beim Einsetzen des Sterbeprozesses, bei einem Patienten, der sich in kontinuierlicher Abhängigkeit von der Substitution vital wichtiger Funktionen befinde oder bei einem solchen, bei dem feststehe, daß für ihn im Spätstadium einer Erkrankung keine effektive Heilungschance mehr bestehe, die aktive Sterbehilfe durchgeführt werden solle.
Die DGHS verbreitete in den ersten Jahren ihres Bestehens mit den Buchstaben A-E versehene Formblätter, die die gesamte Bandbreite von dem Wunsch nach Lebenserhaltung um jeden Preis bis hin zu dem nach aktiver Sterbehilfe abdeckten. Hiervon hat sie jedoch mittlerweile längst Abstand genommen.

[1930] Uhlenbruck, Der Patientenbrief, NJW 1978, 566 (570)

Die gemeinsame christliche Patientenverfügung der katholischen und evangelischen Kirche erklärt hierzu knapp:[1931]

> "Maßnahmen aktiver Sterbehilfe lehne ich ab."[1932]

Auch diese Klauseln geben somit allein die ohnehin bestehende Rechtslage wieder und sind mangels konstitutiver, rechtsbegründender Wirkung insgesamt entbehrlich.

cc. Indirekte Sterbehilfe

Auf Maßnahmen der indirekten Sterbehilfe wird in Patiententestamenten häufig Bezug genommen.

So heißt es beispielsweise bei Uhlenbruck:[1933]

> "...Vielmehr setze ich mein Vertrauen in eine vom Arzt anzuordnende schmerzlindernde Medikation, auch wenn sie zur Bewußtseinsausschaltung oder wegen ihrer - vom Arzt nicht beabsichtigten - Nebenwirkungen zu einem früheren Ableben führen sollte."

Die gemeinsame christliche Patientenverfügung der katholischen und evangelischen Kirche bestimmt:[1934]

> "Ärztliche ... Behandlung ... soll in diesen Fällen [im unmittelbaren Sterbeprozeß sowie bei nicht behebbarem Ausfall lebenswichtiger Funktionen] auf die Linderung von Schmerzen ... gerichtet sein, selbst wenn durch die notwendige Schmerzbehandlung eine Lebensverkürzung nicht auszuschließen ist."

1931 Deutsche Bischofskonferenz und Rat der Evangelischen Kirche in Deutschland, Christliche Patientenverfügung

1932 ähnlich die christliche Patientenverfügung der evangel.-lutherischen Kirche in Bayern, abgedruckt in: Evangel. Akademie Bad Boll, Protokolldienst 1/96, Patiententestament, S. 68: "Ich lehne aktive Sterbehilfe ab." Ebenso Patiententestament der Hamburger Ärzteschaft, abgedruckt in: Evang. Akademie Bad Boll, Protokolldienst 1/96, S. 71

1933 Uhlenbruck, Der Patientenbrief, NJW 1978, 566 (570)

1934 Deutsche Bischofskonferenz und Rat der Evangelischen Kirche in Deutschland, Christliche Patientenverfügung

Das Patiententestament der Humanistischen Union sieht vor:[1935]

> "Ich erkläre meine Einwilligung in eine ärztliche Therapie der Linderung von Leiden und Schmerzen, auch wenn hierzu benutzte Medikamente zur Bewußtseinsausschaltung führen oder wegen ihrer - vom Arzt nicht beabsichtigten - Nebenwirkungen zu einem früheren Tod führen sollten."

Das Patiententestament von Omega trifft folgende Verfügung:[1936]

> "Ich fordere weiter, daß ich jede notwendige Menge Medikamente bekomme, die erforderlich ist, um mich von Schmerz und großer Belastung zu befreien, auch wenn dadurch der Augenblick meines Todes früher herbeigeführt wird."

Die Patientenverfügung des Deutschen Juristinnenbundes fordert:[1937]

> "Für den Fall, daß Heilung nicht möglich ist, wünsche ich durch den behandelnden Arzt eine Leidens- und Schmerzlinderung, auch wenn durch die Anwendung solcher Mittel mein Leben verkürzt wird."

Eine Patientenverfügung der DGHS schreibt vor:[1938]

> "Haben zwei Ärzte diagnostiziert, daß ich mich in einem unaufhaltsamen Sterbeprozeß befinde, so verfüge ich, daß mir die schmerzstillende Medikation ungeachtet der möglichen Beschleunigung der Herbeiführung meines Todeszeitpunktes in ausreichender Dosis gewährt wird."

Ein Patiententestament der Hamburger Ärzteschaft bestimmt:[1939]

> "Ich fordere, daß man die notwendigen Medikamente anwendet, die mich von Schmerzen und großer Belastung befreien, auch wenn dadurch der Augenblick meines Todes früher eintreten würde."[1940]

1935 Humanistische Union, Patientenverfügung, abgedruckt in: Evang. Akademie Bad Boll, Protokolldienst 1/96, Patiententestament, S. 74

1936 Omega, Patientenverfügung, abgedruckt in: Evang. Akademie Bad Boll, Protokolldienst 1/96, Patiententestament, S. 75 f.

1937 Deutscher Juristinnenbund, Patientenverfügung und Vorsorgevollmacht, S. 3

1938 Deutsche Gesellschaft für Humanes Sterben, Patientenverfügung, Formblatt A, abgedruckt bei Koch, Landesbericht Deutschland in: Eser/Koch, Materialien zur Sterbehilfe, S. 31 (170 f.)

1939 Hamburger Ärzteschaft, Vorschlag für eine persönliche Bestimmung, abgedruckt in: Evang. Akademie Bad Boll, Protokolldienst 1/96, Patiententestament, S. 71

Im Rahmen der Erörterungen zur indirekten Sterbehilfe wurde festgestellt, daß die Schmerzlinderung mit der unbeabsichtigten Nebenwirkung der Lebensverkürzung nur dann unter dem Gesichtspunkt des rechtfertigenden Notstandes gemäß § 34 StGB gerechtfertigt sein kann, wenn besonders starke Schmerzen vorliegen, die das verlöschende Leben in seinen zentralen Bezügen für immer überwuchernd zerstören, keine anderen Mittel zur Verfügung stehen, die geeignet sind, eine vergleichbare Linderung der Beschwerden herbeizuführen, und der Zeitraum, um den das Leben voraussichtlich verkürzt wird, in einem vertretbaren Verhältnis zur Dauer des Lebensrestes steht, der dem Patienten ohne den Eingriff verbleiben würde, d.h. relativ geringfügig ist. Voraussetzung für die Durchführung ist dagegen nicht der Beginn des unmittelbaren Sterbeprozesses. Zugleich ist die Vornahme von Maßnahmen der indirekten Sterbehilfe in diesen Fällen auch aus Gründen der Humanität zwingend geboten.

Kann der Arzt aber nur unter diesen Bedingungen der Strafbarkeit gem. § 216 StGB entgehen, und muß er bei deren Vorliegen sogar Maßnahmen der indirekten Sterbehilfe einleiten, um sich nicht gem. § 223 StGB bzw. gem. § 323 c StGB strafbar zu machen, so müssen sich auch Anweisungen in Patiententestamenten in diesem Rahmen bewegen, möchte der Testator verhindern, daß seine Verfügung bereits nach § 134 BGB als unwirksam zu behandeln ist.

Vor diesem Hintergrund ist der undifferenzierte Hinweis, der Verfasser wünsche schmerzlindernde Maßnahmen, selbst wenn diese mit der unbeabsichtigten Nebenwirkung der Lebensverkürzung verbunden seien, nicht geeignet, den an die Zulässigkeit der indirekten Sterbehilfe zu stellenden Anforderungen zu genügen. Noch bedenklicher sind aber diejenigen Klauseln, die die Lebensverkürzung selbst dann in Kauf zu nehmen bereit sind, wenn es sich hierbei nicht um eine unbeabsichtigte Nebenwirkung der Behandlung handelt.

Dagegen greift der Hinweis auf die Notwendigkeit der Schmerztherapie erst nach der Diagnose des unaufhaltsamen Sterbeprozesses zu kurz, da schon vor diesem

---

1940 ähnlich lautende Formulierungen finden sich beispielsweise auch in den von der Ärztekammer Berlin, dem Fachholschulverlag Frankfurt/M., der Internationalen Gesellschaft für Sterbebegleitung & Lebensbeistand e.V., des Seniorenbeirates der Stadt Wiesbaden sowie dem Marbuger Verein für Selbstbestimmung und Betreuung herausgegebenen Entwürfen von Patiententestamenten, abgedruckt in: Taupitz, Landesbericht Deutschland in: Taupitz, Zivilrechtliche Regelungen zur Absicherung der Patientenautonomie am Ende des Lebens, S. 273, 417 (Ärztekammer Berlin), 458 (Fachhochschulverlag Frankfurt/M.), 464 (Internationale Gesellschaft für Sterbebegleitung & Lebensbeistand e.V.), 486 (Seniorenbeirat der Stadt Wiesbaden) und 487 (Marburger Verein für Selbstbestimmung und Betreuung).

Zeitpunkt qualvolle Schmerzzustände auftreten können, die ein entsprechendes Eingreifen des Arztes erforderlich machen.

Somit sind die in Patiententestamenten enthaltenen Klauseln zu Fragen der indirekten Sterbehilfe entweder von vornherein unwirksam oder aber sie entfalten lediglich deklaratorische Wirkung. In beiden Fällen sind sie jedenfalls insgesamt entbehrlich.

dd. Passive Sterbehilfe

Ganz überwiegend befassen sich Patiententestamente heutzutage mit Fragen der passiven Sterbehilfe, insbesondere mit solchen des Abbruchs bzw. der Nichtanwendung lebenserhaltender bzw. -verlängernder Behandlungsmaßnahmen.[1941]

Dabei findet sich in dem Patiententestament von Uhlenbruck folgende Klausel:[1942]

> "... erkläre ich...., daß ich im Falle irreversibler Bewußtlosigkeit, wahrscheinlicher schwerer Dauerschädigung des Gehirns (Decerebration) oder des dauernden Ausfalls lebenswichtiger Funktionen meines Körpers oder bei infauster Prognose hinsichtlich meiner Erkrankung mit einer Intensivtherapie oder Reanimation nicht einverstanden bin. Für den Fall, daß durch eine solche ärztliche Maßnahme nicht mehr erreicht werden kann als eine Verlängerung des Sterbevorganges oder eine Verlängerung des Leidens, verweigere ich hiermit ausdrücklich die Zustimmung zu irgendwie gearteten ärztlichen Eingriffen, zumal wenn sie mit erheblichen Schmerzen verbunden sind. ...
>
> Sollten Diagnose und Prognose von mindestens zwei Ärzten ungeachtet der Möglichkeit einer Fehldiagnose ergeben, daß meine Krankheit zum Tode führen und mir nach aller Voraussicht große Schmerzen bereiten wird, so bitte ich, von weiteren Medikationen sowie technischen Maßnahmen wie z. B. künstlicher Beatmung, Sauerstoffzufuhr, Bluttransfusionen, Hämodialyse, künstlicher Ernährung etc. abzusehen. Ich wünsche keine ärztlichen Maßnahmen, die zu einer unnatürlichen Verlängerung des Lebens führen. Vor al-

[1941] Eisenbart, Patiententestament und Stellvertretung in Gesundheitsangelegenheiten, S. 15 beschränkt gar die Definition des Patiententestamentes auf die Anweisung des Verfügenden, keine Behandlung mehr zu wünschen. Ebenso Langenfeld, Vorsorgevollmacht, Betreuungsverfügung und Patiententestament, S. 178; Uhlenbruck, Selbstbestimmtes Sterben, S. 300; Harder, Voluntas aegroti suprema lex, Arztrecht 1991, 11 (12); Beckert, Strafrechtliche Probleme um Suizidbeteiligung und Sterbehilfe, S. 360; Muschke, Gesetzliche Regelung der Sterbehilfe ? S. 75

[1942] Uhlenbruck, Der Patientenbrief, NJW 1978, 566 (569)

lem lehne ich ein Leben mit der Maschine ab wie z. B. mit einem künstlichen oder transplantierten Herz oder einer transplantierten Niere. Auch wünsche ich keine Hemikorporektomie. Sollte ich eine Hirnverletzung oder eine Gehirnerkrankung haben, die meine normalen geistigen Funktionen schwerwiegend und irreparabel geschädigt hat, so bitte ich um Einstellung der Therapie, sobald durch mindestens zwei Ärzte festgestellt wird, daß ich künftig nicht mehr in der Lage sein werde, ein menschenwürdiges Dasein zu führen."

Das von dem Christophorus Hospiz Verein e.V. München herausgegebene Patiententestament bestimmt:[1943]

"... erkläre ich, daß ich im Falle irreversibler Bewußtlosigkeit und schwerer Dauerschädigung des Gehirns mit einer Reanimation und bloßen Verlängerung meines Sterbens nicht einverstanden bin. Wenn in einer solchen Situation durch ärztliche Maßnahmen nicht mehr erreicht werden kann als eine Verlängerung des Sterbevorganges oder eine Verlängerung des Leidens, verweigere ich diese hiermit ausdrücklich.

Sollten Diagnose und Prognose von mindestens zwei Fachärzten ungeachtet der Möglichkeit einer Fehldiagnose ergeben, daß meine Krankheit in absehbarer Zeit zum Tode führen wird, verweigere ich weitere diagnostische Eingriffe. Sollte ich eine Hirnverletzung oder Gehirnerkrankung haben, durch die meine normalen geistigen Funktionen schwerwiegend und irreparabel geschädigt worden sind, so bitte ich um Einstellung der Therapie."

Die gemeinsame christliche Patientenverfügung der katholischen und evangelischen Kirche trifft zur passiven Sterbehilfe folgende Regelung:[1944]

"An mir sollen keine lebensverlängernden Maßnahmen vorgenommen werden, wenn medizinisch festgestellt ist, daß ich mich im unmittelbaren Sterbeprozeß befinde, bei dem jede lebenserhaltende Maßnahme das Sterben oder Leiden ohne Aussicht auf erfolgreiche Behandlung verlängern würde, oder

---

1943 Christophorus Hospiz Verein e.V., München, "Patientenverfügung in Verbindung mit Vollmacht und Betreuungsverfügung", S. 1, abgedruckt in: Taupitz, Landesbericht Deutschland in: Taupitz, Zivilrechtliche Regelungen zur Absicherung der Patientenautonomie am Ende des Lebens, S. 273 (427)

1944 Deutsche Bischofskonferenz und Rat der Evangelischen Kirche in Deutschland, Christliche Patientenverfügung

> daß es zu einem nicht mehr behebbaren Ausfall lebenswichtiger Funktionen meines Körpers kommt, der zum Tode führt."

Die christliche Patientenverfügung der evang.-luther. Kirche in Bayern sieht folgendes vor:[1945]

> "... ich will nicht, daß mein Leben um jeden Preis verlängert wird. Deshalb bitte ich, vom Einsatz lebensverlängernder Maßnahmen abzusehen, die mich nur daran hindern, in Ruhe zu sterben."

Das Patiententestament der Humanistischen Union legt fest:[1946]

> "Ich erkläre, daß ich mit einer Intensivtherapie oder Reanimation nicht einverstanden bin, falls ich in einen Zustand dauernder Bewußtlosigkeit durch schwere Dauerschädigung meiner Gehirnfunktion (Decerebration) gerate, oder wenn überlebenswichtige Funktionen meines Körpers auf Dauer nicht therapierbar ausfallen. ... Ich erkläre, daß im Falle einer zum Tode führenden Krankheit, bei der mit keiner Verbesserung des Gesundheitszustandes - z.B. Aufwachen aus dem Koma - zu rechnen ist, von allen das Sterben verlängernden Maßnahmen abzusehen ist."

Das Patiententestament von Omega bestimmt:[1947]

> "Ich erkläre und verfüge, daß ich im Falle eines unheilbaren Leidens nicht mit künstlichen Mitteln am Leben erhalten werden will. ... Sofern keine Aussicht auf meine Gesundung von körperlicher oder geistiger Krankheit oder von einer Schädigung besteht, von der angenommen werden muß, daß sie mir schwere Leiden verursachen oder mir bewußtes Existieren unmöglich machen wird, fordere ich, daß man mich sterben läßt und mich nicht mit künstlichen Mitteln am Leben erhält."

1945 Evangel.-Lutherische Kirche in Bayern, Eine christliche Patientenverfügung, abgedruckt in: Evang. Akademie Bad Boll, Protokolldienst 1/96, Patiententestament, S. 68

1946 Humanistische Union, Patientenverfügung, abgedruckt in: Evang. Akademie Bad Boll, Protokolldienst 1/96, S. 74

1947 Omega, Patientenverfügung, abgedruckt in: Evang. Akademie Bad Boll, Protokolldienst 1/96, Patiententestament, S. 75 f.

Die Patientenverfügung des Deutschen Juristinnenbundes verfügt:[1948]

> "Der behandelnde Arzt soll lebenserhaltende Maßnahmen abbrechen oder unterlassen, wenn feststeht, daß dadurch nur das Sterben oder Leiden ohne Aussicht auf Besserung verlängert würde. Insbesondere sollen Apparate zur Aufrechterhaltung oder Unterstützung von Organfunktionen dann abgeschaltet oder nicht eingesetzt werden."

Ein von der DGHS herausgegebenes Patiententestament sieht vor:[1949]

> "Die Anwendung lebenserhaltender Maßnahmen hat zu unterbleiben, wenn
> a) nach menschlichem Ermessen ein Sterbeprozeß eingetreten ist, wobei gem. I hinsichtlich der Diagnose zu verfahren ist [d.h. die Diagnose ist von zwei Ärzten zu stellen];
> b) nur eine geringe Aussicht besteht, daß ich mein Bewußtsein wiedererlange;
> c) nach menschlichem Ermessen eine hohe Wahrscheinlichkeit dafür spricht, daß ich eine schwere Dauerschädigung meines Gehirns davontrage, die mir ein personales Dasein nicht mehr erlaubt;
> d) nur eine risikoreiche Operation helfen könnte. Unter einer risikoreichen Operation verstehe ich eine solche, bei der die Wahrscheinlichkeit, daß ich sterbe, mindestens mit 80 % nach menschlichem Ermessen zu bewerten ist.
> Die genannten Bedingungen gelten alternativ und nicht kumulativ."

Ein Patiententestament der Hamburger Ärztekammer regelt folgendes:[1950]

> "Der Unterzeichnende versichert, daß er im Falle eines unheilbaren Leidens nicht mit intensiv-medizinischen Maßnahmen am Leben erhalten werden will. ... Sofern keine vernünftige Aussicht auf meine Genesung von körperlicher oder geistiger Krankheit oder von einer Schädigung besteht, von denen angenommen werden muß, daß sie mir schwere Leiden verursachen oder mir bewußtes Leben unmöglich machen werden, fordere ich, daß man mich sterben läßt und keine lebensverlängernden intensiv-medizinischen Maßnahmen mehr anwendet."

1948 Deutscher Juristinnenbund, Patientenverfügung und Vorsorgevollmacht, S. 3

1949 Deutsche Gesellschaft für Humanes Sterben, Patientenverfügung, Formblatt A, abgedruckt bei Koch, Landesbericht Deutschland in: Eser/Koch, Materialien zur Sterbehilfe, S. 31 (170 f.)

1950 Hamburger Ärztekammer, Vorschlag für eine persönliche Bestimmung, abgedruckt in: Evang. Akademie Bad Boll, Protokolldienst 1/96, Patiententestament, S. 71

Das von der Ärztekammer Nordrhein entworfene Patiententestament verfügt:[1951]

> "Falls ich in einen Zustand dauernder Bewußtlosigkeit durch schwere Dauerschädigung meiner Gehirnfunktion gerate, oder wenn sonst lebenswichtige Funktionen meines Körpers auf Dauer ausfallen und ein eigenständiges Leben ohne "Apparatemedizin" nicht mehr möglich ist, so bin ich mit einer Intensivtherapie oder Reanimation nicht einverstanden.
>
> Sollte sich nach einer Diagnose und Prognose von mindestens zwei Fachärzten ergeben, daß meine Krankheit zum Tode führen und mir nach aller Voraussicht große Schmerzen bereiten wird, so wünsche ich keine weiteren diagnostischen Eingriffe und verzichte auf Maßnahmen mit Mitteln der Intensivtherapie, die nur noch eine Sterbens- und Leidensverlängerung bedeuten würden.
>
> Sollten meine normalen geistigen Funktionen so schwerwiegend und irreparabel geschädigt worden sein, daß für mich künftig kein selbstbestimmtes und kommunikationsfähiges Leben möglich ist, so lehne ich es ab, daß meine Lebensfunktionen mit allen zur Verfügung stehenden medizinischen Mitteln aufrecht erhalten werden."

Der Südwestdeutsche Rundfunk SWR schlägt ein Patiententestament mit folgendem Wortlaut vor:[1952]

> "Für den Fall, daß abzusehen ist, daß eine Heilung ausgeschlossen ist und die Krankheit zum Tode führen wird, oder für den Fall eines dauerhaften Komas oder Wachkomas wünsche ich konkret folgendes:
>
> Ich verweigere die Zustimmung zu ärztlichen Maßnahmen, die nur noch eine unnatürliche Verlängerung des Sterbens darstellen, wenn nach menschlichem Ermessen und nach ärztlicher Einschätzung nicht mehr damit zu rechnen ist, daß ich in der Zeit meines Lebens, die so noch gewonnen werden könnte, ein lebenswertes Leben führen kann.

[1951] Ärztekammer Nordrhein, Patientenverfügung, Deutsche Apotheker Zeitung 2000, S. 2901

[1952] Südwestdeutscher Rundfunk SWR, Ratgeber Recht, Patientenverfügung, abgedruckt in: Taupitz, Landesbericht Deutschland in: Taupitz, Zivilrechtliche Regelungen zur Absicherung der Patientenautonomie am Ende des Lebens, S. 273 (478)

Es ist für mich nicht lebenswert, mit einer schweren Dauerschädigung des Gehirns, in Bewußtlosigkeit oder mit dem Ausfall lebenswichtiger Funktionen meines Körpers nur noch in intensiver Pflege und/oder Behandlung und/oder bei künstlicher Ernährung am Leben gehalten zu werden, unabhängig davon, ob der Tod bald eintritt oder noch nicht absehbar ist, zum Beispiel beim sog. Wachkoma nach einem Unfall oder nach einem Schlaganfall. Deshalb verfüge ich für diesen Fall folgendes:

- keine künstliche Beatmung
- keine Wiederbelebung
- keine Flüssigkeitszufuhr von mehr als einem halben Liter am Tag, nur Mundpflege
- keine künstliche Ernährung, etwa durch eine Magensonde
- kein Anschluß an eine künstliche Niere
- keine Bluttransfusion."

Die Patientenverfügung des Kreisseniorenrates Tübingen sieht vor:[1953]

"Falls ich in einen Zustand gerate, in welchem ich meine Urteils- und Entscheidungsfähigkeit unwiderruflich verloren habe, will ich, daß man auf Maßnahmen verzichtet, die nur noch eine Sterbens- und Leidensverlängerung bedeuten würden."

Das Patiententestament der Unternehmensgruppe Dienste für Menschen verfügt:[1954]

"Für den Fall, daß ich selbst nicht mehr in der Lage bin, meinen Willen zu äußern und ich mich in einem Zustand befinde, der eine Entscheidung über den Einsatz lebensverlängernder Maßnahmen verlangt, bitte ich darum, auf solche Maßnahmen zu verzichten."

[1953] Kreisseniorenrat Tübingen, Patientenverfügung, abgedruckt in: Evang. Akademie Bad Boll, Protokolldienst 1/96, Patiententestament, S. 65; gleichlautend beispielsweise die Patiententestamente des Kreisseniorenrates Böblingen, des Kreisseniorenrates Göppingen oder des Seniorenrates Mannheim, abgedruckt in: Evang. Akademie Bad Boll, Protokolldienst 1/96, Patiententestament, S. 63, 67, 79

[1954] Unternehmensgruppe Dienste für Menschen, Patientenverfügung, abgedruckt in: Evang. Akademie Bad Boll, Protokolldienst 1/96, Patiententestament, S. 80

Ein von der Ärztekammer Berlin herausgegebenes Formular eines Patiententestamentes bestimmt:[1955]

> "Wenn bei schwerstem körperlichen Leiden, Dauerbewußtlosigkeit sowie fortschreitendem geistigen Verfall keine Aussicht mehr auf Besserung besteht, sollen an mir keine lebenserhaltenden Maßnahmen vorgenommen bzw. bereits begonnene abgebrochen werden, wünsche ich keine Ernährung durch Magensonde oder Magenfistel, wünsche ich keine Antibiotikagabe bei fieberhaften Begleitinfekten."

Ein Formulierungsvorschlag des Ministeriums der Justiz und für Bundes- und Europaangelegenheiten des Landes Brandenburg für ein Patiententestament lautet:[1956]

> "Ich bestimme, daß lebensverlängernde Maßnahmen nur angewendet werden sollen, wenn gute Aussichten bestehen, daß sich mein Zustand entscheidend verbessert."[1957]

Die Aufstellung der vorgenannten Klauseln verdeutlicht, daß teilweise nicht unerhebliche Abweichungen gegenüber dem hier für sinnvoll erachteten objektiven Entscheidungsmaßstab auftreten.

Fraglich ist, ob bzw. in welcher Weise die Verwendung der genannten Klauseln Einfluß auf den Inhalt der ärztlichen Behandlungsentscheidung haben kann oder muß. Dabei ist vom Grundsatz her zu bedenken, daß die Anweisungen des Patienten im Bereich der passiven Sterbehilfe nicht an der Grenze des § 216 StGB zu messen sind. Vielmehr ist unstreitig, daß der Patient in der aktuellen Krankheitssituation im Falle seiner dann noch vorhandenen Einwilligungsfähigkeit sämtliche vorgenannten Behandlungsmaßnahmen wirksam ablehnen könnte. Zu untersuchen ist daher allein, ob einer Anweisung, die im Rahmen eines Patiententestamentes zeitlich vorweg ergeht, das gleiche Maß an Verbindlichkeit zuzuerkennen ist.

[1955] Ärztekammer Berlin, Patientenverfügung (-testament), abgedruckt in: Taupitz, Landesbericht Deutschland in: Taupitz, Zivilrechtliche Regelungen zur Absicherung der Patientenautonomie am Ende des Lebens, S. 273 (417)

[1956] Ministerium der Justiz und für Bundes- und Europaangelegenheiten des Landes Brandenburg, "Hilflos ? Nein, weil ich vorgesorgt habe", S. 15, abgedruckt in: Taupitz, Landesbericht Deutschland in: Taupitz, Zivilrechtliche Regelungen zur Absicherung der Patientenautonomie am Ende des Lebens, S. 273 (424)

[1957] eine gleichlautende Formulierung wird von dem Fachhochschulverlag Frankfurt/M. vorgeschlagen, abgedruckt in: Taupitz, Landesbericht Deutschland in: Taupitz, Zivilrechtliche Regelungen zur Absicherung der Patientenautonomie am Ende des Lebens, S. 273 (458)

Ein allgemein akzeptierter Lösungsansatz hierzu konnte bislang nicht entwickelt werden.[1958]

In der Literatur wird teilweise die Auffassung vertreten, die von einem Patienten in einem Patiententestament getroffenen Anweisungen seien als verbindlich anzuerkennen und müßten folglich von dem behandelnden Arzt zwingend befolgt werden, solange nicht im Einzelfall nachgewiesen sei, daß der Patient bei der Abfassung des Patiententestamentes nicht zurechnungsfähig gewesen sei oder zwischenzeitlich seinen Willen geändert habe.[1959] Teilweise wird die Verbindlichkeit einschränkend

---

[1958] Baumann/Hartmann, Die zivilrechtliche Absicherung der Patientenautonomie, DNotZ 2000, 594 (604)

[1959] Uhlenbruck, Der Patientenbrief, NJW 1978, 566 (569); Uhlenbruck, Der Patientenbrief in: Eid/Frey, Sterbehilfe oder wie weit reicht die ärztliche Behandlungspflicht ? S. 146 (154); Uhlenbruck, Zur Rechtsverbindlichkeit des Patiententestaments, MedR 1983, 16 (18); Uhlenbruck, Recht auf den eigenen Tod ? ZRP 1986, 209 (215); Uhlenbruck, Vorab-Einwilligung und Stellvertretung bei der Einwilligung in den Heileingriff, MedR 1992, 134 (136 f.); Uhlenbruck, Die Altersvorsorge-Vollmacht als Alternative zum Patiententestament, NJW 1996, 1583; Uhlenbruck, Selbstbestimmtes Sterben, S. 309, 312. Zu weitgehend ist jedoch sicher die von ihm in diesem Zusammenhang erhobene Behauptung: "Inzwischen entspricht es in Deutschland fast allgemeiner Rechtsauffassung, daß ein Patiententestament verbindlich ist mit der Folge, daß Ärzte und Pflegepersonal an den schriftlich niedergelegten Wunsch des Patienten ... gebunden sind"; Muschke, Gesetzliche Regelung der Sterbehilfe ? S. 78 f.; Sternberg-Lieben, Strafbarkeit des Arztes bei Verstoß gegen ein Patiententestament, NJW 1985, 2734 (2738); Schünemann, Einwilligung und Aufklärung von psychisch Kranken, VersR 1981, 306 (309); Höfling, Forum: Sterbehilfe zwischen Selbstbestimmung und Intgritätsschutz, JuS 2000, 111 (115 f.); Scheffen, Zivilrechtliche Neuregelung der passiven Sterbehilfe und Sterbebegleitung, ZRP 2000, Heft 8, S. 1 (4); Berger, Privatrechtliche Gestaltungsmöglichkeiten, JZ 2000, 797 (800); Putz, Wann darf eine Magensonde gelegt werden ? Humanes Leben - Humanes Sterben, Nr. 3/2000, S. 10; Hörster, Rechtsethische Überlegungen zur Sterbehilfe in: Gose/Hoffmann/Wirtz, Aktive Sterbehilfe ? S. 51 (56); Mayer, K. G., Medizinische Maßnahmen an Betreuten, S. 87; Keller, Rechtsgutachten in: Kehl, Sterbehilfe, S.129 (133); Schütze, Rechtsentwicklung der Sterbehilfe in: Atrott/Pohlmeier, Sterbehilfe in der Gegenwart, S. 151 (158f.); Harder, Voluntas aegroti suprema lex, Arztrecht 1991, 11 (17 f.); Saueracker, Die Bedeutung des Patiententestamtentes, S. 128, 133; Koch, Recht auf Sterbehilfe und Pflicht des Arztes in: Neumann/Körner, Patientenautonomie und Humanes Sterben, S. 27 (37); Kappel, Dänische Erfahrungen mit Sterbebetreuung und Patientenverfügungen in: Neumann/Körner, Patientenautonomie und Humanes Sterben, S. 105; Fritz, Nur mit beim Amtsgericht hinterlegter Vollmacht, FAZ v. 06.08.1998, abgedruckt in: ISS Frankfurt/M., Förderung der Sterbebegleitung, S. 74; Küng, Das Recht auf menschenwürdiges Sterben, Deutsche Apotheker Zeitung 2000, 3484 (3487); Neumann, Die Vorsorgeverfügung in: Neumann/Körner, Patientenautonomie und Humanes Sterben, S. 115 (122); Arzt, Recht auf den eigenen Tod ? JR 1986, 309 (312); Taupitz, Empfehlen sich zivilrechtliche Regelungen in: Verhandlungen des 63. DJT 2000, Bd. I, Gutachten A, S. A 109 unter der Voraussetzung, daß der Patient hinreichend aufgeklärt worden sei; ebenso Taupitz, Landesbericht Deutschland in: Taupitz, Zivilrechtliche Regelungen zur Absicherung der Patientenautonomie am Ende des Lebens, S. 273 (362 f.); Kennedy, Sterbehilfe: Ein Plädoyer, S.69; Schweizerische Akademie der medizinischen Wissenschaften, Sterbehilfe-Richtlinien 1995, NJW 1996, 767 (768): "Liegt dem Arzt eine Patientenverfügung vor, die der Patient in einem früheren Zustand als Urteilsfähiger abgefaßt hat, so ist diese verbindlich." Unmittelbar im Anschluß aber wird diese Aussage deutlich relativiert: "Unbeachtlich sind jedoch Begehren, die den Abbruch lebenserhaltender Maßnahmen verlangen, obwohl der Zustand des Patienten nach allgemeiner Erfahrung die Wiederkehr der zwischenmenschlichen Kommunikation und das Wiedererstarken des Lebenswillens erwarten läßt." Für die Verbindlichkeit des Patiententestamentes (gegenüber dem Arzt) sprach sich auch der DJT 2000 mit dem Abstimmungsergebnis 46:2:3 aus.

hierzu nur dann angenommen, wenn das Patiententestament nicht älter als ein halbes Jahr sei.[1960]

Andere lassen die Verbindlichkeit der getroffenen Verfügung zumindest entfallen, wenn konkrete Anzeichen dafür sprechen, daß der Patient diese inzwischen widerrufen haben könnte.[1961] Wieder andere nehmen die Verbindlichkeit der Verfügung nur dann an, wenn auszuschließen sei, daß der Patient seine Entscheidung geändert habe.[1962]

Eine höchstens relative Bindungswirkung sprechen diejenigen dem Patiententestament zu, die die in ihm niedergelegten Verfügungen nur dann als verbindlich betrachten, wenn sich die antizipierte Situation als identisch mit derjenigen erweist, die in der behandlungserfordernden Situation tatsächlich vorliegt.[1963]

Noch zurückhaltender äußern sich diejenigen, die den Klauseln eines Patiententestamentes keine Verbindlichkeit zusprechen, den dort enthaltenen Erklärungen allenfalls eine indizielle Bedeutung oder die Funktion eines Anhaltspunktes im Hinblick auf den zu ermittelnden mutmaßlichen Patientenwillen beimessen und sie insofern als Entscheidungshilfe für den Arzt betrachten.[1964] Teilweise wird davon ausge-

---

1960 Hartmann, T., Patientenverfügung und Psychiatrische Verfügung, NStZ 2000, 113 (116)

1961 Deutsch, Der Zeitpunkt der ärztlichen Aufklärung und die antizipierte Einwilligung des Patienten, NJW 1979, 1905 (1908); Mertens in: Münchner Kommentar, BGB, § 823 RNr. 450; Schöllhammer, Die Rechtsverbindlichkeit des Patiententestaments, S. 122; Kutner, Die Verfügung zu Lebzeiten in: Eser/Bringewat, Suizid und Euthanasie, S. 360 (364): Bestünden Zweifel, so sei die Behandlung fortzusetzen, bis diese ausgeräumt seien.

1962 Detering, Forum - § 216 StGB und die aktuelle Diskussion um die Sterbehilfe, JuS 1983, 418 (422); Schöttler, Menschenwürde für jeden, S. 24; Fritsche, Darf der Arzt Sterbehilfe leisten ? in: Jung/Meiser/Müller, Aktuelle Probleme und Perspektiven des Arztrechts, S. 5 (10); Hirsch, Behandlungsabbruch und Sterbehilfe in: Festschrift für Lackner, S. 597 (604)

1963 Füllmich, Der Tod im Krankenhaus, S. 79; Röver, Einflußmöglichkeiten des Patienten im Vorfeld einer medizinischen Behandlung, S. 116; Rieger, Die mutmaßliche Einwilligung in den Behandlungsabbruch, S. 93 spricht von einer abgestuften Wirksamkeit, da er in den Fällen, in denen der Text des Patiententestamentes nicht mit der später eingetretenen Situation übereinstimme, davon ausgeht, daß der Verfügung die Funktion eines Anhaltspunktes bei der Ermittlung des mutmaßlichen Willens zukomme; ebenso Rudolf/Bittler, Vorsorgevollmacht, Betreuungsverfügung, Patientenverfügung, S. 79; Eisenbart, Patiententestament und Stellvertretung in Gesundheitsangelegenheiten, S. 171: Es erscheine angebracht und vertretbar, der antizipierten Entscheidung in einem Patiententestament zumindest dann verbindliche Wirkung zuzusprechen, wenn sich die vorgestellte Situation terminaler Erkrankung mit der tatsächlich eingetretenen decke, ein gewisser zeitlicher Zusammenhang zwischen antizipierter Behandlungsentscheidung im Patiententestament und der terminalen Krankheitssituation bestehe und keine Anhaltspunkte auf einen Widerruf der Verfügung hindeuteten.

1964 so wohl zumindest tendenziell BGHSt NJW 1995, 204 (205); Laufs, Arztrecht, RNr. 293; Laufs, Zivilrichter über Leben und Tod, NJW 1998, 3399 (3400): "...haben erfahrene Ärzte und Richter längst erkannt, daß ein Patiententestament nie mehr als einen Anhaltspunkt liefern kann, der umso weniger Gewicht besitzt, je älter es ist"; Tröndle, Referat, Verhandlungen des 56. DJT 1986, Bd. II, S. 29 (52) geht einschränkend davon aus, daß das Patiententestament lediglich ein Indiz für den Willen des Patienten liefern könne, wenn seine Abfassung nicht allzu lange zurückliege und der Patient sich gangen, daß Patiententestamenten, die älter als zwei Jahre seien, keine Anhaltspunkte für den mutmaßlichen Willen des Patienten entnommen werden könnten.[1965]

Andere dagegen stehen den Verfügungen der Patiententestamente generell ablehnend gegenüber.[1966]

über seinen Krankheitszustand und seine Leiden eine zutreffende Vorstellung gemacht habe. Allerdings müsse der Verfügende detailliert aufgeklärt werden und es sei schließlich zu berücksichtigen, daß selbst unheilbar Kranke ihre Einstellung zu Leben und Tod rasch wechselten; Koch, Rechtsfragen des Patiententestaments in: Evangel. Akademie Bad Boll, Protokolldienst 1/96, Patiententestamente, S. 7 (20); Heidemann, Welche Probleme gibt es mit Patientenverfügungen ? in: Evangel. Akademie Bad Boll, Protokolldienst 1/96, Patiententestamente, S. 21 (23); Tausch-Flammer, Patientenverfügung aus Sicht der Hospizarbeit in: Evangel. Akademie Bad Boll, Protokolldienst 1/96, Patiententestamente, S. 35 (37); Illhardt, Patiententestament in der Spannung in: Evangel. Akademie Bad Boll, Protokolldienst 1/96, Patiententestamente, S. 45 (49f.); Esch, Der Patientenanwalt, S. 16; Beck, Zusammenfassung in: Evangel. Akademie Bad Boll, Protokolldienst 1/96, Patiententestamente, S. 53 (55); D. Schmidt, Die persönliche Willenserklärung, BtPrax 1997, S. 16 (17); Schütz, Euthanasie aus geriatrischer Sicht in: Oehmichen, Lebensverkürzung, S. 97 (100); Benn/Kretschmer, Wertanamnese, Münchner Medizinische Wochenschrift 1998, 364 (365 f.); Koch, Rechtsfragen des Patiententestaments in: Oehmichen, Lebensverkürzung, S. 131(142); Kollwitz, Entwicklung der Patientenautonomie in: Neumann/Körner, Patientenautonomie und Humanes Sterben, S. 15 (20); Bade, Der Arzt an den Grenzen von Leben und Recht, S. 161; Sporken, Hast du denn bejaht, daß ich sterben muß ? S. 153 f.; Eibach, Sterbehilfe - Tötung aus Mitleid ? S. 126; Ulsenheimer in: Laufs/Uhlenbruck, Handbuch des Arztrechts, § 149 RNr. 13; Dölling, Zulässigkeit und Grenzen der Sterbehilfe, MedR 1987, 6 (9); Schreiber, Ein neuer Entwurf für eine Richtlinie der Bundesärztekammer zur Sterbehilfe in: Festschrift für Deutsch, S. 773 (782); Otto, Recht auf den eigenen Tod ? in: Verhandlungen des 56. DJT 1986, Bd. I, Gutachten D, S. D 41 FN 92; v. Dellingshausen, Sterbehilfe und Grenzen der Lebenserhaltungspflicht des Arztes, S. 372; Langenfeld, Vorsorgevollmacht, Betreuungsverfügung und Patiententestament, S. 182; Koch, Rechtsfragen der Entscheidungsfindung in: Koch/Meran/Sass, Patientenverfügung und stellvertretende Entscheidung, S. 20 (33); Baumann/Bochnik/Brauneck u.a., AE-Sterbehilfe, S. 18; Eser, Lebenserhaltungspflicht und Behandlungsabbruch aus rechtlicher Sicht in: Auer/Menzel/Eser, Zwischen Heilauftrag und Sterbehilfe, S. 75 (114); Eser in: Schönke/Schröder, StGB, Vorbem. §§ 211 ff., RNr. 28; Eid, Muß die Medizin alles tun, was sie kann ? in: Eid/Frey, Sterbehilfe oder wie weit reicht die ärztliche Behandlungspflicht ? S. 115 (130); Deutsche Gesellschaft für Medizinrecht, Der Wille des Menschen zwischen Leben und Sterben, S. 3; Deutsche Bischofskonferenz und Rat der Evangelischen Kirche in Deutschland, Christliche Patientenverfügung, S. 9; Kleinsorg, Die ärztliche Entscheidung in: Deutsch/Kleinsorg/Ziegler, Das Patiententestament, S. 7 (21f.):"Die Entscheidung des Arztes wird durch ein Patiententestament allenfalls erleichtert, aber sie wird von einem solchen Schriftstück nie ausschlaggebend beeinflußt werden können"; Ziegler, Der Abruf in die Ewigkeit in: Deutsch/Kleinsorg/Ziegler, Das Patiententestament, S. 23 (24, 39 f.): "Eine derartige Erklärung [gemeint ist das Patiententestament] kann zwar die Entscheidung des Arztes erleichtern, sie vermag sie indes nicht zu präjudizieren"; M.v. Lutterotti, Menschenwürdiges Sterben, S. 129 spricht zwar davon, daß das Patiententestament dem Arzt gewisse Hinweise auf den Patientenwillen geben könne, der Arzt müsse jedoch letztlich die gleichen Überlegungen anstellen, die er auch bei einem Patienten ohne Patiententestament angestellt hätte. Die Grundsätze der Bundesärztekammer zur ärztlichen Sterbebegleitung, NJW 1998, 3406 (3407) gehen zwar zunächst davon aus, daß Patientenverfügungen verbindlich seien, sofern sie sich auf die konkrete Behandlungssituation bezögen und keine Umstände erkennbar seien, daß der Patient sie nicht mehr gelten lassen wolle. Gleich im Anschluß wird diese Aussage jedoch dahingehend relativiert, daß der Arzt bei der Entscheidungsfindung daran denken solle, daß solche Willensäußerungen meist in gesunden Tagen verfaßt worden seien, und daß Hoffnung oftmals in ausweglos erscheinenden Lagen wachse. Insgesamt dürften also auch nach diesen Grundsätzen die Regelungen eines Patiententestamentes nicht über einen Anhaltspunkt bei der Ermittlung des aktuell zu bestimmenden mutmaßlichen Patientenwillens hinausgehen.

[1965] Meier, Grenzen der ärztlichen Behandlungspflicht, BtPrax 1996, 161 (163)

Welcher Grad an Verbindlichkeit den in den heutzutage üblichen Patiententestamenten enthaltenen Klauseln zur passiven Sterbehilfe zuzuerkennen ist, ist nachfolgend anhand verschiedener Gesichtspunkte zu untersuchen, die das Institut des Patiententestamentes kritisch beleuchten.

(1) Bestimmtheit der Klauseln

Teilweise wird die Ansicht vertreten, inhaltliche Ungenauigkeiten und Unklarheiten in Patiententestamenten, die insbesondere aus der Verwendung unbestimmter Begriffe resultierten, ließen sich weitgehend unter Anwendung der allgemeinen Auslegungsregeln der §§ 133, 157 BGB klären. Nur in seltenen Ausnahmefällen müsse daher die Existenz einer Behandlungsanweisung mangels Ermittelbarkeit des Patientenwillens verneint werden.[1967]

Betrachtet man zunächst die Formulierungen in dem von Uhlenbruck entworfenen Muster eines Patiententestamentes, so ergeben sich schon erste Zweifel an dem wahren Willen des Verfügenden im Hinblick auf das Krankheitsbild der irreversiblen Bewußtlosigkeit. Es wurde bereits an anderer Stelle darauf hingewiesen, daß sich hinter diesem schillernden Begriff kein einheitliches Krankheitsbild verbirgt, sondern verschiedenartige Schädigungen des Gehirns hierunter subsumiert werden (vgl. C. III. 1. e. dd.). Angemessen dürfte es letztlich sein, allein das irreversible Koma und den sog. "fortdauernden vegetativen Zustand" hierunter zu fassen. Häufig wird jedoch auch das sog. apallische Syndrom - zu Unrecht - dem irreversiblen Bewußtseinsverlust gleichgestellt. Es wäre daher abzuklären, welche konkreten Vorstellungen der Verfasser des Patiententestamentes mit dem Begriff der irreversiblen Bewußtlosigkeit verbindet.

Soweit von einer "wahrscheinlichen schweren Dauerschädigung des Gehirns (Decerebration)" die Rede ist, läßt das Merkmal der "Schwere" die notwendige Bestimmtheit vermissen, da in der Schwebe bleibt, was der Verfasser hierunter ver-

---

1966 Möllering, Schutz des Lebens - Recht auf Sterben, S. 52 f., 55; Spann, Das Patiententestament, MedR 1983, 13 (15); Geilen, Rechtsfragen der Euthanasie in: Festschrift für Bosch, S. 277 (289); Forßmann, Die Euthanasie als Problem der Medizin in: Blaha/Gutjahr-Löser/Niebler, Schutz des Lebens - Recht auf Tod, S. 47 (77 f.); Goll, Behandlungspflicht und Sterbehilfe, Arztrecht 1980, 319 (323); Opderbecke, Grenzen der Intensivmedizin, MedR 1985, 23 (26); Kenne, Die Behandlungspflicht des Arztes in: Eid/Frey, Sterbehilfe oder wie weit reicht die ärztliche Behandlungspflicht ? S. 97 (110); Hoppe, Richtlinien der Bundesärztekammer für die ärztliche Sterbebegleitung, BtPrax 1997, 18

1967 Schöllhammer, Die Rechtsverbindlichkeit des Patiententestaments, S. 56

steht.[1968] Noch nebulöser wird die gesamte Formulierung durch das Abstellen auf die "Wahrscheinlichkeit" der Schädigung des Gehirns, ohne daß ersichtlich wäre, welchen Grad an Gewißheit die gestellte Prognose liefern müßte. Schließlich vermag auch der Begriff der Decerebration die Anweisung nicht praktikabler und griffiger zu gestalten, zumal er in verschiedenen Bereichen der Medizin unterschiedlich verstanden wird.[1969]

Ferner ist das Abstellen auf den "dauernden Ausfall lebenswichtiger Funktionen meines Körpers" zu vage. Offen bleibt, was genau hierunter zu verstehen ist,[1970] insbesondere, ob der Verfügende mit diesem Begriff lediglich Atmung und Kreislauf bezeichnen möchte oder auch andere Körperfunktionen.[1971]

Zweifel an dem Patientenwillen ergeben sich darüber hinaus im Hinblick auf den erklärten Verzicht auf Intensivtherapie und Reanimation bei infauster Prognose. Eine unheilbare, zum Tode führende Erkrankung kann sich oft über einen sehr langen, im voraus noch gar nicht bestimmbaren Zeitraum erstrecken, dessen Länge durch die Anwendung intensivtherapeutischer Maßnahmen zudem maßgeblich beeinflußt werden kann. Abgesehen davon resultiert hieraus zumeist eine (zumindest vorübergehende) qualitative Verbesserung des Gesundheitszustandes des Patienten. Da diese Alternative der beschriebenen Krankheitssituationen somit einen sehr viel umfassenderen Verzicht auf lebenserhaltende bzw. -verlängernde Maßnahmen begründet als die drei erstgenannten, bestehen durchaus Bedenken, ob der Unterzeichnende sich bei der Abfassung der Erklärung der sehr unterschiedlichen Reichweite der unmittelbar nebeneinander aufgeführten Alternativen hinreichend bewußt gewesen ist.

Auch der darauffolgende Satz des Patiententestamentes bleibt inhaltlich unklar. Es bleibt offen, ob der Verfügende Intensivtherapie und Reanimation schlechthin unter

---

1968 so auch Spann, Das Patiententestament, MedR 1983, 13 (15)

1969 Meran, Patientenverfügung in: Koch/Meran/Sass, Patientenverfügung und stellvertretende Entscheidung, S. 2 (13); Eisenbart, Patiententestamente und Stellvertretung in Gesundheitsangelegenheiten, S. 175 unter Hinweis darauf, daß beispielsweise in der Pathologie des Traumas unter einer Decerebration der traumatische Verlust des Gehirns bei Eröffnung des Schädels verstanden wird.

1970 so auch Füllmich, Der Tod im Krankenhaus, S. 78; Sternberg-Lieben, Strafbarkeit des Arztes bei Verstoß gegen ein Patiententestament, NJW 1985, 2734 (2736)

1971 Diesem Einwand sieht sich demgegenüber die gemeinsame christliche Patientenverfügung der katholischen und evangelischen Kirche nicht ausgesetzt. Denn nach der in den Erläuterungen hierzu gegebenen Definition umfassen die lebenswichtigen Funktionen das Zentralnervensystem, die Atmung, die Herztätigkeit, den Kreislauf und die Funktionen der inneren Organe, wie z.B. Leber und Niere (Deutsche Bischofskonferenz und Rat der Evangelischen Kirche, Christliche Patientenverfügung, S. 19).

den vier im vorausgegangenen Satz alternativ dargestellten Bedingungen ablehnt oder nur dann, wenn sie mit einer Verlängerung des Sterbevorganges oder des Leidens verbunden sind, während ebenso klärungsbedürftig wäre, ob nur solche intensivmedizinischen Maßnahmen zu unterbleiben haben, die eine Verlängerung des Sterbevorganges oder des Leidens mit sich bringen, oder ob immer dann, wenn Intensivtherapie oder Reanimation zu einer Leidens- oder Sterbeverlängerung führen, von *jeglichen* ärztlichen Eingriffsmaßnahmen abzusehen ist.

Darüber hinaus sind die Begriffe der Sterbensverlängerung und Leidensverlängerung sehr vage, da es nicht möglich ist, eine klare Grenze zu ziehen zwischen beiden Bereichen. Diese Begriffe unterliegen in hohem Maße einer Wertung des konkret betroffenen Patienten, so daß sich Verallgemeinerungen verbieten dürften. Ebenso dürfte es im konkreten Einzelfall kaum möglich sein zu bestimmen, inwieweit die erzielte Lebesverlängerung im Grunde nur einer Leidensverlängerung gleichzusetzen ist.

Zudem bleibt die Bedeutung des letzten Halbsatzes in der Schwebe. Denn wenn ärztliche Maßnahmen in bestimmten Situationen untersagt sind, dann ist der Zusatz "zumal wenn sie mit erheblichen Schmerzen verbunden sind" überflüssig. Möchte der Verfasser jedoch andererseits mit diesem Zusatz eine Einschränkung der zuvor getroffenen Aussage vornehmen, so müßte das Wort "zumal" gestrichen werden.

Mit dem bisherigen Text des Patiententestamentes nur schwer in Einklang zu bringen ist der folgende Absatz. Der Verfasser scheint nunmehr einerseits lediglich dann, wenn kumulativ eine unheilbare, zum Tode führende Erkrankung und die Wahrscheinlichkeit des Auftretens großer Schmerzen diagnostiziert bzw. prognostiziert worden sind, die erwähnten Behandlungsmaßnahmen abzulehnen, andererseits erklärt er jedoch nunmehr einen völligen Verzicht auf weitere Medikation. Während angesichts des an anderer Stelle geäußerten Wunsches nach Linderung von Leiden und Schmerzen der umfassende Verzicht auf Medikation nicht wirklich ernst gemeint sein dürfte, stellt sich erneut die Frage, ob der Verfasser im Falle einer infausten Prognose stets oder nur dann, wenn zukünftig erhebliche Schmerzen unvermeidlich scheinen, Intensivtherapie, Reanimation oder möglicherweise auch andere Maßnahmen ablehnt.

Sind die bisherigen Behandlungsanweisungen zumindest teilweise widersprüchlich und schon deshalb nicht geeignet, die ärztliche Entscheidung zu beeinflussen, so ist die nachfolgende Bemerkung, nach der der Verfügende keine Maßnahmen wünscht, die zu einer "unnatürlichen" Verlängerung des Lebens führen, wiederum inhaltlich viel zu unbestimmt. Die häufig verwandten Begriffe "künstlich" oder "unnatürlich" haben keinerlei Aussagekraft für den konkret zu beurteilenden Fall, sofern der Verfügende nicht wenigstens in Grundzügen angibt, was er hierunter versteht.[1972]

Schließlich erweist sich auch die in dem letzten zitierten Satz des Patiententestamentes enthaltene Anweisung des Testators als problematisch. Der Begriff der "schwerwiegenden Schädigung geistiger Funktionen" ist so unterschiedlichen Interpretationen zugänglich, daß der behandelnde Arzt unmöglich mit hinreichender Wahrscheinlichkeit erkennen könnte, wann die Voraussetzungen der Verfügung überhaupt vorliegen. Gleiches gilt im Hinblick auf die Voraussetzungen eines "menschenwürdigen Daseins". Das, was als menschenwürdiges Dasein aufzufassen ist, kann nur durch die nähere Umschreibung des Testators selbst festgelegt werden,[1973] da es keinen allgemeinen Konsens über die Würdelosigkeit eines Krankheitszustandes gibt.[1974] Dem Arzt aber steht es gewiß nicht zu, nach eigenem Gutdünken solche Bewertungen des menschlichen Lebens vorzunehmen.

Das Patiententestament des Christophorus Hospiz Vereines München übernimmt einzelne Formulierungen des Uhlenbruckschen Entwurfes. Es sieht sich daher entsprechender Kritik hinsichtlich der auch hier verwandten Begriffe "irreversible Bewußtlosigkeit", "schwere Dauerschädigung des Gehirns", "Sterbens- und Leidensverlängerung" sowie "schwerwiegende Schädigung geistiger Funktionen" ausgesetzt, die inhaltlich zu vage bleiben, als daß sich hieraus konkrete Behandlungsanweisungen ableiten ließen. Unklar ist darüber hinaus, was der Verfasser konkret unter dem Eintritt des Todes "in absehbarer Zeit" versteht. Ferner stellt sich die Frage, welche über den ersten Absatz der Verfügung hinausgehende Bedeutung den Formulierungen des zweiten Abschnittes zukommen soll, insbesondere der Wendung, nach der im Falle einer schwerwiegenden und irreparablen Schädigung der geistigen Funktionen um eine Einstellung der Therapie gebeten wird. Letztlich werden hier lediglich abstrakte und auslegungsbedürftige Begriffe gegeneinander ausgetauscht, ohne daß hierdurch eine Präzisierung der Verfügung erzielt werden würde.

1972 Meran, Patientenverfügung in: Koch/Meran/Sass, Patientenverfügung und stellvertretende Entscheidung, S. 2 (13)

1973 so auch Rickmann, Zur Wirksamkeit von Patiententestamenten, S. 153; Langenfeld, Vorsorgevollmacht, Betreuungsverfügung und Patiententestament, S. 182; Füllmich, Der Tod im Krankenhaus, S. 78; Rieger, Die mutmaßliche Einwilligung in den Behandlungsabbruch, S. 89; Baumann/Hartmann, Die zivilrechtliche Absicherung der Patientenautonomie, DNotZ 2000, 594 (608)

1974 Kaufmann, Zur ethischen und strafrechtlichen Beurteilung der sogenannten Früheuthanasie, JZ 1982, 481 (485) bezeichnet es gar als ungeheuerliche Beleidigung, das Leiden schwer körperlich oder geistig Geschädigter als würdelos zu betrachten.

Die gemeinsame christliche Patientenverfügung der katholischen und evangelischen Kirche erweist sich ebenfalls vor allem bezüglich der bereits bei Uhlenbruck auftauchenden Wendung der "Sterbens- und Leidensverlängerung" als problematisch.[1975] Insofern kann nach oben verwiesen werden. Fraglich ist zudem, wie der Beginn des "unmittelbaren Sterbeprozesses" im Einzelfall hinreichend sicher bestimmt werden kann und was man unter diesen Bedingungen unter einer "erfolgreichen Behandlung" zu verstehen hat. Während einige Verfasser die Aussicht hierauf bereits dann in Abrede stellen werden, wenn nicht mit einer vollständigen Gesundung des Patienten zu rechnen ist (so daß in der Sterbephase eine erfolgreiche Behandlung ausgeschlossen wäre), werden andere unter den gegebenen Voraussetzungen einen Erfolg bereits darin sehen, dem Patienten einige zusätzliche Tage in möglichst beschwerdefreiem Zustand schenken zu können.

Demgegenüber ist in diesem Zusammenhang die Bezugnahme auf die "lebenswichtigen Funktionen" als hinreichend bestimmt anzusehen, da die Erläuterungen zu dem Patiententestament diesen Begriff eindeutig definieren.[1976]

Die in der christlichen Patientenverfügung der evang.-luther. Kirche in Bayern enthaltene Klausel zur passiven Sterbehilfe erweist sich als ausgesprochen inhaltsleer. Niemand kann sich vorstellen, was der Verfasser eines solchen Patiententestamentes unter einer "Lebensverlängerung um jeden Preis" versteht. Ebenso unergiebig ist die Anweisung, von dem Einsatz lebensverlängernder Maßnahmen abzusehen, die den Verfasser daran hindern, in Ruhe zu sterben. Der Verfügende müßte an dieser Stelle im einzelnen darlegen, was er mit einem "In-Ruhe-sterben-dürfen" assoziiert und welche Behandlungsmaßnahmen dem in welchem Augenblick vor welchem gesundheitlichen Hintergrund konkret entgegenstehen.

Soweit das Patiententestament der Humanistischen Union auf die "schwere Dauerschädigung von Gehirnfunktionen", den "Ausfall lebenswichtiger Körperfunktionen" und die "Verlängerung des Sterbens" Bezug nimmt, wird auf die Kritik zu den entsprechenden Passagen der Patientenverfügung von Uhlenbruck verwiesen. Zusätzliche Unklarheiten werden hier durch den Begriff der "dauernden Bewußtlosigkeit" heraufbeschworen. Ist schon die Verwendung des Begriffs der "irreversiblen" Bewußtlosigkeit aufgrund der unterschiedlichen mit ihm assoziierten Bedeutungsinhalte ausgesprochen bedenklich, so stellt sich die Frage, ob der Begriff der "dauernden"

[1975] so auch Rücker, Wohltat Medizin bringt die Plage der Entscheidung in: Glaube und Leben 2000, Heft 41, S. 11

[1976] Deutsche Bischofskonferenz und Rat der Evangelischen Kirche, Christliche Patientenverfügung, S. 19

Bewußtlosigkeit hiervon abweichende Bedingungen regeln möchte, und gegebenenfalls unter welchen - insbesondere zeitlichen - Voraussetzungen von einem solchen Bewußtseinsverlust auszugehen ist. Schließlich wäre der Begriff der "Verbesserung des Gesundheitszustandes" zumindest erläuterungsbedürftig.

Bei dem Patiententestament von Omega fällt die innere Widersprüchlichkeit der getroffenen Aussagen ins Auge. Wird der Verzicht auf lebenserhaltende bzw. -verlängernde Maßnahmen zunächst ganz allgemein auf die Fälle einer unheilbaren Krankheit erstreckt, so erfolgt anschließend die Wiederholung dieser Aussage, allerdings mit der bedeutsamen Einschränkung, daß der Verzicht nur für diejenigen Fälle gelten solle, in denen schweres Leiden zu erwarten oder von einem bewußten Existieren nicht auszugehen sei. Die Begriffe des "schweren Leidens" und des "bewußten Existierens" müßten darüber hinaus näher bezeichnet werden, ebenso wie die "künstlichen Mittel", auf die bereits im Zusammenhang mit dem Patiententestament von Uhlenbruck eingegangen worden ist.

Bezüglich des Patiententestamentes des Deutschen Juristinnenbundes kann erneut auf die bereits dargestellte Kritik an der Verwendung des Begriffs der "Sterbens- und Leidensverlängerung" in dem Patiententestament von Uhlenbruck verwiesen werden.

Soweit in dem Patiententestament der DGHS ganz allgemein die "Anwendung lebenserhaltender Maßnahmen" abgelehnt wird, bleibt unklar, ob Eingriffe mit Doppelwirkung, die nicht nur lebensverlängernd, sondern auch leidmindernd wirken, nach dem Willen des Verfassers zu unterbleiben haben.[1977] Wenig aussagekräftig ist in diesem Patiententestament auch die Wendung "wenn nur eine *geringe* Aussicht besteht, daß ich mein Bewußtsein wiedererlange." Bedenkt man, daß ex-ante Prognosen in diesem Bereich ohnehin kaum aussagekräftig sind, so wird durch die zusätzliche Verwendung des unbestimmten Begriffes der "geringen Aussicht" eine voraussehbare Handhabung der Klausel in der Praxis nahezu unmöglich. Erklärungsbedarf besteht ferner im Hinblick auf die Vorstellungen des Verfügenden von einem "personalen Dasein". Für einen außenstehenden Dritten ist nicht ersichtlich, ob ein solches aus der Sicht des Verfügenden lediglich beim Erlöschen jeder Wahrnehmungs- und Empfindungsfähigkeit entfällt, oder bereits dann, wenn eine selbstbestimmte Gestaltung des eigenen Lebens unter Einschluß der Kommunikationsfähigkeit nicht mehr ernsthaft in Betracht zu ziehen ist.

[1977] Rickmann, Zur Wirksamkeit von Patiententestamenten, S. 155

Der Verfasser des von der Hamburger Ärztekammer herausgegebenen Patiententestamentes muß sich hingegen die Frage gefallen lassen, was er unter einer "vernünftigen Aussicht auf Genesung" versteht. Zu unbestimmt sind hier - wie auch in dem Patiententestament von Omega - die Begriffe des "schweren Leidens" sowie des "bewußten Lebens".

Die Schwierigkeiten, die durch die Verwendung der in dem Patiententestament der Ärztekammer Nordrhein auftauchenden Ausdrücke "dauernde Bewußtlosigkeit", "schwere Dauerschädigung meiner Gehirnfunktion", "lebenswichtige Funktionen meines Körpers", "große Schmerzen" und "Sterbens- und Leidensverlängerung" hervorgerufen werden, wurden bereits dargestellt. Zusätzlich erläuterungsbedürftig wäre der Begriff des "selbstbestimmten und kommunikationsfähigen Lebens", da hier unklar bleibt, welches Maß an geistigen Fähigkeiten der konkrete Verfasser mit diesem Ausdruck verbindet. Gänzlich unbrauchbar ist schließlich die Ablehnung der Aufrechterhaltung von Lebensfunktionen "mit allen zur Verfügung stehenden medizinischen Mitteln". Denn kein Arzt kann dieser Anweisung entnehmen, welche Behandlungsmaßnahmen noch erlaubt sind und welche nicht.

Dem von dem Südwestdeutschen Rundfunk veröffentlichten Patiententestament ist zugute zu halten, daß es darum bemüht ist, den Begriff des "nicht mehr lebenswerten" Lebens mit Inhalt zu füllen und darüber hinaus konkret diejenigen Maßnahmen zu bezeichnen, die bei Eintritt einer solchen Situation zu unterbleiben haben. Andererseits tauchen auch hier die bereits mehrfach als zu unbestimmt bezeichneten Begriffe der "schweren Dauerschädigung des Gehirns" oder des "Ausfalls lebenswichtiger Funktionen" auf. Darüber hinaus werden Koma, Wachkoma und Bewußtlosigkeit undifferenziert und als in gleicher Weise nicht mehr lebenswert angesehen, ohne daß hierbei Berücksichtigung fände, daß der Grad der Schädigung des Gehirns sowie die Aussichten auf eine - möglicherweise sogar erhebliche - Verbesserung des Bewußtseinszustandes sehr unterschiedlich sein und nur sehr schwer vorhergesehen werden können. Unklar bleibt ferner, welcher Grad an Pflege nicht mehr gewünscht wird. Es erscheint durchaus fraglich, ob sich der Unterzeichnende die Konsequenzen der von ihm abgegebenen Erklärung klar vor Augen geführt hat, müßte danach doch schon bei Vorliegen jeder Form länger andauernder Bewußtlosigkeit nicht nur jede Behandlung eingestellt, sondern gar auf die Zuführung von Nahrung und weitgehend auch von Flüssigkeit verzichtet werden, so daß er schon bald verhungern würde, selbst wenn die eingetretene Schädigung des Gehirns für sich genommen einen baldigen Todeseintritt nicht erwarten ließe. Noch weit darüber hinaus geht freilich der vorab erklärte Verzicht auf den Anschluß an eine künstliche Niere oder auf die Vornahme von Bluttransfusionen, wobei wiederum nicht eindeutig aus der Erklärung hervorgeht, welche zusätzlichen Schädigungen und welcher Grad an Abhängigkeit, Hilfs- und Pflegebedürftigkeit vorliegen müssen, damit eine Einstellung der Behandlung und ein allmähliches Verhungernlassen des Patienten anzuordnen sind.

Die Patientenverfügung des Kreisseniorenrates Tübingen ist aufgrund der nicht näher erläuterten Verwendung des Begriffs der "Sterbens- und Leidensverlängerung"[1978] in der Praxis nicht zu verwenden. Bedenklich ist zudem, daß allein an den Zustand der dauerhaften Entscheidungsunfähigkeit angeknüpft wird, ohne daß eine unheilbare, zum Tode führende Krankheit vorliegen müßte. Darüber hinaus bleibt unklar, ob nur lebenserhaltende bzw. -verlängernde Maßnahmen nicht zum Einsatz kommen sollen, oder ob sich die Weigerung des Patienten auch auf Maßnahmen der Basispflege erstreckt.

Ausgesprochen bedenklich ist das Patiententestament der Unternehmensgruppe Dienste für Menschen. In diesem wird im Grunde allein ein umfassender Verzicht auf den Einsatz lebensverlängernder Maßnahmen erklärt. Auch hier wird nach dem Inhalt der Erklärung somit nicht vorausgesetzt, daß eine unheilbare, zum Tode führende Erkrankung vorliegt. Es dürften Zweifel angebracht sein, ob demjenigen, der einen solchen Vordruck unterzeichnet, hinreichend bewußt ist, daß er damit selbst für alle diejenigen Fälle, in denen seine Gesundheit unter kurzfristigem Einsatz lebenserhaltender Maßnahmen in vollem Umfange wiederhergstellt werden könnte, auf eine Rettung seines Lebens verzichtet.

Das von der Ärztekammer Berlin in Umlauf gebrachte Formular ermangelt bereits aufgrund der zu unbestimmten und von persönlichen Wertungen abhängigen Begriffe des "schwersten körperlichen Leidens", der "Dauerbewußtlosigkeit", des "fortschreitenden geistigen Verfalls" sowie des "für mich erträglichen und umweltbezogenen Lebens" der praktischen Verwendbarkeit. Bedenklich ist zudem, daß die Behandlungseinstellung sowie die Einstellung der Nahrungszufuhr unabhängig davon gefordert werden, ob der Eintritt des Todes ohnehin unmittelbar bevorsteht oder auf unbestimmte Zeit hinausgeschoben werden könnte.

Der ähnlich weitreichende Formulierungsvorschlag des Ministeriums der Justiz und für Bundes- und Europaangelegenheiten des Landes Brandenburg eröffnet ebenfalls einen Anwendungsbereich der Patientenverfügung über den Bereich der Sterbehilfe

[1978] siehe hierzu die Kritik an der entsprechenden Klausel bei Uhlenbruck hinaus. Erklärungsbedürftig wäre insofern, was der Unterzeichnende unter der "guten Aussicht" einer "entscheidenden" Verbesserung seines Gesundheitszustandes versteht.

Zusammenfassend bleibt festzuhalten, daß sich die meisten der heute in Patiententestamenten verwandten Klauseln als viel zu unbestimmt erweisen, als daß der behandelnde Arzt in der akuten Behandlungssituation aus ihnen konkrete Rückschlüsse auf den Patientenwillen ziehen könnte. Insbesondere werden vielfach Schlagworte verwandt, die wertausfüllungsbedürftig und ohne genaue Kenntnis des Patienten und seines diesbezüglichen Verständnishorizontes nicht auf den Einzelfall anwendbar sind.

Können die vorzitierten Patiententestamente somit bereits mangels Bestimmtheit keine verbindlichen Behandlungsanweisungen darstellen, so ist andererseits zu bedenken, daß sich die Kritik insoweit lediglich auf spezielle Formulierungen bezogen hat. Sie ist daher nicht von vornherein geeignet, das Institut des Patiententestamentes insgesamt in Frage zu stellen.

Es ist zumindest denkbar, daß diejenigen Patiententestamente, die von ihrem Verfasser eigenständig, losgelöst von Formularvordrucken und unter ausführlicher Erläuterung seiner Behandlungswünsche formuliert werden, ausreichend konkret sind.

Ganz erhebliche Zweifel bestehen zwar daran, daß vorformulierte Klauseln diesen Anforderungen genügen können, da diese sich zwangsläufig in abstrakten und verallgemeinernden Formulierungen erschöpfen müssen, wenn sie auf eine möglichst große Anzahl von Personen in einer Vielzahl unterschiedlichster Situationen Anwendung finden sollen. Genährt werden diese Zweifel zusätzlich durch die vorstehende Kritik zu den heute üblichen Klauseln, die belegt, daß es im Laufe der vergangenen beiden Jahrzehnte offensichtlich nicht gelungen ist, Formulare zu entwickeln, die einen hinreichenden Grad an Bestimmtheit aufweisen.

Dennoch dürfte zumindest nicht gänzlich auszuschließen sein, daß in Zukunft Klauseln entwickelt werden, die den vorgenannten Bedenken Rechnung tragen und eine hinreichende Konkretisierung der Patientenwünsche gewährleisten.

Es bleibt somit festzuhalten, daß die mangelnde Bestimmtheit von Patiententestamenten zwar ein sehr ernstzunehmendes Problem darstellt, daß dies jedoch für sich genommen nicht ausreicht, das Institut des Patiententestamentes als solches abzulehnen.

(2) Vergleichbarkeit der in der Klausel beschriebenen Situation mit der Lage des Patienten

Problematisch im Hinblick auf die Wirksamkeit der in Patiententestamenten typischerweise verwandten Klauseln ist, daß durch diese eine bestimmte gesundheitliche Verfassung des Patienten mit wenigen, meist schlagwortartigen Begriffen charakterisiert wird. Ungeachtet der Tatsache, daß diese Umschreibungen inhaltlich meist sehr unbestimmt sind und einen weiten Interpretationsspielraum lassen, werden sie in den allermeisten Fällen nicht geeignet sein, die später tatsächlich eintretende Situation auch nur annähernd vollständig zu skizzieren. Das konkrete Krankheitsbild des einwilligungsunfähig gewordenen Patienten wird in aller Regel durch eine Vielzahl von Faktoren und Symptomen geprägt, die den Entscheidungsprozeß des Arztes bei rein objektiver Betrachtungsweise beeinflussen würden. Eine vollständige Übereinstimmung der in dem Patiententestament beschriebenen mit der später tatsächlich eintretenden Situation wird es kaum jemals geben. Zweifelhaft ist daher zum einen, ob Patiententestamente anwendbar sind, selbst wenn ein in ihnen beschriebenes Symptom (neben zahlreichen anderen) vorliegt. Zum anderen bestehen erhebliche Zweifel daran, daß der Verfügende eine hinreichende Vorstellung von all jenen Faktoren hat, die darüber hinaus sein Krankheitsbild prägen können, so daß sich die Frage stellt, inwieweit seine im voraus getroffene Entscheidung im Zeitpunkt der Behandlungsentscheidung noch zuverlässig seinen selbstbestimmten Willen wiedergibt.

(3) Vorformulierung von Klauseln

Ein weiterer Kritikpunkt, dem sich Patiententestamente ausgesetzt sehen, resultiert aus der Tatsache, daß diese überwiegend unter Zuhilfenahme vorgefertigter Formulare verfaßt werden, die ihrerseits fest vorgegebene Klauseln enthalten. Da diese dem Verfasser keinen Raum lassen, seine individuellen und möglicherweise abweichenden Vorstellungen zu formulieren, können sie nur eingeschränkt als Ausdrucksform seines selbstbestimmten Willens angesehen werden. Denn durch die vorgegebenen Klauseln werden die Möglichkeiten der Willensäußerung beschränkt und zugleich kanalisiert. Hieraus resultiert eine Fremdbestimmung des Verfügenden, der er sich möglicherweise häufig noch nicht einmal bewußt sein wird.[1979]

(4) Vorgegebene Kombination von Klauseln

Eng mit dem vorgenannten Gesichtspunkt verwandt ist die Problematik, die aus der vorgegebenen Kombination einer Vielzahl von Klauseln resultiert. Gut vorstellbar nämlich ist, daß derjenige, der sich mit dem Gedanken trägt, ein vorgefertigtes Formular zu unterzeichnen, zwar mit einzelnen Aussagen des Patiententestamentes einverstanden ist, sich zu anderen jedoch entweder noch überhaupt keine tiefergehenden Gedanken gemacht hat, ihren Inhalt überhaupt nicht versteht oder diesem im Einzelfall sogar eher ablehnend gegenübersteht. In dieser Situation besteht die begründete Gefahr, daß er das Formular insgesamt unter Hintanstellung seiner Bedenken unterzeichnet, weil ihm gerade kein Vordruck zugänglich ist, der seinen Willen zutreffender wiedergeben würde.

Nicht übersehen werden kann darüber hinaus eine weitere Gefahr, die sich aus der Verbreitung vorgedruckter Formularblätter ergibt: Denn dadurch, daß heutzutage in der Öffentlichkeit vielfach undifferenziert das Verfassen von Patiententestamenten als wichtige Möglichkeit der Selbstbestimmung angepriesen wird,[1980] dürften sich nicht wenige Personen veranlaßt sehen, den erstbesten Vordruck, der ihnen zufällig ausgehändigt wird, als geeignetes Instrument ihrer vermeintlichen Selbstbestimmung zu akzeptieren und zu unterzeichnen, ohne dessen Inhalt Satz für Satz zu hinterfragen. Die Tatsache, daß die heute in Umlauf befindlichen Patiententestamente inhaltlich sehr stark voneinander abweichen und damit mitunter überhaupt nicht mehr geeignet sind, den selbstbestimmten Willen des Unterzeichners zu dokumentieren (ganz abgesehen von der noch zu erörternden Problematik der Möglichkeit der Antizipation), ist im Bewußtsein der Bevölkerung sicher nicht allgemein verankert. Dem Gedanken der Selbstbestimmung ist es jedoch gewiß nicht zuträglich, wenn blindlings von dritter Seite vorformulierte Behandlungsanweisungen in der

---

[1979] es ist daher auch äußerst fraglich, ob diesem Gesichtspunkt ausreichend dadurch entgegengewirkt wird, daß teilweise in den Erläuterungen zu den Patiententestamenten darauf hingewiesen wird, daß es sich bei dem Vordruck lediglich um ein Hilfsmittel bei der Formulierung des eigenen Willens handeln soll (so z.B. Ärztekammer Nordrhein, Patientenverfügung, Deutsche Apotheker Zeitung 2000, S. 2901; Deutscher Juristinnenbund, Patientenverfügung und Vorsorgevollmacht, S. 3; Hamburger Ärzteschaft, Vorschlag für eine persönliche Bestimmung, abgedruckt in: Evang. Akademie Bad Boll, Protokolldienst 1/96, Patiententestament, S. 71).

[1980] der 63. DJT 2000 hat beispielsweise mit 48:1:0 Stimmen den Beschluß gefaßt, daß Patiententestamente als wichtiges Instrument der Selbstbestimmung für die Situation der Einwilligungsunfähigkeit anzusehen seien.

(sicher verfehlten) Vorstellung unterzeichnet werden, nur so einem unwürdigen Siechtum am Ende des Lebens entgehen zu können. Ließe sich die erhebliche Verbreitung einer derartigen Testierpraxis nachweisen, so wäre bereits aus diesem Grunde das gesamte Institut des Patiententestamentes ernsthaft in Frage zu stellen.

(5) Widerruflichkeit des Patiententestamentes

Teilweise wird die Auffassung vertreten, bereits die abstrakte Widerrufbarkeit des Patiententestamentes spreche dafür, dieses insgesamt als unverbindlich anzusehen.[1981]

Dieser Ansicht kann nicht gefolgt werden. Dies wird insbesondere deutlich, wenn man zum Vergleich die Rechtslage zur Widerruflichkeit der Einwilligung zu Heilbehandlungen heranzieht. Wie bereits dargelegt wurde,[1982] kann diese jederzeit von dem Patienten widerrufen werden, und zwar selbst dann, wenn man die Einwilligung als rechtsgeschäftliche Willenserklärung bewertet. Der höchstpersönliche Charakter der Einwilligung und der Schutz des Selbstbestimmungsrechtes des Patienten machen es zwingend erforderlich, diesem die Möglichkeit zu belassen, seine Entscheidung stets neu zu überdenken und gegebenenfalls zu korrigieren. Unstreitig jedoch ist, daß die jederzeitige Widerrufbarkeit der Einwilligung des Patienten deren Verbindlichkeit vor dem Zeitpunkt der Ausübung des Widerrufes in keiner Weise entgegensteht.

Nicht abweichend kann die Rechtslage bezüglich der Patiententestamente beurteilt werden, da diese ebenfalls die ärztliche Behandlung zum Gegenstand haben und gegebenenfalls die - zeitlich freilich weit vorverlagerte - Erklärung einer Einwilligung in einen bestimmten Eingriff betreffen. Da auch insofern der Schutz des Selbstbestimmungsrechtes lediglich die Erweiterung der rechtlichen Möglichkeiten des Verfügenden im Sinne eines Widerrufes gebietet, nicht jedoch zugleich darauf gerichtet sein kann, dem Patienten gänzlich zu verwehren, diesbezügliche Entscheidungen zu

1981 Detering, Forum - § 216 StGB und die aktuelle Diskussion um die Sterbehilfe, JuS 1983, 418 (422); Eser, Lebenserhaltungspflicht und Behandlungsabbruch aus rechtlicher Sicht in: Auer/Menzel/Eser, Zwischen Heilauftrag und Sterbehilfe, S. 75 (114); v. Dellingshausen, Sterbehilfe und Grenzen der Lebenserhaltungspflicht des Arztes, S. 371f.; Burkart, Das Recht, in Würde zu sterben, S. 122; nach Beckert, Strafrechtliche Probleme um Suizidbeteiligung und Sterbehilfe, S. 361 läßt die Widerruflichkeit des Patiententestamentes dessen Wirksamkeit zumindest zweifelhaft erscheinen.

1982 siehe B. V. 3. d.

treffen, kann zumindest aus dem Gesichtspunkt der Widerruflichkeit des Patiententestamentes kein Rückschluß auf seine Unverbindlichkeit gezogen werden.

Bestätigt wird diese Überlegung durch eine Parallele, die sich zu vermögensrechtlichen Testamenten im Sinne des § 1937 BGB ziehen läßt.[1983] Anders als eine herkömmliche Einwilligung in einen unmittelbar bevorstehenden Heileingriff wird das Patien-tentestament üblicherweise nicht im zeitlichen Zusammenhang mit seiner Ausstellung dem behandelnden Arzt ausgehändigt. Vielmehr dürfte der Patient seine Verfügung in aller Regel bei seinen eigenen Unterlagen verwahren. Dies aber steht in gleicher Weise - mitsamt der Möglichkeit des jederzeitigen Widerrufes gem. §§ 2253 ff. BGB - dem Verfasser eines vermögensrechtlichen Testamentes offen. Spricht dieser Aspekt aber in dem letztgenannten Falle unstreitig nicht gegen die Wirksamkeit der getroffenen Verfügung, so kann auch im Hinblick auf das Patiententestament nichts anderes gelten.[1984]

Nicht verkannt werden sollte jedoch an dieser Stelle, daß sich hinter der Berufung auf die Widerruflichkeit des Patiententestamentes als angeblich gegen dessen Verbindlichkeit sprechendem Gesichtspunkt häufig in erster Linie Zweifel an der Antizipierbarkeit des in der Verfügung bekundeten Willens verbergen. Diese Unsicherheit bedinge das dringende Bedürfnis, in der entscheidungserheblichen Situation zu überprüfen, ob der Patient noch an seiner vormaligen Erklärung festhalten wolle, da es nicht darauf ankomme, wie sich dieser einmal entschieden hätte, sondern wie er sich in der konkreten Lage bei Kenntnis aller Umstände tatsächlich entscheiden würde.[1985] Nicht die Widerruflichkeit des Patiententestamentes selbst dürfte somit letztlich Anlaß zu Zweifeln an dessen Verbindlichkeit geben, sondern die in der Tat in jedem Einzelfall zu beantwortende Frage, ob ein solcher Widerruf erfolgt oder als

---

[1983] so auch Uhlenbruck, Rechtliche, medizinische und theologische Probleme im Grenzbereich zwischen Leben und Tod in: Uhlenbruck/Rollin, Sterbehilfe und Patiententestament, S. 33 (94); Füllmich, Der Tod im Krankenhaus, S. 74

[1984] Diese Parallele läßt die Ansicht Schöllhammers, Die Rechtsverbindlichkeit des Patiententestaments, S. 52, das Patiententestament bedürfe des Zuganges bei dem behandelnden Arzt, um wirksam zu werden, zweifelhaft erscheinen. Hält man das Patiententestament für verbindlich oder spricht man ihm zumindest indizielle Wirkung zu, so muß es bereits aufgrund seiner Existenz diese Wirkungen entfalten. Diese Notwendigkeit ergibt sich schon allein daraus, daß andernfalls beispielsweise ein Betreuer, der von der Existenz des Patiententestamentes weiß, allein dadurch, daß er es dem Arzt nicht übergeben würde, dessen Inhalt unberücksichtigt lassen könnte. Darüber hinaus aber müssen zumindest diejenigen, die von der Verbindlichkeit des Patiententestamentes ausgehen, anerkennen, daß es nicht allein an den Arzt gerichtet ist, sondern in gleicher Weise auch an den Betreuer bzw. das Vormundschaftsgericht und die von diesen im Hinblick auf die Behandlung zu treffende Entscheidung beeinflußt bzw. dazu führt, daß diese überhaupt keine eigene Entscheidung mehr an die Stelle der von dem Patienten selbst vorab getroffenen setzen dürfen.

[1985] Eser, Lebenserhaltungspflicht und Behandlungsabbruch aus rechtlicher Sicht in: Auer/Menzel/Eser, Zwischen Heilauftrag und Sterbehilfe, S. 75 (114); v. Dellingshausen, Sterbehilfe und Grenzen der Lebenserhaltungspflicht des Arztes, S. 370 f.

mutmaßlich gewollt anzunehmen ist. Dies ist wiederum der Fall, wenn sich herausstellt, daß dem Patienten die Antizipation der Umstände, in die er geraten könnte, nicht oder nur unvollständig gelungen ist.[1986] Die Frage aber, inwieweit der Behandlungswille antizipiert werden kann und eine vorab getroffene Entscheidung noch zu beachten ist, wenn der Verfügende seine Entscheidungsfähigkeit eingebüßt hat, wird nachfolgend noch zu erörtern sein.[1987]

(6) Nachweis der Einwilligungsfähigkeit des Testators im Zeitpunkt der Abgabe der Erklärung

Schwierigkeiten im Hinblick auf die Bindungswirkung einer in einem Patiententestament niedergelegten Verfügung ergeben sich für den behandelnden Arzt aus der Tatsache, daß er aktuell nicht mehr zu beurteilen vermag, ob der nunmehr einwilligungsunfähige Patient, den er möglicherweise zuvor niemals gesehen hat, im Zeitpunkt der Abfassung des Patiententestamentes über die erforderliche Einsichts- und Urteilsfähigkeit verfügte, um die Bedeutung und Tragweite seiner Erklärung (abgesehen wiederum von der gesondert zu behandelnden Problematik der Antizipation) zu verstehen.

Teilweise wird die Ansicht vertreten, daß eine widerlegliche Vermutung für die Einwilligungsfähigkeit des Patienten zum Zeitpunkt der Abgabe seiner Erklärung spreche. Entsprechend der grundsätzlichen Beweislastverteilung im Rechtsverkehr müsse derjenige, der sich auf eine mögliche Einwilligungsunfähigkeit des Patienten im Zeitpunkt der Errichtung des Patiententestamentes berufe, diese beweisen. Gelinge dieser Nachweis nicht, so sei von der Entscheidungsfähigkeit des Betroffenen auszugehen. Ausnahmsweise nur sei eine andere Beweislastverteilung anzunehmen, wenn nämlich der Arzt den Nachweis geführt habe, daß der Patient sich in dem fraglichen Zeitraum generell im Zustande krankhafter Störung der Geistestätigkeit befunden habe. Dann obliege es dem Patienten nachzuweisen, daß exakt in dem Moment, in dem er die Behandlungsanweisung erteilte, ein lichter Augenblick vorlag.[1988]

Demgegenüber wird teilweise zu bedenken gegeben, daß es durchaus problematisch sei, wenn der Entscheidungsträger nicht überprüfen könne, ob der Erklärende

---

1986 Heidemann, Welche Probleme gibt es mit Patientenverfügungen ? in: Evangel. Akademie Bad Boll, Protokolldienst 1/96, S. 21 (23)
1987 vgl. C. III. 2. a. dd. (9)
1988 Schöllhammer, Die Rechtsverbindlichkeit des Patiententestaments, S. 94

bei der Niederlegung seines Willens über die erforderliche Einsichts- und Urteilsfähigkeit verfügt habe. Diesen Bedenken müsse dadurch Rechnung getragen werden, daß im Rahmen der freiwilligen Gerichtsbarkeit ein Verfahren normiert werde, das seinerseits als zwingende Wirksamkeitsvoraussetzung vor der Abfassung eines Patiententestamentes zu durchlaufen sei.[1989]

Zieht man jedoch in Betracht, daß im Falle eines handschriftlich verfaßten vermögensrechtlichen Testamentes eine Vermutung für die Testierfähigkeit des Verfassers im Zeitpunkt der Abfassung der letztwilligen Verfügung spricht und die diesbezügliche Ungewißheit im Zeitpunkt der Eröffnung des Testamentes durchaus mit derjenigen vergleichbar ist, der sich der behandelnde Arzt gegenübersieht, so wird man auch den Nachweis der Einwilligungsfähigkeit im Vorfeld der Errichtung des Patiententestamentes nicht zur Wirksamkeitsvoraussetzung für dieses erheben können.[1990]

Dessen ungeachtet kann das Patiententestament jedoch zumindest dann Rückschlüsse auf die Einwilligungsfähigkeit des Patienten zulassen, wenn man - wie nachfolgend zu erörtern sein wird - die ärztliche Aufklärung des Testators und den entsprechenden Nachweis in der Verfügung als Wirksamkeitsvoraussetzungen des Patiententestamentes ansieht.

(7) Nachweis der Aufklärung des Testators

(a) Die Aufklärung als Wirksamkeitsvoraussetzung des Patiententestamentes

Der Verfasser eines Patiententestamentes kann nur dann in Ausübung seines Selbstbestimmungsrechtes sinnvoll darüber befinden, ob er lebenserhaltende Maßnahmen für den Fall einer unheilbaren Erkrankung ablehnt, wenn er sich über die Bedeutung und Tragweite seiner Entscheidung im klaren ist. Insofern kann für die vorweggenommene Behandlungsentscheidung nichts anderes gelten als für diejenige in der akuten Situation. Übernimmt in letztgenanntem Falle die ärztliche Aufklärung des Patienten die Aufgabe sicherzustellen, daß dieser über den erforderlichen Informationsstand verfügt, so ist es sachlich begründet und angemessen, eine sol-

---

[1989] Baumann/Hartmann, Die zivilrechtliche Absicherung der Patientenautonomie, DNotZ 2000, 594 (607 f.)

[1990] selbstverständlich aber steht es dem Verfügenden dadurch, daß er das Patiententestament von einem Notar beurkunden lassen kann, jederzeit frei, seine Einwilligungsfähigkeit zu diesem Zeitpunkt positiv nachzuweisen. Denn der Notar hat sich gem. § 11 Abs. 1 BeurkG sogar über die Geschäftsfähigkeit des Erklärenden zu vergewissern und etwaige Zweifel in der Urkunde festzuhalten.

che Aufklärung in gleicher Weise vor der Abfassung eines Patiententestamentes zu fordern.[1991]

An den Inhalt und Umfang der Aufklärung sind in beiden Fällen die gleichen Anforderungen zu stellen, da sich nicht nachvollziehbar begründen ließe, warum ein Patient, der akut über die Vornahme einer Behandlungsmaßnahme zu entscheiden hat, eines höheren oder geringeren Kenntnisstandes bedürfe, um verantwortlich handeln zu können, als derjenige, der vergleichbare Entscheidungen aus größerer zeitlicher Distanz zu treffen habe.

Problematisch freilich ist insofern (zumindest wenn man dem Patiententestament Bindungswirkung attestiert), daß der Arzt eine solche Aufklärung nicht im Rahmen der GOÄ abrechnen kann. Dies dürfte seiner Bereitschaft, sich der Aufklärung des Testators in der erforderlichen Intensität zu widmen, nicht unbedingt förderlich sein.[1992]

Der Überlegung, daß die in dem Patiententestament niedergelegte Entscheidung nur dann als wirksam betrachtet werden kann, wenn der Verfasser vor der Abgabe seiner Erklärung in einem Maße über deren Bedeutung und Tragweite aufgeklärt worden ist, die von der Rechtsprechung auch unmittelbar vor einer konkreten Behandlung gefordert wird, kann nicht bereits entgegenhalten werden, daß es im Rahmen der vorweg getroffenen Verfügung - insbesondere soweit Maßnahmen der passiven Sterbehilfe betroffen seien - nicht um die Einwilligung in die Vornahme eines Eingriffs, sondern um deren Verweigerung gehe, die ärztliche Untätigkeit infolge eines vom Patienten ausgesprochenen Behandlungsverbotes aber nicht positiv legitimationsbedürftig sei.[1993] Denn da in beiden Fällen eine Behandlungsentscheidung zu treffen ist, ergibt es sich bereits aus der Natur der Sache, daß die Verweigerung der Einwilligung in den Eingriff in gleicher Weise wie deren Erteilung nur erklärt werden können, wenn die betreffende Person über die Grundlagen der zu treffenden

---

1991 so auch Taupitz, Empfehlen sich zivilrechtliche Regelungen in: Verhandlungen des 63. DJT 2000, Bd. I, Gutachten A, S. A 112 f.; Berger, Privatrechtliche Gestaltungsmöglichkeiten, JZ 2000, 797 (801); der 63. DJT 2000 konnte sich demgegenüber zu einer solchen Forderung nicht durchringen. Die entsprechende Beschlußvorlage wurde mit 12:37:2 Stimmen abgelehnt.

1992 aus diesem Grunde hat der 63. DJT 2000 (vor dem Hintergrund der von ihm vertretenen Auffassung, Patiententestamente seien als verbindlich anzuerkennen, durchaus konsequent) mit 36:2:3 Stimmen beschlossen, daß die Einführung entsprechender Vergütungstatbestände wünschenswert sei.

1993 so aber Baumann/Hartmann, Die zivilrechtliche Absicherung der Patientenautonomie, DNotZ 2000, 594 (607); Eisenbart, Patiententestamente und Stellvertretung in Gesundheitsangelegenheiten, S. 144 tendiert ebenfalls dazu, im Hinblick auf die von dem Patienten erklärte Behandlungsverweigerung geringere Anforderungen an die vorausgegangene Willensbildung zu stellen als im Falle einer Einwilligung in einen Eingriff.

Entscheidung hinreichend aufgeklärt worden ist, mögen auch für den Fall der Behandlungsverweigerung die Anforderungen an die ärztliche Aufklärung im Einzelfall ausnahmsweise etwas geringer zu bemessen sein als im Falle der Behandlungsdurchführung.[1994] Erhebliche Lücken des Patien-tenschutzes würden sich ergeben, wollte man an die ärztliche Aufklärung für den Fall, daß der Patient die Vornahme einer Behandlung verweigert, bereits vom Grundsatz her geringere Anforderungen stellen als im Falle der Erteilung der Einwilligung.[1995] Abgesehen davon gilt es zu bedenken, daß der Arzt im Vorfeld einer aktuell anstehenden Behandlungsentscheidung vor dem Beginn des Aufklärungsgespräches noch nicht wissen kann, welche Entscheidung der Patient treffen wird, so daß sich schon allein aus diesem Grunde eine unterschiedliche Handhabung der Aufklärung in der Praxis nicht durchführen läßt.

Ferner kann die Aufklärungsverpflichtung des Arztes vor der Abfassung eines Patiententestamentes nicht mit der Erwägung in Frage gestellt werden, daß eine solche Verpflichtung nur dazu dienen dürfe, das Selbstbestimmungsrecht des Betroffenen zu stärken. Während aber diese Funktion bei der Aufklärung vor der Vornahme eines akuten Eingriffs in vollem Umfange zum Tragen komme, da der Patient in diesem Falle auf der Grundlage der ihm vermittelten Kenntnisse selbstbestimmt über seinen Körper verfüge, verkürze die Aufklärungsverpflichtung vor dem Abfassen des Patiententestamentes das Selbstbestimmungsrecht des Verfassers, indem es dessen Ausübung unnötig hohe Hürden entgegenstelle, obwohl er lediglich einen Eingriff in seine körperliche Integrität verhindern wolle.

Denn da vor der Aufklärung in der akuten Entscheidungssituation noch nicht feststeht, ob der Patient sich zur Vornahme des Eingriffs durchringen wird, und sowohl

---

[1994] so z.B. für den Fall, daß der Patient nach erfolgter Diagnoseaufklärung und der Darlegung der verschiedenen in Betracht kommenden Behandlungsalternativen deutlich zu erkennen gibt, daß er keine Behandlung wünsche. In diesem Falle erübrigen sich detaillierte Darstellungen zum Verlauf der möglichen Eingriffe.

[1995] der 63. DJT 2000 hat entsprechend mit 38:6:5 Stimmen beschlossen, daß der Arzt verpflichtet sei, den Patienten vor seiner Entscheidung, eine Behandlung abzulehnen, auf eine mögliche Selbstschädigung aufmerksam zu machen. Umso mehr mag es verwundern, daß dennoch für die wirksame Abfassung eines Patiententestamentes die Aufklärung des Testators nicht zwingend gefordert wurde, sondern nur in Form einer Soll-Bestimmung. Hintergrund dieser Beschlußfassung war das Bestreben, die Anforderungen an die Wirksamkeit des Patiententestamentes nicht zu hoch anzusetzen, um dessen Verbreitung möglichst wenig Hindernisse entgegenzusetzen. Diese Überlegung aber ist bedenklich, da das Institut der Patientenverfügung zunächst daraufhin zu überprüfen ist, ob es überhaupt geeignet ist, dem Selbstbestimmungsrecht des Verfügenden Geltung zu verschaffen, ehe man sich bejahendenfalls Gedanken dazu machen kann, auf welchem Wege man ihm zu größtmöglicher Verbreitung verhilft. Die Voraussetzungen für die wirksame Ausübung des Selbstbestimmungsrechtes aber sind nicht anders zu bestimmen als in vergleichbaren Situationen. Insofern wiederum drängt sich die Bezugnahme auf die allgemeinen Regeln zur Aufklärungsverpflichtung des Arztes geradezu auf.

die behandlungsbejahende als auch die diese ablehnende Entscheidung gleichermaßen Ausdruck seines Selbstbestimmungsrechtes sind, können beide Situationen nicht ungleich bewertet werden.

Schließlich ist der gegen die Verpflichtung zur ärztlichen Aufklärung im Vorfeld der Abfassung eines Patiententestamentes vorgebrachte Einwand, der Patient könne ja auch in anderen Fällen auf den Gang zum Arzt und somit auf jede medizinische Behandlung verzichten, ohne sich zuvor ärztlich beraten zu lassen,[1996] nicht überzeugend. Denn während der Patient in diesen Fällen gänzlich untätig bleibt und überhaupt keine Behandlungsentscheidung trifft, möchte der Verfasser eines Patiententestamentes gerade nicht untätig bleiben, sondern sich im Hinblick auf eine künftige Situation konkret äußern.

Nur im Rahmen der individuellen Aufklärung aber kann der Arzt dem Testierenden beispielsweise verdeutlichen, daß die infauste Prognose unsicher sein kann und medizinische "Wunder" nicht auszuschließen sind.[1997]

Die die wirksame Ablehnung einer Behandlungsmaßnahme voraussetzende ärztliche Aufklärungsverpflichtung läßt sich sowohl aus dem Behandlungsvertrag selbst herleiten[1998] als auch aus der ärztlichen Standespflicht[1999]. Die hieraus resultierende Garantenpflicht des Arztes wiederum bedingt auch im Bereich des Deliktsrechtes, daß sich derjenige Arzt haftungsrechtlichen Folgen ausgesetzt sieht, der sich mit der eine Behandlung ablehnenden Entscheidung eines Patienten zufriedengibt, ohne diesen zuvor hinreichend aufgeklärt zu haben.

1996 so Baumann/Hartmann, Die zivilrechtliche Absicherung der Patientenautonomie, DNotZ 2000, 594 (614 f.). Vor dem Hintergrund der Ablehnung einer obligatorischen *ärztlichen* Beratung mag es freilich verwundern, daß sie andererseits eine *rechtliche* Beratung zur zwingenden Wirksamkeitsvoraussetzung des Patiententestamentes erheben wollen, aus deren Anlaß der Rechtsberater wiederum verpflichtet sein soll, auf seine eigene Überforderung in medizinischen Fragen hinzuweisen und die Inanspruchnahme einer medizinischen Beratung anzuraten. Hiergegen zu Recht Berger, Privatrechtliche Gestaltungsmöglichkeiten, JZ 2000, 797 (801)

1997 Taupitz, Empfehlen sich zivilrechtliche Regelungen in: Verhandlungen des 63. DJT 2000, Bd. I, Gutachten A, S. A 114; Verrel, Zivilrechtliche Vorsorge ist besser als strafrechtliche Kontrolle, MedR 1999, 547 (548 f.)

1998 BGH NJW 1987, 705 (706); Deutsch, Neue Aufklärungsprobleme im Arztrecht, NJW 1982, 2585; Taupitz, Empfehlen sich zivilrechtliche Regelungen in: Verhandlungen des 63. DJT 2000, Bd. I, Gutachten A, S. A 33

1999 BGH VersR 1954, 98 (99); LG Memmingen, VersR 1981, 585; Laufs, Zivilrichter über Leben und Tod, NJW 1998, 3399 (3400); Taupitz, Empfehlen sich zivilrechtliche Regelungen, DJT 2000, Bd. I, Gutachten A, S. A 34

(b) Nachweis der ärztlichen Aufklärung

Teilweise findet sich in Patiententestamenten die Klausel, der Verfasser habe die Erklärung erst nach eingehender vorheriger ärztlicher Aufklärung bzw. in voller Kenntnis der medizinischen Situation[2000] unterzeichnet. Hieraus wird wiederum vereinzelt gefolgert, daß zumindest solange von einer ausreichenden ärztlichen Aufklärung des Verfügenden auszugehen sei, solange nicht erhebliche Anhaltspunkte das Gegenteil belegten.[2001] Die Verwendung von medizinischen Fachbegriffen in den gängigen Formularvordrucken belege, daß sich der Patient Kenntnisse verschafft habe, die weit über die des Durchschnittspatienten hinausreichten.[2002] Darüber hinaus wird geltend gemacht, allein die Tatsache, daß eine Person sich entschlossen habe, ein Patiententestament abzufassen, zeuge bereits davon, daß sie sich einem umfassenden und ernsthaften Willensbildungsprozeß unterzogen habe.[2003]

Schon dieser Rückschluß für sich genommen ist mehr als zweifelhaft, besteht doch keinerlei Gewähr dafür, daß der Verfügende diese Klausel überhaupt aufmerksam gelesen, geschweige denn sie auch wirklich ernst genommen hat. Ferner bleibt die Frage unbeantwortet, weshalb man den ein Patiententestament Unterzeichnenden, selbst wenn er sich einer ärztlichen Aufklärung unterzogen hat, als befähigt ansehen sollte zu beurteilen, ob diese ordnungsgemäß und insbesondere vollständig durchgeführt worden ist. Diesbezügliche Bekundungen des Testators selbst erweisen sich für den später behandelnden Arzt letztlich als nicht nachvollziehbare und damit wertlose Angaben.

Darüber hinaus werden sich zahlreiche Unterzeichner eines solchen Formulares ohne gesonderte ärztliche Aufklärung für befähigt halten, wirksam zu verfügen, so daß auch aus diesem Grunde einer solchen in einem vorgedruckten Formular verwandten Klausel keine allzu große Bedeutung beigemessen werden sollte.

2000 Uhlenbruck, Der Patientenbrief, NJW 1978, 566 (569)

2001 Harder, Voluntas aegroti suprema lex, Arztrecht 1991, 11 (16); Schöllhammer, Die Rechtsverbindlichkeit des Patiententestaments, S. 77; Eisenbart, Patiententestamente und Stellvertretung in Gesundheitsangelegenheiten, S. 138 f., 151; Saueracker, Die Bedeutung des Patiententestamentes, S. 79; Röver, Einflußmöglichkeiten des Patienten im Vorfeld einer medizinischen Behandlung, S. 147; Rieger, Die mutmaßliche Einwilligung in den Behandlungsabbruch, S. 86 einschränkend nur für die Unterzeichnung eines von dem Patienten selbst formulierten Patiententestamentes.

2002 Schöllhammer, Die Rechtsverbindlichkeit des Patiententestaments, S. 89; Eisenbart, Patiententestamente und Stellvertretung in Gesundheitsangelegenheiten, S. 139

2003 Baumann/Hartmann, Die zivilrechtliche Absicherung der Patientenautonomie, DNotZ 2000, 594 (610)

Hierfür sprechen auch die Erfahrungen der Praxis: Eine Umfrage, die unter Personen durchgeführt wurde, die ein Patiententestament verfaßt hatten, ergab, daß lediglich 29 % (!) von ihnen mit ihrem Arzt über ihre Verfügung vor deren Abfassung gesprochen hatten. Die übrigen Befragten hatten dies ganz offensichtlich nicht für notwendig befunden.[2004]

Sofern schließlich die Verwendung medizinischer Fachtermini in Frage steht, verbietet sich erst recht die kritiklose Annahme, der Verfügende habe deren Bedeutung in vollem Umfange verstanden.[2005] Selbst wenn der Unterzeichnende derartige Begriffe in einen eigenständig formulierten Text einfließen ließe, wäre sein Verständnishorizont eingehend zu überprüfen. Die Unterzeichnung eines vorgedruckten Textes aber bietet nicht den geringsten Anhaltspunkt dafür, welche Vorstellungen der Verfügende mit solchen Fachbegriffen verbunden, wenn er sich denn überhaupt hierzu irgendwelche Gedanken gemacht hat.

Die Auffassung, daß die von dem Testierenden abgegebene Erklärung, er sei ärztlicherseits hinreichend aufgeklärt worden, als Nachweis seiner hinreichenden Aufklärung bis zum Beweis des Gegenteils anzusehen sei, steht darüber hinaus in unüberbrückbarem Gegensatz zu der ständigen Rechtsprechung des BGH zum Aussagegehalt und der Beweisfunktion von Formularvordrucken, die im Rahmen der Aufklärung vor einem akuten Eingriff zum Einsatz kommen. Ist aber insofern anerkannt, daß die bloße Unterzeichnung eines Vordrucks, der die ordnungsgemäße Aufklärung des Patienten behauptet, nicht ausreichend ist, um den Nachweis hierfür zu erbringen, so kann ein Patiententestament keinem abweichenden Beurteilungsmaßstab unterliegen.

Erklärt man die Aufklärung zur Wirksamkeitsvoraussetzung für die Errichtung eines Patiententestamentes, so ist daher zu fordern, daß der wesentliche Inhalt der Aufklärung von dem betreffenden Arzt handschriftlich dokumentiert und dieses Schriftstück zum Bestandteil der Verfügungsurkunde gemacht wird. Denn nur so läßt sich für den behandelnden Arzt später nachvollziehen, ob die Bedingung erfüllt worden ist.

2004 Walczak, Umfrage unter Interessenten des Patiententestamentes zu Tod und Sterben in: Uhlenbruck/Rollin, Sterbehilfe und Patiententestament, S. 119 (124)

2005 so auch Baumann/Hartmann, Die zivilrechtliche Absicherung der Patientenautonomie, DNotZ 2000, 594 (613)

(8) Inhaltlich ausreichende, den Anforderungen der Rechtsprechung genügende Aufklärung

Selbst wenn vor der Abfassung eines Patiententestamentes die hier für erforderlich gehaltene ärztliche Aufklärung stattgefunden hat, ist damit noch nicht die Frage beantwortet, ob die Vornahme einer ärztlichen Aufklärung vor dem Abfassen eines Patiententestamentes überhaupt geeignet ist, dem Patienten einen Kenntnisstand zu vermitteln, der ihn befähigt, eine selbstbestimmte Entscheidung über Art und Umfang seiner Behandlung im Falle einer unheilbaren Erkrankung zu treffen.

Entgegen einer teilweise vertretenen Ansicht dürfen an die Aufklärungsverpflichtung des Arztes dabei im Falle einer infausten Erkrankung nicht schon deshalb geringere Anforderungen gestellt werden als vor anderen Eingriffen, weil der Grund der Aufklärung, nämlich die Verschaffung der wichtigsten Grundkenntnisse über die Krankheit als Voraussetzung für die Einwilligung in eine konkrete Behandlung, in dieser Situation entfalle.[2006] Im Zusammenhang mit den Erörterungen zum therapeutischen Privileg wurde eingehend dargelegt, daß der Aufklärung eines dem Tode geweihten Patienten im Hinblick auf das Fortbestehen des ärztlichen Vertrauensverhältnisses und die Chancen des Sterbenden, sich mit seiner Situation auseinanderzusetzen, eine nicht zu unterschätzende Bedeutung zukommt. Gerade der unheilbar Erkrankte erwartet in seiner hilflosen und ausweglosen Lage, daß der Arzt ihm begleitend zur Seite steht und ihn weiterhin ernst nimmt. Mag sich auch das Ziel der ärztlichen Behandlung gegenüber einem unheilbar erkrankten Patienten grundlegend von dem unterscheiden, das in anderen Fällen zu verfolgen ist, so kann hieraus keinesfalls gefolgert werden, die möglicherweise nur auf eine geringfügige Linderung des Leidenszustandes ausgerichteten therapeutischen Bemühungen seien im erstgenannten Falle weniger bedeutend.[2007]

Zu überprüfen ist daher, inwieweit die Aufklärung des Verfassers eines Patiententestamentes hinsichtlich der in diesem beschriebenen Gesundheitszustände den Anforderungen zu genügen vermag, die die Rechtsprechung generell an die ärztliche Aufklärung vor einem Heileingriff stellt.

2006 so aber Eisenbart, Patiententestamente und Stellvertretung in Gesundheitsangelegenheiten, S. 140

2007 vgl. hierzu B. V. 3. c. bb. (2) (e) (ee)

(a) Diagnoseaufklärung

Hinsichtlich der Diagnose[2008] kann die Aufklärung des Patienten zumindest insofern erfolgen, als diese auf die in dem Patiententestament konkret beschriebenen Krankheitsbilder bezogen ist, d.h. dem Verfügenden kann vor dem Abfassen des Patiententestamentes erläutert werden, was sich hinter den dort genannten Begriffen verbirgt. Sobald jedoch der später eintretende Zustand des Patienten mit dem in seiner Verfügung beschriebenen nicht identisch ist oder auch nur zusätzlich durch andere, von dem Patiententestament nicht erfaßte Faktoren beeinflußt wird, ist bereits die vormals vorgenommene Diagnoseaufklärung als unzureichend zu betrachten. Allein dieser Aspekt setzt dem Bemühen Grenzen, aus der Verfügung allgemeine Einstellungen des Verfassers abzuleiten. Es ist daher nicht möglich, den Inhalt von Patiententestamenten heranzuziehen, um Behandlungsentscheidungen in anderen als den beschriebenen Situationen zu rechtfertigen.

Anders als bei der herkömmlichen Diagnoseaufklärung unmittelbar vor einem geplanten Eingriff kann der Arzt dem Verfasser eines Patiententestamentes naturgemäß nicht etwaige Unsicherheiten vermitteln, die bei der Deutung des Befundes in der maßgeblichen Situation auftreten können und für die Abwägungsentscheidung des Patienten von erheblicher Bedeutung wären, wenn er zu diesem Zeitpunkt hiervon Kenntnis hätte. Schon die an die Diagnoseaufklärung zu stellenden Anforderungen werden daher vor der Abfassung eines Patiententestamentes wohl nur ausnahmsweise in vollem Umfange erfüllt werden können.

(b) Verlaufsaufklärung

Die Abstraktheit der Aufklärung zu diesem Zeitpunkt führt auch im Bereich der Verlaufsaufklärung[2009] zu erheblichen Schwierigkeiten. Die Durchführung eines möglichen Eingriffs bzw. dessen Umfang dürften sich nur auf der Grundlage eines konkreten patientenspezifischen Befundes hinreichend bestimmt darstellen lassen. Ebenso ist es ohne Kenntnis der exakten Diagnose sowie sämtlicher Faktoren, die für die Beurteilung des weiteren Krankheitsverlaufs (z.B. Allgemeinzustand des Patienten, Alter, soziales Umfeld) von Bedeutung sein können, nicht möglich, zuverlässige Aussagen über die Folgen einer Behandlung bzw. deren Unterlassen zu treffen.

[2008] siehe im einzelnen hierzu B. V. 3. c. bb. (2) (a)
[2009] siehe hierzu im einzelnen B. V. 3. c. bb. (2) (b)

Der Arzt kann sich im Vorfeld der entscheidungserheblichen Situation eben nur generell zu bestimmten Krankheitsphänomenen äußern, der konkrete Bezug dieser wissenschaftlichen Erkenntnisse auf den einzelnen Patienten kann keine hinreichende Berücksichtigung finden. Daß dies nicht ausreichend ist, zeigt vor allem die strenge Rechtsprechung des Bundesgerichtshofes zum Gebrauch von Aufklärungsformularen.[2010] Diese beruht auf dem Gedanken, daß es nicht Sinn des Aufklärungsgespräches sein kann, dem Patienten abstraktes medizinisches Wissen über seine Krankheit zu vermitteln, sondern daß es vielmehr darum geht, ihn individuell zu beraten.

Darüber hinaus ist es im Rahmen eines vor der Abfassung eines Patiententestamentes erfolgenden ärztlichen Aufklärungsgespräches nicht möglich, den Verfasser über die später in der akuten Situation zur Verfügung stehenden Behandlungsmöglichkeiten des Krankenhauses zu informieren, in das er eingeliefert werden wird, sowie über in anderen Kliniken bereitstehende Alternativen, insbesondere soweit diese zum Zeitpunkt des Aufklärungsgespräches dort noch überhaupt nicht praktiziert werden. Dieses Informationsdefizit aber kann entscheidenden Einfluß auf die Abwägung des Patienten und die Wahl seiner Behandlungsentscheidung haben.

Insgesamt bleibt daher festzuhalten, daß die Verlaufsaufklärung gegenüber dem Verfasser eines Patiententestamentes allenfalls rudimentär und nicht in dem Maße erfolgen kann, das die Rechtsprechung im Vorfeld eines Heileingriffes fordert.

(c) Risikoaufklärung

Im Bereich der Risikoaufklärung[2011] zeigt die Abkehr der Rechtsprechung des Bundesgerichtshofes von der abstrakt-generellen Aufklärung über die Komplikationsdichte hin zu dem konkret-individuellen Maßstab der spezifischen Bedeutung des Risikos für die Lebensführung des Patienten, daß die vor der Abfassung des Patiententestamentes notwendigerweise abstrakt erfolgende Aufklärung nicht hinreichend ist. Der Arzt könnte den Verfügenden allenfalls im Hinblick auf seine derzeitige spezifische Lebenssituation mit allen Risiken eines Eingriffs konfrontieren, die seine Lebensführung nachhaltig beeinträchtigten, nicht jedoch in Bezug auf diejenigen Le-

[2010] siehe hierzu im einzelnen B. V. 3. c. bb. (2) (d) (dd)
[2011] siehe hierzu im einzelnen unter B. V. 3. c. bb. (2) (c)

bensverhältnisse, denen sich der Testator einmal ausgesetzt sehen wird, wenn das Patiententestament als Entscheidungsmaßstab herangezogen werden soll.[2012]

Ebenso scheidet natürlich im Vorfeld der Errichtung einer Patientenverfügung eine Information des Patienten über den konkreten Erfahrungsstand des in der entscheidungserheblichen Situation behandelnden Arztes mit möglicherweise dann in Frage stehenden schwerwiegenden Operationen aus, die durch einen Kollegen oder in einer anderen Klinik erfolgversprechender durchgeführt werden könnten. Gleiches gilt im Hinblick auf die konkreten Klinikverhältnisse, über die sinnvoll nur unmittelbar vor der Durchführung der Behandlung aufgeklärt werden kann.

Erwägungen, die sich mit den Chancen und Risiken eines Eingriffs befassen, können für den Bereich der Patiententestamente nicht bereits deshalb als unerheblich bezeichnet werden, weil die in diesen beschriebene Situation für den Patienten ohnehin hoffnungslos sei und letztlich unweigerlich zum Tode führen werde.[2013] Denn da Behandlungsziele je nach dem Gesundheitszustand des Patienten unterschiedlich definiert sein können und im Falle einer unheilbaren Erkrankung bereits der Gewinn einer zusätzlichen Lebensspanne für den Betroffenen von großem Wert sein kann, ist auch in dieser letzten Lebensphase eine Abwägung zwischen mehreren Behandlungsalternativen durchaus noch sinnvoll und geboten. Nicht zuletzt kann es bei der Entscheidung über die Vornahme einer lebenserhaltenden Maßnahme darum gehen, neben einem möglicherweise mit dieser verbundenen zeitlichen Aufschub des Todeseintritts einen vermutlich mit geringeren Leiden verbundenen Lebensrest zu gewährleisten. Derartige Fragen aber lassen sich niemals abstrakt, sondern stets nur konkret in der betreffenden Situation sinnvoll erörtern.

Die Risikoaufklärung kann daher vor der Errichtung eines Patiententestamentes nicht ordnungsgemäß durchgeführt werden.

(d) Person des Aufklärungsverpflichteten

Geringere Probleme ergeben sich hingegen im Rahmen der Durchführung der Aufklärung, soweit die aufklärungsverpflichtete Person betroffen ist.[2014] Da der behandelnde Arzt die Aufklärung anderen Ärzten überlassen darf, wäre insofern die man-

---

2012 zu den Schwierigkeiten der Antizipierbarkeit der entscheidungserheblichen Situation der unheilbaren Erkrankung siehe nachfolgend unter C. III. 2. a. dd. (9)

2013 Schöllhammer, Die Rechtsverbindlichkeit des Patiententestaments, S. 78

2014 siehe hierzu im einzelnen B. V. 3. c. bb. (2) (d) (aa)

gelnde Personenidentität zwischen aufklärendem und behandelndem Arzt als unerheblich anzusehen. Gegebenenfalls wäre letzterer verpflichtet, mit ersterem Rücksprache zu nehmen, sofern sich Zweifel an dem Umfang bzw. der Intensität der erfolgten Aufklärung anders nicht beheben lassen.

(e) Zeitpunkt der Aufklärung

Demgegenüber vermag die ärztliche Aufklärung vor Abfassung eines Patiententestamentes in keiner Weise den Anforderungen zu genügen, die in zeitlicher Hinsicht an eine ordnungsgemäße Aufklärung vor einem akuten Eingriff gestellt werden.[2015] Da eine umfassende und einzelfallbezogene Aufklärung erst dann sinnvoll erfolgen kann, wenn alle Untersuchungen und die Diagnosefeststellung abgeschlossen sind, wird generell befürwortet, ein Aufklärungsgespräch nicht früher als drei Tage vor dem geplanten Eingriff durchzuführen. Selbst wenn man bereit wäre, diese zeitliche Grenze im Einzelfall um einige Tage auszudehnen, muß jedenfalls eine lange vor diesem Zeitpunkt erfolgte Information des Patienten insbesondere dann als unzureichend angesehen werden, wenn sich zwischenzeitlich die gesundheitliche Verfassung des Patienten verändert hat.

(f) Vorinformation des Verfügenden

Der zeitliche Abstand zu der in Frage stehenden Behandlungsentscheidung läßt es zweifelhaft erscheinen, ob eine Aufklärung unter dem Gesichtspunkt der Vorinformation des Verfügenden unterbleiben kann.[2016] Da diese in gleicher Weise wie jede durch einen Arzt gegenüber dem Verfasser eines Patiententestamentes vorgenommene Aufklärung naturgemäß auf das Vorliegen abstrakten Fachwissens beschränkt sein muß, fehlt es dem Verfügenden gerade an jenen behandlungsspezifischen Detailkenntnissen, die sich nur in der konkreten Situation vermitteln lassen. So kann zwar das Fachwissen des Testators zum Zeitpunkt der Abfassung des Patiententestamentes ein Aufklärungsgespräch in vollem Umfange entbehrlich machen, in der entscheidungserheblichen Situation jedoch wird der behandelnde Arzt dennoch den gleichen Patienten in aller Regel nicht als bereits hinreichend informiert ansehen können.

[2015] siehe hierzu im einzelnen B. V. 3. c. bb. (2) (d) (ee)

[2016] siehe hierzu im einzelnen B. V. 3. c. bb. (2) (e) (aa); eine solche ausreichende Vorinformation wird teilweise in Patiententestamenten behauptet (z.B. Uhlenbruck, Der Patientenbrief, NJW 1978, S. 566, 569)

Selbst wenn man somit entsprechend einer teilweise vertretenen Auffassung davon ausgehen wollte, daß bezüglich desjenigen, der ein Patiententestament verfaßt, davon ausgegangen werden könne, er habe sich zuvor mit der darin beschriebenen Krankheitssituation eingehend befaßt, da es lebensfremd sei anzunehmen, irgendjemand werde ein solches Formular unbedacht unterschreiben,[2017] würde diese Kenntnis eine eingehende Aufklärung in der entscheidungserheblichen Situation nicht entbehrlich machen.

(g) Entschlossenheit des Verfügenden

Einschränkungen hinsichtlich der Aufklärungsverpflichtung des behandelnden Arztes ergeben sich auch nicht aus dem Hinweis, der Verfasser eines Patiententestamentes habe seine Behandlungsentscheidung bereits verbindlich getroffen und bedürfe daher keiner Aufklärung mehr. Nach den allgemeinen Aufklärungsregeln[2018] hat sich der Arzt gerade dann, wenn ein Patient seine Behandlungsentscheidung bereits vor der ersten Untersuchung getroffen zu haben scheint, eingehend darüber zu vergewissern, inwieweit der Patient über die erforderlichen Informationen verfügt. Gegebenenfalls hat er diese zu ergänzen.

(h) Aufklärungsverzicht

Häufig wird gegenüber sämtlichen vorstehend erörterten Bedenken an einer ordnungsgemäßen Aufklärung der Einwand erhoben, diese seien schon deshalb nicht stichhaltig, weil der Patient auf die Aufklärung wirksam verzichten könne.[2019]

2017 Rickmann, Zur Wirksamkeit von Patiententestamenten, S. 173; Eisenbart, Patiententestamente und Stellvertretung in Gesundheitsangelegenheiten, S. 138; Schöllhammer, Die Rechtsverbindlichkeit des Patiententestaments, S. 77, 82. Zweifelhaft erscheint in diesem Zusammenhang auch Schöllhammers Annahme, aus dem geringen Verbreitungsgrad der Vordrucke für Patiententestamente sei zu folgern, daß derjenige, der in den Besitz eines solchen Formulars gekommen sei, seine Entscheidung besonders gewissenhaft getroffen habe. Zum einen wächst die Zahl der Verbände und Organisationen, die Patiententestamente vertreiben, kontinuierlich, so daß sicher keine besonders intensive Beschäftigung mit den hier relevanten Fragen vonnöten ist, um einen solchen Vordruck zu erhalten. Von der Unterschrift unter weitreichende Erklärungen aber auf eine angemessene vorherige geistige Auseinandersetzung des Betreffenden mit dem Inhalt seiner Erklärung zu schließen, erscheint vor dem Hintergrund der Erfahrungen der Praxis, die insbesondere zum Erlaß des VerbrKrG und des HausTWG geführt haben, fragwürdig.

2018 siehe hierzu im einzelnen unter B. V. 3. c. bb. (2) (e) (cc)

2019 Schöllhammer, Die Rechtsverbindlichkeit des Patiententestaments, S. 78, 85; Rickmann, Zur Wirksamkeit von Patiententestamenten, S. 172; Mayer, K. G., Medizinische Maßnahmen an Betreuten, S. 87

Teilweise wird die Auffassung vertreten, daß die von der Rechtsprechung an den Aufklärungsverzicht vor der Erteilung der Einwilligung in eine Heilbehandlung gestellten Anforderungen nicht eingehalten werden müßten, da es hier lediglich um die Verweigerung eines Eingriffes gehe. Sogar ein vollständiger Verzicht auf jegliche Aufklärung sei daher rechtswirksam.[2020] Der Verfasser eines Patiententestamentes erkläre konkludent diesen Verzicht.[2021] Insbesondere ergebe sich bereits daraus, daß der Patient den Weg des Patiententestamentes gewählt habe, daß er ein gewisses Mißtrauen gegenüber Ärzten und nahen Angehörigen hege, die er durch seine Erklärung an seinen Willen binden wolle. Dadurch werde die Freiwilligkeit des Verzichtes auf erneute Aufklärung belegt.[2022]

Andere halten zwar daran fest, daß der Patient vor der Ablehnung der Behandlungsmaßnahme aufzuklären sei, erkennen jedoch die notwendige ärztliche Grundaufklärung bereits aufgrund der abstrakten Eingriffsangaben in den Patiententestamenten als ordnungsgemäß an.[2023]

Es erscheint bereits mehr als fraglich, ob man dem Verfasser eines Patiententestamentes unterstellen kann, er verzichte konkludent auf eine hinreichende Aufklärung. Der Verfügende dürfte sich in aller Regel zu Fragen des Aufklärungsverzichtes überhaupt keine Gedanken machen, so daß die Unterstellung eines entsprechenden Erklärungsbewußtseins willkürlich ist.[2024] Ferner ist der Rückschluß von einem möglicherweise durch das Abfassen eines Patiententestamentes bekundeten Mißtrauen gegenüber Ärzten auf einen Aufklärungsverzicht äußerst gewagt und außerordentlich spekulativ. Wollte man einen solchen tatsächlich annehmen, so müßte konse-

---

[2020] Schöllhammer, Die Rechtsverbindlichkeit des Patiententestaments, S. 88; Eisenbart, Patiententestamente und Stellvertretung in Gesundheitsangelegenheiten, S. 148; ähnlich Uhlenbruck, Rechtliche, medizinische und theologische Probleme im Grenzbereich zwischen Leben und Tod in: Uhlenbruck/Rollin, Sterbehilfe und Patiententestament, S. 33 (92), der aus der grundsätzlichen Möglichkeit, auf Aufklärung durch den Arzt zu verzichten, folgert, daß ein solcher Verzicht schon zu einem Zeitpunkt erklärt werden könne, zu dem die Art der Erkrankung noch gar nicht bekannt sei.

[2021] Schöllhammer, Die Rechtsverbindlichkeit des Patiententestaments, S. 84; Eisenbart, Patiententestamente und Stellvertretung in Gesundheitsangelegenheiten, S. 145 f.; Saueracker, Die Bedeutung des Patiententestamentes, S. 79; Mayer, Medizinische Maßnahmen an Betreuten, S. 87; Baumann/Hartmann, Die zivilrechtliche Absicherung der Patientenautonomie, DNotZ 2000, 594 (607)

[2022] Schöllhammer, Die Rechtsverbindlichkeit des Patiententestaments, S. 86; Eisenbart, Patiententestamente und Stellvertretung in Gesundheitsangelegenheiten, S. 145; teilweise findet sich in Patiententestamenten auch ein ausdrücklicher Aufklärungsverzicht (z.B. Uhlenbruck, Der Patientenbrief, NJW 1978, 566, 570).

[2023] Uhlenbruck, Der Patientenbrief, NJW 1978, 566 (568); Rickmann, Zur Wirksamkeit von Patiententestamenten, S. 173; hilfsweise stützt sich auch Eisenbart, Patiententestamente und Stellvertretung in Gesundheitsangelegenheiten, S. 145, 147 auf dieses Argument.

[2024] zustimmend insofern auch Röver, Einflußmöglichkeiten des Patienten im Vorfeld einer medizinischen Behandlung, S. 149, die deshalb fordert, der Aufklärungsverzicht müsse ausdrücklich in dem Patiententestament erklärt werden.

quenterweise auch jedem Patienten, der vor einem akut bevorstehenden Eingriff ein Aufklärungsformular unterzeichnet, unterstellt werden, er habe hierdurch dokumentiert, auf weitergehende Aufklärungsmaßnahmen zu verzichten. Hierdurch würde das schutzwürdige Informationsinteresse des Patienten in nicht zu rechtfertigender Weise unterlaufen werden. Die Rechtsprechung geht daher auch nur dann von der Erklärung eines Aufklärungsverzichtes - unabhängig von dessen Wirksamkeit - aus, wenn der Patient deutlich und unmißverständlich zum Ausdruck gebracht hat, daß er auf weitere Informationen keinen Wert legt.[2025] Diese Voraussetzung ist zumindest nicht erfüllt, wenn ein Patiententestament unterzeichnet wird, das nicht ausdrücklich die Erklärung enthält, daß der Verfasser auf jede Aufklärung verzichtet.

Inhaltlich steht es zwar jedem Patienten grundsätzlich frei, in Ausübung seines Selbstbestimmungsrechtes auf Einzelheiten der Aufklärung bezüglich eines Heileingriffes zu verzichten.[2026] Andererseits ist jedoch ein Verzicht auf jegliche Information (Blankoverzicht) nicht möglich. Der Patient ist zumindest in Grundzügen über die Diagnose seiner Krankheit sowie über den Verlauf und die Risiken eines zur Diskussion stehenden Eingriffs zu informieren, so daß er vor diesem Hintergrund abzuschätzen weiß, auf was er verzichtet. Diese Vermittlung von Grundinformationen muß sich über abstraktes medizinisches Fachwissen hinaus stets auf die konkrete Situation des Patienten erstrecken. Nicht von ungefähr wird daher im Schrifttum die Forderung erhoben, daß der Aufklärungsverzicht erst zu dem Zeitpunkt erklärt werden könne, zu dem der Arzt verpflichtet sei, den Patienten zu informieren.[2027] Allein diese Lösung fügt sich widerspruchslos in die Rechtsprechung zum Zeitpunkt der Aufklärungsverpflichtung des Arztes ein. Denn erst, wenn es dem Arzt nach Abschluß aller erforderlichen Untersuchungen möglich ist, den Patienten angemessen über die Möglichkeiten des weiteren Behandlungsablaufes zu unterrichten, kann im Gegenzug auch der Patient freiverantwortlich darüber entscheiden, in welchem Maße er aufgeklärt werden möchte. Erst zu diesem Zeitpunkt kann ihm der Arzt die vorerwähnten Informationen vermitteln, auf deren Grundlage der Patient überhaupt in die Lage versetzt wird, freiverantwortlich und selbstbestimmt auf eine weiterführende Aufklärung zu verzichten. Die abstrakten Angaben des Patiententestamentes vermögen diese Funktion nicht zu übernehmen.

In diesem Zusammenhang sollte die psychische Verfassung des Patienten in der entscheidungserheblichen Situation nicht unterschätzt werden. Sie dürfte sich - ge-

---

[2025] BGH NJW 1959, 811 (813); OLG Bremen MedR 1983, 111 (112); LG Bremen MedR 1983, 73
[2026] siehe hierzu im einzelnen B. V. 3. c. bb. (2) (e) (bb)
[2027] Ehlers, Die ärztliche Aufklärung, S. 101

rade auch im Hinblick auf die Erklärung eines Behandlungsverzichtes - im Vorfeld kaum hinreichend antizipieren lassen.[2028]

Daß aber die Frage, ob ein Aufklärungsverzicht vor der Durchführung eines Heileingriffs oder vor dessen Verweigerung erklärt wird, keine Rückschlüsse auf den Umfang der Aufklärungsverpflichtungen des Arztes zuläßt, wurde bereits erörtert.

(i) Ergebnis

Zusammenfassend bleibt festzuhalten, daß eine ärztliche Aufklärung im Vorfeld der Abfassung eines Patiententestamentes aufgrund ihrer Abstraktheit notgedrungen mit schwerwiegenden Mängeln behaftet ist, so daß sie den von der Rechtsprechung entwickelten Anforderungen in vielfältiger Weise nicht hinreichend Rechnung trägt. Dies gilt sowohl im Hinblick auf die Diagnose- als auch hinsichtlich der Verlaufs- und Risikoaufklärung. Darüber hinaus ist eine Aufklärung vor der Abfassung eines Patiententestamentes in aller Regel als verfrüht anzusehen, so daß auch ein zu diesem Zeitpunkt möglicherweise erklärter Aufklärungsverzicht nicht wirksam werden kann. Diese Schwierigkeiten lassen sich nicht unter Berufung auf das etwaige Fachwissen des Verfügenden oder seine angeblich feste Entschlossenheit, das in der Verfügung Niedergelegte zu wollen, überwinden. Der Verfasser eines Patiententestamentes ist daher bezüglich der entscheidungserheblichen Situation als nicht hinreichend aufgeklärt zu betrachten, so daß seine Behandlungsentscheidung allein aus diesem Grunde unwirksam ist.

(9) Antizipierbarkeit der entscheidungserheblichen Situation

Einer der problematischsten Bereiche, die bei der Frage nach der Verbindlichkeit des Patiententestamentes zu prüfen sind, resultiert aus der Erfahrungstatsache, daß sich die individuellen Erwartungen, die ein kranker und insbesondere ein dem Sterben naher Mensch mit seinem Leben verknüpft, in sehr starkem Maße von denjenigen unterscheiden können, die er noch in gesunden Tagen geäußert und für selbstverständlich gehalten hat.[2029] Starke psychische Veränderungen sind bei schwer-

---

[2028] siehe hierzu im einzelnen auch nachfolgend unter (9)

[2029] Ziegler, Der Abruf in die Ewigkeit in: Deutsch/Kleinsorg/Ziegler, Das Patiententestament, S. 23 (39 f.); Eisenbart, Patiententestamente und Stellvertretung in Gesundheitsangelegenheiten, S. 154; Fritz, Ärztliche Gedanken zur Intensivmedizin in: Uhlenbruck/Rollin, Sterbehilfe und Patiententestament, S. 114 (116); Meran, Patientenverfügung in: Koch/Meran/Sass, kranken Menschen die Regel.[2030] Nicht selten machen gerade die Angehörigen solcher Patienten die Erfahrung, daß diese ihre für Außenstehende gleichermaßen hoffnungs- wie aussichtslos und erschütternd erscheinende Lage überhaupt nicht als solche wahrnehmen.[2031] Zudem scheint das, was über Jahrzehnte im Mittelpunkt ihres Lebens gestanden und ihre ganze Aufmerksamkeit in Anspruch genommen hat, mit einem Male gänzlich aus ihrem Blickfeld entschwunden zu sein, während bereits die erfolgreiche Verrichtung der einfachsten Dinge des täglichen Lebens das Gefühl innerer Zufriedenheit aufkommen läßt. Mit der Verschiebung der eigenen Wertmaßstäbe aber geht in aller Regel ein vormals nicht für möglich gehaltenes Erstarken des Lebenswillens einher.[2032]

Die allgemeine Lebensphilosophie des Gesunden erweist sich in der Konfrontation mit dem Tod nur allzu oft als revisionsbedürftig.[2033] Der existentielle Behandlungsentschluß wird im Gegensatz zum gewöhnlichen vorrangig emotionsbedingt gefaßt, die konkrete Belastung durch das Auftreten von Todesangst, Leiden und Lebenswillen ruft starke irrationale Gefühle hervor, die ihrerseits entscheidungsbestimmend sind. Das allgemeine Wissen um infauste Befunde und inkurable Schmerzzustände kann die Beurteilung im Einzelfall nicht ersetzen, da sich die Fähigkeit, der Wille und die Einstellung zum Ertragen von Leiden nur in der konkreten Situation beurteilen lassen.[2034] Ein Einstellungswechsel erfolgt derart häufig, daß gar die Ansicht vertreten wird, daß nur Ausnahmepersönlichkeiten zu früher abgegebenen Erklärungen auch noch zum Zeitpunkt ihrer Aktualisierung stünden.[2035]

Patientenverfügung und stellvertretende Entscheidung, S. 2 (12); Möllering, Schutz des Lebens - Recht auf Sterben, S. 55; Bade, Der Arzt an den Grenzen von Leben und Recht, S. 162

2030 Rickmann, Zur Wirksamkeit von Patiententestamenten, S. 178; Uhlenbruck, Rechtliche, medizinsiche und theologische Probleme im Grenzbereich zwischen Leben und Tod in: Uhlenbruck/Rollin, Sterbehilfe und Patiententestament, S. 33 (94)

2031 Sonnenfeld, Sterbehilfe in gerichtlich legitimierter Selbstverantwortung des Betreuers ? S. 12 f.

2032 Opderbecke, Grenzen der Intensivtherapie in: Lawin/Huth, Grenzen der ärztlichen Aufklärungs- und Behandlungspflicht, S. 109 (110); Sass, Die ethische Diskussion in: Koch/Meran/Sass, Patientenverfügung und stellvertretende Entscheidung, S. 39 (44)

2033 Fritz, Ärztliche Gedanken zur Intensivmedizin in: Uhlenbruck/Rollin, Sterbehilfe und Patiententestament, S. 114 (116); Harder, Voluntas aegroti suprema lex, Arztrecht 1991, 11 (14)

2034 v. Dellingshausen, Sterbehilfe und Grenzen der Lebenserhaltungspflicht des Arztes, S. 371

2035 Rickmann, Zur Wirksamkeit von Patiententestamenten, S. 176 f.; Hirsch, Der sterbende Mensch, ZRP 1986, 239 (241); auch Rieger, Die mutmaßliche Einwilligung in den Behandlungsabbruch, S. 90 geht davon aus, daß gerade im Falle eines antizipierten Behandlungsverzichts im Hinblick auf qualitative Einbußen der Lebensführung eine hohe Wahrscheinlichkeit für eine Abstandnahme spreche, sobald die reale Bedrohung des eigenen Lebens wahrgenommen werde.
Der Arzt M. v. Lutterotti, Menschenwürdiges Sterben, S. 110 schreibt unmißverständlich:"Die tatsächliche Situation und Einstellung eines terminal Kranken sind aber von den Vorstellungen Gesunder so grundverschieden, daß sie gar nicht vergleichbar sind. Es ist nicht zuviel gesagt, wenn man feststellt, daß sich Gesunde, zumal wenn sie noch jünger sind, über das, was sie als Schwerkranke oder Sterbende empfinden werden, in aller Regel völlig falsche Vorstellungen machen. Mit anderen Worten: Es handelt sich so gut wie immer um anthropologische Fehlurteile."

Ist jedoch davon auszugehen, daß sich die Frage des Wertes des menschlichen Lebens und der Würde des Sterbens aus dem Blickwinkel eines gesunden Menschen anders beurteilt als aus der Perspektive eines Moribunden, so stellt sich zwangsläufig die Frage, ob und in welchem Umfange Behandlungsanweisungen, die vor dem Eintritt der kritischen Situation erteilt wurden, als verbindlich anzuerkennen sind, insbesondere ob die der Abfassung eines Patiententestamentes zugrundeliegende Willensbildung als ausreichend angesehen werden kann.[2036] Da der Verfügende seine Entscheidung zu einem Zeitpunkt trifft, in dem er die Intensität seines Willens zur unbedingten Lebensverlängerung in der kritischen Situation einer unheilbaren Krankheit noch nicht kennengelernt hat, besteht allein aufgrund der Abstraktheit der Entscheidungsfindung die Gefahr, daß er die Entscheidung inhaltlich anders fällt, als

---

Eid, Freie Verfügung über das eigene Leben ? in: Eid, Euthanasie oder soll man auf Verlangen töten ? S. 71 (91): " ... ist die Frage nicht zu entscheiden, ... ob ein in Tagen der Gesundheit festgelegter Entscheid auch in der Sterbesituation aufrechterhalten wird."

Reiter, Die aktuelle Euthanasiediskussion in: Eid, Euthanasie oder soll man auf Verlangen töten ? S. 185 (195): "Die in einer anderen Situation erstellte Patientenverfügung hält aller Erfahrung nach diese Probe nicht aus und widerspricht dem, was der Kranke im entscheidenden Moment wirklich will."

Der Arzt Schindler, Konzept einer lindernden Medizin in: Neumann/Körner, Patientenautonomie und Humanes Sterben, S. 39 (46) berichtet: "... denke ich an die, die ihrem Leben eigentlich ein Ende setzen wollten, ... wenn es noch schlimmer komme. ... Es kam schlimmer. Aber jedesmal wenn ein neues Problem auftauchte, ein neuer Schmerz, ... dann schien das Maß des Erträglichen zu wachsen, tauchte eine neue, wie auch immer geartete Hoffnung auf. Situationen, die noch drei Monate zuvor als unerträglich beschrieben worden waren, wurden plötzlich mit großer Tapferkeit durchlebt und durchlitten."

Der Arzt Spittler, Der Patientenwille und die Prognose in: Neumann/Körner, Patientenautonomie und Humanes Sterben, S. 93 (96) berichtet über eine Patientin im Terminalstadium, die ihre anfängliche Absicht zu sterben verworfen hatte: "... Sie hat eine für uns Gesunde unvorstellbar bescheidene Lebensqualität gehabt, die ich in meinem ersten Eindruck von außen als für mich nicht lebenswert angesehen hätte. Ich kann schließlich nach meiner eigenen Beobachtung nur sagen, daß wir Menschen sehr bescheiden werden können." A.a.O., S. 93 (100): "Ich habe immer nur Patienten erlebt, die ihre Chance wahrgenommen haben, so klein und problematisch wie sie war. Gegenüber der Selbstsicherheit mancher fordernder Diskussion möchte ich jedenfalls gerne zu der Einsicht mahnen, daß wir wohl oft anders denken und handeln, wenn unser eigener Pelz brennt, und daß uns eine respektvolle Behutsamkeit mit dem vermeintlichen Sinneswandel eines Betroffenen wohl ansteht."

Gerade diesen Sachverhalt aber ignorieren diejenigen zu Unrecht, die die Verbindlichkeit des Patiententestamentes mit der Erwägung zu rechtfertigen versuchen, dieses bewirke eine Beweisvermutung für den aktuellen Patientenwillen, die dem Arzt die Darlegungs- und Beweislast zuweise, wenn er ihr nicht folgen wolle (so Taupitz, Empfehlen sich zivilrechtliche Regelungen in: Verhandlungen des 63. DJT 2000, Bd. I, Gutachten A, S. A 118; ebenso Scheffen, Zivilrechtliche Neuregelung der passiven Sterbehilfe und Sterbebegleitung, ZRP 2000, Heft 8, S. 1, 4, die die Auffassung vertritt, mit dem Hinweis auf eine mögliche Willensänderung lasse sich letztlich jede Willenserklärung, auch eine am Vortage abgegebene, aushebeln. Die Schwierigkeiten der Antizipation gerade des Lebenswillens im Falle einer infausten Prognose läßt sie gänzlich außer Acht).

2036 Eisenbart, Patiententestament und Stellvertretung in Gesundheitsangelegenheiten, S. 126 sieht in dieser Fragestellung das eigentliche Kernproblem im Hinblick auf die mögliche Verbindlichkeit von Patiententestamenten.

wenn er zu dem Zeitpunkt, zu dem die Behandlung notwendig wird, darüber befinden könnte.[2037]

(a) Die Lehre von der uneingeschränkt ausreichenden Willensbildung

Teilweise werden die Voraussetzungen für die Willensbildung des Patienten trotz dieser Risiken für ausreichend gehalten.

Dabei wird im Hinblick auf die Fähigkeit zur Antizipation vereinzelt eine Einsichts- und Urteilsfähigkeit gefordert, die dem Urteilsvermögen eines voll Geschäftsfähigen entspreche. Schon ein volljähriger Verfasser eines Patiententestamentes sehe sich der Beurteilung einer der überhaupt am schwersten zu erfassenden Situationen gegenüber, nämlich der Problematik des eigenen Todes. Aus Gründen der Rechtssicherheit sei daher zumindest Minderjährigen die Fähigkeit abzusprechen, wirksam ein Patiententestament errichten zu können.[2038]

Demgegenüber wird von anderer Seite betont, daß an den Maßstab für die Beurteilung der Willensbildung keine erhöhten Anforderungen gestellt werden dürften und daher die Einwilligungsfähigkeit als ausreichend anzusehen sei, weil - anders als beispielsweise bei der Frage nach der Durchführung einer mit Sicherheit lebensrettenden Behandlung - beide Entscheidungsalternativen im Falle einer unheilbaren Krankheit letztlich zum selben Ergebnis führten, nämlich zum baldigen Tod des Patienten. Diesem verbleibe lediglich die Wahl zwischen dem unmittelbaren Sterben und dem unter Umständen mit schweren Schmerzen verbundenen Dahinvegetieren ohne jegliche Chance auf Wiedererlangung des Bewußtseins, zwischen zwei Alternativen also, die gleichermaßen wenig erstrebenswert seien. Der Entscheidung des Patienten komme somit keine erhebliche Bedeutung mehr zu.[2039]

2037 Eser, Lebenserhaltungspflicht und Behandlungsabbruch aus rechtlicher Sicht in: Auer/Menzel/Eser, Zwischen Heilauftrag und Sterbehilfe, S. 75 (113 f.) weist zu Recht darauf hin, daß die formalen Absicherungen eines Patiententestamentes durch psychologische Fiktionen erkauft würden und damit im Grunde irreal seien. Bei hypothetischen Vorwegentscheidungen bestehe immer die Gefahr, daß nur ein beschränkter oder verzerrter Ausschnitt entscheidungsrelevanter Faktoren oder Situationen mitberücksichtigt werde. Außerdem lasse sich nicht überprüfen, ob an der zugrundegelegten Werteskala auch unter veränderten Bedingungen noch festgehalten werde. Ebenso Eser, Grenzen der Behandlungspflicht aus juristischer Sicht in: Lawin/Huth, Grenzen der ärztlichen Aufklärungs- und Behandlungspflicht, S. 77 (81); v. Dellingshausen, Sterbehilfe und Grenzen der Lebenserhaltungspflicht des Arztes, S. 370

2038 Harder, Voluntas aegroti suprema lex, Arztrecht 1991, 11 (14); Eisenbart, Patiententestament und Stellvertretung in Gesundheitsangelegenheiten, S. 131 f.

2039 Schöllhammer, Die Rechtsverbindlichkeit des Patiententestaments, S. 98; auch Eisenbart, Patiententestamente und Stellvertretung in Gesundheitsangelegenheiten, S. 140 scheint diesem Argument folgen zu wollen, ohne dabei jedoch den Widerspruch zu der von ihr an anderer Stelle

Vor diesem Hintergrund sei es erforderlich und angemessen, dem Betroffenen die Möglichkeit einzuräumen, seine persönliche Prognose für die bezeichnete Situation und seinen Willen zu diesem Zeitpunkt zu stellen, obwohl klar sei, daß diese Prognose mit einem starken Fehlerrisiko behaftet sei, was wiederum umso schwerer wiege, als sich ein solcher Fehler nicht mehr rückgängig machen lasse.[2040] Denn das Selbstbestimmungsrecht umfasse gerade auch das Recht, eine sich möglicherweise als falsch erweisende Behandlungsentscheidung zu treffen.[2041] Letztlich sei im Sinne der Stärkung des Selbstbestimmungsrechtes nicht so sehr das objektive Freisein des Menschen von Zwängen von Bedeutung als vielmehr das subjektive Freiheitsbewußtsein sowie die "relative Gefühlsgewißheit", daß die Entscheidung in derjenigen Situation so gefällt werden würde, in der die notwendigen ärztlichen Maßnahmen zu ergreifen bzw. zu unterlassen seien.[2042] Es mute geradezu makaber an, wenn die Rechtsverbindlichkeit des Patiententestamentes nur deshalb in Frage gestellt werde, weil der Sterbende möglicherweise seine früher abgegebene Erklärung in der konkreten Behandlungssituation widerrufen würde.[2043]

Zweifel daran, daß der Verfügende noch an seinem einstmals geäußerten Willen festhalten wolle, seien darüber hinaus schon deshalb nicht von größerer Bedeutung, weil dieser jederzeit die Möglichkeit habe, das Patiententestament formfrei zu widerrufen.[2044]

Die Urteilsfähigkeit und -möglichkeit bezüglich solcher Behandlungsentscheidungen, bei denen der Eintritt des Todes zu befürchten sei, könne dem einzelnen nicht abgesprochen werden, da andernfalls dem Menschen, der im Alltag in den vielfältig-

---

vertretenen Auffassung aufzulösen, daß die antizipierte Entscheidung aufgrund ihrer Bedeutung nur von einem voll Geschäftsfähigen getroffen werden könne.

2040 Schöllhammer, Die Rechtsverbindlichkeit des Patiententestaments, S. 99

2041 Schöllhammer, Die Rechtsverbindlichkeit des Patiententestaments, S. 114; Eisenbart, Patiententestamente und Stellvertretung in Gesundheitsangelegenheiten, S. 156; Saueracker, Die Bedeutung des Patiententestamentes, S. 115; Uhlenbruck, Rechtliche, medizinische und theologische Probleme im Grenzbereich zwischen Leben und Tod in: Uhlenbruck/Rollin, Sterbehilfe und Patiententestament, S. 33 (94); Bottke, Strafrechtliche Probleme am Lebensbeginn und am Lebensende in: Deutsche Sektion der Internationalen Juristen-Kommission, Lebensverlängerung aus medizinischer, ethischer und juristischer Sicht, S. 35 (102); Mayer, K. G., Medizinische Maßnahmen an Betreuten, S. 86; Taupitz, Empfehlen sich zivilrechtliche Regelungen in: Verhandlungen des 63. DJT 2000, Bd. I, Gutachten A, S. A 108; Höfling, Forum: Sterbehilfe zwischen Selbstbestimmung und Integritätsschutz, JuS 2000, 111 (115)

2042 Schöllhammer, Die Rechtsverbindlichkeit des Patiententestaments, S. 115

2043 Uhlenbruck, Rechtliche, medizinische und theologische Probleme im Grenzbereich zwischen Leben und Tod in: Uhlenbruck/Rollin, Sterbehilfe und Patiententestament, S. 33 (87)

2044 Taupitz, Empfehlen sich zivilrechtliche Regelungen in: Verhandlungen des 63. DJT 2000, Bd. I, Gutachten A, S. A 116 sten Situationen auf Gefahren treffe, die im schlimmsten Falle einen tödlichen Ausgang nehmen könnten, kaum mehr eine Entscheidung möglich sei.[2045]

Der Bundesgerichtshof habe in seiner Myom-Entscheidung anerkannt, daß ein Patient über die Möglichkeit verfüge, selbst solche Behandlungsentscheidungen zu treffen, die zum Tode führten.[2046] Auch in anderen Fällen sei die Rechtsprechung zu dem Ergebnis gelangt, daß ein von einem urteilsfähigen Patienten ausgesprochener Verzicht auf lebensverlängernde Maßnahmen den Arzt dann binde, wenn dieser im voraussehbaren Verlauf der Krankheit das Bewußtsein verliere und keine wesentliche Veränderung der seiner Erklärung zugrundeliegenden Umstände erkennbar sei.[2047]

Ferner spreche für die Antizipierbarkeit der in einem Patiententestament zu treffenden Entscheidungen, daß andernfalls Menschen die Entscheidung fällen müßten, die ebenfalls nicht über die erforderliche Urteilsfähigkeit verfügten. Es erscheine äußerst fraglich, ob Dritte eher in der Lage seien, die hypothetische Entscheidung des Patienten zu treffen als dieser selbst. Sie könnten weder die Bedeutung von Schmerz und Leidensfrustration für den Patienten beurteilen noch die Intensität seines Lebenswillens erkennen. Abgesehen davon lasse eine solche Drittentscheidung die Individualität des Patienten unberücksichtigt, sein Selbstbestimmungsrecht werde ausgehöhlt.[2048]

Mit dem Selbstbestimmungsrecht des Patienten sei es zudem unvereinbar, wenn er mit dem Bewußtsein leben müsse, nicht rechtlich verbindlich verhindern zu können, daß ein Arzt trotz infauster Prognose oder irreversibler Bewußtlosigkeit seinen Sterbeprozeß künstlich verlängern werde.[2049] Dem Patienten werde auf diese Weise die Chance genommen, das Thema Sterben psychisch zu verarbeiten und zu bewältigen. Hierin liege die schwerwiegendste Folge der Ablehnung der Verbindlichkeit des Patiententestamentes.[2050] Räume man dem Arzt eine Entscheidungsmacht für den Bereich der Sterbehilfe ein, für den das Patiententestament Regelungen treffe, so

---

2045 Eisenbart, Patiententestamente und Stellvertretung in Gesundheitsangelegenheiten, S. 155

2046 Schöllhammer, Die Rechtsverbindlichkeit des Patiententestaments, S. 99; Eisenbart, Patiententestament und Stellvertretung in Gesundheitsangelegenheiten, S. 129

2047 Schöllhammer, Die Rechtsverbindlichkeit des Patiententestaments, S. 104 unter Verweis auf OLG München, MedR 1988, 151 (153); ähnlich Taupitz, Empfehlen sich zivilrechtliche Regelungen in: Verhandlungen des 63. DJT 2000, Bd. I, Gutachten A, S. A 107

2048 Schöllhammer, Die Rechtsverbindlichkeit des Patiententestaments, S. 99, 102 f.; Eisenbart, Patiententestamente und Stellvertretung in Gesundheitsangelegenheiten, S. 155

2049 Schöllhammer, Die Rechtsverbindlichkeit des Patiententestaments, S. 104, 124

2050 Schöllhammer, Die Rechtsverbindlichkeit des Patiententestaments, S. 114

maße sich letztlich der Staat eine Macht über das Leben an, die ihm nicht gegeben sei und daher auch nicht von ihm verliehen werden könne.[2051]

Außerdem sei zu bedenken, daß in der Situation der Abfassung eines Patiententestamentes nicht anders als bei der Behandlungsentscheidung vor jeder unter Narkose vorgenommenen Operation der Patient die doppelte Prognose zu treffen habe, wie er sich in der fraglichen Situation des Eingriffs entscheiden würde und welche Auswirkungen der Eingriff für sein weiteres Leben habe. Insbesondere die von der Rechtsprechung entwickelten Grundsätze zur Zulässigkeit von Operationserweiterungen oder -änderungen zeige, daß antizipierte Behandlungsanweisungen zulässig und wirksam seien. Es werde von dem Arzt gar gefordert, den Patient über voraussehbare Möglichkeiten einer Operationserweiterung zu unterrichten und diesbezüglich bereits vor dem Beginn des Eingriffs seine Einwilligung einzuholen.[2052] Sehe man aber den Patienten im Vorfeld der Operation als einwilligungsfähig an, so müsse dies auch im Hinblick auf die Abfassung eines Patiententestamentes gelten.[2053] Insbesondere erweise sich bei genauerem Hinsehen der Unterschied zwischen der Operationserweiterung und der Situation des Patiententestamentes als geringfügig: Während bei letzterem noch völlig unklar sei, ob die fragliche Situation jemals eintrete, müsse vor einer Operation selbst über äußerst selten auftretende Gefahren, die mit dem Risiko der Erweiterung des Eingriffs verbunden seien, aufgeklärt werden. Auch bei diesen Risiken sei die Wahrscheinlichkeit ihrer Verwirklichung kaum höher.

Für die Anerkennung der Antizipierbarkeit der im Patiententestament beschriebenen Situation spreche ferner die Parallele zu den Fällen, in denen religiös motiviert im voraus Bluttransfusionen verweigert würden.[2054] Dort werde die Fähigkeit des Patienten, eine wirksame Entscheidung zu treffen, von der Rechtsprechung[2055] und Literatur[2056] unstreitig anerkannt. Auch im Hinblick auf möglicherweise in Zukunft erforderlich werdende Bluttransfusionen aber gelte, daß der diese Verweigernde seinen Willen für eine nur hypothetisch vorgestellte Leidenssituation zu einem Zeitpunkt

---

[2051] Schöllhammer, Die Rechtsverbindlichkeit des Patiententestaments, S. 115

[2052] Schöllhammer, Die Rechtsverbindlichkeit des Patiententestaments, S. 106 f.; Eisenbart, Patiententestament und Stellvertretung in Gesundheitsangelegenheiten, S. 126 f., 164 f.; Saueracker, Die Bedeutung des Patiententestamentes, S. 115; Koch, Rechtsfragen des Patiententestaments in: Evangel. Akademie Bad Boll, Protokolldienst 1/96, Patiententestamente, S. 7 (18)

[2053] Schöllhammer, Die Rechtsverbindlichkeit des Patiententestaments, S. 100; Taupitz, Empfehlen sich zivilrechtliche Regelungen in: Verhandlungen des 63. DJT 2000, Bd. I, Gutachten A, S. A 109f.

[2054] Hiersche, Das Recht des Menschen auf seinen würdigen Tod, MedR 1987, 83 (84)

[2055] OLG Stuttgart MDR 1964, 1024 (1026)

[2056] Eser in: Schönke/Schröder, StGB, § 223, RNr. 42; Jähnke in: Leipziger Kommentar, StGB, vor § 211, RNr. 33; Bernat, Behandeln oder sterben lassen ? in: Festschrift für Deutsch, 443 (449 f.)

prognostizieren müsse, zu dem er weder Erfahrungen mit dem Tod gemacht habe noch wissen könne, welche Bedeutung das eigene Leben für ihn im Angesicht des nahenden Todes tatsächlich haben werde. Da sich jedoch die Vornahme einer Bluttransfusion in der Regel im Gegensatz zu möglichen Behandlungsmaßnahmen in der Situation des Patiententestamentes lebensrettend auswirke, sei die Wahrscheinlichkeit einer Willensänderung sogar größer als bei dem Verfasser eines Patiententestamentes, für den es letztlich keine Aussicht auf Besserung gebe.[2057] Unterschiede bestünden nur insofern, als im Falle der Verweigerung von Bluttransfusionen die Motivation eine andere, nämlich eine religiöse, sei als im Falle des Patiententestamentes. Diese Tatsache könne im Hinblick auf Art. 3 Abs. 3 GG keinesfalls dazu berechtigen, die beiden Möglichkeiten antizipierter Behandlungsverweigerungen unterschiedlich zu bewerten.[2058]

Schließlich werde die Antizipierbarkeit der im Rahmen des Patiententestamentes zu treffenden Entscheidung dadurch bestätigt, daß der einzelne anerkanntermaßen im voraus in Organtransplantationen und Sektionen einwilligen könne, die Vorausschau in diesen Fällen aber sogar noch ein Stück weiter in die Zukunft gerichtet sei und über die Zeit des Sterbens hinausrage, möge auch die diesbezügliche Entscheidung weniger bedeutsam sein als die in einem Patiententestament zu treffende.[2059]

(b) Stellungnahme zur Lehre von der uneingeschränkt ausreichenden Willensbildung

Bedenklich an der vorskizzierten Argumentationslinie ist bereits die Prämisse, an die Willensbildung seien im Falle einer unheilbaren Erkrankung keine allzu hohen Anforderungen zu stellen. Da sich - wie erwähnt - jede Differenzierung des Lebenswertes unter der Geltung von Art. 1 Abs. 1 GG verbietet und der Respekt vor dem verlöschenden menschlichen Leben es zudem gebietet, die Entscheidungen des Patienten in dieser Lage unverändert ernst zu nehmen, ist seine im Vorfeld erfolgte Willensbildung an den gleichen Maßstäben zu messen, die auch jeder anderen Behandlungsentscheidung zugrundezulegen sind.

2057 Eisenbart, Patiententestamente und Stellvertretung in Gesundheitsangelegenheiten, S. 169; Saueracker, Die Bedeutung des Patiententestamentes, S. 132
2058 Schöllhammer, Die Rechtsverbindlichkeit des Patiententestaments, S. 108; Eisenbart, Patiententestamente und Stellvertretung in Gesundheitsangelegenheiten, S. 169
2059 Schöllhammer, Die Rechtsverbindlichkeit des Patiententestaments, S. 109

Die Aussage, es sei für einen unheilbar kranken Menschen aufgrund der Unvermeidlichkeit des nahen Todeseintrittes gleichgültig, für welchen Behandlungsweg er sich entscheide, erinnert in fataler Weise an die Argumentationsstruktur zahlreicher Befürworter der aktiven Sterbehilfe, die nur allzu gern auf dieses Argument zurückgreifen, um zu belegen, daß es letztlich keine Rolle spiele, auf welche Art und Weise und zu welchem Zeitpunkt ein todkranker Patient letztlich sterbe, so daß die Unterscheidung zwischen aktiver und passiver Sterbehilfe entbehrlich sei.

Unsachlich ist in diesem Zusammenhang die Behauptung, dem Patienten verbleibe lediglich die Möglichkeit, zwischen dem unmittelbaren Sterben und dem unter Umständen mit schweren Schmerzen verbundenen Dahinvegetieren ohne jegliche Chance auf Wiedererlangung des Bewußtseins zu wählen. Zum einen ist hierzu anzumerken, daß keineswegs jede Entscheidung für die Weiterbehandlung eines an einer unheilbaren Krankheit leidenden Patienten zwangsläufig dazu führt, daß dieser mehr leidet als im Falle des Abbruchs der lebensverlängernden Maßnahmen, zumal auch in den letztgenannten Fällen der Tod zumeist nicht unmittelbar, sondern erst nach einigen Tagen oder gar Wochen eintreten wird. Zum anderen wurde mehrfach betont, daß unabhängig von der Frage der Weiterbehandlung des Patienten die Bekämpfung seiner Schmerzen stets an erster Stelle stehen muß, um ihm überhaupt die Möglichkeit zu eröffnen, den ihm verbleibenden Lebensrest mit Sinn zu erfüllen, und daß die Möglichkeiten der modernen Schmerztherapie in aller Regel ausreichen, um dieses Ziel zu verwirklichen. Schließlich ist das Zusammentreffen unerträglicher Schmerzen mit einem Dahinvegetieren in irreversibler Bewußtlosigkeit in der Praxis wohl nicht anzutreffen, da das Schmerzempfinden im zuletzt genannten Falle wohl zumindest ganz erheblich herabgesetzt, wenn nicht gar gänzlich ausgeschaltet sein dürfte.

Die Auffassung, nach der zwar grundsätzlich die Antizipierbarkeit der Behandlungsentscheidung in der Situation des Patiententestamentes anzuerkennen sei, aus Gründen der Rechtssicherheit diese Fähigkeit aber nur volljährigen, voll geschäftsfähigen Personen zugestanden werden soll, vermag schon vom Ansatz her nicht zu überzeugen. Geht man von der Antizipierbarkeit im vorgenannten Sinne aus und macht diese Fähigkeit nicht von spezifischen vorausgegangenen Todeserfahrungen abhängig, so muß sie zwangsläufig jedem zugestanden werden, dem die Entscheidungsbefugnis in der antizipierten Situation zustünde. Gründe für eine abweichende Bewertung bleibt die Gegenansicht schuldig. Daher wäre es allein konsequent, auf die Einwilligungsfähigkeit des Verfügenden als Wirksamkeitskriterium abzustellen, so daß auch Minderjährige in den Kreis möglicher Verfasser von Patiententestamenten einzubeziehen wären.[2060]

Vor dem Hintergrund der soeben beleuchteten Bedeutung der Entscheidung sowie unter Berücksichtigung der selbst von den Befürwortern der Verbindlichkeit des Patiententestamentes nicht in Frage gestellten Tatsache, daß sich die Stärke des Lebenswillens im Falle einer unheilbaren Krankheit aus der Perspektive eines gesunden Menschen im voraus nicht ermitteln läßt und jede diesbezügliche Prognose mit einem enormen Fehlerrisiko behaftet ist, erscheint es zweifelhaft, die Rechtsverbindlichkeit des Patiententestamentes unter Berufung auf das Selbstbestimmungsrecht des Patienten zu befürworten. In gleicher Weise, wie die Behandlungsentscheidung eines Patienten unmittelbar vor einem geplanten Eingriff nur dann Ausdruck seines freien und selbstbestimmten Willens sein kann, wenn feststeht, daß er bei Kenntnis und unter Abwägung aller Umstände sowie der Tragweite und aller möglichen Folgen der Behandlung darüber befunden hat, ob diese seinem aktuellen Interesse entspricht, kann auch von einer antizipierten Ausübung des Selbstbestimmungsrechtes nur dann ernsthaft die Rede sein, wenn die Entscheidung des Betreffenden die Gewähr dafür bietet, daß sie in der in Bezug genommenen kritischen Phase seinen allein dann maßgeblichen Willen zuverlässig widerspiegeln wird.

Ist dies jedoch gerade im Hinblick auf die Entscheidung zur Frage der Anwendung lebenserhaltender bzw. -verlängernder Maßnahmen am Ende des Lebens unstreitig nicht der Fall, so ist jeder Versuch zum Scheitern verurteilt, der darauf abzielt, die Verbindlichkeit des Patiententestamentes aus dem Selbstbestimmungsrecht des Patienten abzuleiten. Es ist mehr als bedenklich, hier von einer Stärkung der Privatautonomie zu sprechen, die letztlich allein auf der Selbsttäuschung des Verfügenden beruht, er könne seinen Behandlungswillen mit hinreichender Wahrscheinlichkeit antizipieren. Mag auch heutzutage gesamtgesellschaftlich betrachtet in zunehmendem Maße das Bedürfnis bestehen, möglichst alles selbständig zu regeln und sich auf diese Weise gegen jedes nur denkbare Risiko abzusichern, so dürfte hinsichtlich des Umfanges der am Lebensende vorzunehmenden lebensverlängernden Maßnahmen zumindest der Weg über das Patiententestament nicht geeignet sein, der Durchsetzung des wahren eigenen Willens in dieser Phase Geltung zu verschaffen.

2060 so auch Berger, Privatrechtliche Gestaltungsmöglichkeiten, JZ 2000, 797 (802); für die Einwilligungsfähigkeit als Wirksamkeitsvoraussetzung des Patiententestamentes stimmte auch der 63. DJT 2000 mit 46:0:3 Stimmen. Zu dieser Auffassung scheint auch Uhlenbruck, Selbstbestimmtes Sterben, S. 304 f. zu tendieren, der zwar nicht ausdrücklich die Einwilligungsfähigkeit zum Maßstab der Testierfähigkeit erhebt, es jedoch für ausreichend erachtet, wenn der Verfügende Wesen, Bedeutung und Tragweite des Behandlungsabbruchs zu beurteilen vermag.

In Anbetracht des erheblichen Prognoserisikos droht der Verfügende zum Gefangenen seines in dem Patiententestament niedergelegten Willens zu werden, ohne daß ihm in der entscheidungserheblichen Situation die Möglichkeit verbliebe, diesen zu revidieren. Denn für einen wirksamen Widerruf eines Patiententestamentes wäre - selbst für den Fall, daß man seine Verbindlichkeit dem Grunde nach bejahen würde - in jedem Falle zu fordern, daß der Verfügende den Widerruf im Zustande der Einwilligungsfähigkeit erklärt.[2061] Solange der Betreffende aber noch über die Fähigkeit verfügt, in der konkreten Situation über die Vornahme von konkreten Behandlungsmaßnahmen zu entscheiden, sind die in dem Patiententestament niedergelegten Verfügungen ohnehin ohne jede Bedeutung, da sie ausschließlich für den Fall niedergelegt wurden, daß der Verfügende nicht mehr in der Lage sein würde, aktuell eigenverantwortliche Behandlungsentscheidungen zu treffen.

Wenn man sich vor Augen hält, daß die fehlende Antizipierbarkeit des Patientenwillens in der hier zu beurteilenden Situation nicht etwa auf dem zeitlichen Abstand zwischen der Abfassung der Verfügung und dem Eintritt der in Bezug genommenen Behandlungssituation, sondern vielmehr allein auf den besonderen psychischen Gegebenheiten zu diesem Zeitpunkt beruht,[2062] entpuppt sich der Hinweis auf die jederzeitige Widerrufbarkeit des Patiententestamentes als wenig überzeugend, um

---

[2061] so auch Baumann/Hartmann, Die zivilrechtliche Absicherung der Patientenautonomie am Ende des Lebens aus der Sicht der notariellen Praxis, DNotZ 2000, 594 (615); Mayer, K. G., Medizinische Maßnahmen an Betreuten, S. 90; Schöllhammer, Die Rechtsverbindlichkeit des Patiententestaments, S. 61; einen entsprechenden Beschluß hat auch der 63. DJT 2000 mit 44:5:2 Stimmen gefaßt. Konsequenterweise dürfte unter diesen Voraussetzungen auf die Einwilligungsfähigkeit auch hinsichtlich der Abfassung des Patiententestamentes abzustellen sein, da an den actus contrarius des Widerrufes letztlich keine anderen Anforderungen gestellt werden können als an die Erstellung der Verfügung selbst. Sachlich ist die Heranziehung dieses Maßstabes gerechtfertigt, da Gegenstand des Patiententestamentes die Entscheidung über die Vornahme von Heileingriffen ist, die Zustimmung des Patienten zu solchen Maßnahmen aber generell unter dem Gesichtspunkt seiner Einwilligungsfähigkeit auf ihre Wirksamkeit hin zu überprüfen ist. Es sind keine Gründe ersichtlich, die es erforderlich erscheinen ließen, eine Behandlungsanweisung allein deshalb anderen Wirksamkeitsvoraussetzungen zu unterwerfen, weil sie zeitlich nicht unmittelbar vor dem Eingriff erfolgt ist. Zustimmend und insofern konsequent faßte der 63. DJT mit 46:0:3 Stimmen den Beschluß, die Einwilligungsfähigkeit zur Wirksamkeitsvoraussetzung des Patiententestamentes zu erklären. Ebenso Baumann/Hartmann, Die zivilrechtliche Absicherung der Patientenautonomie, DNotZ 2000, 594 (606); A.A. Taupitz, Empfehlen sich zivilrechtliche Regelungen in: Verhandlungen des 63. DJT 2000, Bd. I, Gutachten A, S. A 117, der als Voraussetzung für die wirksame Errichtung eines Patiententestamentes die Geschäftsfähigkeit des Testators fordert, während für den Widerruf nicht einmal Einwilligungsfähigkeit erforderlich sein soll.
Demgegenüber ist nach Berger, Privatrechtliche Gestaltungsmöglichkeiten, JZ 2000, 797 (802) für die Errichtung eines Patiententestaments Einwilligungsfähigkeit erforderlich, während der Widerruf auch im Zustand der Einwilligungsunfähigkeit zulässig sein soll.

[2062] a. A. Taupitz, Empfehlen sich zivilrechtliche Regelungen in: Verhandlungen des 63. DJT 2000, Bd. I, Gutachten A, S. A 46, der davon ausgeht, daß die vormaligen Äußerungen des Patienten als umso verbindlicher anzusehen seien, je kürzer sie zurücklägen. Ebenso Bernsmann, Der Umgang mit irreversibel bewußtlosen Patienten ZRP 1996, 87 (92); Fischer, Die mutmaßliche Einwilligung bei ärztlichen Eingriffen in: Festschrift für Deutsch, S. 545 (555); Baumann/Hartmann, Die zivilrechtliche Absicherung der Patientenautonomie, DNotZ 2000, 594 (611) dessen Verbindlichkeit zur Stärkung des Selbstbestimmungsrechtes zu rechtfertigen. Denn der Verfügende hat vor dem Eintritt der maßgeblichen Situation im Grunde keinen Anlaß, den in dem Patiententestament niedergelegten Willen zu revidieren. Erst die Erfahrungen, die er in der "Ausnahmesituation" am Lebensende macht, zu einem Zeitpunkt also, zu dem die Fähigkeit zum Widerruf der Behandlungsanweisung erloschen ist, wären geeignet, ihn möglicherweise zu einem Umdenken zu veranlassen.

Teilweise wird der Versuch unternommen, diese Problematik dadurch zu umgehen, daß dem Verfügenden bis zuletzt die Möglichkeit eingeräumt wird, das Patiententestament zu widerrufen, selbst wenn er einwilligungsunfähig sei, solange er sich nur überhaupt noch äußern könne.[2063] Auch diese Lösung vermag keineswegs zu überzeugen. Es ist nicht nachvollziehbar und dogmatisch in keiner Weise zu begründen, weshalb einer Person, die unstreitig nicht mehr in der Lage ist, die Bedeutung und Tragweite mehrerer zur Auswahl stehender Behandlungsalternativen bzw. deren Unterlassen zu beurteilen, die Fähigkeit zuerkannt werden sollte, rechtsverbindlich eine zuvor im einwilligungsfähigen Zustand erteilte Behandlungsanweisung zu widerrufen.[2064]

Würde man diesem Weg folgen, so wären letztlich sämtliche von der Rechtsprechung und Literatur über Jahrzehnte hinweg mühsam entwickelten Kriterien der Einwilligungsfähigkeit eines Patienten hinfällig. Es sei in diesem Zusammenhang ausdrücklich darauf hingewiesen, daß diese Regeln nicht zum Zwecke der Bevormundung, sondern zum Schutze des Patienten entwickelt worden sind, um ihn vor für ihn nachteiligen Entscheidungen zu bewahren, die er nicht mehr durchschauen kann. Gerade die Berücksichtigung einer Willensäußerung eines einwilligungsunfähigen Patienten würde diese Gefahr heraufbeschwören und darüber hinaus zu extremer Rechtsunsicherheit führen, könnte doch letztlich derjenige, der ein Patiententestament mit dem Ziel verfaßt, seinem Selbstbestimmungsrecht möglichst bis zum letzten Atemzuge zur Durchsetzung zu verhelfen, nicht sicher sein, ob er nicht spä-

---

2063 Taupitz, Empfehlen sich zivilrechtliche Regelungen in: Verhandlungen des 63. DJT 2000, Bd. I, Gutachten A, S. A 117 f., der gar davon spricht, daß der Verfügende andernfalls in "brutaler Endgültigkeit" an seinem früher geäußerten Willen festgehalten werde; Uhlenbruck, Der Patientenbrief, NJW 1978, 566 (569); v. Dellingshausen, Sterbehilfe und Grenzen der Lebenserhaltungspflicht des Arztes, S. 372; Berger, Privatrechtliche Gestaltungsmöglichkeiten, JZ 2000, 797 (802)

2064 Hinzu kommt, daß Taupitz für die wirksame Errichtung eines Patiententestamentes nicht nur die Einwilligungsfähigkeit, sondern gar die volle Geschäftsfähigkeit des Verfügenden fordert (Empfehlen sich zivilrechtliche Regelungen in: Verhandlungen des 63. DJT 2000, Bd. I, Gutachten A, S. A 117), so daß die Diskrepanz zwischen den Anforderungen für die Errichtung und den Widerruf ein- und derselben Verfügung bei ihm besonders augenfällig ist, ohne daß er hierfür eine befriedigende dogmatische Begründung liefern würde.

ter, wenn er überhaupt nicht mehr in der Lage ist, die Zusammenhänge seines Krankheitszustandes zu durchschauen, ausdrücklich oder stillschweigend irgendeine Äußerung von sich geben wird, aus der seine Umgebung auf den Widerruf der Verfügung schließen könnte. Der Patient wäre somit schutzlos seinen eigenen später im Zustande der Urteilsunfähigkeit abgegebenen Erklärungen ausgeliefert. Dies kann nicht hinnehmbar sein.

Offensichtlich um auch diesen Schwierigkeiten zu begegnen, findet sich in einzelnen Patiententestamenten etwa folgende Formulierung:

> "Ich wünsche nicht, daß mir in der akuten Situation eine Änderung meines hiermit bekundeten Willens unterstellt wird. Sollte ich meine Meinung ändern, werde ich dafür sorgen, daß mein geänderter Wille erkennbar zum Ausdruck kommt."[2065]

Doch auch dieser Versuch erweist sich letztlich als untauglich: Die willkürliche Unterstellung eines geänderten Willens ohne konkrete Anhaltspunkte im Verhalten des Patienten würde sich selbst ohne die zitierte Klausel von vornherein verbieten. Läßt man jedoch für den nach außen in Erscheinung tretenden abweichenden Willen eine Äußerung des Patienten im einwilligungsunfähigen Zustand genügen, so bleibt die oben skizzierte Problematik unverändert bestehen, daß der Patient sich späteren Stimmungsschwankungen ausliefert.

Zu dem Ergebnis, daß der Verfasser eines Patiententestamentes zum Gefangenen seines vormals erklärten Willens wird, gelangen wiederum diejenigen, die auf der Grundlage der zitierten Klausel davon ausgehen, daß allein ein noch im Zustande der Einwilligungsfähigkeit deutlich erklärter Widerruf der Patientenverfügung als beachtliche Willensänderung zu gelten habe.

Selbst wenn man aber ausnahmsweise einen Widerruf im einwilligungsunfähigen Zustand zulassen würde, könnte der Verfügende in keiner Weise vorhersehen, ob er in der entscheidungserheblichen Situation noch den Mut und die Kraft aufbringen würde, den einmal formulierten Willen zu ändern, sofern ihm die Existenz des Patiententestamentes dann überhaupt noch bewußt sein sollte. Auch dieser Gesichtspunkt läßt es mehr als zweifelhaft erscheinen, ob die Abfassung eines Patiente-

---

2065 Deutsche Bischofskonferenz und Rat der Evangelischen Kirche in Deutschland, Formular "Christliche Patientenverfügung" stamentes geeignet ist, den wahren Interessen des Testierenden gerecht zu werden und Rechtsunsicherheiten zu vermeiden.

Bedenklich wäre in diesem Zusammenhang vor allem, daß der Patient gezwungen wäre, seinen nunmehr über den Inhalt der getroffenen Verfügung hinausgehenden Lebenswillen deutlich nach außen kundzutun. Nicht der Arzt hätte zu begründen, weshalb er die Behandlung bei Vorliegen der in dem Patiententestament genannten Kriterien abbricht, sondern den Patienten würde die Darlegungslast für sein plötzliches Interesse an seinem Weiterleben treffen. Wie er diesem Rechtfertigungsdruck - entgegen vormaliger Annahmen doch noch nicht unmittelbar sterben zu wollen - gewachsen sein soll, obwohl er bereits so geschwächt ist, daß er nicht mehr alle Zusammenhänge seiner Krankheit und seines verlöschenden Lebens durchschaut, erscheint rätselhaft. Dies gilt umso mehr, wenn man entsprechend einer teilweise vertretenen Auffassung davon ausgeht, daß ein bloßes Aufbäumen gegen den Tod als Ausdruck letzten Lebenswillens keinesfalls als Widerruf früherer Erklärungen anzusehen sei.[2066]

Nicht übersehen werden sollte in diesem Zusammenhang ferner die Mißbrauchsgefahr, die in Zeiten wachsenden Pflegenotstandes und zunehmender Überalterung der Gesellschaft nicht unterschätzt werden darf: Hat der Patient eine Verfügung unterzeichnet, die dem Arzt in der mittlerweile konkret eingetretenen Situation den Abbruch der Behandlung nicht nur erlaubt, sondern sogar gebietet, so wird er möglicherweise keine allzu große Mühe mehr darauf verwenden zu überprüfen, ob das Verhalten des Patienten auf eine Änderung seines Willens schließen lassen könnte. Abgesehen davon, daß abstrakt nur sehr schwer festzulegen wäre, wie deutlich eine solche Neubesinnung des Patienten zutage treten müßte, so daß dem Arzt ohnehin ein erheblicher Entscheidungsspielraum zuzugestehen wäre, könnte ihm im nachhinein im Prozeß wohl kaum mehr nachgewiesen werden, daß er den Willen des Patienten übergangen habe. Die Vorlage des Patiententestamentes würde so für den Arzt zum Freibrief für risikolose Behandlungsabbrüche unliebsam gewordener oder besonderen Pflegeaufwand verursachender Patienten.

Denselben Schwierigkeiten sieht man sich gegenüber, wenn man zwar einen wirksamen Widerruf der für verbindlich erachteten Patientenverfügung durch den einwilligungsunfähig gewordenen Verfügenden nicht anerkennt, andererseits jedoch seiner Vorabeklärung jede Verbindlichkeit abspricht, wenn er seinen Lebenswillen in der entscheidungserheblichen Situation in irgendeiner Weise nach außen hin

---

2066 so Uhlenbruck, Der Patientenbrief, NJW 1978, 566 (569)

kundtue, weil dann feststehe, daß sich die in dem Patiententestament zum Ausdruck gekommene Prognose des Behandlungswillens als unzutreffend erwiesen habe. Dieser Irrtum sei als so wesentlich anzusehen, daß er die Unwirksamkeit der getroffenen Verfügung unmittelbar nach sich ziehe.[2067] Insbesondere ist zu bedenken, daß die nicht hinreichende Erkennbarkeit von Irrtümern gänzlich in die Risikosphäre des Testators fallen würde, dieser also erneut der Gefahr ausgesetzt bliebe, im einwilligungsunfähigen Zustand seinen Lebenswillen nicht klar genug kundzutun und seine vormaligen Behandlungsanweisungen mit dem vorzeitigen Tode bezahlen zu müssen.

Hinsichtlich einer möglichen Anerkennung der Bindungswirkung von Patiententestamenten ist darüber hinaus folgendes zu bedenken: In dem Maße, in dem die Rechtsordnung die Verbindlichkeit des Patiententestamentes anerkennt, trägt der Staat selbst dazu bei, daß sich im Bewußtsein der Allgemeinheit zu Unrecht die Auffassung verfestigt, der Behandlungswille am Ende des Lebens sei ohne weiteres prognostizierbar. Denn wenn der Gesetzgeber Patiententestamenten Verbindlichkeit zuspricht und auf diese Weise jeden einzelnen geradezu auffordert, in vermeintlicher Ausübung seines Selbstbestimmungsrechtes derartige Behandlungsanweisungen abzugeben, solange er sich noch im Vollbesitz seiner körperlichen und geistigen Kräfte befindet, besteht für den Verfügenden kein Anlaß, vor dem Abfassen einer solchen Verfügung kritisch zu hinterfragen, inwiefern diese Ausdruck seines wirklichen Behandlungswillens in der maßgeblichen Situation sein können.

Es ist durchaus zweifelhaft, ob dem in ausreichendem Maße dadurch entgegengewirkt werden könnte, daß in Patiententestamente die Klausel eingefügt würde, der Verfasser habe das Risiko bedacht, die Erklärung werde seinem späteren Willen nicht mehr entsprechen.[2068] Denn derjenige, der trotz dieser Klausel das Patiententestament unterzeichnet, hält die Gefahr eines späteren Sinneswandels offensichtlich für vernachlässigenswert gering. Es scheint kaum vorstellbar, daß eine Person, die sich bewußt ist, daß das Prognoserisiko hinsichtlich des Lebenswillens in der letzten Lebensphase so hoch ist, daß eine Fehleinschätzung im Rahmen eines Patiententestamentes nahezu vorprogrammiert ist, ein solches Dokument abfassen würde. Das Ziel des Testators besteht ja nicht darin, um jeden Preis im voraus irgendwelche Handlungsanweisungen für den Fall seiner Entscheidungsunfähigkeit zu erteilen, nur um sein Selbstbestimmungsrecht um seiner selbst willen formal zur

---

2067 Rickmann, Zur Wirksamkeit von Patiententestamenten, S. 186 f.

2068 so gefordert und für ausreichend befunden von Taupitz, Empfehlen sich zivilrechtliche Regelungen in: Verhandlungen des 63. DJT 2000, Bd. I, Gutachten A, S. A 117

Geltung zu bringen. Auch kann es ihm nicht darum gehen, seine aktuellen Wertvorstellungen in Ausübung seines Selbstbestimmungsrechtes unabhängig von einem späteren Sinneswandel für alle Zeiten verbindlich niederzulegen.[2069] Vielmehr verbindet er mit der Abfassung der Verfügung typischerweise die Vorstellung, hierdurch sicherzustellen, in der entscheidungserheblichen Situation so behandelt zu werden, wie es - und zwar gerade zu jenem künftigen Zeitpunkt! - seinen Wünchen und Interessen entsprechen wird.

Wäre er sich bewußt, daß sich dieses Ziel durch die Abfassung eines Patiententestamentes nicht verwirklichen läßt, würde er ein solches Dokument niemals unterzeichnen. Da jede andere Verhaltensweise paradox und rational nicht nachvollziehbar wäre, liegt der Schluß nahe, daß in den Fällen, in denen ein Patiententestament trotz einer Klausel unterzeichnet wird, die auf einen möglichen zukünftigen Sinneswandel hinweist, dieser Warnhinweis nicht deutlich genug gewesen ist. Erkennt man aber aus diesem Grunde eine solche Verfügung nicht als verbindlich an, so wird das gesamte Institut des Patiententestamentes zwangsläufig in Frage gestellt.

Ist davon auszugehen, daß sich der Verfasser eines Patiententestamentes regelmäßig im Irrtum über Umstände befindet, die die Bedeutung, die Tragweite und die Folgen seiner Erklärung betreffen, so muß allein dies die Unwirksamkeit der Verfügung zur Folge haben. Denn die Abfassung eines Patiententestamentes kann letztlich nicht anders bewertet werden als die Erklärung der Einwilligung in einen Heileingriff. Leidet diese aber an einem entsprechenden Mangel, ist sie als unwirksam zu betrachten, weil der Abgabe der Erklärung ein schwerer bzw. rechtsgutbezogener Irrtum zugrundeliegt.[2070]

Im Ergebnis mag es zwar zutreffend sein, daß die Abfassung eines Patiententestamentes den Verfügenden in der trügerischen Sicherheit wiegt, er habe die Entscheidung über den Umfang an ihm vorzunehmender lebensverlängernder Maßnahmen nun ein für allemal seinem Willen entsprechend fixiert. Dieses subjektive Freiheitsbewußtsein als Stärkung des Selbstbestimmungsrechtes aufzufassen, ist jedoch entsprechend den vorstehenden Erläuterungen äußerst fragwürdig.[2071]

2069 die Unwiderruflichkeit einer solchen Erklärung würde von der Rechtsordnung auch nicht anerkannt werden, da es als Verstoß gegen das Prinzip der Privatautonomie anzusehen wäre, wenn sich eine Person für die Zukunft in höchstpersönlichen Angelegenheiten ihrer Entscheidungskompetenz entledigen könnte.

2070 vgl. oben B. V. 3. e.

2071 Darüber hinaus ist gerade vor dem Hintergrund der Entwicklung in den USA, wo Patiententestamente zu einem nicht unerheblichen Prozentsatz aus ökonomischen Gründen verfaßt werden, weil der Verfasser es seinen Angehörigen nicht zumuten möchte, an seinem Lebensende für "unnötige" Behandlungskosten aufzukommen (siehe hierzu Saueracker, Die Bedeutung des

Überzeugend ist es daher allein, aus der Erfahrungstatsache, daß der Mensch offensichtlich nicht in der Lage ist, im vorhinein zuverlässig zu bestimmen, wie stark sein Lebens- und Behandlungswille am Ende seines Lebens sein wird, zu folgern, daß das Selbstbestimmungsrecht des Patienten hier an seine natürlichen Grenzen stößt.[2072] Wenn sich der Wille in der maßgeblichen Situation nicht vorhersehen läßt und die Grenze der Leidensfähigkeit und damit einhergehend das Umschlagen des Lebenswillens in den Todeswunsch erst durch die konkrete Krankheit in der entscheidungserheblichen Situation erfahrbar wird, darf der einzelne nicht der Gefahr ausgesetzt werden, im Bewußtsein angeblicher Freiheit gegen seine wahren Interessen zu verstoßen. Erst recht darf dem Patiententestament nicht die Funktion einer Beweisvermutung für den aktuellen Patientenwillen zuerkannt werden.[2073] Die bloße Berufung auf das Selbstbestimmungsrecht erweist sich hier als allzu einfache Lösung, die an dem eigentlichen Problem der Ermittlung einer willens- und interessengerechten Behandlungsmethode vorbeigeht. Aufgrund des unbestritten hohen Prognoserisikos dürfte die exakte Vorhersage des späteren Patientenwillens einem Zufallstreffer gleichkommen. Unter diesen Voraussetzungen aber hat die Abfassung eines Patiententestamentes mit der Ausübung des Selbstbestimmungsrechtes nicht mehr viel zu tun. Das Abstellen auf die Selbstbestimmung läuft hier vielmehr Gefahr, zwar formal begründbar zu sein, inhaltlich jedoch die Nichtachtung der Person des konkret Leidenden darzustellen.

Einem derartigen Vabanquespiel allemal vorzuziehen ist die allein an rein objektiven Kriterien ausgerichtete Entscheidung über die Behandlung des Patienten. Richtet man diese an den oben skizzierten Grundsätzen aus, wird zum einen Rechtssicherheit gewährleistet, zum anderen kann der Patient auch ohne das Abfassen eines Patiententestamentes davon ausgehen, daß der Arzt verpflichtet ist, alles zu tun, was der Linderung seiner Schmerzen und sonstigen Qualen dient, und sein Leben zu schützen, solange nicht ausgeschlossen ist, daß jede Wahrnehmungs- und Empfindungsfähigkeit unwiederbringlich erloschen ist.[2074]

Patiententestamentes, S. 29), nicht immer gewährleistet, daß ein Patiententestament allein aus behandlungsimmanenten Gründen verfaßt wird, so daß selbst das Freiheitsbewußtsein des Verfügenden - insbesondere wenn sich der Kostendruck im Gesundheitswesen weiter verschärfen sollte - im Einzelfall durchaus in Frage stehen kann.

[2072] so auch Möllering, Schutz des Lebens - Recht auf Sterben, S. 53: "Die Erkenntnis von der Wechselhaftigkeit des Sterbewillens muß allen Versuchen, das hier diskutierte Problem [gemeint ist die Beachtlichkeit vormaliger Äußerungen des Patienten] durch die Einführung einer quasitestamentarischen Regelung zu lösen, den Erfolg versagen."

[2073] so aber Taupitz, Empfehlen sich zivilrechtliche Regelungen in: Verhandlungen des 63. DJT 2000, Bd. I, Gutachten A, S. A 118

[2074] M. v. Lutterotti, Menschenwürdiges Sterben, S. 61 f. geht aufgrund der Schwierigkeiten bei der Emittlung des tatsächlichen Patientenwillens in der entscheidungserheblichen Situation zumindest davon aus, daß die Kriterien der medizinischen Beurteilung im Vordergrund stehen müßten

Würden diese Aspekte in der öffentlichen Diskussion stärker akzentuiert, so würde nicht nur die allgemeine Verunsicherung der Bevölkerung gegenüber der Art und dem Umfang der ihr in der fraglichen Situation zuteil werdenden Behandlung behoben, sondern auch die Einsicht reifen, daß die an den beschriebenen, sorgsam ausgewählten objektiven Kriterien ausgerichtete Behandlungsentscheidung des Arztes keineswegs gleichzusetzen ist mit übertriebenem Paternalismus und einer Unterdrückung des Selbstbestimmungsrechtes des Patienten, das in diesem sachlichen Zusammenhang überhaupt nicht mehr sinnvoll ausgeübt werden kann. Ferner bietet die Perspektive einer auf unbedingte Schmerzlinderung ausgerichteten Therapie dem Patienten alle Möglichkeiten, sich in angemessener Weise mit dem Thema Sterben auseinanderzusetzen, ohne daß Anlaß zu der Befürchtung bestünde, er könne hierdurch psychischen Schaden nehmen.

Dem kann nicht entgegengehalten werden, daß die hier befürwortete angebliche Beschneidung des Selbstbestimmungsrechtes in letzter Konsequenz dazu führe, daß der Mensch kaum mehr Entscheidungen treffen könne, da er im täglichen Leben in vielfältigster Weise mit Gefahren konfrontiert werde, die ungünstigstenfalls tödliche Wirkungen entfalten könnten. Wie oben dargelegt wurde, geht es vorliegend nicht um die mögliche Realisierung tödlicher Risiken, sondern um die Antizipierbarkeit der Stärke des Lebens- und des Umfanges des Behandlungswillens. Derjenige, der sich aktuell einer lebensbedrohlichen Situation unterzieht, hat eine solche Prognose überhaupt nicht zu treffen. Denn für ihn stellt sich allein die Frage, ob er die konkrete, nach Ort, Zeit und Inhalt bestimmte Gefahr unmittelbar auf der Grundlage seiner derzeitigen Willensbildung einzugehen bereit ist oder nicht.

Gleichfalls vermag die Bezugnahme auf die Rechtsprechung zur Beachtlichkeit des vor einem Eingriff geäußerten Patientenwillens die hier vertretene Auffassung nicht in Frage zu stellen: Die Myom-Entscheidung des Bundesgerichtshofes ist in diesem Zusammenhang schon deshalb nicht einschlägig, weil der Patient in dem zur Entscheidung stehenden Fall keine Prognose über seinen künftigen Willen anzustellen hatte, sondern in der Situation der aktuellen Behandlungsentscheidung im einwilligungsfähigen Zustand seinen Willen gebildet hat. Nochmals ist ausdrücklich zu betonen, daß die Ablehnung der Verbindlichkeit der in einem Patiententestament getroffenen Verfügungen nichts damit zu tun hat, daß es jedermann zweifellos freisteht, aktuell Entscheidungen zu treffen, die tödliche Konsequenzen nach sich ziehen können, und daß sich diese Freiheit auch auf Behandlungsentscheidungen er-

---

gegenüber Mutmaßungen hinsichtlich des Patientenwillens, denen mit größter Vorsicht und Kritik zu begegnen sei.

streckt. Insofern muß lediglich eine fehlerfreie Willensbildung vorliegen. Eben diese aber ist im Falle der Abfassung eines Patiententestamentes gerade nicht gewährleistet.

Die Rechtsprechung zur Beachtlichkeit des Patientenwillens vor einem unter Narkose durchgeführten operativen Eingriff kann ebenfalls nicht auf die Situation vor der Errichtung des Patiententestamentes übertragen werden. Während es nämlich in den besagten von der Rechtsprechung zu beurteilenden Fällen stets um konkrete, auf eine bestimmte Behandlungssituation bezogene Entscheidungen des Patienten ging, die dieser nach erfolgter Aufklärung über seinen Zustand getroffen hatte, so daß bei unveränderter Gesundheitslage bis zur Vornahme des Eingriffs kein Anhaltspunkt für eine Veränderung des Patientenwillens gegeben war, regeln Patiententestamente Situationen, deren Eintritt nicht konkret vorhersehbar ist, so daß die Erteilung einer Einwilligung in einen bestimmten Eingriff bzw. deren Verweigerung nach entsprechender Aufklärung durch den behandelnden Arzt noch nicht in Betracht kommen kann. Auch dieser Vergleich scheitert somit letztlich an dem in den Rechtsprechungsfällen fehlenden Prognoseelement.

Gleichfalls führt der Hinweis auf die Rechtsprechung zu möglichen Operationserweiterungen zu keiner abweichenden Bewertung. Gerade die Tatsache, daß der Arzt den Patienten grundsätzlich vor einer Änderung des vor der Operation mit ihm besprochenen Eingriffs erneut aufzuklären und dabei den zwischenzeitlichen Abbruch der Operation mit allen sich hieraus ergebenden zusätzlichen physischen und psychischen Belastungen für den Patienten in Kauf zu nehmen hat, sofern die Operationserweiterung nicht vital indiziert oder ihr Abbruch kontraindiziert ist, verdeutlicht, für wie wesentlich die Rechtsprechung die genaue Information des Patienten hält, wenn es um die Erteilung einer wirksamen Einwilligungserklärung geht. Eine solche detaillierte Aufklärung aber ist in der Situation vor der Abfassung eines Patiententestamentes ausgeschlossen.

Soweit der Arzt jedoch vor einem konkreten Eingriff über voraussehbare Komplikationen und mögliche Änderungen des Operationsplanes aufzuklären hat, kann man nicht mehr von einer Prognoseentscheidung des Patienten sprechen. Denn dieser hat aktuell darüber zu befinden, in welchem Umfange er bereit ist, Eingriffe an sich vornehmen zu lassen, so daß auch insofern der Vergleich zu der Situation vor der Errichtung eines Patiententestamentes nicht zu überzeugen vermag.

Ergänzend sei an dieser Stelle darauf hingewiesen, daß der Patient selbst dann, wenn er am Beginn einer sich voraussichtlich lange hinziehenden Behandlung steht, in deren Verlauf der Eintritt seiner Einwilligungsunfähigkeit droht, keine generelle Einwilligungserklärung hinsichtlich aller im Verlaufe der Therapie möglicherweise erforderlich werdenden und noch nicht im einzelnen vorhersehbaren Eingriffe abgeben kann. Zwar gehört es entgegen einer teilweise vertretenen Auffassung[2075] nicht zu den zwingenden Wirksamkeitsvoraussetzungen einer Einwilligung, daß der auf sie bezogene Eingriff zur Zeit der Willensäußerung bereits konkret geplant wird. Wie jedoch bereits dargestellt wurde,[2076] ist jede Maßnahme als separat einwilligungsbedürftig anzusehen, die von ihrem Gegenstand her für eine Einwilligung geeignet ist. Dies ist der Fall, wenn eine weiterhin oder neu vorzunehmende therapeutische Maßnahme entweder andersartiges Handeln erfordert oder für den Patienten ein andersartiges, neues oder gar zusätzliches Risiko begründet. Kann aber schon ein Patient, der bereits an einer bestimmten Krankheit leidet, nicht unbegrenzt für die Zukunft wirksame Behandlungsanweisungen erteilen, so muß dies erst recht für den Verfasser eines Patiententestamentes gelten, der zum Zeitpunkt der Abgabe seiner Präventiverklärung typischerweise noch viel weniger abzusehen vermag, ob die in der Verfügung in Bezug genommene Situation jemals eintreten und mit welchen Begleiterscheinungen sie verbunden sein wird. Denn er ist noch viel weniger mit möglichen zukünftigen Risiken vertraut als derjenige, der auf der Grundlage einer bestimmten bereits vorhandenen Grunderkrankung nach entsprechender Aufklärung zumindest über eine gewisse Vorahnung des weiteren Krankheitsverlaufes verfügt.

Der Unterschied zwischen abstrakten und konkreten Behandlungsentscheidungen wird auch von denen verkannt, die zur Rechtfertigung der Verbindlichkeit des Patiententestamentes auf Beispielsfälle zurückgreifen, in denen zwar eine eklatante Verletzung des Selbstbestimmungsrechtes vorliegt, die jedoch überhaupt keine abstrakten antizipierten Entscheidungen zum Gegenstand haben. Besonders eindrucksvoll liest sich der gern geschilderte Fall eines Patienten, der mit bis in die Leber und die Lymphknoten vorgedrungenem Magenkrebs ins Krankenhaus eingeliefert wurde, dort einen Herzstillstand erlitt und die behandelnden Ärzte nach erfolgreich vorgenommener Wiederbelebung darum bat, im Wiederholungsfalle nicht mehr wiederbelebt zu werden. Die Ärzte setzten sich über seinen Willen hinweg und be-

2075 Niemann, Die privatautonome Gestaltung der ärztlichen Pflicht zur Erhaltung erlöschenden Lebens durch den Patienten, S. 103

2076 vergleiche hierzu im einzelnen B. V. 3. f.

hoben in kurzer Folge noch fünf weitere Herzstillstände künstlich, bevor der Patient schließlich verstarb.[2077]

Natürlich haben die Ärzte hier das Selbstbestimmungsrecht des - unstreitig noch entscheidungsfähigen - Patienten in gravierender Weise verletzt. Seine Behandlungsanweisung war allerdings keine abstrakte und antizipierte im Sinne eines Patiententestamentes, sondern eine konkrete, die aus der entscheidungserheblichen Situation heraus getroffen wurde. Selbst wenn noch ein paar Tage zwischen der Ablehnung der Behandlung und dem zweiten Herzstillstand lagen, konnte der Patient bereits eine verbindliche Entscheidung treffen, da zum Zeitpunkt seiner Äußerung bereits alle wesentlichen Umstände der Behandlungssituation bekannt waren und sich bis zum Eintritt des zweiten Herzstillstandes nicht veränderten. Abgesehen davon hatte die Entscheidung des Patienten auch deshalb nichts mit einer Antizipation seines Willens zu tun, weil er die entscheidungserhebliche Situation bereits einmal durchlebt hatte und daher seinen Willen aufgrund konkreter Erfahrungstatsachen exakt bestimmen konnte.

Die Annahme der Antizipierbarkeit der in den Patiententestamenten beschriebenen Entscheidungssituationen läßt sich darüber hinaus nicht mit dem Verweis auf die Rechtsprechung zur religiös motivierten Ablehnung von Bluttransfusionen rechtfertigen. Bei genauer Betrachtung sind beide Situationen nicht miteinander vergleichbar, insbesondere im Hinblick auf die Motivation des Verfügenden: Derjenige, der ein Patiententestament verfaßt, stimmt in aller Regel der grundsätzlichen Anwendung lebenserhaltender Maßnahmen zu und trifft lediglich für eine bestimmte hypothetische Situation eine abweichende Entscheidung, weil er prognostiziert, die Aufrechterhaltung seines Lebens werde ihm in der Zukunft unter den konkret bezeichneten Bedingungen nicht mehr sinnvoll erscheinen. Er möchte sicherstellen, daß er am Ende seines Lebens nicht qualvoll künstlich am Leben erhalten oder zum Objekt der modernen Apparatemedizin degradiert wird und ohne menschliche Zuwendung in einer Intensivstation dahinvegetiert. Es geht dem Verfasser eines Patiententestamentes also allein darum, im Vorgriff auf die entscheidungserhebliche Situation festzulegen, in welcher gesundheitlichen Verfassung ihm das Leben vermutlich nicht mehr lebens- und erhaltenswert erscheinen wird. Er stützt diese Verfügung auf die Ausübung seines Selbstbestimmungsrechtes.

[2077] Rollin, Ärzte im Konflikt in: Uhlenbruck/Rollin, Sterbehilfe und Patiententestament, S. 3 (20f.); Fritsche, Ärztlich-ethische Aspekte zur Ambivalenz der Lebensverlängerung in: Deutsche Sektion der Internationalen Juristen-Kommission, Lebensverlängerung aus medizinischer, ethischer und rechtlicher Sicht, S. 3 (7); Heifetz/Mangel, Das Recht zu sterben, S. 39; Uhlenbruck, Der Patientenbrief, NJW 1978, 566 (567)

Demgegenüber ist die religiös motivierte Ablehnung von Bluttransfusionen oder anderen medizinischen Maßnahmen in keiner Weise an das Vorliegen einer infausten Gesundheitsprognose gekoppelt. Vielmehr weiß derjenige, der eine derartige Entscheidung trifft, daß er typischerweise in Situationen auf die Erhaltung seines Lebens verzichtet, in denen seine Gesundheit durch die Vornahme einer Bluttransfusion oder andere Behandlungsmaßnahmen vollkommen wiederhergestellt werden könnte. Es geht ihm somit nicht um die Prognose, er werde sein Leben unter bestimmten Bedingungen nicht mehr als lebens- und erhaltenswert erachten, sondern allein um die Festlegung der Mittel, die zu seiner Rettung eingesetzt werden dürfen, denn selbstverständlich würde er gerne am Leben bleiben, wenn dies ohne eine Bluttransfusion möglich wäre. Entscheidend ist insofern, daß diese Verfügung nicht allein in der Ausübung des Selbstbestimmungsrechtes grundgelegt ist, sondern daß der Betreffende diese zudem als Glaubens- und Gewissensentscheidung, die unter dem Schutz des Art. 4 GG steht, als für sich innerlich bindend und unbedingt verpflichtend erfährt, so daß er gegen sie nicht ohne ernsthafte Gewissensnot handeln könnte. Die Entscheidung ist dadurch auf einer ganz anderen Ebene angesiedelt als diejenige, die in einem Patiententestament regelmäßig getroffen wird. Es geht demjenigen, der aus religiöser Motivation heraus handelt, nicht um die Prognose seines Lebenswillens, sondern um die Dokumentation seiner inneren Glaubens- und Gewissensüberzeugung, die unabhängig ist von seiner gesundheitlichen Verfassung. Gerade dies aber läßt die von ihm getroffene Entscheidung sehr viel weniger irrtumsanfällig erscheinen als die in einem Patiententestament niedergelegte.

Dem läßt sich nicht entgegenhalten, daß die Wahrscheinlichkeit der Willensänderung bei einer Person, die sich religiös motiviert vorab gegen die Vornahme von Bluttransfusionen oder andere Behandlungsmethoden entschieden habe, schon deshalb höher sei als diejenige für die Willensänderung des Verfassers eines Patiententestamentes, weil die Rettungschancen für ersteren im Regelfall wesentlich höher einzustufen seien. Gerade im Gegenteil wird man davon ausgehen können, daß sich derjenige, der die genannten religiös motivierten Entscheidungen trifft, darüber im klaren ist, daß er hierdurch möglicherweise auf Jahrzehnte seines Lebens verzichtet, die er durch die Vornahme der abgelehnten Behandlungsmaßnahme im Vollbesitz seiner körperlichen und geistigen Kräfte erleben könnte. Die Entscheidung ist aus seiner Sicht von noch viel fundamentalerer Bedeutung als die des Verfassers eines Patiententestamentes, der eine Anweisung für eine Situation erteilt, in der er seinem Leben aus der ex-ante Perspektive ohnehin keinen besonderen Wert mehr beimißt. Derjenige, der eine Glaubens- oder Gewissensentscheidung im Sinne des Art. 4 GG fällt, handelt situationsunabhängig. Schon allein deshalb spricht einiges dafür, seinen Entschluß als ernsthafter, durchdachter und mit weit weniger Prognoserisiken behaftet anzusehen als den in einem Patiententestament enthaltenen. Darüber hinaus aber ist derjenige, der konkret einer Bluttransfusion oder einer anderen Art der Behandlung bedürfte, die er aus religiösen Gründen ablehnt, nicht den gleichen psychischen Wandlungen unterworfen, denen sich ein unheilbar erkrankter Patient ausgesetzt sieht, so daß auch insofern die Änderung der vormals getroffenen Entscheidung bei ersterem weit weniger wahrscheinlich ist.

Es bleibt somit festzuhalten, daß sich Behandlungsverweigerungen, die primär auf einer Glaubens- oder Gewissensentscheidung im Sinne des Art. 4 GG beruhen, in vielfältiger Weise von denjenigen unterscheiden, die in einem Patiententestament typischerweise niedergelegt sind. Da somit aber sachliche Gesichtspunkte die Ungleichbehandlung beider Fallgruppen rechtfertigen, steht diese mit Art. 3 GG im Einklang.

Nicht überzeugen kann ferner der Hinweis auf die rechtlichen Möglichkeiten des Patienten, zu Lebzeiten in eine nach seinem Ableben vorzunehmende Sektion oder in eine Organtransplantation einzuwilligen. Hier geht es bereits nicht mehr um das Antizipieren einer Entscheidung, da sich nach dem Eintritt des Todes die Frage nach dem möglichen mutmaßlichen Willen des Betreffenden zu diesem Zeitpunkt naturgemäß nicht mehr stellt.

Schließlich ist die Ansicht, die hypothetische Entscheidung des Patienten selbst sei derjenigen eines Dritten vorzuziehen, keinesfalls zwingend. Denn nach der hier vertretenen Auffassung hat die ärztliche Behandlung, die die Bekämpfung jeglicher Leidenszustände zu ihrem obersten Ideal erhebt, sehr wohl auf die individuellen Bedürfnisse des Patienten in der konkreten Situation Rücksicht zu nehmen, mag es im Einzelfall auch nicht immer leicht zu beurteilen sein, in welchem Maße ein Patient unter Schmerzzuständen leidet. Im übrigen aber ist die Behandlungsentscheidung an den objektiv medizinisch feststellbaren Fakten auszurichten, so daß insofern hypothetische Erwägungen zu unterbleiben haben. Von einer Aushöhlung des Selbstbestimmungsrechtes kann entsprechend den vorstehenden Ausführungen jedoch schon deshalb keine Rede sein, weil dieses hier überhaupt nicht mehr ausgeübt werden kann, so daß sein Schutzbereich nicht tangiert wird.

(c) Die Lehre von der unter bestimmten einschränkenden Voraussetzungen ausreichenden Willensbildung

Teilweise wird die Antizipierbarkeit der entscheidungserheblichen Situation nur insofern anerkannt, als der Patient bereits konkrete Todeserfahrungen gemacht habe.[2078] Andernfalls könne er sich zumindest solange nicht in hinreichend kompetenter Weise äußern, solange die Krankheit, die in die aussichtslose Situation führe, noch nicht vorliege.[2079] Für das Erleben bestimmter, die Realität des Todes verdeutlichender Ereignisse, die sich nicht allein durch intellektuelle Vorstellung ersetzen lasse, genüge einerseits nicht der bloße Todeskontakt, wie ihn etwa Ärzte oder Friedhofspersonal in gesteigertem Maße hätten, andererseits sei es nicht erforderlich, daß man selbst höchstpersönliche Todeserfahrungen gemacht habe. Vielmehr sei erforderlich und ausreichend die persönliche Betroffenheit, die Denken und Empfinden bewege und im Erleben des Sterbens eines nahestehenden Menschen, dessen Schicksal eng mit dem eigenen verknüpft sei, bestehen könne.[2080] Eine hinreichende Konfrontation mit dem Tod sei erst recht gegeben durch das bewußte Erleben der einen selbst betreffenden Todesgefahr, etwa im Krieg, bei Unglücksfällen oder bei schwerer Krankheit.[2081] Doch selbst das zunehmende Alter an sich bringe bereits in der Regel die unausweichliche persönliche Auseinandersetzung mit dem Tod mit sich, die die Fähigkeit zur Antizipation im hier in Frage stehenden Sinne bedinge.[2082]

Daß derartige Einschränkungen im Hinblick auf die Entscheidungsfähigkeit des Testators notwendig seien, finde darin seine Bestätigung, daß gerade diejenigen, die Sterben und Tod noch nicht in ihrer Bedeutung erfahren hätten, am stärksten gegen maschinelle und medikamentöse Lebensverlängerung protestierten, während diejenigen, die das Sterben schon einmal miterlebt hätten, sich eher scheuten, nach Sterbehilfe zu rufen, und Schwerkranke eine deutlich höhere Wertschätzung ihres Lebens zeigten als Gesunde.[2083]

Zuzugeben sei zwar, daß selbst unter den genannten einschränkenden Bedingungen die Gefahr bestehe, daß der ein Patiententestament verfassende Laie ein verzerrtes Vorstellungsbild gerade von intensivtherapeutischen Maßnahmen habe, die

2078 Rickmann, Zur Wirksamkeit von Patiententestamenten, S. 164
2079 Rickmann, Zur Wirksamkeit von Patiententestamenten, S. 180
2080 Rickmann, Zur Wirksamkeit von Patiententestamenten, S. 163 f.
2081 Rickmann, Zur Wirksamkeit von Patiententestamenten, S. 165
2082 Trück, Mutmaßliche Einwilligung und passive Sterbehilfe durch den Arzt, S. 105 f.; Rickmann, Zur Wirksamkeit von Patiententestamenten, S. 166 f.; insofern zustimmend Taupitz, Empfehlen sich zivilrechtliche Regelungen in: Verhandlungen des 63. DJT 2000, Bd. I, Gutachten A, S. A 46
2083 Rickmann, Zur Wirksamkeit von Patiententestamenten, S. 169

in der Öffentlichkeit häufig verurteilt, von intensivbehandelten Patienten selbst aber ganz anders empfunden würden,[2084] so daß seine im Vorfeld getroffene Behandlungsentscheidung insofern irrtumsbehaftet sein könne. Ein solcher Irrtum sei jedoch letztlich irrelevant, da es dem Testator in der Regel primär nicht um die Ablehnung einer Therapie allein wegen ihrer belastenden Nebenwirkungen gehe. Vielmehr erstrebe er schon wegen der Hoffnungslosigkeit der Grunderkrankung die Unterlassung jeder Behandlung, die rein lebensverlängernd wirke. Daher sei es irrelevant, wie die Belastungen der konkreten Therapie eingeschätzt würden.[2085]

Demgegenüber komme es im Hinblick auf die Fälle irreversibler Bewußtlosigkeit oder des apallischen Syndroms schon auf etwaige künftige subjektive Bewertungen und Einstellungswechsel nicht an. Da der Patient in dieser Situation weder emotional noch rational handeln könne, könne der Verfasser eines Patiententestamentes eine verbindliche Entscheidung über die Art seiner Behandlung treffen. Diese spiegele die allein maßgebliche persönliche Bewertung im Beurteilungszeitpunkt wider.[2086]

(d) Stellungnahme zur Lehre von der unter bestimmten einschränkenden Voraussetzungen ausreichenden Willensbildung

Dieser vorstehend dargestellten Ansicht ist zunächst zuzugeben, daß derjenige, der sich mit Fragen des Todes intensiv und persönlich konfrontiert sieht, hierdurch in aller Regel in seinen Einstellungen und seinem Wesen geprägt wird. Seine in einem Patiententestament niedergelegten Erklärungen sind daher sicher eher das Ergebnis eines ernsthaften und überlegten Willensbildungsprozesses als diejenigen eines Testators, der sich allenfalls abstrakt mit derartigen Themen auseinandergesetzt hat.

[2084] vgl. hierzu auch Meran, Patientenverfügung in: Koch/Meran/Sass, Patientenverfügung und stellvertretende Entscheidung, S. 2 (8), der nachdrücklich darauf hinweist, dass Ängste vor medizinischer Technik und Intensivmedizin von akut und schwer Kranken meist nicht geteilt werden, Intensivstationen von diesen vielmehr als Ort der Beruhigung und Sicherheit erlebt werden. Ebenso M. v. Lutterotti, Menschenwürdiges Sterben, S. 62, 67; Menzel, Ziel und Grenzen ärztlichen Handelns in: Auer/Menzel/Eser, Zwischen Heilauftrag und Sterbehilfe, S. 53 (70)

[2085] Rickmann, Zur Wirksamkeit von Patiententestamenten, S. 174

[2086] Trück, Mutmaßliche Einwilligung und passive Sterbehilfe durch den Arzt, S. 106; Rickmann, Zur Wirksamkeit von Patiententestamenten, S. 179; ebenso v. Dellingshausen, Sterbehilfe und Grenzen der Lebenserhaltungspflicht des Arztes, S. 371, Weißauer/Opderbecke, Behandlungsabbruch bei unheilbarer Krankheit, MedR 1995, 456 (459); Rieger, Die mutmaßliche Einwilligung in den Behandlungsabbruch, S. 148 im Hinblick auf die irreversible Bewußtlosigkeit; Schara, Das Recht des Kranken auf seinen Tod in: Schara, Humane Intensivtherapie, S. 19 (28) bezüglich durch schwere Hirnschädigungen hervorgerufener Persönlichkeitsänderungen.

Fraglich erscheint jedoch, ob schon allein vor diesem Hintergrund allen vorgenannten Personen die Fähigkeit zuerkannt werden kann, wirksame Verfügungen im Rahmen eines Patiententestamentes zu treffen. Besondere Zweifel ergeben sich insbesondere im Hinblick auf das Kriterium des Alters, da dieses allein keineswegs die Gewähr für eine besonders intensive Auseinandersetzung mit dem Sterben gewährleistet. Auch dürfte das Maß und die persönliche Betroffenheit durch Todesfälle im näheren Lebensumfeld individuell viel zu unterschiedlich sein, als daß sich ab einem bestimmten Lebensalter eine diesbezügliche hinreichende persönliche Konfrontation ohne weiteres voraussetzen ließe.

Das Erleben einer konkreten Todesgefahr im Krieg oder in Katastrophenfällen wiederum dürfte im Hinblick auf die Frage der Antizipierbarkeit des Lebenswillens im Falle einer unheilbaren, zum Tode führenden Krankheit schon deshalb zu keinen vertieften Erkenntnissen führen, da die Situationen nicht vergleichbar sind. Dies folgt bereits daraus, daß sich für den in eine plötzliche Notlage Geratenen im Falle des Überwindens dieser Situation ganz andere Lebensperspektiven eröffnen als für den Todkranken.

Ferner mag sich zwar derjenige, der sich bei voller Gesundheit in einer akuten Notlage befindet, konkreten Todeserfahrungen ausgesetzt sehen, diese unterscheiden sich jedoch ihrer Art nach ganz erheblich von denjenigen eines moribunden Patienten. Insbesondere die psychischen Veränderungen, die bei letzterem in der Sterbephase zu beobachten sind, bleiben ihm erspart und lassen sich auch nicht allein aus seiner Notsituation heraus nachempfinden.

In gleicher Weise kann derjenige, der schon einmal schwer, aber eben nicht unheilbar tödlich erkrankt war, die Ausnahmesituation der Sterbephase nicht aus eigenem vormaligem Empfinden heraus beurteilen. Gerade die Ausweg- und Hoffnungslosigkeit dieser Situation - verbunden mit den erwähnten psychischen Veränderungen des Patienten - verleiht dem terminalen Stadium einer Krankheit eine Einzigartigkeit, die mit anderen - möglicherweise auch schweren - Erkrankungen nicht zu vergleichen ist. Hierin ist auch der entscheidende Unterschied zu dem oben erwähnten Patienten zu sehen, der im Terminalstadium seines Krebsleidens wiederbelebt worden war und nunmehr wünschte, daß ihm dies im Wiederholungsfalle erspart bleiben möge. Im Gegensatz zu demjenigen, der schon einmal schwer, aber nicht infaust erkrankt war, ist die Behandlungsanweisung des letztgenannten Patienten, der sich bereits im Endstadium seiner zum Tode führenden Erkrankung befindet, und dem alle Umstände seiner Situation wohlbekannt sind, gerade keine abstrakte und antizipierte im Sinne eines Patiententestamentes, sondern eine konkrete, auf die entscheidungserhebliche Situation bezogene.

Noch weniger jedoch dürfte es einem gesunden Menschen allein aufgrund seiner Anteilnahme an dem Leiden und Sterben einer ihm nahestehenden Person möglich sein, dessen Erfahrungen auf sein eigenes Leben zu übertragen und die Stärke seines Lebenswillens auf diese Weise im Hinblick auf die in dem Patiententestament beschriebene Situation zu antizipieren. Wie eingehend dargelegt wurde, ergibt sich eine erhebliche Diskrepanz zwischen der Beurteilung einer konkreten Situation durch den Kranken selbst und durch einen außenstehenden Dritten, so daß das bloße Miterleben fremden Leides keine definitiven Rückschlüsse auf das eigene Empfinden in vergleichbarer Lage zuläßt.

Selbst die einschränkenden Kriterien der Antizipierbarkeit der entscheidungserheblichen Situation sind somit nicht geeignet, die Irrtumsanfälligkeit der von dem Verfasser eines Patiententestamentes abgegebenen Prognose im Hinblick auf seinen künftigen Behandlungswillen so herabzusetzen, daß diese als hinreichend zuverlässig betrachtet werden könnte.

Darüber hinaus können etwaige Fehlvorstellungen über die Auswirkungen intensivtherapeutischer Maßnahmen keinesfalls als irrelevant bezeichnet werden. Es ist nicht davon auszugehen, daß der Testator die weitere Behandlung allein wegen der Hoffnungslosigkeit seiner Gesamtsituation ablehnt, ohne daß es ihm auf die belastenden Nebenwirkungen lebensverlängernder Maßnahmen ankäme. Vielmehr dürfte die Vorstellung, die Anwendung der Intensivtherapie könne zu einem leid- und schmerzerfüllten Dahinsiechen am Lebensende führen, in den allermeisten Fällen ausschlaggebend für die Abfassung eines Patiententestamentes unter Ablehnung dieser Maßnahmen sein. Der Verfügende möchte am Lebensende nicht unnötig gequält werden, sondern die Unvermeidlichkeit des nahen Todeseintritts akzeptieren und diesen möglichst schonend erleben.[2087] Es ist daher nicht gerechtfertigt anzunehmen, alle diejenigen, die ein Patiententestament auf der Grundlage erheblicher Fehlvorstellungen über die Wirkungsweise der Intensivmedizin unterzeichnen, würden dies auch tun, wenn sie hierüber hinreichend aufgeklärt wären.

Soweit schließlich die Situationen der irreversiblen Bewußtlosigkeit und des apallischen Syndroms betroffen sind, wurde bereits ausführlich erläutert, wie schwer sich

[2087] bereits zu Beginn des Kapitels ist darauf hingewiesen worden, daß Patiententestamente aus diesem Grunde auch als Angstdokumente bezeichnet werden.

insofern Wahrnehmungs- und Empfindungsmöglichkeiten des Patienten beurteilen lassen.[2088] Solange diese Unsicherheiten bestehen, sollte man über mögliche Prognoseirrtümer des Verfügenden nicht leichtfertig hinwegsehen, sondern im Respekt vor dem menschlichen Leben die fehlende Antizipierbarkeit des Lebenswillens rückhaltlos anerkennen. Sollte sich jedoch irgendwann einmal tatsächlich feststellen lassen, daß Wahrnehmungs- und Empfindungsfähigkeit mit dem Ausfall bestimmter Gehirnfunktionen noch vor dem Eintritt des Gesamthirntodes irreversibel erloschen sind, so wäre in der Tat davon auszugehen, daß der Verfügende - mangels eines möglichen Meinungswechsels in der akuten Situation - im voraus bestimmen könnte, daß er nicht mehr behandelt werden möchte. Nach der hier vertretenen Auffassung würde eine solche Weiterbehandlung jedoch ohnehin ausscheiden, da der ärztliche Behandlungsauftrag an seine Grenzen gestoßen wäre. Eine entsprechende Verfügung im Rahmen eines Patiententestamentes würde sich dann aber erübrigen.

ee. Ergebnis

Zusammenfassend bleibt festzuhalten, daß die in Patiententestamenten getroffenen Anordnungen zu Fragen der Sterbehilfe letztlich nicht geeignet sind, die Behandlungsentscheidung des Arztes zu beeinflussen. Dieser hat vielmehr selbst dann, wenn ihm in der Eilfallsituation bei Nichterreichbarkeit eines gesetzlichen Vertreters oder Bevollmächtigten des Patienten eine derartige Verfügung zugänglich gemacht wird, nach rein objektiven Kriterien über die erforderlichen Maßnahmen zu befinden.

Soweit die heute in Umlauf befindlichen Patiententestamente Regelungen zu Fragen der Sterbebegleitung, der aktiven Sterbehilfe, der indirekten sowie der passiven Sterbehilfe umfassen, kommt ihnen keine rechtsbegründende Wirkung zu.

Hinsichtlich der aktiven Sterbehilfe und der indirekten Sterbehilfe folgt dies bereits daraus, daß das Strafrecht dem Arzt in diesen Bereichen klare und zwingende Vorgaben macht, die ihm keinen Handlungsspielraum lassen. Auffällig ist bezüglich der indirekten Sterbehilfe, daß zahlreiche Klauseln diesen gesetzlichen Vorgaben nicht genügen. Ihnen ist daher nicht einmal eine deklaratorische Bedeutung beizumessen, vielmehr sind sie von vornherein gem. § 134 BGB nichtig.

Für den Bereich der Sterbebegleitung wiederholen die typischerweise verwandten Klauseln lediglich deklaratorisch die bestehende Rechtslage und bleiben sogar

---

[2088] vgl. C. III. 1. e. dd.

meist hinter dieser zurück, soweit die psychologische Betreuung des Sterbenden betroffen ist.

Hinsichtlich der genannten Fallgruppen der Sterbehilfe läßt sich Patiententestamenten allenfalls eine Appellfunktion zuschreiben, da sie den behandelnden Arzt ausdrücklich dazu ermahnen, seinen Pflichten nachzukommen.

Bezüglich der passiven Sterbehilfe ist zunächst festzustellen, daß die Anordnungen der Patiententestamente inhaltlich zum Teil erheblich voneinander und von dem skizzierten objektiven Entscheidungsmaßstab abweichen.

Mögen den einzelnen Verfügungen auch keine gesetzlichen Verbote im Sinne des § 134 BGB entgegenstehen, und mag darüber hinaus vom Grundsatz her anzuerkennen sein, daß eine Behandlungsentscheidung längere Zeit im voraus getroffen werden kann, sofern sich die entscheidungsrelevanten Faktoren nicht verändern, so erweisen sich die Klauseln der typischerweise in Umlauf befindlichen Vordrucke von Patiententestamenten dennoch schon mangels hinreichender Bestimmtheit weithin als unbrauchbar. Sie erschöpfen sich zumeist in pauschalen, schlagwortartigen Umschreibungen von Krankheitssymptomen, die zu vage sind, als daß sie einer Anwendung auf den konkreten Einzelfall zugänglich wären. Darüber hinaus operieren sie mit wertaus-füllungsbedürftigen Begriffen, die ohne eine entsprechende Erläuterung des Verfassers inhaltsleer und nichtssagend bleiben.

Steht der Mangel an Bestimmtheit auch nicht prinzipiell, sondern nur im konkreten Einzelfall der praktischen Verwendbarkeit eines Patiententestamentes entgegen, so sollte nicht übersehen werden, daß diese Probleme durch die für eine Vielzahl von Fällen und Personen vorformulierten Klauseln kaum zu überwinden sein werden. Allein die ausführliche und selbständige Gestaltung von Anweisungen durch den Verfasser selbst scheint einen möglichen Lösungsweg aus dem Problemkreis der mangelnden Bestimmtheit von Patiententestamenten aufzuzeigen.

Abgesehen davon sprechen jedoch gravierende Gründe selbst gegen die Bindungswirkung von hinreichend bestimmt gefaßten Patiententestamenten.

Ausgangspunkt der diesbezüglichen Überlegungen ist die Feststellung, daß die vorab erklärte Behandlungsanweisung nur insoweit Anerkennung verdient, als sie Ausdruck einer selbstbestimmten Entscheidung des Verfügenden ist. Zweifel daran, daß sämtliche in dem Formular eines Patiententestamentes enthaltene Aussagen solche sind, die die selbstbestimmte Persönlichkeit des Verfassers widerspiegeln, liegen bereits darin begründet, daß die Klauseln, und zwar sowohl jede einzelne für sich genommen als auch in ihrer Kombination untereinander, fest vorgegeben sind, die Gestaltungsmöglichkeiten des Verfügenden enorm beschneiden und damit ein Element der Fremdbestimmung darstellen.

Unabhängig davon kann das Selbstbestimmungsrecht nur dann sinnvoll ausgeübt werden, wenn der Verfügende sich zum Zeitpunkt seiner Erklärung eine hinreichende Vorstellung von ihrem Inhalt machen kann.

Zweifel bestehen insofern schon deshalb, weil eine in gesunden Tagen abgefaßte Erklärung kaum jemals eine in der Zukunft liegende Situation mitsamt allen abwägungserheblichen Gesichtspunkten zu berücksichtigen vermag.

Selbst wenn dies möglich wäre, so wäre zu fordern, daß der Verfügende vor der Abfassung seiner Erklärung in derselben Weise aufgeklärt würde, wie dies nach den von der Rechtsprechung entwickelten Grundsätzen vor einer akut zu treffenden Behandlungsentscheidung zu erfolgen hat. Sowohl im Hinblick auf die Diagnose- als auch hinsichtlich der Verlaufs- und Risikoaufklärung müssen diese Bemühungen jedoch zwangsläufig zu abstrakt bleiben, als daß von einer wirksamen Aufklärung ausgegangen werden könnte. Diese erweist sich in aller Regel als verfrüht, so daß der Hinweis auf einen von dem Verfasser - möglicherweise nur konkludent - erklärten Aufklärungs-verzicht letztlich ins Leere geht.

Läßt sich somit der Mangel einer hinreichenden Aufklärung vor der Abfassung eines Patiententestamentes nicht beheben, so gilt gleiches für den Mangel der Antizipierbarkeit der von dem Verfügenden zu treffenden Behandlungsentscheidung. Maßgeblich ist in diesem Zusammenhang, daß sich nach gesicherten Erkenntnissen in gesunden Tagen nicht zuverlässig vorhersehen läßt, wie stark im Falle einer unheilbaren Erkrankung der eigene Lebenswille sein wird. Erfahrungsgemäß verschiebt sich in dieser Situation das Wertesystem des sterbenden Patienten in zuvor nicht für möglich gehaltener Weise. Vormals für geradezu unerträglich gehaltene Krankheitsbilder werden nunmehr mit großem Gleichmut hingenommen. Die für Außenstehende offensichtliche Tragik und Hoffnungslosigkeit seines Schicksales scheint dem Betroffenen verborgen zu bleiben.

Vor diesem Hintergrund könnte eine vorab von einem gesunden Menschen im Rahmen eines Patiententestamentes getroffene Behandlungsentscheidung allenfalls rein formal als Ausdruck seines selbstbestimmten Willens Anerkennung finden. Inhaltlich wäre diese Selbstbestimmung jedoch vollends ihrer Funktion beraubt, den eigenen Willen in der konkreten Behandlungssituation vorherzusehen und nach außen hin zu dokumentieren. Die Ausübung des Selbstbestimmungsrechtes ist in diesem Falle nicht mehr sinnvoll möglich, ihre formale Anerkennung würde zu einer Selbsttäuschung des Verfügenden führen.

Ist aber die in einem Patiententestament getroffene Verfügung nicht als Entscheidung anzuerkennen, die in Ausübung des Selbstbestimmungsrechtes des Testators unter dem besonderen Schutz von Art. 2 Abs. 1 GG steht, so kann ihr bei der Ermittlung des mutmaßlichen Willens des Patienten im Rahmen der Geschäftsführung ohne Auftrag zumindest keine Bindungswirkung zukommen.

Die vorgenannten Gesichtspunkte, die gegen die Verbindlichkeit des Patiententestamentes sprechen, sehen - zumindest teilweise - auch diejenigen, die der Verfügung zwar ausdrücklich jede Bindungswirkung absprechen, ihr jedoch andererseits die Funktion eines Hilfsmittels bei der Ermittlung des mutmaßlichen Willens des Patienten in der aktuellen Situation beimessen.

Auf den ersten Blick erscheint dies akzeptabel, zumal der Bundesgerichtshof in seinem Kemptener Urteil festgestellt hat, bei der Ermittlung des mutmaßlichen Patientenwillens seien frühere mündliche und schriftliche Äußerungen des Betroffenen ebenso zu berücksichtigen wie seine religiösen Überzeugungen und seine sonstigen persönlichen Wertvorstellungen. Erst wenn sich bei der gebotenen sorgfältigen Prüfung konkrete Umstände für die Feststellung des individuellen mutmaßlichen Willens des Kranken nicht finden ließen, könne und müsse auf Kriterien zurückgegriffen werden, die allgemeinen Wertvorstellungen entsprächen.[2089]

Nun müssen sich diejenigen, die den Patiententestamenten Anhaltspunkte für die zu treffende Entscheidung entnehmen wollen, jedoch fragen lassen, wie genau der Entscheidungsprozeß des Arztes in der konkreten Situation ausgestaltet sein soll. Typischerweise wird er feststellen müssen, daß ihm bis auf das Patiententestament keine weiteren, insbesondere keine aussagekräftigeren Indizien zur Verfügung stehen, die bei der Ermittlung des mutmaßlichen Willens herangezogen werden könnten.[2090] Vor diesem Hintergrund gibt es nur zwei Entscheidungsmöglichkeiten: Ent-

---

[2089] BGHSt NJW 1995, 204 (205)

[2090] Zu Recht weist Taupitz, Empfehlen sich zivilrechtliche Regelungen in: Verhandlungen des 63. DJT 2000, Bd. I, Gutachten A, S. A. 43 darauf hin, daß aktuell in einwilligungsunfähigem Zustand geäußerte Wünsche nicht allein maßgeblich sein, sondern allein den indiziellen Wert früherer weder man orientiert sich an dem in dem Patiententestament niedergelegten Willen und erkennt dadurch doch - wenn auch nur mittelbar - die bindende Wirkung der Verfügung an. In diesem Falle dürfte sich kaum jemals ein Unterschied zu der Ansicht derer ergeben, die sich in jedem Falle für die Verbindlichkeit des Patiententestamentes aussprechen, zumal auch die Vertreter dieser Auffassung zumeist anmerken, daß die Verbindlichkeit dann entfalle, wenn konkrete Gesichtspunkte vorlägen, die für eine Änderung des Willens des Testators sprächen.

Folgt man dieser Linie, so bleiben letztlich alle aufgeführten Bedenken, die gegen die Verbindlichkeit des Patiententestamentes sprechen, unberücksichtigt. Man ignoriert schlichtweg, daß die fehlende Antizipierbarkeit der Entscheidung und die mangelhafte Aufklärung des Patienten schon für sich genommen stets ganz erhebliche Zweifel daran begründen, daß der Verfügende in der maßgeblichen Entscheidungssituation noch an seinem vormals geäußerten Willen festhalten würde, wenn er sich hierzu noch verständig äußern könnte.

Um dies zu vermeiden, verbleibt allein die zweite Entscheidungsmöglichkeit, die darin besteht, dem Patiententestament jegliche Funktion, auch die eines Hilfsinstrumentes bei der Ermittlung des mutmaßlichen Willens des Patienten, abzusprechen. Gesteht man zu, daß insbesondere die erwähnten Aufklärungsmängel und die fehlende Antizipierbarkeit der maßgeblichen Situation die von dem Verfasser des Patiententestamentes abgegebene Prognose seines späteren Willens mit einem extremen Fehlerrisiko belastet, das ihr letztlich jede Aussagekraft nimmt, so ist es nicht mehr als konsequent, der Verfügung keine Bedeutung im Hinblick auf die zu treffende Entscheidung beizumessen und die Fortführung der Behandlung allein nach objektiven Kriterien zu gestalten.

Im Rahmen der Geschäftsführung ohne Auftrag kommt dem - vom Grundsatz her sogar vorrangig zu beachtenden - subjektiven Element des mutmaßlichen Willens des Geschäftsherrn daher keine eigenständige Bedeutung zu. Vielmehr ist allein von den objektiv zu ermittelnden Behandlungsinteressen auf den mutmaßlichen Willen des Betroffenen zurückzuschließen.

Hiervon unberührt bleibt freilich die Pflicht des Arztes, die aktuellen Bekundungen des einwilligungsunfähigen Patienten, insbesondere seine subjektiven Empfindun-

---

Äußerungen bestätigen oder in Frage stellen könnten. Unklar bleibt jedoch auch insoweit, wie konkret die aktuellen Wünsche geäußert werden müssen, damit sie überhaupt geeignet sind, vormalige Äußerungen in Zweifel zu ziehen, und inbesondere, welche Konsequenzen aus einem solchen In-Frage-Stellen zu ziehen sind.

gen von Schmerz und Leid, aufmerksam zu registrieren und bei der Wahl der - objektiv zu bestimmenden - Behandlungsentscheidung zu berücksichtigen.

Die gleichen Erwägungen, die vorstehend für den Bereich der passiven Sterbehilfe angestellt wurden, wären auch maßgebend für die Beurteilung von Klauseln eines Patiententestamentes, in denen vorab auf jegliche Maßnahmen der Sterbebegleitung bzw. der indirekten Sterbehilfe verzichtet würde.

Die Befürwortung dieses objektiven Entscheidungsmaßstabes hat nichts mit einer Verkürzung des Selbstbestimmungsrechtes des Patienten zu tun, sondern ist allein Folge der Erkenntnis, daß dieses im Rahmen der Abfassung eines Patiententestamentes nicht sinnvoll ausgeübt werden kann.

Diejenigen, die dem Patiententestament Anhaltspunkte bei der Bestimmung des mutmaßlichen Willens entnehmen wollen, gehen diesen Weg entweder überhaupt nicht zu Ende, weil sie den Inhalt der Verfügung letztlich doch mittelbar für maßgeblich erachten, oder sie treffen entsprechend der hier vertretenen Auffassung zwar faktisch eine ausschließlich an objektiven Kriterien ausgerichtete Entscheidung, sehen sich dann aber im Einzelfall kaum überbrückbaren Begründungsschwierigkeiten ausgesetzt, weshalb sie von dem Inhalt des Patiententestamentes abweichen. Denn messen sie dem Patiententestament trotz aller Bedenken hinsichtlich der Antizipierbarkeit des maßgeblichen Willens und der ausreichenden Aufklärung des Patienten die Funktion eines gewichtigen Anhaltspunktes für die Ermittlung des mutmaßlichen Willens bei, sind aber in der entscheidungserheblichen Situation keine zusätzlichen Gesichtspunkte denkbar,[2091] die gegen die Verbindlichkeit des Patiententestamentes sprechen könnten, vermögen sie auf der Grundlage ihrer eigenen Prämisse nicht überzeugend zu begründen, weshalb sie ausnahmsweise doch den im Patiententestament niedergelegten Willen übergehen.

Hintergrund der unklaren und im Ergebnis unbefriedigenden Auffassung von der Hilfsfunktion des Patiententestaments bei der Ermittlung des mutmaßlichen Willens mag die Tatsache sein, daß ein klares Bekenntnis zu der Unmöglichkeit, das Selbstbestimmungsrecht im Hinblick auf Behandlungen am Lebensende bereits vorab befriedigend auszuüben, in einer Zeit, in der die freie Selbstbestimmung zunehmend

---

[2091] so auch K. M. v. Lutterotti, Ärztliche Handlungsanleitungen, S. 225

als höchstes von der Verfassung geschütztes Gut gepriesen wird,[2092] wenig populär ist.

Im Interesse einer klaren, in sich schlüssigen und handhabbaren Lösung der Entscheidungskonflikte in der Endphase des Lebens aber darf derartigen Gesichtspunkten keine ausschlaggebende Bedeutung beigemessen werden.

Um dennoch die erforderliche Rechtssicherheit zu gewährleisten und potentiellen Verfassern von Patiententestamenten die Angst vor einem unwürdigen, von Leiden und Schmerzen geprägten Dahinsiechen am Ende des Lebens zu nehmen, muß das Bekenntnis zu einer an objektiven medizinischen Kriterien ausgerichteten Behandlungsentscheidung mit einer von staatlicher Seite erfolgenden Konkretisierung dieser Gesichtspunkte einhergehen.

b. Andere denkbare Inhalte von Patiententestamenten

Bleibt somit festzuhalten, daß Patiententestamente Fragen der Sterbehilfe entweder überhaupt nicht regeln oder letztlich allein auf die ohnehin bestehende Rechtslage Bezug nehmen können, so ist weiter zu klären, ob es andere Regelungsinhalte gibt, die sinnvollerweise in einem solchen Dokument niedergelegt werden können.

An erster Stelle zu nennen sind in diesem Zusammenhang Verfügungen, die die bereits angesprochenen Glaubens- und Gewissensentscheidungen im Sinne des Art. 4 GG zum Gegenstand haben. Bei diesen ist die Motivationslage des Verfügenden eine gänzlich andere als bei dem Verfasser eines herkömmlichen Patiententestamentes. Geht es letzterem allein um das Antizipieren der Grenzen seines Lebenswillens in bestimmten Lebenslagen, die im voraus nicht erfaßbar sind, so werden demgegenüber in den erstgenannten Fällen Grundüberzeugungen niedergelegt, die ganz allgemein und nicht nur in einer bestimmten Lebensphase Geltung beanspruchen, weil sie der Betreffende als für sich in der Weise unbedingt verbindlich erfährt, daß er nicht ohne Gewissensnot gegen sie handeln könnte. Es geht hier keinesfalls um die Ermittlung eines hypothetischen Willens, bezogen auf eine spezifische zukünftige Situation. Der Betreffende legt vielmehr lediglich seinen schon in Zeiten der Einwilligungsfähigkeit vorhandenen, situationsunabhängigen Willen nieder. Es er-

---

2092 Taupitz, Empfehlen sich zivilrechtliche Regelungen in: Verhandlungen des 63. DJT 2000, Bd. I, Gutachten A, S. A 13 übrigt sich daher von vornherein die Frage, ob er nach dem Beginn eines unheilbaren, zum Tode führenden Krankheitsverlaufes diesen Willen geändert haben könnte.

Durch die Einbindung von Art. 4 GG in den Entscheidungsprozeß des Verfügenden gewinnt das Spannungsverhältnis zwischen dem Gebot des Lebensschutzes und dem Selbstbestimmungsrecht des einzelnen eine neue Dimension. Eine Ausübungssperre des Selbstbestimmungsrechtes, wie sie für die herkömmlichen Fälle des Patiententestamentes festzustellen war, kann es dort nicht geben, wo es um die Kundgabe solch fundamentaler, situationsunabhängiger Entscheidungen geht.

Ebenso wie vor einer aktuell zu treffenden Behandlungsentscheidung gebührt hier daher dem Selbstbestimmungsrecht des Betreffenden der unbedingte Vorrang vor dem Gebot des Lebensschutzes und möglicherweise entgegenstehenden objektiven Entscheidungsleitlinien, und zwar unabhängig davon, in welcher Form die Gewissensentscheidung überliefert ist.

Da Grundüberzeugungen in allen Lebenssituationen und -phasen Geltung beanspruchen, beziehen sich die aus ihnen ergebenden Behandlungsanweisungen nicht allein auf Situationen unheilbarer, zum Tode führender Erkrankungen. Selbst im Falle ihrer schriftlichen Fixierung können sie Patiententestamenten im herkömmlichen Sinne nicht gleichgestellt werden, decken jedoch inhaltlich auch deren Bezugspunkt, die Situation des erlöschenden Lebens, mit ab.

In gleicher Weise sind andere situationsunabhängige Vorausverfügungen denkbar, die inhaltlich über den Bereich der üblichen zur Sterbebegleitung zählenden Maßnahmen hinausreichen und damit nicht mehr zum Kernbestand der herkömmlich in Patientenverfügungen getroffenen Regelungen gehören. So ist es beispielsweise möglich, im voraus seiner Bitte um seelsorgerlichen Beistand wirksam Ausdruck zu verleihen. Auch an der Verbindlichkeit einer im Hinblick auf eine mögliche Organentnahme getroffenen Aussage bestehen keine Zweifel. Selbst Fragen medizinischer Behandlungen können im voraus verbindlich festgelegt werden, soweit die Behandlungssituation hinreichend konkret beschrieben wird, eine Aufklärung unabhängig von der weiteren gesundheitlichen Entwicklung des Verfügenden möglich ist und erfolgt, und schließlich nicht über die Anwendung lebenserhaltender bzw. -verlängernder Maßnahmen entschieden wird.

IV. Ärztliche Sterbehilfe gegenüber dem einwilligungsunfähigen Patienten im Falle der Erreichbarkeit eines gesetzlichen Vertreters bzw. Bevollmächtigten

Die alleinige Entscheidungskompetenz des Arztes in Fragen der Heilbehandlung gegenüber einem einwilligungsunfähigen Patienten ist nur bei Gefahr in Verzug anzuerkennen, d.h. wenn die Benachrichtigung und Aufklärung eines bereits vorhandenen oder erst zu bestellenden gesetzlichen Vertreters oder eines Bevollmächtigten mit zeitlichen Verzögerungen verbunden wäre, die die ernste Gefahr einer erheblichen Verschlechterung des Gesundheitszustandes heraufbeschwören würde (Eilfallkompetenz). In allen anderen Fällen haben der gesetzliche Vertreter bzw. der Vorsorgebevollmächtigte eigenverantwortlich die Entscheidung über die weitere Behandlung zu treffen. Bei der Entscheidungsfindung treffen den Arzt ihm gegenüber die gleichen Aufklärungsverpflichtungen, die er gegenüber dem Patienten selbst zu erfüllen hätte, falls dieser einwilligungsfähig wäre. Zu untersuchen bleibt nachfolgend, ob sich der Entscheidungsmaßstab des gesetzlichen Vertreters bzw. des Bevollmächtigten in Fragen der Sterbehilfe von demjenigen unterscheidet, den der Arzt im Eilfall zu beachten hat.

1. Minderjährigkeit des Patienten: Entscheidungszuständigkeit der Eltern bzw. des Vormundes oder Pflegers

Richtschnur und Maßstab der von den Sorgeberechtigten zu treffenden Entscheidung muß das Wohl des Kindes sein (§ 1627 S. 1 BGB), das objektiv zu bestimmen ist. Ist aber die medizinische Indikation dem Kindeswohl gleichzusetzen, so ist der objektive Entscheidungsmaßstab, den der Arzt im Rahmen seiner Eilfallkompetenz anzuwenden hat, in gleicher Weise auch von den gesetzlichen Vertretern des Minderjährigen zu beachten. Dies gilt ausnahmslos unabhängig von der Art und der Schwere des in Frage stehenden ärztlichen Eingriffs sowie der mit diesem verbundenen Risiken für Leib und Leben des Minderjährigen, so daß im Zusammenhang mit Fragen der Sterbehilfe keine Besonderheiten zu beachten sind.

2. Volljährigkeit des Patienten: Der Grundsatz: Die Entscheidungszuständigkeit des Betreuers

a. Befassungs- und Entscheidungskompetenz des Betreuers in Fragen der passiven und indirekten Sterbehilfe

Teilweise wird die Auffassung vertreten, der Betreuer könne niemals befugt sein, sich mit Fragen der passiven oder indirekten Sterbehilfe zu befassen, geschweige denn diesbezügliche Entscheidungen zu treffen. Vereinzelt wird zur Begründung vorgetragen, die Höchstpersönlichkeit der Entscheidung zwischen Leben und Tod sei einer vertretenden Entscheidung des Betreuers nicht zugänglich,[2093] teilweise wird geltend gemacht, die Frage des "Sterbenlassens" sei zumindest von dem einem Betreuer übertragenen Aufgabenkreis der "Gesundheitsfürsorge" nicht umfaßt,[2094] wieder andere vertreten die Auffassung, dem Betreuer könne die Aufgabe, über einen Behandlungsabbruch zu entscheiden, überhaupt nicht übertragen werden, da es sich hierbei um eine höchstpersönliche Angelegenheit handle, die nur der Betroffene selbst straffrei besorgen[2095] bzw. auf die sich die gesetzliche Vertretungsmacht des Betreuers in Ermangelung einer ausdrücklichen gesetzlichen Aufgabenzuweisung unter der Geltung des Art. 2 Abs. 2 S. 1 GG nicht erstrecken könne.[2096]

Diese Argumente freilich vermögen nicht zu überzeugen. Daß höchstpersönliche Entscheidungen zwischen Leben und Tod dem Aufgabenbereich des Betreuers nicht generell entzogen sind, belegt bereits die Regelung des § 1904 Abs. 1 BGB. Denn die Entscheidung über die Vornahme eines Eingriffs, der das Risiko des Todeseintritts mit sich bringt, ist nicht weniger höchstpersönlich als die umgekehrte Entscheidung, einen Eingriff zu unterlassen, sofern diese Unterlassung die gleichen Risiken

---

2093 Deichmann, Vormundschaftsgerichtlich genehmigtes Töten durch Unterlassen ? MDR 1995, 983 (985)

2094 LG München I, NJW 1999, 1788 (1789); Bienwald, Anmerkung zu OLG Frankfurt/M., Beschluß vom 15.07.1998, FamRZ 1998, 1138; Sonnenfeld, Sterbehilfe in gerichtlich legitimierter Selbstverantwortung des Betreuers, S. 10; Seitz, Das OLG Frankfurt a.M. und die Sterbehilfe, ZRP 1998, 417 (420): zumindest sei dies sehr zweifelhaft, so daß eine klärende Formulierung erforderlich sei; a.A. OLG Frankfurt/Main NJW 1998, 2747 (2748); Baumann/Hartmann, Die zivilrechtliche Absicherung der Patientenautonomie, DNotZ 2000, S. 594 (600); Vogel, Die versuchte "passive Sterbehilfe" nach BGH MDR 1995, 80, MDR 1995, 337 (338); Rieger, Die mutmaßliche Einwilligung in den Behandlungsabbruch, S. 117

2095 Bienwald, Anmerkung zu OLG Frankfurt/M., Beschluß vom 15.07.1998, FamRZ 1998, 1138 (1139)

2096 Sonnenfeld, Sterbehilfe in gerichtlich legitimierter Selbstverantwortung des Betreuers ? S. 11; Seitz, Das OLG Frankfurt/M. und die Sterbehilfe, ZRP 1998, 417 (419); Jürgens, Ist der Tod genehmigungsfähig ? BtPrax 1998, 159 (160)

mit sich bringt.[2097] Hält man aber die Übertragung des Aufgabenkreises "Gesundheitsfürsorge" auf den Betreuer für nicht ausreichend, um dessen Entscheidungsbefugnis über den Behandlungsabbruch zu begründen, so ließe sich dieses Problem leicht dadurch lösen, daß der Aufgabenbereich des Betreuers entweder von vornherein umfassender formuliert oder später entsprechend erweitert würde. Daß dies wiederum der Intention des Gesetzgebers keinesfalls zuwiderlaufen würde, hat Taupitz überzeugend mit dem Hinweis darauf nachgewiesen, schon in der Begründung zum BetrG finde sich die Forderung, der Betreuer habe den Wunsch eines nicht einwilligungsfähigen Betreuten selbst dann zu beachten, wenn dieser darauf gerichtet sei, in der letzten Lebensphase nicht sämtliche lebens- oder schmerzverlängernden Maßnahmen anzuwenden.[2098]

Verfassungsrechtliche Bedenken stehen einer Entscheidung des Betreuers in Fragen der passiven oder indirekten Sterbehilfe ebenfalls nicht entgegen. Gem. § 1901 Abs. 2 BGB hat er die Angelegenheiten des Betreuten so zu besorgen, wie es dessen Wohl entspricht. Soweit ihm der Aufgabenkreis der Gesundheitsangelegenheiten übertragen ist, bedeutet dies, daß er in jedem Einzelfalle darüber zu befinden hat, ob eine zur Debatte stehende Behandlungsmaßnahme dem Wohl des Betreuten förderlich sein kann. Ist dies nicht der Fall, so hat er die Einwilligung insofern zu verweigern. Nicht anders stellt sich die Sachlage im Bereich der passiven und indirekten Sterbehilfe dar. Auch hier geht es nicht darum, darüber zu befinden, ob der Patient vorzeitig getötet werden soll, sondern allein um die Frage, ob ihm mögliche Eingriffe noch zuzumuten sind, d.h. ob sie seinem Wohl entsprechen, oder gar zur Linderung seiner Schmerzen geboten sind. Ist dies nicht der Fall, so haben sie zu unterbleiben. Die diesbezügliche Entscheidung des Betreuers aber hält sich in den ihm gesetzlich vorgegebenen Grenzen des § 1901 Abs. 2 BGB. Daß sie wiederum die Gefahr des Todeseintritts begründet, ist nach dem in der vorzitierten Begründung zum BetrG zum Ausdruck gekommenen Willen des Gesetzgebers irrelevant.[2099]

2097 im Ergebnis ebenso LG Duisburg, NJW 1999, 2744; Weißauer/Opderbecke, Behandlungsabbruch bei unheilbarer Krankheit, MedR 1995, 456 (459); Coeppicus, Behandlungsabbruch, mutmaßlicher Wille und Betreuungsrecht, NJW 1998, 3381 (3384)

2098 Taupitz, Empfehlen sich zivilrechtliche Regelungen in: Verhandlungen des 63. DJT 2000, Bd. I, Gutachten A, S. A 88 unter Bezugnahme auf BT-Drucks. 11/4528, S. 142

2099 wollte man hierzu eine andere Auffassung vertreten, so müßte konsequenterweise auch den Eltern als gesetzlichen Vertretern, die ja gleichfalls den Entscheidungsmaßstab des objektiven Wohles zu beachten haben, die Entscheidungsbefugnis in Fragen der passiven und indirekten Sterbehilfe abgesprochen werden.

Der Betreuer macht sich mit einer Entscheidung für die passive oder indirekte Sterbehilfe auch nicht strafbar, wenn er die erörterten Grenzen der Zulässigkeit beider Formen der Sterbehilfe nicht überschreitet.

Es bleibt somit festzuhalten, daß der einem Betreuer übertragene Aufgabenkreis alle Fragen der Heilbehandlung einschließlich der Entscheidung für die passive und indirekte Sterbehilfe umfassen kann.

b. Entscheidungsmaßstab des Betreuers

Handlungsleitend sind für den Betreuer das Wohl (§ 1901 Abs. 2 BGB) und die Wünsche (§ 1901 Abs. 3 BGB) des Betreuten, wobei auch die im Zustande der Einwilligungsunfähigkeit geäußerten Wünsche zu beachten sind, sofern dies nicht dem Wohl des Betreuten zuwiderläuft, und soweit es dem Betreuer zuzumuten ist.[2100]

Hat der Betreute sich zu Fragen der Sterbehilfe im einwilligungsfähigen Zustand niemals geäußert, so hat der Betreuer die Behandlungsentscheidung allein an dem objektiven Wohl des Betreuten auszurichten, wobei er wiederum den vorstehend ermittelten objektiven Beurteilungsmaßstab anwenden muß.

Hinterläßt der Betreute ein im einwilligungsfähigen Zustand verfaßtes Patiententestament, so liegt zwar eine Willensäußerung im Sinne des § 1901 Abs. 3 BGB vor. Diese ist jedoch nicht verbindlich, da sie zumindest mangels hinreichender Aufklärung und infolge fehlender Antizipierbarkeit der Situation einer unheilbaren, zum Tode führenden Erkrankung nicht als Ausdrucksform der selbstbestimmten Persönlichkeit des Betreuten anzuerkennen ist.[2101]

Aktuell im einwilligungsunfähigen Zustand geäußerte Behandlungswünsche des Betreuten vermögen den objektiven Entscheidungsmaßstab letztlich ebensowenig in Frage zu stellen, sondern konkretisieren diesen lediglich im Einzelfall. Soweit der Betreute insofern sein Interesse an einer Weiterbehandlung zum Ausdruck bringt, steht zugleich für die nach objektiven Kriterien vorzunehmende Bewertung fest, daß diese dem Betroffenen zumutbar ist und nicht mit unverhältnismäßigen Schmerzen einhergeht. Im umgekehrten Falle werden die Äußerungen des Patienten zunächst

---

[2100] vgl. hierzu im einzelnen oben B. VI. 1. b. dd.
[2101] vgl. hierzu C. III. 2. a. dd. (8) und (9)

Anlaß geben, konkrete Maßnahmen zur Linderung seiner akuten Beschwerden zu ergreifen und gegebenenfalls Behandlungsformen der indirekten Sterbehilfe einzuleiten. Im übrigen ist im Wege der psychologischen Betreuung des Sterbenden darauf hinzuwirken, daß möglicherweise aufgetretene Depressionen erfolgreich behandelt werden. Falls jedoch alle diese Maßnahmen scheitern, etwa weil es nicht möglich ist, den Sterbenden von seinen Qualen zu befreien, so wird letztlich ein Verzicht auf weiterführende lebenserhaltende Maßnahmen geboten sein.

Eine Berücksichtigung des noch im einwilligungsfähigen Zustand geäußerten Willens des Betreuten ist hingegen zwingend geboten, sofern zeit- und situationsunabhängige Glaubens- oder Gewissensentscheidungen kundgegeben worden sind. Diese Äußerungen sind unabhängig davon zu beachten, in welcher Form sie dokumentiert sind.

c. Erforderlichkeit der Anrufung des Vormundschaftsgerichtes - analoge Anwendung des § 1904 Abs. 1 BGB vor der Ausübung der passiven Sterbehilfe

Ausgesprochen kontrovers wird in Rechtsprechung und Literatur die Frage diskutiert, ob der Betreuer vor dem Abbruch einer lebenserhaltenden Behandlung bzw. vor der Entscheidung über deren Nichtaufnahme eine diesbezügliche Genehmigung des Vormundschaftsgerichtes einzuholen hat.

Die Vorschrift des § 1904 Abs. 1 BGB regelt diesen Fall ihrem Wortlaut nach nicht, sondern fordert die Einholung der Genehmigung lediglich vor der Vornahme risikoreicher Eingriffe. In Betracht kommt somit allenfalls die analoge Anwendung der Regelung.

Diese wird teilweise befürwortet. Wenn schon risikoreiche Eingriffe genehmigungspflichtig seien, dann müsse gleiches erst recht für den Abbruch oder die Verweigerung der Aufnahme einer Behandlung gelten, die zwangsläufig den Todeseintritt zur Folge habe.[2102]

2102 BGHSt 40, 257 (262); OLG Frankfurt/Main NJW 1998, 2747 (2748); LG Duisburg NJW 1999, 2744 f.; Baumann/Hartmann, Die zivilrechtliche Absicherung der Patientenautonomie, DNotZ 2000, 594 (602); Zöller, Passive Sterbehilfe zwischen Selbstbestimmungsrecht des Patienten und mutmaßlicher Einwilligung, ZRP 1999, 317 (318); Schöch, Beendigung lebenserhaltender Maßnahmen, NStZ 1995, 153 (156); Saliger, Sterbehilfe mit staatlicher Genehmigung, JuS 1999, 16 (18); Verrel, Selbstbestimmungsrecht contra Lebensschutz, JZ 1996, 224 (229); Verrel, Richter über Leben und Tod ? JR 1999, 5 (7); Kutzer, Wir brauchen keine neuen Gesetze zur Sterbehilfe, ZRP 1997, 117 (118); Dörner, Hält der BGH die "Freigabe der Vernichtung lebensunwerten Lebens" wieder für diskutabel ? ZRP 1996, 93 (96); Coeppicus, Behandlungsabbruch, mutmaßlicher Wille und

Andere dagegen lehnen eine analoge Anwendung des § 1904 Abs. 1 BGB entschieden ab.[2103] Dabei wird im Hinblick auf die von Teilen der Rechtsprechung vertretene Gegenauffassung sogar der Vorwurf erhoben, das Sterben könne nun in Deutschland staatlich genehmigt werden, so daß sich der Richter zum "Herrn über Leben und Tod" aufschwinge.[2104]

Gegen die analoge Anwendung des § 1904 Abs. 1 BGB auf die Situation der Behandlungsablehnung bzw. des Behandlungsabbruchs wird vorgebracht, eine solche Genehmigung komme schon allein deshalb nicht in Betracht, weil die Entscheidung über den Abbruch einer lebenserhaltenden Behandlung nicht vom Aufgabenkreis des Betreuers umfaßt sein könne. Daß dieser Ansicht nicht zu folgen ist, wurde bereits dargelegt.[2105]

Betreuungsrecht, NJW 1998, 3381 (3383); Helgerth, Anmerkung zu BGHSt 40, 257, JR 1995, 338 (340); Frister, Anmerkung zu OLG Frankfurt am Main, Beschluß vom 15.07.1998, JR 1999, 73 (74); Vogel, Die versuchte "passive Sterbehilfe" nach BGH MDR 1995, 80, MDR 1995, 337 (338 FN 10); Kahlke, Voraussetzungen des Abbruchs lebenserhaltender Maßnahmen, ZRP 1996, 272; Meier, Grenzen der ärztlichen Behandlungspflicht, BtPrax 1996, 161 (163); Rieger, Die mutmaßliche Einwilligung in den Behandlungsabbruch, S. 122 ff.; Winkler-Wilfurth, Betreuung und Heilbehandlung, S. 140; Benzenhöfer, Der gute Tod ? S. 202; Kuhlmann, Einwilligung in die Heilbehandlung, S. 149; Taupitz, Landesbericht Deutschland in: Taupitz, Zivilrechtliche Regelungen zur Absicherung der Patientenautonomie am Ende des Lebens, S. 273 (342, 344); Taupitz, Empfehlen sich zivilrechtliche Regelungen in: Verhandlungen des 63. DJT 2000, Bd. I, Gutachten A, S. A 92; der 63. DJT 2000 faßte einen entsprechenden Beschluß mit 36:12:2 Stimmen. Bemerkenswerterweise jedoch wurde das Genehmigungserfordernis für den Gesundheitsbevollmächtigten mit 24:25:1 Stimmen abgelehnt. Kutzer, Strafrechtliche Grenzen der Sterbehilfe, NStZ 1994, 110 (114) befürwortet die analoge Anwendung des § 1904 BGB lediglich für die Fälle, in denen die Einstellung lebenserhaltender Maßnahmen nach Einschätzung des behandelnden Arztes zu einem wesentlich früheren Tod führen würde; ebenso Schreibauer, Strafrechtliche Risiken des Betreuers bei Sterbehilfe und Suizidbeteiligung, BtPrax 1997, 217 (220)

[2103] LG München I NJW 1999, 1788 (1789); AG Hanau, BtPrax 1997, 82 f.; Trück, Mutmaßliche Einwilligung und passive Sterbehilfe durch den Arzt, S. 112 f.; Knieper, Vormundschaftsgerichtliche Genehmigung, NJW 1998, 2720 (2721); Deichmann, Vormundschaftsgerichtlich genehmigtes Töten durch Unterlassen ? MDR 1995, 983 (985); Dodegge, Die Entwicklung des Betreuungsrechts bis Anfang Juni 1997, NJW 1997, 2425 (2432); Laufs, Zivilrichter über Leben und Tod, NJW 1998, 3399 (3400 f.); Nickel, Anmerkung zu OLG Frankfurt/M., Beschluß vom 15.07.1998, MedR 1998, 520 (521); Müller-Freienfels, Anmerkung zu OLG Frankfurt/M., Beschluß vom 15.07.1998, JZ 1998, 1122 (1125 f.); Stalinski, Gerichtlich genehmigte Sterbehilfe, BtPrax 1999, 43, 86 (87); Seitz, Das OLG Frankfurt a.M. und die Sterbehilfe, ZRP 1998, 417 (419); Wagenitz/Engers, Anmerkung zu OLG Frankfurt/M., Beschluß vom 15.07.1998, FamRZ 1998, 1256 (1257); Bernsmann, Der Umgang mit irreversibel bewußtlosen Personen, ZRP 1996, 87 (91); Kayser, Rechtsprechungsübersicht zum Betreuungsrecht, FGPrax 1995, 173 (177); Koch, Der medizinisch assistierte Tod in: Holderegger, Das medizinisch assistierte Sterben, S. 297 (315) meldet gegen die Pflicht zur Einholung der Genehmigung des Vormundschaftsgerichts Bedenken aus strafrechtlicher Sicht an, weil der formale Verstoß gegen diese Pflicht nicht den in einem Tötungsdelikt verkörperten Unrechtsgehalt begründen könne.

[2104] AG Hanau BtPrax 1997, 82 (83); Deichmann, Vormundschaftsgerichtlich genehmigtes Töten durch Unterlassen ? MDR 1995, 983 (984); Nickel, Anmerkung zu OLG Frankfurt am Main, Beschluß vom 15.07.1998, MedR 1998, 520 (521)

[2105] siehe oben unter C. IV. 2. a.

Dennoch stehen der analogen Anwendung des § 1904 Abs. 1 BGB auf den Fall des Behandlungsabbruches ernsthafte Bedenken entgegen. Zum einen ist es mehr als zweifelhaft, ob insofern von einer planwidrigen Gesetzeslücke gesprochen werden kann, die Grundvoraussetzung für eine derartige Analogiebildung wäre. Waren Fragen des Behandlungsabbruchs schon vor dem Inkrafttreten des Betreuungsgesetzes Gegenstand der Beratungen von Bundestag und Bundesrat gewesen, so daß schon zum damaligen Zeitpunkt kaum davon auszugehen war, der Gesetzgeber habe die Frage unbewußt ungeregelt gelassen,[2106] so kann hiervon nach dem Inkrafttreten des Betreuungsrechtsänderungsgesetzes noch viel weniger ausgegangen werden.[2107] Denn als dieses Gesetz im Jahre 1998 verabschiedet wurde, war die Diskussion über eine mögliche analoge Anwendung des § 1904 Abs. 1 BGB auf die Fälle von Behandlungsabbruchsentscheidungen längst in vollem Gange. Wenn der Gesetzgeber dennoch darauf verzichtete, die Vorschrift des § 1904 Abs. 1 BGB entsprechend zu ergänzen, so läßt dies nur den Rückschluß zu, daß er dies ganz bewußt getan hat.[2108]

Zum anderen fehlt es an der für eine analoge Anwendung des § 1904 Abs. 1 BGB erforderlichen Vergleichbarkeit der Sachverhalte.[2109] Während nämlich die Vorschrift ihrem Wortlaut nach auf den Schutz der Gesundheit und des Lebens des Betroffenen ausgerichtet ist, kommt diesem Gesichtspunkt im Bereich der passiven Sterbehilfe keine Bedeutung mehr zu.

Dem läßt sich nicht überzeugend entgegenhalten, die analoge Anwendung des § 1904 Abs. 1 BGB sei weiterhin möglich, weil der Gesetzgeber trotz Kenntnis der Entscheidungen des BGH und des OLG Frankfurt/Main diesen nicht durch eine ent-

---

2106 so auch Bernsmann, Der Umgang mit irreversibel bewußtlosen Personen, ZRP 1996, 87 (91); Nickel, Anmerkung zu OLG Frankfurt/M., Beschluß vom 15.07.1998, MedR 1998, 520 (521); Stalinski, Gerichtlich genehmigte Sterbehilfe, BtPrax 1999, 43, 86 (87)

2107 Alberts, Sterbehilfe, Vormundschaftsgericht und Verfassung, NJW 1999, 835; Dodegge, Die Entwicklung des Betreuungsrechts, NJW 1999, 2709 (2714); Sonnenfeld, Sterbehilfe in gerichtlich legitimierter Selbstverantwortung des Betreuers ? S. 14

2108 ebenso LG München I, NJW 1999, 1788 (1789); Laufs, Zivilrichter über Leben und Tod, NJW 1998, 3399 (3400); Steffen, Noch einmal: Selbstverantwortetes Sterben ? NJW 1996, 1581; Deutsche Gesellschaft für Medizinrecht, Der Wille des Menschen zwischen Leben und Sterben, S. 3; im Ergebnis gegen das Vorliegen einer Regelungslücke spricht sich auch Scheffen, Zivilrechtliche Neuregelung der passiven Sterbehilfe und Sterbebegleitung, ZRP 2000, Heft 8, S. 1 (2) aus.
A. A. Zöller, Passive Sterbehilfe zwischen Selbstbestimmungsrecht des Patienten und mutmaßlicher Einwilligung, ZRP 1999, 317 (318) mit dem Hinweis darauf, daß Zielsetzung des Betreuungsrechtsänderungsgesetzes allein die Reduzierung der finanziellen Belastung des Justizetats gewesen sei, darüber hinausgehende inhaltliche Änderungen demgegenüber überhaupt nicht im Blick gewesen seien.

2109 Alberts, Sterbehilfe, Vormundschaftsgericht und Verfassung, NJW 1999, 835; Sonnenfeld, Sterbehilfe in gerichtlich legitimierter Selbstverantwortung des Betreuers ? S. 14

sprechende gesetzliche Regelung die Grundlage entzogen habe.[2110] Abgesehen davon, daß dem Bundestag zum Zeitpunkt der Beschlußfassung über das Betreuungsrechtsänderungsgesetz am 03. April 1998 zumindest die Entscheidung des OLG Frankfurt/Main vom 15. Juli 1998 noch nicht bekannt sein konnte, bestand für den Gesetzgeber keinerlei Anlaß, ausdrücklich eine Regelung dahingehend zu treffen, daß Maßnahmen des Behandlungsabbruchs von § 1904 Abs. 1 BGB nicht umfaßt sein sollten, da sich dies bereits aus dem Wortlaut der Vorschrift selbst ergibt.

Zudem spricht der Ausnahmecharakter des § 1904 Abs. 1 BGB gegen dessen analoge Anwendung.[2111]

Ferner bestehen erhebliche verfassungsrechtliche Bedenken gegenüber einer analogen Anwendung des § 1904 Abs. 1 BGB auf die Situation des Behandlungsabbruchs. Nach der Wesentlichkeitsrechtsprechung des Bundesverfassungsgerichts gilt das Prinzip des Vorbehaltes des Gesetzes nämlich für alle Entscheidungen, die für das Zusammenleben im Staate wesentlich sind. Diese sind nach dem Demokratie- und Rechtsstaatsprinzip vom Gesetzgeber selbst zu treffen. Wesentlich in diesem Sinne sind vor allem solche Entscheidungen, die den Grundrechtsbereich tangieren.[2112]

Steht nun aber außer Frage, daß die Entscheidung über den Abbruch einer Behandlung unmittelbar das Recht des Betroffenen auf Leben und körperliche Unversehrtheit gem. Art. 2 Abs. 2 Satz 1 GG berührt, so kann allein der Gesetzgeber im einzelnen bestimmen, von wem eine solche Entscheidung getroffen werden kann. Während er diese Entscheidungskompetenz dem Betreuer durch die Regelung des § 1901 Abs. 2 BGB eingeräumt hat, fehlt es an einer entsprechenden Befugnisnorm zugunsten des Vormundschaftsgerichtes.[2113] Die analoge Anwendung des § 1904 Abs. 1 BGB würde somit zu einer unzulässigen Umgehung des Prinzips des Gesetzesvorbehaltes führen.[2114]

[2110] so Taupitz, Empfehlen sich zivilrechtliche Regelungen in: Verhandlungen des 63. DJT 2000, Bd. I, Gutachten A, S. A 92

[2111] LG München I, NJW 1999, 1788 (1789); Mayer, K. G., Medizinische Maßnahmen an Betreuten, S. 124; Alberts, Sterbehilfe, Vormundschaftsgericht und Verfassung, NJW 1999, 835

[2112] BVerfGE 58, 257 (268); BVerfG NJW 1991, 1471 (1472)

[2113] zustimmend hinsichtlich der aus verfassungsrechtlichen Gründen fehlenden Entscheidungskompetenz des Vormundschaftsgerichts Alberts, Sterbehilfe, Vormundschaftsgericht und Verfassung, NJW 1999, 835 (836), der jedoch entgegen der hier vertretenen Auffassung auch die Befugnis des Betreuers, über den Abbruch einer lebenserhaltenden Behandlung zu befinden, abzulehnen scheint.

[2114] A.A. LG Duisburg, NJW 1999, 2744 (2745), das davon ausgeht, daß eine ausreichende gesetzliche Grundlage für einen Eingriff in das Grundrecht auf Leben und körperliche Unversehrtheit auch durch richterliche Rechtsfortbildung geschaffen werden könne.

Zu überlegen bleibt daher allein, ob eine Gesetzesänderung mit dem Erfordernis der vormundschaftsgerichtlichen Genehmigung des Behandlungsabbruchs wünschenswert wäre.[2115] Hierfür könnte sprechen, daß sich auf diese Weise eine bessere Kontrolle von Betreuerentscheidungen in wesentlichen Behandlungsfragen gewährleisten ließe, die letztlich dem Interesse des Betreuten zugute käme. Andererseits ist zu bedenken, daß eine derartige Regelung mit erheblichen Schwierigkeiten in ihrer praktischen Umsetzung verbunden wäre. Zum einen wurde bereits an anderer Stelle ausführlich dargestellt, daß sich bereits die heutige Regelung des § 1904 Abs. 1 BGB als äußerst schwerfälliges Kontrollinstrument erwiesen hat, was im wesentlichen in der fehlenden medizinischen Fachkompetenz und der sachlichen Distanz des Vormundschaftsgerichtes begründet liegt. Allein aus diesem Grunde war bereits eine restriktive Anwendung der Vorschrift befürwortet worden.[2116] Zum anderen ist davon auszugehen, daß pro Jahr zwischen 100.000 und 300.000 gerichtliche Genehmigungen einzuholen wären. Dies wäre mit einer ganz erheblichen zusätzlichen Arbeitsbelastung der Vormundschaftsgerichte verbunden, die von diesen nicht mehr - insbesondere aber nicht zeitnah - bewältigt werden könnte. Vor diesem Hintergrund dürfte eine qualitativ angemessene und dem Schutzinteresse des Betreuten gerecht werdende gerichtliche Kontrolle der Betreuerentscheidung mehr als fraglich sein.

Auch de lege ferenda ist somit eine Ausdehnung des Erfordernisses der vormundschaftsgerichtlichen Genehmigung für Fragen des Behandlungsabbruchs bzw. der Behandlungsverweigerung nicht zu befürworten.

Andererseits ist de lege ferenda zu überlegen, ob nicht die Einschaltung eines zweiten Arztes in den Entscheidungsprozeß zu Fragen sowohl der indirekten als auch der passiven Sterbehilfe verbindlich gefordert werden sollte. Ein gleichlautender Vorschlag wurde bereits im Hinblick auf eine mögliche Reform des § 1904 Abs. 1 BGB und der von dieser Regelung betroffenen Fälle der Risikobehandlung unterbreitet.[2117]

2115 zu bedenken wäre dann freilich, daß die Neuregelung mit § 1905 BGB abgestimmt werden müßte. Denn die schärfsten Verfahrensgarantien regelt das FGG gerade in dieser Norm. Für die elementare Entscheidung über Leben und Tod wäre deren entsprechende Heranziehung wohl geboten. Dabei wäre insbesondere die Bestimmung des § 1905 Abs. 2 BGB zu beachten, so daß auch die Beendigung lebenserhaltender Maßnahmen frühestens zwei Wochen nach der Wirksamkeit der Genehmigung durchgeführt werden dürfte (so auch Sonnenfeld, Sterbehilfe in gerichtlich legitimierter Selbstverantwortung des Betreuers ? S. 16).

2116 vgl. hierzu oben B. VI. 1. b. cc. (1)

2117 vgl. B. VI. 1. b. cc. (1)

Teilweise wird die Auffassung vertreten, die Einbeziehung weiterer Ärzte in Entscheidungen über lebensbeendende oder -verkürzende Maßnahmen sei zwar sinnvoll, solle jedoch nicht zur zwingenden Voraussetzung gemacht werden.[2118] Teilweise wird Ethikkommissionen, die mit Mitgliedern unterschiedlicher Berufszweige besetzt sind, in diesem Zusammenhang eine bedeutende Funktion für den Ausgleich des Spannungsverhältnisses zwischen rechtlichen, medizinischen, ethischen, theologischen und psychologischen Aspekten zuerkannt.[2119]

Andere fordern demgegenüber, daß insbesondere über einen Behandlungsabbruch nur durch die gemeinsame Entscheidung dreier Ärzte befunden werden dürfe, die sich zur gleichen Zeit bei dem Patienten einfinden und ihre Ansichten dort in offener Aussprache vortragen müßten. Nur die einstimmige Entscheidung aller Beteiligten rechtfertige den Abbruch einer lebenserhaltenden Behandlung.[2120] Wieder andere befürworten gar die verbindliche Einbeziehung neu zu schaffender Körperschaften.[2121]

Die Einschaltung einer Ethikkomission oder einer andersgearteten Körperschaft könnte zwar zu einer Entscheidungsfindung beitragen, die sich durch größere Sachnähe und Fachkompetenz auszeichnet als die des Vormundschaftsgerichtes. Sie dürfte letztlich aber schon deshalb nicht sinnvoll sein, weil sich hierdurch ähnliche zeitliche Verzögerungen ergeben würden wie im Falle der Anrufung des Vormundschaftsgerichtes. Die Entscheidung über die Durchführung der indirekten oder passiven Sterbehilfe aber ist mit einem langwierigen justizförmigen Verfahren nicht zu vereinbaren.[2122]

Dagegen können die gleichen Bedenken nicht auch gegen die Hinzuziehung eines zweiten Arztes vorgebracht werden. Die hiermit verbundene zeitliche Verzögerung dürfte noch hinnehmbar sein, während jede darüber hinausgehende Erweiterung des ärztlichen Entscheidungsgremiums mit organisatorischen Schwierigkeiten verbunden wäre, die das Verfahren schwerfällig werden ließen.

2118 Taupitz, Empfehlen sich zivilrechtliche Regelungen in: Verhandlungen des 63. DJT 2000, Bd. I, Gutachten A, S. A 51

2119 Deutsche Gesellschaft für Medizinrecht, Der Wille des Menschen zwischen Leben und Sterben, S. 4; Singer/Kuhse, Muß dieses Kind am Leben bleiben ? S. 232 f.

2120 Fritsche, Grenzbereich zwischen Leben und Tod, S. 85 f.

2121 Kittrie, Das Recht auf Leben und das Recht auf Sterben in: Eser/Bringewat, Suizid und Euthanasie, S. 378 (390)

2122 so auch Uhlenbruck, Selbstbestimmtes Sterben, S. 118

Erweist sich die Hinzuziehung eines zweiten Arztes vor der Entscheidung über die Durchführung der indirekten oder passiven Sterbehilfe somit als sinnvoll, so sollte der Gesetzgeber eine entsprechende verbindliche Regelung erlassen. Nur so wird der Rechtssicherheit und den schutzwürdigen Belangen des Patienten hinreichend Rechnung getragen, mag auch so keine letzte Sicherheit gegen Mißbräuche in Form kollusiven Zusammenwirkens der beiden Ärzte zum Nachteil des Patienten zu garantieren sein.

3. Die Entscheidung des aufgrund einer Betreuungsverfügung bestellten Betreuers

Gem. §§ 1897 Abs. 4 S. 3, 1901 Abs. 2 S. 2 BGB besteht die Möglichkeit, im voraus Vorschläge zu der Person des zukünftig möglicherweise zu benennenden Betreuers zu unterbreiten. Diesem Wunsch ist zu folgen, wenn er dem Wohl des Betroffenen nicht zuwiderläuft.

Umstritten jedoch ist, ob der aufgrund einer Betreuungsverfügung eingesetzte Betreuer bezüglich der Berücksichtigung von Wünschen des Betreuten zumindest insofern gebunden ist, als diese in einwilligungsfähigem Zustand geäußert worden sind,[2123] oder ob die Wunschbefolgungsverpflichtung auch in diesen Fällen durch das Wohl des Betroffenen im Sinne des § 1901 Abs. 3 BGB begrenzt wird.[2124]

Die letztgenannte Auffassung verdient den Vorzug. Durch das Abfassen einer Betreuungsverfügung soll allein sichergestellt werden, daß eine Person zum Betreuer bestellt wird, die das besondere Vertrauen des Verfassers genießt. Allein dadurch, daß der Verfügende bestimmt, die von ihm benannte Person solle die Aufgaben eines Betreuers wahrnehmen, gibt er zu erkennen, daß die gesetzlichen Regelungen der Betreuung zur Anwendung kommen sollen. Hierzu gehört jedoch die Bindung des Betreuers an das Wohl des Betreuten gem. § 1901 Abs. 3 BGB.

Soweit in einer Betreuungsverfügung nicht nur Vorschläge zur Person des Betreuers, sondern darüber hinaus auch konkrete Behandlungsanweisungen enthalten sind, liegt eine Kombination zwischen einer Betreuungsverfügung und einem Patien-

---

2123 so Bienwald, Betreuungsrecht, § 1904 RNr. 41; Berger, Privatrechtliche Gestaltungsmöglichkeiten, JZ 2000, 797 (805)

2124 Langenfeld, Vorsorgevollmacht, Betreuungsverfügung und Patiententestament, S. 168; Taupitz, Empfehlen sich zivilrechtliche Regelungen in: Verhandlungen des 63. DJT 2000, Bd. I, Gutachten A, S. A 121 tentestament vor.[2125] Da letzterem nach der hier vertretenen Auffassung weder eine verbindliche noch eine indizielle Wirkung beizumessen ist, hat der Betreuer die Behandlungsentscheidung grundsätzlich allein nach objektiven Gesichtspunkten zu treffen.

Eine Ausnahme hiervon ist nur insoweit geboten, als dem Betreuer abweichende Behandlungsanweisungen des Betreuten vorliegen, die in Glaubens- oder Gewissensentscheidungen grundgelegt sind. Diesen hat er Folge zu leisten.

Der Entscheidungsmaßstab des auf der Grundlage einer Betreuungsverfügung eingesetzten Betreuers unterscheidet sich somit im Ergebnis nicht von dem eines durch das Vormundschaftsgericht ausgewählten.

4. Die Entscheidung des Vorsorgebevollmächtigten

Da sich der Vorschrift des § 1904 Abs. 2 BGB zum einen entnehmen läßt, daß eine Bevollmächtigung in Fragen der Heilbehandlung statthaft ist, zum anderen aber der Bevollmächtigte insofern der gleichen vormundschaftsgerichtlichen Kontrolle unterliegt wie der Betreuer, können die zur Entscheidungskompetenz des Betreuers gefundenen Ergebnisse in vollem Umfange auf den Bevollmächtigten übertragen werden.[2126]

Festzuhalten ist somit, daß eine Bevollmächtigung auch für Fragen der indirekten und passiven Sterbehilfe in Betracht kommt.

Wie der Betreuer hat der Bevollmächtigte hier grundsätzlich nach objektiven Gesichtspunkten zu entscheiden. Dieser Entscheidungsmaßstab gilt unabhängig davon, ob eine isolierte Vollmacht vorliegt oder eine solche, die mit konkreten Handlungsanweisungen verbunden ist. Im zuletztgenannten Falle handelt es sich um die Kombination einer Vorsorgevollmacht mit einem Patiententestament.

Ausnahmsweise sind abweichende Handlungsanweisungen im Bereich der passiven Sterbehilfe von dem Bevollmächtigten dann zu beachten, wenn diese auf Glaubens- oder Gewissensüberzeugungen im Sinne von Art. 4 GG beruhen.

[2125] Berger, Privatrechtliche Gestaltungsmöglichkeiten, JZ 2000, 797 (804)
[2126] Vgl. im einzelnen zum Entscheidungsmaßstab des Bevollmächtigten B. VI. 1. b. jj.

Die analoge Anwendung des § 1904 Abs. 2 BGB auf die Situation der passiven Sterbehilfe ist abzulehnen. De lege ferenda ist jedoch auch für diese Fälle zu fordern, daß ein zweiter Arzt bei der Diagnosefeststellung hinzugezogen wird.

5. Stellung des gesetzlichen Vertreters bzw. des Bevollmächtigten im Entscheidungsfindungsprozeß

Die vorstehenden Ausführungen haben verdeutlicht, daß im Mittelpunkt der Entscheidungsfindung zu Fragen der indirekten und passiven Sterbehilfe selbst dann, wenn für den einwilligungsunfähigen Patienten ein gesetzlicher Vertreter bestellt ist oder ein Bevollmächtigter diesen vertritt, stets der Arzt steht. Er hat die Diagnose zu stellen, aus der sich nach dem dargelegten objektiven Entscheidungsmaßstab die weiteren Behandlungsschritte unmittelbar ergeben. Zumindest faktisch kommt sowohl dem Betreuer als auch dem Bevollmächtigten allein die Funktion einer Kontrollinstanz zu, die sicherzustellen hat, daß die Subsumtion der gestellten Diagnose unter die Voraussetzungen des objektiven Kriterienkataloges ordnungsgemäß erfolgt.

Diese Kompetenzverteilung ist sachlich angemessen und dient dem Interesse des Patienten, da der Arzt nur auf diese Weise dazu gezwungen werden kann, im voraus über die von ihm geplanten Behandlungsmaßnahmen Rechenschaft abzulegen und seine diesbezüglichen Überlegungen transparent zu machen. Umgekehrt wird dem Bedürfnis nach Rechtssicherheit dadurch Rechnung getragen, daß die Entscheidungsfindung des Betreuers bzw. des Bevollmächtigten an objektive medizinische Maßstäbe gebunden wird.

Der Tatsache aber, daß der Schwerpunkt der Entscheidungsfindung im Stellen der Diagnose liegt, sollte - wie bereits oben de lege ferenda gefordert - dadurch Rechnung getragen werden, daß diese zwingend von einem zweiten Arzt zu bestätigen ist.

D. Zusammenfassung der Ergebnisse

I. Rechtmäßigkeit ärztlicher Maßnahmen im allgemeinen

1.) Als wesentlichste Leitlinien ärztlichen Handelns haben sich im Laufe der Geschichte die Ideale der Fürsorge, der Humanität sowie der vertrauensvollen Kooperation zwischen Arzt und Patient herausgebildet. Der Eid des Hippokrates hat die Entwicklung von Standesethik und Standesrecht maßgeblich in diesem Sinne über zweieinhalb Jahrtausende hinweg beeinflußt, er bedarf jedoch als geschichtliches Dokument stets der Interpretation und Fortentwicklung einer jeden Epoche vor dem Hintergrund ihres jeweiligen Zeitgeistes und ihrer technisch-medizinischen Möglichkeiten. Hinsichtlich der Bestimmung der Grenzen des ärztlichen Behandlungsauftrages fehlt es bis heute an klaren, praktisch handhabbaren und zudem verbindlichen standesrechtlichen Regelungen. Zwar nehmen sich dieser Aufgabe ansatzweise sowohl internationale Ärztevereinigungen als auch die nationalen Berufsordnungen an, sie beschränken sich jedoch inhaltlich auf einige wenige programmatische Aussagen, die den gesellschaftlichen Grundkonsens widerspiegeln und dem Arzt einen erheblichen Entscheidungs- und Handlungsspielraum belassen. Die inhaltlich konkreter gefaßten Grundsätze der ärztlichen Sterbebegleitung der Bundesärztekammer wiederum verstehen sich lediglich als Orientierungshilfe für den behandelnden Arzt, ohne standesrechtlich verbindlich zu sein.

2.) Ärztliche Hilfeleistungspflichten können nicht nur durch den Abschluß eines Behandlungsvertrages begründet werden, sondern treffen kraft Gesetzes den ärztlichen Bereitschafts- und Rettungsdienst und bestehen darüber hinaus im Rahmen des durch die Krankenhausgesetze der Länder im einzelnen geregelten Anspruchs auf stationäre Krankenhausaufnahme. Ferner ist jeder Arzt zur Hilfeleistung in Unglücksfällen sowie auch dann verpflichtet, wenn er die Behandlung eines Patienten faktisch übernommen hat. Demgegenüber werden durch die bloße Niederlassung des Arztes oder das Anbringen seines Praxisschildes noch keine Hilfeleistungspflichten begründet.

3.) Der selbstbestimmte Wille des Patienten setzt dem ärztlichen Handeln Grenzen (voluntas aegroti suprema lex). Dies gilt selbst dann, wenn der hinreichend aufgeklärte Patient einen lebensrettenden Eingriff ablehnt und sich hierdurch erheblicher Todesgefahr aussetzt. Umgekehrt steht eine dem Willen des Patienten entsprechende Behandlung nur dann unter dem Schutz der Rechtsordnung, wenn sie der ärztlichen Berufsregel nicht widerspricht.

4.) Der ärztliche Heileingriff ist sowohl aus zivil- als auch aus strafrechtlicher Sicht als tatbestandliche Körperverletzung zu bewerten.

5.) Die Rechtswidrigkeit des ärztlichen Eingriffs entfällt nur dann, wenn ein Rechtfertigungsgrund das Handeln des Arztes legitimiert. Den Arzt trifft im Streitfalle die Darlegungs- und Beweislast für das Vorliegen eines solchen Rechtfertigungsgrundes. In Betracht kommt insofern bei dem entscheidungsfähigen Patienten dessen rechtfertigende Einwilligung, bei einem entscheidungsunfähigen Patienten im Bereich des Zivilrechts die Geschäftsführung ohne Auftrag, aus der Perspektive des Strafrechts die mutmaßliche Einwilligung.

6.) Ein Patient ist als einwilligungsfähig anzusehen, wenn er über die erforderliche Einsichts- und Urteilsfähigkeit verfügt, um Wesen, Bedeutung und Tragweite des in Frage stehenden konkreten Eingriffs hinreichend erfassen und beurteilen zu können. Ausschließlich diese Kriterien sind auch bei der Beurteilung der Einwilligungsfähigkeit Minderjähriger anzuwenden, die Forderung nach einem bestimmten Mindestalter als Voraussetzung für die Bejahung der Einwilligungsfähigkeit ist nicht gerechtfertigt. Wird die Einwilligungsfähigkeit des Minderjährigen positiv festgestellt, so ist er allein entscheidungsbefugt. Die gleiche Kompetenz kommt dem Volljährigen zu, solange nicht der Nachweis seiner Einwilligungsunfähigkeit erbracht ist. Die Anordnung eines Einwilligungsvorbehaltes analog § 1903 BGB würde sein Selbstbestimmungsrecht unverhältnismäßig einschränken und ist daher abzulehnen.

7. a) Der Patient kann von seinem Selbstbestimmungsrecht im Rahmen der von ihm zu treffenden Behandlungsentscheidung nur dann sinnvoll Gebrauch machen, wenn er über die erforderlichen Informationen verfügt, um alle relevanten Faktoren gegeneinander abwägen zu können. Aus diesem Grunde ist der Arzt verpflichtet, ihn vor jeder Behandlung ordnungsgemäß aufzuklären.

b.) Für die Wirksamkeit der Behandlungseinwilligung ist allein die sog. Selbstbestimmungsaufklärung von Bedeutung. Diese umfaßt Mitteilungspflichten des Arztes über den Befund (Diagnoseaufklärung), über die konkret geplanten Behandlungsmaßnahmen und mögliche Alternativen hierzu (Verlaufsaufklärung) sowie über die spezifische Gefahr und die Dringlichkeit des in Frage stehenden Eingriffs (Risikoaufklärung).

c.) Grundsätzlich hat der den Eingriff vornehmende Arzt die Aufklärung selbst durchzuführen, er kann diese Aufgabe jedoch an einen - möglichst erfahrenen - Kollegen delegieren.

d.) Die Aufklärung hat im Rahmen eines persönlichen, auf die individuellen Bedürfnisse und Verständnismöglichkeiten des Patienten Rücksicht nehmenden Gespräches zu erfolgen. Informationsblätter können dieses Gespräch niemals ersetzen, sondern nur ein zusätzliches Hilfsmittel bei der Aufklärung des Patienten darstellen. Ein von dem Patienten unterschriebenes Aufklärungsformular ist allenfalls als Indiz dafür zu werten, daß ein Aufklärungsgespräch überhaupt stattgefunden hat, beweist jedoch nicht, daß der Arzt seinen Aufklärungspflichten in vollem Umfange nachgekommen ist. Ein gewichtiges Indiz dafür, daß bestimmte Risiken vor dem Eingriff thematisiert worden sind, ist dann gegeben, wenn sich entsprechende handschriftliche Vermerke auf Aufklärungsformularen oder in den Krankenunterlagen wiederfinden.

e.) Der Patient ist so rechtzeitig aufzuklären, daß ihm vor der Behandlungsentscheidung eine hinreichende Überlegungszeit verbleibt. Grundsätzlich hat die Aufklärung spätestens einen Tag vor einem operativen Eingriff zu erfolgen, in dringlichen Fällen und bei Geringfügigkeit des Eingriffs kann im Einzelfall auch eine kürzere Frist ausreichend sein. Umgekehrt werden der Aufklärung zeitlich insofern Grenzen gesetzt, als diese sinnvoll und einzelfallbezogen erst dann erfolgen kann, wenn alle Untersuchungen und die Diagnosestellung abgeschlossen sind.

f.) Einschränkungen der Aufklärungsverpflichtung des Arztes kommen insbesondere bei Gefahr in Verzug (hier kann sie sogar ganz entfallen), bei entsprechender Vorinformation des Patienten (von der sich der Arzt aber zu vergewissern hat) sowie bei einem Aufklärungsverzicht des Patienten in Betracht. Der Aufklärungsverzicht ist jedoch niemals im Sinne eines Blankoverzichtes möglich, vielmehr steht die Ausübung des Selbstbestimmungsrechtes hinsichtlich der von dem Patienten getroffenen Behandlungsentscheidung nur dann unter dem Schutz der Rechtsordnung, wenn er in Grundzügen über die Diagnose, die Erforderlichkeit der Behandlungsmaßnahme, ihre Risiken sowie ihre Erfolgsaussichten unterrichtet ist. Der Verzicht kann darüber hinaus erst zu dem Zeitpunkt wirksam erklärt werden, zu dem die Aufklärung zu erfolgen hätte. Der Wille, auf weiterführende ärztliche Aufklärung zu verzichten, muß sich deutlich und unmißverständlich aus dem Verhalten des Patienten ergeben.

g.) Einschränkungen des Umfanges der ärztlichen Aufklärungsverpflichtung unter dem Gesichtspunkt des sog. therapeutischen Privilegs sind nicht anzuerkennen, solange eine nicht mit Sicherheit zum Tode führende unheilbare Erkrankung vorliegt. Zwar lassen sich gewisse seelische Beeinträchtigungen des Patienten durch die Aufklärung in einer solchen Situation nicht vermeiden, dies muß jedoch letztlich in Kauf genommen werden. Denn die negativen Auswirkungen auf das zwischen Arzt und Patient bestehende Vertrauensverhältnis wären unabsehbar, müßte der Erkrankte feststellen, daß Eingriffe an ihm vorgenommen werden, ohne daß diese zuvor mit ihm abgestimmt worden sind. Der Arzt hat durch die einfühlsame Führung des Patienten in diesem das Vertrauen in seine Fähigkeiten und die Hoffnung in den positiven Ausgang der Behandlung zu stärken, um dadurch die psychischen Belastungen auf ein erträgliches Maß zu reduzieren. Eine Ausnahme von der Aufklärungsverpflichtung des Arztes ist auch bei psychischer Überempfindlichkeit des Patienten (z.B. im Falle des Basedow-Symptoms) nicht gegeben. Vielmehr ist in diesem Falle die Einwilligungsfähigkeit des Patienten zu verneinen, so daß ein gesetzlicher Vertreter zu bestellen und anstelle des Erkrankten aufzuklären ist.

h.) Liegt eine unheilbare, zum Tode führende Erkrankung des Patienten vor, so wird die Verpflichtung des Arztes zur Mitteilung der Diagnose ausnahmsweise insofern modifiziert, als er hierüber nicht möglichst zeitnah aufzuklären hat, sondern unter besonderer Berücksichtigung der psychischen Verfassung des Patienten. Die Wahl des richtigen Aufklärungszeitpunktes ist von herausragender Bedeutung, weil der Patient einerseits in der Regel nicht von Beginn an in der Lage ist, die volle Wahrheit zu ertragen, andererseits aber eine vertrauensvolle Kooperation zwischen dem Arzt und ihm nicht mehr möglich ist, wenn ihm die Wahrheit zu lange verschwiegen wird. Nur in denjenigen Extremfällen, in denen Patienten bis zuletzt nicht in der Lage sind, das Wissen über den bevorstehenden Tod zu verkraften, hat der Arzt auf jegliche Diagnoseaufklärung zu verzichten. Einschränkungen der Verpflichtung zur Verlaufs- und Risikoaufklärung kommen demgegenüber generell nicht in Betracht.

8.) Sowohl vor als auch nach dem Beginn der Behandlung kann der Patient seine Einwilligung zu der Vornahme des Eingriffs jederzeit widerrufen, sofern er zu diesem Zeitpunkt noch einwilligungsfähig ist. Die bereits begonne Behandlung ist unverzüglich einzustellen.

9.) Die Einwilligungserklärung ist unwirksam, wenn der Patient sich zum Zeitpunkt der Abgabe der Erklärung falsche Vorstellungen von der Bedeutung, der Tragweite und den Folgen seiner Entscheidung gemacht hat. Die gleiche Rechtsfolge tritt ein, wenn der Einwilligende hinsichtlich dieser Umstände arglistig getäuscht oder zur Abgabe der Erklärung durch Drohung mit Gewalt oder einem empfindlichen Übel veranlaßt wird.

10.) Hinsichtlich der Reichweite der Einwilligung ist anzumerken, daß jede Behandlungsmaßnahme, die entweder andersartiges Handeln erfordert oder ein andersartiges, neues oder zusätzliches Risiko mit sich bringt, einer gesonderten Einwilligung bedarf. Die Einwilligung kann nach entsprechender ärztlicher Aufklärung auch längere Zeit vor der Durchführung einer Behandlungsmaßnahme wirksam erteilt werden, sofern sich die entscheidungsrelevanten Faktoren von diesem Zeitpunkt an nicht mehr verändern. Bezüglich Operationserweiterungen ist entgegen der in der Rechtsprechung vertretenen Auffassung eine Unterscheidung zwischen vorhersehbaren und unvorhersehbaren Operationserweiterungen nicht gerechtfertigt. Bei vitaler Indikation ist der Eingriff daher stets fortzusetzen, sofern kein entgegenstehender Wille des Patienten anzunehmen ist, bei relativer Indikation ist ein mit erhöhtem Risiko verbundener Eingriff abzubrechen, es sei denn, der Abbruch wäre kontraindiziert. War die Erweiterung jedoch vorhersehbar, so liegt ein schuldhafter Diagnoseirrtum vor, der in schwerwiegenden Fällen einen Schmerzensgeldanspruch des Patienten begründet.

11.) Zur Entscheidung in Fragen der Heilbehandlung an einwilligungsunfähigen Minderjährigen sind die Inhaber der elterlichen Sorge berufen, also im Regelfall die Eltern (§ 1626 Abs. 1 BGB), bei nichtehelichen Kindern grundsätzlich die Mutter (§ 1626 a Abs. 2 BGB), sofern nicht beide Elternteile erklären, die Sorge gemeinsam übernehmen zu wollen oder beide nach der Geburt des Kindes einander heiraten (§ 1626 a Abs. 1 BGB), in den Fällen des § 1773 BGB der Vormund. Maßstab für die Entscheidungsfindung ist das objektive Wohl des Minderjährigen (§ 1627 S. 1 BGB). In Fällen des Sorgerechtsmißbrauchs überträgt das Vormundschaftsgericht das Entscheidungsrecht auf einen Pfleger (§ 1909 Abs. 1 BGB), bei Gefahr in Verzug ersetzt es die Entscheidung des Sorgeberechtigten.

12. a) Dem Betreuer kommt die Entscheidungskompetenz über die Vornahme einer Heilbehandlung zu, soweit ein Volljähriger einwilligungsunfähig ist und nicht bereits im noch einwilligungsfähigen Zustand insofern eine Behandlungsentscheidung getroffen hat, die mangels Änderung der entscheidungsrelevanten Faktoren auch noch zum Zeitpunkt der akuten Behandlungssituation wirksam ist. Die zwangsweise Bestellung eines Betreuers kommt jedoch selbst bei Personen, die an einer psychischen Krankheit oder einer geistigen oder seelischen Behinderung leiden, nur dann

in Betracht, wenn diese zumindest in der zur Entscheidung anstehenden Frage (partiell) geschäftsunfähig sind.

b.) Vor einer besonders risikoreichen Behandlung hat der Betreuer gem. § 1904 Abs. 1 BGB zusätzlich die Genehmigung des Vormundschaftsgerichtes einzuholen. Ohne diese kann der vorgesehene ärztliche Eingriff - außer in Eilfällen - nicht rechtmäßig durchgeführt werden. Der Gesetzgeber hat mit dieser Regelung die Entscheidung des Betreuers einer präventiven Mißbrauchskontrolle unterzogen. Das Gericht verfügt über keine eigene Sachkompetenz in medizinischen Fragen, und das formalisierte Verfahren des § 1904 Abs. 1 BGB erweist sich darüber hinaus in der Praxis als äußerst zeitintensiv. Deshalb sieht sich die Vorschrift erheblicher Kritik ausgesetzt. Da das Schwergewicht der zu treffenden Entscheidung im medizinischen Bereich liegt, sollte statt einer Kontrolle durch das Vormundschaftsgericht die Hinzuziehung eines zweiten Arztes verbindlich festgelegt werden.

c.) Der Betreuer hat die Behandlungsentscheidung an dem Wohl und den Wünschen des Betreuten auszurichten, wobei letztere zu befolgen sind, sofern sie nicht dem Wohl des Betreuten zuwiderlaufen oder ihre Befolgung dem Betreuer nicht zumutbar ist (§ 1901 Abs. 2, 3 BGB). Bei in der Vergangenheit geäußerten Wünschen ist in der entscheidungserheblichen Situation stets sorgfältig zu prüfen, ob Anzeichen dafür vorliegen, daß sich die Entscheidung des Betreuten zu dem Eingriff geändert haben könnte, und inwieweit der Betroffene ex ante überhaupt in der Lage sein konnte, sich in die später eingetretene Situation zu versetzen und seinen dann allein relevanten Behandlungswillen zu antizipieren. Ist dies nicht der Fall oder hat der Patient keinerlei Behandlungswünsche geäußert, so hat der Betreuer seine Entscheidung an dem dann objektiv zu bestimmenden Wohl des Betreuten auszurichten. Ein Eingriff kann allgemein dann als medizinisch indiziert gelten, wenn die von ihm für den Patienten zu erwartenden gesundheitlichen Vorteile die mit ihm einhergehenden Risiken überwiegen. Die Einschätzung des Betreuers, ob eine geplante ärztliche Maßnahme dem Wohl des Betreuten entspricht, unterliegt in vollem Umfange der Kontrolle des Vormundschaftsgerichtes. Dieses kann dem Betreuer im Falle einer pflichtwidrigen Entscheidung gem. §§ 1908 i Abs. 1 S. 1, 1837 Abs. 2 S. 1 BGB geeignete Ge- bzw. Verbote auferlegen, in extremen Fällen kann es ihn gar entlassen (§1908 b Abs. 1 BGB). Nur bei Gefahr im Verzuge ist es dem Vormundschaftsgericht dagegen gestattet, selbst eine Entscheidung in der Sache zu fällen (§§ 1908 i Abs. 1 S. 1, 1846 BGB).

d.) Die zwangsweise Behandlung des einwilligungsunfähigen Betreuten sollte entgegen der in Rechtsprechung und Literatur vertretenen Auffassung auch dann (unter Beachtung der Genehmigungserfordernisse der §§ 1904, 1906 BGB) möglich sein, wenn ein Eingriff lediglich angezeigt ist. Insbesondere sollte sie in denjenigen Fällen vorgenommen werden, in denen sie aller Voraussicht nach zu einer Verbesserung des Gesundheitszustandes des Betreuten beitragen wird, während ohne ihre Vornahme eine Veränderung seines Gesundheitszustandes nicht zu erwarten wäre. Denn auch in einer solchen Situation steht der Wille des Betreuten seinem Wohl entgegen.

13.) Das Vormundschaftsgericht hat im Rahmen seiner Entscheidung über die Erteilung der Genehmigung nach § 1904 BGB in gleicher Weise wie der Betreuer die Vorgaben des § 1901 Abs. 2, 3 BGB zu beachten.

14. a) Die Bestellung eines Betreuers kommt dann nicht in Betracht, wenn der Hilfsbedürftige einen Bevollmächtigten für den Fall seiner Entscheidungsunfähigkeit bestimmt hat (§ 1896 Abs. 2 S. 2 BGB). Möglich ist jedoch in diesen Fällen die Einsetzung eines Kontrollbetreuers gem. § 1896 Abs. 3 BGB.

b.) Soweit sich die Vollmacht auf die Erklärung der Einwilligung in risikoreiche Eingriffe im Sinne des § 1904 BGB erstreckt, muß sie nicht nur schriftlich erteilt werden, sondern hat zu ihrer Wirksamkeit auch die mit dem Eingriff verbundenen Gefahren zu bezeichnen.

c.) Erteilung und Widerruf der Vollmacht setzen die Geschäftsfähigkeit des Vollmachtgebers voraus. Äußert der nicht mehr geschäfts-, aber noch einwilligungsfähige Vollmachtgeber Zweifel an der Person des Bevollmächtigten, so ist diesem ab dem Eintritt der Einwilligungsunfähigkeit des Vollmachtgebers zwingend ein Kontrollbetreuer zur Seite zu stellen. Im Einzelfall können auch die von einem bereits einwilligungsunfähigen Patienten geäußerten Bedenken Anlaß zur Bestellung eines Kontrollbetreuers geben.

d.) Die Entscheidung des Bevollmächtigten hat sich an den in § 1901 Abs. 2, 3 BGB normierten Maßstäben zu orientieren. Sind Behandlungswünsche des mittlerweile einwilligungsunfähigen Vollmachtgebers entweder nicht hinreichend bestimmt feststellbar oder widersprechen sie seinem objektiv verstandenen Wohl, so ist allein dieses entscheidungserheblich. Die mit der letztgenannten Fallgestaltung einhergehende Einschränkung des Selbstbestimmungsrechtes des Vollmachtgebers ist angemessen, um ihn vor unbedachten Selbstschädigungen zu bewahren. Darüber hinaus kann das Mitwirken an einer bewußten Selbstschädigung dem Bevollmächtigten als außenstehendem Dritten nicht zugemutet werden.

15.) Der Arzt ist nur bei Gefahr im Verzuge allein zur Entscheidung über die Aufnahme oder den Fortgang der Behandlung berufen. Zivilrechtlich ist sein Handeln in diesen Fällen nach den Regeln der Geschäftsführung ohne Auftrag, strafrechtlich unter dem Gesichtspunkt der mutmaßlichen Einwilligung zu beurteilen. In beiden Fällen hat der Arzt vorrangig zu versuchen, den Behandlungswillen des Patienten zu erkunden. Ist dies nicht möglich, ist die Behandlungsentscheidung allein nach dem objektiven gesundheitlichen Interesse des Patienten und damit nach rein objektiven medizinischen Gesichtspunkten zu fällen.

II. Rechtmäßigkeit ärztlicher Sterbehilfemaßnahmen

1.) Bei dem Begriff der "Sterbehilfe" handelt es sich um eine in Deutschland bewußt gewählte Wortschöpfung, da die international gebräuchliche Bezeichnung "Euthanasie" hierzulande untrennbar mit den Greueltaten des Dritten Reiches verbunden ist. Die unter diesem Oberbegriff durchgeführten Vernichtungsaktionen gliederten sich in fünf Etappen, die Kindereuthanasie (ab Herbst 1939), die Massenerschießungen geistig Behinderter in Pommern/Warthegau (ab Herbst 1939), die Aktion T 4 (ab Herbst 1939 bis August 1941), die Wilde Euthanasie (ab August 1941) sowie die Aktion 14 f 13 (Frühjahr 1941 bis 1944). Ihnen fielen insgesamt etwa 200.000 Menschen zum Opfer. Diese Schreckensbilanz belastete bis zum Ende der 60er Jahre die Diskussion um jede Form der Sterbehilfe schwer.

2.) Da die Frage nach der Sinnhaftigkeit der Fortführung einer begonnenen bzw. der Einleitung einer neuen Behandlung am Ende des menschlichen Lebens nicht zwingend an den Eintritt der terminalen Phase (Sterbehilfe im engeren Sinne) gekoppelt ist, bezeichnet der Begriff der Sterbehilfe im Rahmen der vorliegenden Arbeit auch denjenigen Zeitraum eines unheilbaren, zum Tode führenden Krankheitsverlaufes, der dem Terminalstadium vorgelagert ist (Sterbehilfe im weiteren Sinne).

1. Ärztliche Sterbehilfe gegenüber dem einwilligungsfähigen Patienten mit dessen Zustimmung

1. a) Grundlage der ärztlichen Hilfeleistungspflicht gegenüber dem sterbenden Patienten ist die Sterbebegleitung (Sterbehilfe ohne Lebensverkürzung). Nur soweit sich diese als nicht ausreichend erweist, um die Bedürfnisse des Sterbenden zu befriedigen, kann überhaupt der Einsatz ergänzender, möglicherweise die Lebensspanne beeinflussender Maßnahmen in Erwägung gezogen werden. Die Sterbebegleitung umfaßt die palliative Behandlung, den psychologischen Sterbebeistand sowie die Basisbetreuung. Jeder Patient hat auf sie kraft seiner Menschenwürde Anspruch.

b.) Die Palliativmedizin verfolgt in erster Linie das Ziel, im Falle einer unheilbaren Erkrankung die Beschwerden des Patienten zu lindern, ohne freilich deren Ursachen zu bekämpfen. Daneben richtet sie ihren Blick auch auf die psychischen und sozialen Probleme des Patienten. Es ist davon auszugehen, daß die qualifizierte Schmerzbehandlung in nahezu allen Fällen zum Erfolg führen könnte. In diesem Bereich besteht in Deutschland im internationalen Vergleich jedoch ein ganz erheblicher Nachholbedarf. Hier kommen längst noch nicht alle rechtlich möglichen Maßnahmen der Schmerzbekämpfung zur Anwendung. Etwa die Hälfte der Tumorpatienten bleibt insofern unterversorgt. Die Weiterentwicklung der Schmerztherapie ist für den Fortgang der gesamten Sterbehilfe-Diskussion von elementarer Bedeutung, da viele der heute erhobenen Forderungen - sowohl im Bereich der aktiven als auch der passiven Sterbehilfe - emotional aus der - leider vielfach nicht unbegründeten - Angst vor einem qualvollen Leiden am Lebensende erhoben werden.

c.) In einer Zeit, in der Sterben und Tod zu gesellschaftlichen Tabuthemen geworden und weitgehend aus dem häuslichen Bereich in Krankenhaus, Alters- und Pflegeheime verlagert worden sind, bereiten die psychischen Belastungen der hiermit verbundenen Isolation und Vereinsamung dem moribunden Patienten häufig mehr Qualen als seine physischen Schmerzen. Allzu häufig bleibt in der Praxis unberücksichtigt, daß der Arzt bereits nach dem Inhalt des Behandlungsvertrages verpflichtet ist, dem Sterbenden beizustehen, ihm Aufmerksamkeit zu schenken und Anteil an dem Sterbegeschehen zu nehmen. Er hat sich stets neu um eine vertrauensvolle Kommunikation mit dem unheilbar erkrankten Patienten zu bemühen und geduldig seine oft widersprüchlich erscheinenden Gefühle aufzufangen, um ihm bei der Verarbeitung seiner Situation zu helfen und schließlich dazu beizutragen, daß er auch die letzte Phase seines Lebens als lebenswert erfährt. Wichtig ist zudem, daß der

Arzt dem Patienten die Gewißheit vermittelt, ihm bis in die letzte Sterbephase hinein zur Seite zu stehen und alles zu tun, um ihm unnötiges Leid zu ersparen.

Der Verwirklichung dieser idealen, aber zeitaufwendigen Form der Sterbebegleitung stehen einerseits die Arbeits- und Funktionsteilung in den Kliniken sowie die enorme Arbeitsbelastung des dort tätigen Personals, andererseits jedoch in gleicher Weise erhebliche Ausbildungsdefizite entgegen. Untersuchungen belegen, daß Ärzte und Pflegepersonal sich mit wachsender Gewißheit des nahen Todeseintritts eines Patienten immer mehr von diesem fernhalten und sich von ihm auch innerlich distanzieren. Er wird schließlich in seinen letzten Stunden bewußt in irgendein Schwestern- oder Badezimmmer abgeschoben, wo er isoliert von seiner Umwelt stirbt. Sowohl im Bereich der Krankenhausorganisation als auch in dem der Berufsausbildung von Ärzten und Pflegepersonal ist eine Neuorientierung, die auf eine humanere Sterbebegleitung ausgerichtet ist, dringend vonnöten. Sie hätte in gleicher Weise wie die Verbesserung der Schmerztherapie maßgeblichen Einfluß auf die inhaltliche Gestaltung der Sterbehilfe-Diskussion, insbesondere aber auf die Diskussion über eine mögliche Legalisierung der aktiven Sterbehilfe.

Die Hospizbewegung hat dies erkannt und durch ihre Bemühung um eine ganzheitliche Betreuung sterbender Patienten einen bedeutenden Weg zu einer verbesserten Sterbebegleitung aufgezeigt. Ihre praktische Arbeit belegt, daß bei entsprechend umfassender Betreuung nicht nur das Verlangen nach aktiver Sterbehilfe verstummt, sondern daß sich auch die letzten Tage eines verlöschenden menschlichen Lebens mit Sinn erfüllen lassen und dem Patienten dazu verholfen werden kann, im inneren Frieden mit sich und seiner Umwelt aus dem Leben zu scheiden. Der allen Heilberufen immanente humanitäre Auftrag gebietet es, diese Gedanken zu fördern und im Bewußtsein der Öffentlichkeit zu verankern.

d.) Jeder Patient hat einen unbedingten Anspruch auf eine ausreichende Grund(=Basis)pflege, zu der die Befriedigung elementarer Grundbedürfnisse wie Hunger, Durst oder Körperpflege zu rechnen ist. Auch die künstliche Ernährung unterfällt diesem Bereich, soweit es bei ihr allein um die Zuführung von Nahrung, nicht aber um den Ersatz der Verdauungsfunktion geht. Dagegen ist die künstliche Beatmung nicht mehr als Maßnahme der Basispflege zu betrachten, soweit es bei ihr nicht um die bloße Zuführung von Luft, sondern um den Ersatz der Atmungsfunktion des Körpers geht.

2. a) Seit knapp drei Jahrzehnten wird national wie international heftig über eine mögliche Freigabe der aktiven Sterbehilfe an schwerstkranken Patienten diskutiert, teilweise wird gar versucht, die Straflosigkeit des Arztes in einem solchen Fall unter der Geltung des § 216 StGB in seiner heutigen Fassung zu begründen (u.a. über § 34 StGB, die rechtfertigende Pflichtenkollision, die Unzumutbarkeit normgemäßen Verhaltens, Art. 4 Abs. 1 GG oder den übergesetzlichen entschuldigenden Notstand). Seit Beginn der 70er Jahre ist in der bundesdeutschen Bevölkerung eine wachsende Zustimmung zu Legalisierungsbestrebungen im Bereich der aktiven Sterbehilfe zu registrieren, im Rahmen einer Repräsentativumfrage des Jahres 1999 sprachen sich 78 %, im Jahre 2000 gar 81 % der Befragten hierfür aus.

b.) Der australische Philosoph Peter Singer befürwortet die aktive Sterbehilfe auf der Grundlage der Lehre des Präferenz-Utilitarismus. In einer Kosten-Nutzen-Analyse versucht er zu ermitteln, auf welche Weise die Interessen möglichst vieler "Personen" Berücksichtigung finden können. Da nach seiner Lehre aber das Personsein Selbstbewußtsein, Selbstkontrolle, Kommunikationsfähigkeit und ein Bewußtsein von Vergangenheit und Zukunft voraussetzt, werden Kleinkinder, geistig Behinderte und alle diejenigen, die durch Unfall oder Alter die Fähigkeit verloren haben, rational und autonom zu handeln, von ihm aus dem Kreis der Personen ausgegrenzt. Ihnen wird jedes Lebensrecht abgesprochen, sie stehen für Singer in ihrem Wert gar unterhalb von Menschenaffen. Ihre Tötung sei zulässig, sofern sie dabei keine Schmerzen erlitten, selbst wenn sie kein derartiges Verlangen ihrer Umwelt gegenüber kundgetan hätten. Andererseits jedoch könne jeder Erwachsene in gesunden Tagen wirksam verfügen, daß er im Falle des Nachlassens seiner geistigen Kräfte keine aktive Sterbehilfe wünsche. Die aktive Sterbehilfe sei humaner als die passive, denn wenn man erkannt habe, daß der Tod für den Patienten das beste sei, müsse sichergegangen werden, daß er auf die schnellste und schmerzloseste Weise eintrete.

c.) Der Rechtsphilosoph Norbert Hörster mißt die Zulässigkeit der aktiven Sterbehilfe demgegenüber nicht an dem Maßstab des Interesses der Allgemeinheit, sondern allein an dem Lebensinteresse des Betroffenen und seinem Selbstbestimmungsrecht. Die Autonomie sowie die Menschenwürde des einzelnen aber würden die Anerkennung des Rechts gebieten, über sein eigenes Leben zu verfügen und sich auch durch die Hand eines Dritten töten zu lassen. Um sicherzugehen, daß nur die Fälle einer wohlüberlegten und interessengerechten Tötung auf Verlangen legalisiert würden, müsse jedoch grundsätzlich sichergestellt sein, daß der Betroffene an einer schweren, unheilbaren Krankheit leide, sich nach mehreren Aufklärungsgesprächen und reiflicher Überlegung zu diesem Schritt durchgerungen habe und die Tötungshandlung schließlich durch einen Arzt vollzogen werde. Darüber hinaus könnten jedoch auch solche Patienten der aktiven Sterbehilfe unterzogen werden, die sich in einem Zustand dauerhafter Urteilsunfähigkeit und nicht behebbarer Schmerzen unerträglicher Intensität befänden und in gesunden Tagen der aktiven Sterbehilfe in weltanschaulich-ethischer Hinsicht grundsätzlich positiv gegenübergestanden hätten. Bei Personen, die niemals die Fähigkeit besessen hätten, einen rational begründeten Standpunkt zur aktiven Sterbehilfe zu entwickeln, könne im Falle schwerer Leidenszustände von ihrem mutmaßlichen Wunsch nach aktiver Sterbehilfe ausgegangen werden. Selbst wenn die Legalisierung der aktiven Sterbehilfe unter den genannten Voraussetzungen faktisch eine Zunahme auch ethisch nicht zu rechtfertigender Fälle aktiver Sterbehilfe bedinge, so werde dies durch den Nutzen mehr als aufgewogen, den die aktive Sterbehilfe für eine vermutlich zehnfache Anzahl von Patienten in einer hoffnungslosen Situation habe.

d.) Die Deutsche Gesellschaft für Humanes Sterben e.V. (DGHS) tritt demgegenüber für die Freigabe der aktiven Sterbehilfe nur dann ein, wenn ein Patient unheilbar erkrankt sei, sich in einem schweren und voraussichtlich bis zum Tode andauernden Leidenszustand befinde, Maßnahmen der Leidlinderung nicht zu Verfügung stünden oder von dem Patienten abgelehnt würden, der Kranke sich physisch nicht selbst töten könne und er die Entscheidung zur aktiven Sterbehilfe frei verantwortlich, ernstlich und auf ausreichender Informationsgrundlage getroffen habe. Werde die aktive Sterbehilfe durch einen Arzt vorgenommen, so müsse zusätzlich das Sterbeverlangen schriftlich dokumentiert sein und ein zweiter Arzt das Vorliegen der Voraussetzungen der aktiven Sterbehilfe bestätigen. Demgegenüber steht die DGHS der freiverantwortlich durchgeführten Selbsttötung positiv gegenüber und versorgt ihre Mitglieder nach einjähriger Mitgliedschaft mit Selbsttötungsanleitungen, sofern diese schriftlich versichern, im Vollbesitz ihrer geistigen Kräfte und innerhalb der vorangegangenen zwei Jahre nicht wegen Depressionen in psychotherapeutischer Behandlung gewesen zu sein.

e.) Der Alternativ-Entwurf Sterbehilfe aus dem Jahre 1986 fordert, § 216 um einen zweiten Absatz zu ergänzen, der das Gericht ermächtige, im Falle einer Tötung auf Verlangen von Strafe abzusehen, wenn die Tötung der Beendigung eines schwersten, vom Betroffenen nicht mehr zu ertragenden Leidenszustandes diene, der nicht durch andere Maßnahmen behoben oder gelindert werden könne. Der 56. Deutsche Juristentag stimmte im gleichen Jahr diesem Vorschlag mit 70:21:6 Stimmen zu.

f.) In den Niederlanden wurde für Fälle der aktiven Sterbehilfe (sowie der Suizidbeihilfe) im Jahre 2001 ein Strafausschließungsgrund in das Strafgesetzbuch eingefügt, der eingreift, sofern eine Reihe von sog. "Sorgfaltsbedingungen" eingehalten werden. Dies ist der Fall, wenn ein ausdrücklicher und beständiger Wunsch des Patienten nach aktiver Sterbehilfe vorliegt, ein irreversibel unheilbares und unerträgliches Leiden durch den Arzt diagnostiziert wird, ein zweiter Arzt dieses bestätigt, der Sterbewillige aufgeklärt und die Tötungshandlung durch den behandelnden Arzt sorgfältig durchgeführt wird und dieser schließlich einen ausführlichen schriftlichen Bericht abfaßt. Zumindest seit Mitte der 90er Jahre aber hatte die Staatsanwaltschaft aus dem Gesichtspunkt der "Übermacht" bereits von einer strafrechtlichen Verfolgung derjenigen Ärzte abgesehen, die die genannten "Sorgfaltsbedingungen" eingehalten hatten. Für die Staatsanwaltschaft war es unmöglich zu kontrollieren, ob alle Fälle der Euthanasie gemeldet wurden, und ob diese Meldungen inhaltlich korrekt waren. Nach einer 1996 veröffentlichten Studie wurden 1995 etwa 900 Patienten von Ärzten im Wege der aktiven Sterbehilfe getötet, ohne daß sie hierum gebeten hatten. In 38 % dieser Fälle war für den Arzt ausschlaggebend, daß die Angehörigen den Zustand des Patienten nicht mehr mitansehen konnten, nur in 30 % aller Fälle der Tötung ohne Einwilligung des Patienten unterstellten sie dessen Wunsch nach vorzeitiger Beendigung seines Lebens. 53 % der in den Niederlanden zugelassenen Ärzte hatten nach dieser Studie bereits aktive Sterbehilfe praktiziert, weitere 35 % zeigten ihre grundsätzliche Bereitschaft hierzu. Nur etwa 41 % aller Fälle der aktiven Sterbehilfe wurden ordnungsgemäß der Staatsanwaltschaft angezeigt. Obwohl dieses Ergebnis der Studie im Grunde gegen eine Legalisierung der aktiven Sterbehilfe sprach, legte die neu formierte niederländische Regierung Kok im August 1999 den mittlerweile verabschiedeten Gesetzentwurf vor. Danach trifft nunmehr die Beweislast dafür, daß der Arzt die Sorgfaltsanforderungen nicht beachtet hat, den Staatsanwalt. Das Meldeverfahren wurde in den Jahren 1998 und 2001 dahingehend modifiziert, daß vor der bislang unmittelbar vorgesehenen Einschaltung der Staatsanwaltschaft nunmehr eine Kommission aus einem Arzt, einem Jurist und einem Ethiker zwischengeschaltet wird. Diese überprüft, ob die Sorgfaltsregeln eingehalten worden sind. Bei positivem Urteil ist die Kommission nunmehr befugt, den Vorgang eigenverantwortlich und ohne Einschaltung der Staatsanwaltschaft abzuschließen. Nur wenn der Ausschuß letzte Zweifel nicht ausräumen kann, überweist er die Akte an die Staatsanwaltschaft.

3. a) Die Versuche der strafrechtlichen Literatur, die Straffreiheit des Arztes unter der Geltung des § 216 StGB zu begründen, vermögen nicht zu überzeugen. Eine Rechtfertigung nach § 34 StGB scheitert daran, daß die direkte und absichtliche

Tötung des Patienten gegenüber der indirekten Sterbehilfe nicht als milderes Mittel zu bewerten ist. In Fällen, in denen selbst die indirekte Sterbehilfe nicht mehr erfolgreich angewendet werden kann, fehlt es an einem abwägungserheblichen lebzeitigen Interesse, das dem Verzicht auf das Rechtsgut Leben gegenübergestellt werden könnte. Die Grundsätze der rechtfertigenden Pflichtenkollision können das Handeln des Arztes nicht legalisieren, da der Arzt sich hier nicht zwei Handlungspflichten gegenübersieht. Der übergesetzliche Entschuldigungsgrund der Unzumutbarkeit normgemäßen Verhaltens ist im Bereich der vorsätzlichen Begehungsdelikte nicht anzuerkennen, eine Entschuldigung aus Art. 4 Abs. 1 GG kommt generell nicht in Betracht. Schließlich ist auch die Annahme eines übergesetzlichen entschuldigenden Notstandes nicht gerechtfertigt, da dem Tod des Patienten anders als in den Fällen des anerkannten quantitativen Lebensnotstandes kein relevanter Vorteil gegenübersteht. Sieht man einen solchen Vorteil aber in einer kurzzeitig empfundenen Schmerzlinderung, so hat der Arzt diese unter Beschränkung seines Handelns auf Maßnahmen der indirekten Sterbehilfe sicherzustellen. Außerdem erweist sich das Kriterium des unlösbaren Gewissenskonfliktes des Arztes als zu unbestimmt, als daß die Fälle entschuldigter aktiver Sterbehilfe hinreichend abgrenzbar wären. Es würde sich zudem bei Anerkennung dieses Kriteriums die Frage erheben, weshalb der Arzt nicht auch bei anderen Patienten, die schweres Leid zu tragen haben, auf deren Verlangen hin aktive Sterbehilfe ausüben dürfte.

b.) Die Lehre Singers ist mit den Grundwerten unserer Rechts- und Gesellschaftsordnung nicht in Einklang zu bringen. Die Würde des Menschen ist der oberste Wert des Grundgesetzes, sie kommt jedem Individuum ungeteilt ohne Rücksicht auf seine Fähigkeiten, Leistungen oder seinen gesellschaftlichen Nutzen zu. Menschliches Leben hat keinen Wert, der sich berechnen ließe, vielmehr ist jeder Mensch kraft seiner Existenz Selbstzweck, der jeder Betrachtung unter utilitären oder instrumentalisierenden Gesichtspunkten von vornherein entgegensteht. Bereits durch die Einführung der Katgeorie der "Person" setzt sich Singer in einen unauflöslichen Gegensatz zu dem Wertesystem des Grundgesetzes.

Abgesehen davon fehlt es der Lehre Singers an der inneren Schlüssigkeit. So ist es bereits willkürlich, allein das zum Maßstab des Glücks zu erheben, was der rational seine Zukunft gestaltende Mensch als erstrebenswert erachtet. Ebenso ist Singers Annahme, Person und Glück seien gleichzusetzen, sachlich nicht gerechtfertigt. Er vermag zudem nicht zu erklären, wie das zu erwartende Glück oder Leid zuverlässig im voraus prognostiziert werden könnte.

Unerörtert bleibt bei Singer ferner, wo die Grenzlinie des Überganges zwischen Personsein und Nicht-Personsein verlaufen soll, seine Aussagen zur Berücksichtigungsfähigkeit potentieller Fähigkeiten sind in sich widersprüchlich. Die von Singer vollzogene Gleichsetzung der Tötung eines Säuglings mit dessen Nicht-Zeugung ist nicht logisch, weil er dieselbe Überlegung im Hinblick auf das Töten von Personen ablehnt.

Ein weiteres Grundübel des utilitaristischen Denkens Singers liegt darin begründet, daß der Utilitarismus bei der von ihm geforderten Interessenabwägung auf Werte zurückgreift, die erst von der gesellschaftlichen Mehrheit definiert werden müssen. Dies geschieht losgelöst von vorgegebenen Grundwerten. Die als schutzwürdig empfundenen Interessen werden dadurch manipulierbar, der einzelne ist dem jeweiligen Mehrheitsinteresse schutzlos ausgeliefert. Selbst die einzelne "Person" hat nur so lange ein Recht auf Leben, wie die Mehrheit dies zu tolerieren bereit ist. Erst recht scheint die Lehre Singers auf eine systematische Vernichtung behinderter Kinder hinauszulaufen. Selbst wenn das Interesse der Eltern dem entgegenstünde, könnte es sich gegen die finanziellen Interessen der Gesellschaft nicht durchsetzen. Die Lehre Singers rückt damit in bedenkliche Nähe zur Ideologie des Nationalsozialismus. Illusorisch ist vor diesem Hintergrund Singers Annahme, eine "Person" könne auf der Grundlage seiner eigenen Theorie in gesunden Tagen wirksam verfügen, im Falle des Nachlassens der eigenen geistigen Kräfte nicht zum Opfer aktiver Sterbehilfe zu werden. Sobald nämlich diese Situation eintritt, ist der Betreffende nicht mehr "Person", hat damit keine schutzwürdigen Interessen mehr und wird zum tauglichen Opfer "nichtfreiwilliger Euthanasie". In einer Gesellschaft aber, die das Töten von Menschen, die für das Gemeinwesen nutzlos, weil unproduktiv geworden sind, als selbstverständlich akzeptiert, könnte man keinesfalls erwarten, daß das - in aller Regel nicht wirklich ernstgemeinte - von Patienten geäußerte Sterbeverlangen ärztlicherseits kritisch hinterfragt würde.

Mit der Forderung der sehr viel billigeren sowie Zeit und Mühe sparenden aktiven Sterbehilfe steht Singers Lehre einer Weiterentwicklung der Sterbebegleitung entgegen. Beide Formen der Sterbehilfe stehen sich aufgrund der unterschiedlichen mit ihnen verfolgten Ideale konträr und unversöhnlich gegenüber. Auf Dauer wird sich vermutlich nur eine von ihnen durchsetzen können.

Singers Gleichsetzung von aktiver und passiver Sterbehilfe ist zu widersprechen. Sie übersieht den gravierenden qualitativen Unterschied zwischen dem bewußten aktiven Töten und dem bloßen Sterbenlassen.

Singers Lehre ist ein Paradebeispiel für die Berechtigung des Dammbruchargumentes. Sie belegt eindrucksvoll, daß jede Lockerung des Tötungsverbotes unweigerlich und unaufhaltsam immer neue Ausnahmen nach sich ziehen würde, so daß der grundrechtlich verbürgte Lebensschutz zunehmend ausgehöhlt würde. Ernstzunehmen ist in diesem Zusammenhang Singers Hinweis, daß unsere Gesellschaft durch die verbreitete Praxis des Schwangerschaftsabbruchs sowie durch das sog. "Liegenlassen" behinderter Neugeborener bereits diese "Schiefe Ebene" betreten habe. Diese Erkenntnis fordert ein entschiedenes Eintreten für die Belange des Lebensschutzes, um ein weiteres Abgleiten zu verhindern.

c.) Hörsters Lehre ist vom Ansatz her entgegenzuhalten, daß sie das Selbstbestimmungsrecht des einzelnen zu sehr betont und dabei die gesamtgesellschaftlichen Auswirkungen der Freigabe der aktiven Sterbehilfe unberücksichtigt läßt.

Selbst innerhalb der eindimensionalen Argumentationsstruktur Hörsters treten deutliche Mängel hervor. Die von ihm benannten Kriterien für die Zulässigkeit der aktiven Sterbehilfe sind mangels hinreichender Bestimmtheit einer Anwendung in der Praxis nicht zugänglich. Darüber hinaus bleibt Hörster eine überzeugende Begründung dafür schuldig, weshalb die Ausübung des Selbstbestimmungsrechtes auf der Grundlage der von ihm selbst gesetzten Prämissen auf Fälle eines "schweren, unheilbaren Leidens" eingeschränkt bleiben sollte.

Davon abgesehen berücksichtigt er nicht ausreichend die schwierige psychologische Situation eines unheilbar Erkrankten, dessen Wünsche in aller Regel starken Schwankungen unterliegen. Diesen Bedenken bezüglich der Ernsthaftigkeit des geäußerten Todesverlangens vermag auch die Forderung nach "mehrfachen, durch gewisse Zeitabstände getrennten Gesprächen" nicht hinreichend Rechnung zu tragen. Erst recht erweist sich die Durchführung aktiver Sterbehilfe unter Annahme eines entsprechenden mutmaßlichen Willens des Patienten aufgrund seiner früheren allgemeinen Äußerungen als bedenklich. Überhaupt keine Begründung liefert Hörster für seine zweifelhafte Annahme, bei Personen, die niemals urteilsfähig gewesen seien, könne die Zustimmung zur aktiven Sterbehilfe unterstellt werden.

Nicht zu unterschätzen ist die Gefahr, daß sich in Zeiten immer knapper werdender Ressourcen viele kranke Menschen - direkt oder indirekt - unter Druck gesetzt fühlen könnten, nach aktiver Sterbehilfe zu verlangen. Die Ernstlichkeit und Freiverantwortlichkeit des Todeswunsches wäre im nachhinein kaum mehr zu belegen.

Dadurch, daß Hörster schließlich selbst für den Fall, daß sich jeder Leidenszustand befriedigend beheben ließe, die Entscheidung über die Durchführung der aktiven Sterbehilfe dem einzelnen überlassen möchte, setzt er sich in Widerspruch zu dem von ihm selbst aufgestellten Kriterienkatalog und dehnt den Anwendungsbereich aktiver Sterbehilfe bedenklich aus. Da für ihn die Hoffnungslosigkeit eines Gesundheitszustandes letztlich das entscheidende Kriterium für die Freigabe der aktiven Sterbehilfe darstellt, scheint deren Anwendung über den Bereich unheilbarer Krankheiten hinaus keineswegs ausgeschlossen.

Bei der von ihm befürworteten Gleichsetzung der aktiven mit der indirekten Sterbehilfe berücksichtigt Hörster nicht hinreichend die Bedeutung des von dem Arzt verfolgten Handlungszieles. Ebensowenig wie bei Singer vermag darüber hinaus sein Versuch der Gleichstellung von aktiver und passiver Sterbehilfe zu überzeugen.

d.) Soweit die einschränkenden Kriterien der DGHS überhaupt Raum lassen für aktive Sterbehilfe, ist die Forderung, ärztliches Handeln dabei einer strengeren Kontrolle zu unterziehen als das von Privatpersonen, sachlich nicht gerechtfertigt, da der Laie das Vorliegen der Voraussetzungen der aktiven Sterbehilfe noch viel weniger sicher beurteilen kann als der Arzt. Im übrigen sind die Kriterien für die Freigabe der aktiven Sterbehilfe nicht bestimmt genug gefaßt, eine Stellungnahme zum Umgang mit nicht mehr einwilligungsfähigen Personen fehlt gänzlich.

e.) Die Praxis der aktiven Sterbehilfe in den Niederlanden ist vor allem deshalb bedenklich, weil sie erschreckend häufig ohne den hierauf bezogenen ausdrücklichen Willen des Betroffenen vollzogen wird. Der Versuch, dieses Phänomen dadurch zurückzudrängen, daß aktive Sterbehilfe in gewissem Umfange offiziell geduldet wurde, muß als gescheitert betrachtet werden. Die Tatsache, daß mehr als die Hälfte der Fälle - wohl vor allem die besonders zweifelhaften - überhaupt nicht gemeldet werden, belegt darüber hinaus die fehlende Kooperationsbereitschaft der Ärzte mit den Behörden. Größere Transparenz des ärztlichen Verhaltens versucht man nun um den bedenklich hohen Preis der Straffreiheit der aktiven Sterbehilfe bei Einhaltung der sog. Sorgfaltsbedingungen bei gleichzeitiger Beweislastverschiebung zugunsten des Arztes und zulasten der Staatsanwaltschaft zu erzielen. Der Aspekt des Lebensschutzes tritt dahinter zurück.

Daß die Praxis der aktiven Sterbehilfe wenig mit der Verwirklichung des Selbstbestimmungsrechtes des Patienten zu tun hat, zeigt der hohe Prozentsatz der Fälle, in denen sie vollzogen wird, weil die Angehörigen dem Anblick des Erkrankten nicht mehr gewachsen sind, sowie die Tatsache, daß die Ärzte nur in 30 % aller Fälle der Tötung ohne Einwilligung des Patienten dessen Wunsch auf vorzeitige Beendigung des Lebens überhaupt auch nur unterstellt haben. Es drängt sich vor diesem Hintergrund sowie vor dem zahlreicher Erfahrungsberichte aus dem Alltag der Kliniken der Eindruck auf, nur allzu viele niederländische Ärzte machten mittlerweile die Tötungsentscheidung allein noch davon abhängig, ob ihnen persönlich das Weiterleben des Patienten sinnvoll erscheine.

Die Niederlande belegen als praktisches Beispiel die Stichhaltigkeit des Argumentes der "Schiefen Ebene". Es zeigt sich dort die Eigendynamik, die das Betreten der "Schiefen Ebene" mit sich bringt. Denn obwohl die Untersuchungen des Jahres 1996 Anlaß genug gegeben hätten, restriktive Maßnahmen gegen die aktive Sterbehilfe zu ergreifen, hatte sich aufgrund der jahrzehntelangen Duldungspolitik und der Gesetzgebung von 1994 in der Öffentlichkeit eine Erwartungshaltung herausgebildet, die als logisch nächsten Schritt die (wenn auch vorläufig beschränkte) Entkriminalisierung der aktiven Sterbehilfe geradezu forderte. Das niederländische Parlament hat alle hiergegen sprechenden Bedenken zurückgestellt und ein entsprechendes Gesetz am 28.11.2000/10.04.2001 verabschiedet.

f.) In deutlichem Gegensatz zu den zahlreichen Gesichtspunkten, die gegen die vorerörterten Versuche sprechen, die Legalisierung der aktiven Sterbehilfe zu rechtfertigen, steht die Tatsache, daß 80 % der Bevölkerung in Deutschland der aktiven Sterbehilfe positiv gegenüberstehen, während in den Niederlanden gar weniger über das "Ob" der aktiven Sterbehilfe als über deren organisatorische Rahmendaten diskutiert wird. Einer kritischen Würdigung bedürfen die gesellschaftlichen Faktoren, die ein derartiges Meinungsbild begünstigen.

Den wichtigsten gesellschaftspolitischen Faktor, der die öffentliche Befürwortung der aktiven Sterbehilfe bedingt, stellen die zunehmenden Kosten des Gesundheitswesens dar. Die westlichen Industrienationen haben eine zunehmende Überalterung der Gesellschaft zu verzeichnen, der unproduktive Teil der Bevölkerung nimmt stetig zu, die "Soziale Frage" verschärft sich parallel zu dieser Entwicklung und wird dabei in Teilaspekten auch zu einer "Medizinischen Frage". Der Kampf um die knapper werdenden Ressourcen geht einher mit dem Schwinden von Solidarität und gesamtgesellschaftlichem Verantwortungsbewußtsein.

Zu beobachten ist ein wachsender gesellschaftlicher Erwartungsdruck, der es dem einzelnen verbietet, sich von anderen abhängig zu machen. Krankheit und soziale

Ausgrenzung werden zu individuellen Lebensschicksalen, für die die Solidargemeinschaft nicht mehr ohne weiteres aufzukommen bereit ist. Offen wird bereits über die Beschränkung lebenswichtiger Behandlungen nachgedacht.

Dieses frostige Klima bildet den Nährboden für die Wiederbelebung der sozialdarwinistischen Idee des Rechtes des Stärkeren. Die Wertschätzung für altes und krankes Leben nimmt stetig ab.

Anders als zu früheren Zeiten fordern die heutigen Protagonisten der aktiven Sterbehilfe (und der Selbsttötung) jedoch keine zwangsweise Auslese im Sinne einer "inneren Hygiene", sondern wirken auf die Bildung eines gesellschaftlichen Bewußtseins hin, das selektive Maßnahmen aus Eigenverantwortlichkeit ohne permanente staatliche Eingriffe fördert. Die Pflicht des einzelnen, der Gesellschaft nicht zur Last zu fallen, wird umgedeutet in ein individuelles Recht und stilisiert als Symbol der Freiheit und Ausdruck der selbstbestimmten Persönlichkeit sowie als Dienst an der Allgemeinheit (Ethik des Rechtes auf den eigenen Tod). Besonders die kostenintensiven modernen therapeutischen Möglichkeiten werden öffentlich angeprangert, einem "sinnlosen Dahinvegetieren an Apparaten" werden die "humaneren" Alternativen der aktiven Sterbehilfe sowie der Selbsttötung gegenübergestellt.

Die Zustimmung nicht mehr entscheidungsfähiger Patienten zur aktiven Sterbehilfe wird unter dem Deckmantel des schon in früheren Zeiten arg strapazierten Mitleidsmotives durch die eines Dritten ersetzt. An dieser Stelle wird besonders deutlich, daß dem Selbstbestimmungsrecht als offiziellem argumentativem Ausgangspunkt der Forderung nach Freigabe der aktiven Sterbehilfe nur vordergründig eine zentrale Bedeutung in der Diskussion zukommt. Daß aktive Sterbehilfe auf Verlangen des Betroffenen von derjenigen ohne dessen Zustimmung nicht zu trennen ist, zeigt die bereits bei Binding/Hoche 1920 geführte Diskussion in gleicher Weise wie der 1940 von den Nationalsozialisten vorgelegte Entwurf des "Gesetzes über die Sterbehilfe bei unheilbar Kranken" oder die Praxis der aktiven Sterbehilfe in den Niederlanden.

Der Abwägungsprozeß zwischen Fürsorge, Freiheit und Ökonomie stellt das Recht des einzelnen auf sein Leben in Frage und wertet mit Krankheit oder Behinderung behaftetes Leben ab. Behinderte sehen hierdurch vielfach ihr Existenzrecht in Frage gestellt. Zahlreiche Suizide alter und kranker Menschen sind bereits heute als "Selbstentsorgung" zu qualifizieren, immer mehr Menschen geben bereits in gesunden Tagen an, nicht mehr leben zu wollen, wenn sie anderen zur Last zu fallen drohen.

Daneben versprechen die Fortschritte der Gentechnik gerade im Bereich der pränatalen Diagnostik zunehmend die Möglichkeit, diejenigen frühzeitig auszusondern, die dem allgemeinen Kriterien-Katalog erwünschter Eigenschaften nicht entsprechen. Das Ziel der Reproduktionsmedizin ist das industriell genormte Kind als Qualitätsprodukt. Solange hierfür die technischen Voraussetzungen noch nicht vorhanden sind, liefert einstweilen das sehr liberal gefaßte Abtreibungsrecht die Legitimation von als "unnütz" oder "unzumutbar" empfundenem Leben. Die internationale Bioethikdebatte verfolgt das Ziel, die herrschende Moral den neuen technologischen Entwicklungen anzupassen, d.h. sie so zu definieren, daß die neuen Möglichkeiten moralisch vertretbar, ja sogar erwünscht erscheinen, seien sie in Wirklichkeit auch noch so menschenverachtend. Lehren wie die von Singer liefern hierzu die geeignete theoretische Grundlage. Nicht umsonst wurde er zum Leiter des Instituts für "Human Bioethics" in Melbourne ernannt, da er in der Lage war, auf die mit der dort besonders geförderten Reproduktionsmedizin einhergehenden ethischen Probleme "praxistaugliche" Antworten zu geben.

Die angeführten gesellschaftspolitischen Hintergründe der Diskussion um die Freigabe der aktiven Sterbehilfe spiegeln sich in der Haltung des einzelnen wider. Seine Bereitschaft, die aktive Sterbehilfe zu befürworten, liegt darin begründet, daß er als Mitglied der modernen Leistungsgesellschaft die Existenzberechtigung derer in Frage stellt, die unproduktiv geworden sind, daß er Mißtrauen gegenüber den technischen Errungenschaften der Medizin hegt, daß er im Streben nach Freiheit und Unabhängigkeit die Bereitschaft zur Solidarität verloren hat und die Selbstbestimmung zum höchsten Wert erklärt, die ein Leben in Hilfsbedürftigkeit als unerträglich erscheinen läßt. Verstärkt wird diese Haltung schließlich dadurch, daß Krankheit und Leiden nicht zu den ästhetischen Leitbildern der Gesellschaft passen, Behinderung zum Symbol des Schreckens geworden ist sowie Leiden und Sterben aus dem Alltag und dem gesellschaftlichen Bewußtsein verdrängt werden.

Eine vertiefte Auseinandersetzung mit sämtlichen vorgenannten gesellschaftlichen Faktoren als Ursachen der bedrohlichen Tendenz, den Wert des menschlichen Lebens zu relativieren, ist unabdingbar, um auf dieser Grundlage ein neues Verantwortungsbewußtsein der Gesellschaft für ihre schwächsten Glieder zu erzeugen. Dies scheint nicht zuletzt auch deshalb geboten, weil die Frage nach der Zulässigkeit der aktiven Sterbehilfe auf Dauer nicht unabhängig von derjenigen nach anderen Eingriffsmöglichkeiten in das menschliche Leben, insbesondere im Bereich der Gentechnologie, beantwortet werden kann. Nur dann wird dem Vordringen des utilitaristischen Denkens wirksam Einhalt geboten werden können, wenn es gelingt, gesamtgesellschaftlich eine Bewußtseinshaltung zu manifestieren, die nicht der Vision vom dauerhaften Glück nachjagt, sondern alle Aspekte des menschlichen Lebens, einschließlich Sterben und Tod, in den Blick nimmt und als unumstößliche und undiskutierbare Selbstverständlichkeit bejaht.

g.) Vor diesem Hintergrund ist letztlich auch der Vorschlag des Alternativentwurfes Sterbehilfe abzulehnen, der die Möglichkeit einer Strafloserklärung des Arztes vorsieht. An dem Prinzip des ausnahmslosen ärztlichen Tötungsverbotes ist schon allein aus rechtspolitischen Gründen festzuhalten, um allen Mißbrauchs- und Manipulationsmöglichkeiten sowie der sich im gesellschaftlichen Bewußtsein festigenden Tendenz der Relativierung des Lebensschutzes entgegenzuwirken. Darüber hinaus können Ausnahmen von dem Tötungsverbot auch deshalb nicht zugelassen werden, weil sie das Vertrauensverhältnis zwischen Arzt und Patient gefährden würden. Um das Tötungstabu als Grundbedingung eines humanen Zusammenlebens in einer pluralistischen Gesellschaft unmißverständlich zu dokumentieren, muß es bei der Strafbarkeit der Tötung auf Verlangen bleiben. Etwaige Gewissenskonflikte des Arztes sind allein auf Strafzumessungsebene zu berücksichtigen. Die verhängten Strafen dürfen jedoch nicht zu gering oder gar nur symbolischer Natur sein, da bereits dies dazu beitragen könnte, die aktive Sterbehilfe salonfähig zu machen.

4.) Aktive Sterbehilfe, die nicht auf Verlangen, sondern nur mit der Einwilligung des Betroffenen durchgeführt wird, ist unzulässig und gem. § 212 StGB strafbar.

5. a) Die ärztliche Beihilfe zu einem Suizid des Patienten ist nach geltendem Recht nicht mit Strafe bedroht, widerspricht jedoch nach Auffassung der Bundesärztekammer dem ärztlichen Berufsethos.

b.) Die Zulässigkeit der ärztlichen Suizidbeihilfe läßt sich nicht positiv damit begründen, daß dem Patienten ein Grundrecht auf Selbsttötung oder gar auf Beihilfe hierzu zustehe. Ein solches Grundrecht kann weder aus Art. 2 Abs. 2 S. 1 GG (Recht auf Leben) noch aus Art. 2 Abs. 1 GG (Allgemeine Handlungsfreiheit) hergeleitet werden.

c.) Gegen die Ausdehnung des traditionellen Bereichs ärztlicher Aufgaben auf den Bereich der Suizidbeihilfe spricht der bereits für das umfassende Verbot der aktiven Sterbehilfe herangezogene Gedanke, daß das Leben des einzelnen dem Zugriff Dritter nur dann wirksam entzogen werden kann, wenn "fremdes" Leben generell von der Rechtsordnung tabuisiert wird. Darüber hinaus ist die Beihilfe zum Suizid in gleicher Weise wie die aktive Tötung des Patienten nicht erforderlich, um Schmerzzustände zumindest auf ein erträgliches Maß zu reduzieren. Sie stellt daher ein unverhältnismäßiges Mittel dar. Ferner belegen die Ergebnisse der Suizidforschung, daß der Selbsttötungswille kaum jemals ernstlich gemeint ist. Es erscheint fraglich, ob im Einzelfall zuverlässig der Nachweis der Defektfreiheit geführt werden könnte. Würde man aber die Suizidbeihilfe zu einem möglichen Gegenstand ärztlichen Handelns erklären, bestünde die begründete Gefahr, daß die Freiverantwortlichkeit des Selbsttötungswillens bald nicht mehr hinreichend hinterfragt würde. Andere Mißbrauchsmöglichkeiten würden sich zudem daraus ergeben, daß der Arzt den Patienten psychisch unter Druck setzen könnte, sich selbst zu töten, oder der Patient sich bereits durch einen allgemeinen gesellschaftlichen Erwartungsdruck veranlaßt sehen könnte, den Arzt zu bitten, ihm bei der Selbsttötung zu assistieren. Im Sinne des Dammbruchargumentes wiederum wäre zu befürchten, daß sich die Situationen, in denen ärztliche Beihilfe zum Suizid anerkannt würde, nicht ein für allemal festschreiben ließen, sondern mit der Zeit immer weiter gefaßt würden. Ferner würde die Anerkennung der ärztlichen Suizidbeihilfe die Gefahr einer veränderten gesamtgesellschaftlichen Einstellung zur aktiven Sterbehilfe begründen. Schließlich würde das Vertrauensverhältnis zwischen Arzt und Patient im Falle der Zulässigkeit ärztlicher Suizidbeihilfe in gleicher Weise leiden wie bei einer Legalisierung der aktiven Sterbehilfe.

d.) Da die gleichen Gesichtspunkte gegen die ärztliche Beihilfe zum Suizid sprechen, die auch gegen die aktive Sterbehilfe angeführt wurden, müssen beide Verhaltensweisen in gleicher Weise als schuldhaft begangenes und strafwürdiges Unrecht bewertet werden. De lege ferenda ist daher die Schaffung eines entsprechenden Straftatbestandes für die Beihilfe zum Suizid vorzuschlagen, wobei der Strafrahmen jedoch mit einer Freiheitsstrafe bis zu fünf Jahren oder Geldstrafe niedriger zu bemessen ist als im Falle der aktiven Sterbehilfe. Der Tatbestand ist als echtes Sonderdelikt für Angehörige der Heilberufe auszugestalten.

6.) Der Arzt ist dem Suizidenten gegenüber nach dem Eintritt der Bewußtlosigkeit in aller Regel zur Hilfeleistung berechtigt und verpflichtet, da er grundsätzlich davon auszugehen hat, daß der Selbsttötungswille nicht defektfrei zustande gekommen ist. Etwas anderes gilt ausnahmsweise nur dann, wenn der Arzt aufgrund der genauen Kenntnis des Suizidenten positiv weiß, daß der Selbsttötungswille ernsthaft und freiverantwortlich gefaßt worden ist. In den Fällen, in denen das Handeln des Arztes gerechtfertigt ist, ist auch zwingend seine Hilfeleistungspflicht zu bejahen, da der durch den unfreien Willen des Suizidenten herbeigeführte lebensbedrohliche Zustand als

Unglücksfall im Sinne des § 323 c StGB zu bewerten ist. Die Hilfeleistungspflicht besteht unabhängig davon, ob bereits schwere oder irreversible Schädigungen bei dem Suizidenten eingetreten sind.

7. a) Die indirekte Sterbehilfe unterscheidet sich von der aktiven hauptsächlich dadurch, daß es dem Arzt bei ihr allein darum geht, die Voraussetzungen dafür zu schaffen, daß der Patient den Rest seines Lebens ohne Schmerzen verbringen kann, während bei der aktiven Sterbehilfe die Vernichtung menschlichen Lebens im Vordergrund steht. Bei der indirekten Sterbehilfe soll nach dem Willen von Arzt und Patient das Leben erhalten werden, eine Lebensverkürzung wird nur als unbeabsichtigte und nicht als sicher vorhersehbare Nebenwirkung in Kauf genommen. Es ist davon auszugehen, daß nur in seltenen Ausnahmefällen zur wirksamen Schmerzbekämpfung auf hochdosierte Analgetika zurückgegriffen werden muß, bei deren Verabreichung eine Lebensverkürzung nicht auszuschließen ist.

b.) Die indirekte Sterbehilfe ist als tatbestandsmäßig im Sinne des § 216 StGB anzusehen. Dem stehen weder der soziale Sinngehalt der ärztlichen Handlung noch Kausalitätserwägungen entgegen. Auch kann der Tatbestand des § 216 StGB nicht mit der Erwägung verneint werden, die eingetretene Lebensverkürzung sei in zeitlicher Hinsicht als unbedeutend zu bewerten. Jeder Augenblick, um den menschliches Leben von dritter Seite verkürzt wird, ist als (straf-)rechtlich erheblich zu betrachten, da man andernfalls in gewissen zeitlichen Grenzen auch die aktive Sterbehilfe legitimieren müßte. Schließlich ist der bedingte Tatvorsatz des Arztes typischerweise zu bejahen, da er auf ein Ausbleiben des Erfolges gerade in den kritischen Fällen nicht mehr vertrauen kann und wird.

c.) Die indirekte Sterbehilfe kann jedoch gem. § 34 StGB gerechtfertigt sein. Die Rechtspflicht des Arztes kollidiert hier mit dem Tötungsverbot. Die Rechtfertigung des Arztes kommt nur in denjenigen Ausnahmefällen in Betracht, die den Gedanken der Unantastbarkeit menschlichen Lebens unberührt lassen und nicht geeignet sind, seine Achtung im öffentlichen Bewußtsein zu erschüttern. Dies setzt besonders starke Schmerzen des Patienten voraus, die nicht auf andere Weise vergleichbar gelindert werden können. Diese müssen das verlöschende Leben in seinen zentralen Bezügen für immer überwuchernd zerstören. Es darf zudem keine Aussicht auf relevante Intervalle erträglichen Daseins geben. Andererseits kann die Schmerzbehandlung nicht auf die Terminalphase der Krankheit beschränkt werden, da auch vor diesem Stadium Patienten mitunter in quälendster Weise dem Tode entgegengehen. Der Grundsatz der Verhältnismäßigkeit gebietet wiederum, die indirekte Sterbehilfe auf diejenigen Fälle zu begrenzen, in denen die Zeitspanne der mutmaßlichen Lebensverkürzung relativ geringfügig ist. Schließlich muß der Arzt in dem Bewußtsein handeln, nur durch die Vornahme der indirekten Sterbehilfe den Lebensrest des Patienten erträglich gestalten zu können.

Unter den genannten Voraussetzungen kann die Dammbruchgefahr für den Bereich des Lebensschutzes zwar nicht völlig in Abrede gestellt werden, sie ist jedoch hinnehmbar, da es sich um eine Ausnahmekonstellation handelt, die sich ihrem Zweck nach ganz wesentlich von der zielgerichteten Tötung unterscheidet. Auch das Vertrauensverhältnis zwischen Arzt und Patient wird hierbei nicht angetastet, sondern im Gegenteil sogar gestärkt.

d.) Der Arzt ist unter den genannten Bedingungen rechtlich verpflichtet, Maßnahmen der indirekten Sterbehilfe zu ergreifen, da ein Untätigbleiben in dieser Situation als inhuman und für den Patienten unzumutbar zu bewerten wäre.

8.) Der einwilligungsfähige Patient ist jederzeit berechtigt, die Anwendung lebenserhaltender bzw. lebensverlängernder Behandlungsmaßnahmen abzulehnen. Der Arzt hat diesen Wunsch zu respektieren. Die passive Sterbehilfe ist in Fällen dieser Art ohne jede Einschränkung rechtmäßig.

2. Ärztliche Sterbehilfe gegenüber dem einwilligungsunfähigen Patienten ohne (erreichbaren) gesetzlichen Vertreter bzw. Bevollmächtigten, sofern der Patient sich in der Vergangenheit zur Art bzw. zum Umfang seiner Behandlung nicht geäußert hat

1.) Da der Anspruch des Patienten auf angemessene Sterbebegleitung letztlich in seiner Würde wurzelt, hat der Arzt sie selbst dann zu gewährleisten, wenn ihm weder eine entsprechende aktuelle, im Zustand der Einwilligungsfähigkeit des Patienten abgegebene Willenserklärung, noch im Falle seiner Einwilligungsunfähigkeit eine solche aus der Vergangenheit vorliegt. Der mutmaßliche Wille des Patienten nach angemessener Sterbebegleitung kann ohne weiteres unterstellt werden.

2.) Ist die aktive Sterbehilfe schon dann unzulässig, wenn der Patient den Arzt hierum bittet, so muß gleiches erst recht gelten, wenn keinerlei Willensäußerung des Patienten vorliegt.

3.) Der Arzt ist gegenüber einem Suizidenten nach dem Eintritt der Bewußtlosigkeit zur Hilfeleistung zwingend verpflichtet, wenn er zu diesem Zeitpunkt erstmalig mit ihm in Kontakt tritt, da er in diesem Falle davon auszugehen hat, daß der Selbsttötungswille nicht ernstlich und freiverantwortlich gefaßt worden ist. Die Handlungspflicht des Arztes besteht unabhängig davon, ob bei dem Opfer bereits schwere oder irreversible Schädigungen aufgetreten sind.

4.) Die indirekte Sterbehilfe ist gegenüber dem einwilligungsunfähig gewordenen Patienten unter den gleichen Umständen zulässig und geboten wie gegenüber dem einwilligungsfähigen. In jedem Falle ist auch hier zu fordern, daß der Patient zum einen unmißverständlich zu erkennen gibt, er empfinde seine Schmerzen als unerträglich, zum anderen aber eine Konstellation vorliegt, die die Verweigerung der Schmerztherapie als inhuman und unzumutbar erscheinen ließe.

5. a) Liegen dem Arzt keine Hinweise auf den wirklichen oder mutmaßlichen Willen des Patienten zur passiven Sterbehilfe vor, so hat er seine Behandlungsentscheidung im Eilfall an dessen objektiven Interessen auszurichten. Eine Behandlungsmaßnahme ist vor diesem Hintergrund angezeigt, soweit sie voraussichtlich eine Verbesserung der gesundheitlichen Verfassung des Patienten zur Folge hat, zumindest aber deren ansonsten zu befürchtenden Verschlechterung entgegenwirken wird. Die grundsätzlich zu bejahende Verpflichtung des Arztes zur Lebenserhaltung stößt dort an ihre Grenzen, wo sie sich gegen das Wohl des einzelnen richten würde und mit geradezu inhumanen Folgen verbunden wäre.

b.) Die teilweise vertretenen Auffassungen, die Lebenserhaltungspflicht entfalle in den Fällen, in denen nur noch "sinnlose", "außergewöhnliche" oder "künstliche" Behandlungsmaßnahmen ergriffen werden könnten, erweisen sich inhaltlich in gleicher Weise als zu unbestimmt wie die Unterscheidung danach, ob eine Maßnahme "mehr der Sterbens- als der Lebensverlängerung" diene.

c.) Die Lebenserhaltungspflicht des Arztes endet dort, wo er entweder faktisch nicht mehr in den Krankheitsverlauf eingreifen kann oder der Gesamthirntod eingetreten ist.

d.) Demgegenüber stellen der bloße Verlust der Kommunikationsfähigkeit bzw. der Möglichkeit der Selbstwahrnehmung und Selbstverwirklichung keine geeigneten, die Lebenserhaltungspflicht begrenzenden Kriterien dar, da sie mit einer unzulässigen Differenzierung des Lebenswertes nach konkreten Fähigkeiten verbunden wären.

Die Anerkennung solcher Gesichtspunkte würde die begründete Gefahr der Ausweitung mit sich bringen, so daß sich schnell die Frage erheben könnte, ob nicht auch bei anderen Defekten die Lebenserhaltung nicht mehr geboten sei.

Die Lebenserhaltungspflicht des Arztes kann allein dort ihre Grenze finden, wo definitiv kein lebzeitiges Interesse des Patienten mehr vorhanden ist. Dies ist der Fall, wenn jede Wahrnehmungs- und Empfindungsfähigkeit unwiderruflich erloschen ist. Es ist derzeit offensichtlich nicht möglich, vor dem Eintritt des Gesamthirntodes einen Zeitpunkt bzw. einen konkreten Grad der Schädigung des Gehirns anzugeben, der mit Sicherheit mit dem Verlust jeglicher Wahrnehmungs- und Empfindungsfähigkeit des Patienten verbunden ist. Folglich ist es zur Zeit nicht möglich, insofern die Behandlungspflicht des Arztes zu begrenzen. Sollten die Forschungen in diesem Bereich zukünftig zu neuen Erkenntnissen führen, so wäre der Verlust der Wahrnehmungs- und Empfindungsfähigkeit nicht nur als Grenze der Behandlungspflicht, sondern auch des Behandlungsrechtes des Arztes anzusehen. In diesem Falle würde es sich darüber hinaus empfehlen, über eine an diese Kriterien anknüpfende Neudefinition des Todeszeitpunktes nachzudenken.

e.) Der Beginn des eigentlichen Sterbeprozesses setzt ein, wenn das Grundleiden des Patienten nach ärztlicher Überzeugung einen irreversibel zum Tode führenden Verlauf angenommen hat und der Tod in jedem Falle - also selbst dann, wenn mit Hilfe lebenserhaltender bzw. -verlängernder Mittel gegen ihn angekämpft wird - in kurzer Zeit eintreten wird.

Der Abbruch lebenserhaltender Maßnahmen darf selbst in diesem Stadium nicht aus behandlungsfremden Zwecken gerechtfertigt werden. Insbesondere darf das Interesse der Solidargemeinschaft an einem maßvollen Einsatz aufwendiger Intensivmedizin nicht zu einer Einstellung der Behandlung führen, wenn sie faktisch von dem betreffenden Arzt durchgeführt werden kann und die hierzu erforderlichen technischen und personellen Ressourcen nicht zugleich anderen Patienten vorenthalten werden müssen. Ebenso sachfremd und daher abzulehnen ist die Erwägung, lebensverlängernde Maßnahmen dürften nicht unabsehbar ausgedehnt werden, weil dies für die Angehörigen zu einer unerträglichen seelischen Tortur und außerordentlich hohen Pflegekosten führe. Da der Patient umgekehrt jedoch nicht zum Objekt fremder Versorgungsinteresssen degradiert werden darf, ist der Einsatz lebensverlängernder Maßnahmen auch nicht allein deshalb zulässig, um den Bezug des Gehalts, der Rente etc. weiterhin zu ermöglichen.

Da der kurzfristige Todeseintritt selbst durch den Einsatz der Intensivmedizin nach dem Beginn des Sterbeprozesses nicht zu verhindern ist, wird der Arzt von ihrer Anwendung in aller Regel bereits deshalb abzusehen haben, weil sie entweder überhaupt keinen gesundheitlichen Vorteil für den Patienten erwarten läßt oder zumindest mit unverhältnismäßigen Belastungen verbunden ist. Stehen dem Arzt jedoch ausnahmsweise Behandlungsmöglichkeiten zur Verfügung, die aus der ex ante anzustellenden Prognose einen relevanten Zeitraum der Lebensverlängerung erwarten lassen, ohne zugleich unzumutbare Belastungen für den Patienten zu begründen, so sind diese anzuwenden. Denn auch das erlöschende Leben stellt unter diesen Bedingungen einen unbedingt zu schützenden Höchstwert dar, und selbst eine relativ kurze Zeitspanne, um die sich das Leben des Patienten verlängern läßt, kann für diesen eine höchst lebenswerte Frist darstellen. Eine Rückausnahme dieser Behandlungspflicht ist für diejenigen Fälle zu bejahen, in denen zwar die Intensivbehandlung für sich genommen mit keinen gravierenden Belastungen einhergeht, der Lebensrest des Patienten aber unabänderlich von unerträglichen Schmerzen überlagert würde, ohne daß zumindest Aussicht auf Intervalle eines erträglichen Daseins gegeben wäre. Da die Verlängerung des Lebens unter diesen Umständen lediglich einer Verlängerung von Qualen gleichkäme, ist sie als inhuman zu qualifizieren und muß unterbleiben. Das Handeln des Arztes ist insofern strafrechtlich unter dem Gesichtspunkt des rechtfertigenden Notstandes gem. § 34 StGB in gleicher Weise wie im Falle der indirekten Sterbehilfe gerechtfertigt.

Da die beschriebene Grenze der Lebenserhaltungspflicht des Arztes unter humanitären Gesichtspunkten geboten ist und sich lediglich auf einen beschränkten Ausnahmetatbestand bezieht, sind Ausweitungstendenzen, die ihrerseits den Damm des Lebensschutzes bedrohen könnten, nicht zu befürchten. Auch das Vertrauensverhältnis zwischen Arzt und Patient wird hierdurch nicht negativ, sondern sogar positiv beeinflußt.

f.) Erst recht hat der Arzt vor dem Eintritt der Sterbephase vom Grundsatz her auf lebenserhaltende Behandlungsmaßnahmen zurückzugreifen, wenn die begründete Aussicht besteht, daß sich hierdurch der Todeseintritt um einen nicht ganz unerheblichen Zeitraum hinauszögern läßt, mag auch bereits absehbar sein, daß seine Bemühungen nicht dauerhaft Erfolg versprechen. Andernfalls hätte der Arzt Wertungen des Lebenswertes vorzunehmen, die seine Kompetenz überstiegen und die gefährliche Tendenz der Ausweitung von Fallkonstellationen implizierten, in denen lebenserhaltende Maßnahmen als nicht mehr "lohnenswert" oder "sinnvoll" angesehen werden könnten. Ausnahmsweise entfällt die Behandlungspflicht des Arztes aus

Gründen der Humanität und der Achtung der Würde des Patienten allerdings, wenn dessen Lebensrest unabdingbar von unerträglichen Qualen überlagert würde. Gleiches hat zu gelten, wenn durch einen konkreten Eingriff zwar eine kurzzeitige Lebensverlängerung bewirkt werden könnte, andererseits aber hierdurch ein weit qualvolleres Ende des Patienten zu befürchten wäre als ohne die Intervention. Demgegenüber rechtfertigt eine vermutliche Defektheilung des Patienten für sich genommen nicht das Unterlassen einer lebenserhaltenden Maßnahme.

g.) Der Abbruch apparativer Dauerbehandlungen ist nach den vorstehend entwickelten Kriterien zu beurteilen. Es ist daher sachlich angemessen und zweckmäßig, ihn rechtlich dem Unterlassen lebenserhaltender bzw. lebensverlängernder Maßnahmen und damit der passiven Sterbehilfe zuzuordnen.

h.) Verfügt der Arzt nicht über hinreichende personelle oder sachliche Mittel, um eine erforderliche lebenserhaltende Behandlung einer Mehrzahl von Patienten gleichzeitig zur Verfügung zu stellen, so ist er - sofern er alle ihm zur Verfügung stehenden Ressourcen zum Einsatz bringt - rechtlich frei, darüber zu entscheiden, welche(n) von ihnen er bevorzugt rettet, und zwar unabhängig davon, ob die Patienten gleichzeitig oder nacheinander eingeliefert werden. Hiervon unberührt bleiben praktische oder moralische Erwägungen, die ihn veranlassen mögen, denjenigen Patienten bevorzugt zu behandeln, dem er glaubt, dauerhafter und nachhaltiger helfen zu können.

3. Ärztliche Sterbehilfe gegenüber dem einwilligungsunfähigen Patienten ohne (erreichbaren) gesetzlichen Vertreter oder Bevollmächtigten, sofern sich der Patient in der Vergangenheit zur Art bzw. zum Umfang seiner Behandlung geäußert hat

1. a) Äußerungen eines Patienten aus der Vergangenheit, die auf die Durchführung von Maßnahmen der Sterbebegleitung gerichtet sind, haben keine konstitutive Bedeutung, da der Arzt auch ohne jede Erklärung des Patienten verpflichtet ist, diese anzuwenden. Seine Pflichten reichen zumeist über den in den heute üblichen Patiententestamenten niedergelegten Inhalt hinaus, so daß die entsprechenden Regelungen als entbehrlich anzusehen sind.

b.) Ein im voraus erklärter Verzicht auf Maßnahmen der Sterbebegleitung dürfte in der Praxis kaum von Relevanz sein, insbesondere finden sich in den heute üblichen

Patiententestamenten keine derartigen Klauseln (soweit dort die künstliche Ernährung abgelehnt wird, wird diese dem Bereich der lebenserhaltenden Maßnahmen zugeordnet). Ein derartiger Verzicht auf Sterbebegleitung wäre nach den nachfolgend unter 3.) dargestellten Maßstäben zu beurteilen, d.h. er wäre grundsätzlich unbeachtlich, sofern es sich nicht um eine situationsunabhängige Verfügung handelte, die unter dem Schutz des Art. 4 GG stände.

2. a) Unbeachtlich sind sämtliche Äußerungen des Patienten, die sich auf die Durchführung aktiver sowie indirekter Sterbehilfe beziehen, da das Strafrecht dem Arzt in diesen Bereichen bindende Handlungsanweisungen auferlegt, die ihm rechtlich keinerlei Handlungsspielraum belassen. Auffällig ist, daß zahlreiche Klauseln in Patiententestamenten, die sich mit der Durchführung der indirekten Sterbehilfe befassen, den gesetzlichen Vorgaben nicht genügen. Klauseln zur aktiven und indirekten Sterbehilfe im Rahmen von Patiententestamenten sind daher insgesamt entbehrlich.

b.) Nur theoretisch denkbar ist ein im voraus erklärter Verzicht des Verfügenden auf Maßnahmen der indirekten Sterbehilfe, da wohl kaum jemand verfügen wird, er wolle auch an einem für ihn unerträglichen Leiden festgehalten werden. Eine derartige Klausel wäre nach den unter 3.) dargestellten Maßstäben zu beurteilen, d.h. sie wäre grundsätzlich unbeachtlich, es sei denn, es handelte sich um eine situationsunabhängige Verfügung, die unter dem Schutz des Art. 4 GG stände.

3.) Mag die Rechtsordnung den Wünschen des Patienten nach passiver Sterbehilfe auch keine Schranken setzen, so begründen die diesbezüglichen Anordnungen eines Patiententestamentes dennoch grundsätzlich keine verbindlichen Handlungsanleitungen. Ihnen kommt darüber hinaus auch keine Indizfunktion bei der Ermittlung des mutmaßlichen Willens des Patienten zu.

a.) Die Analyse der üblicherweise in Patiententestamenten verwandten Klauseln zeigt, daß diese nahezu alle mangels hinreichender Bestimmtheit für die praktische Handhabung unbrauchbar sind. Zwar spricht dies nicht generell, sondern nur im Einzelfall gegen die Verbindlichkeit solcher Verfügungen. Es ist jedoch äußerst zweifelhaft, ob sich diese Schwierigkeiten bei der Verwendung von Klauseln, die für eine Vielzahl von Fällen und Personen vorformuliert sind, befriedigend lösen lassen. Allein die ausführliche selbständige Gestaltung der Anweisungen durch den Verfasser selbst könnte hier Abhilfe schaffen.

b.) Abgesehen von der Bestimmtheitsproblematik spricht gegen die Anerkennung der in einem Patiententestament niedergelegten Aussagen als Ausdruck der selbstbestimmten Persönlichkeit des Verfassers, daß dessen Gestaltungsmöglichkeiten durch die Vorformulierung der einzelnen Klauseln sowie aufgrund ihrer vorgegebenen Kombination sehr stark beschränkt sind. Diese Vorgaben stellen ein Element der Fremdbestimmung dar.

c.) Eine sinnvolle Ausübung des Selbstbestimmungsrechtes würde voraussetzen, daß der Verfügende vor der Abfassung seiner Erklärung in gleicher Weise aufgeklärt würde wie vor einer aktuell zu treffenden Behandlungsentscheidung. Dies aber ist nicht möglich. Diagnose-, Verlaufs- und Risikoaufklärung bleiben zwangsläufig abstrakt und weisen keinen hinreichenden Bezug zu der (möglicherweise) später eintretenden Behandlungssituation auf. Die Aufklärung ist darüber hinaus in aller Regel als verfrüht anzusehen, ein wirksamer Aufklärungsverzicht kommt nicht in Betracht.

d.) Der in einem Patiententestament niedergelegte Wille kann darüber hinaus auch deshalb nicht als Ausdrucksform des selbstbestimmten Willens des Verfassers Anerkennung finden, weil dieser seinen im Falle einer unheilbaren Erkrankung vorhandenen Behandlungs- und Lebenswillen nach gesicherten Erkenntnissen in gesunden Tagen nicht hinreichend antizipieren kann. Da größte Zweifel daran bestehen, daß der Verfügende auch in der maßgeblichen Entscheidungssituation noch an seinem vormals geäußerten Willen festhalten würde, wenn er sich hierzu noch verständig äußern könnte, stößt die Ausübung des Selbstbestimmungsrechtes hier an seine faktischen Grenzen. Die Anerkennung der Bindungswirkung von Patiententestamenten würde zu der Selbsttäuschung des Verfügenden beitragen, er könne seinen Behandlungswillen für die Zukunft zuverlässig voraussehen.

e.) Die vorbezeichneten Mängel des Patiententestamentes stehen letztlich nicht nur der Anerkennung seiner Verbindlichkeit entgegen. Der Verfügung kann vielmehr auch bei der Ermittlung des mutmaßlichen Willens des Patienten keinerlei Bedeutung zukommen. Andernfalls würde dem Patiententestament letztlich doch - wenn auch nur mittelbar - bindende Wirkung zugesprochen. Die hiergegen sprechenden gravierenden Bedenken blieben schlichtweg unberücksichtigt. Der Arzt hat die Behandlungsentscheidung auch im Bereich der passiven Sterbehilfe daher allein nach dem aufgezeigten objektiven Maßstab zu treffen, den Regelungen eines Patiententestamentes kommt grundsätzlich keinerlei Bedeutung zu.

f.) Anzuerkennen ist demgegenüber die Bindungswirkung situationsunabhängiger Vorausverfügungen, die inhaltlich über den Bereich der Behandlungsentscheidung im Falle einer unheilbaren, zum Tode führenden Erkrankung hinausragen. Insbesondere sind solche Willensäußerungen als wirksamer Ausdruck des selbstbestimmten Willens anzuerkennen, die Glaubens- und Gewissensentscheidungen im Sinne des Art. 4 GG zum Gegenstand haben und daher Grundüberzeugungen wiedergeben, die allgemein und nicht nur in einer bestimmten Lebensphase Geltung beanspruchen, weil sie der Betreffende als für sich in der Weise unbedingt verbindlich und verpflichtend erfährt, daß er nicht ohne Gewissensnot gegen sie handeln könnte.

4. Ärztliche Sterbehilfe gegenüber dem einwilligungsunfähigen Patienten im Falle der Erreichbarkeit eines gesetzlichen Vertreters bzw. Bevollmächtigten

1.) Richtschnur und Maßstab der von den Sorgeberechtigten im Falle der Minderjährigkeit des Patienten zu treffenden Entscheidung ist dessen objektives Wohl (§ 1627 S. 1 BGB). Auf alle Entscheidungen im Bereich der Sterbehilfe findet daher der vorskizzierte objektive Entscheidungsmaßstab Anwendung.

2. a) Dem Betreuer kann die Entscheidungsbefugnis zu allen Fragen der Heilbehandlung unter Einschluß der indirekten und passiven Sterbehilfe übertragen werden.

b.) Die von dem Betreuer zu treffende Entscheidung hat den dargelegten objektiven Entscheidungsmaßstab zu beachten. Dies gilt selbst dann, wenn ein Patiententestament vorliegt, da diesem keine Bindungswirkung und nicht einmal die Funktion eines Hilfsmittels bei der Ermittlung des mutmaßlichen Patientenwillens zukommt. Hiervon unberührt bleibt die Berücksichtigungsfähigkeit von Willensäußerungen, die unter dem Schutz von Art. 4 GG stehen. Die aktuell im einwilligungsunfähigen Zustand geäußerten Behandlungswünsche konkretisieren den objektiven Entscheidungsmaßstab im jeweiligen Einzelfall. Soweit der Patient hierbei seinen Wunsch nach Fortführung der Behandlung zum Ausdruck bringt, kann diese zumindest nicht als unzumutbar belastend angesehen werden, im umgekehrten Falle sind zunächst alle Maßnahmen zu ergreifen, die eine Linderung von Beschwerden (gegebenenfalls auch im Wege der indirekten Sterbehilfe) und eine Verbesserung der psychischen Verfassung des Patienten bewirken. Stellt sich jedoch heraus, daß es nicht möglich ist, den unheilbar Erkrankten von unerträglichen Schmerzen und Qualen zu befreien, kann entsprechend den dargelegten Richtlinien für die passive Sterbehilfe die Einstellung lebenserhaltender Maßnahmen geboten sein.

c.) Der Betreuer muß vor der Entscheidung über den Abbruch lebenserhaltender Behandlungsmaßnahmen nicht analog § 1904 Abs. 1 BGB eine entsprechende vormundschaftsgerichtliche Genehmigung einholen. Gegen die Analogiebildung sprechen neben dem Ausnahmecharakter der Vorschrift des § 1904 BGB die Tatsache, daß spätestens seit dem Inkrafttreten des Betreuungsrechtsänderungsgesetzes von einer planwidrigen Gesetzeslücke nicht mehr die Rede sein kann, sowie der verfassungsrechtliche Gesichtspunkt, daß grundrechtswesentliche Entscheidungen, zu denen ohne jeden Zweifel auch die Frage des zum Tode führenden Behandlungsabbruchs zu zählen ist, unmittelbar vom Gesetzgeber selbst zu regeln sind.

Das Erfordernis einer vormundschaftsgerichtlichen Genehmigung sollte darüber hinaus auch nicht de lege ferenda eingeführt werden. Die Regelung des § 1904 Abs. 1 BGB hat sich in der Praxis als schwerfälliges Kontrollinstrument erwiesen, das unter der mangelnden medizinischen Fachkompetenz und der sachlichen Distanz des Vormundschaftsgerichtes leidet, so daß die Regelung schon für sich betrachtet erheblichen Bedenken ausgesetzt ist. Darüber hinaus ist eine Ausdehnung der Regelung auf die Fälle des Behandlungsabbruches allein aus praktischen Gesichtspunkten nicht zu befürworten, da die in diesem Falle zu erwartende Arbeitsbelastung der Gerichte mit zusätzlichen 100.000 bis 300.000 zu treffenden Entscheidungen pro Jahr zumindest nicht im Sinne einer qualitativ angemessenen und den Schutzinteressen des Betreuten gerecht werdenden Kontrolle bewältigt werden könnte. Vorzugswürdig erscheint demgegenüber die verbindliche Hinzuziehung eines zweiten Arztes in allen Fällen, in denen über die Durchführung der indirekten oder passiven Sterbehilfe zu befinden ist, da zum einen der Schwerpunkt der zu treffenden Entscheidung eindeutig auf medizinischem Gebiet liegt, andererseits aber die Konsultation eines zweiten Arztes mit vertretbarem Aufwand realisierbar ist.

3.) Der für den aufgrund einer Betreuungsverfügung eingesetzten Betreuer geltende Entscheidungsmaßstab unterscheidet sich nicht von demjenigen, dem der Betreuer im übrigen zu folgen hat. Insbesondere bleibt auch in diesem Falle die Bindung an das Wohl des Betreuten gem. § 1901 Abs. 3 BGB in vollem Umfange erhalten.

4.) Die für die Entscheidung des Betreuers geltenden Maßstäbe sind in vollem Umfange auch auf den Vorsorgebevollmächtigten anzuwenden.

E. Gesetzliche Regelung ärztlicher Behandlungen am Lebensende

Zu überlegen ist abschließend, ob eine gesetzliche Normierung der wesentlichen Grundsätze zur Sterbehilfe sinnvoll oder gar erforderlich ist.

Teilweise wird ein entsprechendes Tätigwerden des Gesetzgebers abgelehnt. Ein Spezialgesetz sei nicht erforderlich und eine legislative Festschreibung aller denkbaren Fallgestaltungen der Sterbehilfe auch kaum möglich.[2127] Denn mehr als allgemeine Richtlinien, die sich bereits aus bestehenden gesetzlichen Regelungen oder den in der Rechtsprechung entwickelten Grundsätzen herleiten ließen, könnten ohnehin nicht festgelegt werden.[2128] Hieraus aber ergebe sich keine Formel, die auf alle Fälle passe.[2129] Ferner bestehe die Gefahr, daß in einer Momentaufnahme der gegenwärtige gesellschaftliche Konsens bezüglich eines komplexen Sachverhaltes, der von sich wandelnden Überzeugungen der Allgemeinheit bestimmt sei,[2130] festgeschrieben werde. Darüber hinaus behindere eine gesetzliche Normierung die Dynamik der medizinischen Wissenschaft.[2131]

Dem wird von anderer Seite entgegengehalten, die Rechtsunsicherheit im Bereich der Sterbehilfe sei mittlerweile, bedingt durch den medizinisch-technischen Fortschritt, für Ärzte, Patienten, Angehörige und Richter untragbar geworden.[2132] Daher müßten unbedingt verbindliche Rechtsnormen durch den Gesetzgeber erlassen werden. Die Problematik sei zu gewichtig, als daß sie allein den Gerichten überlassen werden dürfe.[2133] Zudem bestünden aus rechtsstaatlicher Sicht Bedenken, einen derart wichtigen Grenzbereich des menschlichen Lebens von einer ausdrücklichen

---

2127 v. Dellingshausen, Sterbehilfe und Grenzen der Lebenserhaltungspflicht des Arztes, S. 472
2128 Kutzer, Wir brauchen keine neuen Gesetze zur Sterbehilfe, ZRP 1997, 117 (119)
2129 Bade, Der Arzt an den Grenzen von Leben und Recht, S. 183
2130 Seitz, Das OLG Frankfurt/M. und die Sterbehilfe, ZRP 1998, 417 (421); Uhlenbruck, Die Stellvertretung in Gesundheitsangelegenheiten in: Festschrift für Deutsch, S. 849 (857), der jedoch zugleich eingesteht, daß die von der Rechtsprechung entwickelten Grundsätze noch nicht ausreichend in das Bewußtsein von Ärzten und Patienten gedrungen seien.
2131 v. Dellingshausen, Sterbehilfe und Grenzen der Lebenserhaltungspflicht des Arztes, S. 477
2132 Baumann/Bochnik/Brauneck, Alternativ-Entwurf Sterbehilfe, S. 2; Eser, Freiheit zum Sterben - kein Recht auf Tötung, JZ 1986, 786 (793); Muschke, Gesetzliche Regelung der Sterbehilfe ? S. 136 - 145; Graupner, In Würde sterben, Süddeutsche Zeitung v. 22.07.1998, abgedruckt in: ISS Frankfurt/M., Förderung der Sterbebegleitung, S. 73
2133 Rollin, Ärzte im Konflikt in: Uhlenbruck/Rollin, Sterbehilfe und Patiententestament, S. 3 (30); Schreiber, Das Recht auf den eigenen Tod - zur gesetzlichen Neuregelung der Sterbehilfe, NStZ 1986, 337 (343). A.A. Schmitt, Ärztliche Entscheidungen zwischen Leben und Tod, JZ 1985, 365 (370), der das Herausarbeiten klarer Richtlinien für eine Aufgabe der Rechtsprechung, nicht aber für eine solche des Gesetzgebers hält.

gesetzlichen Regelung auszunehmen.[2134] Das Eingreifen des Gesetzgebers sei schließlich auch deshalb unerläßlich, weil sich die Rechtsprechung nur selten mit Fragen der Sterbehilfe befasse und die getroffenen Entscheidungen keinen Verallgemeinerungen zugänglich seien.[2135]

Dieser letztgenannten Ansicht ist zu folgen. Zwar können gesetzliche Vorschriften nur abstrakt-generell gefaßt werden und sind nicht in der Lage, jeden Einzelfall explizit zu regeln. Dies ist jedoch sicher keine Besonderheit der Sterbehilfeproblematik. Vielmehr sieht sich der Gesetzgeber stets vor diese Schwierigkeit gestellt, so daß dieses Argument gegen ein legislatives Tätigwerden nicht zu überzeugen vermag. Selbst wenn es nicht gelingen sollte, alle Fallgruppen der Sterbehilfe im einzelnen zu normieren, so würden doch einige verbindliche allgemeine Richtlinien bereits in erheblichem Umfange dazu beitragen, die bestehende Rechtsunsicherheit zu verringern. Dies aber erscheint dringend geboten. Denn dadurch, daß zu jedem Komplex der Sterbehilfethematik von den verschiedensten gesellschaftlichen Gruppierungen sehr unterschiedliche Lösungsansätze - ganz abgesehen von den divergierenden zugrundeliegenden dogmatischen Begründungen - vertreten werden, ist gegenwärtig eine allgemeine Orientierungslosigkeit und Hilflosigkeit gleichermaßen bei Patienten wie bei Ärzten zu beobachten. Letztere stehen in der Gefahr, aus Sorge vor möglichen Strafverfahren durch sinnlose Behandlungsmaßnahmen berechtigten Interessen Sterbender zuwiderzuhandeln (Defensivmedizin). In der Bevölkerung wiederum wächst - nicht zuletzt aufgrund medienwirksamer Schilderungen angeblicher Horrorszenarien auf unseren Intensivstationen - die Angst des einzelnen davor, am Lebensende mit allen Mitteln an einem würdigen Sterben gehindert zu werden. Diese Furcht spiegelt sich wider in der breiten Zustimmung, die der medizinisch assistierte Suizid und die aktive Sterbehilfe gegenwärtig in der Öffentlichkeit erfahren. Darüber hinaus scheint sich vielerorts die Auffassung durchzusetzen, daß allein die Abfassung eines Patiententestamentes der inhumanen Intensivmedizin Einhalt gebieten und ein würdiges Sterben gewährleisten könne. Gerade die zunehmende Verbreitung dieser Verfügungen sowie die wachsende Bereitschaft, ihren Inhalt trotz aller hiergegen sprechender Bedenken als verbindlich anzuerkennen, legen sehr anschaulich Zeugnis von der vorerwähnten allgemeinen Verunsicherung ab. Zudem belegt der Verbreitungsgrad der Patiententestamente, welches Mißtrauen mittlerweile das Arzt-Patienten-Verhältnis belastet. Eine gesetzliche Regelung der

---

[2134] Riklin, Die strafrechtliche Regelung der Sterbehilfe in: Holderegger, Das medizinisch assistierte Sterben, S. 328 (350); Sonnenfeld, Sterbehilfe in gerichtlich legitimierter Selbstverantwortung des Betreuers ? S. 22

[2135] Uhlenbruck, Selbstbestimmtes Sterben, S. 293; Riklin, Die strafrechtliche Regelung der Sterbehilfe in: Holderegger, Das medizinisch assistierte Sterben, S. 328 (350)

Materie, die den Rahmen und insbesondere den Umfang der ärztlichen Behandlung am Lebensende verbindlich vorgibt, könnte alldem wirksam entgegenwirken. Selbst wenn diese gesetzlichen Regelungen größtenteils nur das wiedergeben würden, was sich aus bereits vorhandenen Vorschriften ableiten läßt oder in der Rechtsprechung längst Anerkennung gefunden hat, scheint eine (insofern klarstellende) Normierung geboten, da die Erfahrungen der zurückliegenden Jahrzehnte zeigen, daß sich auf andere Weise ganz offensichtlich die erforderliche Rechtssicherheit und ein allgemeines Rechtsbewußtsein nicht gewinnen lassen.

Es sollte darüber hinaus nicht übersehen werden, daß eine klare Äußerung des Gesetzgebers vor allem zur Frage der aktiven Sterbehilfe erheblichen Einfluß auf den Fortgang der öffentlichen Diskussion nehmen würde. Dies aber wäre im Interesse des grundgesetzlich verankerten Lebensschutzes sicher wünschenswert.

Daß durch den Erlaß eines Gesetzes die - durchaus wünschenswerte - Diskussion zu dem Themenkomplex der Sterbehilfe oder gar die Entwicklung des medizinischen Fortschritts ins Stocken geraten würde, ist angesichts der schon heute ebenso engagiert wie kontrovers geführten argumentativen Auseinandersetzung nicht zu befürchten. Vielmehr würde der Erlaß eines Gesetzes wohl sogar noch eher zu einer Zunahme der zu der Problematik veröffentlichten Literatur führen. Sollte sich aber zu einem späteren Zeitpunkt herausstellen, daß sich allgemeine Überzeugungen zu bestimmten Fragen oder die medizinisch-technischen Möglichkeiten nachhaltig verändert haben, so stünde einer entsprechenden Änderung des Gesetzes nichts im Wege.

Ist somit dem Grunde nach ein Tätigwerden des Gesetzgebers zu befürworten, so stellt sich hieran anschließend die Frage, in welchem Umfange dies geschehen sollte. Der Alternativ-Entwurf Sterbehilfe aus dem Jahre 1986 hat sich darauf beschränkt, die Gesamtproblematik in das Strafgesetzbuch einzuarbeiten. Dieser Ansatz erscheint jedoch zu einseitig, da hierbei die Bedeutung der zivilrechtlichen Ebene des Arzt-Patienten-Verhältnisses keine hinreichende Berücksichtigung findet. Vorzugswürdig ist daher der Erlaß eines sowohl den zivilrechtlichen als auch den strafrechtlichen Bereich regelnden speziellen Gesetzes zu Fragen der Sterbehilfe. Dieses sollte sich aller im Rahmen der vorliegenden Arbeit angesprochenen Themenbereiche widmen und hieraus ein in sich geschlossenes Lösungskonzept entwickeln. Auch solche Regelungen, die sich bereits aus bestehenden gesetzlichen Vorschriften herleiten lassen, sollten daher in dieses Gesetz aufgenommen werden. Mag man dies auch aus dogmatischen Gründen zu Recht für nicht erforderlich halten, so erweist sich ein solches einheitliches Gesetzeswerk im Hinblick auf eine die Rechtssicherheit befördernde bessere Transparenz der gesetzlichen Regelung doch allemal als sinnvoll.

Auf der Grundlage der Ergebnisse der vorliegenden Arbeit bietet sich folgende gesetzliche Regelung an:

Gesetz über die ärztliche Versorgung von Patienten, die an einer unheilbaren, zum Tode führenden Erkrankung leiden
(Sterbehilfe - Gesetz)

§ 1 Geltungsbereich

(1) Dieses Gesetz regelt den Inhalt und die Grenzen des ärztlichen Behandlungsauftrages gegenüber Patienten, die an einer unheilbaren, zum Tode führenden Erkrankung leiden.

(2) Das Gesetz regelt ferner

a. die Zustimmung des Patienten bzw. des gesetzlichen Vertreters sowie des Bevollmächtigten in Gesundheitsangelegenheiten zu einzelnen Behandlungsmaßnahmen als Voraussetzung ihrer Rechtmäßigkeit,
b. die inhaltlichen Kriterien, die der gesetzliche Vertreter und der Bevollmächtigte in Gesundheitsangelegenheiten bei der Entscheidung über die Erteilung der Zustimmung zu beachten haben,
c. die inhaltlichen Kriterien, nach denen der Arzt im Eilfall zu beurteilen hat, ob eine Maßnahme dem Interesse und mutmaßlichen Willen des Patienten entspricht,
d. die Bedeutung von Vorausverfügungen des Patienten aus der Zeit vor dem Eintritt der unheilbaren, zum Tode führenden Erkrankung für die Behandlungsentscheidung des Arztes, des gesetzlichen Vertreters sowie des Bevollmächtigten in Gesundheitsangelegenheiten,
e. Bedingungen, an die bestimmte Behandlungsentscheidungen gebunden sind,
f. die Verteilung nicht ausreichender personeller oder sachlicher Ressourcen,
g. Strafvorschriften

(3) Dem Arzt stehen seine berufsmäßig tätigen Gehilfen und die Personen gleich, die bei ihm zur Vorbereitung auf den Beruf tätig sind.

§ 2 Begriffsbestimmung

Patient im Sinne dieses Gesetzes ist eine Person, die an einer unheilbaren, zum Tode führenden Erkrankung leidet.

§ 3 Aufklärung

Die den Arzt vor jeder Behandlungsmaßnahme treffenden Aufklärungsverpflichtungen bleiben grundsätzlich auch im Falle einer unheilbaren, zum Tode führenden Erkrankung in vollem Umfange erhalten. In zeitlicher Hinsicht werden sie bezüglich der Diagnoseaufklärung jedoch insofern modifiziert, als der Arzt den Patienten nicht möglichst zeitnah, sondern zu dem Zeitpunkt aufzuklären hat, zu dem er erstmalig in der Lage ist, den Befund psychisch zu verkraften.

§ 4 Sterbebegleitung

(1) Die Verpflichtung des Arztes zur Sterbebegleitung bildet die Grundlage und den Kern des zwischen ihm und dem Patienten bestehenden Behandlungsverhältnisses. Sie wurzelt in dem Recht des Patienten auf einen würdigen Tod und umfaßt die palliative Behandlung, die psychologische Betreuung sowie die Basispflege.

(2) Der Arzt hat alle zur Verfügung stehenden palliativmedizinischen Maßnahmen zu ergreifen, die erforderlich sind, um Schmerzen oder andere Beschwerden des Patienten zu beheben oder zumindest zu lindern, sofern sie nicht mit einer Lebensverkürzung verbunden sind.

(3) Im Rahmen der psychologischen Betreuung ist der Arzt gehalten, einfühlsam Anteil an dem zum Tode führenden Krankheitsverlauf zu nehmen, sich um eine vertrauensvolle Kommunikation mit dem Patienten zu bemühen und ihm die Sicherheit zu vermitteln, ihm bis zum Tode beizustehen.

(4) Die Basispflege dient der Befriedigung elementarer Grundbedürfnisse des Patienten. Sie umfaßt insbesondere die menschenwürdige Unterbringung, die Körperpflege sowie das Stillen von Hunger und Durst. Die künstliche Ernährung ist als Maßnahme der Basispflege anzusehen, solange der Körper zu einer eigenständigen, nicht künstlich unterstützten Verarbeitung der ihm zugeführten Nahrung in der Lage ist. Die künstliche Beatmung gilt nicht als Maßnahme der Basispflege, sondern als solche der Lebenserhaltung.

(5) Die Vornahme der palliativmedizinischen Maßnahmen im Sinne des Absatzes 2 steht unter dem Vorbehalt der Einwilligung des Patienten. Die psychologische Betreuung (Absatz 3) sowie die Basispflege (Absatz 4) dürfen nicht gegen den Willen des entscheidungsfähigen Patienten durchgeführt werden.

(6) Hat der Patient Maßnahmen der in den Absätzen 2 bis 4 bezeichneten Art im Rahmen einer Vorausverfügung vor dem Eintritt der unheilbaren, zum Tode führenden Erkrankung ganz oder teilweise abgelehnt, so ist diese Erklärung nach Eintritt seiner Einwilligungsunfähigkeit nur dann beachtlich, wenn sie als zeit- und situationsunabhängige Entscheidung unter dem Schutz des Art. 4 GG steht.

(7) Im Falle der Einwilligungsunfähigkeit des Patienten steht die Vornahme palliativmedizinischen Maßnahmen im Sinne und in den Grenzen des Absatzes 2 unter dem Vorbehalt der Einwilligung des bereits bestellten oder noch zu bestellenden gesetzlichen Vertreters bzw. des für diese Entscheidung Bevollmächtigten, sofern nicht mit dem damit verbundenen zeitlichen Aufschub Gefahr verbunden ist. Der gesetzliche Vertreter bzw. der Bevollmächtigte haben die Einwilligung zu erteilen, wenn dies dem Interesse und dem mutmaßlichen Willen des Patienten entspricht. Hiervon haben sie grundsätzlich auszugehen. Absatz 6 findet Anwendung.

(8) Soweit im Falle der Einwilligungsunfähigkeit des Patienten die Einholung der Einwilligung des gesetzlichen Vertreters bzw. des Bevollmächtigten gemäß Absatz 7 nicht in Betracht kommt (Eilfallentscheidung), hat der Arzt palliativmedizinische Maßnahmen im Sinne und in den Grenzen des Absatzes 2 anzuwenden, wenn dies dem Interesse und dem mutmaßlichen Willen des Patienten entspricht. Der Arzt hat hiervon grundsätzlich auszugehen. Absatz 6 findet Anwendung.

(9) Der Arzt macht sich im Falle eines Verstoßes gegen die Pflicht zur palliativen Behandlung des Patienten gemäß den Absätzen 2 und 5 bis 8 sowie im Falle eines

Verstoßes gegen die Verpflichtung zur ausreichenden Zuführung von Nahrung und Flüssigkeit strafbar. §§ 223 ff. StGB finden Anwendung.

§ 5 Aktive Sterbehilfe

(1) Die aktive und gezielte Herbeiführung des vorzeitigen Todeseintritts des Patienten (aktive Sterbehilfe) ist dem Arzt ausnahmslos untersagt. Dies gilt selbst dann, wenn der Patient den Arzt ausdrücklich und ernstlich hierzu bestimmt.

(2) Die Durchführung aktiver Sterbehilfe ist strafbar. §§ 211 ff. StGB finden Anwendung.

§ 6 Suizidbeihilfe

(1) Es ist dem Arzt ausnahmslos untersagt, dem Patienten bei der Vornahme einer Selbsttötungshandlung Hilfe zu leisten (Suizidbeihilfe).

(2) Der Arzt ist verpflichtet, dem Suizidenten nach dem Eintritt der Bewußtlosigkeit unabhängig von bei diesem infolge der Selbsttötungshandlung eingetretenen oder schon vorher vorhandenen Schädigungen Hilfe zu leisten, es sei denn, er weiß positiv aufgrund der persönlichen Kenntnis des Suizidenten, daß der Selbsttötungsentschluß ernsthaft und freiverantwortlich gefaßt worden ist.

(3) Leistet der Arzt Suizidbeihilfe, so ist auf Freiheitsstrafe bis zu fünf Jahren oder auf Geldstrafe zu erkennen.

(4) Verliert der Suizident das Bewußtsein, so ist von dem Vorliegen eines Unglücksfalles im Sinne des § 323 c StGB auszugehen. Dies gilt nicht für diejenigen Personen, die aufgrund ihrer persönlichen Kenntnis des Suizidenten wissen, daß der Selbsttötungsentschluß ernsthaft und freiverantwortlich gefaßt worden ist.

§ 7 Indirekte Sterbehilfe

(1) Der Arzt ist berechtigt und verpflichtet, schmerzlindernde Behandlungsmaßnahmen anzuwenden, wenn er zum Zeitpunkt ihrer Anwendung eine mit ihnen verbun-

dene Lebensverkürzung als unbeabsichtigte und nicht sicher vorhersehbare Nebenfolge in Kauf nehmen muß (indirekte Sterbehilfe), sofern der Patient unter besonders starken, von ihm als unerträglich empfundenen Schmerzen leidet, die nicht auf andere Weise vergleichbar gelindert werden können und das erlöschende Leben in seinen zentralen Bezügen für immer überwuchernd zerstören, ohne daß die Aussicht auf Intervalle eines erträglichen Daseins gegeben wäre. Die Durchführung der indirekten Sterbehilfe ist nicht auf das Terminalstadium einer unheilbaren Krankheit beschränkt, die Zeitspanne der mit ihr einhergehenden mutmaßlichen Lebensverkürzung darf nur geringfügig sein.

(2) Vom Vorliegen der in Absatz 1 genannten Bedingungen ist nur dann auszugehen, wenn sie von zwei Ärzten unabhängig voneinander festgestellt worden sind. Bei Gefahr im Verzuge ist die entsprechende Feststellung eines Arztes ausreichend.

(3) Hat der Patient Maßnahmen der indirekten Sterbehilfe in dem in Absatz 1 beschriebenen Umfange im Rahmen einer Vorausverfügung vor dem Eintritt der unheilbaren, zum Tode führenden Erkrankung ganz oder teilweise abgelehnt, so ist diese Erklärung nach Eintritt seiner Einwilligungsunfähigkeit nur dann beachtlich, wenn sie als zeit- und situationsunabhängige Entscheidung unter dem Schutz des Art. 4 GG steht.

(4) Die Durchführung der indirekten Sterbehilfe ist strafbar, wenn der Arzt die in den Absätzen 1 und 2 normierten Voraussetzungen nicht beachtet. §§ 211 ff. StGB finden Anwendung.

(5) Das Unterlassen der in den Absätzen 1 bis 3 geforderten indirekten Sterbehilfe ist strafbar. §§ 223 ff. StGB finden Anwendung.

§ 8 Passive Sterbehilfe

(1) Der Arzt ist verpflichtet, lebenserhaltende Maßnahmen zu ergreifen, die eine zumindest vorübergehende Verbesserung der gesundheitlichen Lage des Patienten erwarten lassen oder geeignet sind, deren Verschlechterung entgegenzuwirken.

(2) Lebenserhaltende Maßnahmen haben zu unterbleiben (passive Sterbehilfe), sofern sie entweder bereits für sich genommen unverhältnismäßige Belastungen für den Patienten mit sich bringen oder nicht verhindern können, daß dessen Lebens-

rest von besonders starken, von ihm als unerträglich empfundenen Schmerzen überlagert wird.

(3) Vom Vorliegen der in Absatz 2 genannten Bedingungen ist nur dann auszugehen, wenn sie von zwei Ärzten unabhängig voneinander festgestellt worden sind. Bei Gefahr im Verzuge ist die entsprechende Feststellung eines Arztes ausreichend.

(4) Die Anwendung lebenserhaltender Maßnahmen steht unter dem Vorbehalt der Einwilligung des Patienten.

(5) Hat der Patient vor dem Eintritt der unheilbaren, zum Tode führenden Erkrankung eine inhaltlich von den Absätzen 1 bis 3 abweichende Vorausverfügung getroffen, so ist diese Erklärung nach Eintritt seiner Einwilligungsunfähigkeit nur beachtlich, wenn sie als zeit- und situationsunabhängige Entscheidung unter dem Schutz des Art. 4 GG steht.

(6) Im Falle der Einwilligungsunfähigkeit des Patienten steht die Anwendung lebenserhaltender Maßnahmen unter dem Vorbehalt der Einwilligung des bereits bestellten oder noch zu bestellenden gesetzlichen Vertreters bzw. des für diese Entscheidung Bevollmächtigten, sofern nicht mit dem damit verbundenen zeitlichen Aufschub Gefahr verbunden ist. Der gesetzliche Vertreter bzw. der Bevollmächtigte haben die Einwilligung zu erteilen, wenn dies dem Interesse und dem mutmaßlichen Willen des Patienten entspricht. Hiervon haben sie unter den Voraussetzungen und in den Grenzen der Absätze 1 bis 3 grundsätzlich auszugehen. Absatz 5 findet Anwendung.

(7) Soweit im Falle der Einwilligungsunfähigkeit des Patienten die Einholung der Einwilligung des gesetzlichen Vertreters bzw. des Gesundheitsbevollmächtigten gemäß Absatz 6 nicht in Betracht kommt (Eilfallentscheidung), hat der Arzt lebenserhaltende Maßnahmen in den Grenzen der Absätze 1 bis 3 anzuwenden, wenn dies dem Interesse und mutmaßlichen Willen des Patienten entspricht. Hiervon hat der Arzt grundsätzlich auszugehen. Absatz 5 findet Anwendung.

(8) Das Unterlassen der in den Absätzen 1 bis 7 geforderten lebenserhaltenden Maßnahmen ist strafbar. §§ 211 ff. StGB finden Anwendung.

(9) Die Vornahme lebenserhaltender Maßnahmen über die in den Absätzen 1 bis 7 normierten Grenzen hinaus ist strafbar. §§ 223 ff. StGB finden Anwendung.

(10) Auf den Einsatz sowie die Dauer apparativer Behandlungen finden die Absätze 1 bis 9 Anwendung.

§ 9 Verteilungsgerechtigkeit

Stehen keine hinreichenden personellen oder sachlichen Mittel zur Verfügung, um eine erforderliche lebenserhaltende Behandlung einer Mehrzahl von Patienten gleichzeitig zur Verfügung zu stellen, steht es dem Arzt unter Ausschöpfung aller ihm zur Verfügung stehenden Ressourcen frei, darüber zu entscheiden, welchem bzw. welchen von ihnen er die vorhandenen Kapazitäten bevorzugt zur Verfügung stellt, unabhängig davon, ob die Patienten gleichzeitig oder zu unterschiedlichen Zeitpunkten dieser erstmalig bedürfen.

Literaturverzeichnis

Abresch, Jürgen, Gedanken zur Situation des Personals einer Intensivstation in: Schara, Joachim, Humane Intensivtherapie, Erlangen 1982, S. 97 ff.

Achenbach, Hans, Wiederbelebung der allgemeinen Nichtzumutbarkeitsklausel im Strafrecht ? in: JR 1975, S. 492 ff.

Admiraal, Pieter, 20 Jahre Erfahrung mit der Euthanasie in den Niederlanden, Dortmund 1996

Ahnefeld, Friedrich Wilhelm / Lippert, Hans-Dieter, Notarzt- und Rettungsdienst - medizinische, organisatorische und juristische Fragen in: Heberer, Georg / Opderbecke, Hans Wolfgang, Ärztliches Handeln - Verrechtlichung eines Berufsstandes, Festschrift für Walther Weißauer zum 65. Geburtstag, Berlin/Heidelberg/New York/London/Paris/Tokio 1986, S. 1 ff.

Ahrens, Hans-Jürgen u.a., Festschrift für Erwin Deutsch zum 70. Geburtstag, Köln/Berlin/Bonn/München 1999

Ahrens, Martin, Geschäftsführung ohne Auftrag als Strafausschließungsgrund, Strafrechtliche Abhandlungen, Heft 101, Breslau 1909

Alberts, Hermann, Sterbehilfe, Vormundschaftsgericht und Verfassung in: NJW 1999, S. 835 f.

Albrecht, Elisabeth, Hospizprinzipien in: Reuter, Stephanie, Sterben, Tod, Trauer, Stuttgart/München/Düsseldorf/Leipzig 1997, S. 34

Alternativkommentar zum Strafgesetzbuch, Band 1, Neuwied 1990

Aly, Götz, Der saubere und der schmutzige Fortschritt in: Verein zur Erforschung der nationalsozialistischen Gesundheits- und Sozialpolitik, Beiträge zur nationalsozialistischen Gesundheits- und Sozialpolitik, Euthanasie im Dienst des Fortschritts, Berlin 1985, S. 9 ff.

Amelung, Knut, Die Einwilligung in die Beeinträchtigung eines Grundrechtsgutes, Eine Untersuchung im Grenzbereich von Grundrechts- und Strafrechtsdogmatik, Berlin 1981

Amelung, Knut, Über die Einwilligungsfähigkeit in: ZStW 104. Band (1992), Teil I, S. 525 ff., Teil II, S. 821 ff.

Amelung, Knut, Zur Verantwortlichkeit Drogenabhängiger für Selbstschädigungen durch den Gebrauch von Suchtstoffen in: NJW 1996, S. 2393 ff.

Ankermann, Ernst, Verlängerung sinnlos gewordenen Lebens ? in: MedR 1999, S. 387 ff.

Anschütz, Felix, Der unheilbar Kranke und der sterbende Patient in: MedR 1985, S. 17 ff.

Anschütz, Felix, Kommentar III zu: Ruhrmann, Georg, Leidensminderung. Wunsch nach aktiver Tötung ? in: Ethik Med 1990, S. 205

Ansohn, Eugen, Die Wahrheit am Krankenbett, Grundfragen einer ärztlichen Sterbehilfe, 3. Aufl., München 1978

Antoni, Michael in: Seifert, Karl-Heinz / Hömig, Dieter, Grundgesetz für die Bundesrepublik Deutschland, Taschenkommentar, 6. Aufl., Baden-Baden 1999

Antonioli, Mathias, Tötung auf Verlangen, Eine Untersuchung zum Thema der aktiven Euthanasie, Berlin 1996

Ariès, Philippe, Die Unschicklichkeit der Trauer in: Reuter, Stephanie, Sterben, Tod, Trauer, Stuttgart/München/Düsseldorf/Leipzig 1997, S. 53 f.

Arndt, Adolf, Das Verbrechen der Euthanasie in: Militärregierung des französischen Besatzungsgebietes in Deutschland, Generaljustizdirektion, Der Konstanzer Juristentag (02. - 05. Juni 1947), Tübingen 1947, S. 184 ff.

Arndt, Marianne, Sterbehilfe in: Reuter, Stephanie, Sterben, Tod, Trauer, Stuttgart/München/Düsseldorf/Leipzig 1997, S. 37 f.

Arzt, Gunther, Einwilligung zur Heilbehandlung untergebrachter Kranker ? in: NJW 1967, S. 668 ff.

Arzt, Gunther, Willensmängel bei der Einwilligung, Bad Homburg 1970
Arzt, Gunther, Die Delikte gegen das Leben in: ZStW 83. Band (1971), S. 1 ff.
Arzt, Gunther, Zur Garantenstellung beim unechten Unterlassungsdelikt (2.Teil) in: JA 1980, S. 647 ff.
Arzt, Gunther, Recht auf den eigenen Tod ? in: JR 1986, S. 309 ff.
Arzt, Gunther u.a., Festschrift für Jürgen Baumann zum 70. Geburtstag, 22. Juni 1992, Bielefeld 1992
Arzt, Gunther, Heileingriffe aufgrund einer Blanko-Einwilligung bezüglich der Person des Arztes in: Arzt, Gunther u.a., Festschrift für Jürgen Baumann zum 70. Geburtstag, 22. Juni 1992, Bielefeld 1992, S. 201 ff.
Arzt, Gunther / Weber, Ulrich, Strafrecht Besonderer Teil, Heft 1: Delikte gegen die Person, 3. Aufl., Bielefeld 1988
Arzt, Gunther / Weber, Ulrich, Strafrecht Besonderer Teil, Lehrbuch, Bielefeld 2000
Ärztekammer Berlin, Patientenverfügung (-testament) in: Taupitz, Jochen, Landesbericht Deutschland in: Taupitz, Jochen, Landesbericht Deutschland in: Taupitz, Jochen, Zivilrechtliche Regelungen zur Absicherung der Patientenautonomie am Ende des Lebens, Berlin/Heidelberg/New York/Barcelona/Hongkong/London/Mailand/Paris/Singapur/Tokio 2000, S. 273 (417 ff.)
Ärztekammer Nordrhein, Muster zur Patientenverfügung in: Deutsche Apotheker - Zeitung 2000, S. 2900 f.
Assel, Ruth, Umgang mit Sterbenden in: Reuter, Stephanie, Sterben, Tod, Trauer, Stuttgart/München/Düsseldorf/Leipzig 1997, S. 33
Atrott, Hans Henning / Eibach, Ulrich u.a., Sterbehilfe, Mitleid oder Mord ? Wiesbaden 1984
Atrott, Hans Henning, Humanes Sterben in: Atrott, Hans Henning / Eibach, Ulrich u.a., Sterbehilfe, Mitleid oder Mord ? Wiesbaden 1984, S. 87 ff.
Atrott, Hans Henning, Zur Situation der Sterbehilfe in der Bundesrepublik in: Humphry, Derek / Wickett, Ann, Das Recht auf den eigenen Tod und eine menschenwürdige Sterbehilfe, München 1986, S. 285 ff.
Atrott, Hans Henning / Pohlmeier, Hermann, Sterbehilfe in der Gegenwart, Regensburg 1990
Atrott, Hans Henning, Der ersehnte Tod in: Atrott, Hans Henning / Pohlmeier, Hermann, Sterbehilfe in der Gegenwart, Regensburg 1990, S. 7 ff.
Auer, Alfons, Das Recht des Menschen auf einen "natürlichen Tod" aus der Sicht einer theologischen Ethik in: Eser, Albin / Bringewat, Peter, Suizid und Euthanasie als human- und sozialwissenschaftliches Problem, Stuttgart 1976, S. 250 ff.
Auer, Alfons / Menzel, Hartmut / Eser, Albin, Zwischen Heilauftrag und Sterbehilfe, Zum Behandlungsabbruch aus ethischer, medizinischer und rechtlicher Sicht, Köln/Berlin/Bonn/München 1977
Auer, Alfons, Die Unverfügbarkeit des Lebens und das Recht auf einen natürlichen Tod in: Auer, Alfons / Menzel, Hartmut / Eser, Albin, Zwischen Heilauftrag und Sterbehilfe, Zum Behandlungsabbruch aus ethischer, medizinischer und rechtlicher Sicht, Köln/Berlin/Bonn/ München 1977, S. 1 ff.
Aulbert, Eberhard / Klaschik, Eberhard / Pichlmaier, Heinz, Palliativmedizin - Die Alternative zur Sterbehilfe, Stuttgart/New York 1998
Aulbert, Eberhard / Zech, Detlev, Prinzipien der Symptombehandlung in der Palliativmedizin in: Aulbert, Eberhard / Klaschik, Eberhard / Pichlmaier, Heinz, Palliativmedizin - Die Alternative zur Sterbehilfe, Stuttgart/New York 1998, S. 65 ff.
Aumüller, Gerhard, Leben erhalten oder "Sterbehilfe" ? Von der Fragwürdigkeit der ärztlichen Standesethik in: Kruse, Torsten / Wagner, Harald, Sterbende brauchen Solidarität, München 1986, S. 9 ff.
Aurien, Ursula, Humangenetik und Ethik in: Bruns, Theo / Penselin, Ulla / Sierck, Udo, Tödliche Ethik, Beiträge gegen Eugenik und Euthanasie, 2. Aufl., Hamburg 1993, S. 49 ff.

Baader, Gerhard, Sterbehilfe und Euthanasie - ideologische Zusammenhänge in: Evangelische Akademie Berlin, "Sterbehilfe" - Tötung auf wessen Verlangen? Berlin 1988

Baader, Gerhard, Heilen und helfen - eine Auseinandersetzung mit Menschenbildern und Wertmaßstäben bei der Einstellung zum Tod in: Evangelische Akademie Berlin, Begleitetes Sterben - gegen den Versuch, Euthanasie zu legalisieren, Berlin 1989, S. 1 ff.

Bachmann, K. D., Grenzen der Behandlungspflicht in der Neonatologie in: Lawin, Peter / Huth, Hanno, Grenzen der ärztlichen Aufklärungs- und Behandlungspflicht, Stuttgart/New York 1982, S. 95 ff.

Bade, Ulf, Der Arzt an den Grenzen von Leben und Recht, Über die Erlaubtheit ärztlicher Sterbehilfe unter besonderer Berücksichtigung des § 216 StGB, Lübeck 1988

Baden, Eberhard, "Wirtschaftliche Aufklärungspflichten" in der Medizin in: NJW 1988, S. 746 ff.

Bajanowski, Thomas / DuChesne, Alfred / Brinkmann, Bernd, Tötungsserie durch Luftembolie in: Oehmichen, Manfred, Lebensverkürzung, Tötung und Serientötung - eine interdisziplinäre Analyse der "Euthanasie", Lübeck 1996, S. 195 ff.

Bär, Walter, Sterbehilfe in der Schweiz in: Oehmichen, Manfred, Lebensverkürzung, Tötung und Serientötung - eine interdisziplinäre Analyse der "Euthanasie", Lübeck 1996, S. 123 ff.

Bartosch, Hans, Sterbebegleitung - Ein abstrakter Anspruch von Humanität oder das Bemühen um Normalität in Heimen und Krankenhäusern ? in: Institut für Sozialarbeit und Sozialpädagogik (ISS-Frankfurt a.M.), Fachtagung Förderung der Sterbebegleitung - Öffnung der Sterbehilfe? Frankfurt 1999, S. 51 ff.

Bastian, Till, Denken - schreiben - töten, Stuttgart 1990

Bastian, Till, Wie dieses Buch entstand in: Bastian, Till, Denken - schreiben - töten, Stuttgart 1990, S. 9 ff.

Bastian, Till / Rost, Karl Ludwig, Leben und sterben lassen: Zur Kritik der utilitaristischen Ethik Peter Singers in: Bastian, Till, Denken - schreiben - töten, Stuttgart 1990, S. 63 ff.

Bastian, Till, Nachwort in: Bastian, Till, Denken - schreiben - töten, Stuttgart 1990, S. 117 f.

Bastian, Till, Vom "Lebens-Wert" oder: Droht uns die Welt-Triage ? in: Christoph, Franz / Illiger, Horst, Notwehr gegen die neue Euthanasie, Neumünster 1993, S. 14 ff.

Bauer, Karl Heinrich, Aufklärung und Sterbehilfe bei Krebs in medizinischer Sicht in: Kaufmann, Arthur u.a., Festschrift für Paul Bockelmann zum 70. Geburtstag, 07. Dezember 1978, München 1979, 497 ff.

Baumann, Jürgen, Körperverletzung oder Freiheitsdelikt ? in: NJW 1958, 2092 ff.

Baumann, Jürgen / Bochnik, Hans Joachim / Brauneck, Anne-Eva, Alternativentwurf eines Gesetzes über Sterbehilfe, Stuttgart/New York 1986

Baumann, Jürgen / Weber, Ulrich / Mitsch, Wolfgang, Strafrecht Allgemeiner Teil, Lehrbuch, 10. Aufl., Bielefeld 1995

Baumann, Wolfgang / Hartmann, Christian, Die zivilrechtliche Absicherung der Patientenautonomie am Ende des Lebens aus der Sicht der notariellen Praxis in: DNotZ 2000, S. 594 ff.

Baumann-Hölzle, Ruth, Freie Selbstbestimmung über den eigenen Tod als gesellschaftliche Vorsorgepflicht in: Romero-Haus-Protokolle 65, Menschlich sterben, Die Rede vom "guten Tod", Zur aktuellen Euthanasiedebatte, Luzern 1995, S. 7 ff.

Beck, Joachim, Zusammenfassung der Diskussion in: Evangelische Akademie Bad Boll, Protokolldienst 1/96, Patiententestament, Eine Hilfe für alle ? Bad Boll 1996, S. 53 ff.

Becker, Hans-Joachim, Das Elternrecht im Spiegel der verfassungs- und verwaltungsgerichtlichen Rechtsprechung in: Ehe und Familie 1961, S. 104 ff.

Becker, Paul, Subjektive Sterbeerlebnisse von Wiederbelebten in: Engelke, Ernst / Schmoll, Hans-Joachim / Wolff, Georg, Sterbebeistand bei Kindern und Erwachsenen, Stuttgart 1979, S. 108 ff.

Becker, Paul, Sterbehilfe als Lebenshilfe in: Böhme, Wolfgang, Der Arzt und das Sterben, Karlsruhe 1981, S. 48 ff.

Beckers, Karl-Heinz / Peters, Leo, Heute Fristenlösung - morgen Euthanasie, Ein Seitenblick auf die Niederlande in: Christoph, Franz / Illiger, Horst, Notwehr gegen die neue Euthanasie, Neumünster 1993, S. 150 ff.

Beckert, Frauke, Strafrechtliche Probleme um Suizidbeteiligung und Sterbehilfe unter besonderer Berücksichtigung historischer und ethischer Aspekte, Aachen 1996

Begemann, Herbert, Medizin im Widerspruch in: Bastian, Till, Denken - schreiben - töten, Stuttgart 1990, S. 95 ff.

Behrends, Okko u.a., Festschrift für Franz Wieacker zum 70. Geburtstag, Göttingen 1978

Beine, Karl-Heinz, Sehen, Hören, Schweigen: Patiententötungen und aktive Sterbehilfe, Freiburg 1998

Beleites, Eggert, Aktive Sterbehilfe - Eine Budgetfrage ? Zur Diskussion um Sterbehilfe im Kontext von ärztlichen Neuorientierungen und Gesundheitsreformen in: Institut für Sozialarbeit und Sozialpädagogik (ISS-Frankfurt/M.), Fachtagung Förderung der Sterbebegleitung - Öffnung der Sterbehilfe ? Frankfurt/M. 1999, S. 29 ff.

Beling, Ernst, Die strafrechtliche Verantwortlichkeit des Arztes bei Vornahme und Unterlassung operativer Eingriffe in: ZStW Band 44 (1924), S. 220 ff.

Beling, Ernst, Unschuld, Schuld und Schuldstufen im Vorentwurf zu einem deutschen Strafgesetzbuch, Neudruck der Ausgabe Leipzig 1910, Aalen 1971

Benda, Ernst, Humangenetik und Recht - eine Zwischenbilanz in: NJW 1985, S. 1730 ff.

Benn, Christoph / Kretschmer, Hubert, Wertanamnese in: MMW 140 (1998), S. 364 ff.

Bentfeld, Michael, Die Ethik Peter Singers und die Neugeborenenmedizin in: Rothmaler, Christiane / Mitrovic, Emilija, Die neue Ethik, Zurück zur Euthanasie ? Hamburg 1996, S. 59 ff.

Benzenhöfer, Udo, Der gute Tod ? Euthanasie und Sterbehilfe in Geschichte und Gegenwart, München 1999

Berger, Christian, Privatrechtliche Gestaltungsmöglichkeiten zur Sicherung der Patientenautonomie am Ende des Lebens in: JZ 2000, S. 797 ff.

Bernat, Erwin, Behandeln oder sterben lassen ? Rechtsdogmatische und rechtsvergleichende Überlegungen zum Abbruch lebenserhaltender medizinischer Behandlungen in: Ahrens, Hans - Jürgen u.a., Festschrift für Erwin Deutsch zum 70. Geburtstag, Köln/Berlin/Bonn/München 1999, S. 443 ff.

Bernsmann, Klaus, Der Umgang mit irreversibel bewußtlosen Personen und das Strafrecht in: ZRP 1996, S. 87 ff.

Bibel, Einheitsübersetzung der Heiligen Schrift, Altes und Neues Testament, Aschaffenburg 1980

Bichlmeier, Gerd, Die Wirksamkeit der Einwilligung in einen medizinisch nicht indizierten ärztlichen Eingriff in: JZ 1980, S. 53 ff.

Bienwald, Werner, Zur Umsetzung des Betreuungsgesetzes in der Praxis in: FamRZ 1992, S. 1125 ff.

Bienwald, Werner in: Staudinger, Kommentar zum Bürgerlichen Gesetzbuch, Buch 4, §§ 1896 - 1921, 12. Aufl., Berlin 1995

Bienwald, Werner, Anmerkung zu OLG Frankfurt/M., Beschluß vom 15.07.1998 - 20 W 224/98 in: FamRZ 1998, S. 1138 f.

Bienwald, Werner, Betreuungsrecht, 3. Aufl., Bielefeld 1999

Binding, Karl / Hoche, Alfred, Die Freigabe der Vernichtung lebensunwerten Lebens, Leipzig 1920

Binding, Karl, Rechtliche Ausführungen in: Binding, Karl / Hoche, Alfred, Die Freigabe der Vernichtung lebensunwerten Lebens, Leipzig 1920, S. 5 ff.

Birnbacher, Dieter, Ist die Unterscheidung zwischen aktiver und passiver Sterbehilfe ethisch bedeutsam ? in: Atrott, Hans Henning / Pohlmeier, Hermann, Sterbehilfe in der Gegenwart, Regensburg 1990, S. 25 ff.
Birschel, Annette, Später Protest gegen Todesspritze in: Glaube und Leben, Nr. 12 / 2001, S. 4
Blaha, Herbert / Gutjahr-Löser, Peter / Niebler, Engelbert, Schutz des Lebens - Recht auf Tod, München/Wien 1978
Blaha, Herbert / Springmann, Hans-Christoph, Schutz des Lebens: Möglichkeiten und Grenzen in: Blaha, Herbert / Gutjahr-Löser, Peter / Niebler, Engelbert, Schutz des Lebens - Recht auf Tod, München/Wien 1978, S. 111 ff.
Bleckmann, Albert, Probleme des Grundrechtsverzichts in: JZ 1988, S. 57 ff.
Blei, Hermann, Strafrecht Allgemeiner Teil, Ein Studienbuch, 18. Aufl., München 1983
Blei, Hermann, Strafrecht Besonderer Teil, 12. Aufl., München 1983
Bloch, Ernst, Vom Sterben nicht reden in: Reuter, Stephanie, Sterben, Tod, Trauer, Stuttgart/München/Düsseldorf/Leipzig 1997, S. 7
Bloching, Karl - Heinz, Tod, Mainz 1973
Blumenthal-Barby, Kay, Zur perimortalen Forschung in: Atrott, Hans Henning / Pohlmeier, Hermann, Sterbehilfe in der Gegenwart, Regensburg 1990, S. 41 ff.
Bochnik, Hans Joachim, Verzweiflung und freie Willensbestimmung bei Suizidversuchen in: MedR 1987, S. 216 ff.
Bochnik, Hans Joachim / Gärtner, Hans Joachim / Richtberg, W., Richter und psychiatrischer Sachverständiger in: MedR 1988, S. 73 ff.
Bockelmann, Paul, Rechtliche Grundlagen und rechtliche Grenzen der ärztlichen Aufklärungspflicht in: NJW 1961, S. 945 ff.
Bockelmann, Paul, Operativer Eingriff und Einwilligung des Verletzten in: JZ 1962, S. 525 ff.
Bockelmann, Paul, Strafrecht des Arztes in: Ponsold, Albert, Lehrbuch der gerichtlichen Medizin für Mediziner und Juristen, 3. Aufl., Stuttgart 1967, S. 1 ff.
Bockelmann, Strafrecht des Arztes, Stuttgart 1968
Bockelmann, Paul u.a., Festschrift für Karl Engisch zum 70. Geburtstag, Frankfurt/Main 1969
Bockelmann, Paul, Strafrecht Allgemeiner Teil, 3. Aufl., München 1979
Böckle, Franz, Menschenwürdiges Sterben in: Knevels, Wilhelm / Böckle, Franz / Schmalenberg, Erich, Euthanasie, Hilfe beim Sterben, Hilfe zum Sterben, Hamburg 1975, S. 34 ff.
Bodenburg, Reinhard, Entzerrung der ärztlichen Aufklärungspflicht: Grundaufklärung und Einschätzungsprärogative in: NJW 1981, S. 601 ff.
Bodenburg, Reinhard, Der ärztliche Kunstfehler als Funktionsbegriff zivilrechtlicher Dogmatik: Perspektiven des Arzthaftungsrechts, Göttingen 1982
Böhme, Wolfgang, Der Arzt und das Sterben, Karlsruhe 1981
Bonhoeffer, Dietrich, Ethik, München 1949
Börner, Peter, Die Aufklärung von Patientinnen vor gynäkologischen Eingriffen in: Der Gynäkologe 1989, S. 369 ff.
Bosch, Friedrich Wilhelm, Anmerkung zu OLG Karlsruhe, 4. ZS in Karlsruhe - Urteil vom 31.03.1983 - 4 U 179/81 in: FamRZ 1983, S. 744
Bosch, Johanna, Landesbericht Italien in: Eser, Albin / Koch, Hans-Georg, Materialien zur Sterbehilfe, Eine internationale Dokumentation, Freiburg 1991, S. 391 ff.
Boßmeyer, Carolin, Tödlicher Zeitgeist, Zur neuen Diskussion um Euthanasie und Abtreibung in: Christoph, Franz / Illiger, Horst, Notwehr gegen die neue Euthanasie, Neumünster 1993, S. 138 ff.
Bottke, Wilfried, Suizid und Strafrecht, Berlin 1982
Bottke, Wilfried, Probleme der Suizidbeteiligung in: GA 1983, S. 22 ff.

Bottke, Wilfried, Juristische Perspektiven der Sterbehilfe in: Exner, Horst / Fahlbusch, Wilhelm, Sterbehilfe, Bielefeld 1985, S. 17 ff.
Bottke, Wilfried, Strafrechtliche Probleme am Lebensbeginn und am Lebensende. Bestimmungsrecht versus Lebenserhaltung ? in: Deutsche Sektion der Internationalen Juristen-Kommission, Lebensverlängerung aus medizinischer, ethischer und rechtlicher Sicht, Heidelberg 1995, S. 35 ff.
Brammsen, Joerg, Die Entstehungsvoraussetzungen der Garantenpflichten, Berlin 1986
Brändel, Oliver, Über das Recht, den Zeitpunkt des eigenen Todes selbst zu bestimmen in: ZRP 1985, S. 85 ff.
Brandes, Thomas, AIDS: Test und Einwilligung in: VersR 1987, S. 747 ff.
Brenner, Günter, Arzt und Recht, Stuttgart / New York 1983
Brenske, Tötungen aus eugenischen Gründen und aus Euthanasiegründen in: JR 1952, S. 275 ff.
Bringewat, Peter, Die Strafbarkeit der Beteiligung an fremder Selbsttötung als Grenzproblem der Strafrechtsdogmatik in: ZStW 87. Band (1975), S. 623 ff.
Bringewat, Peter, Diskussionsbericht II: Psychologische, medizinische und soziologische Aspekte von Suizid und Euthanasie in: Eser, Albin / Bringewat, Peter, Suizid und Euthanasie als human- und sozialwissenschaftliches Problem, Stuttgart 1976, S. 222 ff.
Bringewat, Peter, Unbeachtlicher Selbsttötungswille und ernstliches Tötungsverlangen - ein Widerspruch ? in: Eser, Albin / Bringewat, Peter, Suizid und Euthanasie als human- und sozialwissenschaftliches Problem, Stuttgart 1976, S. 368 ff.
Bringewat, Peter, Diskussionsbericht III: Ethische und rechtliche Perspektiven zu Suizid und Euthanasie in: Eser, Albin / Bringewat, Peter, Suizid und Euthanasie als human- und sozialwissenschaftliches Problem, Stuttgart 1976, S. 408 ff.
Brockhaus - Die Enzyklopädie, 20. Aufl., Band 22, Leipzig/Mannheim 1999
Brockhaus in 5 Bänden, 9. Aufl., Bd. 1, Leipzig/Mannheim 2000
Brox, Hans, Störungen durch geistig Behinderte als Reisemangel ? in: NJW 1980, S. 1939 f.
Brox, Hans, Besonderes Schuldrecht, 24. Aufl., München 1999
Brox, Hans, Allgemeiner Teil des BGB, 24. Aufl., Köln/Berlin/Bonn/München 2000
Brückmann, Arthur, Neue Versuche zum Problem der strafrechtlichen Verantwortlichkeit des Arztes für operative Eingriffe. Negatives und Positives in: ZStW 24. Band (1904), S. 657 ff.
Brüggemeier, Gert, Deliktsrecht, Ein Hand- und Lehrbuch, Baden-Baden 1986
Bruns, Hans Joachim, Die sog. "tatsächliche" Betrachtungsweise im Strafrecht in: JR 1984, S. 133 ff.
Bruns, Theo / Penselin, Ulla / Sierck, Udo, Tödliche Ethik, Beiträge gegen Eugenik und Euthanasie, 2. Aufl., Hamburg 1993
Bruns, Theo, Vorwort in: Bruns, Theo / Penselin, Ulla / Sierck, Udo, Tödliche Ethik, Beiträge gegen Eugenik und Euthanasie, 2. Aufl., Hamburg 1993, S. 7
Buchborn, Eberhard, Ärztliche Erfahrungen und rechtliche Fragen bei AIDS in: MedR 1987, S. 260 ff.
Buchheim, Hans, Sozialpolitische Stellungnahme zur Euthanasie. Normentheoretische Bemerkungen zu den Bestrebungen, den § 216 StGB zu ändern in: Hiersche, Hans-Dieter, Euthanasie, München/Zürich 1975, S. 169 ff.
Buck, Dorothea, Die Ausrottungsmaßnahmen von 1933 bis 1945 und heutige Forderungen in: Christoph, Franz / Illiger, Horst, Notwehr gegen die neue Euthanasie, Neumünster 1993, S. 280 ff.
Buhr, Heinz, Lebensverlängerung um jeden Preis ? Erfahrungen aus der Chirurgie in: Evangelische Akademie Baden, Sterbehilfe, Was heißt das ? Karlsruhe 1988, S. 47 ff.

Bundesärztekammer, Wissenschaftlicher Beirat, Kriterien des Hirntodes, Resolution vom 04.02.1982 in: JZ 1983, S. 594 ff.
Bundesärztekammer, Grundsätze der Bundesärztekammer zur ärztlichen Sterbebegleitung in: NJW 1998, S. 3406 f.
Bünte, Hermann, Grenzen der Behandlungspflicht in der operativen Medizin in: Lawin, Peter / Huth, Hanno, Grenzen der ärztlichen Aufklärungs- und Behandlungspflicht, Stuttgart/New York 1982, S. 102 ff.
Bünte, H., Grenzen der chirurgischen Indikation in: MedR 1985, S. 20 ff.
Bürgle, Helmut, Auf dem Weg zu einem neuen Betreuungsrecht in: NJW 1988, S. 1881 ff.
Bürgle, Helmut, Probleme des Vormundschaftsrechts in: Anwaltsblatt 1989, S. 507 ff.
Burkart, Monika, Das Recht, in Würde zu sterben - ein Menschenrecht, Zürich 1983
Buschendorf, Ernest, Die strafrechtliche Problematik der Euthanasie und der Freigabe "lebensunwerten Lebens" in: Valentin, Fritz, Die Euthanasie, Göttingen 1969, S. 43 ff.
Bydlinski, Franz, Zu den dogmatischen Grundfragen des Kontrahierungszwanges in: AcP Band 180 (1980), S. 1 ff.

Caemmerer, Ernst von u.a., Festschrift für Fritz Hauß zum 70. Geburtstag, Karlsruhe 1978
Canaris, Claus-Wilhelm, Grundrechte und Privatrecht in: AcP Band 184 (1984), S. 201 ff.
Catel, Grenzsituationen des Lebens, Beitrag zum Problem der begrenzten Euthanasie, Nürnberg 1962
Catel, Werner, Leidminderung richtig verstanden, Nürnberg 1966
Chappuis, Charles, Geriatrie und Sterbehilfe - Assistenz zum Tod ? in: Holderegger, Adrian, Das medizinisch assistierte Sterben, Freiburg/Wien 1998, S. 247 ff.
Charalambakis, Aristotelis, Selbsttötung aufgrund Irrtums und mittelbare Täterschaft in: GA 1986, S. 485 ff.
Christian-Widmaier, Petra, Der institutionelle Rahmen thanato-therapeutischer Arbeit in: Spiegel-Rösing, Ina / Petzold, Hilarion, Die Begleitung Sterbender, Paderborn 1984, S. 183 ff.
Christoph, Franz, Ein Behinerter: Ich werde nicht mehr Mit-Singern in: Weber, Doris, Wer nicht paßt, muß sterben, Oberursel 1990, S. 23 ff.
Christoph, Franz, (K)ein Diskurs über "lebensunwertes Leben" ! Behinderte und die Euthanasie-Diskussion in: Bruns, Theo / Penselin, Ulla / Sierck, Udo, Tödliche Ethik, Beiträge gegen Eugenik und Euthanasie, 2. Aufl., Hamburg 1993, S. 26 ff.
Christoph, Franz / Illiger, Horst, Notwehr gegen die neue Euthanasie, Neumünster 1993
Christoph, Franz, Wir sind alle Gefangene eines Zeitgeistes in: Christoph, Franz / Illiger, Horst, Notwehr gegen die neue Euthanasie, Neumünster 1993, S. 168 ff.
Christophorus Hospiz Verein e.V. München, Patientenverfügung in Verbindung mit Vollmacht und Betreuungsverfügung in: Taupitz, Jochen, Landesbericht Deutschland in: Taupitz, Jochen, Zivilrechtliche Regelungen zur Absicherung der Patientenautonomie am Ende des Lebens, Berlin/Heidelberg/New York/Barcelona/Hongkong/London/Mailand/ Paris/Singapur/Tokio 2000, S. 273 (427 ff.)
Coeppicus, Rolf, Durchführung und Inhalt der Anhörung in Betreuungs- und Unterbringungssachen in: FamRZ 1991, S. 892 ff.
Coeppicus, Rolf, Behandlungsabbruch, mutmaßlicher Wille und Betreuungsrecht in: NJW 1998, S. 3381 ff.
Coester, Michael, Von anonymer Verwaltung zu persönlicher Betreuung in: Jura 1991, S. 1 ff.
Coester, Michael in: Staudinger, Kommentar zum Bürgerlichen Gesetzbuch, Buch 4, §§ 1666 - 1772, 12. Aufl., Berlin 1992
Cooper, Anthony, Selbstmord im Gefängnis: Für manche der einzige Ausweg in: Eser, Albin / Bringewat, Peter, Suizid und Euthanasie als human- und sozialwissenschaftliches Problem, Stuttgart 1976, S. 170 ff.

Cornils, Karin, Landesberichte Dänemark (S. 507 ff.), Finnland (S. 519 ff.), Island (S. 532 ff.), Norwegen (S. 534 ff.), Schweden (S. 544 ff.) in: Eser, Albin / Koch, Hans-Georg, Materialien zur Sterbehilfe, Eine internationale Dokumentation, Freiburg 1991

Cramer, Peter in: Schönke, Adolf / Schröder, Horst, Strafgesetzbuch, Kommentar, 25. Aufl., München 1997

Cranach, Michael von / Schmidt, Michael / Spaemann, Robert, Das Kinsauer Manifest der Sophien-Stiftung in: Stadler, Sterbehilfe, München 1994, S. 273 ff.

Crefeld, Wolf, Der Fall Margot F. in: BtPrax 1995, S. 205 ff.

Creifelds, Carl / Weber, Klaus, Rechtswörterbuch, 15. Aufl., München 1999

Cypionka, Bertram, Anmerkung zu OLG Stuttgart, Beschluß vom 23.02.1994 - 8 W 534/94 in: DNotZ 1995, S. 690 ff.

Czinczoll, Rupert, Solidaritätspflichten bei der Selbsttötung, Bonn 1984

Dahm, Franz-Josef, Ärztliche Entscheidung unter Reanimationsbedingungen aus rechtlicher Sicht und "passive" Euthanasie, Bochum 1978

Daldrup, Thomas, Todesfälle in einer Wuppertaler Klinik in: Oehmichen, Manfred, Lebensverkürzung, Tötung und Serientötung - eine interdisziplinäre Analyse der "Euthanasie", Lübeck 1996, S. 171 ff.

Damrau, Jürgen in: Soergel, Bürgerliches Gesetzbuch, Kommentar, Band 8, 12. Aufl., Stuttgart/Berlin/Köln/Mainz 1987

Damrau, Jürgen / Zimmermann, Walter, Betreuung und Vormundschaft, Kommentar zum materiellen und formellen Recht, 2. Aufl., Stuttgart/Berlin/Köln 1995

Damrau, Jürgen in: Damrau, Jürgen / Zimmermann, Walter, Betreuung und Vormundschaft, Kommentar zum materiellen und formellen Recht, 2. Aufl., Stuttgart/Berlin/Köln 1995

Danto, Bruce, Der Kranke im Endstadium: Selbstmord und seine Bewältigung in: Eser, Albin / Bringewat, Peter, Suizid und Euthanasie als human- und sozialwissenschaftliches Problem, Stuttgart 1976, S. 101 ff.

Daub, Ute / Wunder, Michael, Des Lebens Wert, Zur Diskussion über Euthanasie und Menschenwürde, Freiburg 1994

Dearing, Albin / Schwarz, Oliver, Landesbericht Österreich in: Eser, Albin / Koch, Hans-Georg, Materialien zur Sterbehilfe, Eine internationale Dokumentation, Freiburg 1991, S. 557 ff.

Degener, Theresia, Tödliches Mitleid schützt vor Strafe in: Tolmein, Oliver, Geschätztes Leben, Die neue Euthanasie-Debatte, Hamburg 1990, S. 119 ff.

Degener, Theresia / Ewinkel, Carola, Sterbehilfe bei behinderten Säuglingen. Zur Kritik an "Helga Kuhse / Peter Singer: Should the baby live ?" in: Bruns, Theo / Penselin, Ulla / Sierck, Udo, Tödliche Ethik, Beiträge gegen Eugenik und Euthanasie, 2. Aufl., Hamburg 1993, S. 94 ff.

Degener, Theresia, "Euthanasie" - Tötung auf wessen Verlangen ? in: Daub, Ute / Wunder, Michael, Des Lebens Wert, Freiburg 1994, S. 77 ff.

Degenhart, Christoph, Die allgemeine Handlungsfreiheit des Art. 2 I GG in: JuS 1990, S. 161 ff.

Deichgräber, Karl, Der hippokratische Eid, 4. Aufl., Stuttgart 1983

Deichmann, Marco, Vormundschaftsgerichtlich genehmigtes Töten durch Unterlassen ? in: MDR 1995, S. 983 ff.

Dellingshausen, Ulrike Baronin von, Sterbehilfe und Grenzen der Lebenserhaltungspflicht des Arztes, Düsseldorf 1981

Demmer, Klaus, Handeln als Einüben des Sterbens in: Holderegger, Adrian, Das medizinisch assistierte Sterben, Freiburg/Wien 1998, S. 175 ff.

Dencker, Friedrich, Zum Erfolg der Tötungsdelikte in: NStZ 1992, S. 311 ff.

Denter, Edgar, Das Recht auf einen guten Tod in: Darmstädter Echo vom 29.11.2000, S. 5

Derleder, Peter / Deppe, Ulrike, Die Verantwortung des Sportarztes gegenüber Doping in: JZ 1992, S. 116 ff.
Detering, Jutta, Forum: § 216 StGB und die ärztliche Diskussion um die Sterbehilfe in: JuS 1983, S. 418 ff.
Deutsch, Erwin, Schutzbereich und Tatbestand des unerlaubten Heileingriffs im Zivilrecht in: NJW 1965, S. 1985 ff.
Deutsch, Erwin, Der Zeitpunkt der ärztlichen Aufklärung und die antezipierte Einwilligung des Patienten in: NJW 1979, S. 1905 ff.
Deutsch, Erwin, Das therapeutische Privileg des Arztes: Nichtaufklärung zugunsten des Patienten in: NJW 1980, S. 1305 ff.
Deutsch, Erwin, Theorie der Aufklärungspflicht des Arztes, Ethische und rechtliche Grundlagen der Information des Patienten in: VersR 1981, S. 293 ff.
Deutsch, Erwin, Neue Aufklärungsprobleme im Arztrecht in: NJW 1982, S. 2585 ff.
Deutsch, Erwin, Die rechtliche Seite der Transplantation in: ZRP 1982, S. 174 ff.
Deutsch, Erwin / Kleinsorg, Hans / Ziegler, Josef-Georg, Das Patiententestament, Hildesheim 1983
Deutsch, Erwin, Sterbehilfe und Euthanasie als rechtliches Problem in: Deutsch, Erwin / Kleinsorg, Hans / Ziegler, Josef-Georg, Das Patiententestament, Hildesheim 1983, S. 51 ff.
Deutsch, Erwin, Haftungsfreistellung von Arzt oder Klinik und Verzicht auf Aufklärung durch Unterschrift des Patienten in: NJW 1983, S. 1351 ff.
Deutsch, Die Anfängeroperation: Aufklärung, Organisation, Haftung und Beweislastumkehr in: NJW 1984, S. 650 f.
Deutsch, Erwin, Schutzbereich und Beweislast der ärztlichen Aufklärungspflicht in: NJW 1984, 1802 f.
Deutsch, Erwin, Die Haftung von Arzt und Krankenhaus in der Bundesrepublik Deutschland. Eine Bestandsaufnahme der Rechtsprechung in: Heberer, Georg / Opderbecke, Hans Wolfgang u.a., Ärztliches Handeln - Verrechtlichung eines Berufsstandes, Festschrift für Walther Weißauer zum 65. Geburtstag, Berlin/Heidelberg/New York/London/Paris/Tokio 1986, S. 12 ff.
Deutsch, Erwin, Anmerkung zu BGH, Urteil vom 10.02.1987 - VI ZR 68/86 (Oldenburg), NJW 1987, S. 1480 f.
Deutsch, Erwin / Matthies, Karl-Heinz, Arzthaftungsrecht, 3. Aufl., Köln 1988
Deutsch, Erwin, Operationen von Ärzten in der Ausbildung in: Der Gynäkologe 1989, S. 380 ff.
Deutsch, Erwin, Haftung für unerlaubte bzw. fehlerhafte Genomanalyse in: VersR 1991, S. 1205 ff.
Deutsch, Erwin, Das Persönlichkeitsrecht des Patienten in: AcP Band 192 (1992), S. 161 ff.
Deutsch, Erwin u.a., Festschrift für Erich Steffen zum 65. Geburtstag, 28. Mai 1995, Der Schadensersatz und seine Deckung, Berlin/New York 1995
Deutsch, Erwin, Allgemeines Haftungsrecht, 2. Aufl., Köln/Berlin/Bonn/München 1996
Deutsch, Erwin, Medizinrecht: Arztrecht, Arzneimittelrecht und Medizinprodukterecht, 3. Aufl., Berlin/Heidelberg/New York/Barcelona/Budapest/Hongkong/London/Mailand/ Paris/Santa Clara/Singapur/Tokio 1997
Deutsche Bischofskonferenz, Sekretariat, Das Lebensrecht des Menschen und die Euthanasie, Bonn 1975
Deutsche Bischofskonferenz, Sekretariat, Erklärung der Kongregation für die Glaubenslehre zur Euthanasie, Bonn 1980
Deutsche Bischofskonferenz und Rat der Evangelischen Kirche in Deutschland, Gott ist ein Freund des Lebens: Herausforderungen und Aufgaben beim Schutz des Lebens, Erklärung vom 30.11.1989 in: Koch, Hans-Georg, Landesbericht Deutschland in: Eser, Albin / Koch, Hans-Georg, Materialien zur Sterbehilfe, Eine internationale Dokumentation, Freiburg 1991, S. 31 (165 ff.)

Deutsche Bischofskonferenz und Rat der Evangelischen Kirche in Deutschland, Christliche Patientenverfügung, Handreichung und Formular, Bonn/Hannover 1999

Deutsche Gesellschaft für Chirurgie, Resolution zur Behandlung Todkranker und Sterbender - Ärztliche und rechtliche Hinweise, 10.04.1979 in: Koch, Hans-Georg, Landesbericht Deutschland in: Eser, Albin / Koch, Hans-Georg, Materialien zur Sterbehilfe, Eine internationale Dokumentation, Freiburg 1991, S. 31 (145 ff.)

Deutsche Gesellschaft für Humanes Sterben e.V., Patientenverfügung in: Koch, Hans-Georg, Landesbericht Deutschland in: Eser, Albin / Koch, Hans-Georg, Materialien zur Sterbehilfe, Eine internationale Dokumentation, Freiburg 1991, S. 31 (170 f.)

Deutsche Gesellschaft für Humanes Sterben e.V., Presse-Info, 15.12.1999, Selbstbedienungsladen Hospiz ? in: Humanes Leben - Humanes Sterben, Nr. 1 / 2000, S. 7

Deutsche Gesellschaft für Medizinrecht, Grenzen der ärztlichen Behandlungspflicht bei schwerstgeschädigten Neugeborenen, Empfehlung vom 29.06.1986 in: Schleker, Renate, Thanatologie, Euthanasie, Sterbehilfe, Eutin 1995, S. 109

Deutsche Gesellschaft für Medizinrecht, Der Wille des Menschen zwischen Leben und Sterben, Ausgewählte medizinrechtliche Aspekte des Arzt-Patientenverhältnisses am Ende des Lebens, Heidelberg 2000

Deutsche Sektion der Internationalen Juristen-Kommission, Lebensverlängerung aus medizinischer, ethischer und rechtlicher Sicht, Heidelberg 1995

Deutscher Juristinnenbund, Patientenverfügung und Vorsorgevollmacht, Bonn 2000

Diakonisches Werk der Evangelischen Kirche von Westfalen, Ausweg Euthanasie? Münster 1999

Dickhaut, Hans / Luban-Plozza, Boris, Stichwort: Arzt-Patienten-Beziehung in: Eser, Albin / Lutterotti, Markus von / Sporken, Paul, Lexikon Medizin, Ethik, Recht, Freiburg/Basel/Wien 1989, Sp. 126 ff.

Dieckmann, Albrecht, Empfiehlt es sich, das Entmündigungsrecht, das Recht der Vormundschaft und der Pflegschaft über Erwachsene sowie das Unterbringungsrecht neu zu ordnen ? in: JZ 1988, S. 789 ff.

Diederichsen, Uwe, Zur Begriffstechnik richterlicher Rechtsfortbildung im Zivilrecht in: Behrends, Okko u.a., Festschrift für Franz Wieacker zum 70. Geburtstag, Göttingen 1978, S. 325 ff.

Diederichsen, Uwe in: Palandt, Bürgerliches Gesetzbuch, Kommentar, 60. Aufl., München 2001

Diehl, Volker / Diehl, Antje, Die Aufklärung und Begleitung des Krebspatienten in: VersR 1982, S. 716 ff.

Dietz, Gerhard, Gerichtliche Medizin, 2. Aufl., Leipzig 1965

Dirschauer, Klaus, Leben - Sterben - Tod in: Exner, Horst / Fahlbusch, Wilhelm, Sterbehilfe, Bielefeld 1985, S. 2 ff.

Dixon, Stephen, Kritisches zum heutigen Euthanasie-Gespräch in: Valentin, Fritz, Die Euthanasie, Göttingen 1969, S. 7 ff.

Dodegge, Georg, Die Entwicklung des Betreuungsrechts bis Anfang 1997 in: NJW 1997, S. 2425 ff.

Dodegge, Georg, Die Entwicklung des Betreuungsrechts bis Anfang Juni 1999 in: NJW 1999, S. 2709 ff.

Dohna, Alexander Graf zu, Die Rechtswidrigkeit als allgemeingültiges Merkmal im Tatbestande strafbarer Handlungen, Halle/Saale 1905

Dölle-Oelmüller, Ruth, Euthanasie - philosophisch betrachtet in: Zeitschrift für medizinische Ethik 39 (1993), S. 41 ff.

Dölling, Dieter, Suizid und unterlassene Hilfeleistung in: NJW 1986, 1011 ff.

Dölling, Dieter, Zulässigkeit und Grenzen der Sterbehilfe in: MedR 1987, S. 6 ff.

Dopffel, Helmut, Sterbehilfe und Sterbebegleitung - Zwei Grundwerte der Menschen in unserer Gesellschaft ? in: Institut für Sozialarbeit und Sozialpädagogik (ISS-

Frankfurt/M.), Fachtagung Förderung der Sterbebegleitung - Öffnung der Sterbehilfe ? Frankfurt/M. 1999, S. 7 ff.
Dornberg, Martin, Angefragt: Sterbehilfe. Behandlungsbegrenzung und Sterbehilfe aus der Sicht internistischer Krankenhausärzte - Ergebnisse einer Befragung und medizinische Bewertung, Frankfurt/M./Berlin/Bern/New York/Paris/Wien 1997
Dörner, Klaus, Wenn Mitleid tödlich wird in: Weber, Doris, Wer nicht paßt, muß sterben, Oberursel 1990, S. 16 ff.
Dörner, Klaus, Zur Professionalisierung der sozialen Frage in: Bastian, Till, Denken - schreiben - töten, Stuttgart 1990, S. 23 ff.
Dörner, Klaus / Daub, Ute, Tödliches Mitleid und bioethisches Kalkül in: Daub, Ute / Wunder, Michael, Des Lebens Wert, Freiburg 1994, S. 35 ff.
Dörner, Klaus, Hält der BGH die "Freigabe der Vernichtung lebensunwerten Lebens" wieder für diskutabel ? in: ZRP 1996, S. 93 ff.
Dose, Matthias, Medikamentöse Versorgung als Heilbehandlung gemäß § 1904 BGB in: FamRZ 1993, S. 1032 ff.
Dreher, Eduard, Kann ein Ehegatte, der den Selbstmord des anderen zuläßt, ein Tötungsdelikt begehen ? in: MDR 1952, S. 711 ff.
Dunz, Walter, Zur Praxis der zivilrechtlichen Arzthaftung, Karlsruhe 1974
Dunz, Walter, Aktuelle Fragen zum Arzthaftungsrecht unter Berücksichtigung der neueren höchstrichterlichen Rechtsprechung, Köln 1980
Dunz, Walter, Wann verwirklicht sich der Schaden aus mangelhafter Aufklärung über das Behandlungsrisiko ? (OLG Karlsruhe, MedR 1983, 190) in: MedR 1984, S. 184 ff.
Dürig, Günter, Der Grundrechtssatz von der Menschenwürde in: Archiv des öffentlichen Rechts, 81. Band (42. Band der neuen Folge), Tübingen 1956, S. 117 ff.
Dürig, Günter in: Maunz, Theodor / Dürig, Günter, Grundgesetz-Kommentar, 36. Ergänzungslieferung, München, Stand: Oktober 1999
Düwell, Franz-Josef / Vormbaum, Thomas, Themen juristischer Zeitgeschichte, Schwerpunktthema: Recht und Nationalsozialismus, Baden-Baden 1998

Eberbach, Wolfram, Grundsätze zur Aufklärungspflicht bei nicht voll Geschäftsfähigen in: MedR 1986, S. 14 ff.
Eberbach, Wolfram, Heimliche Aids-Tests in: NJW 1987, S. 1470 ff.
Eberhardt, Dietrich, Selbstbestimmungsrecht des Patienten und ärztliche Aufklärungspflicht im Zivilrecht Frankreichs und Deutschlands, Karlsruhe 1968
Eberhardt, Dietrich, Zivilrecht und Sozialrecht in der Beziehung von Kassenarzt und Kassenpatient in: AcP Band 171 (1971), S. 289 ff.
Eberlein, Gerald, Der freiverantwortete Suizid - ein Essay in: Atrott, Hans Henning / Pohlmeier, Hermann, Sterbehilfe in der Gegenwart, Regensburg 1990, S. 49 ff.
Ebert, Udo, Der Überzeugungstäter in der neueren Rechtsentwicklung, zugleich ein Versuch zu seiner Beurteilung de lege lata, Berlin 1975
Ebert, Udo, Strafrecht: Ärztlicher Eifer in: JuS 1976, S. 319 ff.
Ebert, Udo, Strafrecht Allgemeiner Teil, 2. Aufl., Heidelberg 1993
Ehlers, Alexander P. F., Die ärztliche Aufklärung vor medizinischen Eingriffen, Bestandsaufnahme und Kritik, Köln/Berlin/Bonn/München 1987
Ehlers, Alexander P. F., Das ärztliche Aufklärungsgespräch zwischen Utopie und Wirklichkeit in: Der Gynäkologe 1989, S. 360 ff.
Ehrhardt, Alexander, Behandlung und Behandlungsverweigerung untergebrachter psychisch Kranker, Freiburg 1987
Ehrhardt, Helmut, Euthanasie und Vernichtung "lebensunwerten" Lebens, Stuttgart 1965
Ehrhardt, Helmut, Euthanasie in: Göppinger, Hans, Arzt und Recht, München 1966, S. 96 ff.
Eibach, Ulrich, Recht auf Leben - Recht auf Sterben, Anthropologische Grundlegung einer medizinischen Ethik, Wuppertal 1974

Eibach, Ulrich, Thesen zur Diskussion um die sogenannte "Euthanasie" in: Eser, Albin / Bringewat, Peter, Suizid und Euthanasie als human- und sozialwissenschaftliches Problem, Stuttgart 1976, S. 245 ff.

Eibach, Ulrich, Recht auf Leben - Recht auf Sterben in: Atrott, Hans Henning / Eibach, Ulrich u.a., Sterbehilfe, Mitleid oder Mord ? Wiesbaden 1984, S. 21 ff.

Eibach, Ulrich, Sterbehilfe - Tötung auf Verlangen ? Eine theologisch-ethische Stellungnahme zur Frage der Euthanasie, Wuppertal 1988

Eibach, Ulrich, Der Tod und das Selbstverständnis von Ärzten und Pflegenden in: Evangelische Akademie Berlin, Begleitetes Sterben - gegen den Versuch, Euthanasie zu legalisieren, Berlin 1989, S. 48 ff.

Eibach, Ulrich, Sterbehilfe - Tötung aus Mitleid ? Euthanasie und "lebensunwertes" Leben, 2. Aufl., Wuppertal 1998

Eibach, Ulrich, Menschenwürde und Menschenrechte schwerstpflegebedürftiger Menschen. Zur Bedeutung der gegenwärtigen "Lebensunwert-Diskussion" für die Behandlung und Pflege alter und unheilbarer Menschen in: Diakonisches Werk der Evangelischen Kirche von Westfalen, Ausweg Euthanasie ? Münster 1999, S. 14 ff.

Eibach, Ulrich, "Du sollst Menschenleben nicht töten !" - Zwischen aktiver und passiver Sterbehilfe in: MedR 2000, S. 10 ff.

Eid, Volker / Frey, Rudolf, Sterbehilfe oder wie weit reicht die ärztliche Behandlungspflicht ? Mainz 1978

Eid, Volker, Hoffnung und Wahrheit in auswegloser Krankheit - ein schwieriges Problem ärztlicher Hilfeleistung in: Eid, Volker / Frey, Rudolf, Sterbehilfe oder wie weit reicht die ärztliche Behandlungspflicht ? Mainz 1978, S. 85 ff.

Eid, Volker, Muß die Medizin alles tun, was sie kann ? in: Eid, Volker / Frey, Rudolf, Sterbehilfe oder wie weit reicht die ärztliche Behandlungspflicht ? Mainz 1978, S. 115 ff.

Eid, Volker, Euthanasie oder soll man auf Verlangen töten ? 2. Aufl., Mainz 1985

Eid, Volker, Geschichtliche Aspekte des Euthanasieproblems in: Eid, Volker, Euthanasie oder soll man auf Verlangen töten ? 2. Aufl., Mainz 1985, S. 12 ff.

Eid, Volker, Freie Verfügung über das eigene Leben ? Moraltheologische Überlegungen zur Euthanasiediskussion in: Eid, Volker, Euthanasie oder soll man auf Verlangen töten ? 2. Aufl., Mainz 1985, S. 71 ff.

Eid, Volker, Solidarische Hilfe beim Sterben in: Kruse, Torsten / Wagner, Harald, Sterbende brauchen Solidarität, München 1986, S. 52 ff.

Eisenbart, Bettina, Patienten-Testament und Stellvertretung in Gesundheitsangelegenheiten, Baden-Baden 1998

Eisenmenger, Wolfgang u.a., Medizin und Recht, Festschrift für Wolfgang Spann, Berlin/Heidelberg/New York/London/Paris/Tokio 1986

Eisenmenger, Wolfgang, Bedenklicher Trend zur aktiven Sterbehilfe in: MMW 139 (1997), S. 13 f.

Elliott, Martha Pearse, Mutter-Kind-Station: Totaler Einsatz bei der Pflege eines todkranken Kindes in: Kübler-Ross, Elisabeth, Verstehen was Sterbende sagen wollen, Stuttgart 1982, S. 121 ff.

Engelhardt, Dietrich von, Euthanasie in historischer Perspektive in: Zeitschrift für medizinische Ethik 39 (1993), S. 15 ff.

Engelhardt, Dietrich von, Euthanasie in historischer Perspektive - Anregungen für die Zukunft in: Romero-Haus-Protokolle 65, Menschlich sterben, Die Rede vom "guten Tod", Zur aktuellen Euthanasiedebatte, Luzern 1995, S. 19 ff.

Engelhardt, Dietrich von, Euthanasie - historische Entwicklung, begriffliche Analyse in: Oehmichen, Manfred, Lebensverkürzung, Tötung und Serientötung - eine interdisziplinäre Analyse der "Euthanasie", Lübeck 1996, S. 25 ff.

Engelke, Ernst / Schmoll, Hans-Joachim / Wolff, Georg, Sterbebeistand bei Kindern und Erwachsenen, Stuttgart 1979

Engelke, Ernst, Situation und Umfeld für Sterbebeistand heute in: Engelke, Ernst / Schmoll, Hans-Joachim / Wolff, Georg, Sterbebeistand bei Kindern und Erwachsenen, Stuttgart 1979, S. 17 ff.
Engelke, Ernst, Das Psychodrama in der Sterbehilfe in: Engelke, Ernst / Schmoll, Hans-Joachim / Wolff, Georg, Sterbebeistand bei Kindern und Erwachsenen, Stuttgart 1979, S. 64 ff.
Engisch, Karl, Ärztlicher Eingriff zu Heilzwecken und Einwilligung in: ZStW 58. Band (1939), S. 1 ff.
Engisch, Karl, Euthanasie und Vernichtung lebensunwerten Lebens in strafrechtlicher Beleuchtung, Stuttgart 1948
Engisch, Karl, Der Begriff der Rechtslücke, Eine analytische Studie zu Wilhelm Sauers Methodenlehre in: Wegner, Arthur, Festschrift für Wilhelm Sauer zum 70. Geburtstag, 24. Juni 1949, Berlin 1949
Engisch, Karl, Die rechtliche Bedeutung der ärztlichen Operation, Jena 1958
Engisch, Karl, Die rechtliche Bedeutung der ärztlichen Operation in: Stich, R. / Bauer, Karl Heinrich, Fehler und Gefahren bei chirurgischen Operationen, 4. Aufl., Band II, Jena 1958
Engisch, Karl / Hallermann, Wilhelm, Die ärztliche Aufklärungspflicht aus rechtlicher und ärztlicher Sicht, Köln/Berlin/Bonn/München 1970
Engisch, Karl, Heileingriff und ärztliche Aufklärungspflicht in: Engisch, Karl / Hallermann, Wilhelm, Die ärztliche Aufklärungspflicht aus rechtlicher und ärztlicher Sicht, Köln/Berlin/Bonn/München 1970, S. 7 ff.
Engisch, Karl, Der Arzt an den Grenzen des Lebens, Strafrechtliche Probleme des Lebensschutzes, Bonn 1973
Engisch, Karl, Tun und Unterlassen in: Lackner, Karl u.a., Festschrift für Wilhelm Gallas zum 70. Geburtstag, 22. Juli 1973, Berlin/New York 1973, S. 163 ff.
Engisch, Karl, Der nächste Schritt in: Grünwald, Gerald, Festschrift für Friedrich Schaffstein zum 70. Geburtstag, 28. Juli 1975, Göttingen 1975
Engisch, Karl, Suizid und Euthanasie nach deutschem Recht in: Eser, Albin / Bringewat, Peter, Suizid und Euthanasie als human- und sozialwissenschaftliches Problem, Stuttgart 1976, S. 312 ff.
Engisch, Karl, Konflikte, Aporien und Paradoxien bei der rechtlichen Beurteilung der ärztlichen Sterbehilfe in: Jescheck, Hans-Heinrich / Lüttger, Hans, Festschrift für Eduard Dreher zum 70. Geburtstag, 29. April 1977, Berlin/New York 1977, S. 309 ff.
Engisch, Karl, Aufklärung und Sterbehilfe bei Krebs in rechtlicher Sicht in: Kaufmann, Arthur, Festschrift für Paul Bockelmann zum 70. Geburtstag, 07. Dezember 1978, München 1979, S. 519 ff.
Englert, Nikolaus, Todesbegriff und Leichnam als Element des Totenrechts, München 1979
Enneccerus, Ludwig / Nipperdey, Hans Carl, Allgemeiner Teil des Bürgerlichen Rechts, Ein Lehrbuch, 2. Halbband, 15. Aufl., Tübingen 1960
Entschließung des 84. Deutschen Ärztetages 1981: Humanes Sterben in: Koch, Hans-Georg, Landesbericht Deutschland in: Eser, Albin / Koch, Hans-Georg, Materialien zur Sterbehilfe, S. 31 (152 f.)
Entschließung des 99. Deutschen Ärztetages 1996 zur Euthanasie in: BtPrax 1997, S. 19 f.
Eppinger, Dietrich, Hospiz - eine Begriffsbestimmung in: Reuter, Stephanie, Sterben, Tod, Trauer, Stuttgart/München/Düsseldorf/Leipzig 1997, S. 34
Epple, Dieter, Einfluß der Betreuungsverfügung auf das Verfahren, die Führung und Überwachung der Betreuung in: BtPrax 1993, S. 156 ff.
Erlemeier, Norbert, Beiträge der psychologischen Thanatologie zum Euthanasieproblem in: Eid, Volker, Euthanasie oder soll man auf Verlangen töten ? 2. Aufl., Mainz 1985, S. 108 ff.
Erlinger, Rainer, Behandlungsfreiheit und ärztliche Behandlungspflicht, München 1998

Erman, Handkommentar zum Bürgerlichen Gesetzbuch, Band 1 und 2, 9. Aufl., Münster 1993
Erman, Handkommentar zum Bürgerlichen Gesetzbuch, Band 2, 10. Aufl., Münster 2000
Esch, Heike, Der Patientenanwalt, Zur Vertretung einwilligungsunfähiger Patienten bei medizinischen Entscheidungen durch gewillkürte und gesetzliche Stellvertretung, Frankfurt/M. 2000
Eschner, Axel, Wege zu neuen Lösungen im Arzthaftungsprozeß in: DRiZ 1983, S. 9 ff.
Eser, Albin / Bringewat, Peter, Suizid und Euthanasie als human- und sozialwissenschaftliches Problem, Stuttgart 1976
Eser, Albin, Neues Recht des Sterbens ? Einige grundsätzliche Betrachtungen in: Eser, Albin / Bringewat, Peter, Suizid und Euthanasie als human- und sozialwissenschaftliches Problem, Stuttgart 1976, S. 392 ff.
Eser, Albin, Lebenserhaltungspflicht und Behandlungsabbruch aus rechtlicher Sicht in: Auer, Alfons / Menzel, Hartmut / Eser, Albin, Zwischen Heilauftrag und Sterbehilfe, Zum Behandlungsabbruch aus ethischer, medizinischer und rechtlicher Sicht, Köln/Berlin/Bonn/ München 1977, S. 75 ff.
Eser, Albin, Sterbehilfe und Euthanasie, Diskussion aus rechtlicher Sicht in: Böhme, Wolfgang, Der Arzt und das Sterben, Karlsruhe 1981, S. 9 ff.
Eser, Albin, Grenzen der Behandlungspflicht aus juristischer Sicht in: Lawin, Peter / Huth, Hanno, Grenzen der ärztlichen Aufklärungs- und Behandlungspflicht, Stuttgart/New York 1982, S. 77 ff.
Eser, Albin, Diskussion Teil II - Behandlungspflicht in: Lawin, Peter / Huth, Hanno, Grenzen der ärztlichen Aufklärungs- und Behandlungspflicht, Stuttgart/New York 1982, S. 157 ff.
Eser, Albin / Koch, Hans-Georg, Aktuelle Rechtsprobleme der Sterilisation in: MedR 1984, S. 6 ff.
Eser, Albin, Sterbewille und ärztliche Verantwortung, Zugleich Stellungnahme zum Urteil des BGH im Fall Dr. Wittig in: MedR 1985, S. 6 ff.
Eser, Albin, Medizin und Strafrecht: Eine schutzgutorientierte Problemübersicht in: ZStW 97. Band (1985), S. 1 ff.
Eser, Albin, Sterbehilfe und Euthanasie in rechtlicher Sicht in: Eid, Volker, Euthanasie oder soll man auf Verlangen töten ? 2. Aufl., Mainz 1985, S. 45 ff.
Eser, Albin, Freiheit zum Sterben - Kein Recht auf Tötung in: JZ 1986, S. 786 ff.
Eser, Albin / Koch, Hans-Georg, Rechtsfragen bei der gynäkologischen Betreuung minderjähriger Patientinnen in: Huber, Alfons / Hiersche, Hans-Dieter, Praxis der Gynäkologie im Kindes- und Jugendalter, 2. Aufl., Stuttgart/New York 1987, S. 18 ff.
Eser, Albin / Lutterotti, Markus von / Sporken, Paul, Lexikon Medizin, Ethik, Recht, Freiburg/Basel/Wien 1989
Eser, Albin / Koch, Hans-Georg, Materialien zur Sterbehilfe, Eine internationale Dokumentation, Freiburg 1991
Eser, Albin in: Schönke, Adolf / Schröder, Horst, Strafgesetzbuch, Kommentar, 25. Aufl., München 1997
Esser, Josef / Weyers, Hans-Leo, Schuldrecht Band II, Besonderer Teil, 7. Aufl., Heidelberg 1991
Evangelische Akademie Bad Boll, Protokolldienst 1/96, Patiententestament, Eine Hilfe für alle ? Bad Boll 1996
Evangelische Akademie Baden, Sterbehilfe, Was heißt das ? Karlsruhe 1988
Evangelische Akademie Berlin, "Sterbehilfe" - Tötung auf wessen Verlangen ? Berlin 1988
Evangelische Akademie Berlin, Begleitetes Sterben - gegen den Versuch, Euthanasie zu legalisieren, Berlin 1989
Evangelisch-Lutherische Kirche in Bayern, Eine christliche Patientenverfügung in: Evangelische Akademie Bad Boll, Protokolldienst 1/96, Patiententestament, Eine Hilfe für alle ? Bad Boll 1996, S. 70

Evers, Hans Ulrich u.a., Persönlichkeit in der Demokratie, Festschrift für Erich Schwinge zum 70. Geburtstag, Köln/Bonn 1973
Exner, Horst / Fahlbusch, Wilhelm, Sterbehilfe, Bielefeld 1985

Fachhochschulverlag Frankfurt/M., Selbstbewußt die Zukunft gestalten, solange ich gesund bin, Patientenverfügung in: Taupitz, Jochen, Landesbericht Deutschland in: Taupitz, Jochen, Zivilrechtliche Regelungen zur Absicherung der Patientenautonomie am Ende des Lebens, Berlin/Heidelberg/New York/Barcelona/Hongkong/London/Mailand/Paris/Singapur/Tokio 2000, S. 273 (458 f.)
Falck, Ingeborg, Sterbebegleitung aus der Sicht des Arztes in: Evangelische Akademie Berlin, Begleitetes Sterben - gegen den Versuch, Euthanasie zu legalisieren, Berlin 1989, S. 29 ff.
Fengler, Jörg, Ordnung, Pflicht und Tötungsbereitschaft in: Bastian, Till, Denken - schreiben - töten, Stuttgart 1990, S. 15 ff.
Fenigsen, Richard, A Case Against Dutch Euthanasia, Hastings Center Report, Vol. 19, Nr. 1, Jan./Febr. 1989, Special Supplement, S. 22-30, zitiert bei Lutterotti, Markus von, Der Arzt und das Tötungsverbot in: MedR 1992, S. 7 ff.
Feuser, Georg, Pädagogik ohne Ausgrenzung, Ethische Aspekte gegen die "Euthanasie" in: Daub, Ute / Wunder, Michael, Des Lebens Wert, Freiburg 1994, S. 61 ff.
Fischer, B. / Lehrl, Siegfried, Patienten - Compliance, Mannheim 1982
Fischer, Ferdinand / Fritsche, Paul / Pribilla, Otto, Definition des Todes, Feststellung des Todes und Bestimmung des Todeszeitpunktes aus ärztlicher und juristischer Sicht in: Eid, Volker / Frey, Rudolf, Sterbehilfe oder wie weit reicht die ärztliche Behandlungspflicht ? Mainz 1978, S. 26 ff.
Fischer, Gerfried, Medizinische Versuche am Menschen, Göttingen 1979
Fischer, Gerfried, Die mutmaßliche Einwilligung bei ärztlichen Eingriffen in: Ahrens, Hans-Jürgen u.a., Festschrift für Erwin Deutsch zum 70. Geburtstag, Köln/Berlin/Bonn/München 1999, S. 545 ff.
Fletcher, Joseph, In Verteidigung des Suizids in: Eser, Albin / Bringewat, Peter, Suizid und Euthanasie als human- und sozialwissenschaftliches Problem, Stuttgart 1976, S. 233 ff.
Flew, Anthony, Selbsttötung und Geisteskrankheit in: Eser, Albin / Bringewat, Peter, Suizid und Euthanasie als human- und sozialwissenschaftliches Problem, Stuttgart 1976, S. 95 ff.
Flöck, Reiner, Geh' nicht ohne Zorn in diese schöne dunkle Nacht - Erlebnisse als pflegender Seelsorger im St. Christopher's Hospiz London in: Reuter, Stephanie, Sterben, Tod, Trauer, Stuttgart/München/Düsseldorf/Leipzig 1997, S. 35 f.
Flume, Werner, Allgemeiner Teil des Bürgerlichen Rechts, 2. Band, Das Rechtsgeschäft, 4. Aufl., Berlin/Heidelberg/New York/London/Paris/Tokio/Hongkong/Barcelona/Budapest 1992
Foot, Philippa, Euthanasie in: Leist, Anton, Um Leben und Tod, 3. Aufl., Frankfurt/M. 1992, S. 285 ff.
Forkel, Hans, Verfügungen über Teile des menschlichen Körpers in: JZ 1974, S. 593 ff.
Forßmann, Werner, Die Euthanasie als Problem der Medizin in: Blaha, Herbert / Gutjahr-Löser, Peter / Niebler, Engelbert, Schutz des Lebens - Recht auf Tod, München/Wien 1978, S. 47 ff.
Francke, Robert / Hart, Dieter, Ärztliche Verantwortung und Patienteninformation, Stuttgart 1987
Franzki, Harald, Kein Anspruch auf Behandlung und Operation durch einen bestimmten Arzt in: Deutsches Ärzteblatt 1983, Ausgabe B, S. 72 ff.
Franzki, Harald, Rechtsfragen der Anfängeroperation in: MedR 1984, S. 186 ff.

Französische Bischofskonferenz, Erklärung des Ständigen Rates in: Holderegger, Adrian, Das medizinisch assistierte Sterben, Freiburg/Wien 1998, S. 413 ff.

Frey, Rudolf, Die Grenzen der Behandlungspflicht aus der Sicht des Klinikers in: Eid, Volker / Frey, Rudolf, Sterbehilfe oder wie weit reicht die ärztliche Behandlungspflicht ? Mainz 1978, S. 36 ff.

Friedlander, Henry, Der Weg zum NS-Genozid, Von der Euthanasie zur Endlösung, Berlin 1997

Friedrich, Dietrich, Die Todesfälle von Rheinfelden in: Oehmichen, Manfred, Lebensverkürzung, Tötung und Serientötung - eine interdisziplinäre Analyse der "Euthanasie", Lübeck 1996, S. 159 ff.

Friedrich, Martin, Die Aufklärungspflicht des Arztes in: VersR 1954, S. 329 f., 380 ff.

Frister, Helmut, Anmerkung zu OLG Frankfurt/Main, Beschluß vom 15.07.1998 - 20 W 224/98 in: JR 1999, S. 73 f.

Fritsche, Paul, Grenzbereich zwischen Leben und Tod, Klinische, juristische und ethische Probleme, Stuttgart 1973

Fritsche, Paul, Der Patient als Mensch oder Objekt - Lebensverlängerung bis zum letzten Atemzug in: Eser, Albin / Bringewat, Peter, Suizid und Euthanasie als human- und sozialwissenschaftliches Problem, Stuttgart 1976, S. 150 ff.

Fritsche, Paul, Die ethische Relevanz der Leben-Tod-Problematik in medizinischer Sicht in: Eid, Volker / Frey, Rudolf, Sterbehilfe oder wie weit reicht die ärztliche Behandlungspflicht ? Mainz 1978, S. 11 ff.

Fritsche, Paul, Darf der Arzt Sterbehilfe leisten ? in: Jung, Heike / Meiser, Richard Johannes / Müller, Egon, Aktuelle Probleme und Perspektiven des Arztrechts, Stuttgart 1989, S. 5 ff.

Fritsche, Paul, Der Arzt und seine Verpflichtung zur Sterbehilfe in: MedR 1993, S. 126 ff.

Fritsche, Paul, Ärztlich-ethische Aspekte zur Ambivalenz der Lebensverlängerung in: Deutsche Sektion der Internationalen Juristen-Kommission, Lebensverlängerung aus medizinischer, ethischer und rechtlicher Sicht, Heidelberg 1995, S. 3 ff.

Fritz, Hans, Ärztliche Gedanken zur Intensiv-Medizin in: Uhlenbruck, Wilhelm / Rollin, Marion, Sterbehilfe und Patiententestament, Berlin 1983, S. 114 ff.

Fritz, Robin, Nur mit beim Amtsgericht hinterlegter Vollmacht, FAZ vom 06.08.1998, abgedruckt in: Institut für Sozialarbeit und Sozialpädagogik (ISS-Frankfurt/M.), Fachtagung Förderung der Sterbebegleitung - Öffnung der Sterbehilfe ? Frankfurt/M. 1999, S. 74

Fritzen, Sterben und sterben lassen, Frankfurter Allgemeine Zeitung vom 07.10.1974, S. 7 f.

Füllmich, Reiner, Der Tod im Krankenhaus und das Selbstbestimmungsrecht des Patienten, Frankfurt/M./Bern/New York/Paris 1990

Füllmich, Reiner, Zur Ablehnung künstlich lebensverlängernder medizinischer Maßnahmen durch nicht entscheidungsfähige Patienten in: NJW 1990, S. 2301 ff.

Funck, Jan-Robert, Der Todeszeitpunkt als Rechtsbegriff in: MedR 1992, S. 182 ff.

Furth, Gregg, Die Verwendung von Zeichnungen, angefertigt in einer Lebenskrise in: Kübler-Ross, Elisabeth, Verstehen was Sterbende sagen wollen, Stuttgart 1982, S. 83 ff.

Gaisbauer, Georg, Die Rechtsprechung zum Arzthaftpflichtrecht 1966 bis 1970 in: VersR 1972, S. 419 ff.

Gaisbauer, Georg, Die Rechtsprechung zum Arzthaftpflichtrecht 1971 bis 1974 in: VersR 1976, S. 214 ff.

Gallas, Wilhelm, Zum gegenwärtigen Stand der Lehre vom Verbrechen in: ZStW 67. Band (1955), S. 1 ff.

Gallas, Wilhelm, Strafbares Unterlassen im Fall einer Selbsttötung in: JZ 1960, S. 649 ff.

Gebhardt, Rudolf, Seelsorge an Sterbenden in: Giesler, Erhard, Sterbende begleiten, Kassel 1988, S. 73 ff.

Geerds, Friedrich / Naucke, Wolfgang, Beiträge zur gesamten Strafrechtswissenschaft, Festschrift für Hellmuth Mayer zum 70. Geburtstag, 01. Mai 1965, Berlin 1966

Geiger, Andreas, Die Einwilligung in die Verarbeitung von persönlichen Daten als Ausübung des Rechts auf informationelle Selbstbestimmung in: NVwZ 1989, S. 35 ff.

Geilen, Gerd, Einwilligung und ärztliche Aufklärungspflicht, Bielefeld 1963

Geilen, Gerd, Neue juristisch-medizinische Grenzprobleme in: JZ 1968, S. 145 ff.

Geilen, Gerd, Das Leben des Menschen in den Grenzen des Rechts in: FamRZ 1968, S. 121 ff.

Geilen, Gerd, Rechtsfragen der ärztlichen Aufklärungspflicht in: Mergen, Armand, Die juristische Problematik in der Medizin, Band II, Ärztliche Aufklärungs- und Schweigepflicht, München 1971, S. 11 ff.

Geilen, Gerd, Medizinischer Fortschritt und juristischer Todesbegriff in: Lüttger, Hans, Festschrift für Ernst Heinitz zum 70. Geburtstag, Berlin/New York 1972, S. 373 ff.

Geilen, Gerd, Euthanasie und Selbstbestimmung, Juristische Betrachtungen zum "Recht auf den eigenen Tod", Tübingen 1975

Geilen, Gerd, Legislative Erwägungen zum Todeszeitproblem in: Eser, Albin / Bringewat, Peter, Suizid und Euthanasie als human- und sozialwissenschaftliches Problem, Stuttgart 1976, S. 301 ff.

Geilen, Gerd, Rechtsfragen der Euthanasie in: Habscheid, Walther u.a., Festschrift für Friedrich Wilhelm Bosch, Bielefeld 1976, S. 277 ff.

Geiß, Karlmann, Arzthaftpflichtrecht, 2. Aufl., München 1993

Geiß, Karlmann / Greiner, Hans-Peter, Arzthaftpflichtrecht, 3. Aufl., München 1999

Geißler, Heiner, Ökonomische und sozialpolitische Aspekte der Intensivmedizin in: Eid, Volker / Frey, Rudolf, Sterbehilfe oder wie weit reicht die ärztliche Behandlungspflicht ? Mainz 1978, S. 133 ff.

Gernhuber, Joachim / Coester-Waltjen, Dagmar, Lehrbuch des Familienrechts, 4. Aufl., München 1994

Giesen, Dieter, Grundzüge der zivilrechtlichen Arzthaftung in: Jura 1981, S. 10 ff.

Giesen, Dieter, Arzthaftungsrecht im Umbruch (II) - Die ärztliche Aufklärungspflicht in der Rechtsprechung seit 1974 in: JZ 1982, S. 391 ff.

Giesen, Dieter, Zwischen Patientenwohl und Patientenwille in: JZ 1987, S. 282 ff.

Giesen, Dieter, Ethische und rechtliche Probleme am Ende des Lebens in: JZ 1990, S. 929 ff.

Giesen, Dieter, Wandlungen im Arzthaftungsrecht in: JZ 1990, S. 1053 ff.

Giesen, Dieter, Zur Annäherung von Arzthaftung und Dienstleistungshaftung in Deutschland und Europa in: JR 1991, S. 485 ff.

Giesen, Dieter, Euthanasie und Sterbehilfe aus juristischer Perspektive in: Zeitschrift für medizinische Ethik 39 (1993), S. 151 ff.

Giesen, Dieter, Arzthaftungsrecht, 4. Aufl., Tübingen 1995

Giesen, Wilhelm / Keienburg, Fritz Hermann, Organtransplantation, Stuttgart 1969

Giesler, Erhard, Sterbende begleiten, Kassel 1988

Gitter, Wolfgang in: Münchner Kommentar zum Bürgerlichen Gesetzbuch, Band 1, 2. Aufl., München 1984

Glaser, Barney G. / Strauss, Anselm L., Interaktion mit Sterbenden, Beobachtungen für Ärzte, Schwestern, Seelsorger und Angehörige, Göttingen 1974

Glatz, Christian, Der Arzt zwischen Aufklärung und Beratung, Berlin 1998

Goettle, Gabriele, A und B, Bein oder Zeh ? in: Bruns, Theo / Penselin, Ulla / Sierck, Udo, Tödliche Ethik, Beiträge gegen Eugenik und Euthanasie, 2. Aufl., Hamburg 1993, S. 69 ff.

Goll, Eberhard, Behandlungspflicht und Sterbehilfe in: Arztrecht 1980, S. 319 ff.

Göppinger, Hans, Arzt und Recht, München 1966

Gordijn, Bert, Euthanasie in den Niederlanden - eine kritische Betrachtung, Dortmund 1997
Gordijn, Bert, Medizinisch assistierter Suizid und freiwillige Euthanasie in den Niederlanden in: Neumann, Gita / Körner, Uwe, Patientenautonomie und Humanes Sterben, Kongreßbericht, Berlin 1997, S. 67 ff.
Gordijn, Bert, Die niederländische Euthanasie-Debatte in: Gose, Walther / Hoffmann, Herbert / Wirtz, Hans-Gerd, Aktive Sterbehilfe ? Zum Selbstbestimmungsrecht des Patienten, Trier 1997, S. 29 ff.
Gordijn, Bert, Die derzeitige Euthanasie-Debatte in den Niederlanden in: Aulbert, Eberhard / Klaschik, Eberhard / Pichlmaier, Heinz, Palliativmedizin - Die Alternative zur Sterbehilfe, Stuttgart/New York 1998, S. 9 ff.
Gose, Walther / Hoffmann, Herbert / Wirtz, Hans-Gerd, Aktive Sterbehilfe ? Zum Selbstbestimmungsrecht des Patienten, Trier 1997
Gostomzyk, J. G. / Leithoff, Horst, Die Aufklärungspflicht aus ärztlicher Sicht in: Deutsches Ärzteblatt 1973, S. 25 ff.
Gounalakis, Georgios, Formularmäßige ärztliche Aufklärung im Lichte des AGB-Gesetzes in: NJW 1990, S. 752
Gounalakis, Georgios, Anfängernarkose und -operation - Behandlungsfehler oder Aufklärungspflichtverletzung ? in: NJW 1991, S. 2945 f.
Grafe, S., Die ärztliche Aufklärung - ein zwischenmenschliches Problem ? in: Arztrecht 1992, S. 76 ff.
Graupner, Heidrun, In Würde sterben in: Institut für Sozialarbeit und Sozialpädagogik (ISS-Frankfurt/M.), Fachtagung Förderung der Sterbebegleitung - Öffnung der Sterbehilfe ? Frankfurt/M. 1999, S. 73
Greshake, Gisbert, Bemühungen um eine Theologie des Sterbens in: Eid, Volker, Euthanasie oder soll man auf Verlangen töten ? 2. Aufl., Mainz 1985, S. 170 ff.
Grimm, Abweichende Meinung zu BVerfG, Beschluß vom 06.06.1989 - 1 BvR 921/85 in: NJW 1989, S. 2528 f.
Gronemeyer, Reimer, Die Entfernung vom Wolfsrudel, Über den drohenden Krieg der Jungen gegen die Alten, Düsseldorf 1989
Gropp, Walter, Suizidbeteiligung und Sterbehilfe in der Rechtsprechung in: NStZ 1985, S. 97 ff.
Gründel, Johannes, Probleme des Lebensschutzes aus der Sicht der katholischen und evangelischen Theologie in: Blaha, Herbert / Gutjahr-Löser, Peter / Niebler, Engelbert, Schutz des Lebens - Recht auf Tod, München/Wien 1978, S. 11 ff.
Gründel, Johannes, Sterbehilfe aus ethischer Sicht in: MedR 1985, S. 2 ff.
Gründel, Johannes, Hilfe für Sterbende - Hilfe zum Sterben ? in: Kruse, Torsten / Wagner, Harald, Sterbende brauchen Solidarität, München 1986, S. 82 ff.
Gründel, Johannes, Euthanasie aus Mitleid ? Ethisch-theologische Anfragen in: Gose, Walther / Hoffmann, Herbert / Wirtz, Hans-Gerd, Aktive Sterbehilfe ? Zum Selbstbestimmungsrecht des Patienten, Trier 1997, S. 89 ff.
Grünewald, Isaak, Jüdische Wertung der Euthanasie in: Hiersche, Hans-Dieter, Euthanasie, München/Zürich 1975, S. 37 ff.
Grunsky, Wolfgang u.a., Festschrift für Fritz Baur, Tübingen 1981
Grünwald, Gerald, Die Beteiligung durch Unterlassen in: GA 1959, S. 110 ff.
Grünwald, Gerald, Die Aufklärungspflicht des Arztes in: ZStW 73. Band (1961), S. 5 ff.
Grünwald, Gerald, Heilbehandlung und ärztliche Aufklärungspflicht in: Göppinger, Hans, Arzt und Recht, München 1966, S. 125 ff.
Grünwald, Gerald u.a., Festschrift für Friedrich Schaffstein zum 70. Geburtstag, 28. Juli 1975, Göttingen 1975
Gubernatis, Gabriele, Zur Offenbarungspflicht bei ärztlicher Fehlbehandlung in: JZ 1982, S. 363 ff.
Gula, Richard, Zur Euthanasie-Diskussion in den USA in: Holderegger, Adrian, Das medizinisch assistierte Sterben, S. 138 ff.

Habscheid, Walther u.a., Festschrift für Friedrich Wilhelm Bosch, Bielefeld 1976
Hackethal, Julius, Schwerkranke haben das Recht auf einen würdigen Tod in: Atrott, Hans Henning / Eibach, Ulrich u.a., Sterbehilfe, Mitleid oder Mord ? Wiesbaden 1984, S. 7 ff.
Häcker, Johannes, Wille und Interesse bei der mutmaßlichen Einwilligung, zugleich ein Beitrag zur übergesetzlichen Rechtfertigung, Tübingen 1973
Haemmerli, Urs Peter, Todkranke auf Kalorie Null gesetzt in: Der Spiegel, Nr. 7/1975, S. 42 f.
Hagedorn, Manfred, Die Entbehrlichkeit der Einwilligung und Aufklärung bei Heilbehandlungen nach dem Strafgesetzbuch-Entwurf 1962, Heidelberg 1965
Hager, Johannes in: Staudinger, Kommentar zum Bürgerlichen Gesetzbuch, Buch 2, 13. Aufl., Berlin 1999
Hallermann, Wilhelm, Die ärztliche Aufklärungspflicht aus medizinischer Sicht in: Engisch, Karl / Hallermann, Wilhelm, Die ärztliche Aufklärungspflicht aus rechtlicher und ärztlicher Sicht, Köln/Berlin/Bonn/München 1970
Hallermann, Wilhelm, Ärztliche Aufklärungspflicht aus medizinischer Sicht in: Mergen, Armand, Die juristische Problematik in der Medizin, Band II, Ärztliche Aufklärungs- und Schweigepflicht, München 1971, S. 44 ff.
Hamann, Andreas / Lenz, Helmut, Das Grundgesetz für die Bundesrepublik Deutschland, Kommentar, 3. Aufl., Neuwied/Berlin 1970
Hamann, Andreas in: Hamann, Andreas / Lenz, Helmut, Das Grundgesetz für die Bundesrepublik Deutschland, 3. Aufl., Neuwied/Berlin 1970
Hamburger Ärzteschaft, Patiententestament in: Evangelische Akademie Bad Boll, Protokolldienst 1/96, Patiententestament, Eine Hilfe für alle ? Bad Boll 1996, S. 71
Hamm, Rainer, Festschrift für Werner Sarstedt zum 70. Geburtstag, Berlin/New York 1981
Hammann, Konrad, Die echte Sterbehilfe, Bremen 1966
Hanack, Ernst Walter, Euthanasie in strafrechtlicher Sicht in: Hiersche, Hans-Dieter, Euthanasie, München/Zürich 1975, S. 121 ff.
Hanack, Ernst Walter, Grenzen ärztlicher Behandlungspflicht bei schwerstgeschädigten Neugeborenen aus juristischer Sicht in: MedR 1985, S. 33 ff.
Hanau, Peter in: Erman, Handkommentar zum Bürgerlichen Gesetzbuch, Band 1, 9. Aufl., Münster 1993
Händel, Konrad, Jahrestagung der Deutschen Gesellschaft für Rechtsmedizin in: NJW 1974, S. 2041 f.
Händel, Konrad, Rechtsmedizinertagung in München in: NJW 1976, S. 2297 f.
Hannich, Hans-Joachim / Wendt, Michael, Psychologische Aspekte der Intensivbehandlung in: Schara, Joachim, Humane Intensivtherapie, Erlangen 1982, S. 119 ff.
Harder, Manfred, Voluntas aegroti suprema lex - Bemerkungen zum sogenannten "Patiententestament" in: Arztrecht 1991, S. 11 ff.
Hardwig, Werner, Betrachtungen zur Frage des Heileingriffes in: GA 1965, S. 161 ff.
Häring, Bernhard, Das Gesetz Christi, Moraltheologie, Freiburg 1954
Häring, Bernhard, Heilender Dienst, Ethische Probleme der modernen Medizin, Mainz 1972
Häring, Bernhard, Moraltheologische Überlegungen zu Suizid und Euthanasie in: Eser, Albin / Bringewat, Peter, Suizid und Euthanasie als human- und sozialwissenschaftliches Problem, Stuttgart 1976, S. 261 ff.
Hart, Dieter, Arzneimitteltherapie und ärztliche Verantwortung, Stuttgart 1990
Hartmann, Fritz, Umgang mit Sterbenden in der Geschichte in: Engelke, Ernst / Schmoll, Hans-Joachim / Wolff, Georg, Sterbebeistand bei Kindern und Erwachsenen, Stuttgart 1979, S. 5 ff.
Hartmann, Fritz, Hilfe beim Sterben - Hilfe zum Sterben in: Exner, Horst / Fahlbusch, Wilhelm, Sterbehilfe, Bielefeld 1985, S. 9 ff.
Hartmann, Tanja, Patientenverfügung und Psychiatrische Verfügung - Verbindlichkeit für den Arzt ? in: NStZ 2000, S. 113 ff.

Haueisen, Die Rechtsgrundlage der Beziehungen zwischen Kassenarzt und Kassenpatient, NJW 1956, 1745 f.

Heberer, Georg / Opderbecke, Hans Wolfgang u.a., Ärztliches Handeln - Verrechtlichung eines Berufsstandes, Festschrift für Walther Weißauer zum 65. Geburtstag, Berlin/Heidelberg/New York/London/Paris/Tokio 1986

Heberer, Georg, Humanitas im Krankenhaus - Anspruch und Wirklichkeit in: Heberer, Georg / Opderbecke, Hans Wolfgang u.a., Ärztliches Handeln - Verrechtlichung eines Berufsstandes, Festschrift für Walther Weißauer zum 65. Geburtstag, Berlin/Heidelberg/New York/London/Paris/Tokio 1986, S. 37 ff.

Heemann, Regine / Werner, Gerhard, Landesbericht Kanada in: Eser, Albin / Koch, Hans-Georg, Materialien zur Sterbehilfe, Eine internationale Dokumentation, Freiburg 1991, S. 409 ff.

Hefermehl, Wolfgang in: Soergel, Bürgerliches Gesetzbuch, Kommentar, Band 1, Stuttgart/Berlin/Köln/München 1987

Hegler, August, Die Merkmale des Verbrechens in: ZStW Band 36 (1915), S. 19 ff.

Heidemann, Else, Welche Probleme gibt es mit Patientenverfügungen ? in: Evangelische Akademie Bad Boll, Protokolldienst 1/96, Patiententestament, Eine Hilfe für alle ? Bad Boll 1996, S. 21 ff.

Heidner, Hans-Hermann, Die Bedeutung der mutmaßlichen Einwilligung als Rechtfertigungsgrund, insbesondere im Rahmen des ärztlichen Heileingriffs, Göttingen 1988

Heifetz, Milton / Mangel, Charles, Das Recht zu sterben, Frankfurt/M. 1976

Heine, Günter, Landesbericht Schweiz in: Eser, Albin / Koch, Hans-Georg, Materialien zur Sterbehilfe, Eine internationale Dokumentation, Freiburg 1991, S. 591 ff.

Heinitz, Ernst, Das Problem der materiellen Rechtswidrigkeit, Strafrechtliche Abhandlungen, Heft 211, Breslau 1926

Heinrich, Dieter, Zur Euthanasie-Diskussion in Deutschland, Stand und Perspektiven in: Diakonisches Werk der Evangelischen Kirche von Westfalen, Ausweg Euthanasie ? Münster 1999, S. 7 ff.

Heinrichs, Helmut in: Palandt, Bürgerliches Gesetzbuch, Kommentar, 60. Aufl., München 2001

Helgerth, Roland, Strafrechtliche Beurteilung der Sterbehilfe durch den Arzt in: JR 1976, S. 45 ff.

Helgerth, Roland, Anmerkung zu BGH, Urteil vom 13.09.1994 - 1 StR 357/94 in: JR 1995, S. 338 ff.

Hellbrügge, Theodor, Ärztliche Gesichtspunkte zu einer "begrenzten" Euthanasie in: Ärztliche Mitteilungen 1963, S. 1428 ff.

Hempfing, Walter, Aufklärungspflicht und Arzthaftung, Landsberg/Lech 1995

Henke, Peter, Die Verantwortung des Arztes in der Intensivtherapie in: Schara, Joachim, Humane Intensivtherapie, Erlangen 1982, S. 34 ff.

Henke, Peter, Verantwortung vor dem Patienten als Zumutung von Autonomie in: Schara, Joachim, Humane Intensivtherapie, Erlangen 1982, S. 41 ff.

Hennies, Günter / Sandvoß, G., Rechtlich-ethische Probleme des Behandlungsabbruchs - insbesondere bei entscheidungsunfähigen Patienten in: Arztrecht 1997, S. 39 ff.

Herrmann, Joachim, Soll ein Krebspatient über seine Diagnose aufgeklärt werden? in: MedR 1988, S. 1 ff.

Herzberg, Rolf Dietrich, Beteiligung an einer Selbsttötung oder tödlichen Selbstgefährdung als Tötungsdelikt - Teil 1 in: JA 1985, S. 131 ff. - Teil 2 in: JA 1985, S. 177 ff.

Herzberg, Rolf Dietrich, Der Fall Hackethal: Strafbare Tötung auf Verlangen ? in: NJW 1986, S. 1635 ff.

Herzberg, Rolf Dietrich, Straffreie Beteiligung am Suizid und gerechtfertigte Tötung auf Verlangen in: JZ 1988, S. 182 ff.

Herzberg, Rolf Dietrich, Sterbehilfe als gerechtfertigte Tötung im Notstand ? in: NJW 1996, S. 3043 ff.
Herzog, Horst, Die rechtliche Problematik von AIDS in der Praxis des niedergelassenen Arztes in: MedR 1988, S. 289 ff.
Herzog, Roman, Verfassung und Verwaltungsgerichte - zurück zu mehr Kontrolldichte ? in: NJW 1992, S. 2601 ff.
Heß, Friedemann, Alter, Sterben, Tod - einbeziehen oder verdrängen ? in: Uhlenbruck, Wilhelm / Rollin, Marion, Sterbehilfe und Patiententestament, Berlin 1983, S. 102 ff.
Hess, Rainer in: Kasseler Kommentar Sozialversicherungsrecht, Band 1, 2. Aufl., München 1998
Hesse, Konrad, Grundzüge des Verfassungsrechts der Bundesrepublik Deutschland, 20. Aufl., Heidelberg 1995
Hiersche, Hans-Dieter, Euthanasie, München/Zürich 1975
Hiersche, Hans-Dieter, Euthanasie aus ärztlicher Sicht in: Hiersche, Hans-Dieter, Euthanasie, München/Zürich 1975, S. 209 ff.
Hiersche, Hans-Dieter, Rechtliche Positionen des Geburtshelfers gegenüber der werdenden Mutter, dem Vater und dem Kind in: MedR 1983, S. 53 ff.
Hiersche, Hans-Dieter, Schwangerschaftsabbruch und Anencephalus in: MedR 1984, S. 215 f.
Hiersche, Hans-Dieter, Das Recht des Menschen auf einen würdigen Tod in: Heberer, Georg / Opderbecke, Hans Wolfgang u.a., Ärztliches Handeln - Verrechtlichung eines Berufsstandes, Festschrift für Walther Weißauer zum 65. Geburtstag, Berlin/Heidelberg/New York/London/Paris/Tokio 1986, S. 55 ff.
Hiersche, Hans-Dieter, Das Recht des Menschen auf seinen würdigen Tod in: MedR 1987, S. 83 ff.
Hinzen, Ulrich, Hospizbewegung in: Evangelische Akademie Berlin, Begleitetes Sterben - gegen den Versuch, Euthanasie zu legalisieren, Berlin 1989, S. 36 ff.
Hippel, Robert von, Deutsches Strafrecht, Band 2, Das Verbrechen, Allgemeine Lehren, Neudruck der Ausgabe Berlin 1930, Aalen 1971
Hirsch, Günter, Der sterbende Mensch. Rechtliche Grenzen der ärztlichen Behandlungspflicht in: ZRP 1986, S. 239 ff.
Hirsch, Hans Joachim, Literaturbericht: Strafrecht - Besonderer Teil (1.Teil) in: ZStW 81. Band (1969), S. 917 ff.
Hirsch, Hans Joachim, Einwilligung und Selbstbestimmung in: Stratenwerth, Günter, Festschrift für Hans Welzel zum 70. Geburtstag, 25. März 1974, Berlin/New York 1974, S. 775 ff.
Hirsch, Hans Joachim, Strafrecht und rechtsfreier Raum in: Kaufmann, Arthur u.a., Festschrift für Paul Bockelmann zum 70. Geburtstag, 07. Dezember 1978, München 1979, S. 89 ff.
Hirsch, Hans Joachim, Anmerkung zu BGH, Urteil vom 18.07.1978 - 1 StR 209/78 in: JR 1979, S. 429 ff.
Hirsch, Hans Joachim, Behandlungsabbruch und Sterbehilfe in: Küper, Wilfried, Festschrift für Karl Lackner zum 70. Geburtstag, 18.02.1987, Berlin/New York 1987, S. 597 ff.
Hirsch, Hans Joachim in: Leipziger Kommentar, Strafgesetzbuch, 5. Band, 10. Aufl., Berlin 1988
Hirsch, Hans Joachim in: Leipziger Kommentar, Strafgesetzbuch, 11. Aufl., Berlin/New York 1994
Hoche, Alfred in: Binding, Karl / Hoche, Alfred, Die Freigabe der Vernichtung lebensunwerten Lebens, Leipzig 1920, S. 43 ff.
Hoesch, Hans Leo von, Interview in: Humanes Leben - Humanes Sterben, Nr. 3/1999, S. 10
Höfer, Josef / Rahner, Karl, Lexikon für Theologie und Kirche, 2. Aufl., 3. Band, Freiburg 1959

Höfling, Wolfram, Um Leben und Tod: Transplantationsgesetzgebung und Grundrecht auf Leben in: JZ 1995, S. 26 ff.
Höfling, Wolfram, Forum: "Sterbehilfe" zwischen Selbstbestimmung und Integritätsschutz in: JuS 2000, S. 111 ff.
Hofmann, Hasso, Biotechnik, Gentherapie, Genmanipulation - Wissenschaft im rechtsfreien Raum ? in: JZ 1986, S. 253 ff.
Hohm, Karl-Heinz, Grundrechtsträgerschaft und "Grundrechtsmündigkeit" Minderjähriger am Beispiel öffentlicher Heimerziehung in: NJW 1986, S. 3107 ff.
Holderegger, Adrian, Das medizinisch assistierte Sterben, Freiburg/Wien 1998
Holderegger, Adrian, Zur Euthanasie-Diskussion in den USA in: Holderegger, Adrian, Das medizinisch assistierte Sterben, S. 123 ff.
Holzhauer, Heinz in: Erman, Handkommentar zum Bürgerlichen Gesetzbuch, Band 2, 9. Aufl., Münster 1993
Homburger, Froben, Ärzte warnen vor der Produktion von Babys nach Maß in: Darmstädter Echo, 13. Mai 2000, S. 5
Honecker, Martin, Sterbehilfe/Euthanasie aus theologischer Sicht in: Oehmichen, Manfred, Lebensverkürzung, Tötung und Serientötung - eine interdisziplinäre Analyse der "Euthanasie", Lübeck 1996, S. 67 ff.
Honecker, Martin, Euthanasie aus der Sicht der Theologie in: Aulbert, Eberhard / Klaschik, Eberhard / Pichlmaier, Heinz, Palliativmedizin - Die Alternative zur Sterbehilfe, Stuttgart/New York 1998, S. 31 ff.
Honig, Richard, Die Einwilligung des Verletzten, Teil I, Die Geschichte des Einwilligungsproblems und die Methodenfrage, Mannheim/Berlin/Leipzig 1919
Honnefelder, Ludger, Philosophisch-ethische Überlegungen zur Sterbehilfe in: Aulbert, Eberhard / Klaschik, Eberhard / Pichlmaier, Heinz, Palliativmedizin - Die Alternative zur Sterbehilfe, Stuttgart/New York 1998, S. 23 ff.
Hoppe, Jörg, Richtlinien der Bundesärztekammer für die ärztliche Sterbebegleitung in: BtPrax 1997, S. 18
Horn, Eckhard in: Systematischer Kommentar zum Strafgesetzbuch, Band 2, Besonderer Teil, 7. Aufl., Neuwied, Stand: 44. Lieferung Mai 1998
Hörster, Norbert, Rechtsethische Überlegungen zur Freigabe der Sterbehilfe in: NJW 1986, S. 1786 ff.
Hörster, Norbert, Warum keine aktive Sterbehilfe ? in: ZRP 1988, S. 1 ff.
Hörster, Norbert, Rechtsethik der Sterbehilfe in: Atrott, Hans Henning / Pohlmeier, Hermann, Sterbehilfe in der Gegenwart, Regensburg 1990, S. 55 ff.
Hörster, Norbert, Rechtsethische Überlegungen zur Sterbehilfe in: Gose, Walther / Hoffmann, Herbert / Wirtz, Hans-Gerd, Aktive Sterbehilfe ? Zum Selbstbestimmungsrecht des Patienten, Trier 1997, S. 51 ff.
Hörster, Norbert, Sterbehilfe im säkularen Staat, Frankfurt/M. 1998
Hruschka, Joachim, Extrasystematische Rechtfertigungsgründe in: Jescheck, Hans-Heinrich / Lüttger, Hans, Festschrift für Eduard Dreher zum 70. Geburtstag, 29. April 1977, Berlin/New York 1977, S. 189 ff.
Huber, Alfons / Hiersche, Hans-Dieter, Praxis der Gynäkologie im Kindes- und Jugendalter, 2. Aufl., Stuttgart/New York 1987
Huber, Barbara, Landesbericht Großbritannien in: Eser, Albin / Koch, Hans-Georg, Materialien zur Sterbehilfe, Eine internationale Dokumentation, Freiburg 1991, S. 339 ff.
Huber, Wolfgang, Grenzen des medizinischen Fortschritts aus ethischer Sicht in: Deutsche Sektion der Internationalen Juristen-Kommission, Lebensverlängerung aus medizinischer, ethischer und rechtlicher Sicht, Heidelberg 1995, S. 147 ff.
Hubmann, Heinrich, Das Persönlichkeitsrecht, 2. Aufl., Köln/Graz 1967
Hufeland, Christoph Wilhelm, Enchiridion medicum oder Anleitung zur medizinischen Praxis, Vermächtnis einer fünfzigjährigen Erfahrung, 5. Aufl., 7. Abdruck, Berlin 1839

Humanistische Union, Patientenverfügung in: Evangelische Akademie Bad Boll, Protokolldienst 1/96, Patiententestament, Eine Hilfe für alle ? Bad Boll 1996, S. 73 ff.
Humphry, Derek / Wickett, Ann, Das Recht auf den eigenen Tod und eine menschenwürdige Sterbehilfe, München 1986
Humphry, Derek, In Würde sterben, Praxis Sterbehilfe und Selbsttötung, Hamburg 1992
Hünerfeld, Peter, Landesbericht Portugal in: Eser, Albin / Koch, Hans-Georg, Materialien zur Sterbehilfe, Eine internationale Dokumentation, Freiburg 1991, S. 581 ff.
Husemann, Armin, Euthanasie, Ein Symptom dieses Jahrhunderts, Stuttgart 1996
Husen, N. van / Gerlach, U. Aufklärungspflicht aus internistischer Sicht in: Lawin, Peter / Huth, Hanno, Grenzen der ärztlichen Aufklärungs- und Behandlungspflicht, Stuttgart/New York 1982, S. 22 ff.

Illhardt, Franz Josef, Medizinische Ethik, Ein Arbeitsbuch, Berlin/Heidelberg/New York/Tokio 1985
Illhardt, Franz Josef, Patiententestament in der Spannung von Fürsorgepflicht und Selbstbestimmung in: Evangelische Akademie Bad Boll, Protokolldienst 1/96, Patiententestament, Eine Hilfe für alle ? Bad Boll 1996, S. 45 ff.
Illiger, Horst, Gesundheit als "absolute Norm" - eine tödliche Bedrohung ? in: Christoph, Franz / Illiger, Horst, Notwehr gegen die neue Euthanasie, Neumünster 1993, S. 104 ff.
Institut für Sozialarbeit und Sozialpädagogik (ISS-Frankfurt/M.), Fachtagung Förderung der Sterbebegleitung - Öffnung der Sterbehilfe? Frankfurt/M. 1999
Internationale Gesellschaft für Sterbebegleitung & Lebensbeistand e.V., Patientenverfügung und Vorsorgevollmacht in: Taupitz, Jochen, Landesbericht Deutschland in: Taupitz, Jochen, Zivilrechtliche Regelungen zur Absicherung der Patientenautonomie am Ende des Lebens, Berlin/Heidelberg/New York/Barcelona/Hongkong/London/ Mailand/Paris/ Singapur/Tokio 2000, S. 273 (463 ff.)
Internationale Konferenz der Ärztekammern und Organisationen mit entsprechenden Aufgaben 1987: Grundsätze der ärztlichen Ethik in: Koch, Hans-Georg / Heinemann, Nicola, Materialien internationaler Institutionen in: Eser, Albin / Koch, Hans-Georg, Materialien zur Sterbehilfe, Eine internationale Dokumentation, Freiburg 1991, S. 777 (791 f.)
Isemer, Friedrich-Eckart / Lilie, Hans, Rechtsprobleme bei Anencephalen in: MedR 1988, S. 66 ff.

Jähnke in: Leipziger Kommentar, Strafgesetzbuch, 5. Band, 10. Aufl., Berlin/New York 1989
Jakobs, Günther, Strafrecht Allgemeiner Teil, Die Grundlagen und die Zurechnungslehre, Lehrbuch, 2. Aufl., Berlin/New York 1991
Jakobs, Günther, Tötung auf Verlangen, Euthanasie und Strafrechtssystem, München 1988
Jarass, Hans / Pieroth, Bodo, Grundgesetz für die Bundesrepublik Deutschland, Kommentar, 3. Aufl., München 1995
Jarass, Hans in: Jarass, Hans / Pieroth, Bodo, Grundgesetz für die Bundesrepublik Deutschland, 3. Aufl., München 1995
Jayme, Erik u.a., Festschrift für Hubert Niederländer zum 70. Geburtstag, 10.02.1991, Heidelberg 1991
Jelen, Sabine / Kolb, Ernst / Tempel, Gunter, Intensivbehandlung im Erleben des Patienten in: Schara, Joachim Humane Intensivtherapie, Erlangen 1982, S. 134 ff.

Jens, Walter, Vorwort in: Kennedy, Ludovic, Sterbehilfe: Ein Plädoyer, München 1991, S. 5 ff.

Jescheck, Hans-Heinrich / Lüttger, Hans, Festschrift für Eduard Dreher zum 70. Geburtstag, 29. April 1977, Berlin/New York 1977
Jescheck, Hans-Heinrich / Weigend, Thomas, Lehrbuch des Strafrechts, Allgemeiner Teil, 5. Aufl., Berlin 1996
Jeschek, Dieter, Einwilligung in der Geriatrie, München 1984
Jochemsen, Henk, Zur Euthanasie-Diskussion in Holland, Stand und Perspektiven in: Diakonisches Werk der Evangelischen Kirche von Westfalen, Ausweg Euthanasie ? Münster 1999, S. 12 ff.
Jochemsen, Henk, Sterbehilfe und Sterbebegleitung in den Niederlanden. Empirische Befunde und gesellschaftliche Entwicklung in: Diakonisches Werk der Evangelischen Kirche von Westfalen, Ausweg Euthanasie ? Münster 1999, S. 29 ff.
Jonas, Hans, Über Euthanasie und Ethik in: Weber, Doris, Wer nicht paßt, muß sterben, Oberursel 1990, S. 28 ff.
Jonas, Hans-Jürgen, Ethik im Zeitalter menschlicher Reproduzierbarkeit in: Bruns, Theo / Penselin, Ulla / Sierck, Udo, Tödliche Ethik, Beiträge gegen Eugenik und Euthanasie, 2. Aufl., Hamburg 1993, S. 35 ff.
Jung, Heike / Schreiber, Hans Wilhelm, Arzt und Patient zwischen Therapie und Recht, Stuttgart 1981
Jung, Heike / Meiser, Richard Johannes / Müller, Egon, Aktuelle Probleme und Perspektiven des Arztrechts, Stuttgart 1989
Jungbecker, Rolf, Zivilrechtliche Probleme der klinischen formularmäßigen "Einverständniserklärung", Frankfurt/Main/Bern/New York 1985
Jungbecker, Rolf, Die formularmäßige Operationsaufklärung und -einwilligung in: MedR 1990, S. 173 ff.
Junghans, Herbert, Die Aufklärungspflicht des Arztes in: Stiftung zur Förderung der wissenschaftlichen Forschung über Wesen und Bedeutung der freien Berufe, Köln/Berlin 1962, S. 59 ff.
Jürgens, Andreas, Betreuung wider Willen in: BtPrax 1992, S. 47 ff.
Jürgens, Andreas, Ist der Tod genehmigungsfähig ? in: BtPrax 1998, S. 159 f.
Jutzler, Gustav Adolf, Sterben im Krankenhaus in: Evangelische Akademie Baden, Sterbehilfe, Was heißt das ? Karlsruhe 1988, S. 7 ff.

Käferstein, Herbert / Madea, Burkhard / Sticht, Guido, Todesfälle während ambulanter Altenpflege in: Oehmichen, Manfred, Lebensverkürzung, Tötung und Serientötung - eine interdisziplinäre Analyse der "Euthanasie", Lübeck 1996, S. 205 ff.
Kahlke, Gerhard, Voraussetzungen des Abbruchs lebenserhaltender Maßnahmen in: ZRP 1996, S. 272
Kahlke, Winfried, Kommentar II zu: Breitmaier, Jörg, Recht auf Aufklärung - Pflicht zur Aufklärung ? in: Ethik Med 1989, S. 225 ff.
Kalish, Richard, Der gegenwärtige Status von Tod und Betreuung des Sterbenden: das Ende eines Tabus in: Eser, Albin / Bringewat, Peter, Suizid und Euthanasie als human- und sozialwissenschaftliches Problem, Stuttgart 1976, S. 159 ff.
Kallfelz, Anmerkung zu RG, Urteil vom 24.11.1936, III 23/36, Juristische Wochenschrift 1937, S. 927 f.
Kallmann, Rainer, Rechtsprobleme bei der Organtransplantation in: FamRZ 1969, S. 572 ff.
Kannengießer, Christoph in: Schmidt-Bleibtreu, Bruno / Klein, Franz, Kommentar zum Grundgesetz, 9. Aufl., Neuwied/Kriftel 1999
Kant, Immanuel, Kritik der praktischen Vernunft, Stuttgart 1995
Kappel, Clemens, Dänische Erfahrungen mit Sterbebetreuung und Patientenverfügungen in: Neumann, Gita / Körner, Uwe, Patientenautonomie und Humanes Sterben, Kongreßbericht, Berlin 1997, S. 105 ff.

Kareklas, Stefanos, Landesbericht Griechenland in: Eser, Albin / Koch, Hans-Georg, Materialien zur Sterbehilfe, Eine internationale Dokumentation, Freiburg 1991, S. 321 ff.

Karnetzki, Manfred, Der letzte Feind, der vernichtet wird, ist der Tod in: Evangelische Akademie Berlin, Begleitetes Sterben - gegen den Versuch, Euthanasie zu legalisieren, Berlin 1989, S. 54 ff.

Kasseler Kommentar Sozialversicherungsrecht, Band 1, 2. Aufl., München 1998

Katechismus der katholischen Kirche, München 1993

Käufer, Christoph, Die Bestimmung des Todes bei irreversiblem Verlust der Hirnfunktionen, Heidelberg 1971

Kaufmann, Arthur, Die eigenmächtige Heilbehandlung in: ZStW 73. Band (1961), S. 341 ff.

Kaufmann, Arthur, Rechtsfreier Raum und eigenverantwortliche Entscheidung in: Schroeder, Friedrich-Christian / Zipf, Heinz, Festschrift für Reinhart Maurach zum 70. Geburtstag, Karlsruhe 1972, S. 327 ff.

Kaufmann, Arthur, Strafrechtspraxis und sittliche Normen in: JuS 1978, S. 361 ff.

Kaufmann, Arthur u.a., Festschrift für Paul Bockelmann zum 70. Geburtstag, 07. Dezember 1978, München 1979

Kaufmann, Arthur, Zur ethischen und strafrechtlichen Beurteilung der sogenannten Früheuthanasie in: JZ 1982, S. 481 ff.

Kaufmann, Arthur, Euthanasie - Selbsttötung - Tötung auf Verlangen in: MedR 1983, S. 121 ff.

Kautzky, Rudolf, Die Euthanasie als Problem ärztlicher Ethik in: Valentin, Fritz, Die Euthanasie, Göttingen 1969, S. 32 ff.

Kautzky, Rudolf, Die Freiheit des Sterbenden und die Pflicht des Arztes in: Eser, Albin / Bringewat, Peter, Suizid und Euthanasie als human- und sozialwissenschaftliches Problem, Stuttgart 1976, S. 285 ff.

Kautzky, Rudolf, Die Freiheit des Sterbenden und die Pflicht des Arztes in: Eid, Volker, Euthanasie oder soll man auf Verlangen töten ? 2. Aufl., Mainz 1985, S. 25 ff.

Kayser, Godehard, Rechtsprechungsübersicht zum Betreuungsrecht in: FGPrax 1995, S. 173 ff.

Keenan, James, Fallstudien, Rhetorik und die amerikanische Debatte über die ärztliche Suizidbeihilfe in: Holderegger, Adrian, Das medizinisch assistierte Sterben, Freiburg/Wien 1998, S. 157 ff.

Kehl, Robert, Sterbehilfe, Ethische und juristische Grundlagen, Bern 1989

Keller, Frieder, Patientenverfügung aus der Sicht des Nephrologen in: Evangelische Akademie Bad Boll, Protokolldienst 1/96, Patiententestament, Eine Hilfe für alle ? Bad Boll 1996, S. 29 ff.

Keller, Max, Sind Patientenverfügungen in der Art des Textes, den EXIT seinen Mitgliedern vorschlägt, für jedermann, namentlich für Ärzte, Spitalärzte und das übrige Spitalpersonal verbindlich ? in: Kehl, Robert, Sterbehilfe, Ethische und juristische Grundlagen, Bern 1989, S. 129 ff.

Kenne, Albert von, Die Behandlungspflicht des Arztes in der Intensivmedizin in: Eid, Volker / Frey, Rudolf, Sterbehilfe oder wie weit reicht die ärztliche Behandlungspflicht ? Mainz 1978, S. 97 ff.

Kennedy, Ludovic, Sterbehilfe: Ein Plädoyer, München 1991

Keppler, Ulrich, Erfahrungen mit der Böblinger Patientenverfügung in: Evangelische Akademie Bad Boll, Protokolldienst 1/96, Patiententestament, Eine Hilfe für alle ? Bad Boll 1996, S. 39 ff.

Kern, Bernd-Rüdiger, Der Minderjährige als Blutspender in: FamRZ 1981, S. 738 ff.

Kern, Bernd-Rüdiger / Laufs, Adolf, Die ärztliche Aufklärungspflicht, Berlin/Heidelberg/New York 1983

Kern, Bernd-Rüdiger, Die Selbstbestimmungsaufklärung unter Einbeziehung des nichtärztlichen Pflegepersonals in: Heberer, Georg / Opderbecke, Hans Wolfgang,

Ärztliches Handeln - Verrechtlichung eines Berufsstandes, Festschrift für Walther Weißauer zum 65. Geburtstag, Berlin/Heidelberg/New York/London/Paris/Tokio 1986, S. 71 ff.
Kern, Bernd-Rüdiger, Die Bedeutung des Betreuungsgesetzes für das Arztrecht in: MedR 1991, S. 66 ff.
Kern, Bernd-Rüdiger, Arzt und Betreuungsrecht in: MedR 1993, S. 245 ff.
Kern, Bernd-Rüdiger, Fremdbestimmung bei der Einwilligung in ärztliche Eingriffe in: NJW 1994, S. 753 ff.
Kienapfel, Diethelm, Die Hilfeleistungspflicht des Arztes nach deutschem und österreichischem Strafrecht in: Kaufmann, Arthur u.a., Festschrift für Paul Bockelmann zum 70. Geburtstag, 07. Dezember 1978, München 1979, S. 591 ff.
Kilian, Wolfgang, Kontrahierungszwang und Zivilrechtssystem in: AcP Band 180 (1980), S. 47 ff.
Kim, Min-Joong, Aufklärungspflicht im Arztrecht, eine zivilrechtliche Untersuchung über den Umfang und die Grenzen der ärztlichen Aufklärungspflicht mit rechtsvergleichenden Hinweisen, Göttingen 1989
Kittrie, Nicholas, Das Recht zu leben und zu sterben: Probleme der Entscheidungsfindung in: Eser, Albin / Bringewat, Peter, Suizid und Euthanasie als human- und sozialwissenschaftliches Problem, Stuttgart 1976, S. 378 ff.
Klaschik, Eberhard, Zur Euthanasie-Diskussion in Deutschland in: Aulbert, Eberhard / Klaschik, Eberhard / Pichlmaier, Heinz, Palliativmedizin - Die Alternative zur Sterbehilfe, Stuttgart/New York 1998, S. 1 ff.
Klee, Ernst, Durch Zyankali erlöst, Sterbehilfe und Euthanasie heute, Frankfurt/M. 1990
Kleinewefers, Herbert, Die Aufklärungspflicht des Arztes unter Berücksichtigung der Rechtsprechung des Bundesgerichtshofs in: VersR 1962, S. 197 ff.
Kleinewefers, Herbert, Umfang und Grenzen der Aufklärung des Patienten über ärztliche Maßnahmen und ihre Folgen in: Stiftung zur Förderung der wissenschaftlichen Forschung über Wesen und Bedeutung der freien Berufe, Köln/Berlin 1962, S. 33 ff.
Kleinewefers, Herbert, Die Aufklärungspflicht des Arztes und die Rechtsfolgen ihrer Verletzung in: VersR 1964, S. 349 ff.
Kleinewefers, Herbert, Zur Aufklärung des Patienten in: VersR 1981, S. 99 ff.
Kleinewefers, Herbert / Sparwasser, Herbert, Zur Aufklärungspflicht des Arztes in: VersR 1990, S. 1205 ff.
Kleinsorg, Hans, Die ärztliche Entscheidung in: Deutsch, Erwin / Kleinsorg, Hans / Ziegler, Josef-Georg, Das Patiententestament, Hildesheim 1983, S. 7 ff.
Klie, Thomas, Das Behandlungsrecht als Fallstrick für das Betreuungsrecht in: BtPrax 1996, S. 38 ff.
Klieeisen, Michael / Langen, Dietrich, Lebensalter und Sterbewillen in: Eser, Albin / Bringewat, Peter, Suizid und Euthanasie als human- und sozialwissenschaftliches Problem, Stuttgart 1976, S. 88 ff.
Klinkenberg, Henning, Die Rechtspflicht zum Weiterleben und ihre Grenzen in: JR 1978, S. 441 ff.
Klinkenberg, Die Pflicht, den Suizid zu unterlassen, ein unerträglicher Verlust an Freiheit ? in: JR 1979, S. 183 f.
Klinkhammer, Gisela, Die Würde des Menschen wahren in: Deutsches Ärzteblatt 1997, Ausgabe B, S. 651 f.
Klockenbusch, Walter, Die Betreuung unheilbar Kranker und Sterbender, psychische Belastungen des Krankenpflegepersonals, Melsungen 1986
Kloppenborg, Josef, Ärztliche Aufklärungspflicht beim alten Menschen in: MedR 1986, S. 18 ff.
Kloth, Karsten, Anenzephale als Organspender - Eine rechtsvergleichende Betrachtung in: MedR 1994, S. 180 ff.

Klug, Ulrich, Konfliktlösungsvorschläge bei heimlichen Tonbandaufnahmen zur Abwehr krimineller Telefonanrufe in: Hamm, Rainer, Festschrift für Sarstedt zum 70. Geburtstag, Berlin/New York 1981, S. 101 ff.
Klüsener, Bernd, Leitgedanken zur Reform des Vormundschafts- und Pflegschaftsrechts in: RPfleger 1989, S. 217 ff.
Klüsener, Bernd, Der Rechtspfleger im Betreuungsrecht in: RPfleger 1991, S. 225 ff.
Knevels, Wilhelm / Böckle, Franz / Schmalenberg, Erich, Euthanasie, Hilfe beim Sterben, Hilfe zum Sterben, Hamburg 1975
Knevels, Wilhelm, Euthanasie - aus Liebe in: Knevels, Wilhelm / Böckle, Franz / Schmalenberg, Erich, Euthanasie, Hilfe beim Sterben, Hilfe zum Sterben, Hamburg 1975, S. 9 ff.
Knieper, Judith, Vormundschaftsgerichtliche Genehmigung des Abbruchs lebenserhaltender Maßnahmen in: NJW 1998, S. 2720 f.
Knopp, Guido, Holokaust, München 2000
Koch, Hans-Georg, Ist Sterbehilfe ein rechtspolitisches Problem ? in: Evangelische Akademie Baden, Sterbehilfe, Was heißt das ? Karlsruhe 1988, S. 29 ff.
Koch, Hans-Georg, Einführung und rechtsvergleichende Übersicht in: Eser, Albin / Koch, Hans-Georg, Materialien zur Sterbehilfe, Eine internationale Dokumentation, Freiburg 1991, S. 1 ff.
Koch, Hans-Georg, Sterbehilfe in der Bundesrepublik Deutschland, Landesbericht in: Eser, Albin / Koch, Hans-Georg, Materialien zur Sterbehilfe, Eine internationale Dokumentation, Freiburg 1991, S. 31 ff.
Koch, Hans-Georg / Heinemann, Nicola, Materialien internationaler Institutionen in: Eser, Albin / Koch, Hans-Georg, Materialien zur Sterbehilfe, Eine internationale Dokumentation, Freiburg 1991, S. 777 ff.
Koch, Hans-Georg / Meran, Johannes Gobertus / Sass, Hans-Martin, Patientenverfügung und stellvertretende Entscheidung in rechtlicher, medizinischer und ethischer Sicht, Bochum 1994
Koch, Hans-Georg, Rechtsfragen der Entscheidungsfindung in: Koch, Hans-Georg / Meran, Johannes Gobertus / Sass, Hans-Martin, Patientenverfügung und stellvertretende Entscheidung in rechtlicher, medizinischer und ethischer Sicht, Bochum 1994, S. 2 ff.
Koch, Hans-Georg, Rechtsfragen des Patiententestaments in: Evangelische Akademie Bad Boll, Protokolldienst 1/96, Patiententestament, Eine Hilfe für alle ? Bad Boll 1996, S. 7 ff.
Koch, Hans-Georg, Recht auf Sterbehilfe und Pflicht des Arztes in: Neumann, Gita / Körner, Uwe, Patientenautonomie und Humanes Sterben, Kongreßbericht, Berlin 1997, S. 27 ff.
Koch, Hans-Georg, "Der medizinisch assistierte Tod". Aktuelle Rechtsfragen der Sterbehilfe im deutschen Recht in: Holderegger, Adrian, Das medizinisch assistierte Sterben, Freiburg/Wien 1998, S. 297 ff.
Koch, Kurt, Sterbehilfe, Konstanz 1980
Koch, Traugott, Theologische Gedanken zu Sterbehilfe und Euthanasie in: Evangelische Akademie Baden, Sterbehilfe, Was heißt das ? Karlsruhe 1988, S. 90 ff.
Koch, Uwe / Schmeling, Christoph, Ausbildung für den Umgang mit Sterbenden. Eine Diskussion möglicher Lernziele in: Engelke, Ernst / Schmoll, Hans-Joachim / Wolff, Georg, Sterbebeistand bei Kindern und Erwachsenen, Stuttgart 1979, S. 125 ff.
Koch, Uwe / Schmeling, Christoph, Betreuung Schwer- und Todkranker, München/Wien/Baltimore 1982
Köhle, Karl / Erath-Vogt, Angelika, Die Integration des psychosomatischen Arbeitsansatzes in die klinische Medizin als Voraussetzung zur Institutionalisierung der klinischen Thanatologie in: Engelke, Ernst / Schmoll, Hans-Joachim / Wolff, Georg, Sterbebeistand bei Kindern und Erwachsenen, Stuttgart 1979, S. 75 ff.

Köhle, Karl, Zur psychologischen Betreuung unheilbar Kranker in: Böhme, Wolfgang, Der Arzt und das Sterben, Karlsruhe 1981, S. 64 ff.
Köhler, August, Deutsches Strafrecht, Allgemeiner Teil, Leipzig 1917
Kohlhaas, Max, Rechtsfragen zur Transplantation von Körperorganen in: NJW 1967, S. 1489 ff.
Kohlhaas, Max, Das Recht auf den eigenen Tod in: NJW 1973, S. 548 ff.
Kohlhaas, Max, Rechtsfragen zwischen Leben und Tod in: Hamm, Rainer, Festschrift für Werner Sarstedt zum 70. Geburtstag, Berlin/New York 1981, S. 133 ff.
Kohte, Wolfhard, Die rechtfertigende Einwilligung in: AcP Band 185 (1985), S. 105 ff.
Kollmer, Norbert, Selbstbestimmung im Betreuungsrecht, Regensburg 1992
Kollmer, Norbert, Personensorge im Betreuungsrecht, Probleme im Spannungsfeld zwischen Eigen- und Fremdbestimmung in: RPfleger 1995, S. 45 ff.
Kollwitz, Arne, Entwicklung der Patientenautonomie - Herausforderung für den Ärztestand in: Neumann, Gita / Körner, Uwe, Patientenautonomie und Humanes Sterben, Kongreßbericht, Berlin 1997, S. 15 ff.
Kommission für Reanimation und Organtransplantation der Deutschen Gesellschaft für Chirurgie, Todeszeichen und Todeszeitbestimmung in: Der Chirurg 1968, S. 196 f.
König, Bettina, Todesbegriff, Todesdiagnostik und Strafrecht, Zur Strafbarkeit todesdiagnostischer Maßnahmen, dargestellt am Beispiel der Zerebralangiographie, Frankfurt/M. 1989
Kopfensteiner, Thomas, "Sanctity of Life" vs. "Quality of Life" in: Holderegger, Adrian, Das medizinisch assistierte Sterben, Freiburg/Wien 1998, S. 192 ff.
Kopp, Ferdinand, Anmerkung zu BVerfG, Beschluß des Ersten Senates vom 17.04.1991 - 1 BvR 1529/84, 138/87 in: DVBl. 1991, S. 989 ff.
Körner, Uwe, Wohl und Wille des Patienten und Fürsorgepflichten von Ärzten und Pflegenden in: Neumann, Gita / Körner, Uwe, Patientenautonomie und Humanes Sterben, Kongreßbericht, Berlin 1997, S. 81 ff.
Körtner, Ulrich, Theologische Perspektiven aktiver Sterbehilfe in: Exner, Horst / Fahlbusch, Wilhelm, Sterbehilfe, Bielefeld 1985, S. 29 ff.
Koslowski, Peter / Kreuzer, Philipp / Löw, Reinhard, Die Verführung durch das Machbare, ethische Konflikte in der modernen Medizin und Biologie, Stuttgart 1983
Koslowski, Peter, Lebensverlängerung als Aufgabe und Begrenzung ärztlichen Handelns - aus ärztlicher Sicht in: Koslowski, Peter / Kreuzer, Philipp / Löw, Reinhard, Die Verführung durch das Machbare, ethische Konflikte in der modernen Medizin und Biologie, Stuttgart 1983, S. 75 ff.
Koslowski, Peter, Lebensverlängerung. Nebenwirkungen und Grenzen der ärztlichen Behandlungspflicht aus philosophischer und ökonomischer Sicht in: Koslowski, Peter / Kreuzer, Philipp / Löw, Reinhard, Die Verführung durch das Machbare, ethische Konflikte in der modernen Medizin und Biologie, Stuttgart 1983, S. 83 ff.
Kraft, Alfons in: Soergel, Bürgerliches Gesetzbuch, Kommentar, Band 4/1, 12. Aufl., Stuttgart/Berlin/Köln 1997
Krause, Die Rechtsbeziehungen zwischen Kassenarzt und Kassenpatient in: Die Sozialgerichtsbarkeit 1982, S. 425 ff.
Krauskopf, Dieter, Die Rechtsbeziehungen zwischen Kassenarzt und Kassenpatient in: Die Sozialversicherung 1968, S. 300 f.
Krauskopf, Dieter / Schroeder-Printzen, Günther, Soziale Krankenversicherung, Kommentar, 2. Aufl., München 1988
Krauss, Detlef, Zur strafrechtlichen Problematik der eigenmächtigen Heilbehandlung in: Kaufmann, Arthur u.a., Festschrift für Paul Bockelmann zum 70. Geburtstag, 07. Dezember 1978, München 1979, S. 557 ff.
Kreisseniorenrat Böblingen, Patientenverfügung in: Evangelische Akademie Bad Boll, Protokolldienst 1/96, Patiententestament, Eine Hilfe für alle ? Bad Boll 1996, S. 63 f.

Kreisseniorenrat Tübingen, Patientenverfügung in: Evangelische Akademie Bad Boll, Protokolldienst 1/96, Patiententestament, Eine Hilfe für alle ? Bad Boll 1996, S. 65 f.
Kremer, Hildegard, Intensivstation in: Reuter, Stephanie, Sterben, Tod, Trauer, Stuttgart/München/Düsseldorf/Leipzig 1997, S. 28
Kreuzer, Arthur, Ärztliche Hilfeleistungspflicht bei Unglücksfällen im Rahmen des § 330 c StGB, Hamburg 1965
Kreuzer, Arthur, Die unterlassene ärztliche Hilfeleistung in der Rechtsprechung in: NJW 1967, S. 278 ff.
Kreuzer, Arthur, Ärztliche Hilfeleistungspflicht in der Sicht des Strafrechts in: Mergen, Armand, Die juristische Problematik in der Medizin, Band II, Ärztliche Aufklärungs- und Schweigepflicht, München 1971, S. 217 ff.
Krey, Volker, Strafrecht Besonderer Teil, Band 1, Besonderer Teil ohne Vermögensdelikte, 11. Aufl., Stuttgart/Berlin/Köln 1998
Kroll, Joachim, Datenschutz im Arbeitsverhältnis, Königstein/Ts. 1981
Kruse, Peter / Stoll, Karlheinz / Wilckens, Ulrich, Das Leben ist eine Gabe Gottes in: Weber, Doris, Wer nicht paßt, muß sterben, Oberursel 1990, S. 21
Kruse, Torsten / Wagner, Harald, Sterbende brauchen Solidarität, München 1986
Kruse, Torsten, Die Verantwortung des Arztes in: Kruse, Torsten / Wagner, Harald, Sterbende brauchen Solidarität, München 1986, S. 41 ff.
Kruse, Torsten, Euthanasie in: Zeitschrift für medizinische Ethik 39 (1993), S. 83 ff.
Kubicki, St., Intoxikationen als Ursache des Hirntodes in: Penin, Heinz / Käufer, Christoph, Der Hirntod, Todeszeitbestimmung bei irreversiblem Funktionsverlust des Gehirns, Stuttgart 1969, S. 33 ff.
Kübler-Ross, Elisabeth, Verstehen was Sterbende sagen wollen, Stuttgart 1982
Kübler-Ross, Elisabeth, Leben bis wir Abschied nehmen in: Atrott, Hans Henning / Eibach, Ulrich u.a., Sterbehilfe, Mitleid oder Mord ? Wiesbaden 1984, S. 13 ff.
Kübler-Ross, Elisabeth, Interviews mit Sterbenden, 17. Aufl., Gütersloh 1996
Kühl, Kristian in: Lackner, Karl / Kühl, Kristian, Strafgesetzbuch mit Erläuterungen, 23. Aufl., München 1999
Kuhlendahl, Hans, Euthanasie - Sterbehilfe - Behandlungsabbruch in: NJW 1974, S. 1419 f.
Kühlmann, Alexandra von, Sterbehilfe - Eine Studie geltenden Rechts in der Bundesrepublik Deutschland, der Deutschen Demokratischen Republik, in Österreich, der Schweiz und den Niederlanden, München 1990
Kuhlmann, Jens, Einwilligung in die Heilbehandlung alter Menschen, Frankfurt/Main/Berlin/Bern/New York/Paris/Wien 1994
Kuhnert, Christian, Die vertragliche Aufklärungspflicht des Arztes - insbesondere bei der Anwendung und Verschreibung von Arzneimitteln, Bochum 1982
Kuhse, Helga, Menschliches Leben und seine Würde: Fragen des Lebens und des Sterbens, Bochum 1990
Kuhse, Helga, Die Lehre von der "Heiligkeit des Lebens" in: Leist, Anton, Um Leben und Tod, 3. Aufl., Frankfurt/M. 1992, S. 75 ff.
Kuhse, Helga, Die "Heiligkeit des Lebens" in der Medizin, Eine philosophische Kritik, Erlangen 1994
Kuitert, Harry, Der gewünschte Tod, Euthanasie und humanes Sterben, Gütersloh 1991
Küng, Hans, Das Recht auf menschenwürdiges Sterben in: Deutsche Apotheker Zeitung 2000, S. 3484 ff.
Kunig, Philip, Der Reiter im Walde - BVerfG, Beschluß vom 06.06.1989 - 1 BvR 921/85 in: Jura 1990, S. 523 ff.
Kunig, Philip in: Münch, Ingo von / Kunig, Philip, Grundgesetz-Kommentar, Band 1, 5. Aufl., München 2000
Küper, Wilfried, Noch einmal: Rechtfertigender Notstand, Pflichtenkollision und übergesetzliche Entschuldigung in: JuS 1971, S. 474 ff.

Küper, Wilfried, "Autonomie", Irrtum und Zwang bei mittelbarer Täterschaft und Einwilligung in: JZ 1986, S. 219 ff.
Küper, Wilfried, Festschrift für Karl Lackner zum 70. Geburtstag, 18.02.1987, Berlin/New York 1987
Kutner, Luis, Die Verfügung zu Lebzeiten - Zur Bewältigung des historischen Vorgangs Tod in: Eser, Albin / Bringewat, Peter, Suizid und Euthanasie als human- und sozialwissenschaftliches Problem, Stuttgart 1976, S. 360 ff.
Kutzer, Klaus, Strafrechtliche Überlegungen zum Selbstbestimmungsrecht des Patienten und zur Zulässigkeit der Sterbehilfe in: MDR 1985, S. 710 ff.
Kutzer, Klaus, Die Angst der Ärzte vor dem Strafrichter in: ZRP 1993, S. 404 ff.
Kutzer, Klaus, Strafrechtliche Grenzen der Sterbehilfe in: NStZ 1994, S. 110 ff.
Kutzer, Klaus, Wir brauchen keine neuen Gesetze zur Sterbehilfe in: ZRP 1997, S. 117 ff.

Laber, Jörg, Die rechtliche Problematik der Früheuthanasie in: MedR 1990, S. 182 ff.
Lachwitz, Klaus, Das neue Betreuungsrecht, Perspektiven für Menschen mit geistiger Behinderung in: FuR 1990, S. 266 ff.
Lackner, Karl u.a., Festschrift für Wilhelm Gallas zum 70. Geburtstag, 22. Juli 1973, Berlin/New York 1973
Lackner, Karl, Erfahrungen aus einem Seminar über die Reform der Strafvorschriften zum Schutze des Lebens in: JZ 1977, S. 502 ff.
Lackner, Karl / Kühl, Kristian, Strafgesetzbuch mit Erläuterungen, 23. Aufl., München 1999
Lang, Theo, Zum Aufsatz "Dr. Brenske: Tötung aus eugenischen Gründen und aus Euthanasiegründen" in: JR 1953, S. 54 ff.
Langenfeld, Andrea, Vorsorgevollmacht, Betreuungsverfügung und Patiententestament nach dem neuen Betreuungsrecht, Konstanz 1994
Langer, Winrich, Rechtliche Aspekte der Sterbehilfe in: Kruse, Torsten / Wagner, Harald, Sterbende brauchen Solidarität, München 1986, S. 101 ff.
Laufs, Adolf, Zur deliktsrechtlichen Problematik ärztlicher Eigenmacht in: NJW 1969, S. 529 ff.
Laufs, Adolf, Schutz der Persönlichkeitssphäre und ärztliche Heilbehandlung in: VersR 1972, S. 1 ff.
Laufs, Adolf, Die Verletzung der ärztlichen Aufklärungspflicht und ihre deliktische Rechtsfolge in: NJW 1974, S. 2025 ff.
Laufs, Adolf, Die Entwicklung des Arztrechts 1978/79 in: NJW 1979, S. 1230 ff.
Laufs, Adolf, Die Entwicklung des Arztrechts 1980/81 in: NJW 1981, S. 1289 ff.
Laufs, Adolf, Grundlagen und Reichweite der ärztlichen Aufklärungspflicht in: Jung, Heike / Schreiber, Hans Wilhelm, Arzt und Patient zwischen Therapie und Recht, Stuttgart 1981, S. 71 ff.
Laufs, Adolf, Die Entwicklung des Arztrechts 1983/84 in: NJW 1984, S. 1383 ff.
Laufs, Adolf, Die Entwicklung des Arztrechts 1984/85 in: NJW 1985, S. 1361 ff.
Laufs, Adolf, Standesregeln und Berufsrecht der Ärzte in: Heberer, Georg / Opderbecke, Hans Wolfgang, Ärztliches Handeln - Verrechtlichung eines Berufsstandes, Festschrift für Walther Weißauer zum 65. Geburtstag, Berlin/Heidelberg/New York/London/ Paris/Tokio 1986, S. 88 ff.
Laufs, Adolf / Laufs, Rainer, Aids und Arztrecht in: NJW 1987, S. 2257 ff.
Laufs, Adolf / Narr, Helmut, AIDS - Antworten auf Rechtsfragen aus der Praxis in: MedR 1987, S. 282 f.
Laufs, Adolf, Arztrecht, 4. Aufl., München 1988
Laufs, Adolf, Das Aufklärungsformular in: Der Gynäkologe 1989, S. 364 ff.
Laufs, Adolf, Der ärztliche Heilauftrag aus juristischer Sicht, Heidelberg 1989
Laufs, Adolf, Die Entwicklung des Arztrechts 1992/93 in: NJW 1993, S. 1497 ff.
Laufs, Adolf, Arztrecht, 5. Aufl., München 1993

Laufs, Adolf, Die Entwicklung des Arztrechts 1993/94 in: NJW 1994, S. 1562 ff.
Laufs, Adolf, Selbstverantwortetes Sterben ? in: NJW 1996, S. 763 f.
Laufs, Adolf, Zivilrichter über Leben und Tod ? in: NJW 1998, S. 3399 ff.
Laufs, Adolf / Uhlenbruck, Wilhelm, Handbuch des Arztrechts, 2. Aufl., München 1999
Laufs, Adolf in: Laufs, Adolf / Uhlenbruck, Wilhelm, Handbuch des Arztrechts, 2. Aufl., München 1999
Larenz, Karl / Wolf, Manfred, Allgemeiner Teil des Bürgerlichen Rechts, 8. Aufl., München 1997
Lawin, Peter / Huth, Hanno, Grenzen der ärztlichen Aufklärungs- und Behandlungspflicht, Stuttgart/New York 1982
Leibholz, Gerhard u.a., Menschenwürde und freiheitliche Rechtsordnung, Festschrift für Willi Geiger zum 65. Geburtstag, Tübingen 1974
Leipold, Heinrich, Euthanasie oder Sterbehilfe ? in: Giesler, Erhard, Sterbende begleiten, Kassel 1988, S. 11 ff.
Leipziger Kommentar, Strafgesetzbuch, 5. Band, 10. Aufl., Berlin/New York 1989
Leipziger Kommentar, Strafgesetzbuch, 11. Aufl., Berlin/New York 1994
Leisner, Walter, Das Lebensrecht in: Niedersächsische Landeszentrale für Politische Bildung, Das Recht auf Leben, Hannover 1976
Leist, Anton, Um Leben und Tod, 3. Aufl., Frankfurt/M. 1992
Leist, Anton, Diskussionen um Leben und Tod in: Leist, Anton, Um Leben und Tod, 3. Aufl., Frankfurt/M. 1992, S. 9 ff.
Leist, Anton, Das Dilemma der aktiven Euthanasie - Gefahren und Ambivalenzen des Versuchs, aus Töten eine soziale Praxis zu machen, Dortmund 1996
Lemmen, Karl, AIDS - Die besondere Krankheit in: Evangelische Akademie Berlin, Begleitetes Sterben - gegen den Versuch, Euthanasie zu legalisieren, Berlin 1989, S. 22 ff.
Lemmen, Karl, Das selbstbestimmte Ende bei Menschen mit AIDS in: Neumann, Gita / Körner, Uwe, Patientenautonomie und Humanes Sterben, Kongreßbericht, Berlin 1997, S. 47 ff.
Lempp, Reinhart, Das Wohl des Kindes in §§ 1666 und 1671 BGB in: NJW 1963, S. 1659 ff.
Lenckner, Theodor, Die Einwilligung Minderjähriger und deren gesetzlicher Vertreter in: ZStW 72. Band (1960), S. 446 ff.
Lenckner, Theodor, Der rechtfertigende Notstand, Zur Problematik der Notstandsregelung im Entwurf eines Strafgesetzbuches (E 162), Tübingen 1965
Lenckner, Theodor, Strafrecht und ärztliche Hilfeleistungspflicht in: Med. Klinik 1966, S. 313 ff.
Lenckner, Theodor, Der Grundsatz der Güterabwägung als Grundlage der Rechtfertigung in: GA 1985, S. 295 ff.
Lenckner, Theodor in: Schönke, Adolf / Schröder, Horst, Strafgesetzbuch, Kommentar, 25. Aufl., München 1997
Lennert, Kurt, Sterbehilfe ? Eine Stellungnahme aus der Sicht des Mediziners, Wetzlar 1987
Lenz, Alfred, Pflicht und Grenzen ärztlichen Handelns. Erfahrungen eines praktischen Arztes in: Eid, Volker / Frey, Rudolf, Sterbehilfe oder wie weit reicht die ärztliche Behandlungspflicht ? Mainz 1978, S. 41 ff.
Leonardy, Helmut, Sterbehilfe in: DRiZ 1986, S. 281 ff.
Leonardy, Helmut, Zum rechtlichen Rahmen der Sterbehilfe in: Jung, Heike / Meiser, Richard Johannes / Müller, Egon, Aktuelle Probleme und Perspektiven des Arztrechts, Stuttgart 1989, S. 14 ff.
Leptien, Ulrich in: Soergel, Bürgerliches Gesetzbuch, Kommentar, Band 1, 12. Aufl., Stuttgart/Berlin/Köln/München 1987

Lesch, Heiko, Die strafrechtliche Einwilligung beim HIV-Antikörpertest an Minderjährigen in: NJW 1989, S. 2309 ff.

Lessing, Eckhard, Euthanasie aus evangelischer Sicht in: Hiersche, Hans-Dieter, Euthanasie, München/Zürich 1975, S. 89 ff.

Levy, Ernst, Mehr als 2000 gemeldete Fälle von Sterbehilfe im Jahr in: FAZ vom 11.04.2001, S. 2

Lilie, Hans, Hilfe zum Sterben in: Deutsch, Erwin u.a., Festschrift für Erich Steffen zum 65. Geburtstag, 28. Mai 1995, Der Schadensersatz und seine Deckung, Berlin/New York 1995, S. 273 ff.

Linck, Joachim, Doping und staatliches Recht in: NJW 1987, S. 2545 ff.

Lippert, Hans-Dieter, Die Stellung des Notarztes bei der Durchführung von Rettungs- und Notarztdienst in: MedR 1984, S. 41 ff.

Lippert, Hans-Dieter, Die Eigenblutspende in: VersR 1992, S. 790 ff.

Lischke, Gottfried, Sterbe- und Freitodhilfe im Lichte einer Psychologie der Moral in: Neumann, Gita / Körner, Uwe, Patientenautonomie und Humanes Sterben, Kongreßbericht, Berlin 1997, S. 75 ff.

Locher-Linn, Monika / Oudijk, Johannes, Landesbericht Belgien in: Eser, Albin / Koch, Hans-Georg, Materialien zur Sterbehilfe, Eine internationale Dokumentation, Freiburg 1991, S. 249 ff.

Loerbroks, Ekkehard, Tod als Geschenk ? Überlegungen eines Arztes in: Evangelische Akademie Berlin, "Sterbehilfe" - Tötung auf wessen Verlangen? Berlin 1988, S. 63 ff.

Loewenich, Volker von, Grenzen der ärztlichen Behandlungspflicht bei schwerstgeschädigten Neugeborenen aus ärztlicher Sicht in: MedR 1985, S. 30 ff.

Lohner, Alexander, Rechtfertigung der Abtreibung ? Eine Auseinandersetzung mit Peter Singer und Norbert Hörster, Bonn/Augsburg 1993

Löw, Reinhard, Philosophische Aspekte der Behindertenproblematik in: Bastian, Till, Denken - schreiben - töten, Stuttgart 1990, S. 83 ff.

Lücking, Carl, Apallisches Syndrom in: Eser, Albin / Lutterotti, Markus von / Sporken, Paul, Lexikon Medizin, Ethik, Recht, Freiburg/Basel/Wien 1989,Sp. 74 ff.

Lüderitz, Alexander, Familienrecht, Ein Studienbuch, 27. Aufl., München 1999

Lunshof, Jeantine, Die Sterbehilfe-Diskussion in der Bundesrepublik in: Kuitert, Harry, Der gewünschte Tod, Euthanasie und humanes Sterben, Gütersloh 1991, S. 130 ff

Lüpke, Klaus von, Thesen gegen die Propaganda des Tötens in: Weber, Doris, Wer nicht paßt, muß sterben, Oberursel 1990, S. 40 ff.

Lutterotti, Karl Michael von, Ärztliche Handlungsanleitungen im Grenzbereich von Leben und Tod in strafrechtlicher Sicht, Freiburg 1990

Lutterotti, Markus von, Ärztlicher Heilauftrag und Euthanasie in: Eser, Albin / Bringewat, Peter, Suizid und Euthanasie als human- und sozialwissenschaftliches Problem, Stuttgart 1976, S. 291 ff.

Lutterotti, Markus von, Menschenwürdiges Sterben, Kann sich die Gesellschaft auf das Gewissen des Arztes verlassen ? 2. Aufl., Freiburg/Basel/Wien 1987

Lutterotti, Markus von, Sterbehilfe, lex artis und mutmaßlicher Patientenwille, Ärztliche Überlegungen zu juristischen Vorschlägen in: MedR 1988, S. 55 ff.

Lutterotti, Markus von / Sporken, Paul, Wahrheit am Krankenbett in: Eser, Albin / Lutterotti, Markus von / Sporken, Paul, Lexikon Medizin, Ethik, Recht, Freiburg/Basel/Wien 1989, Sp. 1235 ff.

Lutterotti, Markus von, Sterbebegleitung als Aufgabe des Arztes in: Student, Johann-Christoph, Das Hospiz-Buch, 2. Aufl., Freiburg 1991, S. 44 ff.

Lutterotti, Markus von, Der Arzt und das Tötungsverbot in: MedR 1992, S. 7 ff.

Lutterotti, Markus von, Grenzen ärztlicher Behandlungspflicht und passive Sterbehilfe in: Zeitschrift für medizinische Ethik 39 (1993), S. 3 ff.

Lüttger, Hans, Der Tod und das Strafrecht in: JR 1971, S. 309 ff.

Lüttger, Hans, Festschrift für Ernst Heinitz zum 70. Geburtstag, Berlin/NewYork 1972

Madlener, Kurt, Landesbericht Spanien in: Eser, Albin / Koch, Hans-Georg, Materialien zur Sterbehilfe, Eine internationale Dokumentation, Freiburg 1991, S. 651 ff.
Maisch, Herbert, Kriminologische Phänomenologie der Serientötung von Patienten durch Angehörige des Pflegepersonals in: Oehmichen, Manfred, Lebensverkürzung, Tötung und Serientötung - eine interdisziplinäre Analyse der "Euthanasie", Lübeck 1996, S. 217 ff.
Makowski, Volker Heinrich, Möglichkeiten und Grenzen der Intensivtherapie in: Eid, Volker / Frey, Rudolf, Sterbehilfe oder wie weit reicht die ärztliche Behandlungspflicht ? Mainz 1978, S. 19 ff.
Malorny, Michael, Der Grundrechtsverzicht in: JA 1974, S. 475 ff.
Mangoldt, Hermann von / Klein, Friedrich / Starck, Christian, Das Bonner Grundgesetz, Kommentar, Band 1, 3. Aufl., München 1985
Manigk, Alfred, Das rechtswirksame Verhalten, Berlin 1939
Marburger Verein für Selbstbestimmung und Betreuung, Patientenverfügung in: Taupitz, Jochen, Landesbericht Deutschland in: Taupitz, Jochen, Zivilrechtliche Regelungen zur Absicherung der Patientenautonomie am Ende des Lebens, Berlin/Heidelberg/New York/Barcelona/Hongkong/London/Mailand/Paris/Singapur/ Tokio 2000, S. 273 (487)
Martens, Hans-Hermann, Zum ärztlichen Notfalldienst in: NJW 1970, S. 494 ff.
Martinez, Jose Antonio, Grenzen der ärztlichen Behandlungspflicht, Mainz 1979
Matthaei, Peter, Der alltägliche Tod in der Klinik in: Böhme, Wolfgang, Der Arzt und das Sterben, Karlsruhe 1981, S. 31 ff.
Mattheis, Ruth, Euthanasie und gesellschaftlicher Auftrag der Medizin - ein Widerspruch ? in: Gose, Walther / Hoffmann, Herbert / Wirtz, Hans-Gerd, Aktive Sterbehilfe ? Zum Selbstbestimmungsrecht des Patienten, Trier 1997, S. 135 ff.
Maunz, Theodor / Zippelius, Reinhold, Deutsches Staatsrecht, 30. Aufl., München 1998
Maunz, Theodor / Dürig, Günter, Grundgesetz-Kommentar, Band 1, 36. Ergänzungslieferung, München, Stand Oktober 1999
Maurach, Reinhart, Anmerkung zu BGH, Urteil vom 08.05.1956 - 5 StR 29/56 in: JR 1956, 348 ff.
Maurach, Reinhart, Deutsches Strafrecht Besonderer Teil, Ein Lehrbuch, 5. Aufl., Karlsruhe 1969
Maurach, Reinhart / Zipf, Heinz, Strafrecht Allgemeiner Teil, Teilband 1, Grundlehren des Strafrechts und Aufbau der Straftat, 8. Aufl., Heidelberg 1992
Maurach, Reinhart / Schroeder, Friedrich-Christian / Maiwald, Manfred, Strafrecht Besonderer Teil, Teilband 1, Straftaten gegen Persönlichkeits- und Vermögenswerte, Ein Lehrbuch, 8. Aufl., Heidelberg 1995
Maurer, Hartmut, Allgemeines Verwaltungsrecht, 12. Aufl., München 1999
Mausbach, Joseph, Katholische Moraltheologie, 9. Aufl., 3. Band, Die spezielle Moral, 2. Teil, Der irdische Pflichtenkreis, Münster 1953
Mayer, Hellmuth, Strafrecht Allgemeiner Teil, Stuttgart/Köln 1953
Mayer, Karl-Georg, Medizinische Maßnahmen an Betreuten - §§ 1904, 1905 BGB - Eine Untersuchung aus zivilrechtlicher Sicht, Würzburg 1995
Mayer, Max Ernst, Der Allgemeine Teil des Deutschen Strafrechts, Lehrbuch, Heidelberg 1915
Mayer-Scheu, Josef, Seelsorge im Krankenhaus, Mainz 1977
Mayer-Scheu, Josef, Der Beitrag der Seelsorge in der Existenzkrise des Menschen. Seelsorge auf Intensivpflegestationen in: Eid, Volker / Frey, Rudolf, Sterbehilfe oder wie weit reicht die ärztliche Behandlungspflicht? Mainz 1978, S. 61 ff.
Mayer-Scheu, Josef, Der mitmenschliche Auftrag der Sterbenshilfe in: Eid, Volker, Euthanasie oder soll man auf Verlangen töten ? 2. Aufl., Mainz 1985, S. 95 ff.

Mayrhofer, Otto / Porges, Paul, Möglichkeiten und Grenzen der Schmerzausschaltung mittels Nervenblockaden in: Eser, Albin / Bringewat, Peter, Suizid und Euthanasie als human- und sozialwissenschaftliches Problem, Stuttgart 1976, S. 121 ff.

Medicus, Dieter, Allgemeiner Teil des BGB, Ein Lehrbuch, 7. Aufl., Heidelberg 1997

Medicus, Dieter, Bürgerliches Recht, 18. Aufl., Köln/Berlin/Bonn/München 1999

Meier, Sybille, Suizid, Patiententestament, Altersvorsorgevollmacht und Zulässigkeit der Vertretung in Gesundheits- und anderen höchstpersönlichen Angelegenheiten in: BtPrax 1994, S. 190 ff.

Meier, Sybille, Grenzen der ärztlichen Behandlungspflicht - Probleme der aktiven und passiven Sterbehilfe in: BtPrax 1996, S. 161 ff.

Meltzer, Ewald, Das Problem der Abkürzung "lebensunwerten" Lebens, Halle/Saale 1925

Mendiola, Michael, Menschliches Leiden und das ärztlich assistierte Sterben in: Holderegger, Adrian, Das medizinisch assisitierte Sterben, Freiburg/Wien 1998, S. 208 ff.

Mendler, Till M., Geborgen sterben dürfen in: Ethik Med 1993, S. 136 ff.

Menne, Ferdinand, Das Ende sozialer Lebensgeschichten. Soziologische Probleme der Todeskontrolle in: Eid, Volker, Euthanasie oder soll man auf Verlangen töten ? 2. Aufl., Mainz 1985, S. 132 ff.

Menter, Myriam, Die therapeutische Aufklärung als Ausgleich des Spannungsverhältnisses zwischen Heilpflichtprimat des Arztes und Selbstbestimmungsrecht des Patienten, Aachen 1994

Menzel, Hartmut, Kriterien für einen Behandlungsabbau in: Eser, Albin / Bringewat, Peter, Suizid und Euthanasie als human- und sozialwissenschaftliches Problem, Stuttgart 1976, S. 143 ff.

Menzel, Hartmut, Ziel und Grenzen ärztlichen Handelns im Extrembereich menschlicher Existenz in: Auer, Alfons / Menzel, Hartmut / Eser, Albin, Zwischen Heilauftrag und Sterbehilfe, Zum Behandlungsabbruch aus ethischer, medizinischer und rechtlicher Sicht, Köln/Berlin/Bonn/München 1977, S. 53 ff.

Meran, Johannes Gobertus, Patientenverfügungen im klinischen Kontext in: Koch, Hans-Georg / Meran, Johannes Gobertus / Sass, Hans-Martin, Patientenverfügung und stellvertretende Entscheidung in rechtlicher, medizinischer und ethischer Sicht, Bochum 1994, S. 21 ff.

Mergen, Armand, Die juristische Problematik in der Medizin, Band II, Ärztliche Aufklärungs- und Schweigepflicht, München 1971

Mergen, Armand, Die juristische Problematik in der Medizin, Band III, Die Verantwortung des Arztes, München 1971

Merkel, Reinhard, Tödlicher Behandlungsabbruch und mutmaßliche Einwilligung bei Patienten im apallischen Syndrom in: ZStW 107. Band (1995), S. 545 ff.

Merkel, Reinhard, Früheuthanasie, Rechtsethische und strafrechtliche Grundlagen ärztlicher Entscheidungen über Leben und Tod in der Neonatalmedizin, Baden-Baden 2001

Mertens, Hans-Joachim, Berufshaftung, Haftungsprobleme alter Professionen in: VersR 1974, S. 512 ff.

Mertens, Hans-Joachim in: Münchner-Kommentar zum Bürgerlichen Gesetzbuch, Band 5, 3. Aufl., München 1997

Meves, Christa, Der Mensch - Herr über Leben und Tod ? in: Atrott, Hans Henning / Eibach, Ulrich u.a., Sterbehilfe, Mitleid oder Mord ? Wiesbaden 1984, S. 79 ff.

Meyer, Joachim-Ernst, Zur ärztlichen Verantwortung bei der Verhinderung eines Suizids aus psychiatrischer Sicht in: MedR 1985, S. 210 ff.

Michel, Frank, Forum: Aids-Test ohne Einwilligung - Körperverletzung oder Strafbarkeitslücke ? in: JuS 1988, S. 8 ff.

Militärregierung des französischen Besatzungsgebietes in Deutschland, Generaljustizdirektion, Der Konstanzer Juristentag (02. - 05. Juni 1947), Tübingen 1947

Miltner, Erich / Püschel, Klaus / Bratzke, Hansjürgen u.a., Aktive Euthanasie - Einzelfallanalyse in: Oehmichen, Manfred, Lebensverkürzung, Tötung und Serientötung - eine interdisziplinäre Analyse der "Euthanasie", Lübeck 1996, S. 145 ff.
Ministerium der Justiz und für Bundes- und Europaangelegenheiten des Landes Brandenburg, "Hilflos ? Nein, weil ich vorgesorgt habe" in: Taupitz, Jochen, Landesbericht Deutschland in: Taupitz, Jochen, Zivilrechtliche Regelungen zur Absicherung der Patientenautonomie am Ende des Lebens, Berlin/Heidelberg/New York/Barcelona/Hongkong/London/Mailand/Paris/Singapur/Tokio 2000, S. 273 (421 ff.)
Missliwetz, Johann / Bauer, Georg / Reiter, Christian / Vycudilik, Walter, Todesfälle in einem Wiener Krankenhaus in: Oehmichen, Manfred, Lebensverkürzung, Tötung und Serientötung - eine interdisziplinäre Analyse der "Euthanasie", Lübeck 1996, S. 183 ff.
Mitrovic, Emilija, Das Menschenbild der staatlichen Fürsorge im Dritten Reich in: Rothmaler, Christiane / Mitrovic, Emilija, Die neue Ethik, Zurück zur Euthanasie ? Hamburg 1996, S. 38 ff.
Mitsch, Wolfgang in: Baumann, Jürgen / Weber, Ulrich / Mitsch, Wolfgang, Strafrecht Allgemeiner Teil, Lehrbuch, 10. Aufl., Bielefeld 1995
Mochel, Henk, Milder Tod, München 1973
Molitor, Erich, Zur Theorie des Vertragszwangs in: Iherings Jahrbücher für die Dogmatik des bürgerlichen Rechts, 37. Band, Jena 1923, S. 1 ff.
Möllering, Jürgen, Schutz des Lebens - Recht auf Sterben, Zur rechtlichen Problematik der Euthanasie, Stuttgart 1977
Möllhoff, Gerhard, Suizid in sozial- und versicherungsmedizinischer Sicht in: Eser, Albin / Bringewat, Peter, Suizid und Euthanasie als human- und sozialwissenschaftliches Problem, Stuttgart 1976, S. 194 ff.
Moor, Paul, Die Freiheit zum Tode, Ein Plädoyer für das Recht auf menschenwürdiges Sterben, Euthanasie und Ethik, Reinbek 1977
Motive zu dem Entwurfe eines Bürgerlichen Gesetzbuches für das Deutsche Reich, Band I, Allgemeiner Teil, Berlin/Leipzig 1888
Mugdan, Benno, Die gesamten Materialien zum Bürgerlichen Gesetzbuch für das Deutsche Reich, 2. Band, Recht der Schuldverhältnisse, Berlin 1899
Müller, W., Das neue Betreuungsgesetz - Auswirkungen auf die ärztliche Behandlung in: DAVorm 1992, S. 153 f.
Müller-Dietz, Heinz, Mutmaßliche Einwilligung und Operationserweiterung - BGH, NJW 1988, 2310 in: JuS 1989, S. 280 ff.
Müller-Fahlbusch, Hans, Sterben und Tod aus ärztlicher Sicht in: Bloching, Karl-Heinz, Tod, Mainz 1973, S. 38 ff.
Müller-Freienfels, Wolfram, Anmerkung zu OLG Frankfurt/M., Beschluß vom 15.07.1998 - 20 W 224/98 in: JZ 1998, S. 1123 ff.
Müller-Glöge in: Münchner-Kommentar zum Bürgerlichen Gesetzbuch, Band 4, 3. Aufl., München 1997
Müller-Graff, Peter-Christian, Berufshaftung und Organisationshaftung bei der ärztlichen Anfängeroperation - BGHZ 88, 248 in: JuS 1985, S. 352 ff.
Münch, Ingo von / Kunig, Philip, Grundgesetz-Kommentar, Band 1, 4. Aufl., München 1992
Münch, Ingo von in: Münch, Ingo von / Kunig, Philip, Grundgesetz-Kommentar, Band 1, 4. Aufl., München 1992
Münch, Ingo von / Kunig, Philip, Grundgesetz-Kommentar, Band 1, 5. Aufl., München 2000
Münchner-Kommentar zum Bürgerlichen Gesetzbuch, Bd. 1, 2. Aufl., München 1984
Münchner-Kommentar zum Bürgerlichen Gesetzbuch, Band 1 (1993), Band 4 (1997), Band 5 (1997), Band 8 (1992), 3. Aufl., München
Mürner, Christian, Mythos der Neutralität - Schweizerische Positionen und Beteiligungen in der neuen Euthanasie-Debatte in: Christoph, Franz / Illiger, Horst, Notwehr gegen die neue Euthanasie, Neumünster 1993, S. 202 ff.

Muschke, Astrid, Gesetzliche Regelung der Sterbehilfe ? Gießen 1988

Nagel, E., Des Menschen eigener Tod in der Medizin in: Romero-Haus-Protokolle 65, Menschlich sterben, Die Rede vom "guten Tod", Zur aktuellen Euthanasiedebatte, Luzern 1995, S. 33 ff.

Narr, Helmut, Ärztliches Berufsrecht, 2. Aufl., Band 2, Köln, 10. Ergänzungslieferung, Stand: Oktober 1988

Nedopil, Norbert, Die medikamentöse Versorgung als Heilbehandlung gemäß § 1904 BGB. Erwiderung auf den Beitrag von Schreiber, FamRZ 1991, 1014 ff. in: FamRZ 1993, S. 24 ff.

Neidhardt, Karl, Behandlungsrecht des Arztes und ärztliche Aufklärungspflicht in der Sicht des Arztes und des Juristen in: NJW 1956, S. 1097 ff.

Neumann, Gita / Körner, Uwe, Patientenautonomie und Humanes Sterben, Kongreßbericht, Berlin 1997

Neumann, Gita, Die Patientenverfügung - individuelle Wertvorstellungen vor allem älterer Menschen in: Neumann, Gita / Körner, Uwe, Patientenautonomie und Humanes Sterben, Kongreßbericht, Berlin 1997, S. 55 ff.

Neumann, Gita, Die Vorsorgeverfügung und die Rolle eines Patientenanwalts in Theorie und Praxis in: Neumann, Gita / Körner, Uwe, Patientenautonomie und Humanes Sterben, Kongreßbericht, Berlin 1997, S. 115 ff.

Neyen, Werner, Die Einwilligungsfähigkeit im Strafrecht, Darmstadt 1991

Nickel, Lars Christoph, Anmerkung zu OLG Frankfurt/M., Beschluß vom 15.07.1998 - 20 W 224/98 in: MedR 1998, S. 520 ff.

Nickl, Peter, Utilitarismus und Ethik in: Christoph, Franz / Illiger, Horst, Notwehr gegen die neue Euthanasie, Neumünster 1993, S. 30 ff.

Niebling, Jürgen, Ärztliche Formularaufklärung und AGB-Gesetz in: MDR 1982, S. 193 ff.

Niedersächsische Landeszentrale für Politische Bildung, Das Recht auf Leben, Hannover 1976

Niemann, Ulrich, Kommentar II zu: Ruhrmann, G., Leidensminderung. Wunsch nach aktiver Tötung ? in: Ethik Med 1990, S. 203 ff.

Niemann, Walter, Die privatautonome Gestaltung der ärztlichen Pflicht zur Erhaltung erlöschenden Lebens durch den Patienten, Münster 1972

Niestroj, Christa, Die rechtliche Bewertung der Selbsttötung und die Strafbarkeit der Suizidbeteiligung, Göttingen 1983

Nipperdey, Hans Carl, Kontrahierungszwang und diktierter Vertrag, Jena 1920

Noll, Peter, Übergesetzliche Rechtfertigungsgründe, im besonderen die Einwilligung des Verletzten, Basel 1955

Nowak, Klara, Erbgesundheitsgeschichte in: Christoph, Franz / Illiger, Horst, Notwehr gegen die neue Euthanasie, Neumünster 1993, S. 268 ff.

Nowak, Klara, Viele nehmen ihren Gram und Kummer mit ins Grab in: Daub, Ute / Wunder, Michael, Des Lebens Wert, Freiburg 1994, S. 21 ff.

Nüchtern, Michael, Der Arzt, der Kranke, der Tod und der Teufel von Emil Nolde in: Böhme, Wolfgang, Der Arzt und das Sterben, Karlsruhe 1981, S. 29 ff.

Nüchtern, Michael, Bilder gegen den Tod in: Böhme, Wolfgang, Der Arzt und das Sterben, Karlsruhe 1981, S. 89 ff.

Nüchtern, Michael, Herr über Leben und Tod in: Evangelische Akademie Baden, Sterbehilfe, Was heißt das ? Karlsruhe 1988, S. 106 ff.

Nußbaum, Anja, The Right to Die, Die rechtliche Problematik der Sterbehilfe in den USA und ihre Bedeutung für die Reformdiskussion in Deutschland, Berlin 2000

Nüßgens, Karl, Zwei Fragen zur zivilrechtlichen Haftung des Arztes in: Caemmerer, Ernst von u.a., Festschrift für Fritz Hauß zum 70. Geburtstag, Karlsruhe 1978, S. 287 ff.

Nüßgens, Karl in: RGRK, Bürgerliches Gesetzbuch, Kommentar, Band 2, 5. Teil, 12. Aufl., Berlin/New York 1989

Oehler, Dietrich, Die Achtung vor dem Leben und die Notstandshandlung in: JR 1951, S. 489 ff.

Oehmichen, Manfred, Lebensverkürzung, Tötung und Serientötung - eine interdisziplinäre Analyse der "Euthanasie", Lübeck 1996

Oehmichen, Manfred, Serientötung, Tötung und Lebensverkürzung - Versuch einer Synopse in: Oehmichen, Manfred, Lebensverkürzung, Tötung und Serientötung - eine interdisziplinäre Analyse der "Euthanasie", Lübeck 1996, S. 229 ff.

Omega, Mit dem Sterben leben e.V., Patientenverfügung in: Evangelische Akademie Bad Boll, Protokolldienst 1 / 96, Patiententestament, Eine Hilfe für alle? Bad Boll 1996, S. 75 f.

Opderbecke, Hans Wolfgang, Grenzen der ärztlichen Behandlungspflicht in: Eser, Albin / Bringewat, Peter, Suizid und Euthanasie als human- und sozialwissenschaftliches Problem, Stuttgart 1976, S. 136 ff.

Opderbecke, Hans Wolfgang, Grenzen der Intensivtherapie in: Lawin, Peter / Huth, Hanno, Grenzen der ärztlichen Aufklärungs- und Behandlungspflicht, Stuttgart/New York 1982, S. 109 ff.

Opderbecke, Hans Wolfgang, Grenzen der Intensivmedizin in: MedR 1985, S. 23 ff.

Ostermann, Erika, Begleitung lebensbedrohlich erkrankter Kinder. Erfahrungen im Umgang mit Dialysepatienten in: Engelke, Ernst / Schmoll, Hans-Joachim / Wolff, Georg, Sterbebeistand bei Kindern und Erwachsenen, Stuttgart 1979, S. 99 ff.

Otto, Harro, Straftaten gegen das Leben in: ZStW 83. Band (1971), S. 39 ff.

Otto, Harro / Brammsen, Joerg, Die Grundlagen der strafrechtlichen Haftung des Garanten wegen Unterlassens in: Jura 1985, S. 592 ff.

Otto, Harro, Recht auf den eigenen Tod ? Strafrecht im Spannungsverhältnis zwischen Lebenserhaltungspflicht und Selbstbestimmung in: Verhandlungen des 56. Deutschen Juristentages Berlin 1986, Gutachten D, München 1986, S. D 10 ff.

Otto, Harro, Grundkurs Strafrecht, Allgemeine Strafrechtslehre, 5. Aufl., Berlin/New York 1996

Palandt, Bürgerliches Gesetzbuch, Kommentar, 60. Aufl., München 2001

Papst Johannes Paul II., Enzyklika evangelium vitae, Frohbotschaft des Lebens, Stein am Rhein 1995

Papst Pius IX. (1846) - Papst Pius XII. (1948), Katholische Soziallehre, Lexikon päpstlicher Weisungen, Band 1, Eichstätt/Rom/München 1948

Papst Pius XII., Euthanasie, Ansprache an Frauen vom 11.09.1947 in: Papst Pius IX (1846) - Papst Pius XII. (1948), Katholische Soziallehre, Lexikon päpstlicher Weisungen, Band 1, Eichstätt/Rom/München 1948, S. 114 ff.

Papst Pius IX. (1846) - Papst Pius XII. (1948), Kirche und modernes Leben, Lexikon päpstlicher Weisungen, Band 2, Eichstätt/Rom/Frankfurt/Main 1950

Papst Pius XII., Ansprache an Ärzte vom 12.11.1944 in: Papst Pius IX. (1846) - Papst Pius XII. (1948), Kirche und modernes Leben, Lexikon päpstlicher Weisungen, Band 2, Eichstätt/Rom/Frankfurt/Main 1950, S. 27 ff.

Pardey, Karl-Dieter, Wider die Formulare zur Bestimmung von Aufgabenkreisen in: RPfleger 1988, S. 451 ff.

Pardey, Karl-Dieter, Alltagsprobleme im Betreuungsrecht, insbesondere zu §§ 1904 und 1906 IV BGB in: BtPrax 1995, S. 81 ff.

Peitgen, Winfried, Sterben zu Hause in: Böhme, Wolfgang, Der Arzt und das Sterben, Karlsruhe 1981, S. 41 ff.

Penin, Heinz / Käufer, Christoph, Der Hirntod, Todeszeitbestimmung bei irreversiblem Funktionsverlust des Gehirns, Stuttgart 1969
Perret, Wolfgang, Nochmals: Aufklärungspflicht des Arztes bei Krebs in: Med. Klinik 1960, S. 1205 ff.
Peter, K., Diskussion Teil II - Behandlungspflicht in: Lawin, Peter / Huth, Hanno, Grenzen der ärztlichen Aufklärungs- und Behandlungspflicht, Stuttgart/New York 1982, S. 157 ff.
Peters, Karl, Zur Lehre von den persönlichen Strafausschließungsgründen in: JR 1949, S. 496 ff.
Peters, Karl, Die Tötung von Menschen in Notsituationen in: JR 1950, S. 742 ff.
Peters, Uwe, Gedanken zu einer Reform des Entmündigungs-, Vormundschafts- und Pflegschaftsrechts für Volljährige in: DAVorm 1990, S. 178 ff.
Pfeiffer, Otti, Ich trage Trauer in: Reuter, Stephanie, Sterben, Tod, Trauer, Stuttgart/München/Düsseldorf/Leipzig 1997, S. 55
Pichler, Johannes, Internationale Entwicklungen in den Patientenrechten, Wien/Köln/Weimar 1992
Pieroth, Bodo / Schlink, Bernhard, Grundrechte, Staatsrecht II, 15. Aufl., Heidelberg 1999
Piper, Hans-Christoph, Die Begleitung des Sterbenden in der Ausbildung zu Krankenhausseelsorgern in: Engelke, Ernst / Schmoll, Hans-Joachim / Wolff, Georg, Sterbebegleitung bei Kindern und Erwachsenen, Stuttgart 1979, S. 57 ff.
Piper, Hans-Christoph, Praktische Sterbebegleitung in: Exner, Horst / Fahlbusch, Wilhelm, Sterbehilfe, Bielefeld 1985, S. 36 ff.
Platon, Der Staat, 2. Aufl., München 1998
Pohlmeier, Hermann, Das alte Wort "Euthanasie" und die neue Idee der Sterbehilfebewegung in: Oehmichen, Manfred, Lebensverkürzung, Tötung und Serientötung - eine interdisziplinäre Analyse der "Euthanasie", Lübeck 1996, S. 53 ff.
Ponsold, Albert, Lehrbuch der gerichtlichen Medizin einschließlich der ärztlichen Rechtskunde und der Versicherungsmedizin, 2. Aufl., Stuttgart 1957
Ponsold, Albert, Lehrbuch der gerichtlichen Medizin für Mediziner und Juristen, 3. Aufl., Stuttgart 1967
Putz, Wolfgang, Wann darf eine Magensonde gelegt werden ? in: Humanes Leben - Humanes Sterben, Nr. 3 / 2000, S. 10
Putzo, Hans in: Palandt, Bürgerliches Gesetzbuch, Kommentar, 60. Aufl., München 2001

Raabe, Reinhard / Vogel, Hermann, Medizin und Rechtsprechung, Landsberg/Lech 1987
Radbruch, Lukas / Zech, Detlev, Definition, Entwicklung und Ziele der Palliativmedizin in Deutschland in: Aulbert, Eberhard / Klaschik, Eberhard / Pichlmaier, Heinz, Palliativmedizin - Die Alternative zur Sterbehilfe, Stuttgart/New York 1998, S. 53 ff.
Rahner, Karl, Zur Theologie des Todes, Mit einem Exkurs über das Martyrium, 5. Aufl., Freiburg/Basel/Wien 1958
Rampp, Gerhard, DGHS und Hospiz-Idee - Gemeinsamkeiten und Unterschiede in: Humanes Leben - Humanes Sterben, Nr. 3 / 1999, S. 21
Ranft, Otfried, Rechtsprechungsbericht zu den Unterlassungsdelikten - Teil 2 in: JZ 1987, S. 908 ff.
Raszeja, S., Kriterien des Hirntodes im Lichte der Transplantationspraxis in Polen in: Eisenmenger, Wolfgang u.a., Medizin und Recht, Festschrift für Wolfgang Spann, Berlin/Heidelberg/New York/London/Paris/Tokio 1986, S. 453 ff.
Ratschow, Carl Heinz, Wenn Sterbehilfe töten darf, Ethische Erwägungen zur Euthanasie, Wuppertal/Zürich 1992
Ratzel, Rudolf, Ärztliches Standesrecht: Eine Darstellung für Klinik und Praxis, Frankfurt/M. 1990

Rausch, Hans / Rausch, Jens, Betreuung Geschäftsfähiger gegen ihren Willen ? in: NJW 1992, S. 274 ff.

Redeker, Konrad, Verfassungsrechtliche Vorgaben zur Kontrolldichte verwaltungsgerichtlicher Rechtsprechung in: NVwZ 1992, S. 305 ff.

Reichenbach, Bruce, Euthanasie und die aktiv/passiv-Unterscheidung in: Leist, Anton, Um Leben und Tod, 3. Aufl., Frankfurt/M. 1992, S. 318 ff.

Reisert, Peter, Ich möchte beim Sterben helfen in: Atrott, Hans Henning / Eibach, Ulrich u.a., Sterbehilfe, Mitleid oder Mord ? Wiesbaden 1984, S. 99 ff.

Reiter, Johannes, Die aktuelle Euthanasiediskussion - eine Bestandsaufnahme in: Eid, Volker, Euthanasie oder soll man auf Verlangen töten ? 2. Aufl., Mainz 1985, S. 185 ff.

Rest, Franco, Die Bedürfnisse des Patienten im Sterben in: Schara, Joachim, Humane Intensivtherapie, Erlangen 1982, S. 69 ff.

Rest, Franco, Überlegungen zum Gespräch mit Schwerkranken und ihren Angehörigen - Kommunikation über Sterben und Tod in: Schara, Joachim, Humane Intensivtherapie, Erlangen 1982, S. 79 ff.

Rest, Franco, Den Sterbenden beistehen, Ein Wegweiser für die Lebenden, 2. Aufl., Heidelberg/Wiesbaden 1986

Rest, Franco, Sterbenden beistehen - die Leiden und das Leid in: Evangelische Akademie Baden, Sterbehilfe, Was heißt das ? Karlsruhe 1988, S. 68 ff.

Rest, Franco, Sterbebegleitung statt Sterbehilfe. Damit das Leben auch im Sterben lebenswert bleibt, Freiburg/Basel/Wien 1997

Rest, Franco, Das Hospiz - Ein Ausweg aus der Misere um die gesellschaftliche Verdrängung des Sterbens in: Institut für Sozialarbeit und Sozialpädagogik (ISS-Frankfurt/M.), Fachtagung Förderung der Sterbebegleitung - Öffnung der Sterbehilfe ? Frankfurt/M. 1999, S. 37 ff.

Reuter, Birgit, Die gesetzliche Regelung der aktiven ärztlichen Sterbehilfe des Königreichs der Niederlande - ein Modell für die Bundesrepublik Deutschland? Frankfurt/M. 2001

Reuter, Stephanie, Sterben, Tod, Trauer, Stuttgart/München/Düsseldorf/Leipzig 1997

Reuter, Stephanie, Tabuisierung und Verdrängung des Todes in der modernen Gesellschaft in: Reuter, Stephanie, Sterben, Tod, Trauer, Stuttgart/München/Düsseldorf/Leipzig 1997, S. 7

Reuter, Stephanie, Erst der soziale, dann der physische Tod in: Reuter, Stephanie, Sterben, Tod, Trauer, Stuttgart/München/Düsseldorf/Leipzig 1997, S. 27

RGRK, Das Bürgerliche Gesetzbuch, Kommentar, Band 1 (1982), Band 2, 5. Teil (1989), 12. Aufl., Berlin/New York

Richardi, Reinhard in: Staudinger, Kommentar zum Bürgerlichen Gesetzbuch, Buch 2, 13. Aufl., Berlin 1999

Richartz, Mark, "Euthanasie" und Menschenrechte, Ein deutsch-niederländischer Vergleich in: Daub, Ute / Wunder, Michael, Des Lebens Wert, Freiburg 1994, S. 100 ff.

Rickmann, Sabine, Zur Wirksamkeit von Patiententestamenten im Bereich des Strafrechts, Frankfurt/M./Bern/New York 1987

Rieger, Gregor, Die mutmaßliche Einwilligung in den Behandlungsabbruch, Frankfurt/M./Berlin/Bern/New York/Paris/Wien 1998

Rieger, Hans-Jürgen, Lexikon des Arztrechts, Berlin/New York 1984

Riha, Ortrun, Über den Tod reden in: Humanes Leben - Humanes Sterben, Nr. 1 / 2000, S. 17

Riklin, Franz, Die strafrechtliche Regelung der Sterbehilfe in: Holderegger, Adrian, Das medizinisch assistierte Sterben, Freiburg/Wien 1998, S. 328 ff.

Rilke, Rainer Maria, Das Stundenbuch, enthaltend die drei Bücher vom mönchischen Leben, von der Pilgerschaft, von der Armut und vom Tode, 2. Aufl., Frankfurt/M./Leipzig 1996

Rink, Jürgen / Bauer, Axel, Richterliche Erfahrungen mit den Grundsätzen des neuen Betreuungsrechtes in der Praxis des geltenden Pflegschafts- / Entmündigungsrechtes in: FamRZ 1988, S. 1229 ff.

Robbers, Gerhard, Euthanasie und die Folgen für unsere Rechtsgemeinschaft in: Gose, Walther / Hoffmann, Herbert / Wirtz, Hans-Gerd, Aktive Sterbehilfe ? Zum Selbstbestimmungsrecht des Patienten, Trier 1997, S. 71 ff.

Roche, Lexikon Medizin, München/Wien/Baltimore 1984

Roellecke, Gerd, Gibt es ein "Recht auf den Tod" ? in: Eser, Albin / Bringewat, Peter, Suizid und Euthanasie als human- und sozialwissenschaftliches Problem, Stuttgart 1976, S. 336 ff.

Roemer, Hans, Zur Aufklärungspflicht des Arztes gegenüber Krebskranken in: JZ 1960, S. 137 ff.

Rognum, Torleiv Ole, Euthanasia - a new health service in Norway ? in: Oehmichen, Manfred, Lebensverkürzung, Tötung und Serientötung - eine interdisziplinäre Analyse der "Euthanasie", Lübeck 1996, S. 117 ff.

Rohde, Ernst, Der Zeitpunkt der Aufklärung vor ambulanten Operationen in: VersR 1995, S. 391 ff.

Rollin, Marion, Ärzte im Konflikt in: Uhlenbruck, Wilhelm / Rollin, Marion, Sterbehilfe und Patiententestament, Berlin 1983, S. 3 ff.

Romero-Haus-Protokolle 65, Menschlich sterben, Die Rede vom "guten Tod", Zur aktuellen Euthanasiedebatte, Luzern 1995

Roos, Dieter, Gespräche mit Sterbenden in: Giesler, Erhard, Sterbende begleiten, Kassel 1988, S. 101 ff.

Roßner, Hans-Jürgen, Verzicht des Patienten auf eine Aufklärung durch den Arzt in: NJW 1990, S. 2291

Rost, Karl Ludwig, "Schöne neue Welt" in: Bastian, Till, Denken - schreiben - töten, Stuttgart 1990, S. 37 ff.

Rost, Karl Ludwig, Zur gegenwärtigen Diskussion der "Euthanasie" in: Christoph, Franz / Illiger, Horst, Notwehr gegen die neue Euthanasie, Neumünster 1993, S. 50 ff.

Rost, Ludwig, Der Euthanasie-Film "Ich klage an" von 1941, Vorgeschichte und Gestaltung der Propaganda zu den Anstaltsmassenmorden in: Evangelische Akademie Berlin, "Sterbehilfe" - Tötung auf wessen Verlangen ? Berlin 1988, S. 40 ff.

Roth, Andreas in: Erman, Handkommentar zum Bürgerlichen Gesetzbuch, Band 2, 10. Aufl., Münster 2000

Roth, Andreas / Schlatmann, Birgitta, Eugenik im Recht. Die Geschichte der sogenannten Zwangssterilisation in den letzten 100 Jahren in: Düwell, Franz-Josef / Vormbaum, Thomas, Themen juristischer Zeitgeschichte, Schwerpunktthema: Recht und Nationalsozialismus, Baden-Baden 1998, S. 152 ff.

Roth, Karl Heinz, Filmpropaganda für die Vernichtung der Geisteskranken und Behinderten im Dritten Reich in: Verein zur Erforschung der nationalsozialistischen Gesundheits- und Sozialpolitik, Beiträge zur nationalsozialistischen Gesundheits- und Sozialpolitik, Euthanasie im Dienst des Fortschritts, Berlin 1985, S. 125 ff.

Rothmaler, Christiane / Mitrovic, Emilija, Die neue Ethik, Zurück zur Euthanasie ? Hamburg 1996

Rothmaler, Christiane, Gesundheitsbegriff und Rassenhygiene - eine sozial historische Einordnung in: Rothmaler, Christiane / Mitrovic, Emilija, Die neue Ethik, Zurück zur Euthanasie ? Hamburg 1996, S. 9 ff.

Röver, Julia, Einflußmöglichkeiten des Patienten im Vorfeld einer medizinischen Behandlung, Antezipierte Erklärung und Stellvertretung in Gesundheitsangelegenheiten, Frankfurt/M./Berlin/Bern/New York/Paris/ Wien 1996

Roxin, Claus, An der Grenze von Begehung und Unterlassung in: Bockelmann, Paul u.a., Festschrift für Karl Engisch zum 70. Geburtstag, Frankfurt/M. 1969, S. 380 ff.

Roxin, Claus, Über die mutmaßliche Einwilligung in: Stratenwerth, Günter u.a., Festschrift für Hans Welzel zum 70. Geburtstag, 25. März 1974, Berlin/New York 1974, S. 447 ff.
Roxin, Claus, Die Mitwirkung beim Suizid - ein Tötungsdelikt ? in: Jescheck, Hans-Heinrich / Lüttger, Hans, Festschrift für Eduard Dreher zum 70. Geburtstag, 29. April 1977, Berlin/New York 1977
Roxin, Claus, Der Schutz des Lebens aus der Sicht des Juristen in: Blaha, Herbert / Gutjahr-Löser, Peter / Niebler, Engelbert, Schutz des Lebens - Recht auf Tod, München/Wien 1978, S. 85 ff.
Roxin, Claus, Die Sterbehilfe im Spannungsfeld von Suizidteilnahme, erlaubtem Behandlungsabbruch und Tötung auf Verlangen in: NStZ 1987, S. 345 ff.
Roxin, Claus, Strafrecht Allgemeiner Teil, Band 1, Grundlagen, Der Aufbau der Verbrechenslehre, 3. Aufl., München 1997
Rozek, Jochen, Neubestimmung der Justitiabilität von Prüfungsentscheidungen in: NVwZ 1992, S. 343 ff.
Rücker, Norbert, Wohltat Medizin bringt die Plage der Entscheidung in: Glaube und Leben, 08.10.2000, S. 11
Rudolf, Michael / Bittler, Jan, Vorsorgevollmacht, Betreuungsverfügung, Patientenverfügung, Bonn 2000
Rudolphi, Hans-Joachim, Ist die Teilnahme an einer Notstandstat i.S. der §§ 52, 53 Abs. 3 und 54 StGB strafbar ? in: ZStW 78. Band (1966), S. 67 ff.
Rudolphi, Hans-Joachim, Literaturbericht: Strafrecht - Allgemeiner Teil in: ZStW 86. Band (1974), S. 68 ff.
Rudolphi, Hans-Joachim, Die Bedeutung eines Gewissenentscheides für das Strafrecht in: Stratenwerth, Günter u.a., Festschrift für Hans Welzel zum 70. Geburtstag, 25. März 1974, Berlin/New York 1974, S. 605 ff.
Rudolphi, Hans-Joachim in: Systematischer Kommentar zum Strafgesetzbuch, Band 1, Allgemeiner Teil, 7. Aufl., Neuwied, Stand: 33. Lieferung September 2000
Rust-Riedel, Marga, Praxisbericht aus der Seelsorge in: Evangelische Akademie Berlin, Begleitetes Sterben - gegen den Versuch, Euthanasie zu legalisieren, Berlin 1989, S. 45 ff.
Rutenfrans, Chris, Befreiung oder schiefe Ebene, Das niederländische Gesetz zur "Euthanasie" in: Daub, Ute / Wunder, Michael, Des Lebens Wert, Freiburg 1994, S. 94 ff.
Rüther, Otmar, Euthanasie - autonome Selbstbestimmung oder Hilflosigkeit ? in: Diakonisches Werk der Evangelischen Kirche von Westfalen, Ausweg Euthanasie ? Münster 1999, S. 4 ff.

Sachs, Michael, "Volenti non fit iniuria" in: Verwaltungsarchiv 76. Band 1985, S. 398 ff.
Saliger, Frank, Sterbehilfe mit staatlicher Genehmigung - OLG Frankfurt a.M., NJW 1998, 2747 in: JuS 1999, S. 16 ff.
Samson, Erich, Begehung und Unterlassung in: Stratenwerth, Günter u.a., Festschrift für Hans Welzel zum 70. Geburtstag, 25. März 1974, Berlin/New York 1974, S. 579 ff.
Sandkuhl, Frank, Hörsters Streitschrift in: Humanes Leben - Humanes Sterben, Nr. 3 / 1999, S. 13
Sass, Hans-Martin, Hirntod und Hirnleben, Bochum 1990
Sass, Hans-Martin, Die ethische Diskussion in: Koch, Hans-Georg / Meran, Johannes Gobertus / Sass, Hans-Martin, Patientenverfügung und stellvertretende Entscheidung in rechtlicher, medizinischer und ethischer Sicht, Bochum 1994, S. 39 ff.
Sattler, Christoph, Selbstbestimmt sterben. Sterbehilfe zwischen Macht, Mammon und Menschlichkeit, Frankfurt 1996
Sauer, Wilhelm, Allgemeine Strafrechtslehre, 3. Aufl. der "Grundlagen des Strafrechts", Berlin 1955

Saueracker, Luise, Die Bedeutung des Patiententestamentes in der Bundesrepublik Deutschland aus ethischer, medizinischer und rechtlicher Sicht, Frankfurt/M./Bern/New York/Paris 1990

Saul, Burkhard, Es muß Alternativen zur aktiven Sterbehilfe geben in: Darmstädter Echo, 15.01.2000, S. 11

Sax, Walter, Zur rechtlichen Problematik der Sterbehilfe durch vorzeitigen Abbruch einer Intensivbehandlung in: JZ 1975, S. 137 ff.

Sax, Walter, "Tatbestand" und Rechtsgutverletzung (I) in: JZ 1976, S. 80 ff.

Schadewaldt, Hans, Euthanasie. Eine medizinhistorische Einführung in: Hiersche, Hans-Dieter, Euthanasie, München/Zürich 1975, S. 11 ff.

Schara, Joachim, Humane Intensivtherapie, Erlangen 1982

Schara, Joachim, Einführung, Überlegungen zu einer humanen Intensivtherapie in: Schara, Joachim, Humane Intensivtherapie, Erlangen 1982, S. 9 ff.

Schara, Joachim, Das Recht des Kranken auf seinen Tod in: Schara, Humane Intensivtherapie, Erlangen 1982, S. 19 ff.

Schara, Joachim, Entscheidungen in der Intensivtherapie in: Schara, Joachim, Humane Intensivtherapie, Erlangen 1982, S. 57 ff.

Schara, Joachim, Regeln für die Pflege am Intensivkrankenbett in: Schara, Joachim, Humane Intensivtherapie, Erlangen 1982, S. 127 ff.

Schara, Joachim, Die Zustimmung des Kranken zur Therapie - Risikoaufklärung und Selbstverwirklichungsaufklärung in: Schara, Joachim, Humane Intensivtherapie, Erlangen1982, S. 147 ff.

Schara, Joachim, Intensivmedizin zwischen Technik und Humanität in: Zeitschrift für medizinische Ethik 39 (1993), S. 111 ff.

Scheffen, Erika, Zivilrechtliche Neuregelung der passiven Sterbehilfe und Sterbebegleitung in: ZRP 2000, August 2000, Sonderdruck, S. 1 ff.

Scheidegger, Daniel, Intensivmedizin und Sterbehilfe in: Holderegger, Adrian, Das medizinisch assistierte Sterben, Freiburg/Wien 1998, S. 263 ff.

Schenke, Wolf, Die Einwilligung des Verletzten im Zivilrecht, unter besonderer Berücksichtigung ihrer Bedeutung bei Persönlichkeitsrechtsverletzungen, Erlangen 1966

Schewe, Günter, Definitionen und aktuelle juristische Aspekte in: Oehmichen, Manfred, Lebensverkürzung, Tötung und Serientötung - eine interdisziplinäre Analyse der "Euthanasie", Lübeck 1996, S. 45 ff.

Schiemann, Gottfried in: Erman, Handkommentar zum Bürgerlichen Gesetzbuch, Band 1, 9. Aufl., Münster 1993

Schindera, Michael, Das Recht des Kassenarztes im System der sozialen Krankenversicherung unter besonderer Berücksichtigung des Honorarwesens, Freiburg 1963

Schindler, Thomas, Konzept einer lindernden Medizin - Hospizansatz und Schmerztherapie bei Krebskranken in: Neumann, Gita / Körner, Uwe, Patientenautonomie und Humanes Sterben, Berlin 1997, S. 39 ff.

Schipperges, Heinrich, Zur psychischen und sozialen Situation des Sterbenden in historischer Sicht in: Eser, Albin / Bringewat, Peter, Suizid und Euthanasie als human- und sozialwissenschaftliches Problem, Stuttgart 1976, S. 13 ff.

Schipperges, Heinrich, Wandlungen im Ethos des Arztes in: Koslowski, Peter / Kreuzer, Philipp / Löw, Reinhard, Die Verführung durch das Machbare, ethische Konflikte in der modernen Medizin und Biologie, Stuttgart 1983, S. 101 ff.

Schiwy, Peter, Deutsches Arztrecht, Band I, Starnberg, Stand: 01.06.2000

Schlaudraff, Udo, Zwischen Konsens und Widerstand. Was ist verhandelbar und was nicht ? in: Gose, Walther / Hoffmann, Herbert / Wirtz, Hans-Gerd, Aktive Sterbehilfe ? Zum Selbstbestimmungsrecht des Patienten, Trier 1997, S. 9 ff.

Schleiermacher, Sabine, Das Konzept der differenzierten Fürsorge in der "Inneren Mission" als Wegbereiter der "Euthanasie" am Vorabend des Dritten Reiches in: Rothmaler, Christiane / Mitrovic, Emilija, Die neue Ethik, Zurück zur Euthanasie ? Hamburg 1996, S. 25 ff.

Schleker, Renate, Thanatologie, Euthanasie, Sterbehilfe, Eutin 1995

Schlosshauer-Selbach, Stefan, Typologie der ärztlichen Aufklärungspflicht in: DRiZ 1982, S. 361 ff.

Schlosshauer-Selbach, Stefan, Der Mitpatient als "Hilfsaufklärer" und der "unvernünftige" Patient - OLG München, NJW 1983, 2642 in: JuS 1983, S. 913 ff.

Schlund, Gerhard, Die ärztliche Aufklärungspflicht im Spannungsfeld der Gerichte und der Ärzteschaft in: VersR 1977, S. 496 ff.

Schlund, Gerhard, Die ärztliche Aufklärungspflicht im Spannungsfeld der Gerichte und der Ärzteschaft in: Der Gynäkologe 1989, S. 344 ff.

Schmalenberg, Erich, Zum Sinn des Lebens und des Todes in: Knevels, Wilhelm / Böckle, Franz / Schmalenberg, Erich, Euthanasie, Hilfe beim Sterben, Hilfe zum Sterben, Hamburg 1975, S. 41 ff.

Schmeling-Kludas, Christoph, Kommentar I zu: Breitmaier, Jörg, Recht auf Aufklärung - Pflicht zur Aufklärung in: Ethik Med 1989, S. 223 f.

Schmid, Hugo, Die Grundlagen der ärztlichen Aufklärungspflicht in: NJW 1984, S. 2601 ff.

Schmid, Hugo, Die Grenzen der Therapiefreiheit in: NJW 1986, S. 2339 ff.

Schmidhäuser, Eberhard, Strafrecht Allgemeiner Teil, Lehrbuch, Tübingen 1970

Schmidhäuser, Eberhard, Selbstmord und Beteiligung am Selbstmord in strafrechtlicher Sicht in: Stratenwerth, Günter u.a., Festschrift für Hans Welzel zum 70. Geburtstag, 25. März 1974, Berlin/New York 1974, S. 801 ff.

Schmidt, Dieter, Die persönliche Willenserklärung bei lebensbedrohlicher Krankheit in: BtPrax 1997, S. 16 ff.

Schmidt, Eberhard, Das Reichsgericht und der "übergesetzliche Notstand" in: ZStW 49. Band (1929), S. 350 ff.

Schmidt, Eberhard, Der Arzt im Strafrecht, Leipzig 1939

Schmidt, Eberhard, Die Besuchspflicht des Arztes unter strafrechtlichen Gesichtspunkten, Schloss Bleckede a. d. Elbe 1949

Schmidt, Eberhard, Der Arzt im Strafrecht in: Ponsold, Albert, Lehrbuch der gerichtlichen Medizin einschließlich der ärztlichen Rechtskunde und der Versicherungsmedizin, 2. Aufl., Stuttgart 1957, S. 1 ff.

Schmidt, Eberhard, Empfiehlt es sich, daß der Gesetzgeber die Fragen der ärztlichen Aufklärungspflicht regelt ? in: Verhandlungen des 44. Deutschen Juristentages Hannover 1962, Gutachten, Tübingen 1962

Schmidt, Lothar, Psychologische Aspekte der Information und Vorbereitung des Patienten in: Jung, Heike / Schreiber, Hans Wilhelm, Arzt und Patient zwischen Therapie und Recht, Stuttgart 1981, S. 103 ff.

Schmidt, Peter / Madea, Burkhard, Grenzen ärztlicher Behandlungspflicht am Ende des Lebens in: MedR 1998, S. 406 ff.

Schmidt, U., Mehr Lebensqualität für Krebskranke in: PTA heute, Nr. 3 / 2000, S. 7

Schmidt-Bleibtreu, Bruno / Klein, Franz, Kommentar zum Grundgesetz, 9. Aufl., Neuwied/Kriftel 1999

Schmierer, Klaus, Ambivalenzen ärztlicher Friedensarbeit - Zu einem Plakat der IPPNW und der Diskussion darüber in: Christoph, Franz / Illiger, Horst, Notwehr gegen die neue Euthanasie, Neumünster 1993, S. 238 ff.

Schmitt, Rudolf, Euthanasie aus der Sicht des Juristen in: JZ 1979, S. 462 ff.

Schmitt, Rudolf, Ärztliche Entscheidungen zwischen Leben und Tod in strafrechtlicher Sicht in: JZ 1985, S. 365 ff.

Schmitz, Philipp, "Euthanasie" - verschiedene Wege ethischer Orientierung in einem christlichen Umfeld in: Zeitschrift für medizinische Ethik 39 (1993), S. 27 ff.

Schmoll, Hans-Joachim, Sterben als sozialer Prozeß. Über das soziale Umfeld des Sterbenden in: Engelke, Ernst / Schmoll, Hans-Joachim / Wolff, Georg, Sterbebeistand bei Kindern und Erwachsenen, Stuttgart 1979, S. 40 ff.

Schmucker, Peter, Euthanasie aus intensivmedizinischer Sicht in: Oehmichen, Manfred, Lebensverkürzung, Tötung und Serientötung - eine interdisziplinäre Analyse der "Euthanasie", Lübeck 1996, S. 85 ff.

Schmuhl, Hans-Walter, Die Geschichte der Lebens(un)wert-Diskussion, Bruch oder Kontinuität in: Daub, Ute / Wunder, Michael, Des Lebens Wert, Freiburg 1994, S. 51 ff.

Schobert, Kurt, NDR-Umfrage zur aktiven Sterbehilfe in: Humanes Leben - Humanes Sterben, Nr. 3 / 1999, S. XI

Schöch, Heinz, Beendigung lebenserhaltender Maßnahmen in: NStZ 1995, S. 153 ff.

Schöllgen, Werner, Euthanasie in: Höfer, Josef / Rahner, Karl, Lexikon für Theologie und Kirche, 2. Aufl., 3. Band, Freiburg 1959, Sp. 1207 f.

Schöllhammer, Lutz, Die Rechtsverbindlichkeit des Patiententestaments, Eine Untersuchung aus zivilrechtlicher Sicht, Berlin 1993

Scholten, Hans-Joseph, Landesbericht Niederlande in: Eser, Albin / Koch, Hans-Georg, Materialien zur Sterbehilfe, Eine internationale Dokumentation, Freiburg 1991, S. 451 ff.

Schöne-Seifert, Bettina, Verzicht auf Lebenserhalt: offene Fragen in: Ethik Med 1989, S. 143 ff.

Schöne-Seifert, Bettina, Ist Assistenz zum Sterben unärztlich ? in: Holderegger, Adrian, Das medizinisch assistierte Sterben, Freiburg/Wien 1998, S. 98 ff.

Schönig, Roger, Zur Feststellung des Todeszeitpunktes in: NJW 1968, S. 189 f.

Schönke, Adolf / Schröder, Horst, Strafgesetzbuch, Kommentar, 25. Aufl., München 1997

Schönwiese, Volker, Neue Euthanasie-Debatte als Bedrohung von Menschenrechten in: Christoph, Franz / Illiger, Horst, Notwehr gegen die neue Euthanasie, Neumünster 1993, S. 222 ff.

Schöttler, Rudolf, Menschenrechte für jeden oder "Sterbehilfe" von Anfang bis zum Ende ? Krefeld 1990

Schramm, Karl-Heinz in: Münchner-Kommentar zum Bürgerlichen Gesetzbuch, Band 1, 3. Aufl., München 1993

Schreibauer, Marcus, Strafrechtliche Risiken des Betreuers bei der Sterbehilfe und Suizidbeteiligung in: BtPrax 1997, S. 217 ff.

Schreiber, Hans-Ludwig, Kriterien des Hirntodes in: JZ 1983, S. 593 f.

Schreiber, Hans-Ludwig, Das Recht auf den eigenen Tod - zur gesetzlichen Neuregelung der Sterbehilfe in: NStZ 1986, S. 337 ff.

Schreiber, Hans-Ludwig, Behandlungsabbruch und Sterbehilfe in: Deutsche Sektion der Internationalen Juristen-Kommission, Lebensverlängerung aus medizinischer, ethischer und rechtlicher Sicht, Heidelberg 1995, S. 129 ff.

Schreiber, Hans-Ludwig, Gibt es ein Recht auf Selbstbestimmung am Lebensende? in: Gose, Walther / Hoffmann, Herbert / Wirtz, Hans-Gerd, Aktive Sterbehilfe ? Zum Selbstbestimmungsrecht des Patienten, Trier 1997, S. 119 ff.

Schreiber, Hans-Ludwig, Ein neuer Entwurf für eine Richtlinie der Bundesärztekammer zur Sterbehilfe in: Ahrens, Hans-Jürgen u.a., Festschrift für Erwin Deutsch zum 70. Geburtstag, Köln/Berlin/Bonn/München 1999, S. 773 ff.

Schreiber, Lothar Hans, Die medikamentöse Versorgung als Heilbehandlung gemäß § 1904 BGB n.F. im zukünftigen Betreuungsgesetz in: FamRZ 1991, S. 1014 ff.

Schroeder, Friedrich-Christian / Zipf, Heinz, Festschrift für Reinhart Maurach zum 70. Geburtstag, Karlsruhe 1972

Schröder, Horst, Eigenmächtige Heilbehandlung im geltenden Strafrecht und im StGB-Entwurf 1960 in: NJW 1961, S. 951 ff.

Schröder, Michael / Taupitz, Jochen, Menschliches Blut: verwendbar nach Belieben des Arztes ? Stuttgart 1991

Schroth, Ulrich, Die berechtigte Geschäftsführung ohne Auftrag als Rechtfertigungsgrund im Strafrecht in: JuS 1992, S. 476 ff.

Schuck, Martin, Strafrechtliche Bedeutung der Verletzung der ärztlichen Aufklärungslast unter besonderer Berücksichtigung der kosmetischen Chirurgie, München 1980

Schulte, Bernd, Anmerkungen zur Reform des Entmündigungs-, Vormundschafts- und Pflegschaftsrechts in: ZRP 1986, S. 249 ff.

Schultz, Karen, Grenzfall und Grenzgänger, Persönliche Erfahrungen mit der "neuen" Euthanasie-Diskussion in: Christoph, Franz / Illiger, Horst, Notwehr gegen die neue Euthanasie, Neumünster 1993, S. 126 ff.

Schultz, Michael, Aufhebung von Garantenstellungen und Beteiligung durch Unterlassen - BGH, NJW 1984, 2639 in: JuS 1985, S. 270 ff.

Schultz, Ulrich, Dichtkunst, Heilkunst, Forschung: Der Kinderarzt Werner Catel in: Verein zur Erforschung der nationalsozialistischen Gesundheits- und Sozialpolitik e.V., Beiträge zur nationalsozialistischen Gesundheits- und Sozialpolitik, Euthanasie im Dienst des Fortschritts, Berlin 1985, S. 107 ff.

Schulz, G., Kreuzer, Arthur: Ärztliche Hilfeleistungspflicht bei Unglücksfällen in: Med. Klinik 1966, S. 1018

Schünemann, Bernd, Grund und Grenzen der unechten Unterlassungsdelikte, Göttingen 1971

Schünemann, Bernd, Die deutschsprachige Strafrechtswissenschaft nach der Strafrechtsreform im Spiegel des Leipziger Kommentars und des Wiener Kommentars in: GA 1985, S. 341 ff.

Schünemann, Hermann, Einwilligung und Aufklärung von psychisch Kranken in: VersR 1981, S. 306 ff.

Schünemann, Hermann, Die Rechte am menschlichen Körper, Frankfurt/M./Bern/ New York 1985

Schuster, Hans-Peter, Prognose und Ergebnisse in der internistischen Intensivtherapie in: Lawin, Peter / Huth, Hanno, Grenzen der ärztlichen Aufklärungs- und Behandlungspflicht, Stuttgart/New York 1982, S. 117 ff.

Schuster, Hans-Peter, Diskussion Teil II - Behandlungspflicht in: Lawin, Peter / Huth, Hanno, Grenzen der ärztlichen Aufklärungs- und Behandlungspflicht, Stuttgart/New York 1982, S. 157 ff.

Schütz, Rudolf, Euthanasie aus geriatrischer Sicht in: Oehmichen, Manfred, Lebensverkürzung, Tötung und Serientötung - eine interdisziplinäre Analyse der "Euthanasie", Lübeck 1996, S. 97 ff.

Schütze, Eckhard, Rechtsentwicklung der Sterbehilfe in der BRD - Rückblick bis heute in: Atrott, Hans Henning / Pohlmeier, Hermann, Sterbehilfe in der Gegenwart, Regensburg 1990, S. 151 ff.

Schwab, Dieter u.a., Staat, Kirche, Wissenschaft in einer pluralistischen Gesellschaft, Festschrift zum 65. Geburtstag von Paul Mikat, Berlin 1989

Schwab, Dieter, Strukturfragen des geplanten Betreuungsrechts in: Schwab, Dieter u.a., Staat, Kirche, Wissenschaft in einer pluralistischen Gesellschaft, Festschrift zum 65. Geburtstag von Paul Mikat, Berlin 1989, S. 881 ff.

Schwab, Dieter, Das neue Betreuungsrecht in: FamRZ 1990, S. 681 ff.

Schwab, Dieter, Probleme des materiellen Betreuungsrechts in: FamRZ 1992, S. 493 ff.

Schwab, Dieter in: Münchner-Kommentar zum Bürgerlichen Gesetzbuch, Band 8, 3. Aufl., München 1992

Schwabe, Jürgen, Glaubensfreiheit und Pflicht zur Hilfeleistung - OLG Stuttgart, MDR 1964, 1024, und BVerfGE 32, 98 in: JuS 1972, S. 380 ff.

Schwalm, Georg, Die strafrechtliche Bedeutung der ärztlichen Aufklärungspflicht in: MDR 1960, S. 722 ff.

Schwalm, Georg, Zum Begriff und Beweis des ärztlichen Kunstfehlers in: Kaufmann, Arthur u.a., Festschrift für Paul Bockelmann zum 70. Geburtstag, 07. Dezember 1978, München 1978, S. 539 ff.
Schweizerische Akademie der Medizinischen Wissenschaften, Richtlinien für die Sterbehilfe in: Eid, Volker / Frey, Rudolf, Sterbehilfe oder wie weit reicht die Behandlungspflicht des Arztes ? Mainz 1978, S. 56 ff.
Schweizerische Akademie der Medizinischen Wissenschaften, Medizinisch-ethische Richtlinien für die ärztliche Betreuung sterbender und zerebral schwerst geschädigter Patienten in: NJW 1996, S. 767 ff.
Schwenzer, N., Die Bedeutung der Stufenaufklärung nach Weißauer für die Mund-Kiefer-Gesichtschirurgie in: Heberer, Georg / Opderbecke, Hans Wolfgang, Ärztliches Handeln - Verrechtlichung eines Berufsstandes, Festschrift für Walther Weißauer zum 65. Geburtstag, Berlin/ Heidelberg/New York/London/Paris/Tokio 1986, S. 132 ff.
Schwoerer, Julius, Kindeswohl und Kindeswille in: NJW 1964, S. 5 ff.
Seelmann, Kurt in: Alternativkommentar zum Strafgesetzbuch, Band 1, Neuwied 1990
Seidler, Eduard, Kommentar I zu: Ruhrmann, G., Leidensminderung. Wunsch nach aktiver Tötung ? in: Ethik Med 1990, S. 201 ff.
Seifert, Karl-Heinz / Hömig, Dieter, Grundgesetz für die Bundesrepublik Deutschland, Taschenkommentar, 6. Aufl., Baden-Baden 1999
Seiler in: Münchner-Kommentar zum Bürgerlichen Gesetzbuch, Band 4, 3. Aufl., München 1997
Seitz, Walter, Erforderlichkeitsgrundsatz und Zivilprozeß in: BtPrax 1996, S. 93 f.
Seitz, Walter, Das OLG Frankfurt a.M. und die Sterbehilfe in: ZRP 1998, S. 417 ff.
Seniorenbeirat der Stadt Wiesbaden, Patienten- und Betreuungsverfügung in: Taupitz, Jochen, Landesbericht Deutschland in: Taupitz, Jochen, Zivilrechtliche Regelungen zur Absicherung der Patientenautonomie am Ende des Lebens, Berlin/Heidelberg/New York/Barcelona/Hongkong/ London/Mailand/Paris/Singapur/Tokio 2000, S. 273 (484 ff.)
Sick, Joachim, Beweisrecht im Arzthaftpflichtprozeß, Frankfurt/M./Bern/New York 1986
Siebert, Arvid, Strafrechtliche Grenzen ärztlicher Therapiefreiheit, Münster 1983
Siebert, Arvid, Strafrechtliche Grenzen ärztlicher Therapiefreiheit in: MedR 1983, S. 216 ff.
Siegrist, Johannes, Der Wandel der Medizin und der Wandel der Arzt-Patienten-Beziehung in: Jung, Heike / Schreiber, Hans Wilhelm, Arzt und Patient zwischen Therapie und Recht, Stuttgart 1981, S. 54 ff.
Siegrist, Johannes, Aufklärung in Grenzsituationen in: Kruse, Torsten / Wagner, Harald, Sterbende brauchen Solidarität, München 1986, S. 25 ff.
Siep, Ludwig / Quante, Michael, Ist die aktive Herbeiführung des Todes im Bereich des medizinischen Handelns philosophisch zu rechtfertigen ? in: Holderegger, Adrian, Das medizinisch assistierte Sterben, Freiburg/Wien 1998, S. 37 ff.
Sierck, Udo, Alternative und Euthanasie in: Bruns, Theo / Penselin, Ulla / Sierck, Udo, Tödliche Ethik, Beiträge gegen Eugenik und Euthanasie, 2. Aufl., Hamburg 1993, S. 18 ff.
Sierck, Udo, Rowohlt voll im Trend in: Bruns, Theo / Penselin, Ulla / Sierck, Udo, Tödliche Ethik, Beiträge gegen Eugenik und Euthanasie, 2. Aufl., Hamburg 1993, S. 104 ff.
Sierck, Udo, Das "Liegenlassen" behinderter Neugeborener in: Christoph, Franz / Illiger, Horst, Notwehr gegen die neue Euthanasie, Neumünster 1993, S. 112 ff.
Sierck, Udo, Würden Sie eine Diskussion über Ihr Lebensrecht billigen ? in: Daub, Ute / Wunder, Michael, Des Lebens Wert, Freiburg 1994, S. 87 ff.
Sierck, Udo, "Should the baby live ?" oder wie das Bild von Behinderten benutzt wird, um die "Sterbehilfe" in unserer Gesellschaft akzeptabel zu machen in: Rothmaler, Christiane / Mitrovic, Emilija, Die neue Ethik, Zurück zur Euthanasie ? Hamburg 1996, S. 47 ff.

Simson, Gerhard, Fragen der Abtreibung und Sterbehilfe in Schweden in: JZ 1965, S. 636 ff.
Simson, Gerhard, Ein Ja zur Sterbehilfe aus Barmherzigkeit in: Evers, Hans Ulrich u.a., Persönlichkeit in der Demokratie, Festschrift für Erich Schwinge zum 70. Geburtstag, Köln/Bonn 1973, S. 89 ff.
Simson, Gerhard, Die Suizidtat, Eine vergleichende Betrachtung, München 1976
Simson, Gerhard, Die Tötung aus Barmherzigkeit in rechtsvergleichender Sicht in: Eser, Albin / Bringewat, Peter, Suizid und Euthanasie als human- und sozialwissenschaftliches Problem, Stuttgart 1976, S. 322 ff.
Singer, Peter, Bio-Ethik und akademische Freiheit in: Weber, Doris, Wer nicht paßt, muß sterben, Oberursel 1990, S. 34 ff.
Singer, Peter / Kuhse, Helga, Muß dieses Kind am Leben bleiben ? Erlangen 1993
Singer, Praktische Ethik, 2. Aufl., Stuttgart 1994
Singer, Peter, Leben und Tod, Der Zusammenbruch der traditionellen Ethik, Erlangen 1998
Singer, Wolf, Das falsche Rot der Rose in: Der Spiegel Nr. 1/ 2001, S. 154 ff.
Soergel, Bürgerliches Gesetzbuch, Kommentar, Band 1 (1987), Band 4/1 (1997), Band 5/2 (1998), Band 8 (1987), 12. Aufl., Stuttgart/Berlin/Köln/Mainz
Solbach, Günter, "Aufklärung" des Patienten über wirtschaftliche Aspekte der Behandlung ? in: JA 1986, S. 419 ff.
Solbach, Günter / Solbach, Thomas, Zur Frage der Aufklärung der Patienten bei Blutentnahmen (AIDS) in: MedR 1988, S. 241 f.
Sonneck, Gernot / Ringel, Erwin, Zur Psychopathologie des Sterbewillens in: Eser, Albin / Bringewat, Peter, Suizid und Euthanasie als human- und sozialwissenschaftliches Problem, Stuttgart 1976, S. 77 ff.
Sonnenfeld, Susanne, Sterbehilfe in gerichtlich legitimierter Selbstverantwortung des Betreuers ? Von der ex-post-Betrachtung des Strafrechts zur ex-ante-Prüfung des Zivilrechts ? Berlin 2000
Sowada, Christoph, Strafbares Unterlassen des behandelnden Arztes, der seinen Patienten nach einem Selbstmordversuch bewußtlos auffindet ? in: Jura 1985, S. 75 ff.
Spaemann, Robert, Geleitwort in: Bastian, Till, Denken - schreiben - töten, Stuttgart 1990, S. 7 f.
Spaniol, Margret, Landesbericht Frankreich in: Eser, Albin / Koch, Hans-Georg, Materialien zur Sterbehilfe, Eine internationale Dokumentation, Freiburg 1991, S. 281 ff.
Spann, Wolfgang, Ärztliche Rechts- und Standeskunde, München 1962
Spann, Wolfgang, Ärztliche Rechts- und Standeskunde in: Ponsold, Albert, Lehrbuch der gerichtlichen Medizin für Mediziner und Juristen, 3. Aufl., Stuttgart 1967, S. 48 ff.
Spann, Wolfgang / Liebhardt, Erich / Braun, Werner, Ärztliche Hilfeleistungspflicht und Willensfreiheit des Patienten in: Kaufmann, Arthur u.a., Festschrift für Paul Bockelmann zum 70. Geburtstag, 07. Dezember 1978, München 1979, S. 487 ff.
Spann, Wolfgang, Das "Patiententestament" in: MedR 1983, S. 13 ff.
Spann, Wolfgang / Liebhardt, Erich / Penning, R., Übermaßaufklärung in: Heberer, Georg / Opderbecke, Hans Wolfgang u.a., Ärztliches Handeln - Verrechtlichung eines Berufsstandes, Festschrift für Walther Weißauer zum 65. Geburtstag, Berlin/Heidelberg/New York/London/Paris/Tokio 1986, S. 143 ff.
Spendel, Günter, Der conditio-sine-qua-non-Gedanke als Strafmilderungsgrund in: Bockelmann, Paul u.a., Festschrift für Karl Engisch zum 70. Geburtstag, Frankfurt/M. 1969, S. 509 ff.
Spendel, Günter, Zur Dogmatik der unechten Unterlassungsdelikte in: JZ 1973, S. 137 ff.
Spiegel-Rösing, Ina / Petzold, Hilarion, Die Begleitung Sterbender, Theorie und Praxis der Thanatotherapie, Paderborn 1984
Spittler, Johann-Friedrich, Der Patientenwille und die Prognose - Fixpunkte für das ärztliche Handeln ? in: Neumann, Gita / Körner, Uwe, Patientenautonomie und Humanes Sterben, Kongreßbericht, Berlin 1997, S. 93 ff.

Sporken, Paul, Darf die Medizin, was sie kann ? Düsseldorf 1971
Sporken, Paul, Menschlich sterben, 2. Aufl., Düsseldorf 1973
Sporken, Paul, Euthanasie im Rahmen der Lebens- und Sterbehilfe in: Eser, Albin / Bringewat, Peter, Suizid und Euthanasie als human- und sozialwissenschaftliches Problem, Stuttgart 1976, S. 271 ff.
Sporken, Paul, Umgang mit Sterbenden, Medizinische, pflegerische, pastorale und ethische Aspekte der Sterbehilfe, 4. Aufl., Düsseldorf 1978
Sporken, Paul, Sterbebeistand: Aufgabe und Ohnmacht in: Engelke, Ernst / Schmoll, Hans-Joachim / Wolff, Georg, Sterbebeistand bei Kindern und Erwachsenen, Stuttgart 1979, S. 30
Sporken, Paul, Ausbildung und Training für den Umgang mit Sterbenden in: Engelke, Ernst / Schmoll, Hans-Joachim / Wolff, Georg, Sterbebeistand bei Kindern und Erwachsenen, Stuttgart 1979, S. 115 ff.
Sporken, Paul, Rechte und Verantwortlichkeiten des Arztes und des Kranken in: Schara, Joachim, Humane Intensivtherapie, Erlangen 1982, S. 47 ff.
Sporken, Paul, Zuwendung als Voraussetzung für die Beziehung und die Kommunikation mit dem Kranken in: Schara, Joachim, Humane Intensivtherapie, Erlangen 1982, S. 157 ff.
Sporken, Paul, Hast du denn bejaht, daß ich sterben muß ? Eine Handreichung für den Umgang mit Sterbenden, 4. Aufl., Düsseldorf 1992
Sprau in: Palandt, Bürgerliches Gesetzbuch, Kommentar, 60. Aufl., München 2001
Stackelberg, Hans Heinrich Freiherr von, Probleme der Erfolgskontrolle präventiv-medizinischer Programme - dargestellt am Beispiel einer Effektivitäts- und Effizienzanalyse genetischer Beratung, Gladenbach 1980
Stadler, Christian, Sterbehilfe, München 1994
Stalinski, Dirk, Gerichtlich genehmigte Sterbehilfe in: BtPrax 1999, S. 43 ff., 86 ff.
Stammberger, Wolfgang, Fragen der Heilbehandlung in straf- und zivilrechtlicher Sicht in: Stiftung zur Förderung der wissenschaftlichen Forschung über Wesen und Bedeutung der freien Berufe, Köln/Berlin 1962, S. 9 ff.
Starck, Christian in: Mangoldt, Hermann von / Klein, Friedrich / Starck, Christian, Das Bonner Grundgesetz, Band 1, 3. Aufl., München 1985
Staudinger, Kommentar zum Bürgerlichen Gesetzbuch, Buch 4, §§ 1666 - 1772 (1992), §§ 1896 - 1921 (1995), 12. Aufl., Berlin
Staudinger, Kommentar zum Bürgerlichen Gesetzbuch, Band 2, 13. Aufl., Berlin 1999
Steffen, Erich in: RGRK, Bürgerliches Gesetzbuch, Kommentar, Band 1 (1982), Band 2, 5. Teil (1989), 12. Aufl., Berlin/New York
Steffen, Erich, Noch einmal: Selbstverantwortetes Sterben ? in: NJW 1996, S. 1581
Steffen, Erich / Dressler, Wolf-Dieter, Arzthaftungsrecht, Neue Entwicklungslinien der BGH Rechtsprechung, 8. Aufl., Köln 1999
Steindorff, Ernst, Zur Aufklärungspflicht des Arztes gegenüber Krebskranken in: JZ 1960, S. 139 ff.
Stern, Marc, Beginn und Ende des Kassenarztvertrages (§ 368 d RVO) in: Die Sozialversicherung 1968, S. 111 ff.
Sternberg-Lieben, Detlev, Strafbarkeit des Arztes bei Verstoß gegen ein Patienten-Testament in: NJW 1985, 2734 ff.
Sternberg-Lieben, Detlev, Strafbarkeit eigenmächtiger Genomanalyse in: GA 1990, S. 289 ff.
Sternsdorff, Hans-Wolfgang, Sterbehilfe - der Tod als Freund in: Der Spiegel Nr. 7/1975, S. 36 ff.
Stich, R. / Bauer, Karl Heinrich, Fehler und Gefahren bei chirurgischen Operationen, 4. Aufl., Band II, Jena 1958

Stiefel, Friedrich / Senn, Hans Joachim, Euthanasie und fortgeschrittenes Tumorleiden: Klinische Erfahrungen in der onkologischen Palliativstation in: Zeitschrift für medizinische Ethik 39 (1993) S. 99 ff.

Stieve, Gisela, Altern und Sterben sind keine unerwünschten Nebenwirkungen in: Pharmazeutische Zeitung 2000, S. 3420

Stiftung zur Förderung der wissenschaftlichen Forschung über Wesen und Bedeutung der freien Berufe, Die Aufklärungspflicht des Arztes, Köln/Berlin 1962

Stolz, Konrad, Betreuungsgesetz: Umsetzungsdefizite im Bereich Heilbehandlung und freiheitsentziehende Maßnahmen bei Heimbewohnern in: FamRZ 1993, S. 642 ff.

Stratenwerth, Günter, Zum juristischen Begriff des Todes in: Bockelmann, Paul u.a., Festschrift für Karl Engisch zum 70. Geburtstag, Frankfurt/M. 1969, S. 528 ff.

Stratenwerth, Günter u.a., Festschrift für Hans Welzel zum 70. Geburtstag, 25. März 1974, Berlin/New York 1974

Stratenwerth, Günter, Strafrecht Allgemeiner Teil I, Die Straftat, 3. Aufl., Köln/ Berlin/Bonn/München 1981

Stree, Walter, Garantenstellung kraft Übernahme in: Geerds, Friedrich / Naucke, Wolfgang, Beiträge zur gesamten Strafrechtswissenschaft, Festschrift für Hellmuth Mayer zum 70. Geburtstag, 01. Mai 1965, Berlin 1966, S. 145 ff.

Stree, Walter in: Schönke, Adolf / Schröder, Horst, Strafgesetzbuch, Kommentar, 25. Aufl., München 1997

Student, Johann-Christoph, Das Hospiz-Buch, 2. Aufl., Freiburg 1991

Student, Johann-Christoph, Was ist ein Hospiz ? in: Student, Johann-Christoph, Das Hospiz-Buch, 2. Aufl., Freiburg 1991, S. 19 ff.

Student, Johann-Christoph, Das Recht auf den eigenen Tod, Düsseldorf 1993

Student, Johann-Christoph, Die heilsame Alternative: Hospiz in: Student, Johann-Christoph, Das Recht auf den eigenen Tod, Düsseldorf 1993, S. 108 ff.

Sturm, Gerd, Probleme eines Verzichts auf Grundrechte in: Leibholz, Gerhard u.a., Menschenwürde und freiheitliche Rechtsordnung, Festschrift für Willi Geiger zum 65. Geburtstag, Tübingen 1974, S. 173 ff.

Stürmer, Matthias Walter, Sterbehilfe, Verfügung über das eigene Leben zwischen Lebensrecht und Tötungsverbot, München 1989

Südwestdeutscher Rundfunk SWR, Ratgeber Recht, Patientenverfügung in: Taupitz, Jochen, Landesbericht Deutschland in: Taupitz, Jochen, Zivilrechtliche Regelungen zur Absicherung der Patientenautonomie am Ende des Lebens, Berlin/Heidelberg/New York/Barcelona/Hongkong/London/Mailand/Paris/Singapur/ Tokio 2000, S. 273 (478 ff.)

Süssmuth, Rita, Wir können nicht so tun, als hätte es unsere Geschichte nicht gegeben in: Daub, Ute / Wunder, Michael, Des Lebens Wert, Freiburg 1994, S. 12 ff.

Systematischer Kommentar zum Strafgesetzbuch, Band 1, Allgemeiner Teil, 7. Aufl., Neuwied, Stand: 33. Lieferung September 2000

Systematischer Kommentar zum Strafgesetzbuch, Band 2, Besonderer Teil, 7. Aufl., Neuwied, Stand: 44. Lieferung Mai 1998

Taupitz, Jochen, Rechtliche Bindungen des Arztes: Erscheinungswesen, Funktionen, Sanktionen in: NJW 1986, S. 2851 ff.

Taupitz, Jochen, Wem gebührt der Schatz im menschlichen Körper ? in: AcP Band 191 (1991), S. 201 ff.

Taupitz, Jochen, Aufklärung über Behandlungsfehler: Rechtspflicht gegenüber dem Patienten oder ärztliche Ehrenpflicht ? in: NJW 1992, S. 713 ff.

Taupitz, Jochen, Privatrechtliche Rechtspositionen um die Genomanalyse: Eigentum, Persönlichkeit, Leistung in: JZ 1992, S. 1089 ff.

Taupitz, Jochen, Die ärztliche Schweigepflicht in der aktuellen Rechtsprechung des BGH in: MDR 1992, S. 421 ff.

Taupitz, Jochen, Menschliche Körpersubstanzen: nutzbar nach eigenem Belieben des Arztes ? in: Deutsches Ärzteblatt 1993, Ausgabe B, S. 786 ff.

Taupitz, Jochen / Fröhlich, Uwe, Medizinische Forschung mit nichteinwilligungsfähigen Personen in: VersR 1997, S. 911 ff.

Taupitz, Jochen, Empfehlen sich zivilrechtliche Regelungen zur Absicherung der Patientenautonomie am Ende des Lebens ? in: Verhandlungen des 63. Deutschen Juristentages Leipzig 2000, Gutachten A, S. A 1 ff.

Taupitz, Jochen, Zivilrechtliche Regelungen zur Absicherung der Patientenautonomie am Ende des Lebens, Berlin/Heidelberg/New York/Barcelona/Hongkong/London/ Mailand/Paris/Singapur/Tokio 2000

Taupitz, Jochen, Landesbericht Deutschland in: Taupitz, Jochen, Zivilrechtliche Regelungen am Ende des Lebens, Berlin/Heidelberg/New York/Barcelona/Hongkong/London/ Mailand/Paris/Singapur/Tokio 2000, S. 273 ff.

Tausch, Reinhard, Sanftes Sterben in: Reuter, Stephanie, Sterben, Tod, Trauer, Stuttgart/München/Düsseldorf/Leipzig 1997, S. 33

Tausch-Flammer, Daniela, Patientenverfügung aus der Sicht der Hospizarbeit in: Evangelische Akademie Bad Boll, Protokolldienst 1/96, Patiententestament, Eine Hilfe für alle ? Bad Boll 1996, S. 35 ff.

Tempel, Otto, Inhalt, Grenzen und Durchführung der ärztlichen Aufklärungspflicht unter Zugrundelegung der höchstrichterlichen Rechtsprechung in: NJW 1980, S. 609 ff.

Ten Have, Henk / Welie, Jos, Euthanasie - eine gängige Praxis ? Zur Situation in den Niederlanden in: Zeitschrift für medizinische Ethik 39 (1993), S. 63 ff.

Tettinger, Peter, Überlegungen zu einem administrativen "Prognosespielraum" in: DVBl. 1982, S. 421 ff.

Thar, Jürgen, Einwilligung in Heilbehandlung - durch den Betreuten - durch den Betreuer in: BtPrax 1994, S. 91 ff.

Theunissen, Georg, Kritik an humangenetischer Beratung und pränataler Diagnostik in: Weber, Doris, Wer nicht paßt, muß sterben, Oberursel 1990, S. 47 ff.

Thielicke, Helmut, Theologische Ethik, Band III, 3. Teil, Ethik der Gesellschaft, des Rechtes, der Sexualität und der Kunst, Tübingen 1964

Thielicke, Helmut, Leben mit dem Tod, Tübingen 1980

Thielicke, Helmut, Wer darf sterben ? in: Atrott, Hans Henning / Eibach, Ulrich u.a., Sterbehilfe, Mitleid oder Mord ? Wiesbaden 1984, S. 105 ff.

Thomas, Heinz in: Palandt, Bürgerliches Gesetzbuch, Kommentar, 60. Aufl., München 2001

Thomas, Walter, Kann man Sterben "lernen" ? Erwägungen über einen Beitrag der Pädagogik zum Thema Tod in: Eid, Volker, Euthanasie oder soll man auf Verlangen töten ? 2. Aufl., Mainz 1985, S. 149 ff.

Thomas von Aquin, Summe der Theologie, 3. Aufl., 2. Band, Die sittliche Weltordnung, Stuttgart 1985

Tiedemann, Klaus, Die mutmaßliche Einwilligung, insbesondere bei Unterschlagung amtlicher Gelder - OLG Köln, NJW 1968, 2348 in: JuS 1970, S. 108 ff.

Tiemann, Burkhard, Wandel vom Kassenarzt zum Vertragsarzt - Definition oder Statusänderung ? - Der zahnärztliche Versorgungssektor in: VSSR 1994, S. 407 ff.

Tölle-Kastenbein, Renate, Das Genfer Arztgelöbnis und der hippokratische Eid, Bochum 1978

Tolmein, Oliver, Geschätztes Leben, Die neue Euthanasie-Debatte, Hamburg 1990

Traufetter, Gerald, Demut vor dem letzten Rätsel in: Der Spiegel Nr. 1 / 2001, S. 148 ff.

Trockel, Horst, Die Rechtfertigung ärztlicher Eigenmacht in: NJW 1970, S. 489 ff.

Trockel, Horst, Die Einwilligung Minderjähriger in den ärztlichen Heileingriff in: NJW 1972, S. 1493 ff.

Trockel, Horst, Sterbehilfe im Wandel der Zeit in: NJW 1975, S. 1440 ff.

Tröndle, Herbert, Selbstbestimmungsrecht des Patienten - Wohltat und Plage ? in: MDR 1983, S. 881 ff.
Tröndle, Herbert, Referat in: Verhandlungen des 56. Deutschen Juristentages Berlin 1986, Band II, München 1986, S. M 29 ff.
Tröndle, Herbert, Warum ist Sterbehilfe ein rechtliches Problem ? in: ZStW 99. Band (1987), S. 25 ff.
Tröndle, Herbert, Antworten auf Grundfragen, herausgegeben von Prof. Dr. Walter Odersky, München 1999
Tröndle, Herbert / Fischer, Thomas, Strafgesetzbuch und Nebengesetze, Kommentar, 49. Aufl., München 1999
Tröndle, Herbert in: Tröndle, Herbert / Fischer, Thomas, Strafgesetzbuch und Nebengesetze, Kommentar, 49. Aufl., München 1999
Trück, Thomas, Mutmaßliche Einwilligung und passive Sterbehilfe durch den Arzt, Tübingen 2000
Tuhr, Andreas von, Der Allgemeine Teil des Deutschen Bürgerlichen Rechts, 2. Band, 2. Hälfte, München/Leipzig 1918
Turner, George, Die Einwilligung des Sportlers zum Doping in: NJW 1991, S. 2943 ff.
Twycross, Robert, Freiwillige Euthanasie - Eine klinische Betrachtung in: Eser, Albin / Bringewat, Peter, Suizid und Euthanasie als human- und sozialwissenschaftliches Problem, Stuttgart 1976, S. 111 ff.

Uhlenbruck, Wilhelm, Ärztliche Haftung bei Erweiterung oder Abänderung des Operationsplanes in: VersR 1968, S. 1101 ff.
Uhlenbruck, Wilhelm, Rechtsfragen bei der ärztlichen Behandlung von minderjährigen Patienten in: Arzt- und Arzneimittelrecht 1976, S. 301 ff.
Uhlenbruck, Wilhelm, Der Patientenbrief - die privatautonome Gestaltung des Rechtes auf einen menschenwürdigen Tod in: Eid, Volker / Frey, Rudolf, Sterbehilfe oder wie weit reicht die ärztliche Behandlungspflicht ? Mainz 1978, S. 146 ff.
Uhlenbruck, Wilhelm, Der Patientenbrief - die privatautonome Gestaltung des Rechtes auf einen menschenwürdigen Tod in: NJW 1978, S. 566 ff.
Uhlenbruck, Wilhelm / Rollin, Marion, Sterbehilfe und Patiententestament, Berlin 1983
Uhlenbruck, Wilhelm, Rechtliche, medizinische und theologische Probleme im Grenzbereich zwischen Leben und Tod in: Uhlenbruck, Wilhelm / Rollin, Marion, Sterbehilfe und Patiententestament, Berlin 1983, S. 33 ff.
Uhlenbruck, Wilhelm, Zur Rechtsverbindlichkeit des Patiententestaments in: MedR 1983, S. 16 ff.
Uhlenbruck, Wilhelm, Recht auf den eigenen Tod ? Strafrecht im Spannungsverhältnis zwischen Lebenserhaltungspflicht und Selbstbestimmung in: ZRP 1986, S. 209 ff.
Uhlenbruck, Wilhelm, Das Recht und die Pflicht des Arztes zur restitutio ad integrum nach einem Behandlungsfehler in: Heberer, Georg / Opderbecke, Hans Wolfgang u.a., Ärztliches Handeln - Verrechtlichung eines Berufsstandes, Festschrift für Walther Weißauer zum 65. Geburtstag, Berlin/Heidelberg/New York/London/Paris/Tokio 1986, S. 150 ff.
Uhlenbruck, Wilhelm, Vorab-Einwilligung und Stellvertretung bei der Einwilligung in einen Heileingriff in: MedR 1992, S. 134 ff.
Uhlenbruck, Wilhelm, Die Rechtspflicht des Arztes zu ausreichender postoperativer Schmerztherapie in: MedR 1993, S. 296 ff.
Uhlenbruck, Wilhelm, Die Altersvorsorge-Vollmacht als Alternative zum Patiententestament und zur Betreuungsverfügung in: NJW 1996, 1583 ff.
Uhlenbruck, Wilhelm, Selbstbestimmtes Sterben durch Patienten-Testament, Vorsorgevollmacht, Betreuungsverfügung, Berlin 1997

Uhlenbruck, Wilhelm, Entmündigung des Patienten durch den Gesetzgeber ? in: ZRP 1998, S. 46 ff.

Uhlenbruck, Wilhelm, Die Stellvertretung in Gesundheitsangelegenheiten in: Ahrens, Hans-Jürgen u.a., Festschrift für Erwin Deutsch zum 70. Geburtstag, Köln/Berlin/Bonn/München 1999, S. 849 ff.

Uhlenbruck in: Laufs, Adolf / Uhlenbruck, Wilhelm, Handbuch des Arztrechts, 2. Aufl., München 1999

Ukena, Gert, Aufklärung und Einwilligung beim ärztlichen Heileingriff an untergebrachten Patienten in: MedR 1992, S. 202 ff.

Ule, Carl Hermann, Unbestimmte Begriffe und Ermessen im Umweltschutzrecht in: DVBl. 1973, S. 756 ff.

Ullmann, Ramona / Schulz, Jörg / Schumann, Romy / Ristau, Antje, Tumorschmerzen - wie Sie sie in den Griff bekommen in: Geriatrie Journal Nr. 6/2000, S. 18 ff.

Ulsenheimer, Klaus, Strafbarkeit des Garanten bei Nichtvornahme der einzig möglichen, aber riskanten Rettungshandlung - BGH bei Dallinger, MDR 1971, 361 in: JuS 1972, S. 252 ff.

Ulsenheimer, Klaus in: Laufs, Adolf / Uhlenbruck, Wilhelm, Handbuch des Arztrechts, 2. Aufl., München 1999

Umbach, Wilhelm, Ärztliche Verantwortung im Konflikt in: Giesen, Wilhelm / Keienburg, Fritz Hermann, Organtransplantation, Stuttgart 1969, S. 13 ff.

Unternehmensgruppe Dienste für Menschen, Patientenverfügung in: Evangelische Akademie Bad Boll, Protokolldienst 1/96, Patiententestament, Eine Hilfe für alle ? Bad Boll 1996, S. 80

Valentin, Fritz, Die Euthanasie, Göttingen 1969

Verein zur Erforschung der nationalsozialistischen Gesundheits- und Sozialpolitik, Beiträge zur nationalsozialistischen Gesundheits- und Sozialpolitik, Euthanasie im Dienst des Fortschritts, Berlin 1985

Verrel, Torsten, Selbstbestimmungsrecht contra Lebensschutz in: JZ 1996, S. 224 ff.

Verrel, Torsten, Der BGH legt nach: Zulässigkeit der indirekten Sterbehilfe in: MedR 1997, S. 248 ff.

Verrel, Torsten, Richter über Leben und Tod ? in: JR 1999, S. 5 ff.

Verrel, Torsten, Zivilrechtliche Vorsorge ist besser als strafrechtliche Kontrolle in: MedR 1999, S. 547 ff.

Visser, Jacob Jan Friedrich, Erfahrungen mit der Sterbehilfe in Holland in: Oehmichen, Manfred, Lebensverkürzung, Tötung und Serientötung - eine interdisziplinäre Analyse der "Euthanasie", Lübeck 1996, S. 107 ff.

Vogel, Joachim, Die versuchte "passive Sterbehilfe" nach BGH MDR 1995, 80 in: MDR 1995, S. 337 ff.

Voll, Doris, Die Einwilligung im Arztrecht, Frankfurt/M./Berlin/Bern/New York/Paris/ Wien 1996

Wachsmuth, Werner / Schreiber, Hans-Ludwig, Die Stufenaufklärung - ein ärztlich und rechtlich verfehltes Modell in: Der Chirurg 1982, S. 594 ff.

Wagenitz, Thomas / Engers, Martin, Anmerkung zu OLG Frankfurt/M., Beschluß vom 15.07.1998 - 20 W 224/98 in: FamRZ 1998, S. 1256 f.

Wagner, Hans-Joachim, Aktive Euthanasie oder Tötung alter Menschen in: Oehmichen, Manfred, Lebensverkürzung, Tötung und Serientötung - eine interdisziplinäre Analyse der "Euthanasie", Lübeck 1996, S. 15 ff.

Wagner, Harald, Kinder und Jugendliche vor dem Tod in: Kruse, Torsten / Wagner, Harald, Sterbende brauchen Solidarität, München 1986, S. 70 ff.

Wagner, Harald, Euthanasie: Kommentar zum Fallbericht als theologische Problemskizze in: Zeitschrift für medizinische Ethik 39 (1993), S. 87 ff.
Wagner, Joachim, Selbstmord und Selbstmordverhinderung, Zugleich ein Beitrag zur Verfassungsmäßigkeit der Zwangsernährung, Karlsruhe 1975
Walczak, Martin, Umfrage unter Interessenten des Patiententestaments zu Tod und Sterben in: Uhlenbruck, Wilhelm / Rollin, Marion, Sterbehilfe und Patiententestament, Berlin 1983, S. 119 ff.
Wallace, Samuel, Selbstmord und Totschlag und das Recht auf Leben, Sterben und Töten in: Eser, Albin / Bringewat, Peter, Suizid und Euthanasie als human- und sozialwissenschaftliches Problem, Stuttgart 1976, S. 207 ff.
Walter, Ute, Die Vorsorgevollmacht, Grundprobleme eines Rechtsinstituts unter besonderer Berücksichtigung der Frage nach Vorsorge im personalen Bereich, Bielefeld 1997
Walter, Ute, Das Betreuungsrechtsänderungsgesetz und das Rechtsinstitut der Vorsorgevollmacht in: FamRZ 1999, S. 685 ff.
Warkentin, Bernd, Aufklärung der Patienten bei bösartigen Erkrankungen in: Deutsches Ärzteblatt 1973, S. 915 ff.
Wassermann, Rudolf, Das Recht auf den eigenen Tod in: Winau, Rolf / Rosemeier, Hans Peter, Tod und Sterben, Berlin/New York 1984, S. 381 ff.
Wassermann, Rudolf, Das Recht auf den eigenen Tod in: DRiZ 1986, S. 291 ff.
Wawersik, Jürgen, Reanimation und ihre Grenzen in: Eser, Albin / Bringewat, Peter, Suizid und Euthanasie als human- und sozialwissenschaftliches Problem, Stuttgart 1976, S. 125 ff.
Wawersik, Jürgen, Die Auswirkungen juristischer Aufklärungserfordernisse auf das Arzt-Patienten-Verhältnis in: Jung, Heike / Schreiber, Hans Wilhelm, Arzt und Patient zwischen Therapie und Recht, Stuttgart 1981, S. 90 ff.
Weber, Doris, Wer nicht paßt, muß sterben, Oberursel 1990
Weber, Doris, Analyse und Kommentar: Euthanasie für das Jahr 2000. Der Technofaschismus marschiert in: Weber, Doris, Wer nicht paßt, muß sterben, Oberursel 1990, S. 3 ff.
Weber, Ulrich, Zur strafrechtsgestaltenden Kraft des Zivilrechts in: Grunsky, Wolfgang u.a., Festschrift für Fritz Baur, Tübingen 1981, S.133 ff.
Weber, Ulrich in: Arzt, Gunther / Weber, Ulrich, Strafrecht Besonderer Teil, Heft 1: Delikte gegen die Person, 3. Aufl., Bielefeld 1988
Weber, Ulrich, Objektive Grenzen der strafbefreienden Einwilligung in Lebens- und Gesundheitsgefährdungen in: Arzt, Gunther u.a., Festschrift für Jürgen Baumann zum 70. Geburtstag, 22. Juni 1992, Bielefeld 1992, S. 43 ff.
Wegner, Arthur, Festschrift für Wilhelm Sauer zum 70. Geburtstag am 24.06.1949, Berlin 1949
Wehkamp, Karl-Heinz, Sterben und Töten - Euthanasie aus der Sicht deutscher Ärztinnen und Ärzte, Ergebnisse einer empirischen Studie vom Herbst 1996, Dortmund 1998
Wehrmann, Elisabeth, Die letzte Hürde. Der lange Weg Hollands zur Legalisierung der aktiven Sterbehilfe in: Die Zeit, Nr. 16 vom 11.04.2001, S. 34
Weigend, Thomas / Künschner, Alfred, Landesbericht USA in: Eser, Albin / Koch, Hans-Georg, Materialien zur Sterbehilfe, Eine internationale Dokumentation, Freiburg 1991, S. 669 ff.
Weihrauch, Möglichkeiten und Grenzen erlaubter Sterbehilfe in: Kriminalistik 1975, S. 343 ff.
Weikenmeier, Alexandra, Die prognostische Wertigkeit von Koma-Skalen bei Schädel-Hirn-Verletzten, Köln 1995
Weis, Kurt, Der Eigennutz des Sisyphos - Zur Soziologie der Selbstmordverhütung in: Eser, Albin / Bringewat, Peter, Suizid und Euthanasie als human- und sozialwissenschaftliches Problem, Stuttgart 1976, S. 180 ff.

Weißauer, Walther, Erwiderung zur Veröffentlichung von W. Wachsmuth und H.-L. Schreiber: Die Stufenaufklärung - ein ärztlich und rechtlich verfehltes Modell in: Der Chirurg 1982, S. 597 f.
Weißauer, Walther, Ärztliche Aufklärungspflicht aus rechtlicher Sicht in: Lawin, Peter / Huth, Hanno, Grenzen der ärztlichen Aufklärungs- und Behandlungspflicht, Stuttgart/New York 1982, S. 14 ff.
Weißauer, Walther, Ist eine Stufenaufklärung sinnvoll ? in: Der Gynäkologe 1989, S. 349 ff.
Weißauer, Walther / Opderbecke, Hans Wolfgang, Behandlungsabbruch bei unheilbarer Krankheit aus medikolegaler Sicht in: MedR 1995, S. 456 ff.
Weißauer, Walther / Opderbecke, Hans Wolfgang, Ein Vorschlag für Leitlinien - Grenzen der intensivmedizinischen Behandlungspflicht in: MedR 1998, S. 395 ff.
Weitnauer, Hermann, Fragen der ärztlichen Verantwortlichkeit in zivilrechtlicher Sicht in: Der Betrieb, Beilage Nr. 21 aus Heft 51/52 vom 22.12.1961, S. 1 ff.
Weizsäcker, Victor von, "Euthanasie" und Menschenversuche, Heidelberg 1947
Wellach, Ronald, Die historische Irrationalität des Utilitarismus. Ein postmodernes Argument in: Christoph, Franz / Illiger, Horst, Notwehr gegen die neue Euthanasie, Neumünster 1993, S. 92 ff.
Wellmann, Karl-Georg, Die Rechtspflicht zum Weiterleben und ihre Grenzen in: JR 1979, S. 182 f.
Weltärztebund, Deklaration über die Rechte des Patienten, Lissabon 1981 in: Koch, Hans-Georg / Heinemann, Nicola, Materialien internationaler Institutionen in: Eser, Albin / Koch, Hans-Georg, Materialien zur Sterbehilfe, Eine internationale Dokumentation, Freiburg 1991, S. 777 (790)
Weltärztebund, Deklaration zur Sterbehilfe, Venedig 1983 in: Koch, Hans-Georg / Heinemann, Nicola, Materialien internationaler Institutionen in: Eser, Albin / Koch, Hans-Georg, Materialien zur Sterbehilfe, Eine internationale Dokumentation, Freiburg 1991, S. 777 (790 f.)
Weltärztebund, Deklaration zur Sterbehilfe, Madrid 1987 in: Koch, Hans-Georg / Heinemann, Nicola, Materialien internationaler Institutionen in: Eser, Albin / Koch, Hans-Georg, Materialien zur Sterbehilfe, Eine internationale Dokumentation, Freiburg 1991, S. 777 (791)
Welzel, Hans, Das Deutsche Strafrecht, 11. Aufl., Berlin 1969
Wertenbruch, Johannes, Der Zeitpunkt der Patientenaufklärung in: MedR 1995, S. 306 ff.
Weß, Ludger, Über die Zusammenhänge von Menschenzucht und Bioethik in: Weber, Doris, Wer nicht paßt, muß sterben, Oberursel 1990, S. 44 ff.
Weß, Ludger, Fortschritt durch Vernichtung. Vorläufer und Hintergründe der neuen Euthanasie-Debatte in: Bruns, Theo / Penselin, Ulla / Sierck, Udo, Tödliche Ethik, Beiträge gegen Eugenik und Euthanasie, 2. Aufl., Hamburg 1993, S. 58 ff.
Weß, Ludger, Die Bibliothek und der Wert des Menschen. Kapituliert die medizinische Ethik ? Der Wettlauf um die Reproduktionstechnologie und die Bio-Ethik-Schule Peter Singers in: Rothmaler, Christiane / Mitrovic, Emilija, Die neue Ethik, Zurück zur Euthanasie ? Hamburg 1996, S. 67 ff.
Wessels, Johannes, Strafrecht Allgemeiner Teil: Die Straftat und ihr Aufbau, 27. Aufl., Heidelberg 1997
Wessels, Johannes, Strafrecht Besonderer Teil/1, Straftaten gegen Persönlichkeits- und Gemeinschaftswerte, 21. Aufl., Heidelberg 1997
Wessels, Johannes / Beulke, Werner, Strafrecht Allgemeiner Teil: Die Straftat und ihr Aufbau, 29. Aufl., Heidelberg 1999
Wessels, Johannes / Hettinger, Michael, Strafrecht Besonderer Teil/1, Straftaten gegen Persönlichkeits- und Gemeinschaftswerte, 24. Aufl., Heidelberg 2000
Westermann, Harm Peter in: Erman, Handkommentar zum Bürgerlichen Gesetzbuch, Band 1, 9. Aufl., Münster 1993

Wichmann, Karlheinz, DGHS warnt vor Geschäftemacherei mit Sterbebegleitung und -hilfe in: Humanes Leben - Humanes Sterben, Nr. 3 / 1999, S. 6
Wichmann, Karlheinz, Das eine zu tun bedeutet nicht, das andere zu lassen in: Humanes Leben - Humanes Sterben, Nr. 3 / 1999, S. 21
Wiebach, Konrad / Kreyßig, Michael / Peters, Heidi / Wächter, Claus / Winterstein, Peter, Was ist "gefährlich" ? - Ärztliche und juristische Aspekte bei der Anwendung des § 1904 BGB in: BtPrax 1997, S. 48 ff.
Wiegand, Dietrich, Kassenarztrecht, Kommentar zu den §§ 69 - 106 SGB V mit dem Zulassungs- und Vertragsrecht, 3. Aufl., Heidelberg 1995
Wiese, Günther, Gibt es ein Recht auf Nichtwissen ? in: Jayme, Erik u.a., Festschrift für Hubert Niederländer zum 70. Geburtstag, 10.02.1991, Heidelberg 1991, S. 475 ff.
Wiesing, Urban, Ist aktive Sterbehilfe "unärztlich" ? in: Holderegger, Adrian, Das medizinisch assistierte Sterben, Freiburg/Wien 1998, S. 233 ff.
Wiethölter, Rudolf, Arzt und Patient als Rechtsgenossen, Ein zivilrechtlicher Beitrag zur ärztlichen Aufklärungspflicht in: Stiftung zur Förderung der wissenschaftlichen Forschung über Wesen und Bedeutung der freien Berufe, Köln/Berlin 1962, S. 71 ff.
Wilhelm, Dorothee, Strafrechtliche Fahrlässigkeit bei Arbeitsteilung in der Medizin in: Jura 1985, S. 183 ff.
Willems, Susanne, Krankenmorde in der NS-Zeit und die Reaktion der Kirchen in: Evangelische Akademie Berlin, "Sterbehilfe" - Tötung auf wessen Verlangen? Berlin 1988, S. 22 ff.
Wilms, Heiner / Jäger, York, Menschenwürde und Tötung auf Verlangen in: ZRP 1988, S. 41 ff.
Wils, Jean-Pierre, Anmerkungen zur Geschichte des Sterbens in: Holderegger, Adrian, Das medizinisch assistierte Sterben, Freiburg/Wien 1998, S. 21 ff.
Wilts, Walter / Kleinewefers, Herbert, Die zivilrechtliche Haftung des Arztes in: Mergen, Armand, Die juristische Probelmatik in der Medizin, Band III, Die Verantwortung des Arztes, München 1971, S. 25 ff.
Wimmer, August, Kein Recht auf den eigenen Tod ? in: FamRZ 1975, S. 438 ff.
Winau, Rolf / Rosemeier, Hans Peter, Tod und Sterben, Berlin/New York 1984
Winau, Rolf, Einstellungen zu Tod und Sterben in der europäischen Geschichte in: Winau, Rolf / Rosemeier, Hans Peter, Tod und Sterben, Berlin/New York 1984, S. 15 ff.
Winau, Rolf, Die Freigabe der Vernichtung lebensunwerten Lebens in: Winau, Rolf / Rosemeier, Hans Peter, Tod und Sterben, Berlin/New York 1984, S. 27 ff.
Winkler-Wilfurth, Andrea, Betreuung und Heilbehandlung, Regensburg 1992
Witzel, Lothar, Der Sterbende als Patient in: Med. Klinik 1973, S. 1373 ff.
Witzel, Lothar, Sterben auf Verlangen aus der Sicht des Kranken und Sterbenden in: Hiersche, Hans-Dieter, Euthanasie, München/Zürich 1975, S. 183 ff.
Wöbker, Gabriele / Bock, Wolfgang, Apallisches Syndrom - Vegetativer Zustand in: Holderegger, Adrian, Das medizinisch assistierte Sterben, Freiburg/Wien 1998, S. 272 ff.
Wojnar, Jan / Bruder, Jens, Ärztliche Tätigkeit und das Betreuungsgesetz in: BtPrax 1993, S. 50 ff.
Wolbert, Werner, Ist der Unterschied zwischen Töten und Sterbenlassen noch sinnvoll ? in: Holderegger, Adrian, Das medizinisch assistierte Sterben, Freiburg/Wien 1998, S. 56 ff.
Wolf, Jean-Claude, Der intendierte Tod in: Holderegger, Adrian, Das medizinisch assistierte Sterben, Freiburg/Wien 1998, S. 76 ff.
Wolff, Georg, Was wissen denn schon die Kinder ? in: Engelke, Ernst / Schmoll, Hans-Joachim / Wolff, Georg, Sterbebeistand bei Kindern und Erwachsenen, Stuttgart 1979, S. 49 ff.

Wolff, Georg / Schmoll, Hans-Joachim / Engelke, Ernst, Sterbebeistand bleibt eine Herausforderung in: Engelke, Ernst / Schmoll, Hans-Joachim / Wolff, Georg, Sterbebeistand bei Kindern und Erwachsenen, Stuttgart 1979, S. 141 ff.
Wolfslast, Gabriele, Grenzen der Organgewinnung - Zur Frage einer Änderung der Hirntodkriterien in: MedR 1989, S. 163 ff.
Wolfslast, Gabriele, Euthanasie aus der Sicht der Rechtsprechung in: Aulbert, Eberhard / Klaschik, Eberhard / Pichlmaier, Heinz, Palliativmedizin - Die Alternative zur Sterbehilfe, Stuttgart/New York 1998, S. 41 ff.
Wollschläger, Christian, Die Geschäftsführung ohne Auftrag, Berlin 1976
Wolter-Henseler, Dirk, Betreuungsrecht und Arzneimittel - wann ist eine medikamentöse Behandlung genehmigungspflichtig i.S. des § 1904 BGB ? in: BtPrax 1994, S. 183 ff.
Wolter-Henseler, Dirk, Gefährliche medizinische Maßnahmen ? in: BtPrax 1995, S. 168 ff.
Wunder, Michael, Sterbehilfe - zur gegenwärtigen medizinischen, juristischen und ethischen Diskussion in: Evangelische Akademie Berlin, "Sterbehilfe" - Tötung auf wessen Verlangen ? Berlin 1988, S. 49 ff.
Wunder, Michael, Die neue Lebens(un)wertdiskussion und die alten Erlösungshoffnungen in: Daub, Ute / Wunder, Michael, Des Lebens Wert, Freiburg 1994, S. 26 ff.
Wunderli, Jürg, Euthanasie oder über die Würde des Sterbens, Stuttgart 1974

Zander, Josef, Ärztliche Aufklärung am Kranken- und Sterbebett in: Hiersche, Hans-Dieter, Euthanasie, München/Zürich 1975, S. 197 ff.
Zenz, Jutta, Sterben, Sterbehilfe, auf Verlangen töten ? Erfahrungen aus der Krankenpflege in: Evangelische Akademie Baden, Sterbehilfe, Was heißt das? Karlsruhe 1988, S. 61 ff.
Zeuner, Albrecht in: Soergel, Bürgerliches Gesetzbuch, Kommentar, Band 5/2, 12. Aufl., Stuttgart/Berlin/Köln 1998
Ziegler, Jean, Die Lebenden und der Tod, München 2000
Ziegler, Josef Georg, Römisch-katholische Wertung der Euthanasie. Sterbehilfe und Lebensverkürzung aus moraltheologischer Sicht in: Hiersche, Hans-Dieter, Euthanasie, München/Zürich 1975, S. 53 ff.
Ziegler, Josef Georg, Der Abruf in die Ewigkeit in: Deutsch, Erwin / Kleinsorg, Hans / Ziegler, Josef Georg, Das Patiententestament, Hildesheim 1983, S. 23 ff.
Zielinski, Diethart, Anmerkung zu BGH, Urteil vom 13.09.1994 - 1 StR 357/94 in: Arztrecht 1995, S. 188 ff.
Zierl, Gerhard, Strafrechtliche Aspekte der Humangenetik und der Fortpflanzungsmedizin in: DRiZ 1986, S. 161 ff.
Zimmermann, Reinhard, Der Sterbende und sein Arzt in: NJW 1977, S. 2101 ff.
Zimmermann-Acklin, Markus, Euthanasie, Eine theologisch-ethische Untersuchung, Freiburg/Wien 1997
Zimmermann-Acklin, Markus, Das niederländische Modell - ein richtungsweisendes Konzept ? in: Holderegger, Adrian, Das medizinisch assistierte Sterben, Freiburg/Wien 1998, S. 351 ff.
Zitelmann, Ernst, Ausschluß der Widerruflichkeit in: AcP Band 99 (1906), S. 1 ff.
Zöller, Mark Alexander, Passive Sterbehilfe zwischen Selbstbestimmungsrecht des Patienten und mutmaßlicher Einwilligung in: ZRP 1999, S. 317 ff.

FSC®
www.fsc.org
MIX
Papier | Fördert gute Waldnutzung
FSC® C083411

Kolibri 360 GmbH
Ferdinand-Jühlke-Straße 7
99095 Erfurt, Deutschland
produktsicherheit@kolibri360.de

Druck:
CPI Druckdienstleistungen GmbH
im Auftrag der
Kolibri 360 GmbH
Ferdinand-Jühlke-Str. 7
99095 Erfurt